荣新江　1960年生，河北人，毕业于北京大学历史系，现为北大历史系暨中国古代史研究中心教授。著有《于阗史丛考》（合著，1993）、《归义军史研究》（1996）、《海外敦煌吐鲁番文献知见录》（1996）、《鸣沙集》（1999）、《敦煌学十八讲》（2001）、《中古中国与外来文明》（2001）、《敦煌学新论》（2002）、《中国中古史研究十论》（2005）及有关敦煌吐鲁番学、中外关系史、西域史、隋唐史论文多篇；主编《唐研究》（1-12卷，1995-2006）、《唐代宗教信仰与社会》（2003）、《中外关系史：新史料与新问题》（2004）、《从撒马尔干到长安——粟特人在中国的文化遗迹》（2004）、《粟特人在中国——历史、考古、语言的新探索》（2005）等。

图书在版编目(CIP)数据

吐鲁番文书总目．欧美收藏卷/荣新江主编．—武汉：武汉大学出版社，2007.9

ISBN 978-7-307-05614-5

Ⅰ．吐…　Ⅱ．荣…　Ⅲ．出土文物—文书—吐鲁番地区—目录　Ⅳ．K877.91

中国版本图书馆CIP数据核字(2007)第069622号

责任编辑：张俊超　　责任校对：王　建　　版式：支　笛

出版发行：**武汉大学出版社**　(430072　武昌　珞珈山)
(电子邮件：wdp4@whu.edu.cn　网址：www.wdp.com.cn)
印刷：武汉中远印务有限公司
开本：787×1092　1/16　印张：64.125　字数：1547千字　插页：3
版次：2007年9月第1版　2007年9月第1次印刷
ISBN 978-7-307-05614-5/K·336　定价：148.00元

《吐鲁番文书总目》编撰小组成员名单

陈国灿　（武汉大学　中国三至九世纪研究所）

朱　雷　（武汉大学　中国三至九世纪研究所）

荣新江　（北京大学　中国古代史研究中心）

冻国栋　（武汉大学　中国三至九世纪研究所）

杨富学　（敦煌研究院　民族宗教文化研究所）

刘安志　（武汉大学　中国三至九世纪研究所）

鸣　谢

本书先后列入以下科研项目并获得相关项目基金的资助，谨此致谢：

武汉大学国家社会科学“八五”规划重点项目

“海内外吐鲁番文书的整理与研究”

（1992—2002 年）

兰州大学“985”工程敦煌学哲学社会科学创新基地资助项目

“敦煌吐鲁番文献研究”

（2002—2008 年）

北京大学教育部人文社会科学重点研究基地重大项目

“新出土及海内外散藏吐鲁番文献的整理与研究”

（2005—2008 年）

全国古籍整理出版规划领导小组资助出版项目

目　录

总 前 言

坐落在天山东部博格达山脚下的吐鲁番盆地，在秦汉以前，曾是姑（车）师人生活定居的地方。随着西汉王朝对西域的经营，汉元帝初元元年（公元前 48 年），中央朝廷便在此建置了“戊己校尉”，进行军事屯田。经历魏晋，至前凉建兴十五年，即东晋咸和二年（公元 327 年），张骏于此地置高昌郡。此后，高昌先后曾为前秦、后凉、西凉、北凉等割据政权的属郡。在沮渠氏北凉流亡政权统治高昌期间，车师前王国最终被灭，吐鲁番盆地统一成为一个有机的整体。沮渠氏之后，盆地进入高昌王国时期，先后经历了阚、张、马、麴四姓王国的统治。直到唐太宗贞观十四年（640 年），麴氏高昌王国才被唐所灭，唐于其地置西州，并在当地全面推行中原制度，使之成为唐朝经营西域的重要基地。9 世纪初，回鹘人进驻西州，由此开始了西州回鹘王国的时代。13 世纪初，此地又归属于元王朝的统治。公元 1756 年，清朝以维吾尔族大阿訇额敏和卓世领其地。

历史上的吐鲁番盆地正当丝绸北路，又是中西交通的重要枢纽。两千多年来，先后在此生活定居过的民族有车师人、汉人、粟特人、突厥人、吐谷浑人、回鹘人等。因此，这里有着较为深厚的历史文化底蕴。加之，此地气候干燥，高温少雨，故在其地上地下，遗留下来了大量的文字记录，特别是古代的纸质文书。这些文书既有汉文的，又有其他民族文字的。其最早者，可上溯至公元 3 世纪；晚者延续至清代。它记录着古代先民们的各种活动和思维，也记载了历代官府在这里的施政政策及其行政运转；它既积淀下了一千多年来丰厚的中华古代文明，也渗透着不少外来的文化，是中华民族的一份宝贵历史文化遗产。

吐鲁番文书主要出自古墓葬、古城遗址、佛教石窟等处。出自墓葬的文书，除少量较为完整外，大多是被制成葬具而埋入的，如纸靴、纸鞋、纸冠、纸带、纸俑、纸衾、纸棺等，因而较为残破；此外，其他的文书也多是从倒塌的佛寺、石窟寺或古城遗址中发掘出来，同样也残缺不全。这与出自莫高窟藏经洞的敦煌文书有很大的不同。

前清末叶，一些雅好古物的新疆地方官员，常从吐鲁番地区的农民手中，获得一些古代的写本，题跋赏玩。与此同时，一些外国的探险家、考察队也纷至沓来。1898—1910 年间，俄国的考察队先后三次到吐鲁番搜寻古物和古代写本；1902—1914 年，德国组成的“普鲁士皇家吐鲁番考察队”先后四次对吐鲁番的佛寺、洞窟、古城遗址进行了搜寻和发掘；1903—1913 年，日本的大谷探险队也曾三次到吐鲁番各遗址搜寻古物，还对阿斯塔那古墓葬进行了首次大规模的发掘，获取文物与古文书不少；接着英国的斯坦因 1915 年到吐鲁番，除对古城、佛窟搜寻外，也发掘了阿斯塔那古墓葬，又获取了不少墓葬文书。一时间，吐鲁番出土的古文书，与敦煌藏经洞出的古写本一样，成了人们谋求收藏的珍品，于是一些中外冒险家、猎奇者们，也零星不断地到吐鲁番来进行挖掘和收购。如此一来，吐鲁番出土古代文书流向世界各地的历程，竟长达半个世纪。然而，中国的考古工作者在此地也做了卓有成效的发掘。1928 年和 1930 年考古学家黄文弼两次来到吐鲁番盆地进行考察，从当地购得各遗址出土文书若干件。1959—1975 年，新疆文物考古工作者在吐鲁番阿斯塔那和哈拉和卓古代墓葬先后进行了 13 次的系统发掘，获得一大批文书和文物。1975 年以后，吐鲁番地区文博部门又在阿斯塔那古墓葬、柏孜克里克千佛洞等地陆续进行了抢救性的发掘和清理，也获得了不少文书。

因此，在日本、德国、英国、俄国、芬兰、瑞典、土耳其、美国、印度等国的一些博物馆、图书馆和研究部门，都有吐鲁番文书的收藏。而在中国国内的许多博物馆、图书馆甚至档案馆也有一些收藏。究竟吐鲁番出土的古写本、印本文书总的数量有多少？具有哪些内容？长时期以来，中、外学术界也都并不十分清楚。而造成目前吐鲁番学层层迷雾的原因，尽管有多种，但其中最主要的一个原因是：各国对这些文书的编目、刊布和研究发展不平衡。中国在 20 世纪 70 年代，由于国家重视，在国家文物局直接领导下，成立了以唐长孺教授为首的“吐鲁番出土文书整理小组”，对新中国成立以来出土的吐鲁番文书，进行了系统的整理，并于 80 年代由文物出版社完成了《吐鲁番出土文书》的出版。日本龙谷大学大宫图书馆所藏的大谷文书，在小田义久教授主持下，从 80 年代起，整理出版了《大谷文书集成》，到目前已出版 3 卷。与此同时，羽田明、山田信夫等对吐鲁番所出回鹘文文书的整理；百济康义等对伊朗文书的整理；武内绍人和上山大峻等对古藏文文献的整理也相继发表出版。可以说到 20 世纪末期，中国和日本对吐鲁番文书的整理和研究，已走在国际吐鲁番学领域的前列。两国学者，不仅关注本国所藏，而且关注着他国他地的收藏或整理，并出了不少新成果。这为我们编纂海内外所藏吐鲁番文书总目录奠定了一定的基础。

然而，也还有不少收藏吐鲁番古写本的国家，至今未对其所藏做出全面整理和编目，如德国当年“普鲁士皇家吐鲁番考察队”携往柏林的吐鲁番古写本，除了日本学者协助编过两本佛经目录外，迄今未见一个全面完整的收藏目录。俄国探险队多次将在吐鲁番所获的古写本带至圣彼得堡后，与敦煌文书混在一起，统称为“敦煌特藏”，尽管后来孟列夫编有两本解说目录，也只做到 2925 号。而现在上海古籍出版社与俄国科学院东方研究所圣彼得堡分所、俄罗斯科学出版社东方文学部联合出版的《俄藏敦煌文献》，已刊布到 19080 号。其中有哪些属吐鲁番出土物，均有待甄别。芬兰赫尔辛基大学图书馆藏有约 2000 号来自中国新疆、甘肃出土的古写本，其中有不少出自吐鲁番，也存在有待甄别的问题。类似的情况，在一些收藏量不是很大的国家里也存在着。这些无疑增加了编目工作的难度。

本目录的编制工作开始于 1992 年，并作为“海内外吐鲁番文书的整理与研究”的子项目，列入国家“八五规划社会科学重点项目”。十多年来，项目组成员围绕着本课题都分别做出了不少成果，但总目却迟迟未能付梓，一是由于上述世界各地的收藏，需要做认真的实际情况调查，这需要时间，有时还需要等待，有些文书个案，还需作甄别研究；二是本总目属索引式的目录，对每件文书尽可能做到定名、断代、标明收藏地、号、行数、缺损以及简要说明等。此外还标示刊载该文书的图、文书刊以及围绕该文书的相关研究。这无疑会增加不少难度和工作量，特别是许多佛经残片及民族文字文书等的订名，花去了相当多的时间。

本总目由于分量大，故分三册出版。第一册为中国收藏卷，第二册为日本收藏卷，第三册为欧美国家收藏卷，由本项目组成员分工编撰。全三册，由陈国灿负责统一协调、定稿。虽然有此分工，但项目组成员所做的工作，有些又贯穿于全三册之中，如杨富学负责编制的回鹘文文书目录，又成了各册中回鹘文文书目录的组成部分，因此本总目又是全体项目组成员集体劳动、通力合作的结果。在本目录编制过程中，由香港敦煌吐鲁番研究中心饶宗颐先生组织、主编，由王素编著的《吐鲁番出土高昌文献编年》、陈国灿编著的《吐鲁番出土唐代文献编年》，相继在台湾新文丰出版公司出版。这两部编年，对许多文书的订题、断代，提供了基础，对编制本目录的体例，也提供了借鉴，可以说本总目又是海内外吐鲁番学界此前劳动成果的一个总汇，因为本总目有些也是在利用他们已编目录的基础上发展而来的。在此，我们对海内外吐鲁番学界的朋友们表示由衷的感谢。

编制一份海内外吐鲁番文书总目，意在为学术界提供一种便利，同时也为这份人类的历史文化遗产，列出一个比较明细的账目。然而，十多年来的辛勤劳作，做得也并非十全十美，情况不明者仍然不少，甚或存在着一些错漏。我们衷心希望，本总目的出版能促进海内外各收藏馆、所对本总目的内容进行丰富和补充，纠正其中的错漏，或者促成该单位及时编出所藏的详细新目录来，以推动总目事业的发展。

武汉大学出版社积极承担了《吐鲁番文书总目》的出版，并得到国家古籍整理出版基金的资助，我们在此表示衷心的感谢。

《吐鲁番文书总目》编撰小组

2004 年 10 月 30 日

欧美收藏卷前言

在19世纪末20世纪初西域考古的黄金时代，欧美一些国家的探险队捷足先登，在塔里木盆地周边和吐鲁番地区，获得了大量的古代写本、绘画、雕像等各种文物资料，充实到各个国家的博物馆和图书馆中，其中就有数以万计的吐鲁番出土的写本、刻本、壁画榜题等文献材料。

古代的吐鲁番盆地，位于丝绸之路的要冲，除了不同历史时期在此居住的车师、吐火罗、汉、突厥、回鹘（维吾尔）、蒙古等民族外，还有由于商贸、传教、征战、旅行等不同原因而暂居此地的大夏、印度、粟特、波斯、叙利亚、藏、西夏等民族，他们所使用的语言文字材料，多多少少地都在吐鲁番盆地留下了痕迹。在各国的考古发现中，我们目前所知有汉文、突厥文（Turkic）、回鹘文（Uighur）、吐火罗文（Tocharian）、梵文（Sanskrit）、大夏文（Bactrian）、粟特文（Sogdian）、中古波斯文（Middle Persian）、帕提亚文（Parthian）、古藏文（Old Tibetan）、叙利亚文（Syriac）、西夏文、蒙古文等语言文字书写的文献，从内容上看，既有儒家经典、佛教、道教、摩尼教、景教等典籍类写本、刻本，也有各式各样的公私文书，它们不仅仅是吐鲁番地区的产物，也有来自东西方遥远地域的输入品。从时间上来看，从公元3世纪到19世纪末叶，比较集中在高昌郡（327～449）、高昌国（450～640）、唐西州（640～803?）和高昌回鹘（9世纪下半～13世纪初）等不同政权的兴盛时期。从物质形态上来看，吐鲁番文书大多数来自沙埋遗址和古代墓葬中，多已不是文书的原始状态，不少是被二次利用的废纸，与藏经洞封存的敦煌文书相比，要残破得多。

面对着这些数量如此庞大、语言文字如此多样、时空跨度如此广远、题材内容如此多样的残篇断简，我们要编制一个“总目”，的确是有点不自量力。然而，作为一个史学工作者，本着“六经皆史”、“四库皆史”的精神，吐鲁番出土的任何一个纸片，都是我们不能忽略的史料，吐鲁番出土的任何一件文物，都是丝绸之路上的文化结晶。因此，虽然我们明知道编纂“吐鲁番文书总目”的难度，但仍然勇往直前。反观敦煌文书的编目工作，虽然1962年王重民先生就主持编纂了《敦煌遗书总目索引》，但其实那也不能说是一个“总目”。所以，我们的“总目”可以说是一个奋斗目标，因为到目前为止，还有许多欧美收藏的吐鲁番文书没有公布，我们无从编起；还有不少民族语言的文献没有人能够解读，我们也无法释读编目。不过，由于吐鲁番文书的总目迄今尚无人做，因此把这些文书目录汇在一起，既可以给我们一个吐鲁番文书的总体认识，也可以帮助学者们将收藏在各地的文书联系起来，我们花费大量时间、精力所给出的每一件文书的前人研究索引（注到页码），也会节省学者们的宝贵时间。

《吐鲁番文书总目（欧美收藏卷）》的工作从1992年开始进行，断断续续竟然用了14年的时间。目前完成的这一卷，主要收录德国国家图书馆、德国印度艺术博物馆、英国图书馆、俄罗斯圣彼得堡东方学研究所、土耳其伊斯坦布尔大学图书馆、美国普林斯顿大学葛斯德图书馆等收藏单位的汉文、回鹘文、藏文、蒙文为主的文书，其中以德国的收藏最为丰富。至于德国、俄罗斯藏品中的摩尼文、粟特文、叙利亚文、梵文、吐火罗文文书，由于没有系统地公布原件照片，我们虽然已经编纂了相当的篇幅，但考虑再三，暂时没有收入此卷，以待来日条件更加成熟时完稿。目前这一卷目录是按收藏单位的编号排序的，因此混在这些编号中的粟特文、梵文等单篇文书，则同时收入，成组的文书，则不阑入。应当特别声明的是，除了汉文文献外，许多编号并非包括该编号的全部文书，如德藏 Ch/U、U 等编号中的回鹘文文书，因为我们的目录是依据前人的研究成果给出名称，那些还没有人研究过的胡语文书，我们不强作解人。即使是我们可以看懂的汉文文书，如德藏 Ch 编号中的许多佛典残片，迄今没有全部公布照片，而我们也没有长时间停驻柏林的机会，所以无法做进一步的比定工作，只能就前人发表的资料和我本人 1996 年逗留柏林时比定的部分结果来编目。其他馆藏资料的处理情况与此类同，这是不得已而为之的，敬请读者谅解。

以下简要介绍各个馆藏吐鲁番文书的来历和编目情况，以便读者使用本目录时对于编号、收藏号以及目录的依据有所了解。

1. 德国国家图书馆（Staatsbibliothek Preussischer Kulturbesitz）与印度艺术博物馆（Museum für Indische Kunst，SMPK）

德国国家图书馆和印度艺术博物馆是世界上收藏吐鲁番出土文献最多的机构之一，其来源是 20 世纪初由格伦威德尔（A. Grünwedel 1856～1935）和勒柯克（A. von Le Coq 1860～1930）率领的德国四次吐鲁番考察队的收集品。

1902 年 8 月，由柏林民俗学博物馆（Museum für Völkerkunde）格伦威德尔和胡特（G. Huth 1867～1906）、巴图斯（Th. Bartus）三人组成的第一次吐鲁番考察队从柏林出发，经俄属突厥斯坦，于 11 月底到达吐鲁番盆地。从 1902 年 12 月初到 1903 年 4 月初，考察队在高昌故城（Khocho）、胜金口（Sengim）、木头沟（Murtuk）等地进行发掘，共获得 44 箱古物，包括写本、刻本、壁画、雕像等，写本中有梵文、突厥文、回鹘文、汉文、藏文、蒙文文献。1906 年，格伦威德尔出版了这次考察的报告——《1902-1903 年亦都护城及周边地区的考古工作报告》①。

考察队的收集品震惊了德国东方学界，在“中亚与远东历史、考古、语言、民俗考察国际协会”德国分会负责人皮歇尔（R. Pischel 1849～1908）和吕德斯（H. Lüders 1869～1943）的建议下，在德国皇室和教育文化部的赞助下，第二次吐鲁番考察队迅速组成。由于格伦威德尔健康不佳，民俗学博物馆的勒柯克被委任为考察队队长。勒柯克和巴图斯一起于 1904 年 11 月到达吐鲁番，继续发掘高昌故城，而后前往胜金口、柏孜克里克（Bezeklik）、木头沟、吐峪沟（Toyok）等地考察，用切割的方法剥取了大量的石窟壁画。1905 年 8 月，勒柯克一行又往哈密，但收获甚微。当接到柏林方面让他们前往喀什与格伦威德尔会合的电报后，即启程西行。关于此次考察，1909 年勒柯克用英文写有《普鲁

---

① A. Grünwedel, *Bericht über archäologische Arbeiten in Idiku-tschari und Umgebung im Winter 1902-1903*, München 1906.

士皇家第一次（即德国第二次）新疆吐鲁番考察队的缘起、行程和收获》一文①。1913年，他编印了大型图录《高昌——普鲁士王国第一次吐鲁番考察重大发现品图录》，刊布了柏孜克里克石窟的壁画和高昌出土摩尼教壁画、绢画等②。另外，1926年，勒柯克还出版了第二、第三两次考察的个人旅行记《新疆古希腊化遗迹考察记——德国第二、三次吐鲁番考察报告》③，此书英译本《新疆地下埋藏的宝藏》流传很广④。

1905年12月，当格伦威德尔到达喀什后，即与勒柯克一起东行，开始了第三次吐鲁番考察队的活动。他们在图木舒克（Tumshuk）做了短暂逗留后，即往库车西面的库木吐拉（Kumtura）和克孜尔（Kizil）石窟考察，剥取壁画，并获得大批梵文、吐火罗文、回鹘文等文献材料。1906年5月，考察队继续东行到焉耆附近的硕尔楚克（Šorchuk），同样割取了大批佛教壁画和雕像。而后，勒柯克由于身体不适先期回国，考察队由格伦威德尔率领继续东行到吐鲁番，在高昌故城和哈密一带，一直工作到1907年4月止。此行时间较上两次吐鲁番考察为长，而且范围也超出吐鲁番，扩大到几乎塔里木盆地北沿的全线。回国后，格伦威德尔分别在1912年和1920年整理出版了两部正式的考古报告：《新疆古代佛教圣地——1906-1907年在库车、焉耆和吐鲁番绿洲的考古工作》⑤ 和《古代龟兹》⑥。

1913年5月末，勒柯克和巴图斯不顾德国外交部的警告，离开柏林奔赴喀什，进行第四次考察。此行的主要目的地是库车，他们除了剥取第三次考察时所访问过的石窟的壁画外，还调查发掘了阿及里克（Achik-ilek）、苏巴什（Subashi）、克日西（Kirish）、森木塞姆（Simsim）等古代佛寺或石窟寺。然后东行发掘库木吐拉。11月，西返图木舒克，一直工作到1914年1月中旬。此行的收集品装满了40大箱，运回柏林。勒柯克的报告书是1928年出版的《新疆的土地和人民——德国第四次吐鲁番考察队探险报告》⑦。

应当说明的是，德国的四次“吐鲁番考察”，实际上后两次的重点在库车，最后一次根本就没有到吐鲁番。但他们在库车、图木舒克、焉耆等地发掘的材料，一般习惯上也称之为“吐鲁番收集品”，这容易使人误解一些文物的原出土地。特别是现在许多写本的原编号已经佚失，我们很难判断它们来自吐鲁番还是其他什么地方，在没有其他旁证的情况下，我们至少不应当把它们统统归之为吐鲁番的发现品。在本卷中，因为按编号连续编

---

① A. von Le Coq, “A short account of the origin, journey, and results of the first Royal Prussian (Second German) expedition to Turfan in Chinese Turkistan”, *JRAS*, 1909, pp. 299-322.

② A. von Le Coq, *Chotscho: Facsimile-Wiedergaben der vichtigeren Funde der ersten königlich preussischen Expedition nach Turfan in Ost-Turkistan*, Berlin 1913.

③ A. von Le Coq, *Auf Hellas Spuren in Ostturkistan: Berichte und Abenteuer der II. und III. deutschen Turfan Expeditionem*, Leipzig 1926.

④ A. von Le Coq, *Buried Treasures of Chinese Turkestan: An account of the activities and adventures of the second and third German Turfan expeditions*, tr. by A. Barwell, London 1928. 郑宝善中译本《新疆之文化宝库》，南京蒙藏委员会，1934年；陈海涛中译本《新疆的地下文化宝藏》，新疆人民出版社，1999年。

⑤ A. Grünwedel, *Altbuddhistische Kultstätten in Chinesisch-Turkistan, Bericht über Archäologische Arbeiten von* 1906 *bis* 1907 *Kuča, Qarasahr und in der Oase Turfan*, Berlin 1912.

⑥ A. Grünwedel, *Alt-Kutscha: archäologische und religionsgeschichtliche Forschungen an Tempera-Gemälden aus buddhistischen Höhlen der ersten Acht Jahrhunderte nach Christi Geburt*, Berlin 1920.

⑦ A. von Le Coq, *Von Land und Leuten in Ostturkistan: Berichte und Abenteuer der 4. deutschen Turfanexpedition*, Leipzig 1928.

排，一些明显知道是非吐鲁番的收集品也包括在内，并在解题中说明出土地；而那些没有原始编号的文书，则只能从内容上加以判断了。

四次吐鲁番考察队所获资料最初入藏于柏林民俗学博物馆，大概在入藏时给每件材料都编过号码。这种旧编号以T开头，指吐鲁番考察队所得资料；然后空格接写罗马数字I，II，III，IV，表明是第一、二、三、四次考察所得；后再空格写出土地的缩写词，主要有B＝布拉依克（Bulayiq）葡萄沟废寺，D＝高昌故城，K＝高昌故城K寺遗址，K＝库车地区（均为第四次探险所得，前面作T IV），Kurutka＝库鲁塔格遗址，M＝木头沟石窟，S＝胜金口，Š＝硕尔楚克，T＝吐峪沟，TB＝吐鲁番山（?），TV＝吐鲁番山前坡地，x＝出土地不详，Y＝雅尔湖（交河古城），α＝高昌故城α寺址；μ＝高昌故城μ遗址。遗址缩写后空格写数字编号。此外，还有一些编号是整理者所加，如TM表示突厥语摩尼教文献。

这些文书在第二次世界大战期间分藏在各地，二战后分别归民主德国、联邦德国所有。东德所藏均入藏于东德科学院历史与考古中央研究所（Zentralinstitut für Alte Geschichte und Archäologie），并按文种重新编号，即Ch＝汉文文书，CH/U＝汉文和回鹘文分别在正面背面或混写在一面的文书，M＝摩尼文文书，MongHT＝蒙文文书，So＝粟特文文书，Ch/So＝汉文和粟特文在正面背面或混写在一面的文书，编号顺序与So相同，Syr＝叙利亚文文书，Tib＝古藏文文书，Tu＝吐鲁番发现的古藏文文书，U＝回鹘文文书，等等。西德所藏的一批文献材料，于1947年转移到美因茨（Mainz）科学院收藏，编为Mainz号，后归入德国国家图书馆东方部，编号未变。藏在各处的文物资料则归印度艺术博物馆收藏，编号为MIK III接数字，其中也有部分文书，或者是写在绘画正面背面的文字资料。两德统一后，凡文献类材料一律归德国国家图书馆收藏，文物材料归印度艺术博物馆收藏，部分从莱比锡博物馆移交的文书则两属，即Ch/U 8000－8182号，同时也编作MIK III 028417－031776号。

德藏吐鲁番文献数量巨大，内容丰富，自从它们被带回柏林之日起，就有各行专家分别加以整理，迄今未曾中断。已经发表的成果，有论文，有专著，有丛刊，也有目录，虽然它们都是我们编目的依据，但这里不可能一一罗列出来，所以仅提示与编目直接相关的目录类成果。

（1）汉文文书

汉文文书原本主要收藏于东德科学院，自1967年开始，民主德国学者在日本学者的帮助下，编制了两本目录，即施密特（G. Schmitt）与梯娄（Th. Thilo）主编的《汉文佛教文献残卷目录》第一卷和梯娄主编的第二卷，著录了两千多号的佛典断片，按《大正藏》的顺序排列①。两德统一后，德国方面因无研究吐鲁番汉文佛典的人才，佛典的编目工作主要由日本龙谷大学的百济康义教授（1945～2004）负责，多年来，他一直从事这些非常破碎的佛教文献的编目工作，做出了巨大的贡献。他曾把二战后收藏在美因茨、现归德国国家图书馆的佛典残片编了一个简要目录，即《美因茨资料目录——原西柏林所

① G. Schmitt & Th. Thilo, *Katalog chinesischer buddhistischer Textfragmente I*, in Zusammenarbeit mit Taijun Inokuchi, mit einem Anhang von Akira Fujieda und Th. Thilo (BTT VI), Berlin 1975; Th. Thilo, *Katalog chinesischer buddhistischer Textfragmente II* (BTT XIV), Berlin 1985.

藏中亚出土汉文佛典资料》①。百济康义生前编有一本《柏林所藏新疆出土汉文文献总目》（试行本）②，是一份简要的对照目录，但其中给出了不少过去没有比定过的佛典的《大正藏》编号和位置，这无疑是近年来电子佛典对于吐鲁番佛典残片编目工作帮助的结果。2005 年，柏林出版了百济康义编《柏林藏吐鲁番收集品中的汉文佛教文献》第 3 卷③，这是上述《柏林吐鲁番文献丛刊》中《汉文佛典残片目录》第 1 ~ 2 卷的延续，主要著录《汉文佛典残片目录》第 1 ~ 2 卷中未比定的德藏吐鲁番文献 Ch 和 Ch/U 编号的佛典，虽然还没有把这两个编号的佛典残片全部比定，但已经相当可观了。我们希望日本和德国方面能够把百济先生的其他遗稿尽早出版。

至于德藏吐鲁番文献中的非佛典文献的编目工作，早年梯娄先生做过一些户籍、摩尼教文献残片的研究。两德统一后，德国方面委托给京都大学的西胁常记先生整理，他从 1995 年开始陆续发表一些相关的研究文章，2002 年出版了所编的目录《柏林吐鲁番收集品中的汉文文献》④。

1996 年 6 ~ 8 月间，我在柏林德国国家图书馆、印度艺术博物馆、柏林科学院吐鲁番研究所，系统翻阅了德藏吐鲁番文献，并陆续就其中笔者所关心的典籍和文书做过一些探讨，1998 年在《德国"吐鲁番收集品"中的汉文典籍与文书》一文中，给出了非佛典文献的草目⑤。

本目录的德藏吐鲁番汉文文书部分，佛典主要依据《汉文佛典残片目录》第 1 ~ 2 卷、百济康义编《柏林所藏新疆出土汉文文献总目》（试行本）、《美因茨资料目录》、《柏林藏吐鲁番收集品中的汉文佛教文献》第 3 卷，非佛教文献则参考前人陆续发表的论文和笔者的调查编目以及西胁常记《柏林吐鲁番收集品中的汉文文献》。

（2）回鹘文文书

德藏回鹘文文书是德藏吐鲁番文书的另一大宗。早在这些写本带回到柏林后不久，勒柯克就开始了突厥和回鹘文献的整理工作，他发表了三辑《高昌突厥语摩尼教文献集》⑥。自 1908 年至 1931 年，缪勒（F. W. K. Müller 1863-1930）共发表四篇题为《回

---

① 《マインッ资料目录——旧西ベルリン所藏中央アジア出土汉文佛典资料》，《龙谷纪要》第 21 卷第 1 号，1999 年，1-23 页。

② 《ベルリン所藏东トルキスタン出土汉文文献总目录》（试行本），龙谷大学佛教文化研究所西域研究会，2000 年。

③ K. Kudara, *Chinese Buddhist Texts from the Berlin Turfan Collections*, vol. 3, edited by Toshitaka Hasuike and Mazumi Mitani, Stuttgart: Franz Steiner Verlag, 2005.

④ T. Nishiwaki, *Chinesische Texte vermischten Inhalts aus der Berliner Turfansammlung* (*Chinesesische und manjurische Handschriften und seltene Drücke* Teil 3), Stuttgart: Franz Steiner Verlag, 2001. 关于此目，参看 T. Thilo 的书评，载 *Orientalistische Literaturzeitung* 97. 3, 2002, pp. 424-426.

⑤ 饶宗颐编《华学》第 3 辑，北京紫禁城出版社，1998 年，309-325 页。

⑥ A. von Le Coq, "Türkische Manichäica aus Chotscho, I, II, III", *APAW*, 1911-6, 61pp. + 4pls.; 1919-3, 15pp. + 2pls.; 1922-2, 49pp. + 3pls.

鹘语文献》的长文（第四篇是葛玛丽/ A. von Gabain 编成的），转写翻译了一些佛典残卷①。此后，由邦格（W. Bang 1869-1934）、葛玛丽先后主持，编辑出版《吐鲁番突厥语文献》，总共出版了10辑，发表了有关中原汉族传统的占卜书、摩尼教文书和赞美诗、忏悔文、佛典注疏和密教文献、《佛说天地八阳神咒经》、占卜类文献、婆罗迷文拼写的回鹘文写本、吐火罗语B和突厥语译本摩尼教赞美诗、回鹘文佛教譬喻故事等②。葛玛丽还刊布了回鹘文《弥勒会见记》③，可惜这部书我们编目时未能找到。

自20世纪70年代以来，德国出版了两套和吐鲁番文献整理有关的丛刊，一是原民主德国科学院出版的《柏林藏吐鲁番文献丛刊》（BTT = Berliner Turfantexte），其中就包含有不少对回鹘文献的刊布，如哈札伊（G. Hazai）与茨默（P. Zieme）合著《〈梁朝傅大士颂金刚经〉回鹘文译本残卷》④，吕尔伯恩（K. Röhrborn）《回鹘文本〈慈悲道场忏法〉》⑤，特赞（S. Tezcan）《回鹘文赞经》⑥，茨默《突厥文摩尼教文献》⑦，卡拉（G. Kara）与茨默合著《密教文献的回鹘文译本残卷》⑧，《回鹘文译萨迦班智达玄道和佛说圣妙吉祥真实名经》⑨，特肯（S. Tekin）《弥勒会见记：一部佛教毗婆沙论经典的回鹘文译本》⑩，茨默《回鹘文佛教头韵诗》⑪、《回鹘文金光明经》⑫、《回鹘文维摩诘所说

---

① F. W. K. Müller, "Uigurica. I. 1. Die Anbetung der Magier, ein christliches Bruchstück. 2. Die Reste des buddhistischen *Goldglanz-Sūtra*. Ein vorläufiger Bericht", *APAW*, 1908, Nr. 2, pp. 36-45; "Uigurica II", *APAW*, Nr. 3, pp. 1-109; "Uigurica. III. Uigurische Avadāna-Bruchstücke (I-VIII)," *APAW*, 1922, Nr. 2; F. W. K. Müller & A. von Gabain, "Uigurica IV", *SPAW*, 1931, pp. 675-727.

② W. Bang & A. von Gabain, "Türkische Turfan-Texte I-V", *SPAW*, 1929-1931; W. Bang, A. von Gabain & G. R. Rachmati, "Türkische Turfan-Texte VI, Das buddhistische Sūtra Säkiz Yükmäk", *SPAW*, Nr. 10, Berlin 1934; G. R. Rachmati, "Türkische Turfan Texte VII", *APAW*, Berlin 1936; A. von Gabain, "Türkische Turfantexte VIII", *APAW*, Nr. 7, Berlin 1954; A. von Gabain & W. Winter, "Türkische Turfantexte IX. Ein Hymnus an den Vater Mani auf 'Tocharisch' B alttürkischer Übersetzung", *SBAW*, Nr. 2, 1958; A. von Gabain & T. Kowalski, "Türkische Turfan Texte. X. Das Avadāna des Dämons Âtavaka", *APAW*, Nr. 1, Berlin 1959.

③ A. von Gabain, *Maitrisimit I-II: Faksimile der alttürkischen Version eines Werkes der buddhistischen Vaibhāsika-Schule*, Wiesbaden 1957; Berlin 1961.

④ G. Hazai & P. Zieme, *Fragmente der uigurschen Version des "Jin' gangjing mit den Gāthās des Meister Fu"* (BTT I), Berlin 1971.

⑤ K. Röhrborn, *Eine uigurische Totenmesse* (BTT II), Berlin 1971.

⑥ S. Tezcan, *Das uigurische Insadi-Sutra* (BTT III), Berlin 1974.

⑦ P. Zieme, *Manichäisch-türkische Texte* (BTT V), Berlin 1975.

⑧ G. Kara & P. Zieme, *Fragmente tantrischer Werke in Uigurischer Übersetzung* (BTT VII), Berlin 1976.

⑨ G. Kara & P. Zieme, *Die uigurischen Übersetzungen des Guruyogas "Tiefer Weg" von Sa-skya Pandita und der Mañjusrīnāmasamgīti* (BTT VIII), Berlin 1977.

⑩ S. Tekin, *Maitrisimit nom bitig. Die Uigurische Übersetzung eines Werkes der buddhistischen Vaibhasika-Schule I-II* (BTT IX), Berlin 1980.

⑪ P. Zieme, *Buddhistische Stabreimdichtungen der Uiguren* (BTT XIII), Berlin 1985.

⑫ P. Zieme, *Altun Yaruq Sudur. Vorworte und das erste Buch. Edition und Übersetzung der alttürkischen Version des Goldglanzsūtra* (*Suvarnaprabhāsottamasūtra*) (BTT XVIII), Turnhout 1996.

经》①、《回鹘佛教中的术数文献》②，维尔金斯（J. Wilkens）《佛的“三身”：金光明经卷三回鹘文本》③ 等，其中以茨默教授的贡献最大。

另一个是《德国东方写本目录丛刊》（Verzeichnis der Orientalischen Handschriften in Deutschland），其中的《古代突厥语写本》系列中，也包括一些整理德国国家图书馆所藏回鹘文残卷的目录，如第 1 卷是茅埃（D. Maue）的《柏林吐鲁番发现品中的梵文回鹘文双语文献》④，第 2 卷是埃乐斯（G. Ehlers）刊布的回鹘文《金光明最胜王经》和佛教譬喻故事类文献⑤，第 5 -7 卷是拉施曼（S. Raschmann）编《柏林藏吐鲁番本回鹘文金光明经》⑥，第 8 卷是维尔金斯编《柏林吐鲁番收集品中的突厥语摩尼教文献》⑦，第 9 卷是同作者编《佛教忏悔文》⑧。

此外，山田信夫的《回鹘文契约文书集成》则是世俗契约类文书的总集⑨。

这些专著、目录以及大量散发的其他论著，为我们编纂回鹘文文书提供了指南，有些部分也可以说是编译，只是有些重要著作我们无法获得，只能有待来日了。

（3）藏文文书

吐鲁番出土的藏文文书不多，1980 年由陶贝（M. Taube）整理出版了《柏林吐鲁番收集品中的藏文文献合集》⑩。我们据以编译成汉文。

（4）蒙文文书

德藏吐鲁番出土蒙文文献和文书，与上述吐鲁番出土回鹘文文献中的元代写本和印本关系密切。这些资料先由海尼士（E. Haenisch 1880-1966）、福赫伯（H. Franke）、卡拉等人先后从事整理工作。1993 年，策仁苏德纳木（D. Cerensodnom）和陶贝合刊出《柏林吐鲁番藏品中的蒙古文献》，集中整理的全部蒙文文书⑪。我请党宝海博士据上述论著编译成蒙文文书部分的目录。

---

① P. Zieme, *Vimalakīrtinirdeśasūtra. Edition alttürkischer Übersetzungen nach Handschriftfragmenten von Berlin und Kyoto* (BTT XX), Turnhout 2000.

② P. Zieme, *Magische Texte des uigurischen Buddhismus* (BTT XXIII), Brepols 2005.

③ J. Wilkens, *Die drei Körper des Buddha* (*trikāya*) (BTT XXI), Turnhout, 2000.

④ D. Maue, *Alttürkische Handschriften*, 1. *Dokumente in Brahmī und Tibetischer Schrift*, Stuttgart 1996.

⑤ G.. Ehlers, *Alttürkische Handschriften*, 2. *Das Goldglanzsutra und buddhistische Legendenzyklus Daś akarmapathāvadānamālā Depositum der Preussischen Akademie der Wissenschaften*, Stuttgart 1987.

⑥ S. Raschmann, *Alttürkische Handschriften*, 5-7. *Berliner Fragmente des Goldglanz-Sutras*, Stuttgart, 2000-2005.

⑦ J. Wilkens, *Alttürkische Handschriften*, 8. *Manichäisch-Türkische Texte der Berliner Turfansammlung*, Stuttgart 2000.

⑧ J. Wilkens, *Alttürkische Handschriften*, 9. *Buddhistische Beichttexte*, Stuttgart, 2003.

⑨ 山田信夫著，小田寿典、ペーター・ツイーメ、梅村坦、森安孝夫编《ウイグル文契约文书集成》，大阪大学出版会，1993 年。

⑩ M. Taube, *Die Tibetica der Berliner Turfansammlung* (BTT X), Berlin 1980.

⑪ D. Cerensodnom & M. Taube, *Die Mongolica der Berliner Turfansammlung* (BTT XVI), Berlin: Akademie Verlag 1993.

2. 英国图书馆（The British Library）

斯坦因（A. Stein 1862-1943）在其第三次中亚探险过程中，发掘了阿斯塔那（Astana）古墓，揭取柏孜克里克石窟壁画，在吐峪沟等处也有许多收获，其中既有典籍，也有文书。他的考古报告《亚洲腹地考古记》对于出土文书的来历有详细的记录①。

斯坦因对于所得每一件文书都给以原始的编号，Ast. = 吐鲁番阿斯塔那墓地，Bez. = 柏孜克里克石窟，Ha. = 大阿萨遗址，H. B. = 小阿萨遗址，Kao. = 高昌故城，M. B. = 木头沟遗址，Tallik-Bulak = 吐鲁番西南部 Tallik-Bulak 遗址（?），Toy. = 吐峪沟石窟寺，Yar. = 交河古城（雅尔湖），Y. k. = 交河古城，Yut. = 鄯善丫头沟遗址，等等，有的后面跟有大小写拉丁数字，表示某区遗址的某个房屋或洞窟，最后的数字是具体文书的顺序号。

斯坦因三次中亚考察所获汉文、粟特文、突厥文、回鹘文等文书入藏英国图书馆后，大体上是把第一次探险所得编到 Or. 8211 总号下，第二次探险所得编到 Or. 8210 号下，第三次探险所得编到 Or. 8212 号下。在将三次考察所获文献编号时，似乎按照语言和出土地点大体上作过一些归类。Or. 8210 主要是敦煌藏经洞出土的汉文写本和印本，此后用缩写 S.（Stein number）具体标示每一件文献。Or. 8210/S. 编号虽说著录的主要是斯坦因第二次考察所获敦煌文书，但其中也混有一些斯坦因第一、第三次考察得自新疆和田和吐鲁番等地的文书。包括吐鲁番文书在内的斯坦因第三次探险所得文书，都编入 Or. 8212/1-1946 号中，由于斯坦因第三次探险的考察范围非常广，因此这一部分的文书来历也非常复杂，除吐鲁番文书外，还有得自和田巴拉瓦斯特（Balawaste）、达玛沟（Domoko）、哈达里克（Khadalik）遗址、麻札塔格（Mazar Tagh）古堡，楼兰古城及周边遗址，敦煌藏经洞、长城烽燧，内蒙古喀喇浩特（Kara-khoto）古城等处的文书，这些非吐鲁番文献，我们将其排除在外。

早期到英国考察敦煌文献的东西方学者较多，对于英藏吐鲁番文献关注的不多。1953 年出版的马伯乐（H. Maspero）《斯坦因第三次中亚探险所获汉文文书》，把其中较为完整的文献做了系统的整理，并刊布了部分文书的图版②。日本学者在整理户籍③、法制文书④、契约⑤、题记⑥、道教典籍⑦、《法华经》⑧ 等方面，都尽可能地收罗了英藏吐鲁番

---

① A. Stein, *Innermost Asia*, Oxford 1928.

② H. Maspero, *Les documents chinois de la troisième expedition de Sir Aurel Stein en Asie Centrale*, London 1953.

③ 池田温《中国古代籍帐研究》，东京大学出版会，1979 年；T. Yamamoto & Y. Dohi. *Tun-huang and Turfan Documents concerning Social and Economic History*, II. Census Registers（A）（B）, Tokyo 1985。

④ T. Yamamoto, O. Ikeda & Y. Okano. *Tun-huang and Turfan Documents Concerning Social and Economic History*, I. Legal Texts（A）（B）, Tokyo 1978-1980.

⑤ T. Yamamoto & O. Ikeda. *Tun-huang and Turfan Documents Concerning Social and Economic History*, III. Contracts（A）（B）, Tokyo 1987.

⑥ 池田温《中国古代写本识语集录》，东京大学东洋文化研究所，1990 年。

⑦ 大渊忍尔《敦煌道经目录编》，东京福武书店，1978 年。

⑧ 兜木正亨《敦煌法华经目录》，东京灵友会，1978 年。

文献资料。1989 年，郭锋先生在英国期间，整理了马伯乐刊布以外的文书残片，出版《斯坦因第三次中亚探险所获甘肃新疆出土汉文文书——未经马斯伯乐刊布的部分》一书①。1990 年，陈国灿教授利用日本东洋文库所藏图片，重新整理了这批文书，形成《斯坦因所获吐鲁番文书研究》一书②。2005 年 8 月，沙知、吴芳思（F. Wood）编著《斯坦因第三次中亚考古所获汉文文献（非佛经部分）》一书③，由上海辞书出版社出版，全书图文对照，收录完备，印刷精美，可以看作是英藏吐鲁番文献的“决定版”。

英藏吐鲁番文书以汉文文献为主，我们的目录依据前人的刊本给出的名目，择善而从。大量的佛典残片由于没有公布图版，我们只能利用马伯乐和兜木正亨的著作给出部分的名称，其实如果这些残片公布，利用佛典的电子检索系统，比定这些残片的内容并不是一件困难的事情。至于非汉语文献，我们同样是利用前人的研究成果，其中包括数量不大的粟特文残片。

3. 俄罗斯科学院圣彼得堡东方学研究所（Institute of Oriental Studies of Russian Academy of Science, St. Petersburg Branch）

由于俄国版图与我国新疆毗邻，在中亚探险考察方面，俄国早就走在了西方列强的前面。与之同步，俄国驻新疆喀什、乌鲁木齐等地的外交官也早就开始收集中亚文物和文献。

1898 ~ 1918 年间，俄国驻乌鲁木齐总领事克罗特科夫（N. N. Krotkov 1869-1919）陆续收集到一些回鹘文、梵文、吐火罗文、藏文、粟特文、叙利亚文残卷，他的收集品大多应当来自吐鲁番。

1908 年，俄国驻库尔勒领事吉雅科夫（A. A. Dyakov）收集到一批据说是吐鲁番阿斯塔那出土的文书，有回鹘文和汉文写本和印本。

1893 ~ 1895 年，罗博罗夫斯基（V. I. Roborovsky 1856—1914）和科兹洛夫（P. K. Kozlov 1863-1935）率领俄国皇家地理学会中亚考察队在新疆考察，获得四组回鹘文写本和一些波斯文写本。罗博罗夫斯基撰有《1893—1895 年罗博罗夫斯基中亚考察初步报告》和《1893—1895 年罗博罗夫斯基所率俄国皇家地理学会中亚考察队纪要》。

1898 年，克列门兹（D. A. Klementz 1848—1914）率队考察吐鲁番的高昌故城，发掘阿斯塔那墓地，测绘柏孜克里克千佛洞，发现许多带有中亚婆罗迷文和回鹘文题记的壁画，还带回了几件梵文和回鹘文的印本佛典，与后来德国吐鲁番探险队所获相同，都是小乘佛典的早期刻本。克列门兹用德文撰写了此行的考察报告，题曰《1898 年圣彼得堡俄国科学院吐鲁番考察报告》④。

1906 ~ 1907 年，科卡诺夫斯基（A. I. Kokhanovsky）率队考察吐鲁番，共得到梵文、

① 甘肃人民出版社，1993 年。参看拙撰书评，《唐研究》第 3 卷，北京大学出版社，1997 年，572-575 页。

② 武汉大学出版社，1994 年。参看拙撰书评，《唐研究》第 3 卷，北京大学出版社，1997 年，第 575-577 页。

③ 上海辞书出版社，2005 年 8 月。

④ D. A. Klementz, *Nachrichten über die von der Kaiserlichen Akademie der Wissenschaften zu St. Petersburg in Jahre* 1898 *ausgerüstete Expedition nach Turfan*, St. Petersburg 1899.

汉文、藏文、蒙文、回鹘文、回鹘文汉文双语、粟特文等二十多件文书。这些材料先是交给了俄国皇家地理学会，而后转归亚洲博物馆收藏。

1909～1910 年，俄国科学院院士奥登堡（S. F. Oldenburg 1863—1934）亲自率领俄国第一次中亚考察队赴新疆考察，其主要的目的地是吐鲁番盆地。在那里，他走访了高昌故城、交河故城、阿斯塔那、柏孜克里克、胜金口等遗址，做了部分发掘。此外，奥登堡还到过焉耆的七格星和库车的苏巴什、森木塞姆、克孜尔尕哈、库木吐拉、克孜尔等遗址。他此行收获极多，但回国后只写了一篇题为《1909—1910 年俄国突厥斯坦考察》的简报，语焉不详。他至少获得了 17 组梵文写本残卷和一些回鹘文文书，后者由马洛夫（S. Ye. Malov 1880—1957）发表在《奥登堡考察队所获回鹘文写本文书》一书中。

1909～1911 年和 1913～1914 年，由马洛夫率领的考察队，对新疆和甘肃进行了两次考察。在吐鲁番地区，收集到当地出土的一些回鹘文世俗文书①。

俄罗斯的收集品来路多，内容广泛，因此比较混乱。这些吐鲁番收集品大多没有原始编号，由于有不少是从挖宝人那里得来的，其来历本来就是不清楚的，一般只是在“西域”（S. I. = Serindia）名字的后面，跟上收集者的名字的缩写，如“Kr.”（= Krotkov）、“Kle.”（= Klementz）、“Rob.”（= Roborovsky）、“M.”（= Malov）、“O.”（= Oldenburg）等。由于有的收集品不仅仅来自吐鲁番，有的考察队也不是只去过吐鲁番，因此这些编号的文书中间也不能说都是来自吐鲁番盆地。由于俄藏中亚各地所获文献数量庞大，大多数是按照语言分别编号收藏的，有些汉文文书因为另一面有回鹘、粟特或其他文字，而归入其他编号系列；相反，有些回鹘文、粟特文或其他文字的文书，也可能因为有汉文或其他文字而阑入汉文或其他编号系列。分离这些文献是一件困难的事，过去学者们曾经利用文书的内容、印鉴等，从 Φ. 和 Дx. 两个敦煌文书的编号中，辨别出一些混入的吐鲁番文书，关尾史郎《俄罗斯圣彼得堡所藏敦煌文献中的吐鲁番文献》②、陈国灿《〈俄藏敦煌文献〉中吐鲁番出土的唐代文书》对此有所辑录③。可喜的是，随着《俄藏敦煌文献》第 17 册的出版，编作 Дx. 17015-17435 号的克罗特科夫收集的部分吐鲁番汉文文献首次面世④，其中主要都是刻本佛典，从版本学、文献传播史上来看都有不少有价值的材料。我们请参加俄藏敦煌文献整理出版工作的府宪展、刘景云先生对这批吐鲁番文献编纂了目录。

俄罗斯收藏的回鹘文文书也相当可观，俄国突厥学家拉德洛夫（W. W. Ladloff 1837—1918）生前曾据俄、德两国所获吐鲁番回鹘文文书，整理成一部资料集，后由马洛夫最终完成，题为《回鹘文文献合集》，于 1928 年出版⑤，共转写翻译了 128 个编号的回

---

① 有关俄国的中亚考察和中亚写本的收集情况，主要据 G. M. Bongard-Levin & M. I. Vorobyeva-Desyatovskaya, *Indian Texts from Central Asia* (*Leningrad Manuscript Collection*), Tokyo 1986.

② 关尾史郎《ロシア、サンクト＝ペテルブルゲ所藏敦煌文献中のトゥルファンについて》，《敦煌文献の综合的・学际的研究》（平成 12 年度新泻大学プロジェケト研究成果报告），2001 年，40-49 页。

③ 《敦煌吐鲁番研究》第 8 卷，中华书局，2005 年，105-114 页。

④ 《俄藏敦煌文献》第 17 册，上海古籍出版社、俄罗斯科学出版社东方文学部，2001 年。

⑤ W. Radloff, *Uigurische Sprachdenkmäler. Materialien nach dem Tode des Verffassers mit Ergänzungen von S. Malov Herausgegeben*, Leningrad 1928.

鹘文世俗文书和佛教、摩尼教、景教文献残卷。以后，马洛夫继续从事回鹘文写本的解读与研究，于1951年出版了《古代突厥语文献》，其中也刊布了一些新的俄藏文书①。近年来，随着圣彼得堡藏卷的陆续公布，一些回鹘文文书也得到系统的整理和刊布，目前我们不断读到京都大学庄垣内正弘教授和他的合作者的相关论著②。

4. 土耳其伊斯坦布尔大学图书馆（The Library of Iştanbul University）

伊斯坦布尔大学图书馆所藏吐鲁番文献原本是属于德国吐鲁番收集品，在第二次世界大战时混乱的时局中，被人从博物馆中带出，辗转入藏伊斯坦布尔大学图书馆。因此，这批文书与德国国家图书馆所藏属于同一批材料。

对于这批文书资料，1966年山田信夫教授前往考察，而后发表《伊斯坦布尔大学图书馆所藏新疆出土文书类》一文，全面报道了该馆所藏的文书资料③。1986年以后，百济康义先生先后三次走访该馆，与馆员奥斯曼·谢特卡亚（Osman Sertkaya）合作整理这批文书，于1987年编成《伊斯坦布尔大学图书馆所藏中亚出土残卷目录初稿》④。此后，百济先生又发表《伊斯坦布尔大学图书馆所藏新疆出土文献》，除概要介绍这组收藏外，还成功地把其中的一些金版《大般若波罗蜜多经》卷三七二的残片与柏林所藏同一印本的残片缀合起来⑤。山田信夫编《回鹘文契约文书集成》第2卷，收录了四件伊斯坦布尔大学图书馆藏卷⑥。

5. 美国普林斯顿大学葛斯德图书馆（Gest Library, Princeton University）

在美国普林斯顿大学的葛斯德图书馆，也收藏有少量吐鲁番文书，它们与一些敦煌文献混在一起，是普林斯顿大学购自罗寄梅氏，而罗氏则从画家张大千那里得到这批文书，推测应当是20世纪40年代张大千在敦煌期间所得。1989年，布里特（J. O. Bullitt）《普林斯顿收藏的敦煌写本残卷》一文做过简单介绍⑦，但作者不是专门研究吐鲁番文献的人，所以有些说明不够准确，所刊布的图版也是不全的，一件完整的文书往往只发表了局部。陈国灿先生《美国普林斯顿所藏几件吐鲁番出土文书跋》一文，根据该文所刊布的

---

① S. E. Malov, *Pamjatniki Drevnetjurkskoj Pis'mennosti*, Moscow-Leningrad 1951.

② 庄垣内正弘、Tugusheva、藤代节《ウイグル文 Daśakarmapathāvadānamālāの研究——サンクトペテルブルグ所藏ウイグル文〈十业道物语〉》，京都：松香堂，1998年；庄垣内正弘《ロシア所藏ウイグル语文献の研究——ウイグル文字表记汉文とウイグル语佛典テキスト——》，京都，2003年。

③ 山田信夫《イスタンブル大学图书馆藏东トルキタン出土文书类》，《西南ァジァ研究》第20号，1968年，11-29页。

④ O. Sertkaya & K. Kudara, *A Provisional Catalogue of Central Asian Fragments Preserved at the Library of Istanbul University* (unpublished), Istanbul 1987.

⑤ 百济康义《イスタンブル大学图书馆藏东トルキスタン出土文献》，《东方学》第84辑，1992年，1-12页。

⑥ 山田信夫《ウイグル文契约文书集成》2，25-26、100-101、176-179页。

⑦ J. O. Bullitt, "Princeton's Manuscript Fragments from Tun-Huang", *The Gest Library Journal*, III, 1-2, 1989, pp. 7-29.

照片，对其中一些文书做了精细的研究，并说明了这几件文书的价值①。

1996年末，我曾有幸走访葛斯德图书馆，看到了所有的吐鲁番文书，也订购了一些照片，但因为种种原因，所得资料不够全面，所以一直也就没有进行系统的整理工作。好在陈怀宇君到普林斯顿大学攻读博士学位，利用余暇把这组吐鲁番文书做了系统的整理，已撰成《普林斯顿葛斯德图书馆藏敦煌吐鲁番汉文写本》一文，将其发表在《葛斯德图书馆馆刊》上②。陈怀宇把他的文章稿本借给我，我们以他的成果为基础，对照我所得到的原件照片编制了目录。此外，在原收藏者罗寄梅氏手中，还有一件吐鲁番文书，陈怀宇也做了录文和介绍③。

除此之外，芬兰赫尔辛基大学图书馆（The Helsinki University Library）也收藏了不少吐鲁番文书，其中以佛典残片居多。过去，馆方将这批文书的编目工作委托给百济康义教授，可惜的是百济教授生前没有发表他的整理成果，是否有目录稿本也不清楚。由于这批文书的照片从未公布，我们只是从个别人的文章中看到极少的内容，所以这卷目录只好暂时放弃这部分文书。

《吐鲁番文书总目（欧美收藏卷）》的工作，是我参加武汉大学陈国灿、朱雷教授牵头的国家社会科学"八五"规划重点项目"海内外吐鲁番文书的整理与研究"（1992—2002年）的分工，因为我曾经走访过海外多处吐鲁番文书的收藏地，收集了不少欧美、日本学者的研究论著，有一定的基础，因此起初并没有把这件事看得很难。按照当时的分工，我做汉文、伊朗语部分，杨富学做回鹘文、梵文部分。但是一旦真正动手做起来，才感到非常不易。好在先后随我攻读博士、硕士学位的姚崇新、陈怀宇、孙英刚、余欣、毕波、王媛媛、朱立峰、李丹婕、陈昊、文欣、裴成国，先后伸出援手，帮助我抄录卡片、输入资料、核对译名、查找出处、整理格式、校对原文，在十多年的时间里，这些学生都多少不等地为这本目录做出了贡献。此外除了杨富学编纂了数量相当可观的回鹘文文书初稿外，党宝海编译了蒙文文书目录，府宪展和刘景云先生提供了俄藏敦煌文献中克罗特科夫收集的吐鲁番文献目录，刘安志先生则帮我比定了许多德藏佛教典籍的内容。可以说，这本目录是我们大家的集体劳动成果，在此我真诚地向这些参加编目工作的先生、学生表示感谢。对于他们的工作，我都尽力做了校核工作，因此如果有什么不妥的地方，应当由我来负责，我们热切盼望读者的批评指正。

在社科基金项目结束以后，承蒙郑炳林教授的好意，我作为兰州大学敦煌学研究所的兼职教授，把这个科研项目列入到兰州大学敦煌学研究所的研究项目和兰大"985"工程敦煌学哲学社会科学创新基地资助项目，从而使我们可以获得一些所需要的海外文献资料和网上资源。另外，这个项目也受到我所在的北京大学中国古代史研究中心的支持，被列入我主持的教育部人文社会科学重点研究基地重大项目"新出土及海内外散藏吐鲁番文献的整理与研究"，参加项目的各位同仁，对于目录的编纂，也提供了宝贵的意见。在此，我应当向郑炳林教授和提供支持的上述单位表示感谢。

---

① 《魏晋南北朝隋唐史资料》第15辑，武汉大学出版社，1997年，109-117页。

② Chen Huaiyu, "Chinese Manuscripts from Dunhuang and Turfan at Princeton's Gest Library", *The Gest Library Journal*, forthcoming.

③ 陈怀宇：《普林斯顿所见罗氏藏敦煌吐鲁番文书》，《敦煌学》第25辑，2004年，421页。

在编目过程中，我先后得到海内外许多师友的帮助，我在此向他们表示谢意。首先要感谢作为我们社科基金项目组成员的陈国灿、朱雷、冻国栋、刘安志诸位先生，他们一直关心本卷目录的进展，陈国灿先生也曾对俄藏、英藏吐鲁番文书的定名提出具体的指导意见。其次我要感谢负责德国吐鲁番文献保存、整理工作的印度艺术博物馆馆长雅尔迪兹（Marianne Yaldiz）教授、柏林勃兰登堡科学院（Berlin-Brandenburgische Akademie der Wissenschaften）吐鲁番研究所（Turfanforschung）的宗德曼（Werner Sundermann）教授、茨默（Peter Zieme）教授、拉施曼（Simone-Christiane Raschmann）博士、瑞克（Christiane Reck）博士，他们不仅在我逗留柏林期间提供阅读原卷的方便，而且在此后十年来一直寄赠他们那里相关的出版物，为我们的编目工作源源不断地提供补给。还要感谢德国国家图书馆的 H.-O. Feistel 博士和高杏佛（Cordula Gumbrecht）女士，以及柏林自由大学王丁博士，他们也为我在柏林的工作提供了种种帮助。英国图书馆中文部的吴芳思（Frances Wood）博士，一直以来对我有求必应，不论是阅读原件，还是申请照片，都在百忙之中挤出时间，以最快的速度解决我的问题，虽然她总是说这是她分内的事，但我仍然要真诚地感谢她。我特别感激已故的百济康义教授，正是因为 1990—1991 年我在他的研究室做了半年的研究工作，他的无私帮助让我获得了许多别处无法看到的照片、草目、图书，才使得我敢于下决心来从事这项编目的工作。我还应当感谢池田温教授、森安孝夫教授、吉田丰教授、关尾史郎教授等，他们提供了许多我们编目中不得不参考的日文著作。最后，感谢全国古籍整理出版规划领导小组资助本书出版，特别感谢武汉大学出版社副总编张俊超先生宽容我的一再拖延，督促鼓励我完成这卷目录，并在编辑过程中改正我的错误，我们所有编撰成员和读者，都要感激他的细致工作。

荣新江
2007 年 1 月 4 日

凡　例

一、吐鲁番出土文书总目（欧美收藏卷），收入欧洲与美国博物馆、图书馆及个人收藏之吐鲁番文书目录，以收藏单位为单元进行排列，以德国、英国、俄罗斯、土耳其和美国所藏为序。一般来说，汉文文书部分，尚未公布原件的文书，而我们又没有见到原件者，暂缺；其他语言文字的文书，即使公布图版，但没有人编目、研究的文献，也暂不收录。

二、对于文书号，原收藏单位有编号者，以原单位收藏编号为准顺序排列；一件文书有两个收藏单位编号者，在等号“=”后标出其他编号；文书如有原始编号者，括注于收藏单位编号后；原收藏单位无编号者，则新给以序号。两件或两件以上文书已经整理、缀接者，集中记录在最早出现或缀合后位置在前面的编号处，编号与编号之间用加号“+”连缀，已缀合的其他编号处，提示参见的首位编号。有双面书写者，若内容不同，则对其正面背面文书，分别以小写“r”、“v”标示，正面一般指带有编号的一面。U 编号的摩尼教文献部分依据 Wilkens 2000a，并对其所用术语按照本目录的体例略作改动，以和本目录用语统一。

三、各单位的收藏编号的略称含义如下：

（1）德藏文书的收藏编号的略称含义：

Ch＝汉文文书
CH/U＝汉文和回鹘文文书
M＝摩尼文文书
MongHT＝蒙文文书
So＝粟特文文书
Ch/So＝汉文和粟特文文书
Syr＝叙利亚文文书
Tib＝古藏文文书
Tu＝吐鲁番发现的古藏文文书
U＝回鹘文文书

（2）德藏文书的原始编号略称的含义：

B＝布拉依克（Bulayiq）葡萄沟废寺
D＝高昌故城
K＝高昌故城 K 寺遗址
K＝库车（Kucha）地区
Kurutka＝库鲁塔格遗址
M＝木头沟（Murtuk）石窟

S = 胜金口（Sengim）石窟
Š = 焉耆硕尔楚克（Šorchuk）
T = 吐峪沟（Toyok）石窟
TB = 吐鲁番山（?）
TV = 吐鲁番山前坡地
x = 出土地不详
Y = 雅尔湖（Yar-Khoto，交河古城）
α = 高昌故城 α 寺址
μ = 高昌故城 μ 遗址

（3）英藏文书的收藏编号的略称含义：
Or. = 东方写本

（4）英藏文书的原始编号略称的含义：
Ast. = 吐鲁番阿斯塔那（Astana）墓地
Bez. = 柏孜克里克（Bezeklik）石窟
Ha. = 大阿萨遗址
Kao. = 高昌故城
M. B. = 木头沟遗址
Tallik-Bulak = 吐鲁番西南部 Tallik-Bulak 遗址（?）
Toy. = 吐峪沟（Toyuk）石窟寺
Yar. = 交河古城（Yar-Khoto，雅尔湖）
Y. k. = 交河古城（Yar-Khoto，雅尔湖）
Yut. = 鄯善丫头沟遗址

（5）俄藏文书的收藏编号略称的含义：
Φ. = 弗路格编号的敦煌文书
Дx. = 敦煌文书
Kle-Rob. = 克列门兹（D. A. Klementz）与罗博罗夫斯基（V. I. Roborovsky）收集品
Rob. = 罗博罗夫斯基（V. I. Roborovsky）收集品
S. I. = 西域（Serindia）
SI D = 西域出土吉雅科夫（A. A. Dyakov）收集品（?）
SI Kr. = 西域出土克罗特科夫（N. N. Krotkov）收集品
SI M = 西域出土马洛夫（S. Ye. Malov）收集品
SI O = 西域出土奥登堡（S. F. Oldenburg）收集品
SI Uig = 西域出土回鹘文文书

四、前人对文书原已有贴切订题者，保持原订题；原订题不具体或欠妥者，本目录则根据内容重新拟题；原无题者，本目录尽可能给以具体拟题。文书过残或尚待研究者，则以“残片”示之。Ch 和 Ch/U 编号的文书以汉文为主题，因此题名前不作语言标识者即为汉语文书，其他文书都标志语言种类。在 Ch 和 Ch/U 编号之外的其他编号中，汉语文书则以“汉语”提示。

五、对每件文书的高宽尺寸，通以公分表示。对无尺寸记录，而目前又无从见到原件者，暂缺。

六、对每件文书的行数、残缺，尽可能加以标示。文书有纪年者，在拟题中表示；无纪年文字者而前人有年代判定者，采用之；其他则付之阙如。文书中有印信或其他特征者，亦作出标示，或就内容相关提示、说明，以有助于对文书时、空、性质的认识。

七、本目录为便于读者检索相关研究成果，凡前人有任何著录、考订文字或刊布图版之所在，均列于“参”字后，一般都标注到页码或图版号，但个别文献未能见到原书，页码只好暂缺。为节约篇幅，对所引论著名称，均用略称（一般为作者名 + 发表年份）加以表示。个别重复率极高的书籍用缩略形式，如 BTT V。略称的含义，均按作者名的首字汉语拼音先后为序，列在书后“吐鲁番文书研究中日文参考论著目录”和“吐鲁番文书研究西文参考论著目录”中。

八、“参考文献目录”以论著作者姓氏为纲，以姓氏字头（包括日本作者）汉语拼音 A，B，C，D…为序。每位作者的论著，又以年月先后为序。如果同一作者同一年有多篇著作，分别用 a，b，c，d…表示。

德国国家图书馆藏吐鲁番文献（Ch 编号部分）

Ch 1（T II D 119）　《金光明最胜王经》卷九

20.2×16.7cm，10 行，约 9—10 世纪。高昌故城出土。

参 KCBT II，78。

Ch 2r（T II T 2035）　《大般若波罗蜜多经》卷五四八

7.4×8.2cm，5 行。吐峪沟遗址出土。

参 Kudara 2005，36。

Ch 2v　《中阿含经》卷一九

5 行。刻本。

参 Kudara 2005，16。

Ch 3r（无原编号）　佛典残片

10.4×10.8cm，7 行。

Ch 3v　佛典残片

6 行。

Ch 4（无原编号）　《观无量寿经义疏》卷二

13×6.8cm，4 行。

参 Kudara 2005，114。

Ch 5（T III T 375）　佛典残片

7.8×12.2cm，6 行。吐峪沟遗址出土。

Ch 6a（T II D 235）　《妙法莲华经》卷二

8.1×20cm，7 行，约 7 世纪中—8 世纪末。高昌故城出土。

参 KCBT II，41。

Ch 6b（T II D 235）　《大般若波罗蜜多经》卷四四〇

7.5×4.2cm，2 行。高昌故城出土。

参 Kudara 2005，32。

Ch 7r（T II 3076）　《大般若波罗蜜多经》卷五四八

11.1×5.1cm，4 行。

参 Kudara 2005，36。

Ch 7v　《中阿含经》卷一九

3 行。刻本。

参 Kudara 2005，16。

Ch 8（T II D 332）　佛典残片

7.7×7.1cm，8 行。高昌故城出土。

Ch 9（T III T 53） **《妙法莲华经》卷四**

26×4.8cm，2行，约7世纪中—8世纪末。吐峪沟遗址出土。

参 KCBT I，80。

Ch 10（T III T 603） **《金刚般若波罗蜜经》**

13.5×10.3cm，6行。吐峪沟遗址出土。

参 Kudara 2005，47。

Ch 11（T III 1171） **《妙法莲华经》卷七**

12.5×18.4cm，5行，约7世纪中—8世纪末。

参 KCBT I，114。

Ch 12（T III T 132） **《妙法莲华经》卷七**

23.3×6.3cm，3行，约9—10世纪。吐峪沟遗址出土。

参 KCBT I，113。

Ch 13（T III T 223） **《大般若波罗蜜多经》卷四五一**

25.1×7.4cm，5行。吐峪沟遗址出土。

参 Kudara 2005，32。

Ch 14（T III 11） **佛典残片**

12×15.8cm，9行。

Ch 15（T II 3053） **《妙法莲华经》卷五**

11.5×16.6cm，10行，约7世纪中—8世纪末。

参 KCBT II，52。

Ch 16（T II D 319） **《佛说灌顶七万二千神王护比丘咒经》卷一二**

13×18.3cm，10行，约7世纪中—8世纪末。高昌故城出土。

参 KCBT I，169。

Ch 17（T III 1198） **《佛名经》卷四**

13.7×8.4cm，2行，约9—10世纪。

参 KCBT II，73。

Ch 18（T III T 171） **《妙法莲华经》卷七**

28.2×6cm，3行，约9—10世纪。吐峪沟遗址出土。

参 KCBT I，119。

Ch 19（T III 73.109） **《佛说灌顶七万二千神王护比丘咒经》卷一二**

13.7×9.2cm，4行，约9—10世纪。

参 KCBT I，168。

Ch 20（T III So 91.512） **佛典残片**

11.5×6.1cm，3行。胜金口遗址出土。

Ch 21（T III T 178） **《妙法莲华经》卷七**

6.3×5.6cm，3行，约9—10世纪。吐峪沟遗址出土。

参 KCBT I，122。

Ch 22（T III T 614） **《妙法莲华经》卷四**

11×6.6cm，4行，约7世纪中—8世纪末。吐峪沟遗址出土。

参 KCBT II，49。

Ch 23（无原编号）　《佛顶尊胜陀罗尼经》

7.5×6.2cm，5 行，约 7 世纪中—8 世纪末。

参 KCBT II，80。

Ch 24（T II T 1987）　佛典残片

13.1×7.1cm，5 行。吐峪沟遗址出土。

Ch 25（T II D 128）　《妙法莲华经》卷一

6.2×21.8cm，13 行。高昌故城出土。

参 Kudara 2005，51。

Ch 26（T II Y 34.20）　佛典残片

5.1×11.1cm，3 行。交河故城出土。

Ch 27（T III T 485）　佛典残片

19.5×6.2cm，3 行。吐峪沟遗址出土。

Ch 28（T III T 131）　《妙法莲华经》卷七

14.5×5.6cm，3 行，约 9—10 世纪。吐峪沟遗址出土。

参 KCBT I，113。

Ch 29（T II T 1205）　《妙法莲华经》卷二

5.8×8.5cm，4 行，约 7 世纪中—8 世纪末。吐峪沟遗址出土。

参 KCBT II，42。

Ch 30（T II 1791）　《佛说阿弥陀三耶三佛萨楼佛檀过度人道经》卷上

8.2×13.2cm，8 行。

参 Kudara 2005，64。

Ch 31（T III T 324）　《佛说仁王般若波罗蜜经》卷上

10.1×14.6cm，7 行。吐峪沟遗址出土。

参 Kudara 2005，50。

Ch 32（T II T 1418）　佛典残片

9.2×17.2cm，9 行。吐峪沟遗址出土。

Ch 33r（T II T 1595）　《佛说阿弥陀经》

5.3×5cm，5 行，约 9—10 世纪。吐峪沟遗址出土。

参 KCBT I，132。

Ch 33v　《佛说阿弥陀经》

5 行，约 9—10 世纪。

参 KCBT I，132。

Ch 34（T II 1539）　《中论》卷二

13.9×19.1cm，11 行，约 7 世纪中—8 世纪末。

参 KCBT I，180。

Ch 35（T II 1349）　《妙法莲华经》卷二

13.7×14.6cm，9 行，约 6 世纪中—7 世纪中。

参 KCBT I，68。

Ch 36（T III T 149）《妙法莲华经》卷四

14.9×11.7cm，7行，约7世纪中—8世纪末。吐峪沟遗址出土。

参 KCBT I，87。

Ch 37（无原编号）《妙法莲华经》卷四

12×12cm，5行。刻本。

参 KCBT II，51。

Ch 38（T II S 1033）《现在贤劫千佛名经》

12.9×10.4cm，6行。胜金口遗址出土。

参 Kudara 2005，93。

Ch 39（T III T 123）《妙法莲华经》卷七

21×6.1cm，5行，约9—10世纪。吐峪沟遗址出土。

参 KCBT I，108。

Ch 40（T III T 148）《妙法莲华经》卷七

25.3×5.7cm，4行，约9—10世纪。吐峪沟遗址出土。

参 KCBT I，116。

Ch 41（T II T 1546）《大般涅槃经》卷二六

13×10.6cm，6行，约6世纪中—7世纪中。吐峪沟遗址出土。

参 KCBT I，138。

Ch 42（T II 4055）《大般若波罗蜜多经》卷四二六

11.4×23.8cm，14行，约7世纪中—8世纪末。

参 KCBT II，25。

Ch 43（T II D 302）《佛顶尊胜陀罗尼经》

10×23cm，13行，约7世纪中—8世纪末。高昌故城出土。

参 KCBT I，164。

Ch 44（T III T 132）《妙法莲华经》卷七

27.3×11cm，6行，约9—10世纪。吐峪沟遗址出土。

参 KCBT I，107。

Ch 45（T II T 2031d）《大般涅槃经》卷二六

26.6×4cm，3行，约7世纪中—8世纪末。吐峪沟遗址出土。

参 KCBT II，68。

Ch 46（T III T 55）《妙法莲华经》卷四

26×21.7cm，12行，约7世纪中—8世纪末。吐峪沟遗址出土。

参 KCBT I，79。

Ch 47（T II T 3090）《大般涅槃经》卷一〇

8.3×13.9cm，7行。吐峪沟遗址出土。

参 Kudara 2005，81。

Ch 48（T II 1776）《妙法莲华经》卷七

16.7×22.4cm，12行，约9—10世纪。

参 KCBT I，111。

Ch 49（T III T 600）　《维摩诘所说经》卷中

15.7×21.2cm，13 行。吐峪沟遗址出土。

参 Kudara 2005，95。

Ch 50r（T II T 1228）　佛典残片

12.4×10.8cm，6 行。吐峪沟遗址出土。

Ch 50v　唐天宝年间交河郡籍

4 行。

参 Thilo 1970，88-89，图 5；池田温 1979，262；TTD II，A，86，181-182；B，136；荣新江 1998b，314；Nishiwaki 2001，65。

Ch 51（T II 1637）　《金刚般若波罗蜜经》

8.3×20.7cm，16 行，约 9—10 世纪。

参 KCBT I，40。

Ch 52（T II T 1358）　佛典残片

10.3×14.1cm，11 行。吐峪沟遗址出土。

Ch 53（T II T 1303）　《大般若波罗蜜多经》卷五七八

7.1×15.7cm，9 行。吐峪沟遗址出土。

参 Kudara 2005，38。

Ch 54（T II 1797）　佛典残片

13.9×20.8cm，11 行。

Ch 55（T I D 1033）　《大般若波罗蜜多经》卷五二五

24.8×17.9cm，11 行，约 7 世纪中—8 世纪末。高昌故城出土。

参 KCBT II，26。

Ch 56（T II D 318）　《妙法莲华经》卷六

14.5×7.5cm，4 行，约 7 世纪中—8 世纪末。高昌故城出土。

参 KCBT I，97。

Ch 57（T III D 349）　《注三藏圣教序》（玄范）

11×15.6cm，双面书写，正面 10 行，背面 9 行，楷书，有乌丝栏。背面纸磨损严重，文字已不连续。高昌故城出土。

参 西胁常记 1997b，2-32，图 1；荣新江 1998b，314；Nishiwaki 2001，99-100；西胁常记 2002，265-299，图 53-54。

Ch 58（T II 1780）　《摩诃般若波罗蜜经》卷二七

13.5×19cm，10 行，约 6 世纪中—8 世纪中。

参 KCBT I，37。

Ch 59（T III S 63）　《四分律》卷四五

16.1×17cm，10 行，约 9—10 世纪。胜金口遗址出土。

参 KCBT II，82。

Ch 60（T II T 1233）　《佛说灌顶七万二千神王护比丘咒经》卷一二

6.9×17.1cm，9 行。吐峪沟遗址出土。

Ch 61（T III T 128）　《妙法莲华经》卷七

25.8×6.3cm，4行，约9—10世纪。吐峪沟遗址出土。

参 KCBT I，116。

Ch 62（T II 4070） 佛典残片

8.6×9.6cm，6行。

Ch 63a（T III T 191） 《大般涅槃经》卷五

6.7×7.3cm，5行，约6世纪中—7世纪中。吐峪沟遗址出土。

参 KCBT II，65。

Ch 63b（T III T 191） 《大般涅槃经》卷五

7×6.3cm，4行，约6世纪中—7世纪中。吐峪沟遗址出土。

参 KCBT II，65。

Ch 64（T III T 180.27） 《妙法莲华经》卷七

6.1×5.2cm，4行，约9—10世纪。吐峪沟遗址出土。

参 KCBT I，122。

Ch 65（T III S 67） 兵役名籍

12.7×2.7cm，4行。胜金口遗址出土。

参 荣新江 1998b，314；Nishiwaki 2001，84。

Ch 66（T III S 23.1） 名籍

8.8×10.5cm，3行。胜金口遗址出土。

参 荣新江 1998b，314；Nishiwaki 2001，84。

Ch 67（无原编号） 杂写

12.4×8.1cm，3行。

Ch 68（T III 34.38） 《大般若波罗蜜多经》卷五七七

12.1×13.7cm，9行，约7世纪中—8世纪末。

参 KCBT II，26。

Ch 69（T III 34.53） 《妙法莲华经》卷七

11.2×21.7cm，14行，约9—10世纪。

参 KCBT I，110。

Ch 70（T II D 196） 《小品般若经》卷一

17.3×12.4cm，7行，约4—6世纪中。高昌故城出土。

参 KCBT II，31。

Ch 71（T II 1359） 《一切经音义》卷五《如来方便善巧咒经·胜鬘经音义》（玄应）

13.2×10.2cm，7行，前与Ch 2259缀合，下与Ch 3122缀合。

参 石塚晴通 1992，55；西胁常记 1997b，90，图14；荣新江 1998b，314；Nishiwaki 2001，102-103，图21；西胁常记 2002，55-56，图11；徐时仪 2005，6，42。

Ch 72（T II 1531） 佛典残片

6.8×12.1cm，7行。

Ch 73（T III 34.43） 《佛顶尊胜陀罗尼经》

15.6×9.8cm，6行，约7世纪中—8世纪末。

参 KCBT II，80。

Ch 74（T III 34. 10） 《光赞经》卷一

8. 5 ×23. 1cm，15 行，约 4—6 世纪中。

参 KCBT I，35。

Ch 75（T III 218. 4） 佛典残片

6. 4 ×18. 5cm，9 行。

Ch 76（T II S 1004） 《大般涅槃经》卷一八

8. 2 ×6cm，3 行。胜金口遗址出土。

参 Kudara 2005，71。

Ch 77（T II S 1003） 佛典残片

8 ×5. 2cm，3 行。胜金口遗址出土。

Ch 78（T II 1214） 《胜天王般若波罗蜜经》卷三

6 ×5. 5cm，2 行。

参 Kudara 2005，46。

Ch 79（T I D 1038） 《切韵》

5. 8 ×5. 9cm，双面书写，正面 6 行，背面 7 行，存一纸的下半。高昌故城出土。

参 荣新江 1997a，269；荣新江 1998b，312，314；Nishiwaki 2001，44-45；Takata 2004，333-335；高田时雄 2005，24-27。

Ch 80（T II D 324） 《添品妙法莲华经》卷四

9. 3 ×3. 7cm，2 行。高昌故城出土。

参 Kudara 2005，62。

Ch 81（T II T 1406） 《合部金光明经》卷三

14 ×10. 1cm，5 行，约 7 世纪中—8 世纪末。吐峪沟遗址出土。

参 KCBT II，76。

Ch 82（无原编号） 唐帖为遣人修渠事

18. 4 ×12. 1cm，4 行，此或为安西都护府文书。

参 荣新江 1998b，314；Nishiwaki 2001，72。

Ch 83（T III T 448） 佛典残片

14. 8 ×13. 3cm，7 行。吐峪沟遗址出土。

Ch 84（T III 34） 《维摩诘所说经》卷上

13. 3 ×15. 4cm，8 行，约 7 世纪中—8 世纪末。

参 KCBT I，146。

Ch 85（无原编号） 《妙法莲华经》卷二

18. 2 ×13. 8cm，7 行，约 7 世纪中—8 世纪末。

参 KCBT I，58。

Ch 86（T II 4086） 《妙法莲华经》卷四

14. 8 ×13. 3cm，7 行，约 7 世纪中—8 世纪末。

参 KCBT II，51。

Ch 87（T III T 613） 佛典残片

7. 9 ×13. 7cm，7 行。吐峪沟遗址出土。

Ch 88（T II 1357） 《十诵律》卷四二

13.4×13.1cm，10行。

参 Kudara 2005，103。

Ch 89（T II T 1317） 佛典残片

12.4×17.2cm，10行。吐峪沟遗址出土。

Ch 90（T II 1774） 《大般涅槃经》卷二九

15.5×21cm，12行，约4—6世纪中。

参 KCBT II，69。

Ch 91（T III S 96） 《大般涅槃经》卷八

18.4×16.8cm，9行，约7世纪中—8世纪末。胜金口遗址出土。

参 KCBT II，72。

Ch 92（T II D 327） 《金刚般若波罗蜜经》

17×13.5cm，8行，约7世纪中—8世纪末。高昌故城出土。

参 KCBT I，46。

Ch 93（T III T 117） 《大通方广忏悔灭罪庄严成佛经》卷上

13.1×11.8cm，4行。吐峪沟遗址出土。

参 Kudara 2005，116。

Ch 94（T III T 629） 佛典残片

8.3×13.2cm，7行。吐峪沟遗址出土。

Ch 95r（T I D 95） 《妙法莲华经》卷五

19.9×8.6cm，6行，约7世纪中—8世纪末。高昌故城出土。

参 KCBT I，95。

Ch 95v 杂写

3行。

Ch 96（T II T 2086） 《妙法莲华经》卷七

14.9×18.5cm，12行，约9—10世纪。吐峪沟遗址出土。

参 KCBT I，108。

Ch 97（T III T 152） 《妙法莲华经》卷七

27.6×6.2cm，3行，约9—10世纪。吐峪沟遗址出土。

参 KCBT I，117。

Ch 98（T III T 142） 《妙法莲华经》卷七

22.7×7.1cm，5行，约9—10世纪。吐峪沟遗址出土。

参 KCBT I，115。

Ch 99（T III T 624） 佛典残片

10.8×14.9cm，10行。吐峪沟遗址出土。

Ch 100（T III T 304.12） 《大般涅槃经》卷三

15.2×17.8cm，11行，约6世纪中—7世纪中。吐峪沟遗址出土。

参 KCBT II，72。

Ch 101（T II 4004） 《金光明经》卷三

12×14.8cm，8 行，约 7 世纪中—8 世纪末。

参 KCBT II，75。

Ch 102（T II 1886） 《大般涅槃经》卷一〇

15.3×13.6cm，8 行，约 6 世纪中—7 世纪中。

参 KCBT II，66。

Ch 103（T II T 1471） 《妙法莲华经》卷三

7.1×13.9cm，7 行。吐峪沟遗址出土。

参 Kudara 2005，54。

Ch 104（T II 4000） 佛典残片

13.8×16.5cm，9 行。

Ch 105（T III T 143） 《妙法莲华经》卷七

25.8×7.1cm，3 行，约 9—10 世纪。吐峪沟遗址出土。

参 KCBT I，115。

Ch 106（T III T 206） 《佛说天地八阳神咒经》

10.8×29.7cm，17 行，约 9—10 世纪。吐峪沟遗址出土。

参 KCBT I，187。

Ch 107（T III T 433） 《光赞经》卷三

24.4×9.7cm，5 行，约 6 世纪中—7 世纪中。吐峪沟遗址出土。

参 KCBT I，36。

Ch 108（T III T 144） 《妙法莲华经》卷七

27×5.7cm，4 行，约 9—10 世纪。吐峪沟遗址出土。

参 KCBT I，115。

Ch 109（T III T 348） 佛典残片

13.9×15.5cm，9 行。

Ch 110（T III T 631） 《金刚般若波罗蜜经》

12.5×14cm，8 行，约 7 世纪中—8 世纪末。吐峪沟遗址出土。

参 KCBT II，33。

Ch 111（无原编号） 《妙法莲华经》卷七

12.4×14.2cm，7 行，约 7 世纪中—8 世纪末。

参 KCBT I，108。

Ch 112（T II T 1318） 佛典残片

13.1×17.5cm，10 行。吐峪沟遗址出土。

Ch 113（T III T 330） 《佛说观佛三昧海经》卷一

9.9×17.7cm，10 行。吐峪沟遗址出土。

参 Kudara 2005，96。

Ch 114（T II 4089） 《十诵比丘波罗提木叉戒本》

14.8×13cm，7 行，约 9—10 世纪。

参 KCBT I，175。

Ch 115（T II T 1930） 《佛名经》卷三

15.2×8.4cm，5行。吐峪沟遗址出土。

参 Kudara 2005，84。

Ch 116r（T II T 1309） 佛典残片

10.9×14.5cm，8行。吐峪沟遗址出土。

Ch 117（T II T 1357） 《大般涅槃经》卷三一

9.6×14.2cm，8行。吐峪沟遗址出土。

参 Kudara 2005，77。

Ch 118（T III T 208） 《妙法莲华经》卷四

13.9×16.7cm，8行。吐峪沟遗址出土。

参 Kudara 2005，57。

Ch 119（T II 1378） 佛典残片

13×11cm，6行。

Ch 120（T II T 1352） 《大方等无想经》卷五

14.5×11.3cm，7行，约7世纪中—8世纪末。吐峪沟遗址出土。

参 KCBT II，73。

Ch 121（T II T 1221） 《毛诗·小雅·采微~出车》

13.3×12.3cm，7行，楷书，字颇大，有朱笔句读。存《采薇》4残行，《出车》2行，《采薇》后有章末标题及一章句数，此系唐太宗贞观中颜师古定本格式，见《新唐书·儒学传》上及《正义》，知为唐人写本。吐峪沟遗址出土。

参 荣新江1997b，395；荣新江1998b，311，314；Nishiwaki 2001，35-36。

Ch 122（无原编号） 《佛说灌顶七万二千神王护比丘咒经》卷一二

10×23.5cm，11行，约9—10世纪。

参 KCBT I，169。

Ch 123（T II T 2085） 《金刚般若波罗蜜经》

6.8×6.6cm，4行。吐峪沟遗址出土。

参 Kudara 2005，49。

Ch 124r（T III 1123） 佛典残片

8.1×10.5cm，5行。

Ch 124v 佛典残片

5行。

Ch 125（T III 1072） 《妙法莲华经》卷七

13.3×8.2cm，5行，约7世纪中—8世纪末。

参 KCBT I，109。

Ch 126（T II 4067） 《小品般若经》卷三

11.7×8.2cm，5行，约6世纪中—7世纪中。

参 KCBT II，31。

Ch 127（T II 1305） 《妙法莲华经》卷三

12.7×9.2cm，5行，约7世纪中—8世纪末。

参 KCBT I，77。

Ch 128（T II 1365） 《大方广佛华严经》卷六

12.3×9.2cm，5 行。

参 Kudara 2005，62。

Ch 129（T III T 411） 《小品般若波罗蜜经》卷一

8.9×11cm，6 行。吐峪沟遗址出土。

参 Kudara 2005，45。

Ch 130（T III T 531） 道经

7.7×12.4cm，7 行，纸色黑褐。字体楷中带隶，有界栏。吐峪沟遗址出土。

参 荣新江 1998b，314。

Ch 131（T II T 1737） 佛典残片

8.9×7.5cm，4 行。吐峪沟遗址出土。

Ch 132（T II T 1740） 《妙法莲华经》卷二

9×6.7cm，4 行，约 4—6 世纪。吐峪沟遗址出土。

参 KCBT II，42，图 18/25。

Ch 133r（T II Y 17.4） 佛典残片

9.3×13.4cm，5 行。交河故城出土。

Ch 133v 穆石师抄经题记

1 行。残存半行字，楷书，甚整严，有栏。题记："十七日穆石师抄。"

参 荣新江 1998b，314；Nishiwaki 2001，125-126。

Ch 134（T II T 1902） 佛典残片

10.3×12.9cm，8 行。吐峪沟遗址出土。

Ch 135（T III T 398） 佛典残片

12.9×11.9cm，8 行。吐峪沟遗址出土。

Ch 136（T II T 1459） 《大方等大集经》卷六

10.8×12.4cm，7 行。吐峪沟遗址出土。

参 Kudara 2005，82。

Ch 137r（T II 1874） 《大般涅槃经》卷一九

12.9×8.9cm，6 行。

参 Kudara 2005，72。

Ch 137v 《大般涅槃经》卷一九

6 行。

参 Kudara 2005，72。

Ch 138（T II T 1512） 佛典残片

13×10.4cm，5 行。吐峪沟遗址出土。

Ch 139（T II D 264） 《入楞伽经》卷一

10.6×12.2cm，6 行。高昌故城出土。

参 Kudara 2005，98。

Ch 140（T II 1116） 佛典残片

8.3×14.5cm，8 行。

Ch 141（T II T 1150）　《道行般若经》卷六

11.7×9.6cm，7行。吐峪沟遗址出土。

参 Kudara 2005，44。

Ch 142（T III D 1014）　《大般涅槃经》卷六

11.3×11.1cm，6行。高昌故城出土。

参 Kudara 2005，65。

Ch 143（T II 1106）　《佛名经》卷一一

13.3×14.4cm，9行。

参 Kudara 2005，90。

Ch 144（T III T 414）　《大般涅槃经》卷二〇

10.8×11.2cm，5行。吐峪沟遗址出土。

参 Kudara 2005，72。

Ch 145（T III 1186）　佛典残片

10.3×11cm，5行。

Ch 146（T II T 1894）　佛典残片

11.5×10.1cm，6行。吐峪沟遗址出土。

Ch 147（T II T 3069）　佛典残片

10.1×18.1cm，12行。吐峪沟遗址出土。

Ch 148a（T II 1478）　《佛说灌顶七万二千神王护比丘咒经》卷八

8.4×8.3cm，5行，约7世纪中—8世纪末。

参 KCBT I，167。

Ch 148b（T II 1478）　《佛说灌顶七万二千神王护比丘咒经》卷八

6.4×8.6cm，4行，约7世纪中—8世纪末。

参 KCBT I，167。

Ch 149（T II T 1371）　佛典残片

10.5×14.7cm，8行。吐峪沟遗址出土。

Ch 150（T II 1599）　佛经注疏

10.6×13.2cm，7行。

Ch 151（T III M 173.126）　《维摩诘所说经》卷上

11.3×17.6cm，9行，约7世纪中—8世纪末。木头沟遗址出土。

参 KCBT I，146。

Ch 152（T II D 143.23）　《妙法莲华经》卷一

11.7×11.5cm，6行，约7世纪中—8世纪末。高昌故城出土。

参 KCBT I，52。

Ch 153r（T II 1953）　佛典残片

10.6×10.2cm，5行。

Ch 153v　佛典残片

4行。

Ch 154（T III T 623）　《妙法莲华经》卷一

10.7×12.5cm，9行，约6世纪中—7世纪中。吐峪沟遗址出土。

参 KCBT I，54。

Ch 155（T II T 2098） **《正法华经》卷二**

24.5×7cm，5行。吐峪沟遗址出土。

参 Kudara 2005，61。

Ch 156（T II 1313） **佛典残片**

6.9×9.3cm，5行。

Ch 157（T II S 141） **《金刚般若波罗蜜经》**

8.6×5.3cm，3行，约7世纪中—8世纪末。胜金口遗址出土。

参 KCBT II，32。

Ch 158（T III M 236.500） **佛典残片**

17.3×10.1cm，7行。木头沟遗址出土。

Ch 159（T III 34.8 d） **《佛名经》卷一**

8.5×13.4cm，3行。

参 Kudara 2005，83。

Ch 160（T II D 378） **佛典残片**

16.1×9.6cm，6行。高昌故城出土。

Ch 161（T II T 1291） **《妙法莲华经》卷五**

8.5×13.8cm，8行，约7世纪中—8世纪末。吐峪沟遗址出土。

参 KCBT I，91。

Ch 162（T III 2092） **《大般涅槃经》卷二六**

7.1×8.5cm，5行，约6世纪中—7世纪中。

参 KCBT II，68。

Ch 163r（T II 1119） **佛典残片**

14.7×7.1cm，4行。

Ch 163v **佛典残片**

4行。

Ch 164（T II 1821） **《佛名经》卷一**

21.1×12.9cm，8行。

参 Kudara 2005，83。

Ch 165（T III 272.124） **佛典残片**

13.4×11cm，5行。

Ch 166（T III T 404） **《十诵比丘尼波罗提木叉戒本》**

9×12.2cm，8行，约6世纪中—7世纪中。吐峪沟遗址出土。

参 KCBT I，175。

Ch 167（T II T 1206） **佛典残片**

12.1×3.8cm，2行。吐峪沟遗址出土。

Ch 168（T II D 427） **《大般若波罗蜜多经》卷四五**

15.7×5.6cm，3行，约7世纪中—8世纪末。高昌故城出土。

参 KCBT II，19。

Ch 169（T III 1161） 《大般涅槃经》卷一二

5.6×7.8cm，5 行。

参 Kudara 2005，69。

Ch 170（T III T 343） 佛典残片

16.3×8.8cm，4 行。吐峪沟遗址出土。

Ch 171（T IV K 75） 《金刚般若波罗蜜经》

8.7×21.2cm，12 行，约 7 世纪中—8 世纪末。库车地区出土。

参 KCBT I，40。

Ch 172（T II 2006） 《大方广佛华严经》卷二七

13.5×16.1cm，9 行，约 7 世纪中—8 世纪末。

参 KCBT II，61。

Ch 173（T II T 1390） 残帐

15.9×8cm，3 行，与 Ch 937、Ch 3892 似为同一文书。吐峪沟遗址出土。

参 荣新江 1998b，314；Nishiwaki 2001，76。

Ch 174（T II 1917） 摩尼教发愿文

13.4×8.1cm，6 行，黄麻纸，残存一叶，形式颇似吐鲁番出土伊朗语文献之册页。双面书写，每页 6 行字，分上下栏书写，为七言诗体。年代在 9—10 世纪。

参 Thilo 1991，163-165，图 20-21；荣新江 1998b，314；Nishiwaki 2001，135；Mikkelsen 2004，213-220；王媛媛 2005，54；王丁 2005，2-3，9-10，图 3-4。

Ch 175（T II T 1779） 佛典残片

12.5×9.3cm，5 行。吐峪沟遗址出土。

Ch 176（T II Y 17.5） 佛典残片

10.1×12.7cm，6 行。交河故城出土。

Ch 177（T II 2019） 佛典残片

17.4×12.3cm，8 行。

Ch 178（T III T 518） 《妙法莲华经》卷二

9.6×12cm，7 行，约 7 世纪中—8 世纪末。吐峪沟遗址出土。

参 KCBT II，40。

Ch 179（T II T 1217） 佛典残片

10.1×14.6cm，8 行。吐峪沟遗址出土。

Ch 180（T II D 268） 《妙法莲华经》卷五

15.4×18.3cm，11 行，约 9—10 世纪。高昌故城出土。

参 KCBT I，93。

Ch 181（T II T 1244） 《妙法莲华经》卷三

11.2×11.8cm，6 行，约 7 世纪中—8 世纪末。吐峪沟遗址出土。

参 KCBT I，74。

Ch 182r（T II T 3049） 佛典残片

19.9×5.1cm，3 行。吐峪沟遗址出土。

Ch 182v　佛典残片

2 行。

Ch 183（T II D 334）　佛典残片

5.1×5cm，3 行。高昌故城出土。

Ch 184（T II 4027）　《妙法莲华经》卷五

15.5×10.4cm，6 行，约 7 世纪中—8 世纪末。

参 KCBT II，53。

Ch 185（T III 1094）　《佛说灌顶七万二千神王护比丘咒经》卷一二

14×13.1cm，8 行，约 7 世纪中—8 世纪末。

参 KCBT I，167。

Ch 186（T II 4050）　《金刚般若波罗蜜经》

11.6×6cm，3 行，约 7 世纪中—8 世纪末。

参 KCBT II，35。

Ch 187（T III 1082）　《妙法莲华经》卷三

16×6.2cm，4 行，约 7 世纪中—8 世纪末。

参 KCBT II，46。

Ch 188r（T III 2053）　《妙法莲华经》卷五

9.2×9.6cm，5 行。

参 Kudara 2005，58。

Ch 188v　佛典残片

2 行。

Ch 189（T II 1598）　《大般若波罗蜜多经》卷五七七

9.2×10.6cm，6 行。

参 Kudara 2005，37。

Ch 190（T III T 267）　佛典残片

14.9×12.8cm，7 行。吐峪沟遗址出土。

Ch 191（T II S 32 a. 1008）　《大般涅槃经》卷八

13.8×11.5cm，6 行。胜金口遗址出土。

参 Kudara 2005，67。

Ch 192r（T II T 1534）　佛典残片

13.2×13.7cm，11 行。

Ch 192v　佛典残片

3 行。

Ch 193（T II S 331）　《摩诃般若波罗蜜经》卷二六

16×9.2cm，5 行，约 7 世纪中—8 世纪末。胜金口遗址出土。

参 KCBT II，29。

Ch 194（T II T 585）　《大般若波罗蜜多经》卷一九五

11×11.9cm，7 行。吐峪沟遗址出土。

参 Kudara 2005，27。

Ch 195（T III 1076） 《妙法莲华经》卷五

20.5×14.7cm，9行。

参 Kudara 2005，58。

Ch 196（T II T 3001） 佛典残片

9.5×11.3cm，6行。吐峪沟遗址出土。

Ch 197r（T II T 596） 《妙法莲华经》卷四

11.8×10.2cm，5行，约7世纪中—8世纪末。吐峪沟遗址出土。

参 KCBT I，86。

Ch 197v 残字

1行。

Ch 198（T III S 91.501） 《大般涅槃经》卷三六

13.4×8.2cm，5行。胜金口遗址出土。

参 Kudara 2005，79。

Ch 199（T II T 594） 《大般若波罗蜜多经》卷五六

10.5×9.9cm，6行。吐峪沟遗址出土。

参 Kudara 2005，23。

Ch 200（T II T 2096） 佛典残片

10.3×8.9cm，5行。吐峪沟遗址出土。

Ch 201（T II T 1376） 《大般若波罗蜜多经》卷一六五

11.6×12.9cm，8行，约7世纪中—8世纪末。吐峪沟遗址出土。

参 KCBT II，21。

Ch 202（T II T 2019） 《大般涅槃经》卷九

12×11cm，7行，约6世纪中—7世纪中。吐峪沟遗址出土。

参 KCBT II，66。

Ch 203（T I 503x） 《金光明最胜王经》卷九

14.8×11.5cm，8行，约7世纪中—8世纪末。

参 KCBT II，78。

Ch 204r（T III 1110） 佛典残片

11.7×11.2cm，5行。

Ch 204v 《月灯三昧经》

5行，约7世纪中—8世纪末。

参 KCBT I，149。

Ch 205（T III T 323） 佛典残片

11.9×9.4cm，4行。吐峪沟遗址出土。

Ch 206（T III 1073） 《弥沙塞部和醯五分律》卷二二

20.9×14.4cm，8行。

参 Kudara 2005，101。

Ch 207（T III T 247） 《金刚般若波罗蜜经》

14×10.5cm，7行，约7世纪中—8世纪末。吐峪沟遗址出土。

参 KCBT II，35。

Ch 208（T II 4068） 《大般涅槃经》卷一三

9.5×12cm，7行。

参 Kudara 2005，69。

Ch 209（T III 1139） 佛典残片

11.5×17.3cm，9行。

Ch 210（T II T 595） 《金刚般若波罗蜜经》

8.1×11.5cm，7行。吐峪沟遗址出土。

参 Kudara 2005，47。

Ch 211（T III T 197） 《佛顶尊胜陀罗尼经》

10.5×10.8cm，6行，约7世纪中—8世纪末。吐峪沟遗址出土。

参 KCBT I，162。

Ch 212（T III T 620） 《金刚般若波罗蜜经》

11×12cm，5行，约9—10世纪。吐峪沟遗址出土。

参 KCBT II，34。

Ch 213（T III D 1038） 《大般涅槃经》卷六

10.7×8.6cm，5行。高昌故城出土。

参 Kudara 2005，66。

Ch 214（T III T 260） 《合部金光明经》卷三

13.1×16.9cm，9行。吐峪沟遗址出土。

参 Kudara 2005，97。

Ch 215（T III 2043） 佛典残片

10.9×8.1cm，6行。

Ch 216（T III T 246） 《道行般若经》卷五

13.5×16.6cm，8行。吐峪沟遗址出土。

参 Kudara 2005，44。

Ch 217（T II T 1260） 《占死丧法》（拟）

14.1×18.8cm，12行，部分行前有朱笔三角勾记，系推人上计及合死不合死法的表格的一部分。吐峪沟遗址出土。中国国家图书馆善本部藏有向达1937年所获照片。

参 荣新江 1998b，314；Nishiwaki 2001，95；荣新江 2005，274；余欣（待刊稿）。

Ch 218r（T III 3000） 残文

10.6×7.6cm，4行，隶书。

Ch 218v 佛典残片

6行，楷书。

Ch 219r（T III T） 佛典残片

8.4×12.1cm，7行。吐峪沟遗址出土。

Ch 219v 佛典残片

5行。

Ch 220（T II T 1218） 《光赞经》卷三

16.5×12.6cm，6行，约6世纪中—7世纪中。吐峪沟遗址出土。

参 KCBT I，36。

Ch 221（T II 1752） 《大般若波罗蜜多经》卷五七七

13.9×14.8cm，7行。

参 Kudara 2005，37。

Ch 222（T II 5000） 《金光明经》卷三

9.9×11.2cm，6行。

参 Kudara 2005，97。

Ch 223（T II T 3070） 佛典残片

8.3×9.1cm，5行。吐峪沟遗址出土。

Ch 224（T II D 261） 佛典残片

10.2×10.3cm，5行。高昌故城出土。

Ch 225（T II T 592） 《佛说灌顶七万二千神王护比丘咒经》卷一二

7.3×10.3cm，6行，约7世纪中—8世纪末。吐峪沟遗址出土。

参 KCBT I，168。

Ch 226（T II T） 佛典残片

10.1×10.5cm，6行。吐峪沟遗址出土。

Ch 227（T III 218.14） 《大般若波罗蜜多经》卷五八七

9.1×7.4cm，4行。

参 Kudara 2005，38。

Ch 228（T I 505 x） 《金刚般若波罗蜜经》

12.3×11cm，6行。

参 Kudara 2005，49。

Ch 229（T II S 329.1013） 佛典残片

9.2×9.8cm，5行。胜金口遗址出土。

Ch 230（T III 2004） 《胜天王般若波罗蜜经》卷一

11.9×10.3cm，5行。

参 Kudara 2005，46。

Ch 231（T III Š 91.500） 《大般涅槃经》卷八

8.7×10.3cm，5行。焉耆硕尔楚克遗址出土。

参 Kudara 2005，67。

Ch 232（T II T 3014） 佛典残片

8.5×12.9cm，5行。吐峪沟遗址出土。

Ch 233（T III 1140） 《佛说灌顶七万二千神王护比丘咒经》卷四

17.9×9.6cm，4行。

参 Kudara 2005，99。

Ch 234（T II D 272） 佛典残片

25.8×9.8cm，正背上，正面8行，背面8行，字草，颇拙，有乌丝栏，内容为故事。高昌故城出土。

Ch 235a（T II 1138）　《妙法莲华经》卷三

22.6×7cm，4 行，约 7 世纪中—8 世纪末。

参 KCBT I，73。

Ch 235b（T II 1138）　《妙法莲华经》卷三

22.8×6.7cm，4 行，约 7 世纪中—8 世纪末。

参 KCBT I，73。

Ch 235c（T II 1138）　《妙法莲华经》卷三

22.8×6.9cm，4 行，约 7 世纪中—8 世纪末。

参 KCBT I，73。

Ch 236（T II 1650）　《四分律比丘戒本》

23.9×20.3cm，12 行，约 7 世纪中—8 世纪末。

参 KCBT I，172。

Ch 237（T II 1649）　《佛说月光童子经》

24.5×17.6cm，10 行，约 7 世纪中—8 世纪末。

参 KCBT I，148。

Ch 238（T III T）　《胜天王般若波罗蜜经》卷一

12.6×26.4cm，14 行。吐峪沟遗址出土。

参 Kudara 2005，46。

Ch 239（T II 1233）　《大般涅槃经》卷一二

14.2×19.4cm，10 行，约 7 世纪中—8 世纪末。

参 KCBT I，137。

Ch 240（T II 1653）　《中阿含经》卷七

15.1×20cm，16 行。

参 Kudara 2005，15。

Ch 241（T II 1814）　《大般涅槃经》卷一九

26.1×15.3cm，8 行。

参 Kudara 2005，71。

Ch 242（T II T 1436）　《妙法莲华经》卷二

19.7×11.5cm，7 行，约 7 世纪中—8 世纪末。吐峪沟遗址出土。

参 KCBT I，59。

Ch 243（T III T 514）　《太玄真一本际经》卷八

8.5×10.8cm，6 行，与 Ch 286 可以缀合。楷书精写，有乌丝栏。吐峪沟遗址出土。

参 荣新江 1998b，314；西胁常记 1999，49，61（图 2）；荣新江 1999a，138；Nishiwaki 2001，130-131；西胁常记 2002，115，图 31；王卡 2004，207。

Ch 244（T II T 3018）　《佛名经》卷七

10.7×11.1cm，6 行。吐峪沟遗址出土。

Ch 245（T II 1338）　佛典残片

10.1×10.9cm，7行。

参 Kudara 2005，87。

Ch 246（T II T 3017）　《大般若波罗蜜多经》卷一五八

9.7×11.5cm，5行，约7世纪中—8世纪末。吐峪沟遗址出土。

参 KCBT I，32。

Ch 247（T II 1140）　《妙法莲华经》卷六

26×6.9cm，4行，约7世纪中—8世纪末。

参 KCBT II，56。

Ch 248（T II T 3024）　《金刚般若波罗蜜经》

12.7×16.3cm，10行，约7世纪中—8世纪末。吐峪沟遗址出土。

参 KCBT I，42。

Ch 249（T II 1529）　《佛名经》卷五

12.1×10cm，4行。

参 Kudara 2005，86。

Ch 250（T II D 221）　《般若波罗蜜多心经》

12.4×8cm，4行，约9—10世纪。高昌故城出土。

参 KCBT I，50。

Ch 251（T III 78.3）　《佛说无量清净平等觉经》卷四

16.4×9.3cm，5行。

参 Kudara 2005，64。

Ch 252（T III M 144.101）　《大般若波罗蜜多经》卷三六七

12.5×8.8cm，5行，约7世纪中—8世纪末。木头沟遗址出土。

参 KCBT II，25。

Ch 253（T II D 311）　《妙法莲华经》卷五

15.4×11.5cm，7行，约7世纪中—8世纪末。高昌故城出土。

参 KCBT II，53。

Ch 254（T III T 407）　《大般若波罗蜜多经》卷二〇二

15.4×12cm，7行，约7世纪中—8世纪末。吐峪沟遗址出土。

参 KCBT II，22。

Ch 255（T II D 139）　佛典残片

8×6.6cm，4行。高昌故城出土。

Ch 256（T III 2024）　《十方千五百佛名经》

8.1×6.5cm，3行。

参 Kudara 2005，92。

Ch 257r（T II 3077）　佛典残片

9.4×4cm，2行。

Ch 257v　佛典残片

2行。

Ch 258（T II T 1319）　摩尼教赞美诗

13.3×4.6cm，存一叶，双面书写，各6行，纸叶高度与另一摩尼教文献残叶（Ch 174）相同，中间有折痕，折缝的上下各有一孔，似为装订所用。折缝前为五言诗，后为七言诗，可见中间有缺叶。字极小，楷书，木笔所写。背面为同一文献，折缝前为七言诗，后为五言诗。因纸面上有土，有些文字释读困难，背面尤甚。吐峪沟遗址出土。

参 Thilo 1991，165-170，图 22-23；Sundermann 1991a，171-174；Sundermann 1996d，103-119；荣新江 1997c，542；荣新江 1998b，314；林悟殊 1998，48-49；Nishiwaki 2001，134-135；Mikkelsen 2004，213-220；张广达 2004，358；王媛媛 2005，53-55；林悟殊 2005，127；王丁 2005，2-3，9-10，图 1-2。

Ch 259（T II T 1739）　《金刚般若波罗蜜经》

9.2×8.3cm，5行，约7世纪中—8世纪末。吐峪沟遗址出土。

参 KCBT I，45。

Ch 261（T II T 3029）　佛典残片

8.7×6.7cm，4行。吐峪沟遗址出土。

Ch 262（T II T 1203）　佛典残片

13.5×9.4cm，4行。吐峪沟遗址出土。

Ch 263（T II 1299）　《维摩诘所说经》卷中

11.7×15.3cm，9行，约7世纪中—8世纪末。

参 KCBT I，147。

Ch 264（T II 4007）　《大般涅槃经》卷一

14.2×11cm，7行，约9—10世纪。

参 KCBT II，63。

Ch 265r（T III 1011）　《大般涅槃经》卷一二

13.5×8.5cm，6行。

参 Kudara 2005，68。

Ch 265v　《大般涅槃经》卷一二

6行。

参 Kudara 2005，69。

Ch 266（T II 1793）　《大般涅槃经》卷三三

13.9×20.1cm，12行。

参 Kudara 2005，78。

Ch 267（T III M 219）　《佛顶尊胜陀罗尼经》

11.8×11.7cm，7行，约7世纪中—8世纪末。木头沟遗址出土。

参 KCBT I，163。

Ch 268r（T II D 282）　《佛名经》卷九

9.8×6.8cm，3行。高昌故城出土。

参 Kudara 2005，88。

Ch 268v　《梁朝傅大士颂金刚经并序》

参 BTT I，84。

Ch 269（T III T 487） 佛典残片

9.5×11.8cm，6行。吐峪沟遗址出土。

Ch 270（T III D 1029）《妙法莲华经》卷一

13.1×12.4cm，7行，约9—10世纪。高昌故城出土。

参 KCBT I，51。

Ch 271（T II 2067） 《仁王般若波罗蜜经》及高昌王写经题记

11.9×11.4cm，8行。后有麴氏高昌王题记：“［ ］稽首归命常住三宝，和南。奉请大菩萨［ ］后世仰凭，以获安吉九横（?）。于时回向而［ ］无损。若有归依三宝，投诚般若者，则以［ ］《仁王经》一百五十部，冀受持者发无［ ］漂民逸，□横潜声，灾疫轻□，身［ ］安吉。又愿七祖先灵，考妣往识，济爱欲之河［ ］以安乐。”以下余白。

参 荣新江1998b，314；Nishiwaki 2001，115，图24。

Ch 272（T II T 1210） 《妙法莲华经》卷一

13.1×12.4cm，8行，约6世纪中—7世纪中。吐峪沟遗址出土。

参 KCBT I，51。

Ch 273（T III M 173.180） 佛典残片

10.3×11.5cm，6行。木头沟遗址出土。

Ch 274（T II T 1801） 《妙法莲华经》卷七

12.8×10.6cm，6行，约9—10世纪。吐峪沟遗址出土。

参 KCBT I，109。

Ch 275（T III T 211） 《妙法莲华经》卷四

27×8.5cm，5行，约7世纪中—8世纪末。吐峪沟遗址出土。

参 KCBT II，50。

Ch 276（T II 1231） 《大乘密严经》卷二

15×15cm，9行，约7世纪中—8世纪末。

参 KCBT II，79。

Ch 277（T III 377） 古籍

12.5×13cm，5行。似为文学作品。

参 荣新江1998b，314；Nishiwaki 2001，140。

Ch 278（T II T 2042） 《妙法莲华经》卷六

15.2×10cm，6行，约7世纪中—8世纪末。吐峪沟遗址出土。

参 KCBT I，101。

Ch 279（T II T 2089） 佛典残片

12×13.6cm，7行。吐峪沟遗址出土。

Ch 280（T II T 3007） 《菩萨璎珞本业经》卷下

17.4×12.5cm，8行，约6世纪中—7世纪中。吐峪沟遗址出土。

参 KCBT II，83。

Ch 281（T II T 3025） 《金光明经》卷一

10.4×12.6cm，8行，约4—6世纪中。吐峪沟遗址出土。

参 KCBT I，151。

Ch 282r（T III 1092）　《杂阿毗昙心论》卷一

11.5×17.4cm，12 行，约 9—10 世纪。

参 KCBT I，179。

Ch 282v　《贤愚经》卷七

8 行，约 4—6 世纪。

参 KCBT I，30。

Ch 283（T II D 211）　《妙法莲华经》卷一

9.2×10cm，5 行，约 4—6 世纪。高昌故城出土。

参 KCBT II，38。

Ch 284r（T III T 291）　佛典残片

11×7.3cm，5 行。吐峪沟遗址出土。

Ch 284v　佛典残片

2 行。

Ch 285（T III T 608）　《妙法莲华经》卷四

10×13.4cm，7 行，约 7 世纪中—8 世纪末。吐峪沟遗址出土。

参 KCBT II，49。

Ch 286（T II 1178）　《太玄真一本际经》卷八

13.8×11.7cm，7 行，与 Ch 243 可以缀合。楷书精写，有乌丝栏。

参 荣新江 1998b，314；西胁常记 1999，49，61（图 2）；荣新江 1999a，138；Nishiwaki 2001，131；西胁常记 2002，115-116，图 32；王卡 2004，207。

Ch 287（T II D 370）　《佛说灌顶七万二千神王护比丘咒经》卷一二

8×7.4cm，5 行，约 9—10 世纪。高昌故城出土。

参 KCBT I，168。

Ch 288（T II T 3039）　《大般若波罗蜜多经》卷七七

8.1×6.2cm，4 行，约 7 世纪中—8 世纪末。吐峪沟遗址出土。

参 KCBT II，20。

Ch 289（T II T 3074）　佛典残片

8.1×5.7cm，3 行。吐峪沟遗址出土。

Ch 290（T II T 1943）　（唐高宗）《述三藏圣教序》抄本

10×7.6cm，4 行。吐峪沟遗址出土。

参 西胁常记 1997b，30，n.7；荣新江 1998b，314；Nishiwaki 2001，100。

Ch 291（T II 3096）　《大智度论》卷三五

12×8.7cm，5 行。

参 Kudara 2005，105。

Ch 292（T III T 642）　《优婆塞戒经》卷四

13×12.2cm，7 行。吐峪沟遗址出土。

参 Kudara 2005，104。

Ch 293（T II T 1204）　佛典残片

12.7×13.1cm，8行。吐峪沟遗址出土。

Ch 294（T II 4034） 《妙法莲华经》卷二

12.9×21.3cm，13行，约4—6世纪。

参 KCBT I，67。

Ch 295（T II D 419） 佛典残片

8.6×4.9cm，2行。高昌故城出土。

Ch 296（T III D 1040） 佛典残片

14.1×7.7cm，5行。高昌故城出土。

Ch 297r（T II 1308） 《四分律》卷四一

19×8.4cm，4行。

参 Kudara 2005，102。

Ch 297v 《四分律》卷四一

5行。

参 Kudara 2005，102。

Ch 298r（T II 1925） 《妙法莲华经》卷四

21.9×8.2cm，7行，约9—10世纪。

参 KCBT I，78。

Ch 298v 《妙法莲华经》卷四

7行，约9—10世纪。

参 KCBT I，79。

Ch 299a（T II 1857） 《佛说菩萨本行经》卷下

18×11.2cm，7行。与Ch 299br同卷。

参 Kudara 2005，21。

Ch 299br（T II 1857） 《佛说菩萨本行经》卷下

10.5×8.5cm，4行。与Ch 299a同卷。

参 Kudara 2005，21。

Ch 300r（T II T 1448） 佛典残片

8.2×5.5cm，3行。吐峪沟遗址出土。

Ch 300v 《大智度论》卷二〇

3行。

参 Kudara 2005，105。

Ch 301（T III 2059） 佛典残片

8.9×8.4cm，5行。

Ch 302（T II D 344） 《妙法莲华经》卷三

12.8×8.5cm，5行，约7世纪中—8世纪末。高昌故城出土。

参 KCBT II，44。

Ch 303（T III 34.111） 《御注金刚般若经》

16×7.6cm，4行，约9—10世纪。

参 KCBT I，185；衣川贤次2004，1-2，13（图），25-26。

Ch 304（T III 2010） 佛典残片

15.3×10.7cm，6行。

Ch 305（T III T 190） 《大般涅槃经》卷二〇

11.5×8.8cm，4行。吐峪沟遗址出土。

参 Kudara 2005，72。

Ch 306（T II D 383） 《道行般若经》卷八

12.1×5.3cm，3行。高昌故城出土。

参 Kudara 2005，45。

Ch 307（T IV x 2） 《御注金刚般若经》

15.4×8.3cm，4行。

参 衣川贤次 2003，115

Ch 308（T III 1033） 佛典残片

13.6×7.3cm，4行。

Ch 309（T II T 1239） 《金光明最胜王经》卷一

11.9×15.7cm，8行，约7世纪中—8世纪末。吐峪沟遗址出土。

参 KCBT I，156。

Ch 310（T II 1987） 《光赞经》卷三

14.4×11cm，6行，约6世纪中—7世纪中。

参 KCBT I，36。

Ch 311（T II 1177） 《大般涅槃经》卷五

11.5×14.4cm，8行，约6世纪中—7世纪中。

参 KCBT II，64。

Ch 312（T II T 1383） 《摩诃僧祇律大比丘戒本》

8.8×14.5cm，6行，约7世纪中—8世纪末。吐峪沟遗址出土。

参 KCBT I，171。

Ch 313（T II D 126） 佛典残片

17.9×9cm，4行。高昌故城出土。

Ch 314（T II T 1106） 佛典残片

7.7×7.8cm，4行。吐峪沟遗址出土。

Ch 315（T II T 2099） 佛典残片

9.7×10.7cm，6行。吐峪沟遗址出土。

Ch 316（T III T 618） 古籍

9.6×6.9cm，双面书写，各4行，楷书不工，正面背面字体一致，文字有朱笔句读和改订，有乌丝栏。内容为文学作品。吐峪沟遗址出土。

参 荣新江 1998b，314；Nishiwaki 2001，138。

Ch 317（T II T 2021） 《金刚般若波罗蜜经》

8.5×7.4cm，4行。吐峪沟遗址出土。

参 Kudara 2005，49。

Ch 318（T III M 173.176） 《十诵律》卷五五

5.2×9.5cm，8行。木头沟遗址出土。

参 Kudara 2005，103。

Ch 319r（T II D 415）　《大般涅槃经》卷一四

12.1×16.1cm，4行。高昌故城出土。

参 Kudara 2005，69。

Ch 319v　《大般涅槃经》卷一四

4行。

参 Kudara 2005，69。

Ch 320r（T III T 523）　《长阿含经》卷一八

5.7×12.1cm，7行，约9—10世纪。吐峪沟遗址出土。

参 KCBT I，15。

Ch 320v　《长阿含经》卷一八

7行，约9—10世纪。

参 KCBT I，15。

Ch 321r（T III T 634）　《梁朝傅大士颂金刚经并序》

12.5×9.4cm，5行，约9—10世纪。吐峪沟遗址出土。

参 BTT I，84；KCBT I，182。与 Ch 2559r 可以缀合。

Ch 321v　《梁朝傅大士颂金刚经并序》

7行，约9—10世纪。与 Ch 2559v 可以缀合。

参 BTT I，84；KCBT I，183。

Ch 322（T II 5007）　《维摩诘所说经》卷中

9.2×6cm，4行。

参 Kudara 2005，96。

Ch 323r（无原编号）　《切韵》

12.2×6.6cm，3行。据字体及正面背面的内容，与 Ch 1246r、Ch 343r、Ch 2917r、Ch 1577r 为同一写本。

参 Nishiwaki 2001，43；Takata 2004，333-335，图1；高田时雄 2005，24-27，37（图1）。

Ch 323v　《尔雅音义·释鱼·释鸟》

3行。据字体及正面背面的内容，与 Ch 1577v、Ch 2917v、Ch 343v、Ch 1246v 为同一写本。

参 荣新江 1998b，314；Nishiwaki 2001，41。

Ch 324r（T III T 609）　《道行般若经》卷六

9.1×12.8cm，10行。吐峪沟遗址出土。

参 Kudara 2005，44。

Ch 324v　《四分律比丘戒本》

6行。

参 Kudara 2005，103。

Ch 325r（T II T 2038）　佛典残片

12.3×15.7cm，10 行。吐峪沟遗址出土。

Ch 325v　发愿文

6 行。

Ch 326（T II 1866）　《大般若波罗蜜多经》卷二二四

16.6×24.8cm，14 行，约 7 世纪中—8 世纪末。

参 KCBT II，22。

Ch 327r（T II Y 16.20）　佛典残片

15.7×20.8cm，1 行。交河故城出土。

Ch 327v　佛典残片

2 行。

Ch 328（T II D 213）　《大通方广忏悔灭罪庄严成佛经》

14.9×10.6cm，6 行。高昌故城出土。

参 Kudara 2005，116。

Ch 329（T II T 2084）　为天子祈愿文

13.2×12.9cm，11 行，字小而佳，楷书，间有行书。下半纸残。吐峪沟遗址出土。

参 Nishiwaki 2001，110-111，图 22。

Ch 330（T II T 3026）　佛典残片

12.9×14.2cm，8 行。吐峪沟遗址出土。

Ch 331（T II D 303）　《现在十方千五百佛名并杂佛同号》

12.2×11.5cm，6 行。高昌故城出土。

参 Kudara 2005，117。

Ch 332r（T II T 2044）　佛典残片

13.6×11.5cm，4 行。吐峪沟遗址出土。

Ch 332v　佛典残片

9 行。

Ch 333r（T II T 1498）　《妙法莲华经》卷五

18.1×9.4cm，5 行，约 7 世纪中—8 世纪末。吐峪沟遗址出土。

参 KCBT I，92。

Ch 333v　《妙法莲华经》卷五

6 行，约 7 世纪中—8 世纪末。

参 KCBT I，95。

Ch 334（T II T 1657）　《金刚般若波罗蜜经》

12.9×9.5cm，3 行。吐峪沟遗址出土。

参 Kudara 2005，48。

Ch 336（T II T 1653）　《摩诃般若波罗蜜经》卷一四

8.9×10.1cm，4 行，约 7 世纪中—8 世纪末。吐峪沟遗址出土。

参 KCBT I，37。

Ch 337（T III T 610）　《维摩诘所说经》卷上

10.2×13.2cm，8 行。吐峪沟遗址出土。

参 Kudara 2005，95。

Ch 338r（T II T 3041）　佛典残片

5.8×7.3cm，5行。吐峪沟遗址出土。

Ch 338v　佛典残片

5行。

Ch 339（T III T 628）　《添品妙法莲华经》卷三

9.4×10.8cm，6行。吐峪沟遗址出土。

参 Kudara 2005，61。

Ch 340（T II T 1444）　《妙法莲华经》卷四

8.5×6.1cm，3行。刻本。吐峪沟遗址出土。

参 KCBT II，52。

Ch 341（T II 5006）　佛典残片

8.2×5.5cm，3行。

Ch 342（T II T 3089）　《道行般若经》卷一〇

5.9×9.7cm，4行，约4—6世纪中。吐峪沟遗址出土。

参 KCBT，38。

Ch 343r（T II T 1950）　《切韵》

12.4×5.8cm，3行。据字体及正面背面的内容，与Ch 1246r、Ch 323r、Ch 2917r、Ch 1577r为同一写本。吐峪沟遗址出土。

参 Nishiwaki 2001，42-43；Takata 2004，333-335，图1；高田时雄2005，24-27，37（图1）。

Ch 343v　《尔雅音义·释鱼》

3行。据字体及正面背面的内容，与Ch 1577v、Ch 2917v、Ch 323v、Ch 1246v为同一写本。

参 荣新江1998b，314；Nishiwaki 2001，41。

Ch 344（T II T 5008）　佛典残片

8.9×5.8cm，3行。吐峪沟遗址出土。

Ch 345（T II T 3086）　《金刚般若波罗蜜经》

8.8×6.3cm，4行，约7世纪中—8世纪末。吐峪沟遗址出土。

参 KCBT II，33。

Ch 346（T III T 181）　《大般涅槃经》卷一

12×6.3cm，3行，约9—10世纪。吐峪沟遗址出土。

参 KCBT II，63。

Ch 347r（T II T 2040）　《妙法莲华经》卷七

9.7×6.6cm，4行。刻本。吐峪沟遗址出土。

参 Kudara 2005，60。

Ch 347v　佛典残片

6行。

Ch 348r（T III 2097）　《佛说天地八阳神咒经》

11.2×7.7cm，3 行，约 9—10 世纪。

参 KCBT I，187。

Ch 348v　佛典残片

2 行。

Ch 349r（T II T 2052）　道经

5×10.8cm，4 行，刻本。与 Ch 1002 为同一刻本。吐峪沟遗址出土。

参 荣新江 1998b，314；西胁常记 1999，49，62（图 3）；Nishiwaki 2001，132-133；西胁常记 2002，119-120，图 35-36。

Ch 349v　《太上洞玄灵宝无量度人上品妙经》卷一

6 行，与 Ch 1002v 为同一写本。时间应先于正面的刻本。

参 荣新江 1998b，314；西胁常记 1999，49，62（图 3）；Nishiwaki 2001，132-133；西胁常记 2002，119-120，图 35-36。

Ch 350r（T III 1197）　《大般涅槃经》卷一六

6×7.6cm，5 行。

参 Kudara 2005，71。

Ch 350v　《大般涅槃经》卷一六

5 行。

参 Kudara 2005，70。

Ch 351（T II T 1433）　《妙法莲华经》卷二

12.3×8.6cm，5 行，约 7 世纪中—8 世纪末。吐峪沟遗址出土。

参 KCBT I，63。

Ch 352（T II D 134）　佛典残片

7.5×7.8cm，4 行。高昌故城出土。

Ch 353r（T III T 161）　道经

8.9×8.2cm，6 行。吐峪沟遗址出土。

参 小曾户洋 1996，644；荣新江 1998b，314。

Ch 353v　咒（?）

3 行。

参 荣新江 1998b，314。

Ch 354（T II T 3032）　《杂医方》（拟）

9.5×4.2cm，双面书写，各 3 行，字体一致。后与 Ch 483 可以直接缀合。吐峪沟遗址出土。

参 荣新江 1998b，314；Nishiwaki 2001，87；马继兴 2002，157；余欣（待刊稿）。

Ch 355（T II S 1000）　佛典残片

6.6×14.4cm，3 行。胜金口遗址出土。

Ch 357（T II T 1094）　《大般涅槃经》卷三九

11×8.6cm，5 行，约 4—6 世纪中。吐峪沟遗址出土。

参 KCBT II，71。

Ch 358（T II 1985）　《佛名经》卷九

20.4×9.7cm，5行。

参 Kudara 2005，88。

Ch 359（T II 1983）　《大般若波罗蜜多经》卷二九

14.8×11cm，7行，约7世纪中—8世纪末。

参 KCBT II，19。

Ch 360r（T II D 286）　写经题记

6.7×9cm，5行。题记："胡本二百一（中残）十首卢（中残）十五日度等卅余（中残）遍竟。（中残）众度于高昌城北（后残）。"高昌故城出土。

参 池田温 1990，78-79；王素 1997，76，No.24；荣新江 1998b，314；Nishiwaki 2001，113。

Ch 360v　佛典残片

5行。

Ch 361r（T II T 1211）　《御注金刚经宣演》卷下

16.6×8.5cm，5行，约9—10世纪。吐峪沟遗址出土。

参 KCBT I，184。

Ch 361v　《御注金刚经宣演》卷下

6行，约9—10世纪。

参 KCBT I，184。

Ch 362r（T II S 21.20）　《瑜伽师地论》卷三〇

18.1×7.8cm，5行。胜金口遗址出土。

参 Kudara 2005，111。

Ch 362v　《瑜伽师地论》卷三〇

5行。

参 Kudara 2005，111。

Ch 363r（T II T 1224）　佛典残片

12.1×11cm，8行。吐峪沟遗址出土。

Ch 363v　佛典残片

8行。

Ch 364r（T II 1772）　佛典残片

17×8.8cm，7行。

Ch 364v　佛典残片

5行。

Ch 365（T III M 173.131）　佛典残片

10.3×9.9cm，5行。木头沟遗址出土。

Ch 366r（T II D 122）　《佛说天地八阳神咒经》

14.5×8.4cm，7行，约9—10世纪。高昌故城出土。

参 KCBT I，186。

Ch 366v　《佛说天地八阳神咒经》

7行，约9—10世纪。

参 KCBT I，186。

Ch 367r（T II T 1202） 佛典残片

13.1×9.3cm，3 行。吐峪沟遗址出土。

Ch 367v 佛典残片

5 行。

Ch 368（T II T 3038） 佛典残片

8.6×6.4cm，3 行。吐峪沟遗址出土。

Ch 369r（T II D 291） 佛典残片

15.1×7.5cm，3 行。高昌故城出土。

Ch 369v 《阿毗昙八犍度论》卷二七

5 行。

参 Kudara 2005，108。

Ch 370（T II 3041） 《梵网经卢舍那佛说菩萨心地戒品第十》卷下

10.4×10.4cm，7 行，约 7 世纪中—8 世纪末。

参 KCBT I，176。

Ch 371（T II D 390） 《佛说阿弥陀经》

10.7×9.6cm，7 行，约 7 世纪中—8 世纪末。高昌故城出土。

参 KCBT I，132。

Ch 372（T I D 53） 佛典残片

20.8×8.9cm，5 行。高昌故城出土。

Ch 373（T III 1097） 《金刚般若波罗蜜经》

16.3×17.1cm，9 行，约 7 世纪中—8 世纪末。

参 KCBT I，39。

Ch 374（T III 34.117） 佛典残片

10.7×9.1cm，5 行。

Ch 375（T II T 1305） 《佛顶尊胜陀罗尼经》

15.9×11.4cm，7 行，约 7 世纪中—8 世纪末。吐峪沟遗址出土。

参 KCBT I，163。

Ch 376（T II T 1494） 《佛名经》卷二

11.9×11.6cm，6 行。吐峪沟遗址出土。

参 Kudara 2005，84。

Ch 377（T III T 537） 佛典残片

8.6×10.1cm，5 行。吐峪沟遗址出土。

Ch 378（T III 34.106） 《梵网经卢舍那佛说菩萨心地戒品第十》卷下

12.9×9.2cm，6 行，约 9—10 世纪。

参 KCBT I，177。

Ch 379（T I D 608） 佛典残片

7.2×11.4cm，7 行。高昌故城出土。

Ch 380（T III 34.87） 佛典残片

14. 2 ×8. 8cm，5 行。

Ch 381（T II 1346） 佛典残片

13. 9 ×12. 3cm，7 行。

Ch 382r（T I 1047） 佛典残片

5. 2 ×9. 2cm，6 行。

Ch 382v 佛典残片

6 行。

Ch 383（T III 34. 85） 《妙法莲华经》卷四

11. 8 ×8cm，4 行，约 7 世纪中—8 世纪末。

参 KCBT I，83。

Ch 384（T III 34. 83） 《妙法莲华经》卷七

13. 1 ×10. 3cm，6 行，约 7 世纪中—8 世纪末。

参 KCBT I，106。

Ch 385（T III T 148） 《妙法莲华经》卷七

12. 9 ×14. 7cm，7 行，约 7 世纪中—8 世纪末。吐峪沟遗址出土。

参 KCBT I，105。

Ch 386r（T III T 183） 佛典残片

5. 5 ×11. 4cm，6 行。吐峪沟遗址出土。

Ch 386v 佛典残片

6 行。

Ch 387（T II S 32 a. 1002） 《大般若波罗蜜多经》卷一三五

17. 2 ×4. 4cm，2 行。胜金口遗址出土。

参 Kudara 2005，25。

Ch 388（T III T 109） 《妙法莲华经》卷四

7. 8 ×16cm，4 行，约 7 世纪中—8 世纪末。吐峪沟遗址出土。

参 KCBT II，50。

Ch 389（T II 4069） 佛典残片

8. 2 ×9. 5cm，6 行。

Ch 390（T II T 1651） 佛典残片

7. 8 ×9. 9cm，5 行。吐峪沟遗址出土。

Ch 391（T III 2099） 《摩诃般若波罗蜜经》卷一四

8. 5 ×11. 2cm，5 行。

参 Kudara 2005，41。

Ch 392（T I 1018） 《妙法莲华经》卷二

9. 2 ×15. 8cm，10 行。

参 Kudara 2005，53。

Ch 393（T II 1940） 佛典残片

4. 2 ×11. 1cm，5 行。

Ch 394（T III T 512） 《妙法莲华经》卷二

9.5×11.5cm，6 行，约 7 世纪中—8 世纪末。吐峪沟遗址出土。

参 KCBT II，40。

Ch 395（T II T 1236） 《大般涅槃经》卷一八

9.6×13.1cm，8 行。吐峪沟遗址出土。

参 Kudara 2005，71。

Ch 396（T I D） 医方书

19.8×14cm，8 行，楷书不佳，有朱笔改订。高昌故城出土。

参 小曾户洋 1996，644；荣新江 1998b，314；Nishiwaki 2001，86，图 15；马继兴 2002，157-158。

Ch 397（T II 1848） 《长阿含经》卷一〇

14.1×19cm，11 行。

参 Kudara 2005，13。

Ch 398（T II 1801） 《妙法莲华经》卷二

14.9×20.9cm，10 行，约 7 世纪中—8 世纪末。

参 KCBT I，63。

Ch 399（T II T 1557） 《佛名经》卷七

16.8×11.8cm，6 行。吐峪沟遗址出土。

参 Kudara 2005，87。

Ch 400（T III T 205） 《大般若波罗蜜多经》卷一〇九

19.4×10.7cm，6 行。吐峪沟遗址出土。

参 Kudara 2005，24。

Ch 402（T II D 257） 《佛说广博严净不退转轮经》卷一

14.5×11.3cm，6 行，约 7 世纪中—8 世纪末。高昌故城出土。

参 KCBT I，126。

Ch 403r（T II 1951） 佛典残片

10.5×9cm，4 行。

Ch 403v 佛典残片

7 行。

Ch 404（T II 1175） 《金刚般若波罗蜜经》

11.8×12.5cm，8 行，约 9—10 世纪。

参 KCBT II，33。

Ch 405（T III 34.121） 《妙法莲华经》卷一

13.3×9.2cm，4 行，约 7 世纪中—8 世纪末。

参 KCBT I，54。

Ch 406（T III T 446） 《十方千五百佛名经》

8.6×13.5cm，7 行。吐峪沟遗址出土。

参 Kudara 2005，91。

Ch 407r（T II 2024） 《大般涅槃经》卷七

10.4×8.7cm，5 行。

参 Kudara 2005，67。

Ch 407v　残文

3 行。

参 Nishiwaki 2001，143。

Ch 408（T II 1512）　佛典残片

11.4×12.8cm，7 行。

Ch 409（T II 1572）　佛典残片

11.4×10.6cm，5 行。

Ch 410（T II 4082）　《金刚般若波罗蜜经》

10.6×6cm，3 行，约 7 世纪中—8 世纪末。

参 KCBT II，32。

Ch 411（T II 4039）　佛典残片

8.8×11.6cm，6 行。

Ch 412（T II D 425）　佛典残片

7.7×10.1cm，5 行。高昌故城出土。

Ch 413（T II D 145.21）　佛典残片

8.5×7.5cm，3 行。高昌故城出土。

Ch 414（T III T 617）　《大般涅槃经》后分卷下

7.1×15.2cm，9 行，约 7 世纪中—8 世纪末。吐峪沟遗址出土。

参 KCBT II，73。

Ch 415（T I D 1030）　《妙法莲华经》卷四

6.5×10.3cm，7 行。高昌故城出土。

参 Kudara 2005，55。

Ch 416（T II T 3093）　佛典残片

8×11.9cm，7 行。吐峪沟遗址出土。

Ch 417（T III M 173.112）　佛典残片

12.7×14.2cm，11 行。木头沟遗址出土。

Ch 418（T II T 1394）　《金刚般若波罗蜜经》

11.2×13cm，7 行，约 7 世纪中—8 世纪末。吐峪沟遗址出土。

参 KCBT I，41。

Ch 419（T II T 1469）　佛典残片

9.7×12cm，8 行。吐峪沟遗址出土。

Ch 420（T II T 1426）　《大般涅槃经》卷二三

9.9×10.9cm，7 行。吐峪沟遗址出土。

参 Kudara 2005，72。

Ch 421（T II Y 58.4）　《大般涅槃经》卷三七

11.4×8.9cm，5 行。交河故城出土。

参 Kudara 2005，79。

Ch 422（T II T 2071）　《妙法莲华经》卷七

10.6×23cm，8 行，题记："使持节侍中都督南□（徐）[　　] 骑大将军开府仪同 [　　] 郡开国公萧道成，□（普）[　　]。"吐峪沟遗址出土。

参 KCBT I，113，205，图 11/13，34/48；唐长孺 1983a，190-191；藤枝晃 1987，9；Drège 1989，87；池田温 1990，91-92；王素 1997，136，Nos. 255-256；荣新江 1998b，314；姚崇新 1999，55；Nishiwaki 2001，113。

Ch 423（T II 1170）　佛典残片

12.7×20.4cm，11 行。

Ch 424（T III 34.82）　《金刚般若波罗蜜经》

12×9.2cm，6 行，约 7 世纪中—8 世纪末。

参 KCBT I，46。

Ch 425（T III T 145）　《妙法莲华经》卷四

12.7×9.6cm，6 行，约 7 世纪中—8 世纪末。吐峪沟遗址出土。

参 KCBT I，83。

Ch 426（T II T 3036）　《妙法莲华经》卷七

13.8×5.6cm，3 行，约 7 世纪中—8 世纪末。吐峪沟遗址出土。

参 KCBT I，112。

Ch 427（T II D 305）　《大般涅槃经》卷三

8.4×5.3cm，3 行，约 6 世纪中—7 世纪中。高昌故城出土。

参 KCBT II，72。

Ch 428（T II 4098）　《大般涅槃经》卷一〇

9.8×11cm，5 行，约 7 世纪中—8 世纪末。

参 KCBT II，66。

Ch 429（T III T 500）　佛典残片

8.1×12.1cm，6 行。吐峪沟遗址出土。

Ch 430（T II 1138）　《大般涅槃经》卷三八

12.2×14.6cm，7 行。

参 Kudara 2005，79。

Ch 431（T II T 1744）　《妙法莲华经》卷四

13×4.8cm，3 行，约 7 世纪中—8 世纪末。吐峪沟遗址出土。

参 KCBT I，84。

Ch 432（T II T 3059）　佛典残片

15.3×5.2cm，3 行。吐峪沟遗址出土。

Ch 434（T III T 310）　《放光般若经》卷一八

18.5×4.6cm，3 行。吐峪沟遗址出土。

参 Kudara 2005，39。

Ch 435（T II T 1051）　佛典残片

11.4×8.5cm，4 行。吐峪沟遗址出土。

Ch 436r（T II T 1181）　佛典残片

19×8.2cm，6 行。吐峪沟遗址出土。

Ch 436v　佛典残片

6行。

Ch 437r（T II T 1431）　佛典残片

20.3×8.7cm，5行。吐峪沟遗址出土。

Ch 437v　佛典残片

5行。

Ch 438（T II T 1229）　《中论》卷一

13.7×12.5cm，9行。吐峪沟遗址出土。

参 Kudara 2005，110。

Ch 439（T III 34.63）　《摩诃般若波罗蜜经》卷二五

12.9×11.5cm，6行。

参 Kudara 2005，42。

Ch 440（T II T 1535）　《大智度论》卷七二

11.1×16.9cm，9行。吐峪沟遗址出土。

参 Kudara 2005，106。

Ch 441（T II 4002）　佛典残片

25.2×7.1cm，3行。

Ch 442（T II S 1068）　《摩诃般若波罗蜜经》卷二六

16.6×10.3cm，5行，约7世纪中—8世纪末。胜金口遗址出土。

参 KCBT II，29。

Ch 443（T II 3046）　勘经目录

12×12.2cm，7行，楷书精写，有栏，经名上有朱点勘记。

参 荣新江 1998b，314。

Ch 444（T II T 1940）　《一切经音义》卷一二《贤愚经音义》（玄应）

10.4×10.9cm，6行，楷书精写，有栏。吐峪沟遗址出土。

参 石塚晴通 1992，55；西胁常记 1997b，85，图13；荣新江 1998b，314；Nishiwaki 2001，101；西胁常记 2002，49-50，图6；徐时仪 2005，9，42，92。

Ch 445（T I 1059）　《妙法莲华经》卷七

13.5×14.7cm，9行，约9—10世纪。

参 KCBT I，112。

Ch 446a（无原编号）　《摩诃般若波罗蜜经》卷二六

16.5×3.9cm，2行。

参 Kudara 2005，43。

Ch 446b（无原编号）　《摩诃般若波罗蜜经》卷二六

16.4×4.1cm，2行。

参 Kudara 2005，43。

Ch 446c（无原编号）　《摩诃般若波罗蜜经》卷二六

16.7×4.4cm，2行。

参 Kudara 2005，43。

Ch 446d（无原编号） 《摩诃般若波罗蜜经》卷二六

16.4×4cm，2 行。

参 Kudara 2005，43。

Ch 446e（无原编号） 《摩诃般若波罗蜜经》卷二六

11.5×2.8cm，1 行。

参 Kudara 2005，43。

Ch 446f（无原编号） 《摩诃般若波罗蜜经》卷二六

11×3.1cm，1 行。

参 Kudara 2005，43。

Ch 446g（无原编号） 《摩诃般若波罗蜜经》卷二六

11.5×3.9cm，2 行。

参 Kudara 2005，43。

Ch 446h（无原编号） 《摩诃般若波罗蜜经》卷二六

9.6×3.4cm，1 行。

参 Kudara 2005，43。

Ch 446i（无原编号） 《摩诃般若波罗蜜经》卷二六

10.1×4cm，1 行。

参 Kudara 2005，43。

Ch 446j（无原编号） 《摩诃般若波罗蜜经》卷二六

9.3×3.5cm，1 行。

参 Kudara 2005，43。

Ch 447（T III T 594） 《妙法莲华经》卷六

11.6×13.5cm，8 行，约 7 世纪中—8 世纪末。吐峪沟遗址出土。

参 KCBT I，101。

Ch 448（T III 34.80） 佛典残片

8.2×9.4cm，6 行。

Ch 449（T II T 3046） 《摩诃般若波罗蜜经》卷二一

12.9×6.4cm，4 行。吐峪沟遗址出土。

参 Kudara 2005，42。

Ch 450（T II 3093） 《佛说仁王般若波罗蜜经》卷下

11.3×12.3cm，6 行。

参 Kudara 2005，50。

Ch 451（T II T 2051） 《妙法莲华经》卷七

9.4×6.5cm，4 行，约 9—10 世纪。吐峪沟遗址出土。

参 KCBT I，108。

Ch 452（T II 5001） 《大般涅槃经》卷一三

11.4×5.5cm，4 行。

参 Kudara 2005，69。

Ch 453（T II 1906） 《大智度论》卷二五

11.5×25.6cm，12行。

参 Kudara 2005，105。

Ch 454（T II T 1372）　《大般若波罗蜜多经》卷三三七

11.2×17.3cm，8行，约7世纪中—8世纪末。吐峪沟遗址出土。

参 KCBT I，33。

Ch 455（T III T 285）　佛典残片

11.5×9.2cm，5行。吐峪沟遗址出土。

Ch 456（T III T 304.7）　《妙法莲华经》卷一

7.6×8.7cm，6行，约7世纪中—8世纪末。吐峪沟遗址出土。

参 KCBT I，51。

Ch 457（T III 2057）　佛典残片

9.2×7.5cm，4行。

Ch 458（T III T 289）　《金刚般若波罗蜜经》

11×12.7cm，7行，约7世纪中—8世纪末。吐峪沟遗址出土。

参 KCBT I，44。

Ch 459（T II 1511）　《妙法莲华经》卷四

10.7×12.9cm，6行，约7世纪中—8世纪末。

参 KCBT II，51。

Ch 460（T III 1020）　佛典残片

9×17.9cm，9行。

Ch 462（T III T 369）　《妙法莲华经》卷一

11.5×17.2cm，11行，约6世纪中—7世纪中。吐峪沟遗址出土。

参 KCBT I，57。

Ch 463（T III 2013）　《佛说灌顶七万二千神王护比丘咒经》卷一二

15.6×7.2cm，5行，约7世纪中—8世纪末。

参 KCBT I，170。

Ch 464（T II 1631）　佛典残片

14.7×6cm，双面书写，各4行，贝叶形纸，中上部有圆孔，正面圆环为金色，背面为红色。背面上方页边，有“九”字编号。

Ch 465（T III T 445）　佛典残片

9.1×17.4cm，4行。吐峪沟遗址出土。

Ch 466（T II T 1314）　《金光明经》卷三

17×9.2cm，6行，约7世纪中—8世纪末。吐峪沟遗址出土。

参 KCBT I，152。

Ch 467（T II 1557）　佛典残片

13×5.6cm，3行。

Ch 468r（T II D 287）　《发病书》（拟）

10.9×6.4cm，6行，小字，有朱点。内容与敦煌写本P.2856《推十干病法》略同，据以定名。高昌故城出土。

参 荣新江 1996a，83；荣新江 1998b，314；Nishiwaki 2001，92；余欣（待刊稿）。

Ch 468v 唐西州籍

2 行。

参 Thilo 1970，89-90，图 7；池田温 1979，256；TTD II，A，74-75，190；B，128；荣新江 1998b，314；Nishiwaki 2001，64。

Ch 469（T II T 3028） 《妙法莲华经》卷二

7.7×8.4cm，5 行，约 7 世纪中—8 世纪末。吐峪沟遗址出土。

参 KCBT II，43。

Ch 470（T II T 1741） 《大般涅槃经》卷七

10.7×7.1cm，4 行。吐峪沟遗址出土。

参 Kudara 2005，67。

Ch 471（T III 34.99） 《大般涅槃经》卷二五

11.9×8.8cm，5 行，约 7 世纪中—8 世纪末。

参 KCBT II，68。

Ch 472（T II T 3035） 佛典残片

7.1×9.7cm，6 行。吐峪沟遗址出土。

Ch 473（T II T 3040） 《大般涅槃经》卷一六

8.1×6.6cm，4 行。吐峪沟遗址出土。

参 Kudara 2005，70。

Ch 474（T II T 1465） 《大智度论》卷六三

11.1×8.1cm，4 行。吐峪沟遗址出土。

参 Kudara 2005，106。

Ch 475（T III T 463） 《大般若波罗蜜多经》卷五四八

12.7×10.3cm，6 行，约 9—10 世纪。吐峪沟遗址出土。

参 KCBT I，34。

Ch 476（T II 3070） 《大般若波罗蜜多经》卷七九

10.4×11.2cm，7 行，约 7 世纪中—8 世纪末。

参 KCBT II，20。

Ch 477r（T I 1016） 佛典残片

13.4×7.3cm，5 行。

Ch 477v 《梵网经卢舍那佛说菩萨心地戒品第十》卷下

5 行，约 7 世纪中—8 世纪末。

参 KCBT I，177。

Ch 478（T II T 3009） 《佛名经》卷三

10.3×8.6cm，4 行。吐峪沟遗址出土。

参 Kudara 2005，84。

Ch 480r（T II T 1284） 《道行般若经》卷四

8.9×3.9cm，3 行。吐峪沟遗址出土。

参 Kudara 2005，43。

Ch 480v　佛典残片

3 行。

Ch 481（T II 4040）　佛典残片

7. 6 ×13. 8cm，7 行。

Ch 482r（T II Y 59）　佛典残片

7. 7 ×7. 7cm，5 行。交河故城出土。

Ch 482v　《佛说摩利支天陀罗尼咒经》

6 行，约 9—10 世纪。

参 KCBT I，166。

Ch 483（T II D 136）　《杂医方》（拟）

10. 1 ×4cm，双面书写，各 3 行，字体一致。前与 Ch 354 可以直接缀合。高昌故城出土。

参 小曽户洋 1996，644；荣新江 1998b，315；Nishiwaki 2001，87；马继兴 2002，158；余欣（待刊稿）。

Ch 484（T II T 1470）　佛典残片

9. 7 ×5. 5cm，4 行。吐峪沟遗址出土。

Ch 485r（T II 1316）　佛典残片

7. 9 ×7. 7cm，8 行。

Ch 485v　佛典残片

7 行。

Ch 486（T III 34. 86）　佛典残片

7. 3 ×12cm，7 行。

Ch 487（T II D 131）　佛典残片

8. 5 ×8. 4cm，4 行。高昌故城出土。

Ch 488r（T II D 288）　《道行般若经》卷六

10 ×4. 9cm，4 行。高昌故城出土。

参 Kudara 2005，44。

Ch 488v　《弥沙塞部和醯五分律》卷一二

2 行。

参 Kudara 2005，101。

Ch 489（T III 34. 96）　《大般涅槃经》卷九

9. 8 ×8. 4cm，4 行。

参 Kudara 2005，68。

Ch 490（T II）　《大般涅槃经》卷一三

12. 6 ×9. 1cm，5 行。

参 Kudara 2005，69。

Ch 491（T II 1752）　《大般涅槃经》卷二

7. 3 ×10. 4cm，7 行。

参 Kudara 2005，64。

Ch 492（T III T 515） 佛典残片

11.7×8.2cm，6 行。吐峪沟遗址出土。

Ch 493（T I 514 x） 佛典残片

12.3×8.3cm，4 行。

Ch 494r（T III T 232） 佛典残片

7.5×9.2cm，5 行。吐峪沟遗址出土。

Ch 494v 佛典残片

5 行。

Ch 495（T II T 1228） 《妙法莲华经》卷二

11.4×7.2cm，5 行，约 7 世纪中—8 世纪末。吐峪沟遗址出土。

参 KCBT I，58。

Ch 496（T II T 2095） 《妙法莲华经》卷七

9.9×8.5cm，6 行，约 9—10 世纪。吐峪沟遗址出土。

参 KCBT II，57。

Ch 497（T III 1040） 《大般涅槃经》卷二六

9.2×18.3cm，10 行。

参 Kudara 2005，73。

Ch 498（T III T 503） 《金刚般若波罗蜜经》

8.1×12.5cm，7 行。吐峪沟遗址出土。

参 Kudara 2005，48。

Ch 499（T II S 53.500） 佛典残片

12.3×10.7cm，6 行。胜金口遗址出土。

Ch 500（T III 3015） 《妙法莲华经》卷七

8.1×7.3cm，4 行，约 7 世纪中—8 世纪末。

参 KCBT I，106。

Ch 501（T II T 2056） 佛典残片

11×10.5cm，9 行。吐峪沟遗址出土。

Ch 502（T III T 106） 《妙法莲华经》卷二

9×16.2cm，10 行，约 7 世纪中—8 世纪末。吐峪沟遗址出土。

参 KCBT II，43。

Ch 503r（无原编号） 佛典残片

13.3×19.7cm，6 行。

Ch 503v 佛典残片

7 行。

Ch 504（T II T 1965） 《放光般若经》卷八

14×4.9cm，4 行。吐峪沟遗址出土。

参 Kudara 2005，39。

Ch 505（T III 1175） 《佛说阿弥陀经》

13.1×8.3cm，5 行，约 7 世纪中—8 世纪末。

参 KCBT I，133。

Ch 506（无原编号）　《妙法莲华经》卷四

11.5×6.8cm，4行。

参 Kudara 2005，55。

Ch 507（T III T 166）　佛典残片

10.6×14cm，7行。吐峪沟遗址出土。

Ch 508（T III T 200）　佛典残片

9.5×11.5cm，7行。吐峪沟遗址出土。

Ch 509（T III 1180）　《大般涅槃经》卷一〇

10.9×13.7cm，9行。

参 Kudara 2005，68。

Ch 510（T III 1184）　《妙法莲华经》卷一

13.4×11cm，6行，约7世纪中—8世纪末。

参 KCBT II，38。

Ch 511（T II T 2002）　《妙法莲华经》卷二

10.3×9.2cm，5行，约7世纪中—8世纪末。吐峪沟遗址出土。

参 KCBT I，64。

Ch 512（T II 4010）　《增一阿含经》卷二〇

10.5×7cm，4行。

参 Kudara 2005，19。

Ch 513（T II T 1885）　《妙法莲华经》卷五

8.8×10.1cm，5行，约7世纪中—8世纪末。吐峪沟遗址出土。

参 KCBT II，53。

Ch 514（T III T 321）　《金光明经》卷三

13×13.4cm，6行，约7世纪中—8世纪末。吐峪沟遗址出土。

参 KCBT II，75。

Ch 515（T III 1182）　佛典残片

10×11.9cm，5行。

Ch 516（T II T 1224）　《大乘瑜伽金刚性海曼殊室利千臂千钵大教王经》卷六

11.4×10.9cm，5行。吐峪沟遗址出土。

参 Kudara 2005，99。

Ch 517（T II 4071）　佛典残片

6.9×8.3cm，5行。

Ch 518（T II 3094）　《金刚般若波罗蜜经》

10.4×8.9cm，5行，约7世纪中—8世纪末。

参 KCBT I，45。

Ch 519（T II T 3042）　《金刚般若波罗蜜经》

8.1×7.2cm，4行，约7世纪中—8世纪末。吐峪沟遗址出土。

参 KCBT I，44。

Ch 520（T II D 263）　佛典残片

15.7×18.9cm，12 行。高昌故城出土。

Ch 521（T I 527 x）　《妙法莲华经》卷一

14.5×17.5cm，9 行，约 7 世纪中—8 世纪末。

参 KCBT I，51。

Ch 522（T I 502x）　《佛说阿弥陀经》

12.2×13cm，9 行，约 7 世纪中—8 世纪末。

参 KCBT I，133。

Ch 523（T II D 262）　《妙法莲华经》卷一

12.5×13.8cm，7 行，约 7 世纪中—8 世纪末。高昌故城出土。

参 KCBT II，40。

Ch 524r（T II 1311）　《金刚般若波罗蜜经》

16.7×8.2cm，4 行，约 6 世纪中—7 世纪中。

参 KCBT I，46。

Ch 524v　《道行般若经》卷四

6 行，约 4—6 世纪中。

参 KCBT II，30。

Ch 525（T II D 376）　某年六月廿日残状

14.9×10.6cm，4 行。高昌故城出土。

参 荣新江 1998b，315；Nishiwaki 2001，80。

Ch 526（T I 507x）　《菩萨地持经》卷六

12×9.5cm，3 行，约 7 世纪中—8 世纪末。

参 KCBT I，180。

Ch 527（T II D 303.50）　《妙法莲华经》卷三

11×9.2cm，4 行，约 9—10 世纪。高昌故城出土。

参 KCBT I，77。

Ch 528（T II M 1035）　《维摩诘所说经》卷中

10.4×10.3cm，6 行。木头沟遗址出土。

参 Kudara 2005，95。

Ch 529r（T II 1630）　《妙法莲华经》卷七

16.3×11.1cm，8 行，约 9—10 世纪。

参 KCBT II，60。

Ch 529v　《妙法莲华经》卷七

8 行，约 9—10 世纪。

参 KCBT II，60。

Ch 530（T I 1033）　《金光明经》卷三

17.3×7.8cm，5 行。

参 Kudara 2005，97。

Ch 531（T II 1977）　佛典残片

11×16.3cm，12行。

Ch 532（T II T 3071） 《大智度论》卷八

16.3×10.6cm，5行。吐峪沟遗址出土。

参 Kudara 2005，104。

Ch 533（T II T 3006） 《大般若波罗蜜多经》卷四五五

9×13.2cm，8行。吐峪沟遗址出土。

参 Kudara 2005，32。

Ch 534（T II T 3019） 《慈悲水忏法》

14×10cm，7行。吐峪沟遗址出土。

参 Kudara 2005，115。

Ch 535（T II D 275） 佛典残片

10.9×11cm，8行。高昌故城出土。

Ch 536（T II T 1213） 佛典残片

6×8.5cm，7行。吐峪沟遗址出土。

Ch 536bv（T II T 1213） 《大智度论》卷三

7.8×7.5cm，7行。吐峪沟遗址出土。

参 Kudara 2005，104。

Ch 537（T II T 1845） 《金光明最胜王经》卷五

14.2×9.5cm，6行，约7世纪中—8世纪末。吐峪沟遗址出土。

参 KCBT I，157。

Ch 538（T III T 192） 《大般若波罗蜜多经》卷一〇九

12.2×9.6cm，6行，约7世纪中—8世纪末。吐峪沟遗址出土。

参 KCBT II，21。

Ch 539（T III 34.126） 《妙法莲华经》卷七

12.3×7.5cm，6行，约7世纪中—8世纪末。

参 KCBT I，111。

Ch 540（T III M 524） 《妙法莲华经》卷一

7.5×9.3cm，5行，约7世纪中—8世纪末。木头沟遗址出土。

参 KCBT II，39。

Ch 541（T III 3002） 佛典残片

9.5×8.6cm，5行。

Ch 542a（T II T 1814） 《妙法莲华经》卷七

5.5×6.3cm，4行，约7世纪中—8世纪末。吐峪沟遗址出土。

参 KCBT I，111。

Ch 542b（T II T 1814） 《妙法莲华经》卷七

5.7×8.7cm，5行，约7世纪中—8世纪末。吐峪沟遗址出土。

参 KCBT I，112。

Ch 543（T II D 426） 佛典残片

10.2×9.5cm，5行。高昌故城出土。

Ch 544（T III M 173.175） 佛典残片

11.4×5.3cm，4 行。木头沟遗址出土。

Ch 545（T III 1079） 《妙法莲华经》卷三

8.4×13.9cm，8 行。

参 Kudara 2005，55。

Ch 546a（T II T 1275） 《金光明经》卷三

5.9×4.6cm，3 行，约 7 世纪中—8 世纪末。吐峪沟遗址出土。

参 KCBT II，75。

Ch 546b（T II T 1275） 《文殊师利所说摩诃般若波罗蜜经》卷上

7.5×7.3cm，3 行。

参 Kudara 2005，47。

Ch 547（T II 1862） 佛典残片

16.5×7.4cm，4 行。

Ch 548（T II D 307） 《维摩诘所说经》卷上

11.2×18.5cm，13 行，约 6 世纪中—7 世纪中。高昌故城出土。

参 KCBT I，147，图 20/22。

Ch 549（T II 3095） 《大般若波罗蜜多经》卷五七八

11.3×8.4cm，5 行。

参 Kudara 2005，38。

Ch 550（T II D 382） 《楞伽阿跋多罗宝经》卷二

14×5.3cm，3 行，约 7 世纪中—8 世纪末。高昌故城出土。

参 KCBT II，79。

Ch 551（T II D 323） 《普贤菩萨说证明经》

3.8×15.9cm，7 行。高昌故城出土。

参 Kudara 2005，116。

Ch 552（T II T 1808） 佛典残片

14.2×7cm，4 行。吐峪沟遗址出土。

Ch 553（T II T 1754） 佛典残片

10.2×6cm，4 行。吐峪沟遗址出土。

Ch 554（T II T 4003） 佛典残片

8.5×10.1cm，5 行。吐峪沟遗址出土。

Ch 555（T II 1914） 《佛名经》卷二一

13.5×8cm，3 行。

参 Kudara 2005，90。

Ch 556r（T III M 173.107） 佛典残片

8×5.1cm，3 行。木头沟遗址出土。

Ch 556v 佛典残片

5 行。

Ch 557（T II 1853） 佛典残片

8.8×15cm，6行。

Ch 558（T II D 387） 《金光明经》卷一

9.3×9.3cm，6行，约6世纪中—7世纪中。高昌故城出土。

参 KCBT I，152。

Ch 559（T I 1035） 《大般若波罗蜜多经》卷五三六

16.5×9.2cm，5行。

参 Kudara 2005，34。

Ch 560（T III T 364） 《大般若波罗蜜多经》卷一〇九

10.1×9.2cm，6行。吐峪沟遗址出土。

参 Kudara 2005，24。

Ch 561（T III 2090） 佛典残片

8.7×11.3cm，5行。

Ch 562（T III T 590） 《大般若波罗蜜多经》卷一一〇

9.7×8.1cm，5行。吐峪沟遗址出土。

参 Kudara 2005，24。

Ch 563（T II Y 59.4） 佛典残片

10.5×7.5cm，7行。交河故城出土。

Ch 564r（T II 1436） 《金光明最胜王经》卷八

11.1×10.6cm，7行，约9—10世纪。

参 KCBT II，78。

Ch 564v 佛典残片

4行。

Ch 565r（T II 1561） 佛典残片

7.5×5.9cm，2行。

Ch 565v 佛典残片

2行。

Ch 566（T III 1035） 佛典残片

14.4×8cm，2行。

Ch 567（T II 1306） 《妙法莲华经》卷六

10.9×9.3cm，5行，约7世纪中—8世纪末。

参 KCBT I，99。

Ch 568（T II 3051） 《菩萨地持经》卷七

7.8×16.1cm，10行。

参 Kudara 2005，112。

Ch 569（T II 1622） 《妙法莲华经》卷六

25.2×19.2cm，10行，约7世纪中—8世纪末。

参 KCBT I，100。

Ch 570（T II T 1335） 《大般涅槃经》卷一七

21.6×17.7cm，9行。吐峪沟遗址出土。

参 Kudara 2005，71。

Ch 571r（无原编号） 残帐

9×12.9cm，5 行。

参 荣新江 1998b，315；Nishiwaki 2001，77。

Ch 571v 西夏文残片

5 行。

Ch 572（T II 1166） 《大般涅槃经》卷九

18.7×16.2cm，10 行，约 7 世纪中—8 世纪末。

参 KCBT II，66。

Ch 573（T II 154） 《妙法莲华经》卷七

15.5×44.5cm，24 行，约 7 世纪中—8 世纪末。

参 KCBT I，121。

Ch 574（T II 1040） 佛典残片

14.8×21.7cm，12 行。

Ch 575（T II 1089） 《金刚般若波罗蜜经》

13×26.4cm，16 行，约 7 世纪中—8 世纪末。

参 KCBT II，34。

Ch 576（T III 1069） 《劝善经》

14.5×28.5cm，16 行，约 9—10 世纪。题记："贞元八年出此经。"

参 KCBT II，87，图 51/75；池田温 1990，387；西胁常记 1998，17-19；荣新江 1998b，315；Nishiwaki 2001，121；陈国灿 2002b，341；西胁常记 2002，99-102，图 25。

Ch 577（T II T 2032） 《大般涅槃经》卷三九

13.5×40.5cm，21 行。吐峪沟遗址出土。

参 Kudara 2005，80。

Ch 578（T III 34.32） 《金光明最胜王经》卷二

14.5×40.5cm，21 行，约 7 世纪中—8 世纪末。

参 KCBT I，156。

Ch 579（T II 163 g） 《众事分阿毗昙论》卷三

15×40.2cm，23 行。

参 Kudara 2005，108。

Ch 580（T II D 143.20） 《大般涅槃经》卷二八

13.5×30.4cm，17 行，约 6 世纪中—7 世纪中。高昌故城出土。

参 KCBT II，69。

Ch 581（T II T 1240） 《月灯三昧经》

13.4×18.8cm，10 行，约 7 世纪中—8 世纪末。吐峪沟遗址出土。

参 KCBT I，149。

Ch 582r（T III T 317） 《净土往生传》（?）

13.7×12.6cm，7 行，前 6 行文字相当于慧皎《高僧传》卷六《晋庐山释慧永传》

传末文字。Nishiwaki 2001 据以定名为《高僧传》。然最后 1 行另起一传，存“慧海法师往生缘”，与《高僧传》不符。此书当是一种《净土往生传》。吐峪沟遗址出土。

参 Nishiwaki 2001，127-128，图 26。

Ch 582v　版刻佛画

13.4×18.8cm。

Ch 583（T III T 425）　《光赞经》卷三

12.2×17.2cm，9 行。吐峪沟遗址出土。

参 Kudara 2005，40。

Ch 584（T II 2021）　佛典残片

13.8×13.2cm，7 行。

Ch 585a（T III 124）　《妙法莲华经》卷七

10.4×5cm，3 行，约 9—10 世纪。

参 KCBT I，110。

Ch 585b（T III 125）　《妙法莲华经》卷七

12.3×6.7cm，4 行，约 9—10 世纪。

参 KCBT I，109。

Ch 586（T II 3057）　佛典残片

14.5×11cm，7 行。

Ch 587（T II 3054）　佛典残片

14.1×7.5cm，5 行。

Ch 588（T III T 176）　《妙法莲华经》卷七

9.7×8.3cm，4 行，约 9—10 世纪。吐峪沟遗址出土。

参 KCBT I，121。

Ch 589（T II 2026）　佛典残片

13.2×17.2cm，10 行。

Ch 590（T III T 207）　《妙法莲华经》卷一

15×17cm，8 行，约 7 世纪中—8 世纪末。吐峪沟遗址出土。

参 KCBT I，52。

Ch 591（T II T 1854）　《大般若波罗蜜多经》卷四〇一

7.9×12.2cm，7 行。吐峪沟遗址出土。

参 Kudara 2005，31。

Ch 592（T III T 261）　《大般涅槃经》卷二五

14.2×12cm，6 行，约 7 世纪中—8 世纪末。吐峪沟遗址出土。

参 KCBT II，68。

Ch 593（T II 4090）　《金光明经》卷二

8.5×11.6cm，7 行，约 4—6 世纪。

参 KCBT II，75。

Ch 594（T III 1132）《金光明经》卷一

16.5×10.7cm，6 行，约 4—6 世纪中。

参 KCBT II，75。

Ch 595（T III 34.52） 《金刚般若波罗蜜经》

16.2×12.1cm，5 行，约 7 世纪中—8 世纪末。

参 KCBT I，48。

Ch 596（T II T 1313） 《大般若波罗蜜多经》卷一八八

10.8×8.9cm，5 行。吐峪沟遗址出土。

参 Kudara 2005，27。

Ch 597（T II D 148） 残文

11.4×7.7cm，2 行。高昌故城出土。

参 Nishiwaki 2001，81。

Ch 598r（T III M 144.103） 佛典残片

9.6×9.7cm，7 行。木头沟遗址出土。

Ch 598v 佛典残片

7 行。

Ch 599（T III T 361） 佛典残片

14.4×11.4cm，6 行。吐峪沟遗址出土。

Ch 600（T II D 143.27） 《妙法莲华经》卷四

10.6×12cm，6 行，约 7 世纪中—8 世纪末。高昌故城出土。

参 KCBT II，49。

Ch 601（T I 506x） 《佛所行赞》卷三

10.2×10.2cm，6 行，约 9—10 世纪。

参 KCBT I，29。

Ch 602（T II T 1256） 佛典残片

3.3×10.7cm，6 行。吐峪沟遗址出土。

Ch 603r（T II T 1458） 《道行般若经》卷四

6.2×7.1cm，5 行，约 4—6 世纪中。吐峪沟遗址出土。

参 KCBT II，30。

Ch 603v 《金刚般若波罗蜜经》

5 行，约 9—10 世纪。

参 KCBT II，33。

Ch 604（T III S 91.503） 《佛说咒魅经》

9×9.2cm，5 行，约 9—10 世纪。胜金口遗址出土。

参 KCBT II，86。

Ch 605（T III T 643） 佛典残片

9.4×8.1cm，7 行。吐峪沟遗址出土。

Ch 606r（T II 1669） 《道行般若经》卷四

8×11cm，7 行，约 4—6 世纪中。

参 KCBT II，30。

Ch 606v 《金刚般若波罗蜜经》

6行，约9—10世纪。

参 KCBT II，32。

Ch 607（T III 218.16） 佛典残片

9.2×9.1cm，5行。

Ch 608r（T I 1066） 佛典残片

10.3×13.1cm，7行。内容为佛教故事。

Ch 608v 沙州归义军酒破历

6行，应系高昌回鹘时期传入吐鲁番的敦煌文书。

参 荣新江 1996a，83；荣新江 1998b，315；Nishiwaki 2001，74-75。

Ch 609（T III 34.64） 《阿毗达摩俱舍论》卷二三

12.8×10.3cm，6行。

参 Kudara 2005，110。

Ch 610r（T II T 1290） 书仪

9.3×5.6cm，4行。吐峪沟遗址出土。

参 Nishiwaki 2001，143。

Ch 610v 残文

3行。

参 Nishiwaki 2001，58，图5。

Ch 611（T II 115） 佛典残片

7.5×8.1cm，5行。

Ch 612（T II T 1312） 《胜天王般若波罗蜜经》卷三

10.2×10.1cm，6行。吐峪沟遗址出土。

参 Kudara 2005，46。

Ch 613（T III M B 250） 《大般若波罗蜜多经》卷一二

14.2×14cm，8行。木头沟遗址出土。

参 Kudara 2005，22。

Ch 614r（T III M 500） 佛典残片

10.5×7.5cm，6行。木头沟遗址出土。

Ch 614v 佛典残片

6行。

Ch 615（T II 2023） 佛典残片

12.1×13.5cm，8行。

Ch 616（T II 3053） 佛典残片

9.7×15.1cm，6行。

Ch 617（T II T 3043） 《妙法莲华经》卷七

10×9.2cm，5行，约7世纪中—8世纪末。吐峪沟遗址出土。

参 KCBT II，59。

Ch 618（T II 3052） 《妙法莲华经》卷七

12.9×11cm，7 行，约 9—10 世纪。

参 KCBT I，112。

Ch 619（T II T 2049）　《菩萨地持经》卷一○

11×12cm，6 行，约 7 世纪中—8 世纪末。吐峪沟遗址出土。

参 KCBT I，181。

Ch 620（无原编号）　《月灯三昧经》

19×12.5cm，8 行，约 7 世纪中—8 世纪末。

参 KCBT I，150。

Ch 621（T III T 251）　《大般涅槃经》卷二七

13.2×13.4cm，6 行。吐峪沟遗址出土。

参 Kudara 2005，75。

Ch 622（T II 1753）　《佛本行集经》卷三七

14.5×15.3cm，9 行，约 7 世纪中—8 世纪末。

参 KCBT II，18。

Ch 623（T III 1131）　《大般涅槃经》卷一八

17.5×10.9cm，5 行，约 7 世纪中—8 世纪末。

参 KCBT II，67。

Ch 624（T III T 250）　《光赞经》卷六

14.5×11.8cm，6 行。吐峪沟遗址出土。

参 Kudara 2005，40。

Ch 625（T II 3055）　《十方千五百佛名经》

7.7×9.7cm，5 行。

参 Kudara 2005，91。

Ch 626（T II 1872）　《放光般若经》卷一九

11×8.5cm，5 行。

参 Kudara 2005，39。

Ch 627（T III T 253）　《大般涅槃经》卷二

16.1×12.7cm，8 行。吐峪沟遗址出土。

参 Kudara 2005，80。

Ch 628（T III T 121）　《妙法莲华经》卷七

10.3×7.8cm，4 行，约 9—10 世纪。

参 KCBT I，107。

Ch 629（T II T 1939）　《金光明经》卷一

9×8.9cm，6 行，约 7 世纪中—8 世纪末。吐峪沟遗址出土。

参 KCBT II，75。

Ch 630（T II T 589）　《大般若波罗蜜多经》卷八九

7.5×9cm，5 行，约 7 世纪中—8 世纪末。吐峪沟遗址出土。

参 KCBT II，20。

Ch 631（T III 1056）　佛典残片

25.5×13.2cm，7行。

Ch 632（T II 1041） 佛典残片

11.7×16.2cm，8行。

Ch 633a（T III T 126） 《妙法莲华经》卷七

11×6.6cm，3行，约9—10世纪。吐峪沟遗址出土。

参 KCBT I，110。

Ch 633b（T III T 127） 《妙法莲华经》卷七

10.3×5.2cm，3行，约9—10世纪。吐峪沟遗址出土。

参 KCBT I，109。

Ch 634（T III 2054） 佛典残片

10.2×7.2cm，4行。

Ch 635（T II T 1208） 《大般涅槃经》卷一〇

11.7×13.3cm，8行，约6世纪中—7世纪中。吐峪沟遗址出土。

参 KCBT I，136。

Ch 636（T II T 1237） 《月灯三昧经》

13.3×30.8cm，15行，约7世纪中—8世纪末。吐峪沟遗址出土。

参 KCBT I，150。

Ch 637（T II 1597） 《大般若波罗蜜多经》卷四八七

13.5×12cm，6行，约7世纪中—8世纪末。

参 KCBT I，33。

Ch 638r（T II T 1985） 《妙法莲华经》卷一

8.7×8cm，4行。刻本。吐峪沟遗址出土。

参 KCBT II，40。

Ch 638v 《大般涅槃经》卷四〇

4行。

参 Kudara 2005，80。

Ch 639（T III 34.44） 《金光明最胜王经》卷五

10.8×11.3cm，7行，约7世纪中—8世纪末。

参 KCBT I，156。

Ch 640r（T III 1750） 《千字文》

7.4×7.2cm，4行。

参 Nishiwaki 2001，54-55。

Ch 640v 杂写

3行。

Ch 641（T I 515x） 《金刚般若波罗蜜经》

14.8×17cm，9行，约7世纪中—8世纪末。

参 KCBT II，35。

Ch 642（T II T 1312） 佛典残片

14.2×9.9cm，6行。吐峪沟遗址出土。

Ch 643a（T III 1125） 《佛说观弥勒菩萨上升兜率天经》

12.5×6.7cm，4 行。

参 Kudara 2005，93。

Ch 643b（T III 1125） 《佛说观弥勒菩萨上升兜率天经》

11.7×7.9cm，5 行。

参 Kudara 2005，93。

Ch 644（T II T 1468） 《佛说阿弥陀经》

11×14.5cm，7 行，约 9—10 世纪。吐峪沟遗址出土。

参 KCBT I，134。

Ch 645r（T II 1632） 《梵网经卢舍那佛说菩萨心地戒品第十》卷下

18.6×6.9cm，5 行，约 9—10 世纪。

参 KCBT I，176。

Ch 645v 《梵网经卢舍那佛说菩萨心地戒品第十》卷下

5 行，约 9—10 世纪。

参 KCBT I，176。

Ch 646r（T III 218 b） 佛典残片

9.6×10.1cm，7 行。

Ch 646v 佛典残片

7 行。

Ch 647（无原编号） 《妙法莲华经》卷三

12.5×13.2cm，9 行，约 4—6 世纪中。

参 KCBT II，46。

Ch 648（T II 5013） 《金光明最胜王经》卷七

13.9×12.5cm，7 行，约 7 世纪中—8 世纪末。

参 KCBT II，78。

Ch 649（T III T 615） 佛典残片

10.5×7.6cm，3 行。吐峪沟遗址出土。

Ch 650（T II T 1545） 《妙法莲华经》卷一

9.8×18.8cm，11 行，约 7 世纪中—8 世纪末。吐峪沟遗址出土。

参 KCBT II，38。

Ch 651（T III T 478） 《金刚般若波罗蜜经》

15.5×10.2cm，6 行，约 7 世纪中—8 世纪末。吐峪沟遗址出土。

参 KCBT I，46。

Ch 652（T III T 262） 《一切经音义》卷二三《显扬圣教论音义》（玄应）

13.1×17cm，10 行。与 Ch 1214 为同一写本。吐峪沟遗址出土。

参 石塚晴通 1992，55；西胁常记 1997b，87-88，图 13；荣新江 1998b，315；Nishiwaki 2001，102；西胁常记 2002，52-53，图 8；张娜丽 2003，21-22；Kudara 2005，115；徐时仪 2005，10，42；张娜丽 2006a，363。

Ch 653（T III 1055） 《妙法莲华经》卷五

12.6×19.1cm，11行，约7世纪中—8世纪末。

参 KCBT II，53。

Ch 654（T II T 1954） 《妙法莲华经》卷二

6.9×8cm，4行。吐峪沟遗址出土。

参 Kudara 2005，52。

Ch 655（T III 34.102） 《佛说灌顶七万二千神王护比丘咒经》卷一二

13.4×8.6cm，5行，约9—10世纪。

参 KCBT I，170。

Ch 656（T II 3058） 佛典残片

9.5×11.2cm，6行。

Ch 657（T II 1057） 书牍

27×9.1cm，3行，大字草书。也似判文。

参 荣新江1998b，315；Nishiwaki 2001，145。

Ch 658（T II T 1991） 《佛名经》卷四

13.5×6.9cm，3行。吐峪沟遗址出土。

参 Kudara 2005，85。

Ch 659（T III 34.124） 佛典残片

9.5×12.8cm，7行。

Ch 660（T II 4013） 《金刚般若波罗蜜经》

13×18.7cm，10行。

Ch 661（T III T 316） 《金刚般若波罗蜜经》

10.2×16.5cm，8行，约7世纪中—8世纪末。吐峪沟遗址出土。

参 KCBT I，47。

Ch 662（T II T 1349） 佛典残片

9.5×7.7cm，5行。吐峪沟遗址出土。

Ch 663（T II D 373） 《大般涅槃经》卷一一

8.7×11.8cm，6行。高昌故城出土。

参 Kudara 2005，68。

Ch 664（T II D 143） 佛典残片

14.2×10.4cm，6行。高昌故城出土。

Ch 665（T II 1174） 佛典残片

13.1×21.4cm，11行。

Ch 666（T II T 1213） 佛典残片

13.3×8.4cm，5行。吐峪沟遗址出土。

Ch 667（T II 4083） 《大方广佛华严经》卷一〇

9.7×9.7cm，6行，约4—6世纪。

参 KCBT II，61。

Ch 668（T III T 391） 佛典残片

7.9×11.7cm，6行。吐峪沟遗址出土。

Ch 669（T II 4019） 佛典残片

13.9×9.6cm，6行。

Ch 670（T I 1074） 佛典残片

11.2×20.4cm，7行。

Ch 671r（T II 3084） 《妙法莲华经》卷五

12.5×11.2cm，7行，约7世纪中—8世纪末。

参 KCBT I，95。

Ch 671v 佛典残片

5行。

Ch 672（T II T 1523） 《妙法莲华经》卷五

9.2×6.3cm，4行。吐峪沟遗址出土。

参 Kudara 2005，58。

Ch 673（T III D 1043） 《佛名经》卷一一

9.4×9.3cm，5行。高昌故城出土。

参 Kudara 2005，89。

Ch 674（T III T 513） 佛典残片

13.1×8.9cm，5行。吐峪沟遗址出土。

Ch 675（T II D 402） 佛典残片

11.1×8cm，5行。高昌故城出土。

Ch 676（T III 34.91） 《佛顶尊胜陀罗尼经》

12.3×5.7cm，3行，约9—10世纪。

参 KCBT I，163。

Ch 677（T III D 1041） 《大般涅槃经》卷三一

11.2×9.6cm，5行。高昌故城出土。

参 Kudara 2005，77。

Ch 678（T II D 143.24） 《佛说观药王药上二菩萨经》

14.6×16cm，8行。高昌故城出土。

参 Kudara 2005，99。

Ch 679（T II T 1816） 佛典残片

8.6×11.9cm，7行。吐峪沟遗址出土。

Ch 680（T III T 163） 佛典残片

13.6×10.2cm，2行。吐峪沟遗址出土。

Ch 681a（T III T 129） 《妙法莲华经》卷七

28×6cm，6行，约9—10世纪。吐峪沟遗址出土。

参 KCBT I，111。

Ch 681b（T III T 129） 《妙法莲华经》卷七

5.2×8.5cm，1行，约9—10世纪。吐峪沟遗址出土。

参 KCBT I，112。

Ch 681c（T III T 130） 《妙法莲华经》卷七

26.4×6.2cm，3行，约9—10世纪。吐峪沟遗址出土。

参 KCBT I，112。

Ch 682（T II 1809） 《妙法莲华经》卷四

15.4×20cm，9行，约7世纪中—8世纪末。

参 KCBT I，83。

Ch 683（无原编号） 《妙法莲华经》卷六～卷七

15×11.5cm，8行，约7世纪中—8世纪末。

参 KCBT I，102。

Ch 684（T III 34.34） 《妙法莲华经》卷五

11.9×7.1cm，5行。

参 Kudara 2005，58。

Ch 685（T II 1206） 《金刚般若波罗蜜经》

15.2×6.8cm，4行，约7世纪中—8世纪末。

参 KCBT I，47。

Ch 686（T II 1211） 佛典残片

6.2×9.8cm，5行。

Ch 687（T II T 1107） 《金光明经》卷三

10.7×7cm，4行，约7世纪中—8世纪末。吐峪沟遗址出土。

参 KCBT II，76。

Ch 689（T II T 1010.310） 《佛说观药王药上二菩萨经》

12.2×15.5cm，7行，约6世纪中—7世纪中。吐峪沟遗址出土。

参 KCBT I，166。

Ch 690（T III 1100） 《大般涅槃经》卷二一

19.1×14cm，6行，约4—6世纪中。

参 KCBT II，68。

Ch 691r（T II T 1276） 佛典残片

6×10.2cm，6行。吐峪沟遗址出土。

Ch 691v 佛典残片

6行。

Ch 692（T II 1425） 佛典残片

7.2×5.3cm，3行。

Ch 693（T III 292.1） 不来人名录

7.5×10cm，4行，人名旁有竖线签记。当是元代或清代文书。

参 荣新江 1998b，315；Nishiwaki 2001，83。

Ch 694（T II 1130） 《金刚般若波罗蜜经》

9×23.7cm，13行，约7世纪中—8世纪末。

参 KCBT I，46。

Ch 695（T II 1212） 佛典残片

7.9×8.5cm，4行。

Ch 696r（T II 1218） 《大般涅槃经》卷二六

11.6×10.8cm，6 行。

参 Kudara 2005，73。

Ch 696v 回鹘人音注汉文难字

6 行，字拙，有朱栏。

参 高田时雄 1996；荣新江 1998b，315；Nishiwaki 2001，50；Takata 2004，337-339，图 10；高田时雄 2005，32-33，43（图 10）。

Ch 697（T III 1049） 《妙法莲华经》卷五

13.3×8.9cm，5 行，约 7 世纪中—8 世纪末。

参 KCBT I，94。

Ch 698r（T III 1032） 《大般涅槃经》卷三七

10.9×8.3cm，5 行。

参 Kudara 2005，79。

Ch 698v 天公主愿文

3 行。

参 荣新江 1998b，315；Nishiwaki 2001，111。

Ch 699（T III T 118） 《佛名经》卷六

13.8×14.3cm，7 行。吐峪沟遗址出土。

参 Kudara 2005，87。

Ch 700（T II D 219） 佛典残片

16.4×10.7cm，6 行。高昌故城出土。

Ch 701（T III S 101.103） 《大般涅槃经》卷七

11.3×7.7cm，5 行。胜金口遗址出土。

参 Kudara 2005，66。

Ch 702（T II 1534） 《大般涅槃经》卷二二

14.1×11.5cm，7 行，约 6 世纪中—7 世纪中。

参 KCBT II，68。

Ch 703（T III 1048） 《妙法莲华经》卷一

8.5×13.6cm，7 行，约 7 世纪中—8 世纪末。

参 KCBT I，51。

Ch 704（T III T 129） 《妙法莲华经马鸣菩萨品第三十》

14×9.2cm，5 行，约 9—10 世纪。吐峪沟遗址出土。

参 KCBT II，86。

Ch 705（T II D 202） 《妙法莲华经马鸣菩萨品第三十》

12.6×10.3cm，5 行，约 9—10 世纪。高昌故城出土。

参 KCBT II，86。

Ch 706（T II 1583） 《大般若波罗蜜多经》卷五一三

15.3×10.2cm，6 行。

参 Kudara 2005，34。

Ch 707（T II 1850）　佛典残片

12.2×8.4cm，5行。

Ch 708（T III 1074）　《摩诃僧祇律》卷二三

16.6×6.1cm，4行。

参 Kudara 2005，101。

Ch 709（T II T 1149）　《般若波罗蜜多心经》

7×20cm，10行，约7世纪中—8世纪末。吐峪沟遗址出土。

参 KCBT I，49。

Ch 710（T II 4073）　《妙法莲华经》卷三

4.5×10.7cm，6行。刻本。

参 Kudara 2005，54。

Ch 711（T II T 1373）　《大般涅槃经》卷四〇

11.8×12.9cm，8行。吐峪沟遗址出土。

参 Kudara 2005，80。

Ch 712（T III M 121.128）　《正法华经》卷二

11.6×12.8cm，7行。木头沟遗址出土。

参 Kudara 2005，61。

Ch 713（T II 2016）　《三宝赞》

13.4×15.5cm，9行，楷书，有界栏。

参 荣新江 1998b，315。

Ch 714（T II 1912）　佛典残片

13.6×12.7cm，4行。

Ch 715（T II T 1389）　《佛名经》卷五

9.6×10.2cm，3行。有佛像。吐峪沟遗址出土。

参 Kudara 2005，86。

Ch 716（T II T 1235）　《佛名经》卷三

12.7×16.5cm，4行。上部有佛像。吐峪沟遗址出土。

参 Kudara 2005，85。

Ch 717（T III T 105）　《大般涅槃经》卷七

12.9×15.1cm，8行。吐峪沟遗址出土。

参 Kudara 2005，66。

Ch 718r（T II T 1128）　《四分比丘尼戒本》

10×6cm，4行，约9—10世纪。吐峪沟遗址出土。

参 KCBT I，173。

Ch 718v　《四分比丘尼戒本》

4行，约9—10世纪。

参 KCBT I，173。

Ch 719（T III 1162）　《阿毗昙八犍度论》卷八

12.8×8.5cm，5行。

参 Kudara 2005，108。

Ch 720（T II D 133）　佛典残片

11.4×6.6cm，4 行。高昌故城出土。

Ch 721（T II T 1866）　《金刚般若波罗蜜经》

12.1×7.9cm，5 行。吐峪沟遗址出土。

参 Kudara 2005，48。

Ch 722（T III T 593）　《妙法莲华经》卷四

12.3×10.1cm，5 行，约 7 世纪中—8 世纪末。吐峪沟遗址出土。

参 KCBT I，80。

Ch 723（T II T 1929）　佛典残片

10.5×9.7cm，5 行。吐峪沟遗址出土。

Ch 724（T III 34.46）　《佛说灌顶七万二千神王护比丘咒经》卷一二

13.5×8.4cm，5 行，约 9—10 世纪。

参 KCBT I，168。

Ch 725（T II 2074）　《大般涅槃经》卷三五

13.7×25cm，14 行，约 4—6 世纪中。

参 KCBT II，71。

Ch 726（T III 1070）　佛典残片

15.1×22.1cm，15 行。

Ch 727（T III T 385）　佛典残片

21.7×21.2cm，14 行。吐峪沟遗址出土。

Ch 728（T III 34.61）　《大树紧那罗王所问经》卷一

13.3×9.5cm，5 行。

参 Kudara 2005，96。

Ch 729（T II 1759）　佛典残片

13.5×12.3cm，6 行。

Ch 730r（T II 1356）　《阿毗昙八犍度论》卷二七

10.2×11.4cm，7 行。

参 Kudara 2005，108。

Ch 730v　佛典残片

6 行。

Ch 731（T III M 173.111）　《维摩诘所说经》卷上

9.2×17.4cm，9 行。木头沟遗址出土。

参 Kudara 2005，95。

Ch 732（T III Y 57.52）　《大般涅槃经》卷一四

14.4×13.1cm，7 行。交河故城出土。

参 Kudara 2005，70。

Ch 733（T III Y 57.51）　佛典残片

13.8×11.7cm，7 行。交河故城出土。

Ch 734（T II 1578） 《春秋后语》卷一《秦语上》（卢藏用注）

8.6×9cm，5行，写本四边均残，字极工整，大字正文，双行小注，内容为商君（公孙鞅）故事。背面无字，原本为正规书籍。在柏林馆藏夹住残片的玻璃板左上角，有标签题“史记”；左下角又有一标签题“商君传”，表明最早（二战前?）整理此卷的人认为是《史记·商君列传》写本残片，Nishiwaki 2001从之。对比敦煌写本P.5523和P.5034，残卷之大字正文系《春秋后语》卷一《秦语》，对比《太平御览》、《战国策》注所引《春秋后语》注文，知为卢藏用注。中国国家图书馆善本部藏有王重民1935年所获照片，装照片的封袋上题“史书（不知名），疑是春秋后语”。

参 荣新江1998b，312，315；荣新江1999b，71-73＋附图（北京图书馆藏旧照片）；Nishiwaki 2001，58。荣新江2005，269。

Ch 735（T III 34.35） 佛典残片

11.1×9.9cm，6行。

Ch 736（T II D 137） 《妙法莲华经》卷七

12×5cm，3行，约7世纪中—8世纪末。高昌故城出土。

参 KCBT I，114。

Ch 737（T III T 406） 《妙法莲华经》卷七

6.8×22cm，11行，约7世纪中—8世纪末。吐峪沟遗址出土。

参 KCBT II，58。

Ch 738r（T III 2011） 残文

7.8×20.3cm，8行。

参 Nishiwaki 2001，82。

Ch 738v 佛典残片

1行。

Ch 739（T II 3088） 《大方广佛华严经》卷二一

10.2×12.1cm，7行。

参 Kudara 2005，62。

Ch 740（T III M 206.55） 《妙法莲华经》卷七

7.5×13.2cm，7行，约7世纪中—8世纪末。木头沟遗址出土。

参 KCBT II，60。

Ch 741（T I 1065） 《妙法莲华经》卷四

10×18.2cm，10行，约7世纪中—8世纪末。

参 KCBT I，86。

Ch 742（T II 1280） 《妙法莲华经》卷四

8.5×5.7cm，3行。

参 Kudara 2005，56。

Ch 743（T III 1014） 《菩萨璎珞本业经》卷下

12.6×10.6cm，6行，约6世纪中—7世纪中。

参 KCBT II，83。

Ch 744（T III T 276） 佛典残片

13.8×13.4cm，6 行。吐峪沟遗址出土。

Ch 745（T III T 419） 佛典残片

8.1×15.3cm，10 行。吐峪沟遗址出土。

Ch 746r（无原编号） 佛经注疏

12.7×8.3cm，5 行。

Ch 746v 佛教戒本

5 行，字大，不佳。

Ch 747（T III 1093） 《大般若波罗蜜多经》卷一七四

8.3×4.5cm，2 行。

参 Kudara 2005，26。

Ch 748（T II 1579） 《妙法莲华经》卷一

8.9×8cm，5 行，约 7 世纪中—8 世纪末。

参 KCBT II，38。

Ch 749（T II T 1493） 《妙法莲华经》卷七

6.8×17.5cm，11 行，约 7 世纪中—8 世纪末。吐峪沟遗址出土。

参 KCBT I，105。

Ch 750（T II T 1442） 《楞伽阿跋多罗宝经》卷四

16.2×7.7cm，5 行，约 7 世纪中—8 世纪末。吐峪沟遗址出土。

参 KCBT I，159。

Ch 751（T III 34.89） 佛典残片

7.8×10cm，5 行。

Ch 752（T III 34.104） 佛典残片

12.2×7cm，4 行。

Ch 753（T II DK 75.4） 佛典残片

9.3×12.8cm，8 行。

Ch 754（T III 1190） 《大般若波罗蜜多经》卷五七七

8.1×14.8cm，8 行。

参 Kudara 2005，38。

Ch 755（T III T 380） 《道行般若经》卷九

9.8×12.7cm，7 行。吐峪沟遗址出土。

参 Kudara 2005，45。

Ch 756（T II T 1400） 《大般若波罗蜜多经》卷一五八

14.8×9.8cm，7 行，约 7 世纪中—8 世纪末。

参 KCBT II，21。

Ch 757（T II D 404） 《大般涅槃经》卷三

10.5×9.5cm，6 行，约 6 世纪中—7 世纪中。高昌故城出土。

参 KCBT II，72。

Ch 758（T II 3083） 佛典残片

13.3×12.7cm，7行。

Ch 759（T III So 90.55） 佛典残片

15.9×15.2cm，9行。胜金口遗址出土。

Ch 760（T III 181） 《妙法莲华经》卷七

9.2×20.4cm，12行，约7世纪中—8世纪末。

参 KCBT I，123。

Ch 761（T II T 1963） 《摩诃般若波罗蜜经》卷二六

13.5×6cm，3行，约7世纪中—8世纪末。

参 KCBT II，28。吐峪沟遗址出土。

Ch 762（T II T 1705） 佛典残片

9.6×13.3cm，6行。吐峪沟遗址出土。

Ch 763（T II 346） 佛典残片

7.1×8.2cm，5行。

Ch 764（T III 34.128） 佛典残片

9.8×9.9cm，5行。

Ch 765（T III T 604）《大般若波罗蜜多经》卷五七七

13.8×8.6cm，5行。吐峪沟遗址出土。

参 Kudara 2005，38。

Ch 766（T III T 66） 《妙法莲华经》卷四

12.2×7.5cm，4行，约7世纪中—8世纪末。吐峪沟遗址出土。

参 KCBT I，85。

Ch 767（T II T 1959） 《妙法莲华经》卷二

10.7×7.4cm，4行。吐峪沟遗址出土。

参 Kudara 2005，52。

Ch 768（无原编号） 小奴牒

13×8.7cm，4行。

参 荣新江 1998b，315；Nishiwaki 2001，69-70。

Ch 769r（T III M 173.160） 佛典残片

5.4×9.4cm，5行。木头沟遗址出土。

Ch 769v 佛典残片

5行。

Ch 770r（T III M 173.185） 佛典残片

5.9×9.4cm，10行。木头沟遗址出土。

Ch 770v 佛典残片

5行。

Ch 771（T II 1341） 《大般涅槃经》卷一五

10.2×9.5cm，5行，约7世纪中—8世纪末。

参 KCBT II，67。

Ch 772（T III 1170） 《佛顶尊胜陀罗尼经》

12.8×12.1cm，8 行，约 7 世纪中—8 世纪末。

参 KCBT I，164。

Ch 773r（T II 1510） 解梦书

9.5×14cm，8 行，楷体，有折栏。

参 荣新江 1998b，315；Nishiwaki 2001，90，图 13。

Ch 773v 《庄子疏·齐物论篇》（成玄英）

9 行，字在行楷之间，颇佳，文字方向与正面倒置，有乌丝栏。

参 荣新江 1998b，315；西胁常记 1999，50-51，64（图 5）；Nishiwaki 2001，129；西胁常记 2002，116-118，图 34。

Ch 774（T IV Chotan） 残契

11.1×7.4cm，1 行。和田出土文书。

参 荣新江 1998b，315；Nishiwaki 2001，152。

Ch 775（T III T 49） 《妙法莲华经》卷四

12×4.7cm，3 行，约 7 世纪中—8 世纪末。吐峪沟遗址出土。

参 KCBT I，81。

Ch 776（T III T 50） 《妙法莲华经》卷四

15.2×4.6cm，3 行，约 7 世纪中—8 世纪末。吐峪沟遗址出土。

参 KCBT I，81。

Ch 777（T II 1374） 《妙法莲华经》卷五

12×19cm，12 行，约 4—6 世纪中。

参 KCBT II，53。

Ch 778（T II 3078） 《妙法莲华经》卷四

12.9×7.5cm，2 行。

参 Kudara 2005，56。

Ch 779（T II T 1497） 佛典残片

8.9×10.7cm，8 行。吐峪沟遗址出土。

Ch 780（T II 1577） 佛典残片

23.8×74.6cm，2 行。

Ch 781（T II B 60） 清朝文书

11.8×15.4cm，5 行。葡萄沟废寺遗址出土。

参 荣新江 1998b，315；Nishiwaki 2001，72。

Ch 782（T II 113） 佛典残片

12.7×8.1cm，4 行。

Ch 783（T II T 2032） 佛典残片

14.6×11.4cm，6 行。吐峪沟遗址出土。

Ch 784（T II T 2006） 佛典残片

13.4×11.8cm，7 行。吐峪沟遗址出土。

Ch 785（T II 1255） 《过去庄严劫千佛名经》

11.8×9cm，5 行。

参 Kudara 2005，92。

Ch 786（T II T 1229） 佛典残片

15.2×7.5cm，1行。吐峪沟遗址出土。

Ch 787（T II 3050） 佛典残片

13.3×8.2cm，5行。

Ch 788（T II 1952） 《佛顶尊胜陀罗尼经》

12.3×8.6cm，5行，约7世纪中—8世纪末。

参 KCBT I，164。

Ch 789（T II T 1351） 佛典残片

8.6×17.6cm，12行。吐峪沟遗址出土。

Ch 790（T II T 3002） 《维摩诘所说经》卷中

13.4×13.1cm，8行，约7世纪中—8世纪末。吐峪沟遗址出土。

参 KCBT II，73。

Ch 791（T III T 491） 《金光明经》卷四

7.7×13.7cm，8行，约7世纪中—8世纪末。吐峪沟遗址出土。

参 KCBT I，155。

Ch 792（T II T 3062） 《妙法莲华经》卷四

15.6×9.1cm，5行，约7世纪中—8世纪末。吐峪沟遗址出土。

参 KCBT II，51。

Ch 793（T II T 2061） 《金光明经》卷二

11.5×11.5cm，7行，约7世纪中—8世纪末。吐峪沟遗址出土。

参 KCBT II，75。

Ch 794（无原编号） 《妙法莲华经》卷六

21.3×11.7cm，7行，约7世纪中—8世纪末。

参 KCBT I，98。

Ch 795（T II S 1021） 《大般若波罗蜜多经》卷一九一

15.2×14.2cm，4行，约7世纪中—8世纪末。胜金口遗址出土。

参 KCBT I，32。

Ch 796（T II 1158） 《金刚般若波罗蜜经》

12.9×18.2cm，11行，约7世纪中—8世纪末。

参 KCBT II，35。

Ch 797（T III 1078） 《金刚般若波罗蜜经》

12×20cm，11行，约7世纪中—8世纪末。

参 KCBT II，34。

Ch 798（T II T 1851） 《大般若波罗蜜多经》卷二七

13.2×6.5cm，3行。吐峪沟遗址出土。

参 Kudara 2005，22。

Ch 799（T III MQ 5） 唐事目历

11.9×8.8cm，4行，字极草。提到“健儿”，为唐朝官文书。

参 荣新江 1998b，315；Nishiwaki 2001，70。

Ch 800（T III K 268） 《妙法莲华经》卷六

7.3×8.2cm，5行，约7世纪中—8世纪末。高昌故城K遗址出土。

参 KCBT II，57。

Ch 801（T III 2036） 《增一阿含经》卷三三

11.3×15.7cm，8行。刻本。

参 Kudara 2005，20。

Ch 802r（T II T 1235） 《中阿含经》卷一八

14×22.7cm，11行。刻本。吐峪沟遗址出土。

参 KCBT I，19。

Ch 802v 佛典残片

7行。

Ch 803（T II T 1646） 佛典残片

11.5×10cm，5行。吐峪沟遗址出土。

Ch 804r（T II T 1937） 佛典残片

6.5×5.4cm，2行。吐峪沟遗址出土。

Ch 804v 《大般若波罗蜜多经》卷五四八

3行。

参 Kudara 2005，35。

Ch 805（T IV K 75） 《妙法莲华经》卷二

27×10.5cm，4行，约7世纪中—8世纪末。库车地区出土。

参 KCBT I，57。

Ch 806（无原编号） 《妙法莲华经》卷七

13.9×30.1cm，16行，约7世纪中—8世纪末。

参 KCBT I，110。

Ch 807（T II 1169） 《大般涅槃经》卷三三

14.2×20.4cm，12行，约6世纪中—7世纪中。

参 KCBT II，70。

Ch 808（无原编号） 《妙法莲华经》卷一

25.4×12.8cm，7行，约9—10世纪。

参 KCBT II，37。

Ch 809（T III 304） 高昌回鹘某年三月初四日支用麦迷子帐

15.9×13.2cm，正面背面连续书写，正面7行，背面6行，其汉字不似汉人所写，或系蒙元时期高昌回鹘文书，人名多似蒙文音译。

参 荣新江 1998b，315；Nishiwaki 2001，75，图14。

Ch 810（无原编号） 《妙法莲华经》卷二

11.6×30.5cm，16行，约7世纪中—8世纪末。

参 KCBT I，58。

Ch 811（无原编号） 《妙法莲华经马鸣菩萨品第三十》

24.1×15.7cm，9行。

参 Kudara 2005，117。

Ch 812（T II 1238） **《般若波罗蜜多心经》**

16×14.3cm，7行，约9—10世纪。

参 KCBT I，49。

Ch 813（T III T 520） **《妙法莲华经》卷六**

8.2×11.4cm，6行，约7世纪中—8世纪末。吐峪沟遗址出土。

参 KCBT II，57。

Ch 814（T II 1302） **《妙法莲华经》卷四**

14.8×9.8cm，6行，约4—6世纪中。

参 KCBT II，48。

Ch 815（T II T 1223） **佛典残片**

13.5×10.1cm，5行。吐峪沟遗址出土。

Ch 816r（T II T 1461） **佛典残片**

9.2×10cm，5行。吐峪沟遗址出土。

Ch 816v **佛典残片**

4行。

Ch 817（T II D 250） **《杂阿毗昙心论》卷六**

13.7×15.5cm，9行。高昌故城出土。

参 Kudara 2005，109。

Ch 818（T II T 1230） **《大般若波罗蜜多经》卷四七一**

17×11cm，6行。吐峪沟遗址出土。

参 Kudara 2005，33。

Ch 819（T II 1556） **《佛说观佛三昧海经》卷三**

14.5×7.3cm，5行，约9—10世纪。

参 KCBT II，74，图39/58，40/59。

Ch 820（T II 4005） **《妙法莲华经》卷四**

11×11cm，6行，约7世纪中—8世纪末。

参 KCBT I，81。

Ch 821（T II T 1927） **《金刚般若波罗蜜经论》卷中**

11.2×6.5cm，4行。吐峪沟遗址出土。

参 Kudara 2005，107。

Ch 822r（T II D 142.21） **佛典残片**

7×9.1cm，7行。高昌故城出土。

Ch 822v **残文**

2行。

参 Nishiwaki 2001，152。

Ch 823r（T II 2018） **《妙法莲华经》卷二**

16×8.8cm，5行，约9—10世纪。

参 KCBT II，42。

Ch 823v 《妙法莲华经》卷二

5 行，约 9—10 世纪。

参 KCBT II，43。

Ch 824（T II T 1472） 佛典残片

11×8.9cm，5 行。吐峪沟遗址出土。

Ch 825r（T II T 2055） 《大般涅槃经》卷一九

11.7×8.9cm，6 行。吐峪沟遗址出土。

参 Kudara 2005，71。

Ch 825v 《大般涅槃经》卷一九

6 行。

参 Kudara 2005，71。

Ch 826（T II T 1682） 佛典残片

7.6×9.1cm，4 行。吐峪沟遗址出土。

Ch 827（T III M 173.109） 《注维摩诘经》卷三

7.6×16.6cm，8 行，约 7 世纪中—8 世纪末。木头沟遗址出土。

参 KCBT II，84，图 47/70。

Ch 828（T II T 2015） 《大般涅槃经》卷三七

15.2×7.1cm，6 行。吐峪沟遗址出土。

参 Kudara 2005，79。

Ch 829（T III 272.127） 佛典残片

13.2×6.5cm，3 行。

Ch 830（T II T 1307） 《摩诃般若波罗蜜经》卷二七

13.5×8.1cm，4 行，约 6 世纪中—7 世纪中。吐峪沟遗址出土。

参 KCBT II，30。

Ch 831（T III 3014） 《大般若波罗蜜多经》卷二五九

10.8×8.6cm，5 行。刻本，

参 Kudara 2005，29。

Ch 832（T II D 431） 《中阿含经》卷四九

9.8×9.3cm，5 行。刻本。高昌故城出土。

参 Kudara 2005，17。

Ch 833（T III T 501） 《大般若波罗蜜多经》卷六七

7.5×16.8cm，8 行。刻本。吐峪沟遗址出土。

参 Kudara 2005，23。

Ch 834（无原编号） 《增一阿含经》卷三一

14.7×11.7cm，6 行。刻本。

参 KCBT I，27。

Ch 835（T II T 1648） 《中阿含经》卷三六

14.5×12.2cm，7 行。刻本。吐峪沟遗址出土。

参 KCBT I，21。

Ch 836（T III 272. 117） 《中阿含经》卷五

11. 4×14. 3cm，7 行。刻本。

参 Kudara 2005，14。

Ch 837r（T II T 1897） 《大般若波罗蜜多经》卷二九六

17. 6×11. 3cm，7 行，约 7 世纪中—8 世纪末。吐峪沟遗址出土。

参 KCBT II，24。

Ch 837v 《长阿含经》卷一五

6 行。刻本。

参 Kudara 2005，13。

Ch 838（T II T 1656） 《中阿含经》卷一六

12. 3×5. 7cm，3 行。刻本。吐峪沟遗址出土。

参 KCBT I，19。

Ch 839（T II T 1719） 佛典残片

7×9. 9cm，5 行。吐峪沟遗址出土。

Ch 840r（T II T 1839） 《增一阿含经》卷三

9. 2×9. 7cm，5 行。刻本。吐峪沟遗址出土。

参 KCBT I，24。

Ch 840v 《大般若波罗蜜多经》卷四二四

2 行。刻本。

参 Kudara 2005，31。

Ch 841r（T II 2019） 《妙法莲华经》卷一

15. 5×6. 8cm，4 行。刻本。

参 KCBT II，37。

Ch 841v 《妙法莲华经》卷三

5 行。

Ch 842r（T III 62. 1000） 《妙法莲华经》卷七

19×10cm，5 行，约 9—10 世纪。

参 KCBT I，107。

Ch 842v 《推十二支死后化生法》（拟）

6 行，约 7 世纪中—8 世纪末。字不佳。右边沿字迹被剪去小半，而正面佛典完整，知此抄写年代较正面为早。

参 西胁常记 1997b，80，图 11；荣新江 1998b，315；Nishiwaki 2001，93；西胁常记 2002，43-44，图 2；余欣（待刊稿）。

Ch 843（T II 1345） 《金光明经》卷二

16. 2×7cm，5 行。约 7 世纪中—8 世纪末。

参 KCBT II，75。

Ch 844（T II T 1350） 佛典残片

13. 7×11. 6cm，7 行。吐峪沟遗址出土。

Ch 845（T II 1758）　《十诵律》卷六

19.7×16cm，10 行，约 6 世纪中—7 世纪中。

参 KCBT II，82，图 46，69。

Ch 846（T II T 1981）　《大般涅槃经》卷三二

14.5×17.5cm，9 行，约 6 世纪中—7 世纪中。吐峪沟遗址出土。

参 KCBT II，70。

Ch 847r（T II 1660）　佛典残片

8.7×26.2cm，17 行。

Ch 847v　佛典残片

13 行。

Ch 848（T II T 1928）　《妙法莲华经》卷四

10×8.2cm，5 行，约 7 世纪中—8 世纪末。吐峪沟遗址出土。

参 KCBT I，86。

Ch 849a（T III M 173.142）　《十诵比丘波罗提木叉戒本》

9.5×11.1cm，6 行，约 7 世纪中—8 世纪末。木头沟遗址出土。

参 KCBT I，174。

Ch 849b（T III M 173.142）　《十诵比丘波罗提木叉戒本》

13.6×12.3cm，7 行，约 7 世纪中—8 世纪末。木头沟遗址出土。

参 KCBT I，174。

Ch 850（T II 3074）　《佛说阿弥陀经》

11.1×8.5cm，5 行，约 7 世纪中—8 世纪末。

参 KCBT I，132。

Ch 851（T III 34.74）　佛典残片

12.7×8.1cm，4 行。

Ch 852（T IV K 70（+）71）　佛典残片

12.1×22.3cm，12 行。库车地区出土。

Ch 853（T III T 160）　《妙法莲华经》卷七

28.3×5.7cm，4 行，约 9—10 世纪。吐峪沟遗址出土。

参 KCBT I，117。

Ch 854（T III T 147）　《妙法莲华经》卷七

28.3×6.5cm，4 行，约 9—10 世纪。吐峪沟遗址出土。

参 KCBT I，116。

Ch 855（T III T 146）　《妙法莲华经》卷七

25.7×6cm，4 行，约 9—10 世纪。吐峪沟遗址出土。

参 KCBT I，116。

Ch 856（T II 1641）　《大般若波罗蜜多经》卷二四〇

7.5×8.8cm，5 行。刻本。

参 Kudara 2005，28。

Ch 857r（T III 22.2）　佛典残片

10.6×13.6cm，7行。

Ch 857v 《大般若波罗蜜多经》卷四

3行。

参 Kudara 2005，22。

Ch 858（T II T 2027） 佛典残片

8.8×8.5cm，4行。吐峪沟遗址出土。

Ch 859（T II T 1639） 佛典残片

8.9×12.5cm，6行。吐峪沟遗址出土。

Ch 860（T II T 1649） 佛典残片

9.1×10.4cm，5行。吐峪沟遗址出土。

Ch 861（T II T 1645） 佛典残片

10.4×9.6cm，4行。吐峪沟遗址出土。

Ch 862（T III M 144） 《大方等陀罗尼经》卷一

11.9×20cm，9行。刻本。6—7行间有回鹘文字。木头沟遗址出土。

参 Kudara 2005，100。

Ch 863（T II S 32 a.1001） 佛典残片

5.1×13.2cm，6行。胜金口遗址出土。

Ch 864（T II 1052） 《佛说大白伞盖总持陀罗尼经》

21×10cm，6行。元代以后的单刻本。

参 KCBT I，164，图25/31；中村菊之进1990，55，58。

Ch 865（T III 78.1） 《大般若波罗蜜多经》卷一九六

14.6×6.9cm，4行。

参 Kudara 2005，27。

Ch 866（T II D 416） 佛典残片

8.9×10.9cm，5行。高昌故城出土。

Ch 867r（T II T 1982） 佛典残片

6.6×7.9cm，4行。吐峪沟遗址出土。

Ch 867v 《大般若波罗蜜多经》卷四三三

3行。

参 Kudara 2005，32。

Ch 868（无原编号） 《金光明最胜王经》卷五

13×13.5cm，6行。刻本。

参 KCBT II，77。

Ch 869（T II D 361） 《阿毗达摩俱舍论》卷二二

14.2×15.7cm，9行。刻本。高昌故城出土。

参 Kudara 2005，110。

Ch 870（T III D 1023） 《大般若波罗蜜多经》卷二六六

16×23.3cm，13行。刻本。高昌故城出土。

参 KCBT II，24；中村菊之进1990，44。

Ch 871（T II D 355）　《中阿含经》卷八

12.8×21.8cm，12 行。刻本。高昌故城出土。

参 KCBT I，19。

Ch 872（T III T 505）　《杂阿含经》卷三

13.2×11.4cm，6 行。刻本。吐峪沟遗址出土。

参 Kudara 2005，17。

Ch 873r（T II T 1819）　《增一阿含经》卷二

11.9×6.2cm，4 行。刻本。吐峪沟遗址出土。

参 KCBT II，14。

Ch 873v　佛典残片

4 行。

Ch 874（T II T 1995）　佛典残片

7.8×12.1cm，5 行。吐峪沟遗址出土。

Ch 875r（T II T 1847）　《中阿含经》卷八

9.5×10.9cm，6 行。刻本。吐峪沟遗址出土。

参 Kudara 2005，15。

Ch 875v　佛典残片

3 行。

Ch 876（T II T 1640）　佛典残片

10×8.3cm，5 行。吐峪沟遗址出土。

Ch 877（T II T 1679）　《中阿含经》卷五

15.5×9.9cm，5 行。刻本。吐峪沟遗址出土。

参 Kudara 2005，14。

Ch 878r（T II T 1953）　佛典残片

19×10.9cm，6 行。吐峪沟遗址出土。

Ch 878v　佛典残片

6 行。

Ch 879（T II D 434）　《中阿含经》卷四二

14×10.2cm，6 行。刻本。高昌故城出土。

参 KCBT I，21。

Ch 880（T II T 1521）　《增一阿含经》卷三

12.1×26.2cm，12 行。刻本。吐峪沟遗址出土。

参 KCBT I，24。

Ch 881（T II T 1520）　《增一阿含经》卷五

13.8×24.5cm，13 行。刻本。吐峪沟遗址出土。

参 KCBT I，25。

Ch 882（T III T 468）　《中阿含经》卷五

14.5×9.4cm，5 行。刻本。吐峪沟遗址出土。

参 Kudara 2005，15。

Ch 883（T II T 1301） 《中阿含经》卷一〇

16.2×10.2cm，4行。刻本。吐峪沟遗址出土。

参 KCBT II，12。

Ch 884（无原编号） 《妙法莲华经》卷二

13.3×7.6cm，4行。刻本。

参 Kudara 2005，53。

Ch 885（T II 1125） 佛典残片

9.2×16.3cm，8行。

Ch 886（T III T 550） 《增一阿含经》卷二〇

9.5×11.2cm，6行。刻本。吐峪沟遗址出土。

参 Kudara 2005，19。

Ch 887（T III T 464） 《中阿含经》卷四二

13.9×12.7cm，7行。刻本。吐峪沟遗址出土。

参 KCBT II，13。

Ch 888（T III T 541） 《须摩提女经》

18×13.6cm，5行。刻本。吐峪沟遗址出土。

参 Kudara 2005，21。

Ch 889（T II T 1736） 《维摩诘所说经》卷下

7.6×9cm，5行，约9—10世纪。吐峪沟遗址出土。

参 KCBT II，74。

Ch 890（T II T 1432） 《妙法莲华经》卷六

11.1×15.1cm，8行，约7世纪中—8世纪末。吐峪沟遗址出土。

参 KCBT II，56，图25/38。

Ch 891（T II T 1011） 《大乘密严经》卷下

15.2×27.4cm，11行，约7世纪中—8世纪末。吐峪沟遗址出土。

参 KCBT I，159。

Ch 892（T II 1908） 佛典残片

9.4×17.7cm，6行。

Ch 893r（T III 1024） 《增一阿含经》卷三一

15.8×14.7cm，7行。刻本。

参 KCBT I，28；中村菊之进 1990，43。

Ch 893v 佛典残片

1行。为修补正面经书残纸片，残存三个半字。

Ch 894（T II T 1654） 《别译杂阿含经》卷二

9.2×10.4cm，5行。刻本。吐峪沟遗址出土。

参 Kudara 2005，18。

Ch 895（T II T 1297） 《菩萨璎珞本业经》卷下

12.3×12cm，6行，约6世纪中—7世纪中。题记：“（前残）向则教轨弥沦，典诰（中残）□□□既（后残）。”吐峪沟遗址出土。

参 KCBT I，178，图 27/36；池田温 1990，253；荣新江 1998b，315；Nishiwaki 2001，118。

Ch 896（T II T 1729）　《中阿含经》卷三三

8.9×8.5cm，5 行。刻本。吐峪沟遗址出土。

参 Kudara 2005，16。

Ch 897（T III 1113）　佛典残片

10.4×8.4cm，6 行。

Ch 898r（T II T 1904）　《中阿含经》卷一八

12.2×10.5cm，6 行。刻本。吐峪沟遗址出土。

参 KCBT I，19。

Ch 898v　佛典残片

3 行。

Ch 899（T III T 534）　佛典残片

11×14.8cm，7 行。吐峪沟遗址出土。

参 Gabain 1967，12。

Ch 900（T III S 91.500）　佛典残片

7×5.3cm，3 行。胜金口遗址出土。

Ch 901r（T II T 1936）　佛典残片

7×6.8cm，2 行。吐峪沟遗址出土。

Ch 901v　《大般若波罗蜜多经》卷五四八

4 行。

参 Kudara 2005，36。

Ch 902（T II T 3079）　《金刚般若波罗蜜经》

15.8×25.2cm，15 行，约 7 世纪中—8 世纪末。吐峪沟遗址出土。

参 KCBT II，32。

Ch 903（T III 1173）　《摩诃般若波罗蜜经》卷四

24×18cm，10 行，约 4—6 世纪中。

参 KCBT II，28，图 10/14。

Ch 904（T II 1295）　佛典残片

12.6×8.9cm，11 行。

Ch 905（T II T 1294）　《金光明经》卷一

18×14.8cm，9 行，约 7 世纪中—8 世纪末。吐峪沟遗址出土。

参 KCBT I，151。

Ch 906（T II Y 58.2）　《四分比丘尼戒本》

12.4×13.5cm，7 行，约 7 世纪中—8 世纪末。交河故城出土。

参 KCBT I，173。

Ch 907（T II T 2043）　《金刚般若波罗蜜经》

19.4×12.3cm，5 行，约 9—10 世纪。吐峪沟遗址出土。

参 KCBT I，45。

Ch 908r（T II Y 23）　《大般涅槃经》卷八

26.8×15cm，10行，约9—10世纪。交河故城出土。

参 KCBT I，136。

Ch 908v　《大般涅槃经》卷八

10行，约9—10世纪。

参 KCBT I，135。

Ch 909a（T III 34.67）　《妙法莲华经》卷四

9×6.3cm，5行，约6世纪中—7世纪中。

参 KCBT II，48。

Ch 909b（T III 34.67）　《妙法莲华经》卷四

8.8×6.7cm，4行，约6世纪中—7世纪中。

参 KCBT II，48。

Ch 909c（T III 34.67）　《妙法莲华经》卷四

8.7×4.6cm，4行，约6世纪中—7世纪中。

参 KCBT II，49。

Ch 909d（T III 34.67）　《妙法莲华经》卷四

8.6×4.9cm，4行，约6世纪中—7世纪中。

参 KCBT II，48。

Ch 909e（T III 34.67）　《妙法莲华经》卷四

8.5×4.9cm，3行，约6世纪中—7世纪中。

参 KCBT II，48。

Ch 909f（T III 34.67）　《妙法莲华经》卷四

8.5×4.8cm，3行，约6世纪中—7世纪中。

参 KCBT II，48。

Ch 909g（T III 34.67）　《妙法莲华经》卷四

8.5×5cm，3行，约6世纪中—7世纪中。

参 KCBT II，48。

Ch 909h（T III 34.67）　《妙法莲华经》卷四

8.7×4.7cm，3行，约6世纪中—7世纪中。

参 KCBT II，48。

Ch 910（T II 1152）　《大般涅槃经》卷二九

26.2×16.1cm，9行，约6世纪中—7世纪中。

参 KCBT II，69。

Ch 911（T II 1443）　《佛名经》卷三

12.7×21.2cm，5行。上部有佛像。

参 Kudara 2005，84。

Ch 912（T II 1508c）　《妙法莲华经》卷七

12.5×43.9cm，22行，约7世纪中—8世纪末。

参 KCBT I，102。

Ch 913（T II 1508e） 《妙法莲华经》卷七

12.3×44.5cm，22 行，约 7 世纪中—8 世纪末。

参 KCBT I，103。

Ch 914（T II 1508a） 《妙法莲华经》卷六

11.8×43cm，22 行，约 7 世纪中—8 世纪末。

参 KCBT I，101。

Ch 915（T II 1508f） 《妙法莲华经》卷七

9.1×39.6cm，20 行，约 7 世纪中—8 世纪末。

参 KCBT I，104。

Ch 916（T II 1508b） 《妙法莲华经》卷六

12.8×43.5cm，22 行，约 7 世纪中—8 世纪末。

参 KCBT I，101。

Ch 917（T II 1508d） 《妙法莲华经》卷七

12.4×44.3cm，22 行，约 7 世纪中—8 世纪末。

参 KCBT I，103。

Ch 918（T II T 1124） 《佛名经》卷一〇

12.5×42.5cm，21 行，约 7 世纪中—8 世纪末。吐峪沟遗址出土。

参 KCBT II，73。

Ch 919（T M 224.1 b） 《大般涅槃经》卷二〇

7.4×40cm，24 行。

参 Kudara 2005，72。

Ch 920（T III 2086） 佛典残片

5.9×44.1cm，23 行。

Ch 921（T II 1242） 《金刚般若波罗蜜经》

13.3×39.8cm，22 行，约 7 世纪中—8 世纪末。

参 KCBT I，41。

Ch 922a（T III 34.8 a） 《佛名经》卷一〇

10.7×10.3cm，3 行。上部绘有佛像。

参 Kudara 2005，88。

Ch 922b（T III 34.8 a） 《佛名经》卷一〇

10.1×15cm，4 行。上部绘有佛像。

参 Kudara 2005，89。

Ch 922c（T III 34.8 a） 《佛名经》卷一〇

9.5×14.7cm，4 行。上部绘有佛像。

参 Kudara 2005，89。

Ch 923（T II 1840） 《佛说灌顶七万二千神王护比丘咒经》卷一二

12×53.4cm，15 行，约 6 世纪中—7 世纪中。题记：“（前残）□十五张。（中残）左法柔供养。（中残）仓（苍）生阐扬正法，弘宣化道（?），（中残）弟子沙门僧海达选兹。”

参 KCBT I，170，图 26/33；池田温 1990，254；荣新江 1998b，315；Nishiwaki 2001，118-119。

Ch 924r（无原编号） 佛教文学作品

11×15.8cm，10 行，楷体，字颇佳，有多处墨笔改订之处。

Ch 924v 唐西州租田课布历（?）

9 行，字草难识，提到“拓萄（葡萄园）”，所交布匹数旁有朱笔点记。

参 池田温 1979，491；荣新江 1998b，315；Nishiwaki 2001，66，图 1。

Ch 925（无原编号） 元代书札

18.7×16.4cm，正面背面接写，正面 9 行，背面 2 行，纸极粗恶。

参 荣新江 1998b，315；Nishiwaki 2001，143，图 27。

Ch 926r（T II T 1769） 佛典残片

8.1×6.7cm，3 行。吐峪沟遗址出土。

Ch 926v 佛典残片

5 行。

Ch 927（T III 1193） 《佛名经》卷九

11.7×8.5cm，5 行。

参 Kudara 2005，88。

Ch 928（T II 4093） 《佛说阿弥陀经》

12.4×8cm，4 行，约 7 世纪中—8 世纪末。

参 KCBT I，133。

Ch 929（T II D 407） 《金刚般若波罗蜜经》

10.9×7.7cm，4 行，约 9—10 世纪。高昌故城出土。

参 KCBT I，42。

Ch 930（T III T 452） 佛典残片

12.1×7.8cm，9 行。吐峪沟遗址出土。

Ch 931（T II 1286） 佛典残片

4.1×8cm，5 行。

Ch 932（T II D 393） 《金刚般若波罗蜜经》

8.2×9cm，5 行，约 7 世纪中—8 世纪末。高昌故城出土。

参 KCBT II，34。

Ch 933（T II 1474） 《金刚般若波罗蜜经》

16.5×7.1cm，4 行，约 9—10 世纪。

参 KCBT I，42。

Ch 934（T II D 143.29） 《金刚般若波罗蜜经》

8.9×8cm，4 行，约 7 世纪中—8 世纪末。高昌故城出土。

参 KCBT II，35。

Ch 935（T III 2023） 《太上洞玄灵宝升玄内教经》卷二

10.9×6.8cm，2 行，楷书精写，有乌丝栏。相同内容见敦煌写本 P.2445《升玄内教经》，卷数据万毅《敦煌本升玄内教经试探》（《唐研究》1，1995，71-73）的考证。

参 荣新江 1997b，396；荣新江 1998b，312，315；西胁常记 1999，48，60（图 1）；山田俊 1999，275；荣新江 1999a，138；Nishiwaki 2001，130；西胁常记 2002，113，图 29；王卡 2004，124。

Ch 936（T III T 288） 佛典残片

13.2×11.3cm，5 行。吐峪沟遗址出土。

Ch 937（T III M 225） 残帐

11.9×12.1cm，5 行，与 Ch 173、Ch 3892 似为同一文书。木头沟遗址出土。

参 荣新江 1998b，315；Nishiwaki 2001，76。

Ch 938r（T II T 1132） 《汉书》卷四〇《张良传》

7.7×7.3cm，5 行，字体在楷书与行书之间，有乌丝栏。背为《史记·仲尼弟子列传》。检《西域考古图谱》所刊大谷探险队所得吐鲁番文书，其下卷经籍类（5）-（1）和（2）图所刊写本，也是一面为《史记·仲尼弟子列传》，另一面是《汉书·张良传》，两相对照，字体形制全同，必为同一抄本无疑，两件所书文字末行相同，上下相差约 7 或 12 字。德藏卷原编号表明为德国第二次吐鲁番探险队在吐鲁番吐峪沟所得。据《图谱》，大谷探险队所得残片出土地标为“库木吐喇”，即库木土拉（Kumtura）石窟，在古代龟兹国范围（今库车西北）。两说不同，必有一误。

参 荣新江 1998b，312，315；Nishiwaki 2001，58-59，图 6；荣新江 2004，41-43；张娜丽 2006b，48-51，图 4。

Ch 938v 《史记》卷六七《仲尼弟子列传》

5 行，行书，无栏。

参 荣新江 1997b，396；荣新江 1998b，312，315；Nishiwaki 2001，58，图 6；荣新江 2004，41-43；张娜丽 2006b，48-51，图 5。

Ch 939（T II 1591） 《大般若波罗蜜多经》卷四九一

14.2×4.5cm，1 行，约 7 世纪中—8 世纪末。

参 KCBT I，34。

Ch 940r（T III M 73.500） 佛典残片

9.4×14cm，8 行。木头沟遗址出土。

Ch 940v 佛典残片

7 行。

Ch 941（T II T 3031） 佛典残片

5.4×8.1cm，4 行。吐峪沟遗址出土。

Ch 943r（T II T 1895） 佛典残片

6.2×19.4cm，8 行。吐峪沟遗址出土。

Ch 943v 《大般若波罗蜜多经》卷一〇〇

3 行。

参 Kudara 2005，24。

Ch 944r（T III 3011） 佛典残片

12. 3 × 7. 6cm，4 行。

Ch 944v 佛典残片

4 行。

Ch 945（T II T 1609） 佛典残片

12. 8 × 7. 6cm，4 行。吐峪沟遗址出土。

Ch 946（T III T 1262） 《增一阿含经》卷三

13. 3 × 14. 1cm，7 行。刻本。吐峪沟遗址出土。

参 KCBT II，15。

Ch 947（T II T 1274） 《大般若波罗蜜多经》卷五六六

12. 3 × 20. 4cm，11 行。刻本。吐峪沟遗址出土。

参 KCBT II，26；中村菊之进 1990，44。

Ch 948（T III T 530） 《增一阿含经》卷四二

12. 9 × 19. 3cm，10 行。刻本。吐峪沟遗址出土。

参 KCBT II，16；中村菊之进 1990，43。

Ch 949（T II T 1020. 314） 《佛说咒魅经》

13. 5 × 27cm，7 行，约 7 世纪中—8 世纪末。吐峪沟遗址出土。

参 KCBT I，185。

Ch 950（T II 1995） 《放光般若经》卷一九

12. 8 × 48. 5cm，25 行，约 6 世纪中—7 世纪中。

参 KCBT I，35。

Ch 951（T III T 410） 佛典残片

13. 1 × 17. 6cm，9 行。吐峪沟遗址出土。

Ch 952r（T III 2073） 《长阿含经》卷五

12. 8 × 10cm，7 行。刻本。

参 KCBT II，11。

Ch 952v 《摩诃般若波罗蜜经》卷一五

5 行。

参 Kudara 2005，42。

Ch 953r（T II T 1980） 《增一阿含经》卷二

12. 9 × 10. 5cm，5 行。刻本。吐峪沟遗址出土。

参 KCBT II，15。

Ch 953v 佛典残片

6 行，隶书。

Ch 954（T II T 3020） 佛典残片

7. 9 × 8cm，5 行。吐峪沟遗址出土。

Ch 956（T II T 1731） 《别译杂阿含经》卷九

11. 2 × 7. 9cm，2 行。刻本。吐峪沟遗址出土。

参 Kudara 2005，18。

Ch 957r（T II 1031） 佛典残片

12.8×6.9cm，4 行。

Ch 957v 佛典残片

4 行。

Ch 958r（T I D 1011） 佛典残片

11.6×11.8cm，3 行。高昌故城出土。

Ch 958v 《大般若波罗蜜多经》卷三七

5 行。

参 Kudara 2005，23。

Ch 959（T III T 528） 佛典残片

11.8×5.6cm，3 行。吐峪沟遗址出土。

Ch 960（T II 1128） 《妙法莲华经》卷五

20.1×9.9cm，5 行。刻本。

参 Kudara 2005，58。

Ch 961r（T II 1017） 佛典残片

15.5×9.1cm，3 行。

Ch 961v 佛典残片

2 行。

Ch 962（T II 1015） 《增一阿含经》卷五一

9.6×9.2cm，4 行。刻本。正面裱一纸条，有“非色分别”四字。

参 KCBT I，28；中村菊之进 1990，51。

Ch 963（T II 1280） 《大般若波罗蜜多经》卷二四一

15.2×11.4cm，7 行。刻本。

参 KCBT II，23。

Ch 964r（T II T 1540） 佛典残片

8.4×13.7cm，7 行。吐峪沟遗址出土。

Ch 964v 《大般若波罗蜜多经》卷四三三

7 行。

参 Kudara 2005，32。

Ch 965（T III T 557） 《妙法莲华经》卷三

9.4×6.7cm，3 行。刻本。吐峪沟遗址出土。

参 Kudara 2005，54。

Ch 966r（T II T 1809） 佛典残片

12.8×5.5cm，2 行。吐峪沟遗址出土。

Ch 966v 佛典残片

2 行。

Ch 967（T III 2094） 《金光明最胜王经》卷一〇

11×5.9cm，3 行。刻本。

参 KCBT II，78。

Ch 968（T II T 2000） 佛典残片

8.8×8.8cm，5行。吐峪沟遗址出土。

Ch 969（T II T 1417） 《大般涅槃经》卷四〇

7.2×8.2cm，5行。吐峪沟遗址出土。

参 Kudara 2005，80。

Ch 970r（T II M 1034） 佛典残片

8.9×7.1cm，4行。木头沟遗址出土。

Ch 970v 佛典残片

5行。

Ch 971r（T II 4037） 佛典残片

9.2×10.1cm，6行。

Ch 971v 佛典残片

4行。

Ch 972（T II T 1848） 《妙法莲华经》卷五

8.4×14.7cm，8行，约7世纪中—8世纪末。吐峪沟遗址出土。

参 KCBT II，52。

Ch 973（T III T 170） 《妙法莲华经》卷七

28.2×5.9cm，4行，约9—10世纪。吐峪沟遗址出土。

参 KCBT I，119

Ch 974（T III T 549） 佛典残片

7.2×13.5cm，7行。吐峪沟遗址出土。

Ch 975（T II T 1899） 《大般若波罗蜜多经》卷二〇一

9.7×18cm，9行。刻本。吐峪沟遗址出土。

参 KCBT II，22。

Ch 976（无原编号） 《金光明最胜王经》卷二

17×12.4cm，7行。刻本。

参 KCBT II，77。

Ch 977（T II T 1617） 《增一阿含经》卷三一

13.5×8.9cm，5行。刻本。

参 Kudara 2005，20。

Ch 978（T III 594.56） 《妙法莲华经》卷二

13×15cm，8行，约7世纪中—8世纪末。

参 KCBT II，42。

Ch 979（T III S 91.507） 《妙法莲华经》卷四

14.2×25.7cm，15行，约7世纪中—8世纪末。胜金口遗址出土。

参 KCBT I，79。

Ch 980（T III T 151.26） 《妙法莲华经》卷七

27.4×5.4cm，3行，约9—10世纪。吐峪沟遗址出土。

参 KCBT I，115。

Ch 981（T II T 1105） 《妙法莲华经》卷四

10.4×10.3cm，6 行。吐峪沟遗址出土。

参 Kudara 2005，55。

Ch 982（T II 1131） 佛典残片

12.4×12.4cm，8 行。

Ch 983（T I α） 写经题记

12.7×19.6cm，5 行，楷书精写，字体浑重，有乌丝栏。题记：“（前缺）〔僧〕献书。僧拔初校，僧俨重校。掌藏彭城寺僧明、净名寺僧达经始。监藏彭城寺僧曜奉持。”高昌故城 α 遗址出土。

参 荣新江 1998b，315；Nishiwaki 2001，120。

Ch 984（T II T 1850） 佛典残片

14.5×8.5cm，5 行。吐峪沟遗址出土。

Ch 985（T II T 1316） 《维摩诘所说经》卷下

17×12cm，7 行，约 7 世纪中—8 世纪末。吐峪沟遗址出土。

参 KCBT II，74。

Ch 987（无原编号） 《妙法莲华经》卷七

12.6×7cm，4 行，约 9—10 世纪。

参 KCBT I，107。

Ch 988（T III S 64.100） 佛典残片

10.2×14.4cm，8 行。胜金口遗址出土。

Ch 989（T II 1061） 《佛说七千佛神符经》

11.9×20.8cm，2 行，约 9—10 世纪。

参 KCBT II，86。

Ch 990r（T II 1107） 佛典残片

19.2×8.1cm，5 行，刻本。

Ch 990v 杂写

2 行，杂写“《妙法莲华经》”、“佛光菩萨”等，并有绘画。

Ch 991（T IV K 70（+）71） 《唐律·擅兴律》

18.1×23cm，11 行，楷书精写。纸色呈黑褐色，且纸面有土，或为使用时间较长的缘故。库车地区出土。中国国家图书馆善本部藏有向达 1937 年所获照片。

参 TTD I，1978-1980，A，26，121 B，16；刘俊文 1989，89-93；《释录》2，517；荣新江 1998b，315；Nishiwaki 2001，60-61，图 7；荣新江 2005，273。

Ch 992（T II 1643） 《佛说阿弥陀经》

16.7×31.6cm，17 行，约 7 世纪中—8 世纪末。

参 KCBT I，134。

Ch 993（T II 2007） 《大般涅槃经》卷一

15.5×16cm，10 行，约 6 世纪中—7 世纪中。

参 KCBT II，63。

Ch 994（T II 1851） 佛典残片

12.6×6.8cm，4 行。

Ch 995（T II D 195）　佛典残片

13.3×11.2cm，6行。高昌故城出土。

Ch 996（T II T 1485）　佛典残片

15.3×14.7cm，8行。吐峪沟遗址出土。

Ch 997r（T II 1204）　佛典残片

8.9×9.4cm，5行。

Ch 997v　佛典残片

6行。

Ch 998（T II 2029）　《佛说阿弥陀经》

11.2×13.2cm，7行，约9—10世纪。

参 KCBT I，133。

Ch 999（T III T 140.26）　《妙法莲华经》卷七

28.1×6cm，4行，约9—10世纪。吐峪沟遗址出土。

参 KCBT I，115。

Ch 1000a（T II T 42）　《妙法莲华经》卷三

25×3cm，2行，约7世纪中—8世纪末。吐峪沟遗址出土。

参 KCBT II，45。

Ch 1000b（T II T 43）　《妙法莲华经》卷三

25.4×2.5cm，1行，约7世纪中—8世纪末。吐峪沟遗址出土。

参 KCBT II，45。

Ch 1000c（T II T 44）　《妙法莲华经》卷三

3×20cm，12行，约7世纪中—8世纪末。吐峪沟遗址出土。

参 KCBT II，45。

Ch 1000d（T II T 45）　《妙法莲华经》卷三

20×1.8cm，1行，约7世纪中—8世纪末。吐峪沟遗址出土。

参 KCBT II，45。

Ch 1001（T II T 3000）　《大般若波罗蜜多经》卷五八九

11.3×8.3cm，5行。刻本。吐峪沟遗址出土。

参 Kudara 2005，38。

Ch 1002r（T II T 1005）　道经

21.6×21.9cm，12行，刻本，存两折页。有朱笔句读。与 Ch 349 为同一刻本。吐峪沟遗址出土。

参 荣新江 1998b，315；西胁常记 1999，49，62（图3）；Nishiwaki 2001，132；西胁常记 2002，118-119，图35-36。

Ch 1002v　《太上洞玄灵宝无量度人上品妙经》卷一

8行，与 Ch 349v 为同一写本。末行有朱笔点记，有上下栏。时间应先于正面的刻本。

参 荣新江 1998b，315；西胁常记 1999，49，62（图3）；Nishiwaki 2001，132；西胁常记 2002，118-119，图35-36。

Ch 1003（T II Y 59）　《佛名经》卷二

28.9×20.1cm，8 行。交河故城出土。

参 Kudara 2005，83。

Ch 1004（T III 1043）　《妙法莲华经》卷五

29×20cm，13 行，约 7 世纪中—8 世纪末。

参 KCBT II，52。

Ch 1005（T II 1834）　《十诵律》卷二九

27.2×16.9cm，9 行，约 6 世纪中—7 世纪中。

参 KCBT I，174。

Ch 1006a（T III T 215）　《妙法莲华经》卷七

24×6.3cm，4 行，约 9—10 世纪。吐峪沟遗址出土。

参 KCBT I，120。

Ch 1006b（T III T 215）　《妙法莲华经》卷七

27.7×6.1cm，4 行，约 9—10 世纪。吐峪沟遗址出土。

参 KCBT I，118。

Ch 1006c（T III T 215）　《妙法莲华经》卷七

25×6.5cm，4 行，约 9—10 世纪。吐峪沟遗址出土。

参 KCBT I，121。

Ch 1007（T II T 2039）　《大智度论》卷三

28.5×22.3cm，11 行。吐峪沟遗址出土。

参 Kudara 2005，104。

Ch 1008（T III T 119）　《妙法莲华经》卷四

26.2×21.3cm，11 行，约 7 世纪中—8 世纪末。吐峪沟遗址出土。

参 KCBT I，81。

Ch 1009（T II D 188）　《妙法莲华经》卷四

25.2×32.5cm，18 行，约 7 世纪中—8 世纪末。高昌故城出土。

参 KCBT I，79。

Ch 1010（T II Y 54）　《佛名经》卷九

31.3×27.8cm，13 行。交河故城出土。

参 Kudara 2005，87。

Ch 1011r（T II T 2020）　《妙法莲华经》卷七

26.1×30.8cm，16 行。刻本。吐峪沟遗址出土。

参 KCBT I，117。

Ch 1011v　佛典残片

8 行。

Ch 1012（T III 1152）　《妙法莲华经》卷四

23.5×23.6cm，14 行，约 4—6 世纪中。

参 KCBT I，88。

Ch 1013r（T II T 3099）　《大般涅槃经》卷二九

20.8×17.6cm，11行。可以与 Ch 3062 缀合。吐峪沟遗址出土。

参 Kudara 2005，75。

Ch 1013v 佛典残片

5行。

Ch 1014r（T II 1605） 《杂宝藏经》卷三

26×22.3cm，11行。

参 Kudara 2005，22。

Ch 1014v 佛典残片

14行。

Ch 1015（T II 1656） 《妙法莲华经》卷六

21.9×24.5cm，14行，约6世纪中—7世纪中。

参 KCBT I，98。

Ch 1016（T II T Toyoq） 《金刚般若波罗蜜经》

28.5×21.5cm，13行，约7世纪中—8世纪末。吐峪沟遗址出土。

参 KCBT I，40，图9/9。

Ch 1017（T III M 219） 《金光明最胜王经》卷二

25.5×22.7cm，13行，约7世纪中—8世纪末。木头沟遗址出土。

参 KCBT I，156。

Ch 1018（T III T 494） 《中阿含经》卷八

16.6×25.8cm，12行。刻本。吐峪沟遗址出土。

参 Kudara 2005，15。

Ch 1019（T II T 1756） 《阿毗昙心论经》卷二

28.8×19.1cm，1行。刻本。吐峪沟遗址出土。

参 KCBT I，179；中村菊之进1990，45。

Ch 1020r（T II T 1933） 《妙法莲华经》卷七

17.2×16.7cm，9行。刻本。吐峪沟遗址出土。

参 KCBT I，118；中村菊之进1990，44。

Ch 1020v 佛典残片

9行。

Ch 1021（T III 272.106） 《大方等大集经》卷一七

25×22.3cm，12行。

参 Kudara 2005，82。

Ch 1022（T II 1188） 《思益梵天所问经》卷二

26.5×17cm，10行，约7世纪中—8世纪末。

参 KCBT II，74。

Ch 1023（T II T） 《妙法莲华经》卷四

27.5×18.1cm，10行，约7世纪中—8世纪末。吐峪沟遗址出土。

参 KCBT I，81。

Ch 1024（T II T 1155） 《长阿含经》卷一四

20.8×33.3cm，19 行。

参 Kudara 2005，13。

Ch 1025r（T II 1532） 佛典残片

19.7×20.2cm，11 行。

Ch 1025v 佛典残片

11 行。

Ch 1026（T II S 20.52） 《大般涅槃经》卷三六

26.5×27.5cm，17 行，约 7 世纪中—8 世纪末。胜金口遗址出土。

参 KCBT I，139。

Ch 1027（T II 2072） 《金光明经》卷四

23.5×21.9cm，12 行，约 4—6 世纪中。

参 KCBT I，155。

Ch 1028r（无原编号） 相保名籍

14.2×11.8cm，5 行，字体拙恶，应是回鹘或元代时期文书。

参 荣新江 1998b，315；Nishiwaki 2001，82-83。

Ch 1028v 残帖

1 行。

参 荣新江 1998b，315；Nishiwaki 2001，72。

Ch 1029（T II 1387） 《妙法莲华经》卷三

26×22.2cm，13 行，约 7 世纪中—8 世纪末。

参 KCBT I，78。

Ch 1030（T III 1088） 《长阿含经》卷一〇

22.2×22.5cm，13 行。

参 Kudara 2005，13。

Ch 1031（T II 1498） 《大般若波罗蜜多经》卷五七七

23.3×23cm，14 行。

参 Kudara 2005，38。

Ch 1032a（T II 1638） 《四分律比丘戒本》

9.4×16.3cm，8 行。

参 Kudara 2005，102。

Ch 1032b（T II 1638） 《四分律比丘戒本》

11.9×21.9cm，16 行。

参 Kudara 2005，102。

Ch 1033（T II D 192.1） 《四分律》卷四九

22.2×32.7cm，19 行，约 7 世纪中—8 世纪末。高昌故城出土。

参 KCBT II，82。

Ch 1034（T II T 301） 唐天宝年间交河郡蒲昌县（?）籍

29.1×23.9cm，8 行，有朱印三方，前两字不可释读，前人疑为“蒲昌县之印”（5.2×5.2cm）。吐峪沟遗址出土。

参 Thilo 1970，92，图 12；池田温 1979，259；TTD II，A，80-82，183；B，133；荣新江 1998b，315；Nishiwaki 2001，65；陈国灿 2002b，314-315。

Ch 1035a（T II D 259d）　《妙法莲华经》卷三

22.9×6.9cm，4 行，约 7 世纪中—8 世纪末。高昌故城出土。

参 KCBT I，76。

Ch 1035b（T II D 259d）　《妙法莲华经》卷三

23×7.1cm，4 行，约 7 世纪中—8 世纪末。高昌故城出土。

参 KCBT I，76。

Ch 1035c（T II D 259d）　《妙法莲华经》卷三

23×7cm，4 行，约 7 世纪中—8 世纪末。高昌故城出土。

参 KCBT I，76。

Ch 1035d（T II D 259 d）　《妙法莲华经》卷三

22.9×7.2cm，5 行，约 7 世纪中—8 世纪末。高昌故城出土。

参 KCBT I，76。

Ch 1035e（T II D 259 d）　《妙法莲华经》卷三

22.8×7.2cm，4 行。高昌故城出土。

参 KCBT I，75。

Ch 1035f（T II D 259 d）　《妙法莲华经》卷三

22.6×7.6cm，5 行，约 7 世纪中—8 世纪末。高昌故城出土。

参 KCBT I，75。

Ch 1036r（T II T）　《张文仲疗风方》

28.5×27.6cm，12 行，唐写本，大字正文，双行小注。原有标签题“药方文”。吐峪沟遗址出土。

参 黑田源次 1935，634-635；万斯年 1947b，74-86；罗福颐 1952，卷 4，No. 31；三木荣 1964，158；马继兴 1988，173-175；宫下三郎 1992，503；小曾户洋、真柳诚 1993，1218-1220；小曾户洋 1996，640-642；上山大峻 1997，203（图）；荣新江 1998b，315；Nishiwaki 2001，88；马继兴 2002，158。

Ch 1036v　《本草经集注》卷四《虫兽部》

12 行，楷书，字极佳。朱墨杂书，大字正文，双行小注。原有标签题“药性论”。

参 黑田源次 1935，648-649；万斯年 1947b，86-100；罗福颐 1952，卷 2，No. 28；三木荣 1964，153；渡边幸三 1987，248-265；马继兴 1988，384-386；宫下三郎 1992，493；小曾户洋 1996，640；上山大峻 1997，202（图）；荣新江 1998b，315；真柳诚 2000，135-143，图 5；Nishiwaki 2001，88；马继兴 2002，158；Mayanagi Makoto 2005，315-317，图 13.5。

Ch 1037（T II 1625）　《御注金刚般若经》

26.4×25.5cm，11 行，约 9—10 世纪。

参 KCBT I，185，图 32/45；衣川贤次 2003，115；衣川贤次 2004，1，13（图），17+18。

Ch 1038（无原编号）　《大般若波罗蜜多经》卷五六五

26×27.4cm，18 行，约 7 世纪中—8 世纪末。

参 KCBT I，34。

Ch 1039a（T III D 1031） 佛典残片

12.3×15.1cm，8 行。高昌故城出土。

Ch 1039b（T III D 1031） 《大般若波罗蜜多经》卷一二七

12.1×19.1cm，7 行。刻本。高昌故城出土。

参 Kudara 2005，25。

Ch 1040（T II T 1354） 佛典残片

21.3×23.2cm，11 行。

Ch 1041（T II 1990） 《因明入正理论》

20.1×22.2cm，11 行。

参 Kudara 2005，113。

Ch 1042（T II T 1016.305） 《本事经》卷一

26×23cm，12 行。吐峪沟遗址出土。

参 Kudara 2005，98。

Ch 1043（T II 1616） 《月灯三昧经》

26.9×17.8cm，9 行，约 7 世纪中—8 世纪末。

参 KCBT II，74，图 37/55。

Ch 1044r（T III S 67） 《春秋经传集解》昭公二十二年

28.9×18.5cm，9 行，楷书精写，朱笔句读，大字正文，双行小注。为唐人精写本。Ch 2432 也是《春秋经传集解》昭公二十二年文字，背面同为占卜书，知两件原为同一写本。

参 荣新江 1997b，395；荣新江 1998b，312，316；Nishiwaki 2001，37。

Ch 1044v 占卜书

9 行，与 Ch 2432v 同卷。

参 荣新江 1998b，316；Nishiwaki 2001，90。

Ch 1045（T II 1784） 唐永泰三年（767）（?）西州田租（?）簿

18.1×30cm，10 行，后接 Ch 2402，可以直接缀合。大字，秀美整洁，人名上有朱笔或墨笔勾勒或点记。

参 池田温 1979，501；关尾史郎 1992，38-43；荣新江 1998b，316；Nishiwaki 2001，66-67，图 9 陈国灿 2002b，330。

Ch 1046r（T II 4042） 唐西州安西坊配田亩历

17.1×22.6cm，9 行，此为唐西州高昌县官府规定安西坊内人户或寺观按日分配田亩数，后有典杨某的合计记录，但其性质不甚明了，年代必在天宝二年三月以后。原分三列记个人、寺院、宫观下段数，有朱笔勾勒，下部残缺。

参 荣新江 1998b，316；荣新江 1999a，132；Nishiwaki 2001，73，图 13。

Ch 1046v 西州官府残帐

9 行，大字楷书，颇工整。

参 荣新江 1998b，316；Nishiwaki 2001，77。

Ch 1047（T II 1742） 佛典残片

23×30.2cm，16行。

Ch 1048（T II 34.31） 佛典残片

30×23cm，16行。

Ch 1049（T I D 1009） 《杂阿含经》卷五

30×18.7cm，9行。刻本。高昌故城出土。

参 KCBT I，23；中村菊之进1990，50。

Ch 1050（T II 4043） 《佛说如来不思议秘密大乘经》卷一一

19.8×27cm，12行。刻本。

参 KCBT II，62。

Ch 1052（无原编号） 唐西州籍

19.3×15.4cm，5行，户籍废弃后，为佛寺僧人用来写经，其户籍文字间隙倒书“般若波罗蜜经一卷”，下题“七级寺僧智德”。

参 Thilo 1970，90，图8；土肥义和1969，107；池田温1979，236；TTD II，A，48-49，212-213；B，100；荣新江1998b，316；Nishiwaki 2001，61-62。

Ch 1053（T II T） 《瑜伽师地论》卷四九

22.5×23.9cm，13行，约7世纪中—8世纪末。吐峪沟遗址出土。

参 KCBT I，180。

Ch 1054（T II D 93） 佛典残片

19.5×30.9cm，17行。高昌故城出土。

Ch 1055r（T III 1102） 《杂阿毗昙心论》卷一

24.4×27.3cm，19行，约9—10世纪。

参 KCBT I，179。

Ch 1055v 《贤愚经》卷六

13行，约4—6世纪中。

参 KCBT I，29。

Ch 1056r（T IV K 17） 唐人书牍

18.9×15.4cm，5行，大字，楷书。提到“被差从吕都护向拨换去”，吕都护或指开元三年任安西都护的吕休璟，或指开元十八年任安西都护的吕休琳，本件系库车地区出土文书，与书信所记地理情形正相吻合。

参 荣新江1998b，316；Nishiwaki 2001，145。

Ch 1056v 药方（?）

4行。

参 荣新江1998b，316。

Ch 1057（T II 1029） 《别译杂阿含经》卷九

15×13.8cm，5行。刻本。

参 KCBT I，23；中村菊之进1990，50。

Ch 1058（T II T 2094） 《妙法莲华经》卷二

14.7×7.4cm，4行，约9—10世纪。吐峪沟遗址出土。

参 KCBT II，40。

Ch 1059（T III Tujok. 304）　《大般若波罗蜜多经》卷九三

11. 3×6. 7cm，3 行。吐峪沟遗址出土。

参 Kudara 2005，24。

Ch 1060r（T II T 1635）　《增一阿含经》卷二〇

9. 2×6. 3cm，3 行。刻本。吐峪沟遗址出土。

参 KCBT I，26。

Ch 1060v　残文

3 行，楷书精写。系正面《增一阿含经》的背面裱纸。

参 荣新江 1998b，316。

Ch 1061r（T II 1960）　《大般若波罗蜜多经》卷四五

7. 8×7. 3cm，3 行。

参 Kudara 2005，23。

Ch 1061v　佛典残片

4 行。

Ch 1062（T III T 526）　佛典残片

9×7. 6cm，4 行。吐峪沟遗址出土。

Ch 1063（T II 1734）　《大般若波罗蜜多经》卷五六九

9. 2×7. 2cm，4 行。刻本。

参 Kudara 2005，37。

Ch 1064（T II M 1046）　杭州信实徐铺招贴

14×21. 4cm，5 行，同样招贴又见 Ch 1103、Ch 1875 号。木头沟遗址出土。

参 荣新江 1998b，316；Nishiwaki 2001，153。

Ch 1066（T III T 1256）　《中阿含经》卷三

10. 7×18. 7cm，9 行。刻本。吐峪沟遗址出土。

参 Kudara 2005，14。

Ch 1067（T III T 496）　佛典残片

23. 8×4. 3cm，3 行。吐峪沟遗址出土。

Ch 1069r（T II T 1918）　《中阿含经》卷八

25. 9×15cm，8 行。刻本。吐峪沟遗址出土。

参 KCBT I，19。

Ch 1069v　佛典残片

6 行。

Ch 1070（T II T 1687）　《中阿含经》卷五

12. 3×16. 8cm，9 行。刻本。吐峪沟遗址出土。

参 KCBT I，18。

Ch 1071r（T II T 1884）　《大般若波罗蜜多经》卷四五

7. 1×6. 6cm，3 行。吐峪沟遗址出土。

参 Kudara 2005，23。

Ch 1071v　佛典残片

3行。

Ch 1072r（T II D 1 f）　《增一阿含经》卷三

11.2×6.6cm，3行。刻本。与Ch 1106r、Ch 3533v同卷。高昌故城出土。

参 Kudara 2005，18。

Ch 1072v　《切韵》

5行，刻本。与Ch 1106v、Ch 1150v、Ch 2437、Ch 3533、Ch 3715同属一书。系正面《增一阿含经》的背面裱纸。

参 荣新江 1997a，269；荣新江 1998b，312，316；Nishiwaki 2001，46；Takata 2004，333-337；高田时雄 2005，27-31。

Ch 1073（T II T 1781）

6.1×9cm，5行。吐峪沟遗址出土。

Ch 1074（T III T 561）　《妙法莲华经》卷三

11.2×7.9cm，5行。刻本。吐峪沟遗址出土。

参 Kudara 2005，54。

Ch 1075（T II T 1994）　《增一阿含经》卷二二

12.1×6.2cm，3行。刻本。吐峪沟遗址出土。

参 KCBT I，26。

Ch 1076（T III 34.130）　佛典残片

11.2×6.1cm，3行。

Ch 1077r（T III 3010）　《大般若波罗蜜多经》卷五四八

8×5.7cm，3行。

参 Kudara 2005，35。

Ch 1077v　佛典残片

3行。

Ch 1078（T II D 310）　佛典残片

9.4×5.6cm，3行。高昌故城出土。

Ch 1079（T III T 560）　《妙法莲华经》卷七

7.3×9.5cm，5行。刻本。吐峪沟遗址出土。

参 KCBT I，111。

Ch 1080r（T II T 1966）　《大般若波罗蜜多经》卷五四八

7.4×6.1cm，3行。吐峪沟遗址出土。

参 Kudara 2005，35。

Ch 1080v　佛典残片

3行。

Ch 1081（T III T 204.51）　佛典残片

13.5×5.3cm，3行。吐峪沟遗址出土。

Ch 1082（T II S 1054）　佛典残片

8.2×6.7cm，4行。胜金口遗址出土。

Ch 1083r（T II T 1771） 佛典残片

6.5×4.5cm，3 行。吐峪沟遗址出土。

Ch 1083v 佛典残片

2 行。

Ch 1084（T III 73） 《妙法莲华经》卷六

14.5×14.1cm，7 行。刻本。

参 KCBT I，100。

Ch 1085（T III 2075） 《增一阿含经》卷四二

16.8×15cm，8 行。刻本。

参 Kudara 2005，20。

Ch 1086a（T II D 356） 《妙法莲华经》卷一

8.2×14.4cm，7 行。刻本。高昌故城出土。

参 Kudara 2005，52。

Ch 1086b（T II D 356） 《妙法莲华经》卷一

13.6×5cm，3 行。刻本。高昌故城出土。

参 Kudara 2005，52。

Ch 1087（T III 2083） 《长阿含经》卷二〇

12×16.3cm，8 行。刻本。

参 KCBT I，15。

Ch 1088a（T II T 1827） 《大般若波罗蜜多经》卷七

5.2×7.5cm，3 行。刻本。吐峪沟遗址出土。

参 Kudara 2005，22。

Ch 1088b（T II T 1827） 《大般若波罗蜜多经》卷七

7.1×8.2cm，4 行。刻本。吐峪沟遗址出土。

参 Kudara 2005，22。

Ch 1089（T II D 363） 《大般若波罗蜜多经》卷四一〇

13.5×12.7cm，5 行，约 7 世纪中—8 世纪末。高昌故城出土。

参 KCBT I，33。

Ch 1090r（T II T 1628） 《妙法莲华经》卷七

15×10.1cm，6 行。刻本。吐峪沟遗址出土。

参 KCBT I，121。

Ch 1090v 佛典残片

9 行。

Ch 1091（T II T 1168） 《妙法莲华经》卷二

17.2×11.3cm，5 行。刻本。吐峪沟遗址出土。

参 Kudara 2005，53。

Ch 1092r（T II T 1856） 《妙法莲华经》卷七

17.2×14.1cm，7 行。刻本。吐峪沟遗址出土。

参 KCBT I，123。

Ch 1092av（T II T 1856）　佛典残片

17.2×14.1cm，3 行。吐峪沟遗址出土。

Ch 1092bv（T II T 1856）　《大般若波罗蜜多经》卷四五九

17.2×14.1cm，3 行。吐峪沟遗址出土。

参 Kudara 2005，33。

Ch 1093（T III D）　《大般若波罗蜜多经》卷四一二

17×13.1cm，4 行。刻本。高昌故城出土。

参 Kudara 2005，31。

Ch 1094（T III）　《大般若波罗蜜多经》卷一八四

11.5×17.1cm，6 行。刻本。高昌故城出土。

参 Kudara 2005，27。

Ch 1095r（无原编号）　佛典残片

5.8×6.7cm，3 行。

Ch 1095v　佛典残片

2 行。

Ch 1096（T II T 3016）　《大般若波罗蜜多经》卷二七〇

7.8×11.7cm，7 行。刻本。吐峪沟遗址出土。

参 Kudara 2005，29。

Ch 1097（T II T 1510）　佛典残片

9.4×7.3cm，4 行。吐峪沟遗址出土。

Ch 1098（T II 1016）　佛典残片

10.1×8.1cm，2 行。

Ch 1099（T III 75.41004）　《妙法莲华经》卷三

11.5×7.5cm，4 行。刻本。

参 KCBT II，46。

Ch 1100（T II 1027）　佛典残片

7×5.7cm，3 行。

Ch 1101r（T II T 1826）　佛典残片

7.8×7.2cm，3 行。吐峪沟遗址出土。

Ch 1101v　《大般涅槃经》卷六

1 行。

参 Kudara 2005，65。

Ch 1102（T II S 1049）　佛典残片

9.9×13cm，12 行。胜金口遗址出土。

Ch 1103（T III M 1371.1）　杭州信实徐铺招贴

11.4×12.7cm，5 行，同样招贴又见 Ch 1064、Ch 1875 号。

参 陈国灿 1995b，41；荣新江 1998b，316；Nishiwaki 2001，153。

Ch 1104r（T II T 2004）　《妙法莲华经》卷七

6×9.2cm，4 行。刻本。吐峪沟遗址出土。

参 KCBT II，59；中村菊之进 1990，44。

Ch 1104av（T II T 2004） 佛典残片

6×9.2cm，2 行。吐峪沟遗址出土。

Ch 1104bv（T II T 2004） 《妙法莲华经》卷六

6×9.2cm，2 行。吐峪沟遗址出土。

参 Kudara 2005，59。

Ch 1105（T II T 1967） 佛典残片

8.8×7.4cm，4 行。吐峪沟遗址出土。

Ch 1106r（T II T 1921） 《增一阿含经》卷三

23.4×9.8cm，5 行。刻本。与 Ch 1072r、Ch 3533v 同卷。吐峪沟遗址出土。

参 KCBT II，15。

Ch 1106v 《切韵》

11 行，刻本。系正面《增一阿含经》的背面裱纸。与 Ch 1072v、Ch 1150v、Ch 2437、Ch 3533、Ch 3715 同属一书。

参 荣新江 1997a，269；荣新江 1998b，312，316；Nishiwaki 2001，46；Takata 2004，333-337；高田时雄 2005，27-31。

Ch 1107（T II T 1666） 佛典残片

11.3×14.1cm，7 行。吐峪沟遗址出土。

Ch 1108r（T II T 1911） 佛典残片

9.6×12cm，5 行。吐峪沟遗址出土。

Ch 1108v 《大般若波罗蜜多经》卷五四八

5 行。

参 Kudara 2005，36。

Ch 1109（T II D 362） 《增一阿含经》卷一八

12.7×18.5cm，9 行。刻本。高昌故城出土。

参 KCBT II，16。

Ch 1110（T III T 467） 《中阿含经》卷三六

12.6×13cm，8 行。刻本。吐峪沟遗址出土。

参 KCBT II，13。

Ch 1111r（T II D 357） 《增一阿含经》卷二

14.9×13.3cm，8 行。刻本。高昌故城出土。

参 Kudara 2005，18。

Ch 1111v 佛典残片

5 行。

Ch 1112（T II 1917） 《增一阿含经》卷三

Ch 1113r（T II T 1970） 佛典残片

10.1×6.2cm，3 行。吐峪沟遗址出土。

Ch 1113v 佛典残片

3 行。

Ch 1114（无原编号） 佛典残片

12.9×7.2cm，4行。

Ch 1115（T I 510 x） 佛典残片

5.4×9.8cm，5行。

Ch 1116（T III M 150） 《大般若波罗蜜多经》卷五〇三

11.2×17.4cm，9行。刻本。木头沟遗址出土。

参 KCBT II，26。

Ch 1117r（T II T 1896） 《增一阿含经》卷二

12.7×9.1cm，5行。刻本。吐峪沟遗址出土。

参 Kudara 2005，18。

Ch 1117v 佛典残片

4行。

Ch 1118（T I 513x） 《妙法莲华经》卷五

9×8cm，4行。刻本。

参 KCBT I，91。

Ch 1119（T II T 1175） 《妙法莲华经》卷三

6.8×6cm，4行。刻本。吐峪沟遗址出土。

参 KCBT II，45。

Ch 1120（T II 1546） 《大般若波罗蜜多经》卷一八四

15.8×13.4cm，5行。刻本。

参 Kudara 2005，27。

Ch 1121（T III T 633） 《妙法莲华经》卷四

8.6×9cm，4行。刻本。吐峪沟遗址出土。

参 KCBT II，48。

Ch 1122（T II T 1508） 《增一阿含经》卷二二

15.8×6.6cm，4行。刻本。吐峪沟遗址出土。

参 KCBT II，16。

Ch 1123（T II D 364） 《四分律》卷二七

13.7×12.6cm，7行。刻本。高昌故城出土。

参 Kudara 2005，102。

Ch 1124r（T II D 424） 佛典残片

10.8×10cm，4行。高昌故城出土。

Ch 1124v 佛典残片

2行。

Ch 1125（T II T 1748） 《大般若波罗蜜多经》卷四四四

15.5×21.2cm，12行。刻本。吐峪沟遗址出土。

参 Kudara 2005，32。

Ch 1126r（T II T 2045） 《中阿含经》卷一八

10×8cm，4行。刻本。吐峪沟遗址出土。

参 Kudara 2005，15。

Ch 1126v　佛典残片

4 行。

Ch 1127（T III M 158.20）　《长阿含经》卷三

12.1×7.6cm，4 行。刻本。木头沟遗址出土。

参 KCBT II，11。

Ch 1128（T II D 440）　佛典残片

14×9.4cm，4 行。高昌故城出土。

Ch 1129（T III T 543）　佛典残片

10.2×8.9cm，5 行。吐峪沟遗址出土。

Ch 1130（T II T 1618）　《大般若波罗蜜多经》卷三二二

10.7×9.2cm，6 行。刻本。吐峪沟遗址出土。

参 KCBT II，25。

Ch 1131（T II T 3068）　《妙法莲华经》卷七

6.2×11.4cm，5 行，约 6 世纪中—7 世纪中。吐峪沟遗址出土。

参 KCBT II，58。

Ch 1132（T II 1325）　《妙法莲华经》卷三

14.2×17cm，6 行。

参 Kudara 2005，54。

Ch 1133（T II 1547）　《大般若波罗蜜多经》卷一八四

14.6×13.8cm，5 行。刻本。

参 Kudara 2005，27。

Ch 1134r（T II 4045）　《妙法莲华经》卷四

15.5×18.2cm，8 行。刻本。

参 KCBT I，88。

Ch 1134av（T II 4045）　《妙法莲华经》卷六

15.5×18.2cm，3 行。刻本。

参 Kudara 2005，59。

Ch 1134bv（T II 4045）　《妙法莲华经》卷六

15.5×18.2cm，1 行。

参 Kudara 2005，59。

Ch 1135（T II T 1636）　《妙法莲华经》卷七

6.6×11cm，6 行。刻本。吐峪沟遗址出土。

参 Kudara 2005，60。

Ch 1136r（T II T 2012）　《中阿含经》卷二二

7.1×9cm，5 行。刻本。吐峪沟遗址出土。

参 Kudara 2005，16。

Ch 1136v　《大般若波罗蜜多经》卷四五七

5 行。行间夹写有草体回鹘文。

参 Kudara 2005，33。

Ch 1137（T II D 436）　《大般若波罗蜜多经》卷一三八

14.7×20.9cm，10行。刻本。高昌故城出土。

参 KCBT I，31。

Ch 1138（T III T 581）　《中阿含经》卷五

15.7×12.3cm，6行。刻本。吐峪沟遗址出土。

参 Kudara 2005，15。

Ch 1139（T I x 509）　佛典残片

8.1×9.5cm，6行。

Ch 1140（T III T 517）　佛典残片

7.4×12cm，6行。吐峪沟遗址出土。

Ch 1141（T II T 1882）　《增一阿含经》卷三一

8.7×8.8cm，4行。刻本。吐峪沟遗址出土。

参 Kudara 2005，20。

Ch 1142（T III T 311）　佛典残片

9.4×3.6cm，2行。吐峪沟遗址出土。

Ch 1143（T III 1052）　《妙法莲华经》卷五

9.2×23cm，13行。

参 Kudara 2005，57。

Ch 1144（T II T 1806）　《中阿含经》卷五一

12.4×12cm，6行。刻本。吐峪沟遗址出土。

参 Gabain 1967，12；KCBT II，14。

Ch 1145（T II 4095）　佛典残片

8.8×8.6cm，4行。

Ch 1146（T II 1256）　《大般若波罗蜜多经》卷四二五

13.4×6.3cm，3行。刻本。

参 Kudara 2005，32。

Ch 1147（T III T 504）　《中阿含经》卷八

15.9×8.6cm，4行。刻本。吐峪沟遗址出土。

参 KCBT II，12。

Ch 1148（T II D 423）　《中阿含经》卷二一

17.1×8.6cm，5行。刻本。高昌故城出土。

参 KCBT II，13。

Ch 1149（T III D 1033）　佛典残片

13.6×11.5cm，6行。高昌故城出土。

Ch 1150r（T II D 236）　《增一阿含经》卷三

11.8×13.8cm，6行。刻本。高昌故城出土。

参 KCBT II，15。

Ch 1150v　《切韵》

3 行，系正面《增一阿含经》的背面裱纸。与 Ch 1072v、Ch 1106v、Ch 2437、Ch 3533、Ch 3715 同属一书。

参 荣新江 1997a，269；荣新江 1998b，312，316；Nishiwaki 2001，47；Takata 2004，333-337；高田时雄 2005，27-31。

Ch 1151r（T II T 1211） 《中阿含经》卷一八

13.5×9.5cm，5 行。刻本。吐峪沟遗址出土。

参 KCBT II，12。

Ch 1151v 佛典残片

5 行。

Ch 1152（T III 272.134） 《中阿含经》卷一六

14.3×7.2cm，4 行。刻本。

参 KCBT II，12。

Ch 1153（T II T 1969） 《中阿含经》卷一八

9.8×8.8cm，5 行。刻本。吐峪沟遗址出土。

参 KCBT II，13。

Ch 1154（T III 3009） 《妙法莲华经》卷四

7.9×9.3cm，5 行。刻本。

参 Kudara 2005，57。

Ch 1155（T II T 1889） 佛典残片

8.8×7cm，4 行。吐峪沟遗址出土。

Ch 1156（T II D 420） 《中阿含经》卷四

11×6.4cm，3 行。刻本。高昌故城出土。

参 KCBT I，17。

Ch 1157（T II T 1888） 《金光明最胜王经》卷一〇

8.1×9.9cm，5 行。吐峪沟遗址出土。

参 KCBT I，159。

Ch 1158（T III 3006） 《大般若波罗蜜多经》卷七二

13.3×6.8cm，4 行。刻本。

参 KCBT II，20。

Ch 1159（T II D 412） 佛典残片

10.7×8.9cm，4 行。高昌故城出土。

Ch 1160（T III T 499） 《金光明最胜王经》卷一〇

11.4×11.7cm，4 行。刻本。吐峪沟遗址出土。

参 KCBT I，158。

Ch 1161r（T II T 1957） 佛典残片

10.9×7cm，4 行。吐峪沟遗址出土。

Ch 1161v 佛典残片

4 行。

Ch 1162（T II T 1942） 《大般若波罗蜜多经》卷四七四

7.9×16.2cm，6 行。刻本。吐峪沟遗址出土。

参 Kudara 2005，33。

Ch 1163r（T II T 1958） 《妙法莲华经》卷七

6.4×5.8cm，2 行。刻本。吐峪沟遗址出土。

参 Kudara 2005，61。

Ch 1163v 佛典残片

3 行。

Ch 1164（T III 34.127） 佛典残片

12.3×9.5cm，4 行。

Ch 1165a（T II D 244） 佛典残片

8.7×16.2cm，7 行。高昌故城出土。

Ch 1165b（T II D 244） 佛典残片

9.1×5.4cm，3 行。高昌故城出土。

Ch 1166（T III T 479） 佛典残片

14.6×7.4cm，4 行。吐峪沟遗址出土。

Ch 1167（T II 1362） 《金刚般若波罗蜜经》

9.9×14.7cm，8 行，约 7 世纪中—8 世纪末。

参 KCBT II，32。

Ch 1168（T II M 1039） 《众事分阿毗昙论》卷三

17.1×19.8cm，10 行。木头沟遗址出土。

参 Kudara 2005，108。

Ch 1169（T II T 1387） 《金刚般若波罗蜜经》

7.4×11.7cm，6 行，约 9—10 世纪。吐峪沟遗址出土。

参 KCBT I，44。

Ch 1170（T II 3055） 《佛名经》卷六

19.4×13.7cm，8 行。

参 Kudara 2005，87。

Ch 1171（T II 4099） 《佛说高王观世音经》

12.8×11.8cm，9 行。刻本。

参 Kudara 2005，117。

Ch 1172（T III T 619） 《妙法莲华经》卷六

14.2×8cm，5 行，约 7 世纪中—8 世纪末。吐峪沟遗址出土。

参 KCBT I，96。

Ch 1173（T II D 309） 佛典残片

10.1×5.2cm，3 行。高昌故城出土。

Ch 1174（T II T 2036） 佛典残片

6.5×8.9cm，6 行。吐峪沟遗址出土。

Ch 1175（T II D 321） 《大般涅槃经》卷二一

11.5×7cm，2 行。高昌故城出土。

参 Kudara 2005，72。

Ch 1176（T II T 2018） 《大般若波罗蜜多经》卷二四七

6.8×8.6cm，7 行，约 7 世纪中—8 世纪末。吐峪沟遗址出土。

参 KCBT II，23。

Ch 1177（T II T 1608） 佛典残片

7×10.2cm，6 行。吐峪沟遗址出土。

Ch 1178（T III M 509） 《佛说阿弥陀经》

12.5×7.2cm，4 行，约 9—10 世纪。木头沟遗址出土。

参 KCBT I，134。

Ch 1179（T II T 1555） 《金刚般若波罗蜜经》

11×7.5cm，6 行。刻本。吐峪沟遗址出土。

参 KCBT II，34，图 18/23；中村菊之进 1990，52。

Ch 1180（T III T 2027） 《妙法莲华经》卷二

9.2×7.8cm，4 行，约 7 世纪中—8 世纪末。吐峪沟遗址出土。

参 KCBT II，43。

Ch 1181（T II T 1466） 《佛说盂兰盆经》

7.2×29.3cm，16 行，约 7 世纪中—8 世纪末。吐峪沟遗址出土。

参 KCBT I，160。

Ch 1182（T II S 1037） 《妙法莲华经》卷二

7.7×8.2cm，5 行。胜金口遗址出土。

参 Kudara 2005，53。

Ch 1183（T III T 341） 佛典残片

9.1×9.1cm，6 行。吐峪沟遗址出土。

Ch 1184（T III 272.128） 佛典残片

10.3×8cm，5 行。

Ch 1185（T II T 1554） 佛典残片

10.4×13.3cm，8 行。吐峪沟遗址出土。

Ch 1186r（T II T 1281） 佛典残片

7.8×5.1cm，2 行。吐峪沟遗址出土。

Ch 1187（T III 1189） 《大智度论》卷一六

11.2×12.4cm，8 行。

参 Kudara 2005，105。

Ch 1188（T II D 398） 《妙法莲华经》卷一

11.9×8.5cm，5 行，约 7 世纪中—8 世纪末。高昌故城出土。

参 KCBT I，53。

Ch 1189（T II 1767） 佛典残片

11.1×15.3cm，8 行。

Ch 1190（T II T 1104） 佛典残片

16.8×12.9cm，7 行。吐峪沟遗址出土。

Ch 1191（T II 1156）　《菩萨地持经》卷二

16.5×12cm，7行。

参 Kudara 2005，112。

Ch 1192（T II 1513）　麴建罕写经题记

17.8×13.9cm，5行，隶书，极整洁。题记："盖闻积财灵府，终获如意之宝；寄饭神钵，必蒙□□□□。□（建）威将军、领宿卫事麴建罕，仰感诚言，誓心弥陀，□（敬）□（写）□（楞）伽经一部。即请僧转读、校定已讫，謶诵习者获无□□□，证彼岸之果。冀已（以）斯福，又愿七世先灵考妣，往魄□□，□□法忍。又愿弟子舍身、受身，受持正法，广利众生。"此当为麴氏高昌时期写经题记。

参 池田温 1990，163；王素 1997，221，No. 578；荣新江 1998b，316；Nishiwaki 2001，114-115，图23。

Ch 1193（T I 1030）　佛典残片

12.2×17.7cm，9行。

Ch 1194（T III T 403）　佛典残片

14.9×9.6cm，6行。吐峪沟遗址出土。

Ch 1195（T III 272）　《大般若波罗蜜多经》卷一五六

26.7×19.6cm，11行，约9—10世纪。

参 KCBT II，21。

Ch 1196（T II 1251）　佛典残片

15.4×26.6cm，10行。

Ch 1197（T II D 143.21）　《妙法莲华经》卷三

15.2×17.1cm，10行，约7世纪中—8世纪末。高昌故城出土。

参 KCBT I，174

Ch 1198（T II 1652）　《大般若波罗蜜多经》卷三七八

11.7×33.5cm，21行。

参 Kudara 2005，30。

Ch 1199（T III S 91）　《大般涅槃经》卷八

21.5×16cm，8行，约7世纪中—8世纪末。胜金口遗址出土。

参 KCBT II，65。

Ch 1200（T II T 1336）　《金光明最胜王经》卷五

17.5×19cm，11行，约7世纪中—8世纪末。吐峪沟遗址出土。

参 KCBT II，77。

Ch 1201（T II 1788）　《大威德陀罗尼经》卷四

21.4×17cm，8行，约7世纪中—8世纪末。

参 KCBT I，170。

Ch 1202（T II 1172）　《大般若波罗蜜多经》卷五三六

10.7×17.5cm，10行。

参 Kudara 2005，34。

Ch 1203（T III T 287） 《妙法莲华经》卷一

10.5×10.5cm，6 行，约 7 世纪中—8 世纪末。吐峪沟遗址出土。

参 KCBT II，38。

Ch 1204（T I D 1040） 《菩萨璎珞本业经》卷下

8.9×12.1cm，7 行。高昌故城出土。

参 Kudara 2005，104。

Ch 1205（T II T 1197） 《大般若波罗蜜多经》卷二四三

8.6×12.4cm，4 行。刻本。吐峪沟遗址出土。

参 KCBT II，23。

Ch 1206（T III M 173.100） 佛典残片

10.4×9.9cm，7 行。木头沟遗址出土。

Ch 1207（T III 34.112） 佛典残片

14.2×8.1cm，4 行。

Ch 1208（T II T 1755） 佛典残片

12.9×12.4cm，7 行。吐峪沟遗址出土。

Ch 1209（T III T 521） 《妙法莲华经》卷一

7.2×17.1cm，9 行。吐峪沟遗址出土。

参 Kudara 2005，52。

Ch 1210（T II T 3012） 《金刚般若波罗蜜经》

11.5×16.5cm，10 行，约 7 世纪中—8 世纪末。吐峪沟遗址出土。

参 KCBT II，33。

Ch 1211（T II D 256） 《菩萨地持经》卷一〇

14.6×14.4cm，8 行。高昌故城出土。

参 Kudara 2005，113。

Ch 1212（T II 1063） 唐开元十年（722）西州高昌县籍

14.9×17.1cm，4 行，有“高昌县之印”（5.3×5.3cm），印于正面纸缝上。

参 Thilo 1970，85-86，图 1；土肥义和 1969，121；池田温 1979，250；TTD II，A，63，198；B，119；荣新江 1998b，316；Nishiwaki 2001，62-63；陈国灿 2002b，232-233。

Ch 1213（T II T 2082） 《金光明经》卷三

13×22cm，12 行，约 7 世纪中—8 世纪末。吐峪沟遗址出土。

参 KCBT II，76。

Ch 1214（T II 1785） 《一切经音义》卷二三《显扬圣教论音义》（玄应）

13.7×30.5cm，17 行。与 Ch 652 为同一写本。

参 石塚晴通 1992，55；西胁常记 1997b，86-87，图 13；荣新江 1998b，316；Nishiwaki 2001，102；西胁常记 2002，50-52，图 7；张娜丽 2003，21-22；Kudara 2005，115；徐时仪 2005，7，42；张娜丽 2006a，363。

Ch 1215r（T I D） 《妙法莲华经玄赞》卷六

15.6×32cm，23 行，约 9—10 世纪。高昌故城出土。

参 KCBT I，181。

Ch 1215v　写经题记

10 行，大字，不佳。提到“阿郎都督”、“阿郎从儿”，似回鹘时期文献。

参 荣新江 1998b，316；Nishiwaki 2001，124。

Ch 1216（T II 1980）　《一切经音义》卷一五《僧祇律音义》（玄应）

13×25.9cm，14 行。

参 石塚晴通 1992，55；西胁常记 1997b，88-89，图 14；荣新江 1998b，316；Nishiwaki 2001，103；西胁常记 2002，53-54，图 9；张娜丽 2003，21-22；Kudara 2005，115；徐时仪 2005，11，42；张娜丽 2006a，363。

Ch 1217r（T II D 145.22）　佛典残片

10.6×8.6cm，6 行。高昌故城出土。

Ch 1217v　佛典残片

5 行。

Ch 1218r（T III M 173.114）　佛典残片

8.5×10.5cm，5 行。木头沟遗址出土。

Ch 1218v　佛典残片

5 行。

Ch 1219（T II T 1568）　《道行般若经》卷七

21.4×6.2cm，4 行，约 7 世纪中—8 世纪末。吐峪沟遗址出土。

参 KCBT II，31。

Ch 1221r（T II T 3048）　书仪（？）

12.2×13.3cm，5 行，文字较大，不佳。吐峪沟遗址出土。

参 荣新江 1998b，316；Nishiwaki 2001，142。

Ch 1221v　回鹘人音注汉文难字

5 行。

参 高田时雄 1996；荣新江 1998b，316；Nishiwaki 2001，53；Takata 2004，337-339，图 9；高田时雄 2005，32-33，42（图 9）。

Ch 1222（T III Nr. 10. 1107）　《金光明经》卷三

17.4×18.7cm，11 行，约 4—6 世纪中。

参 KCBT I，153。

Ch 1223（T II T 1413）　《妙法莲华经》卷二

10.4×12.5cm，8 行，约 7 世纪中—8 世纪末。吐峪沟遗址出土。

参 KCBT II，40。

Ch 1224（T II）　佛典残片

5.5×12.5cm，7 行。

Ch 1225（T II D 53.20）　佛典残片

11.9×7.9cm，1 行。高昌故城出土。

Ch 1226（T III T 179）　《合部金光明经》卷三

8×11.8cm，6 行，约 7 世纪中—8 世纪末。吐峪沟遗址出土。

参 KCBT II，76。

Ch 1227（T II 1366） 《维摩诘所说经》卷中

9.8×7.2cm，5 行，约 7 世纪中—8 世纪末。

参 KCBT I，148。

Ch 1228（T II T 1730） 《妙法莲华经》卷一

9.5×8cm，4 行。刻本。吐峪沟遗址出土。

参 Kudara 2005，52。

Ch 1229（T II S 1045） 佛典残片

7.6×7.3cm，3 行。胜金口遗址出土。

Ch 1230（T III D 1044） 《增一阿含经》卷五

10.7×10.9cm，5 行。刻本。高昌故城出土。

参 KCBT II，15；中村菊之进 1990，42。

Ch 1231（T II T 1721） 《妙法莲华经》卷三

13.2×9.4cm，6 行。刻本。吐峪沟遗址出土。

参 KCBT I，74。

Ch 1232r（T III T 165） 佛典残片

8.5×10.3cm，5 行。吐峪沟遗址出土。

Ch 1232v 佛典残片

4 行。

Ch 1233（T III S 91.502） 《放光般若经》卷四

12.3×10.4cm，5 行。胜金口遗址出土。

参 Kudara 2005，39。

Ch 1234r（T III T 418） 唐西州籍（附：《千字文》）

11.5×10.9cm，5 行，户籍废弃后，学童在户籍文字空隙处习书《千字文》。吐峪沟遗址出土。

参 Thilo 1970，91，图 10；池田温 1979，256-257；TTD II，A，74-75，189；B，128；荣新江 1998b，316；Nishiwaki 2001，57，64。

Ch 1234v 佛典残片

5 行。草书。

Ch 1235（T I 528x） 《妙法莲华经》卷七

10.3×20.4cm，13 行，约 6 世纪中—7 世纪中。

参 KCBT I，108。

Ch 1236（T II D 418） 《妙法莲华经》卷六

8×10.5cm，6 行，约 7 世纪中—8 世纪末。高昌故城出土。

参 KCBT II，56。

Ch 1237（T II 1209） 《金刚般若波罗蜜经》

11.5×7cm，4 行，约 9—10 世纪。

参 KCBT II，32。

Ch 1238（T III Š 90.56） 《大般涅槃经》卷八

13×6.5cm，4行，约7世纪中—8世纪末。焉耆硕尔楚克遗址出土。

参 KCBT II，65。

Ch 1239（T II 1208） 佛典残片

11.4×7.4cm，4行。

Ch 1240（T III 34.98） 《大般若波罗蜜多经》卷一九一

8.5×5.5cm，3行，约7世纪中—8世纪末。

参 KCBT II，22。

Ch 1241（T III 1025） 《金刚般若波罗蜜经》

10×8.7cm，6行。

参 Kudara 2005，47。

Ch 1242（T II T 1456） 《大般若波罗蜜多经》卷五一三

8.8×7.8cm，5行。刻本。吐峪沟遗址出土。

参 KCBT II，26。

Ch 1243（T II 1190） 佛典残片

21×20.4cm，12行。

Ch 1244（T I 1004） 《佛名经》卷一

13.2×10.5cm，6行，约9—10世纪。

参 KCBT I，144。

Ch 1245r（T II T 4004） 佛典残片

10.6×10.1cm，7行，楷书，有乌丝栏。吐峪沟遗址出土。

Ch 1245v 道教文献

6行，字体较草。

参 荣新江 1998b，316；西胁常记 1999，51-52，65（图6）；Nishiwaki 2001，133-134；西胁常记 2002，121-122，图38。

Ch 1246r（T III T 381） 《切韵》

11.9×5.4cm，2行。据字体及正面背面的内容，与 Ch 343r、Ch 323r、Ch 2917r、Ch 1577r 为同一写本。吐峪沟遗址出土。

参 Nishiwaki 2001，43；Takata 2004，333-335，图1；高田时雄 2005，24-27，37（图1）。

Ch 1246v 《尔雅音义·释鸟》

3行。据字体及正面背面的内容，与 Ch 1577v、Ch 2917v、Ch 323v、Ch 343v 为同一写本。

参 荣新江 1998b，316；Nishiwaki 2001，40。

Ch 1247（T III MQ 23.20） 残文

8.3×9.3cm，4行。

参 Nishiwaki 2001，142。

Ch 1248r（K.） 《增一阿含经》卷四四

12.6×9.9cm，5行。刻本。

参 KCBT II，17。

Ch 1248v 《大般若波罗蜜多经》卷四三三

5 行。

参 Kudara 2005，32。

Ch 1249r（T II Y 38. 20） 《大悲启请》

14. 5 ×5cm，4 行，约 9—10 世纪。交河故城出土。

参 KCBT II，85。

Ch 1249v 《大悲启请》

4 行，约 9—10 世纪。

参 KCBT II，85。

Ch 1250（T II T 1734） 佛典残片

10. 3 ×5. 1cm，3 行。吐峪沟遗址出土。

Ch 1251（T II 1390） 《妙法莲华经》卷六

11 ×33. 1cm，19 行，约 4—6 世纪中。

参 KCBT I，100。

Ch 1252（T I D） 佛典残片

21. 1 ×8. 8cm，5 行。高昌故城出土。

Ch 1253（T III 3003） 《妙法莲华经》卷五

8. 7 ×11. 6cm，8 行。

参 Kudara 2005，58。

Ch 1254（无原编号） 佛典残片

7. 6 ×11. 2cm，6 行。

Ch 1255（T II T 1665） 佛典残片

15. 2 ×7. 5cm，4 行。吐峪沟遗址出土。

Ch 1256（T III 291） 府兵名籍

30 ×25. 4cm，两面书，各 2 行，记火长康天忠以下 10 人名。正面字较大，背面字较小，颇整严。

参 荣新江 1998b，316；Nishiwaki 2001，83-84，图 10。

Ch 1257a（T III M 219. 102） 《妙法莲华经》卷四

8. 6 ×6. 7cm，4 行。木头沟遗址出土。

参 Kudara 2005，56。

Ch 1257b（T III M 219. 102） 《妙法莲华经》卷四

8. 6 ×15. 3cm，9 行。木头沟遗址出土。

参 Kudara 2005，56。

Ch 1258（无原编号） 《妙法莲华经》卷二

8. 3 ×18cm，9 行，约 7 世纪中—8 世纪末。

参 KCBT I，61。

Ch 1259r（无原编号） 佛典残片

11. 7 ×5. 5cm，1 行。

Ch 1259v 佛典残片

1 行。

Ch 1260（T II T 3015）　《妙法莲华经》卷七

12.7×8cm，5 行，约 9—10 世纪。吐峪沟遗址出土。

参 KCBT I，105。

Ch 1261（T III T 547）　《妙法莲华经》卷六

8.6×9.4cm，5 行。吐峪沟遗址出土。

参 Kudara 2005，59。

Ch 1262（T III Š 63.101）　《妙法莲华经》卷五

7×6.1cm，5 行，约 9—10 世纪。焉耆硕尔楚克遗址出土。

参 KCBT II，53。

Ch 1263（T III T 405）　题记（?）

10×8.3cm，5 行。吐峪沟遗址出土。

Ch 1264（T II D 215）　佛典残片

16.7×7.4cm，3 行。高昌故城出土。

Ch 1265（T II D 396）　《妙法莲华经》卷四

12×9.8cm，6 行。高昌故城出土。

参 Kudara 2005，55。

Ch 1266（T II 1760）　佛典残片

16.4×23.1cm，11 行。

Ch 1267（T II 1290）　佛典残片

9.2×20.8cm，12 行。

Ch 1268（T II T 1142）　佛典残片

8.6×19.3cm，13 行。吐峪沟遗址出土。

Ch 1269（T III S 94）　《佛名经》卷二二

16.1×27.4cm，14 行。胜金口遗址出土。

参 Kudara 2005，90。

Ch 1270（T III D 197）　《菩萨地持经》卷七

14.3×11.3cm，7 行。高昌故城出土。

参 Kudara 2005，112。

Ch 1271（T III M 527）　《妙法莲华经》卷七

9.8×9.8cm，5 行。木头沟遗址出土。

参 Kudara 2005，60。

Ch 1272（T II T 3022）　佛典残片

11.4×12cm，6 行。吐峪沟遗址出土。

Ch 1273（T II T 1355）　《佛名经》卷一二

12.4×9.9cm，4 行。吐峪沟遗址出土。

参 Kudara 2005，90。

Ch 1274（T II 1878）　佛典残片

13.2×23.5cm，15 行。

Ch 1275（T II D 123）　《佛名经》卷一〇

19.6×13.4cm，7行。高昌故城出土。

参 Kudara 2005，88。

Ch 1276（T III 2062）　《菩萨地持经》卷七

10.4×9.9cm，7行。

参 Kudara 2005，112。

Ch 1277a（T II D 233）　佛典残片

8.2×9.9cm，7行。高昌故城出土。

Ch 1277b（T II D 233）　《佛说灌顶七万二千神王护比丘咒经》卷一二

6.3×9cm，6行，约9—10世纪。高昌故城出土。

参 KCBT I，167。

Ch 1278（T II T 1728）　《根本说一切有部毗奈耶》卷一

9.7×9.2cm，5行，约7世纪中—8世纪末。吐峪沟遗址出土。

参 KCBT I，175。

Ch 1279（T II T 1684）　《妙法莲华经》卷二

9.7×9.1cm，5行，约7世纪中—8世纪末。吐峪沟遗址出土。

参 KCBT I，62。

Ch 1280（T II D 185）　佛典残片

7.2×22cm，10行。高昌故城出土。

Ch 1281（T II 1852）　《十方千五百佛名经》

14×11cm，6行。

参 Kudara 2005，92。

Ch 1282（T II 1768）　占卜书

12.8×5.5cm，3行。

参 荣新江 1998b，316；Nishiwaki 2001，97。

Ch 1283（T II 4065）　《妙法莲华经》卷一

8.5×15cm，8行。

参 Kudara 2005，51。

Ch 1284（T II D 277）　佛典残片

10.3×11.3cm，10行。高昌故城出土。

Ch 1285（T III T 254）　佛典残片

18.5×8.9cm，4行。吐峪沟遗址出土。

Ch 1286（T III T 256）　《妙法莲华经》卷五

9×17.5cm，9行，约7世纪中—8世纪末。吐峪沟遗址出土。

参 KCBT II，52。

Ch 1287（T II T 1601）　佛典残片

12.2×5.7cm，3行。吐峪沟遗址出土。

Ch 1288（T II T 1716）　《金光明经》卷三

9.4×7.8cm，5行，约7世纪中—8世纪末。吐峪沟遗址出土。

参 KCBT I，153。

Ch 1289（T III 34.122）　《妙法莲华经》卷四

10.5×15.2cm，8 行，约 6 世纪中—7 世纪中。

参 KCBT II，47。

Ch 1290（T II T 3067）　佛典残片

9.8×7.7cm，4 行。吐峪沟遗址出土。

Ch 1291（T II T 1689）　《大般若波罗蜜多经》卷三四九

10.2×6.6cm，4 行，约 7 世纪中—8 世纪末。吐峪沟遗址出土。

参 KCBT II，25。

Ch 1292（T II 292）　杂写

21.3×4.6cm，1 行。写佛经名"佛顶心经一卷"。

Ch 1293（T II T 30 ?）　《佛顶尊胜陀罗尼经》

10.5×28.5cm，22 行，约 9—10 世纪。吐峪沟遗址出土。

参 KCBT II，80。

Ch 1294r（T III D 1028）　《长阿含经》卷一八

19.3×15cm，8 行。高昌故城出土。

Ch 1294v　《长阿含经》卷一八

8 行。

Ch 1295（T III 1128）　《妙法莲华经》卷七

19.4×12.5cm，7 行，约 7 世纪中—8 世纪末。

参 KCBT II，57。

Ch 1296（无原编号）　《妙法莲华经》卷五

17.1×14.4cm，8 行，约 7 世纪中—8 世纪末。

参 KCBT I，94。

Ch 1297（T II T 2008）　佛典残片

13.2×13.4cm，7 行。吐峪沟遗址出土。

Ch 1298r（T III T 638）　佛教戒本

13.2×12.4cm，7 行。吐峪沟遗址出土。

Ch 1298v　《春秋经传集解》昭公三十一年至三十二年

5 行，楷书精写，并有朱笔句读，有乌丝栏。"经"字书于栏外，大字正文，双行小注。为唐抄本。

参 荣新江 1997b，396；荣新江 1998b，312，316；Nishiwaki 2001，36。

Ch 1299（T II 1769）　《佛说灌顶七万二千神王护比丘咒经》卷一一

25.5×20.5cm，11 行，约 7 世纪中—8 世纪末。

参 KCBT II，81。

Ch 1300（T II 1887）　《大般涅槃经》卷一〇

11.9×19.3cm，11 行，约 4—6 世纪中。

参 KCBT I，136。

Ch 1301（T III T 336）　《大智度论》卷三八

11.4×15.8cm，8 行。吐峪沟遗址出土。

参 Kudara 2005，106。

Ch 1302（T II T 1559） 佛典残片

13.1×11.5cm，7 行。吐峪沟遗址出土。

Ch 1303（T II 1046） 《摩诃僧祇律》卷二七

25.8×16.2cm，11 行。

参 Kudara 2005，101。

Ch 1304（T III Š 90） 《大般涅槃经》卷三六

26.7×13.5cm，8 行，约 7 世纪中—8 世纪末。焉耆硕尔楚克遗址出土。

参 KCBT II，71。

Ch 1305r（T II T 1375） 佛典残片

13.6×19.1cm，13 行。吐峪沟遗址出土。

Ch 1305v 佛典残片

7 行。

Ch 1306a（T III 1157） 《大般涅槃经》卷三一

19×11cm，6 行，约 6 世纪中—7 世纪中。

参 KCBT II，70。

Ch 1307a（T III M 173.140） 《胜鬘狮子吼一乘大方便方广经》

9.2×15.1cm，9+（1）行，约 6 世纪中—7 世纪中。木头沟遗址出土。

参 KCBT II，62。

Ch 1307b（T III M 173.140） 《胜鬘狮子吼一乘大方便方广经》

8.2×6.4cm，5 行，约 6 世纪中—7 世纪中。木头沟遗址出土。

参 KCBT II，62。

Ch 1307c（T III M 173.140） 《胜鬘狮子吼一乘大方便方广经》

9×4.2cm，4 行，约 6 世纪中—7 世纪中。木头沟遗址出土。

参 KCBT II，62。

Ch 1307d（T III M 173.140） 《胜鬘狮子吼一乘大方便方广经》

5.4×7cm，4 行，约 6 世纪中—7 世纪中。木头沟遗址出土。

参 KCBT II，62。

Ch 1308r（T II 3075） 佛典残片

6×7.8cm，5 行。

Ch 1308v 佛典残片

5 行。

Ch 1309r（T II 1134） 佛典残片

12.2×5.7cm，4 行。

Ch 1309v 佛典残片

3 行。

Ch 1310（T II T 1647） 佛典残片

7.7×10.5cm，5 行。吐峪沟遗址出土。

Ch 1311（T III 34.37） 《大般涅槃经》卷三三

12×9.5cm，6行，约7世纪中—8世纪末。

参 KCBT II，70。

Ch 1312r（T II T 3084） 佛典残片

10.1×9.7cm，6行。吐峪沟遗址出土。

Ch 1312v 佛典残片

1行。

Ch 1313（T III T 362） 《妙法莲华经》卷七

20.7×7cm，4行，约9—10世纪。吐峪沟遗址出土。

参 KCBT I，121。

Ch 1314（无原编号） 《妙法莲华经》卷六

9.8×19.5cm，9行，约7世纪中—8世纪末。

参 KCBT II，55。

Ch 1315（T III T 462） 《妙法莲华经》卷二

11.9×12.5cm，8行，约7世纪中—8世纪末。吐峪沟遗址出土。

参 KCBT II，43。

Ch 1316（T II Y 58.5） 《大般涅槃经》卷三七

16.9×13.3cm，8行。交河故城出土。

参 Kudara 2005，79。

Ch 1317（T II D 138） 《金刚般若波罗蜜经》

10.5×7.5cm，4行，约9—10世纪。高昌故城出土。

参 KCBT II，36。

Ch 1318（T II T 2041） 佛典残片

13.5×19.8cm，10行。吐峪沟遗址出土。

Ch 1319（T II D 68.50） 《大般涅槃经》卷一八

18.5×16.5cm，9行，约6世纪中—7世纪中。可以与Ch 2243r缀合。高昌故城出土。

参 KCBT II，67。

Ch 1320（T II 1154） 唐太宗《三藏圣教序》抄本

17.3×21.7cm，11行，楷书精写，有乌丝栏。

参 荣新江1998b，316；Nishiwaki 2001，99。

Ch 1321（T II T） 《妙法莲华经》卷一

27.5×19.2cm，11行，约7世纪中—8世纪末。吐峪沟遗址出土。

参 KCBT I，52。

Ch 1322a（无原编号） 佛典残片

16×10cm，5行。

Ch 1322b（T III 66） 《妙法莲华经》卷二

9.9×16cm，9行，约7世纪中—8世纪末。

参 KCBT I，64。

Ch 1323（T II 1038） 佛典残片

11.9×18.9cm，10 行。

Ch 1324（T II 1855） 《大般若波罗蜜多经》卷三一

10.3×13.2cm，8 行，约 7 世纪中—8 世纪末。

参 KCBT II，19。

Ch 1325（T II T 2003） 《金刚般若波罗蜜经》

8.6×12.4cm，6 行，约 7 世纪中—8 世纪末。吐峪沟遗址出土。

参 KCBT I，41。

Ch 1326（T III M 523） 《四分比丘尼戒本》

11×9.3cm，5 行。木头沟遗址出土。

参 Kudara 2005，103。

Ch 1327（T II 1149） 佛典残片

16.8×13cm，8 行。

Ch 1328r（T II 1167） 《佛说观无量寿佛经》

26.3×7.9cm，5 行，约 7 世纪中—8 世纪末。

参 KCBT I，131。

Ch 1328v 佛典残片

5 行。有朱丝栏。

Ch 1329（无原编号） 《妙法莲华经》卷五

16×10.5cm，6 行，约 4—6 世纪中。

参 KCBT，II，54。

Ch 1330（T II 1569） 《大般若波罗蜜多经》卷一一三

15×10.1cm，6 行。

参 Kudara 2005，24。

Ch 1331r（T II 346） 《周易》注（?）

14.9×5.4cm，4 行，两面书写。

参 Nishiwaki 2001，35。

Ch 1331v 佛典残片

3 行。

Ch 1332（T III 34.42） 《妙法莲华经》卷三

11.6×9.7cm，6 行。

参 Kudara 2005，53。

Ch 1333（T II T 1085） 《佛说阿弥陀经》

10.9×10cm，5 行，约 9—10 世纪。吐峪沟遗址出土。

参 KCBT I，133。

Ch 1334（T III S 91.502） 《金刚般若波罗蜜经》

10.2×21.6cm，12 行，约 7 世纪中—8 世纪末。胜金口遗址出土。

参 KCBT II，35。

Ch 1335（T II 1787） 《大般涅槃经》卷二四

12.4×28.2cm，15行。

参 Kudara 2005，73。

Ch 1336（T II S 1043） 佛典残片

10.3×21.5cm，10行。胜金口遗址出土。

Ch 1337（T II 1782） 《大般涅槃经》卷二三

12.5×27.6cm，14行，约6世纪中—7世纪中。

参 KCBT II，68。

Ch 1338（T III 2008） 《妙法莲华经》卷七

11.2×12.7cm，5行，约7世纪中—8世纪末。

参 KCBT I，116。

Ch 1339（T II 1143） 《胜天王般若波罗蜜经》卷七

8.6×22cm，10行。

参 Kudara 2005，47。

Ch 1340（T III S 91.515） 《大般若波罗蜜多经》卷四二〇

10.4×13.7cm，7行。胜金口遗址出土。

参 Kudara 2005，31。

Ch 1341（T II T 1374） 佛典残片

10.5×11.7cm，8行。吐峪沟遗址出土。

Ch 1342（T III 34.92） 《金刚般若波罗蜜经》

15.6×7.1cm，5行。

参 Kudara 2005，48。

Ch 1343（T II T 4002） 佛教律本（?）

9.2×10.8cm，8行。吐峪沟遗址出土。

Ch 1344（T II 1404） 残文

7×9.1cm，4行。

参 Nishiwaki 2001，141。

Ch 1345（T III T 328） 《妙法莲华经》卷四

11.7×10.6cm，6行，约7世纪中—8世纪末。吐峪沟遗址出土。

参 KCBT I，83。

Ch 1346（T II T 1462） 《金刚般若波罗蜜经》

12×9.9cm，5行。吐峪沟遗址出土。

参 Kudara 2005，47。

Ch 1347（T III S 63.100） 佛典残片

12.1×23.3cm，11行。胜金口遗址出土。

Ch 1348r（T III T 326） 《大佛顶如来密因修证了义诸菩萨万行首楞严经》卷七

18.6×9.2cm，5行，约9—10世纪。吐峪沟遗址出土。

参 KCBT I，161。

Ch 1348v 《金刚般若波罗蜜经》

6行，约9—10世纪。

参 KCBT I，47。

Ch 1349（T II 1150）　佛典残片

12.5×19.3cm，12 行。

Ch 1350（T II T 1484）　佛典残片

13.1×13cm，8 行。吐峪沟遗址出土。

Ch 1351（T II T 1454）　佛典残片

6.9×6.3cm，4 行。吐峪沟遗址出土。

Ch 1352（T III S 2.100）　《大般涅槃经》卷三二

14.5×5.6cm，2 行。胜金口遗址出土。

参 Kudara 2005，77。

Ch 1353（T III So 64.101）　佛典残片

7.1×6cm，3 行。

Ch 1354（T II 1476）　佛典残片

8.6×11.1cm，3 行。

Ch 1355r（T I D 1019）　佛典残片

15.1×9.2cm，5 行。高昌故城出土。

Ch 1355v　佛典残片

5 行。

Ch 1356（T II 1344）　《妙法莲华经》卷四

12.5×7cm，5 行，约 4—6 世纪中。

参 KCBT II，48。

Ch 1357（T II T 1199）　《大般若波罗蜜多经》卷二五一

13.7×8.1cm，5 行，约 9—10 世纪。吐峪沟遗址出土。

参 KCBT II，23。

Ch 1358（T II 1367）　《大般若波罗蜜多经》卷二八四

11.3×7.1cm，4 行，约 7 世纪中—8 世纪末。

参 KCBT II，24。

Ch 1359（T III 1026）　《妙法莲华经》卷七

11.5×6.9cm，4 行，约 7 世纪中—8 世纪末。

参 KCBT I，119。

Ch 1360（T II T 1650）　《道行般若经》卷五

11×6.9cm，4 行。吐峪沟遗址出土。

参 Kudara 2005，44。

Ch 1361（T III M 219）　《金刚般若波罗蜜经》

5×10cm，5 行。木头沟遗址出土。

参 Kudara 2005，47。

Ch 1362r（T II T 1772）　《妙法莲华经》卷七

6×7cm，4 行。刻本。吐峪沟遗址出土。

参 Kudara 2005，60。

Ch 1362v　佛典残片

3 行。

Ch 1363r（T III 1058 Yar Choto）　摩尼教文献

9.1×5.8cm，3 行。交河故城出土。

参 王丁 2005，1-19，图 8。

Ch 1363v　佛典残片

3 行。

参 王丁 2005，3，图 7。

Ch 1364（T II D 432）　佛典残片

13.8×5.8cm，2 行。高昌故城出土。

Ch 1365（T II T 1844）　《妙法莲华经》卷二

9.9×11.3cm，7 行，约 7 世纪中—8 世纪末。吐峪沟遗址出土。

参 KCBT II，43。

Ch 1366（T III 3007）　《维摩诘所说经》卷上

13.5×7.2cm，5 行。

参 Kudara 2005，94。

Ch 1367（T II D 101）　《妙法莲华经》卷一

5.2×9cm，6 行，约 4—6 世纪。高昌故城出土。

参 KCBT II，38。

Ch 1368（T II T 591）　《道行般若经》卷六

14.4×6.7cm，4 行，约 7 世纪中—8 世纪末。吐峪沟遗址出土。

参 KCBT II，31。

Ch 1369（T II D 116）　佛典残片

8.3×6.4cm，4 行。高昌故城出土。

Ch 1370（T II T 1662）　《大般若波罗蜜多经》卷三六四

14.6×6.4cm，1 行，约 7 世纪中—8 世纪末。吐峪沟遗址出土。

参 KCBT I，33。

Ch 1371（T II D 114）　《妙法莲华经》卷一

9.4×7.2cm，4 行。高昌故城出土。

参 Kudara 2005，51。

Ch 1372（T II D 384）　佛典残片

10.5×11cm，5 行。高昌故城出土。

Ch 1373（T IV K.75）　佛典残片

14.1×10.7cm，10 行。库车地区出土。

Ch 1374r（T II T 1363）　《般若波罗蜜多心经》

10.3×10.5cm，6 行，约 9—10 世纪。吐峪沟遗址出土。

参 KCBT I，49。

Ch 1374v　《般若波罗蜜多心经》

7 行，约 9—10 世纪。

参 KCBT I，49。

Ch 1375（T II 4088） 《佛说灌顶七万二千神王护比丘咒经》卷一一

13×9.6cm，5 行，约 7 世纪中—8 世纪末。

参 KCBT II，81。

Ch 1376r（T III 34.68） 佛典残片

13.1×14.6cm，10 行。

Ch 1376v 佛典残片

1 行。

Ch 1377（T II C K I.1 ） 《维摩诘所说经》卷上

14.6×14.7cm，9 行。

参 Kudara 2005，93。

Ch 1378（T II T 2030） 《大般涅槃经》卷三二

13.1×13.3cm，7 行。吐峪沟遗址出土。

参 Kudara 2005，77。

Ch 1379（T II T 1629） 《妙法莲华经》卷二

10.2×7.7cm，5 行，约 9—10 世纪。吐峪沟遗址出土。

参 KCBT I，64。

Ch 1380（T II T 1685） 《中阿含经》卷八

9.7×17.6cm，10 行。刻本。吐峪沟遗址出土。

参 KCBT II，12。

Ch 1381（T II T 3013） 佛典残片

15.1×6.8cm，4 行。吐峪沟遗址出土。

Ch 1382（T II T 2070） 佛典残片

11.7×27.7cm，17 行。吐峪沟遗址出土。

Ch 1383（T II 12） 佛典残片

13.6×14.4cm，8 行。

Ch 1384a（T III T 219） 《妙法莲华经》卷四

8×11.5cm，5 行，约 7 世纪中—8 世纪末。吐峪沟遗址出土。

参 KCBT I，80。

Ch 1384b（T III T 219） 《妙法莲华经》卷四

26.2×15.4cm，8 行，约 7 世纪中—8 世纪末。吐峪沟遗址出土。

参 KCBT I，80。

Ch 1385（T II 1913） 《佛名经》卷一

16.3×15.5cm，8 行。

参 Kudara 2005，83。

Ch 1386（T II T 1925） 《佛说灌顶七万二千神王护比丘咒经》卷一二

7.8×27.2cm，16 行，约 9—10 世纪。吐峪沟遗址出土。

参 KCBT II，81。

Ch 1387（T III M 173） 佛典残片

7.6×11.3cm，7行。木头沟遗址出土。

Ch 1388（T II 1558） 佛典残片

8.5×4.4cm，2行。

Ch 1389（T II 1235） 佛典残片

10.6×3.7cm，2行。

Ch 1390（T II 1315） 《妙法莲华经》卷四

7.4×4.3cm，3行。

参 Kudara 2005，55。

Ch 1391（T III Š 101） 《妙法莲华经》卷五

5.6×8.8cm，5行。焉耆硕尔楚克遗址出土。

参 Kudara 2005，58。

Ch 1392（T III T 111） 《大般涅槃经》卷七

11.8×3.7cm，2行。吐峪沟遗址出土。

参 Kudara 2005，66。

Ch 1393（T III T 164） 《大般涅槃经》卷三一

8.3×9.1cm，5行。吐峪沟遗址出土。

参 Kudara 2005，76。

Ch 1394（T II 1309） 《妙法莲华经》卷四

9.3×13.9cm，9行。

参 Kudara 2005，55。

Ch 1395（T II 1155） 《大般涅槃经》卷三七

14.5×28.5cm，14行，约6世纪中—7世纪中。

参 KCBT II，71。

Ch 1396（T II D 107） 《维摩诘所说经》卷上

14.5×13.4cm，8行。高昌故城出土。

参 Kudara 2005，94。

Ch 1397（T II 1651） 《阿閦佛国经》卷上

21.1×15.5cm，9行，约7世纪中—8世纪末。

参 KCBT II，62。

Ch 1398（T III 1077） 《佛说灌顶七万二千神王护比丘咒经》卷一一

16.6×15.5cm，8行，约7世纪中—8世纪末。

参 KCBT II，81。

Ch 1400（T II 2010） 《大般涅槃经》卷三

24×16.6cm，11行，约6世纪中—7世纪中。

参 KCBT II，72。

Ch 1401（T II 1998） 《妙法莲华经》卷一

9.3×12.5cm，8行。

参 Kudara 2005，51。

Ch 1402（T II 1905） 《妙法莲华经》卷二

8.9×14.8cm，8 行，约 7 世纪中—8 世纪末。

参 KCBT I，60。

Ch 1403（T II 1873）　《佛说灌顶七万二千神王护比丘咒经》卷一二

8.8×14.6cm，9 行，约 9—10 世纪。

参 KCBT II，81。

Ch 1404（T II T 1499）　《维摩诘所说经》卷上

10.3×8.7cm，6 行。吐峪沟遗址出土。

参 Kudara 2005，94。

Ch 1405（T III T 367）　《大般涅槃经》卷三一

11.5×21cm，12 行。吐峪沟遗址出土。

参 Kudara 2005，76。

Ch 1406（T III T 454）　《大般涅槃经》卷二〇

10.7×8.9cm，5 行。吐峪沟遗址出土。

参 Kudara 2005，72。

Ch 1407（T II 1039）　佛典残片

12.3×23.2cm，13 行。

Ch 1408a（T III T 370）　《妙法莲华经》卷一

12.3×11.4cm，5 行，约 7 世纪中—8 世纪末。吐峪沟遗址出土。

参 KCBT I，53。

Ch 1408b（T III T 370）　《妙法莲华经》卷一

12.8×9.6cm，5 行，约 7 世纪中—8 世纪末。吐峪沟遗址出土。

参 KCBT I，54。

Ch 1409（T II T 1631）　《妙法莲华经》卷六

24×13.1cm，8 行，约 4—6 世纪中。吐峪沟遗址出土。

参 KCBT II，55。

Ch 1410（T III 2038）　《妙法莲华经》卷二

22.3×14.8cm，9 行，约 7 世纪中—8 世纪末。

参 KCBT I，61。

Ch 1411（无原编号）　《月灯三昧经》

23×14.3cm，8 行，约 7 世纪中—8 世纪末。

参 KCBT II，74，图 38/56。

Ch 1412r（T III 1089）　《维摩诘所说经》卷上

23.5×9.3cm，4 行。

参 Kudara 2005，94。

Ch 1412v　《维摩诘所说经》卷上

4 行。

参 Kudara 2005，94。

Ch 1413（T III 1003）　《放光般若波罗蜜经》卷三

17.2×18.9cm，10 行。

参 Kudara 2005，38。

Ch 1414（T III T 450）　**《金刚般若波罗蜜经》**

14.5×14cm，10 行，约 9—10 世纪。吐峪沟遗址出土。

参 KCBT II，34。

Ch 1415（T III Š 91.510）　**《大般涅槃经》卷八**

14.2×18.1cm，9 行。焉耆硕尔楚克遗址出土。

参 Kudara 2005，67。

Ch 1416（T II T 1553）　**《妙法莲华经》卷三**

13.4×16.7cm，10 行，约 7 世纪中—8 世纪末。吐峪沟遗址出土。

参 KCBT I，77。

Ch 1417（T II So 32.534）　**《妙法莲华经》卷一**

13.5×11.3cm，6 行，约 7 世纪中—8 世纪末。

参 KCBT I，54。

Ch 1418（T II 1516）　**《金刚般若波罗蜜经》**

11.5×16cm，9 行，约 9—10 世纪。

参 KCBT II，35。

Ch 1419（T II 1157）　**《大般涅槃经》卷三七**

15.5×14.5cm，8 行，约 6 世纪中—7 世纪中。

参 KCBT II，71。

Ch 1420（T II S 1048）　**《妙法莲华经》卷三**

13.3×7.7cm，4 行。胜金口遗址出土。

参 Kudara 2005，53。

Ch 1421r（T II T 2068）　**佛教变文**

11.8×17cm，12 行。字体在楷书行书之间，有细乌丝栏。吐峪沟遗址出土。

Ch 1421v　**《禅门十二时》**

6 行。

参 荣新江 1998b，316；Nishiwaki 2001，125。

Ch 1422（T III 16）　**《妙法莲华经》卷二**

16.5×12cm，6 行，约 7 世纪中—8 世纪末。

参 KCBT II，41。

Ch 1423b（T II D 252）　**《妙法莲华经》卷一**

5×6.3cm，4 行。高昌故城出土。

参 Kudara 2005，51。

Ch 1424（T III 1009）　**《金刚般若波罗蜜经》**

15.7×9.5cm，5 行，约 9—10 世纪。

参 KCBT II，32。

Ch 1425（T III 73.103）　**佛典残片**

9.8×10.3cm，5 行。

Ch 1426（T III Nr. 10.1104）　**《金光明经》卷四**

16.6×24.1cm，13 行，约 4—6 世纪中。

参 KCBT II，76。

Ch 1427a（T III 1108） 《菩萨善戒经》卷八

7.4×7.5cm，4 行。

参 Kudara 2005，113。

Ch 1428（T III 1146） 《佛名经》卷五

16.9×18.5cm，7 行。

参 Kudara 2005，85。

Ch 1429（T II 4035） 《佛名经》卷一二

9.6×12.8cm，6 行。

参 Kudara 2005，90。

Ch 1430（T III T 174） 《妙法莲华经》卷七

9.1×8cm，4 行，约 9—10 世纪。吐峪沟遗址出土。

参 KCBT I，120。

Ch 1431（T II 1915） 僧人书札（?）

16.5×5.8cm，4 行，贝叶长方形纸叶，上下略残。字体工整，有涂抹。

参 Nishiwaki 2001，144。

Ch 1432（T III T 493） 《妙法莲华经》卷五

8.5×9.8cm，4 行，约 7 世纪中—8 世纪末。吐峪沟遗址出土。

参 KCBT II，53。

Ch 1433r（T II T） 《绝观论》

14.6×20.9cm，10 行，大字，不佳。吐峪沟遗址出土。

参 西胁常记 1997a，136-138，139（附图）；荣新江 1998b，316；Nishiwaki 2001，110；西胁常记 2002，136-138，图 43；荣新江 2003，60-61。

Ch 1433v 唐开元十三年（725）西州籍

7 行，前 2 行年代上有朱印痕迹，印文不清。

参 Thilo 1970，87-88，图 4；土肥义和 1969，124；池田温 1979，252；TTD II，A，64-65，196-197；B，120；冻国栋 1993，407-408；荣新江 1998b，316；冻国栋 1998，87；Nishiwaki 2001，63；陈国灿 2002b，245。

Ch 1434（T III 34.45） 《大般涅槃经》卷三七

9×20.8cm，12 行。

参 Kudara 2005，79。

Ch 1435（T II T 3011） 《般若波罗蜜多心经》

7.2×10.8cm，6 行，约 9—10 世纪。吐峪沟遗址出土。

参 KCBT II，37。

Ch 1436（T II 1151） 《佛本行集经》卷一五

18.7×31.2cm，18 行，约 7 世纪中—8 世纪末。

参 KCBT II，17。

Ch 1437a（T II D 173） 《佛说仁王般若波罗蜜经》卷下

10.3×9.5cm，5行，约6世纪中—7世纪中。高昌故城出土。

参 KCBT II，37。

Ch 1437b（T II D 173） **《佛说仁王般若波罗蜜经》卷下**

9.8×8.6cm，5行，约6世纪中—7世纪中。高昌故城出土。

参 KCBT II，37。

Ch 1437c（T II D 173） **《佛说仁王般若波罗蜜经》卷下**

9.3×10.4cm，6行，约6世纪中—7世纪中。高昌故城出土。

参 KCBT II，37。

Ch 1437d（T II D 173） **《佛说仁王般若波罗蜜经》卷下**

10.5×27.1cm，15行，约6世纪中—7世纪中。高昌故城出土。

参 KCBT II，37。

Ch 1437e（T II D 173） **《佛说仁王般若波罗蜜经》卷下**

5.1×3.8cm，2行，约6世纪中—7世纪中。高昌故城出土。

参 KCBT II，37。

Ch 1437f（T II D 173） **《佛说仁王般若波罗蜜经》卷下**

3.7×1.5cm，1行，约6世纪中—7世纪中。高昌故城出土。

参 KCBT II，37。

Ch 1438（T III T 33） **《妙法莲华经》卷二**

9.2×15.8cm，10行，约6世纪中—7世纪中。吐峪沟遗址出土。

参 KCBT II，43。

Ch 1439（T III T 548） **佛典残片**

14.2×9cm，4行。吐峪沟遗址出土。

Ch 1440（T II T 3008） **佛典残片**

14.1×8.1cm，5行。吐峪沟遗址出土。

Ch 1441（T II T 1543） **《大般涅槃经》卷四**

12×15.6cm，9行。吐峪沟遗址出土。

参 Kudara 2005，65。

Ch 1442（T II 4063） **《佛名经》卷四**

16.6×16.8cm，8行。

参 Kudara 2005，90。

Ch 1443（T III 34.79） **佛典残片**

8.5×16.7cm，8行。

Ch 1444（T III T 598） **残文**

11.4×5.6cm，3行，小字工整，无栏。吐峪沟遗址出土。

参 荣新江 1998b，316；Nishiwaki 2001，141-142。

Ch 1445（T II 1958） **《金光明经》卷一**

15.6×9.1cm，6行，约7世纪中—8世纪末。

参 KCBT II，75。

Ch 1446（T II T 1378） **佛典残片**

15.3×13.1cm，7 行。吐峪沟遗址出土。

Ch 1447（T III M 511）　《妙法莲华经》卷七

13.7×18.3cm，11 行，约 7 世纪中—8 世纪末。木头沟遗址出土。

参 KCBT I，106。

Ch 1448（T III 34.73）　《佛说阿弥陀经》

16.5×12cm，8 行，约 9—10 世纪。

参 KCBT I，132。

Ch 1449（T II D 292）　佛典残片

18×10.1cm，6 行。高昌故城出土。

Ch 1450（T III T 150）　《妙法莲华经》卷五

9.8×15.1cm，9 行。吐峪沟遗址出土。

参 Kudara 2005，58。

Ch 1451r（T III M 173.169）　《妙法莲华经》卷六～卷七

10.8×14cm，9 行，约 9—10 世纪。木头沟遗址出土。

参 KCBT I，102。

Ch 1451v　佛典残片

9 行。

Ch 1452（T II D 314）　《菩萨地持经》卷二

9.2×18.6cm，10 行。高昌故城出土。

参 Kudara 2005，112。

Ch 1453r（T II T 1905）　《中阿含经》卷一八

11.5×10.9cm，5 行。刻本。吐峪沟遗址出土。

参 KCBT II，13。

Ch 1453v　《大般若波罗蜜多经》卷五四八

7 行。

参 Kudara 2005，36。

Ch 1454r（T III T 386）　佛典残片

9.9×13.3cm，9 行。吐峪沟遗址出土。

Ch 1454v　佛典残片

9 行。

Ch 1455（T II 1155）　唐至德二载（757?）交河郡户口损益帐（?）

27.1×13.2cm，4 行，前后均残，存 5 行，记每户人口姓名、年龄、丁中、现在或身死等情况。中国国家图书馆善本部藏有王重民 1935 年所获照片，有原编号 T II 1 D 65，今已不存。

参 池田温 1979，262；唐长孺 1983b，168；TTD II，A，87-88，180；B，136；冻国栋 1993，414-415；荣新江 1998b，316；冻国栋 1998，89-90；Nishiwaki 2001，66，图 8；陈国灿 2002b，317；荣新江 2005，270-271。

Ch 1456（T III M 528）　《大般涅槃经》卷三一

16.1×9.2cm，5 行。木头沟遗址出土。

参 Kudara 2005，77。

Ch 1457（T II 1933）　佛典残片

14.7×11.7cm，4 行。

Ch 1458a（T II 1410）　蒙速速（蒙速思）家族供养图

11×11.8cm，6 行及供养人像。

参 荣新江 1998b，317；党宝海 2000，139-152。

Ch 1458b（T III D 318）　蒙速速（蒙速思）家族供养图

5×4.7cm，1 行及供养人像。高昌故城出土。

参 荣新江 1998b，317；党宝海 2000，139-152。

Ch 1459r（T II Y 54）　《相子生月宿法》（拟）

10.8×10.9cm，8 行，楷书不精，以朱笔分段。第 3 行有篇题“（上残）辰寘宿法第六”。与 Ch 1644 或为同一书。交河故城出土。

参 荣新江 1998b，317；Nishiwaki 2001，94，图 17；余欣（待刊稿）。

Ch 1459v　岁星图

1 行，中绘一命盘，中央题“岁星图”，有褐红色线从岁星图引向四周的地支，正北顺时针依次为：子酉戊亥丑申卯午巳辰寅未，左一行题：“首者多官事。”或许与正面是同一文献。

参 荣新江 1998b，317；Nishiwaki 2001，94，图 17；余欣（待刊稿）。

Ch 1460（T II D 111）　佛典残片

11.6×17.6cm，10 行。高昌故城出土。

Ch 1461（T II 1527）　佛典残片

9.2×18.6cm，10 行。

Ch 1462（T III T 329）　《大般若波罗蜜多经》卷一〇九

8.9×10.9cm，6 行，约 9—10 世纪。吐峪沟遗址出土。

参 KCBT II，21。

Ch 1463（T III 34.26）　佛典残片

13.2×13.2cm，9 行。

Ch 1464（T III 168）　《妙法莲华经》卷七

28×6.3cm，4 行，约 9—10 世纪。

参 KCBT I，119。

Ch 1465（T III T 139）　《妙法莲华经》卷七

22.7×6.4cm，4 行，约 9—10 世纪。吐峪沟遗址出土。

参 KCBT I，114。

Ch 1466（T II T 1467）　佛典残片

7.4×28.1cm，16 行。吐峪沟遗址出土。

Ch 1467（T II D 406）　占卜书

8.2×8.6cm，5 行。高昌故城出土。

参 荣新江 1998b，317。

Ch 1468（T II T 1427）　佛典残片

11.7×15.8cm，8 行。吐峪沟遗址出土。

Ch 1469（T II T 1643） 《大般涅槃经》卷二七

8.9×7.3cm，4 行。吐峪沟遗址出土。

参 Kudara 2005，74。

Ch 1470（T III T 486） 佛典残片

8.4×15cm，9 行。吐峪沟遗址出土。

Ch 1471（T III T 114） 《大般涅槃经》卷五

7×7cm，5 行，约 6 世纪中—7 世纪中。吐峪沟遗址出土。

参 KCBT II，64。

Ch 1472（T III T 115） 佛典残片

6×4.6cm，3 行。吐峪沟遗址出土。

Ch 1473（T III T 151） 佛典残片

11.7×5.3cm，3 行。吐峪沟遗址出土。

Ch 1474a（T II 1849） 《妙法莲华经》卷四

8.5×6cm，4 行，约 6 世纪中—7 世纪中。

参 KCBT II，49。

Ch 1474b（T II 1489） 《妙法莲华经》卷四

8.4×6.2cm，4 行，约 6 世纪中—7 世纪中。

参 KCBT II，49。

Ch 1474c（T II 1849） 《妙法莲华经》卷四

7.9×1.7cm，1 行，约 6 世纪中—7 世纪中。

参 KCBT II，49。

Ch 1474d（T II 1849） 《妙法莲华经》卷四

8.6×4.7cm，3 行，约 6 世纪中—7 世纪中。

参 KCBT II，49。

Ch 1475（无原编号） 佛典残片

11.6×11cm，5 行。

Ch 1476r（无原编号） 《增一阿含经》卷八

15.6×10.8cm，6 行。刻本。

参 Kudara 2005，19。

Ch 1476v 佛典残片

5 行。

Ch 1477（T II 1503） 《妙法莲华经》卷五

7.6×8.5cm，5 行，约 4—6 世纪中。

参 KCBT II，52。

Ch 1478（T II 1363） 《般若波罗蜜多心经》

14.1×8.6cm，5 行，约 7 世纪中—8 世纪末。

参 KCBT I，48。

Ch 1479（T II T 1638） 某人牒为附贯产业事

8.7×8.7cm，3 行。吐峪沟遗址出土。

参 荣新江 1998b，317；Nishiwaki 2001，70。

Ch 1480（T II T 1246） **《光赞经》卷六**

10.2×22.8cm，12 行，约 6 世纪中—7 世纪中。吐峪沟遗址出土。

参 KCBT II，27，图 8/11。

Ch 1481（T III T 459） **佛典残片**

12.2×24.7cm，15 行。吐峪沟遗址出土。

Ch 1482（T II T 1556） **《大般若波罗蜜多经》卷二七九**

11.9×15.7cm，6 行，约 7 世纪中—8 世纪末。吐峪沟遗址出土。

参 KCBT I，32。

Ch 1483（T II 4049） **《佛本行集经》卷一五**

11.7×15.7cm，8 行，约 6 世纪中—7 世纪中。

参 KCBT II，17。

Ch 1484（T II T 1310） **《妙法莲华经》卷一**

12.5×13.3cm，9 行，约 4—6 世纪。吐峪沟遗址出土。

参 KCBT II，39。

Ch 1485（T I 1038） **《妙法莲华经》卷二**

14.5×12.7cm，7 行，约 7 世纪中—8 世纪末。

参 KCBT II，41。

Ch 1486（T II T 3060） **《十诵律》卷五二**

14.3×11.3cm，7 行。吐峪沟遗址出土。

参 Kudara 2005，103。

Ch 1487（T I 1017） **《佛说阿弥陀经》**

14.8×9.5cm，6 行，约 7 世纪中—8 世纪末。

参 KCBT I，132。

Ch 1488（T I 1034） **《佛名经》卷四**

13.5×10.3cm，5 行，约 9—10 世纪。

参 KCBT I，145。

Ch 1489（T III T 612） **佛典残片**

12.5×9.1cm，5 行。吐峪沟遗址出土。

Ch 1490（T III S 91.506） **佛典残片**

15.5×12.3cm，7 行。胜金口遗址出土。

Ch 1491（T III T 502） **《文殊师利所说摩诃般若波罗蜜经》卷上**

14.2×10.6cm，6 行。吐峪沟遗址出土。

参 Kudara 2005，47。

Ch 1492（T I 1014） **《大般涅槃经》卷三一**

15.8×9.4cm，5 行。

参 Kudara 2005，77。

Ch 1493（T III T 264） **《妙法莲华经》卷四**

17.1×17.9cm，8行，约9—10世纪。吐峪沟遗址出土。

参 KCBT II，49。

Ch 1494（T III 1036）　《大般涅槃经》卷九

13×13.3cm，8行，约6世纪中—7世纪中。

参 KCBT I，136。

Ch 1495（T III Š 64）　《四分律》卷四五

15.2×16.4cm，9行，约9—10世纪。焉耆硕尔楚克遗址出土。

参 KCBT II，82。

Ch 1496（T II 1202）　佛典残片

15×5.3cm，3行。

Ch 1497（T II T 1225）　《弥沙塞部和醯五分律》卷二二

10.6×13.9cm，7行。吐峪沟遗址出土。

参 Kudara 2005，101。

Ch 1498（T II 1580）　《大般涅槃经》卷一五

14.6×22cm，13行。

参 Kudara 2005，70。

Ch 1499（T II 1763）　残帐

17.9×12.6cm，2行，字体粗大。唐代文书。

参 荣新江 1998b，317；Nishiwaki 2001，77-78。

Ch 1500（T III T 506）　佛经目录

9.3×12.9cm，7行，楷书精写，有乌丝栏。残存纸之下半。吐峪沟遗址出土。

参 荣新江 1998b，317；Nishiwaki 2001，126。

Ch 1501（T III 3001）　《妙法莲华经》卷五

12.2×13cm，7行，约6世纪中—7世纪中。

参 KCBT II，52。

Ch 1502（T III T XI. 75）　《妙法莲华经》卷四

11.8×7.5cm，1行，约7世纪中—8世纪末。吐峪沟遗址出土。

参 KCBT I，90。

Ch 1503（T II D 411）　《佛说灌顶七万二千神王护比丘咒经》卷一二

9.2×13.1cm，7行，约9—10世纪。高昌故城出土。

参 KCBT II，81。

Ch 1504（T II T 1439）　《妙法莲华经》卷三

10×13.5cm，8行，约7世纪中—8世纪末。吐峪沟遗址出土。

参 KCBT II，46。

Ch 1505（T II T 3066）　《佛名经》卷八

6.5×10cm，5行。吐峪沟遗址出土。

参 Kudara 2005，87。

Ch 1506（T III T 307）　《大般若波罗蜜多经》卷二三二

13.9×6cm，4行，约7世纪中—8世纪末。吐峪沟遗址出土。

参 KCBT II，23。

Ch 1507（T II 4022） 佛典残片

13.4×13.4cm，8行。

Ch 1508（T III T 152） 《大方广佛华严经》卷一一

12×12cm，7行，约4—6世纪。吐峪沟遗址出土。

参 KCBT II，61。

Ch 1509（T II 1947） 《大智度论》卷五一

13.2×8.8cm，5行。

参 Kudara 2005，106。

Ch 1510（T III T 149） 《妙法莲华经》卷七

28.2×6.4cm，4行，约9—10世纪。吐峪沟遗址出土。

参 KCBT I，117。

Ch 1511（T II 1335） 《金刚般若波罗蜜经》

14.3×17.2cm，8行，约7世纪中—8世纪末。

参 KCBT I，40。

Ch 1512r（T II D 183） 《具注历日》

11.3×23.2cm，8行。高昌故城出土。

参 荣新江 1997b，396；荣新江 1998b，312，317；Nishiwaki 2001，89；余欣（待刊稿）。

Ch 1512v 佛典残片

8行。

Ch 1513（T II 1825） 《金刚般若波罗蜜经》

14.2×18cm，10行，约7世纪中—8世纪末。

参 KCBT II，36。

Ch 1514（T III N 11?） 《大般涅槃经》卷一二

13.7×15.8cm，7行。

参 Kudara 2005，69。

Ch 1515（T III T 177） 《妙法莲华经》卷七

10.2×8.6cm，5行，约9—10世纪。吐峪沟遗址出土。

参 KCBT I，122。

Ch 1516（T II 3043） 《大般若波罗蜜多经》卷五六二

33.5×10.6cm，6行。

参 Kudara 2005，37。

Ch 1517（T II 1176） 《佛说阿弥陀三耶三佛萨楼佛檀过度人道经》卷上

15×12cm，8行，约4—6世纪。

参 KCBT II，62，图28/44。

Ch 1518（T III 34.59） 《妙法莲华经》卷二

17.6×15.6cm，9行。

参 Kudara 2005，53。

Ch 1519（T III T 269） 《妙法莲华经》卷五

10×15.1cm，7 行，约 9—10 世纪。吐峪沟遗址出土。

参 KCBT II，52。

Ch 1520（T III T 355） 《妙法莲华经》卷七

8.4×18cm，10 行，约 7 世纪中—8 世纪末。吐峪沟遗址出土。

参 KCBT I，105。

Ch 1521r（无原编号） 《金刚般若波罗蜜经》

13×13cm，7 行，约 9—10 世纪。

参 KCBT II，33。

Ch 1521v 《金刚般若波罗蜜经》

7 行，约 9—10 世纪。

参 KCBT II，33。

Ch 1522r（T II T 2079） 佛典残片

14.5×16.9cm，7 行。吐峪沟遗址出土。

Ch 1522v 佛典残片

8 行。

Ch 1523r（T II 396） 佛典残片

7.6×9cm，7 行。

Ch 1523v 佛典残片

4 行。

Ch 1524（T II 1252） 《佛名经》卷一一

24.1×14.1cm，4 行。

参 Kudara 2005，89。

Ch 1525（T II 1191） 《放光般若经》卷二〇

25×13.5cm，9 行，约 4—6 世纪中。

参 KCBT II，27，图 7/10。

Ch 1526（T II 1820） 《摩诃般若波罗蜜经》卷九

26.9×17.1cm，9 行，约 7 世纪中—8 世纪末。

参 KCBT II，28，图 12/16。

Ch 1527（无原编号） 《千手千眼观世音菩萨广大圆满无碍大悲心陀罗尼经》

12.5×14cm，8 行，约 9—10 世纪。

参 KCBT II，80。

Ch 1528（T（?）T 1243） 《优婆离问佛经》

13.3×13.7cm，8 行，约 9—10 世纪。吐峪沟遗址出土。

参 KCBT II，82。

Ch 1529（T III 22.3） 《大般涅槃经》卷二六

14.4×6.1cm，4 行。

参 Kudara 2005，74。

Ch 1530（T II T 4001） 《佛说仁王般若波罗蜜经》卷上

9.3×9.7cm，5行。吐峪沟遗址出土。

参 Kudara 2005，50。

Ch 1531r（T II T 1538）　《妙法莲华经》卷一

18.3×7cm，4行。吐峪沟遗址出土。

参 Kudara 2005，51。

Ch 1531v　佛典残片

1行。

Ch 1532（T III T 373）　《维摩诘所说经》卷上

10.3×16.3cm，9行。吐峪沟遗址出土。

参 Kudara 2005，94。

Ch 1533r（T II T 1565）　残文

10×8.7cm，6行，字体在楷书行书之间。右边一纸条为后来所贴。吐峪沟遗址出土。

参 Nishiwaki 2001，141。

Ch 1533v　书信

4行。

参 Nishiwaki 2001，143-144。

Ch 1534r（T III Mu 110）　佛典残片

24.6×10.8cm，7行。木头沟遗址出土。

Ch 1534v　佛典残片

7行。

Ch 1535（T II D 124）　《妙法莲华经》卷一

9.4×30.8cm，19行，约4—6世纪。高昌故城出土。

参 KCBT II，37。

Ch 1536r（T II 1926）　《能断金刚般若波罗蜜多经论释》卷中

28.2×10cm，5行。

参 Kudara 2005，107。

Ch 1536v　《能断金刚般若波罗蜜多经论释》卷中

5行。

参 Kudara 2005，107。

Ch 1537（T III T 175）　《妙法莲华经》卷七

16.8×6.4cm，3行，约9—10世纪。吐峪沟遗址出土。

参 KCBT I，121。

Ch 1538r（T II Y 54）　《切韵》

20.6×7.2cm，3行，双面书写。内容系增订本《切韵》的摘录，为高昌回鹘时期写本。交河故城出土。

参 荣新江 1998b，317；Nishiwaki 2001，48；Takata 2004，333-337，图4；高田时雄 2005，31-32，39（图4）。

Ch 1538v　佛典残片

3 行。

Ch 1539（T III M 219） 《妙法莲华经》卷一

12.6×10.5cm，7 行。木头沟遗址出土。

参 Kudara 2005，51。

Ch 1540（T III 1018） 《妙法莲华经》卷五

9.2×9.8cm，5 行。

参 Kudara 2005，57。

Ch 1541（T III T 210） 《妙法莲华经》卷四

26×8cm，5 行，约 9—10 世纪。吐峪沟遗址出土。

参 KCBT II，47。

Ch 1542r（T III T 412） 佛典残片

23.5×6.6cm，3 行。吐峪沟遗址出土。

Ch 1542v 佛典残片

3 行。

Ch 1543（T II D 105） 佛典残片

7.3×12.5cm，7 行。高昌故城出土。

Ch 1544（T III M 500） 《维摩诘所说经》卷中

11.5×7.4cm，5 行，约 7 世纪中—8 世纪末。木头沟遗址出土。

参 KCBT II，74。

Ch 1545（T II 1307） 《小品般若波罗蜜经》卷五

8.4×11.8cm，6 行。

参 Kudara 2005，46。

Ch 1546（T II 1319） 《佛说仁王般若波罗蜜经》卷上

5.4×13.2cm，7 行。

参 Kudara 2005，50。

Ch 1547（T II T 1242） 佛典残片

6.5×13.5cm，6 行。吐峪沟遗址出土。

Ch 1548（T II D 117） 佛典残片

11.4×7.2cm，3 行。高昌故城出土。

Ch 1549（T II T 1500） 《大般若波罗蜜多经》卷二九二

16.3×3.5cm，2 行，约 9—10 世纪。吐峪沟遗址出土。

参 KCBT II，24。

Ch 1550（T II T 2046） 佛典残片

8.3×7.9cm，5 行。吐峪沟遗址出土。

Ch 1551（无原编号） 《增一阿含经》卷二

12.7×6.3cm，3 行。刻本。

参 KCBT I，24。

Ch 1552（T II 1111） 《千手千眼观世音菩萨广大圆满无碍大悲心陀罗尼经》

10×16.5cm，13 行，约 9—10 世纪。

参 KCBT II，80，图 44/67。

Ch 1553（T III T 342） 《金光明经》卷三

14.5×8.2cm，5 行，约 4—6 世纪。吐峪沟遗址出土。

参 KCBT II，76。

Ch 1554（T II 1217） 佛典残片

10.9×9.7cm，6 行。

Ch 1555（T III 2064） 《摩诃般若波罗蜜经》卷一一

13.9×6.7cm，4 行。

参 Kudara 2005，41。

Ch 1556（T III 78.2） 佛典残片

7.6×10cm，6 行。

Ch 1557（T III 1172） 佛典残片

14×12cm，7 行。

Ch 1558（T III T 542） 《大般若波罗蜜多经》卷七六

10.6×9.8cm，6 行，约 7 世纪中—8 世纪末。吐峪沟遗址出土。

参 KCBT II，20。

Ch 1559（T III 34.18） 佛典残片

8.2×14.6cm，8 行。

Ch 1560（T II 1339） 《妙法莲华经》卷二

12.3×16.2cm，7 行，约 7 世纪中—8 世纪末。

参 KCBT II，41。

Ch 1561（T III 218.20） 佛典残片

4.3×17.7cm，10 行。

Ch 1562（T II T 3094） 佛典残片

20.8×4.6cm，2 行。吐峪沟遗址出土。

Ch 1563（T III M 173.136） 《大般若波罗蜜多经》卷一五三

9.4×14.6cm，9 行。木头沟遗址出土。

参 Kudara 2005，26。

Ch 1564（T III T 130） 《佛说阿弥陀经》

13.4×9cm，4 行，约 7 世纪中—8 世纪末。吐峪沟遗址出土。

参 KCBT I，134。

Ch 1565（T II T 1315） 《金刚般若波罗蜜经》

11.9×16.4cm，9 行，约 7 世纪中—8 世纪末。吐峪沟遗址出土。

参 KCBT II，33。

Ch 1566（T II T 3022） 佛典残片

9.8×13.9cm，9 行。吐峪沟遗址出土。

Ch 1567（T I 525x） 《妙法莲华经》卷三

13.7×16.2cm，10 行，约 7 世纪中—8 世纪末。

参 KCBT I，72。

Ch 1568（T III 73.106）　《大般若波罗蜜多经》卷五〇

10.8×15.8cm，9 行。

参 Kudara 2005，23。

Ch 1569（T II 1141）　《维摩诘所说经》卷上

25.7×8.1cm，4 行。

参 Kudara 2005，94。

Ch 1570（T II T 1147）　《维摩诘所说经》卷上

13.8×6.7cm，4 行，约 7 世纪中—8 世纪末。吐峪沟遗址出土。

参 KCBT II，73。

Ch 1571（T II 1888）　《佛说净饭王般涅槃经》

13×21.8cm，13 行。

参 Kudara 2005，96。

Ch 1572a（T III Nr. 10）　《妙法莲华经》卷四

6×9.6cm，6 行，约 4—6 世纪。

参 KCBT II，47。

Ch 1572b（T III Nr. 10）　《妙法莲华经》卷四

22.5×12.5cm，8 行，约 4—6 世纪。

参 KCBT II，47。

Ch 1573（T II 1810）　《佛顶尊胜陀罗尼经》

13.9×19.2cm，10 行，约 9—10 世纪。

参 KCBT I，162。

Ch 1574（T II T 1201）　《月灯三昧经》卷五

15×10.6cm，6 行，约 7 世纪中—8 世纪末。吐峪沟遗址出土。

参 KCBT I，149。

Ch 1575r（T III T 312）　佛典残片

15.4×8.9cm，3 行。吐峪沟遗址出土。

Ch 1575v　《阿弥陀经义述》

6 行。

参 Kudara 2005，114。

Ch 1576（T II D 316）　《解深密经》卷二

13.6×14.3cm，8 行。高昌故城出土。

参 Kudara 2005，98。

Ch 1577r（T III 1192）　《切韵》

13×25.7cm，11 行。据字体及正面背面的内容，与 Ch 323r、Ch 1246r、Ch 343r、Ch 2917r 为同一写本。

参 Nishiwaki 2001，44，图 3；Takata 2004，333-335；高田时雄 2005，24-27。

Ch 1577v　《尔雅音义·释木·释虫》

11 行。据字体及正面背面的内容，与 Ch 2917v、Ch 323v、Ch 343v、Ch 1246v 为同一写本。

参 荣新江 1998b，317；Nishiwaki 2001，40，图 2。

Ch 1578（T II 1882） 佛典残片

20.1×9.4cm，5 行。

Ch 1580（T III 218.3） 《月灯三昧经》

14×7.5cm，4 行，约 7 世纪中—8 世纪末。

参 KCBT II，74，图 39/57。

Ch 1581（T II D 106） 《妙法莲华经》卷二

13×9cm，5 行，约 7 世纪中—8 世纪末。高昌故城出土。

参 KCBT II，42。

Ch 1582（T III S 67.506） 《大般涅槃经》卷五

20×12cm，6 行，约 7 世纪中—8 世纪末。胜金口遗址出土。

参 KCBT II，64。

Ch 1583（T II 1409） 佛典残片

9.9×8.2cm，4 行。

Ch 1584（T III S 67.507） 《大般涅槃经》卷七

15.4×8.6cm，4 行。胜金口遗址出土。

参 Kudara 2005，66。

Ch 1585（T III 1054） 《妙法莲华经》卷四

12.4×23.8cm，14 行，约 6 世纪中—7 世纪中。

参 KCBT I，86。

Ch 1586（T II T 1386） 《妙法莲华经》卷七

8.2×20.6cm，10 行，约 7 世纪中—8 世纪末。吐峪沟遗址出土。

参 KCBT I，106。

Ch 1587（T III T 222） 《妙法莲华经》卷四

22.5×14cm，8 行，约 7 世纪中—8 世纪末。吐峪沟遗址出土。

参 KCBT II，47。

Ch 1588（T III T 421） 某甲受戒文

15.5×11.2cm，4 行。吐峪沟遗址出土。

Ch 1589（T II） 《妙法莲华经》卷一

12×22cm，13 行，约 9—10 世纪。

参 KCBT II，40。

Ch 1590（T III 73.108） 《佛顶尊胜陀罗尼经》

18.1×9.7cm，6 行，约 9—10 世纪。

参 KCBT II，80。

Ch 1591（T III 2044） 《妙法莲华经》卷二

7×9.2cm，5 行，约 7 世纪中—8 世纪末。

参 KCBT II，42。

Ch 1592（T II T 1678） 《大智度论》卷一一

7.4×4.9cm，3 行。吐峪沟遗址出土。

参 Kudara 2005，105。

Ch 1593（T II T 1999） 《妙法莲华经》卷五

15.8×9.3cm，5 行，约 7 世纪中—8 世纪末。吐峪沟遗址出土。

参 KCBT I，94。

Ch 1594（T II 1663） 《大般若波罗蜜多经》卷二九

14.2×21.3cm，12 行，约 7 世纪中—8 世纪末。

参 KCBT II，19。

Ch 1595（T II 1807） 《金光明经》题记

11.8×27.7cm，13 行，约 7 世纪中—8 世纪末。题记："合掌恭［　　　］讲宣此《金光［明经］》，听众是说［　　　］。然我等皆当尽［　　　］是所国土，充诸［　　　］非人畏人民兴［　　　］人等及诸众生，不［　　　］处何以故？说法［　　　］人应当以诸香华［　　　］我等为作救护［　　］须如意供给，悉［　　　］等应当精勤修［　　　］。"

参 KCBT I，155，图 24/29。

Ch 1596（T II 1806） 佛典残片

9.3×6.8cm，18 行。

Ch 1597r（T III M 144.101） 《大般若波罗蜜多经》卷一一五

11×21.5cm，11 行。刻本。木头沟遗址出土。

参 KCBT II，21。

Ch 1597v 佛典残片

12 行。

Ch 1598（T III 34.88） 《妙法莲华经》卷四

11.9×7.4cm，4 行，约 6 世纪中—7 世纪中。

参 KCBT II，48。

Ch 1599（T III 34.95） 佛典残片

9.7×8.6cm，6 行。

Ch 1600（T II D 380） 《妙法莲华经》卷七

6.5×9.5cm，6 行，约 7 世纪中—8 世纪末。高昌故城出土。

参 KCBT II，58。

Ch 1601（T III 2028） 《妙法莲华经》卷二

8×9.1cm，4 行，约 9—10 世纪。

参 KCBT II，42。

Ch 1602（T II T 1397） 《金刚般若波罗蜜经》

11.7×8.5cm，4 行。吐峪沟遗址出土。

参 Kudara 2005，49。

Ch 1603（T III 1016） 《金刚般若波罗蜜经》

12×9cm，6 行，约 7 世纪中—8 世纪末。

参 KCBT II，34。

Ch 1604（T II D 308） 《佛说观无量寿佛经》

8.3×6.1cm，3行。高昌故城出土。

参 Kudara 2005，64。

Ch 1605（T II T 3063） 《大般若波罗蜜多经》卷三七〇

14.3×9.4cm，5行。吐峪沟遗址出土。

参 Kudara 2005，30。

Ch 1606（T II T 586） 佛典残片

13.1×5.1cm，3行。吐峪沟遗址出土。

Ch 1607r（T II T 1265） 佛典残片

8.5×7.1cm，3行。吐峪沟遗址出土。

Ch 1607v 佛典残片

3行。

Ch 1608（T II 1327） 佛典残片

16.5×13.3cm，7行。

Ch 1609（T III 1013） 《大般若波罗蜜多经》卷二二四

13.9×10.8cm，6行，约7世纪中—8世纪末。

参 KCBT II，22。

Ch 1610（T II T 1909） 《妙法莲华经》卷四

9.2×11.5cm，6行，约7世纪中—8世纪末。吐峪沟遗址出土。

参 KCBT II，47。

Ch 1611（T II 1854） 《佛名经》卷一一

10.9×14cm，6行。

参 Kudara 2005，89。

Ch 1612（T II D 421） 《大方广佛华严经》卷九

8.5×9.6cm，5行。高昌故城出土。

参 Kudara 2005，62。

Ch 1613（T III T 209） 《妙法莲华经》卷七

10×14cm，9行，约9—10世纪。吐峪沟遗址出土。

参 KCBT I，122。

Ch 1614（T III T 213） 《佛说灌顶七万二千神王护比丘咒经》卷一二

11.5×15.1cm，9行，约7世纪中—8世纪末。吐峪沟遗址出土。

参 KCBT I，170。

Ch 1615（T III T 420） 佛典残片

9.4×12.6cm，6行。吐峪沟遗址出土。

Ch 1616r（T I α 1003） 《金光明最胜王经》卷九

12.1×10.5cm，7行，约9—10世纪。高昌故城α遗址出土。

参 KCBT II，78。

Ch 1616v 佛典残片

7行。

Ch 1617r（T II T 3072） 《李老君周易十二钱卜法》

8.7×8cm，6 行。小字，不佳，有乌丝栏。吐峪沟遗址出土。

参 小曾户洋 1996，645；荣新江 1998b，317；Nishiwaki 2001，95-96；马继兴 2002，158；余欣（待刊稿）。

Ch 1617v 《推十二时得病轻重法》（拟）

3 行。其性质属发病书，抄写内容与敦煌文书 S.1468ᵛ 近似。有些学者认为是医方书。

Ch 1618r（T II T 1240） 佛典残片

11.5×9.9cm，6 行。吐峪沟遗址出土。

Ch 1618v 《金光明最胜王经》卷五

4 行。刻本。

参 KCBT II，77。

Ch 1619（T III T 547） 佛典残片

12.8×5.5cm，3 行。吐峪沟遗址出土。

Ch 1620（T II T 1504） 佛典残片

8.9×8cm，4 行。吐峪沟遗址出土。

Ch 1621（T II T 1760） 佛典残片

8.7×10.8cm，5 行。吐峪沟遗址出土。

Ch 1622（T II T 1727） 《佛名经》卷八

11.7×14.4cm，7 行。吐峪沟遗址出土。

参 Kudara 2005，87。

Ch 1623（T III 3004） 佛典残片

14.9×12.2cm，6 行。

Ch 1624（T II 1757） 《妙法莲华经》卷四

13.5×12.7cm，6 行。刻本。

参 KCBT I，88。

Ch 1625（T II T 1696） 《增一阿含经》卷三一

14.8×13.8cm，7 行。刻本。吐峪沟遗址出土。

参 KCBT II，16。

Ch 1626（T II T 1275） 《大般若波罗蜜多经》卷三一六

15.4×19.3cm，12 行。刻本。吐峪沟遗址出土。

参 KCBT II，24；中村菊之进 1990，44。

Ch 1627（无原编号） 《妙法莲华经》卷五

27.2×19.3cm，12 行，约 7 世纪中—8 世纪末。

参 KCBT I，90。

Ch 1628（无原编号） 《妙法莲华经》卷二

23.4×14.5cm，8 行，约 7 世纪中—8 世纪末。

参 KCBT I，66。

Ch 1629（T III 2020） 《妙法莲华经》卷二

11×12.5cm，6 行，约 7 世纪中—8 世纪末。

参 KCBT II，40。

Ch 1630（T II 1179） 《舍利弗阿毗昙论》卷八

14.9×13.1cm，8行。

参 Kudara 2005，109。

Ch 1631（T III M 173.105） 《十诵律》卷二八

13.5×8.7cm，6行。木头沟遗址出土。

参 Kudara 2005，103。

Ch 1632（T III T 166） 《妙法莲华经》卷七

27.5×6.4cm，4行，约9—10世纪。吐峪沟遗址出土。

参 KCBT I，118。

Ch 1633（T III T 150） 《妙法莲华经》卷七

28×7.1cm，4行，约9—10世纪。吐峪沟遗址出土。

参 KCBT I，117。

Ch 1634（T III 1117） 占卜书

9.3×18.4cm，15行，文字拙恶，纸上有残孔多处，文字无法卒读。

参 荣新江 1998b，317；Nishiwaki 2001，95，图18。

Ch 1635（无原编号） 易卦占

16.2×19.8cm，正面背面形式相同，正面10行，背面13行。页左上角有卦图，四周有小字说明，上下及后面是大字占词。现在柏林馆藏的玻璃板上有旧标签，题"易经"，实际非《易经》本身，而是易卦占卜书。中国国家图书馆善本部藏有向达1937年所获照片。

参 荣新江 1998b，317；Nishiwaki 2001，96，图19；荣新江 2005，273。

Ch 1636（T III 2072） 《中阿含经》卷五六

14.5×10.2cm，6行。刻本。

参 Kudara 2005，17。

Ch 1637（T III T 167） 《妙法莲华经》卷七

28×6.5cm，4行，约9—10世纪。吐峪沟遗址出土。

参 KCBT I，118。

Ch 1638a（T II M 1031） 《法句譬喻经》卷二

14.8×9.7cm，5行，约7世纪中—8世纪末。木头沟遗址出土。

参 KCBT II，18。

Ch 1638b（T II M 1031） 《法句譬喻经》卷二

14.9×9.8cm，5行，约7世纪中—8世纪末。木头沟遗址出土。

参 KCBT II，18。

Ch 1639（T III T 442） 《放光般若经》卷四

12×20.4cm，11行。吐峪沟遗址出土。

参 Kudara 2005，39。

Ch 1640（T II 4033） 佛典残片

9.5×17.2cm，10行。

Ch 1641（T II T 1694）　《增一阿含经》卷二二

13.9×14.4cm，7 行。刻本，属于契丹藏。吐峪沟遗址出土。

参 Kudara 2005，20。

Ch 1642（T II 1575）　佛典残片

11.4×5.8cm，4 行。

Ch 1643（T III T 387）　《妙法莲华经》卷七

19.4×5.7cm，3 行，约 9—10 世纪。吐峪沟遗址出土。

参 KCBT I，108。

Ch 1644r（T III T 133）　《推九天行年灾厄法》（拟）

12×18.2cm，11 行，字不佳，大字正文，双行小注，有乌丝栏。中间有篇名“（上残）看行道法第十（下残）”。与 Ch 1459 或为同一书。吐峪沟遗址出土。

参 荣新江 1998b，317；Nishiwaki 2001，94；余欣（待刊稿）。

Ch 1644v　《占釜鸣法》（拟）

3 行，文字与正面不同，亦无乌丝栏。

参 荣新江 1998b，317；Nishiwaki 2001，94；余欣（待刊稿）。

Ch 1645r（T II T 1278）　佛典残片

15.3×18.5cm，9 行。吐峪沟遗址出土。

Ch 1645v　《大般若波罗蜜多经》卷四三三

11 行，约 7 世纪中—8 世纪末。

参 KCBT II，26。

Ch 1646（T III T 107）　《文殊师利所说般若波罗蜜经》

11.9×10.4cm，5 行。吐峪沟遗址出土。

参 Kudara 2005，42。

Ch 1647（T III 34）　《佛名经》卷五

11.3×16.2cm，7 行。

参 Kudara 2005，86。

Ch 1648（T III M 173.129）　《大般涅槃经》卷三五

12×7.4cm，4 行。木头沟遗址出土。

参 Kudara 2005，78。

Ch 1649r（T II 1970）　唐西州柳中县（?）籍

8×10.3cm，7 行，残存朱印痕迹，前人疑为“柳中县之印”（5.2×5.2cm）。户籍废弃后，被人用来写占卜书。

参 Thilo 1970，89，图 6；池田温 1979，256；TTD II，A，73-74，190；B，128；荣新江 1998b，317；Nishiwaki 2001，63-64。

Ch 1649v　《产妇反支月忌法》（拟）

7 行，与正面占卜文字不同。

参 荣新江 1996a，83；荣新江 1998b，317；Nishiwaki 2001，97；余欣（待刊稿）。

Ch 1650（T II T 1393）　《妙法莲华经》卷二

12.1×10.2cm，6 行，约 7 世纪中—8 世纪末。吐峪沟遗址出土。

参 KCBT II，41。

Ch 1651r（T II Y 59.27） **《妙法莲华经》卷四**

11.3×13.4cm，7行，约7世纪中—8世纪末。交河故城出土。

参 KCBT I，90。

Ch 1651v **《妙法莲华经》卷四**

1行。

Ch 1652（T II 4028） **《妙法莲华经》卷五**

16×10.5cm，6行，约7世纪中—8世纪末。

参 KCBT II，53。

Ch 1653（T III T 284） **佛典残片**

14.8×12cm，7行。吐峪沟遗址出土。

Ch 1654（T II T 141） **《妙法莲华经》卷四**

10×22.7cm，12行，约6世纪中—7世纪中。吐峪沟遗址出土。

参 KCBT II，48。

Ch 1655（T II 1487） **佛典残片**

10.8×17.8cm，10行。

Ch 1656（T II T 1783） **《妙法莲华经》卷二**

10.9×24cm，14行，约9—10世纪。吐峪沟遗址出土。

参 KCBT I，59。

Ch 1657r（T III 34.107） **佛典残片**

9.4×11.4cm，5行。

Ch 1657v **佛典残片**

3行。

Ch 1658（T III T 540） **《中阿含经》卷四九**

14.3×9.2cm，5行。刻本。吐峪沟遗址出土。

参 Kudara 2005，17。

Ch 1660（T I 1039） **《金光明最胜王经》卷五**

11.6×14.1cm，8行，约7世纪中—8世纪末。

参 KCBT II，78。

Ch 1661（T III 2005） **《金光明经》卷四**

8.8×12cm，5行，约7世纪中—8世纪末。

参 KCBT II，76。

Ch 1662（T III T 498） **《中阿含经》卷四九**

16.9×17.5cm，10行。刻本。吐峪沟遗址出土。

参 KCBT II，14；中村菊之进 1990，42。

Ch 1663r（T III M 163.100） **佛典残片**

13.1×9.8cm，5行。木头沟遗址出土。

Ch 1663v **佛典残片**

3行。

Ch 1664（T III T 636） 《中阿含经》卷五

15.6×13cm，7 行。刻本。吐峪沟遗址出土。

参 Kudara 2005，15。

Ch 1665r（T II T 1688） 《须摩提女经》

19.2×14.9cm，8 行。刻本。吐峪沟遗址出土。

参 KCBT II，17。

Ch 1665v 佛典残片

5 行。

Ch 1666（T III T 542） 《中阿含经》卷五

7.8×12.2cm，6 行。刻本。吐峪沟遗址出土。

参 Kudara 2005，14。

Ch 1667（T II T 1626） 《中阿含经》卷四二

14×12.5cm，6 行。刻本。吐峪沟遗址出土。

参 KCBT I，21。

Ch 1668（T III S 103） 佛典残片

11.5×11cm，6 行。胜金口遗址出土。

Ch 1669（T II D 439） 佛典残片

7.4×16.6cm，8 行。高昌故城出土。

Ch 1670（T II T 1735） 《长阿含经》卷一七

17.3×8cm，4 行。刻本。吐峪沟遗址出土。

参 KCBT II，11。

Ch 1671（T III T 582） 《增一阿含经》卷三

9.2×13.4cm，7 行。刻本。吐峪沟遗址出土。

参 KCBT II，15。

Ch 1672（T II T 1632） 佛典残片

15.7×12.1cm，7 行。吐峪沟遗址出土。

Ch 1673（无原编号） 《金光明最胜王经》卷六

11.6×13cm，8 行。刻本。

参 KCBT II，78。

Ch 1674（T III T 155） 佛典残片

9.8×11cm，6 行。吐峪沟遗址出土。

Ch 1675（T II T 1518） 《中阿含经》卷二二

14.8×10.7cm，6 行。刻本。吐峪沟遗址出土。

参 KCBT II，12。

Ch 1676（T III 2046） 佛典残片

11.8×9.8cm，6 行。

Ch 1677（T II D 340） 《妙法莲华经》卷四

10×10.6cm，6 行。刻本。高昌故城出土。

参 KCBT II，47，图 22/31；中村菊之进 1990，53。

Ch 1678（T III T 32）　《妙法莲华经》卷二

8.5×9cm，5行，约7世纪中—8世纪末。吐峪沟遗址出土。

参 KCBT I，65。

Ch 1679（T II T 1795）　《摩诃般若波罗蜜经》卷一三

11×6.4cm，4行。吐峪沟遗址出土。

参 Kudara 2005，41。

Ch 1680（无原编号）　《妙法莲华经》卷七

14×8.5cm，4行，约9—10世纪。

参 KCBT I，105。

Ch 1681（T II T 1172）　《妙法莲华经》卷一

10×20cm，11行，约7世纪中—8世纪末。吐峪沟遗址出土。

参 KCBT II，38。

Ch 1682（T III T 265）　《金光明经》卷四

15×16.5cm，10行，约7世纪中—8世纪末。吐峪沟遗址出土。

参 KCBT II，76。

Ch 1683（T II D 65.51）　佛典残片

11.8×17.8cm，9行。高昌故城出土。

Ch 1684（T III M 173.128）　佛典残片

15×17.8cm，11行。木头沟遗址出土。

Ch 1685r（T III T 177）　奉请诸神文

9.7×8.3cm，6行，字工整，不佳。有朱笔句读。吐峪沟遗址出土。

参 荣新江 1998b，317。

Ch 1685v　《佛顶尊胜陀罗尼经》

5行，约9—10世纪。

参 KCBT II，80，图43/63。

Ch 1686（T II 1749）　《大智度论》卷三一

13.5×11.4cm，6行。

参 Kudara 2005，105。

Ch 1687（T III T 144）　《妙法莲华经》卷七

10.6×9.5cm，5行，约9—10世纪。吐峪沟遗址出土。

参 KCBT I，122。

Ch 1688（T II 2017）　佛典残片

14.9×15.8cm，7行。

Ch 1689（T III 34.129）　佛典残片

11.1×9.3cm，5行。

Ch 1690r（T III S 67.508）　《阿毗昙八犍度论》卷二七

13.1×10.1cm，6行。胜金口遗址出土。

参 Kudara 2005，108。

Ch 1690v　佛典残片

4 行。

Ch 1691（T II T 3078） 《佛说观无量寿经》

23.7×15.4cm，10 行，约 9—10 世纪。吐峪沟遗址出土。

参 KCBT II，63，图 29/45。

Ch 1692（T II 1906） 《大般涅槃经》卷三一

9.9×11.3cm，7 行。

参 Kudara 2005，76。

Ch 1693（T II 1385） 《大般涅槃经》卷二九

13.7×18.8cm，5 行。

参 Kudara 2005，75。

Ch 1694（T II D 79） 《妙法莲华经》卷四

15×5cm，3 行。刻本。高昌故城出土。

参 KCBT II，51；中村菊之进 1990，53。

Ch 1695（T II 1551） 《大般若波罗蜜多经》卷五一二

14.3×29.6cm，17 行。刻本。

参 Kudara 2005，34。

Ch 1696（T II 1421） 《大般若波罗蜜多经》卷四二五

9.9×7.2cm，4 行。刻本。

参 Kudara 2005，32。

Ch 1697（T II T 1299） 《增一阿含经》卷三一

14.2×17.5cm，9 行。刻本。吐峪沟遗址出土。

参 Kudara 2005，20。

Ch 1698r（T III T 438） 《增一阿含经》卷三八

13.5×21.1cm，11 行。刻本。吐峪沟遗址出土。

参 KCBT II，16；中村菊之进 1990，43。

Ch 1698v 佛典残片

6 行。系废弃佛典残片用作正面佛经裱纸，残片另一面为回鹘文。

Ch 1699（T II 3090） 《中阿含经》卷五

19×14.9cm，8 行。刻本。

参 Kudara 2005，14。

Ch 1700a（T III T 427） 《摩诃般若波罗蜜经》卷一七

19.8×5.4cm，3 行。吐峪沟遗址出土。

参 Kudara 2005，42。

Ch 1701（T III T 568） 《妙法莲华经》卷五

6.3×17.3cm，6 行。吐峪沟遗址出土。

参 Kudara 2005，57。

Ch 1702r（T II 1394） 《金刚般若波罗蜜经》

27.6×9cm，5 行。刻本。

参 KCBT II，35。

Ch 1702v 《妙法莲华经》卷七

4 行，10 世纪以后。

参 KCBT II，58，图 26/39。

Ch 1703a（T II 1942） 《妙法莲华经》卷一

16×12.7cm，6 行。刻本。

参 Kudara 2005，51。

Ch 1703b（T II 1942） 《妙法莲华经》卷一

10.1×5.7cm，3 行。刻本。

参 Kudara 2005，51。

Ch 1703c（T II 1942） 《妙法莲华经》卷一

10.4×9.9cm，4 行。刻本。

参 Kudara 2005，52。

Ch 1704（无原编号） 佛典残片

15.5×10.7cm，5 行。

Ch 1705（T II 1869） 《佛名经》卷一一

18.1×8.8cm，4 行。

参 Kudara 2005，89。

Ch 1706（T III T 1248） 《增一阿含经》卷二五

13.5×23.3cm，13 行。刻本。吐峪沟遗址出土。

参 KCBT II，16；中村菊之进 1990，43。

Ch 1707（T IV K 77） 习字

5×6.5cm，3 行。写"寻常"二字。库车地区出土。

参 荣新江 1998b，317；Nishiwaki 2001，148。

Ch 1708（T III 75.1003） 《妙法莲华经》卷三

8×4.2cm，2 行。刻本。

参 Kudara 2005，54。

Ch 1709（T II 1997） 《梵网经卢舍那佛说菩萨心地戒品第十》卷下

11×23.5cm，13 行，约 7 世纪中—8 世纪末。

参 KCBT II，83。

Ch 1710（T I 1026） 《妙法莲华经》卷四

10.8×22.6cm，13 行，约 7 世纪中—8 世纪末。

参 KCBT I，89。

Ch 1711（T III S 94.51） 《四分律》卷四九

15.2×19.4cm，10 行。胜金口遗址出土。

参 Kudara 2005，102。

Ch 1712（T III M 173.143） 《金刚般若波罗蜜经》

13.1×17cm，8 行，约 7 世纪中—8 世纪末。木头沟遗址出土。

参 KCBT I，48。

Ch 1713（T II 1777） 《妙法莲华经》卷七

17×24.7cm，13 行，约 7 世纪中—8 世纪末。

参 KCBT I，109。

Ch 1714（无原编号）《增一阿含经》卷三一

9.3×10.2cm，6 行。刻本。

参 Kudara 2005，20。

Ch 1715（T III 272.136） 佛典残片

15×7.6cm，4 行。

Ch 1716（T III T 400） 《增一阿含经》卷三一

15.7×9.9cm，5 行。刻本。吐峪沟遗址出土。

参 KCBT II，16。

Ch 1717（T III 2074） 佛典残片

13.4×10.1cm，5 行。

Ch 1718（T II T 1502） 《增一阿含经》卷三

13.7×11.8cm，7 行。刻本。吐峪沟遗址出土。

参 KCBT I，24。

Ch 1719r（T II T 1533） 《大般若波罗蜜多经》卷五四八

16.6×9.5cm，6 行。吐峪沟遗址出土。

参 Kudara 2005，35。

Ch 1719v 佛典残片

5 行。

Ch 1720r（T II T 1867） 佛典残片

5.5×8.2cm，4 行。刻本。吐峪沟遗址出土。

Ch 1720v 《妙法莲华经》卷六

3 行。

参 Kudara 2005，59。

Ch 1721（T III T 551） 《增一阿含经》卷九

8.2×11cm，6 行。刻本。吐峪沟遗址出土。

参 Kudara 2005，19。

Ch 1722（T II T 1286） 佛典残片

14.5×10.8cm，4 行。吐峪沟遗址出土。

Ch 1723（T III T 158） 佛典残片

11×9cm，4 行。吐峪沟遗址出土。

Ch 1724（T II M 1052） 《增一阿含经》卷三八

10.1×8cm，4 行。刻本。木头沟遗址出土。

参 Kudara 2005，20。

Ch 1725（T II 1805） 《现在十方千五百佛名并杂佛同号》

11.6×24cm，6 行。

参 Kudara 2005，117。

Ch 1726（T II 1426） 佛典残片

10. 6 ×7. 2cm，1 行。

Ch 1727（T II T 2021） 《大般涅槃经》卷一〇

9. 9 ×11. 9cm，7 行。吐峪沟遗址出土。

参 Kudara 2005，68。

Ch 1728（T III 272. 133） 《妙法莲华经》卷五

15. 5 ×9. 3cm，4 行，约 7 世纪中—8 世纪末。

参 KCBT II，53。

Ch 1729（T I 1032） 《大般涅槃经》卷四〇

12. 9 ×8. 2cm，5 行。

参 Kudara 2005，80。

Ch 1730（T III T 175） 《梵网经卢舍那佛说菩萨心地戒品第十》卷下

11. 1 ×19. 7cm，6 行，约 7 世纪中—8 世纪末。吐峪沟遗址出土。

参 KCBT I，177。

Ch 1731（T III 272. 129） 佛典残片

12. 2 ×10. 2cm，5 行。

Ch 1732（T III 34. 109） 《维摩诘所说经》卷上

8. 2 ×11. 8cm，7 行。

参 Kudara 2005，94。

Ch 1733（T II D 400） 《妙法莲华经马鸣菩萨品第三十》

9 ×11. 5cm，7 行，约 9—10 世纪。高昌故城出土。

参 KCBT II，86。

Ch 1734（T II D 329） 佛典残片

9. 7 ×6. 8cm，4 行。高昌故城出土。

Ch 1735（T II D 290） 《金刚般若波罗蜜经》

9. 8 ×5. 7cm，4 行，约 7 世纪中—8 世纪末。高昌故城出土。

参 KCBT II，32。

Ch 1736（T II T 1270） 《大般涅槃经》卷九

7. 3 ×4. 4cm，4 行。吐峪沟遗址出土。

参 Kudara 2005，68。

Ch 1737（T II 1576） 《妙法莲华经》卷一

10. 3 ×11. 5cm，6 行，约 7 世纪中—8 世纪末。

参 KCBT II，38。

Ch 1738（T II T 1423） 《佛名经》卷五

10. 2 ×7. 8cm，4 行。吐峪沟遗址出土。

参 Kudara 2005，86。

Ch 1739（T III 34. 103） 《佛说灌顶七万二千神王护比丘咒经》卷一二

9. 8 ×7. 8cm，5 行，约 9—10 世纪。

参 KCBT I，169。

Ch 1740（T II D 386） 《大般涅槃经》卷九

7×8.7cm，5 行。高昌故城出土。

参 Kudara 2005，68。

Ch 1741（T II T 1285）　《中阿含经》卷五

14.6×25.2cm，12 行。刻本。吐峪沟遗址出土。

参 KCBT II，12。

Ch 1742（T III 1188）　《妙法莲华经》卷六

10.2×10.2cm，6 行，约 7 世纪中—8 世纪末。

参 KCBT II，56。

Ch 1743r（T III T 194）　《金光明最胜王经》卷一〇

10×9.8cm，6 行，约 9—10 世纪。吐峪沟遗址出土。

参 KCBT II，78。

Ch 1743v　《金光明最胜王经》卷一〇

6 行，约 9—10 世纪。

参 KCBT II，78。

Ch 1744（T III T 399）　《玉篇·部目》

7.7×5.9cm，6 行，刻本。吐峪沟遗址出土。

参 荣新江 1998b，317；Nishiwaki 2001，49。

Ch 1745r（T II T 1767）　《妙法莲华经》卷七

5.8×10cm，6 行。刻本。吐峪沟遗址出土。

参 KCBT I，115。

Ch 1745v　佛典残片

4 行。

Ch 1746（T II M 1045）　佛典残片

9.1×8.6cm，4 行。木头沟遗址出土。

Ch 1747（T II T 1670）　《大般若波罗蜜多经》卷二〇五

14.3×15.5cm，6 行。刻本。吐峪沟遗址出土。

参 KCBT II，22；中村菊之进 1990，44。

Ch 1748（T II S 1002）　佛典残片

10.3×8.3cm，4 行。胜金口遗址出土。

Ch 1749（T III T 535）　《中阿含经》卷三五

10.9×13.2cm，8 行。刻本。吐峪沟遗址出土。

参 KCBT I，21。

Ch 1750（T II T 1661）　佛典残片

11.9×6.4cm，2 行。吐峪沟遗址出土。

Ch 1751（T II M 1050）　佛典残片

7.2×11.7cm，6 行。木头沟遗址出土。

Ch 1752（T III T 339）　《十诵律》卷三九

15.5×9.9cm，5 行。刻本。吐峪沟遗址出土。

参 KCBT II，82。

Ch 1753（T II D 212） 佛典残片

14×11cm，6 行。高昌故城出土。

Ch 1754（T II D 413） 佛典残片

10.4×7.3cm，5 行。高昌故城出土。

Ch 1755（T II D 402） 《金光明经》卷三

9.2×10.6cm，7 行，约 7 世纪中—8 世纪末。高昌故城出土。

参 KCBT I，153。

Ch 1756（T III T 584） 佛典残片

6.6×6.5cm，3 行。吐峪沟遗址出土。

Ch 1757（T III D） 佛典残片

11×24.2cm，3 行。高昌故城出土。

Ch 1758（T II 1030） 《中阿含经》卷五〇

14.5×16.2cm，9 行。刻本。

参 KCBT II，14；中村菊之进 1990，49。

Ch 1759r（T III 2021） 《中阿含经》卷一八

11.7×16.3cm，9 行。刻本。

参 Kudara 2005，15。

Ch 1759v 佛典残片

6 行。

Ch 1760（T II T 1642） 《增一阿含经》卷五

12.4×7.4cm，4 行。刻本。吐峪沟遗址出土。

参 Kudara 2005，19。

Ch 1761（T III T IV.27） 《妙法莲华经》卷二

8×4.6cm，3 行，约 7 世纪中—8 世纪末。吐峪沟遗址出土。

参 KCBT I，64。

Ch 1762（T II 1507） 佛典残片

7.4×14.5cm，7 行。

Ch 1763r（T I x 512） 佛典残片

15.3×10.4cm，5 行。

Ch 1764（T III T） 佛典残片

9.3×7.5cm，4 行。吐峪沟遗址出土。

Ch 1765（T II T 3005） 《佛名经》题记

字在楷书隶书之间，上有栏。题记："夫先建圣容，必克无□子龙父母兄弟命遇□五百佛名一卷，愿斯□爱五族所生之处，属□斯愿壹时作，广度□。"吐峪沟遗址出土。

参 荣新江 1998b，317；Nishiwaki 2001，115。

Ch 1766（T II T 1738） 《摩诃般若波罗蜜经》卷二二

4.9×4.7cm，5 行。吐峪沟遗址出土。

参 Kudara 2005，42。

Ch 1767（T III T 304.6） 《大般涅槃经》卷三五

8.5×12.5cm，7 行。吐峪沟遗址出土。

参 Kudara 2005，78。

Ch 1768（T II T 1961） 《维摩诘所说经》卷中

10.9×9.2cm，5 行。吐峪沟遗址出土。

参 Kudara 2005，95。

Ch 1769（T II S 1047） 《现在贤劫千佛名经》

11.7×7.4cm，3 行。胜金口遗址出土。

参 Kudara 2005，93。

Ch 1770（T II 1114） 《佛说观弥勒菩萨上生兜率天经》

17.5×11.2cm，6 行。刻本。

参 KCBT II，73。

Ch 1771r（T II T 1756） 《大般若波罗蜜多经》卷五四八

6.8×7.4cm，4 行。吐峪沟遗址出土。

参 Kudara 2005，36。

Ch 1771v 佛典残片

4 行。

Ch 1772（T II 1112） 佛典残片

17.6×12cm，1 行。

Ch 1773（T II M） 佛典残片

15.1×14.9cm，8 行。木头沟遗址出土。

Ch 1774（T III T 573） 佛典残片

11.1×7.7cm，4 行。吐峪沟遗址出土。

Ch 1775（T II T 1623） 《金光明经》卷四

11.7×9.7cm，6 行。刻本。吐峪沟遗址出土。

参 KCBT II，76。

Ch 1776（T II T 1765） 佛典残片

10.5×7.4cm，3 行。吐峪沟遗址出土。

Ch 1777（T II T 1714） 佛典残片

8.9×11.4cm，5 行。吐峪沟遗址出土。

Ch 1779（T II T 1743） 《大般若波罗蜜多经》卷二〇五

13.5×12.5cm，6 行。刻本。吐峪沟遗址出土。

参 KCBT II，22。

Ch 1780（T III D 1024） 《增一阿含经》卷二〇

15×18.7cm，9 行。刻本。高昌故城出土。

参 KCBT II，16。

Ch 1781（T II 1827） 《妙法莲华经》卷二

23.5×9.8cm，5 行，约 7 世纪中—8 世纪末。

参 KCBT I，63。

Ch 1782（T III M 173. 141）《大般若波罗蜜多经》卷一九七

17. 9×15cm，5 行。刻本。木头沟遗址出土。

参 Gabain 1967，13；KCBT I，32；中村菊之进 1990，44。

Ch 1783r（T II T 1964） 佛典残片

19×7. 8cm，4 行。吐峪沟遗址出土。

Ch 1783v 佛典残片

4 行。

Ch 1784a（T II D 238）《金光明最胜王经》卷三

16. 7×9. 2cm，5 行。刻本。高昌故城出土。

参 KCBT II，77。

Ch 1784b（T II D 238）《金光明最胜王经》卷三

6. 6×5cm，3 行。刻本。高昌故城出土。

参 KCBT II，77。

Ch 1785（T III TV 49. 1000） 佛典残片

7. 9×10. 9cm，2 行。吐鲁番山前坡地遗址出土。

Ch 1786（T III 272. 103）《法苑珠林》卷四

18. 3×4. 3cm，1 行。刻本。

参 KCBT I，182；中村菊之进 1990，45。

Ch 1787r（T II T 1749） 佛典残片

11×16. 2cm，8 行。吐峪沟遗址出土。

Ch 1787v 《大般若波罗蜜多经》卷一九

8 行。刻本。

参 KCBT II，18。

Ch 1788a（无原编号）《正法华经》卷六

5. 6×3. 3cm，2＋（1）行。

参 Kudara 2005，61。

Ch 1788b（无原编号）《正法华经》卷六

9. 8×4. 4cm，3 行。

参 Kudara 2005，61。

Ch 1789（T III 272）《佛般泥洹经》卷上

11. 2×7. 4cm，5 行。刻本。

参 KCBT II，12。

Ch 1790（T III T 545）《中阿含经》卷三三

12. 2×6. 8cm，3 行。刻本。吐峪沟遗址出土。

参 KCBT I，20。

Ch 1791（T II T 1536）《大般若波罗蜜多经》卷一九七

14. 3×15. 7cm，6 行。刻本。吐峪沟遗址出土。

参 KCBT II，22。

Ch 1792r（T III 75. 1006） 佛典残片

13. 2 × 18. 7cm，2 行。

Ch 1792v 《金刚顶经金刚界大道场毗卢遮那如来自受用身内证智眷属法身异名佛最上乘秘密三摩地忏悔文》

8 行。刻本。

参 Kudara 2005，99。

Ch 1793r（T III T 488） 《妙法莲华经》卷二

13. 5 × 13. 7cm，7 行，约 7 世纪中—8 世纪末。吐峪沟遗址出土。

参 KCBT I，69。

Ch 1793v 《长阿含经》卷一七

7 行。刻本。

参 KCBT II，11。

Ch 1794（T III 1036） 《大般涅槃经》卷九

13. 1 × 13. 2cm，8 行，约 7 世纪中—8 世纪末。

参 KCBT II，66。

Ch 1795r（T II 4038） 《妙法莲华经》卷一

13. 6 × 13. 3cm，7 行。刻本。

参 KCBT I，55。

Ch 1795v 《妙法莲华经》卷三

2 行，约 7 世纪中—8 世纪末。

参 KCBT II，46。

Ch 1796（T III T 529） 《妙法莲华经》卷六

8. 2 × 18. 5cm，8 行。刻本。吐峪沟遗址出土。

参 KCBT II，55，图 24/37；中村菊之进 1990，53。

Ch 1797（T I D 1010） 《四分律》卷一二

17. 6 × 12. 5cm，6 行。刻本。高昌故城出土。

参 KCBT I，171。

Ch 1798（T II T 1522） 佛典残片

7. 5 × 10. 2cm，5 行。吐峪沟遗址出土。

Ch 1799（T II D 127） 佛典残片

15. 8 × 9cm，4 行。高昌故城出土。

Ch 1800（T III 1141） 佛典残片

25. 2 × 10. 3cm，6 行。

Ch 1801（无原编号） 佛典残片

12 × 10. 6cm，5 行。

Ch 1802（T II 3056） 佛典残片

6 × 15cm，9 行。

Ch 1803（T III T） 《大般涅槃经》卷一

5. 4 × 9. 9cm，5 行。吐峪沟遗址出土。

参 Kudara 2005，64。

Ch 1804（T II 1523） 《妙法莲华经》卷四

10.6×11.5cm，7行，约7世纪中—8世纪末。

参 KCBT II，49。

Ch 1805（T II T 1225） 《千字文》

12.5×11.9cm，5行，字较大，正楷。吐峪沟遗址出土。

参 Nishiwaki 2001，57。

Ch 1806（T II T 1356） 《大般涅槃经》卷一六

11.3×11.5cm，6行。吐峪沟遗址出土。

参 Kudara 2005，70。

Ch 1807（T II S 1030） 《摩诃般若波罗蜜经》卷二六

11×15.2cm，8行，约7世纪中—8世纪末。胜金口遗址出土。

参 KCBT II，28。

Ch 1808r（T II T 1365） 《金光明最胜王经》卷三

6.6×8cm，5行，约9—10世纪。吐峪沟遗址出土。

参 KCBT II，77。

Ch 1808v 《金光明最胜王经》卷三

5行，约9—10世纪。

参 KCBT II，77。

Ch 1809（T II T 2058） 《金光明经》卷二

17.4×10cm，6行，约7世纪中—8世纪末。吐峪沟遗址出土。

参 KCBT II，75。

Ch 1810（T II T 1511） 佛典残片

18.3×9.7cm，5行。吐峪沟遗址出土。

Ch 1811（T III T 1528） 佛典残片

10×9.3cm，4行。吐峪沟遗址出土。

Ch 1812（T II T 1675） 《妙法莲华经》卷七

8.3×10.3cm，5行。刻本。吐峪沟遗址出土。

参 Kudara 2005，60。

Ch 1813r（T II T 1759） 《大般若波罗蜜多经》卷四五

8.1×12.1cm，6行，约7世纪中—8世纪末。吐峪沟遗址出土。

参 KCBT II，19。

Ch 1813v 佛典残片

4行。

Ch 1814（T II T 2078） 佛典残片

12.9×14.7cm，9行。吐峪沟遗址出土。

Ch 1815r（T II T 1137） 佛典残片

15.5×18.6cm，9行，用武周新字，文字不佳，有夹写。吐峪沟遗址出土。

Ch 1815v 唐西州高昌县籍

3行，有“高昌县之印”（5.4×5.5cm）。背面佛典左上角亦有残印痕。

参 Thilo 1970，90-91，图 9；土肥义和 1969，119；池田温 1979，240；TTD II，A，54-55，206；B，106；荣新江 1998b，317；Nishiwaki 2001，62。

Ch 1816（T II 1341） 《大般若波罗蜜多经》卷二四一

10.9×13.4cm，8 行。刻本。

参 KCBT II，23。

Ch 1817（T III D 1048） 《大般若波罗蜜多经》卷一七一

11.6×7.6cm，5 行。刻本。高昌故城出土。

参 KCBT II，21。

Ch 1818（T III T 435） 《大般若波罗蜜多经》卷四三一

22.1×11.2cm，6 行。刻本。吐峪沟遗址出土。

参 KCBT II，25。

Ch 1819（T III 272.120） 佛典残片

13.4×16.9cm，9 行。

Ch 1820（T II 1552） 《大般若波罗蜜多经》卷一八四

12.8×17cm，6 行。刻本。

参 KCBT II，22。

Ch 1821a（T II D 274） 《大般若波罗蜜多经》卷二六六

12.9×7.2cm，4 行。刻本。高昌故城出土。

参 KCBT I，32。

Ch 1821b（T II D 274） 佛典残片

12.6×11.4cm，5 行。高昌故城出土。

Ch 1822（T II T 1507） 《中阿含经》卷五

13.1×24.7cm，13 行。刻本。吐峪沟遗址出土。

参 Kudara 2005，15。

Ch 1823（T II T 559） 佛典残片

10.1×9.8cm，5 行。吐峪沟遗址出土。

Ch 1824（T III T 451） 佛典残片

9.4×7.9cm，3 行。吐峪沟遗址出土。

Ch 1825（T II 4072） 《大方广佛华严经》卷一〇

5.4×10.1cm，7 行。

参 Kudara 2005，62。

Ch 1826r（T II T 2） 《妙法莲华经》卷三

18.3×11cm，8 行，约 4—6 世纪中。吐峪沟遗址出土。

参 KCBT I，76。

Ch 1826v 《妙法莲华经》卷三

8 行，约 4—6 世纪中。

参 KCBT I，76。

Ch 1827r（T II T 1455） 《妙法莲华经》卷二

7×7.2cm，4 行，约 7 世纪中—8 世纪末。吐峪沟遗址出土。

参 KCBT I，64。

Ch 1827v 《妙法莲华经》卷二

3行，约7世纪中—8世纪末。

参 KCBT I，61。

Ch 1828（T II T 2059） 《阿弥陀经义述》

17.5×9.2cm，6行，约7世纪中—8世纪末。吐峪沟遗址出土。

参 KCBT II，84。

Ch 1829（T II T 1935） 佛典残片

10.3×11.3cm，6+（1）行。吐峪沟遗址出土。

Ch 1830（T II 1829） 《占地动·日月蚀法》

9.4×21.8cm，17行，双面书写，字不佳，有不整齐之墨栏。上部可以与出口常顺藏331甲、乙（《高昌残影》图LVII）直接缀合。或为《太史杂占历》的一部分。

参 荣新江1998b，317；Nishiwaki 2001，91；西胁常记2002，140-165，图45-46；宇野顺治、古泉圆顺2004，44-63；Nishiwaki，2004，40-48，图；余欣（待刊稿）。

Ch 1831（T III 2055） 《大般涅槃经》卷三二

11×9.1cm，5行。可以与Ch 1949缀合。

参 Kudara 2005，78。

Ch 1832（T III 65） 《妙法莲华经》卷六

11.3×15.2cm，9行，约7世纪中—8世纪末。

参 KCBT I，100。

Ch 1833（无原编号） 《妙法莲华经》卷二

11.5×11.3cm，6行，约7世纪中—8世纪末。

参 KCBT I，58。

Ch 1834（T II T 1294） 《佛名经》卷八

12.4×9cm，4行。吐峪沟遗址出土。

参 Kudara 2005，87。

Ch 1835（T III T 575） 佛典残片

6.8×8.7cm，4行。吐峪沟遗址出土。

Ch 1836（T II 1563） 《妙法莲华经》卷二

10.7×6.2cm，3行，约9—10世纪。

参 KCBT II，40。

Ch 1837（T II T 1858） 佛典残片

7.5×6.9cm，4行。吐峪沟遗址出土。

Ch 1838r（T III M 208.50） 佛典残片

7.7×5.7cm，3行。木头沟遗址出土。

Ch 1838v 《大般若波罗蜜多经》卷四七八

3行。

参 Kudara 2005，33。

Ch 1839r（T II 346.397） 佛典残片

5.4×5.3cm，2 行。

Ch 1839v　佛典残片

3 行。

Ch 1840（T II D 130）　佛典残片

9.1×7.5cm，3 行。高昌故城出土。

Ch 1841（T III D 1049）　《大般若波罗蜜多经》卷一八三

8.3×15.7cm，6 行。刻本。高昌故城出土。

参 KCBT I，32。

Ch 1842（T III T 516）　《金光明最胜王经》卷一

9.5×8.2cm，5 行。刻本。吐峪沟遗址出土。

参 KCBT I，156。

Ch 1843（T III D 1045）　《大般若波罗蜜多经》卷四八

9.6×10.5cm，5 行。高昌故城出土。

参 Kudara 2005，23。

Ch 1844（T II D 391）　佛典残片

15.9×11.8cm，6 行。高昌故城出土。

Ch 1845（T III M 206.52）　《菩萨地持经》卷七

8.9×23.8cm，13 行。木头沟遗址出土。

参 Kudara 2005，112。

Ch 1846（T II 1835）　《佛说观弥勒菩萨上生兜率天经》

15.8×25.7cm，16 行，约 9—10 世纪。

参 KCBT I，145。

Ch 1847（T II T 1716）　佛典残片

9×6.5cm，3 行。吐峪沟遗址出土。

Ch 1848（T II 1982）　《大般若波罗蜜多经》卷二五九

10.2×16.3cm，7 行，约 7 世纪中—8 世纪末。

参 KCBT II，24，图 4/5。

Ch 1849（T II D 365）　佛典残片

30.9×30.2cm，1 行。高昌故城出土。

Ch 1850（T II D 366）　《妙法莲华经》卷四

30.8×2.4cm，1 行。刻本。高昌故城出土。

参 KCBT I，87。

Ch 1851（T II T 1952）　《中阿含经》卷五〇

29×3.2cm，3 行。刻本。吐峪沟遗址出土。

参 Kudara 2005，17。

Ch 1852（T II 1165）　《大方广佛华严经》卷三八

7.7×32.9cm，15 行，约 7 世纪中—8 世纪末。

参 KCBT I，130。

Ch 1853（T II 1319）　《金光明最胜王经》卷五

15.8×11.3cm，6行。刻本。

参 KCBT I，157。

Ch 1854（T III D 1051）　佛典残片

13.3×17.2cm，9行。高昌故城出土。

Ch 1855（T III 1061）　《大般涅槃经》卷四

11.7×26.5cm，15行，约4—6世纪中。

参 KCBT II，64，图31/47。

Ch 1856（T III 1070）　《大般若波罗蜜多经》卷五二五

25.5×13.3cm，8行，约7世纪中—8世纪末。

参 KCBT II，26。

Ch 1857（T III 34.50）　佛典残片

10.6×20.5cm，10行。

Ch 1858r（T II D 303.51）　《小品般若波罗蜜经》卷五

7.1×5.7cm，3行。高昌故城出土。

参 Kudara 2005，46。

Ch 1858v　佛典残片

1行。

Ch 1859（T II T 4000）　《大般若波罗蜜多经》卷一八四

10.8×16cm，6行。刻本。吐峪沟遗址出土。

参 KCBT II，22。

Ch 1860（T II T 1283）　《梁朝傅大士颂金刚经并序》

14×23cm，12行。刻本。吐峪沟遗址出土。

参 BTT I，84-85；图32；KCBT I，182。

Ch 1861r（T II T 1893）　《中阿含经》卷一八

19×6.2cm，4行。刻本。吐峪沟遗址出土。

参 Kudara 2005，15。

Ch 1861v　佛典残片

4行。

Ch 1862（T III T 605）　《增一阿含经》卷二

8.3×4.5cm，3行。刻本。吐峪沟遗址出土。

参 KCBT II，14。

Ch 1863r（T III M 208.54）　佛典残片

6.4×5.3cm，2行。木头沟遗址出土。

Ch 1863v　佛典残片

2行。

Ch 1864（无原编号）　《中阿含经》卷五

13.8×21.6cm，12行。刻本。

参 Kudara 2005，15。

Ch 1865（T II T 1855）　《大般若波罗蜜多经》卷二五〇

11×11.3cm，7 行，约 7 世纪中—8 世纪末。吐峪沟遗址出土。

参 KCBT II，23。

Ch 1866（T II D 283） 《佛名经》卷六

11.9×11.6cm，6 行。高昌故城出土。

参 Kudara 2005，86。

Ch 1867（T II S 1036） 《大般涅槃经》卷二五

10.3×17.5cm，10 行，约 6 世纪中—7 世纪中。胜金口遗址出土。

参 KCBT II，68。

Ch 1868（T III T 127） 《金光明最胜王经》卷二

13.1×12.2cm，7 行，约 7 世纪中—8 世纪末。吐峪沟遗址出土。

参 KCBT II，77。

Ch 1869a（T III T 145） 《妙法莲华经》卷七

10.1×5.8cm，4 行，约 9—10 世纪。吐峪沟遗址出土。

参 KCBT I，116。

Ch 1869b（T III T 145） 《妙法莲华经》卷七

13×5.3cm，4 行，约 9—10 世纪。吐峪沟遗址出土。

参 KCBT I，116。

Ch 1870（T III 2025） 《般若波罗蜜多心经》

10.8×7.8cm，3 行，约 9—10 世纪。

参 KCBT I，49。

Ch 1871（T I D 1021） 佛典残片

14.1×13.9cm，8 行。高昌故城出土。

Ch 1872（T II T 1496） 《大般涅槃经》卷八

9.8×10.4cm，6 行，约 6 世纪中—7 世纪中。吐峪沟遗址出土。

参 KCBT II，66。

Ch 1873（T II T 1282） 《大般若波罗蜜多经》卷一〇一

13.8×21cm，10 行。刻本。吐峪沟遗址出土。

参 KCBT II，20。

Ch 1874（T III T 440） 《龙龛手鉴》卷一

12.6×13.1cm，7 行，刻本。吐峪沟遗址出土。

参 Nishiwaki 2001，49，图 4。

Ch 1875（T III M 1047） 杭州信实徐铺招贴

16.9×10.2cm，4 行，同样招贴又见 Ch 1064 号、Ch 1103 号。木头沟遗址出土。

参 荣新江 1998b，317；Nishiwaki 2001，153。

Ch 1876（T II T 1084） 佛典残片

9.7×15.3cm，2 行。吐峪沟遗址出土。

Ch 1877（T III T 172） 佛典残片

11×9.6cm，7 行。吐峪沟遗址出土。

Ch 1878（T II 4085） 《中阿含经》卷五

16×17cm，9行。刻本。

参 KCBT II，12。

Ch 1879（T II 1847） 佛典残片

21行。

Ch 1880（T III T） 《妙法莲华经》卷七

18.3×6.7cm，4行，约9—10世纪。吐峪沟遗址出土。

参 KCBT I，121。

Ch 1881（T II T 3045） 发愿文

9.2×8.3cm，3行。吐峪沟遗址出土。

Ch 1882（无原编号） 《妙法莲华经》卷二

14.3×8.5cm，6行，约9—10世纪。

参 KCBT I，67。

Ch 1883（T III 34.94） 佛典残片

7.4×11.7cm，6行。

Ch 1884（T III M 173.179） 佛典残片

10.2×11.8cm，6行。木头沟遗址出土。

Ch 1885（T III M 529） 《摩诃般若波罗蜜经》卷四

19.1×9.7cm，5行，约4—6世纪末。木头沟遗址出土。

参 KCBT II，27，图9/13。

Ch 1886（T II D 372） 佛典残片

12.1×7.4cm，3行。高昌故城出土。

Ch 1887（T II T 1313） 《大般涅槃经》卷三一

11.5×8.1cm，4行，约7世纪中—8世纪末。吐峪沟遗址出土。

参 KCBT I，139。

Ch 1888（T III T 372） 《妙法莲华经》卷六

12×10.2cm，4行，约9—10世纪。吐峪沟遗址出土。

参 KCBT I，96。

Ch 1889（T III T 382） 《未来星宿劫千佛名经》

17.4×9.1cm，6行。吐峪沟遗址出土。

参 Kudara 2005，93。

Ch 1890（T III T 304.10） 《佛说盂兰盆经》

14×39.8cm，19行，约9—10世纪。吐峪沟遗址出土。

参 KCBT II，79，图42/62a-b。

Ch 1891（T II T 1008） 《金光明经》卷三

15×37.5cm，20行，约6世纪中—7世纪中。有延昌三十七年（597）高昌王题记："延昌卅七丁巳岁十月十六日，使持节大将军□（大）[ ]希近时罗枵跋弥硙伊和（利）地屠庐悌随[ ]。稽首归命常住三宝。盖闻万行殊修，功[ ]善绵，故留芳纤芥之恶，婴于果（累）劫，故仰寻[ ]明有部异。受持者拔六趣之屋，诵诵者除三[ ]部护持，国作（祚）永除（隆），蕃〔□〕维茂。七祖先灵，内外［　］身康强，四大宁吉，时和岁□（丰）。［　］”吐峪沟遗址出土。

参 KCBT I，153，图 24/28；池田温 1990，151；王素 1997，217，No. 556；荣新江 1998b，317；姚崇新 1999，62；Nishiwaki 2001，114。

Ch 1892（T II 1585）　《妙法莲华经》卷一

14. 5 × 41. 5cm，14 行，约 7 世纪中—8 世纪末。有显庆元年（656）张欢伯题记："［　］向流三男。是以全法半唱，［　］徒二入正，莫不皮纸骨笔，［　］之愿。白衣弟子张欢伯，［　］启六蔽昏情，执八正而［　］，敬写《法华经》一部。愿读［　］者知究竟之性。法界苍生，［　］成佛果。显庆元年五月。"

参 KCBT I，57，图 11/12；池田温 1990，201，No. 539；荣新江 1998b，317；Nishiwaki 2001，117；陈国灿 2002b，55。

Ch 1893（T III T 570）　《增一阿含经》卷三

12. 8 × 11. 2cm，6 行。刻本。与 Ch 1972 可以缀合。吐峪沟遗址出土。

参 Kudara 2005，19。

Ch 1894r（T III 34. 40）　《法苑珠林》

8. 8 × 9. 6cm，7 行。

参 Kudara 2005，115。

Ch 1894v　《法苑珠林》

7 行。

参 Kudara 2005，115。

Ch 1895（T II T 1487）　唐高宗《述三藏圣教序》抄本

8 × 11cm，6 行。吐峪沟遗址出土。

参 西胁常记 1997b，30，n. 7；荣新江 1998b，317；Nishiwaki 2001，100。

Ch 1896r（T II T 3044）　《最胜佛顶陀罗尼净除业障咒经》

28. 2 × 3. 5cm，2 行，约 9—10 世纪。吐峪沟遗址出土。

参 KCBT II，80，图 43/65。

Ch 1896v　《最胜佛顶陀罗尼净除业障咒经》

1 行，约 9—10 世纪。

参 KCBT II，80，图 43/66。

Ch 1897（T III T 402）　《摩诃般若波罗蜜经》卷四

14. 7 × 4. 4cm，2 行。吐峪沟遗址出土。

参 Kudara 2005，41。

Ch 1898（T II T 1783）　《别译杂阿含经》卷一四

14 × 10. 8cm，6 行。刻本。吐峪沟遗址出土。

参 KCBT I，24。

Ch 1899（T II T 2097）　佛典残片

10. 9 × 6cm，4 行。吐峪沟遗址出土。

Ch 1900（T III Tujok 304）　《佛藏经》卷下

18. 1 × 7. 2cm，4 行，约 4—6 世纪中。吐峪沟遗址出土。

参 KCBT II，75。

Ch 1901（T III M 514） 《中阿含经》卷四二

18.2×16.9cm，8 行。刻本。木头沟遗址出土。

参 Kudara 2005，17。

Ch 1902（T III 34.8 c） 《佛名经》卷五

9.5×9.8cm，3 行。

参 Kudara 2005，85。

Ch 1903a（T II 2073） 《妙法莲华经》卷四

6.5×6.7cm，3 行。

参 Kudara 2005，56。

Ch 1904r（T II 1541） 佛典残片

27.5×11.2cm，6 行。

Ch 1904v 佛典残片

6 行。

Ch 1905（T III T 255） 《金刚般若波罗蜜经》

6.4×25.4cm，15 行，约 7 世纪中—8 世纪末。吐峪沟遗址出土。

参 KCBT II，36。

Ch 1906（T III T 87（+）75） 《妙法莲华经》卷四

22.3×10.5cm，5 行，约 7 世纪中—8 世纪末。吐峪沟遗址出土。

参 KCBT I，89。

Ch 1907（T II T 2031 a） 佛典残片

13.6×5.7cm，3 行。吐峪沟遗址出土。

Ch 1908a（T II D 279） 《胜天王般若波罗蜜经》卷七

16×26cm，12 行，约 6 世纪中—7 世纪中。高昌故城出土。

参 KCBT II，32。

Ch 1908b（T II D 279） 《胜天王般若波罗蜜经》卷七

15.5×11.3cm，12 行，约 6 世纪中—7 世纪中。高昌故城出土。

参 KCBT II，32。

Ch 1909（T II T 2077） 《佛名经》卷五

14.5×40.4cm，17 行。可以与 Ch 3243b 缀合。吐峪沟遗址出土。

参 Kudara 2005，86。

Ch 1910（T III 1017） 佛典残片

14×38.6cm，21 行。

Ch 1911（T II 1865） 《四分律删繁补阙行事钞》卷下之二

24.1×12.9cm，10 行。

参 Kudara 2005，114。

Ch 1912（T III 34.49） 佛典残片

11.8×25.9cm，16 行。

Ch 1913（T II D 132） 《妙法莲华经》卷一

26.8×12.5cm，8 行，约 9—10 世纪。高昌故城出土。

参 KCBT II，39。

Ch 1914（T II 1503）《妙法莲华经》卷六

11×34.6cm，18 行，约 6 世纪中—7 世纪中。

参 KCBT I，101。

Ch 1915（T III T 169）《妙法莲华经》卷七

27.6×6.2cm，4 行，约 9—10 世纪。吐峪沟遗址出土。

参 KCBT I，119。

Ch 1916（T II T 1886）佛典残片

7.7×8.5cm，6 行。吐峪沟遗址出土。

Ch 1917（T III 73.100）《妙法莲华经》卷二

10.5×10.2cm，6 行。刻本。

参 KCBT II，40。

Ch 1918（T II 1761）佛典残片

22.3×9.4cm，5 行。

Ch 1919（T II 1053）《别译杂阿含经》卷二

14.8×12.4cm，6 行。刻本。

参 KCBT II，14。

Ch 1920（T III T 578）佛典残片

11.3×7.4cm，4 行。吐峪沟遗址出土。

Ch 1921（T II T 1650）《别译杂阿含经》卷二

11.3×14.1cm，7 行。刻本。吐峪沟遗址出土。

参 Kudara 2005，18。

Ch 1922（T III T 141）《妙法莲华经》卷七

23.2×7.1cm，4 行，约 9—10 世纪。

参 KCBT I，115。吐峪沟遗址出土。

Ch 1923（T III T 159）《妙法莲华经》卷七

28.3×6.3cm，4 行，约 9—10 世纪。吐峪沟遗址出土。

参 KCBT I，118。

Ch 1924（T III T 158）《妙法莲华经》卷七

27.7×6.2cm，4 行，约 9—10 世纪。吐峪沟遗址出土。

参 KCBT I，118。

Ch 1925（T III T 553）《妙法莲华经》卷四

9×19cm，11 行，约 9—10 世纪。吐峪沟遗址出土。

参 KCBT II，47。

Ch 1926（T III T 567）佛典残片

6.7×7cm，3 行。吐峪沟遗址出土。

Ch 1927（T III T 552）《中阿含经》卷二八

12.3×8.5cm，5 行。刻本。吐峪沟遗址出土。

参 KCBT II，13；中村菊之进 1990，41。

Ch 1928（T III T 64）《妙法莲华经》卷四

26.2×4cm，2 行，约 7 世纪中—8 世纪末。吐峪沟遗址出土。

参 KCBT I，82。

Ch 1929（T I）《妙法莲华经》卷四

10.2×10.6cm，5 行。刻本。

参 KCBT I，89。

Ch 1930r（T II T 2025）《摩诃般若波罗蜜经》卷二七

7.5×7.9cm，5 行，约 7 世纪中—8 世纪末。吐峪沟遗址出土。

参 KCBT II，30。

Ch 1930v《妙法莲华经》卷七

4 行。刻本。

参 KCBT II，58。

Ch 1931（T III T 574）《妙法莲华经》卷四

9.5×7.6cm，4 行，约 7 世纪中—8 世纪末。吐峪沟遗址出土。

参 KCBT II，50。

Ch 1932（T II 1588）佛典残片

29.7×2.9cm，2 行。

Ch 1933（T III T 410）《维摩诘所说经》卷中

9×13.6cm，9 行，约 9—10 世纪。吐峪沟遗址出土。

参 KCBT II，74，图 34/53。

Ch 1934（T III T 314）《大般涅槃经》卷三六

10.1×14.2cm，9 行。吐峪沟遗址出土。

参 Kudara 2005，78。

Ch 1935（T III M 173.106）佛典残片

14.2×11.8cm，7 行。木头沟遗址出土。

Ch 1936（无原编号）《中阿含经》卷三五

18.2×14.8cm，8 行。刻本。

参 KCBT II，13。

Ch 1937（T II 1023）《阿毗达摩俱舍论》卷三〇

10.9×10.1cm，6 行。刻本。

参 KCBT I，179。

Ch 1938（T II 1124）佛典残片

11.4×20.6cm，10 行。

Ch 1939（T II D 293）《金刚般若波罗蜜经》

10.8×15.3cm，8 行，约 7 世纪中—8 世纪末。高昌故城出土。

参 KCBT I，39。

Ch 1940（T II 1028）佛典残片

10.3×12.1cm，7 行。

Ch 1941（T III T 178） 《大般若波罗蜜多经》卷五四八

10.5×9.5cm，6 行。吐峪沟遗址出土。

参 Kudara 2005，36。

Ch 1942（T II T 1295） 佛典残片

9.3×10.3cm，5 行。吐峪沟遗址出土。

Ch 1943（T II S 1063） 《不退转法轮经》卷三

5.2×4.1cm，2 行。刻本。胜金口遗址出土。

参 Kudara 2005，62。

Ch 1944（T II D 312） 《中阿含经》卷四八

18.4×8.7cm，5 行。刻本。高昌故城出土。

参 KCBT II，14。

Ch 1945r（T II 1923） 《赞僧功德经》

27.1×8.7cm，6 行，约 9—10 世纪。

参 KCBT II，86，图 50/74。

Ch 1945v 《赞僧功德经》

6 行，约 9—10 世纪。

参 KCBT II，86，图 49/73。

Ch 1946r（T III M 173.182） 佛典残片

11×14cm，7 行。木头沟遗址出土。

Ch 1946v 佛典残片

1 行。

Ch 1947r（T II T 1509） 《大般涅槃经》卷八（南本）

14×8.9cm，6 行。吐峪沟遗址出土。

参 Kudara 2005，80。

Ch 1947v 《大般涅槃经》卷八（南本）

6 行。

参 Kudara 2005，80。

Ch 1948（T II D 122） 佛典残片

12.4×21.2cm，10 行。高昌故城出土。

Ch 1949（T II 1623） 《大般涅槃经》卷三二

26.3×16.5cm，9 行。可以与 Ch 1831 缀合。

参 Kudara 2005，77。

Ch 1950（T III T 51 ） 《妙法莲华经》卷四

12×12.5cm，7 行，约 7 世纪中—8 世纪末。吐峪沟遗址出土。

参 KCBT I，79。

Ch 1951（T II 1360） 《金刚般若波罗蜜经》

9.9×11.6cm，7 行，约 7 世纪中—8 世纪末。

参 KCBT II，36。

Ch 1952（T III M 520） 《佛名经》卷六

9.5×9.6cm，4行。木头沟遗址出土。

参 Kudara 2005，86。

Ch 1953（T II T 4023）《金光明经》卷二

12.1×15.8cm，10行，约7世纪中—8世纪末。吐峪沟遗址出土。

参 KCBT I，152。

Ch 1954r（T III D 1047） 佛典残片

2.4×6.6cm，3行。楷书精写。高昌故城出土。

Ch 1954v 杂写

1行。汉文、回鹘文杂写。

Ch 1955（T III D 1015）《大智度论》卷二一

14.2×11.8cm，8行。高昌故城出土。

参 Kudara 2005，105。

Ch 1956（T II B 66） 清人名录

15.4×10cm，12行，纸墨较新，写人名、年龄、籍贯，从地名来看，应是清代文书。葡萄沟废寺遗址出土。

参 荣新江 1998b，317；Nishiwaki 2001，85，图15。

Ch 1957（T II 1314） 佛典残片

7.6×24.6cm，4行。

Ch 1958（T II T 1153）《大般若波罗蜜多经》卷四九三

26.6×9.2cm，6行。吐峪沟遗址出土。

参 Kudara 2005，33。

Ch 1959（T II 1781）《大般涅槃经》卷二

27×17.8cm，9行，约7世纪中—8世纪末。

参 KCBT II，64。

Ch 1960（T III 1195）《大方广佛华严经》卷六九

12.1×18.1cm，9行。刻本。

参 KCBT II，62；中村菊之进 1990，45。

Ch 1961（T III 2081）《增一阿含经》卷一七

15×20.5cm，10行。刻本。

参 KCBT II，15。

Ch 1962（T III 75.1002） 佛典残片

12.8×10.9cm，6行。

Ch 1963（T II 4047） 佛典残片

12.5×20.5cm，12行。

Ch 1965（T II 1764）《金刚般若波罗蜜经》

14.5×22cm，12行，约7世纪中—8世纪末。

参 KCBT II，36。

Ch 1966r（T II 1924）《妙法莲华经》卷七

25.8×8.2cm，7行，约9—10世纪。

参 KCBT I，104。

Ch 1966v 《妙法莲华经》卷七

7 行，约 9—10 世纪。

参 KCBT I，104。

Ch 1967（T II T 2031 c） 《阿毗达摩俱舍论》卷一四

30.4×5.8cm，4 行。刻本。吐峪沟遗址出土。

参 Kudara 2005，109。

Ch 1968（T III S 104） 佛典残片

12.2×8.8cm，5 行。胜金口遗址出土。

Ch 1969（T II T 1881） 《中阿含经》卷五

14.8×6.7cm，2 行。刻本。吐峪沟遗址出土。

参 KCBT I，18。

Ch 1970（T II 1941） 佛典残片

10.8×7.8cm，4 行。

Ch 1971（T III D 1032） 《增一阿含经》卷二二

19.8×15.4cm，9 行。刻本。高昌故城出土。

参 KCBT II，16。

Ch 1972（无原编号） 《增一阿含经》卷三

16×17.3cm，9 行。刻本。可与 Ch 1893 缀合。

参 Kudara 2005，19。

Ch 1973（T III M 353.51） 佛典残片

18.7×13cm，8 行。木头沟遗址出土。

Ch 1974（T II 1370） 佛典残片

13.3×8.4cm，5 行。

Ch 1975（T II 1604） 《妙法莲华经》卷七

11.9×17.7cm，10 行，约 7 世纪中—8 世纪末。

参 KCBT I，119。

Ch 1976（T II T 1227） 《妙法莲华经》卷六

18.8×11cm，6 行，约 7 世纪中—8 世纪末。吐峪沟遗址出土。

参 KCBT I，100。

Ch 1977（T III 2048） 佛典残片

9.1×13cm，7 行。

Ch 1978r（T III T 283） 《大般涅槃经》卷二〇

9×8.4cm，6 行，约 7 世纪中—8 世纪末。吐峪沟遗址出土。

参 KCBT II，67。

Ch 1978v 《大般涅槃经》卷二〇

6 行，约 7 世纪中—8 世纪末。

参 KCBT II，67。

Ch 1979r（T II T 1287） 《妙法莲华经》卷七

18×8.8cm，4行。刻本。吐峪沟遗址出土。

参 KCBT II，58。

Ch 1979v 佛典残片

3行。

Ch 1980（T II 1567） 《大般涅槃经》卷二九

13.9×22.2cm，8行，约6世纪中—7世纪中。

参 KCBT I，138。

Ch 1981r（T III T 1258） 音韵书

3.7×29.2cm，13行。吐峪沟遗址出土。

参 Nishiwaki 2001，53。

Ch 1981v 杂写

2行。

参 Nishiwaki 2001，150。

Ch 1982（T III 437） 佛典残片

17.8×11.4cm，5行。

Ch 1983r（T II T 1234） 《金刚般若波罗蜜经》

14×9.5cm，9行，约9—10世纪。吐峪沟遗址出土。

参 KCBT I，45。

Ch 1983v 《金刚般若波罗蜜经》

9行，约9—10世纪。

参 KCBT I，44。

Ch 1984（T II 1168） 佛典残片

14.8×17cm，10行。

Ch 1985（T II 1871） 《摩诃般若波罗蜜经》卷二七

13.8×14cm，9行，约7世纪中—8世纪末。

参 KCBT II，30。

Ch 1986r（T II T 1274） 习字

10.2×6.4cm，2行，大字，先朱书，后墨书，只有6个字可识。吐峪沟遗址出土。

参 荣新江 1998b，317；Nishiwaki 2001，146。

Ch 1986v 医方书

5行，楷书，有乌丝栏，但文字写出栏外。

参 荣新江 1998b，317；Nishiwaki 2001，86；马继兴 2002，158-159；余欣（待刊稿）。

Ch 1987（T II 1555） 《佛名经》卷一〇

11.8×7.2cm，3行。

参 Kudara 2005，91。

Ch 1988a（T II 1870） 《妙法莲华经》卷四

9.1×13cm，4行，约6世纪中—7世纪中。

参 KCBT I，86。

Ch 1988b（T II 1870） 《妙法莲华经》卷四

8.7×5.7cm，3 行，约 6 世纪中—7 世纪中。

参 KCBT I，85。

Ch 1989r（T III 1047） 佛典残片

14.5×10cm，7 行。

Ch 1989v 残文

3 行。

Ch 1990（T II 1292） 《中阿含经》卷三

17.7×9.7cm，6 行。

参 Kudara 2005，14。

Ch 1991（T I D/T IV K 95-100a，b） 《切韵》

13.9×8.9cm，双面书写，正面 7 行，背面 6 行。韵目衔接，知原为册子本。有朱笔点记，又数字用朱笔，前人复印件没有显示，故此摹本也有遗漏。原卷上有编号 T I D，表明为高昌故城出土，但又有 T IV K 95-100a，b，则为库车地区出土，未知孰是。

参 武内义雄 1935；刘复等 1937；万斯年 1947a，53-54；Wang Lien-tseng 1963，251-252；上田正 1973；周祖谟 1994，71，825-827；荣新江 1998b，317；Nishiwaki 2001，43-44；Takata 2004，333-335，图 2；高田时雄 2005，24-27，37（图 2）。

Ch 1992（T II 1323） 佛典残片

15.5×13.2cm，9 行。

Ch 1994（T II D 120） 《妙法莲华经》卷七

14.5×23.1cm，12 行，约 9—10 世纪。高昌故城出土。

参 KCBT I，103。

Ch 1995（T I 1029） 佛典残片

21×13.5cm，7 行。

Ch 1996（T II 1399） 《大般涅槃经》卷二二

18×12.8cm，8 行，约 4—6 世纪中。

参 KCBT II，68。

Ch 1997（T IV K 43） 口甲簿

11.9×11.8cm，6 行，以朱笔、墨笔书写。库车地区出土。

参 荣新江 1998b，318；Nishiwaki 2001，148。

Ch 1998（T IV K 70（+）71.502） 佛典残片

17×22cm，12 行。库车地区出土。

Ch 1999（无原编号） 《大般涅槃经》卷一〇

16.5×14.5cm，8 行，约 6 世纪中—7 世纪中。

参 KCBT II，66。

Ch 2000（T II 2008） 《大般若波罗蜜多经》卷三八一

15×14.5cm，8 行，约 7 世纪中—8 世纪末。

参 KCBT II，25。

Ch 2001（T III 1057）《佛说灌顶七万二千神王护比丘咒经》卷四

19.5×15.6cm，8行，约7世纪中—8世纪末。

参 KCBT II，81。

Ch 2002（T II T 522）佛典残片

11.4×12.6cm，6行。吐峪沟遗址出土。

Ch 2003（T I D 1023）《现在贤劫千佛名经》

14.4×18.1cm，7行。高昌故城出土。

参 Kudara 2005，93。

Ch 2004（T II T 1148）《妙法莲华经》卷六

14×15.5cm，10行，约7世纪中—8世纪末。吐峪沟遗址出土。

参 KCBT II，55。

Ch 2005（T III 1039）《大智度论》卷三七

18.5×11.4cm，6+（1）行。

参 Kudara 2005，106。

Ch 2006（T III 1006）《金光明经》卷一

14.7×13.8cm，8行，约7世纪中—8世纪末。

参 KCBT I，151。

Ch 2007a（T III T 104）《添品妙法莲华经》卷三

13.5×16.1cm，7行。

参 Kudara 2005，61。

Ch 2008（T II 1412）《大般若波罗蜜多经》卷三〇二

12×15.4cm，9行，约7世纪中—8世纪末。

参 KCBT II，24。

Ch 2009（T II 1879）《妙法莲华经》卷三

9.5×19.3cm，11行，约7世纪中—8世纪末。

参 KCBT I，78。

Ch 2010（T III T 221）《太山经》一卷

12.1×19.8cm，10行，楷书工整，笔迹较粗。首尾均题“太山经一卷”，中间8行文字，下部残缺。吐峪沟遗址出土。

参 荣新江 1996a，83；西胁常记 1998，20-23，24（图2）；荣新江 1998b，318；Nishiwaki 2001，107；西胁常记 2002，104-107，图27。

Ch 2011（T II T 1286）占卜书

10.4×5.4cm，双面书写，正面4行，背面5行。字不佳，有乌丝栏。吐峪沟遗址出土。

Ch 2012（T III T 457）《佛名经》卷七

11.2×14.6cm，7行。吐峪沟遗址出土。

参 Kudara 2005，87。

Ch 2013（T II 1960）《大般若波罗蜜多经》卷二九

16×11.5cm，7行，约7世纪中—8世纪末。

参 KCBT II，19。

Ch 2014（T I 1049）　佛典残片

16.5×9.8cm，6 行。

Ch 2015（T III T 142）　《道行般若经》卷七

22.6×5.4cm，3 行，约 7 世纪中—8 世纪末。吐峪沟遗址出土。

参 KCBT II，31。

Ch 2016（T I 1037）　《大般涅槃经》卷一二

21×7.6cm，5 行，约 7 世纪中—8 世纪末。

参 KCBT II，66。

Ch 2017（T II M 1023）　《大般涅槃经》卷一〇

13.1×14.1cm，7 行，约 7 世纪中—8 世纪末。木头沟遗址出土。

参 KCBT II，66。

Ch 2018（T II 1171）　《大般涅槃经》卷二二

13×18.5cm，10 行，约 7 世纪中—8 世纪末。

参 KCBT II，68。

Ch 2019（T III T 495）　《大方广佛华严经》卷二三

9.1×9.9cm，5 行。吐峪沟遗址出土。

参 Kudara 2005，62。

Ch 2020（T III S 63.103）　佛典残片

14.6×4.8cm，2 行。胜金口遗址出土。

Ch 2021（T II D 346）　《道行般若经》卷六

9.7×7.6cm，6 行。高昌故城出土。

参 Kudara 2005，44。

Ch 2022（T II T 3021）　佛典残片

10×8.8cm，5 行。吐峪沟遗址出土。

Ch 2023（T III T 52）　《妙法莲华经》卷四

6.9×11.2cm，6 行，约 7 世纪中—8 世纪末。吐峪沟遗址出土。

参 KCBT II，47。

Ch 2024（T II T 1951）　《佛说称扬诸佛功德经》卷上

9.7×8.6cm，6 行。吐峪沟遗址出土。

参 Kudara 2005，83。

Ch 2025（T II T 1946）　佛典残片

11.6×7.4cm，4 行。吐峪沟遗址出土。

Ch 2026（T III T 447）　佛典残片

10.5×15.2cm，8 行。吐峪沟遗址出土。

Ch 2027（T II T 1316）　《大般若波罗蜜多经》卷一九三

16.5×9.5cm，6 行，约 9—10 世纪。吐峪沟遗址出土。

参 KCBT II，22。

Ch 2028（T III T 510）　《妙法莲华经》卷七

13×11cm，7行。刻本。吐峪沟遗址出土。

参 KCBT I，113。

Ch 2029（T II T 3087） 《菩萨地持经》卷六

11.2×11.7cm，7行。吐峪沟遗址出土。

参 Kudara 2005，112。

Ch 2030（T III M 173.130） 《大般若波罗蜜多经》卷二九

14.5×13.7cm，9行，约7世纪中—8世纪末。木头沟遗址出土。

参 KCBT II，19。

Ch 2031（T II D 294） 佛典残片

14.5×13.9cm，9行。高昌故城出土。

Ch 2032（T II 4052） 佛典残片

17×20.7cm，5行。

Ch 2033（T III T 637） 唐人书牍

12.1×11.1cm，5行，行书。吐峪沟遗址出土。

参 荣新江 1998b，318；Nishiwaki 2001，144。

Ch 2034（T II 1340） 《佛说咒魅经》

10.3×18cm，9行，约9—10世纪。

参 KCBT I，185。

Ch 2035（T III 220） 《妙法莲华经》卷五

13×25.8cm，13行，约7世纪中—8世纪末。

参 KCBT I，94。

Ch 2036（T II T 1532） 佛典残片

8.4×8.9cm，6行。吐峪沟遗址出土。

Ch 2037r（T III 75.1007） 佛典残片

20.8×13.7cm，6行。

Ch 2037v 佛典残片

6行。

Ch 2038（T III 2089） 《妙法莲华经》卷四

10.5×9.2cm，4行，约4—6世纪中。

参 KCBT II，47，图23/32。

Ch 2039（T III 2091） 《妙法莲华经》卷六

8.4×9.4cm，5行，约7世纪中—8世纪末。

参 KCBT II，56。

Ch 2040（T III 34.97） 佛典残片

11×8.7cm，4行。

Ch 2041（T III M 173.515） 佛典残片

9×3.4cm，1行。木头沟遗址出土。

Ch 2042（T III T 77） 《妙法莲华经》卷四

9.8×8.4cm，5行，约7世纪中—8世纪末。吐峪沟遗址出土。

参 KCBT II，50。

Ch 2043（T II D 199） 佛典残片

12.3×9cm，5 行。高昌故城出土。

Ch 2044（T II S 32 a.1009） 《大方广佛华严经》卷一七

25.7×10.9cm，6 行。胜金口遗址出土。

参 Kudara 2005，63。

Ch 2045（T II T 1998） 佛典残片

13.7×8.4cm，4 行。吐峪沟遗址出土。

Ch 2046（T III 1127） 佛典残片

14.1×13.6cm，8 行。

Ch 2047（T III 34.21） 佛典残片

14×11.5cm，6 行。

Ch 2048（T III 34.25） 佛典残片

10.7×12.6cm，8 行。

Ch 2049（T II 4001） 《大般涅槃经》卷三五

26.5×5.1cm，3 行。

参 Kudara 2005，78。

Ch 2050（T II S 1031） 残文

17×10.7cm，5 行，楷书，字较大。胜金口遗址出土。

Ch 2051（T III T Ch 3/26） 《妙法莲华经》卷二

26.3×21cm，13 行，约 7 世纪中—8 世纪末。吐峪沟遗址出土。

参 KCBT I，58。

Ch 2052（无原编号） 《大般若波罗蜜多经》卷四五一

26.5×4.5cm，2 行。

参 Kudara 2005，32。

Ch 2053（T III T 81） 《妙法莲华经》卷五

25.4×18.7cm，12 行。刻本。吐峪沟遗址出土。

参 KCBT I，92。

Ch 2054（T II 1586） 《玉耶经》

16.5×22.5cm，12 行。刻本。

参 KCBT I，28。

Ch 2055（无原编号） 《妙法莲华经》卷三

19.5×19.6cm，11 行。刻本。

参 KCBT II，45，图 20/28；中村菊之进 1990，53。

Ch 2056（T III M 161） 《大般若波罗蜜多经》卷一八六

20.2×16.9cm，8 行。刻本，可能为金藏刊本。木头沟遗址出土。

参 KCBT II，22；中村菊之进 1990，52；党宝海 1999，107。

Ch 2057（T II 1542） 佛典残片

29.4×10.7cm，16 行。

Ch 2058（T II 1490） **《梵网经卢舍那佛说菩萨心地戒品第十》卷下**

7.5×29cm，16 行，约 7 世纪中—8 世纪末。

参 KCBT II，83。

Ch 2059r（T II T 1328） **《弥沙塞部和醯五分律》卷二二**

26.6×19.5cm，10 行，约 7 世纪中—8 世纪末。吐峪沟遗址出土。

参 KCBT I，171。

Ch 2059v **《弥沙塞部和醯五分律》卷二二**

1 行。

参 Kudara 2005，101。

Ch 2060r（T II Y 38） **《妙法莲华经》卷六**

29.2×14cm，8 行，约 9—10 世纪。交河故城出土。

参 KCBT I，98。

Ch 2060v **《妙法莲华经》卷六**

7 行，约 9—10 世纪。

参 KCBT I，98。

Ch 2061r（T II 1298） **习字**

28×10.5cm，6 行。

参 Nishiwaki 2001，148。

Ch 2061v **《般若波罗蜜多心经》**

6 行，约 9—10 世纪。

参 KCBT II，37。

Ch 2062（T I D） **《金刚般若波罗蜜经》**

16×28cm，17 行，约 6 世纪中—7 世纪中。高昌故城出土。

参 KCBT II，34。

Ch 2063（T IV K 70（+）71） **佛典残片**

20×3.2cm，6 行。库车地区出土。

Ch 2064（T II T 1134 a） **《维摩诘所说经》卷上**

24.2×20.1cm，11 行。吐峪沟遗址出土。

参 Kudara 2005，94。

Ch 2065（T II 1645） **《大般若波罗蜜多经》卷三三七**

19.6×26.2cm，12 行。

参 Kudara 2005，30。

Ch 2066r（T II 1612） **佛典残片**

23.7×26.4cm，15 行。

Ch 2066v **《大方广佛华严经》卷二七**

8 行，约 9—10 世纪。

参 KCBT II，61。

Ch 2067（T II 1836） **某年十一月十八日高氏为故夫请僧转经疏**

24.5×25.5cm，10 行。

参 Nishiwaki 2001，125，图 24。

Ch 2068（T II D 61）　《礼记·坊记》

11.5×25.7cm，11 行，正楷书写，大字正文，双行小注，字极精，“民”字缺笔，为唐抄本。高昌故城出土。中国国家图书馆善本部藏有王重民 1935 年所获照片，据补原编号。与 Дx. 16721 + Дx. 16839 + Дx. 16884 号可以缀合。

参 荣新江 1998b，311-312，318；Nishiwaki 2001，36。荣新江 2005，269；许建平 2006，446。

Ch 2069（无原编号）　《佛名经》卷六

29.6×17.2cm，7 行。可以与 Ch 2072 缀合。

参 Kudara 2005，90。

Ch 2070（无原编号）　《大般若波罗蜜多经》卷一六二

13.4×26.3cm，14 行，约 7 世纪中—8 世纪末。

参 KCBT II，21。

Ch 2071（无原编号）　《四分律》卷二七

14.6×28cm，13 行。刻本。

参 Kudara 2005，102。

Ch 2072（无原编号）　《佛名经》卷六

28.4×14.6cm，6 行。可以与 Ch 2069 缀合。

参 Kudara 2005，91。

Ch 2073（无原编号）　《佛说决定毗尼经》

12.5×26.2cm，13 行，约 7 世纪中—8 世纪末。

参 KCBT I，131。

Ch 2074（无原编号）　佛典残片

13.2×28.5cm，17 行。

Ch 2075（无原编号）　《大般若波罗蜜多经》卷三六五

11.3×25.8cm，15 行。刻本。

参 KCBT II，25。

Ch 2076（T II 1329）　佛典残片

28.5×11.1cm，6 行。

Ch 2077（T II 4054）　佛典残片

11.1×29.6cm，12 行。

Ch 2078（无原编号）　《杂阿含经》卷五

26.4×11.2cm，6 行。刻本。

参 KCBT II，14。

Ch 2079（T II T 1112）　《大般涅槃经》卷一七

28.6×11.7cm，7 行，约 7 世纪中—8 世纪末。吐峪沟遗址出土。

参 KCBT I，137。

Ch 2080（无原编号）　《大般涅槃经》卷三四

13.5×23.1cm，13 行，约 6 世纪中—7 世纪中。

参 KCBT II，71。

Ch 2081（无原编号）　《道行般若经》卷一

12.7×26.1cm，15行，约4—6世纪中。

参 KCBT II，30，图14/18。

Ch 2082（T III 34）《金光明最胜王经》卷二

26.5×13.5cm，8行，约7世纪中—8世纪末。

参 KCBT II，77。

Ch 2083（无原编号）　佛典残片

20.6×15.6cm，9行。

Ch 2084（无原编号）　佛典残片

16.2×22.3cm，12行。

Ch 2085r（T III M 232）　佛典残片

27.1×18.9cm，7行。木头沟遗址出土。

Ch 2085v　佛典残片

2行。

Ch 2086（无原编号）　佛典残片

14.3×37cm，23行。

Ch 2087（T II）　近代文献

16×10.6cm，8行。

Ch 2088（T II S）　近代文献

3.5×5.2cm，3行。胜金口遗址出土。

Ch 2089（无原编号）　佛典残片

10.4×4.5cm，3行。

Ch 2090（无原编号）　《佛说观弥勒菩萨上生兜率天经》

25.2×17.6cm，11行，约9—10世纪。

参 KCBT II，73，图35/52。

Ch 2091（无原编号）　《大般若波罗蜜多经》卷一四八

22.4×18.2cm，11行，约7世纪中—8世纪末。

参 KCBT II，21。

Ch 2092（T III T 304.11）　《妙法莲华经》卷三

19.3×19.4cm，10行，约7世纪中—8世纪末。吐峪沟遗址出土。

参 KCBT II，46。

Ch 2093（无原编号）　《杂阿含经》卷第三

22×20cm，11行。刻本。

参 KCBT II，14。

Ch 2094（T IV K 75）　增字本《切韵》

13.7×19.5cm，双面书写，正面13行，背面10行。库车地区出土。中国国家图书馆善本部藏有王重民1935年及向达1937年所获照片。按德国吐鲁番探险队所得此书残片共8件，分列两号，周祖谟复原其先后次序，此为其中第六、七片，其余各残片，现已不知所在。

参 武内义雄 1935；刘复等 1937；万斯年 1947a，52-53；Wang Lien-tseng 1963，251-252；上田正 1973；周祖谟 1994，236，239，865-866；荣新江 1998b，318；Nishiwaki 2001，44；荣新江 2005，270；Takata 2004，333-335；高田时雄 2005，24-27。

Ch 2095（T II 1624） 《金刚般若波罗蜜经》

14×31.5cm，18 行，约 7 世纪中—8 世纪末。

参 KCBT II，33。

Ch 2096（无原编号） 《大般涅槃经》卷二〇

11×32cm，18 行，约 6 世纪中—7 世纪中。

参 KCBT II，67。

Ch 2097（T III S 463） 《佛说罪业应报教化地狱经》

11×32.7cm，16 行。胜金口遗址出土。

参 Kudara 2005，98。

Ch 2098（T II 4016） 《大般若波罗蜜多经》卷一八四

11.8×32.3cm，11 行。刻本，当为金藏残片，“暑”字号，相对于《中华大藏经》第 2 册，北京，中华书局，1984 年，756 页中栏。从装帧形式、卷数、版本等判断，当与 MIK III 23v 为同一版本。

参 KCBT II，22，图 3/4；中村菊之进 1990，51；党宝海 1999，107，123。

Ch 2099（T II S 1025） 佛典残片

13.4×30.8cm，11 行。胜金口遗址出土。

Ch 2100r（T II 1026） 《中阿含经》卷四二

29.6×18.2cm，9 行。刻本。

参 KCBT I，22；中村菊之进 1990，49。

Ch 2100v 佛典残片

8 行。

Ch 2101（无原编号） 《妙法莲华经》卷三

24.5×16cm，9 行，约 7 世纪中—8 世纪末。

参 KCBT I，71。

Ch 2102（T III D 1034） 《中阿含经》卷五

16.5×23.9cm，13 行。刻本。高昌故城出土。

参 KCBT I，18。

Ch 2103（T II D 144.100） 佛典残片

24.1×15.8cm，10 行。高昌故城出土。

Ch 2104（T II S 53） 《金光明最胜王经》卷八

16.3×23.5cm，13 行，约 9—10 世纪。胜金口遗址出土。

参 KCBT II，78。

Ch 2105r（无原编号） 《正法华经》卷二

14.5×20.5cm，12 行，约 4—6 世纪中。

参 KCBT II，61，图 27/40。

Ch 2105v 佛典残片

5 行。

Ch 2106（T II T） 《大般涅槃经》卷三

16.5×23.6cm，14 行，约 7 世纪中—8 世纪末。吐峪沟遗址出土。

参 KCBT I，135。

Ch 2107（T II M） 《大般若波罗蜜多经》卷三四七

14.3×21.5cm，11 行。刻本。木头沟遗址出土。

参 KCBT II，25。

Ch 2108r（T II 4074） 佛典残片

10.8×21.3cm，13 行。

Ch 2108v 佛典残片

1 行。

Ch 2109（无原编号） 《佛名经》卷六

21.1×14.2cm，8 行。

参 Kudara 2005，87。

Ch 2110（T III M 173） 佛典残片

10.7×20.9cm，14 行。木头沟遗址出土。

Ch 2111（无原编号） 《妙法莲华经》卷五

14.5×18.3cm，10 行，约 7 世纪中—8 世纪末。

参 KCBT I，92。

Ch 2112r（无原编号） 《增一阿含经》卷三

12.9×18.4cm，3 行。刻本。与 Ch 2384 同卷。

参 KCBT II，15；中村菊之进 1990，42；Zieme 1994c，119-133。

Ch 2112v 杂写

2 行。有“（前残）奴都通诵”。

参 Nishiwaki 2001，151。

Ch 2113（无原编号） 《佛名经》卷一二

14.2×20.8cm，10 行。

参 Kudara 2005，90。

Ch 2114（无原编号） 《金光明最胜王经》卷二

14×25.2cm，15 行，约 9—10 世纪。

参 KCBT II，77。

Ch 2115r（T II 1033） 《中阿含经》卷四二

25.5×18cm，8 行。刻本。

参 KCBT I，22；中村菊之进 1990，49。

Ch 2115v 佛典残片

5 行。

Ch 2116（无原编号） 《大般涅槃经》卷八

21.6×10.8cm，6 行，约 7 世纪中—8 世纪末。

参 KCBT I，136。

Ch 2117（无原编号） 《大般涅槃经》卷七

14.2×27.2cm，14 行，约 4—6 世纪中。

参 KCBT II，65。

Ch 2118r（T II 1183） 《大智度论》卷二二

25×17cm，11 行。

参 Kudara 2005，105。

Ch 2118v 佛典残片

10 行。

Ch 2119r（T II T 1271） 《中阿含经》卷四

17×27cm，14 行。刻本。吐峪沟遗址出土。

参 KCBT II，12。

Ch 2119v 佛典残片

1 行。

Ch 2120（无原编号） 佛典残片

27.6×14.6cm，8 行。

Ch 2121（T II 1236） 《大般涅槃经》卷三四

21.2×25.2cm，13 行，约 7 世纪中—8 世纪末。

参 KCBT II，70。

Ch 2122（T III S 94） 《大般涅槃经》卷八

26.8×20.3cm，11 行，约 7 世纪中—8 世纪末。胜金口遗址出土。

参 KCBT II，66。

Ch 2123（无原编号） 佛典残片

24.4×18.5cm，7 行。

Ch 2124a（T III T） 《妙法莲华经》卷四

14.8×9cm，5 行，约 7 世纪中—8 世纪末。吐峪沟遗址出土。

参 KCBT I，79。

Ch 2124b（T III T） 《妙法莲华经》卷四

10.8×5.6cm，3 行，约 7 世纪中—8 世纪末。吐峪沟遗址出土。

参 KCBT I，85。

Ch 2124c（T III T） 《妙法莲华经》卷四

25.9×10.5cm，5 行，约 7 世纪中—8 世纪末。吐峪沟遗址出土。

参 KCBT I，85。

Ch 2125（无原编号） 《妙法莲华经》卷七

15.6×29.3cm，16 行，约 7 世纪中—8 世纪末。

参 KCBT I，123。

Ch 2126（T II 1587） 《大般涅槃经》卷九

27.4×14.3cm，7 行，约 7 世纪中—8 世纪末。

参 KCBT I，136。

Ch 2127（无原编号）　《大乘阿毗达磨杂集论》卷一

14.2×28.1cm，15行。

参 Kudara 2005，113。

Ch 2128（T II 1343）　佛典残片

11.7×27.8cm，15行。

Ch 2129（T II T 2076）　佛典残片

14.8×28.1cm，17行。吐峪沟遗址出土。

Ch 2130　千佛像

刻本。

Ch 2131（无原编号）　《成实论》卷一六

25.6×19.8cm，11行。

参 Kudara 2005，113。

Ch 2132r（无原编号）　《增一阿含经》卷八

17.7×25.6cm，14行。刻本。

参 KCBT I，25。

Ch 2132v　《新唐书》卷七一《石雄传》

7行，按 Ch 2132、Ch 2286、Ch 3761、Ch 3903、Ch 3623号，共5块残片，用作废纸，裱在刻本《增一阿含经》背。5块残片大体可复原成一页，当属某宋元版中一页，俟考。

参 荣新江 1997b，396；荣新江 1998b，312，318；Nishiwaki 2001，59-60。

Ch 2133（无原编号）　佛典残片

28.5×13.9cm，9行。

Ch 2134（T II T 4）　《金刚般若波罗蜜经》

26.5×13.7cm，7行，约7世纪中—8世纪末。吐峪沟遗址出土。

参 KCBT II，34。

Ch 2135（无原编号）　《大般涅槃经》卷三四

28.4×14.5cm，8行，约4—6世纪中。

参 KCBT II，70。

Ch 2136（无原编号）　《道行般若经》卷一

12.6×26.4cm，15行，约4—6世纪中。

参 KCBT II，30，图15/19。

Ch 2137　千佛像

刻本。

Ch 2138（T II T 1138）　《金刚般若波罗蜜经》

10.4×36.8cm，22行，约7世纪中—8世纪末。吐峪沟遗址出土。

参 KCBT I，39。

Ch 2139（T II 1831）　《妙法莲华经》卷二

16.5×34.9cm，19行，约7世纪中—8世纪末。

参 KCBT I，66。

Ch 2140　千佛像

刻本。

Ch 2141（无原编号）　《大方广佛华严经》卷七三

25.6×13.3cm，8 行，约 7 世纪中—8 世纪末。

参 KCBT II，62。

Ch 2142r（T III T 81）　《妙法莲华经》卷四

25.2×10.5cm，6 行。刻本。吐峪沟遗址出土。中国国家图书馆善本部藏有向达 1937 年所获旧照片。

参 KCBT I，87；荣新江 2005，274。

Ch 2142v　佛典残片

9 行。

Ch 2143（T II 1395）　《妙法莲华经马鸣菩萨品第三十》

15.6×32.2cm，19 行，约 9—10 世纪。

参 KCBT II，86。

Ch 2144r（T II Y 38）　《妙法莲华经》卷六

29.5×14cm，7 行，约 9—10 世纪。交河故城出土。

参 KCBT I，97。

Ch 2144v　《妙法莲华经》卷六

8 行，约 9—10 世纪。

参 KCBT I，97。

Ch 2145r（无原编号）　佛典残片

15.1×7.9cm，4 行。

Ch 2145v　佛典残片

4 行。

Ch 2146（无原编号）　《妙法莲华经》卷三

19×7cm，4 行，约 7 世纪中—8 世纪末。

参 KCBT I，73。

Ch 2147（无原编号）　《妙法莲华经》卷二

18.9×7cm，4 行，约 7 世纪中—8 世纪末。

参 KCBT I，66。

Ch 2148（无原编号）　《妙法莲华经》卷二

19×8cm，5 行，约 7 世纪中—8 世纪末。

参 KCBT I，67。

Ch 2149（无原编号）　《妙法莲华经》卷二

19×7.3cm，4 行，约 7 世纪中—8 世纪末。

参 KCBT I，67。

Ch 2150（无原编号）　《妙法莲华经》卷二

19×7.5cm，4 行，约 7 世纪中—8 世纪末。

参 KCBT I，67。

Ch 2151（无原编号）　《妙法莲华经》卷二

19×7.5cm，4行，约7世纪中—8世纪末。

参 KCBT I，67。

Ch 2152（T II 1991）　《摩诃般若波罗蜜经》卷二六

16.3×5.4cm，3行，约7世纪中—8世纪末。

参 KCBT II，29。

Ch 2153（T II 1991）　《摩诃般若波罗蜜经》卷二六

17.2×5.3cm，3行，约7世纪中—8世纪末。

参 KCBT II，29。

Ch 2154（T II 1991）　《摩诃般若波罗蜜经》卷二六

15.9×4.9cm，3行，约7世纪中—8世纪末。

参 KCBT II，30。

Ch 2155（T II 1991）　《摩诃般若波罗蜜经》卷二六

16.1×5.2cm，3行，约7世纪中—8世纪末。

参 KCBT II，30。

Ch 2156（T II 1991）　《摩诃般若波罗蜜经》卷二六

16.2×5.2cm，3行，约7世纪中—8世纪末。

参 KCBT II，29。

Ch 2157（T II 1991）　《摩诃般若波罗蜜经》卷二六

16.1×5.2cm，2行，约7世纪中—8世纪末。

参 KCBT II，29。

Ch 2158（T II 1991）　《摩诃般若波罗蜜经》卷二六

15.9×4.8cm，2行，约7世纪中—8世纪末。

参 KCBT II，30。

Ch 2159（T II 1991）　《摩诃般若波罗蜜经》卷二六

16.2×5cm，3行，约7世纪中—8世纪末。

参 KCBT II，30。

Ch 2160（T II 1991）　《摩诃般若波罗蜜经》卷二六

17×4.7cm，3行，约7世纪中—8世纪末。

参 KCBT II，30。

Ch 2161（T II 1937）　《摩诃般若波罗蜜经》卷九

27×10cm，5行，约6世纪中—7世纪中。

参 KCBT II，28，图 11/15。

Ch 2162（T III T 415）　《金刚般若波罗蜜经》

10.5×26.6cm，16行，约9—10世纪。吐峪沟遗址出土。

参 KCBT I，45。

Ch 2163（无原编号）　《大般涅槃经》卷七

12.2×24cm，13行，约7世纪中—8世纪末。

参 KCBT II，65。

Ch 2164（无原编号） 佛典残片

26.4×12.4cm，7 行。

Ch 2165r（T I x 523） 佛典残片

12.1×26.8cm，18 行。

Ch 2165v 《阿毗达磨大毗婆沙》卷一七八

9 行，约 9—10 世纪。

参 KCBT II，83。

Ch 2166（T II T 2062） 《佛母经》

12×27.2cm，16 行，约 9—10 世纪。吐峪沟遗址出土。

参 KCBT II，87，图 52/76。

Ch 2167（无原编号） 佛典残片

12.6×25.5cm，14 行。

Ch 2168（T II 1628） 佛典残片

12.9×26.1cm，8 行。

Ch 2169（无原编号） 佛典残片

16.2×16.4cm，19 行。

Ch 2170r（无原编号） 《妙法莲华经》卷一

14×14.7cm，7 行。刻本。天头有汉文和回鹘文文字。

参 Kudara 2005，52。

Ch 2170v 佛典残片

7 行。

Ch 2171（无原编号） 《大方便佛报恩经》卷四

13.3×16.4cm，10 行，约 7 世纪中—8 世纪末。

参 KCBT II，17。

Ch 2172（无原编号） 《胜天王般若波罗蜜经》卷六

12.4×13.3cm，5 行。

参 Kudara 2005，46。

Ch 2173（T II T 2067） 《金光明经》卷三

13.5×13.1cm，7 行。吐峪沟遗址出土。

参 Kudara 2005，97。

Ch 2174（无原编号） 《佛说仁王般若波罗蜜经》卷下

13.9×13.2cm，8 行。

参 Kudara 2005，50。

Ch 2175（无原编号） 《妙法莲华经》卷七

13.1×15.3cm，9 行，约 9—10 世纪。

参 KCBT I，119。

Ch 2176（无原编号） 佛典残片

13.3×15.1cm，9 行。

Ch 2177（无原编号）　斋文

13.1×14.1cm，9行，字体拙劣，有栏而不遵，存一纸下半部。

参 荣新江 1998b，318；Nishiwaki 2001，112。

Ch 2178（T II 1022）　佛典残片

11×13.6cm，7行。

Ch 2179（无原编号）　《妙法莲华经》卷三

12×12cm，6行。刻本。

参 KCBT II，44。

Ch 2180（T II 1022）　佛典残片

11.1×12.6cm，7行。

Ch 2181（T II D 143）　佛典残片

12.1×11.4cm，7行。高昌故城出土。

Ch 2182（无原编号）　佛典残片

13.8×11cm，5行。

Ch 2183（T II S）　《摩诃般若波罗蜜经》卷二六

10.6×7.8cm，4行，约7世纪中—8世纪末。胜金口遗址出土。

参 KCBT II，29。

Ch 2184（T II S）　《摩诃般若波罗蜜经》卷二六

17.7×7.7cm，4行，约7世纪中—8世纪末。胜金口遗址出土。

参 KCBT II，29。

Ch 2185（T II 2031 f）　佛典残片

8.4×4.9cm，3行。

Ch 2186（无原编号）　佛典残片

8.3×10.7cm，7行。

Ch 2187（无原编号）　《大般涅槃经》卷三

8.5×14.1cm，6行。

参 Kudara 2005，65。

Ch 2188（无原编号）　佛典残片

7.2×5.1cm，2行。

Ch 2189（无原编号）　佛典残片

6.5×4.2cm，3行。

Ch 2190（T II 1062）　《佛说七千佛神符经》

11.8×10cm，5行，约9—10世纪。

参 KCBT II，86。

Ch 2191（T II D 259）　《妙法莲华经》卷二

22.5×8cm，4行，约7世纪中—8世纪末。高昌故城出土。

参 KCBT I，68。

Ch 2192（T II D 259）　《妙法莲华经》卷二

22.6×8cm，5行，约7世纪中—8世纪末。高昌故城出土。

参 KCBT I，68。

Ch 2193（T II 1584）　《大般涅槃经》卷一八

25×5cm，3 行。行间有回鹘文文字 2 行，出自不同书手。

参 Kudara 2005，71。

Ch 2194（T II T 389）　佛典残片

17.9×21.8cm，11 行。吐峪沟遗址出土。

Ch 2195（无原编号）　《大般涅槃经》卷一

16.4×22.6cm，12 行，约 7 世纪中—8 世纪末。

参 KCBT II，63。

Ch 2196（T III 272.104）　《大般若波罗蜜多经》卷三八〇

16.1×23.7cm，13 行。刻本。

参 Kudara 2005，30。

Ch 2197（无原编号）　《大般涅槃经》卷一七

22.7×19.2cm，11 行，约 7 世纪中—8 世纪末。

参 KCBT II，67。

Ch 2198（无原编号）　佛典残片

15×16.7cm，9 行。

Ch 2199（无原编号）　《金刚般若波罗蜜经》

13×22cm，13 行，约 7 世纪中—8 世纪末。

参 KCBT II，33。

Ch 2200（无原编号）　《维摩诘所说经》卷下

16×18.7cm，13 行，约 7 世纪中—8 世纪末。

参 KCBT I，148。

Ch 2201　千佛像

Ch 2202（无原编号）　《妙法莲华经》卷四

23.5×15.8cm，10 行。

参 Kudara 2005，55。

Ch 2203（T II 2013）　《大般若波罗蜜多经》卷二九

12.8×17.5cm，10 行，约 7 世纪中—8 世纪末。

参 KCBT II，19。

Ch 2204（T II T 1485）　《金刚般若波罗蜜经》

21.5×15cm，8 行，约 7 世纪中—8 世纪末。吐峪沟遗址出土。

参 KCBT II，33。

Ch 2205（T II 1906）　《中论》卷一

13.8×14.8cm，10 行。

参 Kudara 2005，110。

Ch 2206（无原编号）　《妙法莲华经》卷二

15.2×11cm，6 行，约 7 世纪中—8 世纪末。

参 KCBT II，42。

Ch 2207（T II 1509） 佛典残片

11.7×16.7cm，10 行。

Ch 2208（无原编号） 《妙法莲华经》卷一

12.9×14.8cm，8 行，约 7 世纪中—8 世纪末。

参 KCBT II，39。

Ch 2209（T IV K 70（+）71.503） 佛教文献

18.5×15.9cm，1 行。库车地区出土。

参 Nishiwaki 2001，125。

Ch 2210r（T III T 334） 佛典残片

15×16.8cm，1 行。吐峪沟遗址出土。

Ch 2210v 字音书残片

1 行。

参 Nishiwaki 2001，53。

Ch 2211（T III S 63） 《妙法莲华经》卷四

14.3×20.5cm，11 行，约 7 世纪中—8 世纪末。胜金口遗址出土。

参 KCBT I，79。

Ch 2212（无原编号） 佛典残片

16.9×10.4cm，6 行。

Ch 2213（无原编号） 佛典残片

13.9×10.7cm，7 行。

Ch 2214r（T III） 《长阿含经》卷一八

16.1×15.3cm，8 行，约 9—10 世纪。

参 KCBT II，11。

Ch 2214v 《长阿含经》卷一八

8 行，约 9—10 世纪。

参 KCBT II，11，图 1/1。

Ch 2215r（无原编号） 《长阿含经》卷一八

16.1×15.8cm，8 行，约 9—10 世纪。

参 KCBT II，11。

Ch 2215v 《长阿含经》卷一八

8 行，约 9—10 世纪。

参 KCBT II，11。

Ch 2216（无原编号） 《妙法莲华经》卷七

13.6×23.3cm，13 行，约 7 世纪中—8 世纪末。

参 KCBT I，113。

Ch 2217r（T II S 2 B） 《小品般若波罗蜜经》卷三

10.6×23.7cm，9 行。胜金口遗址出土。

参 Kudara 2005，46。

Ch 2217v 《妙法莲华经》卷三

6 行，约 7 世纪中—8 世纪末。

参 KCBT I，75。

Ch 2218（无原编号） 《妙法莲华经》卷四

23.1×17cm，9 行，约 7 世纪中—8 世纪末。

参 KCBT II，50。

Ch 2219（T II T 1751） 佛典残片

9.8×22cm，11 行。吐峪沟遗址出土。

Ch 2220（T II 121） 《梵网经卢舍那佛说菩萨心地戒品第十》卷下

11.5×24.1cm，10 行，约 7 世纪中—8 世纪末。

参 KCBT II，83。

Ch 2221（T III 1145） 《妙法莲华经》卷一

16×18.6cm，11 行，约 9—10 世纪。

参 KCBT II，40。

Ch 2222r（T III 1124） 《大般若波罗蜜多经》卷四二一

22×10.1cm，6 行，约 9—10 世纪。

参 KCBT II，25。

Ch 2222v 佛典残片

5 行。

Ch 2223（无原编号） 佛典残片

4.3×10.2cm，5 行。

Ch 2224（无原编号） 《金光明最胜王经》卷三

16.8×7.5cm，5 行，约 7 世纪中—8 世纪末。

参 KCBT II，77。

Ch 2225（无原编号） 佛典残片

15.6×7.6cm，4 行。

Ch 2226（无原编号） 《放光般若经》卷四

11.2×12.7cm，7 行。

参 Kudara 2005，39。

Ch 2227（无原编号） 佛典残片

9.1×11.3cm，6 行。

Ch 2228（T III T 340） 佛典残片

12.2×5.6cm，3 行。吐峪沟遗址出土。

Ch 2229（无原编号） 《放光般若经》卷四

5.2×8.5cm，4 行。

参 Kudara 2005，38。

Ch 2230（无原编号） 佛典残片

7.5×16.6cm，8 行。

Ch 2231（Y 38） 佛典残片

13.4×7.6cm，7 行。

Ch 2232（T II 4011）　《金光明经》卷三

7.7×12.5cm，8行，约7世纪中—8世纪末。

参 KCBT II，76。

Ch 2233（无原编号）　佛典残片

10.1×13.9cm，8行。

Ch 2234（无原编号）　佛典残片

10.7×14cm，10行。

Ch 2236（T II 4061）　佛典残片

13.1×31.8cm，9行。

Ch 2237（无原编号）　佛典残片

13×21.9cm，12行。

Ch 2238（T III S 91.511）　《撰集百缘经》卷六

13×24cm，14行，约6世纪中—7世纪中。胜金口遗址出土。

参 KCBT II，18。

Ch 2239（无原编号）　《长阿含经》卷一八

14.5×24.2cm，12行。刻本。

参 KCBT II，11。

Ch 2240r（T II D 245）　佛典残片

12.3×27cm，11行。高昌故城出土。

Ch 2240v　佛典残片

3行。

Ch 2241（T I D 1013）　《玉篇·部目》

27.4×14.2cm，12行，刻本。高昌故城出土。中国国家图书馆善本部藏有王重民1935年所获照片，据补原编号。以照片所摄刻本与原件相比较，下端失掉一角，所缺恰好是下栏边框的刻线，据旧照片，知此刻本框高23.5cm。

参 冈井慎吾1937，33-43；上田正1973；高田时雄1989，168-169；荣新江1997a，269；荣新江1998b，318；Nishiwaki 2001，48；荣新江2005，269；高田时雄2005，323-325。

Ch 2242（无原编号）　《佛说仁王般若波罗蜜经》卷下

27×18cm，9行，约7世纪中—8世纪末。

参 KCBT II，37。

Ch 2243（T II D 68）　《大般涅槃经》卷一八

24.2×27.4cm，14行。可以与Ch 1319r缀合。高昌故城出土。

参 Kudara 2005，71。

Ch 2244（无原编号）　佛典残片

24×27.6cm，13行。

Ch 2245（无原编号）　《阿毗昙毗婆沙论》卷四一

25.7×17.2cm，11行。

参 Kudara 2005，109。

Ch 2246（无原编号） 佛典残片

22.7×19.6cm，14 行。

Ch 2247（T III T） 《妙法莲华经》卷四

26.1×20cm，11 行，约 7 世纪中—8 世纪末。吐峪沟遗址出土。

参 KCBT I，82。

Ch 2248（无原编号） 《大般涅槃经》卷二三

22.5×28.6cm，14 行，约 7 世纪中—8 世纪末。

参 KCBT II，68。

Ch 2249r（无原编号） 《妙法莲华经》卷七

25.7×16.2cm，10 行，约 7 世纪中—8 世纪末。

参 KCBT I，102。

Ch 2249v 佛典残片

3 行。

Ch 2250（无原编号） 《妙法莲华经》卷六

10.8×29cm，17 行，约 6 世纪中—7 世纪中。

参 KCBT I，96。

Ch 2251（无原编号） 《大般涅槃经》卷一〇

15.3×26cm，16 行，约 7 世纪中—8 世纪末。

参 KCBT II，66。

Ch 2252（无原编号） 《梵网经卢舍那佛说菩萨心地戒品第十》卷下

13×24.2cm，13 行，约 7 世纪中—8 世纪末。

参 KCBT II，83。

Ch 2253（T III 1095） 《佛说仁王般若波罗蜜经》卷下

13.5×22.7cm，14 行。

参 Kudara 2005，50。

Ch 2254r（T II T 2040） 《诗经·小雅·鱼藻之什》

12.2×24cm，14 行，隶书，字颇佳，为六朝写本无疑。有乌丝栏，每首诗以栏外墨点标识起始，章后无章名句数，不同于《毛诗》写本。以今本校对，文字颇多异体。吐峪沟遗址出土。

参 荣新江 1997b，395；荣新江 1998b，311，318；Nishiwaki 2001，35，图 1。

Ch 2254v 《金光明经》卷一

15 行，约 9—10 世纪。隶书，与《诗经》写本方向正反。

参 KCBT I，151。

Ch 2255（T I D） 《杂阿含经》卷六

27.8×20.3cm，10 行。刻本。高昌故城出土。

参 KCBT II，14。

Ch 2256（无原编号） 《妙法莲华经》卷二

16.6×28cm，15 行，约 7 世纪中—8 世纪末。

参 KCBT II，41。

Ch 2257r（T II Y 23）　佛典残片

27.2×15.1cm，10 行。交河故城出土。

Ch 2257v　佛典残片

10 行。

Ch 2258（无原编号）　《大般若波罗蜜多经》卷九八

29.5×13.5cm，7 行。刻本。

参 KCBT I，31；中村菊之进 1990，43。

Ch 2259（无原编号）　《一切经音义》卷五《摩诃摩耶经·如来方便善巧咒经音义》（玄应）

25.4×14.1cm，7 行，后与 Ch 71 + Ch 3122 缀合。

参 石塚晴通 1992，55；西胁常记 1997b，89-90，图 14；荣新江 1998b，318；Nishiwaki 2001，102，图 21；西胁常记 2002，54-55，图 10；徐时仪 2005，6，42。

Ch 2260（无原编号）　《金刚般若波罗蜜经》

16.8×21.5cm，13 行，约 7 世纪中—8 世纪末。

参 KCBT II，33。

Ch 2261（无原编号）　佛典残片

19×21.7cm，10 行。

Ch 2262（无原编号）　佛典残片

22.6×16.5cm，8 行。

Ch 2263（T III 34）《妙法莲华经》卷三

23.7×17.5cm，10 行，约 7 世纪中—8 世纪末。

参 KCBT I，77。

Ch 2264（无原编号）　《月灯三昧经》

17×22.2cm，11 行，约 7 世纪中—8 世纪末。

参 KCBT II，74，图 36/54。

Ch 2265　金刚像

刻本。

Ch 2266（无原编号）《佛说阿弥陀经》

7.4×9.6cm，6 行，约 7 世纪中—8 世纪末。

参 KCBT II，63。

Ch 2267　图像

Ch 2268（T I D）　图像

10.5×9.1cm，1 行。榜题有“精进（下残）”。高昌故城出土。

Ch 2269（T I D）　佛像

11.5×8.1cm，1 行。榜题有“燃灯佛（下残）”。高昌故城出土。

Ch 2270（无原编号）　《妙法莲华经》卷七

13.7×15.5cm，9 行，约 7 世纪中—8 世纪末。

参 KCBT I，105。

Ch 2271（T II D）　《金刚般若波罗蜜经》

18.3×12cm，8 行，约 7 世纪中—8 世纪末。高昌故城出土。

参 KCBT II，35。

Ch 2272（T II Y 18） 《金光明最胜王经》卷二

15.3×16.2cm，10 行，约 9—10 世纪。交河故城出土。

参 KCBT II，77。

Ch 2273（无原编号） 《佛说仁王般若波罗蜜经》卷下

17.6×16cm，8 行，约 7 世纪中—8 世纪末。

参 KCBT II，37。

Ch 2274（无原编号） 《佛说天地八阳神咒经》

14.3×14cm，9 行，约 9—10 世纪。

参 KCBT II，86。

Ch 2275（T II T 1634） 《杂阿含经》卷五

16.4×22.2cm，12 行。刻本。吐峪沟遗址出土。

参 KCBT I，23。

Ch 2276（T III 19） 《金光明最胜王经》卷一〇

24.6×15.7cm，9 行，约 7 世纪中—8 世纪末。

参 KCBT II，78。

Ch 2277（T II 3022） 《妙法莲华经》卷二

16.6×24.3cm，14 行，约 7 世纪中—8 世纪末。

参 KCBT I，63。

Ch 2278（T III T） 《妙法莲华经》卷二

24.4×16.3cm，9 行，约 7 世纪中—8 世纪末。吐峪沟遗址出土。

参 KCBT II，40。

Ch 2279（无原编号） 佛典残片

15×23.7cm，14 行。

Ch 2280（无原编号） 《增一阿含经》卷四二

16.2×21cm，11 行。刻本。

参 Kudara 2005，20。

Ch 2281（无原编号） 佛典残片

18.4×18.1cm，9 行。

Ch 2282（无原编号） 《大般涅槃经》卷二四

13.2×34.5cm，19 行，约 7 世纪中—8 世纪末。

参 KCBT I，138。

Ch 2283（T II S 1057） 佛典残片

18×19.6cm，1 行。胜金口遗址出土。

Ch 2284（无原编号） 《小品般若经》卷六

20.5×19.3cm，11 行，约 6 世纪中—7 世纪中。

参 KCBT II，31。

Ch 2285r（T II） 《中阿含经》卷四二

18×18.5cm，9行。刻本。

参 Kudara 2005，16。

Ch 2285v　佛典残片

6行。

Ch 2286r（T III 62.1007）　《增一阿含经》卷八

19.7×21.3cm，11行。刻本。

参 KCBT I，26。

Ch 2286v　《新唐书》卷七一《石雄传》

见 Ch 2132v。

Ch 2287（T II T 1257）　《大宝积经》卷七七

24.6×20.7cm，12行，约4—6世纪中。吐峪沟遗址出土。

参 KCBT I，131。

Ch 2288（T II 3024）　《大般涅槃经》卷一四

19.9×24.5cm，13行。

参 Kudara 2005，69。

Ch 2289（T II T 1146）　《佛说大乘圣无量寿决定光明王如来陀罗尼经》

28.3×16.5cm，6行。刻本。吐峪沟遗址出土。

参 KCBT I，161。

Ch 2290（无原编号）　《大智度论》卷三

23.3×9cm，10行。

参 Kudara 2005，104。

Ch 2291（无原编号）　佛典残片

20×23.4cm，13行。

Ch 2292　千佛像

Ch 2293r（T IV K 70（+）71）　《大般涅槃经》卷三

26.7×19cm，9行，约7世纪中—8世纪末。库车地区出土。

参 KCBT II，64。

Ch 2293v　经题

1行。写"《佛名经》一卷"。

Ch 2294　图像

Ch 2295（无原编号）　《梵网经卢舍那佛说菩萨心地戒品第十》卷下

15.6×20.1cm，12行，约9—10世纪。

参 KCBT I，177。

Ch 2296（无原编号）　佛典残片

24.5×13.9cm，7行。

Ch 2297（无原编号）　《佛名经》卷五

15.6×23.5cm，11行。

参 Kudara 2005，86。

Ch 2298（无原编号）　《胜天王般若波罗蜜经》卷一

19.2×19.5cm，11 行，约 7 世纪中—8 世纪末。

参 KCBT I，39。

Ch 2299（无原编号） 《摩诃般若波罗蜜经》卷二六

18.8×19.5cm，10 行。

参 Kudara 2005，42。

Ch 2300（无原编号） 《大般涅槃经》卷七

22×19.2cm，12 行，约 7 世纪中—8 世纪末。

参 KCBT II，65。

Ch 2301r（T II T 1242） 《四分律》卷五五

15.3×13cm，7 行。刻本。吐峪沟遗址出土。

参 KCBT II，82；中村菊之进 1990，45。

Ch 2301v 回鹘语《金光明最胜王经》卷三

与 Ch/U 7418v、Ch/U 7439v 可以缀合，参看 Ch/U 7418v 号。

Ch 2302r（T II 1931） 《长阿含经》卷二一

10.5×15.8cm，8 行，约 9—10 世纪。

参 KCBT II，11。

Ch 2302v 《长阿含经》卷二一

8 行，约 9—10 世纪。

参 KCBT II，11。

Ch 2303（T II 2027） 《佛说未曾有因缘经》卷下

15.5×15.2cm，8 行，约 7 世纪中—8 世纪末。

参 KCBT II，80。

Ch 2304（T III D 1019） 佛典残片

13.2×17cm，9 行。高昌故城出土。

Ch 2305（无原编号） 《妙法莲华经》卷三

19.8×6.2cm，4 行，约 7 世纪中—8 世纪末。

参 KCBT I，73。

Ch 2306（无原编号） 《妙法莲华经》卷三

20×6.6cm，（1） +3 行，约 7 世纪中—8 世纪末。

参 KCBT I，74。

Ch 2307（T III 34） 佛典残片

7.8×20.4cm，12 行。

Ch 2308（无原编号） 《放光般若经》卷一八

14.2×13.2cm，8 行。

参 Kudara 2005，39。

Ch 2309（无原编号） 《增一阿含经》卷三

16×19.5cm，11 行。刻本。

参 KCBT I，24。

Ch 2310r（T II 1021） 《中阿含经》卷四二

18.4×14.4cm，7行。刻本。

参 Kudara 2005，16；中村菊之进 1990，49。

Ch 2310v　佛典残片

7行。

Ch 2311r（T II 1032）　《中阿含经》卷四二

18×16.2cm，8行。刻本。

参 KCBT I，22；中村菊之进 1990，49。

Ch 2311v　佛偈颂

8行。字颇拙。

Ch 2312（无原编号）　《增一阿含经》卷四二

15.5×13cm，7行。刻本。

参 KCBT II，17。

Ch 2313（T III Y）　佛经目录

15.7×9.4cm，5行，残存下半部。交河故城出土。

参 荣新江 1998b，318；Nishiwaki 2001，127。

Ch 2314（无原编号）　《四分律》卷二四

14.5×14.3cm，6行。

参 Kudara 2005，101。

Ch 2315（T II 4051）　《佛名经》卷一〇

9.1×12.2cm，3行。

参 Kudara 2005，88。

Ch 2316（T II D 298）　《切韵》

8.1×11.6cm，5行，刻本。高昌故城出土。

参 荣新江 1998b，318。

Ch 2317（T III T 110）　佛典残片

9.7×13.9cm，8行。吐峪沟遗址出土。

Ch 2318r（无原编号）　佛典残片

14.1×8.5cm，6行。

Ch 2318v　佛典残片

6行。

Ch 2319r（T II T 393）　佛典残片

12.7×4.4cm，2行。吐峪沟遗址出土。

Ch 2319v　人名

1行。残存“刘□□”。

Ch 2320（T I 517 x）　《妙法莲华经》卷六

13.5×4cm，3行，约7世纪中—8世纪末。

参 KCBT II，56。

Ch 2321（无原编号）　《须摩提女经》

11.6×7.2cm，5行。刻本。

参 KCBT II，17。

Ch 2322（T II 1271）　《金光明经》卷三

13.1×8cm，5 行，约 7 世纪中—8 世纪末。

参 KCBT II，75。

Ch 2323（无原编号）　《金光明经》卷四

14.5×10.2cm，5 行，约 9—10 世纪。

参 KCBT I，155。

Ch 2324（T II 1312）　《大般若波罗蜜多经》卷二五

9.5×9.6cm，6 行。

参 Kudara 2005，22。

Ch 2325r（T II T 1402）　佛典残片

8.6×10.9cm，6 行。吐峪沟遗址出土。

Ch 2325v　佛典残片

4 行。

Ch 2326（T II 4051）　《佛名经》卷一〇

9.1×12.5cm，4 行。

参 Kudara 2005，88。

Ch 2327（T III T）　《妙法莲华经》卷四

17.9×9.5cm，5 行，约 7 世纪中—8 世纪末。吐峪沟遗址出土。

参 KCBT I，89。

Ch 2328（无原编号）　佛典残片

15.7×10.6cm，5 行。

Ch 2329（T III T 394）　《大般涅槃经》卷七

12×16cm，8 行，约 4—6 世纪中。吐峪沟遗址出土。

参 KCBT II，65。

Ch 2330（T II 1803）　《妙法莲华经》卷七

16.2×10.5cm，10 行。刻本。

参 KCBT I，113。

Ch 2331（无原编号）　《大般若波罗蜜多经》卷五四八

10.4×6.7cm，5 行。

参 Kudara 2005，36。

Ch 2332（T II D 104）　《大般涅槃经》卷二七

12.6×9.8cm，6 行。高昌故城出土。

参 Kudara 2005，74。

Ch 2333（T II 1762）　《大般涅槃经》卷一

19.5×9.6cm，5 行，约 7 世纪中—8 世纪末。

参 KCBT II，63。

Ch 2334（T III S 94.52）　佛典残片

13.2×14cm，8 行。胜金口遗址出土。

Ch 2335（T II T 1226） 《佛说天地八阳神咒经》

11.2×9.2cm，6行，约9—10世纪。吐峪沟遗址出土。

参 KCBT I，186。

Ch 2336（T III T 392） 佛典残片

10.9×13.6cm，7行。吐峪沟遗址出土。

Ch 2337r（无原编号） 《增一阿含经》卷三

11×12.9cm，7行。刻本。

参 Kudara 2005，18。

Ch 2337v 佛典残片

2行。

Ch 2338（T II 1681） 《佛本行集经》卷一六

13.6×10.5cm，5行，约4—6世纪中。

参 KCBT II，18，图2/3。

Ch 2339（T III T 172.27） 《妙法莲华经》卷七

26.8×6.5cm，3行，约9—10世纪。吐峪沟遗址出土。

参 KCBT I，120。

Ch 2340（T III T 81） 《妙法莲华经》卷五

17.5×9.5cm，6行。刻本。吐峪沟遗址出土。

参 KCBT I，93。

Ch 2341（T III 1015） 《大般若波罗蜜多经》卷九六

12.7×7.5cm，5行，约7世纪中—8世纪末。

参 KCBT II，20。

Ch 2342（无原编号） 佛典残片

16.9×9cm，4行。

Ch 2343（无原编号） 《妙法莲华经》卷二

22.5×6.8cm，4行，约7世纪中—8世纪末。

参 KCBT I，68。

Ch 2344（无原编号） 《妙法莲华经》卷三

22.2×6.5cm，4行，约7世纪中—8世纪末。

参 KCBT I，75。

Ch 2345（T III 64） 佛典残片

15.4×13.3cm，7行。

Ch 2346（T II M 1044） 《增一阿含经》卷五

14×12.1cm，6行。刻本。木头沟遗址出土。

参 Kudara 2005，19。

Ch 2347（T II 1020） 佛典残片

15.7×7.1cm，4行。

Ch 2348（T II T 1486） 佛典残片

8.1×7.1cm，4行。吐峪沟遗址出土。

Ch 2349（T II 3081）　《增一阿含经》卷四二

13.1×14.5cm，8 行。刻本。

参 KCBT II，17。

Ch 2350（T II T 2092）　佛典残片

7.2×12.8cm，6 行。吐峪沟遗址出土。

Ch 2351（无原编号）　《增一阿含经》卷三一

13.5×5.9cm，3 行。刻本。

参 KCBT I，28。

Ch 2352（无原编号）　《妙法莲华经》卷二

22.5×7.1cm，4 行，约 7 世纪中—8 世纪末。

参 KCBT I，68。

Ch 2353（无原编号）　《妙法莲华经》卷三

23×6.4cm，4 行，约 7 世纪中—8 世纪末。

参 KCBT II，44。

Ch 2354（T III T 81）　《妙法莲华经》卷五

22.8×9.7cm，6 行。刻本。吐峪沟遗址出土。

参 KCBT I，93。

Ch 2355（T II T 1683）　佛典残片

17×5.2cm，3 行。吐峪沟遗址出土。

Ch 2356r（T II T 1852）　佛典残片

14.7×7cm，4 行。吐峪沟遗址出土。

Ch 2356v　《大乘大集地藏十轮经》卷一

4 行，约 7 世纪中—8 世纪末。

参 KCBT II，73。

Ch 2357（无原编号）　《妙法莲华经》卷二

17.4×7.3cm，4 行，约 7 世纪中—8 世纪末。

参 KCBT I，65。

Ch 2358（无原编号）　《妙法莲华经》卷二

17×6.8cm，4 行，约 7 世纪中—8 世纪末。

参 KCBT I，65。

Ch 2359（无原编号）　《妙法莲华经》卷三

20.8×7.2cm，4 行，约 7 世纪中—8 世纪末。

参 KCBT I，72。

Ch 2360r（无原编号）　佛典残片

14.7×7.1cm，6 行。

Ch 2360v　《大佛顶如来密因修证了义诸菩萨万行首楞严经》卷七

6 行。刻本。

参 KCBT I，162。

Ch 2361（T III）　佛典残片

7.3×12.9cm，7 行。

Ch 2362（T II 5009） 佛典残片

20.8×7.1cm，3 行。

Ch 2363（无原编号） 佛典残片

6.3×9.6cm，3 行。

Ch 2364（无原编号） 《道行般若经》卷九

8.8×11cm，7 行，约 4—6 世纪中。

参 KCBT II，31。

Ch 2365（T II T 3064） 佛典残片

7.9×14.5cm，7 行。吐峪沟遗址出土。

Ch 2366r（无原编号） 《中阿含经》卷八

13.3×10.2cm，6 行。刻本。

参 KCBT II，12。

Ch 2366v 佛典残片

2 行。

Ch 2367（无原编号） 佛典残片

13.2×10.8cm，5 行。

Ch 2368（T II T 1724） 佛典残片

10.8×6.5cm，3 行。吐峪沟遗址出土。

Ch 2369（T III T 332） 回鹘人音注汉文难字

10.7×10.4cm，5 行，刻本。吐峪沟遗址出土。

参 高田时雄 1996；荣新江 1998b，318；Nishiwaki 2001，52；Takata 2004，337-339，图 8；高田时雄 2005，32-33，42（图 8）。

Ch 2370（T III T 179） 《妙法莲华经》卷七

10.8×11.8cm，6 行，约 9—10 世纪。吐峪沟遗址出土。

参 KCBT I，122。

Ch 2371r（T III T 366） 《大般涅槃经》卷三〇

9.5×12.1cm，7 行，约 7 世纪中—8 世纪末。吐峪沟遗址出土。

参 KCBT II，70。

Ch 2371v 佛典残片

1 行。

Ch 2372（T II T 1701） 佛典残片

9.1×10.4cm，5 行。吐峪沟遗址出土。

Ch 2373（T II T 3010） 《妙法莲华经》卷七

11.1×5cm，3 行，约 7 世纪中—8 世纪末。吐峪沟遗址出土。

参 KCBT II，58。

Ch 2374（T III 218.2） 佛典残片

11.3×14.3cm，7 行。

Ch 2375（T II T 39） 《妙法莲华经》卷三

10.9×14.3cm，7行，约7世纪中—8世纪末。吐峪沟遗址出土。

参 KCBT I，73。

Ch 2376（无原编号） 佛典残片

14.4×11cm，8行。

Ch 2377（T III 1075） 《妙法莲华经》卷六

11.5×13cm，8行，约7世纪中—8世纪末。

参 KCBT I，98。

Ch 2378（T II T 1443） 《□（枵）子赋》

10.6×13.8cm，5行，字体不佳。大谷文书3506有“枵子赋一首”，仅存题目。吐峪沟遗址出土。

参 荣新江 1998b，318；Nishiwaki 2001，138。

Ch 2379（T II D 143.25） 《佛顶尊胜陀罗尼经》

10.6×12.5cm，6行，约7世纪中—8世纪末。高昌故城出土。

参 KCBT II，80。

Ch 2380（T II 2013） 《大般若波罗蜜多经》卷三五

8.9×7.4cm，4行，约7世纪中—8世纪末。

参 KCBT II，19。

Ch 2381（T III T 171） 佛典残片

11×11.7cm，6行。吐峪沟遗址出土。

Ch 2382（T II 1910） 《佛名经》卷三

11.4×10.8cm，4行。

参 Kudara 2005，84。

Ch 2383（T II T 1222） 《道行般若经》卷五

10.8×14.4cm，7行。吐峪沟遗址出土。

参 Kudara 2005，44。

Ch 2384r（无原编号） 《增一阿含经》卷三

16.6×19.7cm，6行。刻本。与 Ch 2112 同卷。

参 KCBT I，25，图 8/8；Zieme 1994c，119-133。

Ch 2384v 杂写

4行。

参 Nishiwaki 2001，149。

Ch 2385（无原编号） 《金光明经》卷二

20.6×14cm，7行，约7世纪中—8世纪末。

参 KCBT I，152。

Ch 2386（无原编号） 《增一阿含经》卷三一

17.6×16.2cm，9行。刻本。

参 KCBT II，16。

Ch 2387r（无原编号） 《大般若波罗蜜多经》卷五四八

17.7×16.4cm，10行。

参 Kudara 2005，36。

Ch 2387v 《中阿含经》卷五

8 行。刻本。

参 KCBT I，19。

Ch 2388（无原编号） 佛典残片

14.8×18.2cm，6 行。

Ch 2389（无原编号） 《妙法莲华经》卷二

15.7×14.2cm，9 行，约 9—10 世纪。

参 KCBT I，59。

Ch 2390（无原编号） 佛典残片

15.5×15cm，7 行。

Ch 2391（无原编号） 《月灯三昧经》

12.3×14.3cm，8 行，约 7 世纪中—8 世纪末。

参 KCBT I，150，图 21/25。

Ch 2392（无原编号） 佛典残片

12.9×15.1cm，7 行。

Ch 2393（无原编号） 佛典残片

13×14.7cm，9 行。

Ch 2394（无原编号） 佛典残片

12.9×13.9cm，8 行。

Ch 2395（无原编号） 《佛说仁王般若波罗蜜经》卷下

11.3×6.8cm，3 行。

参 Kudara 2005，50。

Ch 2396（无原编号） 佛典残片

15.8×8.5cm，5 行。

Ch 2397（无原编号） 《增一阿含经》卷三一

14×22.8cm，12 行。刻本。

参 Kudara 2005，20。

Ch 2398（无原编号） 《增一阿含经》卷三一

16.4×18.3cm，10 行。刻本。

参 KCBT II，16。

Ch 2399（T II 1011） 《金光明最胜王经》卷五

19.5×13.7cm，9 行，约 9—10 世纪。

参 KCBT I，157。

Ch 2400r（无原编号） 《幽通赋》注

13.2×9.6cm，16 行，见 Ch 3693。

Ch 2400v 古诗

17 行，见 Ch 3693v。

Ch 2401r（T II T 2070） 《太上洞玄灵宝三十二天尊应号经》（拟）

14×19cm，10 行，楷书精写，有乌丝栏。吐峪沟遗址出土。

参 大渊忍尔 1978，359；大渊忍尔 1979，874；荣新江 1998b，318；西胁常记 1999，49，60（图 1）；Nishiwaki 2001，132；西胁常记 2002，114，图 30；王卡 2004，128-129，283。

Ch 2401v　高昌回鹘本□岳目主都督与天公主发愿文

9 行，字草，颇难辨认。

参 荣新江 1998b，318；Nishiwaki 2001，111，图 20。

Ch 2402（T II 6764）　唐永泰三年（767?）西州田租（?）簿

18×18.3cm，6 行，前与 Ch 1045 缀合，见该号。

Ch 2403（T II 1976）　唐西州高昌县典周建帖山头等烽为差人赴苇所知更事

21×20.9cm，8 行，字行草间。

参 荣新江 1996a，83；荣新江 1998b，318；Nishiwaki 2001，71-72，图 12；陈国灿 2002b，54。

Ch 2404（无原编号）　唐西州领钱历

22.2×17.5cm，8 行，字体相同，但墨色不同，当系不同时间所书，内容属于同一文书。纸上有朱色痕迹，或原本有朱印。记有“钱贰阡文，买布送北庭张僧政”，当为西州文书。

参 荣新江 1996a，83；荣新江 1998b，318；Nishiwaki 2001，74。

Ch 2405（T II 1 D 61）　唐开元二十三年（735）西州高昌县顺义乡籍

23.8×18.6cm，6 行，前后均残，上部亦残约 4 字，下部前二行不残，但后二行残半，残存本文 5 行，中间纸缝上尚存有“顺义乡”和“开”字，有“高昌县之印”，前人定名为“唐开元年间西州高昌县顺义乡籍”。中国国家图书馆善本部藏有王重民 1935 年所获照片，较现存原件多出三行文字，且下部保存完好，纸缝处有“开元贰拾叁年籍”，故据以定名。又，旧照片上有原编号 T II 1 D 61，今已不存。高昌故城出土。

参 Thilo 1970，87，图 3；土肥义和 1969，122；池田温 1979，252；TTD II，A，67-68，195；B，123；荣新江 1998a，140-146 + 图一、二（北京图书馆藏旧照片）；荣新江 1998b，318；Nishiwaki 2001，62；陈国灿 2002b，268-269；荣新江 2005，270。

Ch 2406（无原编号）　《妙法莲华经》卷四

32×18.2cm，8 行。刻本。

参 Kudara 2005，57。

Ch 2407（T III D 276）　《妙法莲华经》卷四

26.4×21.9cm，11 行，约 7 世纪中—8 世纪末。高昌故城出土。

参 KCBT I，80。

Ch 2408（T II 1992）　《续古今佛道论衡》（智升）

28.5×25.8cm，21 行，草书。内容相当于“元魏孝明召佛道门人论前后七，出魏书”部分。

参 荣新江 1998b，318；西胁常记 1999，54-56，65（图 V1）；Nishiwaki 2001，99；

西胁常记 2002，126-131，图 42。

Ch 2409（无原编号） 《妙法莲华经》卷五

25.3×28.2cm，18 行。刻本。

参 KCBT I，92。

Ch 2410（无原编号） 《大般涅槃经》卷一五

27.6×26.2cm，15 行，约 7 世纪中—8 世纪末。

参 KCBT I，137，图 7/7。

Ch 2411（T II T 1180） 佛典残片

18.3×19.6cm，10 行。吐峪沟遗址出土。

Ch 2412gr（T II T） 《大般涅槃经》卷一

7.1×3.2cm，2 行。吐峪沟遗址出土。

参 Kudara 2005，64。

Ch 2412tr（T II T） 《摩诃般若波罗蜜经》卷一三

9×3.6cm，1 行。吐峪沟遗址出土。

参 Kudara 2005，41。

Ch 2412akr（T II T） 《大般涅槃经》卷三〇

4.5×4.9cm，3 行。吐峪沟遗址出土。

参 Kudara 2005，76。

Ch 2412lr（T II T） 《大般若波罗蜜多经》卷三九二

7.6×7.8cm，2 行。吐峪沟遗址出土。

参 Kudara 2005，31。

Ch 2412yr（T II T） 《大般涅槃经》卷三〇

4.4×7cm，4 行。吐峪沟遗址出土。

参 Kudara 2005，76。

Ch 2412xr（T II T） 《小品般若波罗蜜经》卷六

9.3×5.9cm，3 行。吐峪沟遗址出土。

参 Kudara 2005，46。

Ch 2412aer（T II T） 《摩诃般若钞经》卷五

3.9×2.9cm，2 行。吐峪沟遗址出土。

参 Kudara 2005，45。

Ch 2413（无原编号） 《入楞伽经》卷六

25.4×38.8cm，23 行，约 6 世纪中—7 世纪中。

参 KCBT I，159。

Ch 2414（T II C K I.1） 《大般涅槃经》卷一八

27.2×34.3cm，16 行，约 7 世纪中—8 世纪末。

参 KCBT I，140。

Ch 2415（T III 1154） 《大般若波罗蜜多经》卷三六六

30.5×41.5cm，23 行。刻本。

参 Kudara 2005，30。

Ch 2416（T II T 1900） 佛典残片

16.7×11.7cm，5 行。吐峪沟遗址出土。

Ch 2417（无原编号） 佛典残片

3×4cm，1 行。

Ch 2418（无原编号） 佛典残片

7.9×5.7cm，3 行。

Ch 2419（T II T 2066） 《妙法莲华经》卷二

13.6×11.2cm，6 行。吐峪沟遗址出土。

参 Kudara 2005，52。

Ch 2420（T III T 546） 佛典残片

8.9×10.1cm，5 行。吐峪沟遗址出土。

Ch 2421（T IV Chotan） 残文书

8.6×6cm，1 行，和田出土。

参 荣新江 1998b，318；Nishiwaki 2001，151-152。

Ch 2422（无原编号） 《瑜伽师地论》卷九五

10.3×5.3cm，3 行。

参 Kudara 2005，111。

Ch 2423（无原编号） 佛典残片

3.1×4.2cm，1 行。

Ch 2424（无原编号） 《妙法莲华经》卷六

6.3×6.1cm，4 行。

参 Kudara 2005，59。

Ch 2425（无原编号） 佛典残片

6.8×3.3cm，2 行。

Ch 2426r（T II S 199） 《妙法莲华经》卷二

11.4×8.4cm，4 行。刻本。胜金口遗址出土。

参 Kudara 2005，52。

Ch 2426v 《妙法莲华经》卷六

3 行，约 7 世纪中—8 世纪末。

参 KCBT II，56。

Ch 2427（T II T 1151） 《十方千五百佛名经》

8.6×11.4cm，6 行。吐峪沟遗址出土。

参 Kudara 2005，91。

Ch 2428（无原编号） 佛典残片

8.9×14cm，7 行。

Ch 2429a（T III T） 《妙法莲华经》卷七

8.8×4.2cm，2 行，约 9—10 世纪。吐峪沟遗址出土。

参 KCBT I，120。

Ch 2429b（T III T） 《妙法莲华经》卷七

5.7×5.4cm，3行，约9—10世纪。吐峪沟遗址出土。

参 KCBT I，120。

Ch 2429c（T III T） 《妙法莲华经》卷七

8.7×7.5cm，4行，约9—10世纪。吐峪沟遗址出土。

参 KCBT I，120。

Ch 2430（T III T 319） 《妙法莲华经》卷二

11.4×21.1cm，11行。吐峪沟遗址出土。

参 Kudara 2005，53。

Ch 2431（无原编号） 《大般若波罗蜜多经》卷五一

19.8×11cm，5行。刻本。

参 KCBT I，30；中村菊之进 1990，43。

Ch 2432r（T III S 94） 《春秋经传集解》昭公二十二年

16.7×13cm，6行，楷书精写，朱笔句读，为唐人精写本。Ch 1044也是《春秋经传集解》昭公二十二年文字，背面同为占卜书，知两件原为同一写本。胜金口遗址出土。中国国家图书馆善本部藏有王重民1935年所获照片，显示现存该卷右下角已经残去大小约8个字。

参 荣新江 1997b，395；荣新江 1998b，312，318；Nishiwaki 2001，36-37；荣新江 2005，269。

Ch 2432v 占卜书

3行，与Ch 1044v同卷。

参 荣新江 1998b，318；Nishiwaki 2001，90。

Ch 2433（T II T 1160） 《妙法莲华经》卷三

13.7×13cm，8行，约7世纪中—8世纪末。吐峪沟遗址出土。

参 KCBT I，72。

Ch 2434（无原编号） 《大般涅槃经》卷七

12.9×17cm，9行。

参 Kudara 2005，67。

Ch 2435（T III） 佛典残片

10.9×16.6cm，8行。

Ch 2436（无原编号） 《佛说仁王般若波罗蜜经》卷上

13.3×11.3cm，7行。

参 Kudara 2005，50。

Ch 2437r（T II D 1 a） 《切韵》

12.9×11.2cm，4行，刻本。与Ch 1072v、Ch 1106v、Ch 1150v、Ch 3533、Ch 3715同属一书。高昌故城出土。中国国家图书馆善本部藏有王重民1935年所获照片，据补原编号。

参 魏建功 1948；姜亮夫 1955；Wang Lien-tseng 1963，251-252；上田正 1973；周祖谟 1994，777，779，782；荣新江 1998b，318；Nishiwaki 2001，45；Takata 2004，333-337；荣新江 2005，270；高田时雄 2005，27-31。

Ch 2437v 佛典残片

5 行。

Ch 2438（T II Č K I. 1） 《大般涅槃经》卷二

13.7×14.5cm，8 行，约 7 世纪中—8 世纪末。

参 KCBT II，63。

Ch 2439（无原编号） 《妙法莲华经》卷二

18.8×7.2cm，4 行，约 7 世纪中—8 世纪末。

参 KCBT I，66。

Ch 2440（无原编号） 佛典残片

18.9×9.1cm，5 行。

Ch 2441（无原编号） 《大般若波罗蜜多经》卷五

17.5×7.5cm，6 行，约 7 世纪中—8 世纪末。

参 KCBT II，18。

Ch 2442（无原编号） 《长阿含经》卷一五

17.8×8cm，5 行。刻本。

参 Kudara 2005，13。

Ch 2443（无原编号） 《中阿含经》卷三六

11.5×13cm，6 行。刻本。

参 KCBT II，13；中村菊之进 1990，42。

Ch 2444（无原编号） 《妙法莲华经》卷三

20.9×7.8cm，4 行，约 7 世纪中—8 世纪末。

参 KCBT I，70。

Ch 2445（无原编号） 《妙法莲华经》卷三

22×7.2cm，4 行，约 7 世纪中—8 世纪末。

参 KCBT I，71。

Ch 2446（无原编号） 《妙法莲华经》卷三

22.5×7.5cm，4 行，约 7 世纪中—8 世纪末。

参 KCBT I，72。

Ch 2447（无原编号） 《妙法莲华经》卷三

22.7×7.2cm，5 行，约 7 世纪中—8 世纪末。

参 KCBT I，70。

Ch 2448（无原编号） 《妙法莲华经》卷三

22.5×7.4cm，4 行，约 7 世纪中—8 世纪末。

参 KCBT I，72。

Ch 2449（无原编号） 《妙法莲华经》卷三

22×7.5cm，5 行，约 7 世纪中—8 世纪末。

参 KCBT I，71。

Ch 2450（无原编号） 《妙法莲华经》卷三

22.5×7.5cm，4 行，约 7 世纪中—8 世纪末。

参 KCBT I，70。

Ch 2451（无原编号） 《妙法莲华经》卷三

22.6×7.6cm，5行，约7世纪中—8世纪末。

参 KCBT I，70。

Ch 2452（T II T 3095） 《大般若波罗蜜多经》卷三四

8.3×10cm，7行，约7世纪中—8世纪末。吐峪沟遗址出土。

参 KCBT II，19。

Ch 2453（无原编号） 《大般涅槃经》卷八

9.2×8.4cm，6行。

参 Kudara 2005，67。

Ch 2454（T II T 1990） 佛典残片

8.8×8.2cm，4行。吐峪沟遗址出土。

Ch 2455（T III 1158） 佛典残片

9.9×7.5cm，4行。

Ch 2456（无原编号） 《妙法莲华经》卷七

11×8.4cm，5行。

参 Kudara 2005，60。

Ch 2457（无原编号） 佛典残片

8.8×9cm，5行。

Ch 2458（T II 3080） 《妙法莲华经》卷七

9.7×8.2cm，5行，约7世纪中—8世纪末。

参 KCBT II，57。

Ch 2459（无原编号） 佛典残片

9×6.2cm，4行。

Ch 2460r（无原编号） 佛典残片

9.6×7.5cm，5行。

Ch 2460v 佛典残片

5行。

Ch 2461（T II D 401） 佛典残片

8.5×9cm，6行。高昌故城出土。

Ch 2462（T III 34） 《妙法莲华经》卷七

10×8.4cm，5行，约7世纪中—8世纪末。

参 KCBT I，109。

Ch 2463（T III T） 佛典残片

9.6×6.1cm，3行。吐峪沟遗址出土。

Ch 2464（T II D 442） 佛典残片

10.6×9.1cm，7行。高昌故城出土。

Ch 2465（无原编号） 《金刚般若波罗蜜经》

10.8×6.6cm，4行，约7世纪中—8世纪末。

参 KCBT II，35。

Ch 2466（无原编号） 佛典残片

7.3×9.2cm，5 行。

Ch 2467（无原编号） 佛典残片

10.2×9cm，5 行。

Ch 2468（无原编号） 《集一切福德三昧经》卷下

6.8×9.3cm，3 行。刻本。

参 KCBT I，140。

Ch 2469（无原编号） 《道行般若经》卷一〇

9.7×8.5cm，4 行。

参 Kudara 2005，45。

Ch 2470（T I D） 佛典残片

10.8×7.4cm，4 行。高昌故城出土。

Ch 2471（T III M 131） 《大般若波罗蜜多经》卷二九

11×8.5cm，5 行，约 7 世纪中—8 世纪末。木头沟遗址出土。

参 KCBT II，19。

Ch 2472（T III 218.15） 佛典残片

9.8×7.6cm，3 行。

Ch 2473（无原编号） 佛典残片

8.9×9.5cm，5 行。

Ch 2474（T II S 32 a） 佛典残片

19.1×9cm，5 行。胜金口遗址出土。

Ch 2475（T III 272.102） 经卷引首

11×3.9cm，1 行。题"（上残）录卷第十九　阶"。

Ch 2476（无原编号） 佛典残片

8.9×11.1cm，6 行。

Ch 2477（T II 5010） 《妙法莲华经》卷六

7×9.2cm，4 行。

参 Kudara 2005，58。

Ch 2478r（T II 1219） 佛典残片

9×7.8cm，5 行。

Ch 2478v 佛典残片

5 行。

Ch 2479（T II D） 《大般涅槃经》卷一七

9×10.7cm，5 行。高昌故城出土。

参 Kudara 2005，71。

Ch 2480r（无原编号） 《长阿含经》卷二一

9.5×8.2cm，5 行，约 9—10 世纪。

参 KCBT II，11。

Ch 2480v 《长阿含经》卷二一

4 行，约 9—10 世纪。

参 KCBT II，11。

Ch 2481（无原编号） 《大智度论》卷七一

10.5×6.6cm，4 行。

参 Kudara 2005，106。

Ch 2482（T II） 《佛名经》卷一

9.5×8.3cm，3 行。

参 Kudara 2005，83。

Ch 2483（T III M 173.183） 残文

10.5×7.9cm，5 行，正书，字体不佳，有栏，有些字已写在栏上。木头沟遗址出土。

Ch 2484（无原编号） 佛典残片

7.9×9cm，5 行。

Ch 2485r（T III 218） 佛典残片

10.9×8.7cm，3 行。

Ch 2485v 佛典残片

5 行。

Ch 2486（T III T 304） 《佛名经》卷一一

10.8×7cm，3 行。吐峪沟遗址出土。

参 Kudara 2005，89。

Ch 2487（T III T） 《妙法莲华经》卷四

8.6×9.2cm，5 行，约 7 世纪中—8 世纪末。吐峪沟遗址出土。

参 KCBT II，51。

Ch 2488（无原编号） 《金刚般若波罗蜜经》

9.7×8.9cm，6 行，约 9—10 世纪。

参 KCBT II，32。

Ch 2489（T II D 265） 《大般涅槃经》卷九

11×12.8cm，6 行，约 7 世纪中—8 世纪末。高昌故城出土。

参 KCBT II，66。

Ch 2490r（无原编号） 佛典残片

9.1×13.7cm，6 行，楷书精写，有乌丝栏。

Ch 2490v 佛典残片

6 行，楷书精写，有乌丝栏。

Ch 2491（无原编号） 佛典残片

9.8×13.7cm，8 行。

Ch 2492（T II S） 《正法华经》卷四

9.5×11.7cm，7 行，约 7 世纪中—8 世纪末。胜金口遗址出土。

参 KCBT II，61。

Ch 2493（T II D 388） 《大般涅槃经》卷一〇

10.4×11.9cm，8 行，约 6 世纪中—7 世纪中。高昌故城出土。

参 KCBT II，66。

Ch 2494（无原编号） 《佛说灌顶七万二千神王护比丘咒经》卷一二

12.5×11.5cm，6 行，约 9—10 世纪。

参 KCBT I，168。

Ch 2495（T II T 1293） 《大般若波罗蜜多经》卷一五三

12.8×10.3cm，7 行，约 7 世纪中—8 世纪末。吐峪沟遗址出土。

参 KCBT I，31。

Ch 2496（T II D 329） 佛典残片

12.3×11cm，5 行。高昌故城出土。

Ch 2497（T III M 510） 《妙法莲华经》卷六

13×10.7cm，5 行，约 7 世纪中—8 世纪末。木头沟遗址出土。

参 KCBT I，96。

Ch 2498r（无原编号） 《妙法莲华经》卷一

12×10.5cm，7 行，约 9—10 世纪。

参 KCBT II，39。

Ch 2498v 《妙法莲华经》卷一

7 行，约 9—10 世纪。

参 KCBT II，39。

Ch 2499（无原编号） 佛典残片

12.5×10.5cm，6 行。

Ch 2500（T III S 97.100） 佛典残片

10.6×7.7cm，4 行。胜金口遗址出土。

Ch 2501（T III T 128） 《摩诃般若波罗蜜经》卷一三

11×13.5cm，7 行，约 9—10 世纪。吐峪沟遗址出土。

参 KCBT II，28，图 13/17。

Ch 2502（T II D 410） 《中阿含经》卷二〇

12.8×11.4cm，5 行，约 9—10 世纪。高昌故城出土。

参 KCBT I，20。

Ch 2503（T III T 473） 《妙法莲华经》卷一

11.9×10.2cm，5 行。刻本。吐峪沟遗址出土。

参 Kudara 2005，51。

Ch 2504（T ? 1548） 《金刚般若波罗蜜经论》卷上

11.5×8.4cm，(1) +4 行。

参 Kudara 2005，107。

Ch 2505（T II 1110） 佛典残片

10.7×12cm，5 + (1) 行。

Ch 2506（T I D） 《大般涅槃经》卷一四

12×7.3cm，4行，约9—10世纪。高昌故城出土。

参 KCBT II，67。

Ch 2507a（T M 117）　《增一阿含经》卷

11.2×8.2cm，5行。刻本。

参 KCBT II，15。

Ch 2507b（T M 117）　《增一阿含经》卷三

3.8×4.3cm，2行。刻本。

参 KCBT II，15。

Ch 2508（T III 34.105）　佛典残片

13.9×9.8cm，（1）+4+（1）行。

Ch 2509（T II 4012）　《妙法莲华经》卷二

10.5×11cm，4行，约7世纪中—8世纪末。

参 KCBT II，42。

Ch 2510（无原编号）　《大般涅槃经》卷一〇

12.5×10.6cm，6行，约7世纪中—8世纪末。

参 KCBT I，136。

Ch 2511r（T II S 2）　《大般涅槃经》卷二八

12.6×10.2cm，5行。可以与Ch 2674v缀合。胜金口遗址出土。

参 Kudara 2005，74。

Ch 2511v　《光赞经》卷七

4行。

参 Kudara 2005，40。

Ch 2512（无原编号）　《大般涅槃经》卷三〇

11×13.5cm，8行，约6世纪中—7世纪中。

参 KCBT II，70。

Ch 2513（无原编号）　佛典残片

13.1×9.6cm，6行。

Ch 2514（T III T 592）　《中阿含经》卷二三

12.1×11cm，6行。刻本。吐峪沟遗址出土。

参 KCBT II，13。

Ch 2515（T II T 1513）　《增一阿含经》卷三

9.8×12.1cm，6行。刻本。吐峪沟遗址出土。

参 Kudara 2005，18。

Ch 2516（无原编号）　佛典残片

7.7×5.7cm，2行。

Ch 2517r（无原编号）　《妙法莲华经》卷二

11×12.6cm，7行，约6世纪中—7世纪中。

参 KCBT II，41。

Ch 2517v　佛典残片

2 行。

Ch 2518r（[T III] M 149 Höhle 20） 《大方广佛华严经》卷二七

12.6×11cm，6 行。木头沟遗址出土。

参 Kudara 2005，63。

Ch 2518v 《阿毗昙八犍度论》卷一六

6 行。

参 Kudara 2005，108。

Ch 2519（T II T 1340） 符咒

9.2×6.2cm，4 行，前写八卦，后为解释。吐峪沟遗址出土。

参 荣新江 1998b，318；Nishiwaki 2001，129。

Ch 2520（无原编号） 佛典残片

13.7×11cm，2 行。

Ch 2521（无原编号） 萧道成写经题记

13.7×11cm，2 行。与 Ch 2836 缀合，题记："使持节侍中都督南徐兖北徐□（兖）□（青）□（冀）□（六）州诸军事骠骑大将军开府仪同三司录尚书事南徐州刺史竟□（陵）□（郡）□（开）□（国）公萧道成，普为一切，敬造供养。"

参 KCBT I，205-209，图 33；Drège 1989，87；池田温 1990，91-92；荣新江 1998b，318；姚崇新 1999，55；Nishiwaki 2001，113-114。

Ch 2522（T III S 96） 《大般涅槃经》卷七

13.8×11cm，（1）+6 行。胜金口遗址出土。

参 Kudara 2005，66。

Ch 2523（无原编号） 《妙法莲华经》卷七

12×11.4cm，4 行，约 6 世纪中—7 世纪中。

参 KCBT II，58。

Ch 2524（T III T） 《妙法莲华经》卷四

13.4×9.7cm，5 行。吐峪沟遗址出土。

参 Kudara 2005，57。

Ch 2525（无原编号） 佛典残片

7.3×4.2cm，2 行。

Ch 2526（无原编号） 《妙法莲华经》卷五

10×13cm，8 行，约 6 世纪中—7 世纪中。

参 KCBT II，54。

Ch 2527（T II D） 佛典残片

10.3×9.9cm，5 行。高昌故城出土。

Ch 2528（T II T 1269） 佛典残片

10.7×14.2cm，6 行。吐峪沟遗址出土。

Ch 2529（无原编号） 《佛名经》卷五

14.1×10.9cm，5 行。

参 Kudara 2005，85。

Ch 2530（T II T 2018）　《佛名经》卷三

12×10cm，5行。吐峪沟遗址出土。

参 Kudara 2005，85。

Ch 2531r（无原编号）　《增一阿含经》卷三一

10.2×12.4cm，6行。刻本。

参 KCBT II，16。

Ch 2531v　《正法华经》卷六

2行。

参 Kudara 2005，61。

Ch 2532ar（无原编号）　《中阿含经》卷一八

8.5×8.2cm，4行。刻本。

参 KCBT II，13。

Ch 2532av　佛典残片

4行。

Ch 2532br（无原编号）　《中阿含经》卷一八

5.4×10.6cm，5行。刻本。

参 KCBT II，13。

Ch 2532bv　佛典残片

6行。

Ch 2533（无原编号）　《中阿含经》卷三六

12.3×10.9cm，6行。刻本。

参 KCBT II，13。

Ch 2534（无原编号）　《妙法莲华经》卷一

13×10cm，5行。刻本。

参 KCBT II，39。

Ch 2535（无原编号）　《妙法莲华经》卷二

13.8×10cm，6行，约7世纪中—8世纪末。

参 KCBT I，61。

Ch 2536（无原编号）　《大般涅槃经》卷三〇

11×13cm，8行，约6世纪中—7世纪中。

参 KCBT II，70。

Ch 2537（无原编号）　《十方千五百佛名经》

10.6×13.7cm，6行。

参 Kudara 2005，92。

Ch 2538（T II D 204）　佛典残片

10.8×12.4cm，6行。高昌故城出土。

Ch 2539（T II T 2057）　佛典残片

10.2×20.4cm，7行。吐峪沟遗址出土。

Ch 2540（T II 1342）　《佛说灌顶七万二千神王护比丘咒经》卷一二

12.7×10.7cm，7 行，约 7 世纪中—8 世纪末。

参 KCBT II，81。

Ch 2541（T II T 2053） 《妙法莲华经》卷七

10×13cm，8 行，约 6 世纪中—7 世纪中。吐峪沟遗址出土。

参 KCBT II，58。

Ch 2542（无原编号） 佛典残片

14×11.8cm，7 行。

Ch 2543（T III 1191） 《妙法莲华经》卷七

9.6×14.3cm，9 行，约 7 世纪中—8 世纪末。

参 KCBT I，113。

Ch 2544（无原编号） 《佛名经》卷一二

10.5×11.2cm，6 行。

参 Kudara 2005，90。

Ch 2545（无原编号） 《大方广佛华严经》卷一〇

10.2×12.5cm，8 行。

参 Kudara 2005，62。

Ch 2546（无原编号） 《大般涅槃经》卷二一

10.8×11.4cm，5 行，约 6 世纪中—7 世纪中。

参 KCBT I，137。

Ch 2547r（T III T 195） 《御注孝经疏·五刑章》（元行冲）

10.4×11.3cm，3 行，楷书不精，大字正文，双行小注。文字相当于《五刑章》部分残文，与今本相校，注文略有不同。吐峪沟遗址出土。

参 荣新江 1998b，312，318；Nishiwaki 2001，37。

Ch 2547v 残文

2 行，只存二字。

参 荣新江 1998b，319；Nishiwaki 2001，79。

Ch 2548（T III） 佛典残片

20.1×21.3cm，7 行。

Ch 2549（T II D 445） 《佛说灌顶七万二千神王护比丘咒经》卷一二

13.1×4.9cm，4 行。高昌故城出土。

参 Kudara 2005，100。

Ch 2550（无原编号） 《摩诃般若波罗蜜经》卷二六

15×8.3cm，5 行，约 7 世纪中—8 世纪末。

参 KCBT II，29。

Ch 2551r（T II 1215） 《梁朝傅大士颂金刚经并序》

11.4×6.9cm，2 行，约 9—10 世纪。

参 KCBT I，183，图 30/40。

Ch 2551v 《梁朝傅大士颂金刚经并序》

2 行，约 9—10 世纪。

参 KCBT I，183，图 30/42。

Ch 2552（T III）　佛典残片

10.7×5.3cm，3 行。

Ch 2553r（无原编号）　《妙法莲华经》卷一

13.6×11cm，5 行。刻本。

参 KCBT II，39。

Ch 2553v　《摩诃般若波罗蜜经》卷四

2 行。

参 Kudara 2005，40。

Ch 2554（T III D）　佛典残片

10.7×7.7cm，3 行。高昌故城出土。

Ch 2555（T II T）　《大般涅槃经》卷二九

11×10.9cm，6 行。吐峪沟遗址出土。

参 Kudara 2005，75。

Ch 2556（无原编号）　《金光明最胜王经》卷一〇

10.5×10.9cm，6 行。

参 KCBT II，78。

Ch 2557（无原编号）　佛典残片

12.9×10.4cm，5 行。

Ch 2558（T III T）　《妙法莲华经》卷七

11.9×10.1cm，6 行。吐峪沟遗址出土。

参 Kudara 2005，60。

Ch 2559（无原编号）　佛典残片

10.5×9.3cm，5 行。

Ch 2560（T II D 143）　《四分律比丘戒本》

7.5×9.6cm，5 行，约 7 世纪中—8 世纪末。高昌故城出土。

参 KCBT I，171。

Ch 2561（T II T 1361）　佛典残片

9.4×12.6cm，12 行。吐峪沟遗址出土。

Ch 2562a（无原编号）　《大般若波罗蜜多经》卷二五一

12.8×7.5cm，5 行，约 7 世纪中—8 世纪末。

参 KCBT II，23。

Ch 2563a（T III）　《妙法莲华经》卷七

9.2×12.4cm，7 行，约 7 世纪中—8 世纪末。

参 KCBT I，106。

Ch 2563b（无原编号）　佛典残片

2.8×2.8cm，2 行。

Ch 2564r（无原编号）　《增一阿含经》卷二

13.8×10.8cm，5 行。刻本。

参 Kudara 2005，18。

Ch 2564v　佛典残片

4 行。

Ch 2565（T II 1354）　《大般涅槃经》卷七

9.4×13cm，8 行。

参 Kudara 2005，67。

Ch 2566（T III 34）　《妙法莲华经》卷二

10.2×12cm，6 行，约 7 世纪中—8 世纪末。

参 KCBT II，44。

Ch 2567r（T III 75.1005）　佛典残片

11.3×10.5cm，5 行。

Ch 2567v　佛典残片

5 行。

Ch 2568（无原编号）　《大智度论》卷一二

11.1×12.8cm，7 行。

参 Kudara 2005，105。

Ch 2569（T III M 173.110）　佛典残片

10.1×12.5cm，9 行。木头沟遗址出土。

Ch 2570（无原编号）　佛典残片

13.2×9.3cm，5 行。

Ch 2571（无原编号）　佛典残片

10.9×8.7cm，5 行。

Ch 2572（无原编号）　佛典残片

9.1×5.2cm，2 行。

Ch 2573（无原编号）　佛典残片

9.1×4.8cm，3 行。

Ch 2574（无原编号）　《大般涅槃经》卷三六

9.3×4.9cm，4 行。

参 Kudara 2005，79。

Ch 2575（无原编号）　《妙法莲华经》卷四

9.5×5.5cm，3 行。刻本。

参 KCBT II，51。

Ch 2576（T III 272）　《大般若波罗蜜多经》卷一四六

10.6×4.9cm，3 行。

参 Kudara 2005，26。

Ch 2577r（T II T 1926）　《大般若波罗蜜多经》卷五四八

10.5×3.8cm，2 行。吐峪沟遗址出土。

参 Kudara 2005，35。

Ch 2577v　《中阿含经》卷一八

2 行。刻本。

参 Kudara 2005，16。

Ch 2578（T III 218） 《大般若波罗蜜多经》卷二五一

8.5×8.2cm，5 行，约 9—10 世纪。

参 KCBT II，23。

Ch 2579（无原编号） 佛典残片

9.2×8cm，3 行。

Ch 2580（无原编号） 《大般若波罗蜜多经》卷七七

8.6×7.1cm，5 行。

参 Kudara 2005，23。

Ch 2581（T II S 82 a） 《大般若波罗蜜多经》卷三五七

14.3×10.3cm，7 行，约 7 世纪中—8 世纪末。胜金口遗址出土。

参 KCBT II，25。

Ch 2582（T III 34） 《金刚般若波罗蜜经》

8.3×8.5cm，5 行，约 7 世纪中—8 世纪末。

参 KCBT II，33。

Ch 2583（T III 34） 《妙法莲华经》卷四

6.4×9.3cm，6 行，约 7 世纪中—8 世纪末。

参 KCBT II，51。

Ch 2584（T III T） 佛典残片

10.5×8.9cm，4 行。吐峪沟遗址出土。

Ch 2585（无原编号） 《放光般若经》卷四

8.8×10.4cm，6 行。

参 Kudara 2005，39。

Ch 2586（T III S 29） 《大般若波罗蜜多经》卷五二一

9.6×7.3cm，5 行，约 9—10 世纪。胜金口遗址出土。

参 KCBT II，26。

Ch 2587（无原编号） 《大般若波罗蜜多经》卷二五二

9×9.9cm，6 行，约 7 世纪中—8 世纪末。

参 KCBT II，23。

Ch 2588（无原编号） 《大般涅槃经》卷一八

6.3×9.2cm，5 行。

参 Kudara 2005，71。

Ch 2589（M 140 Höhle 20） 《妙法莲华经》卷三

7.9×7.9cm，4 行。刻本。木头沟遗址出土。

参 KCBT II，45。

Ch 2590（T III 94） 《金光明最胜王经》卷一〇

10.5×5.9cm，3 行，约 9—10 世纪。

参 KCBT II，79。

Ch 2591（无原编号） 《妙法莲华经》卷二

5.9×9.1cm，5 行。

参 Kudara 2005，53。

Ch 2592（T III 218.11） 佛典残片

10.6×6cm，3 行。

Ch 2593（无原编号） 佛典残片

8.9×9.3cm，5 行。

Ch 2594（无原编号） 《中阿含经》卷四九

9×7cm，4 行。刻本。

参 Kudara 2005，17。

Ch 2595（无原编号） 《金刚般若波罗蜜经》

10×8.6cm，5 行，约 9—10 世纪。

参 KCBT II，34。

Ch 2596（T II D 246） 佛典残片

8.1×11cm，6 行。高昌故城出土。

Ch 2597r（无原编号） 《妙法莲华经》卷一

5×9.5cm，7 行，约 9—10 世纪。

参 KCBT I，53。

Ch 2597v 《妙法莲华经》卷一

7 行，约 9—10 世纪。

参 KCBT I，53。

Ch 2598r（T I X 533） 《增一阿含经》卷二

9.7×4cm，3 行。刻本。

参 KCBT II，14。

Ch 2598v 佛典残片

2 行，隶书。

Ch 2599（T II T 1813） 《妙法莲华经》卷五

7.4×11.2cm，6 行，约 7 世纪中—8 世纪末。吐峪沟遗址出土。

参 KCBT II，53。

Ch 2600（T III 2045） 《妙法莲华经》卷六

8.6×9cm，5 行，约 7 世纪中—8 世纪末。

参 KCBT II，55。

Ch 2601（T II T 1524） 《大般若波罗蜜多经》卷五七四

10.7×8.3cm，6 行。吐峪沟遗址出土。

参 Kudara 2005，37。

Ch 2602（无原编号） 佛典残片

12×3.4cm，3 行。

Ch 2603（T III D） 佛典残片

12×15.9cm，2 行。高昌故城出土。

Ch 2604（T II 1860） 《佛名经》卷一〇

9×12.4cm，6行。

参 Kudara 2005，88。

Ch 2605（T 3073） 佛典残片

6.2×11.7cm，4行。

Ch 2606r（T II T 1830） 佛典残片

11.6×3.1cm，2行，隶书。

Ch 2606v 《增一阿含经》卷二

2行。刻本。

参 KCBT II，15。

Ch 2607（T III T 304.8） 《大般涅槃经》卷三一

4.7×13cm，7行。吐峪沟遗址出土。

参 Kudara 2005，76。

Ch 2608（T I D 51） 《妙法莲华经》卷二

6.4×14.2cm，7行。高昌故城出土。

参 Kudara 2005，53。

Ch 2609（无原编号） 佛典残片

14.2×4.8cm，2行。

Ch 2610（无原编号） 佛典残片

13.2×5.1cm，3行。

Ch 2611（无原编号） 《入楞伽经》卷二

12.4×5.4cm，1行，约7世纪中—8世纪末。

参 KCBT I，159。

Ch 2612r（无原编号） 佛典残片

7.2×7.1cm，2行。

Ch 2612v 佛典残片

2行。

Ch 2613（无原编号） 《大般若波罗蜜多经》卷一五三

12.6×6cm，4行。

参 Kudara 2005，26。

Ch 2614（T II T） 《妙法莲华经》卷一

11.8×6.7cm，1行，约7世纪中—8世纪末。吐峪沟遗址出土。

参 KCBT I，50。

Ch 2615（T II T） 《妙法莲华经》卷五

10.2×3.3cm，2行，约7世纪中—8世纪末。吐峪沟遗址出土。

参 KCBT II，53。

Ch 2616（无原编号） 佛典残片

6.9×10.4cm，3行。

Ch 2617（无原编号） 《妙法莲华经》卷一

11.7×3.6cm，1 行，约 7 世纪中—8 世纪末。

参 KCBT I，50。

Ch 2618（T III D 318） 佛典残片

10.3×6.1cm，3 行。高昌故城出土。

Ch 2619（T III D 316） 《大般若波罗蜜多经》卷一四八

7.2×12.4cm，6 行。刻本，属于金藏。高昌故城出土。

参 Kudara 2005，26。

Ch 2620（M 164） 佛典残片

7.1×11.9cm，4 行。

Ch 2621（无原编号） 《妙法莲华经》卷一

6.5×12cm，6 行，约 7 世纪中—8 世纪末。

参 KCBT II，38。

Ch 2622（无原编号） 《大楼炭经》卷五

12.5×6.7cm，1 行。

参 KCBT I，17。

Ch 2623r（T II 1765） 《大般若波罗蜜多经》卷三四二

13.3×9.2cm，6 行，约 7 世纪中—8 世纪末。

参 KCBT II，24。

Ch 2623v 佛典残片

3 行。

Ch 2624（无原编号） 佛典残片

12.1×5.9cm，3 行。

Ch 2625（无原编号） 《妙法莲华经》卷四

13.4×6.8cm，4 行。刻本。

参 KCBT I，88。

Ch 2626（无原编号） 《净土五会念佛诵经观行仪》卷下

14×6.5cm，2 行，约 9—10 世纪。

参 KCBT II，85。

Ch 2627（无原编号） 佛典残片

6.5×6.4cm，3 行。

Ch 2628（无原编号） 佛典残片

6.2×1.2cm，1 行。

Ch 2629（T II 1560） 佛典残片

7.6×3.5cm，1 行。

Ch 2630（无原编号） 佛典残片

8.1×4.8cm，3 行。

Ch 2631r（无原编号） 《长阿含经》卷二一

7.2×8.4cm，4 行，约 9—10 世纪。

参 KCBT II，12。

Ch 2631v 《长阿含经》卷二一

4行，约9—10世纪。

参 KCBT II，11。

Ch 2632（无原编号） 《妙法莲华经》卷三

7.2×8cm，5行。刻本。

参 KCBT II，44。

Ch 2633（无原编号） 《妙法莲华经》卷四

8×7cm，4行。刻本。

参 KCBT II，49，图23/33；中村菊之进1990，53。

Ch 2634（无原编号） 佛典残片

7.2×5cm，3行。

Ch 2635（M 146） 佛典残片

6.5×3.8cm，3行。木头沟遗址出土。

Ch 2636（T II M） 佛典残片

7.8×6.9cm，3行。木头沟遗址出土。

Ch 2637（无原编号） 佛典残片

8×4.4cm，3行。

Ch 2638（无原编号） 佛典残片

7.5×4cm，3行。

Ch 2639r（无原编号） 佛典残片

6.9×3.8cm，3行。

Ch 2639v 佛典残片

3行。

Ch 2640（无原编号） 佛典残片

6×7.4cm，4行。

Ch 2641（无原编号） 《大般若波罗蜜多经》卷四四六

10.5×6.7cm，3行。

参 Kudara 2005，32。

Ch 2642r（T III 73） 佛典残片

10.4×5.5cm，1行。

Ch 2642v 佛典残片

2行。

Ch 2643（T II T 587） 《妙法莲华经》卷一

11×6.4cm，4行，约7世纪中—8世纪末。吐峪沟遗址出土。

参 KCBT II，38。

Ch 2644（无原编号） 佛典残片

9.5×5.4cm，3行。

Ch 2646（无原编号） 佛典残片

3.3×6.9cm，2行。

Ch 2647（无原编号） 残字

5.9×1.6cm，1 行。

Ch 2648（无原编号） 佛典残片

7.5×3.3cm，2 行。

Ch 2649（T III 1133） 《大般涅槃经》卷一〇

5.6×6cm，4 行。可以与 Ch 2865 缀合。

参 Kudara 2005，68。

Ch 2650 图像

Ch 2651（T II S 47） 佛典残片

7.3×2.4cm，1 行。胜金口遗址出土。

Ch 2652（无原编号） 《大般涅槃经》卷三三

5.5×7.1cm，4 行。

参 Kudara 2005，78。

Ch 2653r（无原编号） 《中阿含经》卷一八

6.4×8cm，5 行。刻本。

参 Kudara 2005，16。

Ch 2653v 佛典残片

4 行。

Ch 2654r（无原编号） 佛典残片

13.9×13cm，9 行。

Ch 2654v 佛典残片

9 行。

Ch 2655（无原编号） 佛典残片

21.2×13cm，8 行。

Ch 2656（T II D） 《妙法莲华经》卷六

12.8×11.5cm，5 行。高昌故城出土。

参 Kudara 2005，59。

Ch 2657（T III 34） 《妙法莲华经》卷七

13.5×12.2cm，8 行，约 9—10 世纪。

参 KCBT II，57。

Ch 2658（无原编号） 《妙法莲华经》卷四

12×10.5cm，6 行。刻本。

参 KCBT II，51。

Ch 2659（无原编号） 《妙法莲华经》卷三

14.2×10cm，6 行。刻本。

参 KCBT II，46。

Ch 2660（T III T） 佛典残片

11.1×17.2cm，8 行。吐峪沟遗址出土。

Ch 2661（无原编号） 《中阿含经》卷三三

13.7×11.7cm，7行。刻本。

参 Kudara 2005，16。

Ch 2662（T III D） 佛典残片

10.5×11.5cm，5行。高昌故城出土。

Ch 2663（T II D） 《大般涅槃经》卷一八

11.8×18.2cm，9行，约7世纪中—8世纪末。高昌故城出土。

参 KCBT I，137。

Ch 2664（无原编号） 佛典残片

13.5×15.3cm，6行。

Ch 2665（无原编号） 《大般若波罗蜜多经》卷四〇六

13.9×16.8cm，8行。刻本。

参 KCBT I，33。

Ch 2666（T III 34） 《佛说灌顶七万二千神王护比丘咒经》卷一二

10.9×12.1cm，7行。

参 Kudara 2005，100。

Ch 2667（无原编号） 佛典残片

10.8×10cm，5行。

Ch 2668（无原编号） 《十方千五百佛名经》

11.2×11.7cm，7行。

参 Kudara 2005，91。

Ch 2669（T II D） 《金刚般若波罗蜜经》

13.4×12.3cm，7行，约7世纪中—8世纪末。高昌故城出土。

参 KCBT I，41。

Ch 2670（无原编号） 《妙法莲华经》卷三

15×11cm，6行。刻本。

参 KCBT II，44。

Ch 2671（无原编号） 佛典残片

11.4×12.8cm，7行。

Ch 2672（T III T） 《佛名经》卷二

11.1×18.5cm，9行。吐峪沟遗址出土。

参 Kudara 2005，83。

Ch 2673（无原编号） 佛典残片

13.1×11.1cm，6行。

Ch 2674r（T II S II B） 《光赞经》卷七

19.2×9.4cm，5行。胜金口遗址出土。

参 Kudara 2005，40。

Ch 2674v 《大般涅槃经》卷二八

5行。可以与Ch 2511r缀合。

参 Kudara 2005，74。

Ch 2675a（T III No. 10）　《小品般若波罗蜜经》卷一

11. 2×11cm，6 行。可以与 Ch 2675b 缀合。

参 Kudara 2005，45。

Ch 2675b（T III No. 10）　《小品般若波罗蜜经》卷一

5. 5×5. 7cm，4 行。可以与 Ch 2675a 缀合。

参 Kudara 2005，45。

Ch 2676（无原编号）　《摩诃般若波罗蜜经》卷五

11. 2×19cm，7 行。

参 Kudara 2005，41。

Ch 2677（无原编号）　《大般若波罗蜜多经》卷五七一

11. 6×16. 2cm，5 行。刻本。

参 KCBT I，35。

Ch 2678r（无原编号）　佛典残片

14×10. 6cm，7 行。

Ch 2678v　佛典残片

4 行。

Ch 2679（无原编号）　佛典残片

13. 4×11. 1cm，6 行。

Ch 2680r（无原编号）　佛典残片

14. 5×6. 8cm，4 行。

Ch 2680v　《梁朝傅大士颂金刚经并序》

3 行，约 9—10 世纪。

参 KCBT I，183。

Ch 2681（无原编号）　佛典残片

13. 6×8. 9cm，4 行。

Ch 2682（无原编号）　佛典残片

9. 2×13. 6cm，7 行。

Ch 2683（无原编号）　佛典残片

13. 4×7. 8cm，3 行。

Ch 2684a（T III T）　《大般涅槃经》卷五

6. 5×7. 3cm，4 行。吐峪沟遗址出土。

参 Kudara 2005，65。

Ch 2684b（T III T）　《大般涅槃经》卷五

7. 6×7. 4cm，4 行。吐峪沟遗址出土。

参 Kudara 2005，65。

Ch 2685（无原编号）　佛典残片

7. 2×13cm，6 行。

Ch 2686（T II 1473）　《大般若波罗蜜多经》卷二四九

8. 2×12. 3cm，6 行，约 7 世纪中—8 世纪末。

参 KCBT II，23。

Ch 2687（T III D 316） 佛典残片

5.5×5.6cm，2行。高昌故城出土。

Ch 2688（T II T 3085） 佛典残片

12.1×6.8cm，6行。吐峪沟遗址出土。

Ch 2689（无原编号） 《佛说灌顶七万二千神王护比丘咒经》卷一二

6.7×12.7cm，8行，约9—10世纪。

参 KCBT I，169。

Ch 2690（无原编号） 佛典残片

12.2×4.7cm，3行。

Ch 2691（T I X 518） 佛典残片

11.5×6.7cm，3行。

Ch 2692（无原编号） 佛典残片

6.9×12.6cm，7行。

Ch 2693（T II T 1983） 佛典残片

11.8×6.2cm，3行。吐峪沟遗址出土。

Ch 2694（T III 34.100） 《妙法莲华经》卷三

12.8×7cm，5行，约7世纪中—8世纪末。

参 KCBT II，46。

Ch 2695（无原编号） 残帐

8.6×11.6cm，2行。

参 Nishiwaki 2001，79。

Ch 2696（T II T 1446） 写经题记

12.4×6.8cm，3行，题记："（前残）七世父母□□宿命。愿如来拔护，常在□□笔恶手拙，字具而已。惠。"吐峪沟遗址出土。

参 荣新江 1998b，319；Nishiwaki 2001，115-116。

Ch 2697（T II T 1745） 佛典残片

11.8×4.5cm，2行。吐峪沟遗址出土。

Ch 2698r（无原编号） 佛典残片

6.6×13cm，7行。

Ch 2698v 古籍（?）

4行，写本，右边有粗笔所画栏格线。

参 荣新江 1998b，319；Nishiwaki 2001，142。

Ch 2699r（无原编号） 佛典残片

8.3×20.7cm，5行。

Ch 2699v 佛典残片

1行。

Ch 2700（M 137） 佛典残片

12.4×8.6cm，5行。木头沟遗址出土。

Ch 2701（T II T） 佛典残片

11.8×9.2cm，5行。吐峪沟遗址出土。

Ch 2702（无原编号） 佛典残片

11.6×12.2cm，6行。

Ch 2703r（无原编号） 《中阿含经》卷四二

7.9×14cm，7行。刻本。

参 Kudara 2005，16。

Ch 2703v 佛典残片

7行。

Ch 2704（无原编号） 《妙法莲华经》卷三

13×6cm，4行，约7世纪中—8世纪末。

参 KCBT II，44。

Ch 2705（无原编号） 《妙法莲华经》卷四

12.6×9.7cm，6行，约7世纪中—8世纪末。

参 KCBT II，50。

Ch 2706（无原编号） 《大般若波罗蜜多经》卷五五八

13.2×9.2cm，7行。

参 Kudara 2005，37。

Ch 2707（无原编号） 《佛名经》卷五

10.9×12cm，5行。

参 Kudara 2005，86。

Ch 2708（T III T） 《妙法莲华经》卷四

12.5×8.5cm，5行，约7世纪中—8世纪末。吐峪沟遗址出土。

参 KCBT II，47。

Ch 2709（T III T） 《摩诃般若波罗蜜经》卷一三

13.9×8.8cm，5行。吐峪沟遗址出土。

参 Kudara 2005，41。

Ch 2710（无原编号） 佛典残片

12.5×5.4cm，2行。

Ch 2711（无原编号） 佛典残片

8.1×11.5cm，5行。

Ch 2712（无原编号） 佛典残片

11.7×8.3cm，4行。

Ch 2713（无原编号） 《妙法莲华经》卷二

11.8×7.2cm，5行，约7世纪中—8世纪末。

参 KCBT I，64。

Ch 2714（无原编号） 佛典残片

12.5×4.7cm，3行。

Ch 2715（T III 281） 佛典残片

12.9×4.1cm，3行。

Ch 2716a（T III T） **《大般涅槃经》卷五**

6.9×5.7cm，3行。吐峪沟遗址出土。

参 Kudara 2005，65。

Ch 2716b（T III T） **《大般涅槃经》卷五**

6.9×5.7cm，3行。吐峪沟遗址出土。

参 Kudara 2005，65。

Ch 2717（无原编号） **佛典残片**

5.2×11.9cm，4行。

Ch 2718（无原编号） **《维摩诘所说经》卷上**

6×12.8cm，7行，约7世纪中—8世纪末。

参 KCBT I，147。

Ch 2719（T III 218） **佛典残片**

11.5×6.4cm，6行。

Ch 2720 **千佛像**

Ch 2721（无原编号） **佛典残片**

5.9×3.7cm，2行。

Ch 2722（T III T 549） **《摩诃般若波罗蜜经》卷二三**

12.2×6.3cm，3行。吐峪沟遗址出土。

参 Kudara 2005，42。

Ch 2723（无原编号） **《大般涅槃经》卷二八**

11.3×8.1cm，3行，约6世纪中—7世纪中。

参 KCBT I，138。

Ch 2724r（T II Y 38） **《梵网经卢舍那佛说菩萨心地戒品第十》卷下**

13.5×7.3cm，8行，约9—10世纪。交河故城出土。

参 KCBT I，177。

Ch 2724v **《梵网经卢舍那佛说菩萨心地戒品第十》卷下**

8行，约9—10世纪。

参 KCBT I，177。

Ch 2725（无原编号） **《胜鬘狮子吼一乘大方便方广经》**

12.8×10.5cm，6行，约7世纪中—8世纪末。

参 KCBT II，62。

Ch 2726（无原编号） **佛典残片**

8.5×12.1cm，7行。

Ch 2727（无原编号） **佛典残片**

9.2×12.4cm，7行。

Ch 2728r（无原编号） **佛典残片**

12×9.1cm，7行。

Ch 2728v **佛典残片**

7 行。

Ch 2729（无原编号） 《妙法莲华经》卷二

14.2×9.7cm，6 行，约 7 世纪中—8 世纪末。

参 KCBT I，59。

Ch 2730r（无原编号） 佛典残片

11.8×8.4cm，4 行。

Ch 2730v 佛典残片

5 行。

Ch 2731（T II D） 《金光明经》卷一

10.6×9.7cm，6 行，约 7 世纪中—8 世纪末。高昌故城出土。

参 KCBT I，151。

Ch 2732（无原编号） 佛典残片

10×11cm，9 行。

Ch 2733（T III） 《妙法莲华经》卷二

13.7×9.7cm，6 行，约 4—6 世纪中。

参 KCBT I，63。

Ch 2734（无原编号） 《金刚般若波罗蜜经》

10.8×9.8cm，5 行，约 7 世纪中—8 世纪末。

参 KCBT II，34。

Ch 2735（T III 34） 佛典残片

11.2×9.8cm，6 行。

Ch 2736（无原编号） 《十方千五百佛名经》

12.7×10.8cm，7 行。

参 Kudara 2005，91。

Ch 2737（无原编号） 《佛说阿弥陀经》

9.8×12cm，6 行，约 7 世纪中—8 世纪末。

参 KCBT I，133。

Ch 2738（无原编号） 佛典残片

12.4×8.7cm，5 行。

Ch 2739（T II T 1695） 《妙法莲华经》卷七

8.9×11.2cm，6 行。刻本。吐峪沟遗址出土。

参 KCBT II，60。

Ch 2741（无原编号） 《佛说观佛三昧海经》卷九

8.5×13.1cm，9 行。

参 Kudara 2005，96。

Ch 2742（无原编号） 《放光般若经》卷七

11.8×10.9cm，6 行。

参 Kudara 2005，39。

Ch 2743（T II 1593） 《大般涅槃经》卷四

12.1×11.1cm，7行。

参 Kudara 2005，65。

Ch 2744（无原编号） 佛典残片

11.5×10cm，5行。

Ch 2745r（无原编号） 佛典残片

11×12.3cm，7行。

Ch 2745v 佛典残片

7行。

Ch 2746（无原编号） 《金光明经》卷二

6.9×10.6cm，7行。

参 Kudara 2005，97。

Ch 2747（无原编号） 《大般若波罗蜜多经》卷五九一

8.2×10.1cm，7行。刻本。

参 Kudara 2005，38。

Ch 2748（无原编号） 佛典残片

9.5×6.5cm，4行。

Ch 2749（无原编号） 《大般若波罗蜜多经》卷六八

7×9.9cm，6行。刻本。

参 KCBT II，20。

Ch 2750（无原编号） 佛典残片

9.1×5.8cm，4行。

Ch 2751（无原编号） 残文

8.7×6.8cm，3行。

参 Nishiwaki 2001，141。

Ch 2752（无原编号） 《梵网经卢舍那佛说菩萨心地戒品第十》卷下

11×9cm，3行，约7世纪中—8世纪末。

参 KCBT II，83。

Ch 2753r（无原编号） 佛典残片

8×6.6cm，4行。

Ch 2753v 佛典残片

2行。

Ch 2754（T III D 316） 佛典残片

9.1×8.7cm，4行。高昌故城出土。

Ch 2755（T III D 318） 佛典残片

9.1×8.4cm，4行。高昌故城出土。

Ch 2756（[T III] M 149 Höhle 20） 《妙法莲华经》卷三

9×4.2cm，1行。刻本。木头沟遗址出土。

参 Kudara 2005，55。

Ch 2757（无原编号） 回鹘人音注汉文难字

5.2×9.4cm，3 行，双面书写。与 Ch 3582 可以缀合。

参 高田时雄 1996；荣新江 1998b，319；Nishiwaki 2001，51；Takata 2004，337-339，图 5；高田时雄 2005，32-33，40（图 5）。

Ch 2758r（T II Toyoq） 《大庄严论经》卷一

10.2×9.2cm，5 行。刻本。吐峪沟遗址出土。

参 KCBT I，29。

Ch 2758v 杂写

4 行。回鹘人所书。

参 Nishiwaki 2001，147。

Ch 2759（T III T 170） 佛典残片

10.7×7.4cm，4 行。吐峪沟遗址出土。

Ch 2760（无原编号） 佛典残片

10.8×8cm，2 行。

Ch 2761（无原编号） 佛典残片

9.9×7.9cm，4 行。

Ch 2762（无原编号） 《维摩诘所说经》卷上

10×6cm，5 行。

参 Kudara 2005，95。

Ch 2763（T II T） 《中阿含经》卷五

10.5×7.8cm，4 行。刻本。吐峪沟遗址出土。

参 KCBT II，12。

Ch 2764（无原编号） 《道行般若经》卷九

9.6×5.4cm，5 行。

参 Kudara 2005，45。

Ch 2765（无原编号） 《大般若波罗蜜多经》卷四五七

9.1×6cm，4 行。

参 Kudara 2005，33。

Ch 2766（无原编号） 佛典残片

6.8×9.9cm，5 行。

Ch 2767（无原编号） 佛典残片

5.5×9cm，5 行。

Ch 2768（无原编号） 《大般若波罗蜜多经》卷一〇〇

9.3×4.7cm，2 行。

参 Kudara 2005，24。

Ch 2769（T III） 佛典残片

10.5×5.4cm，3 行。

Ch 2770（T III） 佛典残片

10.4×8.2cm，4 行。

Ch 2771（无原编号） 《妙法莲华经》卷五

7.8×9.9cm，7行，约7世纪中—8世纪末。

参 KCBT II，52。

Ch 2772（T II D） **《妙法莲华经》卷四**

8×7.8cm，4行。高昌故城出土。

参 KCBT I，88。

Ch 2773（无原编号） **佛典残片**

10.6×6.4cm，行。

Ch 2774（无原编号） **《正法华经》卷九**

8.4×11cm，7行。

参 Kudara 2005，61。

Ch 2775（T III 34） **佛典残片**

8.5×8.9cm，3行。

Ch 2776（无原编号） **佛典残片**

8.2×7.5cm，4行。

Ch 2777（无原编号） **佛典残片**

8.4×7cm，4行。

Ch 2778（T III M） **《大般若波罗蜜多经》卷二一二**

7.9×8cm，5行。刻本。木头沟遗址出土。

参 Kudara 2005，27。

Ch 2779（无原编号） **佛典残片**

9.9×6.9cm，3行。

Ch 2780（无原编号） **《大般若波罗蜜多经》卷二六五**

11.1×6cm，3行。刻本，属于金藏。可以与 Ch 3109 缀合。

参 Kudara 2005，29。

Ch 2781（无原编号） **佛典残片**

4.8×9.2cm，4行。

Ch 2782（无原编号） **佛典残片**

4.7×9.5cm，5行。

Ch 2783r（无原编号） **佛典残片**

8.8×4.7cm，2行。

Ch 2783v **佛典残片**

2行。

Ch 2784（无原编号） **佛典残片**

6×7.6cm，2行。

Ch 2785（无原编号） **佛典残片**

9.2×4.9cm，2行。

Ch 2786（无原编号） **佛典残片**

8.5×7.3cm，4行。

Ch 2787（无原编号） **《妙法莲华经》卷五**

9.5×5.2cm，4 行，约 9—10 世纪。

参 KCBT II，52。

Ch 2788（无原编号） 《梵网经卢舍那佛说菩萨心地戒品第十》卷下

9.5×6.2cm，4 行，约 7 世纪中—8 世纪末。

参 KCBT II，83。

Ch 2789（T III 34） 《佛名经》卷九

8.4×9cm，4 行。

参 Kudara 2005，88。

Ch 2790（无原编号） 《大般若波罗蜜多经》卷三三六

10.8×7.8cm，4 行，约 7 世纪中—8 世纪末。

参 KCBT II，23。

Ch 2791（无原编号） 《大般涅槃经》卷六

11×5.3cm，3 行。

参 Kudara 2005，66。

Ch 2792r（T III 62） 佛典残片

9.1×10.1cm，5 行。

Ch 2792v 佛典残片

6 行。

Ch 2793（无原编号） 《十方千五百佛名经》

10.7×8.1cm，6 行。

参 Kudara 2005，91。

Ch 2794（无原编号） 《妙法莲华经》卷四

10×8.1cm，5 行。刻本。

参 KCBT II，51。

Ch 2795（无原编号） 佛典残片

3.6×8.1cm，4 行。

Ch 2796（T II T 1664） 佛典残片

5.4×3.7cm，2 行。吐峪沟遗址出土。

Ch 2797（T I 1041） 《大般涅槃经》卷三一

5.8×8.2cm，5 行。大概可以与 Ch 3117、Ch 2607 缀合。

参 Kudara 2005，76。

Ch 2798（T III T） 《妙法莲华经》卷四

7.5×7cm，4 行。吐峪沟遗址出土。

参 Kudara 2005，56。

Ch 2799（无原编号） 佛典残片

6.7×6.2cm，4 行。

Ch 2800（无原编号） 佛典残片

5.4×4.7cm，3 行。

Ch 2801（无原编号） 佛典残片

8×7.1cm，5行。

Ch 2802（无原编号）　佛典残片

8.3×5.8cm，4行。

Ch 2803（无原编号）　《妙法莲华经》卷一

6.5×7.4cm，4行。

参 Kudara 2005，51。

Ch 2804（无原编号）　《妙法莲华经》卷四

8.3×5.7cm，4行。

参 Kudara 2005，56。

Ch 2805（无原编号）　《大般涅槃经》卷九

7.4×5cm，4行。

参 Kudara 2005，68。

Ch 2806（无原编号）　《妙法莲华经》卷三

5×6.2cm，4行。刻本。

参 KCBT II，44。

Ch 2807（无原编号）　《维摩诘所说经》卷上

18.4×9.5cm，5行，约9—10世纪。

参 KCBT I，147。

Ch 2808（T II T 2031）　《大般若波罗蜜多经》卷二九

17.5×11.5cm，7行，约7世纪中—8世纪末。吐峪沟遗址出土。

参 KCBT II，19。

Ch 2809（T IV K 70（+）71.500）　佛典残片

9.6×10.1cm，5行。库车地区出土。

Ch 2810（T I D 1017）　《杂阿含经》卷三

12.8×24.3cm，13行。刻本。高昌故城出土。

参 Kudara 2005，17。

Ch 2811（T III T 304. Toyok）　《佛说大白伞盖总持陀罗尼经》

22×10.3cm，6行。刻本。吐峪沟遗址出土。

参 KCBT I，164。

Ch 2812（T III T）　《大智度论》卷九三

16.1×14.1cm，7行。吐峪沟遗址出土。

参 Kudara 2005，107。

Ch 2813r（T II Y 38）　《金刚般若波罗蜜经》

19.6×9.5cm，5行，约9—10世纪。交河故城出土。

参 KCBT I，45。

Ch 2813v　《金刚般若波罗蜜经》

5行，约9—10世纪。

参 KCBT I，46。

Ch 2814（T II 1165）　《佛说灌顶七万二千神王护比丘咒经》卷一二

12.6×19.2cm，9 行，约 7 世纪中—8 世纪末。

参 KCBT I，169。

Ch 2815（无原编号） 《大般若波罗蜜多经》卷四六一

13.8×23.9cm，11 行。刻本。

参 Kudara 2005，33。

Ch 2816（T III Y 57） 《妙法莲华经》卷五

15.2×15.2cm，8 行，约 7 世纪中—8 世纪末。交河故城出土。

参 KCBT II，52。

Ch 2817（无原编号） 佛典残片

13.3×22.8cm，10 行。

Ch 2818（无原编号） 《金刚般若波罗蜜经》

12.8×19.5cm，11 行，约 9—10 世纪。

参 KCBT II，34。

Ch 2819（无原编号） 佛典残片

20.9×12.8cm，5 行。

Ch 2820（T III T 259） 《合部金光明经》卷四

20.7×12.7cm，7 行，约 7 世纪中—8 世纪末。吐峪沟遗址出土。

参 KCBT II，76。

Ch 2821r（无原编号） 《增一阿含经》卷三一

11.4×22.2cm，11 行。刻本。

参 KCBT II，16。

Ch 2821v 《正法华经》卷六

2 行，约 9—10 世纪。

参 KCBT II，61。

Ch 2822（无原编号） 佛典残片

21.3×12.7cm，7 行。

Ch 2823（无原编号） 《妙法莲华经》卷七

12.1×24.5cm，14 行，约 6 世纪中—7 世纪中。

参 KCBT I，109。

Ch 2824（无原编号） 佛典残片

13.2×23.1cm，16 行。

Ch 2825（无原编号） 《正法念处经》卷八

14.5×24.5cm，12 行。刻本。

参 KCBT I，160；中村菊之进 1990，45。

Ch 2826r（无原编号） 《佛说灌顶七万二千神王护比丘咒经》卷一二

14.3×22cm，13 行。

参 Kudara 2005，100。

Ch 2826v 佛典残片

1 行。

Ch 2827r（无原编号） 佛典残片

13.5×23.7cm，13 行。

Ch 2827v 佛典残片

1 行。

Ch 2828（无原编号） 《金刚般若波罗蜜经》

11.8×25cm，13 行，约 7 世纪中—8 世纪末。

参 KCBT II，32。

Ch 2829（T III 1005） 《妙法莲华经》卷五

13.8×13cm，7 行，约 7 世纪中—8 世纪末。

参 KCBT I，93。

Ch 2830（T II M 1024） 《大般若波罗蜜多经》卷二六〇

13.3×13.3cm，7 行，约 7 世纪中—8 世纪末。木头沟遗址出土。

参 KCBT II，24。

Ch 2831 千佛像

Ch 2832a（T II D 217） 《佛说阿弥陀经》

12.5×6.5cm，4 行，约 7 世纪中—8 世纪末。高昌故城出土。

参 KCBT I，132。

Ch 2832b（T II D 217） 《合部金光明经》卷一

8.1×5cm，3 行，约 7 世纪中—8 世纪末。高昌故城出土。

参 KCBT I，155。

Ch 2833（无原编号） 佛典残片

13.5×11.1cm，7 行。

Ch 2834（T III 2052） 佛典残片

11.1×11.7cm，9 行。

Ch 2835（T II D 222） 《大般涅槃经》卷一六

10.7×12.8cm，8 行。高昌故城出土。

参 Kudara 2005，70。

Ch 2836（无原编号） 萧道成写经题记

9.7×12.2cm，2 行，与 Ch 2521 缀合，见该卷说明。

Ch 2837（T III T） 《妙法莲华经》卷四

11×13.5cm，7 行，约 7 世纪中—8 世纪末。吐峪沟遗址出土。

参 KCBT II，50。

Ch 2838（T II S） 《大般若波罗蜜多经》卷二八四

10.2×11.3cm，7 行，约 7 世纪中—8 世纪末。胜金口遗址出土。

参 KCBT II，24。

Ch 2839（T III 1169） 佛典残片

12.1×10.4cm，6 行。

Ch 2840（无原编号） 《金刚般若波罗蜜经》

11×14.4cm，8 行，约 9—10 世纪。

参 KCBT I，39。

Ch 2841（T III 73） 《金刚般若波罗蜜经》

16.9×11cm，6 行，约 9—10 世纪。

参 KCBT I，44。

Ch 2842（无原编号） 《中阿含经》卷五六

11.8×12.8cm，7 行。刻本。

参 KCBT I，22。

Ch 2843（无原编号） 《大般若波罗蜜多经》卷四六一

11.5×11.1cm，6 行。刻本。

参 Kudara 2005，33。

Ch 2844r（无原编号） 佛典残片

13.8×11cm，8 行。

Ch 2844v 佛典残片

7 行。

Ch 2845（T II T） 《大般若波罗蜜多经》卷四六二

16×10.5cm，7 行。吐峪沟遗址出土。

参 Kudara 2005，33。

Ch 2846（无原编号） 佛典残片

19.8×18.5cm，8 行。

Ch 2847（无原编号） 佛典残片

13.1×10.9cm，6 行。

Ch 2848（T III M 146） 《中阿含经》卷四五

15.3×11.5cm，5 行。刻本。木头沟遗址出土。

参 KCBT II，14；中村菊之进 1990，42。

Ch 2849（无原编号） 《维摩诘所说经》卷上

15.3×11.2cm，7 行，约 9—10 世纪。

参 KCBT I，147。

Ch 2850a（T III 34） 《梵网经卢舍那佛说菩萨心地戒品第十》卷下

9×3.1cm，3 行，约 7 世纪中—8 世纪末。

参 KCBT II，82。

Ch 2850b（T III 34） 《妙法莲华经》卷四

9×11.1cm，7 行，约 7 世纪中—8 世纪末。

参 KCBT II，51。

Ch 2851（无原编号） 《小品般若经》卷六

18.5×9.3cm，5 行，约 6 世纪中—7 世纪中。

参 KCBT II，31。

Ch 2852a（T I α 1001） 《大般若经》卷第四四六帙帙条

16.5×3.5cm，1 行，10 世纪以后（?）。麻布经帙。高昌故城 α 遗址出土。

参 KCBT I，30；荣新江 1997a，268；荣新江 1998b，319。

Ch 2852b（T I α 1001）　《大般涅槃经》卷第一帙帙条

19×4.5cm，1行，10世纪以后（?）。麻布经帙。高昌故城α遗址出土。

参 KCBT I，139；荣新江1997a，268；荣新江1998b，319。

Ch 2853（无原编号）　《大般涅槃经》卷三四

12.6×7.9cm，4行。

参 Kudara 2005，78。

Ch 2854（无原编号）　《大般涅槃经》卷二七

11.9×8.1cm，5行。可以与Ch 2858缀合。

参 Kudara 2005，74。

Ch 2855（无原编号）　《佛名经》卷一

13.5×8.3cm，4行，约9—10世纪。

参 KCBT I，144。

Ch 2856（T III D）　佛典残片

11.4×7.1cm，2行。高昌故城出土。

Ch 2857（T III D）　《大般若波罗蜜多经》卷一九〇

12.1×5.3cm，2行。刻本。高昌故城出土。

参 Kudara 2005，27。

Ch 2858（无原编号）　《大般涅槃经》卷二七

12×7.9cm，4行。可以与Ch 2854缀合。

参 Kudara 2005，74。

Ch 2859（T III T 354）　佛典残片

8.9×11.3cm，5行。吐峪沟遗址出土。

Ch 2860（无原编号）　《佛说七千佛神符经》

11×15.5cm，8行，约9—10世纪。

参 KCBT II，86。

Ch 2861（T III 2003）　《佛说观佛三昧海经》卷三

17.2×11.5cm，6行，约6世纪中—7世纪中。

参 KCBT II，74。

Ch 2862（T II T 153）　《大般若波罗蜜多经》卷二二〇

10.6×15.9cm，9行。吐峪沟遗址出土。

参 KCBT II，22。

Ch 2863（无原编号）　佛典残片

6.8×16.7cm，8行。

Ch 2864（无原编号）　佛典残片

15.1×8.4cm，4行。

Ch 2865（无原编号）　《大般涅槃经》卷一〇

7.6×16.6cm，11行。可以与Ch 2649缀合。

参 Kudara 2005，68。

Ch 2866r（无原编号）　佛典残片

5.5×15.7cm，7 行。

Ch 2866v　佛典残片

5 行。

Ch 2868（T III M 144）　《大般若波罗蜜多经》卷五三

5.6×8cm，6 行。木头沟遗址出土。

参 Kudara 2005，23。

Ch 2869（无原编号）　《摩诃般若波罗蜜经》卷二六

8×6.8cm，3 行，约 7 世纪中—8 世纪末。

参 KCBT I，37。

Ch 2870（无原编号）　佛典残片

7.9×4.7cm，3 行。

Ch 2871（无原编号）　佛典残片

6.2×4cm，2 行。

Ch 2872（无原编号）　《大般若波罗蜜多经》卷三三六

6.5×6cm，3 行，约 7 世纪中—8 世纪末。

参 KCBT II，25。

Ch 2873（无原编号）　《妙法莲华经》卷五

6.4×7.7cm，4 行。

参 Kudara 2005，58。

Ch 2874（无原编号）　佛典残片

5.1×5.2cm，3 行。

Ch 2875（T III M 122）　佛典残片

7.7×3.4cm，2 行。木头沟遗址出土。

Ch 2876（T III D 316）　佛典残片

2.9×7cm，2 行。高昌故城出土。

Ch 2877（无原编号）　《大智度论》卷五一

4.5×5.4cm，3 行。

参 Kudara 2005，106。

Ch 2878r（无原编号）　佛典残片

6.9×7.1cm，4 行，隶书，当为北朝写本。

Ch 2878v　佛典残片

6 行，字拙，有栏，但写出栏外。

Ch 2879（无原编号）　佛典残片

6.8×3cm，2 行。

Ch 2880r（无原编号）　佛典残片

4.4×6.2cm，3 行。

Ch 2880v　佛典残片

4 行。

Ch 2881（无原编号）　佛典残片

6×7cm，4行。

Ch 2882（无原编号） 佛典残片

8.2×5cm，3行。

Ch 2883 女童像

Ch 2884（无原编号） 佛典残片

5.8×14.6cm，9行。

Ch 2885（T III T 596） 《妙法莲华经》卷二

14.5×8.5cm，5行，约7世纪中—8世纪末。吐峪沟遗址出土。

参 KCBT I，64。

Ch 2886（T II S 1046） 佛典残片

20.4×7.9cm，4行。胜金口遗址出土。

Ch 2887（T III T 187） 《金光明最胜王经》卷九

10.6×7.9cm，5行，约9—10世纪。吐峪沟遗址出土。

参 KCBT I，157。

Ch 2888（T II 5012） 佛典残片

10.9×11.5cm，6行。

Ch 2889（T II D 347） 《金刚般若波罗蜜经》

8.9×11.6cm，7行。高昌故城出土。

参 Kudara 2005，48。

Ch 2890（无原编号） 佛典残片

11.2×14.5cm，7行。

Ch 2891（无原编号） 《金刚般若波罗蜜经》

15×11cm，6行，约7世纪中—8世纪末。

参 KCBT I，42。

Ch 2892r（无原编号） 《中阿含经》卷四二

10.8×14.4cm，8行。刻本。

参 Kudara 2005，16。

Ch 2892v 佛典残片

7行。

Ch 2893（无原编号） 《佛名经》卷匸

16.3×10.9cm，5行。

参 Kudara 2005，84。

Ch 2894（无原编号） 《大般若波罗蜜多经》卷二四九

15.2×9.7cm，6行，约7世纪中—8世纪末。

参 KCBT II，23。

Ch 2895（T II 3016） 《妙法莲华经》卷七

10.2×17.7cm，9行，约7世纪中—8世纪末。

参 KCBT I，117。

Ch 2896（无原编号） 佛典残片

11.1×12cm，7 行。

Ch 2897（T II D）　《妙法莲华经》卷三

15.2×8.5cm，4 行，约 7 世纪中—8 世纪末。高昌故城出土。

参 KCBT I，75。

Ch 2898（无原编号）　佛典残片

15.1×10.8cm，6 行。

Ch 2899（T III 34）　《金刚般若波罗蜜经》

11.9×11cm，6 行，约 9—10 世纪。

参 KCBT I，44。

Ch 2900（无原编号）　《金刚般若波罗蜜经》

10.8×23.2cm，12 行，约 9—10 世纪。

参 KCBT I，43。

Ch 2901（T II 1326）　佛典残片

13×21cm，17 行。

Ch 2902r（T III T 402）　《妙法莲华经》卷七

20.5×10.7cm，6 行。刻本。吐峪沟遗址出土。

参 KCBT I，115。

Ch 2902v　佛典残片

9 行。

Ch 2902bv　(T III T 402)　《妙法莲华经》卷六

6.3×14.8cm，9 行。吐峪沟遗址出土。

参 Kudara 2005，59。

Ch 2903（无原编号）　佛典残片

20.3×11.5cm，6 行。

Ch 2904r（无原编号）　《金光明最胜王经》卷二

17.2×9.7cm，7 行，约 9—10 世纪。

参 KCBT II，76。

Ch 2904v　《金光明最胜王经》卷二

7 行，约 9—10 世纪。

参 KCBT II，77。

Ch 2905（无原编号）　《金刚般若波罗蜜经》

15.8×19cm，10 行，约 7 世纪中—8 世纪末。

参 KCBT I，47。

Ch 2906（无原编号）　《妙法莲华经》卷七

13.6×19.2cm，10 行，约 9—10 世纪。

参 KCBT I，106。

Ch 2907（无原编号）　《妙法莲华经》卷五

15.4×15.4cm，8 行，约 7 世纪中—8 世纪末。

参 KCBT I，92。

Ch 2908（无原编号） 《增一阿含经》卷二三

17.2×15.5cm，8行。刻本。

参 Kudara 2005，20。

Ch 2909（T II D 302） 《大般若波罗蜜多经》卷二二二

14.8×18.7cm，3行。高昌故城出土。

参 KCBT I，32。

Ch 2910（无原编号） 《推死丧四邻妨忌法》（拟）

14.6×13.4cm，4行，字不佳，有栏。

参 荣新江 1998b，319；Nishiwaki 2001，93；余欣（待刊稿）。

Ch 2911（T III） 《金光明经》卷四

15.3×18.5cm，11行，约9—10世纪。

参 KCBT I，155。

Ch 2912r（无原编号） 《摩诃般若波罗蜜经》卷一

12.8×19cm，11行，约4—6世纪中。

参 KCBT II，27，图8/12。

Ch 2912v 佛典残片

12行。

Ch 2913（无原编号） 《妙法莲华经》卷二

12.8×18.6cm，11行，约4—6世纪中。

参 KCBT I，65。

Ch 2914（无原编号） 《金刚般若波罗蜜经》

13.7×16.1cm，9行，约9—10世纪。

参 KCBT I，43。

Ch 2915（无原编号） 佛典残片

12×17.7cm，9行。

Ch 2916（T III 272） 《大般若波罗蜜多经》卷七八

13.2×13.8cm，8行。

参 KCBT II，20。

Ch 2917r（T III T 408） 《切韵》

12.6×17cm，7行。据字体及正面背面的内容，与 Ch 1246r、Ch 343r、Ch 323r、Ch 1577r 为同一写本。吐峪沟遗址出土。

参 Nishiwaki 2001，42；Takata 2004，333-335；高田时雄 2005，24-27。

Ch 2917v 《尔雅音义·释鱼》

8行。据字体及正面背面的内容，与 Ch 1577v、Ch 323v、Ch 343v、Ch 1246v 为同一写本。

参 荣新江 1998b，319；Nishiwaki 2001，41。

Ch 2918（T II 2011） 《维摩诘所说经》卷中

14.9×24.9cm，14行，约7世纪中—8世纪末。

参 KCBT I，148。

Ch 2919（T II T 1219） 《金刚般若波罗蜜经》

16.9×15.7cm，8 行，约 7 世纪中—8 世纪末。吐峪沟遗址出土。

参 KCBT I，41。

Ch 2920ar（T II M 1000） 《大般涅槃经》卷九

25.2×16.7cm，11 行。木头沟遗址出土。

参 Kudara 2005，67。

Ch 2921（T III T 216） 《妙法莲华经》卷七

15×26.7cm，14 行，约 9—10 世纪。吐峪沟遗址出土。

参 KCBT I，122。

Ch 2922（T II S 21） 《千字文》

20.8×8.2cm，双面书写，各 3 行。大字，粗俗，有界栏，有朱笔点断。胜金口遗址出土。

参 荣新江 1998b，319；Nishiwaki 2001，53-54。

Ch 2923（T II 1818） 唐某年十二月廿七日典孙秀牒

19.6×7.6cm，4 行，字草，有朱点。典孙秀又见 Ch 2404 唐西州领钱历。

参 荣新江 1998b，319；Nishiwaki 2001，69。

Ch 2924r（T III T 571） 《增一阿含经》卷二二

15.1×11.6cm，6 行。刻本。吐峪沟遗址出土。

参 KCBT I，26。

Ch 2924v 佛典残片

1 行。

Ch 2925（T II M 1026） 《佛说天地八阳神咒经》

12.3×17.3cm，11 行，约 9—10 世纪。木头沟遗址出土。

参 KCBT I，186。

Ch 2926（T III 272.119） 佛典残片

30.5×9cm，5 行。

Ch 2927（T II D 143.22） 《金刚般若波罗蜜经》

15.6×9.8cm，6 行。高昌故城出土。

参 Kudara 2005，49。

Ch 2928（T II D 438） 《增一阿含经》卷二二

17×11.2cm，6 行。刻本。高昌故城出土。

参 KCBT I，27。

Ch 2929（T I x 522） 《金刚般若波罗蜜经》

12.5×26cm，14 行，约 9—10 世纪。

参 KCBT II，35。

Ch 2930（T II 1999） 佛典残片

11.6×25.4cm，14 行。

Ch 2931r（T II T 1566） 《礼赞文》并回鹘文音注词汇

10.2×15.3cm，7 行。在汉文礼赞文之行间书写对音回鹘文词汇。吐峪沟遗址出土。

参 Raschmann & Takata 1993，391-396，图 2；Wang 2004，373；高田时雄 2005，204-210 + 图 1。

Ch 2931v 《大乘广百论释论》卷一

8 行。

参 Raschmann & Takata 1993，391，图 1；高田时雄 2005，204，209；Kudara 2005，110。

Ch 2932（T II T 1945） 佛典残片

11.5×9cm，9 行。吐峪沟遗址出土。

Ch 2933r（T III 2078） 佛典残片

25.1×11.6cm，6 行。

Ch 2933v 佛典残片

6 行。

Ch 2934（T II 4024） 《摩诃般若波罗蜜经》卷二三

10.5×12.2cm，7 行。

参 Kudara 2005，42。

Ch 2935（T II T 1558） 《金刚般若波罗蜜经》

11.1×10.3cm，6 行，约 7 世纪中—8 世纪末。吐峪沟遗址出土。

参 KCBT I，43。

Ch 2936（T II T 1529） 佛典残片

6.7×8.1cm，4 行。吐峪沟遗址出土。

Ch 2937（T III T 579） 佛典残片

8.5×20.5cm，5 行。吐峪沟遗址出土。

Ch 2938（T III 2031） 《大般涅槃经》卷二五

13×9.1cm，5 行。

参 Kudara 2005，73。

Ch 2939（T II T 1488） 《金刚般若波罗蜜经》

10.2×10.6cm，6 行，约 9—10 世纪。吐峪沟遗址出土。

参 KCBT II，32。

Ch 2940（T II D 322） 《四分律删补随机羯磨》卷下

9.3×10.8cm，5 行。高昌故城出土。

参 Kudara 2005，115。

Ch 2941（T II 1337） 《妙法莲华经》卷五

10.2×12.5cm，7 行，约 7 世纪中—8 世纪末。

参 KCBT II，54。

Ch 2942（T III T 274） 《妙法莲华经》卷四

8.8×13.2cm，7 行，约 6 世纪中—7 世纪中。吐峪沟遗址出土。

参 KCBT II，49。

Ch 2943（T II 1518） 《维摩诘所说经》卷上

15×8.4cm，5 行。

参 Kudara 2005，94。

Ch 2944（T II T 1660）　佛典残片

8.5×8.3cm，5 行。吐峪沟遗址出土。

Ch 2945（T II T 1669）　佛典残片

10.7×7.9cm，4 行。吐峪沟遗址出土。

Ch 2946（T III 34.125）　佛典残片

13.8×7.8cm，3 行。

Ch 2947（T III 2006）　佛典残片

5.8×12.5cm，5 行。

Ch 2948r（T III T 430）　《妙法莲华经》卷五

11.4×7cm，4 行，约 7 世纪中—8 世纪末。吐峪沟遗址出土。

参 KCBT II，53。

Ch 2949（T II 4094）　《妙法莲华经》卷二

12.8×6.5cm，3 行，约 7 世纪中—8 世纪末。

参 KCBT I，63。

Ch 2950（T II 1117）　佛典残片

9.8×13.4cm，6 行。

Ch 2951（T III 2007）　《佛本行集经》卷五五

13.6×6.8cm，4 行，约 6 世纪中—7 世纪中。

参 KCBT I，29。

Ch 2952（T II 1284）　《大般若波罗蜜多经》卷四二二

9.8×5.9cm，3 行。刻本。

参 Kudara 2005，31。

Ch 2953（T II T 1279）　《大般涅槃经》卷一二

13×6.2cm，1 行，约 7 世纪中—8 世纪末。吐峪沟遗址出土。

参 KCBT I，137。

Ch 2954（T II 5004）　《大般若波罗蜜多经》卷二〇八

13.3×7.2cm，4 行。

参 Kudara 2005，30。

Ch 2955（T II D 371）　佛典残片

15.3×5.6cm，3 行。高昌故城出土。

Ch 2956（T II 1205）　《妙法莲华经》卷六

12.5×7.5cm，3 行，约 9—10 世纪。

参 KCBT I，100。

Ch 2957（T III T 356）　佛典残片

7.7×12.5cm，8 行。吐峪沟遗址出土。

Ch 2958（无原编号）　佛典残片

8.5×13.7cm，7 行。

Ch 2959r（T II T 2017） **《妙法莲华经》卷七**

8.1×8.3cm，5 行。刻本。吐峪沟遗址出土。

参 Kudara 2005，60。

Ch 2959v **佛典残片**

5 行。

Ch 2960（T II T 1692） **佛典残片**

9.7×7.4cm，3 行。吐峪沟遗址出土。

Ch 2961（T II 1118） **佛典残片**

9.9×8.7cm，4 行。

Ch 2962（无原编号） **《大般涅槃经》卷一二**

6×13.4cm，7 行。

参 Kudara 2005，69。

Ch 2963（T III M 121.50） **《中阿含经》卷四四**

12.4×5cm，3 行。刻本。木头沟遗址出土。

参 KCBT II，13。

Ch 2964（T III T 524） **《增一阿含经》卷四二**

6.1×14.4cm，7 行。刻本。吐峪沟遗址出土。

参 Kudara 2005，21。

Ch 2965（无原编号） **《妙法莲华经》卷四**

17.1×6cm，4 行。

参 Kudara 2005，56。

Ch 2966（T II T 1434） **佛典残片**

11.2×10.4cm，6 行。吐峪沟遗址出土。

Ch 2967r（T II T 1282） **佛典残片**

9.1×7.4cm，3 行。吐峪沟遗址出土。

Ch 2967v **佛典残片**

3 行。

Ch 2968r（T III T 444） **佛典残片**

15.8×9.2cm，1 行。吐峪沟遗址出土。

Ch 2968v **佛典残片**

6 行。

Ch 2969（T III M 173.185） **佛典残片**

6.2×6.8cm，5 行。木头沟遗址出土。

Ch 2970（无原编号） **《佛名经》卷八**

9.7×8.8cm，5 行。

参 Kudara 2005，87。

Ch 2971（T III M 508） **《佛说灌顶七万二千神王护比丘咒经》卷一二**

7.4×11.2cm，7 行，约 7 世纪中—8 世纪末。木头沟遗址出土。

参 KCBT II，81。

Ch 2972（T II T 1482） 《佛说天地八阳神咒经》

11.5×8.5cm，3 行，约 9—10 世纪。吐峪沟遗址出土。

参 KCBT I，186。

Ch 2973（T II 4025） 佛典残片

9×14.5cm，8 行。

Ch 2974（T III T 186） 《大般涅槃经》卷二九

14.2×8cm，5 行。吐峪沟遗址出土。

参 Kudara 2005，75。

Ch 2975（T II T 1303） 《妙法莲华经》卷二

18.2×9.3cm，5 行，约 9—10 世纪。吐峪沟遗址出土。

参 KCBT I，59。

Ch 2976r（T II D 226） 《大宝积经》卷一七

15.8×9cm，7 行。高昌故城出土。

参 Kudara 2005，63。

Ch 2976v 《大宝积经》卷一四

7 行。

参 Kudara 2005，63。

Ch 2977（T II T 3092） 《金光明最胜王经》卷九

14.9×8cm，5 行，约 7 世纪中—8 世纪末。吐峪沟遗址出土。

参 KCBT II，78。

Ch 2978（T III 1156） 《妙法莲华经》卷五

16.9×10.3cm，6 行，约 7 世纪中—8 世纪末。

参 KCBT I，94。

Ch 2979r（T II T 1746） 佛典残片

15.8×9.2cm，5 行。吐峪沟遗址出土。

Ch 2979v 《大般涅槃经》卷三一

1 行。

参 Kudara 2005，77。

Ch 2980（T IV B 1364） 《大般涅槃经》

14.2×10.5cm，5 行，约 7 世纪中—8 世纪末。

参 KCBT II，64，图 30/46。

Ch 2981a（T II T 300） 《大般若波罗蜜多经》卷一六三

10.1×8.8cm，5 行。刻本。吐峪沟遗址出土。

参 Kudara 2005，26。

Ch 2981b（T II T 300） 《大般若波罗蜜多经》卷一六三

12.3×9cm，5 行。刻本。吐峪沟遗址出土。

参 Kudara 2005，26。

Ch 2982（T II T 1547） 《妙法莲华经》卷一

12.9×9.9cm，6 行。吐峪沟遗址出土。

参 Kudara 2005，51。

Ch 2983（T III T 536）《大般若波罗蜜多经》卷四五六

12.9×11.7cm，7行。刻本。吐峪沟遗址出土。

参 Kudara 2005，33。

Ch 2984（T II 1239）《妙法莲华经》卷一

12.7×11.7cm，7行，约7世纪中—8世纪末。

参 KCBT I，56。

Ch 2985（T III T 371）《金刚般若波罗蜜经》

13.7×10.7cm，7行，约9—10世纪。吐峪沟遗址出土。

参 KCBT I，41。

Ch 2986（T II D 278）《金刚般若波罗蜜经》

12.2×9.6cm，6行，约7世纪中—8世纪末。高昌故城出土。

参 KCBT II，36。

Ch 2987（T III 218.12）佛典残片

12.4×8.5cm，4行。

Ch 2988（T II D 129）《长阿含经》卷一〇

12.8×10.9cm，6行。刻本。高昌故城出土。

参 Kudara 2005，13。

Ch 2989（T III T 1250）《瑜伽师地论》卷七〇

13×11.8cm，7行。吐峪沟遗址出土。

参 Kudara 2005，111。

Ch 2990（T II T 1541）佛典残片

12.7×13cm，8行。吐峪沟遗址出土。

Ch 2991（T II T 1517）《中阿含经》卷二三

16.1×11.5cm，6行。刻本。吐峪沟遗址出土。

参 Kudara 2005，16。

Ch 2992（无原编号）《中阿含经》卷五五

15.6×10.5cm，4行，刻本。

参 KCBT I，22；中村菊之进 1990，42。

Ch 2993r（无原编号）《推行年禄命法》（拟）

14.3×10.3cm，4行。

参 荣新江 1998b，319；Nishiwaki 2001，93；余欣（待刊稿）。

Ch 2993v 曲子词（？）

4行。

参 荣新江 1998b，319。

Ch 2994（T III 3018）《妙法莲华经》卷一

14.3×9.1cm，5行，约7世纪中—8世纪末。

参 KCBT I，54。

Ch 2995（T II T 1322）《佛说仁王般若波罗蜜经》卷上

12×11.5cm，7 行，约 6 世纪中—7 世纪中。吐峪沟遗址出土。

参 KCBT II，37。

Ch 2996（T II D） 佛典残片

14×11.4cm，7 行。高昌故城出土。

Ch 2998ar（T III） 《光赞经》卷六

8.4×7.4cm，5 行。

参 Kudara 2005，40。

Ch 2998av 佛典残片

5 行。

Ch 2998br（T III） 《光赞经》卷六

7.1×10.1cm，6 行。

参 Kudara 2005，40。

Ch 2998bv 佛典残片

6 行。

Ch 2999（无原编号） 《中阿含经》卷五

13.8×13.1cm，6 行。刻本。

参 KCBT I，18。

Ch 3000（T III 2080） 《大般若波罗蜜多经》卷五四六

12.9×12.7cm，7 行。刻本。

参 Kudara 2005，35。

Ch 3001（T II 1382） 《四分律比丘戒本》

11.4×14.7cm，8 行，约 7 世纪中—8 世纪末。

参 KCBT I，173。

Ch 3002r（T III 20.1） 散花乐

15.5×17.6cm，5 行，大字，不佳。

参 荣新江 1998b，319。

Ch 3002v 习字

3 行。

参 荣新江 1998b，319。

Ch 3003（T II 1789） 佛典残片

21.4×18.2cm，9 行。

Ch 3004r（T II 1107） 《千字文》

16.3×16.6cm，6 行，习书，有朱笔改订处。

参 Nishiwaki 2001，56，图 5。

Ch 3004v 牒尾判词

3 行。

参 荣新江 1998b，319；Nishiwaki 2001，68-69。

Ch 3005（T III T 81） 《妙法莲华经》卷四

23×9.5cm，6 行。刻本。吐峪沟遗址出土。中国国家图书馆善本部藏有向达 1937

年所获旧照片。

参 KCBT I，87；荣新江 2005，274。

Ch 3006（无原编号）　《中阿含经》卷八

14.7×17.4cm，10 行。刻本。

参 Kudara 2005，15。

Ch 3007（T II T 13）　《小品般若波罗蜜经》卷一〇

18.7×12.7cm，7 行。

参 Kudara 2005，46。

Ch 3008（T II D）　《金刚般若波罗蜜经》

12.5×20.2cm，9 行，约 9—10 世纪。高昌故城出土。

参 KCBT II，35。

Ch 3009（T III 1120）　（1）《祭宅文》　（2）《佛说安宅神咒经》

10×18cm，10 行，前 4 行是祭宅文，5 行以后是《佛说安宅神咒经》，背面接书，5 行。两篇文献的字体不同。《佛说安宅神咒经》的个别文字与《大正藏》本略有不同。

参 荣新江 1998b，319；Nishiwaki 2001，112；余欣（待刊稿）。

Ch 3010（T III T 630）　曲子词

11×13.2cm，9 行，文字不佳。吐峪沟遗址出土。

参 荣新江 1998b，319。

Ch 3011（T II 1361）　佛典残片

10.9×17.8cm，10 行。

Ch 3012（T II T 2069）　《妙法莲华经》卷二

12.8×17.7cm，11 行，约 4—6 世纪中。吐峪沟遗址出土。

参 KCBT I，58。

Ch 3013（T III 34.113）　《大般涅槃经》卷三三

10.1×13.7cm，7 行。

参 Kudara 2005，78。

Ch 3014r（无原编号）　佛典残片

9.6×13.4cm，8 行。

Ch 3014v　回鹘人音注汉文《金光明最胜王经》难字

5 行，刻本。

参 荣新江 1998b，319；Nishiwaki 2001，52。

Ch 3015（T III T 599）　佛典残片

9.4×15.3cm，7 行。吐峪沟遗址出土。

Ch 3016（T I 1036）　《大般涅槃经》卷八

17.2×10.4cm，7 行，约 7 世纪中—8 世纪末。

参 KCBT II，66。

Ch 3017（T III 1101）　《金刚般若经挟注》

16.2×9.9cm，5 行，约 9—10 世纪。

参 KCBT I，184，图 31/44。

Ch 3019（T II T 2009） 《妙法莲华经》卷二

13.7×10.9cm，5 行，约 7 世纪中—8 世纪末。吐峪沟遗址出土。

参 KCBT I，58。

Ch 3020（T II T 1179） 《入楞伽经》卷二

12.6×9.6cm，6 行，约 7 世纪中—8 世纪末。吐峪沟遗址出土。

参 KCBT II，79。

Ch 3021（T III 1179） 《大般若波罗蜜多经》卷二七九

10.8×11.2cm，7 行，约 7 世纪中—8 世纪末。

参 KCBT II，24。

Ch 3022（无原编号） 《金刚般若波罗蜜经》

11.4×11.4cm，6 行，约 7 世纪中—8 世纪末。

参 KCBT II，36。

Ch 3023（T II 3099） 道经（?）

11.4×10.7cm，6 行，楷书精写，有乌丝栏。

参 荣新江 1998b，319；西胁常记 1999，50，63（图 IV）。

Ch 3024（T III 272.113） 《大般若波罗蜜多经》卷三八〇

12.9×13.8cm，7 行。刻本。

参 Kudara 2005，30。

Ch 3025（T II S 1032） 《大般若波罗蜜多经》卷二五二

11.7×15.7cm，9 行，约 7 世纪中—8 世纪末。胜金口遗址出土。

参 KCBT II，23。

Ch 3026（T II T 1481） 《大般涅槃经》卷三

11.6×13.3cm，8 行，约 6 世纪中—7 世纪中。吐峪沟遗址出土。

参 KCBT II，72。

Ch 3027（T II T 397） 佛典残片

12.1×8.4cm，5 行。吐峪沟遗址出土。

Ch 3028（T II T 1396） 《中阿含经》卷二二

11.3×12.1cm，4 行，约 7 世纪中—8 世纪末。吐峪沟遗址出土。

参 KCBT I，20。

Ch 3029a（T II D 186） 《大般涅槃经》卷一六

1.8×2.1cm，2 行。高昌故城出土。

参 Kudara 2005，70。

Ch 3029b（T II D 186） 《大般涅槃经》卷一六

9.7×11.2cm，5 行。高昌故城出土。

参 Kudara 2005，70。

Ch 3030（T II 4008） 佛典残片

9×16.7cm，10 行。

Ch 3031（无原编号） 《佛名经》卷一一

12.5×12.7cm，6行。

参 Kudara 2005，89。

Ch 3032（T I 516 x） 佛典残片

15.9×10.6cm，8行。

Ch 3033（T III D 1030） 《妙法莲华经》卷一

14.7×11.5cm，6行，约9—10世纪。高昌故城出土。

参 KCBT I，51。

Ch 3034（T II D） 《梵网经卢舍那佛说菩萨心地戒品第十》卷下

13.6×10.7cm，9行，约7世纪中—8世纪末。高昌故城出土。

参 KCBT I，176。

Ch 3035（T III S 94.54） 《大般涅槃经》卷七

11.8×16.6cm，8行，约7世纪中—8世纪末。胜金口遗址出土。

参 KCBT I，139。

Ch 3036（T II 1517） 《佛说灌顶七万二千神王护比丘咒经》卷一二

13.3×18.4cm，12行，约7世纪中—8世纪末。

参 KCBT I，170。

Ch 3037（T III T 350） 《增一阿含经》卷四二

16×16.8cm，9行。刻本。吐峪沟遗址出土。

参 KCBT II，17。

Ch 3038（T II 1602） 《妙法莲华经》卷五

19×15.7cm，9行，约7世纪中—8世纪末。

参 KCBT I，91。

Ch 3039（T II T 1644） 佛典残片

10.5×10.8cm，5行。吐峪沟遗址出土。

Ch 3040b（无原编号） 《大般若波罗蜜多经》卷二七九

11.5×11.8cm，7行。

参 Kudara 2005，29。

Ch 3041（T II T 1320） 《金刚般若波罗蜜经》

17.4×10.1cm，6行，约9—10世纪。吐峪沟遗址出土。

参 KCBT I，43。

Ch 3042（T III 34.3） 佛典残片

18×11.1cm，5行。

Ch 3043（无原编号） 《妙法莲华经》卷七

10.8×14.5cm，9行，约7世纪中—8世纪末。

参 KCBT I，111。

Ch 3044（无原编号） 佛典残片

9.7×27.2cm，19行。

Ch 3045（T I 524 x） 《金刚般若波罗蜜经》

14.8×20cm，12行，约7世纪中—8世纪末。

参 KCBT I，44。

Ch 3046（T II 1911） 佛典残片

21.4×17.7cm，8 行。

Ch 3047（T II D 428） 《增一阿含经》卷七

12.2×19.5cm，10 行。刻本。高昌故城出土。

参 KCBT II，15。

Ch 3049（T II D 429） 《中阿含经》卷五六

19.1×13.4cm，7 行。刻本。高昌故城出土。

参 KCBT II，14。

Ch 3050（T III D 1035） 《大般若波罗蜜多经》卷一五五

17.3×28.7cm，14 行。刻本。高昌故城出土。

参 KCBT II，21。

Ch 3051（无原编号） 《妙法莲华经》卷五

18.4×30.4cm，17 行，约 7 世纪中—8 世纪末。

参 KCBT I，94。

Ch 3052（无原编号） 《金刚般若波罗蜜经》

11×29.7cm，15 行。

参 Kudara 2005，49。

Ch 3053（T III T 297） 《妙法莲华经》卷三

26.5×12.2cm，7 行，约 7 世纪中—8 世纪末。吐峪沟遗址出土。

参 KCBT I，71。

Ch 3054（无原编号） 《四分律》卷一九

11.7×23.3cm，14 行。

参 Kudara 2005，101。

Ch 3055（无原编号） 《妙法莲华经》卷一

11.3×28.2cm，14 行。刻本。

参 KCBT I，54。

Ch 3056a（T III T 234） 《大般涅槃经》卷二九

13×5.5cm，3 行。可以与 Ch 3056b、Ch 3056c、Ch 3758 缀合。吐峪沟遗址出土。

参 Kudara 2005，75。

Ch 3056b（T III T 234） 《大般涅槃经》卷二九

15.1×5.8cm，3 行。可以与 Ch 3056a、Ch 3056c、Ch 3758 缀合。吐峪沟遗址出土。

参 Kudara 2005，75。

Ch 3056c（T III T 234） 《大般涅槃经》卷二九

12×9cm，4 行。可以与 Ch 3056a、Ch 3056b、Ch 3758 缀合。吐峪沟遗址出土。

参 Kudara 2005，75。

Ch 3057（T III T 365） 《佛说灌顶七万二千神王护比丘咒经》卷八

6.5×31.5cm，16 行，约 7 世纪中—8 世纪末。吐峪沟遗址出土。

参 KCBT I，166。

Ch 3058（T II 4056） 佛典残片

8.1×26.9cm，16 行。

Ch 3059（无原编号） 《大智度论》卷一六

7.7×37.4cm，24 行。

参 Kudara 2005，105。

Ch 3060（无原编号） 残牒尾

11.6×8.7cm，3 行，有朱笔画线。

参 荣新江 1998b，319；Nishiwaki 2001，81。

Ch 3061（T II D 206） 佛典残片

13.5×6.8cm，4 行。高昌故城出土。

Ch 3062（T II 4020） 《大般涅槃经》卷二九

10.1×7.5cm，4 行。可以与 Ch 1013r 缀合。

参 Kudara 2005，75。

Ch 3063（T II 1856） 佛典残片

9×12.3cm，6 行。

Ch 3064（T II 5011） 《妙法莲华经》卷三

10×8.4cm，5 行，约 7 世纪中—8 世纪末。

参 KCBT II，46。

Ch 3065（T I 1072） 《妙法莲华经》卷七

10.2×9.5cm，6 行，约 9—10 世纪。

参 KCBT I，124。

Ch 3066（T II D 371） 佛典残片

8.5×6.6cm，4 行。高昌故城出土。

Ch 3067（无原编号） 佛典残片

3.6×4.5cm，（1）+2 行。

Ch 3068（T II T 1723） 佛典残片

9.4×7cm，4 行。吐峪沟遗址出土。

Ch 3069（T III M 513） 《大般若波罗蜜多经》卷二五四

6.8×6.1cm，4 行。刻本。木头沟遗址出土。

参 KCBT II，23。

Ch 3070（T II D 333） 佛典残片

9.1×7.2cm，3 行。高昌故城出土。

Ch 3071r（T III 1199） 《道行般若经》卷六

7.9×4.8cm，3 行。

参 Kudara 2005，44。

Ch 3071v 佛典残片

2 行。

Ch 3072（无原编号） 《妙法莲华经》卷五

7.3×15.4cm，8 行。

参 Kudara 2005，57。

Ch 3073r（无原编号）　《中阿含经》卷五

15×9.6cm，6 行。刻本。

参 Kudara 2005，14。

Ch 3073v　佛典残片

3 行。

Ch 3074（无原编号）　《妙法莲华经》卷三

15.4×9.9cm，6 行，约 9—10 世纪。

参 KCBT I，77。

Ch 3075（无原编号）　《佛说灌顶七万二千神王护比丘咒经》卷一一

16.5×10.2cm，5 行。

参 Kudara 2005，100。

Ch 3076（无原编号）　《大般若波罗蜜多经》卷五七一

11.1×16.6cm，6 行。刻本。

参 Kudara 2005，37。

Ch 3077（无原编号）　《中阿含经》卷二九

9.4×15.3cm，9 行。刻本。

参 KCBT I，20。

Ch 3078（无原编号）　《大般若波罗蜜多经》卷九五

16.4×9.7cm，5 行，约 9—10 世纪。

参 KCBT II，20。

Ch 3079（T III 73.104）　《妙法莲华经》卷七

14.7×11cm，7 行，约 9—10 世纪。

参 KCBT I，105。

Ch 3080（T III T 395）　《妙法莲华经》卷二

16.6×10.5cm，7 行，约 7 世纪中—8 世纪末。吐峪沟遗址出土。

参 KCBT I，68。

Ch 3081（T II 4053）　《大般若波罗蜜多经》卷四二

16×8.9cm，6 行。

参 Kudara 2005，23。

Ch 3082（T II 4018）　《金刚般若波罗蜜经》

11×15cm，8 行，约 7 世纪中—8 世纪末。

参 KCBT II，34。

Ch 3083（无原编号）　《妙法莲华经》卷一

14.8×11.2cm，5 行，约 9—10 世纪。

参 KCBT I，53。

Ch 3084（T II T 1907）　《妙法莲华经》卷六

14×13.2cm，6 行，约 7 世纪中—8 世纪末。吐峪沟遗址出土。

参 KCBT II，56。

Ch 3085（T III T 258）　《大般涅槃经》卷一

13.6×19.5cm，11行，约6世纪中—7世纪中。吐峪沟遗址出土。

参 KCBT II，63。

Ch 3086（无原编号）　《大般涅槃经》卷二九

16.9×18cm，9行，约6世纪中—7世纪中。

参 KCBT II，70。

Ch 3087a（T II S 1029）　佛典残片

4.3×3cm，1行。胜金口遗址出土。

Ch 3087b（T II S 1029）　佛典残片

17.7×12.6cm，5行。胜金口遗址出土。

Ch 3088（无原编号）　《大般若波罗蜜多经》卷五六九

20.7×18.4cm，12行。

参 Kudara 2005，37。

Ch 3089（T III D）　《大般若波罗蜜多经》卷二二四

14.9×26.6cm，13行。刻本。高昌故城出土。

参 KCBT II，22。

Ch 3090（T III D）　《大般若波罗蜜多经》卷一四八

17.8×21.5cm，11行。刻本，属于金藏。高昌故城出土。

参 Kudara 2005，26。

Ch 3091（无原编号）　《菩萨地持经》卷八

19.5×15.1cm，9行。

参 Kudara 2005，112。

Ch 3092r（T II Y 23）　《大般涅槃经》卷四

27×15.1cm，10行，约9—10世纪。交河故城出土。

参 KCBT I，135。

Ch 3092v　《大般涅槃经》卷四

10行，约9—10世纪。

参 KCBT I，135。

Ch 3093（T II T 1169）　《大般若波罗蜜多经》卷一〇九

20.4×28.4cm，18行，约9—10世纪。吐峪沟遗址出土。

参 KCBT II，21。

Ch 3094（无原编号）　佛典残片

16.3×23cm，13行。

Ch 3095r（T II T 1007）　《太上洞玄灵宝升玄内教经》卷七

26.3×19.7cm，11行，楷书精写，有乌丝栏。"世"字缺笔画，"民"字不讳，唐初写本。吐峪沟遗址出土。

参 西胁常记 1995，46-47，54（图）；荣新江 1997b，396；荣新江 1998b，312，319；西胁常记 1999，48；荣新江 1999a，138；山田俊 1999，189-207，274；西胁

常记 1999a，138；Nishiwaki 2001，130；西胁常记 2002，110-113，图 28；王卡 2004，124。

Ch 3095v　《观世音如意心轮最胜秘蜜无碍陀罗尼别行》（马鸣菩萨造译）

12 行，大字，不佳，与正面道经文字倒置。抄写年代在道经之后。

参 西胁常记 1995，48-52，55（图）；Nishiwaki 2001，109-110。

Ch 3096（无原编号）　《放光般若经》卷三

24.8×13.8cm，8 行，约 4—6 世纪中。

参 KCBT II，26，图 5/7。

Ch 3097（无原编号）　《大智度论》卷七四

21.5×14.8cm，8 行。

参 Kudara 2005，106。

Ch 3098（T III D）　《大般若波罗蜜多经》卷一一九

27.3×13.5cm，6 行。刻本。高昌故城出土。

参 KCBT II，21。

Ch 3099r（无原编号）　《大般若波罗蜜多经》卷五四三

22.3×16.4cm，7 行，约 9—10 世纪。

参 KCBT I，34。

Ch 3099v　杂写

9 行，写五行干支。又有一些文字写在正面。

参 荣新江 1998b，319；Nishiwaki 2001，98，148-149；余欣（待刊稿）。

Ch 3100（无原编号）　《菩萨地持经》卷八

16.8×17cm，11 行。

参 Kudara 2005，112。

Ch 3101（T III D）　《大般若波罗蜜多经》卷一五五

19.8×16cm，8 行。刻本。高昌故城出土。

参 KCBT I，31；中村菊之进 1990，44。

Ch 3102（无原编号）　佛典残片

18×18.1cm，9 行。

Ch 3103（T III D）　《大般若波罗蜜多经》卷一三〇

34.3×13.9cm，8 行。高昌故城出土。

参 Kudara 2005，25。

Ch 3104（无原编号）　《妙法莲华经》卷一

9.3×34.9cm，20 行，约 7 世纪中—8 世纪末。

参 KCBT I，51。

Ch 3105（无原编号）　《大般涅槃经》卷四〇

13.1×21cm，12 行。

参 Kudara 2005，80。

Ch 3106（T II Y 23）　佛典残片

26×16.1cm，10 行。交河故城出土。

Ch 3108r（无原编号）　《增一阿含经》卷二二

18.1×26.3cm，13行。刻本。

参 KCBT I，27；中村菊之进1990，43。

Ch 3108v　佛典残片

13行。

Ch 3109（T III D）　《大般若波罗蜜多经》卷二六五

12.6×29.6cm，7行。刻本，属于金藏。可以与Ch 2780缀合。高昌故城出土。

参 Kudara 2005，29。

Ch 3110（无原编号）　《大般若波罗蜜多经》卷二七五

37.1×15.8cm，9行。

参 Kudara 2005，29。

Ch 3111（无原编号）　《大般若波罗蜜多经》卷二五三

22.7×16cm，9行。

参 Kudara 2005，28。

Ch 3112（无原编号）　佛典残片

19.9×22.2cm，11行。

Ch 3113（T II T 1160）　《妙法莲华经》卷三

13.6×26.8cm，15行，约7世纪中—8世纪末。吐峪沟遗址出土。

参 KCBT I，73。

Ch 3114（T I D）　佛典残片

23.4×18.9cm，5行。高昌故城出土。

Ch 3115（无原编号）　佛典残片

19.4×16.9cm，9行。

Ch 3116a（T II 1581）　《妙法莲华经》卷六

13.7×19.1cm，10行，约7世纪中—8世纪末。

参 KCBT I，97。

Ch 3116b（T II 1581）　《妙法莲华经》卷六

4.9×3cm，1行，约7世纪中—8世纪末。

参 KCBT I，97。

Ch 3117（无原编号）　《大般涅槃经》卷三一

12.2×14.4cm，7行。大概可以与Ch 2607、Ch 2797缀合。

参 Kudara 2005，76。

Ch 3118（T III 1168）　《大般涅槃经》卷三〇

13.7×15.1cm，9行。

参 Kudara 2005，76。

Ch 3119（T II 1151）　佛典残片

12.9×16.7cm，9行。

Ch 3120（T II 1342）　《妙法莲华经》卷七

9.3×16.2cm，9行，约7世纪中—8世纪末。

参 KCBT I，106。

Ch 3121（T II S 1040）　佛典残片

14.5×10.2cm，6 行。胜金口遗址出土。

Ch 3122（T II T 1318）　《一切经音义》卷五《胜鬘经·须摩提经音义》（玄应）

12.9×13.2cm，6 行，前与 Ch 2259 缀合，上与 Ch 71 缀合。吐峪沟遗址出土。

参 西胁常记 1997b，91，图 14；荣新江 1998b，319；Nishiwaki 2001，103，图 21；西胁常记 2002，56-58，图 12；徐时仪 2005，6，42。

Ch 3123（T I 1022）　佛典残片

13×9.1cm，5 行。

Ch 3124（T II Y）　书状

13.9×9.8cm，双面书写，各 4 行，均为书信，但不知是否属于同一信件。字草，墨淡。交河故城出土。

参 荣新江 1998b，319；Nishiwaki 2001，144。

Ch 3125（T II T 1207）　《佛名经》卷一一

12.6×12.3cm，7 行。吐峪沟遗址出土。

参 Kudara 2005，89。

Ch 3126（T III 34.77）　《妙法莲华经》卷一

10.2×14.6cm，9 行，约 7 世纪中—8 世纪末。

参 KCBT I，56。

Ch 3127（T III T 159）　《妙法莲华经》卷七

14.8×8.5cm，5 行，约 9—10 世纪。吐峪沟遗址出土。

参 KCBT I，107。

Ch 3128（T II 1904）　佛典残片

11.7×16.3cm，9 行。

Ch 3129（T II T 1464）　《大般涅槃经》卷二七

14×8.8cm，4 行。吐峪沟遗址出土。

参 Kudara 2005，74。

Ch 3130a（T II 1345）　《大般涅槃经》卷三

8.1×8.1cm，4 行，约 6 世纪中—7 世纪中。

参 KCBT II，72。

Ch 3130b（T II 1345）　《大般涅槃经》卷三

10×10.9cm，6 行，约 6 世纪中—7 世纪中。

参 KCBT II，72。

Ch 3131（T III 1050）　佛典残片

11..8×22.8cm，13 行。

Ch 3132（T II T 1308）　《妙法莲华经》卷二

23.7×10.3cm，6 行，约 7 世纪中—8 世纪末。吐峪沟遗址出土。

参 KCBT I，60。

Ch 3133（T II T 1786）　佛典残片

12.6×6.2cm，3行。吐峪沟遗址出土。

Ch 3134（T II D 317）　《金刚般若波罗蜜经》

9.2×4.4cm，2行。刻本。高昌故城出土。

参 Kudara 2005，49。

Ch 3135（T III T 588）　佛典残片

10.9×7.2cm，3行。吐峪沟遗址出土。

Ch 3136（T III M 525）　佛典残片

12.6×6.7cm，3行。木头沟遗址出土。

Ch 3137（T II S 32 a）　《大般涅槃经》卷八

14.1×2.8cm，2行。胜金口遗址出土。

参 Kudara 2005，67。

Ch 3138r（T III T 132）　《杂医方》（拟）

12×5.7cm，4行，与Ch 3218同卷。楷书精写，有折栏。以朱笔分段。吐峪沟遗址出土。

参 小曾户洋 1996，645；荣新江 1998b，319；Nishiwaki 2001，85-86；马继兴 2002，159；王丁 2005，9，图9。

Ch 3138v　摩尼教《惠明布道书》（Sermon of Light-Nous）

3行，与Ch 3218v同卷。楷书，有乌丝栏。因为正面医方折栏折在字上，说明摩尼教经典先于医方。

参 Yoshida 1997，35-39；荣新江 1998b，319；Mikkelsen 2000，21-22；Nishiwaki 2001，135-136；Mikkelsen 2004，213-220，图2，彩版37-38；王媛媛 2005，54；王丁 2005，3，9，图5。

Ch 3139（T III T）　《大般若波罗蜜多经》卷一〇九

17.3×6.1cm，4行。吐峪沟遗址出土。

参 Kudara 2005，24。

Ch 3140（T II D 409）　《金刚般若波罗蜜经》

10.4×10.1cm，5行，约7世纪中—8世纪末。高昌故城出土。

参 KCBT II，35。

Ch 3141（T III 1166）　《摩诃般若波罗蜜经》卷二六

10×8.3cm，5行。与Ch 3188同卷。

参 Kudara 2005，42。

Ch 3142（T III T 555）　佛典残片

10.6×11.8cm，6行。吐峪沟遗址出土。

Ch 3143（T II S 1044）　《大般涅槃经》卷二五

14.2×17.5cm，11行，约6世纪中—7世纪中。胜金口遗址出土。

参 KCBT II，68。

Ch 3144（T III T 490）　《妙法莲华经》卷六

11.7×15.5cm，8行，约7世纪中—8世纪末。吐峪沟遗址出土。

参 KCBT II，56。

Ch 3145（无原编号） 占卜书

10.5×19.7cm，9 行。

Ch 3146（T II T 1978） 《大般若波罗蜜多经》卷一三七

15.7×12.1cm，4 行。刻本。吐峪沟遗址出土。

参 KCBT I，31。

Ch 3147（T II T 2045） 佛典残片

14.1×15.1cm，7 行。吐峪沟遗址出土。

Ch 3148（T II T 3004） 《推得病日法》（拟）

11.9×17.3cm，6 行，大字，不佳。吐峪沟遗址出土。

参 荣新江 1998b，319；Nishiwaki 2001，96-97；余欣（待刊稿）。

Ch 3149（T I 1046） 《瑜伽师地论》卷八六

13.5×10.2cm，5 行。

参 Kudara 2005，111。

Ch 3150（T II D） 《妙法莲华经》卷四

14×10.8cm，6 行。刻本。高昌故城出土。

参 KCBT I，89。

Ch 3151（T III 347） 佛典残片

11.3×12.2cm，8 行。

Ch 3152（T II T 1810） 《佛名经》卷三

12.9×10.5cm，4 行。吐峪沟遗址出土。

参 Kudara 2005，84。

Ch 3153r（T III M 173） 佛教讲经文

11×12.9cm，6 行。木头沟遗址出土。

Ch 3153v 佛教讲经文

10 行。

Ch 3154（T II 1502 b） 《大般若波罗蜜多经》卷五一九

10.4×17.8cm，11 行。

参 Kudara 2005，34。

Ch 3155（T III T 293） 《般若波罗蜜多心经》

10.1×18.7cm，10 行，约 7 世纪中—8 世纪末。吐峪沟遗址出土。

参 KCBT I，49。

Ch 3156（无原编号） 佛典残片

14.8×9.7cm，7 行。

Ch 3157（无原编号） 《维摩诘所说经》卷上

14.8×11.2cm，7 行，约 9—10 世纪。

参 KCBT I，147。

Ch 3158r（T II 1244） 《大佛顶如来密因修证了义诸菩萨万行首楞严经》卷七

19.1×9.1cm，5 行，约 9—10 世纪。

参 KCBT I，162。

Ch 3158v 《金刚般若波罗蜜经》

6行，约9—10世纪。

参 BTT I，84；KCBT I，47。

Ch 3159r（无原编号） 《大庄严论经》卷一

17.7×10.3cm，5行。刻本。

参 KCBT I，29；中村菊之进1990，43。

Ch 3159v 习字

5行。

参 Nishiwaki 2001，147。

Ch 3160（T III T） 佛典残片

11.1×18.7cm，7行。吐峪沟遗址出土。

Ch 3161（T II T 115） 《佛顶尊胜陀罗尼经》

11.5×15.9cm，7行，约7世纪中—8世纪末。吐峪沟遗址出土。

参 KCBT I，163。

Ch 3162（无原编号） 《中阿含经》卷五

11.5×17cm，10行。刻本。

参 KCBT I，18。

Ch 3163（T II T 1210） 《妙法莲华经》卷二

19.5×11.5cm，5行，约9—10世纪。吐峪沟遗址出土。

参 KCBT I，63。

Ch 3164r（T II 1068） 《金刚般若波罗蜜经》

26.3×10.2cm，5行，约9—10世纪。

参 KCBT II，32，图17/22。

Ch 3164v（T III 1085） 《文选》李善注卷三五张景阳《七命》

6行，楷书，大字正文，双行小注，字极工整，不讳“治”字，当为初唐写本。背面为《金刚经》，字大而不规整，抄写年代后于《文选》，因此目前之正面背面与原本的正面背面正相反。俄藏Дх. 1551（《俄藏敦煌文献》第8卷，上海古籍出版社，1997年，228页），也是《文选》李善注的张景阳《七命》部分，与Ch 3164背面的字体、格式完全一致，两残片间只相差约一行文字，当是同一写本无疑。中国国家图书馆善本部藏有王重民1935年所获照片，其上的原编号T III 1085与现在留存的T II 1068不同，因据改。

参 荣新江1997b，396；荣新江1998b，313，319；饶宗颐2000，3，52；Nishiwaki 2001，138；西胁常记2002，227；荣新江2005，273。

Ch 3165（无原编号） 佛典残片

11.3×19cm，10行。

Ch 3166（T II D 433） 佛典残片

13.8×8.9cm，4行。高昌故城出土。

Ch 3167（T II D 216） 《苏悉地羯啰经》卷上

11.8×14cm，7行，楷书精写，有乌丝栏。高昌故城出土。

参 小曾户洋 1996，645；荣新江 1998b，319；马继兴 2002，160-161。

Ch 3168r（T II 1528） 《大般若波罗蜜多经》卷三二

14.9×17.5cm，8 行。刻本。

参 KCBT II，19；中村菊之进 1990，43。

Ch 3169（T II 1411） 《根本说一切有部毗奈耶》卷三〇

15.1×17.2cm，9 行。刻本。

参 Kudara 2005，103。

Ch 3170（T II T 566） 佛典残片

14.2×4.9cm，3 行。吐峪沟遗址出土。

Ch 3171（T II T 1637） 《大般若波罗蜜多经》卷五六九

8.7×12.6cm，8 行。刻本。吐峪沟遗址出土。

参 Kudara 2005，37。

Ch 3172r（T II T 1637） 《妙法莲华经》卷一

10.7×8.3cm，4 行。刻本。吐峪沟遗址出土。

参 KCBT I，57。

Ch 3172v 《妙法莲华经》卷四

5 行。

参 Kudara 2005，56。

Ch 3174（无原编号） 佛典残片

11.2×20.3cm，5 行。

Ch 3175r（T II S 32 a.1004） 佛典残片

10.7×9.6cm，5 行。胜金口遗址出土。

Ch 3175v 佛典残片

2 行。

Ch 3176（T III T 173） 《正法华经》卷九

10.5×17.5cm，9 行，约 7 世纪中—8 世纪末。吐峪沟遗址出土。

参 KCBT I，124。

Ch 3177（T II D 342） 佛典残片

10.4×21.4cm，11 行。高昌故城出土。

Ch 3178（T III 3005） 佛典残片

11×15cm，8 行。

Ch 3179（T III 2085） 《金光明最胜王经》卷五

10.7×25.3cm，12 行。刻本。

参 KCBT I，157。

Ch 3180（T III 1080） 《妙法莲华经》卷一

26.2×12.7cm，8 行，约 7 世纪中—8 世纪末。

参 KCBT I，52。

Ch 3181（T II 1478） 《佛说灌顶七万二千神王护比丘咒经》卷一二

14.1×19.2cm，12 行，约 9—10 世纪。

参 KCBT I，167。

Ch 3182（T II 1476）　《妙法莲华经》卷七

26.5×15.2cm，8行，约7世纪中—8世纪末。

参 KCBT I，106。

Ch 3183（T II 1272）　《中阿含经》卷五八

19×18.8cm，10行。刻本。

参 KCBT II，14。

Ch 3184（无原编号）　佛典残片

15.6×29.1cm，17行。

Ch 3185（T II T 84）　《妙法莲华经》卷五

7.2×19.5cm，10行，约7世纪中—8世纪末。吐峪沟遗址出土。

参 KCBT I，91。

Ch 3186（无原编号）　《添品妙法莲华经》卷四

27.2×20.3cm，10行，约7世纪中—8世纪末。

参 KCBT I，126。

Ch 3187ar（T II S）　《摩诃般若波罗蜜经》卷二六

10.4×5.8cm，3行，约7世纪中—8世纪末。胜金口遗址出土。

参 KCBT II，28。

Ch 3187br（T II S）　《摩诃般若波罗蜜经》卷二六

14.8×8.2cm，4行，约7世纪中—8世纪末。胜金口遗址出土。

参 KCBT II，29。

Ch 3187cr（T II S）　《摩诃般若波罗蜜经》卷二六

14.3×9.7cm，5行，约7世纪中—8世纪末。胜金口遗址出土。

参 KCBT II，29。

Ch 3187dr（T II S）　《摩诃般若波罗蜜经》卷二六

15×8.5cm，5行，约7世纪中—8世纪末。胜金口遗址出土。

参 KCBT II，28。

Ch 3187er（T II S）　《摩诃般若波罗蜜经》卷二六

10.5×7.6cm，4行，约7世纪中—8世纪末。胜金口遗址出土。

参 KCBT II，29。

Ch 3188（T II S 1028）　《摩诃般若波罗蜜经》卷二六

22.2×26.9cm，13行，约7世纪中—8世纪末。与Ch 3141同卷。胜金口遗址出土。

参 KCBT II，28。

Ch 3189（T II 1554）　佛典残片

10.1×8.4cm，4行。

Ch 3190（T III 2040）　《大般若波罗蜜多经》卷一八四

8.7×6cm，3行。刻本，属于金藏。

参 Kudara 2005，27。

Ch 3191r（T III M 173.172） 佛典残片

8.8×7.3cm，8 行，与 Ch 3647、MIK III 100 为同一刻本。木头沟遗址出土。

Ch 3191v 《佛说七俱胝佛母准提大明陀罗尼经》

6 行，与 Ch 3647v、MIK III 100v 为同一写本。有朱笔分段圈点。书法楷中带隶。

Ch 3192（T III T 583） 佛典残片

9.7×8.1cm，5 行。吐峪沟遗址出土。

Ch 3193（T II T 1989） 佛典残片

9.4×20.4cm，5 行。吐峪沟遗址出土。

Ch 3194（T II T 2016） 佛典残片

22.3×8.6cm，5 行。吐峪沟遗址出土。

Ch 3195r（无原编号） 《增一阿含经》卷一一

9×13.4cm，8 行。刻本。

参 Kudara 2005，19。

Ch 3195v 佛典残片

1 行。

Ch 3196（T I D 1043） 佛典残片

11×10cm，5 行。高昌故城出土。

Ch 3197（T II 4021） 《大树紧那罗王所问经》卷一

12.5×10.5cm，6 行。

参 Kudara 2005，96。

Ch 3198（T III T 199） 《大般若波罗蜜多经》卷一〇九

13.4×9.8cm，6 行，约 7 世纪中—8 世纪末。吐峪沟遗址出土。

参 KCBT II，21。

Ch 3199r（T II 1566） 回鹘人音注汉文难字

12×12.1cm，5 行，刻本。

参 高田时雄 1996；荣新江 1998b，319；Nishiwaki 2001，51-52；Takata 2004，337-339，图 6；高田时雄 2005，32-33，41（图 6）。

Ch 3199v 佛典残片

8 行。

Ch 3200（无原编号） 《中阿含经》卷五

17.7×11.8cm，6 行。刻本。

参 KCBT II，12。

Ch 3201（T IV Mtg. 144） 九如堂印

21.4×14.2cm，2 行，近代之印。

参 荣新江 1998b，319；Nishiwaki 2001，153。

Ch 3202（T III T 538） 《增一阿含经》卷三一

16×18.1cm，9 行。刻本。吐峪沟遗址出土。

参 KCBT I，27。

Ch 3203（T I D 55） 佛典残片

12.7×29.7cm，19 行。高昌故城出土。

Ch 3204（T III T 281） 《道行般若经》卷八

14×27.1cm，18 行，约 4—6 世纪。吐峪沟遗址出土。

参 KCBT I，37。

Ch 3205（T II 1279） 《金光明经》卷二

21×12.2cm，7 行，约 7 世纪中—8 世纪末。

参 KCBT II，75。

Ch 3206（T III Š 91.574） 《中阿含经》卷四九

13.5×14.7cm，8 行。刻本。焉耆硕尔楚克遗址出土。

参 Kudara 2005，17。

Ch 3207（无原编号） 《中阿含经》卷八

11.6×14.3cm，7 行。刻本。

参 KCBT II，12。

Ch 3208（T II T 1977） 《大般若波罗蜜多经》卷七二

13.4×14.6cm，8 行。刻本。吐峪沟遗址出土。

参 KCBT II，20。

Ch 3209（T III 198） 佛典残片

14.5×13.6cm，7 行。

Ch 3210（T III T 353） 佛典残片

17.6×14.4cm，8 行。吐峪沟遗址出土。

Ch 3211a（T III T 233） 《大般涅槃经》卷一四

7.4×10.3cm，6 行。吐峪沟遗址出土。

参 Kudara 2005，70。

Ch 3211b（T III T 233） 《四分比丘尼戒本》

14.1×11.5cm，7 行，约 7 世纪中—8 世纪末。吐峪沟遗址出土。

参 KCBT I，173。

Ch 3212（无原编号） 《增一阿含经》卷七

25.1×4.7cm，2 行。刻本。

参 Kudara 2005，19。

Ch 3213（无原编号） 佛典残片

29.2×6.5cm，3 行。

Ch 3214r（无原编号） 佛典残片

29.9×9.3cm，6 行。

Ch 3214v 佛典残片

5 行。

Ch 3215（T II 1832） 《般若波罗蜜多心经》

12.5×42.2cm，22 行，约 7 世纪中—8 世纪末。

参 KCBT I，48。

Ch 3216（T I x 520） 《大宝积经》卷一〇〇

23.4×28cm，15 行。

参 Kudara 2005，64。

Ch 3217（无原编号） 佛典残片

16.6×5.4cm，3 行。

Ch 3218r（无原编号） 《杂医方》（拟）

20.3×4cm，2 行，见 Ch 3138。

参 小曾户洋 1996，645；荣新江 1998b，319；Nishiwaki 2001，86；王丁 2005，9，图 10。

Ch 3218v 摩尼教《惠明布道书》（Sermon of Light-Nous）

2 行，见 Ch 3138v。“民”字缺笔画，唐写本。

参 Yoshida 1997，35-39；荣新江 1998b，319；Mikkelsen 2000，21-22；Nishiwaki 2001，136；Mikkelsen 2004，213-220，图 1；王媛媛 2005，54；Kudara 2005，116；王丁 2005，3，9，图 6。

Ch 3219r（T III T 373.50） 勘经本卷帙缺少条记

6×18.7cm，12 行，记《般若经》、《四分律》、《俱舍论》、《杂阿含》情况。吐峪沟遗址出土。

参 荣新江 1998b，319；Nishiwaki 2001，127，图 26。

Ch 3219v 残文

1 行，大字写“和”、“十”2 字。

参 Nishiwaki 2001，151。

Ch 3220（T III M 144.102） 《大般若波罗蜜多经》卷五五二

28.6×14cm，7 行。刻本。木头沟遗址出土。

参 Kudara 2005，36。

Ch 3221b（T II M） 《大般若波罗蜜多经》卷三四六

19×5.2cm，2 行。刻本。木头沟遗址出土。

参 KCBT I，33；中村菊之进 1990，44。

Ch 3222（T M 224.1a） 《大般涅槃经》卷二〇

7.1×24.5cm，14 行，约 7 世纪中—8 世纪末。

参 KCBT II，67。

Ch 3223（T II D 437） 《中阿含经》卷四二

20×8cm，4 行。刻本。高昌故城出土。

参 Kudara 2005，17。

Ch 3224（T III 1167） 佛典残片

7.6×21.7cm，12 行。

Ch 3226（无原编号） 佛典残片

14.2×5.5cm，2 行。

Ch 3227（T III M 512） 佛典残片

16.6×7.3cm，4 行。木头沟遗址出土。

Ch 3228（T II 1515） 佛典残片

12.6×17.6cm，10行。

Ch 3229（T III 34.27）　佛典残片

9.8×18.5cm，9行。

Ch 3230r（T II T 1331）　佛典残片

9.2×10.2cm，7行，双面书写，字不佳，有乌丝栏。或许为讲经文之属。吐峪沟遗址出土。

Ch 3230v　佛典残片

7行。

Ch 3231r（T I D 1023）　《金刚般若波罗蜜经破取著不坏假名论》卷上

23.8×19.8cm，9行。刻本。高昌故城出土。

参 KCBT I，178。

Ch 3231v　佛典残片

8行。

Ch 3232（T II 1662）　《大般若波罗蜜多经》卷五七一

18.1×24.2cm，10行。刻本。

参 KCBT I，34。

Ch 3233（T II T 1277）　佛典残片

16.9×19.9cm，11行。吐峪沟遗址出土。

Ch 3234（T III S 32 a.1011）　佛典残片

25.7×11.4cm，7行。胜金口遗址出土。

Ch 3235r（T II D 343）　受戒僧名录

11.3×23cm，14行。高昌故城出土。

参 荣新江 1998b，319；Nishiwaki 2001，66。

Ch 3235v　佛典残片

2行。北朝写本。

Ch 3236r（T II 1659）　《大般涅槃经》卷九

26.2×12.5cm，8行，约7世纪中—8世纪末。

参 KCBT II，66。

Ch 3236v　佛典残片

1行。

Ch 3237（T III T）　《妙法莲华经》卷四

19×21.7cm，12行，约7世纪中—8世纪末。吐峪沟遗址出土。

参 KCBT I，90。

Ch 3238（T II Š 91.509）　《佛顶尊胜陀罗尼经》

18.7×15cm，9行，约7世纪中—8世纪末。焉耆硕尔楚克遗址出土。

参 KCBT I，163。

Ch 3240（无原编号）　《大般涅槃经》卷六

24.8×16.7cm，10行，约7世纪中—8世纪末。

参 KCBT II，65。

Ch 3241ar（T III T）　《大般涅槃经》卷二五

18.5×11.4cm，5 行。吐峪沟遗址出土。

参 Kudara 2005，73。

Ch 3241br（T III T）　《大般涅槃经》卷二五

9.1×10.1cm，5 行。吐峪沟遗址出土。

参 Kudara 2005，73。

Ch 3242r（无原编号）　《佛说八大人觉经》

21.5×21.5cm，11 行，约 9—10 世纪。

参 KCBT I，160。

Ch 3242v　《佛说八大人觉经》

3 行，约 9—10 世纪。

参 KCBT I，160。

Ch 3243br（T III 1119）　《佛名经》卷五

16.9×17cm，8 行。可以与 Ch 1909 缀合。

参 Kudara 2005，86。

Ch 3244（T II 3025）　《妙法莲华经》卷七

16.7×27.5cm，14 行，约 7 世纪中—8 世纪末。

参 KCBT I，117。

Ch 3245（T III D 83.100）　《慈悲忏音字》卷七～八

26.5×20.4cm，正面背面各 8 行。刻本《慈悲道场忏法音字》。高昌故城出土。

参 KCBT I，181-182，图 28/37，图 29/38；高田时雄 1985，134-150，148（图 A）；中村菊之进 1990，56；高田时雄 1990，329-343；Nishiwaki 2001，49-50；高田时雄 2005，159-203，184（图 1）。

Ch 3246（T III 1051）　《佛说灌顶七万二千神王护比丘咒经》卷二

16.9×21.8cm，11 行，约 7 世纪中—8 世纪末。

参 KCBT I，166。

Ch 3247（T II 1550）　《大般若波罗蜜多经》卷二三六

12.7×23cm，14 行。刻本。

参 KCBT II，23。

Ch 3248（无原编号）　《佛顶尊胜陀罗尼经》

15×17cm，14 行，约 9—10 世纪。

参 KCBT I，163。

Ch 3249（T III S 91.507）　《大般若波罗蜜多经》卷一八〇

22.2×16.6cm，10 行，约 7 世纪中—8 世纪末。胜金口遗址出土。

参 KCBT II，22。

Ch 3250（无原编号）　《佛名经》卷三

15.2×17.7cm，9 行。刻本。

参 Kudara 2005，84。

Ch 3251（无原编号）　《大般若波罗蜜多经》卷二八〇

8.7×12.1cm，3行。刻本，属于金藏。

参 Kudara 2005，29。

Ch 3252（无原编号）　**佛典残片**

9.1×13.3cm，3行。

Ch 3253（**Šo 96**）　**《大般若波罗蜜多经》卷三六七**

25.7×23.5cm，13行，约9—10世纪。焉耆硕尔楚克遗址出土。

参 KCBT II，25。

Ch 3254（**T III T 562**）　**《增一阿含经》卷二二**

10×16.2cm，8行。刻本。吐峪沟遗址出土。

参 Kudara 2005，19。

Ch 3255（无原编号）　**《大般若波罗蜜多经》卷二八二**

11.3×11.8cm，7行。刻本。

参 KCBT II，24。

Ch 3256（**T II 1545**）　**《大般若波罗蜜多经》卷四七四**

14.2×17.6cm，6行。

Ch 3257a（无原编号）　**《大般若波罗蜜多经》卷二三一**

6.1×6cm，4行。刻本。

参 Kudara 2005，27。

Ch 3258（**T II T 1502**）　**《佛说高王观世音经》**

14×7cm，5行。吐峪沟遗址出土。

参 KCBT I，188。

Ch 3259（**T II T 1428**）　**《佛说天地八阳神咒经》**

6.2×18.3cm，12行，约9—10世纪。吐峪沟遗址出土。

参 KCBT I，187。

Ch 3260（**T III 34.69**）　**佛典残片**

16.6×4.9cm，2行。

Ch 3261（**T II M 1025**）　**佛典残片**

18.7×6.1cm，4行。木头沟遗址出土。

Ch 3262（**T II T 1241**）　**佛典残片**

13.6×4.5cm，1行。吐峪沟遗址出土。

Ch 3263（无原编号）　**《佛母大孔雀明王经》卷中**

15.6×4cm，2行。刻本。

参 Kudara 2005，99。

Ch 3264（**T II D 210**）　**佛典残片**

13.2×12cm，7行。高昌故城出土。

Ch 3265（**T II 1479**）　**《佛说天地八阳神咒经》**

8.7×23.3cm，13行，约9—10世纪。

参 KCBT I，188。

Ch 3266（**T II Y 63**）　**《天地八阳神咒经》**

29.7×5.8cm，3 行。交河故城出土。

参 Nishiwaki 2001，106-107。

Ch 3267（T II 1658）　《佛说灌顶七万二千神王护比丘咒经》卷一二

13.7×30.9cm，18 行，约 9—10 世纪。

参 KCBT I，167。

Ch 3268（T II D 223）　佛典残片

9×12.6cm，7 行。高昌故城出土。

Ch 3269（T III T 188）　《添品妙法莲华经》卷一

25.9×6.8cm，5 行，约 7 世纪中—8 世纪末。吐峪沟遗址出土。

参 KCBT I，124。

Ch 3270（无原编号）　《金光明经》卷三

12×24.2cm，14 行，约 4—6 世纪中。

参 KCBT II，76，图 41/61。

Ch 3271r（T II T 2017）　佛典残片

11.6×5.2cm，3 行。吐峪沟遗址出土。

Ch 3271v　佛典残片

3 行。

Ch 3272（T II T 1715）　佛典残片

11.6×7.1cm，4 行。吐峪沟遗址出土。

Ch 3273（T II T 1877）　佛典残片

11.9×10cm，6 行。吐峪沟遗址出土。

Ch 3274（无原编号）　《增一阿含经》卷二五

14.8×9.8cm，5 行。刻本。

参 KCBT II，16。

Ch 3275（T II T 1931）　《金光明经》卷一

12.2×9.8cm，3 行，约 4—6 世纪中。吐峪沟遗址出土。

参 KCBT II，75。

Ch 3276r（T II 1766）　佛典残片

10.2×8.5cm，5 行。

Ch 3276v　佛典残片

6 行。

Ch 3277（T II D 397）　《大般若波罗蜜多经》卷五七八

11.3×7.5cm，5 行。高昌故城出土。

参 Kudara 2005，38。

Ch 3278r（T III T 465）　《妙法莲华经》卷四

8.2×17.6cm，10 行。刻本。吐峪沟遗址出土。

参 Kudara 2005，56。

Ch 3278v　《妙法莲华经》卷六

2 行，约 9—10 世纪。

参 KCBT II，55。

Ch 3279r（T II D 435）　佛典残片

14.9×9cm，5 行。高昌故城出土。

Ch 3279v　佛典残片

1 行。

Ch 3280r（无原编号）　佛典残片

12.4×10.2cm，5 行。

Ch 3280v　佛典残片

6 行。

Ch 3281（T II T 1525）　佛典残片

9.1×8.5cm，4 行。吐峪沟遗址出土。

Ch 3282（T II T 2013）　佛典残片

8.1×10.1cm，5 行。吐峪沟遗址出土。

Ch 3283a（T II Y 59）　《佛说仁王般若波罗蜜经》卷下

8.3×9.8cm，6 行。交河故城出土。

参 Kudara 2005，50。可以与 Ch 3283b 缀合。

Ch 3283b（T II Y 59）　《佛说仁王般若波罗蜜经》卷下

1.4×1.4cm，2 行。交河故城出土。

参 Kudara 2005，50。可以与 Ch 3283a 缀合。

Ch 3284（无原编号）　佛典残片

10×8.9cm，5 行。

Ch 3285r（T II 1766）　佛典残片

8×5.7cm，4 行。

Ch 3285v　佛典残片

4 行。

Ch 3286（T II 4091）　《中阿含经》卷五

8×7.7cm，4 行。刻本。

参 KCBT I，18。

Ch 3287（T III 173.184）　佛典残片

11×7cm，4 行。

Ch 3288（无原编号）　佛典残片

15.5×8.5cm，4 行。

Ch 3289（T II T 1221）　《金刚般若波罗蜜经》

9×13.8cm，7 行，约 7 世纪中—8 世纪末。吐峪沟遗址出土。

参 KCBT II，34。

Ch 3290（T II T 1582）　《佛说仁王般若波罗蜜经》卷下

8.7×4.6cm，3 行。吐峪沟遗址出土。

参 Kudara 2005，50。

Ch 3291（T II S 100）　《摩诃般若波罗蜜经》卷一七

27.6×6.3cm，3 行，约 6 世纪中—7 世纪中。胜金口遗址出土。

参 KCBT II，28。

Ch 3292（T III 218）　佛典残片

13.9×10.5cm，1 行。

Ch 3293（T II T 1218）　佛典残片

22.3×10.1cm，6 行。吐峪沟遗址出土。

Ch 3294r（T II T 2007）　佛典残片

12.9×11.1cm，6 行。吐峪沟遗址出土。

Ch 3294v　佛典题记

1 行。残文有“四十二卷，我海王奴都（下残）”。

Ch 3295r（T II T 1292）　佛典残片

14×12.5cm，5 行。吐峪沟遗址出土。

Ch 3295v　佛典残片

5 行。

Ch 3296（T III 20.2）　《妙法莲华经》卷四

15×10cm，5 行。刻本。

参 KCBT II，50。

Ch 3297（T III T 439）　佛教曲子词

16.9×11cm，4 行，正面背面字体相同，各 4 行，大字，应当是同一文献，有较粗的乌丝栏。吐峪沟遗址出土。

Ch 3298（T II 1502a）　《大般若波罗蜜多经》卷五一九

24.4×9.9cm，6 行，约 7 世纪中—8 世纪末。

参 KCBT II，26。

Ch 3299（T III T 509）　《中阿含经》卷三

7.2×9.3cm，4 行。刻本。吐峪沟遗址出土。

参 KCBT I，17。

Ch 3300r（无原编号）　《具注历日》

7.9×10.4cm，6 行。

Ch 3300v　佛典残片

2 行。

Ch 3301（T II T 2014）　佛典残片

10.4×7.2cm，4 行。吐峪沟遗址出土。

Ch 3302（T III T 544）　《中阿含经》卷三五

12.3×8cm，4 行。刻本。吐峪沟遗址出土。

参 KCBT II，13。

Ch 3303（T III T）　《金刚般若波罗蜜经》

11.5×9.7cm，5 行。吐峪沟遗址出土。

参 Kudara 2005，47。

Ch 3304（T III T）　《大般涅槃经》卷一二

8.5×12.9cm，6行。吐峪沟遗址出土。

参 Kudara 2005，68。

Ch 3305（T II 1560） 《妙法莲华经》卷四

16.8×6.8cm，4行。刻本。

参 KCBT I，90。

Ch 3306（T III T 507） 《大般若波罗蜜多经》卷四〇九

13.8×7.7cm，4行。刻本。吐峪沟遗址出土。

参 Kudara 2005，31。

Ch 3307（T III Š 101.100） 《妙法莲华经》卷二

9×17.8cm，10行，约7世纪中—8世纪末。焉耆硕尔楚克遗址出土。

参 KCBT I，62。

Ch 3308（T III T 108） 《添品妙法莲华经》卷三

8.6×14.1cm，6行。吐峪沟遗址出土。

参 Kudara 2005，62。

Ch 3309r（无原编号） 《中阿含经》卷一九

13×6.1cm，4行。刻本。可能和Ch 3835相连。

参 Kudara 2005，16。

Ch 3309v 佛典残片

2行。

Ch 3310（T II T 1144） 佛典残片

5.8×18.1cm，10行。吐峪沟遗址出土。

Ch 3311（无原编号） 《根本说一切有部戒经》

5.1×22.4cm，12行，约9—10世纪。

参 KCBT I，175，图26/34；Nishiwaki 2001，123。

Ch 3312r（无原编号） 《大般若波罗蜜多经》卷三五一

15.1×4.1cm，3行。

参 Kudara 2005，30。

Ch 3312v 佛典残片

1行。

Ch 3313（T III T） 《妙法莲华经》卷七

13.1×4.8cm，3行，约9—10世纪。吐峪沟遗址出土。

参 KCBT I，116。

Ch 3314（T III 2076） 《中阿含经》卷二〇

15.3×6.4cm，3行。刻本。

参 KCBT I，20。

Ch 3315（T III T 525） 佛典残片

13×5.6cm，3行。吐峪沟遗址出土。

Ch 3316（T II T 4006） 《风角占候》（拟）

12.6×11.2cm，双面书写，各6行，楷体，有朱点分段。背面为一圆形图案，中间残存字迹为“□占八方风图”，周围文字呈放射状，正东逆时针方向阅读。吐峪沟遗址出土。

参 荣新江 1997b，396；荣新江 1998b，312，319；Nishiwaki 2001，96；余欣 2005；余欣（待刊稿）。

Ch 3317（T III T 563）　《中阿含经》卷二一

10.8×11.7cm，7 行。刻本。吐峪沟遗址出土。

参 KCBT II，13。

Ch 3318（T II T 1804）　《大般若波罗蜜多经》卷一〇一

8×11.4cm，5 行。刻本。吐峪沟遗址出土。

参 KCBT II，20。

Ch 3319（T III T 572）　佛典残片

9.7×11.1cm，5 行。吐峪沟遗址出土。

Ch 3320（T II 1902）　《佛说天地八阳神咒经》

11.4×11.6cm，8 行，约 9—10 世纪。

参 KCBT I，187。

Ch 3321（T II T 3032）　《添品妙法莲华经》卷四

9×13.9cm，8 行，约 7 世纪中—8 世纪末。吐峪沟遗址出土。

参 KCBT I，125。

Ch 3322r（T II T 3047）　《妙法莲华经》卷五

14.3×9.3cm，5 行。刻本。吐峪沟遗址出土。

参 KCBT I，91。

Ch 3322v　《妙法莲华经》卷六

5 行，约 7 世纪中—8 世纪末。

参 KCBT I，101。

Ch 3324（T II Y 14.20）　《妙法莲华经》卷三

20.3×12.6cm，7 行。交河故城出土。

参 Kudara 2005，54。

Ch 3325（无原编号）　《妙法莲华经》卷一

11.1×15.9cm，9 行，约 7 世纪中—8 世纪末。

参 KCBT I，53。

Ch 3326（T III M 519）　《佛说阿弥陀经》

8.1×10.7cm，6 行，约 7 世纪中—8 世纪末。木头沟遗址出土。

参 KCBT I，133。

Ch 3327（T II 1364）　佛典残片

10.5×12cm，7 行。

Ch 3328（T II T 1672）　《大般若波罗蜜多经》卷九五

7.8×11.4cm，5 行。刻本。吐峪沟遗址出土。

参 KCBT II，20。

Ch 3329r（T II T 2047）　《大般若波罗蜜多经》卷九五

11.3×10cm，6行，约7世纪中—8世纪末。吐峪沟遗址出土。

参 KCBT II，20。

Ch 3329v　佛典残片

2行。

Ch 3330r（T II 1948）　《具注历日》

8.5×16.7cm，10行，字不佳，亦无栏。

参 荣新江 1997b，396；荣新江 1998b，312，319；Nishiwaki 2001，89。

Ch 3330v　佛典残片

6行。

Ch 3331r（无原编号）　佛典残片

9.8×18.2cm，8行。

Ch 3331v　佛典残片

1行。

Ch 3332r（T II T 1288）　诗（?）

7.5×17.4cm，6行。吐峪沟遗址出土。

参 Nishiwaki 2001，140。

Ch 3332v　诗（?）

10行。

参 荣新江 1998b，320。

Ch 3333（无原编号）　《大般若波罗蜜多经》卷一二七

7.1×16.7cm，8行。刻本。

参 Kudara 2005，25。

Ch 3334（T II 1751）　《佛说灌顶七万二千神王护比丘咒经》卷一二

12×19.2cm，11行，约7世纪中—8世纪末。

参 KCBT I，168。

Ch 3335（T II T 3081）　佛典残片

12.2×18.4cm，9行。吐峪沟遗址出土。

Ch 3336r（T II D 281）　《十方千五百佛名经》

11.9×20.4cm，12行。高昌故城出土。

参 Kudara 2005，91。

Ch 3336v　佛典残片

14行。

Ch 3337（无原编号）　《百论》卷下

18.2×12.8cm，7行。

参 Kudara 2005，110。

Ch 3338r（无原编号）　《妙法莲华经》卷七

7.7×13.2cm，7行。刻本。

参 Kudara 2005，60。

Ch 3338v　佛典残片

4 行。

Ch 3339cr（无原编号） 《大般若波罗蜜多经》卷三二

7.3×2.6cm，2 行。

参 Kudara 2005，22。

Ch 3340（无原编号） 佛典残片

9×9cm，5 行。

Ch 3341（无原编号） 《大般若波罗蜜多经》卷一三一

6.4×4.3cm，3 行，约 7 世纪中—8 世纪末。

参 KCBT I，31。

Ch 3342r（无原编号） 佛典残片

6×6.2cm，4 行。

Ch 3342v 佛典残片

4 行。

Ch 3343（无原编号） 佛典残片

2.1×1.7cm，1 行。

Ch 3344（T II T 1763） 佛典残片

4.6×10.6cm，6 行。吐峪沟遗址出土。

Ch 3345r（T III T 162） 佛典残片

10.3×5.4cm，3 行。吐峪沟遗址出土。

Ch 3345v 佛典残片

4 行。

Ch 3346（T II T 2029） 《大般若波罗蜜多经》卷一〇九

10.2×6.6cm，4 行。吐峪沟遗址出土。

参 Kudara 2005，24。

Ch 3347r（T III T 429） 佛典残片

5.1×11.3cm，7 行。吐峪沟遗址出土。

Ch 3347v 佛典残片

3 行。

Ch 3348r（T II T 1243） 佛典残片

9.3×6.8cm，3 行。吐峪沟遗址出土。

Ch 3348v 《大般若波罗蜜多经》卷二九六

4 行。可以与 Ch 3372r 缀合。

参 Kudara 2005，29。

Ch 3349（T II Y 18.6） 佛典残片

7.5×8.2cm，5 行。交河故城出土。

Ch 3350（无原编号） 佛典残片

9.3×8.6cm，4 行。

Ch 3351（T II S） 《妙法莲华经》卷七

10.5×5.5cm，5 行。刻本。胜金口遗址出土。

参 KCBT I，111。

Ch 3352（无原编号）　《中阿含经》卷三七

6.2×8.4cm，4行。刻本。

参 KCBT I，21。

Ch 3353（无原编号）　佛典残片

7.3×9.6cm，5行。

Ch 3354（T III 2096）　《妙法莲华经》卷四

11.2×8cm，5行，约9—10世纪。

参 KCBT I，82。

Ch 3355（T II 731）　佛典残片

11.5×7.9cm，5行。

Ch 3356（无原编号）　《大智度论》卷九三

10.3×5.8cm，4行。

参 Kudara 2005，107。

Ch 3357（无原编号）　佛典残片

11×8.8cm，5行。

Ch 3358a（无原编号）　《中阿含经》卷五

5.7×6cm，4行。刻本。

参 KCBT I，18。

Ch 3358b（无原编号）　《中阿含经》卷五

7.3×4.3cm，3行。刻本。

参 KCBT I，18。

Ch 3359（无原编号）　佛典残片

8.5×6.4cm，3行。

Ch 3360（无原编号）　《妙法莲华经》卷一

7×8.7cm，6行，约7世纪中—8世纪末。

参 KCBT II，39。

Ch 3361（无原编号）　《佛顶尊胜陀罗尼经》

9.9×7cm，4行，约9—10世纪。

参 KCBT I，163。

Ch 3362（T II D 302）　籴粮帐

5.7×5cm，4行，木笔书写，似元代文书。高昌故城出土。

参 荣新江 1998b，320；Nishiwaki 2001，75-76。

Ch 3363（无原编号）　佛典残片

8.2×6cm，3行。

Ch 3364（无原编号）　佛典残片

4.5×7.5cm，2行。

Ch 3365（无原编号）　佛典残片

8.1×4.7cm，2行。

Ch 3366r（无原编号） 佛典残片

8×5.6cm，4 行。

Ch 3366v 佛典残片

1 行。

Ch 3367（无原编号） 《中阿含经》卷三七

6.2×7.7cm，4 行。刻本。

参 KCBT I，21。

Ch 3368（无原编号） 佛典残片

4.6×7.8cm，3 行。

Ch 3369r（无原编号） 《大般若波罗蜜多经》卷五四八

7.8×5.1cm，3 行。天头有汉字“我非”，行间有回鹘文字。

参 Kudara 2005，35。

Ch 3369v 佛典残片

1 行。

Ch 3370（无原编号） 佛典残片

7.8×5cm，3 行。

Ch 3371（无原编号） 佛典残片

4.4×5.5cm，4 行。

Ch 3372r（无原编号） 《大般若波罗蜜多经》卷二九六

6.6×7.6cm，5 行。可以与 Ch 3348v 缀合。

参 Kudara 2005，29。

Ch 3372v 佛典残片

4 行。

Ch 3373（无原编号） 佛典残片

6.6×6.3cm，3 行。

Ch 3374r（T II T 1984） 佛典残片

12.6×3.4cm，2 行。吐峪沟遗址出土。

Ch 3374v 《大般若波罗蜜多经》卷四〇四

5 行。

参 Kudara 2005，31。

Ch 3375（无原编号） 《金刚般若波罗蜜经》

5.1×2.1cm，1 行。

参 Kudara 2005，48。

Ch 3376（无原编号） 佛典残片

2.4×2.1cm，2 行。

Ch 3377（无原编号） 佛典残片

5.2×4.3cm，1 行。

Ch 3378r（T III D 318） 佛典残片

5.1×3.6cm，1 行。高昌故城出土。

Ch 3378v 佛典残片

1 行。

Ch 3379（无原编号） 佛典残片

4.7×3.4cm，2 行。

Ch 3380（无原编号） 佛典残片

3.8×4.9cm，3 行。

Ch 3381（无原编号） 佛典残片

3.5×2.2cm，2 行。

Ch 3382（无原编号） 佛典残片

4×4.6cm，3 行。

Ch 3383（无原编号） 佛典残片

3×3.7cm，2 行。

Ch 3384 佛像

刻本。

Ch 3385（无原编号） 《金刚般若波罗蜜经》

5.4×3cm，2 行。

参 Kudara 2005，48。

Ch 3386（T II 1628） 佛典残片

4.2×3.3cm，1 行。

Ch 3387（无原编号） 《金刚般若波罗蜜经》

3.4×5cm，4 行，约 7 世纪中—8 世纪末。

参 KCBT I，43。

Ch 3388（无原编号） 《妙法莲华经》卷七

4.6×4.9cm，3 行，约 9—10 世纪。

参 KCBT I，105。

Ch 3389（无原编号） 残文

4.1×5.1cm，2 行。

参 Nishiwaki 2001，152-153。

Ch 3390（无原编号） 《大方广佛华严经》卷一五

5.2×2.3cm，2 行。

参 Kudara 2005，62。

Ch 3391（无原编号） 佛典残片

5×5cm，3 行。

Ch 3392（无原编号） 佛典残片

2.5×2cm，1 行。

Ch 3393（无原编号） 佛典残片

2.8×2.1cm，1 行。

Ch 3394r（无原编号） 佛典残片

6.5×4.1cm，2 行。

Ch 3394v　佛典残片

2 行。

Ch 3395（无原编号）　佛典残片

3.3×2.1cm，1 行。

Ch 3396（无原编号）　佛典残片

3.8×5.3cm，3 行。

Ch 3397（无原编号）　佛典残片

5.8×2.5cm，2 行。

Ch 3398（T III T 201）　《妙法莲华经》卷七

4.8×4.7cm，2 行，约 9—10 世纪。吐峪沟遗址出土。

参 KCBT I，122。

Ch 3399（无原编号）　佛典残片

3.9×2cm，1 行。

Ch 3400（无原编号）　佛典残片

4.7×5cm，3 行。

Ch 3401（无原编号）　佛典残片

3.6×4cm，3 行。

Ch 3403r（T II T 1370）　《虚空藏菩萨经》

11.4×4cm，2 行，约 9—10 世纪。吐峪沟遗址出土。

参 KCBT I，142。

Ch 3403v　符（?）

1 行。

参 Nishiwaki 2001，129。

Ch 3404（T II 1213）　佛典残片

10.2×6.3cm，4 行。

Ch 3405（T III 34.93）　《妙法莲华经》卷六

12.2×6.7cm，4 行，约 4—6 世纪中。

参 KCBT I，97。

Ch 3406r（T III M 208.53）　《妙法莲华经》卷一

5.8×5.5cm，3 行。刻本。木头沟遗址出土。

参 KCBT I，54。

Ch 3406v　《大般涅槃经》卷二四

3 行。

参 Kudara 2005，73。

Ch 3407（T III T 492）　佛典残片

9.7×7.9cm，4 行。吐峪沟遗址出土。

Ch 3408（T II T 1733）　佛典残片

8.9×6.2cm，3 行。吐峪沟遗址出土。

Ch 3409（T III T 34.108）　佛典残片

7.5×7.1cm，4行。吐峪沟遗址出土。

Ch 3410（无原编号）　《金刚般若波罗蜜经》

7×5cm，2行。

参 Kudara 2005，48。

Ch 3411r（**T II T 1790**）　佛典残片

6.1×5.6cm，2行。吐峪沟遗址出土。

Ch 3411v　《大般若波罗蜜多经》卷三七八

3行。

参 Kudara 2005，30。

Ch 3412r（**T II T 1891**）　佛典残片

8.1×5.2cm，2行。吐峪沟遗址出土。

Ch 3412v　《摩诃般若波罗蜜经》卷一一

4行。

参 Kudara 2005，41。

Ch 3413（**T II T 1296**）　佛典残片

5.3×11.3cm，7行。吐峪沟遗址出土。

Ch 3414（**T II T 1136**）　佛典残片

5.6×12cm，6行。吐峪沟遗址出土。

Ch 3415r（**T II 1216**）　佛典残片

8.3×5.2cm，3行。

Ch 3415v　佛典残片

3行。

Ch 3416（无原编号）　佛典残片

10.6×6.2cm，4行。

Ch 3417r（无原编号）　《大般若波罗蜜多经》卷五四八

7.7×6.6cm，4行。

参 Kudara 2005，35。

Ch 3417v　佛典残片

3行。

Ch 3418（无原编号）　佛典残片

8×5.6cm，3行。

Ch 3419（无原编号）　佛典残片

6.2×6.4cm，3行。

Ch 3420（**T II T 1483**）　《大般涅槃经》卷三一

6.1×7.3cm，5行。吐峪沟遗址出土。

参 Kudara 2005，77。

Ch 3421r（**T II T 1892**）　《妙法莲华经》卷一

7×4.7cm，2行。刻本。吐峪沟遗址出土。

参 KCBT I，55。

Ch 3421v 《妙法莲华经》卷三

4 行，约 7 世纪中—8 世纪末。

参 KCBT I，78。

Ch 3422（T III T 154） 《妙法莲华经》卷三

6.8×7.6cm，4 行，约 7 世纪中—8 世纪末。吐峪沟遗址出土。

参 KCBT I，71。

Ch 3423r（T II T 1773） 《中阿含经》卷一八

7.7×6.5cm，3 行。刻本。吐峪沟遗址出土。

参 KCBT I，19。

Ch 3423v 佛典残片

4 行。

Ch 3424（无原编号） 《小品般若波罗蜜经》卷八

6.1×4.1cm，2 行。

参 Kudara 2005，46。

Ch 3425（无原编号） 《金刚般若波罗蜜经》

6.6×6cm，3 行。

参 Kudara 2005，49。

Ch 3426r（T II T 1761） 佛典残片

5.9×7cm，3 行。吐峪沟遗址出土。

Ch 3426v 佛典残片

4 行。

Ch 3427（T III 2036） 佛典残片

7.5×4.1cm，3 行。

Ch 3428r（T III M 173） 杂写

7.9×6.5cm，2 行。木头沟遗址出土。

Ch 3428v 杂写

3 行。

Ch 3429（T I D） 残文书

5×5.3cm，2 行。高昌故城出土。

参 荣新江 1998b，320 ；Nishiwaki 2001，79-80。

Ch 3430（无原编号） 佛典残片

4.4×4cm，2 行。

Ch 3431（无原编号） 佛典残片

4.4×5.4cm，4 行。

Ch 3432（T III） 《金光明经》卷四

4.8×5.5cm，3 行，约 7 世纪中—8 世纪末。

参 KCBT II，76。

Ch 3433（无原编号） 佛典残片

4.3×4.4cm，2 行。

Ch 3434（无原编号）　佛典残片

4.4×2.6cm，1行。

Ch 3435（无原编号）　佛典残片

5.2×1.8cm，2行。

Ch 3436（无原编号）　佛典残片

2.7×2.7cm，2行。

Ch 3437（无原编号）　佛典残片

5.1×2.5cm，1行。

Ch 3438（T III D 318）　佛典残片

4.1×4.2cm，2行。高昌故城出土。

Ch 3439（无原编号）　佛典残片

2.4×4.6cm，3行。

Ch 3440r（无原编号）　佛典残片

4.8×3cm，2行。

Ch 3440v　佛典残片

2行。

Ch 3441（无原编号）　《大方广佛华严经》卷二五

3.6×2.8cm，2行。

参 Kudara 2005，63。

Ch 3442（无原编号）　佛典残片

4.4×4.9cm，3行。

Ch 3443（无原编号）　《金刚般若波罗蜜经》

3.5×3.6cm，3行。

参 Kudara 2005，48。

Ch 3444（T II M）　《妙法莲华经》卷四

4.7×3.6cm，2行。刻本。木头沟遗址出土。

参 Kudara 2005，57。

Ch 3445（无原编号）　残文

6.1×4.1cm，1行。

参 Nishiwaki 2001，152。

Ch 3446（无原编号）　佛典残片

7.2×5.1cm，3行。

Ch 3447（无原编号）　佛典残片

6.4×7cm，3行。

Ch 3448（无原编号）　《增一阿含经》卷七

30×4.8cm，2行。刻本。

参 KCBT II，15。

Ch 3449r（T II T 2072）　佛典残片

14.5×30.5cm，16行。吐峪沟遗址出土。

Ch 3449v 佛典残片

12行。

Ch 3450（T II T 3075） 佛典残片

26.5×10cm，5行。吐峪沟遗址出土。

Ch 3451（T II T 3091） 《佛名经》卷四

10.6×21.5cm，10行。吐峪沟遗址出土。

参 Kudara 2005，85。

Ch 3452r（T II T 1233） 《金刚般若波罗蜜经》

14.1×10.6cm，10行，约9—10世纪。吐峪沟遗址出土。

参 BTT I，84；KCBT I，43。

Ch 3452v 《金刚般若波罗蜜经》

8行，约9—10世纪。

参 BTT I，84；KCBT I，44。

Ch 3453r（T II T） 《四分比丘尼戒本》

22.4×9.2cm，6行，约9—10世纪。吐峪沟遗址出土。

参 KCBT I，174。

Ch 3453v 《四分比丘尼戒本》

6行，约9—10世纪。

参 KCBT I，174。

Ch 3454（T II Y 18.7） 《十方千五百佛名经》

24.8×11.1cm，5行。交河故城出土。

参 Kudara 2005，92。

Ch 3455（T II D 379） 《四分僧戒本》

11.3×9cm，5行，约7世纪中—8世纪末。高昌故城出土。

参 KCBT I，173。

Ch 3456（无原编号） 粮食帐

8.6×11.5cm，4行，黄麻纸，极薄。草书，有朱笔点记。

参 荣新江1998b，320；Nishiwaki 2001，82。

Ch 3457r（T III 2034） （1）唐西州籍 （2）《千字文》

7.1×8.3cm，6行，户籍废弃后，学童在户籍文字空隙上习书《千字文》。

参 Thilo 1970，91，图11； 池田温1979，257；TTD II，A，74-75，189；B，129；荣新江1998b，320；Nishiwaki 2001，57，64。

Ch 3457v 残文

4行，字较草，有朱笔点记和涂抹痕迹。

Ch 3458（无原编号） 残文书

11.6×7.9cm，2行，黄麻纸，极薄，上有贴附纸片。草书。

参 荣新江1998b，320；Nishiwaki 2001，81。

Ch 3459（T II 1123） 佛教遗经

10×8.4cm，5行，与出口常顺藏202(《高昌残影》图XXVIII）可以缀合。

参 西胁常记 2002，182，注 17。

Ch 3460（T II T 1204） 《佛名经》卷一〇

12.3×9cm，4 行。吐峪沟遗址出土。

参 Kudara 2005，88。

Ch 3461r（T IV Chotan） 残牒

8.1×12.7cm，5 行，和田出土。

参 Nishiwaki 2001，70。

Ch 3461v 书信

4 行，和田出土。

参 Nishiwaki 2001，145。

Ch 3462r（T II T 1359） 佛典残片

11.9×10.7cm，7 行。吐峪沟遗址出土。

Ch 3462v 佛典残片

7 行。

Ch 3463（T II 1358） 佛典残片

12.4×9cm，5 行。

Ch 3464（T III D） 《大般若波罗蜜多经》卷一一九

12.9×6.5cm，3 行。刻本。高昌故城出土。

参 KCBT II，21。

Ch 3465（无原编号） 佛典残片

12.4×8.5cm，4 行。

Ch 3466（无原编号） 《妙法莲华经》卷五

13.4×8.9cm，5 行。刻本。

参 KCBT I，91。

Ch 3467r（T I D 13） 《妙法莲华经》卷二

18.5×9.7cm，4 行。刻本。高昌故城出土。

参 KCBT I，58；中村菊之进 1990，44。

Ch 3467v 佛典残片

3 行。

Ch 3468（T III T 453） 《过去庄严劫千佛名经》

12.7×21.7cm，5 行。吐峪沟遗址出土。

参 Kudara 2005，92。

Ch 3469（T II 1828） 《金刚仙论》卷二

19.8×14cm，7 行。

参 Kudara 2005，107。

Ch 3470（无原编号） 《妙法莲华经》卷二

11.4×15.5cm，9 行，约 7 世纪中—8 世纪末。

参 KCBT I，60。

Ch 3471a（T III D） 《大般若波罗蜜多经》卷一一九

12. 2 ×11. 1cm，6 行。刻本。高昌故城出土。

参 Kudara 2005，25。

Ch 3471b（T III D）　《大般若波罗蜜多经》卷一三〇

8. 9 ×10. 4cm，4 行。刻本。高昌故城出土。

参 Kudara 2005，25。

Ch 3471c（T III D）　《大般若波罗蜜多经》卷一一九

11. 3 ×6. 3cm，4 行。刻本。高昌故城出土。

参 Kudara 2005，25。

Ch 3472a（T II D 259k）　《妙法莲华经》卷三

22. 4 ×7. 6cm，4 行，约 7 世纪中—8 世纪末。高昌故城出土。

参 KCBT I，70。

Ch 3472b（T II D 259k）　《妙法莲华经》卷三

22. 3 ×7. 7cm，4 行，约 7 世纪中—8 世纪末。高昌故城出土。

参 KCBT I，70。

Ch 3472c（T II D 259k）　《妙法莲华经》卷三

22. 2 ×7. 7cm，4 行，约 7 世纪中—8 世纪末。高昌故城出土。

参 KCBT I，69。

Ch 3472d（T II D 259k）　《妙法莲华经》卷三

22. 1 ×8. 1cm，5 行，约 7 世纪中—8 世纪末。高昌故城出土。

参 KCBT I，69。

Ch 3472e（T II D 259k）　《妙法莲华经》卷三

22. 1 ×7. 6cm，5 行，约 7 世纪中—8 世纪末。高昌故城出土。

参 KCBT I，69。

Ch 3472f（T II D 259k）　《妙法莲华经》卷二

22. 3 ×7. 7cm，5 行，约 7 世纪中—8 世纪末。高昌故城出土。

参 KCBT I，69。

Ch 3473r（T IV Chotan）　《经典释文》卷二《论语·微子》

28. 5 ×16. 3cm，7 行，和田出土。

参 Nishiwaki 2001，40。

Ch 3473v　于阗人名录

5 行。

参 荣新江 1998b，320。

Ch 3474（无原编号）　《大般若波罗蜜多经》卷四六七

20 ×36. 7cm，22 行，约 7 世纪中—8 世纪末。

参 KCBT I，33。

Ch 3475（无原编号）　佛典残片

7. 2 ×9. 6cm，4 行。

Ch 3476（无原编号）　《大般若波罗蜜多经》卷四一八

8. 8 ×6. 3cm，4 行。

参 Kudara 2005，31。

Ch 3477（T III D 318）　《大般若波罗蜜多经》卷一四九

8.1×6.3cm，3行。刻本。高昌故城出土。

参 Kudara 2005，26。

Ch 3478r（无原编号）　佛典残片

10.6×6.4cm，5行。

Ch 3478v　佛典残片

4行。

Ch 3479（T II M）　佛典残片

11.1×7.2cm，4行。木头沟遗址出土。

Ch 3480（T III 2098）　《妙法莲华经》卷四

8.9×4.2cm，3行。

参 Kudara 2005，57。

Ch 3481a（无原编号）　《金刚般若波罗蜜经》

4.5×2.5cm，1行，约7世纪中—8世纪末。

参 KCBT II，35。

Ch 3481b（无原编号）　佛典残片

6.5×8.7cm，5行。

Ch 3482（无原编号）　佛典残片

5.4×10.2cm，4行。

Ch 3483（无原编号）　佛典残片

6.8×8.5cm，5行。

Ch 3484（T II 1864）　《摩诃般若波罗蜜经》卷六

12.4×8.6cm，5行。

参 Kudara 2005，41。

Ch 3485a（T II D 300）　《大方等大集经》卷二三

8.6×7.2cm，4行。高昌故城出土。

参 Kudara 2005，82。

Ch 3485b（T III 300）　《大方等大集经》卷二三

8.8×6cm，3行。

参 Kudara 2005，82。

Ch 3486（T III 1030）　《大般涅槃经》卷五

13.6×8.4cm，4行。

参 Kudara 2005，65。

Ch 3487（无原编号）　《增一阿含经》卷三一

14.3×8.7cm，4行。刻本。

参 KCBT I，27。

Ch 3488（T II T 1531）　《梵网经》卷下

14.1×9.3cm，4行。吐峪沟遗址出土。

参 Kudara 2005，104。

Ch 3489（T II 1253）　《佛名经》卷二

21.9×10.1cm，5 行。

参 Kudara 2005，83。

Ch 3490（T III 34）　《大般涅槃经》卷三七

11×22cm，13 行。

参 Kudara 2005，79。

Ch 3491（T II T 2063）　《大般若波罗蜜多经》卷一四三

23.9×4.5cm，1 行，约 7 世纪中—8 世纪末。吐峪沟遗址出土。

参 KCBT I，31。

Ch 3492（T III Š 2）　《大般涅槃经》卷三二

23.7×8.4cm，5 行。焉耆硕尔楚克遗址出土。

参 Kudara 2005，77。

Ch 3493（T III T 460）　佛典残片

21.8×7cm，4 行。吐峪沟遗址出土。

Ch 3494（T II 1018）　佛典残片

9.1×21.2cm，11 行。

Ch 3495（T III T 300）　佛典残片

9.1×22.6cm，10 行。吐峪沟遗址出土。

Ch 3496（T II 2005）　佛典残片

8.8×23.4cm，17 行。

Ch 3497（T III 125）　《大般涅槃经》卷三一

24×4.6cm，3 行，约 7 世纪中—8 世纪末。

参 KCBT II，70。

Ch 3498（T II 1300）　佛典残片

9×19.6cm，12 行。

Ch 3499a（T III T）　《大般若波罗蜜多经》卷五四三

8.5×4.1cm，3 行。吐峪沟遗址出土。

参 Kudara 2005，34。

Ch 3499b（T III T）　《大般若波罗蜜多经》卷五四三

8.5×17.6cm，10 行。吐峪沟遗址出土。

参 Kudara 2005，35。

Ch 3500（T III T 189）　《金刚般若波罗蜜经》

6.3×21.4cm，12 行。吐峪沟遗址出土。

参 Kudara 2005，49。

Ch 3501（无原编号）　佛典残片

7.9×23.2cm，11 行。

Ch 3502（无原编号）　佛典残片

23.3×5cm，3 行。

Ch 3503a（T III T 214）　《金光明经》卷四

8.5×3.4cm，3行，约9—10世纪。吐峪沟遗址出土。

参 KCBT I，154。

Ch 3503b（T III T 214）　《金光明经》卷四

8.6×3.5cm，3行，约9—10世纪。吐峪沟遗址出土。

参 KCBT I，154。

Ch 3503c（T III T 214）　《金光明经》卷四

9×3.5cm，2行，约9—10世纪。吐峪沟遗址出土。

参 KCBT I，154。

Ch 3503d（T III T 214）　《金光明经》卷四

8.9×3.6cm，2行，约9—10世纪。吐峪沟遗址出土。

参 KCBT I，153。

Ch 3503e（T III T 214）　《金光明经》卷四

8.4×3.5cm，3行，约9—10世纪。吐峪沟遗址出土。

参 KCBT I，154。

Ch 3503f（T III T 214）　《金光明经》卷四

8.3×3.3cm，3行，约9—10世纪。吐峪沟遗址出土。

参 KCBT I，154。

Ch 3503g（T III T 214）　《金光明经》卷四

8.4×3.5cm，2行，约9—10世纪。吐峪沟遗址出土。

参 KCBT I，154。

Ch 3504（无原编号）　《维摩诘所说经》卷中

20.6×6.5cm，5行，约7世纪中—8世纪末。

参 KCBT I，148。

Ch 3505（无原编号）　《大般涅槃经》卷三五

20.9×4.8cm，3行。

参 Kudara 2005，78。

Ch 3506（T III M 144）　明永乐五年丁亥岁（1407）《具注历日》

22.4×8.1cm，9行，刻本，前、后和下部均残，顶端有一小截粗墨线边框。原由细线隔为四栏：现存上栏有“末伏”注记；其下一栏为日序、干支和六甲纳音；再下一栏为建除和二十八宿之历注；再下一栏为吉凶宜忌等选择事项。年代据邓文宽考订。木头沟遗址出土。

参 荣新江 1997b，396；荣新江 1998b，312，320；邓文宽 2001，263-268；Nishiwaki 2001，88-89，图16；邓文宽 2002，255-261+图版。

Ch 3507（T III T 173）　《妙法莲华经》卷七

24.2×6.2cm，3行，约9—10世纪。吐峪沟遗址出土。

参 KCBT I，120。

Ch 3508（无原编号）　佛典残片

6.6×20.3cm，12行。

Ch 3509r（无原编号） 《妙法莲华经》卷三

24.5×8cm，7 行，约 9—10 世纪。

参 KCBT I，75。

Ch 3509v 《妙法莲华经》卷三

7 行，约 7 世纪中—8 世纪末。

参 KCBT I，76。

Ch 3510（T III T 309） 《放光般若经》卷一八

23.9×4.5cm，3 行。吐峪沟遗址出土。

参 Kudara 2005，39。

Ch 3511（无原编号） 《金刚般若波罗蜜经》

6×17cm，9 行，约 7 世纪中—8 世纪末。

参 KCBT II，35。

Ch 3512（无原编号） 《维摩诘所说经》卷上

15.1×10.2cm，7 行，约 9—10 世纪。

参 KCBT I，147。

Ch 3513（无原编号） 《大般若波罗蜜多经》卷二三九

13.3×10.1cm，7 行，约 7 世纪中—8 世纪末。

参 KCBT II，23。

Ch 3514（无原编号） 《大般涅槃经》卷一九

13×10.8cm，8 行。

参 Kudara 2005，72。

Ch 3516（无原编号） 《佛说灌顶七万二千神王护比丘咒经》卷一二

10.6×11cm，5 行，约 9—10 世纪。

参 KCBT I，167。

Ch 3517（无原编号） 《增一阿含经》卷二二

10×10.2cm，5 行。刻本，断为 2 片。

参 Kudara 2005，19。

Ch 3518（无原编号） 《摩诃般若波罗蜜经》卷一五

10.6×17.3cm，10 行。

参 Kudara 2005，41。

Ch 3519（T II T 1791） 佛典残片

14.6×10.6cm，6 行。吐峪沟遗址出土。

Ch 3520（T III T 422） 佛典残片

9.8×15cm，8 行。吐峪沟遗址出土。

Ch 3521（T III M 173） 佛典残片

10×15.2cm，8 行。木头沟遗址出土。

Ch 3522（T III S 64） 《大般若波罗蜜多经》卷三〇四

15.5×9cm，6 行。胜金口遗址出土。

参 Kudara 2005，29。

Ch 3523（T II T 1365）　佛典残片

9.6×9.8cm，5行。吐峪沟遗址出土。

Ch 3524（T II T 2033）　佛典残片

10.8×15.1cm，7行。吐峪沟遗址出土。

Ch 3525（无原编号）　《维摩诘所说经》卷上

13×11.7cm，8行，约9—10世纪。

参 KCBT I，146。

Ch 3526（无原编号）　佛典残片

10.8×12.5cm，7行。

Ch 3527（无原编号）　佛典残片

13.6×11.3cm，7行。

Ch 3528r（无原编号）　佛典残片

16.2×10.8cm，6行。

Ch 3528v　佛典残片

6行。

Ch 3529（无原编号）　《维摩诘所说经》卷上

10.8×19cm，12行。

参 Kudara 2005，94。

Ch 3530（无原编号）　《摩诃般若波罗蜜经》卷一五

16.2×11.3cm，6行。

参 Kudara 2005，42。

Ch 3531（无原编号）　《杂阿含经》卷三

10.2×11.7cm，7行，刻本。

参 KCBT I，23。

Ch 3532（T III M ?）　佛典残片

11.9×11cm，7行。木头沟遗址出土。

Ch 3533r（T II D 1 d）　《切韵》

11.3×17.9cm，7行，刻本。与Ch 1072v、Ch 1106v、Ch 1150v、Ch 2437、Ch 3715同属一书。高昌故城出土。中国国家图书馆善本部藏有王重民1935年所获照片，据补原编号。

参 魏建功1948；姜亮夫1955；Wang Lien-tseng 1963，251-252；上田正1973；周祖谟1994，781，778；荣新江1998b，320；Nishiwaki 2001，45-46；Takata 2004，333-337；荣新江2005，270；高田时雄2005，27-31。

Ch 3533v　《增一阿含经》卷三

8行。刻本。与Ch 1106r、Ch 1072v同卷。

参 Kudara 2005，18。

Ch 3534（T II T 1859）　佛典残片

8.7×17.3cm，9行。吐峪沟遗址出土。

Ch 3535（T II T 588）　佛典残片

4.3×16cm，9 行。吐峪沟遗址出土。

Ch 3536（无原编号） 佛典残片

8×17.4cm，8 行。

Ch 3537（无原编号） 佛典残片

17×8.9cm，5 行。

Ch 3538（T III T） 《妙法莲华经》卷四

9×16.3cm，9 行，约 7 世纪中—8 世纪末。吐峪沟遗址出土。

参 KCBT I，87。

Ch 3539（T II D 143） 《金光明经》卷三

15.3×8.2cm，5 行，约 7 世纪中—8 世纪末。高昌故城出土。

参 KCBT II，76。

Ch 3540（T II S） 《摩诃般若波罗蜜经》卷二六

18.3×7.6cm，4 行，约 7 世纪中—8 世纪末。胜金口遗址出土。

参 KCBT II，29。

Ch 3541（无原编号） 《妙法莲华经》卷七

7.5×18.2cm，11 行，约 7 世纪中—8 世纪末。

参 KCBT II，57。

Ch 3542（T II T 1296） 《妙法莲华经》卷四

19×7.6cm，4 行，约 7 世纪中—8 世纪末。吐峪沟遗址出土。

参 KCBT I，84。

Ch 3543（T II D 198） 《摩诃般若波罗蜜经》卷一

16.8×5.5cm，4 行。高昌故城出土。

参 Kudara 2005，40。

Ch 3544（T II T 1996） 佛典残片

6×18.6cm，10 行。吐峪沟遗址出土。

Ch 3545（无原编号） 佛典残片

16.6×8.3cm，4 行。

Ch 3546（无原编号） 《七佛八菩萨所说大陀罗尼神咒经》卷一

8.6×16.4cm，8 行。

参 Kudara 2005，100。

Ch 3547 佛画

Ch 3548（无原编号） 《妙法莲华经》卷二

18.8×8.1cm，5 行，约 7 世纪中—8 世纪末。

参 KCBT I，66。

Ch 3549（无原编号） 《妙法莲华经》卷二

18.7×6.9cm，4 行，约 7 世纪中—8 世纪末。

参 KCBT I，66。

Ch 3550（无原编号） 《妙法莲华经》卷二

18.7×7cm，5 行，约 7 世纪中—8 世纪末。

参 KCBT I，65。

Ch 3551（T I α 1010）　佛典残片

15.1×5.8cm，2行。高昌故城α遗址出土。

Ch 3552（T II 1144）　佛典残片

8×17.6cm，9行。

Ch 3553（无原编号）　佛典残片

18.5×7.3cm，2行。

Ch 3554r（无原编号）　《梁朝傅大士颂金刚经并序》

17.1×8.8cm，5行，约9—10世纪。

参 BTT I，84；KCBT I，183，图31/43。

Ch 3554v　佛典残片

4行。

Ch 3555（T III T 168）　《佛名经》卷四

15.1×9.1cm，5行。吐峪沟遗址出土。

参 Kudara 2005，85。

Ch 3556（T II D）　《佛说父母恩重经》

15.3×8.6cm，5行，约9—10世纪。高昌故城出土。

参 KCBT I，186。

Ch 3557（无原编号）　佛典残片

9.1×16.7cm，8行。

Ch 3558r（T II Y 62）　《金刚般若波罗蜜经》

16×8.2cm，5行，约9—10世纪。交河故城出土。

参 KCBT I，40。

Ch 3558v　《金刚般若波罗蜜经》

5行，约9—10世纪。

参 KCBT I，40。

Ch 3559r（T II Y 62）　《金刚般若波罗蜜经》

15.9×8.1cm，5行，约9—10世纪。交河故城出土。

参 KCBT I，42。

Ch 3559v　《金刚般若波罗蜜经》

5行，约9—10世纪。

参 KCBT I，41。

Ch 3560r（无原编号）　《金刚般若波罗蜜经》

16×7.3cm，5行，约9—10世纪。

参 KCBT I，42。

Ch 3560v　《金刚般若波罗蜜经》

5行，约9—10世纪。

参 KCBT I，42。

Ch 3561（T III Y）　《佛名经》卷一

16.1×6.6cm，4 行，约 9—10 世纪。交河故城出土。

参 KCBT I，144。

Ch 3562（T II D） 佛典残片

16.5×7.3cm，5 行。高昌故城出土。

Ch 3563（无原编号） 《金刚般若波罗蜜经》

14.5×12cm，6 行，约 7 世纪中—8 世纪末。

参 KCBT II，34。

Ch 3564（T II ČK I.1） 《维摩诘所说经》卷上

19.4×6.3cm，3 行。

参 Kudara 2005，93。

Ch 3565（T II D 110） 《佛说弥勒来时经》

15.5×7.1cm，1 行，刻本。高昌故城出土。

参 KCBT I，146；中村菊之进 1990，45。

Ch 3566（T III M 173） 佛典残片

4.2×15.2cm，5 行。木头沟遗址出土。

Ch 3567（T III T 489） 《优婆塞戒经》卷一

17.6×8.1cm，5 行。吐峪沟遗址出土。

参 Kudara 2005，104。

Ch 3568（T II S） 《摩诃般若波罗蜜经》卷二六

18.3×7.8cm，4 行，约 7 世纪中—8 世纪末。胜金口遗址出土。

参 KCBT II，29。

Ch 3569（无原编号） 佛典残片

6×15.7cm，8 行。

Ch 3570（T II T 1718） 《佛藏经》卷上

15.2×6.3cm，5 行。吐峪沟遗址出土。

参 Kudara 2005，97。

Ch 3571（无原编号） 《阴持入经》

15.7×8.1cm，4 行，刻本。

参 KCBT I，149。

Ch 3572r（T II D 253） 佛典残片

8.9×17.7cm，11 行。高昌故城出土。

Ch 3572v 佛典残片

14 行。

Ch 3573 千佛像

Ch 3574（M 149） 《大般若波罗蜜多经》卷二三六

16.2×6cm，4 行。刻本。木头沟遗址出土。

参 Kudara 2005，28。

Ch 3575（T II D 374） 《金刚般若波罗蜜经》

8×16cm，9 行，约 7 世纪中—8 世纪末。高昌故城出土。

参 KCBT II，33。

Ch 3576（无原编号）　佛典残片

6.3×17.3cm，9 行。

Ch 3577（T III）　《大方广佛华严经》卷六六

15.9×5.7cm，3 行，约 7 世纪中—8 世纪末。

参 KCBT II，62。

Ch 3578（T II D）　《大般涅槃经》卷一四

15×8.4cm，5 行。高昌故城出土。

参 Kudara 2005，70。

Ch 3579（无原编号）　《大般若波罗蜜多经》卷四五四

11.6×5.9cm，4 行。

参 Kudara 2005，32。

Ch 3580（无原编号）　《维摩诘所说经》卷上

12.4×6cm，4 行，约 9—10 世纪。

参 KCBT I，146。

Ch 3581（无原编号）　佛典残片

14.2×7.5cm，4 行。

Ch 3582（T III M 144）　回鹘人音注汉文难字

14.1×9cm，5 行，与 Ch 2757 可以缀合。木头沟遗址出土。

参 高田时雄 1996；荣新江 1998b，320；Nishiwaki 2001，51；Takata 2004，337-339，图 5；高田时雄 2005，32-33，40（图 5）。

Ch 3583（无原编号）　佛典残片

13.3×9cm，4 行。

Ch 3584（T III 22）　《大般涅槃经》卷三六

11.1×13.5cm，8 行。

参 Kudara 2005，79。

Ch 3585（T II M）　佛典残片

12.5×8.4cm，4 行。木头沟遗址出土。

Ch 3586（无原编号）　占卜书？

9.9×10.8cm，3 行，双面书写。王丁认为是契丹文残片，中间夹写回鹘文字。

参 Nishiwaki 2001，97-98；Wang Ding 2004，371-379，图 1，2，彩版 47-50。

Ch 3587r（无原编号）　佛典残片

12.7×11.7cm，10 行。

Ch 3587v　佛典残片

10 行。

Ch 3588ar（无原编号）　《金刚般若波罗蜜经》

7.8×8.1cm，5 行。可以与 Ch 3588br 缀合。

参 Kudara 2005，48。

Ch 3588br（无原编号）　《金刚般若波罗蜜经》

8.3×8.1cm，5 行。可以与 Ch 3588ar 缀合。

参 Kudara 2005，48。

Ch 3588cr（无原编号） 《金刚般若波罗蜜经》

2.9×3.2cm，2 行。

参 Kudara 2005，48。

Ch 3589（T III D） 《大般若波罗蜜多经》卷一一九

13.7×9.5cm，3 行。刻本。高昌故城出土。

参 Kudara 2005，25。

Ch 3590（无原编号） 《妙法莲华经》卷四

13.2×10.4cm，7 行，约 7 世纪中—8 世纪末。

参 KCBT I，80。

Ch 3591（无原编号） 《大般涅槃经》卷一九

14.1×10.9cm，6 行。

参 Kudara 2005，72。

Ch 3592（无原编号） 《维摩诘所说经》卷上

16.6×7.7cm，4 行，约 9—10 世纪。

参 KCBT I，146。

Ch 3593（无原编号） 《佛名经》卷三

13.1×7.2cm，3 行。

参 Kudara 2005，84。

Ch 3594（T III T 539） 《增一阿含经》卷五

12.3×6.3cm，4 行，刻本。吐峪沟遗址出土。

参 KCBT II，15。

Ch 3595（T II S 32 a） 《大般若波罗蜜多经》卷五四一

6.5×12.3cm，6 行。胜金口遗址出土。

参 Kudara 2005，34。

Ch 3596r（无原编号） 佛典残片

15.2×3.9cm，2 行。

Ch 3596v 佛典残片

1 行。

Ch 3597（T III 62） 佛典残片

6.3×12.4cm，5 行。

Ch 3598（无原编号） 《大般涅槃经》卷三

13×3.5cm，3 行。可以与 Ch 3902 缀合。

参 Kudara 2005，65。

Ch 3599（无原编号） 佛典残片

14.2×8.5cm，4 行。

Ch 3600（T II D） 佛典残片

9.1×12.3cm，7 行。高昌故城出土。

Ch 3601r（无原编号） 佛典残片

9.3×13.1cm，7行。

Ch 3601v 《大智度论》卷五五

3行。

参 Kudara 2005，106。

Ch 3602r（无原编号） 佛典残片

11.5×8.7cm，3行。

Ch 3602v 《大般若波罗蜜多经》卷五四八

4行。

参 Kudara 2005，35。

Ch 3603（无原编号） 《妙法莲华经》卷二

12.6×7.2cm，4行，约7世纪中—8世纪末。

参 KCBT I，60。

Ch 3604（无原编号） 《大般涅槃经》卷七

10.7×9.7cm，6行，约7世纪中—8世纪末。

参 KCBT II，65。

Ch 3605（无原编号） 《切韵》

14×6.2cm，4行。

参 荣新江 1998b，320；Nishiwaki 2001，48；Takata 2004，333-335；高田时雄 2005，24-27。

Ch 3606r（无原编号） 《佛名经》卷四

14.2×8cm，2行。可以与 Ch 3768 缀合。

参 Kudara 2005，85。

Ch 3606v 佛典残片

4行。

Ch 3607（无原编号） 《金光明经》卷四

14×8.7cm，5行。

参 Kudara 2005，97。

Ch 3608（无原编号） 佛典残片

14×9.3cm，6行。

Ch 3609（无原编号） 《不退转法轮经》卷一

7.9×3.7cm，2行。

参 Kudara 2005，62。

Ch 3610（无原编号） 佛典残片

6.3×5cm，2行。

Ch 3611（无原编号） 《大般若波罗蜜多经》卷二一八

7×4.5cm，2行。刻本，属于金藏。

参 Kudara 2005，27。

Ch 3612（无原编号） 佛典残片

7.6×4.5cm，2 行。

Ch 3613（无原编号）　佛典残片

5.9×4.3cm，2 行。

Ch 3614（无原编号）　《大般涅槃经》卷八

5.1×4.9cm，3 行。

参 Kudara 2005，67。

Ch 3615r（无原编号）　佛典残片

6.7×3.1cm，2 行。

Ch 3615v　佛典残片

4 行。

Ch 3616（无原编号）　《妙法莲华经》卷四

6.5×4.7cm，3 行。刻本。

参 Kudara 2005，57。

Ch 3617（无原编号）　《大般若波罗蜜多经》卷六八

17.3×13.7cm，9 行，刻本。

参 KCBT I，31。

Ch 3618（无原编号）　佛典残片

16.2×14.3cm，9 行。

Ch 3619（无原编号）　《佛名经》卷九

12.5×17.1cm，8 行。

参 Kudara 2005，88。

Ch 3620r（T III 1023）　佛典残片

11.9×25.8cm，9 行。

Ch 3620v　佛典残片

11 行。

Ch 3621（无原编号）　《大般若波罗蜜多经》卷五五八

21×13.7cm，10 行。

参 Kudara 2005，37。

Ch 3622（无原编号）　佛典残片

13.8×16.7cm，10 行。

Ch 3623r（T III 62）　《增一阿含经》卷八

13.4×12.9cm，7 行，刻本。

参 KCBT I，26；中村菊之进 1990，42。

Ch 3623v　《新唐书》卷七一《石雄传》

3 行，见 Ch 2132v。

Ch 3624（T III M 156）　《大般若波罗蜜多经》卷七一

14×20.1cm，11 行，刻本。木头沟遗址出土。

参 KCBT II，20。

Ch 3625r（无原编号）　佛教讲经文

12.1×19.4cm，12行，楷书，不精。

Ch 3625v　佛典残片

7行，大字，无栏。

Ch 3626（无原编号）　佛典残片

12.4×20.7cm，6行。

Ch 3627（T II 2025）　佛典残片

14.6×16.9cm，10行。

Ch 3628（T III T 383）　《大智度论》卷四八

12.7×14.8cm，7行。吐峪沟遗址出土。

参 Kudara 2005，106。

Ch 3629（T II D）　曲子词

14.3×15.4cm，3行，字体不佳。前后有余白，似表明所抄为单曲。高昌故城出土。

参 荣新江 1998b，320。

Ch 3630（无原编号）　佛典残片

20.9×11.1cm，6行。

Ch 3631（T I 1024）　《别译杂阿含经》卷二

16×14.3cm，7行，刻本。

参 KCBT II，14。

Ch 3632（无原编号）　《金光明经》卷四

12.9×15.9cm，9行。

参 Kudara 2005，97。

Ch 3633（无原编号）　《金光明最胜王经》卷一〇

18.9×16.5cm，9行，刻本。

参 KCBT I，158。

Ch 3634（无原编号）　《金刚般若波罗蜜经论》中

15.5×12cm，7行。

参 Kudara 2005，107。

Ch 3635（无原编号）　《金光明最胜王经》卷五

13.7×14cm，8行，刻本。

参 KCBT II，77；中村菊之进 1990，45。

Ch 3636（无原编号）　《大般涅槃经》卷一二

15.1×18.3cm，10行。

参 Kudara 2005，69。

Ch 3637（无原编号）　《维摩诘所说经》卷下

14.9×14.4cm，9行。

参 Kudara 2005，96。

Ch 3638（T III 34）　《佛名经》卷五

14.1×15.4cm，6行。

参 Kudara 2005，85。

Ch 3639（无原编号） 《大般若波罗蜜多经》卷五一

15.2×12.5cm，5 行，刻本。

参 KCBT II，19。

Ch 3640（无原编号） 《妙法莲华经》卷五

14.5×14.9cm，9 行，约 9—10 世纪。

参 KCBT I，93。

Ch 3641r（无原编号） 《阿毗昙甘露味论》卷下

13.5×20.5cm，14 行。

参 Kudara 2005，109。

Ch 3641v 佛典残片

2 行。

Ch 3642（T II D 346） 《瑜伽师地论》卷二九

14.8×13cm，7 行。刻本。高昌故城出土。

参 Kudara 2005，111。

Ch 3643（T III T 511） 《妙法莲华经》卷一

15×16.5cm，9 行，刻本。吐峪沟遗址出土。

参 KCBT II，39。

Ch 3644（无原编号） 《小品般若经》卷六

16.4×14.5cm，8 行，约 6 世纪中—7 世纪中

参 KCBT II，31。

Ch 3645（无原编号） 《金光明经》卷三

12×16.1cm，9 行，约 4—6 世纪中。

参 KCBT II，76。

Ch 3646（T II 1533） 佛典残片

16×18.8cm，9 行。

Ch 3647r（T II S 29） 佛典残片

19.1×14.7cm，6 行，与 Ch 3191、MIK III 100 为同一刻本。胜金口遗址出土。

Ch 3647v 《佛说七俱胝佛母准提大明陀罗尼经》

12 行，与 Ch 3191v、MIK III 100v 为同一写本。有朱笔分段圈点。书法楷中带隶。

Ch 3648（无原编号） 《妙法莲华经》卷四

14.3×16.2cm，10 行，约 9—10 世纪。

参 KCBT I，87。

Ch 3649（T II 1526） 《入楞伽经》卷六

16.2×18cm，11 行，约 6 世纪中—7 世纪中。

参 KCBT II，79。

Ch 3650r（无原编号） 佛典残片

14×16cm，11 行。

Ch 3650v 佛典残片

11 行。

Ch 3651（无原编号） 佛典残片

13.9×15.8cm，10 行。

Ch 3652（T II 3097） 《大般涅槃经》卷二八

12.3×12.6cm，8 行。

参 Kudara 2005，74。

Ch 3653b（T II 1858） 《妙法莲华经》卷五

9.7×8cm，6 行。

参 Kudara 2005，58。

Ch 3654（无原编号） 佛典残片

14.3×17.6cm，9 行。

Ch 3655（无原编号） 《大般涅槃经》卷六

19.2×16cm，7 行。

参 Kudara 2005，65。

Ch 3656（T II 1549） 《大般若波罗蜜多经》卷五一二

13.8×17.3cm，10 行。刻本。可以与 Ch 3668、Ch 3884 缀合。

参 Kudara 2005，34。

Ch 3657（无原编号） 《佛名经》卷一六

16.2×13.3cm，8 行。

参 Kudara 2005，90。

Ch 3658（T II M 1020） 《妙法莲华经》卷二

13×15.5cm，8 行，刻本。木头沟遗址出土。

参 Gabain 1967，15；KCBT I，59。

Ch 3659r（无原编号） 佛典残片

12.3×12.6cm，6 行。

Ch 3659v 《妙法莲华经》卷六

6 行。

参 Kudara 2005，59。

Ch 3660（无原编号） 《大般若波罗蜜多经》卷五九八

17.5×16.4cm，6 行，刻本。

参 KCBT I，35。

Ch 3661（T II T 1127） 佛典残片

15.3×12.1cm，8 行。吐峪沟遗址出土。

Ch 3662（T III 315） 佛典残片

18.8×12.2cm，6 行，楷书。

Ch 3663（T II T 1405） 《大般涅槃经》卷三五

16×18.6cm，11 行，约 6 世纪中—7 世纪中。吐峪沟遗址出土。

参 KCBT II，71。

Ch 3664（无原编号） 《大般若波罗蜜多经》卷五七二

13.8×15.3cm，9 行。

参 Kudara 2005，37。

Ch 3665r（无原编号） 佛典残片

15.8×14cm，7 行。

Ch 3665v 《增一阿含经》卷三

8 行。刻本。

参 KCBT II，15。

Ch 3666（T II 1254） 佛典残片

14.6×15.8cm，6 行。

Ch 3667（无原编号） 佛典残片

13.1×18.7cm，10 行。

Ch 3668（无原编号） 《大般若波罗蜜多经》卷五一二

15.6×12.1cm，7 行。刻本。可以与 Ch 3656、Ch 3884 缀合。

参 Kudara 2005，34。

Ch 3669（无原编号） 佛典残片

12.6×17.3cm，10 行。

Ch 3670r（无原编号） 《中阿含经》卷一八

14.5×17.2cm，9 行。刻本。

参 Kudara 2005，15。

Ch 3670v 《大般若波罗蜜多经》卷五四八

10 行。7－10 行间有回鹘文字。

参 Kudara 2005，36。

Ch 3671（无原编号） 《增一阿含经》卷三一

16.2×18.1cm，10 行，刻本。

参 KCBT II，16。

Ch 3672（无原编号） 《妙法莲华经》卷二

13.4×12.6cm，6 行。

参 Kudara 2005，53。

Ch 3673（无原编号） 《金刚般若波罗蜜经》

12.2×16.5cm，9 行，约 7 世纪中—8 世纪末。

参 KCBT II，35。

Ch 3674（T II S 45） 佛典残片

15.3×15.9cm，8 行。胜金口遗址出土。

Ch 3675（T II T 1515） 《中阿含经》卷四九

15.8×18.7cm，10 行。刻本。吐峪沟遗址出土。

参 Kudara 2005，17。

Ch 3676（T II 1794） 《梁朝傅大士颂金刚经并序》

17.7×16cm，9 行，约 7 世纪中—8 世纪末。

参 KCBT II，85。

Ch 3677（无原编号） 《四分律》卷三二

19.1×11.4cm，8行。

参 Kudara 2005，102。

Ch 3678（T III 34.78） 《妙法莲华经》卷三

13.1×13.2cm，7行，约7世纪中—8世纪末。

参 KCBT I，77。

Ch 3679r（无原编号） 佛典残片

15.8×12.8cm，8行。

Ch 3679v 佛典残片

9行。

Ch 3680r（无原编号） 《长阿含经》卷一五

12.4×13.3cm，6行，刻本。

参 KCBT II，11；中村菊之进 1990，41。

Ch 3680v 《大般若波罗蜜多经》卷二九六

7行。

参 Kudara 2005，29。

Ch 3681（T II） 《正法华经》卷二

16.5×12.5cm，7行。

参 Kudara 2005，61。

Ch 3682（T III 34.22） 《大方等大集经》卷一七

13.7×14.5cm，9行。

参 Kudara 2005，82。

Ch 3683（无原编号） 佛典残片

18.7×14.9cm，8行。

Ch 3684（无原编号） 佛典残片

11.7×11.9cm，7行。

Ch 3685（T II 3018） 《大般涅槃经》卷一六

13.1×12cm，7行。

参 Kudara 2005，70。

Ch 3686（无原编号） 《小品般若经》卷六

11.6×11.5cm，7行，约6世纪中—7世纪中。

参 KCBT II，31。

Ch 3687（T III S 94.55） 佛典残片

15×12.2cm，7行。胜金口遗址出土。

Ch 3688（无原编号） 《佛名经》卷三

12.2×15.8cm，6行。

参 Kudara 2005，84。

Ch 3690（T II 1756） 《大般涅槃经》卷三一

19×13.5cm，7行。

参 Kudara 2005，76。

Ch 3691（无原编号） 《如实论反质难品》一卷

13.4×12.2cm，7 行，约 7 世纪中—8 世纪末。

参 KCBT II，84。

Ch 3692a（无原编号） 佛典残片

11.6×13cm，6 行。

Ch 3692b（无原编号） 《增一阿含经》卷三一

11.7×11.1cm，5 行，刻本。

参 KCBT II，16。

Ch 3693r（无原编号） 《幽通赋》注

13.1×18.5cm，21 行。与 Ch 2400、Ch 3699、Ch 3865 可以缀合，根据《幽通赋》现存文字顺序，可知四残片的次序应为 Ch 3693 + Ch 3699 + Ch 2400 + Ch 3865。正文存："形气发〔於根柢兮，柯叶汇而零〕茂。恐冈（魍）魉〔之责景兮，羌未得其〕云已。犁（黎）〔淳耀于高辛兮，芈〕彊大於南汜；〔嬴取〕威於伯仪兮，姜本〔支乎〕三趾；既人（仁）〔得其信然〕兮，仰天路而同轨。东厸虐而殲仁兮，〔王合位乎〕三五。〔戎女烈而〕丧孝兮，伯祖归於龙虎；〔发〕还师以成性兮，重醉行〔而自耦〕。"若干字缺文，今为补足。此赋注语甚长，现存起于子辂死事，当是正文"溺招路以从己兮"句下者，"子辂"即"子路"。李善注博引曹大家、应劭、项岱、晋灼、韦昭、张晏及《汉书》音义各说，皆不见于此注，不知出自谁氏，亦非今本《汉书注》，可能是《幽通赋》古注单行本，或已佚某《汉书》古注。

参 荣新江 1997b，396；荣新江 1998b，312，320；饶宗颐 2000，8，108-111；Nishiwaki 2001，136-138，图 28；西胁常记 2002，225-263，图 49-52。

Ch 3693v 古诗

11 行，背面诗钞系将原卷上下翻转过来抄写，文字与正面颠倒，但顺序与正面相同，即 Ch 3693v + Ch 3699v + Ch 2400v + Ch 3865v。

参 荣新江 1998b，320；柴剑虹 1999，107-116；柴剑虹 2000，345-354；徐俊、荣新江 2002，1-13；Nishiwaki 2001，139-140，图 29。

Ch 3694（T II D 360） 《妙法莲华经》卷一

12×12.8cm，6 行，刻本。高昌故城出土。

参 KCBT II，39。

Ch 3695 千佛像

Ch 3696（T II 497）

15×12.4cm，7 行。

Ch 3697（T II 1750） 《大般若波罗蜜多经》卷八四

14×14.1cm，8 行，约 7 世纪中—8 世纪末。

参 KCBT II，20。

Ch 3698（T II 1315） 《尚书·虞书·大禹谟》

12.6×18.9cm，7 行，大字正文，双行小注，楷书，有朱笔句读，墨笔改订。系孔传《古文尚书》，即隶古本。中国国家图书馆善本部藏有王重民1935年所获照片，上有原编号作T II 1315，因据改。

参 顾颉刚、顾廷龙1996，168-169；荣新江1997b，395；荣新江1998b，311，320；Nishiwaki 2001，35；荣新江2005，268-269。

Ch 3699r（无原编号） 《幽通赋》注

13.9×16.4cm，8行，见Ch 3693。

Ch 3699v 古诗

9行，见Ch 3693v。

Ch 3700（无原编号） 佛典残片

12.6×16cm，9行。

Ch 3701（T II T 1552） 《佛名经》卷一

12.6×12.4cm，6行。吐峪沟遗址出土。

参 Kudara 2005，83。

Ch 3702（T II T 1324） 《佛名经》卷一一

18.8×13.1cm，6行。吐峪沟遗址出土。

参 Kudara 2005，89。

Ch 3703（T II 1479） 《道行般若经》卷七

14.6×12.4cm，7行。

参 Kudara 2005，44。

Ch 3704（无原编号） 《大般涅槃经》卷二八

17.5×14.5cm，8行，约7世纪中—8世纪末。

参 KCBT II，69。

Ch 3705（T III 34.2） 《佛说天地八阳神咒经》

16×17.3cm，9行，约9—10世纪。

参 KCBT I，187。

Ch 3706（无原编号） 《佛名经》卷一〇

17.6×16cm，8行。

参 Kudara 2005，89。

Ch 3707（无原编号） 《梁朝傅大士颂金刚经并序》

20.3×12.8cm，8行，约7世纪中—8世纪末。

参 KCBT II，85。

Ch 3708（无原编号） 《妙法莲华经》卷二

14.5×18cm，8行，刻本。

参 KCBT I，61。

Ch 3709（T III M 139） 佛典残片

18.6×16.1cm，11行。木头沟遗址出土。

Ch 3710（无原编号） 佛典残片

14.3×12.2cm，5行。

Ch 3711（T II 1380） 《大般涅槃经》卷三六

14×14cm，8 行。

参 Kudara 2005，78。

Ch 3712（T III M 206）　《大般若波罗蜜多经》卷五一九

13.2×12.8cm，8 行。木头沟遗址出土。

参 Kudara 2005，34。

Ch 3713（无原编号）　《添品妙法莲华经》卷三

17×10.5cm，6 行，刻本。

参 KCBT I，125。

Ch 3714r（无原编号）　佛典残片

12.6×13.6cm，10 行。

Ch 3714v　佛典残片

5 行。

Ch 3715r（T II D 1 b）　《切韵》

14.6×14.1cm，7 行，刻本。与 Ch1072v、Ch1106v、Ch1150v、Ch2437、Ch 3533 同属一书。高昌故城出土。中国国家图书馆善本部藏有王重民 1935 年所获照片，据补原编号。

参 魏建功 1948；姜亮夫 1955；Wang Lien-tseng 1963，251-252；上田正 1973；周祖谟 1994，777，780；荣新江 1998b，320；Nishiwaki 2001，45；Takata 2004，333-337；高田时雄 2005，27-31。

Ch 3715v　《增一阿含经》卷三

8 行。刻本。

参 Kudara 2005，18。

Ch 3716（T II Y 62）　（1）《千字文》　（2）回鹘文粟特语－回鹘语词汇对照表

16.1×12.4cm，此为册子本，上部用粗线装订。封面为题记，文字如下："天禧年十三，岁次辛未冬月之伴分廿三日，交河胜泉都通，兹无头《千字文》，有头实（?）将来，学习敬口执诵，不祸（获）咎。""年"、"月"、"日"用武周新字，但并非武周时所写，而应是高昌回鹘时期的抄本。右边空白处书粟特文回鹘语 5 行。以下 6 页抄《千字文》，从"《千字文》，敕员外散骑侍郎周兴嗣次韵"，到"似兰斯磬"，每页 5 行，分上下栏书写，字体粗恶。纸系利用唐人所写《佛名经》背面，经文已装订在内，说明已经废弃经文。交河故城出土。中国国家图书馆善本部藏有向达 1937 年所获照片。后接 Ch/U 8152。

参 Sundermann & Zieme 1981，193，图 5；Thilo 1981，201-205，图 5；高田时雄 1985，135，146；荣新江 1996a，91，n.84；西胁常记 1997b，98-108，图 18-20；荣新江 1998b，320；森安孝夫 2000，133；Nishiwaki 2001，55-56；西胁常记 2002，70-83，图 23/1-8；Moriyasu & Zieme 2003，465；荣新江 2005，275，图 3；高田时雄 2005，163。

Ch 3717（T III 1019）　佛典残片

9×15.3cm，9 行。

Ch 3718（无原编号）　《道行般若经》卷八

10.5×15.3cm，8行。

参 Kudara 2005，45。

Ch 3719（T II 1351）　《道行般若经》卷八

10.2×16.7cm，8行。

参 Kudara 2005，45。

Ch 3720（T II T 2037）　佛典残片

10.9×16.2cm，7行。吐峪沟遗址出土。

Ch 3721（无原编号）　《中阿含经》卷三三

10.8×13.9cm，8行，刻本。

参 KCBT II，13。

Ch 3722（无原编号）　《妙法莲华经》卷三

9.1×11cm，6行，约7世纪中—8世纪末。

参 KCBT I，71。

Ch 3723r（T II T 1903）　《大般若波罗蜜多经》卷五四八

10.6×9.5cm，6行。页边有汉文、回鹘文杂字。吐峪沟遗址出土。

参 Kudara 2005，35。

Ch 3723v　《中阿含经》卷一八

5行，刻本。

参 KCBT II，13。

Ch 3724（无原编号）　《大般涅槃经》卷四〇

11.4×12.2cm，7行。

参 Kudara 2005，80。

Ch 3725r（T II Y 41）　《耆婆五藏论》

19.9×13.5cm，6行，楷书，有乌丝栏。陈明考订俄藏敦煌文献中的Дx. 9170、Дx. 9178、Дx. 9882、Дx. 9888、Дx. 9935、Дx. 9936、Дx. 10092（《俄藏敦煌文献》14）以及Дx. 12495残片（同上书16）等8件残片与此残片是同一组文书。交河故城出土。

参 黑田源次1935，662-663；万斯年1947b，101-102；罗福颐1952，卷1，No. 21；三木荣1964，156；马继兴1988，36-37；宫下三郎1992，498；王淑民等1995，46-51；小曾户洋1996，642-643；荣新江1998b，320；李勤璞1998，87；Nishiwaki 2001，87；马继兴2002，159；陈明2002，100-108；陈明2005b，157-167。

Ch 3725v　《诸医方髓》

6行，字体与正面相同，当是同一人所抄，有乌丝栏。

参 黑田源次1935，664-665；万斯年1947b，102-104；罗福颐1952，卷1，No. 22；三木荣1964，158；马继兴1988，497-498；宫下三郎1992，503；小曾户洋1996，642-643；荣新江1998b，320；Nishiwaki 2001，87-88；马继兴2002，159；陈明2002，100-108；陈明2005b，157-167。

Ch 3726（T II 3045）　《大般若波罗蜜多经》卷四七

8.7×17.1cm，10行。

参 Kudara 2005，23。

Ch 3727（T III K 268.10） 佛典残片

10.8×7cm，1 行。高昌故城 K 遗址出土。

Ch 3728r（T III D 1042） 《大乘密严经》卷下

14.5×18cm，5 行，约 7 世纪中—8 世纪末。高昌故城出土。

参 KCBT II，79。

Ch 3728v 佛典残片

4 行。

Ch 3729（无原编号） 《菩萨地持经》卷二

16.5×10.6cm，5 行。

参 Kudara 2005，112。

Ch 3730（无原编号） 佛典残片

10.4×10.7cm，6 行。

Ch 3731（无原编号） 《金光明最胜王经》卷二

10×11.7cm，7 行，约 7 世纪中—8 世纪末。

参 KCBT II，77。

Ch 3732（无原编号） 佛典残片

12.6×4.9cm，3 行。

Ch 3733r（无原编号） 佛典残片

10×5.6cm，3 行。

Ch 3733v 佛典残片

3 行。

Ch 3734（T II S） 《摩诃般若波罗蜜经》卷二六

9×7.7cm，4 行，约 7 世纪中—8 世纪末。胜金口遗址出土。

参 KCBT II，29。

Ch 3735（T II S） 佛典残片

10.8×4.9cm，2 行。胜金口遗址出土。

Ch 3736（无原编号） 佛典残片

8.3×7.1cm，3 行。

Ch 3737（T III T） 《大般涅槃经》卷五

7×7cm，4 行，约 6 世纪中—7 世纪中。吐峪沟遗址出土。

参 KCBT II，64。

Ch 3738（无原编号） 佛典残片

2.3×3.4cm，2 行。

Ch 3739 佛画

Ch 3740（T II S） 《摩诃般若波罗蜜经》卷二六

14.4×10.6cm，5 行，约 7 世纪中—8 世纪末。胜金口遗址出土。

参 KCBT II，29。

Ch 3741（T II T 1789） 《妙法莲华经》卷二

21.2×2.3cm，1行，约9—10世纪。吐峪沟遗址出土。

参 KCBT II，41。

Ch 3742（无原编号）　《增一阿含经》卷三

12.8×9.1cm，5行，刻本。

参 KCBT I，24。

Ch 3743r（T II D 351）　佛典残片

21.7×8.3cm，4行。高昌故城出土。

Ch 3743v　《中阿含经》卷二〇

5行。

参 KCBT I，20。

Ch 3744（无原编号）　《妙法莲华经》卷三

22.4×7cm，5行，约7世纪中—8世纪末。

参 KCBT I，73。

Ch 3745（无原编号）　《妙法莲华经》卷三

21.8×7cm，5行。

参 Kudara 2005，53。

Ch 3746r（T II 1636）　《梁朝傅大士颂金刚经并序》

24.5×11cm，6行，约9—10世纪。

参 BTT I，84；KCBT I，184。

Ch 3746v　《梁朝傅大士颂金刚经并序》

6行，约9—10世纪。

参 BTT I，84；KCBT I，184。

Ch 3747（T III T）　佛典残片

2.5×2.7cm，1行。吐峪沟遗址出土。

Ch 3748（无原编号）　佛典残片

4.7×3.7cm，2行。

Ch 3749（无原编号）　《妙法莲华经》卷二

8.2×6.5cm，3行，约7世纪中—8世纪末。

参 KCBT II，43。

Ch 3750（T III T）　佛典残片

7.2×3.9cm，1行。吐峪沟遗址出土。

Ch 3751（无原编号）　佛典残片

7.1×5.4cm，3行。

Ch 3752（无原编号）　佛典残片

6.5×5.8cm，4行。

Ch 3753（无原编号）　佛典残片

6.7×7.1cm，2行。

Ch 3754（无原编号）　佛典残片

5.1×6.9cm，5行。

Ch 3755（无原编号） 佛典残片

8.3×9.5cm，6 行。

Ch 3756（无原编号） 佛典残片

3.6×2.5cm，1 行。

Ch 3757（无原编号） 《妙法莲华经》卷七

10.2×9.5cm，3 行。

参 Kudara 2005，60。

Ch 3758（无原编号） 《大般涅槃经》卷二九

10.4×8.6cm，5 行。可以与 Ch 3056a、Ch 3056b、Ch 3056c 缀合。

参 Kudara 2005，75。

Ch 3759（无原编号） 《大般若波罗蜜多经》卷三六三

6.5×8.6cm，5 行。

参 Kudara 2005，30。

Ch 3760（T III） 《大般若波罗蜜多经》卷九六

8.5×6.6cm，4 行。

参 Kudara 2005，24。

Ch 3761（无原编号） 《新唐书》卷七一《石雄传》

14.7×4.6cm，4 行，见 Ch 2132v。

Ch 3762（无原编号） 佛典残片

7.3×8.1cm，3 行。

Ch 3763（无原编号） 佛典残片

3.4×2.4cm，2 行。

Ch 3764（无原编号） 佛典残片

2.7×3.3cm，1 行。

Ch 3765（无原编号） 《妙法莲华经》卷一

11×6.3cm，3 行，约 7 世纪中—8 世纪末。

参 KCBT II，38。

Ch 3766a（无原编号） 《妙法莲华经》卷一

8.5×19.5cm，10 行，约 9—10 世纪。

参 KCBT I，52。

Ch 3766b（无原编号） 《妙法莲华经》卷一

4.3×4.7cm，2 行，约 9—10 世纪。

参 KCBT I，52。

Ch 3767（无原编号） 《妙法莲华经》卷四

8×3.5cm，3 行，约 7 世纪中—8 世纪末。

参 KCBT II，49。

Ch 3768（无原编号） 《佛名经》卷四

5.2×4.9cm，2 行。可以与 Ch 3606 缀合。

参 Kudara 2005，85。

Ch 3769（无原编号） 佛典残片

8.7×7.1cm，3行。

Ch 3770r（无原编号） 《佛名经》卷一

16.1×4.4cm，1行。

参 Kudara 2005，83。

Ch 3770v 《妙法莲华经》卷七

10行。

参 Kudara 2005，59。

Ch 3771（无原编号） 佛典残片

11×12cm，6行。

Ch 3772（T III 158 MR） 佛典残片

28.6×4.5cm，3行。

Ch 3773（无原编号） 《大般若波罗蜜多经》卷四〇〇

14×15cm，9行。

参 Kudara 2005，31。

Ch 3774（T III T） 《妙法莲华经》卷四

3.9×3cm，1行。吐峪沟遗址出土。

参 Kudara 2005，55。

Ch 3775（无原编号） 佛典残片

12.7×12cm，7行。

Ch 3776（无原编号） 佛典残片

4.6×4.2cm，2行。

Ch 3777（无原编号） 佛典残片

7.1×3.9cm，1行。

Ch 3778（无原编号） 《妙法莲华经》卷五

10×5.8cm，4行，约7世纪中—8世纪末。

参 KCBT II，52。

Ch 3779（无原编号） 《大般若波罗蜜多经》卷二九

15.8×7cm，5行。

参 Kudara 2005，22。

Ch 3780（T III 34） 佛典残片

4.1×9.2cm，5行。

Ch 3781（T II 1346） 《中阿含经》卷四三

29×3.2cm，2行，刻本。

参 KCBT II，13。

Ch 3782（T II T 2028） 佛典残片

20.7×5cm，1行。吐峪沟遗址出土。

Ch 3783（无原编号） 佛典残片

6.5×5.1cm，3行。

Ch 3784（无原编号） 《妙法莲华经》卷四

6.2×3.4cm，2 行。

参 Kudara 2005，57。

Ch 3785（T III T） 《大般涅槃经》卷三一

5.1×4.1cm，2 行。吐峪沟遗址出土。

参 Kudara 2005，76。

Ch 3786（无原编号） 佛典残片

5.2×2.5cm，1 行。

Ch 3787（无原编号） 《妙法莲华经》卷三

22.1×7cm，4 行，约 7 世纪中—8 世纪末。

参 KCBT I，72。

Ch 3788（无原编号） 《妙法莲华经》卷二

22.5×7.4cm，5 行，约 7 世纪中—8 世纪末。

参 KCBT I，68。

Ch 3789（T II 1139） 《大方等大集经》卷一六

26.1×6.8cm，1 行，约 9—10 世纪。

参 KCBT I，141。

Ch 3790（T II T 1541） 佛典残片

10×42.4cm，25 行。吐峪沟遗址出土。

Ch 3791（T III 1060） 《佛名经》卷七

10.9×27.5cm，13 行。

参 Kudara 2005，87。

Ch 3792 千佛像

Ch 3793（T II 1496） 佛典残片

12.6×31.5cm，16 行。

Ch 3794（T II 1182） 佛典残片

27.6×13.6cm，8 行。

Ch 3795（T II 1918） 佛典残片

16.4×14.4cm，13 行。

Ch 3796r（T II D） 《增一阿含经》卷三

19.4×31.4cm，16 行，刻本。高昌故城出土。

参 KCBT II，15；中村菊之进 1990，42。

Ch 3796v 佛典残片

3 行。刻本。

Ch 3797（无原编号） 《妙法莲华经》卷五

10.5×13.4cm，7 行，约 7 世纪中—8 世纪末。

参 KCBT II，52。

Ch 3798（无原编号） 佛典残片

14×18.2cm，9 行。

Ch 3799（无原编号）　习字

5×19.1cm，10行，残存3纸片，纸极薄。字大且工整，有朱记。所抄文献有《庄子·逍遥游篇》、《礼记·月令篇》。

参 荣新江1998b，320；Nishiwaki 2001，98-99，图20。

Ch 3800（无原编号）　习字

10.6×9cm，3行，写“香入幽”3字3行。与Ch 3801为同一写本。两残片习字所抄为苏轼《雷州杂诗》五首之三，全诗如下：“下居近流水，小巢依岭岑。终日数椽间，但闻鸟遗音。炉香入幽梦，海月明孤斟。鷦鷯一枝足，所恨非故林。”

参 荣新江1998b，320；Nishiwaki 2001，145-146。

Ch 3801（无原编号）　习字

14.3×8.9cm，4行，与Ch 3800为同一写本，写“月明孤斟”4字4行，参看上条注记。上有贴纸，有“翼”、“天”二字，似为Ch 3799同一写本分离的残片。

参 荣新江1998b，320；Nishiwaki 2001，146。

Ch 3802（无原编号）　《大般涅槃经》卷二四

13.7×9.5cm，5行。

参 Kudara 2005，73。

Ch 3803r（T II D 196.500）

15×21.6cm，2行。高昌故城出土。

Ch 3803v　佛典残片

1行。

Ch 3804（无原编号）　《大般涅槃经》卷二八

3.6×1.9cm，1行。

参 Kudara 2005，74。

Ch 3805（无原编号）　佛典残片

6.8×7cm，2行。

Ch 3806（无原编号）　《四分律》卷七

6.3×4.8cm，3行。

参 Kudara 2005，101。

Ch 3807（无原编号）　《大般若波罗蜜多经》卷一四〇

7.8×5.5cm，4行。

参 Kudara 2005，26。

Ch 3808r（无原编号）　《大般若波罗蜜多经》卷三七八

7.3×2.8cm，2行。

参 Kudara 2005，30。

Ch 3808v　《大般若波罗蜜多经》卷四二四

2行。

参 Kudara 2005，31。

Ch 3809r（无原编号）　佛典残片

15.4×16.3cm，8行。

Ch 3809v　佛典残片

1 行。

Ch 3810（T II 1063）　唐开元十年（722）西州高昌县宁昌乡籍

18.5×14.8cm，4 行，纸缝有三印，文曰“高昌县之印”（5.3×5.3cm）。背面有 3 行文字，向内贴之纸片，似辩词。

参 Thilo 1970，86，图 2；池田温 1979，250；TTD II，A，63，197；B，119；荣新江 1998b，320；Nishiwaki 2001，63；陈国灿 2002b，233。

Ch 3811r（T III 218）　《悉昙颂佛说楞伽经禅门悉昙》

9.6×17.2cm，8 行。

Ch 3811v　《悉昙颂佛说楞伽经禅门悉昙》

8 行。

Ch 3812（T II）　佛典残片

7×10.4cm，6 行。

Ch 3813（T II）　《大方广佛华严经》卷五三

4×2.7cm，2 行。

参 Kudara 2005，63。

Ch 3814（T II）　《佛说仁王般若波罗蜜经》上

8.4×8.3cm，5 行。

参 Kudara 2005，49。

Ch 3815（无原编号）　《妙法莲华经》卷七

4.3×4.4cm，2 行。

参 Kudara 2005，59。

Ch 3816（T II）《金刚般若波罗蜜经》

5.3×3cm，2 行，约 7 世纪中—8 世纪末。

参 KCBT II，32。

Ch 3817r（T II）　佛典残片

5.7×5.3cm，4 行。

Ch 3817v　佛典残片

4 行。

Ch 3818（T II）　佛典残片

4.4×5.7cm，3 行。

Ch 3819a（T II）　《妙法莲华经》卷一

2.1×2.8cm，2 行，约 7 世纪中—8 世纪末。

参 KCBT I，55。

Ch 3819b（T II）　《妙法莲华经》卷一

4.3×3.5cm，2 行，约 7 世纪中—8 世纪末。

参 KCBT I，55。

Ch 3819c（T II）　《妙法莲华经》卷一

5×3.2cm，2 行，约 7 世纪中—8 世纪末。

参 KCBT I，55。

Ch 3819d（T II）　《妙法莲华经》卷一

3.9×4.3cm，3行，约7世纪中—8世纪末。

参 KCBT I，55。

Ch 3819e（T II）　《妙法莲华经》卷一

7.1×4cm，2行，约7世纪中—8世纪末。

参 KCBT I，56。

Ch 3819f（T II）　《妙法莲华经》卷一

4.5×3.9cm，3行，约7世纪中—8世纪末。

参 KCBT I，56。

Ch 3819g（T II）　《妙法莲华经》卷一

5.6×3.7cm，3行，约7世纪中—8世纪末。

参 KCBT I，56。

Ch 3819h（T II）　《妙法莲华经》卷一

9.4×5.2cm，3行，约7世纪中—8世纪末。

参 KCBT I，56。

Ch 3820（无原编号）　佛典残片

1.7×3.9cm，2行。

Ch 3821r（T II 1497）　《佛说灌顶七万二千神王护比丘咒经》卷一二

13.3×45cm，25行，约7世纪中—8世纪末。

参 KCBT I，169。

Ch 3821v　《剃头良宿吉日法·洗头择吉日法》

20行，系剪断佛典而写。同类文献见俄藏 Дx. 1064、1699、1700、1701、1702、1703、1704(《俄藏敦煌文献》7)。

参 荣新江 1998b，320；Nishiwaki 2001，92；西胁常记 2002，166-180，图47；余欣（待刊稿）。

Ch 3822（T I M 58）　佛典残片

3.9×3.9cm，1行。木头沟遗址出土。

Ch 3823（无原编号）　佛典残片

18.7×33cm，20行。

Ch 3824（T II 1832）　《妙法莲华经》卷四

10.9×50cm，30行，约7世纪中—8世纪末。

参 KCBT I，85。

Ch 3825（T III 73）　佛典残片

6.3×4.8cm，3行。

Ch 3826r（无原编号）　佛典残片

6.6×6.6cm，4行。

Ch 3826v　佛典残片

3行。

Ch 3827（无原编号） 佛典残片

4×6.4cm，3 行。

Ch 3828ar（无原编号） 《大般若波罗蜜多经》卷一三六

6.9×5.8cm，3 行。

参 Kudara 2005，25。

Ch 3828br（无原编号） 《大般若波罗蜜多经》卷一三六

5×2.1cm，1 行。

参 Kudara 2005，25。

Ch 3828c（无原编号） 佛典残片

2×2.2cm，1 行。

Ch 3829（无原编号） 佛典残片

6.2×10.8cm，3 行。

Ch 3830（无原编号） 佛典残片

9×6.8cm，4 行。

Ch 3831（无原编号） 《道行般若经》卷八

9.2×13.4cm，7 行，约 6 世纪中—7 世纪中。

参 KCBT I，37。

Ch 3832（T III 2083） 佛典残片

12.2×16.3cm，9 行。

Ch 3833r（T II T 2019） 佛典残片

14×5.7cm，3 行。吐峪沟遗址出土。

Ch 3833v 佛典残片

1 行。

Ch 3834a（T II D） 《大般涅槃经》卷一八

9×3.7cm，3 行，约 7 世纪中—8 世纪末。高昌故城出土。

参 KCBT I，140。

Ch 3834b（T II D） 《大般涅槃经》卷一八

27.6×30.8cm，18 行，约 7 世纪中—8 世纪末。高昌故城出土。

参 KCBT I，140。

Ch 3834c（T II D） 佛典残片

4 行。高昌故城出土。

Ch 3834d（T II D） 佛典残片

3 行。高昌故城出土。

Ch 3835（无原编号） 《摩诃般若波罗蜜经》卷七

4.1×4.2cm，3 行。可能与 Ch 3309 相连接。

参 Kudara 2005，41。

Ch 3836（无原编号） 《大般若波罗蜜多经》卷一三八

9.5×5.8cm，4 行。

参 Kudara 2005，25。

Ch 3837r（无原编号）　《中阿含经》卷四

10.5×10cm，86行。刻本。

参 Kudara 2005，14。

Ch 3837v　佛典残片

1行。

Ch 3838（无原编号）　佛典残片

13.9×18.6cm，10行。

Ch 3841（T II T）　唐《吏部留司格》（?）

17.9×29.1cm，16行，原编号T II T，现已无存，但有“Toyoq”，即吐峪沟遗址出土。楷书精写，有折栏。中国国家图书馆善本部藏有向达1937年所获照片。

参 那波利贞1957，330-331；TTD I，1978-1980，A，45-46，91，B，106；刘俊文1989，270-275；《释录》2，574；荣新江1998b，320；Nishiwaki 2001，61，图7；陈国灿2002b，175；荣新江2005，274。

Ch 3842（无原编号）　佛典残片

24×34.3cm，18行。

Ch 3843（无原编号）　《妙法莲华经》卷四

19.8×31.9cm，18行，约7世纪中—8世纪末。

参 KCBT I，78。

Ch 3844（无原编号）　《佛说灌顶七万二千神王护比丘咒经》卷四

24.7×25cm，13行，约7世纪中—8世纪末。

参 KCBT I，166。

Ch 3845（T II T 1004）　《妙法莲华经》卷三

25.4×35.4cm，21行，约4—6世纪中。吐峪沟遗址出土。

参 KCBT I，74，图：3/3。

Ch 3846（无原编号）　《大方广佛华严经》卷六

27.2×41.8cm，25行，约7世纪中—8世纪末。

参 KCBT I，130。

Ch 3849（无原编号）　《妙法莲华经》卷六

26.8×33.2cm，19行，约6世纪中—7世纪中。

参 KCBT I，98。

Ch 3850（无原编号）　《大般若波罗蜜多经》卷一三三

23.8×20.1cm，11行。刻本。

参 Kudara 2005，25。

Ch 3851（无原编号）　《大般若波罗蜜多经》卷一三〇

34.3×26.8cm，12行。刻本。

参 Kudara 2005，25。

Ch 3852ar（T II T 1058）　《大般若波罗蜜多经》卷八四

25.8×33cm，21行。

参 Kudara 2005，24。

Ch 3852br（T II T 1058） 《光赞经》卷二

21.4×40.8cm，16 行，约 7 世纪中—8 世纪末。吐峪沟遗址出土。

参 KCBT I，36。

Ch 3852v 《增一阿含经》卷三三

20 行。

参 Kudara 2005，20。

Ch 3854（T II T） 《大般涅槃经》卷二四

27.5×28.6cm，15 行，约 6 世纪中—7 世纪中。吐峪沟遗址出土。

参 KCBT I，146。

Ch 3855（无原编号） 《佛说观佛三昧海经》卷五

26.8×26cm，15 行，约 7 世纪中—8 世纪末。

参 KCBT I，150。

Ch 3856（T II Y 49） 《大智度论》卷四二

27×33.7cm，18 行，约 7 世纪中—8 世纪末。交河故城出土。

参 KCBT I，178。

Ch 3857（无原编号） 《菩萨善戒经》卷九

27.6×41.6cm，21 行，刻本。

参 KCBT I，181。

Ch 3858（T II S 53） 《妙法莲华经》卷四

29.5×51.8cm，23 行，刻本。胜金口遗址出土。

参 KCBT I，90。

Ch 3859（无原编号） 佛典残片

25.6×22.3cm，13 行。

Ch 3860（无原编号） 《佛名经》卷三

25.6×32.4cm，16 行。

参 Kudara 2005，84。

Ch 3861（无原编号） 《维摩经》抄

29.8×26.8cm，17 行，约 9—10 世纪。

参 KCBT I，185。

Ch 3862（无原编号） 《妙法莲华经》卷六

26.8×53cm，21 行，约 7 世纪中—8 世纪末。

参 KCBT I，99。

Ch 3863（T II T 1118 b） 《光赞经》卷二

19.5×44.1cm，23 行，约 7 世纪中—8 世纪末。吐峪沟遗址出土。

参 KCBT I，36。

Ch 3864（T II D 169） 《十方千五百佛名经》

18.9×46.2cm，22 行，约 7 世纪中—8 世纪末。高昌故城出土。

参 KCBT I，145，图：19/21。

Ch 3865r（无原编号） 《幽通赋》注

19×47.2cm，24 行，见 Ch 3693。

Ch 3865v 古诗

25 行，见 Ch 3693v。

Ch 3866ar（无原编号） 《妙法莲华经》卷四

10×5.3cm，3 行，约 7 世纪中—8 世纪末。

参 KCBT I，81。

Ch 3866br（无原编号） 《妙法莲华经》卷四

4.5×2.3cm，1 行，约 7 世纪中—8 世纪末。

参 KCBT I，90。

Ch 3867（无原编号） 佛典残片

7.4×4.4cm，2 行。

Ch 3869（无原编号） 佛典残片

5×5.8cm，3 行。

Ch 3870r（无原编号） 《优波离问佛经》

13.1×4cm，4 行。

参 Kudara 2005，103。

Ch 3870v 佛典残片

4 行。

Ch 3871（无原编号） 佛典残片

5.6×3.9cm，2 行。

Ch 3872（无原编号） 佛典残片

8.2×4cm，1 行。

Ch 3873er（无原编号） 《大般若波罗蜜多经》卷一六八

5×4.9cm，3 行。

参 Kudara 2005，26。

Ch 3874a（无原编号） 《妙法莲华经》卷三

9.2×3cm，1 行。刻本。

参 Kudara 2005，54。

Ch 3874c（无原编号） 《妙法莲华经》卷三

2.9×2.6cm，1 行。刻本。

参 Kudara 2005，54。

Ch 3875（无原编号） 佛典残片

5.9×5.8cm，3 行。

Ch 3876（无原编号） 佛典残片

5.2×5.5cm，3 行。

Ch 3877c（无原编号） 《妙法莲华经》卷三

3.2×6.1cm，3 行。刻本。

参 Kudara 2005，54。

Ch 3878（无原编号） 佛典残片

4.6×6cm，3 行。

Ch 3879r（无原编号）　佛典残片

3.4×5.7cm，2 行。

Ch 3879v　佛典残片

2 行。

Ch 3880（无原编号）　佛典残片

7×6.8cm，1 行。

Ch 3881a（无原编号）　《大般若波罗蜜多经》卷三一二

7.6×5.3cm，2 行。刻本。

参 Kudara 2005，30。

Ch 3882（无原编号）　佛典残片

3.3×3cm，2 行。

Ch 3883（T III M 246）　佛典残片

5×9.3cm，1 行。木头沟遗址出土。

Ch 3884（无原编号）　《大般若波罗蜜多经》卷五一二

5.5×7.5cm，4 行。刻本。可以与 Ch 3668、Ch 3656 缀合。

参 Kudara 2005，34。

Ch 3885a（无原编号）　《大般若波罗蜜多经》卷二三九

4×4.6cm，3 行。刻本。

参 Kudara 2005，28。

Ch 3885b（无原编号）　《大般若波罗蜜多经》卷二三九

4.4×3.2cm，2 行。刻本。

参 Kudara 2005，28。

Ch 3885c（无原编号）　《大般若波罗蜜多经》卷二三九

4.9×3.2cm，2 行。刻本。

参 Kudara 2005，28。

Ch 3886（无原编号）　佛典残片

7×8.3cm，3 行。

Ch 3887（无原编号）　占卜书

10.5×6.6cm，3 行。

参 荣新江 1998b，320；马继兴 2002，159；Nishiwaki 2001，80。

Ch 3888（无原编号）　佛典残片

5.3×3.1cm，2 行。

Ch 3889（无原编号）　佛典残片

9.4×3.9cm，2 行。

Ch 3890（无原编号）　佛典残片

8.9×4cm，2 行。

Ch 3891（无原编号）　《妙法莲华经》卷七

8.8×6.2cm，4 行。

参 Kudara 2005，59。

Ch 3892（无原编号） 残帐

7.8×5.4cm，2行，与Ch 173、Ch 937似为一文书。

参 Nishiwaki 2001，76-77。

Ch 3893（无原编号） 佛典残片

6.3×4.4cm，1行。

Ch 3894r（无原编号） 佛典残片

4×2.2cm，1行。

Ch 3895（无原编号） 佛典残片

4.2×2.8cm，1行。

Ch 3896（无原编号） 佛典残片

6.3×3.1cm，1行。

Ch 3898r（无原编号） 佛典残片

11.2×9.6cm，4行。

Ch 3898v 佛典残片

3行。

Ch 3899a（无原编号） 《大般若波罗蜜多经》卷二五六

1.6×1.3cm，1行。刻本。

参 Kudara 2005，28。

Ch 3899b（无原编号） 《大般若波罗蜜多经》卷二五六

4.7×7.5cm，5行。刻本。

参 Kudara 2005，28。

Ch 3899c（无原编号） 《大般若波罗蜜多经》卷二五六

5.1×6.8cm，4行。刻本。

参 Kudara 2005，28。

Ch 3899d（无原编号） 《大般若波罗蜜多经》卷二五六

3.9×4.7cm，3行。刻本。

参 Kudara 2005，28。

Ch 3899e（无原编号） 《大般若波罗蜜多经》卷二五六

2.4×2.4cm，2行。刻本。

参 Kudara 2005，28。

Ch 3899f（无原编号） 《大般若波罗蜜多经》卷二五六

4.1×3.9cm，3行。刻本。

参 Kudara 2005，28。

Ch 3899g（无原编号） 《大般若波罗蜜多经》卷二五六

5×2.8cm，2行。刻本。

参 Kudara 2005，28。

Ch 3900（无原编号） 《维摩诘所说经》卷中

17.1×35.4cm，20行。

参 Kudara 2005，95。

Ch 3901（T II Y 46.501）《妙法莲华经》卷四

18.8×24.2cm，14 行，约 7 世纪中—8 世纪末。交河故城出土。

参 KCBT I，90。

Ch 3902（无原编号） 《大般涅槃经》卷三

21.5×21.5cm，12 行，约 7 世纪中—8 世纪末。可以与 Ch 3598 缀合。

参 KCBT II，64。

Ch 3903r（无原编号） 《增一阿含经》卷八

12.1×10.7cm，5 行，刻本。

参 KCBT I，26。

Ch 3903v 《新唐书》卷七一《石雄传》

2 行，见 Ch 2132v。

Ch 3904（无原编号） 《增一阿含经》卷三七

11.8×9.3cm，5 行，刻本。

参 KCBT II，16。

Ch 3905a（无原编号） 《妙法莲华经》卷七

15.9×10.7cm，5 行，刻本。

参 KCBT I，103。

Ch 3905b（无原编号） 《妙法莲华经》卷七

1.8×1.5cm，1 行，刻本。

参 KCBT I，103。

Ch 3906r（无原编号） 佛典残片

6.9×5.8cm，1 行。

Ch 3906v 佛典残片

1 行。

Ch 3907（无原编号） 佛典残片

4.7×5.8cm，3 行。

Ch 3908a（无原编号） 《妙法莲华经》卷四

8.4×5.3cm，3 行，刻本。

参 KCBT I，86。

Ch 3908b（无原编号） 《妙法莲华经》卷四

7.5×6.3cm，3 行，刻本。

参 KCBT I，85。

Ch 3909ar（无原编号） 面破历

8.8×5.1cm，3 行。

参 Nishiwaki 2001，80-81。

Ch 3909v（无原编号） 佛典残片

8.8×5.1cm，3 行。

Ch 3910a（无原编号） 《增一阿含经》卷八

13.2×10.5cm，4行，刻本。

参 KCBT II，15。

Ch 3911（无原编号） 佛典残片

8.4×11.6cm，6行。

Ch 3912a（无原编号） 《大般若波罗蜜多经》卷二二〇

9.3×16.1cm，9行。刻本。

参 Kudara 2005，27。

Ch 3912b（无原编号） 《大般若波罗蜜多经》卷五六七

4.9×4.3cm，2行。刻本。

参 Kudara 2005，37。

Ch 3913（T II D K 75） 佛典残片

28.7×25.6cm，14行。高昌故城出土。

Ch 3914（T II D K 75） 《金光明最胜王经》卷一

5.9×4.3cm，2行。高昌故城出土。

Ch 3915（T II D K 75） 佛典残片

7.8×4.6cm，3行。高昌故城出土。

Ch 3916r（T II D K 75） 《金刚般若波罗蜜经》

16×8cm，5行，约9—10世纪。高昌故城出土。

参 KCBT II，34。

Ch 3916v 《金刚般若波罗蜜经》

5行，约9—10世纪。

参 KCBT II，34。

Ch 3917（T II D K 75） 佛典残片

15.8×12.6cm，7行。高昌故城出土。

Ch 3918（T II 1746） 《大佛顶如来密因修证了义诸菩萨万行首楞严经》卷七

24.5×25.6cm，29行，约7世纪中—8世纪末。

参 KCBT II，80。

Ch 3919（无原编号） 佛典残片

7×9.8cm，5行。

Ch 3920（无原编号） 《放光般若经》卷一七

16×8.8cm，6行，约7世纪中—8世纪末。

参 KCBT II，27。

Ch 3921（无原编号） 佛典残片

13.2×4.1cm，3行。

Ch 3922（无原编号） 佛典残片

12.6×5.5cm，3行。

Ch 3923a（无原编号） 《大智度论》卷四〇

5.2×3.1cm，1行。

参 Kudara 2005，106。

Ch 3924a（无原编号） 《大般若波罗蜜多经》卷二一

11.9×8.8cm，5 行，约 7 世纪中—8 世纪末。

参 KCBT II，19。

Ch 3925（无原编号） 《十方千五百佛名经》

15.3×5.3cm，3 行。

参 Kudara 2005，91。

Ch 3926ar（无原编号） 《大般若波罗蜜多经》卷八

14.1×5.4cm，4 行。

参 Kudara 2005，22。

Ch 3926cr（无原编号） 《妙法莲华经》卷四

13.1×6.4cm，3 行。1-2 行间有回鹘文字，背面也有 3 行回鹘草体文字。

参 Kudara 2005，56。

Ch 3927（无原编号） 佛典残片

12.2×5.5cm，3 行。

Ch 3928（无原编号） 《大般若波罗蜜多经》卷一〇〇

13.1×6.5cm，4 行。

参 Kudara 2005，24。

Ch 3929（无原编号）

4.5×5.5cm，3 行。

Ch 3930ar（无原编号） 《大方广佛华严经》卷三四

6.4×6.6cm，5 行。

参 Kudara 2005，63。

Ch 3930bv（无原编号） 佛典残片

6.4×6.5cm，2 行。

Ch 3931（无原编号） 佛典残片

14.4×6.1cm，3 行。

Ch 3932（无原编号） 佛典残片

7.7×4.9cm，3 行。

Ch 3933（无原编号） 佛典残片

6.4×5.2cm，3 行。

Ch 3934r（无原编号） 《历代法宝记》

16.2×5.2cm，3 行，字体不佳。

参 西胁常记 1997a，138-139；荣新江 1998b，320；Nishiwaki 2001，110；西胁常记 2002，138-139，图 44；荣新江 2003，61。

Ch 3934v 佛典残片

3 行。

Ch 3935（无原编号） 《妙法莲华经》卷四

26×51.3cm，29 行，约 7 世纪中—8 世纪末。

参 KCBT I，89。

Ch 3936（T II M） 《阿毗达磨大毗婆沙》论卷九二

18.7×19.7cm，12 行。木头沟遗址出土。

参 Kudara 2005，108。

Ch 3937a（无原编号） 《妙法莲华经》卷四

12.8×18.6cm，9 行，约 9—10 世纪。

参 KCBT II，49。

Ch 3937b（无原编号） 《妙法莲华经》卷四

11.8×18.9cm，7 行，约 9—10 世纪。

参 KCBT II，49。

Ch 3938（无原编号） 《佛说天地八阳神咒经》

28.7×10.4cm，6 行。刻本。

参 Kudara 2005，117。

Ch 3939（无原编号） 《佛说天地八阳神咒经》

23×10.6cm，6 行。刻本。

参 Kudara 2005，116。

Ch 5501（T III Y 1000） 《添品妙法莲华经》卷四～六

25.2×549cm，312 行，约 6 世纪中—7 世纪中。题记："一校竟。释比丘法幢读诵流通。清信士左双德所写供养经。"交河故城出土。

参 KCBT I，125，图 12/14；池田温 1990，158，250；Nishiwaki 2001，119。

Ch 5502（T II Y 67） 《佛名经》卷一

25.8×56.5cm，30 行，约 7 世纪中—8 世纪末。交河故城出土。

参 KCBT I，143。

Ch 5503（T II Y 16） 《佛名经》卷二

26×250.3cm，133 行，约 7 世纪中—8 世纪末。交河故城出土。

参 KCBT I，144，图：18/20。

Ch 5504（T II T） 《妙法莲华经》卷七

26.4×76cm，34 行，约 7 世纪中—8 世纪末。吐峪沟遗址出土。

参 KCBT I，110。

Ch 5505（无原编号） 《妙法莲华经》卷二

24.3×328cm，197 行，约 4—6 世纪中。

参 KCBT I，59。

Ch 5506（T M 48 D 56） 《大方等大集经》卷二三

26.2×439cm，234 行，约 7 世纪中—8 世纪末。

参 KCBT I，141，图：13/15。

Ch 5507（T I α） 《妙法莲华经》卷七

25.2×81.7cm，46 行，约 9—10 世纪。高昌故城 α 遗址出土。

参 KCBT I，108。

Ch 5508（T II T 1003） 《新菩萨经》

28.3×39.8cm，12 行，题记："天宝十三载正月二日正中时下。"吐峪沟遗址出土。

参 西胁常记 1998，19-20，24（图 1）；荣新江 1998b，320；Nishiwaki 2001，107；西胁常记 2002，102-104，图 26。

Ch 5509（T II T 1000）　《妙法莲华经》卷一

22.9×89.2cm，46 行，约 7 世纪中—8 世纪末。题记："盖闻一乘妙理，法界传通，十二部经，金口所演。况复［　　　］岭真空之教，王〔□〕灭罪之文，火宅方便之言，险［　　　］善权之说，莫不受持顶戴，即福利无边，书［　］弘宣，还生万善。今有佛弟子比丘惠德、齐［　　　］欢德、赵永伯、范守□、赵众洛、范阿隆、赵愿洛、宋客仁、［　　　］洛、赵延洛、张君信、索绪子、张憧信、范历德、赵隆轨、王儁［　　　］、刘常洛、范慈隆、赵武隆、张丰洛、张定绪、张君德、范［　　　］、范进住、赵隆子、竹根至、刘明伯、赵恶仁、范黑眼等，敬人［　　　］往劫，重正法于此生，弃形命而不难，舍珍财而转［　　　］遂。即人人割宝□□珍，敬写《法华》一部。其经［　　　］耳闻消烦荡秽，心念口诵证寂灭乐。用斯［　　　］愿合社七祖魂灵，觐奉世雄；见在尊重［　　　］灭（?）儿，自身福备，家口善兹，小果悟大，真常［　　　］，倍加福佑。外道归正，龙鬼兴慈，有识［　　　］，□□啥灵，俱沾圣道。"吐峪沟遗址出土。

参 KCBT I，56，图 10/11；池田温 1990，194，No. 526；Nishiwaki 2001，121-122；陈国灿 2002b，89。

Ch 5510（T M 51 D 114）　《长阿含经》卷一七

26×631.5cm，364 行，约 6 世纪中—7 世纪中。

参 KCBT I，15，图：5/5。

Ch 5511（T IV K 77）　《四分律比丘戒本》

27.4×81.4cm，64 行，约 9—10 世纪。库车地区出土。

参 KCBT I，172。

Ch 5512（T IV K 77）　《四分律比丘戒本》

26.8×190.1cm，148 行，约 9—10 世纪。库车地区出土。

参 KCBT I，172。

Ch 5513r（无原编号）　《佛名经》卷七—八

29.5×403.8cm，216 行，约 9—10 世纪。有杂写。

参 KCBT I，143；Nishiwaki 2001，149。

Ch 5513v　残文

有"观音奴阇梨"字样。

Ch 5514（无原编号）　《大般涅槃经》卷三一

25.5×206.4cm，128 行，约 7 世纪中—8 世纪末。

参 KCBT I，138。

Ch 5515（T II Toyoq）　《妙法莲华经》卷四

16.5×301.8cm，162 行，约 7 世纪中—8 世纪末。吐峪沟遗址出土。

参 KCBT I，82。

Ch 5516（T II D 96）　《妙法莲华经》卷四

25.9×97.4cm，56 行，约 7 世纪中—8 世纪末。高昌故城出土。

参 KCBT I，80。

Ch 5517（T II T） 《天请问经》

25.6×41.6cm，22 行，约 7 世纪中—8 世纪末。吐峪沟遗址出土。

参 KCBT I，149。

Ch 5518（T II T） 《大般若波罗蜜多经》卷四一

17.2×272cm，153 行，约 7 世纪中—8 世纪末。吐峪沟遗址出土。

参 KCBT I，30。

Ch 5519（T II T） 《妙法莲华经》卷七

28.9×45cm，21 行，约 9—10 世纪。吐峪沟遗址出土。

参 KCBT I，110。

Ch 5521（T II T） 《妙法莲华经》卷六

25.9×70cm，33 行，约 7 世纪中—8 世纪末。吐峪沟遗址出土。

参 KCBT I，99。

Ch 5522（T II Toyoq No. 2） 《妙法莲华经》卷七

26.4×543.5cm，307 行，约 7 世纪中—8 世纪末。吐峪沟遗址出土。

参 KCBT I，114。

Ch 5523（T II Y 58） 《妙法莲华经》卷一

26.5×62.2cm，35 行，约 7 世纪中—8 世纪末。交河故城出土。

参 KCBT I，53。

Ch 5524（T II T） 《增一阿含经》卷二二

19.5×23.5cm，10 行，刻本。

参 KCBT I，27；中村菊之进 1990，43，50。

Ch 5525（T M 57） 《佛名经》

13.2×363.5cm。

参 Nishiwaki 2001，122。

Ch 5528a（T III M 206） 《金光明最胜王经》卷一〇

23.3×29.5cm，15 行。木头沟遗址出土。

参 Gabain 1967，13，图 4；KCBT I，158；中村菊之进 1990，54，57。

Ch 5528b（T III M 206） 《金光明最胜王经》卷一〇

23.3×29.7cm，15 行。木头沟遗址出土。

参 KCBT I，158。

Ch 5530（T II T 1001） 《大智度论》卷四九

23×42.5cm，13 行，约 7 世纪中—8 世纪末。吐峪沟遗址出土。

参 KCBT I，178。

Ch 5531（T III YarChoto N：6） 佛经题记

24.7×70.6cm。交河故城出土。

参 Nishiwaki 2001，123。

Ch 5533（T II T） 《道行般若经》卷八

14.3×248cm，110 行，约 6 世纪中—7 世纪中。吐峪沟遗址出土。

参 KCBT I，38，图：4/4

Ch 5534a（T II Toyoq）　佛典残片

5.4×5.5cm，3 行。吐峪沟遗址出土。

Ch 5534b（T II Toyoq）　佛典残片

9×1.8cm，1 行。吐峪沟遗址出土。

Ch 5534c（T II Toyoq）　《大方等大集经》卷三一

21.9×4.7cm，3 行，约 6 世纪中—7 世纪中。吐峪沟遗址出土。

参 KCBT I，141，图：17/19。

Ch 5534d（T II Toyoq）　《大方等大集经》卷三一

25.9×11.8cm，6 行，约 6 世纪中—7 世纪中。吐峪沟遗址出土。

参 KCBT I，141，图：16/18。

Ch 5534e（T II Toyoq）　《大方等大集经》卷三一

27.4×787cm，409 行，约 6 世纪中—7 世纪中。吐峪沟遗址出土。

参 KCBT I，141，图：14/16。

Ch 5535（无原编号）　《金光明最胜王经》卷五

28.5×23.9cm，9 行，约 9—10 世纪。

参 KCBT I，158；Nishiwaki 2001，123。

Ch 5536（T II T）《妙法莲华经》卷六

25.6×40.3cm，22 行，约 7 世纪中—8 世纪末。吐峪沟遗址出土。

参 KCBT I，96。

Ch 5537（T III YarChoto N. 6.）　《妙法莲华经》卷二

15×208cm，118 行，约 7 世纪中—8 世纪末。交河故城出土。

参 KCBT I，62。

Ch 5538（T II T 2）　《佛顶尊胜陀罗尼经》

13.3×61.3cm，36 行，约 7 世纪中—8 世纪末。吐峪沟遗址出土。

参 KCBT I，163。

Ch 5539r（无原编号）　《大般若波罗蜜多经》卷五四三

22.6×43cm，23 行，约 7 世纪中—8 世纪末。有回鹘文杂写。

参 KCBT I，34；Zieme 1996c，414。

Ch 5539v　回鹘语《五智如来曼陀罗颂》

夹写回鹘文 2 行。

参 BTT XIII，141-142；Zieme 1991a，254；Elverskog 1997，128。

Ch 5540（无原编号）　《佛说观佛三昧海经》卷三

26.7×337.5cm，170 行，约 6 世纪中—7 世纪中。

参 KCBT I，150。

Ch 5541（无原编号）　《妙法莲华经》卷七

26.2×103.2cm，59 行，约 7 世纪中—8 世纪末。

参 KCBT I，107。

Ch 5542（无原编号）　《妙法莲华经》卷二

14.8×99.6cm，52 行，约 7 世纪中—8 世纪末。

参 KCBT I，65。

Ch 5543（T II T 1023）　《佛说灌顶七万二千神王护比丘咒经》卷一二

12.6×100.5cm，58 行，约 7 世纪中—8 世纪末。吐峪沟遗址出土。

参 KCBT I，169。

Ch 5544（无原编号）　《妙法莲华经》卷五

26.5×66.2cm，37 行，约 7 世纪中—8 世纪末。

参 KCBT I，93。

Ch 5545（T II T 1216）　《请观世音菩萨消伏毒害陀罗尼咒经》

27×383.5cm，199 行，约 7 世纪中—8 世纪末。题记："盖闻夫真如果，大士投岩，思闻半偈之指（旨）。今正信佛弟子倩（清）信女晕台，割咸（减）资财，敬写《消伏毒经》一卷，愿读诵者发无上之心，愿法界众生，一时成佛。"吐峪沟遗址出土。

参 KCBT I，165，图 25/32；池田温 1990，255；荣新江 1998b，321；Nishiwaki 2001，119。

Ch 5546r（T II 1036）　《长阿含经》卷二二

29.6×62cm，25 行，约 9—10 世纪。有回鹘文题记。

参 KCBT I，16-17；中村菊之进 1990，48；Nishiwaki 2001，151。

Ch 5546v　回鹘语施印《长阿含经》题记

14 行。题目中夹有汉字"长阿含之……"。正面汉文《长阿含经》中夹写回鹘文杂题 4 则。

参 Kudara-Zieme 1983，271，附图 2-3。

Ch 5549（无原编号）　《妙法莲华经》卷二

24.8×51.3cm，28 行，约 7 世纪中—8 世纪末。

参 KCBT I，62。

Ch 5550（无原编号）　《妙法莲华经》卷一

26×928cm，520 行，约 7 世纪中—8 世纪末（?）。

参 KCBT I，50。

Ch 5551（T II T）　《大般若波罗蜜多经》卷五六四

27.4×59cm，22 行，约 7 世纪中—8 世纪末。吐峪沟遗址出土。

参 KCBT I，34。

Ch 5552a（无原编号）　《大般涅槃经》卷六

13.5×8cm，4 行，约 7 世纪中—8 世纪末。

参 KCBT II，65。

Ch 5552b（无原编号）　《大般涅槃经》卷六

7.2×4.6cm，3 行，约 7 世纪中—8 世纪末。

参 KCBT II，65。

Ch 5552c（无原编号）　《大般涅槃经》卷六

18.5×15.2cm，8 行，约 7 世纪中—8 世纪末。

参 KCBT II，65。

Ch 5552d（无原编号） 《大般涅槃经》卷五

26×537cm，274 行，约 7 世纪中—8 世纪末。

参 KCBT II，65。

Ch 5554ar（T II D 2） 《大方广佛华严经》卷四八

25.9×282.3cm，140 行，行间有粟特文。约 7 世纪中—8 世纪末。与 Ch/U 6914（T III T 601）、So 15000（5）（T III 2015）同卷。高昌故城出土。

参 KCBT I，126。

Ch 5554av 粟特语摩尼教譬喻文书

与 Ch/U 6914（T III T 601）、So 15000（5）（T III 2015）同卷。三件合计 202 行。

参 BTT XV，5-10，19-35，图 2-22；Klimkeit 1993，178-183。

Ch 5554br（T II D 2） 《大方广佛华严经》卷四八

25.9×67.7cm，34 行，约 7 世纪中—8 世纪末。行间有粟特文。高昌故城出土。

参 KCBT I，126。

Ch 5555（T M 46） 《增一阿含经》卷三及回鹘语施印题记

29.4×59cm，20 行，刻本，两面刻。有回鹘文杂写，书于两侧，10 行。

参 Gabain 1967，28-29；KCBT I，25；Kudara-Zieme 1983，270，图 1；中村菊之进 1990，42，55。

Ch 5555va 《切韵》

4.6×6.6，3 行。此系裱纸残片。

参 荣新江 1998b，321；Nishiwaki 2001，47；Takata 2004，333-337 图 3；高田时雄 2005，27-31，38（图 3）。

Ch 5555vb 《切韵》

30.8×13，7 行，裱于《增一阿含经》背面。纸叶两边有回鹘文杂写。

参 荣新江 1997a，269；荣新江 1998b，312，321；Nishiwaki 2001，47。

Ch 5556（T II T 1022） 《佛说无量寿经》卷上

17.8×62cm，32 行，约 6 世纪中—7 世纪中。吐峪沟遗址出土。

参 KCBT I，131。

Ch 5600 = B3（T II Y 59） 《维摩经义记》

24×65.5cm，41 行。交河故城出土。

参 百济康义 1999，16；Kudara 2005，95。

Ch 5601r = B4（T II T） 《维摩义记》卷四

28×58.5cm，44 行。吐峪沟遗址出土。

参 百济康义 1999，16；Kudara 2005，114。

Ch 5601v 《因明入正理论》注疏

36 行。作者不明。

参 百济康义 1999，16；Kudara 2005，113。

Ch 5602a = B5（T II 1664） 《大般涅槃经》卷六

8.7×41.9cm，27 行。

参 百济康义 1999，16；Kudara 2005，66。

Ch 5602b = B5（T II 1664）　《大般涅槃经》卷六

14.2×8.3cm，10 行。

参 百济康义 1999，16；Kudara 2005，66。

Ch 5602c = B5（T II 1664）　《大般涅槃经》卷六

8.2×9.5cm，6 行。

参 百济康义 1999，16；Kudara 2005，66。

Ch 5602d = B5（T II 1664）　《大般涅槃经》卷六

9×49.5cm，32 行。

参 百济康义 1999，16；Kudara 2005，66。

Ch 5602e = B5（T II 1664）　《大般涅槃经》卷六

8.5×18cm，12 行。

参 百济康义 1999，16；Kudara 2005，66。

Ch 5603 = B6（无原编号）　佛典残片

15×69cm，29 行。

Ch 5604a = B7（T II Y 49）　佛典残片

28.5×27.7cm，6 行。有武周新字。交河故城出土。

参 百济康义 1999，16。

Ch 5604b = B7（T II Y 49）　礼赞文

28×12cm，13 行。交河故城出土。

参 百济康义 1999，16。

Ch 5605a = B8（T III D）　《大般若波罗蜜多经》卷一五五

30.2×34.2cm，16 行。刻本。高昌故城出土。

参 百济康义 1999，16；Kudara 2005，26。

Ch 5605b = B8（T III D）　《阿毗达摩俱舍论》卷一四

12×13cm，13 行。高昌故城出土。

参 百济康义 1999，16；Kudara 2005，109。

Ch 5606 = B9（T III 315）　广德三年（765）二月交河县连保请举常平仓粟牒

这组牒文原有 5 件，现仅存 3 件，分别编作 Ch 5606（B14/1，2）、Ch 5611a（B9）。

参 仁井田陞 1936，92-93；仁井田陞 1937，318-322；仁井田陞 1962，59，673-676，图版 14-17；堀敏一 1986，457-459；张弓 1986，119-121；TTD III，A，34-35，B，31-33；李锦绣 1995，755；堀敏一 1996，388-390；Nishiwaki 2001，71；陈国灿 2002b，328。

Ch 5607a = B10（T III M 190）　《大般若波罗蜜多经》卷五六

28.5×34cm，10 行。刻本。木头沟遗址出土。

参 百济康义 1999，16；Kudara 2005，23。

Ch 5607b = B10（T II T）　《阿毗达摩俱舍论》卷一四

12×13cm，6 行。刻本。吐峪沟遗址出土。

参 百济康义 1999，17；Kudara 2005，109。

Ch 5607c = B10（T II T） 《阿毗达摩俱舍论》卷一四

11.7×8.5cm，5 行。刻本。吐峪沟遗址出土。

参 百济康义 1999，17；Kudara 2005，110。

Ch 5607d = B10（T II T） 《阿毗达摩俱舍论》卷一四

13.3×9.2cm，4 行。刻本。吐峪沟遗址出土。

参 百济康义 1999，17；Kudara 2005，110。

Ch 5607e = B10（无原编号） 《阿毗达摩俱舍论》卷一四

14×16.5cm，8 行。

参 百济康义 1999，17。

Ch 5608 = B11（T II Y 59） （1）残文书尾 （2）书信 （3）安什件牒 （4）僧惟静牒

此为 4 张残纸贴在一起的残片，前面是支付谷物的残文书尾部（1），后有余白。纸缝后残存一行书信文字（2）。然后又是纸缝，系安什件牒，告宋谦、安羯搓等人负钱物不还事（3）。与上述文书倒置的纸片，是僧惟静牒，仅存底部残文，后有大字判文。交河故城出土。

参 Nishiwaki 2001，69，图 11。

Ch 5609a = B12（无原编号） 《光赞经》卷三

26×38.3cm，20 行。与 Ch 5609b 同卷。

参 百济康义 1999，17；Kudara 2005，39。

Ch 5609b = B12（无原编号） 《光赞经》卷三

25.8×22.2cm，12 行。与 Ch 5609a 同卷。

参 百济康义 1999，17；Kudara 2005，40。

Ch 5610ar = B13（无原编号） 《长阿含经》卷一八

15×11.8cm，7 行。

参 百济康义 1999，17；Kudara 2005，13。

Ch 5610av 《长阿含经》卷一八

7 行。

参 百济康义 1999，17；Kudara 2005，13。

Ch 5610br = B13（无原编号） 《长阿含经》卷一八

23×7.5cm，5 行。

参 百济康义 1999，17；Kudara 2005，13。

Ch 5610bv 《长阿含经》卷一八

5 行。

参 百济康义 1999，17；Kudara 2005，13。

Ch 5610cr = B13（无原编号） 《长阿含经》卷二一

21.6×15cm，10 行。

参 百济康义 1999，17；Kudara 2005，13。

Ch 5610cv　《长阿含经》卷二一

9 行。

参 百济康义 1999，17；Kudara 2005，14。

Ch 5610dr = B13（无原编号）　《长阿含经》卷二一

5.8×5cm，3 行。

参 百济康义 1999，17；Kudara 2005，13。

Ch 5610dv　《长阿含经》卷二一

3 行。

参 百济康义 1999，17；Kudara 2005，14。

Ch 5610er = B13（无原编号）　《长阿含经》卷二一

8.6×6cm，3 行；Kudara 2005，14。

参 百济康义 1999，17。

Ch 5610ev　《长阿含经》卷二一

3 行。

参 百济康义 1999，17；Kudara 2005，14。

Ch 5610fr = B13（无原编号）　《长阿含经》卷二一

7×15.2cm，10 行。

参 百济康义 1999，17。

Ch 5610fv　《长阿含经》卷二一

10 行。

参 百济康义 1999，17。

Ch 5611a（T III 315）　广德三年（765）二月交河县连保请举常平仓粟牒

见 Ch 5606。

Ch 5612 = B15（T II T）　《维摩诘所说经》卷上

25.4×46.9cm，26 行。

参 百济康义 1999，17；Kudara 2005，95。

Ch 5613a = B16（无原编号）　佛典残片

19.5×8cm，4 行。

参 百济康义 1999，17。

Ch 5613b = B16（无原编号）　佛典残片

19.5×18.2cm，9 行。

参 百济康义 1999，17。

Ch 5613c = B16（无原编号）　佛典残片

26×16.5cm，9 行。

参 百济康义 1999，17。

Ch 5613d = B16（无原编号）　佛典残片

10.3×10.5cm，5 行。

参 百济康义 1999，17。

Ch 5614a = B17（T II S）　佛典残片

13.8×39.2cm，25 行。胜金口遗址出土。

参 百济康义 1999，17。

Ch 5614b = B17（T II S） 佛典残片

11.2×10.3cm，7 行。胜金口遗址出土。

参 百济康义 1999，17。

Ch 5615a = B18（T III） 《梁朝傅大士颂金刚经并序》

14.7×25cm，14 行。

参 百济康义 1999，17；Kudara 2005，116。

Ch 5615b = B18（T III） 《梁朝傅大士颂金刚经并序》

14.5×29.5cm，18 行。

参 百济康义 1999，17；Kudara 2005，116。

Ch 5616 =（T III 315） 广德三年（765）二月交河县连保请举常平仓粟牒

见 Ch 5606。

Ch 5617a = B20（无原编号） 《道行般若经》卷一

12.5×56.3cm，31 行。

参 百济康义 1999，18；Kudara 2005，43。

Ch 5617b = B20（无原编号） 《注维摩诘经》卷六

24.6×68cm，37 行。

参 百济康义 1999，17；Kudara 2005，114。

Ch 5618 = B21（无原编号） 佛典残片

27.3×55.3cm，29 行。

参 百济康义 1999，18。

Ch 5619a = B22（T II 1664） 《成实论》卷一三

17.3×48.8cm，26 行。

参 百济康义 1999，18；Kudara 2005，113。

Ch 5619b = B22（T II 1664） 佛典残片

8.5×13cm，9 行。

参 百济康义 1999，18。

Ch 5620 = B23（T II 1012） 《维摩诘所说经》卷中

25.5×59.3cm，36 行。

参 百济康义 1999，18；Kudara 2005，95。

Ch 5621 = B24（T II T） 《妙法莲华经》卷四

21.5×56.4cm，30 行。吐峪沟遗址出土。

参 百济康义 1999，18；Kudara 2005，55。

Ch 5622 = B25（无原编号） 《十方千五百佛名经》

19×58.4cm，33 行。

参 百济康义 1999，18；Kudara 2005，91。

Ch 5623a = Rolle 1（T） 《注维摩诘经》卷九

28.3×54.2cm，31 行。

参 百济康义 1999，19；Kudara 2005，114。

Ch 5623b = Rolle 1（T） 《道行般若经》卷七

24.5×43.1cm，27 行。

参 百济康义 1999，19；Kudara 2005，44。

Ch 5624 = Rolle 2（无原编号） 《大般涅槃经》卷二五

26.2×85cm，47 行。

参 百济康义 1999，19；Kudara 2005，73。

Ch 5625 = Rolle 3（T II Y 16） 《十方千五百佛名经》

28×79cm，38 行。交河故城出土。

参 百济康义 1999，19；Kudara 2005，92。

Ch 5626 = Rolle 4（T II T） 《妙法莲华经》卷七

27.3×61.9cm，35 行。吐峪沟遗址出土。

参 百济康义 1999，19；Kudara 2005，60。

Ch 5627 = Rolle 5（T III M 176） 《维摩诘所说经》卷中

27.1×167.6cm，96 行。木头沟遗址出土。

参 百济康义 1999，19；Kudara 2005，95。

Ch 5628 = Rolle 6（T II T） 《大般涅槃经》卷三八

14.7×147.6cm，74 行。吐峪沟遗址出土。

参 百济康义 1999，19；Kudara 2005，79。

Ch 5629 = Rolle 7（无原编号） 《六度集经》卷二

12.2×165.1cm，92 行。

参 百济康义 1999，19；Kudara 2005，21。

Ch 5630 = Rolle 8（无原编号） 《贤愚经》卷九

12.3×383.6cm，214 行。

参 百济康义 1999，19；Kudara 2005，21。

Ch 5631 = Rolle 9（T II D 56） 《十住经》卷二

27.5×66.7cm，42 行。高昌故城出土。

参 百济康义 1999，19；Kudara 2005，63。

Ch 5632 = Rolle 10（T II T 1215） 《称赞大乘功德经》

15.5×65.4cm，31 行。吐峪沟遗址出土。

参 百济康义 1999，19；Kudara 2005，98。

Ch 5633a = Rolle 11（无原编号） 《四分律比丘戒本》

13×38.7cm，20 行。

参 百济康义 1999，19；Kudara 2005，102。

Ch 5633b = Rolle 11（无原编号） 《四分律比丘戒本》

12.3×41.2cm，21 行。

参 百济康义 1999，19；Kudara 2005，102。

Ch 5634 = Rolle 12（T II 1217） 《合部金光明经》卷七

13.4×95.2cm，50 行。

参 百济康义 1999，19；Kudara 2005，98。

Ch 5635 = Rolle 13（T II 1834）《佛母大孔雀明王经》卷上

30.9×56.5cm，41 行。刻本。

参 百济康义 1999，19；Kudara 2005，99。

Ch 5636a = Rolle 14（无原编号）《佛说大般泥洹经》卷三

9.1×13.5cm，7 行。可以与 Ch 5636b 缀合。

参 百济康义 1999，20；Kudara 2005，81。

Ch 5636b = Rolle 14（无原编号）《佛说大般泥洹经》卷三

13.2×16.2cm，9 行。可以与 Ch 5636a 缀合。

参 百济康义 1999，20；Kudara 2005，81。

Ch 5636c = Rolle 14（无原编号）《佛说大般泥洹经》卷三

25.9×24.7cm，15 行。可以与 Ch 5636d 缀合。

参 百济康义 1999，20；Kudara 2005，81。

Ch 5636d = Rolle 14（无原编号）《佛说大般泥洹经》卷三

10.1×5.2cm，3 行。可以与 Ch 5636c 缀合。

参 百济康义 1999，20；Kudara 2005，81。

Ch 5636e = Rolle 14（无原编号）《佛说大般泥洹经》卷三

25.9×21.2cm，13 行。可以与 Ch 5637b 缀合。

参 百济康义 1999，20；Kudara 2005，82。

Ch 5636f = Rolle 14（无原编号）《佛说大般泥洹经》卷三

18.1×20.1cm，12 行。

参 百济康义 1999，20；Kudara 2005，82。

Ch 5637a = Rolle 15（T II T）《妙法莲华经》卷二

25×126.9cm，74 行。吐峪沟遗址出土。

参 百济康义 1999，20；Kudara 2005，52。

Ch 5637b = Rolle 15（T II T）《佛说大般泥洹经》卷三

26×17.6cm，10 行。可以与 Ch 5636e 缀合。吐峪沟遗址出土。

参 百济康义 1999，20；Kudara 2005，82。

Ch 5638 = Rolle 16（T II 1609）《光赞经》卷三

26.1×36.8cm，33 行。

参 百济康义 1999，20；Kudara 2005，40。

Ch 5639 = Rolle 17（T II Y 23）《大般若波罗蜜多经》卷三九六

26.4×61cm，35 行。交河故城出土。

参 百济康义 1999，20；Kudara 2005，31。

Ch 5640 = Rolle 18（T II Y 23）《妙法莲华经》卷三

27.3×85.9cm，45 行。交河故城出土。

参 百济康义 1999，20；Kudara 2005，54。

Ch 5641 =（无原编号）《三百六十应感天尊辅化秘箓》

24.6×41cm。清代刻本。

参 Nishiwaki 2001，134；刘屹 2006，498。

Ch 5642 = Rolle 20（T II M） 《大威德陀罗尼经》卷一一

17.9×201.3cm，119 行。木头沟遗址出土。

参 百济康义 1999，20；Kudara 2005，100。

Ch 5643a = Rolle 21（无原编号） 《佛说大般泥洹经》卷三

26×35.1cm，20 行，题记："［ ］比丘慭救敬写供养。辛酉岁南侠王辅国赍来，马丰衍敬受供养。"

参 百济康义 1999，20；Nishiwaki 2001，116；Kudara 2005，81。

Ch 5643b = Rolle 21（无原编号） 《佛说大般泥洹经》卷三

26×248.6cm，148 行。

参 百济康义 1999，20；Kudara 2005，81。

Ch 5643c = Rolle 21（无原编号） 《佛说大般泥洹经》卷三

26×294.2cm，143 行。

参 百济康义 1999，20；Kudara 2005，82。

Ch 5644 = Rolle 22（T IV Stupa） 《大般涅槃经》卷二四

27×349.2cm，200 行。

参 百济康义 1999，20；Kudara 2005，73。

Ch 5645 = Rolle 23（T I D） 《菩萨地持经》卷二

26.5×638.4cm，347 行。高昌故城出土。

参 百济康义 1999，20；Kudara 2005，111。

Ch 5646（无原编号） 《三百六十应感天尊辅化秘箓》

34.8×583cm。清代刻本。

参 Nishiwaki 2001，134；刘屹 2006，498。

Ch 6000 r = MIK 028492（T III T 1190） 残片

吐峪沟遗址出土。

Ch 6000 v 残片

Ch 6001r = MIK 031718（T II T 1537） 佛典残片

11.7×12.8cm。吐峪沟遗址出土。

参 关尾史郎 2006，187 注 4。

Ch 6001v 承阳二年（426）十一月籍

存 10 行。

参 西胁常记 1997b，80-82，图 11；关尾史郎 1998，253-265；Nishiwaki 2001，61；TTD supplement，A，160；B，5；西胁常记 2002，44-46，图 3；关尾史郎 2006，180-181。

德国国家图书馆藏吐鲁番文献（Ch/U 编号部分）

Ch/U 2340（T II T B 26）　佛典残片

26.2×37.4cm，22 行。吐峪沟遗址出土。

Ch/U 2343（无原编号）　《佛名经》卷五

14.1×32.8cm，15 行。

Ch/U 2346（无原编号）　佛典残片

22.5×26cm，8 行。

Ch/U 2348（无原编号）　佛典残片

14.6×35cm，18 行。

Ch/U 2360（无原编号）　佛典残片

8.1×15.4cm，5 行。

Ch/U 2405（无原编号）　《妙法莲华经》卷一

18×18.2cm，9 行。

Ch/U 3909r（T II Y 60）　《妙法莲华经》卷三

27.5×42.5cm，19 行，约 7 世纪中—8 世纪末。交河故城出土。

参 KCBT II，45。

Ch/U 3909v　回鹘语《弥勒颂》

原有残片 2 叶，存 62 行。现只存 1 叶，29 行。

参 BTT XIII，116-118，图 188；Zieme 1991a，250-251；Elverskog 1997，127。

Ch/U 3910ar（无原编号）　《长阿含经》卷一八

24×41cm，20 行，刻本。

参 KCBT II，11。

Ch/U 3910av　回鹘语施印《长阿含经》题记

存 3 行。

参 Kudara & Zieme 1983，272，图 4。

Ch/U 3910b　《妙法莲华经》卷七

12 行。背面无字。

Ch/U 3910c　《大方广佛华严经》卷四九

5 行。

Ch/U 3911　《阿毗达磨大毗婆沙论》卷二〇〇

18 行。

Ch/U 3912r（［T II］Y 66）　《大般涅槃经》卷三七

26.7×32.2cm，18 行，约 7 世纪中—8 世纪末。交河故城出土。

参 KCBT II，71。

Ch/U 3912v 回鹘语《杂阿含经》

与 Ch/U 6179v 缀合，分别 26.7×32.2cm，两叶共计 43 行。

参 Kudara & Zieme 1983，272，图 4；Kudara & Zieme 1995，23-35，图 1-2；Elverskog 1997，21。

Ch/U 3913r（T II 1738）《阿毗昙毗婆沙论》卷二八

28.5×25.2cm，14 行，约 7 世纪中—8 世纪末。

参 KCBT II，83。

Ch/U 3913v 回鹘语《长阿含经》

存 32 行。中间夹写汉字。

参 Kudara & Zieme 1983，281-286，图 7；Elverskog，J. 1997，17。

Ch/U 3914r（T II Y 58）《金光明最胜王经》卷一

24 行。交河故城出土。

Ch/U 3914v 回鹘文佛典

参 BTT XIII，128-129，186。

Ch/U 3915（无原编号）《大智度论》卷三

14 行。

Ch/U 3916r（T II D 96）《光赞经》卷六

22 行。高昌故城出土。

Ch/U 3916v 回鹘语魔法文书（雨石文书）

残片 1 叶。

参 Zieme 1989b，444-450。

Ch/U 3917r（T II T 3097）《妙法莲华经》卷三

35.3×26cm。吐峪沟遗址出土。

Ch/U 3917v 回鹘语摩尼教君主赞颂文

正面汉文佛经行间空白处写回鹘文 8 行，背面回鹘文 24 行，计 32 行。提到怛逻斯、苦先（龟兹）、佉沙（疏勒）等地名。

参 BTT V，65；Zieme，P. 1976c，248-249；Zieme 1977a，156-167，图 4-5；Wilkens 2000a，300-301，No. 334；王媛媛 2006，61。

Ch/U 6000（T III T 299）《妙法莲华经》卷二

13.2×5cm，3 行，约 7 世纪中—8 世纪末。吐峪沟遗址出土。

参 KCBT II，47。

Ch/U 6001a（无原编号）《大般若波罗蜜多经》卷二九一

9.2×18.6cm，11 行。

Ch/U 6001b（无原编号） 佛典残片

2.9×1.7cm，1 行。

Ch/U 6001c（无原编号） 佛典残片

9.4×3.6cm，4 行。

Ch/U 6001d（无原编号） 佛典残片

5. 8 × 3. 5cm，1 行。

Ch/U 6001e（无原编号）　**佛典残片**

Ch/U 6002（**T III M 174. 100**）　**佛典残片**

12. 9 × 18. 6cm，11 行。木头沟遗址出土。

Ch/U 6003（无原编号）　**《大般若波罗蜜多经》卷五四一**

8. 8 × 13. 2cm，7 行。

Ch/U 6004（无原编号）　**《摩诃般若波罗蜜经》卷三**

19. 3 × 25. 8cm，15 行，约 7 世纪中—8 世纪末。

参 KCBT II，27。

Ch/U 6005（无原编号）　**《大般涅槃经》卷四**

14. 5 × 24cm，14 行，约 7 世纪中—8 世纪末。

参 KCBT II，72。

Ch/U 6006（**T II T 1185**）　**《大般若波罗蜜多经》卷三〇〇**

7. 5 × 25. 2cm，14 行，约 7 世纪中—8 世纪末。行间有 4 行回鹘文。吐峪沟遗址出土。

参 KCBT II，24。

Ch/U 6007（无原编号）　**《大哀经》卷六**

27 × 13cm，8 行。

Ch/U 6008a（无原编号）　**《佛名经》卷九**

15. 8 × 5. 5cm，4 行。

Ch/U 6008b（无原编号）　**《大般涅槃经》卷一二**

15. 2 × 16. 5cm，10 行，约 7 世纪中—8 世纪末。

参 KCBT II，67。

Ch/U 6008c（无原编号）　**《佛说佛名经》卷六**

13. 4 × 14. 9cm，3 行。

Ch/U 6009a（无原编号）　**《大乘起信论》一卷**

6. 9 × 9. 7cm，5 行。可与 Ch/U 6009b、Ch/U 6009d、Ch/U 6009e 缀合。

Ch/U 6009b（无原编号）　**《大乘起信论》一卷**

10 × 7. 7cm，4 行。可与 Ch/U 6009a、Ch/U 6009d、Ch/U 6009e 缀合。

Ch/U 6009c（无原编号）　**《大乘大集地藏十轮经》卷一〇**

10 × 7. 6cm，4 行。

Ch/U 6009d（无原编号）　**《大乘起信论》一卷**

9. 8 × 7. 8cm，5 行。可与 Ch/U 6009a、Ch/U 6009b、Ch/U 6009e 缀合。

Ch/U 6009e（无原编号）　**《大乘起信论》一卷**

9. 7 × 7. 8cm，4 行。可与 Ch/U 6009a、Ch/U 6009b、Ch/U 6009d 缀合。

Ch/U 6009f（无原编号）　**《大乘起信论》一卷**

9. 7 × 7. 5cm，5 行。

Ch/U 6009a-cv　**回鹘语佛典**

参 BTT XIII，48-51，图 25-29。

Ch/U 6010a（无原编号）　《添品妙法莲华经》卷五

14×10.7cm，5行，约7世纪中—8世纪末。

参 KCBT I，124。

Ch/U 6010b（无原编号）　《摩诃般若波罗蜜经》卷二四

7.5×5.1cm，2行。

Ch/U 6010c（无原编号）　《十住毗婆沙论》卷一七

13.5×10.7cm，4行。

Ch/U 6010d（无原编号）　佛典残片

4×1.9cm，1行。

Ch/U 6011（无原编号）　《妙法莲华经》卷六

14.1×21.6cm，12行，约7世纪中—8世纪末。行间有回鹘文8行。

参 KCBT I，99。

Ch/U 6012a（T III 62）　《妙法莲华经》卷二

9.5×19cm，11行，约7世纪中—8世纪末。

参 KCBT II，41。

Ch/U 6012b（T III 62）　《妙法莲华经》卷二

3.8×4.8cm，3行，约7世纪中—8世纪末。

参 KCBT II，41。

Ch/U 6012c（T III 62）　《妙法莲华经》卷二

4.2×2.2cm，2行，约7世纪中—8世纪末。

参 KCBT II，41。

Ch/U 6012d（T III 62）　《妙法莲华经》卷二

2.3×2cm，1行，约7世纪中—8世纪末。

参 KCBT II，41。

Ch/U 6012e（T III 62）　《妙法莲华经》卷二

3×1.6cm，2行，约7世纪中—8世纪末。

参 KCBT II，41。

Ch/U 6012f（T III 62）　《妙法莲华经》卷二

3.3×1.2cm，1行，约7世纪中—8世纪末。

参 KCBT II，41。

Ch/U 6012g（T III 62）　《阿毗达磨顺正理论》卷二二

9.6×20.3cm，10行。

Ch/U 6013（无原编号）　《集诸经礼忏仪》卷上

13.3×10.2cm，5行，约9—10世纪。

参 KCBT II，85。

Ch/U 6014（T I 1028）　《方广大庄严经》卷一二

13.3×16cm，9行。

Ch/U 6015（T I 562）　《大般若波罗蜜多经》卷二五六

13.5×18.5cm，11行，约7世纪中—8世纪末。

参 KCBT II，23。

Ch/U 6016r（T I 1054） 《六度集经》卷七

11.8×15cm，10 行。

Ch/U 6016v 回鹘语佛经残片

参 BTT XIII，76，78。

Ch/U 6017（T III M 128） 《大般若波罗蜜多经》卷六四

12.9×2.5cm，2 行，约 7 世纪中—8 世纪末。木头沟遗址出土。

参 KCBT II，19。

Ch/U 6018（无原编号） 《法苑珠林》卷五八

10.4×9.2cm，6 行。

Ch/U 6019a（无原编号） 《小品般若经》卷四

9×6.4cm，3 行，约 6 世纪中—7 世纪中。

参 KCBT II，31。

Ch/U 6019b（无原编号） 《大般涅槃经》卷二三

8.7×6.2cm，4 行。

Ch/U 6020（T I 1007） 《大方广佛华严经》卷六三

14×14cm，8 行，约 7 世纪中—8 世纪末。

参 KCBT II，61。

Ch/U 6021（无原编号） 《显密圆通成佛心要集》卷上

11.9×7.5cm，4 行。刻本。

Ch/U 6022（无原编号） 《大般若波罗蜜多经》卷八六

12.5×18.4cm，12 行，约 7 世纪中—8 世纪末。页边有回鹘文细字 23 行。

参 KCBT II，20。

Ch/U 6023（T II 4080） 《大般涅槃经》卷三

7.8×6.9cm，3 行。

Ch/U 6024（无原编号） 《妙法莲华经》卷六

10.5×18.3cm，10 行，约 7 世纪中—8 世纪末。

参 KCBT I，100。

Ch/U 6025r（T II Y 46.20） 《道行般若经》卷六

27.3×11.2cm，5 行，约 7 世纪中—8 世纪末。交河故城出土。

参 KCBT II，31。

Ch/U 6025v 回鹘语《金光明最胜王经》注释

残片 1 叶，9 行。

参 Zieme 1996b，231-238 + 图；Elverskog 1997，65-69；Raschmann 2005，301-302。

Ch/U 6026（T II 743） 《金刚般若波罗蜜经》

12.3×23.9cm，13 行，约 7 世纪中—8 世纪末。

参 KCBT I，48。

Ch/U 6027（T I 570） 《大宝积经》卷七二

3 行。

Ch/U 6028（T II 1149） 《显扬圣教经》卷三

26.4×6.7cm，5 行。

Ch/U 6029（T III） 《中论》卷一

15×14.3cm，9 行。隶书。

Ch/U 6030（T II Y 58.520）《佛说长阿含经》卷一三

12.2×6.6cm，4 行。隶书。交河故城出土。

Ch/U 6031（T II Y 59） 《佛顶尊胜陀罗尼经》

17.2×1.7cm，1 行。交河故城出土。

Ch/U 6032（T III T 184） 《禅秘要诀经》卷下

18.1×10.8cm，6 行。吐峪沟遗址出土。

Ch/U 6033（T III T 290） 《妙法莲华经》卷五

10.2×8.9cm，5 行，约 7 世纪中—8 世纪末。吐峪沟遗址出土。

参 KCBT II，52。

Ch/U 6034（T I 504 x） 《佛本行集经》卷六

10.7×12.5cm，9 行，约 7 世纪中—8 世纪末。

参 KCBT II，17，图 2/2。

Ch/U 6035（T I 560） 《维摩诘所说经》卷下

5.5×14.1cm，7 行。有朱笔句读。

Ch/U 6036（T II D 405） 《大智度论》卷六八

8×12.6cm，8 行。高昌故城出土。

Ch/U 6037（T II 4087） 《妙法莲华经》卷五

11.3×9.2cm，5 行，约 7 世纪中—8 世纪末。

参 KCBT II，52。

Ch/U 6038（T III 2022） 《胜天王般若婆罗蜜经》卷五

11.7×7.4cm，4 行。

Ch/U 6039（T II M 517） 《尊婆须蜜菩萨所集论》卷五

12.3×7.1cm，4 行。木头沟遗址出土。

Ch/U 6040（T III 1130） 《摩诃般若波罗蜜经》卷二二

9.6×11.9cm，6 行，约 7 世纪中—8 世纪末。

参 KCBT II，28。

Ch/U 6041（T II T 1843） 《大宝积经》卷六八

6.7×7.5cm，4 行。吐峪沟遗址出土。

Ch/U 6042（T III 2002） 《大方广佛华严经》卷一四

12.5×6cm，4 行。

Ch/U 6043（T II T 1253） 《合部金光明经》卷四

12.2×7.4cm，4 行。吐峪沟遗址出土。

Ch/U 6044（T II T 2028） 《大般涅槃经》卷二二

4 行。

Ch/U 6045（T I D 544） 《如来方便善巧咒经》

7.2×11.3cm，7 行。高昌故城出土。

Ch/U 6046r（B 67） 《妙法莲华经》卷三

11.4×5cm，3 行，约 7 世纪中—8 世纪末。与 Ch/So 20231r、Ch/So 20233r、大谷 7252r、大谷 7462r、大谷 7465r、大谷 7513r、大谷 9076r、大谷 10005r 同卷。

参 KCBT II，44；《イラン语断片集成》解说编 17；图版编，58。

Ch/U6046v 粟特文残片

与 Ch/So 20231v、Ch/So 20233v、大谷文书大谷 7252v、大谷 7462v、大谷 7465v、大谷 7513v、大谷 9076v、大谷 10005v 同卷。

参:《イラン语断片集成》解说编 128-129；图版编，58。

Ch/U 6047（T III 75. 1011） 《根本说一切有部毗奈耶杂事》卷二九

6.2×11.7cm，6 行。

Ch/U 6048（T II Y 59. 514）《妙法莲华经》卷三

11.3×10.5cm，6 行，约 7 世纪中—8 世纪末。交河故城出土。

参 KCBT II，44。

Ch/U 6049（T III 62） 《妙法莲华经》卷四

15.2×16.5cm，10 行，约 7 世纪中—8 世纪末。

参 KCBT I，88。

Ch/U 6050（无原编号） 《金光明最胜王经》卷五

14×6.7cm，3 行。

Ch/U 6051r（T II 2088） 《摩诃般若波罗蜜经》卷二六

13.6×13.1cm，6 行，约 6 世纪中—7 世纪中。与 Ch/U 6561r 缀合，参看该号。

参 KCBT II，29。

Ch/U 6051v 回鹘文粟特语—回鹘语词汇对照表

与 Ch/U 6561v 缀合，参看该号。

Ch/U 6052r（T III 1160） 《大般涅槃经》卷一三

11.9×19.1cm，10 行，约 7 世纪中—8 世纪末。与 Ch/U 6061r 同一写本。

参 KCBT II，67。

Ch/U 6052v 回鹘语《大慈恩寺三藏法师传》

与 Ch/U 6061v 同一写本，计 27 行。其中夹写汉字，草书。

参 Kudara & Zieme 1984，140-148，图 3-4；Elverskog 1997，131-132。

Ch/U 6053（T II D 34） 《大般涅槃经》卷一七

11.1×8.1cm，5 行。高昌故城出土。

Ch/U 6054（T II T 1395）《妙法莲华经》卷四

10.8×8.4cm，5 行，约 7 世纪中—8 世纪末。吐峪沟遗址出土。

参 KCBT I，84。

Ch/U 6055（T I D 1025） 《阿毗达磨藏显宗论》卷二八

7.7×10.6cm，7 行。高昌故城出土。

Ch/U 6056（T II T 3033） 佛典残片

7.8×11.4cm，5行。吐峪沟遗址出土。

Ch/U 6057a（T II D 299） 《佛名经》

6.9×6.2cm，4行。高昌故城出土。

Ch/U 6057b（T II D 299）《佛名经》

5.6×5.8cm，3行。高昌故城出土。

Ch/U 6058（T III 34.11） 《佛名经》

15.3×9.6cm，2行。

Ch/U 6059（T II T 1135）《阿毗达磨顺正理论》卷六九

10.5×12.3cm，6行。吐峪沟遗址出土。

Ch/U 6060（T II T 1196） 佛典残片

9×9cm，5行。吐峪沟遗址出土。

Ch/U 6061r（T III 2035） 《大般涅槃经》卷一三

8.4×9.7cm，5行，约7世纪中—8世纪末。与Ch/U 6061r同一写本。

参 KCBT II，67。

Ch/U 6061v 回鹘语《大慈恩寺三藏法师传》

与Ch/U 6052v为同一写本，参看该号。

Ch/U 6062a（T III 246.50） 《大乘密严经》卷中

5.1×6.5cm，4行，约7世纪中—8世纪末。

参 KCBT II，79。

Ch/U 6062b（T III 246.50） 佛典残片

Ch/U 6062c（T III 246.50） 佛典残片

Ch/U 6062d（T III 246.50） 佛典残片

Ch/U 6062e（T III 246.50） 佛典残片

Ch/U 6063（T II D 85.201） 《金光明经》卷二

22.2×15.5cm，8行，约7世纪中—8世纪末。高昌故城出土。

参 KCBT I，152。

Ch/U 6064r（T II T 1166） 《大般若波罗蜜多经》卷四

12.9×15.6cm，10行，约7世纪中—8世纪末。吐峪沟遗址出土。

参 KCBT II，18。

Ch/U 6064v 回鹘语《大威德明王符咒颂诗》

存14行。

参 BTT XIII，143-144，图206；Zieme 1991a，254；Elverskog 1997，128。

Ch/U 6065（T III T 543） 《阿毗达磨大毗婆沙论》卷一五

10.4×7.7cm，4行。刻本。吐峪沟遗址出土。

Ch/U 6066（T II 1332）《舍利弗阿毗昙论》卷一一

10.4×7.1cm，4行。

Ch/U 6067（T II T 1410） 佛典残片

6.2×5.8cm，3行。行间夹写回鹘文。吐峪沟遗址出土。

Ch/U 6068（T III M 110.500） 佛典残片

6.1×7.2cm，3 行。行间夹写回鹘文。木头沟遗址出土。

Ch/U 6069r（T II T 1539） 《道行般若经》卷七

16×8.8cm，5 行。吐峪沟遗址出土。

Ch/U 6069v 回鹘语《金光明最胜王经》注

正面 1 行；背面 5 行。

参 Raschmann 1997，537-542+图；Raschmann 2005，300。

Ch/U 6070（T II 1716） 《金刚般若波罗蜜经》

10×8.5cm，4 行，约 7 世纪中—8 世纪末。

参 KCBT II，36。

Ch/U 6071（T II S 52） 佛典残片

5.9×8.9cm，4 行。胜金口遗址出土。

Ch/U 6072（T II 1678） 《大般若波罗蜜多经》卷三一七

10.8×15.5cm，10 行，约 7 世纪中—8 世纪末。

参 KCBT II，25。

Ch/U 6073（T II T 1778） 《道行般若经》卷五

13×13.9cm，9 行，约 4—6 世纪中。吐峪沟遗址出土。

参 KCBT II，30，图 16/21。

Ch/U 6074（T II 774） 《大般若波罗蜜多经》卷六〇

18.5×24.7cm，15 行，约 7 世纪中—8 世纪末。

参 KCBT II，19。

Ch/U 6075（T II T 541） 《大般涅槃经》卷三

6.5×6.7cm，4 行，约 7 世纪中—8 世纪末。吐峪沟遗址出土。

参 KCBT II，64。

Ch/U 6076（T I x 565） 佛典残片

7.7×4.9cm，3 行。

Ch/U 6077（T III M 173.163） 《大方广佛华严经》卷七

6.3×6cm，4 行，约 4—6 世纪中。木头沟遗址出土。

参 KCBT II，61。

Ch/U 6078（T III 66） 佛典残片

5.5×6.7cm，4 行。

Ch/U 6079（T III M 773.58） 《维摩诘所说经》卷下

9.2×7.8cm，6 行，约 6 世纪中—7 世纪中。木头沟遗址出土。

参 KCBT II，74。

Ch/U 6080（T II Y 59.512） 《金刚般若波罗蜜经》

4.8×24.4cm，14 行，约 7 世纪中—8 世纪末。交河故城出土。

参 KCBT II，36。

Ch/U 6081（T II T） 佛典残片

4.7×6.9cm，2 行。吐峪沟遗址出土。

Ch/U 6082（T II T 1411） 《思益梵天所问经》卷四

6.2×8.4cm，5行。吐峪沟遗址出土。

Ch/U 6083（T II D）《妙法莲华经》卷五

6.7×9cm，6行，约9—10世纪。高昌故城出土。

参 KCBT II，54。

Ch/U 6084（T III 2000）《妙法莲华经》卷二

7×8cm，5行，约7世纪中—8世纪末。行间夹写回鹘文。

参 KCBT II，42。

Ch/U 6085（T II 1594）《瑜伽师地论》卷四五

10.9×10.6cm，5行。

Ch/U 6086（T II T 1414）《佛说阎罗王授记经》

10.5×6.6cm，1行。吐峪沟遗址出土。

参 Nishiwaki 2001，107-108。

Ch/U 6087（T II Y 39）《大般涅槃经》卷三七

11.5×12.5cm，8行，约6世纪中—7世纪中。交河故城出土。

参 KCBT II，71。

Ch/U 6088（T II 3023）《增一阿含经》卷四一

22.2×13.5cm，6行。

Ch/U 6089r（T II M 1036）《佛本行集经》卷一六

13.2×5.7cm，3行。与Ch/U 7264r、Ch/U 7022r可以缀合，参看Ch/U 7264号。木头沟遗址出土。

Ch/U 6089v 回鹘语佛教诗歌

与Ch/U 7264v、Ch/U 7022v可以缀合，参看Ch/U 7264号。

Ch/U 6090（T II 2020）《妙法莲华经》卷五

15.6×9.7cm，5行，约7世纪中—8世纪末。

参 KCBT I，95。

Ch/U 6091r（T II T 11.83）《佛说华手经》卷二

23.7×8.8cm，4行。吐峪沟遗址出土。

Ch/U 6091v 回鹘语《雨石文书》

残片1叶。

Ch/U 6092 a-b（T III D 1017）汉语梵语回鹘语《长阿含经》词汇对照

1叶，断为2片，分别为10×8.5 cm和7×6cm，6行。内容为词语对照表，汉字有“阇尼沙”、“帝释”、“婆悉吒”、“园林”、“鹿母”、“讲堂”等，下写回鹘文，旁用朱笔注梵文。背面无字。高昌故城出土。

参 Kudara & Zieme 1983，286-288，图8；Elverskog，J. 1997，17。

Ch/U 6093（T II 2048）《妙法莲华经》卷七

12.7×23.2cm，13行，约7世纪中—8世纪末。

参 KCBT I，123。

Ch/U 6094（T II T 308）《妙法莲华经》卷一

10.5×9cm，5行，约7世纪中—8世纪末。吐峪沟遗址出土。

参 KCBT I，53。

Ch/U 6095（T II S 509）　佛典残片

8.5×5.5cm，1 行。胜金口遗址出土。

Ch/U 6096（T II 1347）　佛典残片

5.3×13.9cm，3 行。

Ch/U 6097（T II 4096）　《增一阿含经》卷三八

12×9.3cm，5 行。刻本。

Ch/U 6098（无原编号）　佛典残片

4.7×5.9cm，3 行。

Ch/U 6099（T II M 1048）　《大般涅槃经》卷一二

8.2×5.5cm，3 行，约 7 世纪中—8 世纪末。木头沟遗址出土。

参 KCBT II，66。

Ch/U 6100a（T III 1153）　《大智度论》卷二四

13×21.1cm，7 行。

Ch/U 6100b（T III 1153）　《大智度论》卷二四

13×21.1cm，3 行。

Ch/U 6100c（T III 1153）　《大智度论》卷二五

13×21.1cm，2 行。

Ch/U 6100d（T III 1153）　《大智度论》卷二五

13×21.1cm，2 行。

Ch/U 6100v　回鹘高昌某寺土地簿（?）

与 Ch/U 6101v 可以缀合，缀合后尺寸 25.5×20.5cm，13 行，用汉语、回鹘语双语书写。

参 森安孝夫 1991，50；Moriyasu & Zieme 1999，75-83，图 VI-VII；Nishiwaki 2001，73－74；Moriyasu 2004a，56。

Ch/U 6101a（T III 173.119）　《大智度论》卷二四

13.4×17cm，5 行。

Ch/U 6101b（T III 173.119）　《大智度论》卷二四

13.4×17cm，4 行。

Ch/U 6101c（T III 173.119）　《大智度论》卷二五

13.4×17cm，2 行。

Ch/U 6101v　回鹘高昌某寺土地簿（?）

与 Ch/U 6100v 缀合，参见该号。

Ch/U 6102（T II 9597）　《大般若波罗蜜多经》卷六〇

12.3×26.5cm，14 行，约 7 世纪中—8 世纪末。

参 KCBT II，19。

Ch/U 6103（T II S 518）　《正法念处经》卷五〇

14×25cm，14 行，约 7 世纪中—8 世纪末。胜金口遗址出土。

参 KCBT II，79。

Ch/U 6104（T II T）　《妙法莲华经》卷三

11.8×16.6cm，9行，约7世纪中—8世纪末。行间有粟特文、叙利亚文杂写。吐峪沟遗址出土。

参 KCBT I，71。

Ch/U 6105（T II T 204）　《一字顶轮王念诵仪轨》一卷

3行。

Ch/U 6106（T II Y 59.16）　《大般涅槃经》卷三七

8.1×18cm，10行，约6世纪中—7世纪中。行间夹写回鹘文4行。交河故城出土。

参 KCBT II，71。

Ch/U 6107r（无原编号）　《大方等大集经》卷一

12.6×11.6cm，6行。

Ch/U 6107v　回鹘语破历

参 Raschmann 1995a，70，71，138。

Ch/U 6108（T III D 318）　佛典残片

4.6×4.5cm，1行。高昌故城出土。

Ch/U 6109（T II S 1067）　《大方广佛华严经》卷一九

9.4×12cm，7行。胜金口遗址出土。

Ch/U 6110（T II 1353）　《摩诃僧祇律》卷六

14×11.4cm，6行，约9—10世纪。

参 KCBT II，81。

Ch/U 6111（T II S 52）　《妙法莲华经》卷二

11.8×15.2cm，9行，约7世纪中—8世纪末。胜金口遗址出土。

参 KCBT I，62。

Ch/U 6112（T III M 521）　《佛说方等般泥洹经》卷上

11.7×7.6cm，5行。木头沟遗址出土。

Ch/U 6113r（T II Y 58.503）　《大方便佛报恩经》卷四

16.5×10.6cm，5行，约7世纪中—8世纪末。交河故城出土。

参 KCBT II，17。

Ch/U 6113v　回鹘语《长阿含经》

残片1叶，存16行，中间夹写汉字。

参 Kudara & Zieme 1983，292-296，图11；Elverskog，J. 1997，17。

Ch/U 6114（T III M 173.139）　《大智度论》卷二

17.1×17.9cm，9行。木头沟遗址出土。

Ch/U 6115（T II Y 46.20）　《大方广佛华严经》卷一九

16.8×20.2cm，10行，约7世纪中—8世纪末。交河故城出土。

参 KCBT II，61。

Ch/U 6116（T II 1459）　《大般若波罗蜜多经》卷四二九

21.5×15.8cm，10行，约9—10世纪。

参 KCBT II，25。

Ch/U 6117r（T II T 1284） 《大周刊定众经目录》卷一〇

14×16.7cm，8 行，约 7 世纪中—8 世纪末。吐峪沟遗址出土。

参 KCBT II，85；森安孝夫 2004，708（图）。

Ch/U 6117v 回鹘语文书

14 行。提到龟兹金花王和硇砂。

参 森安孝夫 2004，703-716 + 图。

Ch/U 6118（T II 3004） 《四分律删繁补阙行事钞》卷中之二

14.5×14.1cm，12 行，约 9—10 世纪。

参 KCBT II，85。

Ch/U 6119（T II T 1862） 《四分律删繁补阙行事钞》卷中

9.5×17.2cm，14 行。吐峪沟遗址出土。

Ch/U 6120（无原编号） 《四分律删繁补阙行事钞》卷中

12.4×11.8cm，10 行。

Ch/U 6121r（T III M 174） 佛典注疏

11.6×18.8cm，12 行。木头沟遗址出土。

Ch/U 6121v 回鹘语佛经残片

残片 1 叶。

参 BTT XIII，128。

Ch/U 6122（T II D 213.51） 《大智度论》卷六

9×15.1cm，8 行，约 7 世纪中—8 世纪末。高昌故城出土。

参 KCBT II，83。

Ch/U 6123（T II 1334） 《分别功德论》卷五

8.8×6.6cm，4 行。

Ch/U 6124r（T II 1035） 汉文回鹘语双语契约

8.5×9cm，2 行，与 U.5797 为同一写本。每行前有对应的汉文，如“地及论课”、“达干”等。

参 Moriyasu & Zieme 1999，89-91，图 10；Nishiwaki 2001，78。

Ch/U 6124v 回鹘语佛经

6 行。

参 Moriyasu & Zieme 1999，95-96，图 11。

Ch/U 6125（T II T 1614） 《大般涅槃经》卷一七

8.7×9.7cm，6 行，约 7 世纪中—8 世纪末。吐峪沟遗址出土。

参 KCBT II，67。

Ch/U 6126（T II 1971） 《大般涅槃经》卷三六

7.6×10.4cm，6 行。

Ch/U 6127（T II T 1216） 《佛本行集经》卷一六

11×8cm，4 行，约 6 世纪中—7 世纪中。吐峪沟遗址出土。

参 KCBT II，18。

Ch/U 6128（无原编号） 《大宝积经》卷一三

7.7×7.1cm，4行。

Ch/U 6129（无原编号） 佛典残片

6×7.3cm，3行。

Ch/U 6130（无原编号） 佛典残片

5.2×3.1cm，1行。

Ch/U 6131（无原编号） 佛典残片

5.2×3.9cm，2行。

Ch/U 6132（无原编号） 佛典残片

2.3×3.8cm，2行。

Ch/U 6133（T II T 1352） 《妙法莲华经》卷一

10.4×9.8cm，5行，约7世纪中—8世纪末。吐峪沟遗址出土。

参 KCBT II，38。

Ch/U 6134（T II T 1829） 《金光明经》卷四

9.2×12.5cm，6行，约6世纪中—7世纪中。吐峪沟遗址出土。

参 KCBT II，76。

Ch/U 6135（T III 1129） 《妙法莲华经》卷五

11.5×9cm，6行，约7世纪中—8世纪末。

参 KCBT II，54。

Ch/U 6136（T III 215.507） 《妙法莲华经》卷四

9.5×17.1cm，16行，约4—6世纪中。

参 KCBT II，48。

Ch/U 6137（无原编号） 《妙法莲华经》卷六

4.5×2.5cm，2行，约7世纪中—8世纪末。

参 KCBT II，56。

Ch/U 6138（无原编号）《妙法莲华经》卷二

12.2×8.2cm，5行，约7世纪中—8世纪末。

参 KCBT II，42。

Ch/U 6139（T III T 413） 《佛说佛名经》卷一二

9.9×11.1cm，5行。吐峪沟遗址出土。

Ch/U 6140（无原编号） 佛典残片

4.3×4.2cm，2行。

Ch/U 6141（无原编号） 佛典残片

3.5×3.1cm，2行。

Ch/U 6142（无原编号） 《妙法莲华经》卷六

5×3.5cm，2行，约7世纪中—8世纪末。

参 KCBT II，56。

Ch/U 6143（T II T） 《金刚般若波罗蜜经》

12.5×5.9cm，3行，约7世纪中—8世纪末。吐峪沟遗址出土。

参 KCBT II，33。

Ch/U 6144（T I 1013）　佛典残片
5.2×16.2cm，2 行。
Ch/U 6145（T II T 1326）　《大般涅槃经》卷三八
11.8×11.7cm，7 行，约 4—6 世纪中。吐峪沟遗址出土。
参 KCBT II，71。
Ch/U 6146（T III T 227）　《妙法莲华经》卷四
5.8×18.7cm，6 行，约 7 世纪中—8 世纪末。吐峪沟遗址出土。
参 KCBT II，47。
Ch/U 6147（T III 75.1008）　《大般涅槃经》卷一一
8.8×12.8cm，5 行。
Ch/U 6148（无原编号）　《大方便佛报恩经》卷四
10.3×11.7cm，7 行，约 7 世纪中—8 世纪末。
参 KCBT II，17。
Ch/U 6149（T III 210.100）　《妙法莲华经》卷七
12.9×18.4cm，4 行，刻本，“观世音菩萨”用朱色。
参 KCBT II，57。
Ch/U 6150（T II T 1244）　《大般涅槃经》卷二七
11.2×9.8cm，6 行。吐峪沟遗址出土。
Ch/U 6151（T II T 1625）　《增一阿含经》卷三八
13.5×13.5cm，7 行，刻本。吐峪沟遗址出土。
参 Gabain 1967，10；KCBT I，28。
Ch/U 6152（无原编号）《佛说一切如来真实摄大乘现证三昧大教王经》卷三
5 行，刻本。
Ch/U 6153（T III T 156）　《四分律》卷五五
13.6×11.2cm，6 行。刻本。吐峪沟遗址出土。
Ch/U 6154（T II T 1624）　《妙法莲华经》卷一
15×11.3cm，5 行，刻本。吐峪沟遗址出土。
参 KCBT II，39。
Ch/U 6154a（T II T 1624）　《摩诃般若波罗蜜经》卷四
8.7×2.9cm，2 行。吐峪沟遗址出土。
Ch/U 6154b（T II T 1624）　《摩诃般若波罗蜜经》卷七
4.5×4.5cm，2 行。吐峪沟遗址出土。
Ch/U 6155（T III M B 250）　《大般若波罗蜜多经》卷四一六
5 行。刻本。
Ch/U 6156（T II T 1910）　《四分律》卷二
12.8×8cm，5 行。刻本。吐峪沟遗址出土。
Ch/U 6157（T II T 1202）　《信力入印法门经》卷一
12.1×13.7cm，7 行。吐峪沟遗址出土。
Ch/U 6158（T I α）　《出曜经》卷四

12 × 17.5cm，11 行。高昌故城 α 遗址出土。

Ch/U 6159a（T II T 1268）《贤劫经》卷八

8.4 × 7cm，4 行。吐峪沟遗址出土。

Ch/U 6159b（T II T 1268）《贤劫经》卷八

9.3 × 4.9cm，3 行。吐峪沟遗址出土。

Ch/U 6160（T II 1173）《妙法莲华经》卷一

11 × 17.6cm，9 行，约 7 世纪中—8 世纪末。

参 KCBT II，39。

Ch/U 6161（无原编号）《法句经》卷上

7.9 × 9.5cm，6 行，隶书。

Ch/U 6162（T II 1711）《小品般若波罗蜜经》卷五

7.9 × 10cm，5 行。

Ch/U 6163（T II T 1278）《妙法莲华经》卷二

9.2 × 7cm，4 行，约 7 世纪中—8 世纪末。吐峪沟遗址出土。

参 KCBT I，64。

Ch/U 6164（T III 2056）《大般若波罗蜜多经》卷三一七

14.8 × 11cm，7 行，约 7 世纪中—8 世纪末。

参 KCBT II，25。

Ch/U 6165（无原编号）《佛说伅真陀罗所问如来三昧经》卷中

11.2 × 7.6cm，4 行。

Ch/U 6166（T II T 1151）《回诤论》

14.6 × 13.2cm，6 行，约 7 世纪中—8 世纪末。吐峪沟遗址出土。

参 KCBT II，84。

Ch/U 6167（T II 1754）《大般若波罗蜜多经》卷二七八

13.1 × 8.9cm，6 行。

Ch/U 6168（T II 4057）《大般若波罗蜜多经》卷五四二

9.1 × 9.3cm，5 行。

Ch/U 6169（T III M 219）《大方广佛华严经》卷四七

6 × 10.2cm，6 行。木头沟遗址出土。

Ch/U 6170（无原编号）《大智度论》卷一

11.3 × 14.1cm，8 行。

Ch/U 6171（T I D 40）《大宝积经》卷六八

7 × 14.3cm，8 行。高昌故城出土。

Ch/U 6172r（T II S 26.69）《大般若波罗蜜多经》卷三九七

11.2 × 14cm，8 行。胜金口遗址出土。

Ch/U 6172v 回鹘语佛经残片

与 Ch/U 6698、Ch/U 6829 缀合。

参 BTT XIII，80。

Ch/U 6173（T III T 527）《妙法莲华经》卷四

12×7.7cm，4 行。吐峪沟遗址出土。

Ch/U 6174（T II 3049）　《妙法莲华经》卷一

10.5×13.3cm，8 行，约 7 世纪中—8 世纪末。

参 KCBT II，38。

Ch/U 6175（无原编号）　佛典残片

4.3×1.5cm，1 行。

Ch/U 6176（T II T 1548）　《大宝积经》卷六六

10.3×10.5cm，6 行。吐峪沟遗址出土。

Ch/U 6177（T II 1571）　《菩萨璎珞经》卷一

11.5×8.7cm，6 行，约 9—10 世纪。

参 KCBT II，75。

Ch/U 6178（T III S 90.53）　《大乘理趣六波罗蜜多经》卷二

8.8×13.8cm，9 行。刻本。胜金口遗址出土。

Ch/U 6179r（T II 2083）　《大般涅槃经》卷三八

16.3×16.6cm，10 行，约 7 世纪中—8 世纪末。

参 KCBT II，71。

Ch/U 6179v　回鹘语《杂阿含经》

与 Ch/U 3912v 缀合，参看该号。

Ch/U 6180（T II T 1450）　《大方广佛华严经》卷四七

8.7×5.2cm，3 行，约 7 世纪中—8 世纪末。吐峪沟遗址出土。

参 KCBT II，61。

Ch/U 6181（T II T 1787）　《杂阿含经》卷四三

9.5×6.3cm，3 行。吐峪沟遗址出土。

Ch/U 6182（T II 1323）　《阿毗达磨大毗婆沙论》卷一二五

10.5×7.9cm，4 行。

Ch/U 6183（T II Y 46）　《佛名经》

12.9×6.2cm，4 行。交河故城出土。

Ch/U 6184（无原编号）　《大般若波罗蜜多经》卷三九四

11.1×16.1cm，10 行。

Ch/U 6185（无原编号）　《金光明最胜王经》卷五

11.5×13.4cm，7 行，约 7 世纪中—8 世纪末。

参 KCBT I，157。

Ch/U 6186（T II D 331）　《大方广佛华严经》卷四一

9.1×11.1cm，6 行。高昌故城出土。

Ch/U 6187（T III T 503）　《大般涅槃经》卷二二

13.2×9.6cm，6 行，约 7 世纪中—8 世纪末。吐峪沟遗址出土。

参 KCBT II，68。

Ch/U 6188（无原编号）　佛典残片

1.9×4.1cm，1 行。

Ch/U 6189a(无原编号)　佛典残片

4.4×2.8cm,1行。

Ch/U 6189b(无原编号)　佛典残片

2.8×1.8cm,1行。

Ch/U 6190(无原编号)　佛典残片

3.2×2.2cm,1行。

Ch/U 6191(无原编号)　佛典残片

1.7×2.1cm,1行。

Ch/U 6192(无原编号)　佛典残片

2.9×2.2cm,1行。

Ch/U 6193(无原编号)　佛典残片

5.2×2.6cm,1行。

Ch/U 6194(无原编号)　佛典残片

4.4×1.9cm,1行。

Ch/U 6195(T II 4066)　《妙法莲华经》卷五

7.5×8.3cm,5行,约7世纪中—8世纪末。

参 KCBT II,54。

Ch/U 6196(T II T 1453)　《佛说佛名经》卷一六

6.2×7.3cm,3行。吐峪沟遗址出土。

Ch/U 6197(T III D 271.50)　《思益梵天所问经》卷二

6.8×11.5cm,7行。高昌故城出土。

Ch/U 6198(T II 1723)　《大般若波罗蜜多经》卷三一七

8×8.5cm,5行。

Ch/U 6199(T I x 561)　《佛说观佛三昧海经》卷七

8.8×8.2cm,5行,约6世纪中—7世纪中。

参 KCBT II,74。

Ch/U 6200(T II 2097)　佛典残片

8.4×11.9cm,8行。行书。

Ch/U 6201(T II T 1627)　《大唐内典录》卷九

11.3×5.9cm,3行,楷书,有界栏。吐峪沟遗址出土。

参 Nishiwaki 2001,125。

Ch/U 6202(无原编号)　《金刚般若波罗蜜经》

7×5.8cm,3行,约7世纪中—8世纪末。

参 KCBT II,32。

Ch/U 6203(无原编号)　佛典残片

7.3×4.1cm,2行。

Ch/U 6204(T II T 1420)　《大般若波罗蜜多经》卷五〇〇

6×7.9cm,5行。吐峪沟遗址出土。

Ch/U 6205(T I x 559)　《大般涅槃经》卷三

8.3×7cm，3行。

Ch/U 6206（T II T 1794）《妙法莲华经》卷五

5.5×7.8cm，5行。吐峪沟遗址出土。

Ch/U 6207（T II 761）《文殊师利问菩萨署经》一卷

15.8×11.1cm，6行。

Ch/U 6208（T III 215.505）《妙法莲华经》卷六

13×11cm，5行，约7世纪中—8世纪末。

参 KCBT II，57。

Ch/U 6209（T II 762）《放光般若经》卷二〇

12.8×11.3cm，7行，约7世纪中—8世纪末。

参 KCBT II，27。

Ch/U 6210（T III 34.120）《妙法莲华经》卷四

12.5×7cm，4行，约7世纪中—8世纪末。

参 KCBT II，48。

Ch/U 6211（T II T 1997）《佛名经》

10.9×7.9cm，3行。吐峪沟遗址出土。

Ch/U 6212（T II T 1798）《大般涅槃经》卷五

10.5×9.1cm，4行，约7世纪中—8世纪末。吐峪沟遗址出土。

参 KCBT II，65。

Ch/U 6213（T I 564）《妙法莲华经》卷五

12.8×23.6cm，14行，约9—10世纪。

参 KCBT I，95。

Ch/U 6214（T II 1491）《大般涅槃经》卷四〇

19.7×21.2cm，11行，约7世纪中—8世纪末。

参 KCBT II，72。

Ch/U 6215（T II 1333）《正法念处经》卷一七

12.1×6.4cm，2行。

Ch/U 6216（T III 62.509）《阿毗达磨大毗婆沙论》卷一九五

12.7×6.8cm，4行。

Ch/U 6217（无原编号）《四分律删繁补阙行事钞》卷中

11.5×7.7cm，6行。

Ch/U 6218（T II T 1437）《妙法莲华经》卷七

9.2×8.5cm，6行，约9—10世纪。吐峪沟遗址出土。

参 KCBT II，59。

Ch/U 6219（T II 1553）《妙法莲华经》卷四

8.3×8.6cm，5行，约7世纪中—8世纪末。

参 KCBT II，50。

Ch/U 6220（T II D 56）《大智度论》卷二

7.2×4.4cm，3行。高昌故城出土。

Ch/U 6221（T II S 69.503） **《金刚般若论》卷中**

5.1×7.6cm，4行。胜金口遗址出土。

Ch/U 6222（T II 4015） **《妙法莲华经》卷六**

10.8×4.5cm，2行，约7世纪中—8世纪末。

参 KCBT II，56。

Ch/U 6223r（T II T 1588） **《正法念处经》卷五九**

8.5×10.6cm，6行。吐峪沟遗址出土。

Ch/U 6223v **回鹘语《五更转》译本**

存6行。

参 Zieme 2006b，3。

Ch/U 6224（无原编号） **《阿毗达摩藏显宗论》卷三六**

10.4×9.3cm，3行，约7世纪中—8世纪末。

参 KCBT II，84。

Ch/U 6225r（无原编号） **《妙法莲华经》卷四**

8.6×10cm，5行。与Ch/U 6370r、Ch/U 6388r、Ch/U 6506r、Ch/U 7131r、Ch/So 20232r、Ch/U 6294r+大谷7122r+圣彼得堡藏L 30r残片均属于同卷。

参《イラン语断片集成》解说编16，26、119-121（误作Ch/U 6224）。

Ch/U 6225v **粟特语摩尼教文献**

6行。与Ch/U 6370v、Ch/U 6388v、Ch/U 6506v、Ch/U 7131v、Ch/So 20232v、Ch/U 6294+大谷7122v+圣彼得堡藏L 30v残片均属于同卷。

参《イラン语断片集成》解说编，119-121（误作Ch/U 6224）。

Ch/U 6226（T II 4078） **《妙法莲华经》卷三**

8.5×11cm，6行，约7世纪中—8世纪末。

参 KCBT II，45。

Ch/U 6227（T II 4077） **《大智度论》卷二**

8.4×5.7cm，3行。

Ch/U 6228（T II T 3036） **《陀罗尼杂集》卷四**

13×8.8cm，5行。吐峪沟遗址出土。

Ch/U 6229（T II 1719） **《大般若波罗蜜多经》卷三一七**

8.5×7.8cm，5行。

Ch/U 6230（T II S 1015） **《摄大乘论释》卷四**

15.3×5.4cm，3行。胜金口遗址出土。

Ch/U 6231（T III 66.1004） **《大般若波罗蜜多经》卷二一一**

11×5.6cm，3行。

Ch/U 6232r（T III 218.504） **《金光明最胜王经》卷八**

14×5cm，4行，约7世纪中—8世纪末。

参 KCBT II，78。

Ch/U 6232v **回鹘语《中阿含经》**

存5行，间写汉字。

参 Kudara & Zieme 1990，144-145，图 7；Elverskog 1997，18-19。

Ch/U 6233（无原编号） 《大般涅槃经》卷一九

7×6.2cm，4 行。

Ch/U 6234（T II T 1294） 《道行般若经》卷一

7.8×5.2cm，3 行。吐峪沟遗址出土。

Ch/U 6235（无原编号） 《妙法莲华经》卷六

7.7×5.5cm，4 行，约 7 世纪中—8 世纪末。

参 KCBT II，55。

Ch/U 6236（T III 75） 《妙法莲华经》卷五

10.7×25.5cm，14 行，约 7 世纪中—8 世纪末。

参 KCBT II，53。

Ch/U 6237（T II 1945） 《妙法莲华经》卷一

8.8×8.9cm，6 行，约 7 世纪中—8 世纪末。

参 KCBT I，52。

Ch/U 6238（无原编号） 《瑜伽师地论》卷五六

12×4.8cm，3 行。

Ch/U 6239a（T II T） 佛典残片

13.9×14.1cm，12 行。行书。吐峪沟遗址出土。

Ch/U 6239b（T II T） 佛典残片

10.6×13.6cm，11 行。行书。吐峪沟遗址出土。

Ch/U 6240（T III M 219） 《大般若波罗蜜多经》卷三一七

11.3×17.5cm，11 行，约 7 世纪中—8 世纪末。木头沟遗址出土。

参 KCBT II，25。

Ch/U 6241（T I 572） 《大般若波罗蜜多经》卷五四一

13.3×13cm，8 行。

Ch/U 6242a（T II T 1327） 《妙法莲华经》卷七

9.5×6.1cm，4 行，约 7 世纪中—8 世纪末。吐峪沟遗址出土。

参 KCBT II，60。

Ch/U 6242b（T II T 1327） 《妙法莲华经》卷七

8.5×9.1cm，5 行，约 7 世纪中—8 世纪末。吐峪沟遗址出土。

参 KCBT II，59。

Ch/U 6243r（T II 1698） 《金光明最胜王经》卷五

12.9×11.1cm，7 行。

Ch/U 6243v 回鹘语双行诗

参 Zieme 1989b，446。

Ch/U 6244（无原编号） 《御注金刚般若波罗蜜经宣演》卷上

12.5×15.9cm，10 行，字体在行、草间，有一、两处朱点。

参 荣新江 1998b，321（题“某经序”，误）。

Ch/U 6245r（T III M 117） 《佛本行集经》卷一六

27×17cm，8行，约6世纪中—7世纪中。木头沟遗址出土。

参 KCBT II，18。

Ch/U 6245v **回鹘语书信**

残片1叶。

参 Zieme，1976c，248。

Ch/U 6246（T II D 85） **《大般若波罗蜜多经》卷三九四**

14.5×8.7cm，5行。刻本。空白处写回鹘文6行。高昌故城出土。

Ch/U 6247（T I x 557） **《大方便佛报恩经》卷六**

5.7×5cm，3行。

Ch/U 6248（无原编号） **《妙法莲华经》卷二**

24.1×15.9cm，10行，约7世纪中—8世纪末。

参 KCBT I，61。

Ch/U 6249（T II T 1366） **《妙法莲华经》卷五**

15.3×14.2cm，6行，约7世纪中—8世纪末。吐峪沟遗址出土。

参 KCBT I，92。

Ch/U 6250（T II T 1195） **《大方广佛华严经》卷六**

13×11.1cm，7行。吐峪沟遗址出土。

Ch/U 6251（T II 1520） **《光赞经》卷九**

17.1×16.5cm，10行，约7世纪中—8世纪末。

参 KCBT II，27。

Ch/U 6252（无原编号） **《大智度论》卷八六**

11.1×25.1cm，13行。

Ch/U 6253（T III M 173.102） **《大般涅槃经》卷二七**

22.5×9cm，5行，约7世纪中—8世纪末。木头沟遗址出土。

参 KCBT II，69。

Ch/U 6254（T II T 505） **《大佛顶如来密因修证了义诸菩萨万行首楞严经》卷二**

25.1×10.2cm，6行。吐峪沟遗址出土。

Ch/U 6255（无原编号） **《大宝积经》卷一三**

6.7×10.3cm，6行。

Ch/U 6256（无原编号） **《大宝积经》卷三六**

8.3×5.2cm，3行。

Ch/U 6257（无原编号） **《大智度论》卷一七**

9.3×4.2cm，3行。隶书。

Ch/U 6258（无原编号） **《佛说弥勒大成佛经》一卷**

7.3×11cm，6行。

Ch/U 6259（T III 273.500） **《大宝积经》卷七七**

11×4.7cm，3行。

Ch/U 6260（T II M） **《大般若波罗蜜多经》（卷次不详）**

6.8×10.9cm，6行。木头沟遗址出土。

Ch/U 6261（T III Tujok 304）　《佛藏经》卷下

8×6.2cm，4 行。吐峪沟遗址出土。

Ch/U 6262（T III M 114）　《大般若波罗蜜多经》卷三〇九

16×10.4cm，5 行。木头沟遗址出土。

Ch/U 6263r（T III T 1253）　《坐禅三昧经》卷上

8×15.6cm，9 行。吐峪沟遗址出土。

Ch/U 6263v　回鹘语犍度书

残片 1 叶。

参 Zieme 1988b，445-453；Elverskog 1997，30。

Ch/U 6264r（T II）　《大方广佛华严经》卷二〇

36.3×8cm，4 行，约 7 世纪中—8 世纪末。行间有回鹘文 1 行。

参 KCBT II，61。

Ch/U 6264v　回鹘语《弥勒颂》

存 4 行。

参 BTT XIII，115，图 187；Zieme 1991a，250；Elverskog 1997，127。

Ch/U 6265（T III 32）　汉语－回鹘语双语《佛说温室洗浴众僧经》

残片 2 叶，缀合后面积为 17.4×9.3cm，双面书，每面存 9 行。可以与 Ch/U 6265a 缀合，本件在前。

参 Kudara & Zieme 1988，182-191，图 1-2；牛汝极 1990，369-382；Elverskog 1997，100。

Ch/U 6265a（T III 32）　汉语－回鹘语双语《佛说温室洗浴众僧经》

残片 2 叶，缀合后面积为 17×9cm，双面书写，每面存 10 行。可以与 Ch/U 6265 缀合。

参 Kudara & Zieme 1988，182-191，图 3-4；牛汝极 1990，369-382；Elverskog 1997，100。

Ch/U 6266a（T III TV II S）　《坐禅三昧经》卷上

9×14.7cm，8 行。吐鲁番北山前坡地遗址出土。

Ch/U 6266b（无原编号）　《妙法莲华经》卷六

11×12cm，7 行。

Ch/U 6267（T II Y 60）　《小品般若经》卷七

16×19.8cm，11 行，约 7 世纪中—8 世纪末。交河故城出土。

参 KCBT II，31。

Ch/U 6268r（T II Y 17.6）　《金光明经》卷四

24.5×10.4cm，7 行，约 7 世纪中—8 世纪末。交河故城出土。

参 KCBT I，155。

Ch/U 6268v　回鹘语《大慈恩寺三藏法师传》

残片 1 叶，存 6 行。

参 Zieme 1990a，84-85，图 7；Elverskog 1997，131-132。

Ch/U 6269（T II S 512）　《佛说宝雨经》卷五

8×7.6cm，4行。胜金口遗址出土。

Ch/U 6270（T III 1122） 《大般涅槃经》卷一六

11.5×9.8cm，6行。

Ch/U 6271（T II 750） 《大方广佛华严经》注疏

13.9×7.7cm，4行。

Ch/U 6272（T II Y 14） 《妙法莲华经》卷五

13.2×11.7cm，6行，约7世纪中—8世纪末。交河故城出土。

参 KCBT I，92。

Ch/U 6273（T II T 1774） 《大般若波罗蜜多经》卷三三七

11×5.6cm，3行。吐峪沟遗址出土。

Ch/U 6274（T I D 543） 《维摩经义疏》卷五

12.4×9.7cm，5行。高昌故城出土。

Ch/U 6275（无原编号） 《大般涅槃经》卷五

10.3×7.3cm，4行，约7世纪中—8世纪末。

参 KCBT II，64。

Ch/U 6276（无原编号） 《放光般若经》卷一〇

4.6×8.9cm，4行。

Ch/U 6277（T I） 《妙法莲华经》卷一

7.5×8cm，4行，约7世纪中—8世纪末。

参 KCBT II，39。

Ch/U 6278（T III M 173.165） 《大般涅槃经》卷一一

7.4×11cm，6行。木头沟遗址出土。

Ch/U 6279（T II 1704） 《大般涅槃经》卷一四

7.1×9.9cm，5行。

Ch/U 6280（T III T 508） 《大般涅槃经》卷一四

16×4.7cm，2行，约7世纪中—8世纪末。吐峪沟遗址出土。

参 KCBT II，67。

Ch/U 6281（T II T） 《佛说救疾经》

9.4×8.3cm，5行。吐峪沟遗址出土。

Ch/U 6282（T II T 1162） 《佛说太子瑞应本起经》卷下

11.3×9cm，6行。吐峪沟遗址出土。

Ch/U 6283（T III 1164） 《大般若波罗蜜多经》卷二九〇

12.2×7.2cm，4行。

Ch/U 6284（T II T 1404） 《贤劫经》卷八

10.4×7cm，4行。吐峪沟遗址出土。

Ch/U 6285（T III 75.501） 《摩诃般若波罗蜜经》卷一二

9.5×5.8cm，3行。

Ch/U 6286（T II T 1153） 佛典残片

10.8×12cm，8行。吐峪沟遗址出土。

Ch/U 6287（T II Y 18.5）　《妙法莲华经》卷四

10.4×9.2cm，5行。交河故城出土。

Ch/U 6288（T III T 416）　《妙法莲华经》卷二

12×9.5cm，5行，约7世纪中—8世纪末。吐峪沟遗址出土。

参 KCBT II，42。

Ch/U 6289（T II Y 59.9）　佛典残片

5.4×9.6cm，6行。交河故城出土。

Ch/U 6290（T III T 113）　《佛说仁王般若波罗蜜经》卷下

12×6.1cm，4行。吐峪沟遗址出土。

Ch/U 6291（T II T 1825）　《四分律删繁补阙行事钞》卷中

12.7×10.9cm，9行。吐峪沟遗址出土。

Ch/U 6292（T II 1592）　《佛本行集经》卷一二

8.6×7.8cm，4行。

Ch/U 6293（T II 1325）　《妙法莲华经》卷七

10×9.6cm，6行，约7世纪中—8世纪末。

参 KCBT II，60。

Ch/U 6294r（T）　《妙法莲华经》卷四

9×6.6cm，4行，约7世纪中—8世纪末。与大谷7122r、圣彼得堡藏L 30r残片可以缀合。又，Ch/U 6224r、Ch/U 6370r、Ch/U 6388r、Ch/U 6506r、Ch/U 7131r、Ch/So 20232r均属于同卷。

参 KCBT II，48；《イラン语断片集成》解说编16，26、119-121；图版编，49（Ch/U 6224原误作Ch/U 6225）。

Ch/U 6294v　粟特语摩尼教文献

存3行。与大谷7122v、L 30v残片可以缀合，相当于缀合后的1-3行。又，Ch/U 6225v、Ch/U 6370v、Ch/U 6388v、Ch/U 6506v、Ch/U 7131v、Ch/So 20232v均属于同卷。

参《イラン语断片集成》解说编，119-121；图版编，48（Ch/U 6224原误作Ch/U 6225）；Yoshida 2000b，71（误作Ch/U 6299）。

Ch/U 6295（T I D 1026）　《净名经关中释抄》卷下

8.7×9.3cm，5行。高昌故城出土。

Ch/U 6296（T I D 51.506）　佛典残片

5.6×7.5cm，3行。高昌故城出土。

Ch/U 6297（T II Y 54）　《出曜经》卷二三

12.5×10.3cm，5行。交河故城出土。

Ch/U 6298（T I D 51.505）　《根本说一切有部毗奈耶》卷二八

5.8×7.8cm，4行。高昌故城出土。

Ch/U 6299r（T I 577）　佛典残片

9.9×6.5cm，3行。

Ch/U 6299v　《大般若波罗蜜多经》卷三〇六（或卷四四二）

4 行。行间有回鹘文。

Ch/U 6300（T II D 389） 《维摩诘所说经》卷中

13.3×10cm，5 行。高昌故城出土。

Ch/U 6301（T III M 219） 《大般若波罗蜜多经》（卷次不详）

12.8×7.5cm，5 行。木头沟遗址出土。

Ch/U 6302（T II T 1161） 《大般若波罗蜜多经》（卷次不详）

14.3×10cm，7 行。吐峪沟遗址出土。

Ch/U 6303r（无原编号） 《大宝积经》卷九九

12×18.2cm，10 行。

Ch/U 6303v 回鹘语佛典残片

参 Zieme 1984a，33。

Ch/U 6304（T II T 1201） 《大般若波罗蜜多经》（卷次不详）

12×20.2cm，11 行。吐峪沟遗址出土。

Ch/U 6305（T II 1733） 《显扬圣教论》卷三

9.5×11.3cm，8 行。

Ch/U 6306（T III T 374） 《大般涅槃经》卷三二

7.1×7.5cm，4 行。吐峪沟遗址出土。

Ch/U 6307（T II 3079） 《大般若波罗蜜多经》卷六二

8.9×11.9cm，7 行。

Ch/U 6308a（无原编号） 《大般若波罗蜜多经》（卷次不详）

11.9×8.4cm，4 行。

Ch/U 6308b（无原编号） 佛典残片

Ch/U 6309（T II T 1793） 《道行般若经》卷二

7×12.4cm，6 行。吐峪沟遗址出土。

Ch/U 6310（T III M 503） 《大毗卢遮那成佛神变加持经》卷二

7.2×5.2cm，2 行。木头沟遗址出土。

Ch/U 6311（T III M 123） 佛典残片

7.7×5.3cm，2 行。木头沟遗址出土。

Ch/U 6312（无原编号） 《小品般若波罗蜜经》卷八

8.2×7.4cm，3 行。

Ch/U 6313（T III M 173.518） 《妙法莲华经》卷四

3 行。

Ch/U 6314（T II T 1593） 《大般若波罗蜜多经》卷五六七

10.4×8.2cm，5 行，约 7 世纪中—8 世纪末。吐峪沟遗址出土。

参 KCBT II，26。

Ch/U 6315（T II T 1726） 《大智度论》卷五

13×6.7cm，4 行。吐峪沟遗址出土。

Ch/U 6316（T II 1799） 《大般若波罗蜜多经》卷五五

14.7×9.9cm，7 行。

Ch/U 6317（T III T 249） 《大宝积经》卷五一

11.1×14.3cm，8 行。吐峪沟遗址出土。

Ch/U 6318r（T II T 1412） 《大般涅槃经》卷五

12×4.6cm，3 行，约 7 世纪中—8 世纪末。吐峪沟遗址出土。

参 KCBT II，65。

Ch/U 6318v 回鹘语《摩尼教徒忏悔词》（*Xuāstvānīft*）

存 3 行。与 U 22v 为同一写本。

参 BTT V，19，图 I；Clark 1997，130；Wilkens 2000a，363，No. 416。

Ch/U 6319（T II T 1206） 《大般若波罗蜜多经》（卷次不详）

14.1×8.8cm，5 行。吐峪沟遗址出土。

Ch/U 6320（T II 1916） 《妙法莲华经》卷二

15.3×3.7cm，2 行，约 7 世纪中—8 世纪末。

参 KCBT II，43。

Ch/U 6321r（T I x 529） 《方广大庄严经》卷一〇

10.1×12.1cm，7 行。

Ch/U 6321v 回鹘语供应令文

10 行。

参 松井太 2002，105，116-117，126（图）。

Ch/U 6322（T III 80.501） 《大般涅槃经》卷一六

17.4×12.1cm，7 行。

Ch/U 6323（T II S） 《金刚般若波罗蜜经》

12×10.5cm，5 行。胜金口遗址出土。

Ch/U 6324（T II 1271） 《摄大乘论释论》卷三

18×8.4cm，5 行。

Ch/U 6325（T II 2039） 《大般涅槃经》卷一三

13.7×15.2cm，8 行。

Ch/U 6326（无原编号） 《妙法莲华经》卷七

13.1×14.8cm，9 行，约 7 世纪中—8 世纪末。

参 KCBT I，123。

Ch/U 6327a（T II D 243） 《妙法莲华经》卷五

10.2×8.3cm，6 行，约 7 世纪中—8 世纪末。

参 KCBT II，54。高昌故城出土。

Ch/U 6327b（T II D 243） 《妙法莲华经》卷五

11×9.4cm，6 行，约 7 世纪中—8 世纪末。高昌故城出土。

参 KCBT II，54。

Ch/U 6328（T II Y 59） 《沙弥十戒法并威仪》

7.9×7.3cm，4 行。交河故城出土。

Ch/U 6329（T II T 1212） 《妙法莲华经》卷六

12.3×7cm，4 行，约 7 世纪中—8 世纪末。吐峪沟遗址出土。

参 KCBT II，56。

Ch/U 6330（T II T 1607）　《妙法莲华经》卷四

13.3×8cm，4行，约7世纪中—8世纪末。吐峪沟遗址出土。

参 KCBT I，88。

Ch/U 6331a（T III 62.511）　《放光般若经》卷一三

7.2×5.1cm，3行，约7世纪中—8世纪末。

参 KCBT II，27。

Ch/U 6331b（T III 62.511）　《放光般若经》卷一三

8.3×10.2cm，6行，约7世纪中—8世纪末。

参 KCBT II，27。

Ch/U 6332（T II Y 59.521）　《妙法莲华经》卷三

9.5×4.6cm，3行，约7世纪中—8世纪末。交河故城出土。

参 KCBT II，44。

Ch/U 6333（T II Y 59）　《妙法莲华经》卷三

13×14cm，8行，约4—6世纪中。交河故城出土。

参 KCBT II，46。

Ch/U 6334（无原编号）　《大般若波罗蜜多经》卷三一六

11.4×9.1cm，3行。刻本。

Ch/U 6335r（T III M 151）　《妙法莲华经》卷六

10.6×8.5cm，5行，约7世纪中—8世纪末。木头沟遗址出土。

参 KCBT II，55。

Ch/U 6335v　回鹘语佛教诗歌残片

残片1叶。

参 BTT XIII，114。

Ch/U 6336（T II T 1360）　《妙法莲华经》卷五

13×9cm，5行，约7世纪中—8世纪末。吐峪沟遗址出土。

参 KCBT II，54。

Ch/U 6337r（T I 1020）　《大般涅槃经》卷二七

10.6×5.6cm，3行，约7世纪中—8世纪末。

参 KCBT II，69。

Ch/U 6337v　回鹘语佛教诗歌残片

参 BTT XIII，173。

Ch/U 6338（T III 196.1）　《摩诃僧祇律》卷一

13.2×5.6cm，3行。

Ch/U 6339（无原编号）　《千眼千臂观世音菩萨陀罗尼神咒经》卷下

4.9×3.7cm，2行。

Ch/U 6340（T II D 85）　《注维摩诘经》卷三

18.7×12.5cm，5行，约7世纪中—8世纪末。高昌故城出土。

参 KCBT II，84，图：48/72。

Ch/U 6341（无原编号） 《佛名经》卷一一

15.7×10.5cm，4 行。叶边有回鹘文。

Ch/U 6342（T II 723） 《大方广佛华严经》卷七一

12.6×8.7cm，5 行。

Ch/U 6343（T II Y 18.3） 《成唯识论述记》卷七（末）

8.2×13cm，8 行。行书。交河故城出土。

Ch/U 6344（T II 3026） 《大般涅槃经》卷二三

12.9×9.7cm，6 行。

Ch/U 6345（T I 1070） 《大般若波罗蜜多经》卷二八八

12×14.6cm，8 行。

Ch/U 6346r（T II T 2037） 《大般涅槃经》卷三六

8.7×14.4cm，9 行，约 7 世纪中—8 世纪末。与大谷 7359r + 大谷 7552r 可以缀合。吐峪沟遗址出土。

参 KCBT II，71；《イラン语断片集成》解说编，18；图版编，64。

Ch/U 6346v 粟特语文献

8 行。与大谷 7359v + 大谷 7552v 可以缀合。

参《イラン语断片集成》解说编，135-136；图版编，64。

Ch/U 6347（T III T 270） 《大般涅槃经》卷一

12.2×20.6cm，9 行，约 7 世纪中—8 世纪末。吐峪沟遗址出土。

参 KCBT II，63。

Ch/U 6348（T I x 547） 《大方广佛华严经》卷一四

13.1×14.9cm，9 行。

Ch/U 6349（T II S） 《妙法莲华经》卷七

18.9×7.8cm，4 行，约 7 世纪中—8 世纪末。胜金口遗址出土。

参 KCBT II，59。

Ch/U 6350（T II 1675） 《妙法莲华经》卷五

16×10.2cm，5 行，约 7 世纪中—8 世纪末。

参 KCBT II，52。

Ch/U 6351（无原编号） 《妙法莲华经》卷三

8×7cm，4 行，约 7 世纪中—8 世纪末。

参 KCBT II，45。

Ch/U 6352（无原编号） 《妙法莲华经》卷三

7.8×5.7cm，3 行。

Ch/U 6353（T I x 544） 《大般涅槃经》卷三

9.2×17.6cm，9 行。

Ch/U 6354（无原编号） 《大智度论》卷一七

16.3×3.9cm，3 行。

Ch/U 6355（T II T 1399） 佛教文献残片

8.3×7.3cm，5 行。刻本。吐峪沟遗址出土。

Ch/U 6356（T III 173.116）　《妙法莲华经》卷七
12.9×14.4cm，8行，约7世纪中—8世纪末。
参 KCBT II，59。

Ch/U 6357a（T III 272.125）　《增一阿含经》卷三
12.2×19.4cm，8行，刻本。
参 KCBT II，15。

Ch/U 6357b（T III 272.125）　《大般涅槃经》卷三四
11行。

Ch/U 6358（T III M 173.108）　《摩诃般若波罗蜜经》卷二四
12.2×14.8cm，9行。木头沟遗址出土。

Ch/U 6359a（T II T 1988）　《大般涅槃经》卷一〇
9.8×10.2cm，5行。吐峪沟遗址出土。

Ch/U 6359b（T II T 1988）　佛典残片

Ch/U 6359c（T II T 1988）　《金光明最胜王经》卷二
4行。刻本。

Ch/U 6359d, e, f（T II T 1988）　佛典残片
d片2行。刻本。

Ch/U 6360（T II T 2054）　《舍利弗阿毗昙论》卷二一
7.7×12.7cm，7行。吐峪沟遗址出土。

Ch/U 6361（T II T 1591）　《佛名经》
12.7×7.3cm，4行。

Ch/U 6362（T III T 525）　《放光般若经》卷三
13.1×6cm，3行。吐峪沟遗址出土。

Ch/U 6363（T II K 50）　佛典残片
9.9×9.3cm，5行。高昌故城K遗址出土。

Ch/U 6364（T II T 2039）　《大方广佛华严经》卷四九
9×6.7cm，4行。吐峪沟遗址出土。

Ch/U 6365（无原编号）　《撰集百缘经》卷七
9.6×19cm，10行。

Ch/U 6366（S 26）　《四分律》卷六〇
13.6×4.5cm，2行。

Ch/U 6367（T II 1673）　《大乘法苑》卷三
10.6×6.7cm，2行。

Ch/U 6368（T II 1946）　《大般若波罗蜜多经》（卷次未详）
8.8×7.6cm，4行。

Ch/U 6369（T II D 93）　佛典残片
4.2×4.8cm，2行。高昌故城出土。

Ch/U 6370r（T）　《妙法莲华经》卷四
12.7×4cm，2行，约7世纪中—8世纪末。与Ch/U 6225r、Ch/U 6388r、Ch/U

6506r、Ch/U 7131r、Ch/So 20232r、Ch/U 6294r + 大谷 7122r + 圣彼得堡藏 L 30r 残片均属于同卷。

参 KCBT II，48；《イラン语断片集成》解说编 16，26、119-121。

Ch/U 6370v　粟特语摩尼教文献

3 行。与 Ch/U 6225v、Ch/U 6388v、Ch/U 6506v、Ch/U 7131v、Ch/So 20232v、Ch/U 6294 + 大谷 7122v + 圣彼得堡藏 L 30v 残片均属于同卷。

参《イラン语断片集成》解说编，119-121。

Ch/U 6371（T III 62. 1023）　《妙法莲华经》卷七

8. 2 × 17. 1cm，9 行，约 7 世纪中—8 世纪末。

参 KCBT I，104。

Ch/U 6372（无原编号）　《妙法莲华经》卷四

11. 1 × 5. 6cm，3 行。

Ch/U 6373（无原编号）　《萨婆多毗尼毗婆沙》卷一

10. 6 × 6. 3cm，3 行。

Ch/U 6374（无原编号）　《妙法莲华经》卷四

11. 6 × 5. 3cm，3 行。

Ch/U 6375（无原编号）　佛典残片

7. 2 × 8. 2cm，3 行。

Ch/U 6376（T II 2040）　《大般若波罗蜜多经》卷二

13 × 14. 4cm，9 行，约 7 世纪中—8 世纪末。

参 KCBT II，18。

Ch/U 6377r（T I α x 7）　《某年具注历日》

10. 7 × 12. 5cm，5 行。与 Mainz 168r 和 U 284r 属同一写本。避“丙”讳为“景”，表明其为唐写本，而形制则与五代、宋的历日接近，可能为唐末高昌所用具注历日。高昌故城 α 遗址出土。

参 荣新江 1998b，321；Nishiwaki 2001，89-90。

Ch/U 6377v　回鹘语摩尼教赞美诗

与 Mainz 168v 和 U 284v 属同一写本。9 行，另外 4 行写于正面汉文行间，计 13 行。

参 Wilkens 2000a，296-297，No. 329。

Ch/U 6378（T III 75）　佛典残片

10. 4 × 13. 1cm，9 行。

Ch/U 6379（T III M 132）　《妙法莲华经》卷七

14. 3 × 7. 7cm，4 行，约 7 世纪中—8 世纪末。木头沟遗址出土。

参 KCBT II，60。

Ch/U 6380（T II D 348）　《四分律删繁补阙行事钞》卷中（之二）

8. 1 × 9. 8cm，8 行，小字，有栏。高昌故城出土。

Ch/U 6381（T II Y 54）　《出曜经》卷二三

9. 9 × 2. 4cm，1 行。交河故城出土。

Ch/U 6382（T II T 1924）　《释摩诃衍论》卷八

16.7×5.4cm，3 行。吐峪沟遗址出土。

Ch/U 6383（T II T 1586） **《禅秘要法经》卷下**

14.8×6cm，2 行。行间写回鹘文 3 行。吐峪沟遗址出土。

Ch/U 6384（T III 1178） **《大般涅槃经》卷一五**

12.4×10.6cm，5 行。行间有回鹘文 2 行。

Ch/U 6385（T III 75） **《根本说一切有部毗奈耶杂事》卷二九**

9.6×14.7cm，8 行。

Ch/U 6386（T I 559） **《大般若波罗蜜多经》卷五二七**

12.3×7cm，3 行。刻本。

Ch/U 6387（无原编号） **《妙法莲华经》卷五**

15×9cm，3 行，约 7 世纪中—8 世纪末。行间及空白处写回鹘文。

参 KCBT II，54。

Ch/U 6388r（T II 1330） **《妙法莲华经》卷四**

11.6×9.8cm，5 行，约 7 世纪中—8 世纪末。与 Ch/U 6225r、Ch/U 6370r、Ch/U 6506r、Ch/U 7131r、Ch/So 20232r、Ch/U 6294r + 大谷 7122r + 圣彼得堡藏 L 30r 残片均属于同卷。

参 KCBT I，84；《イラン语断片集成》解说编 16，26、119-121。

Ch/U 6388v **粟特语摩尼教文献**

4 行。与 Ch/U 6225v、Ch/U 6370v、Ch/U 6506v、Ch/U 7131v、Ch/So 20232v、Ch/U 6294 + 大谷 7122v + 圣彼得堡藏 L 30v 残片均属于同卷。

参《イラン语断片集成》解说编，119-121。

Ch/U 6389（T II T 1289） **《佛说长阿含经》卷一二**

9.1×7cm，4 行。刻本。吐峪沟遗址出土。

Ch/U 6390（T II D） **《大般若波罗蜜多经》卷四七三**

10×3.9cm，3 行。高昌故城出土。

Ch/U 6391（无原编号） **《大般若波罗蜜多经》卷五一一**

7.6×3.5cm，2 行。

Ch/U 6392（无原编号） **佛典残片**

7.4×4.4cm，1 行。

Ch/U 6393r（T II S 32 a） **《佛说观药王药上二菩萨经》**

11.3×9.6cm，4 行。胜金口遗址出土。

Ch/U 6393v **回鹘语《观音赞》**

残片 1 叶，存 17 行。

参 BTT XIII，121-123。

Ch/U 6394（T II T 1157） **《佛说佛名经》**

15.4×5.8cm，2 行。吐峪沟遗址出土。

Ch/U 6395（T III 34.70） **《梵网经》卷下**

15.2×5.7cm，3 行。

Ch/U 6396（T III T 146） **《合部金光明经》卷四**

7.4×13.5cm，7 行。吐峪沟遗址出土。

Ch/U 6397（无原编号） 《贤劫经》卷八

16.3×12.6cm，8 行。

Ch/U 6398（T II T 1281） 《中阿含经》卷二〇

14.6×14.2cm，8 行。刻本。吐峪沟遗址出土。

Ch/U 6399r（T II T 1914） 《妙法莲华经》卷五

14×15.6cm，9 行，约 7 世纪中—8 世纪末。吐峪沟遗址出土。

参 KCBT II，52。

Ch/U 6399v 回鹘语佛教文献

残片 1 叶，存 14 行，夹有婆罗迷文。

参 Zieme 1984a，336，图 1。

Ch/U 6400（T II 62.1020） 《正法念处经》卷一

18.8×17cm，8 行。刻本。空白处及页边有回鹘文及图案。

参 KCBT II，79。

Ch/U 6401r（T II T 1922） 《增一阿含经》卷三八

19.5×14.5，6 行。刻本。吐峪沟遗址出土。

参 KCBT I，28。

Ch/U 6401va（T II T 1922） 《妙法莲华经》卷四

12.5×19.2cm，11 行，约 7 世纪中—8 世纪末。汉字上横写回鹘文。吐峪沟遗址出土。

参 KCBT I，84。

Ch/U 6401vb（T II T 1922） 回鹘语《五智如来曼陀罗颂》

残片 1 叶，存 8 行。吐峪沟遗址出土。

参 BTT XIII，140-142；Zieme 1991a，254；Elverskog 1997，128。

Ch/U 6402（T II T 875） 《金光明最胜王经》卷五

16.8×8.3cm，4 行，刻本。吐峪沟遗址出土。

参 KCBT II，77。

Ch/U 6403（无原编号） 《大般若波罗蜜多经》（卷次不详）

12.1×10.8cm，5 行。刻本。

Ch/U 6404（T II 1372） 《舍利弗阿毗昙论》卷一

10.1×24.5cm，1 行，标题。刻本。有回鹘文残字。

参 KCBT I，178。

Ch/U 6405（无原编号） 《妙法莲华经》卷三

12.4×6.5cm，4 行，约 7 世纪中—8 世纪末。

参 KCBT II，44。

Ch/U 6406（T III T 597） 《大般若波罗蜜多经》卷二七六

10.7×6.8cm，4 行。吐峪沟遗址出土。

Ch/U 6407（T III 218.503） 《根本说一切有部毗奈耶杂事》卷二二

11.8×3.4cm，2 行。行间有回鹘文。

Ch/U 6408（T II 1705） 《金光明经》卷二

11.3×4.4cm，2行。

Ch/U 6409（无原编号） 《阿毗达磨大毗婆沙论》卷一四

8.4×9.8cm，6行。

Ch/U 6410（T II T 634） 《中阿含经》卷四

10.5×5.2cm，3行。吐峪沟遗址出土。

Ch/U 6411（无原编号） 《大般涅槃经》卷四〇

11.1×7cm，4行。

Ch/U 6412（T I D 1003） 《苏悉地羯罗供养法》卷下

20.5×12.5cm，6行，刻本。高昌故城出土。

参 KCBT I，161；中村菊之进1990，55、58。

Ch/U 6413（无原编号） 《法苑珠林》卷八九

13.5×6.1cm，3行。页边有回鹘文。

Ch/U 6414r（TM 262） 《妙法莲华经》卷四

残片1叶，11.3×10.2cm，5行，约7世纪中—8世纪末。行间夹写回鹘文5行。木头沟遗址出土。

参 KCBT I，83。

Ch/U 6414v 回鹘语《摩尼教徒忏悔词》（*Xuāstvānīft*）

存8行。

参 BTT V，20，图I；Clark 1997，130；Wilkens 2000a，354，No.404。

Ch/U 6415r（T I x 509） 《妙法莲华经》卷四

13.7×8.2cm，5行，约7世纪中—8世纪末。行间夹写回鹘文4行。

参 KCBT I，82。

Ch/U 6415v 回鹘语《摩尼教徒忏悔词》（*Xuāstvānīft*）

存6行。

参 BTT V，20，图I；Clark 1997，130；Wilkens 2000a，352，No.400。

Ch/U 6416（T II T 3038） 《中阿含经》序

10.7×9.2 cm，4行，楷书精写，有栏。行间有后来所书回鹘语。吐峪沟遗址出土。

参 Nishiwaki 2001，125-126。

Ch/U 6417r（T I D 546） 《大般涅槃经》卷一四

12.2×8.2cm，5行。高昌故城出土。

Ch/U 6417v 回鹘语《龙王颂诗》

存16行。

参 BTT XIII，145-146，图209；Zieme 1991a，255；Elverskog 1997，128。

Ch/U 6418（T I D 51.508） 《维摩诘所说经》卷上

7.8×12cm，5行。高昌故城出土。

Ch/U 6419（T II T 1198） 《妙法莲华经》卷二

14.1×16.2cm，9行，约7世纪中—8世纪末。吐峪沟遗址出土。

参 KCBT II，44。

Ch/U 6420（无原编号）　《长阿含十报法经》卷下

11.5×11.2cm，6 行。

Ch/U 6421（T III 2012）　《阿毗达磨发智论》卷一一

12.4×11.7cm，6 行。

Ch/U 6422（T II S 26.68）　《大般若波罗蜜多经》卷三九七

12.9×5.6cm，3 行。胜金口遗址出土。

Ch/U 6423（T II T 1993）　《妙法莲华经》卷七

13.5×4cm，3 行，约 7 世纪中—8 世纪末。吐峪沟遗址出土。

参 KCBT I，114。

Ch/U 6424（T II T 1890）　《菩萨戒本疏》卷下

5.8×12.5cm，7 行。行间有回鹘文 3 行。吐峪沟遗址出土。

Ch/U 6425（无原编号）　佛典残片

6.9×3cm，1 行。

Ch/U 6426（T III D 318）　《妙法莲华经》卷五

6.9×4.5cm，3 行，约 4—6 世纪中。高昌故城出土。

参 KCBT II，54。

Ch/U 6427（T II 1203）　《地藏菩萨本愿经》卷下

8.5×13.3cm，7 行。行间写回鹘文。

Ch/U 6428（T II 1707）　《妙法莲华经》卷二

10.3×3.9cm，2 行，约 7 世纪中—8 世纪末。

参 KCBT II，43。

Ch/U 6429（T III S 91.503）　《妙法莲华经》卷五

12×9.9cm，5 行。胜金口遗址出土。

Ch/U 6430（T II S 2 B 500）　《佛说观无量寿佛经》一卷

13.7×8.9cm，5 行。胜金口遗址出土。

Ch/U 6431（T III 272.114）　《妙法莲华经》卷四

9×12cm，8 行，约 7 世纪中—8 世纪末。

参 KCBT II，50。

Ch/U 6432（无原编号）　佛典残片

4×2.1cm，2 行。

Ch/U 6433（T II 1722）　《妙法莲华经》卷五

7.5×7.5cm，4 行，约 7 世纪中—8 世纪末。

参 KCBT II，54。

Ch/U 6434（T II 2034）　《妙法莲华经》卷四

14.5×5.2cm，6 行，约 7 世纪中—8 世纪末。

参 KCBT II，47。

Ch/U 6435（T III 62）　《摩诃般若波罗蜜经》卷一七

6.4×6.7cm，4 行。

Ch/U 6436（无原编号）　《等集众德三昧经》卷中
13.6×11cm，6行。
Ch/U 6437（T II M 1038）　《大般若波罗蜜多经》卷三九七
8.4×12.7cm，5行。木头沟遗址出土。
Ch/U 6438（T II 1706）　《摩诃般若波罗蜜经》卷二五
10.4×7.2cm，5行。
Ch/U 6439（无原编号）　佛典残片
10.3×2.8cm，1行。
Ch/U 6440（T II T 1165）　《大方等陀罗尼经》卷一
12.5×11.3cm，6行。吐峪沟遗址出土。
Ch/U 6441（T II T 1757）　《梵网经》卷下
9×10.4cm，6行。吐峪沟遗址出土。
Ch/U 6442（T I x 511）　《舍利弗阿毗昙论》卷一一
9.2×11cm，6行。
Ch/U 6443（T III T 226）　《阿毗达磨大毗婆沙论》卷一七
12.4×5.9cm，3行。吐峪沟遗址出土。
Ch/U 6444（T III M 132）　《维摩诘所说经》卷上
13.2×11.3cm，7行。木头沟遗址出土。与Ch/U 6556似可上下缀合。
Ch/U 6445（无原编号）　《大般涅槃经》卷三三
5.8×10.7cm，6行。有回鹘文。
Ch/U 6446（T I x 554）　《大般涅槃经》卷三
5×10cm，5行。
Ch/U 6447（无原编号）　《佛说长阿含经》卷一九
13.1×6.1cm，4行。
Ch/U 6448（无原编号）　九九歌诀
11.2×6.4cm，2行，两面书写。
参 荣新江1998b，321；Nishiwaki 2001，85。
Ch/U 6449（无原编号）　《金光明最胜王经》卷二
7.1×5.7cm，3行。
Ch/U 6450（无原编号）　《佛说长阿含经》卷一九
6×6.1cm，4行。
Ch/U 6451（无原编号）　《妙法莲华经》卷四
10.4×6.3cm，4行，约7世纪中—8世纪末。
参 KCBT I，88。
Ch/U 6452（无原编号）　《佛说伅真陀罗所问如来三昧经》卷中
10.8×8.2cm，5行。
Ch/U 6453（无原编号）　佛典残片
5.1×8.1cm，4行。
Ch/U 6454（无原编号）　《添品妙法莲华经》卷二

5.9×8.7cm，4 行。

Ch/U 6455（无原编号） 《大方等大集经》卷五四

15.6×10.8cm，6 行。

Ch/U 6456r（T III D 276） 《妙法莲华经》卷四

13.7×10.6cm，5 行，约 7 世纪中—8 世纪末。刻本。高昌故城出土。

参 KCBT II，51。

Ch/U 6456v 粟特语传说故事

可以与俄藏 L 29 缀合。

参 Yoshida 2000b，71。

Ch/U 6457（无原编号） 《妙法莲华经》卷二

12.5×11.4cm，7 行。

Ch/U 6458（无原编号） 《大智度论》卷五一

10.2×15.1cm，8 行。

Ch/U 6459（T II 4084） 《大般涅槃经》卷三

11.8×7.1cm，5 行。

Ch/U 6460（T II T 2025） 《四分律删繁补阙行事钞》卷中

10.3×9.2cm，7 行。吐峪沟遗址出土。

Ch/U 6461（T II T 2024） 《胜天王般若波罗蜜经》卷一

8.9×10cm，4 行。吐峪沟遗址出土。

Ch/U 6462（T III T 359） 《大般若波罗蜜多经》卷二

12.1×6.6cm，4 行。吐峪沟遗址出土。

Ch/U 6463r（T II Y 63.8） 《六十颂如理论》

7.6×5.3cm，2 行。行间有回鹘文。交河故城出土。

Ch/U 6463v 佛典残片

1 行。

Ch/U 6464a（T II T 507） 《妙法莲华经》卷二

5.3×5cm，3 行。与 Ch/U 6464b 缀合。吐峪沟遗址出土。

Ch/U 6464b（T II T 507）《妙法莲华经》卷二

5.3×5.1cm，3 行。与 Ch/U 6464a 缀合。吐峪沟遗址出土。

Ch/U 6465（T II S） 《妙法莲华经》卷三注释

12×5cm，3 行，有双行小注，约 7 世纪中—8 世纪末。胜金口遗址出土。

参 KCBT II，45，图：18/26。

Ch/U 6466（T II S 514） 《佛说决罪福经》卷下

5.9×6.7cm，3 行。胜金口遗址出土。

Ch/U 6467（无原编号） 《放光般若经》卷一〇

6.4×3.7cm，2 行。

Ch/U 6468（T II T 1836） 《贤愚经》卷四

9.8×7cm，4 行。吐峪沟遗址出土。

Ch/U 6469（无原编号） 佛典残片

Ch/U 6470（T II T 2029） 《大般涅槃经》卷一四

12.6×5.8cm，3行。吐峪沟遗址出土。

Ch/U 6471（T II S 69.504） 《大般若波罗蜜多经》卷四七

11.2×5.9cm，3行。胜金口遗址出土。

Ch/U 6472（T II D 369） 《佛说方等般泥洹经》卷下

21.6×9.4cm，5行。高昌故城出土。

Ch/U 6473（T II T 1864） 《大般若波罗蜜多经》卷一四六

10.8×6.9cm，4行。吐峪沟遗址出土。

Ch/U 6474（T III 1143） 《大般若波罗蜜多经》卷一五九

14.3×8.6cm，5行。

Ch/U 6475（无原编号） 《大智度论》卷五〇

7×4.9cm，3行。

Ch/U 6476（T III 1116） 《妙法莲华经》卷三

4×8.8cm，5行，约7世纪中—8世纪末。

参 KCBT II，46。

Ch/U 6477（T III T 357） 《合部金光明经》卷六

9.4×10.6cm，6行。吐峪沟遗址出土。

Ch/U 6478（T III 62.1017） 《大般涅槃经》卷二二

12.1×6.4cm，3行。

Ch/U 6479a（T II S 513） 《妙法莲华经》卷七

8.2×8.1cm，5行，约7世纪中—8世纪末。胜金口遗址出土。

参 KCBT II，59。

Ch/U 6479b（T II S 513） 佛典残片

Ch/U 6480（T II 1677） 《妙法莲华经》卷二

9.5×9cm，4行，约9—10世纪。

参 KCBT II，42。

Ch/U 6481（T II T 1382） 《妙法莲华经》卷五

11.2×8.9cm，5行，约7世纪中—8世纪末。吐峪沟遗址出土。

参 KCBT I，93。

Ch/U 6482a（T II 1336） 《四分律删繁补阙行事钞》卷中

6.8×12.5cm，10行。

Ch/U 6482b（T II 1336） 《四分律删繁补阙行事钞》卷中

5.8×12.8cm，10行。

Ch/U 6483（T II Y 17.505） 《注维摩诘经》卷六

7.5×3.7cm，2行。交河故城出土。

Ch/U 6484（T II S 511） 《梁朝傅大士颂金刚经并序》

5.1×5.1cm，3行。胜金口遗址出土。

Ch/U 6485（T II T 1799） 《妙法莲华经》卷二

5.8×4.4cm，2行，约7世纪中—8世纪末。吐峪沟遗址出土。

参 KCBT II，41。

Ch/U 6486（T III 269.102）　《大般若波罗蜜多经》卷三九七

11.9×11.2cm，7 行。

Ch/U 6487（T II T 1192）　《大般涅槃经》卷二七

9.2×13.7cm，7 行。行间及页边均写回鹘文。吐峪沟遗址出土。

Ch/U 6488（T III 2065）　《佛说华手经》卷一

11.9×18cm，4 行。

Ch/U 6489（T II T 1163）　佛典残片

13.7×8.4cm，4 行。吐峪沟遗址出土。

Ch/U 6490（T II 749）　《大般若波罗蜜多经》卷二〇三

10.9×12.5cm，7 行。

Ch/U 6491（T I x 552）　《大方广佛华严经》卷一〇

8.8×7.6cm，4 行。行间写回鹘文 4 行。

Ch/U 6492（T II S 20.507）　《佛本行集经》卷五

15.3×9.5cm，5 行，约 9—10 世纪。胜金口遗址出土。

参 KCBT II，17。

Ch/U 6493（T II T 3033）　佛典残片

14.4×11cm，7 行。吐峪沟遗址出土。

Ch/U 6494（T II 1407）　佛典残片

9.2×14.3cm，9 行。

Ch/U 6495（T II S 507）　《正法华经》卷四

4.8×9.3cm，5 行。胜金口遗址出土。

Ch/U 6496（T II T 1237）　《大般若波罗蜜多经》卷三二〇

10×13.6cm，8 行。吐峪沟遗址出土。

Ch/U 6497（T II Y 59.516）　《妙法莲华经》卷二

11.6×9.7cm，5 行。交河故城出土。

Ch/U 6498（T II T 1817）　《众事分阿毗昙论》卷五

3.9×12.7cm，7 行。吐峪沟遗址出土。

Ch/U 6499（T III 62.1013）　《大般若波罗蜜多经》（卷次不详）

11.5×14.9cm，6 行。

Ch/U 6500（T I α 1005）　《四分比丘尼戒本》

22.3×6.3cm，3 行，约 9—10 世纪。行间写回鹘文 2 行。高昌故城 α 遗址出土。

参 KCBT II，82，图：45/68。

Ch/U 6501（T III T 481）　《妙法莲华经》卷四

15×6.5cm，5 行，约 7 世纪中—8 世纪末。吐峪沟遗址出土。

参 KCBT II，47。

Ch/U 6502（T II T 1190）　《妙法莲华经》卷七

10.6×10.6cm，7 行，约 7 世纪中—8 世纪末。行间写回鹘文 3 行。吐峪沟遗址出土。

参 KCBT II，60。

Ch/U 6503（T II T 1188）《大宝积经》卷七二

15.7×8.3cm，4行。吐峪沟遗址出土。

Ch/U 6504（T II 2075）《妙法莲华经》卷三

14×8cm，5行，约4—6世纪中。

参 KCBT II，46。

Ch/U 6505（无原编号）《小品般若波罗蜜经》卷五

6.8×7.3cm，4行。

Ch/U 6506r（T II Toyoq）《妙法莲华经》卷四

13.6×9.9cm，6行。吐峪沟遗址出土。与 Ch/U 6225r、Ch/U 6370r、Ch/U 6388r、Ch/U 7131r、Ch/So 20232r、Ch/U 6294r + 大谷 7122r + 圣彼得堡藏 L 30r 残片均属于同卷。

参《イラン语断片集成》解说编 16，26、119-121。

Ch/U 6506v 粟特语摩尼教文献

5行。与 Ch/U 6225v、Ch/U 6370v、Ch/U 6388v、Ch/U 7131v、Ch/So 20232v、Ch/U 6294 + 大谷 7122v + 圣彼得堡藏 L 30v 残片均属于同卷。

参《イラン语断片集成》解说编，119-121。

Ch/U 6507（T III M 122.50）《妙法莲华经》卷七

6.4×14.2cm，10行，约7世纪中—8世纪末。木头沟遗址出土。

参 KCBT II，57。

Ch/U 6508（T II T 1613）《大般涅槃经》卷二四

15.4×6.1cm，3行，约7世纪中—8世纪末。吐峪沟遗址出土。

参 KCBT II，68。

Ch/U 6509（T II 2091）《大般涅槃经》卷八

13.7×10.7cm，7行，约7世纪中—8世纪末。

参 KCBT II，65。

Ch/U 6510（T II T 1602）《增一阿含经》卷四五

6.5×13.2cm，7行。刻本。吐峪沟遗址出土。

Ch/U 6511（无原编号）《妙法莲华经》卷一

8.2×13.1cm，6行，刻本。

参 KCBT II，39。

Ch/U 6512r（T III 66）《大般若波罗蜜多经》卷三二三

13.6×12.1cm，7行，约7世纪中—8世纪末。行间写回鹘文。

参 KCBT II，25。

Ch/U 6512v 回鹘语文书

参 Raschmann 1995a，80，138-139。

Ch/U 6513（T II T 1802）《寂照神变三摩地经》

12.2×10.3cm，4行。吐峪沟遗址出土。

Ch/U 6514（T III M 173.134）《妙法莲华经》卷六

11.4×10.5cm，6 行。木头沟遗址出土。

Ch/U 6515（T III 80.500）　《大方广宝箧经》卷中

13.5×10.3cm，5 行。

Ch/U 6516（无原编号）　《佛说天地八阳神咒经》

10.1×9.7cm，6 行，约 9—10 世纪。

参 KCBT II，86。

Ch/U 6517（T III 2070）　《妙法莲华经》卷四

11.2×12.4cm，7 行，约 7 世纪中—8 世纪末。汉字上写回鹘文。

参 KCBT II，49。

Ch/U 6518（T II T 1832）　《妙法莲华经》卷二

10×10.4cm，5 行，约 7 世纪中—8 世纪末。吐峪沟遗址出土。

参 KCBT II，43。

Ch/U 6519（T II T 1314）　佛典残片

15×7.7cm，3 行。吐峪沟遗址出土。行间写回鹘文。

Ch/U 6520（T II 1619）　《大般若波罗蜜多经》卷五四二

9.1×13.2cm，7 行。

Ch/U 6521（T II 4081）　《大般若波罗蜜多经》卷七

10.5×7cm，4 行。行间写回鹘文。

Ch/U 6522（T II T 1447）　《渐备一切功德经》卷三

6.3×6.7cm，3 行。吐峪沟遗址出土。

Ch/U 6523（T II D 527）　《妙法莲华经》卷四

6.2×7.9cm，3 行，约 6 世纪中—7 世纪中。高昌故城出土。

参 KCBT II，51。

Ch/U 6524（T II D 104.51）　《经律异相》卷一八

8.6×6.2cm，4 行。高昌故城出土。

Ch/U 6525（T II Y 17）　《注维摩诘经》卷三

9.5×14.2cm，6 行，约 7 世纪中—8 世纪末。交河故城出土。

参 KCBT II，84，图：47/71。

Ch/U 6526r（T III T 606）　《大宝积经》卷三六

6.7×6.5cm，4 行。吐峪沟遗址出土。

Ch/U 6526v　佛典残片

1 行。

Ch/U 6527（T I D 51.501）　《金刚般若波罗蜜经》

11×5cm，2 行。高昌故城出土。

Ch/U 6528（T II T 1329）　《佛本行集经》卷一六

21.4×8.2cm，5 行。吐峪沟遗址出土。

Ch/U 6529（T II Y 59）　《大智度论》卷二九

18.2×8.3cm，5 行。交河故城出土。

Ch/U 6530（T II T 1145）　《大般若波罗蜜多经》卷五一八

16×8.6cm，5行。吐峪沟遗址出土。

Ch/U 6531（T III T 212）　《金刚般若波罗蜜经》

12.5×16.4cm，9行，约7世纪中—8世纪末。吐峪沟遗址出土。

参 KCBT II，36。

Ch/U 6532r（无原编号）　《大般涅槃经》卷一五

15.1×9.2cm，5行。

Ch/U 6532v　回鹘语医药文献

与Ch/U 7552可以缀合，计14行。

参 Zieme 1999c，327-328，图2。

Ch/U 6533（T II 1328）　《妙法莲华经》卷五

6.8×8.2cm，5行，约7世纪中—8世纪末。行间写回鹘文。

参 KCBT I，96。

Ch/U 6534（T II 760）　《大般若波罗蜜多经》卷三四六

12.7×10.9cm，6行，约7世纪中—8世纪末。

参 KCBT II，24。

Ch/U 6535（T III T 428）　佛典残片

17×6.1cm，3行。吐峪沟遗址出土。

Ch/U 6536a（T II 1458）　《妙法莲华经》卷四

13.4×27.9cm，15行，约7世纪中—8世纪末。

参 KCBT I，81。

Ch/U 6536b（T II 3073）　《妙法莲华经》卷六

8.3×15.5cm，10行，约7世纪中—8世纪末。行间写回鹘文。

参 KCBT I，100。

Ch/U 6536c（T III 2049）　《妙法莲华经》卷四

5.4×12.3cm，6行。

Ch/U 6536d（T II T 1581）　《新译大乘起信论序》

8行。6、7行中有一“临”字。刻本。吐峪沟遗址出土。

Ch/U 6537（无原编号）　《妙法莲华经》卷一

10.6×8.5cm，4行。刻本。

参 KCBT II，40。

Ch/U 6538（T III 272.115）　《大佛顶如来密因修证了义诸菩萨万行首楞严经》卷二

12.2×9.6cm，6行。

Ch/U 6539（T II 4059）　《妙法莲华经》卷二

12.7×10.4cm，5行，约7世纪中—8世纪末。

参 KCBT II，42。

Ch/U 6540（T II 2039）　《佛说灌顶七万二千神王护比丘咒经》卷一一

12.3×16.4cm，9行，约9—10世纪。

参 KCBT II，81。

Ch/U 6541（T I 1012）　《金光明最胜王经》卷九

12.1×5.4cm，3 行。

Ch/U 6542（T II T 1362）《金刚般若波罗蜜经》

7.9×9.2cm，6 行，约 7 世纪中—8 世纪末。吐峪沟遗址出土。

参 KCBT II，33。

Ch/U 6543r（T II 3017）《佛说灌顶七万二千神王护比丘咒经》卷一二

11.2×7.5cm，5 行，约 7 世纪中—8 世纪末。

参 KCBT I，168。

Ch/U 6543v 回鹘语摩尼教赞美诗

正面汉文佛经间杂写回鹘文 1 行，背面回鹘文 4 行。

参 Wilkens 2000a，237，No. 251。

Ch/U 6544r（T II T 1527）《思益梵天所问经》卷二

9.5×7.3cm，5 行。吐峪沟遗址出土。

Ch/U 6544v 回鹘语摩尼教天体学说文献

正面汉文行间有回鹘文 6 行，背面 3 行，计 9 行。

参 Wilkens 2000a，178，No. 169。

Ch/U 6545（T III T 475）《金刚般若波罗蜜经》

8×16.5cm，9 行，约 7 世纪中—8 世纪末。吐峪沟遗址出土。

参 KCBT II，33。

Ch/U 6546（T III M 507）《妙法莲华经》卷四

13.8×20.1cm，10 行，约 7 世纪中—8 世纪末。木头沟遗址出土。

参 KCBT II，50。

Ch/U 6547（T II T 1429）《大智度论》卷二

7.2×7.2cm，4 行。吐峪沟遗址出土。

Ch/U 6548（T III 3013）《道行般若经》卷二

7.8×6.6cm，4 行。

Ch/U 6549（T II T 1152）《佛说阿弥陀经》

17.5×15.7cm，10 行，约 7 世纪中—8 世纪末。吐峪沟遗址出土。

参 KCBT I，134。

Ch/U 6550（T II T 1605）《佛说陀罗尼集经》卷九

10.1×7.1cm，3 行。行间有回鹘文。吐峪沟遗址出土。

Ch/U 6551r（T II 69.500）《大宝积经》卷九九

12.7×7.7cm，3 行。

Ch/U 6551v 回鹘语佛教杂写

双面书写，存 22 行。

参 Zieme 1984a，336，图 2。

Ch/U 6552r（T II T 1187）《大法炬陀罗尼经》卷二〇

10.8×7.2cm，3 行。吐峪沟遗址出土。

Ch/U 6552v 回鹘语佛经残片

残片 1 叶。

参 BTT XIII，181。

Ch/U 6553（T II T 1611） 《大般若波罗蜜多经》（卷次不详）

14×8.5cm，4行。吐峪沟遗址出土。

Ch/U 6554（T II T 1820） 《大般若波罗蜜多经》（卷次不详）

11.4×8.2cm，4行。吐峪沟遗址出土。

Ch/U 6555（T II T 1289） 《大佛顶如来密因修证了义诸菩萨万行首楞严经》卷九

19.1×6.8cm，3行。吐峪沟遗址出土。

Ch/U 6556（T II T 1277） 《维摩诘所说经》卷上

11.7×6.8cm，3行。吐峪沟遗址出土。似可与 Ch/U 6444 上下缀合。

Ch/U 6557（T II D 285） 《佛本行集经》卷三九

11.6×7.7cm，4行。高昌故城出土。

Ch/U 6558（T II 1580） 《四分律删繁补阙行事钞》卷中

10.9×8.3cm，6行。

Ch/U 6559r（T I α） 《添品妙法莲华经》卷四

9.6×10cm，5行。高昌故城 α 遗址出土。

Ch/U 6559v（T I α） 粟特语名表

5行，分栏书写。

参 Henning 1940，7。

Ch/U 6560（T II 5002） 《胜天王般若波罗蜜经》卷六

8.1×8.2cm，3行。

Ch/U 6561r（T II T 1403） 《摩诃般若波罗蜜经》卷二六

13.6×13.1cm。与 Ch/U 6051r 缀合，计6行。吐峪沟遗址出土。

Ch/U 6561v 回鹘文粟特语－回鹘语词汇对照表

与 Ch/U 6051v 缀合，双栏书写，计13行。

参 Sundermann & Zieme 1981，192，图4。

Ch/U 6562（T II T 1452） 《三无性论》卷下

5.8×7.9cm，4行。行间有回鹘文。吐峪沟遗址出土。

Ch/U 6563（T II Y 54.1） 佛典残片

6.5×5.5cm，2行。交河故城出土。

Ch/U 6564（T I x 558） 《金光明经》卷四

7.6×7.8cm，4行。行间有回鹘文。

Ch/U 6565（T I x 563） 《佛本行集经》卷四

6×7.5cm，4行。

Ch/U 6566r（T II 1725） 《佛本行集经》卷四八

11.8×6.6cm，4行。

Ch/U 6566v 回鹘语《中阿含经》

夹写汉字。存7行，中间夹写汉字。

参 Kudara & Zieme 1990，143-144，图6；Elverskog 1997，18-19。

Ch/U 6567（T II 765） 《弥勒菩萨所问经论》卷四

10.9×13.6cm，7 行。

Ch/U 6568（T I 1010） 佛典残片

12.8×13.5cm，7 行。

Ch/U 6569（T II S 26.75） 《大般若波罗蜜多经》卷一

11.9×14.8cm，8 行。胜金口遗址出土。

Ch/U 6570r（无原编号） 《千手千眼观世音菩萨大悲心陀罗尼》（或《千手千眼观世音菩萨广大圆满无碍大悲陀罗尼经》）

14.2×18.2cm，10 行。行间有回鹘文。

Ch/U 6570v 回鹘语书信

残片 1 叶。背面 11 行，正面 6 行。

参 Zieme 1976c，248。

Ch/U 6571（无原编号） 《大般若波罗蜜多经》卷四二

13.7×13.2cm，7 行，约 7 世纪中—8 世纪末。

参 KCBT I，30。

Ch/U 6572（T II 3061） 《大般若波罗蜜多经》卷五四三

13×16.1cm，10 行，约 7 世纪中—8 世纪末。行间有回鹘文。

参 KCBT II，26。

Ch/U 6573r（T III M 141） 《妙法莲华经》卷六

13.5×16.5cm，9 行，约 4—6 世纪中。木头沟遗址出土。

参 KCBT II，55。

Ch/U 6573v 回鹘语《不空绢索观音颂》

残片 1 叶，存 17 行。

参 BTT XIII，132-134，图 195；Zieme 1991a，236-237；Elverskog 1997，127。

Ch/U 6574（T II 3001） 《放光般若经》卷八

12.2×14.7cm，8 行。

Ch/U 6575（T II 1688） 《道行般若经》卷二

14×15.6cm，7 行。

Ch/U 6576（T II D 422） 《大般涅槃经》卷一六

13.3×9cm，4 行。高昌故城出土。

Ch/U 6577a-b（T II T 1254） 《大般涅槃经》卷二八

9.3×6.4cm，两片各有 4 行，内容前后衔接。吐峪沟遗址出土。

Ch/U 6578（T II Y 59） 佛典残片

7.1×8.7cm，4 行。交河故城出土。

Ch/U 6579r（T II Y 59.26） 《维摩诘所说经》卷中

13.3×3.9in，6 行，约 7 世纪中—8 世纪末。交河故城出土。

参 KCBT II，73。

Ch/U 6579v 粟特语摩尼教叙事文献

参 王丁 2005，11。

Ch/U 6580（T I x 545） 《阿毗昙毗婆沙论》卷四三

13. 8 × 14. 4cm，8 行。

Ch/U 6581（T III TV 49. 1002）　《妙法莲华经》卷二

9. 5 × 11. 5cm，6 行，约 7 世纪中—8 世纪末。吐鲁番山前坡地遗址出土。

参 KCBT II，42。

Ch/U 6582（T II 770）　《渐备一切智德经》卷四

13. 3 × 12. 4cm，6 行。

Ch/U 6583（T II Y 59. 510）　《阿毗达磨集异门足论》卷一八

16 × 9. 3cm，6 行。交河故城出土。

Ch/U 6584r（T II T 1784）　《妙法莲华经》卷二

13. 8 × 14cm，9 行，约 7 世纪中—8 世纪末。吐峪沟遗址出土。

参 KCBT II，40。

Ch/U 6584v　回鹘语《阿含经》

残片 1 叶，夹写汉字，存 16 行。

参 Kudara & Zieme 1983，274；Kudara & Zieme 1990，图 1。

Ch/U 6585（T II T 2005）　《贤劫经》卷八

10. 9 × 8. 8cm，5 行。吐峪沟遗址出土。

Ch/U 6586（T III T V 68. 500）　《大宝积经》卷一〇二

10. 6 × 14. 8cm，8 行。吐峪沟遗址出土。

Ch/U 6587（T II T 1292）　佛典残片

6. 1 × 8cm，3 行。吐峪沟遗址出土。

Ch/U 6588a（T II T）　《大般涅槃经》卷一〇

11. 6 × 11. 4cm，7 行。吐峪沟遗址出土。

Ch/U 6588b（T II T）　《四分律删繁补阙行事钞》卷中

13. 5 × 14. 5cm，11 行。吐峪沟遗址出土。

Ch/U 6589（T II 1965）　《大般涅槃经》卷一一

18 × 6cm，3 行，约 7 世纪中—8 世纪末。

参 KCBT II，66。

Ch/U 6590（T II T 1193）　《大般涅槃经》卷一一

4 行。

Ch/U 6591（T II T 1589）　佛典残片

6. 1 × 14. 9cm，8 行。吐峪沟遗址出土。

Ch/U 6592（T III 79. 50）　《大般涅槃经》卷一一

6 × 8. 1cm，3 行。

Ch/U 6593（T II Y 63. 7）　《出曜经》卷二三

12. 5 × 10. 1cm，5 行。交河故城出土。

Ch/U 6594（无原编号）　《大方广佛华严经》卷五八

5. 9 × 7. 8cm，5 行。

Ch/U 6595（无原编号）　《妙法莲华经》卷四

10 × 9cm，5 行，约 7 世纪中—8 世纪末。

参 KCBT II，48。

Ch/U 6596（T II T 1590）　《佛性海藏智慧解脱破心相经》

10.4×11.4cm，6 行。吐峪沟遗址出土。

Ch/U 6597（无原编号）　《御注金刚般若波罗蜜经宣演》卷上

16×13.1cm，9 行。

Ch/U 6598r（无原编号）　《根本说一切有部毗奈耶杂事》卷二二

27×9.5cm，4 行。与 Ch/U 6599 可以缀合。

Ch/U 6598v　回鹘语佛教诗歌

与 Ch/U 6599v 可以缀合，残片 2 叶，两面书写，计 16 行。

参 BTT XIII，138-139，图 200-201。

Ch/U 6599r（T II 1709）　《根本说一切有部毗奈耶杂事》卷二二

11.8×3.1cm，2 行。与 Ch/U 6598 可以缀合。

Ch/U 6599v　回鹘语佛教诗歌

与 Ch/U 6598v 可以缀合，参看该号。

Ch/U 6600（无原编号）　《佛说观药王药上二菩萨经》

4.9×8.5cm，5 行。

Ch/U 6601（T II T 3034）　《大智度论》卷二

11.6×7.8cm，4 行。吐峪沟遗址出土。

Ch/U 6602（T II 2096）　《佛说如来智印经》

15.1×10.5cm，5 行。

Ch/U 6603r（T II T 1182）　《阿毗达磨大毗婆沙论》卷一三二

13×17cm，10 行，约 9—10 世纪。吐峪沟遗址出土。

参 KCBT II，83。

Ch/U 6603v　回鹘语《杂阿含经》卷一

残片 1 叶。在汉文《杂阿含经》中夹写回鹘文。

参 Kudara & Zieme 1983，274。

Ch/U 6604（T II T 1272）　《摩诃僧祇律》卷二一

6.6×5.9cm，2 行。吐峪沟遗址出土。

Ch/U 6605（T II 2078）　《增一阿含经》卷八

9.7×7.4cm，4 行。

Ch/U 6606（T II T 1717）　《大般若波罗蜜多经》卷三九五

9.9×6.9cm，4 行。吐峪沟遗址出土。

Ch/U 6607（T II 4003）　《金刚般若波罗蜜经》（菩提流支译本）

9.8×7.7cm，5 行。

Ch/U 6608（T III T 268）　《妙法莲华经》卷七

12×17.3cm，10 行，约 7 世纪中—8 世纪末。吐峪沟遗址出土。

参 KCBT II，57。

Ch/U 6609（T II 2036）　《放光般若经》卷二

16.2×5.6cm，3 行。

Ch/U 6610（T II S 505）　佛典残片

11×4.5cm，3行。胜金口遗址出土。

Ch/U 6611（T II T 2026）　《金刚经》注疏

9.2×11cm，6行。双行小字注。吐峪沟遗址出土。

Ch/U 6612（T II M 1033）　《大般若波罗蜜多经》卷二

5行。木头沟遗址出土。

Ch/U 6613（T II S 26.65）　《大般若波罗蜜多经》卷三九七

11.9×10.1cm，6行。胜金口遗址出土。

Ch/U 6614（T II T 1263）　愿文

11.3×7.8cm，5行。吐峪沟遗址出土。

Ch/U 6615（T II 748）　《大般涅槃经》卷三九

12.8×10.5cm，6行。

Ch/U 6616（T I 574）　《梵摩喻经》一卷

12.2×12.8cm，7行，存首题。约9—10世纪。

参 KCBT I，22。

Ch/U 6617（T II 1883）　《妙法莲华经》卷四

13.2×15cm，9行，约7世纪中—8世纪末。

参 KCBT I，84。

Ch/U 6618r（T II 1398）　《妙法莲华经》卷七

6.7×28cm，16行，约7世纪中—8世纪末。

参 KCBT II，59。

Ch/U 6618v　回鹘语摩尼教《为王国与慕阇祈祷文》

可以与T I D 3（已遗失）缀合，残片2叶，属同一写卷。两叶面积分别为27.5×6.8cm、27.5×7.5cm。缀合后23行。高昌故城出土。

参 Le Coq 1922，43；BTT V，54-55，图XXXI；Klimkeit 1993，359；Clark 1997，133；王菲 1999，139-140参；Wilkens 2000a，270，No. 295。

Ch/U 6619（T III Tujok 304）　《妙法莲华经》卷三

15×12.5cm，7行，约7世纪中—8世纪末。吐峪沟遗址出土。

参 KCBT II，44。

Ch/U 6620r（T III T V 68）　《妙法莲华经》卷七

13.9×10.5cm，6行，约7世纪中—8世纪末。吐峪沟遗址出土。

参 KCBT I，104。

Ch/U 6620v　回鹘语赞颂文

7行。

参 Raschmann 1995b，183-191+图1。

Ch/U 6621（T II 4058）　《四分律删繁补阙行事钞》卷中（二）

12.6×7.3cm，6行。

Ch/U 6622（T II T 1191）　《妙法莲华经》卷七

16.6×10.9cm，6行，约7世纪中—8世纪末。吐峪沟遗址出土。

参 KCBT I，119。

Ch/U 6623（T II 1594） 佛典残片

15×10.8cm，7 行。

Ch/U 6624（T II 1327） 《摩诃般若波罗蜜经》卷一六

7.2×9.3cm，4 行。

Ch/U 6625（T III M 1610. F. 500） 《妙法莲华经》卷四

7.2×6.9cm，4 行，约 7 世纪中—8 世纪末。木头沟遗址出土。

参 KCBT II，49。

Ch/U 6626（T II 1693） 《萨婆多部毗尼摩得勒伽》卷六

9.1×6.5cm，3 行。

Ch/U 6627（T II D 306） 《妙法莲华经》卷四

12.2×6.3cm，3 行，约 7 世纪中—8 世纪末。高昌故城出土。

参 KCBT II，50。

Ch/U 6628（T II T 3030） 《金光明最胜王经》卷一〇

11.7×6.8cm，3 行。行间写回鹘文。吐峪沟遗址出土。

Ch/U 6629（T II T 1337） 《妙法莲华经》卷三

11.5×9cm，5 行，约 7 世纪中—8 世纪末。吐峪沟遗址出土。

参 KCBT II，44。

Ch/U 6630（T II 3044） 《大智度论》卷七一

9.8×10.9cm，7 行。

Ch/U 6631（T II Y 59. 515） 《佛说文殊悔过经》

5 行。

Ch/U 6632（T II S） 《金刚般若波罗蜜经》

10×9.8cm，5 行，约 7 世纪中—8 世纪末。胜金口遗址出土。

参 KCBT II，36。

Ch/U 6633（T III M 132. 100） 《佛本行集经》卷一六

14.3×6.4cm，3 行。木头沟遗址出土。

Ch/U 6634（T I x 555） 《妙法莲华经》卷二

6.6×10.7cm，7 行，约 7 世纪中—8 世纪末。

参 KCBT II，40。

Ch/U 6635（T III T 384） 《佛说华手经》卷四

8.3×9.7cm，6 行。吐峪沟遗址出土。

Ch/U 6636（T II T 1369） 佛典残片

7.4×6.2cm，2 行。吐峪沟遗址出土。

Ch/U 6637（T III/T II T 1266） 《杂宝藏经》卷四

13.1×10.6cm，4 行。吐峪沟遗址出土。

Ch/U 6638（T II T 1267） 《大般涅槃经》卷一二

6 行。

Ch/U 6639（T I x 562） 《舍利弗阿毗昙论》卷四

7×4.4cm，2行。

Ch/U 6640（T III 2050）　《大般涅槃经》卷七

7.6×5.2cm，2行。

Ch/U 6641（T II 1954）　《大般涅槃经》卷一五

14.4×5.1cm，2行。

Ch/U 6642（T III 34.62）　《大般若波罗蜜多经》卷三二九

7.4×13.1cm，6行。

Ch/U 6643（T I 1285）　《妙法莲华经》卷五

9×3.5cm，2行，约9—10世纪。

参 KCBT II，53。

Ch/U 6644（T II 738）　《妙法莲华经》卷六

5.5×5.7cm，4行，约7世纪中—8世纪末。

参 KCBT II，55。

Ch/U 6645（T III M 500）　佛典残片

Ch/U 6646（T II S 1064）　《大般涅槃经》卷二

9.4×6.1cm，3行。胜金口遗址出土。

Ch/U 6647（T II 1694）　《大般若波罗蜜多经》（卷次不详）

6.1×9.1cm，5行。

Ch/U 6648（T II S）　佛典残片

14.8×7cm，4行。胜金口遗址出土。

Ch/U 6649（T II Y 54）　《佛说佛名经》卷三〇

9.4×10.8cm，5行。交河故城出土。

Ch/U 6650（T III 29.1）　《妙法莲华经》卷二

15.4×13.4cm，7行，约9—10世纪。

参 KCBT II，43。

Ch/U 6651（T I x 539）　《舍利弗阿毗昙论》卷一一

8.7×8.7cm，5行。

Ch/U 6652（T III 75.1009）　《大般若波罗蜜多经》（卷次不详）

8.2×6cm，3行。

Ch/U 6653（T III 62.510）　《妙法莲华经》卷二

6.7×7.6cm，4行。

Ch/U 6654（T II S 508）　佛典残片

5×5.8cm，3行。行间写回鹘文。胜金口遗址出土。

Ch/U 6655（T I u/T II M 516）　《佛说摩诃衍宝严经》

5.5×6.6cm，5行。木头沟遗址出土。

Ch/U 6656（T II D 266）　《大通方广忏悔灭罪庄严成佛经》卷上

12.7×8.4cm，4行。高昌故城出土。

Ch/U 6657（无原编号）　《妙法莲华经》卷六

4.7×3.6cm，2行。

Ch/U 6658（T II T 1792）　《现在十方千五百佛名并杂佛同号》

6.8×8.4cm，4行。吐峪沟遗址出土。

Ch/U 6659（T II T 1615）　《大般涅槃经》卷三七

8.6×12.4cm，7行。吐峪沟遗址出土。

Ch/U 6660（T II 1470）　《舍利弗阿毗昙论》卷一〇

8.2×5.5cm，4行。

Ch/U 6661（T II 1331）　《注维摩诘经》卷一〇

5.5×6.8cm，3行。

Ch/U 6662（T I D 547）　《维摩诘所说经》卷中

4行。

Ch/U 6663（T II T 1234）　《妙法莲华经》卷七

15.3×7.3cm，4行，约7世纪中—8世纪末。吐峪沟遗址出土。

参 KCBT II，57。

Ch/U 6664（无原编号）　《大宝积经》卷三六

4.9×4.8cm，3行。

Ch/U 6665（T II T 1878）　佛典残片

7.9×5.3cm，3行。吐峪沟遗址出土。

Ch/U 6666r（T II 3010）　《摩诃般若波罗蜜经》卷二〇

8.8×18.2cm，9行。

Ch/U 6666v（T II 3010）　回鹘文汉语《般若波罗蜜多心经》

8行。

参 Yoshida 2000a，5-8。

Ch/U 6667（T II D 21.50）　《摄大乘论释》卷一五

8.9×4.7cm，2行。高昌故城出土。

Ch/U 6668（T II T 1887）　《大般涅槃经》卷二〇

12×5cm，3行，约7世纪中—8世纪末。吐峪沟遗址出土。

参 KCBT II，67。

Ch/U 6669（T II S 20）　佛典残片

3.7×3.8cm，2行。胜金口遗址出土。

Ch/U 6670（T II T 1807）　《大般若波罗蜜多经》卷五一〇

8.1×11.2cm，6行。吐峪沟遗址出土。

Ch/U 6671（无原编号）　佛典残片

8.5×7.5cm，2行。

Ch/U 6672（T III K 268）　《大方便佛报恩经》卷六

8.4×7.4cm，3行。高昌故城K遗址出土。

Ch/U 6673（T II 739）　《别译杂阿含经》卷一六

14×8.9cm，5行。

Ch/U 6674（T I α 523）　佛典残片

6.5×4.6cm，2行。

Ch/U 6675（M 178）　佛典残片

7.9×4.7cm，2行。

Ch/U 6676（T II M 1037）　《大般若波罗蜜多经》卷二

7.7×12.7cm，7行。木头沟遗址出土。

Ch/U 6677（T II T 1578）　《十地经论初欢喜地》卷三

15.1×7.7cm，4行。吐峪沟遗址出土。

Ch/U 6678（T III 2051）　佛典残片

5.9×4.8cm，2行。行间写回鹘文。

Ch/U 6679（T III M 173.162）　《妙法莲华经》卷六

14×8.9cm，6行，约9—10世纪。木头沟遗址出土。

参 KCBT I，101。

Ch/U 6680（T III T 589）　《妙法莲华经》卷四

9.3×7.2cm，3行，约7世纪中—8世纪末。吐峪沟遗址出土。

参 KCBT II，51。

Ch/U 6681（T III T 245）　《妙法莲华经》卷三

12.5×9cm，5行，约7世纪中—8世纪末。吐峪沟遗址出土。

参 KCBT II，47。

Ch/U 6682（无原编号）　佛典残片

5.2×4.1cm，2行。

Ch/U 6683（M）　佛典残片

3.4×2.9cm，2行。

Ch/U 6684（无原编号）　佛典残片

4.8×3.6cm，1行。

Ch/U 6685（无原编号）　佛典残片

4.6×4.5cm，3行。

Ch/U 6686（无原编号）　佛典残片

5.3×4.7cm，2行。

Ch/U 6687（无原编号）　《佛说宝雨经》卷六

4.8×3.3cm，2行。

Ch/U 6688（无原编号）　佛典残片

4.5×4.6cm，3行。

Ch/U 6689（无原编号）　佛典残片

4.5×2.8cm，2行。

Ch/U 6690（无原编号）　佛典残片

3.3×5cm，2行。

Ch/U 6691（无原编号）　《佛说宝雨经》卷六

4.5×5.3cm，3行。

Ch/U 6692（无原编号）　佛典残片

5.3×3.1cm，1行。

Ch/U 6693（无原编号） 佛典残片

4.2×2.6cm，1行。

Ch/U 6694（无原编号） 佛典残片

4×3.2cm，2行。

Ch/U 6695（无原编号） 佛典残片

5×2.7cm，1行。

Ch/U 6696（T I α 525） 《大宝积经》卷六八

11.7×7.5cm，4行。高昌故城 α 遗址出土。

Ch/U 6697（无原编号） 《大般涅槃经》卷一五

16.9×32.5cm，18行。

Ch/U 6698r（T II 26.56） 《大般若波罗蜜多经》卷三九七

15.9×28.8cm，16行。

Ch/U 6698v 回鹘语佛经残片

与 Ch/U 6172、Ch/U 6829 缀合。

Ch/U 6699（T II T 1171） 《妙法莲华经》卷二

10.6×18cm，11行，约9—10世纪。行间写回鹘文。吐峪沟遗址出土。

参 KCBT I，63。

Ch/U 6700（T II 2049） 《大般涅槃经》卷三八

10.1×16.5cm，9行。

Ch/U 6701r（T II 1596） 《妙法莲华经》卷三

13×22cm，9行，约9—10世纪。

参 KCBT II，46。

Ch/U 6701r 回鹘语《千字文》

9行。开头为汉文名称“千［字］文”，后接写回鹘文。

参 Zieme 1999b，322-326 + 图。

Ch/U 6702（T II Y 46） 《沙弥十戒法并威仪》

24.3×22cm，12行，约9—10世纪。交河故城出土。

参 KCBT II，82。

Ch/U 6703（T II T 1587） 《妙法莲华经》卷七

12.8×7.3cm，4行，约7世纪中—8世纪末。吐峪沟遗址出土。

参 KCBT II，57。

Ch/U 6704（T II 2093） 《金光明最胜王经》卷六

6.1×18.3cm，12行，约7世纪中—8世纪末。

参 KCBT II，78。

Ch/U 6705（T II T 1663） 《大般涅槃经》卷一一

10.5×7.6cm，4行。吐峪沟遗址出土。

Ch/U 6706（T III M 173.500） 《摩诃般若波罗蜜经》卷六

9.8×13.3cm，7行。木头沟遗址出土。

Ch/U 6707（T II T 664） 《大通方广忏悔灭罪庄严成佛经》卷上

11.7×18.7cm，10行。吐峪沟遗址出土。

Ch/U 6708r（T II 753） 《大般涅槃经》卷一八

15.1×31.1cm，16行。

Ch/U 6708v 回鹘语《中阿含经》

残片1叶，断为2叶，存37行，中间夹写汉字。

参 Kudara & Zieme 1990，131-138，图2-3；Elverskog 1997，18-19。

Ch/U 6709r（T II T 513） 《妙法莲华经》卷二

13.4×18.2cm，9行，约7世纪中—8世纪末。吐峪沟遗址出土。

参 KCBT I，66。

Ch/U 6709v 回鹘语格言诗

残片1叶，存12行。

参 Tezcan & Zieme 1994，260-261。

Ch/U 6710（T II S 26.70） 《大般若波罗蜜多经》卷三九七

4.5×6.5cm，4行。胜金口遗址出土。

Ch/U 6711（T III 75） 《妙法莲华经》卷六

6.5×8.9cm，5行，约4—6世纪中。

参 KCBT II，57。

Ch/U 6712（T II T 1441） 《妙法莲华经》卷二

7.4×4.7cm，4行，约7世纪中—8世纪末。吐峪沟遗址出土。

参 KCBT II，41。

Ch/U 6713（T II 4079） 《大般若波罗蜜多经》卷三一七

5.6×7.4cm，5行。

Ch/U 6714（T II T 506） 《妙法莲华经》卷二

5.4×7.1cm，4行。吐峪沟遗址出土。

Ch/U 6715（T II Y 59.518） 佛典残片

5.4×6.3cm，4行。交河故城出土。

Ch/U 6716（T III T 203） 《大方广佛华严经》卷七一

13×4.8cm，3行。吐峪沟遗址出土。

Ch/U 6717（T III S 90.54） 《舍利弗阿毗昙论》卷九

13.9×6.4cm，4行。胜金口遗址出土。

Ch/U 6718（T I x 536） 《大宝积经》卷三三

6行。

Ch/U 6719（T II 1695） 《妙法莲华经》卷七

7.8×6.2cm，3行，约7世纪中—8世纪末。

参 KCBT II，57。

Ch/U 6720（T III T 358） 《妙法莲华经》卷七

13.6×12.2cm，6行，约7世纪中—8世纪末。吐峪沟遗址出土。

参 KCBT II，59。

Ch/U 6721（T II S 19a.21） 《阿毗达磨大毗婆沙论》卷一九

13.4×11.6cm，6 行。胜金口遗址出土。

Ch/U 6722（T III T 136）　《摩诃般若波罗蜜经》卷一〇

吐峪沟遗址出土。

参 KCBT I，39。

Ch/U 6723（T II 778）　《大般若波罗蜜多经》卷三一七

11.8×16.2cm，10 行。

Ch/U 6724（T II T 590）　《大般若波罗蜜多经》（卷次不详）

11.1×5cm，3 行。吐峪沟遗址出土。

Ch/U 6725（T II T 1941）　《光赞经》卷六

12.1×13.5cm，7 行。吐峪沟遗址出土。

Ch/U 6726（T I x 556）　佛典残片

6.4×4.4cm，2 行。

Ch/U 6727（T III 2058）　《过去现在因果经》卷四

9.6×11.2cm，6 行。

Ch/U 6728（T II Y 23.13）　《大般若波罗蜜多经》卷二一四

13.3×11cm，6 行。交河故城出土。

Ch/U 6729（T III M 123）　《佛说弥勒来时经》

17.5×11.5cm，7 行。页边写回鹘文。木头沟遗址出土。

Ch/U 6730（T I 568）　《妙法莲华经》卷五

11.5×19.2cm，10 行。行间写回鹘文。约 7 世纪中—8 世纪末。

参 KCBT II，54。

Ch/U 6731r（T II S 67.505）　《大般若波罗蜜多经》卷一二一

8.8×18.5cm，12 行，约 7 世纪中—8 世纪末。胜金口遗址出土。

参 KCBT II，21。

Ch/U 6731v　《五更转》回鹘语译本

参 Zieme 2006b，10。

Ch/U 6732（T III M 173）　《大般涅槃经》卷二一

10.2×9.5cm，6 行，约 7 世纪中—8 世纪末。木头沟遗址出土。

参 KCBT II，68。

Ch/U 6733（无原编号）　《大般若波罗蜜多经》卷三一六

9.5×10.2cm，6 行，约 7 世纪中—8 世纪末。

参 KCBT II，24。

Ch/U 6734（T III 269.100）　《妙法莲华经》卷三

12.1×7.8cm，5 行，约 7 世纪中—8 世纪末。

参 KCBT II，45。

Ch/U 6735（T II Y 14.21）　《佛名经》

9×9.1cm，4 行。交河故城出土。

Ch/U 6736r（T II Y 59）　《佛说长阿含经》卷一三

15.8×9.5cm，5 行。交河故城出土。

Ch/U 6736v 回鹘语佛经残片

残片1叶。

参 Zieme 1984a，33。

Ch/U 6737（T II 782） 《妙法莲华经》卷一

7行。

Ch/U 6738（T III 62.506） 《大般若波罗蜜多经》卷三〇七

7.8×4.9cm，3行。

Ch/U 6739（T II T 1245） 《大智度论》卷七五

9.8×9cm，5行，约7世纪中—8世纪末。吐峪沟遗址出土。

参 KCBT II，83。

Ch/U 6740（T II 2095） 《回诤论》

14.2×4.7cm，2行，约7世纪中—8世纪末。

参 KCBT II，84。

Ch/U 6741（T II Toyoq） 《摩诃般若波罗蜜经》卷一七

6.5×6.7cm，4行。吐峪沟遗址出土。

Ch/U 6742（T II Y 59.519） 《佛说长阿含经》卷一三

8.2×12.7cm，7行。交河故城出土。

Ch/U 6743（T II 2080） 《大般若波罗蜜多经》卷五一

11.9×7.1cm，4行。

Ch/U 6744（T II T 1424） 《妙法莲华经》卷五

8.1×7.9cm，4行。吐峪沟遗址出土。

Ch/U 6745（T II T 593） 《大乘大集地藏十轮经》卷四

8.7×11.6cm，6行。吐峪沟遗址出土。

Ch/U 6746（T II T 1430） 《大般若波罗蜜多经》卷三一七

7.2×9.3cm，5行。吐峪沟遗址出土。

Ch/U 6747（T II B 67a） 《大般涅槃经》卷二五

5.8×9.6cm，4行。葡萄沟废寺遗址出土。

Ch/U 6748（T II D 289） 佛典残片

6.7×4.1cm，3行。高昌故城出土。

Ch/U 6749（T II 2087） 《十方千五百佛名经》

7.4×15.1cm，7行，约6世纪中—7世纪中。

参 KCBT II，73。

Ch/U 6750（T III 75.502） 《妙法莲华经》卷六

6.8×6.4cm，3行，约7世纪中—8世纪末。

参 KCBT II，56。

Ch/U 6751（T III M 208.51） 《大般涅槃经》卷一六

8.4×12.7cm，7行，约6世纪中—7世纪中。木头沟遗址出土。

参 KCBT II，67。

Ch/U 6752（T II D 53.21） 《大般涅槃经》卷二九

10.4×12.5cm，7行，约7世纪中—8世纪末。高昌故城出土。

参 KCBT II，70。

Ch/U 6753（T II Y 59.508） 《显扬圣教论》卷三

10.4×6.4cm，3行。交河故城出土。

Ch/U 6754（T II 1210） 《金光明最胜王经》卷一〇

8.4×4.8cm，3行。

Ch/U 6755（T IV Ü 1） 《别译杂阿含经》卷一二

3行。行间写回鹘文。

Ch/U 6756（无原编号） 佛典残片

8.2×4.6cm，3行。

Ch/U 6757（无原编号） 佛典残片

7.7×5cm，3行。

Ch/U 6758（无原编号） 《释摩诃衍论》卷七

10.4×7.4cm，4行。

Ch/U 6759（T II 584） 《佛名经》

7.4×7.5cm，2行。

Ch/U 6760（T II T 1606） 《妙法莲华经》卷三

8×10.4cm，6行，约7世纪中—8世纪末。吐峪沟遗址出土。

参 KCBT II，46。

Ch/U 6761（T II 1596） 《大般若波罗蜜多经》卷三一七

12.3×22.3cm，6行，约7世纪中—8世纪末。

参 KCBT II，25。

Ch/U 6762（T II T 2034） 《佛说称扬诸佛功德经》卷下

10.3×11cm，6行。吐峪沟遗址出土。

Ch/U 6763（T III 2067） 《小品般若波罗蜜经》卷五

14.6×16.3cm，9行。

Ch/U 6764（T II T 1388） 《妙法莲华经》卷三

6.2×8.9cm，4行。吐峪沟遗址出土。

Ch/U 6765（无原编号） 佛典残片

4×2.5cm，2行。

Ch/U 6766（无原编号） 《大般涅槃经》卷一

5×3.5cm，2行，约6世纪中—7世纪中。

参 KCBT II，63。

Ch/U 6767（T III 62） 《四分律删补随机羯磨》卷上

9.1×5.4cm，3行。

Ch/U 6768（无原编号） 佛典残片

7.1×3.2cm，2行。

Ch/U 6769（T II S 510） 《大方广佛华严经》卷四五

Ch/U 6770（T II 746） 《妙法莲华经》卷四

4.8×6cm，4行。

Ch/U 6771（T II S 1062）　《经律异相》卷三五

5.9×6.1cm，3行。胜金口遗址出土。

Ch/U 6772（T II T 1415）　《大般若波罗蜜多经》卷三一七

8.1×6.1cm，4行。吐峪沟遗址出土。

Ch/U 6773（T II T 1853）　《妙法莲华经》卷二

9.9×4.4cm，3行，约7世纪中—8世纪末。行间写回鹘文。吐峪沟遗址出土。

参 KCBT II，43。

Ch/U 6774（T III M 206.54）　《金光明最胜王经》卷二

12.6×10.6cm，6行。木头沟遗址出土。

Ch/U 6775（无原编号）　佛典残片

4.8×1.9cm，1行。

Ch/U 6776（无原编号）　佛典残片

5.2×2.2cm，1行。

Ch/U 6777（无原编号）　佛典残片

1.7×3.9cm，1行。

Ch/U 6778（无原编号）　《大般涅槃经》卷三

5.4×3.2cm，2行。

Ch/U 6779r（T II Y 14 f）　《尔雅·释天至释地》（郭璞注）

21.7×16cm，8行，与U 560、U 564b + U 564a + Ch/U 7111 + U 564c同卷。交河故城出土。

参 荣新江 1997b，393；荣新江 1998b，321；Nishiwaki 2001，39。

Ch/U 6779v　回鹘语医学文献

参 Raschmann 1995a，94，93，108。

Ch/U 6780（T II 2052）　《千字文》

15.8×12.3cm，5行。

参 Nishiwaki 2001，54。

Ch/U 6781（T III M 236.501）　回鹘人音注汉文难字

17.4×12.7cm，5行。木头沟遗址出土。

参 高田时雄 1996；荣新江 1998b，321；Nishiwaki 2001，50；Takata 2004，337-339，图7；高田时雄 2005，32-33、41（图7）。

Ch/U 6782a（无原编号）　《大般涅槃经》卷二〇

7.2×15.9cm，9行。

Ch/U 6782b（无原编号）　《沙弥十戒法并威仪》

4.9×9.4cm，5行。

Ch/U 6782c（无原编号）　佛典残片

4.8×4.9cm，2行。

Ch/U 6782d（无原编号）　《一切经音义》卷六《妙法莲华经音义》（玄应）

14×8.3cm，6行，中国国家图书馆善本部藏王重民1935年所获照片中，有一个55

行的卷子，原编号 T II Y 181 10，其第 22-27 行上半叶的 6 行文字，即现存的 Ch/U 6782d 残片，其他部分惜已残失。这个卷子所抄的内容为玄应的《一切经音义》卷六《妙法莲华经音义》，以大字写原文，用略微小一点的字单行作注，当是较晚（回鹘）时期的抄本。属于同一抄本的其他残片还有：Ch/U 6788、Ch/U 7447 可以直接上下缀合，相当于《一切经音义》卷六《妙法莲华经音义》第一卷。Ch/U 7449、Ch/U 6784、Ch/U 7279 三件大体上可以上下缀合，只是 Ch/U 7449 和 Ch/U 6784 间尚有两个字的空缺，内容相当于《一切经音义》卷六《妙法莲华经音义》第三卷。Ch/U 6784 + Ch/U 7279 残片与王重民所获旧照片可以直接缀合，内容从《一切经音义》卷六《妙法莲华经音义》第三卷直到第八卷。Ch/U 7448 残片，可以和旧照片的尾部缀合，内容为《一切经音义》卷六《妙法莲华经音义》第八卷。原在前苏联保存的德藏吐鲁番写本经由莱比锡民族学博物馆转归德国国家图书馆收藏的 Ch/U 8063、Ch/U 8093 两件写本，也是同一写本的《一切经音义》卷六《妙法莲华经音义》。

参 荣新江 1997a，269；荣新江 1997b，393-394；荣新江 1998b，321；Nishiwaki 2001，105；西胁常记 2002，65，图 18；荣新江 2005，271-272，图 2；徐时仪 2005，42。

Ch/U 6783（T III T 363） 《尔雅音义·释虫》第十五

13.5×14.9cm，4 行。吐峪沟遗址出土。

参 荣新江 1998b，321；Nishiwaki 2001，41-42。

Ch/U 6784（T II Y 17.2） 《一切经音义》卷六《妙法莲华经音义》（玄应）

9.7×7.5cm，6 行，下面可以与 Ch/U 7279 直接缀合。见 Ch/U 6782d。交河故城出土。

参 荣新江 1997a，269；荣新江 1997b，393-394；西胁常记 1997b，93，图 15；荣新江 1998b，321；Nishiwaki 2001，104；西胁常记 2002，60，图 14；荣新江 2005，273-374；徐时仪 2005，42。

Ch/U 6785（T II Y 61） 符咒

6×6.7cm，2 行，双面书写。页边有回鹘文。与 Ch/U 6944 可以缀合。交河故城出土。

参 TTT VII，73，96，图 5；西胁常记 1999，52，66（图 7）；荣新江 1998b，321；Nishiwaki 2001，128；西胁常记 2002，123，图 40；BTT XXIII，182-183，图 192-193，195-196。

Ch/U 6786（T II 61） 符咒

11.3×6.8cm，4 行，双面书写。页边有回鹘文。

参 TTT VII，73，96，图 5；西胁常记 1999，52，66（图 7）；荣新江 1998b，321；Nishiwaki 2001，128；西胁常记 2002，122-123，图 39；BTT XXIII，182-183，图 188，190。

Ch/U 6787（T I α） 字书

11.8×8.2cm，4 行。高昌故城 α 遗址出土。

参 荣新江 1998b，321；Nishiwaki 2001，49。

Ch/U 6788（T II Y 18. 36） **《一切经音义》卷六《妙法莲华经音义》（玄应）**

15. 3 ×9. 1cm，8 行，下面可以与 Ch/U 7447 直接缀合。见 Ch/U 6782d。交河故城出土。中国国家图书馆善本部藏有向达 1937 年所获照片。

参 荣新江 1997a，269；荣新江 1997b，393-394；西胁常记 1997b，95，图 16；荣新江 1998b，321；Nishiwaki 2001，103；西胁常记 2002，62-63，图 16；荣新江 2005，274；徐时仪 2005，42。

Ch/U 6789（无原编号） **《小品般若波罗蜜经》卷三**

15 ×11cm，6 行。

Ch/U 6790（T II Y 60） **《佛说长阿含经》卷一九**

13. 6 ×25cm，13 行。交河故城出土。

Ch/U 6791（T III M 127） **《佛本行集经》卷一六**

27 ×10. 4cm，5 行。页边有回鹘文。木头沟遗址出土。

Ch/U 6792（T II 1792） **《大般涅槃经》卷四〇**

12. 9 ×23cm，11 行。

Ch/U 6793r（无原编号） **《佛说长阿含经》卷二二**

12. 1 ×12. 1cm，7 行。

Ch/U 6793v **回鹘语《中阿含经》**

残片 1 叶，存 19 行，中间夹写汉字。

参 Kudara & Zieme 1990，138-141，图 4；Elverskog 1997，18-19。

Ch/U 6794（无原编号） **《大般若波罗蜜多经》卷二九九**

13. 2 ×14. 3cm，8 行，约 7 世纪中—8 世纪末。

参 KCBT II，24。

Ch/U 6795a（无原编号） **佛典残片**

3. 1 ×4. 5cm，2 行。

Ch/U 6795b（无原编号） **《金刚般若波罗蜜经》**

2. 9 ×4cm，2 行。

Ch/U 6795c（无原编号） **佛典残片**

5. 6 ×1. 2cm，1 行。

Ch/U 6795d（无原编号） **《金刚般若波罗蜜经论》卷中**

4 ×3. 5cm，2 行。

Ch/U 6795e（无原编号） **佛典残片**

4. 8 ×5cm，2 行。

Ch/U 6795f（无原编号） **《大乘阿毗达磨杂集论》卷一三**

2. 8 ×3. 9cm，2 行。

Ch/U 6795g（无原编号） **佛典残片**

5 ×4. 1cm，2 行。

Ch/U 6795h（无原编号） **佛典残片**

3. 4 ×3. 4cm，2 行。

Ch/U 6795i（无原编号） **佛典残片**

Ch/U 6796（无原编号） **《瑜伽师地论》卷五六**

17.5×17.2cm，9 行。行间有回鹘文。与今本有差异。

Ch/U 6797（**T II Y 58**） **（1）《金刚般若波罗蜜经》 （2）《妙法莲华经》卷四**

13×16cm，8 行。交河故城出土。

Ch/U 6798（**T III 34.56**） **《瑜伽师地论》卷五七**

13.4×11.3cm，7 行。

Ch/U 6799（无原编号） **《放光般若经》卷二〇**

12.7×15.6cm，8 行。

Ch/U 6800（**T I x 532**） **《妙法莲华经》卷五**

16.9×13.1cm，7 行，约 7 世纪中—8 世纪末。

参 KCBT I，94。

Ch/U 6801（**T II 3000**） **《小品般若波罗蜜经》卷五**

13×14.1cm，7 行。

Ch/U 6802（**T II S 26**） **《大般若波罗蜜多经》卷二**

13.9×18cm，10 行。胜金口遗址出土。

Ch/U 6803r（**T II Y 46**） **《大方等大集经》卷五四**

14.5×23.5cm，11 行。交河故城出土。

Ch/U 6803v **回鹘语《医理精华》**

参 Zieme 2006a，2。

Ch/U 6804（**T II S 522**） **《佛本行集经》卷五**

15.1×12.9cm，7 行。胜金口遗址出土。

Ch/U 6805（**T I D 557**） **《大般涅槃经》卷三六**

13.4×11.4cm，12 行。高昌故城出土。

Ch/U 6806（**T II S 20.50**） **《佛名经》卷八**

14.1×20.1cm，9 行，分上、下两栏书写。胜金口遗址出土。

Ch/U 6807（无原编号） **《大般若波罗蜜多经》卷二四二**

20.1×25.7cm，14 行。

Ch/U 6808（**T II S 20.509**） **《四分律》卷三四**

26.1×17.8cm，12 行。胜金口遗址出土。

Ch/U 6809（**T III M 132**） **《妙法莲华经》卷一**

23.7×5.8cm，3 行。页边有回鹘文。木头沟遗址出土。

Ch/U 6810（**T II D**） **《一字佛顶轮王经》卷三**

14.7×13.8cm，7 行。行间有回鹘文。高昌故城出土。

Ch/U 6811r（**T III M 173.122**） **《妙法莲华经》卷四**

11.9×19cm，10 行。木头沟遗址出土。

Ch/U 6811v **回鹘语摩尼教书信**

正面汉文行间有回鹘文 4 行，背面分上、中、下三栏，上栏 6 行，中栏 10 行，下栏 4 行，计 24 行。

参 BTT V，66；BTT VIII，36；Sundermann & Zieme 1981，186-187，图 2-3；Wilkens 2000a，380，No. 437。

Ch/U 6812（T I 1005） 《妙法莲华经》卷五

13.5×20.9cm，10行，约7世纪中—8世纪末。

参 KCBT I，91。

Ch/U 6813（BTV） 《大方广宝箧经》卷中

13.5×17.5cm，10行。

Ch/U 6814r（T II T 509） 《思益梵天所问经》卷二

25.8×13cm，7行。吐峪沟遗址出土。

Ch/U 6814v 回鹘语摩尼教《惠明布道书》（Sermon on the Light-Nous）

背面7行，正面9行，写在汉字上面。

参 Gabain 1964，234；BTT V，34-36，图 X；BTT XVII，19-22；Zieme 1995b，253-254，图1-2；Wilkens 2000a，157-158，No. 145。

Ch/U 6815（无原编号） 《大般涅槃经》卷五

17.9×13.8cm，9行，约7世纪中—8世纪末。

参 KCBT I，135。

Ch/U 6816（无原编号） 《高僧传》卷六

14.2×5.6cm，3行。叶边有回鹘文。

Ch/U 6817（无原编号） 《大般涅槃经》卷三四

12.4×13.6cm，7行。

Ch/U 6818r（无原编号） 《妙法莲华经》卷三

13×12.7cm，7行，约7世纪中—8世纪末。

参 KCBT II，45。

Ch/U 6818v 回鹘语摩尼教帕提亚语《初声赞夷数文》（**Wazan Hasenag**）译本

存8行。

参 BTT V，33，图 XI；吉田丰 1989，100-101；Clark 1997，125；Wilkens 2000a，237-238，No. 252。

Ch/U 6819（T II 1238） 《大般涅槃经》卷一七

12.5×17.5cm，9行，约6世纪中—7世纪中。

参 KCBT I，137。

Ch/U 6820（T II S 515） 《梁朝傅大士颂金刚经并序》

13.4×11.2cm，7行，约9—10世纪。胜金口遗址出土。

参 KCBT II，85。

Ch/U 6821r（T II S 32 a. 1005） 《佛说观药王药上二菩萨经》

13.5×10cm，5行。胜金口遗址出土。

Ch/U 6821v 回鹘语《观音赞》

残片1叶，存17行。

参 BTT XIII，121-123。

Ch/U 6822（T III M 239） 《渐备一切智德经》卷三

10.2×10.5cm，6行。木头沟遗址出土。

Ch/U 6823（T II D 178） 《净名经关中释抄》卷下

8.5×17.5cm，11 行。高昌故城出土。

Ch/U 6824（T II 785） 《杂阿含经》卷四五

19.5×11cm，6 行。

Ch/U 6825（T II Y 59） 《沙弥十戒法并威仪》

12.7×14.8cm，8 行。交河故城出土。

Ch/U 6826（T III M 173.167） 《佛说佛名经》卷二（菩提流支译本）

11×13.9cm，7 行。页边、行间有回鹘文。木头沟遗址出土。

Ch/U 6827r（T II 2090） 《大智度论》卷五一

7.6×22.6cm，12 行。

Ch/U 6827v 粟特语摩尼教神祇名录

残片 1 叶，分三栏，各 2、5、5 行。

参 Sundermann 1994，452-462 + 图；Sundermann 1997，347。

Ch/U 6828（T II I） 佛教戒本

10 行。汉字上有回鹘文字。

Ch/U 6829r（T II S 26.64） 《大般若波罗蜜多经》卷三九七

13.6×27.3cm，15 行。胜金口遗址出土。

Ch/U 6829v 回鹘语佛经残片

与 Ch/U 6172、Ch/U 6698 缀合。

Ch/U 6830（T III T V 49） 《妙法莲华经》卷三

13×17.7cm，10 行，约 7 世纪中—8 世纪末。吐峪沟遗址出土。

参 KCBT II，46。

Ch/U 6831（T III 230） 《妙法莲华经》卷六

25.4×22.4cm，12 行，约 7 世纪中—8 世纪末。

参 KCBT I，101。

Ch/U 6832（T II 1462） 《维摩诘所说经》卷中

19×12.9cm，8 行。

Ch/U 6833（T III 34.30） 《千手千眼观世音菩萨广大圆满无碍大悲心陀罗尼经》

24×26cm，17 行，约 9—10 世纪。

参 KCBT I，165。

Ch/U 6834（无原编号） 《大般涅槃经》卷三七

19.2×24.2cm，14 行。

Ch/U 6835（T III 304 Tujok） 《摩诃般若波罗蜜经》卷二二

13.1×13.2cm，7 行。

Ch/U 6836（T II T 611） 《妙法莲华经》卷六

10.7×8cm，5 行。吐峪沟遗址出土。

Ch/U 6837r（T II T 1170） 《大般涅槃经》卷三七

16×14.1cm，8 行。吐峪沟遗址出土。

Ch/U 6837v 回鹘语文献残片

参 Raschmann 1995a，34，139。

Ch/U 6838（T II Y 58） 《摄大乘论》卷下

11.1×13.5cm，12行。交河故城出土。

Ch/U 6839（T II 3068） 《大宝积经》卷四〇

9.2×14.8cm，8行。

Ch/U 6840（T III 75） 《添品妙法莲华经》卷六

11×7.4cm，4行。

Ch/U 6841（T III 304 Tujok） 《佛藏经》卷下

18.6×8.7cm，5行。隶书。

Ch/U 6842（T II T 1422） 《大般涅槃经》卷三五

8.2×9.7cm，5行，约7世纪中—8世纪末。吐峪沟遗址出土。

参 KCBT II，71。

Ch/U 6843（T III T 456） 《妙法莲华经》卷七

14.4×13.8cm，8行，约7世纪中—8世纪末。行间有回鹘文。吐峪沟遗址出土。

参 KCBT I，102。

Ch/U 6844（T II 782） 《地藏菩萨本愿经》卷下

11.6×12cm，6行。行间有回鹘文。

Ch/U 6845（T III 1004） 《阿毗达磨集异门足论》卷一八

12.5×13.8cm，8行。行间有回鹘文和汉字杂写。

Ch/U 6846（T III 62.1010） 《阿毗昙毗婆沙论》卷一五

13.8×23.3cm，12行。

Ch/U 6847（T II 1676） 《佛说金刚般若波罗蜜经略疏》卷下

8.5×17.9cm，10行。

Ch/U 6848（T III M 173.181） 佛典残片

2.7×22.7cm，4行。木头沟遗址出土。

Ch/U 6849r（T II Y 58.6） 《大般若波罗蜜多经》卷九〇

26.2×21.9cm，13行。交河故城出土。

Ch/U 6849v 回鹘文梵文文献残片

残片1叶。交河故城出土。

参 Zieme 1984a，335；Zieme 1997c，46-50+图。

Ch/U 6850（无原编号） 《摩诃般若波罗蜜经》卷三

24.3×33.5cm，21行，约4—6世纪。

参 KCBT I，36。

Ch/U 6851r（T II 1231） 《大般涅槃经》卷四

25.6×30.5cm，18行。

Ch/U 6851v 回鹘语破历

参 Raschmann 1995a，70，71，139-140。

Ch/U 6852（无原编号） 《众事分阿毗昙论》卷九

20.7×20.9cm，12行。

Ch/U 6853a（T II S 520）　《妙法莲华经》卷七

15.8×13.7cm，7 行，约 7 世纪中—8 世纪末。胜金口遗址出土。

参 KCBT II，59。

Ch/U 6853b（T II S 520）　《妙法莲华经》卷七

9.6×16.5cm，8 行，约 7 世纪中—8 世纪末。胜金口遗址出土。

参 KCBT II，59。

Ch/U 6853c（T II S 520）　《妙法莲华经》卷七

7.7×20.2cm，7 行，约 7 世纪中—8 世纪末。胜金口遗址出土。

参 KCBT II，58。

Ch/U 6854r（T II 122.500）　《梵网经卢舍那佛说菩萨心地戒品第十》卷上

26.1×22.6cm，13 行，约 7 世纪中—8 世纪末。

参 KCBT I，175。

Ch/U 6854v　回鹘语致摩尼教主教书信草稿

6 行。

参 BTT V，68-69，图 XLVI；吉田丰 1989，98，102-105；Klimkeit 1993，372-373；Clark 1997，132；Wilkens 2000a，380-381，No. 438；杨富学 2003，60；王媛媛 2006，156。

Ch/U 6855（T III 153）　《妙法莲华经》卷七

16.1×35.4cm，19 行，约 7 世纪中—8 世纪末。

参 KCBT I，118。

Ch/U 6856r（T II S 66）　《妙法莲华经》卷七

26.5×32.3cm，19 行，约 7 世纪中—8 世纪末。胜金口遗址出土。

参 KCBT I，103。

Ch/U 6856v　回鹘语佛教诗歌

残片 2 叶，44 行。

参 BTT XIII，109-111，图 154，155；Zieme 1991a，201-203；Elverskog 1997，126。

Ch/U 6857（T II Y 27）　《妙法莲华经》卷四

26.5×41.5cm，24 行，约 9—10 世纪。交河故城出土。

参 KCBT I，84。

Ch/U 6858（T III 66）　《道行般若经》卷八

25.3×40.4cm，25 行，约 4—6 世纪中。行间有回鹘文。

参 KCBT I，38。

Ch/U 6859（T II 2086）　《妙法莲华经》卷五

15.5×12.6cm，7 行。

Ch/U 6860r（T II 1344）　《金刚般若波罗蜜经》

12.9×17.8cm，10 行。约 7 世纪中—8 世纪末。

参 KCBT I，46。

Ch/U 6860v　回鹘语摩尼教归国王颂词

11 行，另外 4 行夹写在正面汉文行间，提到 Bügü Bilge Khan。

参 BTT V，45，66，图 XXIV；Clark 1997，134；Wilkens 2000a，301，No. 335。

Ch/U 6861（T III M 173. 138） 《大般涅槃经》卷三六

13. 8×18. 3cm，11 行。木头沟遗址出土。

Ch/U 6862（T II 1966） 《妙法莲华经》卷二

10. 2×4. 1cm，3 行，约 7 世纪中—8 世纪末。

参 KCBT II，43。

Ch/U 6863（T III T 376） 《放光般若经》卷八

7. 1×8. 8cm，5 行。吐峪沟遗址出土。

Ch/U 6864（T II 740） 《大般涅槃经》卷三七

7. 1×5. 6cm，4 行。

Ch/U 6865（T II T 1299） 佛典残片

4. 1×8. 3cm，3 行。吐峪沟遗址出土。

Ch/U 6866a（无原编号） 《千眼千臂观世音菩萨陀罗尼神咒经》卷下

4×3. 1cm，2 行。

Ch/U 6866b（无原编号） 《千眼千臂观世音菩萨陀罗尼神咒经》卷下

6. 7×9. 5cm，6 行。

Ch/U 6867（T III 269. 103） 佛典残片

11. 6×8. 3cm，4 行。

Ch/U 6868（T II Y 59. 18） 《金刚般若波罗蜜经》

10. 4×22. 8cm，13 行，约 7 世纪中—8 世纪末。交河故城出土。

参 KCBT I，48。

Ch/U 6869（T II 3018） 《妙法莲华经》卷六

10. 2×17. 8cm，9 行，约 7 世纪中—8 世纪末。

参 KCBT II，56。

Ch/U 6870（无原编号） 《摩诃般若波罗蜜经》卷七

8. 5×3. 5cm，2 行。

Ch/U 6871（T III M 173. 133） 《妙法莲华经》卷四

12. 9×15. 6cm，9 行。木头沟遗址出土。

Ch/U 6872（T II Y 18） 《妙法莲华经》卷七

15. 2×12. 6cm，8 行，约 9—10 世纪。交河故城出土。

参 KCBT I，112。

Ch/U 6873（T II 1352） 《大般涅槃经》卷三一

14×13. 8cm，7 行。

Ch/U 6874r（T II 1457） 《妙法莲华经》卷六

25. 7×16. 6cm，10 行。

Ch/U 6874v 回鹘语摩尼教《新年为王家祈祷文》

Zieme 认为此件与 Ch/U 8163 同属一写本。10 行。

参 BTT V，49-50，图 XXVII；Klimkeit 1993，359；Clark 1997，133；Wilkens 2000a，238-239，No. 253；王媛媛 2006，160。

Ch/U 6875（T III M 173.164） 佛教文献残片

7.3×9cm，5 行。行书。木头沟遗址出土。

Ch/U 6876（T I 537 x） 《妙法莲华经》卷一

9.5×6.7cm，4 行，约 7 世纪中—8 世纪末。

参 KCBT II，38。

Ch/U 6877（T II 767） 《摩诃般若波罗蜜经》卷二四

16.9×11cm，7 行。

Ch/U 6878（T II D 85） 佛典残片

17.5×13.2cm，8 行。行书。高昌故城出土。

Ch/U 6879（T... Š 29） 《大般若波罗蜜多经》卷五二六

10.9×11.6cm，12 行。焉耆硕尔楚克遗址出土。

Ch/U 6880a（T II Y 58） 《佛说佛名经》卷一

13×12.8cm，7 行。与 Ch/U 6880b 缀合。交河故城出土。

Ch/U 6880b（T II Y 58） 《佛说佛名经》卷一

12.8×5.7cm，3 行。与 Ch/U 6880a 缀合。交河故城出土。

Ch/U 6881（无原编号） 佛典残片

12.2×25.8cm，15 行。

Ch/U 6882a（T II 2056） 《大般涅槃经》卷二九

5×7cm，3 行。

Ch/U 6882b（T II 2056） 《佛本行集经》卷一六

13.4×12.3cm，6 行。

Ch/U 6883（T II T 1861） 《瑜伽师地论》卷九六

7.2×7.3cm，5 行。吐峪沟遗址出土。

Ch/U 6884a（T II D 284） 《大般若波罗蜜多经》（卷次不详）

6.5×4.3cm，2 行。高昌故城出土。

Ch/U 6884b（T II D 284） 《大般若波罗蜜多经》（卷次不详）

5.2×2.8cm，1 行。高昌故城出土。

Ch/U 6885（T II S） 《妙法莲华经》卷六

13.7×43.6cm，23 行，约 7 世纪中—8 世纪末。胜金口遗址出土。

参 KCBT I，99。

Ch/U 6886（T II T 1585） 《妙法莲华经》卷七

12.7×14cm，8 行，约 7 世纪中—8 世纪末。吐峪沟遗址出土。

参 KCBT I，103。

Ch/U 6887（无原编号） 《妙法莲华经》卷六

13.3×34.5cm，20 行，约 7 世纪中—8 世纪末。

参 KCBT II，55。

Ch/U 6888（T II 741） 《大智度论》卷八六

13.8×26.9cm，15 行。

Ch/U 6889（无原编号） 《妙法莲华经》卷二

13.4×43.7cm，24 行，约 7 世纪中—8 世纪末。

参 KCBT I，69。

Ch/U 6890r（T III T 338） 《摩诃般若波罗蜜经》卷二四

24.3×15.3cm，8 行。吐峪沟遗址出土。

Ch/U 6890v 回鹘语摩尼教文献

与 Ch/U 7196、Ch/U 7274 属同一写本。7 行。吐峪沟遗址出土。

参 BTT V，71，图 LII；Clark 1997，132；Wilkens 2000a，381-382，No.439。

Ch/U 6891（T III M 219.101） 《大般若波罗蜜多经》卷二一一

19.9×11.7cm，5 行。木头沟遗址出土。

Ch/U 6892（T II 784 Sängim Agis） 《大般若波罗蜜多经》卷五五〇

11.5×12.6cm，8 行。胜金口遗址出土。

Ch/U 6893（T II S 506） 佛典残片

8.8×5.2cm，2 行。胜金口遗址出土。

Ch/U 6894（T I D 51.503） 佛典残片

6×8cm，2 行。高昌故城出土。

Ch/U 6895（T II Y 49.10） 《佛名经》

12.3×15.8cm，3 行。交河故城出土。

Ch/U 6896（T II 1708） 《妙法莲华经》卷六

4.7×9.2cm，5 行，约 7 世纪中—8 世纪末。

参 KCBT I，99。

Ch/U 6897（T II M） 《四分律》卷三三

12.5×4.6cm，2 行。木头沟遗址出土。

Ch/U 6898a（T II D 213.52） 《摩诃般若波罗蜜经》卷一七

10.3×4.6cm，2 行。高昌故城出土。

Ch/U 6898b（T II D 213.52） 佛典残片

3.1×4cm，2 行。高昌故城出土。

Ch/U 6899（T II D 213.50） 《大般若波罗蜜多经》卷三四九

14.4×9cm，6 行。高昌故城出土。

Ch/U 6900（T II S 53.503） 《光赞经》卷四

13.3×10.5cm，6 行。胜金口遗址出土。

Ch/U 6901（T II T 1301） 《大般涅槃经》卷一一

11.1×6.1cm，3 行。吐峪沟遗址出土。

Ch/U 6902a（无原编号） 《佛说阿弥陀经》

7.4×3.5cm，2 行，刻本。

参 KCBT II，63。

Ch/U 6902b（无原编号） 《摩诃般若波罗蜜经》卷二

5.8×7.8cm，3 行。刻本。

Ch/U 6903（T II S 69.502） 《出曜经》卷七

6.8×7.3cm，4 行。胜金口遗址出土。

Ch/U 6904（无原编号）　《大智度论》卷八一

9.6×3.8cm，3行。

Ch/U 6905（无原编号）　《放光般若经》卷一九

11.5×12.5cm，7行，约6世纪中—7世纪中。

参 KCBT II，27。

Ch/U 6906（无原编号）　《佛说长阿含经》卷一九

8.3×8.2cm，4行。

Ch/U 6907（无原编号）　佛典残片

9.7×6.3cm，3行。行间有回鹘文。

Ch/U 6908（无原编号）　《佛说善恶因果经》

10.7×9cm，5行。

Ch/U 6909（无原编号）　《大般涅槃经》卷三六

11×8.3cm，5行。

Ch/U 6910r（T II 1408）　《佛说未曾有因缘经》卷下

13.4×16.9cm，3行。

参 松井太2003，63，70（图）

Ch/U 6910v　回鹘语供应棉布令文

3行。有方印2方。

参 Raschmann 1995a，39，140；松井太2003，63，70（图）。

Ch/U 6911a（T II S 32 a.1007）　《大般若波罗蜜多经》（卷次不详）

5.1×4.5cm，2行。胜金口遗址出土。

Ch/U 6911b（T II S 32 a.1007）　《大般若波罗蜜多经》（卷次不详）

5.2×4.3cm，2行。胜金口遗址出土。

Ch/U 6911c（T II S 32 a.1007）　《大般若波罗蜜多经》（卷次不详）

8.1×9.1cm，4行。胜金口遗址出土。

Ch/U 6912（T III T 304.501）　勘经目录

10.2×10.2cm，5行。吐峪沟遗址出土。

参 荣新江1998b，321；Nishiwaki 2001，126。

Ch/U 6913a（T II 1679）　《大般涅槃经》卷三一

13.5×11.3cm，7行，约7世纪中—8世纪末。

参 KCBT II，33。

Ch/U 6913b（T II 1679）　《金刚般若波罗蜜经》

12.5×8.5cm，4行。

Ch/U 6914r（T III T 601）　《大方广佛华严经》卷四八

22.2×13.7cm，6行。吐峪沟遗址出土。

参 BTT XV，图22。

Ch/U 6914v　粟特语摩尼教譬喻文书

可以与 So 15000（5）（T III 2015）直接缀合，计9行。与 Ch 5554v 为同一写本。

参 BTT XV，5-10，19，图2；Klimkeit 1993，178-183。

Ch/U 6915（T II Y 63）　《妙法莲华经》卷二

26.4×11.6cm，7行，约7世纪中—8世纪末。交河故城出土。

参 KCBT II，40。

Ch/U 6916（T III T V 68）　《妙法莲华经》卷七

14.1×31.3cm，16行，约7世纪中—8世纪末。吐峪沟遗址出土。

参 KCBT I，104。

Ch/U 6917（T II D 93）　《妙法莲华经》卷三

13.9×31cm，15行，约7世纪中—8世纪末。高昌故城出土。

参 KCBT I，70。

Ch/U 6918（T II 1450）　《金刚般若波罗蜜经》

26.2×14.6cm，8行，约7世纪中—8世纪末。

参 KCBT I，43。

Ch/U 6919（T II D 345）　佛名杂抄?

12.1×6.4cm，3行。高昌故城出土。

Ch/U 6920a（T II S 69.501）　《妙法莲华经》卷七

8.9×6.6cm，4行，约7世纪中—8世纪末。胜金口遗址出土。

参 KCBT II，59。

Ch/U 6920b（T II S 69.501）　《妙法莲华经》卷七

6.5×8.1cm，5行，约7世纪中—8世纪末。胜金口遗址出土。

参 KCBT II，59。

Ch/U 6921（T II 2092）　《萨婆多部毗尼摩得勒伽》卷六

10.1×11.6cm，6行。

Ch/U 6922（无原编号）　《大般涅槃经》卷一〇

19.7×14cm，7行，约7世纪中—8世纪末。

参 KCBT II，66。

Ch/U 6923（T II S 26）　《大宝积经》卷一一四

13.1×27.4cm，15行。胜金口遗址出土。

Ch/U 6924（T III T）　《大般涅槃经》卷二〇

26.5×11.7cm，6行，约4—6世纪中。吐峪沟遗址出土。

参 KCBT II，68。

Ch/U 6925（T I 1002）　《千字文》

8.2×20.3cm，7行，下接 Ch/U 7296。

参 Nishiwaki 2001，55。

Ch/U 6926（T II 1456）　《金刚般若波罗蜜经》

12.8×25cm，14行，约7世纪中—8世纪末。

参 KCBT II，36。

Ch/U 6927（T II D 177）　愿文

28.5×4.7cm，2行。高昌故城出土。

Ch/U 6928r（T II 1460）　《大智度论》卷一二

27.4×8.9cm，5行。

Ch/U 6928v 回鹘语佛教文献残片

Ch/U 6929（T III B TV 51） 《阿毗达磨大毗婆沙论》卷三

8.8×31cm，17行。葡萄沟废寺遗址出土。

Ch/U 6930（T II S 517） 《合部金光明经》卷二

18.1×14.2cm，7行。胜金口遗址出土。

Ch/U 6931（无原编号） 《妙法莲华经》卷五

12×17cm，10行，约9—10世纪。

参 KCBT II，53。

Ch/U 6932（无原编号） 《妙法莲华经》卷五

17.1×12.1cm，8行，约9—10世纪。

参 KCBT I，95。

Ch/U 6933（T II Y 17） 《放光般若经》卷二〇

12.8×15cm，8行。交河故城出土。

Ch/U 6934a（T II T） 佛典残片

12.4×7.9cm，5行。吐峪沟遗址出土。

Ch/U 6934b（T II T） 《大般若波罗蜜多经》卷二一五

19.3×8.7cm，5行。吐峪沟遗址出土。

Ch/U 6934c（T II T） 《妙法莲华经》卷三

23×11cm，3行，约9—10世纪。吐峪沟遗址出土。

参 KCBT I，77。

Ch/U 6935a（T II T 1812） 《阿毗达磨藏显宗论》卷三六

也可能是《阿毗达磨俱舍论》卷二七、《阿毗达磨顺正理论》卷七五。

11.7×3.7cm，9行。吐峪沟遗址出土。

Ch/U 6935b（T II T 1812） 《妙法莲华经》卷二

12.3×16.7cm，9行，约7世纪中—8世纪末。吐峪沟遗址出土。

参 KCBT II，42。

Ch/U 6935c（T II T 1812） 佛典残片

13.1×14.8cm，2行。吐峪沟遗址出土。

Ch/U 6937a（T III 304 Tujok） 《妙法莲华经》卷一

27.2×8.7cm，5行，约7世纪中—8世纪末。吐峪沟遗址出土。

参 KCBT I，54。

Ch/U 6937b（T II 1243） 《金光明最胜王经》卷一

Ch/U 6937c（T II T 3029） 《坐禅三昧经》卷上（?）

吐峪沟遗址出土。

Ch/U 6938a（T II 2076） 《大般涅槃经》卷三二

6.6×8cm，4行。

Ch/U 6938b（T III 1008） 《中论》卷一

10×24.8cm，16行。

Ch/U 6938c（无原编号） 《大般涅槃经》卷二二

11.2×8.7cm，17行。

Ch/U 6939r（T III Toyoq 302） 《大般若波罗蜜多经》卷一七

14×25cm，14行，约7世纪中—8世纪末。吐峪沟遗址出土。

参 KCBT II，18。

Ch/U 6939v 回鹘语犍度书

参 Zieme 1984a，335；Zieme 1988b，445-453；Elverskog 1997，30。

Ch/U 6940（T II M 505） 《大智度论》卷六

8.8×12.3cm，7行。木头沟遗址出土。

Ch/U 6941（无原编号） 《妙法莲华经》卷一

7×11.4cm，6行。

Ch/U 6942（无原编号） 《道行般若经》卷六

11.5×8.8cm，6行，约4—6世纪中。

参 KCBT II，31。

Ch/U 6943（无原编号） 《序回诤论翻译之记》

19.2×9.7cm，4行，首题存。约7世纪中—8世纪末。

参 KCBT I，181。

Ch/U 6944（T II Y 61） 符咒

11×6.5cm，1行，两面书。页边有回鹘文。与Ch/U 6785可以缀合。

参 TTT VII，73-74；Eberhard 1936，96，图5；西胁常记 1999，52，66（图7）；荣新江 1998b，321；Nishiwaki 2001，128-129；西胁常记 2002，123，图41；BTT XXIII，182-183，图192-193，195-196。

Ch/U 6945（无原编号） 《佛说佛名经》卷三〇

10.8×6.2cm，3行。

Ch/U 6946（T III M 151） 《大宝积经》卷三五

11.8×17.4cm，10行。木头沟遗址出土。

Ch/U 6947（T III T 431） 《大乘密严经》卷中

13.2×9.8cm，5行。页边有回鹘文。吐峪沟遗址出土。

Ch/U 6948（T III M 110） 《显扬圣教论》卷三

18.9×6.2cm，3行。木头沟遗址出土。

Ch/U 6949（T II M） 《根本说一切有部百一羯磨》卷五

11.5×6.6cm，5行。木头沟遗址出土。

Ch/U 6950（无原编号） 《大般若波罗蜜多经》卷一〇八

15.1×21.8cm，12行，约7世纪中—8世纪末。

参 KCBT II，20。

Ch/U 6951（无原编号） 《妙法莲华经》卷七

15.8×19.5cm，12行，约7世纪中—8世纪末。行间有回鹘文。

参 KCBT I，123。

Ch/U 6952（无原编号） 《维摩诘所说经》卷上

7.3×11.2cm，6 行，约 9—10 世纪。

参 KCBT I，147。

Ch/U 6953（T III M 117） 《阿毗达磨集异门足论》卷一四

12.9×4cm，2 行。木头沟遗址出土。

Ch/U 6954r（T II T 1330） 《大般若波罗蜜多经》（卷次不详）

13.6×8.8cm，6 行。吐峪沟遗址出土。

参 松井太 2003，62，69（图）。

Ch/U 6954v 回鹘语供应绵丝、棉花令文

6 行。有方印 2 方。

参 Yamada 1971，498；松井太 2003，62，69（图）。

Ch/U 6955（T III 62.1006） 《大般若波罗蜜多经》（卷次不详）

14.7×48.6cm，26 行。

Ch/U 6956r（T III 62-1004） 《鞞婆沙论》卷一四

13 行。

Ch/U 6956v 回鹘语《本生故事》、《五台山赞》

19 行。

参 BTT XIII，67，图 56；Zieme 2002b，224-229，图 5。

Ch/U 6957（T II Y 59） 《大方等大集经》卷五四

9.5×19.6cm，10 行。交河故城出土。

Ch/U 6958（无原编号） 《大宝积经》卷五

26.6×9.3cm，1 行，约 7 世纪中—8 世纪末。

参 KCBT I，130。

Ch/U 6959（无原编号） 《大悲启请》

11.5×16.2cm，9 行。汉字上有回鹘文 5 行。

Ch/U 6960（T II 3047） 《佛名经》卷二三

12.4×16.6cm，9 行。

Ch/U 6961（T II 777） 《大宝积经》卷一〇二

12.3×19.1cm，11 行，有杂写。

参 Nishiwaki 2001，150。

Ch/U 6962（T II 3060） 《大般涅槃经》卷三七

10.1×13.8cm，7 行。

Ch/U 6963（T II T 1805） 《大方广佛华严经》卷一四

9.9×6.2cm，4 行。吐峪沟遗址出土。

Ch/U 6964（T III 62.1023） 《妙法莲华经》卷七

9.3×11.8cm，7 行，约 7 世纪中—8 世纪末。

参 KCBT II，57。

Ch/U 6965（无原编号） 《大般若波罗蜜多经》卷三九七

6.8×22cm，10 行。

Ch/U 6966（T III M 2041） 《大般若波罗蜜多经》卷六五

14×3.5cm，2 行。木头沟遗址出土。

Ch/U 6967（**T II T 1249**）　《大般涅槃经》卷二七

11.9×5.5cm，4 行。吐峪沟遗址出土。

Ch/U 6968r（无原编号）　《妙法莲华经》卷六

10.5×5cm，3 行，约 9—10 世纪。

参 KCBT II，55。

Ch/U 6968v　回鹘语摩尼教文献

粟特体回鹘文，3 行。

参 Wilkens 2000a，398，No. 466。

Ch/U 6969（无原编号）　《妙法莲华经》卷三

12×7cm，5 行，约 7 世纪中—8 世纪末。行间有回鹘文。

参 KCBT II，44。

Ch/U 6970（**T II S 53**）　《般若灯论释》卷一四

12×18.4cm，11 行。胜金口遗址出土。

Ch/U 6971（**T III T**）　《大般涅槃经》卷三

16.1×11.5cm，6 行。吐峪沟遗址出土。

Ch/U 6972（**T I α 531**）　《妙法莲华经》卷六

13.5×21.7cm，13 行，约 7 世纪中—8 世纪末。

参 KCBT II，55。

Ch/U 6973（**T II T 82**）　《金光明经》卷四

13.3×16.1cm，8 行，约 7 世纪中—8 世纪末。吐峪沟遗址出土。

参 KCBT I，154。

Ch/U 6974（**T III M 132**）　《妙法莲华经》卷五

18.9×11.9cm，7 行。木头沟遗址出土。

Ch/U 6975（**T II T 2024**）　《大萨遮尼乾子所说受记经》卷九

14×10cm，5 行。吐峪沟遗址出土。

Ch/U 6976（无原编号）　《大般涅槃经》卷三一（南本）

12.7×16.7cm，9 行。

Ch/U 6977r（无原编号）　《三无性论》卷下

12.9×17.3cm，8 行。行间有回鹘文。

Ch/U 6977v　回鹘语文书残片

16 行。

参 BTT XIII，114-115；Zieme 1997b。

Ch/U 6978（**T III S 26**）　《大般若波罗蜜多经》卷三九七

13.8×27.3cm，15 行。胜金口遗址出土。

Ch/U 6979（**T II S**）　《妙法莲华经》卷六

9×14.5cm，9 行，约 7 世纪中—8 世纪末。胜金口遗址出土。

参 KCBT II，57。

Ch/U 6981（无原编号）　《示所犯者瑜伽法镜经》

26.3×14.1cm，7 行。

Ch/U 6982（T II Y 58.502） 《大般若波罗蜜多经》卷一六四

13.6×26.5cm，16 行。交河故城出土。

Ch/U 6983（T III M 165.50） 《大般若波罗蜜多经》卷五九〇

25.1×6.1cm，4 行。木头沟遗址出土。

Ch/U 6984（无原编号） 《大般涅槃经》卷一六

14×10.7cm，6 行。

Ch/U 6985（无原编号） 《光赞经》卷四

12.4×10.8cm，5 行。

Ch/U 6986r（无原编号） 《佛名经》

26×5.3cm，4 行。

Ch/U 6986v 回鹘语供应令文

5 行。

参 Raschmann 1995a，141；松井太 2002，114-115，125。

Ch/U 6987（T III M 117） 《妙法莲华经》卷六

14.5×12.2cm，8 行，约 9—10 世纪。木头沟遗址出土。

参 KCBT II，55。

Ch/U 6988（T II S 20） 《大般若波罗蜜多经》卷五八

13.5×12cm，7 行。行间有回鹘文。胜金口遗址出土。

Ch/U 6989（无原编号） 《佛说观无量寿经》

13×16cm，8 行，约 7 世纪中—8 世纪末。行间有回鹘文。

参 KCBT II，63。

Ch/U 6990（无原编号） 《大方便佛报恩经》卷四

17.5×12.5cm，7 行，约 7 世纪中—8 世纪末。

参 KCBT II，17。

Ch/U 6991（无原编号） 《大宝积经》卷四一

3 行。

Ch/U 6992（无原编号） 《佛说称扬诸佛功德经》卷下

23.5×17cm，10 行。

Ch/U 6993（无原编号） 《佛说十地经》卷三

16.1×14.6cm，8 行。

Ch/U 6994（无原编号） 《正法华经》卷四

14.6×11.3cm，6 行，约 7 世纪中—8 世纪末。

参 KCBT I，124。

Ch/U 6995（无原编号） 《长阿含十报法经》卷下

14.4×15.3cm，8 行。

Ch/U 6996（无原编号） 《金刚般若波罗蜜经》

14.3×15.7cm，8 行，约 7 世纪中—8 世纪末。

参 KCBT I，46。

Ch/U 6997（T II 1402） 《妙法莲华经》卷七

6行。行间有回鹘文。

Ch/U 6998（T II 2041） 《大般涅槃经》卷一七

14.6×11.5cm，7行，约7世纪中—8世纪末。

参 KCBT II，67。

Ch/U 6999（T III T 325） 《大般若波罗蜜多经》卷二五一

18.6×13.1cm，9行。吐峪沟遗址出土。

Ch/U 7000（T II T 1254） 《大般涅槃经》卷二八

9.3×11cm，7行。吐峪沟遗址出土。

Ch/U 7001（T III 62） 《别译杂阿含经》卷一六

14.1×18.6cm，10行。

Ch/U 7002（T II D 392） 《金光明最胜王经》卷九

15.5×7.1cm，4行。行间有回鹘文。高昌故城出土。

Ch/U 7004（T II S 1066） 佛典残片

9.7×11.2cm，7行。胜金口遗址出土。

Ch/U 7005（T III V. I. 500） 《大般若波罗蜜多经》卷一八四

10.1×11.1cm，6行。

Ch/U 7006（T III 62） 《一字顶轮王念颂仪轨》

10.7×18.9cm，10行。

Ch/U 7007r（T II 1943） 《梁朝傅大士颂金刚经并序》

15×8.2cm，6行。

参 BTT I，84；KCBT I，184。

Ch/U 7007v 回鹘语收税条令

参 Raschmann 1995a，75，141-142；Moriyasu & Zieme 2003，468。

Ch/U 7008（T III M 117） 《大乘瑜伽金刚性海曼殊室利千臂千钵大教王经》卷三

19×20cm，12行，10世纪以后。木头沟遗址出土。

参 KCBT II，81。

Ch/U 7009（无原编号） 《摩诃般若波罗蜜经》卷七

15.5×9.2cm，5行，约6世纪中—7世纪中。页边有回鹘文。

参 KCBT II，28。

Ch/U 7010a（T II 1715） 《佛说未曾有因缘经》卷上

11.5×8.7cm，2行。

Ch/U 7011（T II 1687） 《大般涅槃经》卷三六

13.2×13.9cm，8行。

Ch/U 7012（T II S） 《放光般若经》卷一二

12.5×18cm，10行，约7世纪中—8世纪末。行间有回鹘语卖物帐或破历文字。胜金口遗址出土。

参 KCBT II，26，图：6/8；Raschmann 1995a，45，70，71，142。

Ch/U 7013（T III 62. 507） 《回诤论》

15.6×9.8cm，6 行，约 7 世纪中—8 世纪末。

参 KCBT II，84。

Ch/U 7014b（T ？M 145）　《大宝积经》卷三五

5 行。

Ch/U 7014c（T ？M 145）　《金光明最胜王经》卷九

7.2×7.2cm，5 行，约 7 世纪中—8 世纪末。

参 KCBT II，78。

Ch/U 7014d（T ？M 145）　《千眼千臂观世音菩萨陀罗尼神咒经》卷下

6 行。

Ch/U 7015（T II 1949）　《放光般若经》卷一一

12.4×7.9cm，3 行。

Ch/U 7016（T II 764）　《大宝积经》卷二一

13.1×11.2cm，6 行，约 7 世纪中—8 世纪末。

参 KCBT II，62。

Ch/U 7017（T I α 1002）　《摩诃般若波罗蜜经》卷二四

12.4×13.1cm，6 行。行间有回鹘文 2 行。高昌故城 α 遗址出土。

Ch/U 7018（T I D 59）　《大般涅槃经》卷一三（南本）

8.2×14.3cm，8 行。高昌故城出土。

Ch/U 7019r（T II T 1962）　《大通方广忏悔灭罪庄严成佛经》卷上

6.7×8.7cm，5 行。与大谷 9068r 同卷。

参《イラン语断片集成》解说编，22；图版编，80。

Ch/U 7019v　粟特语文献残片

6 行。与大谷 9068v 同卷。

参《イラン语断片集成》解说编，22，156；图版编，80。

Ch/U 7020（T III D 1038）　佛典残片

11.7×9.3cm，5 行。高昌故城出土。

Ch/U 7021（T II 1530）　《根本说一切有部毗奈耶颂》卷上

13.4×10.3cm，6 行。

Ch/U 7022r（T II 1731）　《佛本行集经》卷一六

8.6×6.9cm，1 行。与 Ch/U 6089r，Ch/U 7264r 缀合，参看 Ch/U 7264 号。

Ch/U 7022v　回鹘语佛教诗歌

与 Ch/U 6089v，Ch/U 7022v 缀合，参看 Ch/U 7264 号。

Ch/U 7023（T II T 1315）　《放光般若经》卷一二

9.9×9.9cm，6 行，约 4—6 世纪。吐峪沟遗址出土。

参 KCBT II，27，图：6/9。

Ch/U 7024r（T I TM 243）　《佛名经》

27.2×9.2cm，2 行。木头沟遗址出土。

Ch/U 7024v　回鹘语佛教文献

5 行。

参 Radloff 1928，67-68。

Ch/U 7025（T III M 120.503）《妙法莲华经》卷三

10×7.7cm，4行，约7世纪中—8世纪末。木头沟遗址出土。

参 KCBT II，44。

Ch/U 7026（T III 218.10）《妙法莲华经》卷一

5.9×22.8cm，11行。

Ch/U 7027（T II T 1811）《佛说称扬诸佛功德经》卷下

10.8×6.6cm，4行。吐峪沟遗址出土。

Ch/U 7028（T II 4076）《佛说如来智印经》一卷

5行。

Ch/U 7029（T II S 20.510）《妙法莲华经》卷三

12.9×11cm，6行，约7世纪中—8世纪末。胜金口遗址出土。

参 KCBT II，44。

Ch/U 7030（T II T 1164）《回诤论》

15.7×6.2cm，3行，约7世纪中—8世纪末。吐峪沟遗址出土。

参 KCBT II，84。

Ch/U 7031（T II 169）《大通方广忏悔灭罪庄严成佛经》卷下

23.8×9.1cm，4行。

Ch/U 7032（T III D 1016）《妙法莲华经》卷五

6.7×5.8cm，4行。高昌故城出土。

Ch/U 7033（T II T 1398）《贤劫经》卷八

9.7×7.1cm，4行。吐峪沟遗址出土。

Ch/U 7034（T I 538 x）《妙法莲华经》卷六

11.8×9.5cm，5行，约7世纪中—8世纪末。

参 KCBT II，55。

Ch/U 7035（T II T 1449）《大般若波罗蜜多经》卷三一七

7.3×8.2cm，5行。吐峪沟遗址出土。

Ch/U 7036（T II T 1241）《大般若波罗蜜多经》卷三〇九

13.2×8.7cm，5行。吐峪沟遗址出土。

Ch/U 7037（T II 1468）《妙法莲华经》卷一

25×12.3cm，8行，约7世纪中—8世纪末。

参 KCBT II，39。

Ch/U 7038（T II D 304）《大般若波罗蜜多经》卷四三九

16.7×15.9cm，9行。高昌故城出土。

Ch/U 7039（T III M 168）《大般若波罗蜜多经》卷三八一

11.6×19.3cm，10行。木头沟遗址出土。

Ch/U 7040（T II 2068）《大乘大集地藏十轮经》卷七

16.8×19cm，10行，楷书精写，有栏。

Ch/U 7041（T III M 501）《大般若波罗蜜多经》卷四八六

16×18.6cm，11 行，约 9—10 世纪。木头沟遗址出土。

参 KCBT II，26。

Ch/U 7042（T II Y 46）　《金刚般若波罗蜜经》

11.4×11cm，5 行，约 7 世纪中—8 世纪末。交河故城出土。

参 KCBT II，36。

Ch/U 7043（T II S 1013）　《大明度经》卷六

12.4×15.6cm，8 行。胜金口遗址出土。

Ch/U 7044（T II S 516）　《大般若波罗蜜多经》卷二（或卷四〇一）

9 行。胜金口遗址出土。

Ch/U 7045r（T II T 3031）　《舍利弗阿毗昙论》卷一〇

12.9×9.5cm，5 行。吐峪沟遗址出土。

Ch/U 7045v　回鹘语《佛说七俱胝佛母准提大明陀罗尼经》

7 行。

参 BTT XXIII，77，图 41。

Ch/U 7046（T II Y 60.21）　《大通方广忏悔灭罪庄严成佛经》卷下

13.2×12.2cm，8 行，约 7 世纪中—8 世纪末。交河故城出土。

参 KCBT II，85。

Ch/U 7047（T III T 282）　《渐备一切智德经》卷四

14.5×12.3cm，7 行。吐峪沟遗址出土。

Ch/U 7048（T II T 1818）　《妙法莲华经》卷四

11.5×11.1cm，7 行，约 9—10 世纪。吐峪沟遗址出土。

参 KCBT II，50。

Ch/U 7049（T II 1935）　《四分律删繁补阙行事钞》卷中

10.9×11.7cm，8 行。

Ch/U 7050（T III 1022）　《大般涅槃经》卷三

13×13.5cm，7 行，约 7 世纪中—8 世纪末。

参 KCBT II，64。

Ch/U 7051（T II S 1012）　《阿育王传》卷六

14.9×10.7cm，6 行。胜金口遗址出土。

Ch/U 7052r（T II 3007）　《妙法莲华经》卷二

18.5×11cm，4 行，约 7 世纪中—8 世纪末。

参 KCBT I，67。

Ch/U 7052v　回鹘语格言诗

7 行。

参 Tezcan & Zieme 1994，260-261。

Ch/U 7053（T I α）　《妙法莲华经》卷二

13.1×8.5cm，3 行，约 7 世纪中—8 世纪末。

参 KCBT II，43。

Ch/U 7054（T II 1401）　《大般涅槃经》卷三七

13.8×14.3cm，7行。

Ch/U 7055（T III Y 4） 《金刚般若波罗蜜经》

5.9×13.5cm，8行，约7世纪中—8世纪末。交河故城出土。

参 KCBT II，35。

Ch/U 7056（T III M 173.166） 《大般若波罗蜜多经》卷一七三

8.9×16.2cm，9行。木头沟遗址出土。

Ch/U 7057（无原编号） 《妙法莲华经》卷七

8×6.1cm，3行，约7世纪中—8世纪末。

参 KCBT II，60。

Ch/U 7058（无原编号） 《妙法莲华经》卷七

7.5×16.7cm，10行，约7世纪中—8世纪末。

参 KCBT II，57。

Ch/U 7059（T II S 53.503） 《大方广佛华严经》卷一六

13.4×16.9cm，9行，约7世纪中—8世纪末。胜金口遗址出土。

参 KCBT II，61。

Ch/U 7060（T II Y 18.8） 《放光般若经》卷二〇

14.4×16.2cm，9行，约7世纪中—8世纪末。交河故城出土。

参 KCBT II，27。

Ch/U 7061（T II T 1264） 《十地经论初欢喜地》卷之三

14.2×9.3cm，5行。吐峪沟遗址出土。

Ch/U 7062（T II D 93） 《妙法莲华经》卷七

10.6×11.6cm，7行，约7世纪中—8世纪末。高昌故城出土。

参 KCBT I，120。

Ch/U 7063（T II Y 17） 《文殊师利所说摩诃般若波罗蜜经》卷下

6.8×4.2cm，3行。交河故城出土。

Ch/U 7064（T II 1147） 《正法念处经》卷一七

10.3×21.5cm，10行。行间有回鹘文。

Ch/U 7065（T II S 32.2000） 《摩诃般若波罗蜜经》卷六

26.7×14.7cm，7行，约6世纪中—7世纪中。胜金口遗址出土。

参 KCBT I，37。

Ch/U 7066（T II 2051） 《金刚般若波罗蜜经》

14×11.5cm，8行，约7世纪中—8世纪末。

参 KCBT II，36，图：18/24。

Ch/U 7067（T II T 1463） 《大般若波罗蜜多经》卷三〇九

17.4×10.1cm，7行。吐峪沟遗址出土。

Ch/U 7068（T II T 1604） 《大般涅槃经》卷一六

14×11.9cm，6行。吐峪沟遗址出土。

Ch/U 7069（T III 62.1015） 《妙法莲华经》卷二

8×15.6cm，8行，约9—10世纪。

参 KCBT II，41。

Ch/U 7070（无原编号） 《菩萨戒本疏》卷上（新罗沙门义寂述）

8.2×7cm，4 行。页边有回鹘文。

Ch/U 7071（无原编号） 《大般若波罗蜜多经》卷四七

5×6cm，4 行。

Ch/U 7072（无原编号） 《妙法莲华经》卷七

7.3×7cm，3 行，约 9—10 世纪。

参 KCBT II，59。

Ch/U 7073（无原编号） 《大哀经》卷七

8.2×5cm，3 行。

Ch/U 7074r（T III 34.114） 《妙法莲华经》卷一

8.8×10.1cm，6 行。约 7 世纪中—8 世纪末。

参 KCBT II，39。

Ch/U 7074v 回鹘语摩尼教赞美诗

7 行。

参 BTT V，图 XXVI；Wilkens 2000a，239，No. 254。

Ch/U 7075（无原编号） 佛典残片

7.5×2.6cm，2 行。

Ch/U 7076（无原编号） 《妙法莲华经》卷一

9.8×6.3cm，4 行，约 7 世纪中—8 世纪末。

参 KCBT II，38。

Ch/U 7077（T II Y 59.517） 佛典残片

10.4×11.8cm，8 行。交河故城出土。

Ch/U 7078（T II T 1191） 《妙法莲华经》卷七

11.1×10.1cm，5 行，约 7 世纪中—8 世纪末。吐峪沟遗址出土。

参 KCBT II，60。

Ch/U 7079（无原编号） 《大智度论》卷八九

7.1×7.2cm，3 行。

Ch/U 7080（无原编号） 《金光明最胜王经》卷五

4 行。

Ch/U 7081r（T II D 125） 《妙法莲华经马鸣菩萨品第三十》

12.8×13cm，7 行。约 7 世纪中—8 世纪末。高昌故城出土。

参 KCBT II，86。

Ch/U 7081v 回鹘语摩尼教书信

7 行，正面有回鹘文 6 行，书于汉文佛经行间。高昌故城出土。

参 BTT V，48，图 XXVI；Clark 1997，137；Wilkens 2000a，383-384，No. 442。

Ch/U 7082（T II 1721） 《大般若波罗蜜多经》（卷次不详）

8.3×4.7cm，3 行。

Ch/U 7083（T II Y 18） 佛典残片

8.7×8.1cm，5行。交河故城出土。

Ch/U 7084（T II 1285）《众事分阿毗昙论》卷一〇

7.7×9.3cm，5行。

Ch/U 7085（T I 1071）《佛说未曾有因缘经》卷上

15.4×9.9cm，5行。

Ch/U 7086（T II T 1200）《妙法莲华经》卷五

14×13cm，8行，约9—10世纪。吐峪沟遗址出土。

参 KCBT II，54。

Ch/U 7087（T II 2037）《光赞经》卷四

14.1×17.9cm，8行，约6世纪中—7世纪中。

参 KCBT II，27。

Ch/U 7088（T II 780）《妙法莲华经》卷二

11×13.3cm，7行，约9—10世纪。

参 KCBT II，42。

Ch/U 7089（T III T 229）《妙法莲华经》卷六

14.1×13.9cm，9行，约7世纪中—8世纪末。吐峪沟遗址出土。

参 KCBT II，57。

Ch/U 7090（T II T 1596）《大般涅槃经》卷三

12×14.6cm，3行，约7世纪中—8世纪末。吐峪沟遗址出土。

参 KCBT II，72。

Ch/U 7092（T II 2017）《大般若波罗蜜多经》卷五七四

7.1×10.7cm，6行。

Ch/U 7093（T III T 176）《大宝积经》卷五六

7.1×10.5cm，6行。吐峪沟遗址出土。

Ch/U 7094（T II T 1391）《妙法莲华经》卷七

8.1×9.6cm，6行，约7世纪中—8世纪末。行间有回鹘文。吐峪沟遗址出土。

参 KCBT II，60。

Ch/U 7095（T II 1963）《六度集经》卷二

9.8×9.4cm，5行。

Ch/U 7096（T III 273.501）佛典残片

7.6×5.1cm，2行。刻本。

Ch/U 7097（T I 535 x）《妙法莲华经》卷五

11×6.9cm，4行，约7世纪中—8世纪末。

参 KCBT II，53。

Ch/U 7098（T II 4014）《大般涅槃经》卷三

7.1×7.5cm，4行。

Ch/U 7099（T II 1703）《大般若波罗蜜多经》卷三一七

7.1×8cm，5行。

Ch/U 7100（T II 1697）佛典残片

5.2×8.1cm，3 行。

Ch/U 7101（T I D 548） 《摩诃般若波罗蜜经》卷二四

5.8×7.1cm，4 行。行间有回鹘文。高昌故城出土。

Ch/U 7102（T I x 566） 《瑜伽师地论》卷三一

8.1×6.7cm，3 行。

Ch/U 7103（T II Y 18） 佛典残片

11.6×34.3cm，21 行。交河故城出土。

Ch/U 7104（无原编号） 《阿毗达磨顺正理论》卷三八

21.7×11.7cm，6 行。刻本。

Ch/U 7105（T II 1559） 《大般涅槃经》卷一五

9.1×7.4cm，5 行。

Ch/U 7106（T III 1037） 《放光般若经》卷七

14.4×10.6cm，5 行。

Ch/U 7107（T II Y 59.10） 佛典残片

10.3×5.1cm，4 行。交河故城出土。

Ch/U 7108（T I D 560） 佛典残片

13.3×12.3cm，3 行。高昌故城出土。

Ch/U 7109（T III T 595） 《摄大乘论释》卷五

8.8×5.2cm，3 行。吐峪沟遗址出土。

Ch/U 7110（无原编号） 佛曲

29.6×22.7cm，13 行。部分文字与敦煌写本 S.2092vb 佛曲残文略同。

Ch/U 7111（T II Y 14） 《尔雅·释天至释地》（郭璞注）

21.1×15cm，7 行，与 U 560 + Ch/U 6779 + U 564b + U 564a、U 564c 同卷。交河故城出土。

参 荣新江 1997b，393；荣新江 1998b，321；Nishiwaki 2001，39。

Ch/U 7112（T III M 173.161） 《摩诃般若波罗蜜经》卷二一

12.2×11.2cm，6 行，约 6 世纪中—7 世纪中。木头沟遗址出土。

参 KCBT II，28。

Ch/U 7113r（T III 34.71） 《金刚般若波罗蜜经》

12.2×15.2cm，9 行。

Ch/U 7113v 粟特—回鹘语词汇对照表

分两栏书写，计 11 行。

参 Sundermann & Zieme 1981，191-192，图 4。

Ch/U 7114（T II 1984） 《摩诃般若波罗蜜经》卷六

9.9×13.9cm，9 行。

Ch/U 7115（T II 2045） 《大方广佛华严经》卷五九

13.4×15.9cm，9 行。

Ch/U 7116（T II 779） 《究竟一乘宝性论》卷二

16.3×11.5cm，6 行。

Ch/U 7117（T I 1055）　《金刚般若波罗蜜经》

14×22cm，13 行，约 7 世纪中—8 世纪末。

参 KCBT II，35。

Ch/U 7118a，br（T II S 32.6）　《佛说观药王药上二菩萨经》

25.3×20.6cm，两残片上下均为 12 行。胜金口遗址出土。

Ch/U 7118bv　回鹘语《文殊菩萨颂诗》

此号写本已断成上、下二片，回鹘文只写于下面的 b 残片。4 行。

参 BTT XIII，146，图 210；Zieme 1991a，255；Elverskog 1997，128。

Ch/U 7119（T II 1469）　《佛说华手经》卷四

20.1×20cm，12 行。

Ch/U 7120（T I x 564）　佛典残片

8.6×19cm，9 行。

Ch/U 7121（T II S 26）　《大宝积经》卷三九

13.1×22.3cm，12 行。胜金口遗址出土。

Ch/U 7122r（无原编号）《大乘起信论》一卷

20×15.5cm，10 行。双面书写。

Ch/U 7122v　回鹘语佛教故事

13 行。

参 BTT XIII，48-51，图 30。

Ch/U 7123a（T III 218.7）　《大般若波罗蜜多经》卷三一七

7.5×5.8cm，3 行。

Ch/U 7123b（T III 218.7）　《大般若波罗蜜多经》卷三一七

9.6×20.5cm，11 行。

Ch/U 7123c（T III 218.7）　《大般若波罗蜜多经》卷三一七

8×7.9cm，4 行。

Ch/U 7123d（T III 218.7）　《大般若波罗蜜多经》卷三一七

8.3×12.2cm，7 行。

Ch/U 7123e（T III 218.7）　《大般若波罗蜜多经》卷三一七

7.3×5.2cm，3 行。

Ch/U 7123f（T III 218.7）　《大般若波罗蜜多经》卷三一七

Ch/U 7123g（T III 218.7）　《大般若波罗蜜多经》卷三一七

Ch/U 7124（T II T 1599）　《大般涅槃经》卷三一

13.1×6.4cm，3 行，约 6 世纪中—7 世纪中。吐峪沟遗址出土。

参 KCBT II，70。

Ch/U 7125（T II 4032）　《妙法莲华经》卷三

11.1×7.6cm，4 行，约 7 世纪中—8 世纪末。

参 KCBT I，74。

Ch/U 7126（T II T 1271）　《大般涅槃经》卷一一

7.5×7.1cm，2 行。吐峪沟遗址出土。

Ch/U 7127（T II T 2011） 《佛名经》

14.3×8cm，3 行。吐峪沟遗址出土。

Ch/U 7128r（T III 269.101） 《妙法莲华经》卷七

13×8cm，5 行，约 7 世纪中—8 世纪末。行间有回鹘文。

参 KCBT I，123。

Ch/U 7128v 回鹘语佛教文献

参 BTT XIII，57。

Ch/U 7129（T II 1689） 《涅槃经本有今无偈论》一卷

9.5×10cm，6 行。

Ch/U 7130（T III 3012） 《摄大乘论释论》卷三

7.3×10cm，5 行。

Ch/U 7131r（T II T 1841） 《妙法莲华经》卷四

7.5×5.1cm，3 行，约 7 世纪中—8 世纪末。与 Ch/U 6225r、Ch/U 6370r、Ch/U 6388r、Ch/U 6506r、Ch/So 20232r、Ch/U 6294r + 大谷 7122r + 圣彼得堡藏 L 30r 残片均属于同卷。吐峪沟遗址出土。

参 KCBT I，85；《イラン语断片集成》解说编 16，26、119-121。

Ch/U 7131v 粟特语摩尼教文献

3 行。与 Ch/U 6225v、Ch/U 6370v、Ch/U 6388v、Ch/U 6506v、Ch/So 20232v、Ch/U 6294 + 大谷 7122v + 圣彼得堡藏 L 30v 残片均属于同卷。

参《イラン语断片集成》解说编，119-121。

Ch/U 7132（T II T 3039） 《大宝积经》卷一〇

8.2×5.7cm，4 行。吐峪沟遗址出土。

Ch/U 7133（T II 1226） 《摩诃般若波罗蜜经》卷二二

9.1×13.5cm，7 行，约 6 世纪中—7 世纪中。

参 KCBT II，28。

Ch/U 7134（T II D 114） 《妙法莲华经》卷六

9.8×9.9cm，6 行。高昌故城出土。

Ch/U 7135（T II Y 57） 《大般若波罗蜜多经》卷三一九

9.9×8.4cm，9 行。交河故城出土。

Ch/U 7136（T II T 1416） 《五分戒本》

6.5×8.3cm，4 行。吐峪沟遗址出土。

Ch/U 7137（T II T 1753） 《阿毗达磨大毗婆沙论》卷一九五

8.5×7cm，4 行。吐峪沟遗址出土。

Ch/U 7138（T III TV 49.1001） 《阿毗达磨顺正理论》卷一

7.5×22.5cm，8 行，约 9—10 世纪。吐鲁番山前坡地遗址出土。

参 KCBT II，84。

Ch/U 7139（T III 2063） 《妙法莲华经》卷七

12.6×5.6cm，3 行，约 9—10 世纪。

参 KCBT II，58。

Ch/U 7140（T I D 93.50）　《佛说无上依经》卷上

18.4×8.2cm，4行。高昌故城出土。

Ch/U 7141（T I α 524）　《妙法莲华经》卷四

4.8×9.7cm，5行。高昌故城α遗址出土。

Ch/U 7142（T III M 173.104）　佛经杂抄

11.5×7cm，8行。其中有“出《正法念经》”、“出《阿〔难分别经〕》”等文字。木头沟遗址出土。

Ch/U 7143（T II Toyoq）　《金刚上味陀罗尼经》

26.2×6.6cm，5行。吐峪沟遗址出土。

Ch/U 7144（无原编号）　《妙法莲华经》卷一

7.1×8cm，4行，约7世纪中—8世纪末。

参 KCBT I，52。

Ch/U 7145（无原编号）《佛说未曾有因缘经》卷下

13.8×6.2cm，3行。

Ch/U 7146（T II 3008）　《大般涅槃经》卷三〇

12.2×13.6cm，7行，约6世纪中—7世纪中。

参 KCBT II，70。

Ch/U 7147（T II D 276.50）　《妙法莲华经》卷一

10.9×13.2cm，8行，约9—10世纪。高昌故城出土。

参 KCBT II，38。

Ch/U 7148（T I x 502）　《悲华经》卷九

11.3×9.7cm，6行。

Ch/U 7149（T II T 1913）　《大般涅槃经》卷二四

10.9×5.7cm，2行。吐峪沟遗址出土。

Ch/U 7150（T II S）　《大般若波罗蜜多经》卷二〇三

13.3×18cm，11行，约7世纪中—8世纪末。胜金口遗址出土。

参 KCBT II，22。

Ch/U 7151（T II 758）　《大般若波罗蜜多经》卷一八五

17.6×17.8cm，11行。行间有回鹘文。

Ch/U 7152（无原编号）　《大智度论》卷五一

10.3×7.7cm，4行。

Ch/U 7153（T II T 1273）　《萨婆多部毗尼摩得勒伽》卷六

8.4×9.1cm，5行。吐峪沟遗址出土。

Ch/U 7154（T III 1138）　《放光般若经》卷一三

10.7×14cm，8行，约7世纪中—8世纪末。

参 KCBT I，35。

Ch/U 7155a（无原编号）　佛典残片

5.9×5.7cm，3行。

Ch/U 7155b（无原编号）　佛典残片

7.5×5.9cm，3 行。

Ch/U 7156（T III T 480）　《妙法莲华经》卷三

8.7×12.8cm，6 行，约 7 世纪中—8 世纪末。吐峪沟遗址出土。

参 KCBT I，71。

Ch/U 7157a（无原编号）　佛典残片

6.1×2.4cm，1 行。

Ch/U 7157b（无原编号）　佛典残片

2.1×2.5cm，3 行。

Ch/U 7157c（无原编号）　佛典残片

2.7×2cm，1 行。

Ch/U 7157d（无原编号）　佛典残片

3.6×3.1cm，1 行。

Ch/U 7157e（无原编号）　佛典残片

2.1×2cm，1 行。

Ch/U 7157f（无原编号）　佛典残片

4.1×2cm，1 行。

Ch/U 7157g（无原编号）　佛典残片

4×2cm，1 行。

Ch/U 7157h（无原编号）　佛典残片

3.7×2.9cm，1 行。

Ch/U 7157i（无原编号）　佛典残片

4.3×4.4cm，1 行。

Ch/U 7158（T II T 1189）　《放光般若经》卷二〇

15.9×8.3cm，3 行。吐峪沟遗址出土。

Ch/U 7159（T II D 335）　《大般涅槃经》卷一一

8×9.8cm，5 行。高昌故城出土。

Ch/U 7160（无原编号）　《摩诃般若波罗蜜经》卷二二

9.3×5cm，3 行。

Ch/U 7161（T II T 512）　《维摩诘所说经》卷中

12.6×16cm，行。吐峪沟遗址出土。

Ch/U 7162（无原编号）　佛典残片

7.4×4.8cm，2 行。

Ch/U 7163（T II T 3035）　《佛说佛名经》卷一

11.7×12cm，5 行。吐峪沟遗址出土。

Ch/U 7164（T II T 1175）　《妙法莲华经》卷二

15×5cm，3 行，约 9—10 世纪。吐峪沟遗址出土。

参 KCBT II，43。

Ch/U 7165r（T II S 73.500）　《大宝积经》卷九九

13.3×14.4cm，9 行。与 Ch/U 7530r 可以缀合。胜金口遗址出土。

Ch/U 7165v 回鹘语新年祈祷文

与 Ch/U 7530v 可以上下缀合，计 27 行。

参 Zieme 1984a，337-346，图 3。

Ch/U 7166（T III 62. 1012） 《大般若波罗蜜多经》卷五〇〇

9. 8 × 13. 5cm，7 行。

Ch/U 7167（T II S 528） 《大方等大集经》卷二七

13. 5 × 10. 6cm，6 行。行间、页边有回鹘文。胜金口遗址出土。

Ch/U 7168（T II T 1873） 《妙法莲华经》卷六

10. 5 × 6. 3cm，4 行，约 7 世纪中—8 世纪末。吐峪沟遗址出土。

参 KCBT II，55。

Ch/U 7169（T III T 3030） 《大般若波罗蜜多经》卷一七三

13. 5 × 13cm，7 行，约 7 世纪中—8 世纪末。吐峪沟遗址出土。

参 KCBT II，21。

Ch/U 7170（T II 4031） 《金光明经》卷三

10. 5 × 6. 7cm，4 行，约 7 世纪中—8 世纪末。

参 KCBT I，153。

Ch/U 7171（T I 573） 《大般涅槃经》卷一二

13. 2 × 13. 1cm，7 行。

Ch/U 7172（T III T 201） 《妙法莲华经》卷五

12. 1 × 10cm，5 行，约 7 世纪中—8 世纪末。吐峪沟遗址出土。

参 KCBT II，52。

Ch/U 7173（T I 1057） 《大般涅槃经》卷一五

10. 3 × 9. 7cm，5 行。行间有回鹘文。

Ch/U 7174（T III T 202） 《妙法莲华经》卷四

12. 6 × 13. 9cm，8 行，约 9—10 世纪。吐峪沟遗址出土。

参 KCBT I，87。

Ch/U 7175（T TV B 64. 101） 《大智度论》卷一六

15 × 12. 8cm，6 行。吐鲁番山前坡地遗址出土。

Ch/U 7176（T II D 56. 500） 《妙法莲华经》卷四

14. 1 × 20. 3cm，12 行，约 7 世纪中—8 世纪末。高昌故城出土。

参 KCBT I，89。

Ch/U 7177（T III 62. 516） 《大般若波罗蜜多经》卷五二五

14. 3 × 15. 3cm，8 行。

Ch/U 7178（T II D 104. 50） 《经律异相》卷一八

11 × 8. 6cm，5 行。高昌故城出土。

Ch/U 7179r（T II T 1612） 《金光明最胜王经》卷二

12. 5 × 5. 9cm，4 行。吐峪沟遗址出土。

Ch/U 7179v 回鹘语摩尼教《君主赞美诗》

2 行。

参 BTT V，24，图 LIV；Asmussen 1965，133；Clark 1997，127；Wilkens 2000a，301-302，No. 336。

Ch/U 7180（T III 293） 《添品妙法莲华经》卷二

8×11.8cm，7 行。

Ch/U 7181（T III 75.504） 《妙法莲华经》卷六

14.5×8.2cm，5 行，约 9—10 世纪。

参 KCBT II，56。

Ch/U 7182（T II T 3034） 《阿毗达磨大毗婆沙论》卷一五

7.7×9.4cm，5 行。吐峪沟遗址出土。

Ch/U 7183r（T I D） 《添品妙法莲华经》卷六

10.7×22.6cm，12 行。高昌故城出土。

Ch/U 7183v 回鹘语摩尼教戒律文献

10.6×22.7cm，15 行。

参 BTT V，48，图 XXIV；Clark 1997，137；Wilkens 2000a，88，No. 64。

Ch/U 7184（无原编号） 佛典残片

2.5×19.2cm，10 行，有双行小字注。行间有回鹘文。

Ch/U 7185（T II S 30.500） 《妙法莲华经》卷七

12.9×23.6cm，14 行，约 7 世纪中—8 世纪末。胜金口遗址出土。

参 KCBT I，107。

Ch/U 7186（T III 269.104） 《四分律》卷三四

13×18cm，11 行。

Ch/U 7187（T III） 《金刚般若波罗蜜经》

13.2×10.7cm，6 行，约 7 世纪中—8 世纪末。

参 KCBT II，36。

Ch/U 7188（T II T 1860） 佛典残片

13.2×11.5cm，7 行。吐峪沟遗址出土。

Ch/U 7189r（T I 1044） 《妙法莲华经》卷四

13×16.1cm，9 行，约 7 世纪中—8 世纪末。

参 KCBT II，51。

Ch/U 7189v 回鹘语《佛本生故事》

较完整刻本，30 行。

参 BTT XIII，65，图 53。

Ch/U 7190（T III T 196） 《大般若波罗蜜多经》卷二〇四

14×15.5cm，8 行，约 9—10 世纪。吐峪沟遗址出土。

参 KCBT II，22。

Ch/U 7191a（T II S 521） 《妙法莲华经》卷七

9.1×10.7cm，6 行，约 7 世纪中—8 世纪末。胜金口遗址出土。

参 KCBT II，59。

Ch/U 7191b（T II S 521） 《妙法莲华经》卷七

7.8×4.1cm，2行，约7世纪中—8世纪末。胜金口遗址出土。

参 KCBT II，58。

Ch/U 7191c（T II S 521）　《妙法莲华经》卷七

8.3×4.5cm，2行，约7世纪中—8世纪末。胜金口遗址出土。

参 KCBT I，58。

Ch/U 7192（无原编号）　《沙弥十戒法并威仪》一卷

12.8×5cm，2行。

Ch/U 7193r（无原编号）　《文殊师利所说摩诃般若波罗蜜经》卷下

10.5×5.9cm，4行。

Ch/U 7193v　回鹘语《医理精华》

参 Zieme 2006a，2。

Ch/U 7194（无原编号）　《大般若波罗蜜多经》卷三〇九

13.4×6.1cm，3行。

Ch/U 7195（T III M 173.137）　《摄大乘论》卷下

15.7×20.1cm。木头沟遗址出土。

Ch/U 7196r（无原编号）　《摩诃般若波罗蜜经》卷二四

13×6.4cm，4行。

Ch/U 7196v　回鹘语摩尼教书信残片

与 Ch/U 6890、Ch/U 7247 属同一写本。5行。

参 Clark 1997，132；Wilkens 2000a，382，No. 440。

Ch/U 7197（无原编号）　《金刚般若波罗蜜经》

7.4×6.5cm，4行，约7世纪中—8世纪末。

参 KCBT II，36。

Ch/U 7198（T I D 551）　《妙法莲华经》卷五

13.6×22.8cm，11行，约7世纪中—8世纪末。高昌故城出土。

参 KCBT I，95。

Ch/U 7199（T II S 523）　《佛本行集经》卷五

15×10.1cm，6行，约7世纪中—8世纪末。胜金口遗址出土。

参 KCBT II，17。

Ch/U 7200（T II T 1247）　《佛说佛名经》卷七

11.4×15.6cm，4行。行间有回鹘文。吐峪沟遗址出土。

Ch/U 7201（T III T）　《金刚般若波罗蜜经》

15×10.3cm，5行。吐峪沟遗址出土。

Ch/U 7202r（T III 73）　《添品妙法莲华经》卷六

10.8×13.4cm，8行，约7世纪中—8世纪末。

参 KCBT I，126。

Ch/U 7202v　粟特—回鹘语词汇对照表

6行。

参 Sundermann & Zieme 1981，191，图3。

Ch/U 7203（T II 1802）　《金光明经》卷三

13×11.8cm，7行，约7世纪中—8世纪末。

参 KCBT I，152。

Ch/U 7204（T III T 237）　《大般若波罗蜜多经》（卷数不详）

8.2×9.2cm，6行。吐峪沟遗址出土。

Ch/U 7205（T II T 2036）　《阿毗达磨大毗婆沙论》卷五三

17.5×9.9cm，6行。吐峪沟遗址出土。

Ch/U 7206（T III 66）　《道行般若经》卷八

10×6.7cm，4行。

Ch/U 7207（T III T 349）　《得无垢女经》

14.1×17cm，9行。吐峪沟遗址出土。

Ch/U 7208（T III T 286）　《佛说华手经》卷四

14.2×8.3cm，4行。吐峪沟遗址出土。

Ch/U 7209r（T II 3009）　《金光明最胜王经》卷二

14.6×11.2cm，6行。

Ch/U 7209v　回鹘语《中阿含经》

10行，中间夹写汉字。

参 Kudara & Zieme 1990，141-143，图5；Elverskog 1997，18-19。

Ch/U 7210（T II 3042）　《小品般若波罗蜜经》卷五

12.7×9.2cm，5行。

Ch/U 7211（无原编号）　《佛说灌顶随愿往生十方净土经》卷一一

11.3×18.3cm，9行。

Ch/U 7212（T II T 1194）　《佛说观佛三昧海经》卷一〇

12.9×10.2cm，6行。吐峪沟遗址出土。

Ch/U 7213r（无原编号）《妙法莲华经》卷七

13.5×5cm，3行，约7世纪中—8世纪末。

参 KCBT II，58；松井太2003，63-64，71（图）。

Ch/U 7213v　回鹘语猴年（1320?）供应面粉等令文

3行。有方印2方。

参 松井太2003，63-64，71（图）。

Ch/U 7214（无原编号）　《佛说称扬诸佛功德经》卷下

14.7×5.4cm，3行。

Ch/U 7215r（无原编号）　《摩诃般若波罗蜜经》卷一

17.5×9.5cm，5行。

参 山田信夫1993c，图84。

Ch/U 7215v　回鹘语借棉布契

上下缺，6行。

参 山田信夫1965，102，107，119，120，123，126；山田信夫1993b，93-94；山田信夫1993c，图83；李经纬 1995c，32-33；Raschmann 1995a，81，84，142；李

经纬 1996b，107-108。

Ch/U 7216（T II 1724） 佛典残片

18.5×6.6cm，3行。

Ch/U 7217（T II T 1480） 佛典残片

12.6×4.3cm，2行。刻本。页边有回鹘文。吐峪沟遗址出土。

Ch/U 7218（T II S 29.500） 《不退转法轮经》卷四

6.8×6.2cm，4行。胜金口遗址出土。

Ch/U 7219（T II S 1016） 《妙法莲华经》卷二

9.3×5cm，3行。胜金口遗址出土。

Ch/U 7220（T II Y 59.513） 《金刚般若波罗蜜经》

8.7×2.5cm，1行。交河故城出土。

Ch/U 7221（T II T 1948） 《妙法莲华经》卷六

6×9.5cm，5行，约7世纪中—8世纪末。吐峪沟遗址出土。

参 KCBT II，55。

Ch/U 7222（T II S 32.509） 佛典残片

7.5×4cm，2行。胜金口遗址出土。

Ch/U 7223（T III T 236） 《金刚仙论》卷四

9.3×8.6cm，4行。吐峪沟遗址出土。

Ch/U 7224r（T II 1184） 《大方广佛华严经》卷四八

16.9×11cm，6行。

Ch/U 7224v 粟特语摩尼教譬喻文书

7行。

参 BTT XV，5-10，19，图1。

Ch/U 7225（T III T 1261） 《金刚般若波罗蜜经》

14.6×14.4cm，8行，约7世纪中—8世纪末。吐峪沟遗址出土。

参 KCBT II，36。

Ch/U 7226a（T III T 235） 《大般涅槃经》卷二九

3.6×4.5cm，3行。行间有回鹘文。吐峪沟遗址出土。

Ch/U 7226b（T III T 235） 《大般涅槃经》卷二九

4.3×5.8cm，3行。行间有回鹘文。吐峪沟遗址出土。

Ch/U 7226c（T III T 235） 《大般涅槃经》卷二九

9.3×6.4cm，3行。吐峪沟遗址出土。

Ch/U 7227（T I 1058） 佛典残片

7行。

Ch/U 7228（T II T 2022） 《佛说灌顶七万二千神王护比丘咒经》卷一二

11.8×4.9cm，4行，约9—10世纪。吐峪沟遗址出土。

参 KCBT II，81。

Ch/U 7229（T II D 96.51） 《大般若波罗蜜多经》卷二一五

11×6.2cm，4行，约7世纪中—8世纪末。高昌故城出土。

参 KCBT II，22。

Ch/U 7230r（无原编号） 《大般若波罗蜜多经》卷四〇七

14.5×21.8cm，13 行。

Ch/U 7230v 回鹘语佛经残片

参 BTT XIII，104。

Ch/U 7231（T III 80.50） 《大方广佛华严经》卷五八

15.4×15cm，8 行。

Ch/U 7232（无原编号） 《沙弥十戒法并威仪》一卷

12.7×6.9cm，4 行。

Ch/U 7233（T I D） 《大方广佛华严经》卷四六

12.9×7cm，4 行。高昌故城出土。

Ch/U 7234（无原编号） 《大般若波罗蜜多经》卷一〇八

13×9.6cm，6 行，约 7 世纪中—8 世纪末。

参 KCBT II，20。

Ch/U 7235a（无原编号） 《妙法莲华经》卷七

11.5×10.7cm，7 行，约 7 世纪中—8 世纪末。

参 KCBT II，60。

Ch/U 7235b（无原编号） 《妙法莲华经》卷七

8.5×6cm，4 行，约 7 世纪中—8 世纪末。

参 KCBT II，60。

Ch/U 7236（无原编号） 《大般若波罗蜜多经》卷一〇八

13×10cm，5 行，约 7 世纪中—8 世纪末。

参 KCBT II，21。

Ch/U 7237（无原编号） 《阿毗达磨大毗婆沙论》卷一九五

14.5×5.8cm，4 行。

Ch/U 7238（T I x 553） 《妙法莲华经》卷三

7.6×11.3cm，6 行，约 7 世纪中—8 世纪末。行间有回鹘文。

参 KCBT II，48。

Ch/U 7239（T I D） 《大方广佛华严经》卷四六

12.9×10.2cm，6 行。高昌故城出土。

Ch/U 7240（T I D 52） 《大宝积经》卷五六

11.1×14cm，7 行。高昌故城出土。

Ch/U 7241（T II 766） 《中阿含经》卷二七

12.4×21.5cm，13 行，约 7 世纪中—8 世纪末。行间有回鹘文。

参 KCBT I，20。

Ch/U 7242（T I x 551） 《贤愚经》卷一〇

11×9.2cm，5 行。行间有回鹘文。

Ch/U 7243（T I D） 《阿毗达磨大毗婆沙论》卷一九五

10×9.2cm，5 行。高昌故城出土。

Ch/U 7244（T II T 1186）《大乘理趣六波罗蜜多经》卷九

15.9×8.3cm，5行。刻本。吐峪沟遗址出土。

Ch/U 7245（T I 1003）《大乘理趣六波罗蜜多经》卷二

8.8×10.5cm，4行。刻本。

Ch/U 7246（T II T 1182）《大乘理趣六波罗蜜多经》卷二

13.6×17.8cm，5行。刻本。吐峪沟遗址出土。

Ch/U 7247r（无原编号）《摩诃般若波罗蜜经》卷二四

18.7×17.1cm，9行。

Ch/U 7247v 回鹘语摩尼教文献

与Ch/U6890、Ch/U7196属同一写本。8行。

参 Clark 1997，132；Wilkens 2000a，383，No. 441。

Ch/U 7248（无原编号）《金光明经》卷一

14.4×17.1cm，9行。

Ch/U 7249（T III T 248）《佛说佛名经》卷七

20.6×15.4cm，6行。吐峪沟遗址出土。

Ch/U 7250（T II 1728）《妙法莲华经》卷四

14.9×7.5cm，4行，约7世纪中—8世纪末。

参 KCBT II，49，图23/34。

Ch/U 7251（T II 781）《菩萨璎珞经》卷二

14.7×13.5cm，7行，约7世纪中—8世纪末。

参 KCBT II，75。

Ch/U 7252（无原编号）《放光般若经》卷二

16×9.1cm，5行。

Ch/U 7253（无原编号）《解深密经》卷五

11.1×14.1cm，9行。

Ch/U 7254（T III S 67.505）《大般涅槃经》卷六

16.6×16.2cm，9行，约7世纪中—8世纪末。行间有回鹘文。胜金口遗址出土。

参 KCBT I，139。

Ch/U 7255（T III T 504）《维摩诘所说经》卷中

19.7×13.5cm，8行。行间有回鹘文。吐峪沟遗址出土。

Ch/U 7256（T II S 32）《妙法莲华经》卷一

13.3×11.1cm，6行，约7世纪中—8世纪末。胜金口遗址出土。

参 KCBT I，55。

Ch/U 7257（T II 1803）《道行般若经》卷二

7.8×9.6cm，5行。

Ch/U 7258（无原编号）《妙法莲华经》卷四

26×16.1cm，9行，约7世纪中—8世纪末。

参 KCBT I，83。

Ch/U 7259（无原编号）《妙法莲华经》卷二

13.7×11.1cm，5 行，刻本。

参 KCBT II，42。

Ch/U 7260r（T II S 119）　《大通方广忏悔灭罪庄严成佛经》卷下

23.5×9.5cm，4 行。胜金口遗址出土。

Ch/U 7260v　回鹘语密教文献残片

9 行。

参 BTT VII，70，图 36；Elverskog 1997，105。

Ch/U 7261（T III 1196）　《如来方便善巧咒经》

7.5×11.8cm，7 行。

Ch/U 7262r（T III 1137）　《正法念处经》卷二六

7.5×14.4cm，8 行。

Ch/U 7262v　回鹘语《长阿含经》

18 行。中间夹写汉字。

参 Kudara & Zieme 1983，276-281，图 6；Elverskog，J. 1997，17。

Ch/U 7263a（T III 62）　《大般若波罗蜜多经》卷三八一

3 行。

Ch/U 7263b（T III 62）　《大宝积经》卷一三

2 行。

Ch/U 7264r（无原编号）　《佛本行集经》卷一六

13.2×10.2cm，5 行。与 Ch/U 6089r、Ch/U 7022r 可以缀合，计 8 行。

Ch/U 7264v　回鹘语佛教诗歌

与 Ch/U 6089v、Ch/U 7022v 缀合，计 16 行。

参 BTT XIII，148-149，图 213；Zieme 1991a，205；Elverskog 1997，126。

Ch/U 7265（无原编号）　《十诵律》卷四二

12.2×11.2cm，6 行。

Ch/U 7266（T III 2077）　《大般涅槃经》卷四

11.5×9.4cm，5 行。

Ch/U 7267（无原编号）　《五分律》卷六

18.9×6.9cm，3 行。

Ch/U 7268a（无原编号）　《中论》卷一

5.4×10.4cm，6 行。

Ch/U 7268b（T I D 51）　《中论》卷一

4.8×4cm，2 行。高昌故城出土。

Ch/U 7269（T III 62）　《阿毗达磨顺正理论》卷二二

10.4×15.2cm，8 行。

Ch/U 7270（T II 2084）　《大方便佛报恩经》

15.8×5.3cm，2 行。

Ch/U 7271av（T III 75（M 5））　《妙法莲华经》卷五

6.6×7.8cm，5 行，约 7 世纪中—8 世纪末。

参 KCBT II，53。

Ch/U 7271b（无原编号） 佛典残片

9.5×4.4cm，3行。

Ch/U 7272（T III M 173.159） 《金光明最胜王经》卷七

12.6×11.3cm，5行。页边有回鹘文。木头沟遗址出土。

Ch/U 7273（T III M 173.103） 《金光明最胜王经》卷五

13.9×9.8cm，4行。木头沟遗址出土。

Ch/U 7274（T III M 121.501） 《根本说一切有部百一羯磨》卷五

10.5×7.2cm，6行。木头沟遗址出土。

Ch/U 7275（T II 2022） 佛典残片

11.1×7.7cm，4行。

Ch/U 7276r（T III D 318） 《妙法莲华经》卷五

9.9×8cm，5行。高昌故城出土。

Ch/U 7276v 残书首

3行，刻本。存编纂官题名两残行。2行所记"太禧宗禋院"，为元代所置。

参 荣新江 1998b，321；Nishiwaki 2001，85。

Ch/U 7277（T I D 1039） 《大般涅槃经》卷二二

10.9×11.4cm，6行，约7世纪中—8世纪末。高昌故城出土。

参 KCBT II，68。

Ch/U 7278（T II 1037） 《四分律比丘含注戒本》卷中

15×8.1cm，4行。

Ch/U 7279（T II Y 17.1） 《一切经音义》卷六《妙法莲华经》卷三（玄应）

8.1×5cm，4行。上面可以与 Ch/U 6784 直接缀合。见 Ch/U 6782d 号。交河故城出土。

参 荣新江 1997a，269；荣新江 1997b，393-394；西胁常记 1997b，93-94，图 15；荣新江 1998b，321；Nishiwaki2001，105；西胁常记 2002，60-62，图 15；荣新江 2005，273-274；徐时仪 2005，42。

Ch/U 7280（T I D 51.507） 《妙法莲华经》卷六

6×6.7cm，4行，约7世纪中—8世纪末。高昌故城出土。

参 KCBT II，56。

Ch/U 7281r（T I D 556） 《佛说立世阿毗昙论》卷二

12.2×14.3cm，8行。高昌故城出土。

Ch/U 7281v 回鹘语《大黑天颂诗》

11行。高昌故城出土。

参 BTT XIII，146-147，图 211；Zieme 1991a，255-256；Elverskog 1997，128。

Ch/U 7282（T III 2001） 《大智度论》卷八九

10.9×5.4cm，3行。

Ch/U 7283（M 5） 《不退转法轮经》卷一

9.2×9.9cm，6行。

Ch/U 7284（T II 776） 《大宝积经》卷七〇

11.4×18.9cm，10 行。

Ch/U 7285（T II T 1384） 《大般若波罗蜜多经》卷一一二

7.1×13.3cm，8 行，约 7 世纪中—8 世纪末。吐峪沟遗址出土。

参 KCBT II，21。

Ch/U 7286a（T III 62） 《回诤论》

15.5×9.1cm，5 行，约 7 世纪中—8 世纪末。

参 KCBT II，84。

Ch/U 7286b（T III 62） 佛典残片

4.5×3.2cm，1 行。

Ch/U 7287（无原编号） 《大般涅槃经》卷四〇

11.1×10.6cm，6 行。

Ch/U 7288（T II S 519） 《梁朝傅大士颂金刚经并序》

15.5×12.5cm，7 行，约 9—10 世纪。胜金口遗址出土。

参 BTT I，84；KCBT I，183。

Ch/U 7289（无原编号） 《妙法莲华经》卷四

6×4.6cm，2 行，约 7 世纪中—8 世纪末。

参 KCBT II，47。

Ch/U 7290（T I 569） 《信力入印法门经》卷四

14.6×12.8cm，7 行。

Ch/U 7291a（T III M 131） 《阿毗达磨大毗婆沙论》卷一五

8.9×6.2cm，4 行。与 Ch/U 7291b 缀合。木头沟遗址出土。

Ch/U 7291b（T III M 131） 《阿毗达磨大毗婆沙论》卷一五

15.9×10.9cm，6 行。与 Ch/U 7291a 缀合。木头沟遗址出土。

Ch/U 7292（T II T 1464） 《大乘密严经》卷下

14.3×17.8cm，4 行，尾题存，下有绘佛像。约 7 世纪中—8 世纪末。吐峪沟遗址出土。

参 KCBT I，159。

Ch/U 7293（T III 66） 《佛说除恐灾患经》

16.2×15.3cm，8 行。

Ch/U 7294（T II T 2038） 《大般涅槃经》卷五

6.8×6.7cm，4 行。吐峪沟遗址出土。

Ch/U 7295（T II T 1419） 《妙法莲华经》卷五

5.4×8.1cm，4 行。吐峪沟遗址出土。

Ch/U 7296（T I α 31） 《千字文》

12.9×21.4cm，8 行，下接 Ch/U 6925。字大，不佳，有栏。

参 Nishiwaki 2001，55。

Ch/U 7297（T III M 163.500） 《渐备一切智德经》卷三

7×7cm，4 行。木头沟遗址出土。

Ch/U 7298（T II S 1038） 《佛说佛名经》卷九

11.7×11.6cm，7行。胜金口遗址出土。

Ch/U 7299（T II 2038） 《大智度论》卷二八

14.5×13.8cm，8行。

Ch/U 7300（T II T 1824） 《大智度论》卷七二

9.3×5.7cm，3行。吐峪沟遗址出土。

Ch/U 7301（T I 1019） 《佛说华手经》卷二

10.8×6cm，3行。

Ch/U 7302（T III T 477） 《妙法莲华经》卷七

9.1×8.2cm，3行。吐峪沟遗址出土。

Ch/U 7303（T III T 1254） 《大般涅槃经》卷一二

13×15.1cm，9行。吐峪沟遗址出土。

Ch/U 7304（T III T 200） 《大般涅槃经》卷二

21.9×12.6cm，7行，约4—6世纪中。吐峪沟遗址出土。

参 KCBT II，63。

Ch/U 7305（无原编号） 佛典残片

5.1×5.7cm，4行。

Ch/U 7306（M 151） 《阿毗达磨大毗婆沙论》卷一五

11.7×12.7cm，7行。与Ch/U 7291a、b同卷。

Ch/U 7307（无原编号） 《大智度论》卷九五

24.6×25.2cm，13行。

Ch/U 7308（T II S 60） 《佛说长阿含经》卷一九

16×21.1cm，12行。胜金口遗址出土。

Ch/U 7309（T III 2047） 藏经欠本目录

12.8×6.2cm，7行，楷书精写。

参 荣新江1998b，321；Nishiwaki 2001，126-127。

Ch/U 7310（T III 2086） 《大通方广忏悔灭罪庄严成佛经》卷下

5行。

Ch/U 7311（T III T 587） 《四分律删繁补阙行事钞》卷中

11.2×3.6cm，3行。吐峪沟遗址出土。

Ch/U 7312（T II 1720） 《妙法莲华经》卷五

5.3×7.5cm，5行，约7世纪中—8世纪末。行间有回鹘文。

参 KCBT II，54。

Ch/U 7313（T II Y 17） 《成唯识论述记》卷七

8.8×15.5cm，10行。行书。交河故城出土。

Ch/U 7314（T II S 69） 《贤愚经》卷六

16.7×4.6cm，3行。胜金口遗址出土。

Ch/U 7315（T II 526.73） 《大乘大集地藏十轮经》卷一〇

9.7×12.1cm，6行。

Ch/U 7316（T II S 32 a. 1000） 《一切如来大秘密王未曾有最上微妙大曼拏罗经》卷四

17.4×10.4cm，4行，刻本。胜金口遗址出土。

参 KCBT I，161；中村菊之进1990，45、55。

Ch/U 7317（T I α） 《大宝积经》卷七〇

11.3×12.3cm，7行。

Ch/U 7318（II S 1022） 佛典残片

13.7×20.5cm，13行，4行有"慈恩决云"数字。行间有回鹘文。胜金口遗址出土。

Ch/U 7319（T III 62） 《大般若波罗蜜多经》卷二四二

13.3×19.8cm，11行，约7世纪中—8世纪末。

参 KCBT II，23。

Ch/U 7320（T II 2043） 《大般涅槃经》卷六

12.9×19.5cm，10行。

Ch/U 7321（T II S 26） 《大般若波罗蜜多经》卷二

15.1×19.1cm，11行。胜金口遗址出土。

Ch/U 7322r（T II 773） 《杂阿含经》卷三一

16.1×18.7cm，11行。

Ch/U 7322v 回鹘语佛教悼亡诗

48行。

参 BTT XIII，151-153，图216；Zieme 1991a，301；Elverskog 1997，127。

Ch/U 7323（无原编号） 《大般涅槃经》卷五

17.3×32.5cm，19行，约9—10世纪。

参 KCBT II，64。

Ch/U 7324（T III T 1257） 《大智度论》卷六

12.8×12.9cm，7行。吐峪沟遗址出土。

Ch/U 7325r（T III 1183） 《佛本行集经》卷五五

14.5×5.7cm，3行。刻本。

参 KCBT II，18。

Ch/U 7325v 回鹘语文书

参 Raschmann 1995a，86，143。

Ch/U 7326（T III 62. 1021） 《大般若波罗蜜多经》卷二七八

11.1×12.6cm，7行。刻本。

Ch/U 7327（无原编号） 《杂阿含经》卷三

20.8×2.9cm，1行。刻本。

Ch/U 7328（T III 34. 75） 《妙法莲华经》卷七

11.2×15.2cm，7行。刻本。

Ch/U 7329（T II T 1290） 《中阿含经》卷四五

14.4×7.9cm，4行。刻本，页边有回鹘文。吐峪沟遗址出土。

Ch/U 7330（T II T 1992） 《大般若波罗蜜多经》（卷次不详）

8.2×6.8cm，3行。吐峪沟遗址出土。

Ch/U 7331（无原编号） 《妙法莲华经》卷三

13.5×7.2cm，5行，刻本。

参 KCBT I，78。

Ch/U 7332（无原编号） 《金光明最胜王经》卷二

7.2×8.7cm，4行。刻本。

Ch/U 7333r（T II T 1266） 《中阿含经》卷五二

24×4.7cm，3行。刻本。吐峪沟遗址出土。

Ch/U 7333v 回鹘语佛教文献

参 BTT XIII，114。

Ch/U 7334r（无原编号） 《大般若波罗蜜多经》卷四五

14.1×11.1cm，7行。刻本。

Ch/U 7334v 回鹘语文书

7行，又4行文字写于正面汉文中间。

参 Raschmann 1995a，39，45，70，71，88，143-144。

Ch/U 7335（无原编号） 佛典残片

6.8×2.6cm，1行。刻本。

Ch/U 7336（T II T 1490） 《杂阿含经》卷六

8.8×5.1cm，3行。刻本。吐峪沟遗址出土。

Ch/U 7337（T II T 1956） 《增一阿含经》卷九

8.4×13.5cm，6行。刻本。吐峪沟遗址出土。

Ch/U 7338（T II Y 46.21） 《金光明最胜王经》卷五

9.3×8.3cm，4行。刻本。交河故城出土。

Ch/U 7339（T II T 1869） 《四分律》卷五五

7.8×3.6cm，2行。刻本。吐峪沟遗址出土。

Ch/U 7340（T II D 28） 《正法念处经》卷八

9.8×9.5cm，5行。刻本。高昌故城出土。

Ch/U 7341（T II T 1944） 《金光明最胜王经》卷五

10.6×7.9cm，4行。刻本。吐峪沟遗址出土。

Ch/U 7342（T III T 532） 《金光明最胜王经》卷五

7.7×14cm，7行。刻本。吐峪沟遗址出土。

Ch/U 7343（T II D 330） 佛典残片

7.3×9.3cm，4行。刻本。高昌故城出土。

Ch/U 7344（T III 62.1018） 《妙法莲华经》卷四

16.6×12.2cm，6行。刻本。

Ch/U 7345r（T III 2079） 《阿毗达磨大毗婆沙论》卷八〇

16.2×13.9cm，7行。刻本。

Ch/U 7345v 回鹘语文书

参 Raschmann 1995a，54，144。

Ch/U 7346（T I D 1029） 佛典残片

9.3×6.7cm，3 行。刻本。高昌故城出土。

Ch/U 7347（T II T 1838） 《金光明最胜王经》卷五

5.7×8.5cm，5 行。刻本。吐峪沟遗址出土。

Ch/U 7348（T II 5003） 《妙法莲华经》卷三

15.3×9.8cm，6 行，刻本。

参 KCBT I，75。

Ch/U 7349（无原编号） 《杂阿含经》卷四七

13.2×11.1cm，6 行。刻本。

Ch/U 7350（T II 5003） 《阴持入经》卷下

9.7×7.1cm，3 行。刻本。

Ch/U 7351（T I D 542） 《大般若波罗蜜多经》卷四四五

6.6×6.4cm，3 行。刻本。高昌故城出土。

Ch/U 7352（无原编号） 《中阿含经》卷四二

5.9×7.5cm，3 行。刻本。

Ch/U 7353（T II 1480） 《大方等陀罗尼经》卷一

25.1×7.5cm，4 行。刻本。纸被剪成鞋样，表明非佛教信徒所为。

Ch/U 7354（T II T 1658） 佛典残片

7.8×14.8cm，8 行。刻本。吐峪沟遗址出土。

Ch/U 7355（T III 218.9） 《杂阿含经》卷六

9.6×5.7cm，3 行。刻本。

Ch/U 7356（T II D 28.51） 《佛母大孔雀明王经》卷上

7.5×6.2cm，4 行。刻本。高昌故城出土。

Ch/U 7357（T II 1690） 《摩诃般若波罗蜜经》卷三

10.2×4.3cm，2 行。刻本。

Ch/U 7358（T II T 1972） 《金光明最胜王经》卷二

6.4×9.2cm，5 行。刻本。

Ch/U 7359（T III M 148.501） 《大般若波罗蜜多经》卷三九五

6.8×8.9cm，5 行。刻本。木头沟遗址出土。

Ch/U 7360（T II T 1691） 《中阿含经》卷三三

8×9.4cm，5 行。刻本。吐峪沟遗址出土。

Ch/U 7361（无原编号） 《增一阿含经》卷二

11.4×2.5cm，14 行。刻本，背面用写本佛经纸片裱糊。

Ch/U 7362（T II D 403） 《中阿含经》卷三一

13.6×6.1cm，3 行。刻本。高昌故城出土。

Ch/U 7363（T II T 1598） 《妙法莲华经》卷一

15.4×9.5cm，5 行，刻本。吐峪沟遗址出土。

参 KCBT II，40。

Ch/U 7364（T II T 1815） 《中阿含经》卷八

10.6×5.3cm，3行。刻本。行间有回鹘文。吐峪沟遗址出土。

Ch/U 7365（T II 1477）《别译杂阿含经》卷八

13.6×5cm，2行。刻本。页边有回鹘文。

Ch/U 7366（T II S 1014）《大方广佛华严经》卷五七

6.7×7.3cm，4行。刻本。胜金口遗址出土。

Ch/U 7367（T I α 1004）《大般若波罗蜜多经》（卷次不详）

9.1×16.1cm，7行。刻本。高昌故城α遗址出土。

Ch/U 7368（T II D 320）《法镜经》

9.7×7.8cm，4行。刻本。高昌故城出土。

Ch/U 7369（T II T 1722）《增一阿含经》卷四二

16.1×7.6cm，4行。刻本。吐峪沟遗址出土。

Ch/U 7370r（T II 1035）《大般若波罗蜜多经》卷一四四

15.5×16cm，刻本，8行。

参 松井太2003，60-61，68（图）

Ch/U 7370v 回鹘语狗年（1322）供应马匹、面粉、棉布令文

12行。有方印1方，长方形印1方。

参 Raschmann 1995a，47，86，145；松井太2003，60-61，68（图）。

Ch/U 7371（无原编号）《大般若波罗蜜多经》卷三一六

18×9.2cm，5行。刻本。

Ch/U 7372r（无原编号）佛经注疏

19.9×26.6cm，13行。刻本。

Ch/U 7372v 回鹘语《菩萨赞歌》

11行。

参 BTT XIII，150，图215。

Ch/U 7373r（T II D 354）《大乘密严经》卷下

16.2×14.4cm，6行。刻本。高昌故城出土。

Ch/U 7373v 回鹘语卖物帐或破历

参 Raschmann 1995a，46，70，71，145。

Ch/U 7374（T I D）佛典残片

7.5×9.8cm，4行。刻本。高昌故城出土。

Ch/U 7375（T II T 1871）《金光明最胜王经》卷二

8行。刻本。

Ch/U 7376（T III D 1039）《增一阿含经》卷九

15.2×17.8cm，9行，刻本。高昌故城出土。

参 KCBT II，15。

Ch/U 7377（T III D 1027）《阿毗达磨顺正理论》卷四九

15.7×15.5cm，8行。刻本。高昌故城出土。

Ch/U 7378（T II T 2026）《增一阿含经》卷三八

10.9×4.8cm，3行。刻本。吐峪沟遗址出土。

Ch/U 7379（无原编号） 《四分律》卷二二

5.1×5.9cm，3行。刻本。

Ch/U 7380（无原编号） 《杂阿含经》卷二八

6.9×7.4cm，4行。刻本。

Ch/U 7381（T II 2030） 《梁朝傅大士颂金刚经并序》

8×13.6cm，7行。刻本。

Ch/U 7382a（T II D 234） 《弥勒菩萨所问经论》卷六

10.9×10.8cm，5行。刻本。高昌故城出土。

Ch/U 7382b（T II D 234） 《七佛所说神咒经》卷二

4行。刻本。高昌故城出土。

Ch/U 7383（T II D 406a.100） 《中阿含经》卷四八

17.4×9.8cm，6行。刻本。高昌故城出土。

Ch/U 7384（T II T 1842） 佛典残片

9.4×2.5cm，1行。刻本。吐峪沟遗址出土。

Ch/U 7385（T II T 1870） 佛典残片

4.4×7.9cm，4行。刻本。吐峪沟遗址出土。

Ch/U 7386（T III M 198） 《大般若波罗蜜多经》卷三〇九

13.4×8.3cm，4行。刻本。木头沟遗址出土。

Ch/U 7387（T II T） 《中阿含经》卷一七

10.1×7.9cm，5行。刻本。吐峪沟遗址出土。

Ch/U 7388（T III 436） 《别译杂阿含经》卷七

10.6×13.3cm，7行。刻本。吐峪沟遗址出土。中间夹写蒙文6行，见MongTH 77号。

参 KCBT II，14。

Ch/U 7389（T II 1684） 《阿毗达摩藏显宗论》卷二六

16.2×15.5cm，8行。刻本。

参 KCBT I，180。

Ch/U 7390（T II T 1938） 《金光明最胜王经》卷二

8.4×6.3cm，4行。刻本。吐峪沟遗址出土。

Ch/U 7391（无原编号） 《大般若波罗蜜多经》（卷次不详）

9.5×6.5cm，4行。刻本。

Ch/U 7392（T II 1710） 佛典残片

13.1×7.6cm，3行。刻本。

Ch/U 7393（无原编号） 《增一阿含经》卷三八

14.5×24.7cm，13行，刻本。

参 KCBT II，16。

Ch/U 7394（无原编号） 《妙法莲华经》卷一

16.5×25.5cm，12行。刻本。页边有回鹘文。

参 KCBT II，39。

Ch/U 7395（T II B 101）　《阴持入经》卷下

3 行。刻本。

Ch/U 7396（T II T 1296）　《金光明最胜王经》卷五

15.5×18cm，9 行。刻本。页边有回鹘文。吐峪沟遗址出土。

Ch/U 7397（T II 1685）　《别译杂阿含经》卷七

14.9×16.9cm，8 行。刻本。中间夹写 7 行蒙文，2 行回鹘文，见 MongTH 78。

参 KCBT II，14。

Ch/U 7398（T III M 132）　《妙法莲华经》卷七

15.1×27.5cm，15 行。刻本。木头沟遗址出土。

参 KCBT I，124。

Ch/U 7399（T II T 1506）　《观世音菩萨授记经》

9.5×10cm，5 行。刻本。吐峪沟遗址出土。

Ch/U 7400（T II T 1788）　《金光明最胜王经》卷五

14.2×7.2cm，3 行。刻本。吐峪沟遗址出土。

Ch/U 7401r（T II T 1616）　《大般若波罗蜜多经》卷五四八

9.4×11.4cm，6 行。行间有回鹘文。吐峪沟遗址出土。

Ch/U 7401v　《中阿含经》卷一八

7 行。刻本。

Ch/U 7402（T III T 441）　《大般若波罗蜜多经》卷三一六

13.9×20.5cm，12 行。刻本。吐峪沟遗址出土。

Ch/U 7403（T II T 1610）　《阿毗达磨俱舍论》卷六

13×19.6cm，9 行。刻本。吐峪沟遗址出土。

Ch/U 7404（T III T 482）　《阴持入经》卷下

16.5×14.8cm，8 行。刻本。吐峪沟遗址出土。

Ch/U 7405（T II T 1633）　《中阿含经》卷八

15.8×15.7cm，8 行。刻本。吐峪沟遗址出土。

Ch/U 7406（T II M 1022）　《梁朝傅大士颂金刚经并序》

15.6×31cm，15 行。刻本。木头沟遗址出土。

参 BTT I，84；KCBT I，183。

Ch/U 7407（T III 2093）　《杂阿含经》卷三三

8.7×9.2cm，4 行。刻本。

Ch/U 7408（无原编号）　《观世音菩萨授记经》

12.3×19.6cm，10 行。刻本。

Ch/U 7409（T II M）　《大方等无想经》卷二

14.2×4.5cm，2 行。刻本。木头沟遗址出土。

Ch/U 7410r（T II T）《四分律》卷五五

8×12.7cm，7 行。刻本。吐峪沟遗址出土。

参 KCBT II，82。

Chu/U 7410v　　回鹘语《金光明最胜王经》卷三

与 Ch/U 7499v 可以缀合，参看该号。

Ch/U 7411（T I D 1028） 《阿毗达磨俱舍论》卷七

11.5×13.5cm，4 行。刻本。高昌故城出土。

Ch/U 7412（无原编号） 《增一阿含经》卷三八

14.6×10cm，5 行。刻本。

Ch/U 7413（T III D 1022） 《增一阿含经》卷三八

13.5×19.2cm，10 行。刻本。高昌故城出土。

Ch/U 7414（T I x 540） 《释摩诃衍论》卷一

11.5×9.8cm，5 行。刻本。

Ch/U 7415（无原编号） 《别译杂阿含经》卷七

9×10.4cm，5 行。刻本。

Ch/U 7416（无原编号） 佛典残片

11.7×5.3cm，1 行。刻本。

Ch/U 7417r（T II T 1768） 《中阿含经》卷一四

12.7×6.9cm，4 行。刻本。吐峪沟遗址出土。

Ch/U 7417v 回鹘语卖物帐

参 Raschmann 1995a，75，146。

Ch/U 7418r（T II 34.76） 《四分律》卷五五

9.3×12.6cm，7 行。刻本。

参 KCBT II，82。

Ch/U 7418v + Ch/U 7439v + Ch 2301v 回鹘语《金光明最胜王经》卷三

3 残片，刻本，各存 6、8、4 行。

参 Raschmann 2005，271-273。

Ch/U 7419（T II D 314） 《大般若波罗蜜多经》卷三七二

9.2×8.4cm，4 行。刻本。高昌故城出土。

Ch/U 7420r（T II T 1849） 《中阿含经》卷一八

9.4×10.7cm，5 行。刻本。吐峪沟遗址出土。

Ch/U 7420v 《大般若波罗蜜多经》卷五四八

5 行。行间有回鹘文。

Ch/U 7421（T III M 132） 《梁朝傅大士颂金刚经并序》

13.2×16.8cm，8 行。刻本。木头沟遗址出土。

参 BTT I，84；KCBT I，184。

Ch/U 7422（T II T 1619） 《大般若波罗蜜多经》卷四〇四

19×16.3cm，10 行。刻本。吐峪沟遗址出土。

Ch/U 7423（T III T 483） 《妙法莲华经》卷一

14.8×17.5cm，9 行。刻本。吐峪沟遗址出土。

参 KCBT II，40。

Ch/U 7424（T II T 1268） 《阿毗达磨顺正理论》卷四九

17.3×17.2cm，9 行。刻本。吐峪沟遗址出土。

Ch/U 7425（无原编号） 《大方广佛华严经》卷六

16.1×18.4cm，8行。刻本。

Ch/U 7426r（T II T 1353） 《优婆夷净行法门经》卷下

14.4×14.4cm，8行。刻本。吐峪沟遗址出土。

Ch/U 7426v 回鹘语寺院书信

12行。

参 Zieme 1995a，1-7，图1。

Ch/U 7427（T III 62.1019） 《增一阿含经》卷八

18.5×14.2cm，8行。刻本。

Ch/U 7428（T II T 1297） 《中阿含经》卷八

12.6×19.7cm，10行。刻本。吐峪沟遗址出土。

Ch/U 7429（T III 66） 《增一阿含经》卷八

14.3×10.6cm，6行。刻本。

Ch/U 7430r（T II T 1321） 《中阿含经》卷一八

13.4×13.8cm，8行。刻本。吐峪沟遗址出土。

Ch/U 7430v 《大般若波罗蜜多经》卷五四八

8行。行间有回鹘文2行。

Ch/U 7431（无原编号） 陀罗尼残片

13.3×12.5cm，7行。梵文、汉文对照书写。

Ch/U 7432（无原编号） 《阿毗达摩藏显宗论》卷二六

15.1×23.2cm，11行。刻本。页边有婆罗迷文字。

参 KCBT I，180。

Ch/U 7433（T II S 1011） 《大般若波罗蜜多经》卷三〇六

17.6×10.6cm，5行。胜金口遗址出土。

Ch/U 7434（T II 2044） 《大般涅槃经》卷二九

16.6×18.4cm，10行，约6世纪中—7世纪中。

参 KCBT II，69。

Ch/U 7435a（T II 3059） 《大般涅槃经》卷一三

12.8×5.6cm，3行，约7世纪中—8世纪末。

参 KCBT II，72。

Ch/U 7435b（T II 3059） 《大般涅槃经》卷一三

12.8×5.6cm，3行，约7世纪中—8世纪末。

参 KCBT II，72。

Ch/U 7435c（T II 3059） 《大般涅槃经》卷一三

12.8×5.8cm，3行，约7世纪中—8世纪末。

参 KCBT II，72。

Ch/U 7436（T III T 546） 《摩诃般若波罗蜜经》卷二七

14.4×9.5cm，5行，约6世纪中—7世纪中。吐峪沟遗址出土。

参 KCBT II，30。

Ch/U 7437（无原编号） 佛典残片

4.9×2.6cm，1 行。

Ch/U 7438（T III T 470） 《观世音菩萨授记经》

14.4×14.9cm，8 行。刻本。吐峪沟遗址出土。

参 KCBT I，134；中村菊之进 1990，54。

Ch/U 7439r（T II T 1267） 《四分律》卷五五

16×15.5cm，7 行。刻本。吐峪沟遗址出土。

参 KCBT I，171。

Ch/U 7439v 回鹘语《金光明最胜王经》卷三

与 Ch/U 7418v、Ch 2301v 可以缀合，参看 Ch/U 7418v 号。

Ch/U 7440（T III M 144） 《大方广佛华严经》卷一七

12.7×21.2cm，10 行。刻本。栏上刻小字，当为《大方广佛华严经疏》卷一九。木头沟遗址出土。

Ch/U 7441r（T III 62.1001） 《妙法莲华经》卷七

17.2×9.4cm，5 行，约 9—10 世纪。

参 KCBT II，58。

Ch/U 7441v 发愿文

5 行。行间夹写回鹘文 6 行。

Ch/U 7442（T II T 1863） 《中阿含经》卷四

8.7×7cm，4 行。刻本。吐峪沟遗址出土。

参 KCBT II，12。

Ch/U 7443r（T III M 117） 《金光明最胜王经》卷二

12.2×10.7cm，5 行。刻本。木头沟遗址出土。

参 KCBT I，156；BTT XX，图 159。

Ch/U 7443v 回鹘语《维摩诘所说经》题记

8 行。

参 Zieme 1987a，221；BTT XX，11，图 160。

Ch/U 7444（T II T 1302（D III）） 《中阿含经》卷五六

12.9×1.1cm，7 行。刻本。吐峪沟遗址出土。

参 KCBT I，22。

Ch/U 7445r（M 164） 《增一阿含经》卷三八

21.5×8.9cm，5 行。刻本。

Ch/U 7445v 杂写

参 Nishiwaki 2001，150。

Ch/U 7446（无原编号） 韵书（?）

5.9×7.9cm，3 行。刻本。

Ch/U 7447（T II Y 18.1） 《一切经音义》卷六《妙法莲华经音义》（玄应）

4.7×6cm，6 行，上面可以与 Ch/U 6788 直接缀合。见 Ch/U 6782d 号。交河故城出土。

参 荣新江 1997a，269；荣新江 1997b，393-394；西胁常记 1997b，95-96，图 16；荣新江 1998b，321；Nishiwaki 2001，104；西胁常记 2002，63-65，图 17；荣新江 2005，271-272；徐时仪 2005，42、45。

Ch/U 7448（T II Y 18.2） 《一切经音义》卷六《妙法莲华经音义》（玄应）

11.4×6.1cm，5 行，见 Ch/U 6782d 号。交河故城出土。

参 荣新江 1997a，269；荣新江 1997b，393-394；西胁常记 1997b，94，图 16；荣新江 1998b，321；Nishiwaki 2001，105；西胁常记 2002，66，图 19；荣新江 2005，271-272；徐时仪 2005，42。

Ch/U 7449 《一切经音义》卷六《妙法莲华经音义》（玄应）

13.8×12.2cm，9 行，见 Ch/U 6782d 号。

参 荣新江 1997a，269；荣新江 1997b，393-394；西胁常记 1997b，92-93，图 15；荣新江 1998b，321；Nishiwaki 2001，104；西胁常记 2002，59-60，图 13；荣新江 2005，271-272；徐时仪 2005，42。

Ch/U 7450r（T II T 1955） 《放光般若经》卷一九

8.7×8.6cm，5 行。刻本。吐峪沟遗址出土。

Ch/U 7450v 佛典残片

2 行。系正面刻本佛经之裱纸，上面横写回鹘文。

Ch/U 7451（T II S） 《大般若波罗蜜多经》（卷次不详）

8.4×8cm，4 行。刻本。胜金口遗址出土。

Ch/U 7452（无原编号） 《妙法莲华经》卷一

12.8×5.1cm，2 行。刻本。

Ch/U 7453（T III M 132） 《增一阿含经》卷三八

13.6×4.8cm，2 行。刻本，“松”字号。木头沟遗址出土。

Ch/U 7454（无原编号） 《增一阿含经》卷三八

14×9.9cm，5 行。刻本，“松”字号。

Ch/U 7455（T II T 1923） 《金光明最胜王经》卷五

20.5×12cm，6 行。刻本。吐峪沟遗址出土。

参 KCBT I，157。

Ch/U 7456（T III M 114） 《妙法莲华经》卷三

22×10.1cm，6 行。刻本。木头沟遗址出土。

参 KCBT I，78。

Ch/U 7457 佛像

刻本，当为佛经扉页。

Ch/U 7458（T M 44） 扉画题记

19.9×6cm，1 行。刻本佛经扉页，题记框中题“佛为天曹地府说法处”，图残。

Ch/U 7459（无原编号） 《增一阿含经》卷三

13.9×16cm，8 行。

Ch/U 7460r（T I α） 《不空羂索神变真言经》卷一

18.2×27.8cm，13 行。刻本，“贞”字号。高昌故城 α 遗址出土。

参 KCBT II，81；中村菊之进 1990，45。

Ch/U 7460v　回鹘语供应令文

16 行。

参 Raschmann 1995a，41，45，79，146；松井太 2002，105，112-114，124（图）。

Ch/U 7461（无原编号）　《增一阿含经》卷二〇

18.5×43.3cm，22 行。刻本。

参 KCBT I，26。

Ch/U 7462（无原编号）　《大方等无想经》卷二

14.7×11.1cm，5 行。刻本。

Ch/U 7463（T II T 1273）　《观世音菩萨授记经》

15.4×12.8cm，6 行。刻本，"得"字号。吐峪沟遗址出土。

Ch/U 7464（无原编号）　《增一阿含经》卷五

11×6.3cm，4 行。刻本。

参 KCBT I，25；中村菊之进 1990，50。

Ch/U 7465（T III 75）　《杂阿含经》卷一八

29×23.5cm，8 行。刻本，存尾题"杂阿含经卷第十八"，下有"川"字号，同一行左下角有刻工"王俊印"三字长方形印。

参 Gabain 1967，11-12，图 3；KCBT I，23；中村菊之进 1990，42、48、56。

Ch/U 7466（T III M 219.100）　《御制缘识》卷三（宋太宗）

12.6×16.8cm，6 行。刻本。与 Ch/U 8258、Mainz 71v 属同一刻本。木头沟遗址出土。

参 Gabain 1967，15，图 6；中村菊之进 1990，56、59；西胁常记 1997b，97-98，图 17；荣新江 1998b，321；Nishiwaki 2001，100-101；西胁常记 2002，68-69，图 21。

Ch/U 7467（T II 3086）　《妙法莲华经》卷三

21.5×16.8cm，7 行。刻本。

参 Gabain 1967，14，图 5；KCBT II，45，图 19/27；中村菊之进 1990，53。

Ch/U 7468（T II Y 59.1）　《金光明经》卷一

27.3×22cm，12 行，约 6 世纪中—7 世纪中。交河故城出土。

参 KCBT I，152。

Ch/U 7469r（T II T 1622）　《中阿含经》卷五一

16.4×14.2cm，8 行。刻本。吐峪沟遗址出土。

Ch/U 7469v　回鹘语《观世音菩萨赞诗》

5 行，有汉字朱印。

参 BTT XIII，132，图 194；Zieme 1991a，235；Elverskog 1997，127。

Ch/U 7470（T III T 272）　《佛说佛名经》卷五

12.6×11.9cm，3 行，每行上有朱笔绘坐佛。吐峪沟遗址出土。

Ch/U 7471a（T II Y 59.13）　《金光明最胜王经》卷五

6.1×4cm，2 行。刻本。交河故城出土。

Ch/U 7471b（T II Y 59.13）　《金光明最胜王经》卷五

8.1×5.3cm，3行。刻本。交河故城出土。

Ch/U 7471c（T II Y 59.13）　《金光明最胜王经》卷五

12.1×4.4cm，3行。刻本。交河故城出土。

Ch/U 7472a（无原编号）　《佛说瑜伽大教王经》卷四

13.8×14cm，7行。刻本。与Ch/U 7472b、Ch/U 7472c缀合。

Ch/U 7472b（无原编号）　《佛说瑜伽大教王经》卷四

4.1×5.6cm，2行。刻本。与Ch/U 7472a、Ch/U 7472c缀合。

Ch/U 7472c（无原编号）　《佛说瑜伽大教王经》卷四

9.2×5.4cm，5行。刻本。与Ch/U 7472a、Ch/U 7472b缀合。

Ch/U 7473（T III M 115.50）　《妙法莲华经》卷三

10×8.1cm，5行，有句读。刻本。木头沟遗址出土。

Ch/U 7474a（T III 62.1005）　佛教文献（文学作品）

14×17.1cm，12行。刻本。

Ch/U 7474b（T III 62.1005）　佛教文献（文学作品）

14.3×17.3cm，12行。刻本。

Ch/U 7475　（T I T M 245）　《三十七尊礼忏文》一卷

5行，存尾题"三十七尊礼忏文一卷了也"，后题"善哉"。吐峪沟遗址出土。

Ch/U 7476（T II T 1131）　《佛名经》

20.4×13.3cm，5行。刻本。吐峪沟遗址出土。

Ch/U 7477（T II S 531）　佛典残片

7.8×11.5cm，6行。刻本。胜金口遗址出土。

Ch/U 7478（T II T 1223）　《梵网经》卷下

18.5×8.6cm，7行。刻本。吐峪沟遗址出土。

参 KCBT I，176，图：27/35；中村菊之进1990，55。

Ch/U 7479r（T I x 543）　《妙法莲华经》卷二

18.7×8.9cm，3行。刻本。

参 KCBT I，57。

Ch/U 7479v　回鹘语Qarun Sali都统写经题记

Ch/U 7480（T II T 1659）　《佛说五十颂圣般若波罗蜜经》

7.1×20.5cm，10行。刻本。吐峪沟遗址出土。

Ch/U 7481r（T III 75）　《妙法莲华经》卷五

折本一叶，27.3×12.7cm，5行，有句读。刻本。

参 KCBT I，93。

Ch/U 7481v　回鹘语卖棉花帐

参 Raschmann 1995a，54，57，60，75，89，147。

Ch/U 7482（T II 1397）　《妙法莲华经》卷三

折本一叶，27.7×10.9cm，6行，有句读。刻本。

参 KCBT II，46，图：21/29；中村菊之进1990，53。

Ch/U 7483（T II M）　《增一阿含经》卷四七

11.5×26.4cm，14 行。刻本。木头沟遗址出土。

参 KCBT II，17。

Ch/U 7484（T III M 163）　《金刚光焰止风雨陀罗尼经》

12.3×12.9cm，6 行。刻本。木头沟遗址出土。

Ch/U 7485ar（T II T 1834）　《正法念处经》卷六二

17.5×12.8cm，8 行。

Ch/U 7485av　《大智度论》卷九九

Ch/U 7485br（T II T 1834）　《妙法莲华经》卷七

17.5×12.8cm，4 行。刻本。吐峪沟遗址出土。

参 KCBT II，58。

Ch/U 7485bv　《大智度论》卷九九

Ch/U 7486r（T II 1686）　《大般涅槃经》卷二〇

15×12.2cm，6 行。刻本。

Ch/U 7486v　《大般涅槃经》卷二〇

6 行，行间及叶边写回鹘文。

Ch/U 7487（T III 2014）　《增一阿含经》卷九

16.2×13.4cm，7 行。刻本。

Ch/U 7488（T III 272.135）　《中阿含经》卷一

10×12.6cm，6 行。刻本。

Ch/U 7489（T II S 32）　《胜鬘狮子吼一乘大方便方广经》

12.1×11.4cm，3 行。刻本。胜金口遗址出土。

参 KCBT II，62；中村菊之进 1990，53。

Ch/U 7490（T II S 1061）　《中阿含经》卷一八

9.5×7.9cm，4 行。刻本。胜金口遗址出土。

Ch/U 7491r（无原编号）　《四分律》卷二二

15.8×8.5cm，4 行。刻本。

Ch/U 7491v　回鹘语卖物帐或破历

参 Raschmann 1995a，45，70，71，147-148。

Ch/U 7492r（无原编号）　《增一阿含经》卷三

12×21.1cm，10 行。刻本。

Ch/U 7492v　《佛说长阿含经》卷二二

5 行。

Ch/U 7493（T III M 163）　《大方广佛华严经》卷七

12.9×23.5cm，10 行。刻本。木头沟遗址出土。

Ch/U 7494（T III D 1020）　《苏悉地羯罗供养法》卷下

12.6×14.2cm，7 行。刻本。高昌故城出土。

Ch/U 7495（T III 2032）　《金光明最胜王经》卷二

8.2×12cm，7 行。刻本。

参 KCBT II，77。

Ch/U 7496（T II T 1620） 《阿毗达磨俱舍论》卷六

12.7×17.9cm，9行。刻本。吐峪沟遗址出土。

Ch/U 7497（无原编号） 《四分律》卷二八

7.3×7cm，3行。刻本。

Ch/U 7498（T II M） 《杂阿含经》卷三四

15×13cm，8行。刻本。页边写回鹘文。木头沟遗址出土。

Ch/U 7499r（T III M 117） 《四分律》卷五五

9.3×13.5cm，6行。刻本。木头沟遗址出土。

Ch/U 7499v 回鹘语《金光明最胜王经》卷三

11行。刻本。与Ch/U 7410v可以缀合。

参 BTT XIII，92-93，图114；Elverskog 1997，65-69；Raschmann 2005，266-267。

Ch/U 7500（T II T 1846） 《妙法莲华经》卷一

12.5×10.1cm，6行，刻本。吐峪沟遗址出土。

参 KCBT II，40。

Ch/U 7501（T II T 2030） 《增一阿含经》卷二二

8.6×8.6cm，4行。刻本。吐峪沟遗址出土。

Ch/U 7502（T III 2095） 《大般若波罗蜜多经》卷三一六

10.6×8.1cm，4行。刻本。

Ch/U 7503r（T III 3008） 《阿毗昙毗婆沙论》卷三

14.9×10cm，5行。刻本。

Ch/U 7503v 回鹘语佛教韵文

刻本，16行。

参 BTT XIII，111-112，图156；Zieme 1991a，203-204；Elverskog 1997，126；Yakup 1999，5-6。

Ch/U 7504r（无原编号） 《中阿含经》卷五二

25.5×6.9cm，4行。刻本。

Ch/U 7504v 回鹘语佛典

参 BTT XIII，114。

Ch/U 7505（T II 1447） 《大般若波罗蜜多经》卷三三〇

11.8×13.4cm，16行。刻本。

Ch/U 7506（T II T 1968） 《妙法莲华经》卷一

8.1×10cm，5行。刻本。吐峪沟遗址出土。

参 KCBT II，40。

Ch/U 7507（T III T 1262） 《大般若波罗蜜多经》（卷次不祥）

16.3×11.2cm，6行。刻本。吐峪沟遗址出土。

Ch/U 7508（T II T 1707） 《中阿含经》卷八

14.3×12.7cm，6行。刻本。吐峪沟遗址出土。

Ch/U 7509r（T III T 280） 《大乘庄严经论》卷六

15.1×11.9cm，6 行。刻本。吐峪沟遗址出土。

Ch/U 7509v 回鹘语《大方广佛华严经普贤行愿品》

参 Zieme 1982b，603；Elverskog 1997，62。

Ch/U 7510（无原编号）《阴持入经》卷下

12.8×15.6cm，8 行。刻本。

Ch/U 7511（无原编号）《妙法莲华经》卷一

4.4×7.8cm，4 行。刻本。

Ch/U 7512（T II D 28.50）《正法念处经》卷八

7.8×5.6cm，3 行。刻本。高昌故城出土。

Ch/U 7513（T III T 522）《中阿含经》卷八

11.1×8.3cm，4 行。刻本。吐峪沟遗址出土。

Ch/U 7514（T II D 280）《大般若波罗蜜多经》卷五一一

15.2×13.8cm，8 行。刻本。高昌故城出土。

Ch/U 7515（T III D 1021）《增一阿含经》卷三一

15.2×14.3cm，8 行。刻本。高昌故城出土。

参 KCBT II，16。

Ch/U 7516（T III M 132）《须摩提女经》

19.8×13cm，7 行。刻本。木头沟遗址出土。

Ch/U 7517（T II Y 120. F. a）《五篇七聚礼忏文》

册子本 35 叶，每叶 10.4×29.8cm，一页 6 行。尾题“五篇七聚礼忏文一卷”，又“（缺）四月廿六日新兴谷内书也”。交河故城出土。

参 Nishiwaki 2001，120。

Ch/U 7518（T II T 408）《中阿含经》卷三三

14.7×25.1cm，14 行。刻本。背有朱印。吐峪沟遗址出土。

参 KCBT II，13。

Ch/U 7519（无原编号）《大般若波罗蜜多经》卷三九七

9.3×5.3cm，3 行。

Ch/U 7520（无原编号）《大宝积经》卷一一四

10.1×4.5cm，3 行。

Ch/U 7521（T II T 1785）《正法华经》卷八

12.3×6cm，4 行。行间夹写回鹘文。吐峪沟遗址出土。

Ch/U 7522（T II T 352）《妙法莲华经》卷五

21.5×9.5cm，6 行，约 7 世纪中—8 世纪末。吐峪沟遗址出土。

参 KCBT I，91。

Ch/U 7523（无原编号）《大般涅槃经》卷五

13.2×13.8cm，9 行。

Ch/U 7524（T II T 1252）《道行般若经》卷一〇

13.3×21.8cm，11 行，约 7 世纪中—8 世纪末。吐峪沟遗址出土。

参 KCBT II，31。

Ch/U 7525（T II Y 46a）　宋端拱三年（990）沙州邓守存等户口受田簿

16.8×25.3cm，11行，Ch/U 7525＋Ch/U 7526＋Ch/U 7527为同一受田簿的3块残片，系高昌回鹘时期传入之敦煌文书，有“归义军节度使之印”。交河故城出土。

参 Thilo 1968，303-310，图1-3；池田温 1979，665-666；TTD II，A，105-106，163-166；B，155-157；饶宗颐 1992，161-162；陈国灿 1996，226-233；荣新江 1998b，322；Nishiwaki 2001，67-68；陈国灿 2002a，316-321。

Ch/U 7526（无原编号）　宋端拱三年（990）沙州邓守存等户口受田簿

16.5×18.4cm，9行。见Ch/U 7525。

Ch/U 7527（无原编号）　宋端拱三年（990）沙州邓守存等户口受田簿

13×27.3cm，13行。见Ch/U 7525。

Ch/U 7528r（无原编号）　《妙法莲花经》卷五

13.5×7cm，4行。

Ch/U 7528v　回鹘语《佛本行集经》

10行。

参 BTT XIII，62，图49；Elverskog 1997，35。

Ch/U 7529（无原编号）　《合部金光明经》卷二

26.2×25cm，15行。

Ch/U 7530r（无原编号）　《大宝积经》卷九九

17.3×20.5cm，11行。与Ch/U 7165r可以缀合。

Ch/U 7530v　回鹘语《新年祈祷文》

与Ch/U 7165v可以缀合，参看该号。

Ch/U 7531（无原编号）　佛典残片

4.9×5.8cm，3行。

Ch/U 7532（无原编号）　《大般若波罗蜜多经》（卷次不详）

7.4×5.7cm，3行。

Ch/U 7533（T II T 2023）　《贤劫经》卷八

8.2×6cm，3行。吐峪沟遗址出土。

Ch/U 7534（无原编号）　佛典残片

6.6×6.7cm，3行。

Ch/U 7535（无原编号）　《大般若波罗蜜多经》卷一一二

13.3×3.4cm，2行。

Ch/U 7536（无原编号）　《究竟一乘宝性论》卷二

10.2×7.2cm，3行。

Ch/U 7537（无原编号）　《佛说诸法勇王经》

13.2×6.8cm，3行。

Ch/U 7538（无原编号）　《妙法莲华经》卷五

9×7.7cm，5行，约7世纪中—8世纪末。

参 KCBT II，53。

Ch/U 7539（无原编号） 《摩诃般若波罗蜜经》卷一九

13.1×6.9cm，3 行，约 6 世纪中—7 世纪中。

参 KCBT II，28。

Ch/U 7540（无原编号） 《佛说宝雨经》卷六

7.8×9.1cm，6 行。

Ch/U 7541（无原编号） 《大方广佛华严经》卷一四

12.8×9.9cm，5 行。

Ch/U 7542（无原编号） 《佛说宝雨经》卷六

13.1×9cm，5 行。

Ch/U 7543（无原编号） 《妙法莲华经》卷一

17.4×13cm，7 行，约 7 世纪中—8 世纪末。

参 KCBT II，38。

Ch/U 7544（无原编号） 《大方广佛华严经》卷二五

14.5×5.5cm，3 行。

Ch/U 7545（无原编号） 佛典残片

14.2×13.3cm，7 行。

Ch/U 7546（T II S 32 a） 《一切如来大秘密王未曾有最上微妙大曼拏罗经》卷四

8.5×31.8cm，16 行。刻本。胜金口遗址出土。

Ch/U 7547（无原编号） 《佛说宝雨经》卷六

4.9×7.2cm，1 行。

Ch/U 7548（无原编号） 《出曜经》卷七

6.3×7.1cm，3 行。

Ch/U 7549（无原编号） 《大般若波罗蜜多经》（卷次不详）

5.5×5.5cm，3 行。

Ch/U 7550（无原编号） 《金光明经》卷一

7.6×6.1cm，4 行。

Ch/U 7551（无原编号） 《大般若波罗蜜多经》（卷次不详）

8.7×5.5cm，3 行。

Ch/U 7552r（无原编号） 《大般涅槃经》卷一五

10×5.2cm，3 行。

Ch/U 7552v 回鹘语医药文献

与 Ch/U 6532 可以缀合，参看该号。

Ch/U 7553（无原编号） 《阿毗达磨藏显宗论》卷二四

20.3×7.8cm，4 行。

Ch/U 7554（无原编号） 《马鸣菩萨传》

14.5×20.4cm，6 行。刻本。

Ch/U 7555r（无原编号） 《百喻经》卷四

17.6×10.5cm，6 行。

Ch/U 7555v 回鹘语施写《长阿含经》题记

10 行。左侧一列汉文"佛说长阿含经卷第二十一"。

参 Kudara & Zieme 1983，272-274，图 5。

Ch/U 7556（无原编号） 《佛说立世阿毗昙论》卷二

12.9×18.5cm，11 行。

Ch/U 7557（无原编号） 佛典残片

6.8×6.2cm，2 行。

Ch/U 7558（无原编号） 《佛说佛名经》卷一二

8.7×4.9cm，2 行。

Ch/U 7559（无原编号） 《大般涅槃经》卷二

13.7×8.7cm，4 行。

Ch/U 7560（无原编号） 《大般若波罗蜜多经》卷三八

6.7×5.4cm，2 行。

Ch/U 7561（无原编号） 《菩萨善戒经》卷六

8.7×5.1cm，4 行。

Ch/U 7562（无原编号） 佛典残片

Ch/U 7563（无原编号） 佛典残片

Ch/U 7564（无原编号）《道行般若经》卷八

5.2×5.7cm，4 行。

Ch/U 7565（T III M 173） 《妙法莲华经》卷七

16.2×5.5cm，3 行，约 7 世纪中—8 世纪末。木头沟遗址出土。

参 KCBT II，58。

Ch/U 7566（无原编号） 《大般若波罗蜜多经》卷五七六

6 行。

Ch/U 7567（T III M 150） 《妙法莲华经》卷二

11.4×7.3cm，5 行，约 6 世纪中—7 世纪中。木头沟遗址出土。

参 KCBT I，61。

Ch/U 7568（无原编号） 《妙法莲华经》卷三

11.9×7.4cm，5 行，有句读。刻本。

Ch/U 7569（无原编号） 《妙法莲华经》卷七

9×12.1cm，8 行。

Ch/U 7570a（T III M 228） 《大方广佛华严经》卷五六、五七

26.3×40.7cm，22 行，约 7 世纪中—8 世纪末。木头沟遗址出土。

参 KCBT I，128。

Ch/U 7570b（T III M 228） 《大方广佛华严经》卷五八

26.3×40.9cm，22 行，约 7 世纪中—8 世纪末。木头沟遗址出土。

参 KCBT I，130。

Ch/U 7570c（T II M 228） 《大方广佛华严经》卷五七

26.3×40.9cm，22 行，约 7 世纪中—8 世纪末。木头沟遗址出土。

参 KCBT I，130。

Ch/U 7570d（T III M 228）　《大方广佛华严经》卷五七

26.3×40.8cm，22 行，约 7 世纪中—8 世纪末。木头沟遗址出土。

参 KCBT I，130。

Ch/U 7570e（T III M 228）　《大方广佛华严经》卷五七

26.3×40.8cm，22 行，约 7 世纪中—8 世纪末。木头沟遗址出土。

参 KCBT I，129。

Ch/U 7570f（T III M 228）　《大方广佛华严经》卷五七

26.3×40.5cm，22 行，约 7 世纪中—8 世纪末。木头沟遗址出土。

参 KCBT I，128。

Ch/U 7570g（T III M 228）　《大方广佛华严经》卷五七

26.3×40.9cm，22 行，约 7 世纪中—8 世纪末。木头沟遗址出土。

参 KCBT I，129。

Ch/U 7570h（T III M 228）　《大方广佛华严经》卷五七

26.3×41cm，22 行，约 7 世纪中—8 世纪末。木头沟遗址出土。

参 KCBT I，129。

Ch/U 7570i（T III M 228）　《大方广佛华严经》卷五六

26.3×41.3cm，22 行，约 7 世纪中—8 世纪末。木头沟遗址出土。

参 KCBT I，127。

Ch/U 7570k（T III M 228）　《大方广佛华严经》卷五七

26.3×41.3cm，22 行，约 7 世纪中—8 世纪末。木头沟遗址出土。

参 KCBT I，128。

Ch/U 7570l（T III M 228）　《大方广佛华严经》卷五七

26.3×40.9cm，22 行，约 7 世纪中—8 世纪末。木头沟遗址出土。

参 KCBT I，128。

Ch/U 7570m（T III M 228）　《大方广佛华严经》卷五六

26.3×40.8cm，22 行，约 7 世纪中—8 世纪末。木头沟遗址出土。

参 KCBT I，127。

Ch/U 7570n（T III M 228）　《大方广佛华严经》卷五七

26.3×40.5cm，22 行，约 7 世纪中—8 世纪末。木头沟遗址出土。

参 KCBT I，129。

Ch/U 7570o（T III M 228）　《大方广佛华严经》卷五七

26.3×40.8cm，22 行，约 7 世纪中—8 世纪末。木头沟遗址出土。

参 KCBT I，128。

Ch/U 7570p（T III M 228）　《大方广佛华严经》卷五七

26.3×41.1cm，22 行，约 7 世纪中—8 世纪末。木头沟遗址出土。

参 KCBT I，129。

Ch/U 7570q（T III M 228）　《大方广佛华严经》卷五七

26.3×41cm，22 行，约 7 世纪中—8 世纪末。木头沟遗址出土。

参 KCBT I，128。

Ch/U 7570r（T III M 228）　《大方广佛华严经》卷五六

26.3×40.3cm，22 行，约 7 世纪中—8 世纪末。木头沟遗址出土。

参 KCBT I，127。

Ch/U 7570s（T III M 228）　《大方广佛华严经》卷五六

26.3×39.9cm，21 行，约 7 世纪中—8 世纪末。木头沟遗址出土。

参 KCBT I，127。

Ch/U 7570v　回鹘语《因萨狄（Insadi）经》

册子本，现存残叶 35 叶，1121 行。每叶以汉字标码，文中穿插有汉字。该文献包涵多种内容，书手为 Cisum-tu。第一部分（1-51 行）为前言及《弥勒颂诗》；第二部分（52-760 行）为《自恣经》；第三部分（760-1013、1047-1121 行）为《弥勒颂诗》二首；第四部分（1014-1074）为《观音颂》。

参 BTT I，40，41；BTT III，25-107，图 I-LXIX；Zieme 1987a，221-223；Elverskog 1997，30、101，138。

Ch/U 7571（无原编号）《道行般若经》卷四

2 行。

Ch/U 7572（无原编号）　《佛说立世阿毗昙论》卷二

3 行。

Ch/U 7573（无原编号）　佛典残片

Ch/U 7574（无原编号）　佛典残片

Ch/U 7575（无原编号）　佛典残片

Ch/U 7576（无原编号）　佛典残片

Ch/U 7577（无原编号）　佛典残片

Ch/U 7578（无原编号）《注维摩诘经》卷三

2 行。有双行小字注。

Ch/U 7579（无原编号）　《根本说一切有部毗奈耶》卷一二

3 行。

Ch/U 7580（无原编号）　《妙法莲华经》卷五

5 行。

Ch/U 7581（无原编号）　《付法藏因缘传》卷一

3 行。

Ch/U 7582（无原编号）　《摩诃般若波罗蜜经》卷二二

3 行。

Ch/U 7583（无原编号）　《大般若波罗蜜多经》卷四一八（或卷四九四）

3 行。

Ch/U 7584（无原编号）《瑜伽师地论》卷四五

2 行。

Ch/U 7585（无原编号）　《瑜伽师地论》卷四五

3 行。

Ch/U 7586（无原编号）　《放光般若经》卷一二

4 行。

Ch/U 7587（无原编号）　《大般若波罗蜜多经》卷二

4 行。

Ch/U 7588a（无原编号）　佛典残片

Ch/U 7588b（无原编号）　佛典残片

Ch/U 7588c（无原编号）　佛典残片

Ch/U 7588d（无原编号）　佛典残片

Ch/U 7589（无原编号）　佛典残片

Ch/U 7590a（无原编号）　《放光般若经》卷一五

4 行。行间有回鹘文。

Ch/U 7590b（无原编号）　《放光般若经》卷一五

6 行。行间有回鹘文。

Ch/U 7591（无原编号）　《大般涅槃经》卷二五（南本）

3 行。

Ch/U 7592（无原编号）　《大般若波罗蜜多经》卷五二五

4 行。

Ch/U 7593（无原编号）　《坐禅三昧经》卷上

2 行。

Ch/U 7594（无原编号）　《大方广宝箧经》卷中

3 行。

Ch/U 7595a（无原编号）　《大般若波罗蜜多经》卷三八

3 行。

Ch/U 7595b（无原编号）　《大般若波罗蜜多经》卷三八

6 行。

Ch/U 7595c-g（无原编号）　佛典残片

Ch/U 7596（无原编号）　佛典残片

Ch/U 7597r（T II 1654）　《大般涅槃经》卷一三

12 行。

Ch/U 7597v = MongTH 28

Ch/U 7598（无原编号）　《妙法莲华经》卷五

14 行。

Ch/U 7599（无原编号）　佛典残片

Ch/U 7600（T II S 26/T II T 3077）　《金刚般若波罗蜜经论》卷中（菩提流支译）

4 行。

Ch/U 7601a-b（无原编号）　佛典残片

Ch/U 7601c（无原编号）　回鹘文残片

4 行。

Ch/U 7601d-e（无原编号）　佛典残片

Ch/U 7601f（无原编号）　《大方便佛报恩经》卷七

6行。

Ch/U 7601g（无原编号）　《添品妙法莲华经》卷六

3行。

Ch/U 7601h（无原编号）　《妙法莲华经》卷三

4行。

Ch/U 7601i（无原编号）　《大般涅槃经》卷九

5行。

Ch/U 7601j-k（无原编号）　佛典残片

Ch/U 7601l（无原编号）　《大方便佛报恩经》卷六

7行。

Ch/U 7602r（无原编号）　《大宝积经》卷三一

2行，有尾题“大宝积经卷第三十一”，下有“鸟”字号。

Ch/U 7602v　婆罗迷文回鹘语文献

参 Maue 1994，213-214。

Ch/U 7603（T III 62）　《妙法莲华经》卷五

5行。

Ch/U 7604（无原编号）《大般若波罗蜜多经》卷三八

4行。

Ch/U 7605（无原编号）　《大般涅槃经》卷三三

5行。

Ch/U 7606（T II 540）　佛典残片

Ch/U 7607（无原编号）　《大方便佛报恩经》卷六

4行。

Ch/U 7608（无原编号）　《大般涅槃经》卷三三

4行。

Ch/U 7609（无原编号）　《大般若波罗蜜多经》卷一六三

4行。

Ch/U 7610（无原编号）　《道行般若经》卷四

7行。

Ch/U 7611（无原编号）　《妙法莲华经》卷四

8行。唐写本。

Ch/U 7612（无原编号）　佛典残片

Ch/U 7613（T II Y 58）　《大般涅槃经》卷一〇

3行。

Ch/U 7614a = Toch. 580（无原编号）《本业璎珞经疏》

2行。

Ch/U 7614b = Toch. 580（无原编号）　佛典残片

Ch/U 7614c = Toch. 580（无原编号）　《本业璎珞经疏》

4行。

Ch/U 7615（T II S 52） 佛典残片

Ch/U 7616 = Toch. 636（T II Y 58） 《妙法莲华经》卷四

13 行。唐写本。

Ch/U 7617 = Toch. 345（T II） 《妙法莲华经》卷二

7 行。唐写本。

Ch/U 7618 = Toch. 348（T III M 114） 《大般涅槃经》卷八

8 行。唐写本。木头沟遗址出土。

Ch/U 7619（无原编号） 《大般若波罗蜜多经》卷五七七

6 行。唐写本。

Ch/U 7620（无原编号） 佛典残片

Ch/U 7621（无原编号） 佛典残片

Ch/U 7622（无原编号） 佛典残片

Ch/U 7623（无原编号） 佛典残片

Ch/U 7624（无原编号） 《经律异相》卷八

3 行。

Ch/U 7625a, b（无原编号） 佛典残片

Ch/U 7626（无原编号） 《阿毗达磨顺正理论》卷六八

3 行。行间有回鹘文。

Ch/U 7627（无原编号） 《光赞经》卷五

3 行。

Ch/U 7628（无原编号） 《大般若波罗蜜多经》卷三七二

5 行。刻本。

Ch/U 7629（无原编号） 佛典残片

Ch/U 7630（无原编号） 《撰集百缘经》卷七

5 行。

Ch/U 7631（无原编号） 《妙法莲华经》卷五

4 行。行间有回鹘文。

Ch/U 7632（无原编号） 佛典残片

Ch/U 7633（无原编号） 《大乘大集地藏十轮经》卷七

7 行。唐写本。

Ch/U 7634a（无原编号）《七佛所说神咒经》卷二

10 行。唐写本。

Ch/U 7634b（无原编号） 佛典残片

Ch/U 7635（无原编号） 《佛说仁王般若波罗蜜经》卷上

10 行。

Ch/U 7636a-b（无原编号） 佛典残片

Ch/U 7636c-d（无原编号） 回鹘文残片

Ch/U 7637（无原编号） 佛典残片

Ch/U 7638a-d（无原编号） 佛典残片

Ch/U 7639（无原编号） 佛典残片

Ch/U 7640（无原编号） 佛典残片

Ch/U 7641（无原编号） 佛典残片

Ch/U 7642（无原编号） 《佛名经》

Ch/U 7643（无原编号） 佛典残片

Ch/U 7644（无原编号） 《妙法莲华经》卷五

3 行。

Ch/U 7645（无原编号） 佛典残片

Ch/U 7646（无原编号） 《大般若波罗蜜多经》（卷次不详）

3 行。

Ch/U 7647（无原编号） 佛典残片

Ch/U 7648（无原编号） 佛典残片

Ch/U 7649（无原编号） 佛典残片

Ch/U 7650a-c（无原编号） 佛典残片

Ch/U 7650d（无原编号） 《大乘大集地藏十轮经》卷七

2 行。

Ch/U 7651a-i（无原编号） 佛典残片

Ch/U 7652（无原编号） 《妙法莲华经》卷六

6 行。

Ch/U 7653（无原编号） 《根本说一切有部毗奈耶》卷一二

4 行。

Ch/U 7654（无原编号） 《善见律毗婆沙》卷四

4 行。行中有回鹘文。

Ch/U 7655（无原编号） 《妙法莲华经》卷七

4 行。

Ch/U 7656a（无原编号） 《大般若波罗蜜多经》卷三〇四

2 行。

Ch/U 7656b（无原编号） 《大般涅槃经》卷一九

4 行。

Ch/U 7657a-d（无原编号） 佛典残片

Ch/U 7658（无原编号） 《妙法莲华经》卷七

5 行。

Ch/U 7659a-c（无原编号） 佛典残片

Ch/U 7660（无原编号） 《大般涅槃经》卷一

3 行。

Ch/U 7661a-e（无原编号） 佛典残片

Ch/U 7662（无原编号） 佛典残片

Ch/U 7663（无原编号） 佛典残片

Ch/U 7664（无原编号） 《佛说八部佛名经》

4 行。

Ch/U 7665（无原编号） 佛典残片

Ch/U 7666（无原编号） 佛典残片

Ch/U 7667（无原编号） 佛典残片

Ch/U 7668（无原编号） 佛典残片

Ch/U 7669（无原编号） 《大般涅槃经》卷二

2 行。

Ch/U 7670（无原编号） 佛典残片

Ch/U 7671（无原编号） 佛典残片

Ch/U 7672（无原编号） 佛典残片

Ch/U 7673（无原编号） 佛典残片

Ch/U 7674（无原编号） 《妙法莲华经》卷四

3 行。

Ch/U 7675（无原编号） 《究竟大悲经》卷三

2 行。

Ch/U 7676（无原编号） 佛典残片

Ch/U 7677（无原编号） 《大般涅槃经》卷三七

3 行。

Ch/U 7678（无原编号） 佛典残片

6.3×4.7cm，3 行。

Ch/U 7679（无原编号） 《阿毗达磨顺正理论》卷三八

5.7×4.5cm，2 行。

Ch/U 7680（无原编号） 佛典残片

4.3×5.9cm，3 行。行间有回鹘文。

Ch/U 7681（无原编号） 佛典残片

6.2×8.8cm，3 行。

Ch/U 7682（无原编号） 《大般涅槃经》卷二〇

6.8×3.7cm，2 行。

Ch/U 7683（无原编号） 《妙法莲华经》卷七

4.8×4.3cm，3 行。

Ch/U 7684（无原编号） 《放光般若经》卷五

5.4×5.5cm，3 行。

Ch/U 7685（无原编号） 《妙法莲华经》卷七

7.1×5.7cm，3 行。

Ch/U 7686（无原编号） 《大般涅槃经》卷六

5.1×7.1cm，4 行。

Ch/U 7687（无原编号） 佛典残片

6.1×5.7cm，3 行。

Ch/U 7688（无原编号） 《根本说一切有部毗奈耶》卷四九

8×5.7cm，3行。

Ch/U 7689a-b（无原编号） 《根本说一切有部毗奈耶》卷四九

5.6×8.6cm，4行。

Ch/U 7690a（无原编号） 佛典残片

Ch/U 7690b（无原编号） 《千眼千臂观世音菩萨陀罗尼神咒经》卷上

Ch/U 7690c（无原编号） 佛典残片

Ch/U 7691（无原编号） 《摩诃般若波罗蜜经》卷一七

8×7.7cm，2行。

Ch/U 7692 《撰集百缘经》卷七

Ch/U 7693a（无原编号） 佛典残片

4.8×6.9cm，5行。

Ch/U 7693b（无原编号） 佛典残片

2×2.4cm，2行。

Ch/U 7693c（无原编号） 佛典残片

3.5×3.8cm，3行。

Ch/U 7694（无原编号） 《佛说圣最上灯明如来陀罗尼经》

12.6×7.3cm，3行。

Ch/U 7695（无原编号） 《大般涅槃经》卷一七

8.3×13.6cm，6行。

Ch/U 7696（无原编号） 《阿毗达磨顺正理论》卷三八

4.7×4.3cm，3行。

Ch/U 7697（无原编号） 佛典残片

12.5×9.9cm，4行。

Ch/U 7698（无原编号） 《大般涅槃经》卷二七

8.4×8.2cm，5行。

Ch/U 7699（无原编号） 《大般涅槃经》卷七

6.6×8.7cm，6行。

Ch/U 7700（无原编号） 佛典残片

10.7×3.2cm，2行。

Ch/U 7701（无原编号） 《小品般若波罗蜜经》卷四

7.4×4.6cm，8行。

Ch/U 7702a-b（无原编号） 《妙法莲华经》卷二

5.9×5.8cm，3行。

Ch/U 7703（无原编号） 汉文—回鹘文文献残片

7.4×6.4cm，3行。

Ch/U 7704a（无原编号） 佛典残片

6.8×4.7cm，2行。

Ch/U 7704b（无原编号） 佛典残片

Ch/U 7704c（无原编号） 佛典残片

Ch/U 7705a（无原编号） 佛典残片

7.3×7.1cm，4行。

Ch/U 7705b（无原编号） 佛典残片

5.1×2.7cm，2行。

Ch/U 7705c（无原编号） 佛典残片

Ch/U 7705d（无原编号） 佛典残片

Ch/U 7706a（无原编号） 佛典残片

6.2×4.9cm，3行。刻本。

Ch/U 7706b（无原编号） 佛典残片

Ch/U 7706c（无原编号） 佛典残片

Ch/U 7706d（无原编号） 佛典残片

Ch/U 7706e-f（无原编号） 佛典残片

Ch/U 7707（无原编号） 《杂阿含经》卷七

13.6×6.5cm，4行。

Ch/U 7708（无原编号） 《妙法莲华经》卷五

5.3×10.7cm，5行。

Ch/U 7709（无原编号） 《大日经疏演奥钞》第二六

8.2×8.8cm，5行。

Ch/U 7710（无原编号） 《大方等无想经》卷六

5×3.7cm，2行。

Ch/U 7711a-h（无原编号） 佛典残片

Ch/U 7712（无原编号） 佛典残片

5.6×5.4cm，3行。

Ch/U 7713（无原编号） 《妙法莲华经》卷二

9.8×6.4cm，3行。

Ch/U 7714（无原编号） 《小品般若波罗蜜经》卷四

22.7×14.8cm，9行。

Ch/U 7715（无原编号） 《阿毗达磨顺正理论》卷三八

6行。

Ch/U 7716a（无原编号） 《大方广佛华严经》卷四九

5行。

Ch/U 7716b（无原编号） 佛典残片

Ch/U 7717（无原编号） 《瑜伽师地论》卷四五

2行。

Ch/U 7718（无原编号） 《大般涅槃经》卷二九

2行。

Ch/U 7719（无原编号） 佛典残片

存3行二三字。

Ch/U 7720a（无原编号） 《佛本行集经》卷四

12.5×12.1cm，4行。

Ch/U 7720b-c（无原编号） 佛典残片

b片无字。c片存3字。

Ch/U 7721（无原编号） 佛典残片

12.2×12cm，3行。行间有回鹘文。

Ch/U 7722（无原编号） 《大乘大集地藏十轮经》卷四

8.9×18cm，4行。

Ch/U 7723a（无原编号） 《僧伽吒经》卷二

11.5×15cm，6行。

Ch/U 7723b（无原编号）佛典残片

Ch/U 7723c（无原编号）佛典残片

Ch/U 7724a（无原编号） 《大唐西域记》卷一〇

4行。

Ch/U 7724b（无原编号）佛典残片

Ch/U 7725（无原编号） 《大波若波罗蜜多经》卷四四七

11行。

Ch/U 7726（无原编号） 《妙法莲华经》卷六

10行。

Ch/U 7727（T II 1447） 《妙法莲华经》卷四、卷五音注

16行。

Ch/U 7728a-d（无原编号） 佛典残片

Ch/U 7729iia（无原编号） 《金刚般若波罗蜜经》（鸠摩罗什译）

多纸重叠。4行。有后人重复书写经文。

Ch/U 7729iii（无原编号） 《大般涅槃经》卷一一

多纸重叠。5行。

Ch/U 7729vii（无原编号） 《金刚般若波罗蜜经》

5行。

Ch/U 7729viii（无原编号） 《金刚般若波罗蜜经》

4行。

Ch/U 7729v（无原编号） 《大般涅槃经》卷一一

6行。

Ch/U 7730（T II 126） 《成唯识论》卷四

12行。页边有回鹘文习字。

Ch/U 7731（无原编号） 佛典扉画

刻本。

Ch/U 7732（无原编号） 佛典扉画

刻本。有"楞严大师"像。

Ch/U 7733a-b（无原编号） 佛典扉画

刻本。

Ch/U 7734（无原编号） 佛典残片

Ch/U 7735（无原编号） 《付法藏因缘传》卷一

2 行。

Ch/U 7736（无原编号） 《大般涅槃经》卷二九

4 行。

Ch/U 7737a-i（无原编号） 佛典残片

Ch/U 7738a（无原编号） 《金刚般若波罗蜜经》

3 行。

Ch/U 7738b（无原编号） 佛典残片

Ch/U 7738c（无原编号） 《妙法莲华经》卷一

3 行。刻本。

Ch/U 7738d-f（无原编号） 佛典残片

Ch/U 7738g（无原编号） 《贤愚经》卷一〇

3 行。

Ch/U 7739（T III M 173. 576） 《大般涅槃经》卷五

4 行。

Ch/U 7740（无原编号） 佛典残片

Ch/U 7741（无原编号） 《大方等大集经》卷一六

4 行。杂有回鹘文 2 行。

Ch/U 7742（无原编号） 《合部金光明经》卷二

8 行。

Ch/U 7743a-b（无原编号） 佛典残片

Ch/U 7744a（无原编号） 《大般涅槃经》卷三〇

6 行。

Ch/U7744b（无原编号） 佛典残片

Ch/U 7745（无原编号） 《大般若波罗蜜多经》卷五五〇

6 行。

Ch/U 7746（无原编号） 《放光般若经》卷四

6 行。

Ch/U 7747（无原编号） 佛典残片

Ch/U 7748（无原编号） 《大般涅槃经》卷一五

2 行。

Ch/U 7749（无原编号） 《成唯识论》卷二

6 行。

Ch/U 7750（无原编号） 《佛说宝雨经》卷六

7 行。

Ch/U 7751（无原编号） 《大般涅槃经》卷二九

7 行。

Ch/U 7752（无原编号） 佛典残片

Ch/U 7753（无原编号） 佛典残片

Ch/U7754a（无原编号） 《众事分阿毗昙论》卷四

4行。

Ch/U7754b（无原编号） 佛典残片

Ch/U 7755（M） 佛典残片

Ch/U 7756（无原编号） 《四分律》卷六〇

4行。

Ch/U 7757a（无原编号） 《十住毗婆沙论》卷一七

3行。

Ch/U 7757b（无原编号） 《大般涅槃经》卷三九

2行。

Ch/U 7758（无原编号） 《妙法莲华经》卷七

4行。

Ch/U 7759（无原编号） 佛典残片

2行。刻本。

Ch/U 7760a-b（无原编号） 佛典残片

各1行。刻本。

Ch/U 7761（M 164） 《大方广佛华严经》卷七

5行。刻本。

Ch/U 7762a（无原编号） 回鹘文残片

Ch/U 7762b-e（无原编号） 佛典残片

Ch/U 7763a（无原编号） 佛典残片

Ch/U 7763b（无原编号） 《根本说一切有部苾刍毗奈耶》卷一

5行。刻本。

Ch/U 7763c（无原编号） 回鹘文残片

4行。

Ch/U 7763d（无原编号） 《梵网戒本疏日珠抄》卷二五

3行。

Ch/U 7764（T II S 72） 《究竟大悲经》卷三

8行。胜金口遗址出土。

Ch/U 7765（无原编号） 佛典残片

Ch/U 7766（无原编号）《杂阿含经》卷一

3行。刻本。

Ch/U 7767（3064） 佛典残片

Ch/U 7768a-b（T II S 65. 5386） 佛典残片

Ch/U 7769（无原编号） 佛典残片

Ch/U 7770（5675） 《注维摩诘经》卷二

3行。

Ch/U 7771（4723） 佛典残片

Ch/U 8000abc = MIK 028417（T II T 511） 《阿毗昙毗婆沙论》卷三四

a 片 4 行，b 片 3 行，c 片 7 行。吐峪沟遗址出土。

Ch/U 8001 = MIK 028418（T II 1465） 《佛说华手经》卷四

22.2×15cm，9 行。

参 西胁常记 2002，88。

Ch/U 8002 = MIK 028420（T II 3013） 《佛说华手经》卷四

26.4×6.6cm，4 行。

参 西胁常记 2002，88。

Ch/U 8003 = MIK 028422（T II S 26.76） 《大宝积经》卷一一四

5 行。胜金口遗址出土。

参 西胁常记 2002，88。

Ch/U 8004 = MIK 028423（T III T 279） 《四分律删繁补阙行事钞》卷中

9.5×10.5cm，9 行。吐峪沟遗址出土。

参 西胁常记 2002，88。

Ch/U 8005 = MIK 028424（T I D 1006） 《大般若波罗蜜多经》卷三九一

9 行。高昌故城出土。

参 西胁常记 2002，88。

Ch/U 8006 = MIK 028425（T II Y 54.2） 《佛说罪业应报教化地狱经》

15.7×34cm，15 行。交河故城出土。

参 西胁常记 2002，88。

Ch/U 8007 = MIK 028427（T II 1324）《佛说除恐灾患经》

10×9cm，5 行。

参 西胁常记 2002，88。

Ch/U 8008 = MIK 028428（T I D 54） 《金光明最胜王经》卷一〇

29.6×12.4cm，6 行。高昌故城出土。

参 西胁常记 2002，88。

Ch/U 8009 = MIK 028429（T III T 215.1） 《十诵律》卷二九

27×17.5cm，10 行。吐峪沟遗址出土。

参 西胁常记 2002，88。

Ch/U 8010 = MIK 028430（T II T 1149） 《妙法莲华经》卷五

7.4×22.8cm，12 行。吐峪沟遗址出土。

参 西胁常记 2002，88。

Ch/U 8011 = MIK 028433（T III T 390） 《大般若波罗蜜多经》卷一三一

4 行。吐峪沟遗址出土。

参 西胁常记 2002，88。

Ch/U 8012 = MIK 028434（T I 1052） 《四分比丘尼戒本》

6 行。

Ch/U 8013 = MIK 028435（T I 534 x） 佛典残片

5 行。刻本。

Ch/U 8014 = MIK 028441（T III 1134）《大乘庄严经论》卷九

3行。

参 西胁常记2002，88。

Ch/U 8015 = MIK 028444（T II 2096）《四分律》卷三四

11行。

参 西胁常记2002，88。

Ch/U 8016 = MIK 028449（T II T 1579）《四分律》卷三三

12.6×20cm，12行。吐峪沟遗址出土。

参 西胁常记2002，88。

Ch/U 8017 = MIK 028453（T I 566）《大般若波罗蜜多经》卷三一七

16.6×13.1cm，8行。

参 西胁常记2002，89。

Ch/U 8018 = MIK 028457（T II 2054）佛典残片

10行。

Ch/U 8019 = MIK 028458（T II D 103）《现在贤劫千佛名经》

4行，行间有回鹘文。高昌故城出土。

参 西胁常记2002，89。

Ch/U 8020 = MIK 028475（T II T 1173）《阿毗昙八犍度论》卷二六

12.8×11.4cm，7行，存首题。吐峪沟遗址出土。

参 西胁常记2002，89。

Ch/U 8021a = MIK 028476（T II 1435）佛典残片

12行。

参 Zieme 1996d，1-14，图1。

Ch/U 8021b = MIK 028476（T II 1435）《大方等大集经》卷九

5行。

Ch/U 8021c+d = MIK 028476（T II 1435）《大般若波罗蜜多经》卷五四六

c片16行，d片2行，可以缀合。刻本。

参 西胁常记2002，89。

Ch/U 8021c+dv 回鹘文汉语《佛说圣妙吉祥真实名经》

21行。

参 Zieme 1996d，1-14，图2；Elverskog 1997，114-115。

Ch/U 8022 = MIK 028484（T II 756）《妙法莲华经》卷五

15.5×30cm，17行。

参 西胁常记2002，89。

Ch/U 8023 = MIK 028485（T II 4064）《金刚般若波罗蜜经》

10.1×9.5cm，5行。

参 西胁常记2002，89。

Ch/U 8024 = MIK 028487（T III 273.502）《大般涅槃经》卷二四

10.8×7.5cm，5行。

参 西胁常记 2002，89。

Ch/U 8025 = MIK 028488（T III 3017） 《妙法莲华经》卷二

10.1×4cm，3 行。

参 西胁常记 2002，89。

Ch/U 8026 = MIK 028489（T II 1001） 《大般涅槃经》卷二七

28.9×19cm，10 行。

参 西胁常记 2002，89。

Ch/U 8027 = MIK 028491（T II T 1248） 《诸法勇王经》

8 行，隶书。吐峪沟遗址出土。

参 西胁常记 2002，89。

Ch/U 8028 = MIK 028493（T III 1177） 《妙法莲华经》卷二

10.7×9.6cm，6 行。

参 西胁常记 2002，89。

Ch/U 8029 = MIK 030473（T II T 1186） 《金光明最胜王经》卷三

16.1×19.1cm，10 行。吐峪沟遗址出土。

参 西胁常记 2002，89。

Ch/U 8030 = MIK 030474（T II M 1032） 《金刚般若波罗蜜经》

13.1×16.2cm，9 行。木头沟遗址出土。

Ch/U 8031a-f = MIK 030477（T III 218） 《渐备一切智德经》卷四

其中，c 片 6 行，d 片 3 行，f 片 4 行。

参 西胁常记 2002，89。

Ch/U 8032 = MIK 030478（T II 2050） 《大般涅槃经》卷五

11.4×18cm，10 行。

参 西胁常记 2002，89。

Ch/U 8033 = MIK 030480（T III T 271） 《金光明经》卷四

14.3×19.7cm，11 行。吐峪沟遗址出土。

参 西胁常记 2002，89。

Ch/U 8034 = MIK 030483（T II M 1028） 佛典残片

11 行。木头沟遗址出土。

Ch/U 8035 = MIK 030484（T III S 90.52） 《瑜伽师地论》卷五六

17.3×17.9cm，10 行。胜金口遗址出土。

参 西胁常记 2002，89。

Ch/U 8036 = MIK 030385（T II 752） 《妙法莲华经》卷三

16×19.6cm，9 行。

参 西胁常记 2002，89。

Ch/U 8037 = MIK 030489（T II 1453） 《妙法莲华经》卷四

25.6×14.4cm，8 行。

参 西胁常记 2002，89。

Ch/U 8038 = MIK 030491（T II 3072） 《大乘密严经》卷上

22.6×16.5cm，10 行，行间写有回鹘文。

参 西胁常记 2002，89。

Ch/U 8039 = MIK 030492（T II D 76） 《阿毗达磨顺正理论》卷七九

32.9×15.9cm，7 行。高昌故城出土。

参 西胁常记 2002，89。

Ch/U 8040 = MIK 030493（T II T 1178） 《合部金光明经》卷四

15.6×16.9cm，10 行。吐峪沟遗址出土。

参 西胁常记 2002，89。

Ch/U 8041 = MIK 030496（T II 1448） 《大智度论》卷一二

27.5×24.2cm，9 行。

参 西胁常记 2002，89。

Ch/U 8042 = MIK 030498（T II T 1169） 佛典残片

4 行。吐峪沟遗址出土。

Ch/U 8043 = MIK 030502（T III M 152.500） 《妙法莲华经》卷二

16.2×13.6cm，7 行。刻本。木头沟遗址出土。

参 西胁常记 2002，89。

Ch/U 8044r = MIK 030503（T III 34.58） 《妙法莲华经》卷二

13.6×11.3cm，7 行。

参 西胁常记 2002，89。

Ch/U 8044v 回鹘语格言诗

8 行。

参 Tezcan & Zieme 1994，260-262。

Ch/U 8045 = MIK 030504（T II T 3037） 《根本说一切有部毗奈耶》卷二四

碎片，8 行。吐峪沟遗址出土。

Ch/U 8046 = MIK 030508（T II D 296.30） 《阿毗昙心论》卷二

14.5×21.1cm，14 行。高昌故城出土。

参 西胁常记 2002，89。

Ch/U 8047 = MIK 030509（T II 1971） 《十住断结经》卷五

5 行。

参 西胁常记 2002，90。

Ch/U 8048 = MIK 030510（T II M 1040） 《大般若波罗蜜多经》卷三九七

5 行。木头沟遗址出土。

参 西胁常记 2002，90。

Ch/U 8049 = MIK 030511（T III T 138） 《放光般若经》卷一二

10.6×13.3cm，8 行。吐峪沟遗址出土。

参 西胁常记 2002，90。

Ch/U 8050 = MIK 030513（T II 1492） 《大般涅槃经》卷一七

20.5×18cm，9 行。

参 西胁常记 2002，90。

Ch/U 8051r = MIK 031712（T II 1416） 《四分律》卷五六

19.6×24.7cm，13 行。

参 西胁常记 2002，90。

Ch/U 8051v 回鹘语《中阿含经》

25 行，其中夹写汉文。

参 Kudara & Zieme 1995，69-72，图 13；Elverskog 1997，18-19。

Ch/U 8052 = MIK 031713（T II 1417） 《金光明最胜王经》卷五

19.9×24cm，13 行。刻本。

参 西胁常记 2002，90。

Ch/U 8053 = MIK 031714（T II T 1068） 《佛说佛名经》卷九

14 行。吐峪沟遗址出土。

Ch/U 8054 = MIK 031715（T II T 1823） 《金光明最胜王经》卷二

6 行。吐峪沟遗址出土。

参 西胁常记 2002，90。

Ch/U 8055 = MIK 031716（T I 563） 《十地经论》卷三

7 行，行间有回鹘文。

参 西胁常记 2002，90。

Ch/U 8056 = MIK 031717（T II Y 17.506） 《首楞严经》卷二

8 行。交河故城出土。

参 西胁常记 2002，90。

Ch/U 8057 = MIK 031720（T II T 1379） 《大般若波罗蜜多经》卷三〇八

9.8×11cm，7 行。吐峪沟遗址出土。

参 西胁常记 2002，90。

Ch/U 8058 = MIK 031721（T II 3062） 《妙法莲华经》卷三

9.9×16.8cm，11 行。

参 西胁常记 2002，90。

Ch/U 8059 = MIK 031723（T II T 1194） 《大般若波罗蜜多经》卷五六二

11 行。吐峪沟遗址出土。

参 西胁常记 2002，90。

Ch/U 8060 = MIK 031724（T III 1136） 《大般若波罗蜜多经》卷一〇八

5 行。

参 西胁常记 2002，90。

Ch/U 8061 = MIK 031726（T II 1445） 《金光明经》卷四

13.7×19.5cm，11 行。

参 西胁常记 2002，90。

Ch/U 8062 = MIK 031727（T II Y 59.534） 《正法念处经》卷七

5 行。交河故城出土。

参 西胁常记 2002，90。

Ch/U 8063 = MIK 031732（T II D 85.501） 《一切经音义》卷六《妙法莲华经音义》

（玄应）

16.7×6.8cm，5行。见Ch/U 6782d号。高昌故城出土。

参 西胁常记1997b，83-85，图12；Nishiwaki 2001，106；西胁常记2002，47-49，90，图4；张娜丽2003，21-22；荣新江2005，271-273；徐时仪2005，42；张娜丽2006a，363。

Ch/U 8064 = MIK 031733（T II 3099） 《胜天王般若波罗蜜多经》卷六

12.4×9.4cm，5行。

参 西胁常记2002，90。

Ch/U 8065 = MIK 031734（T II 747） 《大方广佛华严经》卷七

13.1×19.5cm，11行。

参 西胁常记2002，90。

Ch/U 8066 = MIK 031735（T III 304 Tujok） 《摩诃般若波罗蜜经》卷二二

26.6×13.6cm，7行。

Ch/U 8067 = MIK 031736（T II 1463） 《维摩诘所说经》中

20.1×14cm，10行。

参 西胁常记2002，90。

Ch/U 8068 = MIK 031737（T II S 26.66） 《大般若波罗蜜多经》卷三九七

7行。胜金口遗址出土。

参 西胁常记2002，90。

Ch/U 8069 = MIK 031738（T II 745） 《大般涅槃经》卷二七

18.4×13.2cm，7行。

参 西胁常记2002，90。

Ch/U 8070 = MIK 031742（T II D 142.20） 《佛说观无量寿佛经》

14.6×32.7cm，18行。高昌故城出土。

参 西胁常记2002，90。

Ch/U 8071 = MIK 031743（T II 1939） 《金刚般若经疏》

9行，行书。

Ch/U 8072 = MIK 031744（T III 2030） 《大般涅槃经》卷七

7.1×10cm，5行。

参 西胁常记2002，90。

Ch/U 8073 = MIK 031745（T III M 122） 《金光明最胜王经》卷一

10×9.2cm，5行。木头沟遗址出土。

参 西胁常记2002，90。

Ch/U 8074 = MIK 031746（T II 1466） 《维摩诘所说经》卷中

26.1×14.8cm，9行。

参 西胁常记2002，90。

Ch/U 8075 = MIK 031748（T II 2003） 《光赞经》卷一〇

14×7.5cm，5行。

参 西胁常记2002，90。

Ch/U 8076 = MIK 031751（T II 3002）《四分律删繁补阙行事钞》卷中

9 行。

参 西胁常记 2002，91。

Ch/U 8077 = MIK 031752（T III 1144）《杂阿含经》卷三三

5 行。刻本。

参 西胁常记 2002，91。

Ch/U 8078 = MIK 031753（T II T 1065）《过去现在因果经》卷四

10 行。吐峪沟遗址出土。

参 西胁常记 2002，91。

Ch/U 8079 = MIK 031754（T II S 1010）《梁朝傅大士颂金刚经并序》

15.8×18.1cm，10 行。胜金口遗址出土。

参 西胁常记 2002，91。

Ch/U 8080 = MIK 031758（T III S 91.501）《妙法莲华经》卷五

15.2×9.6cm，6 行。胜金口遗址出土。

参 西胁常记 2002，91。

Ch/U 8081 = MIK 031760（T II T 1833）《大般若波罗蜜多经》卷三一七

14.1×10.8cm，7 行。吐峪沟遗址出土。

参 西胁常记 2002，91。

Ch/U 8082 = MIK 031762（T II 1174）《妙法莲华经》卷四

10.9×15.1cm，8 行。

参 西胁常记 2002，91。

Ch/U 8083 = MIK 031764（T II S 26.57）《大般若波罗蜜多经》卷三九七

6 行。胜金口遗址出土。

参 西胁常记 2002，91。

Ch/U 8084 = MIK 031765（T I D 552）《首楞严经》卷三

9 行。高昌故城出土。

参 西胁常记 2002，91。

Ch/U 8085 = MIK 031766（T II 768）《正法念处经》卷六三

8 行。

参 西胁常记 2002，91。

Ch/U 8086 = MIK 031768（T I）《金刚顶瑜伽三十七尊礼》

5 行。刻本。

参 西胁常记 2002，91。

Ch/U 8087 = MIK 031769（T II T 143）《大般涅槃经》卷一五

10.3×7.7cm，4 行。吐峪沟遗址出土。

参 西胁常记 2002，91。

Ch/U 8088 = MIK 028416（T III T 625）《根本说一切有部百一羯磨》卷四

16 行。吐峪沟遗址出土。

参 西胁常记 2002，91。

Ch/U 8089 = MIK 028419（T II 1471）《大般涅槃经》卷三一

27.2×17.4cm，9行。

参 西胁常记 2002，91。

Ch/U 8090 = MIK 028426（T II S 26.58）《大宝积经》卷一一四

16.4×28.2cm，16行。胜金口遗址出土。

参 西胁常记 2002，91。

Ch/U 8091 = MIK 028431（T II T 1227）《文殊师利所说摩诃般若波罗蜜经》卷上

5行。吐峪沟遗址出土。

参 西胁常记 2002，91。

Ch/U 8092r = MIK 028432（T II 2094）《妙法莲华经》卷七

7.3×9cm，6行。

参 Yoshida 2000b，图；西胁常记 2002，91。

Ch/U 8092v（T II 2994） 粟特语《惠明布道文》

可与 Ch/So 20510，Ch/So 101001 及 Ch/So 14760 缀合，缀合后共8栏，计77行。

参 Yoshida 2000b，71-77 + 图。

Ch/U 8093 = MIK 028436（T II D 85）《一切经音义》卷六《妙法莲华经音义》（玄应）

16.9×35.2cm，16行。见 Ch/U 6782d 号。高昌故城出土。

参 西胁常记 1997b，83-85，图 12；Nishiwaki 2001，106；西胁常记 2002，47-49，91，图 5；张娜丽 2003，21-22；荣新江 2005，271-273；徐时仪 2005，42；张娜丽 2006a，363。

Ch/U 8094a = MIK 028437（T II D 251）《妙法莲华经》卷五

7.8×10.5cm，6行。高昌故城出土。

参 西胁常记 2002，91。

Ch/U 8094b（T II D 251）《妙法莲华经》卷五

11.6×10.2cm，6行。高昌故城出土。

参 西胁常记 2002，91。

Ch/U 8095 = MIK 028438（T III T 476）《妙法莲华经》卷七

12.6×14.3cm，8行。吐峪沟遗址出土。

参 西胁常记 2002，91。

Ch/U 8096 = MIK 028439（T II S 1002）《放光般若经》卷一〇

17.3×12.5cm，6行，行间有朱笔文字。胜金口遗址出土。

参 西胁常记 2002，91。

Ch/U 8097 = MIK 028440（T II 1938）《阿毗达磨藏显宗论》卷七

6行。

参 西胁常记 2002，91。

Ch/U 8098 = MIK 028442（T III 1185）《苏悉地羯罗供养法》卷下

12.4×12.7cm，7行。刻本。

参 西胁常记 2002，91。

Ch/U 8099 = MIK 028443（T III M 173.135）《法苑珠林》三五

11.2×8.2cm，5行。木头沟遗址出土。

参 西胁常记2002，91。

Ch/U 8100 = MIK 028445（T III T 273）《妙法莲华经》卷三

11.3×17.5cm，11行，行间有回鹘文。吐峪沟遗址出土。

参 西胁常记2002，91。

Ch/U 8101 = MIK 028446（T I 1040）《法句譬喻经》卷三

20.2×15.2cm，9行。

参 西胁常记2002，91。

Ch/U 8102 = MIK 028447（T II S）《放光般若经》卷一〇

20.2×14.7cm，7行。胜金口遗址出土。

参 西胁常记2002，92。

Ch/U 8103 = MIK 028448（T II 2028）《维摩诘所说经》卷上

14.8×11.4cm，7行。

参 西胁常记2002，92。

Ch/U 8104 = MIK 028450（T II 1930）《妙法莲华经》卷七

12.7×27.3cm，15行，行间、页边有回鹘文。

参 西胁常记2002，92。

Ch/U 8105 = MIK 028454（T II S 1003b）《金刚般若经疏》

20行，行书。胜金口遗址出土。

参 西胁常记2002，92。

Ch/U 8106 = MIK 028455（T II S 26.71）《大般若波罗蜜多经》卷四

8.4×4.9cm，3行。胜金口遗址出土。

参 西胁常记2002，92。

Ch/U 8107 = MIK 028456（T III 62.514）《大般若波罗蜜多经》卷一九六

17.7×7cm，4行。

参 西胁常记2002，92。

Ch/U 8108 = MIK 028459（T III D 1018）《大般涅槃经》卷六

11.4×19cm，11行。高昌故城出土。

参 西胁常记2002，92。

Ch/U 8109 = MIK 028460（T II 3057）《佛本行集经》卷一六

6行。

参 西胁常记2002，92。

Ch/U 8110 = MIK 028461（T II T 1583）《大般涅槃经》卷二二

11.3×10.6cm，6行。吐峪沟遗址出土。

参 西胁常记2002，92。

Ch/U 8111 = MIK 028462（T III T 242）《妙法莲华经》卷一

13.8×17.8cm，11行。吐峪沟遗址出土。

参 西胁常记2002，92。

Ch/U 8112a = MIK 028462（MIK 028462）《妙法莲华经》卷二

5.8×5.3cm，2行。

参 西胁常记2002，92。

Ch/U 8112b = MIK 028462（MIK 028462） 《妙法莲华经》卷二

6.3×4.7cm，2行。

参 西胁常记2002，92。

Ch/U 8113 = MIK 028463（T II 1903）《妙法莲华经》卷二

13.2×15.4cm，9行。

参 西胁常记2002，92。

Ch/U 8114 = MIK 028464（T II 754） 《妙法莲华经》卷一

14.3×16cm，10行。

参 西胁常记2002，92。

Ch/U 8115 = MIK 028465（无原编号） 《放光般若经》卷一二

17.9×10.1cm，6行。

参 西胁常记2002，92。

Ch/U 8116 = MIK 028466（T II 1391） 《大宝积经》卷六六

24.3×19.1cm，11行。

参 西胁常记2002，92。

Ch/U 8117 = MIK 028467（T I 1060） 《涅槃论》

8行。

参 西胁常记2002，92。

Ch/U 8118r = MIK 028468（T II T 1222） 《妙法莲华经》卷七

12×11.6cm，7行。吐峪沟遗址出土。

参 西胁常记2002，92。

Ch/U 8118v 回鹘语摩尼教文书

与T I D 3 + Ch/U 6618属同一写本。10行。

参 Clark 1997，133；Wilkens 2000a，386，No. 446；Moriyasu 2002，168。

Ch/U 8119 = MIK 028469（T II 2033） 《大般若波罗蜜多经》卷五九〇

13.2×12.3cm，9行。

参 西胁常记2002，92。

Ch/U 8120 = MIK 028470（？1428） 《中阿含经》卷五一

17.2×28.5cm，15行。刻本。

参 西胁常记2002，92。

Ch/U 8121 = MIK 028471（无原编号） 《妙法莲华经》卷六

26.7×19.8cm，10行。

参 西胁常记2002，92。

Ch/U 8122 = MIK 028472（T II 2035） 《大般涅槃经》卷一三

12.5×12.6cm，6行。

参 西胁常记2002，92。

Ch/U 8123 a + b = MIK 028473 （T III M 173. 157） 《大方等陀罗尼经》卷一

11. 2 × 24. 2cm，13 行。木头沟遗址出土。

参 西胁常记 2002，92。

Ch/U 8124 = MIK 028474 （T II 1400） 《妙法莲华经》卷七

14. 2 × 18. 2cm，10 行。

参 西胁常记 2002，92。

Ch/U 8125 = MIK 028477 （T II T 1177） 《妙法莲华经》卷五

10. 5 × 17. 8cm，10 行。吐峪沟遗址出土。

参 西胁常记 2002，92。

Ch/U 8126 = MIK 028478 （T II Y 59. 17） 《大般涅槃经》卷三七

14. 4 × 11. 2cm，5 行，页边有婆罗迷文。交河故城出土。

参 西胁常记 2002，92。

Ch/U 8127 = MIK 028479 （T II T 1597） 《大宝积经》卷五一

8 行。吐峪沟遗址出土。

参 西胁常记 2002，92。

Ch/U 8128 = MIK 028480 （T I 546 x） 《推十二祇日死丧法》（拟）

5 行，有朱笔勾记。

参 西胁常记 1997b，79-80，图 11；Nishiwaki 2001，92；西胁常记 2002，42-43，92，图 1；余欣（待刊稿）。

Ch/U 8129r = MIK 028481 （T II S 26. 52） 《佛说灌顶七万二千神王护比丘咒经》卷一二

10. 9 × 10. 6cm，6 行。胜金口遗址出土。

参 西胁常记 2002，92。

Ch/U 8129v 回鹘语摩尼教教史文献

16. 6 × 10. 9cm，6 行。

参 Wilkens 2000a，66，No. 40。

Ch/U 8130 = MIK 028482 （T II 3071） 《妙法莲华经》卷五

13. 4 × 8. 5cm，5 行。

参 西胁常记 2002，92。

Ch/U 8131 = MIK 028483 （T II 1442） 《妙法莲华经》卷三

25. 7 × 18. 5cm，10 行。

参 西胁常记 2002，92。

Ch/U 8132 = MIK 028486 （T II Y 58. 7） 《大般涅槃经》卷二九

23. 6 × 19. 5cm，12 行。交河故城出土。

参 西胁常记 2002，92。

Ch/U 8133 = MIK 028490 （T II 1437） 《六度集经》卷二

15 行。

参 西胁常记 2002，92。

Ch/U 8134 = MIK 028494 （T III S 26. 60） 《大般若波罗蜜多经》卷三九七

5行。胜金口遗址出土。

参 西胁常记2002，93。

Ch/U 8135 = MIK 030464（T III 62.513）　《回诤论》

4行。

参 西胁常记2002，93。

Ch/U 8136 = MIK 030465（T II S 53.502）　《尊波须蜜菩萨所集论》卷五

26.5×20cm，11行。胜金口遗址出土。

参 西胁常记2002，93。

Ch/U 8137 = MIK 030467（T II 3051）　《释摩诃衍论》卷七

5行。

参 西胁常记2002，93。

Ch/U 8138 = MIK 030468（T II 4060）　《光赞经》卷一〇

11.7×12.2cm，6行。

参 西胁常记2002，93。

Ch/U 8139 = MIK 030468（无原编号）　《大般涅槃经》卷一三

9.2×9.8cm，6行。

参 西胁常记2002，93。

Ch/U 8140 = MIK 030469（T II 3015）《大般若波罗蜜多经》卷七〇

21.9×6.5cm，4行，行间、页边有回鹘文。

参 西胁常记2002，93。

Ch/U 8141 = MIK 030470（T II 1329）　《大般若波罗蜜多经》卷四四〇

5×15.4cm，7行，空白处有回鹘文。

参 西胁常记2002，93。

Ch/U 8142 = MIK 030471（无原编号）　《妙法莲华经》卷五

9.4×13cm，8行，行间、页边有回鹘文。

参 西胁常记2002，93。

Ch/U 8143 = MIK 030472（T II M 155.1019）　《不空羂索神变真言经》卷三〇

28.6×12.4cm，前有扉画，中间为经题“不空羂索神变真言经卷第三十”，下有“男”字号，4行。刻本。木头沟遗址出土。中国国家图书馆善本部藏有向达1937年所获旧照片。

参 西胁常记2002，93；荣新江2005，274。

Ch/U 8144 = MIK 0030475（T II 1441）　《大宝积经》卷六一

16.1×25.5cm，15行。

参 西胁常记2002，93。

Ch/U 8145 = MIK 030476（T II 1451）　《大般涅槃经》卷三

15.2×26.9cm，15行，存尾题。

参 西胁常记2002，93。

Ch/U 8146 = MIK 030478（T II 2050）　《大佛顶如来密因修证了义诸菩萨万行首楞严经》卷二

14.5×21.1cm，13 行。

参 西胁常记 2002，93。

Ch/U 8147a = MIK 030481（T II D 175） 《大般若波罗蜜多经》卷八五

16×14.6cm，11 行。高昌故城出土。

参 西胁常记 2002，93。

Ch/U 8147b（T II D 175） 《大般若波罗蜜多经》卷八五

8×4.6cm，3 行。高昌故城出土。

参 西胁常记 2002，93。

Ch/U 8147c（T II D 175） 《大般若波罗蜜多经》卷八五

4.7×3cm，2 行。高昌故城出土。

参 西胁常记 2002，93。

Ch/U 8148 = MIK 030482（T II T） 《妙法莲华经》卷四

19.8×18.4cm，11 行，行间有回鹘文。吐峪沟遗址出土。

参 西胁常记 2002，93。

Ch/U 8149 = MIK 030486（T I 530 x） 《金光明最胜王经》卷七

12.8×12.7cm，9 行。

参 西胁常记 2002，93。

Ch/U 8150 = MIK 030488（T II 1439） 《大方广佛华严经》卷一八

21×15.1cm，8 行。

参 西胁常记 2002，93。

Ch/U 8151 = MIK 030490（T II 755）《大般涅槃经》卷二二

26.2×11.8cm，8 行。

参 西胁常记 2002，93。

Ch/U 8152r = MIK 030495（T II Y 23.15） 《大法炬陀罗尼经》

24.9×12.3cm，7 行。交河故城出土。

Ch/U 8152v 《千字文》

前接 Ch 3716，有尾题："［千］字文一卷了毕也。（中缺）月十四日余胜泉都通受也。"月、日二字用武周新字，但字体拙劣，为回鹘时期写本无疑。此册子本一叶，也是用唐人写经横折二成两页，但所用佛经与 Ch 3716 不同。参看 Ch 3716 号解题。

参 西胁常记 1997b，98-110，图 20；Zieme 1999b，321；Nishiwaki 2001，56；西胁常记 2002，70-83，93，图 24。

Ch/U 8153a = MIK 030497（T III 173.118） 《长阿含经》卷一二

8.6×6.9cm，4 行。

参 西胁常记 2002，93。

Ch/U 8153b（T III 173.118） 《长阿含经》卷一二

8.6×6.9cm，4 行。

参 西胁常记 2002，93。

Ch/U 8154 = MIK 030499（T II S 26.74） 《大宝积经》卷一一四

11.1×14.1cm，8行。胜金口遗址出土。

参 西胁常记 2002，93。

Ch/U 8155 = MIK 030505（T II T 510）《三无性论》卷下

19.8×13.2cm，7行，行间写满回鹘文。吐峪沟遗址出土。

参 西胁常记 2002，93。

Ch/U 8156a = MIK 030506（T I 526 x） 佛典残片

7行，写诸天人、天女名。

Ch/U 8156br（T I 526 x） 佛典残片

2行。

Ch/U 8156bv 回鹘语文书

6行，其中1行为汉字。

参 Yoshida 2000a，8-9。

Ch/U 8157 = MIK 030507（T II 1702） 《千手千眼观世音菩萨姥陀罗尼身经》

4行。

参 西胁常记 2002，93。

Ch/U 8158 = MIK 030512（T II 1002） 《御制缘识并序》（宋太宗）

14.5×17.2cm，4行。与Ch/U 7466、Mainz 71v属同一刻本。中国国家图书馆善本部藏有向达1937年所获照片。

参 中村菊之进 1990，56，59；西胁常记 1997b，97-98，图 17；Nishiwaki 2001，101；西胁常记 2002，67-68，93，图 20；荣新江 2005，274。

Ch/U 8159 = MIK 030514（T III 62）《根本说一切有部毗奈耶》卷二一

28.1×19.9cm，11行。

参 西胁常记 2002，93。

Ch/U 8160 = MIK 031719（T II T 3037） 《瑜伽师地论》卷七八

13.5×9.3cm，6行。吐峪沟遗址出土。

参 西胁常记 2002，94。

Ch/U 8161 = MIK 031722（T I D 553） 《妙法莲华经》卷三

12.8×18cm，12行。高昌故城出土。

参 西胁常记 2002，94。

Ch/U 8162 = MIK 031725（T II M 1030） 《放光般若经》卷一五

13.3×16.3cm，9行，行间。页边写有回鹘文。木头沟遗址出土。

参 西胁常记 2002，94。

Ch/U 8163r = MIK 031728（T II 1440） 《妙法莲华经》卷六

25.5×13.2cm，8行。

参 西胁常记 2002，94。

Ch/U 8163v 回鹘语摩尼教发愿文

7行。Zieme认为与Ch/U 6874属同一写本。

参 Wilkens 2000a，384，No. 443。

Ch/U 8164 = MIK 031729（T I D 549） 《贤劫经》卷八

12.5×14.1cm，8行。高昌故城出土。

参 西胁常记2002，94。

Ch/U 8165 = MIK 031730（T II M 1029） 习字

Ch/U 8166 = MIK 031731（T II T 1147） 《大智度论》卷三五

10.5×8.4cm，5行。吐峪沟遗址出土。

参 西胁常记2002，94。

Ch/U 8167 = MIK 031739（T I D 555） 《妙法莲华经》卷五

13×12cm，7行，行间写有回鹘文。高昌故城出土。

参 西胁常记2002，94。

Ch/U 8168 = MIK 031740（T II 1648） 《大般涅槃经》卷一八

15.5×26.9cm，15行。

参 西胁常记2002，94。

Ch/U 8169 = MIK 031741（T II 1443） 《大般若波罗蜜多经》卷五二五

27.3×16.9cm，10行。

参 西胁常记2002，94。

Ch/U 8170 = MIK 031747（T II 1467） 《妙法莲华经》卷一

27.5×14.3cm，9行。又有刻本1叶，纸片2叶。

参 西胁常记2002，94。

Ch/U 8171 = MIK 031749（T II M 173.146） 《六度集经》

9行。木头沟遗址出土。

参 西胁常记2002，94。

Ch/U 8172 = MIK 031750（T II T 1158） 《大智度论》卷二一

11.2×11.1cm，7行。吐峪沟遗址出土。

参 西胁常记2002，94。

Ch/U 8173 = MIK 031756（T II 1446） 《妙法莲华经》卷五

22.3×17cm，10行。

参 西胁常记2002，94。

Ch/U 8174 = MIK 031757（[T] II S 25） 《大般若波罗蜜多经》卷二

18.6×19.3cm，12行。胜金口遗址出土。

参 西胁常记2002，94。

Ch/U 8175 = MIK 031759（T II 742） 《大般若波罗蜜多经》卷三二三

13.7×22.3cm，13行，行间、页边写有回鹘文。

参 西胁常记2002，94。

Ch/U 8176 = MIK 031761（T I D 554） 《放光般若经》卷二〇

12.7×12.7cm，7行。高昌故城出土。

Ch/U 8177 = MIK 031770（T I D 1004a. b） 《大方广佛华严经》卷七六

12.9×10.6cm，6行。刻本。高昌故城出土。

参 西胁常记2002，94。

Ch/U 8178 = MIK 031771（T II T 2027） 《十地经论远行地》第七卷之九

8行。吐峪沟遗址出土。

Ch/U 8179 = MIK 031772（T III M 173. 127）《大般涅槃经》卷一二

11.7×13cm，2行。木头沟遗址出土。

参 西胁常记2002，94。

Ch/U 8180 = MIK 031773（无原编号）《大乘起信论》一卷（真谛译）

4行。

参 西胁常记2002，94。

Ch/U 8181 =（无原编号）《大般涅槃经》卷五

9.5×6.8cm，4行 MIK 031774。

参 西胁常记2002，94。

Ch/U 8182a = MIK 031776（T II T）《过去现在因果经》卷一

12.7×12.5cm，7行。吐峪沟遗址出土。

参 西胁常记2002，94。

Ch/U 8182b（T II T）《过去现在因果经》卷一

12.7×20.1cm，12行。吐峪沟遗址出土。

参 西胁常记2002，94。

德国国家图书馆藏吐鲁番文献（U 编号部分）

U 1a，b（T II K 173）　回鹘语摩尼教历史文献

写卷残片 2 叶，6.5×11cm、6.7×9.5cm。U 1a 第一栏，正面 9 行，背面 7 行；第二栏，正面 9 行，背面 8 行；U 1b 第一、二栏，正面背面均为 7 行，合计 61 行。文书记 Tängrikän uighur bughuγ xan 于羊年（803）到高昌，与摩尼教大法师慕阇讨论摩尼教团的问题。与 U 265a-d，f-k 9 片属同一写本。高昌故城 K 遗址出土。

参 Le Coq 1912，145-154，图 IV；Gabain 1964，239；森安孝夫 1979，215；森安孝夫 1991，32；Clark 1997，132；Clark 2000，99，114-115；Wilkens 2000a，73-75，No. 49；荣新江 2001，379-380；Tremblay 2001，32，238；森安孝夫 2002，149-150；Moriyasu 2004a，35；王媛媛 2006，47-48。

U 2（T II D 173e）　回鹘语摩尼教《佛陀传：车匿答菩萨书》（Life of the Buddha：Reply of Chandaka）

写卷残片 1 叶，12.4×26.3cm。双面书写，各 20 行，又各有标题 1 行，总计 42 行。与 U 168 I、U 168 II、U 169 I、U 169 II、U 270、U 350、Mainz 126 I、Mainz 126 II、T II D 173d 属同一写本。高昌故城出土。

参 Le Coq 1909a，1202-1205，1208-1211，图 XIV；Radloff 1910，1030-1036；Radloff 1928，167-168；Bang 1931，7-12；Gabain 1959，44；Gabain 1964，232；Asmussen 1966，14-21；Klimkeit 1993，313；Clark 1997，138；Wilkens 2000a，35-36，No. 1；Tongerloo 2005，385-396，436-437（图）。

U 3（T I D）　摩尼文回鹘语摩尼教传说故事

小残片 2 块，3.2×6.9cm。a 片 5 行，b 片 4 行，计 9 行。高昌故城出土。

参 Wilkens 2000a，439，No. 552。

U 4（T II D 175）　回鹘语摩尼教《琐罗亚斯德传说》

写卷残片 1 叶，17.3×19.2cm。双面书写，各 13 行，双面又各有标题一行，计 28 行。高昌故城出土。

参 Le Coq 1908，398-414，图 III-IV；Radloff 1908，852-856；Halévy 1908，438-446；Radloff 1928，158-159；Gabain 1964，232；Zieme 1969c，207-208；Sundermann 1986，462-463；Skjævø 1996，619-621（P. Zieme）；Clark 1997，138；Wilkens 2000a，36-37，No. 2。

U 5（TM 342）　突厥卢尼文回鹘语摩尼教故事

双抄叶 1 叶，14.8×22cm。分两栏书写，两栏均双面书写，第一栏正面背面各 11 行，第二栏正面背面各 12 行，每栏每面各有 1 行题目，计 50 行。与 U 172（也可能还有 U 179）属同一写本。

参 Le Coq 1909b，1056-1057，图 X-XI；Clark 1997，139；Wilkens 2000a，51-52，No. 22。

U 6a-d（D I H I） **回鹘语景教文献**

参 Le Coq 1919a，101-102；杨富学 2003，67。

U 7（T II D 178 VI） **摩尼文回鹘语《摩尼教徒忏悔词》（*Xuāstvānīft*）**

写卷残片 1 叶，13. 6 × 14cm。双面书写，正面 11 行，背面 12 行，计 24 行。与 U 8、U 9、U 10、U 20、U 4、U 54、M 6263 属同一写本。高昌故城出土。

参 Le Coq 1910，24-26，图 2；Asmussen 1965，192-193；BTT V，19；Asmussen 1975，69-77；Klimkeit 1989，241-250；Klimkeit 1993，300；Clark 1997，129；Wilkens 2000a，362，No. 415。

U 8（T II D 178 IV） **摩尼文回鹘语《摩尼教徒忏悔词》（*Xuāstvānīft*）**

较完整的写卷残片 1 叶，13. 1 × 13. 9cm。双面书写，各 12 行，计 24 行。与 U 7 等属同一写本。高昌故城出土。

参 Le Coq 1910，8-10，图 I；Asmussen 1965，167-168，193-194，199-202；BTT V，19；Asmussen 1975，69-77；Klimkeit 1989，241-250；Klimkeit 1993，299-305；Clark 1997，128；Wilkens 2000a，342，No. 386。

U 9（T II D 178 V） **摩尼文回鹘语《摩尼教徒忏悔词》（*Xuāstvānīft*）**

较完整的写卷残片 1 叶，13. 5 × 13. 7cm。双面书写，各 12 行，计 24 行。与 U 7 等属同一写本。高昌故城出土。

参 Le Coq 1910，22-24，图 II；Arat 1965a，26-29；Asmussen 1965，191-192；BTT V，19；Asmussen 1975，69-77；Klimkeit 1989，241-250；Klimkeit 1993，300；Clark 1997，129；Wilkens 2000a，358-359，No. 410。

U 10（T II D 178 III） **摩尼文回鹘语《摩尼教徒忏悔词》（*Xuāstvānīft*）**

较完整的写卷残片 1 叶，13. 2 × 10. 4cm。双面书写，各 12 行，计 24 行。与 U 7 等属同一写本。高昌故城出土。

参 Le Coq 1910，10-13，图 I；Bang 1923，144-147；Asmussen 1965，168-169，194，202-211；BTT V，19；Asmussen 1975，69-77；Klimkeit 1989，241-250；Klimkeit 1993，299-305；Clark 1997，128；Wilkens 2000a，343，No. 387。

U 11 = M 153（TM 303） **摩尼文回鹘语《摩尼教徒忏悔词》（*Xuāstvānīft*）**

较完整的写卷残片 1 叶，5. 5 × 9. 8cm。双面书写，各 13 行，计 26 行。

参 Le Coq 1910，13-15；Asmussen 1965，187；Zieme 1966，351，图 3-4；BTT V，19；Asmussen 1975，69-77；Klimkeit 1989，241-250；Klimkeit 1993，300；Clark 1997，129；Wilkens 2000a，348-349，No. 395。

U 12（TM 343） **回鹘语《摩尼教徒忏悔词》（*Xuāstvānīft*）**

残片 1 叶，10 × 15. 6cm。双面书写，各 15 行，计 30 行。

参 Le Coq 1910，20-21；Asmussen 1965，189；Zieme 1966，352，图 15-16；BTT V，19；Asmussen 1975，69-77；Klimkeit 1989，241-250；Klimkeit 1993，300；Clark 1997，130；Wilkens 2000a，355-356，No. 406。

U 13 = M 357（TM 183） **摩尼文回鹘语《摩尼教徒忏悔词》（*Xuāstvānīft*）**

写卷残片 1 叶，18.3×25.8cm。14 行。

参 Le Coq 1910，20-21；Boyce 1960，24；Gabain 1964，234；Asmussen 1965，190；Zieme 1966，351，图 5；BTT V，19；Asmussen 1975，69-77；Klimkeit 1989，241-250；Klimkeit 1993，300；Clark 1997，129。

U 14（T I D/TM 289）+ Mainz 350b（T II K x 2） 回鹘语《摩尼教徒忏悔词》（*Xuāstvānīft*）

残片 2 叶，可缀合，缀合后 15×25.9cm。双面书写，各 18 行，计 36 行。高昌故城 K 遗址出土。

参 Zieme 1966，352，355-356，图 22-23；BTT V，20；Clark 1997，130；Wilkens 2000a，346-347，No. 392。

U 15（T II K 8） （1）回鹘语摩尼教《月神赞美诗》（Hymn on the Moon God）（2）回鹘语《摩尼教徒忏悔词》（*Xuāstvānīft*）

较完整的写卷残片 1 叶，15×23.5cm。上栏（1）正面 18 行，背面 22 行；下栏（2）正面 17，背面 15 行，计 72 行。高昌故城 K 遗址出土。

参 Zieme 1966，352-354，359-360，图 26-27；BTT V，20；Clark 1997，126，130；Wilkens 2000a，293，No. 324（1），360，No. 412（2）。

U 16（T I D 29） 回鹘语《摩尼教徒忏悔词》（*Xuāstvānīft*）

残片 1 叶，12×13.5cm。双面书写，各 9 行，计 18 行。高昌故城出土。

参 Zieme 1966，352，355，图 9-20；BTT V，19；Clark 1997，130；Wilkens 2000a，345-346，No. 391。

U 17a，b（T I D 51 t） 摩尼文回鹘语《摩尼教徒忏悔词》（*Xuāstvānīft*）

残片 2 叶，8.6×5.5cm、7.7×4.9cm。每片 4 行，计 8 行。高昌故城出土。

参 Zieme 1966，357-358，图 10；BTT V，19；Clark 1997，129；Wilkens 2000a，353-354，No. 403。

U 18（T I D） 回鹘语《摩尼教徒忏悔词》（*Xuāstvānīft*）

残片 1 叶，6×6.8cm。正面 6 行。高昌故城出土。

参 Zieme 1966，352，359，图 25；BTT V，20；Clark 1997，130；Wilkens 2000a，357-358。

U 19（T I D） 摩尼文回鹘语《摩尼教徒忏悔词》（*Xuāstvānīft*）

残片 1 叶，5.7×5.9cm。双面书写，各 6 行，计 12 行。高昌故城出土。

参 Zieme 1966，351，357-358，图 11-12；BTT V，19；Clark 1997，129；Wilkens 2000a，348，No. 394。

U 20（T II D 178） 摩尼文回鹘语《摩尼教徒忏悔词》（*Xuāstvānīft*）

残片 1 叶，5×5.2cm。双面书写，各 4 行，计 8 行。与 U 7 等属同一写本。

参 Zieme 1966，351，358-359，图 1-2；BTT V，19；Clark 1997，129；Wilkens 2000a，353，No. 402。

U 21（T II S 530） 回鹘语《摩尼教徒忏悔词》（*Xuāstvānīft*）

残片 1 叶，13×10cm。5 行。胜金口遗址出土。

参 Zieme 1966，352，354，图 18；BTT V，19；Clark 1997，130；Wilkens 2000a，

344，No. 389。

U 22r（T I D x 21）　汉文《大般涅槃经》卷五

残片1叶，11×7.5cm。

U 22v　回鹘语《摩尼教徒忏悔词》（*Xuāstvānīft*）

4行。与Ch/U 6318v属同一写本。高昌故城出土。

参 Zieme 1966，352，354，图17；BTT V，19；Clark 1997，130；Wilkens 2000a，343-344，No. 388。

U 23（T I 619）　回鹘语《摩尼教徒忏悔词》（*Xuāstvānīft*）

残片1叶，9.5×10cm。6行。

参 Zieme 1966，352，359，图24；BTT V，20；Clark 1997，130；Wilkens 2000a，360-361，No. 413。

U 24（无原编号）　回鹘语《摩尼教徒忏悔词》（*Xuāstvānīft*）

残片1叶，16.5×15cm。8行。

参 Zieme 1966，352，355，图21；BTT V，20；Clark 1997，130；Wilkens 2000a，345，No. 390。

U 25（T I D 51/510）　回鹘语《摩尼教徒忏悔词》（*Xuāstvānīft*）

残片1叶，10.1×6.7cm。3行。高昌故城出土。

参 Zieme 1969c，212；BTT V，20，图I；Clark 1997，130；Wilkens 2000a，350，No. 397。

U 26（T I D 51/514）　回鹘语《摩尼教徒忏悔词》（*Xuāstvānīft*）

残片1叶，9.3×3.1cm。双面书写，正面2行，背面1行，计3行。高昌故城出土。

参 Zieme 1969c，212；BTT V，20，图I；Clark 1997，130；Wilkens 2000a，361，No. 414。

U 27（T I x 560）　回鹘语《摩尼教徒忏悔词》（*Xuāstvānīft*）

残片1叶，8.4×6.7cm。5行。

参 BTT V，20，图I；Clark 1997，130；Wilkens 2000a，352，No. 401。

U 28 缺号

U 29（T I α 1）　回鹘语《伊索寓言》（Aesop Fables）

残片1叶，24.1×16.5cm。双面书写，各9行，各有标题1行，计20行。与U 118、U 192、U 193、U 194、U 195、U 264、U 318、U 319、Mainz 238、Mainz 313、Mainz 349属同一写本。高昌故城α遗址出土。

参 Le Coq 1922，33；Rásonyi 1930，432-433，图I-II；Gabain 1964，232；Zieme 1971，41，图1-2；Klimkeit 1993，312-313；Clark 1997，138；Wilkens 2000a，60-61，No. 33。

U 30（T II D 75）　回鹘语摩尼教天体学说文献

残片1叶，11.3×17.6cm。双面书写，正面21行，背面23行，计44行。高昌故城K遗址出土。

参 Le Coq 1919b，6-7，图I；Klimkeit 1983，239-240；Zieme 1997a，400-401；

Clark 1997，124；Wilkens 2000a，188-189，No. 183。

U 31（TM 159）　摩尼文回鹘语摩尼教《新年为牟羽可汗祈祷文》

残片 1 叶，7.1×6.7cm。双面书写，正面 8 行，背面 9 行，计 17 行。高昌故城出土。

参 Le Coq 1911，31；Le Coq 1922，36；Clark 1997，133；Clark 2000，84；Wilkens 2000a，271-272，No. 297。

U 32（TM 419）　回鹘语摩尼教《摩尼赞美诗》

写卷 1 叶，24×15.5cm。双面书写，正面 19 行，背面 21 行，计 40 行。高昌故城 α 遗址出土。

参 Le Coq 1919b，7-9，图 II；Bang 1925，49-52；Schaeder 1925，261-267；Arat 1965a，14-21，442（图）；Gandjeï 1970，157-160；Klimkeit 1989，221-222；Zieme 1991a，333-336；Klimkeit 1993，286，294；Clark 1997，126；Wilkens 2000a，315-316，No. 354；王媛媛 2006，161。

U 33（T I α）　回鹘语摩尼教末世学说文献

残片 1 叶，22.5×15.5cm。双面书写，正面 18 行，背面 16 行，计 34 行。高昌故城 α 遗址出土。

参 Le Coq 1911，19-20，图 I；Klimkeit 1993，341-342；Wilkens 2000a，186-187，No. 180。

U 34（T II D 178）　摩尼文回鹘语摩尼教赞美诗（Hymn on the "Righteous Judge"）

残片 1 叶，14.1×13.9cm。双面书写，各 12 行，计 24 行。与 U 7 等属同一写本。高昌故城 K 遗址出土。

参 Le Coq 1919b，12-13；Arat 1965a，26-29；Klimkeit 1989，228-229；Klimkeit 1993，292-293；Clark 1997，125；Wilkens 2000a，197-198，No. 194。

U 35（T I D/TM 282）　回鹘语摩尼教《二宗经》

残片 1 叶，13.3×8.9cm。正面背面各 7 行，计 14 行。高昌故城出土。

参 Le Coq 1911，17-18；Radloff 1912，765-766；Gabain 1964，232；Clark 1997，123；Wilkens 2000a，149-150，No. 136。

U 36（T II D 177/T II K）+ U 205e　回鹘语摩尼教早期传教史文献（Mar Ammō and the Priests）

与 U 205e 可以缀合，残片 2 叶，为一双抄叶残片。双面书写，每面两栏，每栏 24 行，计 96 行。与 Mainz 470 和 U 56 属同一写本。高昌故城 K 遗址出土。

参 Le Coq 1911，32-37，图 IV；Radloff 1912，778；Bang 1923，189-190；Bang 1931，17-24；Gabain 1974，293-294；Sundermann 1986，61；Klimkeit 1993，319-320；Clark 1997，131；Wilkens 2000a，70-72，No. 47；森安孝夫 2002，143，150。

U 37（T II D 78h）+ U 52　回鹘语摩尼教赞美诗集

小残片 2 块，缀合后为 12.5×21.2cm。分上、下两栏书写。第一栏正面 8 行，背面 12 行；第二栏正面背面各 11 行，计 42 行。与 Mainz 104、T II D 78c I-II、U38、T II D 78e、Mainz 394、Mainz 374、U 39、U 51、U 53 属同一写本。高昌故城 K 遗

址出土。

参 Le Coq 1922，27；Clark 1997，126；Wilkens 2000a，280-281，No. 308。

U 38（T II D 78d，I-II）　回鹘语摩尼教赞美诗集

残片1叶，13.7×14.1cm。分上下两栏，第一栏正面7行，背面6行，第二栏正面6行，背面7行，计26行。与U 37 + U 52等属同一写本。高昌故城出土。

参 Le Coq 1922，26；Klimkeit 1983，236；Clark 1997，126；Wilkens 2000a，277-278，No. 304。

U 39（T II D 78a I-II）　回鹘语摩尼教赞美诗集

残片1叶，13.5×18.3cm。分上下栏。第一栏正面背面各11行，第二栏正面10行，背面11行，计43行。与U 37 + U 52等属同一写本。高昌故城K遗址出土。

参 Le Coq 1922，24，图 II；Klimkeit 1989，232；Klimkeit 1993，295-296；Clark 1997，126；Wilkens 2000a，274-275，No. 301。

U 40（T I/TM 423a）　回鹘语摩尼教《惠明布道书》（Sermon on the Light-Nous）

残片1叶，18.1×24.8cm。正面背面各16行，计32行。与U 42、U 43、U 44、Mainz 317和Mainz 460d属同一写本。高昌故城出土。

参 Le Coq 1922，22；Klimkeit & Schmidt-Glintzer 1984，96-97；Clark 1997，121；Wilkens 2000a，164，No. 153。

U 41（T I α 2） + U 281　回鹘语摩尼教《惠明布道书》（Sermon on the Light-Nous）

小残片2块，9.2×8cm、4.8×7.6 cm。双面书写，缀合后正面背面各14行，并各有1行标题，计30行。与MIK III 636和So 10.348属同一写本。高昌故城α遗址出土。

参 Le Coq 1922，21；BTT V，45，图 XXIII；Klimkeit & Schmidt-Glintzer 1984，94-95；Zieme 1995b，263-265，图 9，图 10；Clark 1997，121；Wilkens 2000a，162-162，No. 151；Wilkens 2001/2002，101-102 + 图。

U 42（TM 423e）　回鹘语摩尼教《惠明布道书》（Sermon on the Light-Nous）

残片1叶，17×24.3cm。双面书写，各16行，计32行。与U 40等属同一写本。高昌故城出土。

参 Le Coq 1922，20-21；Klimkeit & Schmidt-Glintzer 1984，93-94；Klimkeit 1993，347-348；Clark 1997，121；Wilkens 2000a，161-162，No. 150。

U 43（T I/TM 423b）　回鹘语摩尼教《惠明布道书》（Sermon on the Light-Nous）

残片1叶，17.6×21.6cm。双面书写，各15行，计30行。与U 40等属同一写本。高昌故城出土。

参 Le Coq 1922，19-20；Klimkeit & Schmidt-Glintzer 1984，90、91；Klimkeit 1993，334-335；Clark 1997，121；Wilkens 2000a，160-161，No. 149。

U 44（T I/TM 423c）　回鹘语摩尼教《惠明布道书》（Sermon on the Light-Nous）

残片1叶，17.7×24.9cm。双面书写，各16行，计32行。与U 40等属同一写本。高昌故城出土。

参 Le Coq 1922，18-19，图 I；Klimkeit & Schmidt-Glintzer 1984，90、91；Klimkeit 1993，334；Clark 1997，121；Wilkens 2000a，160，No. 148。

U 45（T II D 119） 摩尼文回鹘语摩尼教《惠明布道书》（Sermon on the Light-Nous）

写卷1叶，25×12.5cm。双面书写，各23行，计46行。高昌故城出土。

参 Le Coq 1922，16-17，图3；Klimkeit & Schmidt-Glintzer 1984，86，87；Klimkeit 1993，331-333；Clark 1997，121；Wilkens 2000a，158，No.146。

U 46a（T II D 172） 摩尼文回鹘语摩尼教《佛陀传》（Life of the Buddha：Anvam）

残片1叶，10.5×14.6cm。双面书写，各15行，计30行。根据Le Coq，与MIK III 201 I、II属同一写本。高昌故城出土。

参 Le Coq 1922，14；Klimkeit 1993，360；Clark 1997，138；Wilkens 2000a，99-100，No.81；Tongerloo 2003，257-262，281-282（图1-2）。

U 46b（T II D 172） 摩尼文回鹘语摩尼教《佛陀传》（Life of the Buddha：Anvam）

残片1叶，10.4×14.5cm。双面书写，计14行。根据Le Coq 1922，14，与MIK III 201 I、II属同一写本。高昌故城出土。

参 Le Coq 1922，14；Clark 1997，138；Wilkens 2000a，100，No.82；Tongerloo 2003，257-262，281-282（图1-2）。

U 47（TM 298） 回鹘语摩尼教布道书（Sermon on Passions and the Body）

残片1叶，15×13cm。双面书写，正面20行，背面19行，计39行。高昌故城出土。

参 Le Coq 1922，9-10；Klimkeit 1983，237；Klimkeit 1986，225-226；Klimkeit 1993，345-346；Clark 1997，123；Wilkens 2000a，150-151，No.137。

U 48（T II D 121） 回鹘语摩尼教天体学说文献

残片1叶，12.5×18.6cm。双面书写，各18行，计36行。高昌故城K遗址出土。

参 Le Coq 1922，8-9，图I；Klimkeit 1993，342；Clark 1997，125；Wilkens 2000a，189-190，No.184。

U 49（TM 291） 回鹘语摩尼教《光明王国布道书》（Sermon on Light Realm）

残片1叶，每片为18×11.5cm。正面背面各11行，计22行。

参 Le Coq 1922，7-8；Klimkeit 1993，342-343；Clark 1997，124；Wilkens 2000a，214，No.211；Tremblay 2001，89。

U 50（T I α/TM 175） 摩尼文回鹘语摩尼教赞美诗

小残片1块，13.4×7cm。双面书写，各16行，计32行。高昌故城α遗址出土。

参 Le Coq 1922，7；Clark 1997，124；Wilkens 2000a，339，No.383。

U 51（T II D 78i） 回鹘语摩尼教赞美诗集

残片1叶，13.2×8.4cm。分上下两栏，第一栏正面背面各3行，第二栏正面背面各3行。计12行。与U 37+U 52等属同一写本。高昌故城K遗址出土。

参 Le Coq 1922，27；Clark 1997，126；Wilkens 2000a，281-282，No.309。

U 52（T II D 78j） 回鹘语摩尼教赞美诗集

与U 37可以缀合，参看该号。

U 53（T II D 78k） 回鹘语摩尼教赞美诗集

残片1叶，12.4×10.5cm。分上、下两栏书写，第一栏正面背面各5行，第二栏正面背面各6行。计22行。高昌故城K遗址出土。

参 Le Coq 1922，28；Gabain 1964，234；Clark 1997，126；Wilkens 2000a，282-283，No. 310。

U 54（T II D 178 II） 摩尼文回鹘语摩尼教《圣餐赞美诗》（Meal Hymn）

残片 1 叶，14. 1 ×14cm。双面书写，各 12 行，计 24 行。与 U 7 等属同一写本。高昌故城 K 遗址出土。

参 Le Coq 1922，29-30；Gabain 1964，235；Clark 1997，125；Wilkens 2000a，140-141，No. 127；Tremblay 2001，79，235。

U 55（TM 512/D I） 摩尼文回鹘语摩尼教《为选民施舍赞美诗》（Hymn on Alms for the Elect）

小残片 1 块，9. 7 ×9. 5cm。双面书写，各 13 行，计 26 行。高昌故城出土。

参 Le Coq 1922，28-29；Gabain 1964，232、235；Klimkeit 1989，227-228；Zieme 1991a，414-415；Klimkeit 1993，291-292；Clark 1997，125；Wilkens 2000a，317-318，No. 356；Tremblay 2001，104，235，241。

U 56（T II D 175，2） 回鹘语摩尼教传说故事（国王与术士/The King and the Astrologer）

残片 1 叶，13. 8 ×9. 4cm。双面书写，各 9 行，又各有残标题一行，计 20 行。与 U 36 + U 205e 和 Mainz 470 属同一写本。高昌故城 K 遗址出土。

参 Le Coq 1922，30；Klimkeit 1993，321；Klimkei 1995，172-173；Clark 1997，139；Wilkens 2000a，52-53，No. 23；Tremblay 2001，88。

U 57（T II D 175，1） + U 259 （1）回鹘语摩尼教传说故事（国王与术士/The King and the Astrologer） （2）回鹘语摩尼教隐修指南（?）

残片 2 叶，13 ×11. 1cm，8 ×5. 9cm，可拼接。第一片正面背面各 9 行，并各有 1 行标题，第二片正面背面各 11 行，并各有 1 行标题，计 44 行。高昌故城 K 遗址出土。

参 Le Coq 1922，31-32；Zieme 1988a，224-228；Klimkeit 1993，321；Clark 1997，139，137；Wilkens 2000a，53-54，No. 24；Tremblay 2001，88。

U 58（T II D 181） 回鹘语摩尼教传说故事（王妃与妖怪/The Queen and the Genie（?））

残片 2 叶，24. 5 ×10cm。第一栏正面背面各 8 行及各 1 行标题；第二栏正面背面各 7 行及各 1 行标题，计 34 行。Le Coq 认为与 U 56 和 U 57 + U 259 属同一写本，但并不能确定。高昌故城 K 遗址出土。

参 Le Coq 1922，32；Gabain 1964，232；Clark 1997，139；Wilkens 2000a，72-73，No. 48。

U 59（TM 161/TM 173/ TM 355/T I D 51） 摩尼文回鹘语摩尼教天体学说文献

小残片 4 块，缀合后为 12. 5 ×12cm。双面书写，各 19 行，又各有标题 1 行，计 40 行。与 U 60、U 62、U 139、U 146c 属同一写本。高昌故城出土。

参 Le Coq 1922，37；Zieme 1969d，8-10 + 图；Clark 1997，124；Wilkens 2000a，211-212，No. 208。

U 60（TM 148/TM 165/TM 177/TM 183/T I α） 摩尼文回鹘语摩尼教布道书（Ser-

mon on Serving the Elect）

小残片 5 块，缀合后为 12.8×24.3cm。缀合后正面背面各 18 行，计 36 行。与 U 59 等属同一写本。高昌故城出土。

参 Le Coq 1922，38；Gabain 1964，235；Zieme 1969d，11-12；Clark 1997，122；BeDuhn 2000，135-136；Wilkens 2000a，144-145，No. 131。

U 61（T II D 75）　摩尼文回鹘语摩尼教布道书（Sermon on Mani's Passion（?））

残片 1 叶，23.1×13cm。双面书写，各 19 行，计 38 行。Le Coq 认为与 TM 176 和 U 63 属同一写本。高昌故城 K 遗址出土。

参 Le Coq 1922，36-37；Gabain 1964，235；Klimkeit 1983，238；Clark 1997，122；Wilkens 2000a，98-99，No. 81。

U 62（T I/TM 169）　摩尼文回鹘语摩尼教戒律书（Commandments）

残片 1 叶，10×11.5cm。双面书写，正面 11 行，背面 10 行，计 21 行。与 U 59 等属同一写本。高昌故城出土。

Le Coq 1922，38-39；Gabain 1964，235；Clark 1997，122；Wilkens 2000a，148，No. 134。

U 63（TM 170）　摩尼文回鹘语摩尼教布道书（Sermon on Zoroaster and Jesus）

残片 1 叶，14.5×8.5cm。双面书写，正面 8 行，背面 7 行，计 15 行。Le Coq 认为与 TM 176 和 U 61 属同一写本。高昌故城出土。

参 Le Coq 1922，39；Gabain 1964，231，235；Clark 1997，121；Wilkens 2000a，78，No. 51。

U 64a+b（TM 284/TM 295）+ Mainz 435b　回鹘语摩尼教《惠明布道书》（Sermon on the Light-Nous）

残片 2 叶，缀合后尺寸为 12.9×11cm。双面书写，各 13 行，计 26 行。高昌故城 α 遗址出土。

参 Le Coq 1922，40；Gabain 1964，239；BTT V，59-60，图 XXXV；Clark 1997，134；Wilkens 2000a，303，No. 338。

U 65（TM 164/TM 174）　摩尼文回鹘语摩尼教《为王家与听者祈祷文》

残片 1 叶，19×13.5cm。双面书写，各 20 行，计 40 行。高昌故城出土。

参 Le Coq 1922，41-42；Klimkeit 1983，237；Klimkeit 1993，357-358；Clark 1997，133；Wilkens 2000a，257-258，No. 278；Tremblay 2001，102。

U 66（TM 144/T I）　摩尼文回鹘语摩尼教布道书题记

残片 1 叶，9.7×5.3cm。双面书写，各 7 行，计 14 行。与 U 124a，b 和 M 132 a II 属同一写本。高昌故城出土。

参 Le Coq 1922，43；Gabain 1964，232；Zieme 1969c，10，11；Hazai 1974，232，图 1；Clark 1997，123；Wilkens 2000a，143-144，No. 130；Tremblay 2001，85。

U 67（TM 301）　回鹘语摩尼教文献题记

残片 1 叶，10.8×10.2cm。14 行。文中提到一位残缺的回鹘可汗名号：Qutluγ ülüglüg … ai tngridä qutbulmï[š] … alpïn ärdämin il tu[tmïš] … uluγ bilgä t[ngri] …。抄写者为 Aγduq，又见 MIK III 198 题记。高昌故城出土。

参 Le Coq 1922，43；Gabain 1950，55；Zieme 1992d，325-326；Clark 1997，134；Klyashtornyj 2000，375-376；Moriyasu 2000，349，367，图 21；Wilkens 2000a，387-388，No. 449；王媛媛 2006，25-26。

U 68（TM 511/ T. D）　摩尼文回鹘语摩尼教《为国王（?）祈祷文》

残片 1 叶，8.5×3.3cm。双面书写，各 5 行，计 10 行。高昌故城出土。

参 Le Coq 1922，45；Gabain 1964，234；Clark 1997，134；Wilkens 2000a，316-317，No. 355。

U 69（TM 279）　回鹘语摩尼教故事（佛与僧阿难/Buddha and Ananda the Monk）

小残片 1 块，16×24.4 cm。双面书写，正面背面各 17 行，计 34 行。高昌故城 α 遗址出土。

参 Le Coq 1922，44；Gabain 1964，231，235；Clark 1997，138；Wilkens 2000a，148-149，No. 135；Tremblay 2001，107。

U 70a（TM 139）　摩尼文回鹘语摩尼教赞美诗

小残片 1 块，6.4×3.9 cm。双面书写，各 4 行，计 8 行。与 U 70b + c 和 TM 141 属同一写本。高昌故城出土。

参 Le Coq 1922，5；Wilkens 2000a，290-291，No. 321。

U 70b + c（TM 140/TM 147）　摩尼文回鹘语摩尼教赞美诗

小残片 2 块，可缀合，8.3×4.5cm，6.1×6.8cm。第一栏正面背面均 9 行，第二栏正面背面均 8 行，计 34 行。与 U 70a 和 TM 141 属同一写本。

参 Le Coq 1922，5-6；Bang 1925，41；Klimkeit 1993，330-331；Tongerloo 1997，366-368；Clark 1997，124；Wilkens 2000a，291-292，No. 322。

U 71（TM 278/T I）　回鹘语摩尼教《胡威达曼》（*Huyadagmān*）

残片 1 叶，13×10.2cm。双面书写，各 10 行，计 20 行。高昌故城出土。

参 Le Coq 1922，45；Henning 1959，122-124；Clark 1997，125；Wilkens 2000a，284-285，No. 312。

U 72（TM 276b）　回鹘语《牟羽可汗入教记》（Bügü Khan's Affirmation of Faith）

残片 1 叶，13.2×20.2cm。双面书写，各 24 行，计 48 行。与 U 73 为同一写本，Wilkens 认为 U 206 亦属同一写本。

参 TTT II，411-422，图 VI；Henning 1938，560；Klimkeit 1993，364-368；Clark 1997，132；Lieu 1998b，19-21；杨富学 1998b，17-18、27-29；Clark 2000，84，90，99，101-106；Wilkens 2000a，80，No. 53；Tremblay 2001，98，102，104，107-110；森安孝夫 2002，143；王媛媛 2006，139-140。

U 73（TM 276a）　回鹘语《牟羽可汗入教记》（Bügü Khan's Affirmation of Faith）

残片 1 叶，11.3×20.3cm。双面书写，各 24 行，计 48 行。与 U 72 为同一写本，Wilkens 认为 U 206 亦属同一写本。

参 Le Coq 1909a，1210；TTT II，411-422，图 V；Henning 1938，560；Gabain 1964，239；Asmussen 1965，147-148，161-162；Klimkeit 1993，364-368；Clark 1997，132；杨富学 1998b，16-17、25-27；Clark 2000，84，90，99，101-106；Wilkens 2000a，79，No. 52；森安孝夫 2002，143；王媛媛 2006，139-140。

U 74（M 748/TM 152/TM 152a/TM 181a） + U 132c　摩尼文回鹘语摩尼教《灵魂布道书》（Sermon on the Soul）

由 6 块小残片组成，缀合后为 13×25cm。正面背面各 25 行，计 50 行。与 U132a、M329d、M594a-c 和 M5356 属同一写本。高昌故城出土。

参 Bang & Gabain 1928，248-256 +2 图；Gabain 1959，45；BTT V，图 XXI；BTT XIX，186-189，240-251，图 I，图 II；Klimkeit 1993，343；Wilkens 2000a，169-170，No. 159。

U 75（T III D 260，31）　摩尼文回鹘语《摩尼教徒忏悔词》（Confession Text）

残片 2 叶缀合，缀合后为 8.9×6cm。双面书写，各 5 行，计 10 行。与 U 76a + b、U 77、U 79、U 80、U 81a + b、U 82、U 83、U 84、U 85、U 86、U 87、U 88、U 89、U 90、U 91、U 92、U 93、U 94、U 95、U 96、U 97、U 98、U 99、U 100、U 101a，b、U 102a，b、U 103a-c、U 104a-c、U 105、U 106、U 107、U 108、U 109、U 110a + b、U 112、M 1144、T III D 206，16、MIK III 8260、MIK III 189 属同一写本。高昌故城出土。

参 Bang 1931，25；Asmussen 1965，230-232；Clark 1982，176，189；Klimkeit 1993，307-308；Clark 1997，131；Wilkens 2000a，370-371，No. 426。

U 76a + b（T III 258a + T III D 258）　摩尼文回鹘语摩尼教《商人阿拉赞譬喻文》（Arazan the Merchant）

贝叶形残片 2 叶，10×5.9cm，9.4×5.9cm。双面书写，各 5 行，计 10 行。与 U 75等属同一写本。高昌故城出土。

参 Bang 1931，26-27；Clark 1982，177；Klimkeit 1993，320-321；Clark 1997，139；Wilkens 2000a，38-39，No. 4。

U 77（T III D 260，21. 24）　摩尼文回鹘语摩尼教《商人阿拉赞譬喻文》（Arazan the Merchant）

贝叶形残片 1 叶，16.9×6cm。双面书写，各 5 行，计 10 行。与 U 75 等属同一写本。高昌故城出土。

参 Bang 1931，27-30；Clark 1982，177，189-190；Klimkeit 1993，320-321；Clark 1997，139；Wilkens 2000a，39，No. 5。

U 78（TM 288）　回鹘语摩尼教《就职赞美诗》（Installation Hymn?）

残片 1 叶，7.9×8.7cm。双面书写，正面 9 行，背面 8 行，计 17 行。与 So 18.057 属同一写本。高昌故城 α 遗址出土。

参 Le Coq 1922，45；Clark 1997，133；Wilkens 2000a，313-314，No. 351。

U 79（T III D 258e）　摩尼文回鹘语摩尼教传说故事（Struggle with the Demon）

贝叶形残片 1 叶，10.9×6cm。双面书写，各 5 行，计 10 行。与 U 75 等属同一写本。高昌故城出土。

参 Zieme 1969c，209；Clark 1982，179，190；Clark 1997，139；Wilkens 2000a，43-44，No. 11。

U 80（T III D 260，33）　摩尼文回鹘语《摩尼大赞美诗》（Great Hymn to Mani）

小残片 1 块，4.6×5.1cm。双面书写，各 5 行，计 10 行。与 U 75 等属同一写本。

高昌故城出土。

参 Zieme 1969c，209；Clark 1982，171-172；Klimkeit 1993，280-284；Clark 1997，127；Wilkens 2000a，327-328，No. 369。

U 81a + b（T III D 259，32/T III D 260，32）　摩尼文回鹘语《摩尼大赞美诗》（Great Hymn to Mani）

残片 2 叶，可缀合。缀合后为 13.1 ×5.1cm。双面书写，各 5 行，计 10 行。与 U 75 等属同一写本。高昌故城出土。

参 TTT III，6-7；TTT IX，9，15；Arat 1965a，38-39；Clark 1982，168-169；Klimkeit 1993，280-284；Clark 1997，127；Wilkens 2000a，321-322，No. 361。

U 82（T III D 260，15）　摩尼文回鹘语《摩尼大赞美诗》（Great Hymn to Mani）

残片 1 叶，9 ×5.7cm。双面书写，各 5 行，计 10 行。与 U 75 等属同一写本。高昌故城出土。

参 TTT III，186；Arat 1965a，36-39，Clark 1982，168；Klimkeit 1993，280-284；Clark 1997，127；Wilkens 2000a，319，No. 358。

U 83（T III D 260，3）　摩尼文回鹘语《摩尼大赞美诗》（Great Hymn to Mani）

残片 1 叶，21.5 ×5.8cm。双面书写，各 5 行，计 10 行。与 U 75 等属同一写本。高昌故城出土。

参 Le Coq 1922，47；TTT III，186-188；Arat 1965a，38-41；Clark 1982，168-169；Klimkeit 1993，280-284；Clark 1997，127；Wilkens 2000a，320-321，No. 360。

U 84（T III D 260，22）　摩尼文回鹘语《摩尼教徒忏悔词》（Confession Text）

小残片 1 块，6.3 ×4.7cm。双面书写，各 5 行，计 10 行。与 U 75 等属同一写本。高昌故城出土。

参 Bang 1931，24-35 + 图；Clark 1982，176，189；Clark 1997，131；Wilkens 2000a，370，No. 425。

U 85（III D 260，26/T III D 258）　摩尼文回鹘语《摩尼教徒忏悔词》（Confession Text）

残片 2 叶缀合，缀合后为 21.2 ×6cm。双面书写，各 5 行，计 10 行。与 U 75 等属同一写本。高昌故城出土。

参 Bang 1931，26，图 II；Clark 1982，153-154，175-177，189，205-206；Clark 1997，131；Wilkens 2000a，371-372，No. 427。

U 86（T III D 260，23）　摩尼文回鹘语《摩尼大赞美诗》（Great Hymn to Mani）

残片 1 叶，11.5 ×6.1cm。双面书写，各 5 行，计 10 行。与 U 75 等属同一写本。高昌故城出土。

参 TTT III，188-189；Arat 1965a，40-43；Clark 1982，168-169，181；Klimkeit 1993，280-284；Clark 1997，127；Wilkens 2000a，319-320，No. 359。

U 87（T III D 260，6）　摩尼文回鹘语《摩尼大赞美诗》（Great Hymn to Mani）

残片 1 叶，13 ×5.8cm。双面书写，各 5 行，计 10 行。与 U 75 等属同一写本。高昌故城出土。

参 Le Coq 1922，48；TTT III，188-189；Arat 1965a，30-59；Clark 1982，169；

Klimkeit 1993，280-284；Clark 1997，127；Wilkens 2000a，322，No. 362。

U 88（T III D 250，11） 摩尼文回鹘语《摩尼大赞美诗》（**Great Hymn to Mani**）

残片1叶，21.1×6cm。双面书写，各5行，计10行。与U 75等属同一写本。高昌故城出土。

参 TTT III，190-191；Arat 1965a，44-47；Clark 1982，170，183；Clark 1997，127；Wilkens 2000a，323-324，No. 364。

U 89（T III D 260，27） 摩尼文回鹘语《摩尼大赞美诗》（**Great Hymn to Mani**）

残片1叶，14.5×6cm。双面书写，各5行，计10行。与U 75等属同一写本。高昌故城出土。

参 TTT III，192-193；Arat 1965a，46-47；Clark 1982，170，183；Zieme，P. 1991a，336-337；Klimkeit 1993，280-284；Clark 1997，127；Wilkens 2000a，324-325，No. 365。

U 90（T III D 259，9） 摩尼文回鹘语《摩尼大赞美诗》（**Great Hymn to Mani**）

残片1叶，15.2×6cm。双面书写，各5行，计10行。与U 75等属同一写本。高昌故城出土。

参 TTT III，192-193；Arat 1965a，46-49；Clark 1982，170-171，183-184；Klimkeit 1993，280-284；Clark 1997，127；Wilkens 2000a，325-326，No. 366。

U 91（T III D 259，25/T III D 260，20） 摩尼文回鹘语《摩尼大赞美诗》（**Great Hymn to Mani**）

残片2叶缀合，缀合后为20.7×6cm。双面书写，各5行，计10行。与U 75等属同一写本。高昌故城出土。

参 TTT III，192-195；Arat 1965a，48-49；Clark 1982，171，184；Klimkeit 1993，280-284；Clark 1997，127；Wilkens 2000a，326-327，No. 367。

U 92（T III D 260，8） 摩尼文回鹘语《摩尼大赞美诗》（**Great Hymn to Mani**）

残片1叶，16.4×5.9cm。双面书写，各5行，计10行。与U 75等属同一写本。高昌故城出土。

参 TTT III，194-195；Arat 1965a，50-51；Clark 1982，171-185；Klimkeit 1993，280-284；Clark 1997，127；Wilkens 2000a，327，No. 368。

U 93（T III D 260，7） 摩尼文回鹘语《摩尼大赞美诗》（**Great Hymn to Mani**）

残片1叶，17.2×6cm。双面书写，各5行，计10行。与U 75等属同一写本。高昌故城出土。

参 Le Coq 1922，48；TTT III，194-196；Arat 1965a，50-53；Clark 1982，172，185；Klimkeit 1993，280-284；Clark 1997，127；Wilkens 2000a，328-329，No. 370。

U 94（T III D 260，5） 摩尼文回鹘语《摩尼大赞美诗》（**Great Hymn to Mani**）

残片1叶，20.1×6cm。双面书写，各5行，计10行。与U 75等属同一写本。高昌故城出土。

参 TTT III，196-197；Arat 1965a，52-55；Clark 1982，172，185-186；Klimkeit 1993，280-284；Clark 1997，127；Wilkens 2000a，329-330，No. 371。

U 95（T III D 260，4） 摩尼文回鹘语《摩尼大赞美诗》（**Great Hymn to Mani**）

残片 1 叶，21.8×6cm。双面书写，各 5 行，计 10 行。与 U 75 等属同一写本。高昌故城出土。

参 TTT III，196-198，图 III；Arat 1965a，54-55，图 443；Clark 1982，172-173，186；Klimkeit 1993，280-284；Clark 1997，127；Wilkens 2000a，330，No. 372。

U 96（T III D 260，20b）　摩尼文回鹘语《摩尼大赞美诗》（Great Hymn to Mani）

残片 1 叶，14.4×5.6cm。正面 5 行。与 U 75 等属同一写本。高昌故城出土。

参 TTT III，198-199；TTT IX，15；Arat 1965a，54-55；Clark 1982，173，186；Klimkeit 1993，280-284；Clark 1997，128；Wilkens 2000a，331，No. 373。

U 97（T III D 258f）　摩尼文回鹘语《摩尼大赞美诗》（Great Hymn to Mani）

残片 1 叶，11.6×5.7cm。双面书写，各 5 行，计 10 行。与 U 75 等属同一写本。高昌故城出土。

参 TTT III，198-199；Arat 1965a，56-57；Clark 1982，173-174；Klimkeit 1993，280-284；Clark 1997，128；Wilkens 2000a，331-332，No. 374。

U 98（T III D 260，25/T III D 260，28）　摩尼文回鹘语《摩尼大赞美诗》（Great Hymn to Mani）

残片 2 叶缀合，缀合后为 21.6×6cm。双面书写，各 5 行，计 10 行。与 U 75 等属同一写本。高昌故城出土。

参 TTT III，200-201；Arat 1965a，56-59，图 444；Clark 1982，173-175；Klimkeit 1993，280-284；Clark 1997，128；Wilkens 2000a，332-333，No. 375。

U 99（T III D 259，13）　（1）摩尼文回鹘语《摩尼大赞美诗》（Great Hymn to Mani）（2）婆罗迷文回鹘语和龟兹语双语《摩尼教赞美诗》（Hymn to Mani）

小残片 1 块，7.6×5.9cm。双面书写，各 5 行，计 10 行。与 U 75 等属同一写本。高昌故城出土。

参 TTT III，200-201；TTT IX，9-10；Arat 1965a，58-59；Clark 1982，174，187-188；Klimkeit 1989，220；Klimkeit 1993，284-285；Clark 1997，128；Wilkens 2000a，333-334，No. 376。

U 100（T III D 260，34/T III D 259，17）　婆罗迷文回鹘语和龟兹语双语《摩尼教赞美诗》

3 叶残片缀合，缀合后为 20.7×5.6cm。双面书写，各 5 行，计 10 行。与 U 75 等属同一写本。高昌故城出土。

参 TTT IX，10-11，图 1；Clark 1982，174，188；Klimkeit 1993，284-285；Clark 1997，128；Wilkens 2000a，333-334，No. 376。

U 101a，b（T III D 260，14/T III D 260，10）　婆罗迷文回鹘语和龟兹语双语《摩尼教赞美诗》

小残片 2 块，6.4×5.9cm、10.6×4.7cm。双面书写，各 5 行，计 10 行。与 U 75 等属同一写本。高昌故城出土。

参 TTT IX，12-13；Clark 1982，174-175，188；Klimkeit 1993，284-285；Clark 1997，128；Wilkens 2000a，335，No. 378。

U 102（T III D 259，23/T III D 259，26）　婆罗迷文回鹘语和龟兹语双语《摩尼教赞

美诗》

小残片2块，6.3×5.9cm、7.3×6cm。双面书写，各5行，计10行。与U 75等属同一写本。高昌故城出土。

参 TTT IX，13-14；Clark 1982，175，188；Klimkeit 1993，284-285；Clark 1997，128；Wilkens 2000a，335-336，No. 379。

U 103a-c（T III D 260，19/T III D 260，30）　婆罗迷文回鹘语和龟兹语双语《摩尼教赞美诗》

小残片3块，后两片几乎可缀合。缀合后为6.4×5.8cm，7.4×5.8cm，3.7×5.6cm。双面书写，各5行，计10行。与U75等属同一写本。高昌故城出土。

参 Bang 1931，25；TTT IX，14-15；Clark 1982，175，188-189；Klimkeit 1993，285；Clark 1997，128；Wilkens 2000a，336-337，No. 380。

U 104a-c（T III D 260，9/T III D 260，36）　摩尼文回鹘语《摩尼教徒忏悔词》（Confession Text）

小残片3块，5.1×3.8cm，3.3×5.1cm，4.2×3.4cm。双面书写，a正面背面各3行，b正面背面各5行，c正面背面各2行，计20行。与U 75等属同一写本。高昌故城出土。

参 TTT IX，15；Clark 1982，175-176，189；Clark 1997，131；Wilkens 2000a，368-369，No. 424。

U 105（T III M 246）　摩尼文回鹘语摩尼教传说故事（Struggle with the Demon）

贝叶形残片1叶，6×5cm。双面书写，各5行，计10行。木头沟遗址出土。

参 Clark 1982，179，190；Clark 1997，139；Wilkens 2000a，44-45，No. 12。

U 106（T III D 258d）　摩尼文回鹘语摩尼教传说故事（Struggle with the Demon）

贝叶形残片1叶，12.3×6cm。双面书写，各5行，计10行。高昌故城出土。

参 TTT IX，16；Clark 1982，178，190；Clark 1997，139；Wilkens 2000a，41-42，No. 8。

U 107（T III D 260，13）　摩尼文回鹘语摩尼教传说故事（Struggle with the Demon）

贝叶形残片1叶，6.5×6cm。双面书写，各5行，计10行。高昌故城出土。

参 TTT IX，17；Clark 1982，178，190；Clark 1997，139；Wilkens 2000a，42，No. 9。

U 108（T III D 258b）　摩尼文回鹘语摩尼教传说故事（Struggle with the Demon）

贝叶形残片1叶，14.3×6cm。双面书写，各5行，计10行。高昌故城出土。

参 TTT IX，17；Clark 1982，178-179，190；Clark 1997，139；Wilkens 2000a，42-43，No. 10。

U 109（T III D 259，1）　摩尼文回鹘语摩尼教文献题记

贝叶形残片1叶，13.5×5.9cm。双面书写，各5行，计10行。高昌故城出土。

参 TTT IX，18；Clark 1982，179，190；Clark 1997，135；Wilkens 2000a，45，No. 13。

U 110a+b（T III D 260，29）　摩尼文回鹘语摩尼教文献题记

小残片2块，3.9×4.9cm，12.5×6.1cm，属同一页写本。双面书写，各6行，计

12 行。高昌故城出土。

参 TTT IX，18-19；Clark 1982，156-157，179-180，190-191，209-210；Zieme 1991c，66；Clark 1997，135；Wilkens 2000a，45-46，No. 14。

U 111a, b（T II D 180）　摩尼文回鹘语《牟羽可汗宣教书》（Bügü Khan's Promulgation of Manichaeism）

残片 2 叶，大者 11.4×23.3cm，小者面积未知。a 叶计 38 行，b 叶计 8 行，共计 46 行。与 T II D 178a，b/T II D 180 属同一写本，此写本可能也包括 M 6236。高昌故城出土。

参 TTT II，425-426；Gabain 1955，194；Arat 1964b，150-157；Zieme 1969c，103，116，151，165；Clauson 1972，381a，890a；Bazin 1991，246-247；Klimkeit 1993，368；Clark 1997，132；巴赞 1998，328-329；芮传明 1998，23；Clark 2000，90-99，图 1-2；Wilkens 2000a，142-143，No. 129；Tremblay 2001，78，99；森安孝夫 2002，162；王媛媛 2006，5。

U 112（T III D 260, 35）　摩尼文回鹘语摩尼教赞美诗

残片 1 叶，4.7×4.6cm。正面 5 行，背面 4 行，计 9 行。与 U 75 等属同一写本。高昌故城出土。

参 Wilkens 2000a，337-338，No. 381。

U 118（T I α x 31）　回鹘语《伊索寓言》（Aesop Fables）

残片 1 叶，14.3×8.7cm。正面 7 行，背面 5 行，计 12 行。与 U 29 等属同一写本。高昌故城 α 遗址出土。

参 Wilkens 2000a，61-62，No. 34。

U 120（T II Y 1）　回鹘语佛本生故事《善恶两王子的故事》

写本残片 1 叶，17×28cm。计 22 行。交河故城出土。

参 Zieme 1974b，263-268 + 图；Elverskog 1997，37；Rong 2001，296。

U 121（T II D 16）　摩尼文回鹘语摩尼教新年为国王与选民祈祷文

残片 1 叶，11.8×13cm，双面书写，各 12 行，24 行。与 U 131 属于同一写本。高昌故城出土。

参 BTT V，28-31，图 VII；Klimkeit 1993，359；Clark 1997，133；王菲 1999，141-142；Wilkens 2000a，259-260，No. 280。

U 122a, b（TM 428，T I D）　摩尼文回鹘语摩尼教布道文献

残片 2 叶，15.6×12.6cm，6.5×6.6cm。a 叶正面背面各 10 行，b 叶正面背面各 5 行，计 30 行。与 M 365 等属同一写本。高昌故城出土。

参 Zieme 1969c，197-199；Wilkens 2000a，145-146，No. 132。

U 123a, b（TM 509a，T II D 138）　摩尼文回鹘语摩尼教文献

残片 2 叶，11.5×9.3cm，10.1×8.6cm，属于同一写本。a、b 叶正面背面各 7 行，计 28 行。并与 U 144a-g、U 155a、b 属同一写本。高昌故城出土。

参 BTT V，67，图 XLV；Clark 1997，122；Wilkens 2000a，439-440，No. 553。

U 124a-d（TM 168，T II D x 6，TM 177，TM 145）　摩尼文回鹘语摩尼教赞美诗

小残片 4 块，7.1×7cm、6.9×6.7cm、5.6×4.6cm、7.2×6.4cm，属同一写本。a

片之正面背面各 6 行，b 片之正面背面各 7 行，c 片之正面背面各 5 行，d 片之正面背面各 6 行，计 48 行。与 U 66 和 M 132 a II 属同一写本。高昌故城出土。

参 Zieme 1969c，204；Zieme 1975a，104；Wilkens 2000a，306-307，No. 342。

U 125a，br（T II K x 1）　汉语佛典注疏残片

小残片 2 块，6.1×8cm，5.8×8.4cm。

U 125a，bv　摩尼文回鹘语摩尼教布道文献

a 片背面 8 行，b 片背面 9 行，计 17 行。与 U 126 a、b v 属同一写本，U127 v 可能也属于此写本。高昌故城 K 遗址出土。

参 Wilkens 2000a，101，No. 83。

U 126a，br（T II K x 1）　汉语佛典注疏残片

小残片 2 块，7×4.9cm、4×7.1cm。

U 126a，bv　摩尼文回鹘语摩尼教布道文献

a 片背面 5 行，b 片背面 7 行，计 12 行。与 U 125 a、b v 属同一写本，U 127 v 可能也属于此写本。高昌故城 K 遗址出土。

参 Wilkens 2000a，101-102，No. 84。

U 127r（T II K x 1）　汉语佛典注疏残片

小残片 1 块，6.6×12cm。

U 127v　摩尼文回鹘语摩尼教布道文献

11 行。可能与 U 125 a，b v、U 126 a、b v 属同一写本。高昌故城 K 遗址出土。

参 Wilkens 2000a，102，No. 85。

U 128a-c（TM 151，T I D 51，T I D）　摩尼文回鹘语摩尼教《惠明布道书》（Sermon on the Light-Nous）

小残片 3 块，6.9×9.2cm，5×6.4cm，4.8×4.2cm，3 片属同一写本。a 片正面背面各 10 行，b 片正面背面各 6 行，c 片正面背面各 4 行，计 40 行。高昌故城出土。

参 BTT V，58，图 XXXIII；Zieme 1995b，258-259，图 5-6；Clark 1997，121；Wilkens 2000a，166-167，No. 156。

U 129（T II D 51t.）　摩尼文回鹘语摩尼教赞美诗

残片 1 叶，11.5×7cm。正面背面各 3 行，计 6 行。高昌故城出土。

参 Zieme 1969c，98；Wilkens 2000a，286，No. 314。

U 130a，b（T II D II 66）　摩尼文回鹘语摩尼教文献

小残片 2 块，8.4×4.9cm，8.7×8cm，两片属同一写本。a 片背面 8 行，b 片背面 9 行，计 17 行。高昌故城出土。

参 Zieme 1969c，88，128；Wilkens 2000a，444，No. 557。

U 131（T II D 66）　摩尼文回鹘语摩尼教《新年为国王与选民祈祷文》

残片 1 叶，11.2×12.2cm。双面书写，各 11 行，计 22 行。与 U 121 为同一写本。高昌故城出土。

参 Zieme 1969c，191；BTT V，29-31，图 VII；Klimkeit 1993，359；Clark 1997，133；Wilkens 2000a，293-294，No. 325。

U 132a（TM 179）　摩尼文回鹘语摩尼教双行诗《灵魂布道书》（Sermon on the Soul）

小残片 1 块，5.8×4.7cm。双面书写，正面 3 行，背面 4 行，计 7 行。与 U 74 等属同一写本。

参 Zieme 1969c，203；Wilkens 2000a，170-171，No. 160。

U 132b（T II D 163b）　摩尼文回鹘语摩尼教文献

小残片 1 块，4.1×5.9cm。正面 6 行，背面 7 行，计 13 行。高昌故城出土。

参 Wilkens 2000a，445，No. 558。

U 132c（T I α）+ U 74（M 748 / TM 152 / TM 152a / TM 181a）　摩尼文回鹘语摩尼教《灵魂布道书》（Sermon on the Soul）

由 6 块小残片组成，缀合后为 13×25cm。50 行。高昌故城出土。

参 Bang & Gabain 1928，249-250，图 I-II；Gabain 1959，45；BTT V，42，图 XXI；Clark 1997，123；BTT XIX，186-189。

U 133a-e（TM 178，T I x，T I D 51）　摩尼文回鹘语摩尼教天体学说文献

小残片 5 块，a、b 可缀合，缀合后为 13.9×9.5cm。其余三块 8.2×5.9cm，3.9×3.1cm，5.8×3.2cm。a、b 双面书写，缀合后正面背面各 9 行；c 片双面书写，正面 7 行，背面 6 行；d 片正面 2 行，背面 3 行；e 片正面背面各 4 行，计 44 行。5 片与 M 772b 等属同一写本。高昌故城出土。

参 Zieme 1969c，124、126、145、163；Zieme 1969d，10；BTT V，32，26-27，图 VI；Röhrborn 1977-1998，306a；Clark 1997，122，124；Wilkens 2000a，200-201，No. 197。

U 134r（T II T）　摩尼文回鹘语摩尼教文献

小残片 1 块，5.5×10.9cm。11 行。吐峪沟遗址出土。

参 Wilkens 2000a，445，No. 559。

U 134v　汉语佛典残片

U 135a+b（TM 184，T I D M 2215）　摩尼文回鹘语摩尼教文献

小残片 2 块，可缀合，9.3×8.5cm，4.1×6.6cm。a 片背面 7 行，b 片背面 10 行。高昌故城出土。

参 Wilkens 2000a，446，No. 560。

U 136a-br（无原编号）　汉语佛典残片

U 137r（T II T 1973.1488）　汉语佛典残片

吐峪沟遗址出土。

U 138（TM 181）　摩尼文回鹘语摩尼教《为王家与听者祈祷文》

小残片 1 块，5.5×10.3cm。22 行。

参 BTT V，29-30、67，图 VIII；Zieme 1991c，70；Clark 1997，133。

U 139（TM 163）　摩尼文回鹘语摩尼教赞美诗

小残片 1 块，7.9×8.5cm。双面书写，各 7 行，计 14 行。与 U 59 等属同一写本。

参 BTT V，32，图 VIII；Clark 1997，127；Wilkens 2000a，260-261，No. 281。

U 140（无原编号）　摩尼文回鹘语摩尼教《为王国与寺院祈祷文》

残片 1 叶，6.5×9.9cm。双面书写，各 14 行，计 28 行。

参 Zieme 1969c，187；Zieme 1970，157-163，164-165（图）；Klimkeit 1993，329；

Clark 1997，133；Wilkens 2000a，152，No.139。

U 141（T Ⅱ D 123）　摩尼文回鹘语摩尼教赞美诗

残片1叶，4.8×5.1cm。正面背面各8行，计16行。高昌故城出土。

参 Wilkens 2000a，272，No.298。

U 142（TM 157）　摩尼文回鹘语摩尼教布道文献

小残片1块，3.2×8.5cm。正面背面各10行，计20行。

参 Wilkens 2000a，103，No.86。

U 143a-d（T Ⅰ α, T Ⅰ α, T Ⅰ D 51, T Ⅰ D 51）　摩尼文回鹘语摩尼教文献

小残片4块，6.3×5.8cm，5×6cm，4.8×5.8cm，7.5×4.3cm。a片正面8行；b片正面背面各5行；c片正面背面各5行；d片正面背面各4行，计36行。高昌故城出土。

参 Wilkens 2000a，446-447，No.561。

U 144a-g（T Ⅰ D 51, T Ⅰ D 51, T Ⅰ α, T Ⅰ α, T Ⅰ D, T Ⅰ D 51, T Ⅰ D 51）　摩尼文回鹘语摩尼教文献

小残片7块，5.7×8.3cm，3.6×4.5cm，5.5×4.5cm，4.3×8.3cm，2.8×3.5cm，2.5×5.6cm，3.3×4cm，属同一写本。a片正面背面各7行；b片正面4行，背面3行；c片正面背面各2行；d片正面背面各4行；e片正面背面各3行；f片正面背面各5行；g片正面背面各3行，计55行。与U 123a，b、U 155a、b属同一写本。高昌故城出土。

参 Zieme 1969c，89；Wilkens 2000a，440-442，No.554。

U 145a-d（T Ⅰ D 51）　摩尼文回鹘语摩尼教文献

小残片4块，2.9×3.9cm，3.1×2.4cm，2.4×3.1cm，4.3×4.2cm。a片正面背面各3行；b片正面背面各2行；c片正面背面各3行；d片正面背面各4行；计24行。高昌故城出土。

参 Wilkens 2000a，447-448，No.562。

U 146a, b（T Ⅰ α, T Ⅱ K）　摩尼文回鹘语摩尼教文献

小残片2块，5.9×6.4cm，3.2×3cm。a片正面2行及标题1行，背面3行；b片正面背面各4行；计14行。高昌故城K遗址出土。

参 Wilkens 2000a，442-443，No.555。

U 146c（T Ⅰ D 51 t）　摩尼文回鹘语摩尼教赞美诗

小残片1块，5.8×2.1cm。双面书写，各2行，计4行。与U 59等属同一写本。高昌故城出土。

参 Wilkens 2000a，261，No.282。

U 147a-g（T Ⅱ D, T Ⅱ K, T Ⅰ, T Ⅰ, T Ⅰ, T Ⅰ D 52）　摩尼文回鹘语摩尼教赞美诗

小残片7块，3.4×3.8cm，2.8×2.7cm，5.2×2.9cm，1.3×6.9cm，2.1×1.2cm，1.8×2.3cm，3.3×3cm。a片正面背面各5行；b片正面背面各4行；c片正面3行，背面2行；d片仅存残花纹；e片正面背面各2行；f片正面背面各3行；g片正面1行，背面4行，计38行。高昌故城K遗址出土。

参 Wilkens 2000a，449-450，No.563。

U 148a-h (T I D 51 χ, T I, T I, T I α, T I D, T I)　摩尼文回鹘语摩尼教文献

小残片8块，2.9×3.5cm，2.3×3.9cm，3.6×2cm，2.1×2.1cm，3.3×1.8cm，3.7×3.7cm，2.3×2.2cm，4.2×2.4cm。a片正面4行；b片正面背面各4行；c片正面3行，背面2行；d片正面背面各3行；e片正面背面各2行；f片正面1行，背面2行；g片正面背面各3行；h片正面背面各3行，计42行。高昌故城出土。

参 Wilkens 2000a，450-452，No. 564。

U 149a, b (T I α x 29, T I D x 1)　摩尼文回鹘语《摩尼教徒忏悔词》

小残片2块，属同一写本。8.1×5.5cm，10.3×6.5cm。a片第一、二栏正面背面各5行，b片第一栏正面背面各8行，第二栏正面背面各7行，计50行。与M 365等属同一写本。高昌故城出土。

参 BTT V，20-21，图 I-II；Clark 1997，130-131；Wilkens 2000a，367-368，No. 423。

U 149c (T I D x 7)　摩尼文回鹘语摩尼教赞美诗

小残片1块，4.2×3.3cm。双面书写，各4行，计8行。高昌故城出土。

参 BTT V，图 I-II；Wilkens 2000a，286-287，No. 31。

U 150a-d (T I α, T I D 51 t. /T I α, T I D 51 t, T II K)　摩尼文回鹘语摩尼教布道文献

小残片4块，5.7×3.8cm，6.6×8.6cm，3.3×3.1cm，2.6×4.2cm。a片正面背面各3行，正面背面各7行，c片正面背面各3行，d片正面背面各2行，计30行。与M 365等属同一写本。高昌故城K遗址出土。

参 BTT V，31；Clark 1997，140；Wilkens 2000a，146-148，No. 133。

U 151d, e (T I D 51, T I α)　摩尼文回鹘语摩尼教文献

小残片2块，7.9×4.8cm，10.2×1.4cm。d片正面5行，e片正面背面各3行，计11行。高昌故城出土。

参 Wilkens 2000a，452-453，No. 565。

U 153a-e (T II D 163a)　摩尼文回鹘语摩尼教布道文献

小残片5块，2.1×3.7cm，3.4×7.6cm，2.8×3.2cm，1.4×2.7cm，2.1×4.5cm。a片双面书写计12行，a片正面背面各6行，b片正面背面各11行，c片正面背面各4行，d片正面背面各3行，e片正面背面各7行，计62行。高昌故城出土。

参 BTT V，71；Clark 1997，140；Wilkens 2000a，103-105，No. 87。

U 154 (T I D)　摩尼文回鹘语摩尼教赞美诗

小残片1块，3.5×3.3cm。正面背面各3行，计6行。高昌故城出土。

参 Wilkens 2000a，287，No. 316。

U 155a, b (无原编号)　摩尼文回鹘语摩尼教文献

小残片2块，7×5.9cm，5.2×5cm，属同一写本。a片正面背面各2行，b片正面背面各4行，计12行。与U 123a、b、U 144a-g属同一写本。

参 Clark 2000，91-92，图3-4；Wilkens 2000a，443-444，No. 556。

U 156 (T II D 96)　摩尼文回鹘语摩尼教文献

小残片 2 块，7.6×6cm。正面背面各 6 行，计 12 行。高昌故城出土。

参 Wilkens 2000a，453，No. 566。

U 157（T I α） 摩尼文回鹘语摩尼教文献

小残片 1 块，6.9×4.4cm。正面背面各 4 行，计 8 行。高昌故城 α 遗址出土。

参 Wilkens 2000a，453-454，No. 567。

U 158（T I x 4） 摩尼文回鹘语摩尼教赞美诗

小残片 1 块，7.1×3.5cm。4 行。

参 Wilkens 2000a，287-288，No. 317。

U 159（T II D 137） 回鹘语摩尼教文献题记（?）

小残片 1 块，4×5.7cm。双面书写，正面 12 行，背面 10 行，计 22 行。高昌故城出土。

参 BTT V，28，图 LVI；Clark 1997，135；Wilkens 2000a，288，No. 318。

U 160（T I D） 摩尼文回鹘语摩尼教赞美诗

小残片 1 块，4.6×5.1cm。正面背面各 8 行，计 16 行。高昌故城出土。

参 Wilkens 2000a，261-262，No. 283。

U 161（无原编号） 摩尼文回鹘语摩尼教文献

小残片 1 块，4.3×6cm。正面背面各 4 行，计 8 行。

参 Wilkens 2000a，454，No. 568。

U 162a，b（T II K，T II D 67） 回鹘语摩尼教文献

小残片 2 块，4×3.3cm，3.6×2.6cm。a 片背面为汉文残字。a 片正面 4 行，b 片正面背面各 1 行，计 6 行。高昌故城 K 遗址出土。

参 Wilkens 2000a，454-455，No. 569。

U 163（T I D） 摩尼文回鹘语摩尼教文献

小残片 1 块。正面背面各 5 行，计 10 行。高昌故城出土。

参 Wilkens 2000a，455，No. 570。

U 164a，b（T II K x 4a，b） 摩尼文回鹘语摩尼教祝辞（?）

小残片 2 块，属同一写本，7.3×7.1cm，7.1×4.8cm。双面书写，a 片正面 7 行，背面 8 行，b 片正面背面各 4 行，计 23 行。高昌故城 K 遗址出土。

参 BTT V，71-72；Clark 1997，133；Wilkens 2000a，272，273，No. 299。

U 167（T I D） 回鹘语摩尼教文献

小残片 1 块，2.8×6cm。5 行。高昌故城出土。

参 Wilkens 2000a，403，No. 476。

U 168 I（T II D 173［a，1］） 回鹘语摩尼教赞美诗（Hymn on the Alienation of the Soul）

写本 1 叶，28.2×12.5cm，与 U 168 II 组成同一双抄叶。双面书写，各 20 行，计 40 行。与 U 2 等属同一写本。高昌故城出土。

参 Le Coq 1911，7-10，图 II；Radloff 1912，756-758；Bang 1925，12；Klimkeit 1993，346；Geng，Klimkeit & Laut，1993，372-373；Clark 1997，122；Wilkens 2000a，105，No. 88；Moriyasu 2004a，21。

U 168 II（T II D 173［a，2］）　回鹘语摩尼教《沙卜拉干》（*Šābuhragān*）题记

写本1叶，28.2×12.5cm，与U 168 I组成同一双抄叶。双面书写，各20行，又各有标题1行，计42行。与U 2等属同一写本。高昌故城出土。

参 Le Coq 1911，10-12，图II；Radloff 1912，756-765；Bazin 1991，247-248；森安孝夫 1991，22；Klimkeit 1993，346-347；Clark 1997，134；巴赞 1998，329-331；Wilkens 2000a，288-289，No. 319；森安孝夫 2002，144；Moriyasu 2004a，21；王媛媛 2006，26。

U 169 I（T II D 173b，1）　回鹘语摩尼教《沙卜拉干》（*Šābuhragān*）

写本1叶，27.8×12.9cm，与U 169 II属同一双抄叶。双面书写，各20行，又各有标题1行，计42行。与U 2等属同一写本。高昌故城出土。

参 Le Coq 1922，14；Henning 1948，311；Klimkeit 1993，340-341；Clark 1997，124；Wilkens 2000a，190-191，No. 185。

U 169 II（T II D 173a，2）　摩尼文回鹘语摩尼教《二宗经》

写本1叶，27.8×12.9cm，与U 169I属同一双抄叶。双面书写，各2行，计40行。与U 2等属同一写本。高昌故城K遗址出土。

参 Le Coq 1911，10-12，图2；Le Coq 1922，11-12；Klimkeit 1993，326-327；Clark 1997，122；Clark 2000，95-96；Wilkens 2000a，105-106，No. 89。

U170　缺号

U 171a, b（TM T 20）　突厥卢尼文回鹘语摩尼教文献

小残片2块，5.8×9.9cm，10.5×9.6cm，属同一写本。a片正面背面各5行；b片正面背面各9行，计28行。吐峪沟遗址出土。

参 Sertkaya 1985，136；Clark 1997，141；Wilkens 2000a，465-466，No. 584。

U 172（T I D 67）　突厥卢尼文回鹘语摩尼教文献

小残片1块，4.5×9cm。正面背面各1行，又各有标题1行，计4行。与U 5和U 179属同一写本。高昌故城出土。

参 Sertkaya 1985，136；Clark 1997，141；Wilkens 2000a，466-467，No. 585。

U 173（无原编号）　突厥卢尼文回鹘语摩尼教文献

小残片1块，6.4×3.8cm。正面3行，背面2行，计5行。

参 Sertkaya 1985，136；Clark 1997，141；Wilkens 2000a，467，No. 586。

U 174a, b（TM 336）　突厥卢尼文回鹘语摩尼教文献

小残片2块，4.6×2.9cm，4.5×3.7cm，属同一页文书。a片正面背面各3行；b片正面背面各2行，计10行。

参 Sertkaya 1985，136；Clark 1997，141；Wilkens 2000a，467-468，No. 587。

U 175（TM 339）　突厥卢尼文回鹘语摩尼教文献

小残片3块缀合而成，缀合后为4.1×4.8cm。正面背面各4行，计8行。与Mainz 174属同一写本。

参 Wilkens 2000a，468-469，No. 588。

U 176（无原编号）　突厥卢尼文回鹘语摩尼教文献

小残片1块，9.6×4.8cm。双面书写，正面两栏各8行，背面两栏各9行，计

34 行。

参 Sertkaya 1985，136；Clark 1997，141；Wilkens 2000a，469-470，No. 589。

U 177（TM 341）　突厥卢尼文摩尼教天体学说文献

小残片 1 块，6×6.2cm。正面背面各 4 行，计 8 行。

参 Sertkaya 1985，136；Clark 1997，141；Wilkens 2000a，192，No. 186。

U 178（TM 328）　突厥卢尼文摩尼教《圣餐赞美诗》（Meal Hymn）

残片 1 叶，13.9×9.3cm。10 行。

参 Clark 1997，125；Wilkens 2000a，192-193，No. 187。

U 179（TM 334）　突厥卢尼文回鹘语摩尼教文献

残片 1 叶，9.4×6.5cm。正面背面各 5 行，又各有标题 1 行，计 12 行。与 U 5 和 U 172 属同一写本。

参 Sertkaya 1985，136；Clark 1997，141；Wilkens 2000a，470，No. 590。

U 180（TM 331）　突厥卢尼文回鹘语摩尼教文献

小残片 1 叶，12.3×3.1cm。双面书写，各 3 行，计 6 行。

参 Sertkaya 1985，136；Clark 1997，141；Wilkens 2000a，470-471，No. 591。

U 181（T II T x 6）　突厥卢尼文回鹘语书信

残片 1 叶，27×14cm。双面书写，正面 6 行，背面 7 行，计 13 行。吐峪沟遗址出土。

参 Tezcan & Zieme 1971，455-456，图 3；Zieme 1976c，248；Clark 1997，133；Wilkens 2000a，470-471，No. 591。

U 182（T II D 63）　回鹘语《五卷书》译本

残片 1 叶，8×7.2cm。双面书写，各 7 行，计 14 行。高昌故城出土。

参 Geissler & Zieme 1970，43-44，47，图 9-10；Clark 1997，138；Elverskog 1997，42-44；Wilkens 2000a，63-64，No. 37；杨富学 2004，137-151。

U 183（T II D 553）　回鹘语《摩登伽经》

残片 1 叶。双面书写，各 8 行，计 16 行。高昌故城出土。

参 BTT XXIII，50，56-57，图 26，图 27。

U 184（T II T 563）　回鹘语摩尼教回鹘王（?）颂词

小残片 1 块，6.8×7.4cm。双面书写，各 6 行，计 12 行。吐峪沟遗址出土。

参 Zieme 1969c，168；BTT V，64-65，图 XXXIX；Hamilton 1977，355-356；Clark 1997，134；Wilkens 2000a，273-274，No. 300。

U 185（T II D）　回鹘语摩尼教布道文献

残片 1 叶，9.7×10cm。双面书写，各 8 行，计 16 行。高昌故城出土。

参 BTT V，48-49，图 XXVI；Clark 1997，123；Wilkens 2000a，152-153，No. 140。

U 186a，b（T I）　摩尼文回鹘语摩尼教天体学说文献

小残片 2 块，7.9×4.5cm、7.9×4.5cm。a 片正面背面各 4 行，b 片正面背面各 4 行，计 16 行。与 U 267a-f，U 301 属同一抄本。

参 Wilkens 2000a，201-202，No. 198；Wilkens 2001/2002，78-82，91-92 + 图。

U 187a（T II B 62）　回鹘语景教文献

残片1叶，6×6cm。正面背面各6行，计12行。葡萄沟景教寺院遗址出土。

参 Zieme 1977b，272，图14。

U 187b（D）　回鹘语摩尼教赞美诗

小残片1块，3.8×7.9cm。正面背面各9行，计18行。高昌故城出土。

参 Wilkens 2000a，403-404，No. 477。

U 188（T Ⅱ D 93a）　回鹘语摩尼教赞美诗

残片1叶，9.7×5cm。A、B各6行，计12行。高昌故城出土。

参 Wilkens 2000a，262，No. 284。

U 189（T Ⅱ D 93b）　回鹘语《摩尼教徒忏悔词》

小残片2块缀合，5.4×3.4cm，4.3×5.3cm。双面书写，缀合后正面9行，背面8行，计17行。与U 190、U 191、U 233a、b属同一写本。高昌故城出土。

参 BTT V，25，图V；Clark 1997，131；Wilkens 2000a，372-373，No. 428。

U 190（T Ⅱ D 93）　回鹘语摩尼教布道文献

小残片1块，8.4×11.6cm。双面书写，正面9行，背面11行，计20行。与U 189等属同一写本。高昌故城出土。

参 BTT V，38，图XV；Clark 1997，122；Wilkens 2000a，96，No. 77。

U 191（T Ⅱ D 93）　回鹘语摩尼教祈祷词

残片1叶，4.7×8.5cm。正面背面各8行，计16行。与U 189等属同一写本。高昌故城出土。

参 Wilkens 2000a，262-263，No. 285。

U 192（T I D 30）　回鹘语《伊索寓言》（Aesop Fables）

残片1叶，8.1×11.3cm。双面书写，正面9行，背面8行，计17行。与U 29等属同一写本。高昌故城出土。

参 Zieme 1968，51-52，63，图7-8；Clark 1997，138；Wilkens 2000a，57，No. 28。

U 193（T I D 30）　回鹘语《伊索寓言》（Aesop Fables）

残片1叶，8.5×11cm。双面书写，各9行，计18行。与U 29等属同一写本。高昌故城出土。

参 Zieme 1968，50，61，图3-4；Clark 1997，138；Wilkens 2000a，55-56，No. 26。

U 194（T I α）　回鹘语《伊索寓言》（Aesop Fables）

残片1叶，8.8×12.3cm。双面书写，各8行，计16行。与U 29等属同一写本。高昌故城α遗址出土。

参 Zieme 1968，52，64，图9-10；Clark 1997，138；Wilkens 2000a，57-58，No. 29。

U 195（T I D 30）　回鹘语《伊索寓言》（Aesop Fables）

残片1叶，10.2×13.6cm。双面书写，各10行，计20行。与U 29等属同一写本。高昌故城出土。

参 Zieme 1968，50-51，62，图5-6；Clark 1997，138；Wilkens 2000a，56，No. 27。

U 196（T I D 25）　回鹘语摩尼教赞美诗

小残片1块，10×10.5cm，双面书写，各11行，计22行。高昌故城出土。

参 BTT V, 36-38, 图 XII-XIII; Clark 1997, 126; BeDuhn 2000, 191, 320; Wilkens 2000a, 263-264, No. 286。

U 197 （T I D 31）　回鹘语摩尼教赞美诗

小残片 1 块，10 ×9cm，双面书写，各 7 行，计 14 行。与 U 198 属同一写本。高昌故城出土。

参 BTT V, 36-38, 图 XII-XIII; Clark 1997, 126; BeDuhn 2000, 191; Wilkens 2000a, 264-265, No. 287。

U 198 （T I H I x1）　回鹘语摩尼教赞美诗

残片 1 叶，10 ×9cm，双面书写，各 7 行，计 14 行。与 U 197 属同一写本。高昌故城 H I 寺院遗址出土。

参 BTT V, 36-38, 图 XII-XIII; Clark 1997, 126; BeDuhn 2000, 191, 320; Wilkens 2000a, 265, No. 288。

U 199 （T I D）　回鹘语摩尼教《惠明布道书》(Sermon on the Light-Nous)

残片 1 叶，9 ×7. 8cm。双面书写，各 6 行，计 12 行。高昌故城出土。

参 Zieme 1995b, 260-262, 图 7-8; Clark 1997, 121; Wilkens 2000a, 165-166, No. 155。

U 200 （T I D） + Mainz 372　回鹘语摩尼教《巨人书》(Book of Giants)

小残片 2 块，4. 2 ×7. 9cm，11. 2 ×18. 1cm。U 200 片双面书写，正面 7 行，背面 8 行；Mainz 372 片双面书写，正面背面各 15 行，并各有标题 1 行，计 47 行。高昌故城出土。

参 Zieme 1969c, 125, 202, 204; BTT V, 58, 图 XXXIV; Röhrborn 1977-1998, 321a; Clark 1997, 123; Wilkens 2000a, 135-136, No. 122。

U 201 （T ID）　回鹘语《摩登伽经》

残片 1 叶。双面书写，各 14 行，计 28 行。高昌故城出土。

参 BTT XXIII, 51, 58, 图 30, 31。

U 202a （T I α 65）　回鹘语《摩登伽经》

残片 1 叶。双面书写，各 14 行，计 28 行。高昌故城 α 遗址出土。

参 BTT XXIII, 49, 54-56, 图 24, 25。

U 202b （T I α 65） + U 202c （T I α 65）　回鹘语《摩登伽经》

残片 2 叶，可缀合。双面书写，缀合后正面背面各 19 行，计 38 行。高昌故城 α 遗址出土。

参 BTT XXIII, 51-52, 58-60, 图 32, 33。

U 203 （T I D）　回鹘语摩尼教传说故事

残片 1 叶，11. 9 ×10. 8cm。正面 8 行，背面 7 行，计 15 行。高昌故城出土。

参 Zieme 1969c, 205; Wilkens 2000a, 46-47, No. 15。

U 204 （T I D x 31）　回鹘语摩尼教文献

残片 1 叶，9. 5 ×8. 6cm。正面背面各 8 行，计 16 行。高昌故城出土。

参 Wilkens 2000a, 134-135, No. 121。

U 205a （T I）　回鹘语摩尼教赞美诗

小残片 1 块，5.7×3cm。正面背面各 3 行，计 6 行。

参 Wilkens 2000a，266，No. 289。

U 205b-d，f（T II D 52，T I D 20，T I α，T III K 268）　回鹘语摩尼教文献

小残片 4 块，分别为 3.8×2.4cm、3.8×2.2cm、3.3×2.2cm、2.2×2.5cm。b 片正面 4 行；c 片正面背面各 3 行；d 片正面背面各 2 行，f 片正面背面各 2 行，计 18 行。高昌故城内及高昌故城 K 遗址出土。

参 Wilkens 2000a，404，No. 478。

U 205e　回鹘语《摩尼教徒忏悔词》

与 U 36 可以缀合，参看该号。

U 206（T I D x 6）　回鹘语《牟羽可汗入教记》（Bügü Khan's Affirmation of Faith）题记

残片 1 叶，5.8×16.2cm。双面书写，正面 21 行，背面 20 行，计 41 行。Wilkens 认为与 U 72、U 73 属同一写本。高昌故城出土。

参 BTT V，71，图 LIII；Clark 1997，123；Wilkens 2000a，80-81，No. 54。

U 207（T I D x 35）　回鹘语摩尼教天体学说文献

残片 1 叶，13.3×10.2cm。正面 13 行，背面 12 行，计 25 行。高昌故城出土。

参 Wilkens 2000a，205，No. 201，图 8。

U 208（T I D x 27）　回鹘语摩尼教赞美诗

小残片 1 块。14 行。高昌故城出土。

参 Wilkens 2000a，340-341，No. 385。

U 209（T I D x 4）　回鹘语摩尼教赞美诗

小残片 1 块，3.8×5.1cm。正面 6 行，背面 5 行，计 11 行。高昌故城出土。

参 Wilkens 2000a，266，No. 290。

U 210（T I D x 33）　回鹘语摩尼教文献

小残片 1 块，6.1×3.4cm。正面 3 行，背面 2 行，计 5 行。高昌故城出土。

参 Wilkens 2000a，405，No. 479。

U 211（T I D x 26）　回鹘语摩尼教传说故事

小残片 1 块，4.9×9cm。正面背面各 8 行，计 16 行。高昌故城出土。

参 Wilkens 2000a，37，No. 3，图 1。

U 212a-c（T I x 16）　回鹘语摩尼教布道文献

小残片 3 块，7.6×9.9cm，2.1×2.5cm，2.8×0.7cm，属同一写本。a 片双面书写，计 22 行，b 片双面书写，计 8 行，c 片 1 行，共计 31 行。

参 Wilkens 2000a，107-108，No. 91。

U 213（T I）　回鹘语摩尼教文献

小残片 1 块，5.9×9.3cm。正面背面各 8 行，计 16 行。

参 Wilkens 2000a，405-406，No. 480。

U 214（T I α 18）　回鹘语摩尼教历史文献

残片 1 叶，8.7×11.2cm。双面书写，各 6 行，及标题 1 行，计 14 行。高昌故城 α 遗址出土。

参 Zieme 1969c，97，No. 78；Wilkens 2000a，97，No. 78。

U 215（T I α） 回鹘语摩尼教赞美诗

小残片 1 块，9. 6 ×6. 1cm。正面背面各 5 行，计 10 行。高昌故城 α 遗址出土。

参 Wilkens 2000a，267，No291。

U 216（T I α x 4） 回鹘语摩尼教赞美诗/摩尼教徒忏悔词

小残片 1 块，9. 5 ×17. 5cm。双面书写，各 13 行，计 26 行，正面有残余标题装饰花纹。高昌故城 α 遗址出土。

参 BTT V，27-28，图 VI；Clark 1997，131；Wilkens 2000a，294-295，No. 326。

U 217（T I α） 回鹘语摩尼教《巨人书》（Book of Giants）

残片 1 叶，9. 3 ×14. 1cm。双面书写，正面 10 行，背面 9 行，计 19 行。高昌故城 α 遗址出土。

参 BTT V，38；Clark 1997，134；Wilkens 2000a，176-177，No. 168；Wilkens 2000b，133-154，160-163 + 图。

U 218（T I D） 回鹘语摩尼教布道文献

小残片 1 块，7. 8 ×8. 3cm。双面书写，各 7 行，计 14 行。高昌故城出土。

参 Wilkens 2000a，97-98，No. 79。

U 219（T I D x 17） 回鹘语《梁朝傅大士颂金刚经并序》

刻本。高昌故城出土。

参 BTT I，13，41；Elverskog 1997，101。

U 219a，b（T I D x 17） 回鹘语摩尼教《光明王国布道书》（Sermon on Light Realm）

小残片 2 块，属同一写本，11 ×7. 5cm，6. 5 ×6. 5cm。双面书写，a 片正面背面各 8 行，b 片正面背面各 6 行，计 28 行。高昌故城出土。

参 Zieme 1969c，196-197；BTT V，46-48，图 XXV；吉田丰 1989，101-102；Klimkeit 1993，340；Clark 1997，124；Wilkens 2000a，295-296，No. 327。

U 220a-c（T I α x 20） 回鹘语摩尼教布道文献

残片 3 叶，属同一写本，8. 3 ×12. 5cm，6. 1 ×5. 4cm，11. 8 ×5. 2cm。均双面书写，a 片正面背面各 10 行，b 片正面背面各 5 行，c 片正面 4 行，背面 3 行，计 37 行。高昌故城 α 遗址出土。

参 BTT V，55-56，图 XXXI；Clark 1997，123；王菲 1999，140-141；Wilkens 2000a，206-207，No. 203。

U 221（T I α x 15） 回鹘语摩尼教布道文献

小残片 1 块，10. 9 ×17. 9cm。双面书写，正面 16 行，背面 15 行，计 31 行。高昌故城 α 遗址出土。

参 BTT V，42-43，图 XX；Clark 1997，123；Wilkens 2000a，127-128，No. 113。

U 222（T I D） 回鹘语摩尼教《巨人书》（Book of Giants）

残片 1 叶，11. 2 ×20cm。双面书写，各 17 行，计 34 行。与 U 288、Mainz 344a 属同一写本。高昌故城出土。

参 BTT V，21，图 II-III；Zieme 1969c，204；Clark 1997，124；Wilkens 2000a，175-176，No. 166；Wilkens 2000b，133-154，170-173 + 图。

U 223a, b（T Ⅳ K/T x K）　回鹘语摩尼教天体学说文献

小残片 2 块，均单面书写，属同一写本，5.2×1.3cm、6.3×2.6cm。a 片 2 行，b 片 3 行，计 5 行。

参 Wilkens 2000a，205-206，No. 202。

U 224a-d（T Ⅱ D，T Ⅱ D 52，T Ⅰ α）　回鹘语摩尼教文献

小残片 4 块，2.1×2.9cm，3.1×2.8cm，3.5×1.8cm，2.9×3.1cm。a 片正面背面各 3 行；b 片正面 2 行，背面 3 行，c 片正面背面各 3 行，d 片正面背面各 6 行，计 29 行。高昌故城出土。

参 Wilkens 2000a，406-407，No. 481。

U 228（T Ⅱ S 21d）　回鹘语佛教文献

残片 1 叶。胜金口遗址出土。

参 森安孝夫 1991，52；Moriyasu 2004a，59。

U 229（T Ⅰ 22 D）　回鹘语摩尼教文献

小残片 1 块，4.5×3.6cm。正面背面各 4 行，计 8 行。高昌故城出土。

参 Wilkens 2000a，407，No. 482。

U 230a-c（T Ⅱ D x 3）　回鹘语摩尼教赞美诗

小残片 3 块，8.7×6.8cm，2.5×6.2cm，3.1×9.5cm。双面书写，a 片、c 片属于同一写本，a 片正面背面各 5 行；b 片正面背面各 5 行，c 片正面背面各 7 行，计 34 行。高昌故城出土。

参 BTT V，39，图 XVI；Zieme 1969c，200；Clark 1997，127；王菲 1999，138-139；Wilkens 2000a，298-299，No. 332。

U 231（T Ⅱ K x 11）　回鹘语《五卷书》译本

残片 1 叶，16.5×21.1cm。正面背面书写，各 29 行。高昌故城 K 遗址出土。

参 Geissler & Zieme 1970，44-45，47-48，图 11-12；Clark 1997，138；Elverskog 1997，42-44；Wilkens 2000a，64-65，No. 38；杨富学 2004，137-151。

U 232（T Ⅱ D 115）　回鹘语摩尼教布道文献

小残片 1 块，5.1×6.9cm。双面书写，正面 8 行，背面 7 行，计 15 行。高昌故城出土。

参 Zieme 1969c，206，260；BTT V，42，图 XXI；Clark 1997，122；Wilkens 2000a，131-132，No. 117。

U 233a, b（T Ⅱ D 93）　回鹘语摩尼教文献

小残片 2 块，3.5×4.7cm、3.1×5.1cm。a 片正面背面各 5 行；b 片正面 5 行，背面 6 行，计 21 行。与 U 189 等属同一写本。高昌故城出土。

参 Wilkens 2000a，407-408，No. 483。

U 234（T Ⅱ D 139）　回鹘语摩尼教文献

小残片 1 块，6.8×6.2cm。a、b 片各 7 行，计 14 行。与 So 10.752 1 属同一写本。高昌故城出土。

参 Wilkens 2000a，408，No. 484。

U 235a, b（T Ⅱ K）　回鹘语摩尼教传说故事

小残片2块，7.5×5.9cm、3.4×3.5cm。双面书写，a片双面各8行，b片双面各3行，计22行。高昌故城K遗址出土。

参 Zieme 1969c，204；Wilkens 2000a，65-66，No. 39，图1。

U 236（T II D） 回鹘语摩尼教《惠明布道书》（Sermon on the Light-Nous）

小残片1块，3.4×3.3cm。正面背面各4行，计8行。高昌故城出土。

参 Wilkens 2000a，167-168，No. 157；Wilkens 2001/2002，102-103+图。

U 237（T II K x 9） 回鹘语摩尼教早期教史文献（瓦鲁坎王的皈依/Conversion of King of Waručān）

残片1叶，与U 296（[T II] D）缀合，12.5×13.6cm，双面书写，正面10行，背面14行，计24行。高昌故城K遗址出土。

参 Zieme 1969c，189-190；BTT V，50-52，72，图XXVIII；Sundermann 1986，61；Klimkeit 1993，363；Clark 1997，131；Wilkens 2000a，83-84，No. 58；森安孝夫2002，149；王媛媛2006，138-139。

U 241a-c（T I α, T II D） 回鹘语摩尼教《弥勒布道书》（Sermon on Maitreya）

小残片3块，8.1×10.6cm，7.4×7.6cm，5.5×6.1cm，属同一写本。均双面书写，a片正面12行，背面11行，b片正面背面各6行，c片正面背面各3行，背面有标题1行，计42行。高昌故城出土。

参 Zieme 1969c，195-196；BTT V，40-43，图XVIII-XIX；Klimkeit 1993，327；Clark 1997，125；Wilkens 2000a，207-209，No. 204；Tremblay 2001，107。

U 243（T II T 1572） 回鹘语摩尼教赞美诗

残片1叶，9.7×13.5cm。正面背面各9行，计18行。吐峪沟遗址出土。

参 Wilkens 2000a，267-268，No. 292。

U 245（T II Y 59a） 回鹘语摩尼教（或佛教）忏悔词

残片1叶，15.7×13.8cm。双面书写，正面10行，背面1行，计11行。交河故城出土。

参 Zieme 1969c，213；BTT V，22，图III；Elverskog 1997，135-136；Wilkens 2000a，365，No. 420。

U 246a，b（T I） 回鹘语摩尼教天体学说文献

残片2叶，19.7×12.8cm，8×7.7cm。a片正面背面各8行，并各有标题1行，b片正面背面各3行，计24行。

参 Zieme 1969c，122；Wilkens 2000a，193-194，No. 188，图6-7。

U 247（T II Y 20） 回鹘语医药文献

残片1叶，8.4×16cm，正面背面书写，各7行，计14行。交河故城出土。

参 Zieme 1999c，331-332，图6-7。

U 248（T II 1029） 回鹘语摩尼教教史文献

残片1叶，14.6×7.6cm。正面背面各6行，计12行。与U 272属同一写本。

参 Wilkens 2000a，81-82，No. 55。

U 249a-f = So 20183-20188 粟特语摩尼教文献

参 Sundermann 1993，163-164。

U 250（T I D x 18） 回鹘语摩尼教传说故事

残片1叶，9.9×13.9cm。正面7行，背面8行，计15行。高昌故城出土。

参 Wilkens 2000a，47，No.16。

U 251a，b（T I D） 摩尼文回鹘语摩尼教《回鹘王（？Bügü Bilge Khan）颂词》

小残片2块，11.8×11cm，7.3×10cm。双面书写，a片正面背面各10行，b片正面背面各9行，计38行。此两残片与U 208属同一写本。高昌故城出土。

参 BTT V，63-65，图 XXXVIII；Clark 1997，134；Wilkens 2000a，339-340，No.384；Tremblay 2001，102。

U 252（T I α x 12） 回鹘语摩尼教祈祷文

残片1叶。10.2×16.4cm。双面书写，各15行，计30行。高昌故城α遗址出土。

参 BTT V，39，图 LV；Clark 1997，127；Wilkens 2000a，299-300，No.333。

U 253ab = So 20189-20190 粟特文－回鹘语摩尼教文献

参看该号。

U 254a-d，g（T I α） 回鹘语摩尼教赞美诗

小残片5块，6×10cm，4.5×6.4cm，4.6×3.7cm，3×3.4cm，2.8×2.5cm。仅c、d片属同一写本。a片正面背面各8行；b片正面6行，背面7行；c片正面背面各4行；d片正面背面各4行；g片A、B两页各2行，计49行。高昌故城α遗址出土。

参 Wilkens 2000a，268-269，No.293。

U 255a，b（T II K，T I D） 回鹘语摩尼教早期传教史文献（Vrum Khan and Bar Khan）

小残片2块， 11.4×11.8cm，2.8×1.8cm。双面书写，各9行，计18行。与U 257＋Mainz 389属同一写本。高昌故城K遗址出土。

参 BTT V，60-62，图 XXXVI；Clark 1997，132；Wilkens 2000a，84，No.59；Tremblay 2001，237。

U 256 = So 20191

U 257（T II K）＋Mainz 389 回鹘语摩尼教早期传教史文献（Vrum Khan and Bar Khan）

残片2叶，缀合后为11.4×11.8cm。双面书写，各9行，计18行。与U 255a，b片属同一写本。高昌故城K遗址出土。

参 BTT V，60-62，72，图 XXXVI；Clark 1997，132；Wilkens 2000a，85，No.60；Tremblay 2001，237。

U 258（T II Toyoq） 回鹘语摩尼教《沙卜拉干》（？）宇宙论说

残片1叶，11.6×9.6cm。双面书写，各8行，计16行。吐峪沟遗址出土。

参 Zieme 1997a，395，397-399，405；Clark 1997，124；Wilkens 2000a，230，No.238；Wilkens 2000b，147。

U 259（= So 20192） 回鹘语摩尼教传说故事

与U 57可以缀合，参看该号。

U 260a（T I D） 回鹘语摩尼教文献

残片 1 叶，10.6×8.9cm。正面背面各 4 行，计 8 行。高昌故城出土。

参 Wilkens 2000a，408-409，No. 485。

U 260b（T I α） 回鹘语摩尼教文献

小残片 1 块，2.2×6cm。正面背面各 4 行，计 8 行。高昌故城 α 遗址出土。

参 Wilkens 2000a，409，No. 486。

U 261（T II S 21a） 回鹘语摩尼教文献

残片 1 叶，上部有圆形绳孔。10 行。胜金口遗址出土。

参 BTT V，48-49，图 XXVII。

U 262（T I D 20） 回鹘语摩尼教《光明王国布道书》(Sermon on Light Realm)

残片 1 叶，17.5×22.5cm。双面书写，正面 16 行，背面 17 行，正面背面各有朱笔标题 1 行，计 35 行。高昌故城出土。

参 BTT V，31-33，图 IX；Klimkeit 1993，339-340；Clark 1997，124；Wilkens 2000a，209-210，No. 206。

U 264（T II D 530） 回鹘语《伊索寓言》(Aesop Fables)

残片 1 叶，16.1×12.9cm。正面背面各 10 行，计 20 行。与 U29 等属同一写本。高昌故城出土。

参 Wilkens 2000a，62，No. 35。

U 265a-l（T I） 回鹘语摩尼教历史文献

写本小残片 11 块，9.3×4.8cm，10×4.6cm，7.6×4.6cm，4×4.5cm，4.5×8.2cm，6×4.6cm，2.6×3.3cm，2×3.4cm，4.7×3.5cm，2.9×2.8cm，14.1×7.4cm。其中除 e 和 l 两片外，均出同一写本。a 片正面背面各 3 行，b 片正面背面各 3 行，c 片正面背面各 3 行，d 片正面背面各 2 行，e 片正面背面各 5 行，f 片正面背面各 3 行，g 片正面背面各 2 行，h+i 片正面背面各 3 行，k+l 片正面背面各 2 行，总计 52 行。与 U1a、b 属同一写本。

参 Wilkens 2000a，75-77。

U 266a，b（T I α x 32） 回鹘语摩尼教传说故事

小残片 2 块，15×15cm，9×9cm，属同一写本。a 片正面背面各 12 行，b 片正面背面各 7 行，计 38 行。高昌故城 α 遗址出土。

参 BTT V，43-45，图 XXII；Clark 1997，139；Wilkens 2000a，168-169，No. 158。

U 267a-f（T I α） 回鹘语摩尼教《沙卜拉干》(?)

小残片 6 块，20.7×16.1cm，7.5×10.2cm，6.7×6cm，7.5×7.9cm，4.7×3.6cm，6×6.6cm。双面书写，各分上、下两栏。44 行。高昌故城 α 遗址出土。

参 BTT V，38，56，图 XXXII；Zieme 1997a，402-403；Clark 1997，124；Wilkens 2001/2002，79-90，93-95+2 图。

U 268（T II D） 回鹘语摩尼教文献

小残片 1 块，3.3×8.4cm。双面书写，各 17 行，计 34 行。高昌故城出土。

参 Zieme 1969c，205；BTT V，34；Clark 1997，141；Wilkens 2000a，409-410，No. 487，图 10。

U 269（无原编号） 回鹘语摩尼教《巨人书》(Book of Giant)

小残片 1 块，7.8×7cm。双面书写，各 4 行，并各有标题 1 行，计 10 行。与 U 294 和 Mainz 347 属同一写本。

参 Wilkens 2000a，227，No. 234；Wilkens 2000b，133-154，168-169 + 图。

U 270（T II D 173）　回鹘语摩尼教布道文献

残片 1 叶，6.1×13.3cm。双面书写，正面背面各 9 行，计 18 行。与 U 2 等属同一写本。

参 Le Coq 1922，12；Clark 1997，123；Wilkens 2000a，106-107，No. 90。

U 271（M）　回鹘语摩尼教天体学说文献

残片 1 叶，9.5×3.1cm。正面背面各 3 行，计 6 行。

参 Wilkens 2000a，194，No. 189。

U 272（T II 946）　回鹘语摩尼教教史文献

残片 1 叶，14.4×7.6cm。正面背面各 6 行，计 12 行。与 U 248 属同一写本。

参 Wilkens 2000a，82，No. 56。

U 273a，br（T I α）　汉语佛典残片

小残片 2 块，7.8×14.2cm，7.7×14.2cm，属同一写本。高昌故城 α 遗址出土。

U 273a，bv　回鹘语摩尼教寓言或故事

a、b 片背面各 9 行，总计 18 行。

参 Wilkens 2000a，108，No. 92。

U 274（T III M 249）　回鹘语摩尼教《沙卜拉干》（?）宇宙论说

残片 1 叶，11.5×7.6cm。正面背面各 9 行，另各有标题 1 行，计 20 行。木头沟遗址出土。

参 Zieme 1997a，395，399；Clark 1997，124；Wilkens 2000a，229，No. 237；Wilkens 2000b，147。

U 275（T I D）　回鹘语摩尼教传说故事

残片 1 叶，8.7×12.3cm。正面背面各 8 行，计 16 行。与 Mainz 316c 属同一写本。高昌故城出土。

参 Wilkens 2000a，48，No. 17。

U 276（T II 996）+ Mainz 149　回鹘语摩尼教布道文献

残片 2 叶，拼合后面积为 13.9×12.6cm。双面书写，正面背面各 11 行，计 22 行。高昌故城出土。

参 Zieme 1969c，205、235；BTT V，39，51，图 XVII，XXIX；Röhrborn 1977-1998，345a；Erdal 1991，447；Clark 1997，122，127；Wilkens 2000a，118-119，No. 118。

U 277（T I α）　回鹘语摩尼教天体学说文献

残片 1 叶，14.3×8cm。正面 9 行，背面 10 行，计 19 行。高昌故城 α 遗址出土。

参 Wilkens 2000a，106-107，No. 190。

U 278（无原编号）　回鹘语摩尼教布道文献

小残片 1 块，7.4×3.3cm。正面背面各 4 行，计 8 行。

参 Wilkens 2000a，109，No. 93。

U 279（无原编号） 回鹘语摩尼教天体学说文献

小残片 1 块，4.1×5.1cm。正面背面各 5 行，计 10 行。

参 Zieme 1997a，409；Wilkens 2000a，236，No. 250。

U 280（T II D） 回鹘语摩尼教天体学说文献

小残片 1 块，4.5×6.9cm。双面书写，各 6 行，计 12 行。高昌故城出土。

参 Wilkens 2000a，228-229，No. 236。

U 281（T I D x 3） 回鹘语摩尼教《惠明布道书》（Sermon on the Light-Nous）

与 U 41 缀合，参看该号。

U 282（T I α） 回鹘语摩尼教天体学说文献

小残片 1 块，7.3×6.9cm。正面背面各 5 行，计 10 行。高昌故城 α 遗址出土。

参 Wilkens 2000a，195-196，No. 191。

U 283（T I α） 回鹘语摩尼教文献

小残片 1 块，8.3×6.1cm。正面背面各 5 行，计 10 行。高昌故城 α 遗址出土。

参 Wilkens 2000a，410，No. 488。

U 284r（T III M 249 500） 汉语《某年具注历日》

与 Mainz 168r 和 Ch/U 6377r 属同一写本，参看 Ch/U 6377r 号。

U 284v 回鹘语摩尼赞美诗

小残片 1 块，8.7×9.4cm。双面书写，正面 7 行，背面 5 行，计 12 行。木头沟遗址出土。与 Mainz 168v、Ch/U 6377v 属同一写本。

参 Wilkens 2000a，297-298，No. 331。

U 285（T I α） 回鹘语摩尼教劝谕文献

小残片 1 块，8.3×6.5cm。正面背面各 4 行，计 8 行。高昌故城 α 遗址出土。

参 Wilkens 2000a，109-110，No. 94。

U 286a，b（T I α） 回鹘语摩尼教天体学说文献

小残片 2 块，缀合后为 3.7×3.5cm。6 行。高昌故城 α 遗址出土。

参 Wilkens 2000a，196，No. 192。

U 287（T I α） 回鹘语摩尼祈祷词

小残片 1 块，4.7×6.5cm。正面背面各 4 行，计 8 行。高昌故城 α 遗址出土。

参 Wilkens 2000a，269-270，No. 294。

U 288（T I α x 24） 回鹘语摩尼教《巨人书》（Book of Giant）

小残片 1 块，4.4×4.5cm。正面背面各 4 行，计 8 行。与 U 222、Mainz 344a 属同一写本。高昌故城 α 遗址出土。

参 Wilkens 2000a，176，No. 167；Wilkens 2000b，133-154，159＋图。

U 289（T I α） 回鹘语摩尼教文献

小残片 1 块，4.4×2.2cm。正面背面各 3 行，计 6 行。高昌故城 α 遗址出土。

参 Wilkens 2000a，410-411，No. 489。

U 293 回鹘语摩尼教布道文献

与 Mainz 331a，b 片属同一写本，参看该号。

U 294（T IV Üsüp） 回鹘语摩尼教《沙卜拉干》（？）宇宙论说

小残片 1 块，7.6×7.8cm。正面 8 行，背面 7 行，计 15 行。与 U 269 和 Mainz 347 属同一写本。

参 Zieme 1997a，395；Clark 1997，124；Wilkens 2000a，226-227，No. 233；Wilkens 2000b，147。

U 296（［T II］D）回鹘语摩尼教教史文献

与 U 237 缀合，参看该号。

U 297（T I D TM 161）回鹘语摩尼教《弥勒布道书》(Sermon on the Maitreya)

残片 1 叶，14.3×13.1cm。双面书写，正面背面各 13 行，计 26 行。

参 Zieme 1969c，193-194；BTT V，38-43，图 XVIII-XIX；Sundermann 1986，61；Klimkeit 1993，327；Clark 1997，125；Wilkens 2000a，209，No. 205。

U 299（TM 293）回鹘语摩尼教天体学说文献

残片 1 叶，12.7×7cm。双面书写，各 4 行，各另有标题 1 行，计 10 行。与 U 300a-c 片属同一写本。

参 Wilkens 2000a，215-216，No. 213。

U 300a-c（TM 294）回鹘语摩尼教天体学说文献

小残片 3 块，13.5×14.7cm，6.6×6.6cm，2×1.5cm。双面书写，a 片正面背面各 14 行，b 片正面背面各 6 行，c 片正面背面各 2 行，计 34 行。与 U 299 属于同一写本。

参 BTT V，63、71，图 XXXVII；Clark 1997，123；Wilkens 2000a，216-217，No. 214。

U 301（T I D）回鹘语摩尼教天体学说文献

小残片 1 块，7.1×9.5cm。正面背面各 8 行，计 16 行。高昌故城出土。

参 Wilkens 2000a，204-205，No. 200，图 8；Wilkens 2001/2002，95-96。

U 302ab = So 20193ab

U 303（T II D 406a-11）回鹘语摩尼教寺院文书

残片 1 叶，8×15cm。双面书写，各 17 行，计 34 行。与 U 304、U 305a+b、U 306、U 307、U 308a，b、U 309a，b、U 310、U 311a-c、U 312a-c、U 313a-c、U 314a-c、U 315a-c、U 316a-c 和 U 317a-f 属同一写本。高昌故城出土。

参 Zieme 1969c，203；BTT V，47-48，62；Clark 1997，136；Wilkens 2000a，110，No. 95。

U 304（T II D 406a-10）回鹘语摩尼教寺院文书

残片 1 叶，8.8×15.9cm。正面 18 行，背面 18 行，计 36 行。与 U 303 等属同一写本。高昌故城出土。

参 Zieme 1969c，89；Zieme 1981a，251；Clark 1997，136；Wilkens 2000a，111，No. 96。

U 305a+b（T II D 406a-14）回鹘语摩尼教寺院文书

残片 2 叶，均为 10.3×15.9cm。a 片 15 行，b 片 A、B 两页各 5 行，计 10 行，总计 25 行。与 U 303 等属同一写本。高昌故城出土。

参 Zieme 1969c，115、242；BTT V，69；Clark 1997，136；Wilkens 2000a，111-

112，No. 97。

U 306（T II D 406a-12）　回鹘语摩尼教寺院文书

残片1叶，11×13.9cm。正面背面各15行，计30行。与U 303等属同一写本。高昌故城出土。

参 Clark 1997，136；Wilkens 2000a，112-113，No. 98，图3。

U 307（T II D 406a-13）　回鹘语摩尼教寺院文书

残片1叶，11.3×13.5cm。正面背面各15行，30行。与U 303等属同一写本。高昌故城出土。

参 Zieme 1969c，115、203；BTT V，48；Clark 1997，136；Wilkens 2000a，113，No. 99。

U 308a+b（T II D 406a-9）　回鹘语摩尼教寺院文书

残片2叶，8.6×12.8cm、4.5×4.6cm。a片正面背面各14行，b片正面6行，背面5行，总计39行。与U 303等属同一写本。高昌故城出土。

参 Zieme 1969c，128；BTT V，69，71；Clark 1997，136；Wilkens 2000a，114，No. 100。

U 309a+b（T II D 406a-8）　回鹘语摩尼教寺院文书

残片2叶拼接，8.3×11.2cm，5.1×9.2cm。正面背面各13行，计26行。与U 303等属同一写本。高昌故城出土。

参 Zieme 1969c，203；Zieme 1970，160；BTT V，48；Clark 1997，136；Wilkens 2000a，115，No. 101。

U 310（T II D 406a-6）　回鹘语摩尼教寺院文书

残片1叶，11.5×13.3cm。正面15行，背面14行，计29行。与U 303等属同一写本。高昌故城出土。

参 Clark 1997，136；Wilkens 2000a，116，No. 102。

U 311 a-c（T II D 406a-4）　回鹘语摩尼教寺院文书

残片3叶，5×9.5cm，5.1×9.6cm，5.2×9.5cm。a片19行，b片19行，c片19行，计57行。与U 303等属同一写本。高昌故城出土。

参 Clark 1997，136；Wilkens 2000a，116-117，No. 103。

U 312a-c（T II D 406a-7）　回鹘语摩尼教寺院文书

残片3叶，5.4×9.5cm，5.4×9.4cm，5.3×9.9cm。a片19行，b片18行，c片20行，计57行。与U 303等属同一写本。高昌故城出土。

参 Zieme 1969c，201；BTT V，44；Clark 1997，136；Wilkens 2000a，117-118，No. 104。

U 313a-c（T II D 406a-2）　回鹘语摩尼教寺院文书

残片3叶，5.2×9.2cm，5.4×7.3cm，5.5×9.7cm。a片18行，b片15行，c片19行，计52行。与U 303等属同一写本。高昌故城出土。

参 Zieme 1969c，170，203；Clark 1997，137；Wilkens 2000a，119-120，No. 105。

U 314a-c（T II D 406a-16）　回鹘语摩尼教寺院文书

残片3叶，5.2×9.7cm，5.2×9.7cm，5.1×9.7cm。a片19行，b片16行，c片

19 行，计 54 行。与 U 303 等属同一写本。高昌故城出土。

参 Clark 1997，137；Wilkens 2000a，120-121，No. 106。

U 315a-c（T II D 406a-15）　回鹘语摩尼教寺院文书

残片 3 叶，4.8×8.8cm，5×9cm，5.1×9.6cm。a 片 18 行，b 片 20 行，c 片 20 行，计 58 行。与 U 303 等属同一写本。高昌故城出土。

参 Clark 1997，137；Wilkens 2000a，121-122，No. 107。

U 316a-c（T II D 406a-3）　回鹘语摩尼教寺院文书

残片 3 叶，5×8.6cm，4.8×8.6cm，4.9×8.2cm。a 片 19 行，b、c 片各 18 行，计 55 行。与 U 303 等属同一写本。高昌故城出土。

参 Zieme 1969c，101、104；BTT V，46、62；Clark 1997，137；Wilkens 2000a，122-123，No. 108。

U 317a-f（T II D 406a-3）　回鹘语摩尼教寺院文书

残片 6 叶，4×4.1cm，2.8×3.2cm，2.8×3.5cm，1.7×2.3cm，4.3×4.5cm，3.8×3.8cm。a 片 10 行，b 片 6 行，c 片 8 行，d 片 5 行，e 片 11 行，f 片 8 行，计 48 行。与 U 303 等属同一写本。高昌故城出土。

参 Clark 1997，137；Wilkens 2000a，123-125，No. 109。

U 318（无原编号）　回鹘语《伊索寓言》（Aesop Fables）

残片 1 叶，11.7×11.4cm。双面书写，各 7 行，计 14 行。与 U 29 等属同一写本。

参 Zieme 1968，53-54，67，图 15-16；Clark 1997，138；Wilkens 2000a，60，No. 32。

U 319（T I α）　回鹘语《伊索寓言》（Aesop Fables）

残片 1 叶，14.3×24.2cm。双面书写，各 16 行，计 32 行。与 U 29 等属同一写本。高昌故城 α 遗址出土。

参 Zieme 1968，49-50，59-60，图 1-2；Clark 1997，138；Wilkens 2000a，54-55，No. 25。

U 320（T II B 1）　回鹘语景教《圣乔治受难记》

残片 1 叶，13.5×9.5cm。29 行。葡萄沟废景教寺院址出土。

参 Le Coq 1909a，1205-1208；Le Coq 1919a，104-405；Bang 1926，53-64+图。

U 321（T III B 99c）　回鹘语景教文献

残片 1 叶。19 行。葡萄沟景教寺院遗址出土。

参 BTT V，38；Zieme 1974c，662-663，图 51。

U 322（T II B 65）　回鹘语景教文献

残片 1 叶。葡萄沟景教寺院遗址出土。

参 Zieme 1974c，664。

U 323（无原编号）　回鹘语景教文献

残片 1 叶，15 行。推测为葡萄沟景教寺院遗址出土。

参 Zieme 1974c，664，图 53。

U 327（无原编号）　回鹘语《金光明最胜王经》题记

16.5×17.6cm。双面书写，各 9 行。

参 Raschmann 2005，258。

U 329（T III Kurutka） 回鹘语景教文献

残片 1 叶。库鲁塔格遗址出土。

U 329ar（T III Kurutka） 汉语《大般涅槃经》卷二八

16.5×23.7cm，13 行，约 9～10 世纪。库鲁塔格遗址出土。

参 KCBT II，69。

U 329br（T III Kurutka） 汉语佛典残片

库鲁塔格遗址出土。

U 329cr（T III Kurutka） 汉语佛典残片

库鲁塔格遗址出土。

U 329hr（T III Kurutka） 汉语佛典残片

库鲁塔格遗址出土。

U 330r（T III Kurutka） 汉语《大般涅槃经》卷二八

14.3×42.5cm，25 行，约 9—10 世纪。库鲁塔格遗址出土。

参 KCBT II，69。

U 330v 回鹘语景教文献

残片 1 叶，4 行。

参 Zieme 1974c，666-667。

U 331（T II D 121） 回鹘语卖物帐

残片 1 叶。4 行。高昌故城出土。

参 Zieme 1974c，666；Raschmann 1995a，47，53，75，106。

U 332（T III Kurutka） 回鹘语景教文献

残片 1 叶，23 行。库鲁塔格遗址出土。

参 Ziemc 1974c，667，图 54。

U 333ar（T III Kurutka） 汉语《大般涅槃经》卷二八

16.6×13.7cm，9 行，约 9—10 世纪。库鲁塔格遗址出土。

参 KCBT II，69。

U 333hr（T III Kurutka） 汉语《大般涅槃经》卷二八

9.7×9.2cm，6 行，约 9—10 世纪。库鲁塔格遗址出土。

参 KCBT II，69。

U 334r（T III Kurutka） 汉语《大般涅槃经》卷二八

15.8×10.6cm，7 行，约 9—10 世纪。库鲁塔格遗址出土。

参 KCBT II，69。

U 335r（T III Kurutka） 汉语佛典残片

库鲁塔格遗址出土。

U 336r（无原编号） 汉语佛典残片

U 337 缺号

U 338（T II B 41） 回鹘语景教文献

残片 1 叶，7×6cm。葡萄沟景教寺院遗址出土。

参 Zieme 1974c，666。

U 339 缺号

U 340 缺号

U 341（T II S 94） **回鹘语《观无量寿经》**

19 行。按：本件是同属一部刻本回鹘语《观无量寿经》的断片之一，按照 Zieme & Kudara 1985 年整理的顺序，这些残片的原本顺序如下：U 4301，U 347，U 344-1，U 348-1，U 4701 + U 341-1，U 4692，U 344-2，U 4697，U 344-3，U 343，U 341-2，U 4685a，U 348-2，U 342-1，U 342-2，U 4702，U 4630，U 4693 + U 344-4，中间有些并不直接接续。胜金口遗址出土。

参 Arat 1965a，210-211，501（图），No. 20E；Zieme & Kudara 1985，23-29，90-93，112-115，图 IV，XI；Elverskog 1997，50。

U 342（T II S 92） **回鹘语《观无量寿经》**

49 行。胜金口遗址出土。参见 U 341。

参 Arat 1965a，206-209，499-500（图），No. 20F；Zieme & Kudara 1985，23-29，120-129，图 XIII-XV。

U 343（T II S 92） **回鹘语《观无量寿经》**

60 行。胜金口遗址出土。参见 U 341。

参 Arat 1965a，104-113，497-498（图），No. 20E；Zieme & Kudara 1985，23-29，104-117，图 VIII-X。

U 344（T II S 92） **回鹘语《观无量寿经》**

70 行。胜金口遗址出土。参见 U 341。

参 Arat 1965a，194-198，494-495（图），No. 20C，B，A；Zieme & Kudara 1985，23-29，82-85，94-99，100-105，138-141，图 II，V-VI，VII，XVIII。

U 345（T D 80） **回鹘语《大乘无量寿经》**

残卷 2 叶。高昌故城出土。58 行。

参 Arat 1965a，216-223，504-505（图），No. 22；BTT XIII，155-158；Elverskog 1997，106。

U 346（TM 10） **回鹘语《大方广佛华严经普贤行愿品》**

残卷 1 叶。6 行。

参 Arat 1965a，213-215，503（图），No. 21；Zieme 1982b，601；Elverskog 1997，62。

U 347（T III M 252） **回鹘语《观无量寿经》**

10 行。木头沟遗址出土。参见 U 341。

参 Arat 1965a，187，490-491（图），No. 19A；Zieme & Kudara 1985，23-29，80-81，图 I。

U 348（T II S 92） **回鹘语《观无量寿经》**

40 行。胜金口遗址出土。参见 U 341。

参 Arat 1965a，198-203，495-496（图），No. 20D；Zieme & Kudara 1985，23-29，84-89，116-119，图 III，XII。

U 349（T I x 3）　摩尼文回鹘语摩尼教文献

小残片 1 块，4.5×6.4cm。正面背面各 6 行，计 12 行。

参 Wilkens 2000a，455，No. 571。

U 350（T II D 173）　回鹘语摩尼教布道文献

小残片 1 块，6.1×5.1cm。双面书写，各 5 行，计 10 行。与 U 2 等属同一写本。高昌故城出土。

参 Le Coq 1922，12；Clark 1997，123；Wilkens 2000a，125，No. 110。

U 351　刻本回鹘文佛经

U 352-360　缺号

U 363-370　缺号

U 372（T III M 185）　回鹘语《圣净治一切恶趋佛顶尊胜总持经》

残片 1 叶，刻本。36 行。木头沟遗址出土。

参 Müller 1910，27-28，40-42；Elverskog 1997，121。

U 373（T III M 238）　回鹘语《圣净治一切恶趋佛顶尊胜总持经》

残片 1 叶，刻本。12 行。木头沟遗址出土。

参 Müller 1910，32-33；Elverskog 1997，121。

U 374（T III M 207）　回鹘语《圣净治一切恶趋佛顶尊胜总持经》

残片 1 叶，刻本。108 行。木头沟遗址出土。

参 Müller 1910，33-40；Elverskog 1997，121。

U 375（T III M 207）　回鹘语《圣净治一切恶趋佛顶尊胜总持经》

残片 1 叶，刻本。84 行。木头沟遗址出土。

参 Müller 1910，43-47；Elverskog 1997，121。

U 376（T III M 207b）　回鹘语《圣净治一切恶趋佛顶尊胜总持经》

残片 1 叶，40 行。朱色刻本，有扉画。木头沟遗址出土。

参 Müller 1910，47-50；Elverskog 1997，121。

U 377（T III M 225-23）　回鹘语《圣一切如来顶髻中出白伞盖佛母余无能乱总持》

残片 1 叶，刻本。5 行。木头沟遗址出土。

参 Müller 1910，52；Elverskog 1997，108-109。

U 378（T III M 225-24）　回鹘语《圣一切如来顶髻中出白伞盖佛母余无能乱总持》

残片 1 叶，刻本。5 行。木头沟遗址出土。

参 Müller 1910，52-53；Elverskog 1997，108-109。

U 379（T III M 225-25）　回鹘语《圣一切如来顶髻中出白伞盖佛母余无能乱总持》

残片 1 叶，刻本。5 行。木头沟遗址出土。

参 Müller 1910，53；Elverskog 1997，108-109。

U 380（T III M 225-15）　回鹘语《圣一切如来顶髻中出白伞盖佛母余无能乱总持》

残片 1 叶，刻本。5 行。木头沟遗址出土。

参 Müller 1910，53；Elverskog 1997，108-109。

U 381（T III M 225-16，17）　回鹘语《圣一切如来顶髻中出白伞盖佛母余无能乱总持》

残片 2 叶，刻本。10 行。木头沟遗址出土。

参 Müller 1910，54；Elverskog 1997，108-109。

U 382（T III M 225-6b，7b） 回鹘语《圣一切如来顶髻中出白伞盖佛母余无能乱总持》
残片 2 叶，刻本。10 行。木头沟遗址出土。
参 Müller 1910，54-55；Elverskog 1997，108-109。

U 383（T III M 225-2，3） 回鹘语《圣一切如来顶髻中出白伞盖佛母余无能乱总持》
残片 2 叶，刻本。7 行。木头沟遗址出土。
参 Müller 1910，55；Elverskog 1997，108-109。

U 384（T III M 225-14） 回鹘语《圣一切如来顶髻中出白伞盖佛母余无能乱总持》
残片 1 叶，刻本，有汉文页码“六”。5 行。木头沟遗址出土。
参 Müller 1910，56；Elverskog 1997，108-109。

U 385（T III M 225-6a，7a） 回鹘语《圣一切如来顶髻中出白伞盖佛母余无能乱总持》
残片 2 叶，刻本，有汉文页码“七”。10 行。木头沟遗址出土。
参 Müller 1910，56-57；Elverskog 1997，108-109。

U 386（T III M 225-4） 回鹘语《圣一切如来顶髻中出白伞盖佛母余无能乱总持》
残片 1 叶，刻本。5 行。木头沟遗址出土。
参 Müller 1910，57；Elverskog 1997，108-109。

U 387（T III M 225-5） 回鹘语《圣一切如来顶髻中出白伞盖佛母余无能乱总持》
残片 1 叶，刻本。5 行。木头沟遗址出土。
参 Müller 1910，57；Elverskog 1997，108-109。

U 388（T III M 225-11） 回鹘语《圣一切如来顶髻中出白伞盖佛母余无能乱总持》
残片 1 叶，刻本。5 行。木头沟遗址出土。
参 Müller 1910，59；Elverskog 1997，108-109。

U 389（T III M 225-21，22） 回鹘语《圣一切如来顶髻中出白伞盖佛母余无能乱总持》
残片 2 叶，刻本。10 行。木头沟遗址出土。
参 Müller 1910，60；Le Coq 1919a，105-107；Elverskog 1997，108-109。

U 390（T III M 225-59） 回鹘语《圣一切如来顶髻中出白伞盖佛母余无能乱总持》
残片 1 叶，刻本。5 行。木头沟遗址出土。
参 Müller 1910，62；Elverskog 1997，108-109。

U 391（T III M 225-26，27） 回鹘语《圣一切如来顶髻中出白伞盖佛母余无能乱总持》
残片 2 叶，刻本。10 行。木头沟遗址出土。
参 Müller 1910，62-63；Elverskog 1997，108-109。

U 392（T III M 225-27a） 回鹘语《圣一切如来顶髻中出白伞盖佛母余无能乱总持》
残片 1 叶，刻本。5 行。木头沟遗址出土。
参 Müller 1910，63；Elverskog 1997，108-109。

U 393（T III M 225-42） 回鹘语《圣一切如来顶髻中出白伞盖佛母余无能乱总持》
残片 1 叶，刻本。5 行。木头沟遗址出土。
参 Müller 1910，67；Elverskog 1997，108-109。

U 394（T III M 225-13） 回鹘语《圣一切如来顶髻中出白伞盖佛母余无能乱总持》
残片 1 叶，刻本。5 行。木头沟遗址出土。

参 Müller 1910，67；Elverskog 1997，108-109。

U 395（T III M 225-20） **回鹘语《圣一切如来顶髻中出白伞盖佛母余无能乱总持》**

残片1叶，刻本。5行。木头沟遗址出土。

参 Müller 1910，67-68；Elverskog 1997，108-109。

U 396（T III M 225-44） **回鹘语《圣一切如来顶髻中出白伞盖佛母余无能乱总持》**

残片1叶，刻本。5行。木头沟遗址出土。

参 Müller 1910，68；Elverskog 1997，108-109。

U 397（T III M 225-45，46，39，40，41） **回鹘语《圣一切如来顶髻中出白伞盖佛母余无能乱总持》**

残片5叶，刻本。25行。木头沟遗址出土。

参 Müller 1910，68-70；Elverskog 1997，108-109；Porció 2003，104-105。

U 398（T III M 225-31，32，33，34，35，36，37，38） **回鹘语《圣一切如来顶髻中出白伞盖佛母余无能乱总持》**

残片8叶，刻本，有汉文页码"廿八""廿九"。40行。木头沟遗址出土。

参 Müller 1910，70-73；Raschmann 1995a，92，96，107；Elverskog 1997，108-109。

U 399（T III M 225-12） **回鹘语《圣一切如来顶髻中出白伞盖佛母余无能乱总持》**

残片1叶，刻本。5行。木头沟遗址出土。

参 Müller 1910，73；Elverskog 1997，108-109。

U 400（T III M 225-61） **回鹘语《圣一切如来顶髻中出白伞盖佛母余无能乱总持》**

残片1叶，刻本。5行。木头沟遗址出土。

参 Müller 1910，73-74；Elverskog 1997，108-109。

U 401（T III M 225-48） **回鹘语《圣一切如来顶髻中出白伞盖佛母余无能乱总持》**

残片1叶，刻本。5行。木头沟遗址出土。

参 Müller 1910，74；Elverskog 1997，108-109；Porció 2003，106。

U 402（T III M 225-43） **回鹘语《圣一切如来顶髻中出白伞盖佛母余无能乱总持》**

残片1叶，刻本。5行。木头沟遗址出土。

参 Müller 1910，75；Elverskog 1997，108-109。

U 403（T III M 225-62） **回鹘语《圣一切如来顶髻中出白伞盖佛母余无能乱总持》**

残片1叶，刻本。5行。木头沟遗址出土。

参 Müller 1910，75；Zieme，1975b，210-211；Elverskog 1997，108-109；Porció 2003，107。

U 404（T III M 231） **回鹘语《圣一切如来顶髻中出白伞盖佛母余无能乱总持》**

与U 4647可以缀合，参看该号。

U 405（T II S 32a，Nr. 16） **回鹘语《十业道譬喻鬘经》**

小残片1块。4行。胜金口遗址出土。

参 Müller 1920，6；Elverskog 1997，42-44。

U 406（T III M 84-7） **回鹘语《十业道譬喻鬘经》**

残片1叶。40行。木头沟遗址出土。

参 Müller 1920，9-11；Elverskog 1997，42-44。

U 407（T III M 84-2） 回鹘语《十业道譬喻鬘经》

残片1叶。双面书写，各19行，计38行。木头沟遗址出土。

参 Müller 1920，11-12；Elverskog 1997，42-44。

U 408（T III 73） 回鹘语《十业道譬喻鬘经》

残片1叶，中部有圆形绳孔，用回鹘语、汉文标页。35行。

参 Müller 1920，21-22；Elverskog 1997，42-44。

U 409（T III M 56-52） 回鹘语《十业道譬喻鬘经》

残片1叶。15行。木头沟遗址出土。

参 Müller 1920，18-19；Elverskog 1997，42-44。

U 410（T II S 89r） 回鹘语《十业道譬喻鬘经》

残片1叶。16行。胜金口遗址出土。

参 Müller 1920，31-32，34；Elverskog 1997，42-44。

U 411（T II S 32a-14） 回鹘语《十业道譬喻鬘经》

残片1叶。12行。胜金口遗址出土。

参 Müller 1920，44；Elverskog 1997，42-44。

U 412（T III 56c） 回鹘语《十业道譬喻鬘经》

残片1叶。

参 Müller 1920，46；Elverskog 1997，42-44。

U 413（T III M 84-51） 回鹘语《十业道譬喻鬘经》

较完整的写卷1叶。22行。木头沟遗址出土。

参 Müller 1920，52-53；Elverskog 1997，42-44。

U 414（T III B, T. V 51ζ） 回鹘语《十业道譬喻鬘经》

小残片1叶，与U 1042缀合。与U 1037等属同一写本。柏孜克里克千佛洞出土（?）。

参 Müller 1920，63；Elverskog 1997，42-44；Wilkens 2004，146-147，174。

U 415（T II S 32a, Nr. 35） 回鹘语《十业道譬喻鬘经》

残片2叶。37行。与Mainz 26等属同一写本。胜金口遗址出土。

参 Müller 1920，65-66；Elverskog 1997，42-44；Wilkens 2004，173。

U 416（T III, TV. 86） 回鹘语《十业道譬喻鬘经》

与U 1027及U 1066缀合，参看U1027。与U 1037等属同一写本。吐鲁番北山前坡地遗址出土。

参 Müller 1920，66，67；Elverskog 1997，42-44；Wilkens 2004，174。

U 417（T II S 32a + T II S 12） 回鹘语《十业道譬喻鬘经》

残片2叶。34行。插图本。胜金口遗址出土。

参 Müller 1920，75-76；Elverskog 1997，42-44；Wilkens 2003a，173-174，图11。

U 418（T II S 89q） 回鹘语《十业道譬喻鬘经》

残片1叶。22行。胜金口遗址出土。

参 Müller 1920，86-87；Elverskog 1997，42-44。

U 419（T Ⅱ S 89b）　回鹘语《十业道譬喻鬘经》

残片 1 叶，版口有回鹘语页码，中部有圆形绳孔。30 行。胜金口遗址出土。

参 Müller 1920，4-5；Elverskog 1997，42-44。

U 420-449　缺号

U 450（T Ⅲ 84-36）　回鹘语《兔王本生》

残片 1 叶。刻本，56 行。

参 Müller & Gabain 1931，718-722；Elverskog 1997，42-44；杨富学 2004，66-79。

U 451（T Ⅱ M 7）　回鹘语《十业道譬喻鬘经》

残片 1 叶，6 行。木头沟遗址出土。

参 Müller & Gabain 1931，696；Elverskog 1997，42-44；杨富学 2003，501-523；杨富学 2004，91-115。

U 452（T Ⅲ 84-43）　回鹘语《十业道譬喻鬘经》

残片 2 叶。72 行。

参 Müller & Gabain 1931，692-694；Elverskog 1997，42-44；杨富学 2003，501-523；杨富学 2004，91-115。

U 453-455　缺号

U 456-468（T Ⅱ Y 36）　回鹘语易占

计 26 叶，每叶面积 8×16cm。交河故城出土。

参 TTT I，241-268，图 3-4；TTT Ⅶ，9，41-42，75；Arat 1965a，277-305；杨富学 2003，258-260。

U 469（T I D 100）　回鹘语《佛教忏悔书》

写本 1 叶，14.5×23cm。16 行。高昌故城出土。

参 TTT Ⅳ，433，440-441；Elverskog 1997，135-136；Wilkens 2003b，260-261。

U 470（T Ⅱ Y 59b）　回鹘语《佛教忏悔书》

残片 1 叶，11×15cm。12 行。交河故城出土。

参 TTT Ⅳ，433，436-437；Asmussen 1965，232-234；森安孝夫 1991，34；Elverskog 1997，135-136；Moriyasu 2004a，38；Wilkens 2003b，256-257。

U 471（T Ⅱ Y 63b）　回鹘语《佛教忏悔书》

残片 1 叶，15×14cm。12 行。交河故城出土。

参 TTT Ⅳ，433，440-441；Elverskog 1997，135-136；Wilkens 2003b，260。

U 472（T Ⅱ Y 59c）　回鹘语《佛教忏悔书》

残片 1 叶，16×15cm。7 行。交河故城出土。

参 TTT Ⅳ，443，442-445；Wilkens 2003b，264。

U 472v　回鹘语《五更转》译本

存 10 行。

参 Zieme 2006b，3。

U 473（T Ⅱ Y 9b）　回鹘语《佛教忏悔书》

残片 1 叶，15.8×19.5cm。7 行。交河故城出土。

参 TTT Ⅳ，433，444-445；Wilkens 2003b，265。

U 474（T II Y 63d） 回鹘语《佛教忏悔书》

残片1叶，30.5×15cm。13行。交河故城出土。

参 TTT IV，443，442-443；Elverskog 1997，135-136；Wilkens 2003b，263-264。

U 477（T II M 12）+ U 852 回鹘语《金光明最胜王经》卷一〇

2叶残片，缀合后尺寸是29.2×12cm。双面书写，各6行。木头沟遗址出土。

参 Raschmann 2005，236-237。

U 494（T II S 131） 回鹘语廿八宿星图

残片1叶。27行。胜金口遗址出土。

参 TTT VII，8，12，56-58，图2；Bazin 1991，282-284；巴赞 1998，377-380；杨富学 2003，319。

U 495（TM 299/295 T α） 回鹘语摩尼教《具注历日》（公元988年）

小残片2块，3.9×5.7cm，9.5×11.3cm，属同一叶文书，但不能严密缀合。34行。高昌故城α遗址出土。

参 TTT VII，19-20，62，81-82；Henning 1945b，146-164；Gabain 1964，239；Bazin 1991，273-274；森安孝夫 1991，144；Hamilton 1992，10-13，22-23（图）；Clark 1997，137；巴赞 1998，366；Wilkens 2000a，378-379，No. 436；Moriyasu 2004a，169。

U 496（T III M 190） 回鹘语《佛说北斗七星延命经》

刻本11页，16.7×96.8cm，每页5行，计55行。木头沟遗址出土。

参 TTT VII，8，23-25，65-68；杨富学、邓浩 1997，163，169；Elverskog 1997，93；杨富学 1998a，159，167；BTT XXIII，121-123，130-134，图123-127。

U 497（T I α 561） 回鹘语九宫占星表

残片1叶，42行，表格形式。完成于1348年。高昌故城α遗址出土。

参 TTT VII，8，28-31，69-70；Bazin 1991，277-279，313-314；巴赞 1998，371-373，419-421；杨富学 2003，339340。

U 498（T II Y 36） 回鹘语易占文献

U 500（T I 600） 回鹘语《具注历日》

残片1叶。37行。

参 TTT VII，8，16-18，59-60；Bazin 1991，288-290，314-333；巴赞 1998，385-388，421-447。

U 502-535 缺号

U 536（T I D 5） 回鹘语《十业道譬喻鬘经》

残片1叶。高昌故城出土。

参 TTT X；Elverskog 1997，42-44。

U 537（T II S 2-11） 回鹘语《十业道譬喻鬘经》

写卷1叶。胜金口遗址出土。

参 TTT X。

U 538-556 缺号

U 557（T I Tantra） 回鹘语《现证圣上乐轮中围》、《身中围事相观》（八思巴著，本

雅失里译）

册子式写卷，原本应有 78 叶，每叶为 16.8×16.5cm。但 49-77 叶已残失，现仅存 49 叶，357-789 行。此为藏传佛教密宗文献，译者本雅失里（Punyašri）系元代回鹘学者。

参 BTT VII，31-63，图 I- XXV；王红梅 2000，92-107；Elverskog 1997，111-112，122；杨富学 2003，426；王红梅、杨富学 2003，150-159；王红梅、杨富学 2005，74-79；杨富学、王红梅 2005，239-253；王红梅、杨富学 2006，64-74。

U 558-07 = MongHT 1

U 558-08 = MongHT 2

U 558-09 = MongHT 3

U 558-10 = MongHT 4

U 558-11 = MongHT 5

U 558-12 = MongHT 6

U 558-13 = MongHT 7

U 558-14 = MongHT 34

U 558-15 = MongHT 35

U 559（T I D 120） 回鹘语医学文献

参 Rachmati 1930，451-473；Raschmann 1995a，93，107。

U 560r（T II Y 19，Nr.7） 汉语《尔雅·释器至释天》（郭璞注）

册子本，每叶 22×15.5cm，计 13 叶。与 Ch/U 6779 + U 564b + U 564a + Ch/U. 7111 + U 564c 同卷。交河故城出土。

参 Nishiwaki 2001，39。

U 560v 回鹘语医学文献

参 Raschmann 1995a，54，93，108。

U 561r（T II Y 46） 汉语《大方等大集经》卷三九

26.5×41cm，21 行。交河故城出土。

U 561v 回鹘语《医理精华》译本

残片 1 叶。33 行。

参 Rachmati 1932，426-428；Zieme 2006a，2。

U 562（T II D 142） 回鹘语医学文献

残片 1 叶。29 行。高昌故城出土。

参 Rachmati 1932，410-412。

U 563r（T II D 296-d） 汉语佛典残片

13.6×20.4cm，12 行。高昌故城出土。

U 563v 回鹘语《医理精华》译本

小残片 1 块。13 行。

参 Rachmati 1932，429；Zieme 2006a，2。

U 564a-c（T II D 85） 汉语《尔雅·释地》（郭璞注）

a：9.2×15.7cm，7 行；b：9.5×15.5cm，7 行；c：14×15.2cm，6 行。与 U 560

+Ch/U 6779 +Ch/U 7111 同卷。高昌故城出土。

参 荣新江 1997b，393；荣新江 1998b，321；Nishiwaki 2001，38。

U 564v　回鹘语医学文献

残片1叶。30行。

参 Rachmati 1932，416-418。

U 565-574　缺号

U 575（T III M 84-33）　回鹘语《金光明最胜王经》卷四

残片1叶，20.8×47cm。双面书写，各26行，计52行。木头沟遗址出土。

参 Tekin 1971，26；Röhrborn 1977-1998，117a，121a；Kaya 1994，165；Raschmann 2002，46，No.245。

U 576（T III M 84-78）　回鹘语《金光明最胜王经》卷四

残片1叶，20.8×42cm。双面书写，各24行，计48行。木头沟遗址出土。

参 Raschmann 2002，107，No.324。

U 577（T III M 84-76）　回鹘语《金光明最胜王经》卷四

残片1叶，20.8×34cm。双面书写，各20行，计40行。木头沟遗址出土。

参 Röhrborn 1977-1998，202a；Raschmann 2002，110，No.328。

U 578（T III TV 56）+ U 630　回鹘语《金光明最胜王经》卷八

2叶残片，缀合后尺寸是20.7×46.7cm。双面书写，各27行。吐鲁番山前坡地遗址出土。

参 Müller 1908，22-25；Tekin 1987，137-138，181-182（图）；Elverskog 1997，65-69；Raschmann 2005，121-122。

U 579（T III M 56-8）　回鹘语《金光明最胜王经》卷四

残片1叶，20.5×47cm。双面书写，各26行，计52行。木头沟遗址出土。

参 Röhrborn 1977-1998，261a；Raschmann 2002，41-42，No.238。

U 580（T III TV 56 h）　回鹘语《金光明最胜王经》卷六

20.8×34.8cm。双面书写，各20行。吐鲁番山前坡地遗址出土。

参 Raschmann 2005，34-35。

U 581（[T III] 84-77）　回鹘语《金光明最胜王经》卷四

残片1叶，20.8×34.5cm。双面书写，正面背面各20行，计40行。

参 Röhrborn 1977-1998，339b；Raschmann 2002，121，No.343。

U 582（[T III] 84-82）+ U 644　回鹘语《金光明最胜王经》卷四

与U 644可以缀合，参看该号。

U 583（T III TV 56-6）　回鹘语《金光明最胜王经》卷四

残片1叶，20.9×27.3cm。双面书写，各16行，计32行。吐鲁番北山前坡地遗址出土。

参 Tekin 1971，23；Raschmann 2002，74-75，No.282。

U 584（T III 56-3）+ U 9161　回鹘语《金光明最胜王经》卷八

前者尺寸是21×24.7cm。双面书写，各14行，后者双面书写，各27、26行。

参 Tekin 1987，136，176-177（图）；Kaya 1994，294；Elverskog 1997，65-69；

Raschmann 2005，109-110。

U 585（T III TV 56-7）　回鹘语《金光明最胜王经》卷五

残片 1 叶，21×27cm。双面书写，各 15 行，计 30 行。紧接 U 587。吐鲁番北山前坡地遗址出土。

参 Tekin 1971，23，26，43-44；Röhrborn 1977-1998，115a；Kaya 1994，217-218；Raschmann 2002，146-147，No. 377。

U 586（T III 56-66）　回鹘语《金光明最胜王经》卷五

残片 1 叶，21×26.5cm。双面书写，各 15 行，计 30 行。

参 Tekin 1971，24，26，59-61；Röhrborn 1977-1998，287b；Kaya 1994，224-225；Raschmann 2002，156-157，No. 389。

U 587（T III 56-67）　回鹘语《金光明最胜王经》卷五

残片 1 叶，21×25.8cm。双面书写，各 15 行，计 30 行。紧接 U 589。

参 Tekin 1971，23，26，40-41；Kaya 1994，216；Röhrborn 1977-1998，202a；Raschmann 2002，145，No. 375。

U 588（T III TV 56-8）　回鹘语《金光明最胜王经》卷五

残片 1 叶，20.9×26.7cm。双面书写，正面 15 行，背面 16 行，计 31 行。吐鲁番北山前坡地遗址出土。

参 Tekin 1971，24，26；Raschmann 2002，150-151，No. 382。

U 589（T III 56-65）　回鹘语《金光明最胜王经》卷五

残片 1 叶，21×25.8cm。双面书写，各 15 行，计 30 行。紧接 U 619。

参 Röhrborn 1977-1998，242a；Raschmann 2002，142-143，No. 372。

U 590（T III TV 56-2）＋U 591　回鹘语《金光明最胜王经》卷八

2 叶残片，缀合后尺寸是 21×47cm。双面书写，各 26、27 行。吐鲁番北山前坡地遗址出土。

参 Tekin 1987，136，179-180（图）；Kaya 1994，294-295；Elverskog 1997，65-69；Raschmann 2005，116-117。

U 591（无原编号）　回鹘语《金光明最胜王经》卷八

与 U 590 可以缀合，参看该号。

U 592（T III 85 III）＋U 651　回鹘语《金光明最胜王经》卷四

残片 2 叶，缀合后为 20.8×41.8cm。双面书写，缀合后正面背面各 24 行，计 48 行。

参 Tekin 1971，23；Röhrborn 1977-1998，80a，b；Raschmann 2002，60-61，No. 263，图 23。

U 593（T III M 85）＋U 669　回鹘语《金光明最胜王经》卷四

残片 2 叶，缀合后为 20.8×43cm。双面书写，缀合后正面背面各 25 行，计 50 行。木头沟遗址出土。

参 Tekin 1971，23；Raschmann 2002，53-54，No. 255，图 17。

U 594（T III 84-34）＋U 677　回鹘语《金光明最胜王经》卷四

残片 2 叶，缀合后为 20.8×35.8cm。双面书写，缀合后正面 20 行，背面 19 行，计39行。

参 Tekin 1971，23；Raschmann 2002，61-62，No. 264，图24。

U 595（T III 85）　回鹘语《金光明最胜王经》卷四

与U 681等可以缀合，参看该号。

U 596（T III 85 II）+ U 650　回鹘语《金光明最胜王经》卷四

残片1叶，20.8×38.1cm。双面书写，各21行，计42行。

参 Tekin 1971，23；Raschmann 2002，26-27，No. 215，图9。

U 597（T III 56-64）　回鹘语《金光明最胜王经》卷五

残片1叶，17.5×22.5cm。双面书写，各14行，计28行。

参 Raschmann 2002，156，No. 388。

U 598（T III 56-58）　回鹘语《金光明最胜王经》卷二

残片1叶，17.4×28.8cm。双面书写，各16行，计32行。与U 9026等属同一写本。

参 Raschmann 2000，130-131，No. 095，图23；BTT XXI，94-96。

U 599（T III 56-57）　回鹘语《金光明最胜王经》卷二

残片1叶，17.5×30cm。双面书写，各17行，计34行。与U 9026等属同一写本。

参 Zieme 1988c，460b；Raschmann 2000，132-133，No. 097，图25；BTT XXI，99-101。

U 600（T III 56-43）　回鹘语《金光明最胜王经》卷四

残片1叶，20.7×28.5cm。双面书写，正17行，背18行，计35行。紧接Mainz 24。

参 Raschmann 2002，65-66，No. 269。

U 601（T III 56-45）　回鹘语《金光明最胜王经》卷四

残片1叶，20.8×28cm。双面书写，各18行，计36行。

参 Raschmann 2002，69-70，No. 275。

U 602（T III 56-46）　回鹘语《金光明最胜王经》卷四

残片1叶，20.9×28.8cm。双面书写，各17行，计34行。

参 Tekin 1971，23；Raschmann 2002，30，No. 221。

U 603（T III 56-44）　回鹘语《金光明最胜王经》卷四

残片1叶，21×28.5cm。双面书写，各18行，计36行。

参 Tekin 1971，22；Raschmann 2002，68，No. 273。

U 604（T III 56-50）　回鹘语《金光明最胜王经》卷四

残片1叶，20.8×30.2cm。双面书写，正18行，背19行，计37行。紧接U 605。

参 Raschmann 2002，33-34，No. 227。

U 605（T III 56-49）　回鹘语《金光明最胜王经》卷四

残片1叶，20.8×31cm。双面书写，各29行，计40行。

参 Raschmann 2002，32-33，No. 225。

U 606（T III 56-82）　回鹘语《金光明最胜王经》卷四

残片1叶，20.8×29.5cm。双面书写，各19行，计38行。

参 Raschmann 2002，35-36，No. 230。

U 607（T III 84-52） 回鹘语《金光明最胜王经》卷八

20.7×21cm。双面书写，各12行。

参 Raschmann 2005，125-126。

U 608（T III BTV 51-25） 回鹘语《金光明最胜王经》卷一

残片1叶，20.8×25.5cm。双面书写，各14行，计28行。与U 9026等属同一写本。柏孜克里克千佛洞出土（?）。

参 BTT XVIII，43-44，图26-27；Elverskog 1997，65-69；Raschmann 2000，106-107，No. 063。

U 609（T III 56.18） 回鹘语《金光明最胜王经》卷八

与U 616、U 673可以缀合，参看U 616号。

参 Tekin 1987，133-210，附图；Elverskog 1997，65-69。

U 610（T III 56.12）+ U 680 回鹘语《金光明最胜王经》卷六

19.6×18.5cm，7.2×6.7cm。双面书写，前者各10行，后者各4行。

参 Raschmann 2005，35-36。

U 611（T III 56-71） 回鹘语《金光明最胜王经》卷五

与U 643缀合，参看该号。

U 612（T III 56-63） 回鹘语《金光明最胜王经》卷五

残片1叶，20.9×15.4cm。双面书写，各8行，计16行。紧接U 615。

参 Röhrborn 1977-1998，83a；Raschmann 2002，139-140，No. 368。

U 613（无原编号） 回鹘语《金光明最胜王经》卷一〇

20.1×16.7cm。双面书写，各11行。

参 Raschmann 2005，256-257。

U 614（T III TV 86） 回鹘语《金光明最胜王经》卷六

20.5×14.4cm。双面书写，各8行。吐鲁番山前坡地遗址出土。

参 Raschmann 2005，40-41。

U 615（T III 56-61） 回鹘语《金光明最胜王经》卷五

残片1叶，20.9×17cm。双面书写，各9行，计18行。

参 Tekin 1971，23；Raschmann 2002，138，No. 366。

U 616（T III 56-6）+ U 673 + U 609 回鹘语《金光明最胜王经》卷八

3叶残片，尺寸分别是7.4×19.8cm，12.7×8cm，19.4×19.3cm。双面书写，分别为各10、5、11行。高昌故城出土。

参 Finch 1993，37-116，189-197（图）；Elverskog 1997，65-69；Raschmann 2005，82-84。

U 617（T III TV 86） 回鹘语《金光明最胜王经》卷六

19×12.8cm。双面书写，各7行。吐鲁番山前坡地遗址出土。

参 Raschmann 2005，39-40。

U 618（[T III] TV 86） 回鹘语《金光明最胜王经》卷六

20.5×12.7cm。双面书写，各7行。吐鲁番山前坡地遗址出土。

参 Raschmann 2005，38-39。

U 619（T III 56-60）　回鹘语《金光明最胜王经》卷五

残片 1 叶，17.5×12cm。双面书写，各 6 行，计 12 行。紧接U612。

参 Tekin 1971，23；Raschmann 2002，141-142，No. 371。

U 620（T III 56-78）　回鹘语《金光明最胜王经》卷五

残片 1 叶，16.6×21.6cm。双面书写，各 12 行，计 24 行。

参 Tekin 1971，24；Raschmann 2002，163，No. 397。

U 621（T III 56-77）　回鹘语《金光明最胜王经》卷五

残片 1 叶，16.3×21.3cm。双面书写，各 12 行，计 24 行。紧接 U 627。

参 Tekin 1971，24；Raschmann 2002，162，No. 396。

U 622（T III 56-76）　回鹘语《金光明最胜王经》卷五

残片 1 叶，15×21.5cm。双面书写，各 12 行，计 24 行。紧接 U 633。

参 Tekin 1971，24；Raschmann 2002，165-166，No. 400。

U 623（T III 56-74）　回鹘语《金光明最胜王经》卷五

残片 1 叶，15.5×20.7cm。双面书写，正面 12 行，背面 11 行，计 23 行。紧接 U 586。

参 Raschmann 2002，157-158，No. 390。

U 624（T III 56-88）　回鹘语《金光明最胜王经》卷五

残片 1 叶，18×22.5cm。双面书写，各 13 行，计 26 行。紧接 U 626。

参 Raschmann 2002，129-130，No. 357。

U 625（T III 56-82）　回鹘语《金光明最胜王经》卷三

残片 1 叶，17.8×22cm。双面书写，各 12 行，计 24 行。与 U 9026 等属同一写本。

参 Raschmann 2000，207-208，No. 190，图 83。

U 626（T III 56-80）　回鹘语《金光明最胜王经》卷五

残片 1 叶，18.5×22.6cm。双面书写，正 13 行，背 12 行，计 25 行。

参 Raschmann 2002，128-129，No. 355。

U 627（T III 56-89）　回鹘语《金光明最胜王经》卷五

残片 1 叶，14.5×23.2cm。双面书写，各 12 行，计 24 行。紧接 Mainz 3。

参 Raschmann 2002，161，No. 394。

U 628（T III 56-75）　回鹘语《金光明最胜王经》卷五

残片 1 叶，18.7×21.8cm。双面书写，各 12 行，计 24 行。紧接 U 623。

参 Raschmann 2002，158，No. 391。

U 629（T III 56-83）　回鹘语《金光明最胜王经》卷三

残片 1 叶，17.8×24cm。双面书写，各 13 行，计 26 行。与 U 9026 等属同一写本。

参 Raschmann 2000，201-202，No. 181，图 78。

U 630（无原编号）　回鹘语《金光明最胜王经》卷八

与 U 578 可以缀合，参看该号。

U 631（T III 56-85）　回鹘语《金光明最胜王经》卷五

写本 1 叶，14.1×22.2cm。双面书写，正面 12 行，背面 13 行，计 25 行。紧接

U 9059。

参 Raschmann 2002，148-149，No. 380。

U 632（T III 56-19） 回鹘语《金光明最胜王经》卷一

写本1叶，13.8×18.3cm。双面书写，各10行，计20行。与U 9026等属同一写本。

参 BTT XVIII，34，图2-3；Elverskog 1997，65-69；Raschmann 2000，63，No. 011。

U 633（T III 56-68） 回鹘语《金光明最胜王经》卷五

残片1叶，14.9×17.3cm。双面书写，各9行，计18行。紧接U 620。

参 Röhrborn 1977-1998，128b，150b，153a，210b。Raschmann 2002，165，No. 399。

U 634（T III 56-75） 回鹘语《金光明最胜王经》卷一

写本1叶，12.5×19.3cm。双面书写，各11行，计22行。与U 9026等属同一写本。

参 BTT XVIII，44，图28-29；Elverskog 1997，65-69；Raschmann 2000，108-109，No. 066。

U 635（T III 56-20） 回鹘语《金光明最胜王经》卷二

残片1叶，13.3×15.8cm。双面书写，各9行，计18行。与U 9026等属同一写本。

参 Finch 1993，37-116+图；Raschmann 2000，125，No. 088，图18；BTT XXI，86-87。

U 636（T III 56-73） 回鹘语《金光明最胜王经》卷五

残片1叶，15.5×20.5cm。双面书写，各11行，计22行。紧接U 9058。

参 Raschmann 2002，134，No. 363。

U 637（T III 56-21） 回鹘语《金光明最胜王经》卷二

残片1叶，13.6×17.5cm。双面书写，正面10行，背面9行，计19行。与U 9026等属同一写本。

参 Tekin 1971，22；Raschmann 2000，157，No. 128，图46。

U 638（T III 56-22） 回鹘语《金光明最胜王经》卷二

残片1叶，12.6×17.3cm。双面书写，各9行，计18行。与U 9026等属同一写本。

参 Tekin 1971，23；Raschmann 2000，159-160，No. 131，图48。

U 639（T III 56-25） 回鹘语《金光明最胜王经》卷一〇

12.2×19.7cm。双面书写，各11行。

参 Raschmann 2005，161-162。

U 640（T III 84-53） 回鹘语《金光明最胜王经》卷八

15.5×20cm。双面书写，各11行。

参 Tekin 1987，183（图）；Elverskog 1997，65-69；Raschmann 2005，124。

U 641（T III 56-23） 回鹘语《金光明最胜王经》卷二

残片1叶，13.2×17.8cm。双面书写，正面10行，背面9行，计19行。与U 9026等属同一写本。

参 Raschmann 2000，156，No.126，图45。

U 642（T III 56-24）　回鹘语《金光明最胜王经》卷一

写本1叶，12×18.7cm。双面书写，各11行，计22行。与U 9026等属同一写本。

参 Röhrborn 1977-1998，172b；BTT XVIII，34，图4-5；Elverskog 1997，65-69；Raschmann 2000，64-65，No.013。

U 643（T III 56-69）+ U 611　回鹘语《金光明最胜王经》卷五

残片2叶，12.9×21.7cm，18×18.1cm。U 643正面10行、背面11行，U 611正面背面各10行，计41行。

参 Raschmann 2002，153-154，No.384，图50。

U 644（T III B TV 51）+ U 582　回鹘语《金光明最胜王经》卷五

残片2叶，缀合后为21×37cm。双面书写，缀合后正面背面各21行，计42行。紧接U 588。

参 Raschmann 2002，119-120，No.341，图43。

U 645（T III 56 x 4）　回鹘语《金光明最胜王经》卷四

与U 666可以缀合，参看该号。

U 646（T III 56 x 5）　回鹘语《金光明最胜王经》卷四

与U 664可以缀合，参看该号。

U 647（T III B TV 51）　回鹘语《金光明最胜王经》卷六

与Mainz 230、U 671可以缀合，参看Mainz 230号。吐鲁番山前坡地遗址出土。

U 648（无原编号）　回鹘语《金光明最胜王经》卷四

与U 649等可以缀合，参看该号。

U 649（T III M 84-20）+ U 687 + U 684 + U 648 + U 682a + U 682b + U 678 + U 670 回鹘语《金光明最胜王经》卷四

小残片8块，缀合后为18×40cm。双面书写，U 649正面背面各7行，U 687正面背面各6行，U 684正面背面各5行，U 648正面背面各10行，U 682a正面背面各4行，U 682b正面背面各3行；U 678正面背面各6行，U 670正面背面各6行，缀合后正面背面各26行，计52行。木头沟遗址出土。

参 Raschmann 2002，48-50，No.248。图15-16。

U 650（T III 84-15）+ U 596　回鹘语《金光明最胜王经》卷四

与U 596可以缀合，参看该号。

U 651（T III 85 III）　回鹘语《金光明最胜王经》卷四

与U 592可以缀合，参看该号。

U 652（T III 85 II）　回鹘语《金光明最胜王经》卷四

与U 681等可以缀合，参看该号。

U 653（T III 56-26）　回鹘语《金光明最胜王经》卷一〇

12×12.4cm。双面书写，各7、6行。

参 Raschmann 2005，183-184。

U 654（T III 56-28）　回鹘语《金光明最胜王经》卷三

写本 1 叶，11.5×13.7cm。双面书写，各 7 行，计 14 行。与 U 9026 等属同一写本。

参 Kudara & Röhrborn 1982，339；Raschmann 2000，168，No. 140，图 55。

U 655（T III 56-32）　回鹘语《金光明最胜王经》卷一〇

10.4×14.7cm。双面书写，各 8 行。

参 Raschmann 2005，178。

U 656（T III 56-34）　回鹘语《金光明最胜王经》卷一〇

10.8×15.2cm。双面书写，各 8 行。

参 Raschmann 2005，167。

U 657（T III 56-37）　回鹘语《金光明最胜王经》卷一〇

9.8×15.5cm。双面书写，各 8 行。

参 Raschmann 2005，175-176。

U 658（T III 56-33）　回鹘语《金光明最胜王经》卷一〇

9.3×14.6cm。双面书写，各 8 行。

参 Raschmann 2005，180。

U 659（T III 56-31）　回鹘语《金光明最胜王经》卷一〇

9×14.6cm。双面书写，各 8 行。

参 Raschmann 2005，188。

U 660（T III 56-36）　回鹘语《金光明最胜王经》卷一〇

11×15.4cm。双面书写，各 8 行。

参 Raschmann 2005，174。

U 661（T III 56-38）　回鹘语《金光明最胜王经》卷三

残片 1 叶，10×14.8cm。双面书写，各 8 行，计 16 行。与 U 9026 等属同一写本。

参 Raschmann 2000，214-215，No. 197，图 89。

U 662a，b（T III 56-39）　回鹘语《金光明最胜王经》卷二

残片 2 叶，缀合后为 8.3×15.2cm。双面书写，各 8 行，计 16 行。与 U 9026 等属同一写本。

参 Raschmann 2000，135-136，No. 100，图 27；BTT XXI，103-104。

U 663（T III 56-30）　回鹘语《金光明最胜王经》卷三

残片 1 叶，9.3×14cm。双面书写，各 7 行，计 14 行。与 U 9026 等属同一写本。

参 Raschmann 2000，164-165，No. 137，图 52。

U 664（T III 56 x 2）+ U 646　回鹘语《金光明最胜王经》卷四

残片 2 叶，缀合后为 16×31cm。双面书写，各 19 行，计 38 行。

参 Raschmann 2002，36-37，No. 232；图 12。

U 665（T III 56-40）　回鹘语《金光明最胜王经》卷一〇

8.2×13.4cm。双面书写，各 7 行。

参 Raschmann 2005，248-249。

U 666（T III 56 x 3）+ U 645　回鹘语《金光明最胜王经》卷四

残片2叶，缀合后为16.2×30cm。双面书写，各20行，计40行。

参 Raschmann 2002，39，No. 235，图13。

U 667（T III 56-29）+ U 679 回鹘语《金光明最胜王经》卷三

小残片2块，缀合后为11×13.2cm。双面书写，各7行，计14行。与U 9026等属同一写本。

参 Raschmann 2000，165-166，No. 138，图53。

U 668（T III 56-27） 回鹘语《金光明最胜王经》卷三

残片1叶，9.6×12.5cm。双面书写，各6行，计12行。与U 9026等属同一写本。

参 Raschmann 2000，199，No. 179，图76。

U 669（无原编号）+ U 593 回鹘语《金光明最胜王经》卷四

与U 593可以缀合，参看该号。

U 670（T I D 631） 回鹘语《金光明最胜王经》卷四

与U 649等可以缀合，参看该号。高昌故城出土。

U 671（T I D 627） 回鹘语《金光明最胜王经》卷六

与Mainz 230、U 647可以缀合，参看Mainz 230号。高昌故城出土。

U 673（无原编号） 回鹘语《金光明最胜王经》卷八

与U 616、U 609可以缀合，参看U 616号。

U 674（T III 56-99） 回鹘语《金光明最胜王经》卷八

10.5×13cm。双面书写，各8行。

参 Raschmann 2005，81。

U 675（T III 56-98） 回鹘语《金光明最胜王经》卷六

11×6.8cm。双面书写，各2行。

参 Raschmann 2005，48。

U 676（T III 84?） 回鹘语《金光明最胜王经》卷四

8.1×7.8cm。双面书写，各5行。与U 9047可以缀合，参看该号。

参 Raschmann 2005，325-326。

U 677（无原编号） 回鹘语《金光明最胜王经》卷四

与U 594可以缀合，参看该号。

U 678（无原编号） 回鹘语《金光明最胜王经》卷四

与U 649等可以缀合，参看该号。

U 679（无原编号） 回鹘语《金光明最胜王经》卷三

可与U 667缀合，参看该号。

U 680（T III 56.12） 回鹘语《金光明最胜王经》卷六

与U 610可以缀合，参看该号。

U 681（T III 85 II） 回鹘语《金光明最胜王经》卷四

小残片4块，缀合后为20.8×43.5cm。双面书写，缀合后正面背面各25行，计50行。

参 Röhrborn 1977-1998，80a，b，269a；Raschmann 2002，55-56，No. 257，图18-19。

U 682a（无原编号）　回鹘语《金光明最胜王经》卷四

与U 649等可以缀合，参看该号。

U 682b（无原编号）　回鹘语《金光明最胜王经》卷四

与U 649等可以缀合，参看该号。

U 683（T III 56-35）　回鹘语《金光明最胜王经》卷一〇

10.1×15.3cm。双面书写，各8行。

参 Raschmann 2005，170-171。

U 684（无原编号）　回鹘语《金光明最胜王经》卷四

与U 649等可以缀合，参看该号。

U 685（T III 85 II）　回鹘语《金光明最胜王经》卷四

与U 681等可以缀合，参看该号。

U 686（T III 56-70）　回鹘语《金光明最胜王经》卷一

残片1叶，11.2×47cm。双面书写，各26行，计52行。与U 9026等属同一写本。

参 Röhrborn 1977-1998，82a；BTT XVIII，42-43，图24-25；Elverskog 1997，65-69；Raschmann 2000，105-106，No.062。

U 687（无原编号）　回鹘语《金光明最胜王经》卷四

与U 649等可以缀合，参看该号。

U 688（TM 272.7）　回鹘语《金光明最胜王经》卷六

与U 714+U 701可以缀合，参看U 714号。

U 689（T I α 3）+U 693+U 699　回鹘语《金光明最胜王经》卷五

残片3叶，缀合后为18.1×49cm。双面书写，U 689各12行，U 693正面14行，背面15行，U 699正面13行，背面12行，计78行。高昌故城α遗址出土。

参 Röhrborn 1977-1998，104b；Raschmann 2002，135-136，No.365，图46。

U 690（T I α 7）　回鹘语《金光明最胜王经》卷一〇

与U 696、U 694可以缀合，参看U 696号。高昌故城α遗址出土。

U 691（T I α 8）　回鹘语《金光明最胜王经》卷一〇

与U 713、U 692可以缀合，参看U 713号。高昌故城α遗址出土。

U 692（无原编号）　回鹘语《金光明最胜王经》卷一〇

与U 713、U 691可以缀合，参看U 713号。

U 693（TM 272.2）　回鹘语《金光明最胜王经》卷五

与U 689等可以缀合，参看该号。

U 694（TM 272 10）　回鹘语《金光明最胜王经》卷一〇

与U 696、U 690可以缀合，参看U 696号。

U 695（T I D/TM 270a）+U 698+U 703　回鹘语《金光明最胜王经》卷四

卷子本残件3叶，缀合后为18×52.5cm。双面书写，正面38行，背面37行，计75行。高昌故城出土。

参 Tekin 1971，23；Raschmann 2002，15-17，No.199，图2-3。

U 696（TM 272 4）+U 690+U 694　回鹘语《金光明最胜王经》卷一〇

3叶残片，尺寸分别是17.7×15.7cm，18.1×19.4cm，17.8×15.3cm。双面书写，

各自是 11、15、9、10 行。

参 Raschmann 2005，242-245。

U 697（TM 272 9）　回鹘语《金光明最胜王经》卷一○

与 U 705、U 710 可以缀合，参看 U 705 号。

U 698（TM 272 3）　回鹘语《金光明最胜王经》卷四

与 U 695 等可以缀合，参看该号。高昌故城出土。

U 699（T I D/TM 270b）　回鹘语《金光明最胜王经》卷五

与 U 689 等可以缀合，参看该号。高昌故城出土。

U 700（T I α 2）+ U 706 + U 707　回鹘语《金光明最胜王经》卷六

18.1×16.1cm，17.5×17cm，16.9×15.1cm。U 700 双面书写，各 11、10 行，U 706双面书写，各 14、13 行，U 707 双面书写，各 12 行。高昌故城 α 遗址出土。

参 Raschmann 2005，23-24。

U 701（T I α 1）　回鹘语《金光明最胜王经》卷六

与 U 714 + U 688 可以缀合，参看 U 714 号。高昌故城 α 遗址出土。

U 702（T I α 10）+ U 711　回鹘语《金光明最胜王经》卷三

残片 2 叶，17×19.2cm，17×11.3cm。双面书写，U 702 正面 16 行，背面 15 行，U711 正面背面各 7 行，计 45 行。与 U 715 属同一写本。高昌故城出土。

参 Raschmann 2000，194-195，No. 173，图 73。

U 703（T I α 4）　回鹘语《金光明最胜王经》卷四

与 U 695 等可以缀合，参看该号。高昌故城 α 遗址出土。

U 704（T I α 9）　回鹘语《金光明最胜王经》卷六

与 U 712 + U 716 可以缀合，参看 U 712 号。高昌故城 α 遗址出土。

U 705（TM 272-5）+ U 710 + U 697　回鹘语《金光明最胜王经》卷一○

3 叶残片，尺寸分别是 18×17cm，18×19.4cm，17.4×14.4cm。双面书写，各自是 12、16、15、10 行。

参 Raschmann 2005，246-248。

U 706（T I）　回鹘语《金光明最胜王经》卷六

与 U 700 + U 707 可以缀合，参看 U 700 号。

U 707（T I D/TM 270c R）　回鹘语《金光明最胜王经》卷六

与 U 700 + U 706 可以缀合，参看 U 700 号。高昌故城出土。

U 708（TM 272-6）+ U 709a + 709b　回鹘语《金光明最胜王经》卷一○

3 叶残片，尺寸分别是 17.7×16.6cm，18.2×19.3cm，16.8×14.2cm。双面书写，各自是 12、16、11、9 行。

参 Zieme 1981b，89；Raschmann 2005，251-253。

U 709（TM 272-8/T I α 5）　回鹘语抄经题记

残片 1 叶。6 行。高昌故城 α 寺址出土。

参 Zieme 1981b，89-90。

U 710（T I α 6）　回鹘语《金光明最胜王经》卷一○

与 U 705、U 697 可以缀合，参看 U 705 号。高昌故城 α 遗址出土。

U 711（T I D）　回鹘语《金光明最胜王经》卷三

与U 702可以缀合，参看该号。高昌故城出土。

U 712（T I D 2/M270a）＋U 704＋U 716　回鹘语《金光明最胜王经》卷六

3叶残片，尺寸分别是17.3×11cm，17.6×19cm，11.3×10cm。双面书写，各自是6、16、15、7行。高昌故城出土。

参 Raschmann 2005，36-38。

U 713（T I D 1/TM 270 def）＋U 691＋U 692　回鹘语《金光明最胜王经》卷一〇

3叶残片，尺寸分别是17.8×7.8cm，18.3×19.5cm，18×17.3cm。双面书写，各自是4、2、16、15、14行。高昌故城出土。

参 Raschmann 2005，240-241。

U 714（TM 272.12）＋U 701＋U 688　回鹘语《金光明最胜王经》卷六

3叶残片，尺寸分别是18×7.2cm，18×18cm，16.8×17.4cm。双面书写，各自是4、15、14行。

参 Raschmann 2005，26-27。

U 715（T I D）　回鹘语《金光明最胜王经》卷三

残片1叶，12.3×9cm。双面书写，各5行，计10行。与U 702＋U 711属同一写本。高昌故城出土。

参 Raschmann 2000，193，No. 172，图72。

U 716（T I D）　回鹘语《金光明最胜王经》卷六

与U 704＋U 712可以缀合，参看U 712号。高昌故城出土。

U 717（T II T 553）　回鹘语《金光明最胜王经》卷四

残片1叶，7.5×10.5cm。双面书写，各9行，计18行。吐峪沟遗址出土。

参 Raschmann 2002，71-72，No. 278。

U 718（T II S 89 Schr. M 3/5）＋U 2012　回鹘语《金光明最胜王经》卷八

2叶残片，尺寸分别是19.5×15.6cm，17.8×15.8cm。双面书写，前者各10行，后者各10、11行。胜金口遗址出土。

参 Raschmann 2005，85-86。

U 720（T）　回鹘语《金光明最胜王经》卷七

14×7.5cm。双面书写，各5、4行。

参 Raschmann 2005，65-66。

U 721（T I 209）　回鹘语《金光明最胜王经》卷八

19.8×22.2cm。双面书写，各14行。

参 Raschmann 2005，79-80。

U 723（T III T 505）　回鹘语《金光明最胜王经》卷一

残片1叶，16.7×21.4cm。双面书写，各12行，计24行。与U 725a，b属同一写本。吐峪沟遗址出土。

参 BTT XVIII，45，图32-33；Elverskog 1997，65-69；Raschmann 2000，74-75，No. 024。

U 724（T I D）　回鹘语《金光明最胜王经》卷三

残片1叶，11.9×29.5cm。双面书写，各18行，计36行。高昌故城出土。

参 Röhrborn 1977-1998，109a；Raschmann 2000，186-187，No. 163，图68。

U 725a，b（T III T）　回鹘语《金光明最胜王经》卷一

残片2叶，17.5×15.7cm、7.3×4.7cm，属同一叶文书。双面书写，a叶正面背面各9行，b叶正面背面各3行，计24行。与U 723属同一写本。吐峪沟遗址出土。

参 BTT XVIII，44-45，图30-31；Elverskog 1997，65-69；Raschmann 2000，70-71，No. 019。

U 728（T II Toyoq）　回鹘语《慈悲道场忏法》

19.3×12.4cm。双面书写，各8、7行。吐峪沟遗址出土。

参 Wilkens 2003b，135。

U 729（T I D）＋U 1599　回鹘语《金光明最胜王经》卷六

2叶残片，尺寸分别是13.6×10.5cm，10.5×11.2cm。双面书写，前者各7行，后者各6行。高昌故城出土。

参 Raschmann 2005，45-46。

U 730（T I D 122）　回鹘语《金光明最胜王经》卷九

18.9×26.1cm。双面书写，各18行。高昌故城出土。

参 Raschmann 2005，157-158。

U 731（T I D 125）　回鹘语《金光明最胜王经》卷三

写本1叶，16×18.6cm。双面书写，正面12行，背面13行，计25行。高昌故城出土。

参 Kaya 1994，118；BTT XIII，88；Raschmann 2000，162-163，No. 135，图51。

U 732（T I 130a）　回鹘语《金光明最胜王经》卷五

写本1叶，15×18cm。双面书写，各11行，计22行。

参 Raschmann 2002，135，No. 364。

U 733（T II D 27）＋U 735＋U 738　回鹘语《金光明最胜王经》卷九

3叶残片，缀合后尺寸是20.8×39.5cm。双面书写，各25行。高昌故城出土。

参 Raschmann 2005，155-157。

U 735（T II D 27）　回鹘语《金光明最胜王经》卷九

与U 733、U 738可以缀合，参看U 733号。高昌故城出土。

U 737（T I D）　回鹘语《金光明最胜王经》卷一

写本1叶，14.7×16cm。双面书写，各12行，计24行。与U 748＋U 998等属同一写本。高昌故城出土。

参 BTT XVIII，59，图112-113；Elverskog 1997，65-69；Raschmann 2000，96-97，No. 051。

U 738（T II D 27）　回鹘语《金光明最胜王经》卷九

与U 733、U 735可以缀合，参看U 733号。高昌故城出土。

U 739（无原编号）　回鹘语《金光明最胜王经》卷一〇

20×10.1cm。双面书写，各6行。

参 Raschmann 2005，162。

U 740（T I α） 回鹘语《金光明最胜王经》卷一

与 U 745 可以缀合，参看该号。高昌故城 α 遗址出土。

U 741（T I） 回鹘语《佛说天地八阳神咒经》题记

残片 1 叶，刻本。正面背面刻写，各 8 行，计 16 行。

参 Zieme 1983，143-146，图 1-2；Elverskog 1997，95-97。

U 742（T III M 143） 回鹘语《金光明最胜王经》卷一〇

15.6×10.8cm。双面书写，各 4 行。木头沟遗址出土。

参 Raschmann 2005，164。

U 745（T I α）+ U 740 回鹘语《金光明最胜王经》卷一

残片 2 叶，10.2×15.5cm、12.5×15.8cm。双面书写，缀合后双面各 12 行，计 24 行。与 U 748 + U 998 等属同一写本。高昌故城 α 遗址出土。

参 BTT XVIII，59-60，图 114-115；Elverskog 1997，65-69；Raschmann 2000，97-98，No. 053。

U 746（T I α） 回鹘语《金光明最胜王经》卷一

写本 1 叶，12.1×15.1cm。双面书写，正面 10 行，背面 11 行，计 21 行。与 U 748 + U 998 等属同一写本。高昌故城 α 遗址出土。

参 BTT XVIII，58-59，图 110-111；Elverskog 1997，65-69；Raschmann 2000，95-96，No. 051。

U 748（无原编号）+ U 998 回鹘语《金光明最胜王经》卷一

梵荚装写本 2 叶，9.2×16.9cm、16.8×25.9cm。39 行。与 U 746、U 737、U 745 + U 740 及 U 1526 属同一写本。高昌故城出土。

参 Zieme 1977c，154-156；Kaya 1994，66；BTT XVIII，57-58，图 108-109；Elverskog 1997，65-69；Raschmann 2000，65-66，No. 014。

U 749（无原编号） 回鹘语《金光明最胜王经》卷五

13×7.2cm。双面书写，各 3、4 行。

参 Raschmann 2005，333-334。

U 752（T I α 58） 回鹘语《金光明最胜王经》卷八

12.3×8.8cm。双面书写，各 6、7 行。高昌故城 α 遗址出土。

参 Raschmann 2005，75。

U 754（T II S 32a-47） 回鹘语《维摩诘所说经》卷下

残片 1 叶。双面书写，各 8 行，计 16 行。与 U 1790 等属同一写本。胜金口遗址出土。

参 BTT XX，48，120-122，图 73-74。

U 755（T II S 32a）+ U 762 回鹘语《维摩诘所说经》卷中

残片 2 叶，可缀合。双面书写，正面 20 行，背面 19 行，计 39 行。与 U 1790 等属同一写本。胜金口遗址出土。

参 BTT XX，45-46，102-104，图 57-58。

U 757（T II S 32a） 回鹘语《维摩诘所说经》卷中

残片 1 叶。双面书写，各 5 行，计 10 行。与 U 1790 等属同一写本。胜金口遗址出土。

参 BTT XX，44，96，图 49-50。

U 758（T II S 32a，Nr. 27）　回鹘语《十业道譬喻鬘经》

残片 1 叶。10 行。胜金口遗址出土。

参 Müller 1920，9；Elverskog 1997，42-44。

U 759（无原编号）　回鹘语《梁朝傅大士颂金刚经并序》

与 U 1711 和 U 1779 缀合。

U 762（T II S 32a）　回鹘语《维摩诘所说经》卷中

与 U 755 可以缀合，参看该号。胜金口遗址出土。

U 763（T II S 32a-21）　回鹘语《维摩诘所说经》卷下

残片 1 叶。双面书写，正面 7 行，背面 8 行，计 15 行。与 U 1790 等属同一写本。胜金口遗址出土。

参 BTT XX，47，114，图 67-68。

U 767（T II S 32a-47）　回鹘语《维摩诘所说经》卷下

与 U 1766 可以缀合，参看该号。胜金口遗址出土。

U 768（T II S 32a）　回鹘语《维摩诘所说经》卷下

与 U 1766 可以缀合，参看该号。胜金口遗址出土。

U 769（T II S 32a）　回鹘语《维摩诘所说经》卷下

残片 1 叶。双面书写，各 16 行，计 32 行。U 1790 等属同一写本。胜金口遗址出土。

参 BTT XX，55-56，120，图 121-122。

U 770（T II S 32a）　回鹘语《维摩诘所说经》卷下

残片 1 叶。双面书写，各 7 行，计 14 行。与 U 1790 等属同一写本。胜金口遗址出土。

参 BTT XX，50，132-134，图 79-80。

U 771（T II S 32a）+ U 1746 + U 1760　回鹘语《维摩诘所说经》卷下

小残片 3 块缀合。双面书写，各 15 行，计 30 行。与 U 1790 等属同一写本。胜金口遗址出土。

参 BTT XX，50，132-134，图 81-82。

U 772（T II S 12-7）　回鹘语《维摩诘所说经》卷下

残片 1 叶。双面书写，正面 13 行，背面 12 行，计 25 行。与 U 1790 等属同一写本。胜金口遗址出土。

参 BTT XX，48-49，124-126，图 75-76。

U 774（T II S 32a）+ U 6388　回鹘语《金光明最胜王经》卷一〇

2 叶残片，缀合后尺寸是 29×10cm。双面书写，各 6 行。胜金口遗址出土。

参 Raschmann 2005，202-203。

U 775（T II S 32）　回鹘语《金光明最胜王经》卷一〇

28. 8×9. 8cm。双面书写，各 6 行。胜金口遗址出土。

参 Raschmann 2005，221-222。

U 776（T Ⅱ S 32a） 回鹘语《金光明最胜王经》卷一〇

28.8×9.8cm。双面书写，各6行。胜金口遗址出土。

参 Raschmann 2005，191-192。

U 777（T Ⅱ S 32a） 回鹘语《金光明最胜王经》卷一〇

28.2×9.4cm。双面书写，各6行。胜金口遗址出土。

参 Raschmann 2005，203-204。

U 778（T Ⅱ S 32） 回鹘语《金光明最胜王经》卷一〇

与U 823可以缀合，参看该号。胜金口遗址出土。

U 779（T Ⅰ S 32a） 回鹘语《金光明最胜王经》卷一〇

与U 802可以缀合，参看该号。胜金口遗址出土。

U 780（T Ⅱ S 32）+U 811 回鹘语《金光明最胜王经》卷一〇

2叶残片，尺寸分别是17.5×10cm，10.2×9.8cm。双面书写，均为6行。胜金口遗址出土。

参 Raschmann 2005，222-223。

U 781（T Ⅱ S 32 528） 回鹘语《金光明最胜王经》卷一〇

与U 785、U 829可以缀合，参看U 785号。胜金口遗址出土。

U 782（T Ⅱ S 32） 回鹘语《金光明最胜王经》题记

18.2×9.6cm。双面书写，各6、5行。胜金口遗址出土。

参 Raschmann 2005，260-261。

U 783（T Ⅱ S 32a 558）+U 2837 +U 791 回鹘语《金光明最胜王经》卷一〇

3叶残片，尺寸分别是12.9×10.1cm，4.6×7.2cm，8.2×9.8cm。双面书写，分别是各6、5、6行。胜金口遗址出土。

参 Raschmann 2005，233-234。

U 784（T Ⅱ S 32a 543） 回鹘语《金光明最胜王经》卷一〇

与U 799可以缀合，参看该号。胜金口遗址出土。

U 785（T Ⅱ S 32a 549）+U 829 +U 781 回鹘语《金光明最胜王经》卷一〇

3叶残片，缀合后尺寸是29.3×9.9cm。双面书写，各6行。胜金口遗址出土。

参 Raschmann 2005，237-238。

U 786（T Ⅱ S 32a） 回鹘语《金光明最胜王经》卷一〇

双面书写，各6行。胜金口遗址出土。

参 Raschmann 2005，176-177。

U 787（T Ⅱ S 32a 529） 回鹘语《金光明最胜王经》卷一〇

与U 797可以缀合，参看该号。胜金口遗址出土。

U 788（T Ⅱ S 32a 575） 回鹘语《金光明最胜王经》卷一〇

与U 789可以缀合，参看该号。胜金口遗址出土。

U 789（T Ⅱ S 32a 531）+788 回鹘语《金光明最胜王经》卷一〇

2叶残片，缀合后尺寸是17.5×10cm。双面书写，各6行。胜金口遗址出土。

参 Raschmann 2005，227-228。

U 790（T Ⅱ S 32a）+U 2897 回鹘语《金光明最胜王经》卷二

残片 2 叶，14.5×8.2cm、9.8×4.5cm。双面书写，U 790 双面各 4 行，U 2897 正面背面各 3 行，计 14 行。胜金口遗址出土。

参 BTT XXI，77-78；Raschmann 2000，120-121，No. 082，图 13。

U 791（T II S 32a 516）　回鹘语《金光明最胜王经》卷一〇

与 U 783、U 2837 可以缀合，参看 U 783 号。胜金口遗址出土。

U 792（T II 592）　回鹘语《金光明最胜王经》卷一〇

9.9×11.3cm。双面书写，各 6 行。

参 Raschmann 2005，245。

U 793（T II S 32a 656）　回鹘语《金光明最胜王经》卷五

残片 1 叶，11.3×6.5cm。双面书写，各 4 行，计 8 行。胜金口遗址出土。

参 Raschmann 2002，164，No. 398。

U 794（T II S 32a 689）　回鹘语《金光明最胜王经》卷一〇

10.8×8.5cm。双面书写，各 6 行。胜金口遗址出土。

参 Raschmann 2005，219。

U 795（T II S 32a 640）　回鹘语《金光明最胜王经》卷八

与 U 6348、U 2848、U2880 可以缀合，参看 U 6348 号。胜金口遗址出土。

U 797（T II S 32a 546）+ U 787　回鹘语《金光明最胜王经》卷一〇

2 叶残片，尺寸分别是 7.7×9.9cm，10.6×9.7cm。双面书写，均为各 6 行。胜金口遗址出土。

参 Raschmann 2005，231-232。

U 798（T II S 32a 596）+ Mainz 512　回鹘语《金光明最胜王经》卷五

2 叶残片，尺寸分别是 8.9×9.9cm，9.8×8.8cm。双面书写，均为各 6 行。胜金口遗址出土。

参 Ehlers 1987，86；Raschmann 2005，338-339。

U 799（T II S 32a 600）+ U 784　回鹘语《金光明最胜王经》卷一〇

2 叶残片，尺寸分别是 8.2×8.9cm，11×9.2cm。双面书写，均为各 6 行。胜金口遗址出土。

参 Raschmann 2005，214-215。

U 800（T II 700）+ Mainz 595　回鹘语《金光明最胜王经》卷四

与 Mainz 595 可以缀合，参看该号。

U 801（T II S 32a）　回鹘语《金光明最胜王经》卷一〇

2 叶残片，尺寸分别是 8.4×9.3cm，9.3×15.4cm。双面书写，均为各 6 行。胜金口遗址出土。

参 Ehlers 1987，110；Raschmann 2005，229。

U 802（T I S 32a 676）+ U 779　回鹘语《金光明最胜王经》卷一〇

2 叶残片，缀合后尺寸是 28.8×10cm。双面书写，各 6 行。胜金口遗址出土。

参 Raschmann 2005，181-182。

U 803（T II S 32a 557）　回鹘语《金光明最胜王经》卷一〇

与 U 869、Mainz 471 可以缀合，参看 U 869 号。胜金口遗址出土。

U 804（T Ⅱ S 32a）+ Mainz 457　回鹘语《金光明最胜王经》卷一〇

残片2叶，尺寸分别是8×9.2cm，15×9.2cm。双面书写，均为6行。胜金口遗址出土。

参 BTT XIII，81-82；Ehlers 1987，100；Raschmann 2005，169-170。

U 805（T Ⅱ S 32a）　回鹘语《金光明最胜王经》卷一〇

与U 815、U 808可以缀合，参看U 815号。胜金口遗址出土。

U 806（T Ⅱ S 32a 502）　回鹘语《金光明最胜王经》卷八

与U 818、U 2843可以缀合，参看U 818号。胜金口遗址出土。

U 807（T Ⅱ S 32a 614）　回鹘语《金光明最胜王经》卷五

与U 816可以缀合，参看该号。胜金口遗址出土。

U 808（T Ⅱ S 32a 540）　回鹘语《金光明最胜王经》卷一〇

与U 815、U 805可以缀合，参看U 815号。胜金口遗址出土。

U 810（T Ⅱ S 32a 508）　回鹘语《金光明最胜王经》卷一〇

12.1×6.1cm。双面书写，各4行。胜金口遗址出土。

参 Raschmann 2005，196。

U 811（T Ⅱ S 32a 606）　回鹘语《金光明最胜王经》卷一〇

与U 780可以缀合，参看该号。胜金口遗址出土。

U 812（T Ⅱ S 32a 694）+ U 830　回鹘语《金光明最胜王经》卷八

2叶残片，尺寸分别是11×5.8cm，8.1×8.6cm。双面书写，前者各4行，后者各5行。胜金口遗址出土。

参 Raschmann 2005，81-82。

U 813（T Ⅱ S 32a 511）　回鹘语《金光明最胜王经》卷一〇

8.6×7.8cm。双面书写，各6、5行。胜金口遗址出土。

参 Raschmann 2005，179。

U 814（T Ⅱ S 32a. 512）　回鹘语《金光明最胜王经》卷五

残片1叶，10.2×8cm。双面书写，各5行，计10行。胜金口遗址出土。

参 Raschmann 2002，154-155，No. 386。

U 815（T Ⅱ S 32a 636）+ U 808 + U 805　回鹘语《金光明最胜王经》卷一〇

前2块残片缀合后尺寸是12.3×10cm，后者尺寸是6.8×9.6cm。均为双面书写，各6行。胜金口遗址出土。

参 Raschmann 2005，210-211。

U 816（T Ⅱ S 32a. 621）+ U 807　回鹘语《金光明最胜王经》卷五

残片2叶，尺寸分别是11.4×4.5cm，5.5×9.8cm。双面书写，均为6行，计12行。胜金口遗址出土。

参 Raschmann 2002，159，No. 392；Raschmann 2005，337-338。

U 817（T Ⅱ S 32a 629）　回鹘语《金光明最胜王经》卷八

与U 2915、U 2835、U 826可以缀合，参看U 2915号。胜金口遗址出土。

U 818（T Ⅱ S 32a 708）+ U 806 + U 2843　回鹘语《金光明最胜王经》卷八

3叶残片，缀合后尺寸14.5×10.5cm。双面书写，各6行。胜金口遗址出土。

参 Raschmann 2005，104-105。

U 819（T I 512） 回鹘语《金光明最胜王经》卷五

小残片1块，5.7×7.5cm。双面书写，各6行，计12行。与U2627可以缀合，参看该号。

参 Raschmann 2002，128，No.354。

U 820（T II S 32a 652） 回鹘语《金光明最胜王经》卷一〇

4.8×6.9cm。双面书写，各4行。胜金口遗址出土。

参 Raschmann 2005，182-183。

U 821（T II S 32a）＋U 831 回鹘语《金光明最胜王经》卷一〇

2叶残片，尺寸分别是12.6×3.9cm，10.2×6cm。双面书写，前者各2行，后者各4行。胜金口遗址出土。

参 Raschmann 2005，163-164。

U 823（T II S 32a 653）＋U 778 回鹘语《金光明最胜王经》卷一〇

2叶残片，尺寸分别是7.8×6.6cm，22.2×9.8cm。双面书写，均为各6行。胜金口遗址出土。

参 Raschmann 2005，211-212。

U 824（T II S 32a） 回鹘语《金光明最胜王经》卷一〇

7.5×5.6cm。双面书写，各4行。胜金口遗址出土。

参 Raschmann 2005，250。

U 825（T II S 32a 657）＋U 2927＋U 2828 回鹘语《金光明最胜王经》卷八

3叶残片，缀合后尺寸是13.4×10.8cm。双面书写，各6行。胜金口遗址出土。

参 Raschmann 2005，123-124。

U 826（T II S 32a 673） 回鹘语《金光明最胜王经》卷八

与U 2915、U 817、U 2835可以缀合，参看U 2915号。胜金口遗址出土。

U 827（T II S 32a） 回鹘语《金光明最胜王经》卷二

小残片1块，9.5×5cm。双面书写，各3行，计6行。与U 3384a等属同一写本。胜金口遗址出土。

参 BTT XXI，77；Raschmann 2000，119，No.081，图9。

U 829（T II S 32a 654） 回鹘语《金光明最胜王经》卷一〇

与U 785、U 781可以缀合，参看U 785号。胜金口遗址出土。

U 830（T II S 32a 642） 回鹘语《金光明最胜王经》卷八

与U 812可以缀合，参看该号。胜金口遗址出土。

U 831（T II S 32a 535） 回鹘语《金光明最胜王经》卷一〇

与U 821可以缀合，参看该号。胜金口遗址出土。

U 833（T II S 32a） 回鹘语《金光明最胜王经》卷次未详

6.5×4.5cm。2叶残片，各3、1行。胜金口遗址出土。

参 Raschmann 2005，302。

U 834（T II M 12.841） 回鹘语《金光明最胜王经》卷一〇

28.1×11.8cm。双面书写，各6行。木头沟遗址出土。

参 Raschmann 2005，173。

U 835（T II M 12-2） 回鹘语《金光明最胜王经》卷一〇

28.2×11.5cm。双面书写，各6行。木头沟遗址出土。

参 Raschmann 2005，218-219。

U 836（T II 1 γoǧam Murtuq）+ Mainz 381 回鹘语《金光明最胜王经》卷一〇

2叶残片，缀合后尺寸是27.9×12cm。双面书写，各6行。木头沟遗址出土。

参 Raschmann 2005，215-216。

U 837（T II 3） 回鹘语《金光明最胜王经》卷一〇

20.5×12.1cm。双面书写，各6行。

参 Raschmann 2005，206-207。

U 838（T II γoǧam M 1） 回鹘语《金光明最胜王经》卷一〇

20.5×12.1cm。双面书写，各6行。木头沟遗址出土。

参 Raschmann 2005，204。

U 839（T II M 12.842）+ U 2685 回鹘语《金光明最胜王经》卷一〇

2叶残片，缀合后尺寸是22.2×11.9cm。双面书写，各6行。木头沟遗址出土。

参 Raschmann 2005，223-224。

U 840（T II M 12.843）+ U 859 回鹘语《金光明最胜王经》卷一〇

2叶残片，缀合后尺寸是22.1×11.5cm。双面书写，各6行。木头沟遗址出土。

参 Raschmann 2005，224-225。

U 841（T II 2） 回鹘语《金光明最胜王经》卷一〇

19.2×12.1cm。双面书写，各6行。

参 Raschmann 2005，209。

U 842（T II M 12-3） 回鹘语《金光明最胜王经》卷一〇

20.5×12.4cm。双面书写，各6行。木头沟遗址出土。

参 Raschmann 2005，201-202。

U 843（T II 2 γoǧam Murt. 12） 回鹘语《金光明最胜王经》卷一〇

19.1×12cm。双面书写，各6行。木头沟遗址出土。

参 Raschmann 2005，217。

U 844（T II 2） 回鹘语《金光明最胜王经》卷一〇

9.6×12.3cm。双面书写，各6行。

参 Raschmann 2005，186。

U 845（T II 4） 回鹘语《金光明最胜王经》卷一〇

9.6×12.3cm。双面书写，各6行。

参 Raschmann 2005，188-189。

U 846（T II） 回鹘语《金光明最胜王经》卷一〇

10×12.4cm。双面书写，各6行。

参 Raschmann 2005，196-197。

U 847（T II 3） 回鹘语《金光明最胜王经》卷一〇

9.6×12.3cm。双面书写，各6行。

参 Raschmann 2005，187。

U 848（T II γoǧam M 7） 回鹘语《金光明最胜王经》卷一〇

9.3×12.3cm。双面书写，各6行。木头沟遗址出土。

参 Raschmann 2005，193-194。

U 849（T II 6） 回鹘语《金光明最胜王经》卷一〇

9.2×12.4cm。双面书写，各6行。

参 Raschmann 2005，190-191。

U 850（T II 5） 回鹘语《金光明最胜王经》卷一〇

9.5×12.4cm。双面书写，各6行。

参 Raschmann 2005，189-190。

U 851（T II γoǧam M 1） 回鹘语《金光明最胜王经》卷一〇

9.6×12.1cm。双面书写，各6行。木头沟遗址出土。

参 Raschmann 2005，184-185。

U 852（T II Xanthippe/T II x 519） 回鹘语《金光明最胜王经》卷一〇

与 Mainz 477 可以缀合，参看该号。

U 853（T II） 回鹘语《金光明最胜王经》卷一〇

9.3×12.3cm。双面书写，各6行。

参 Raschmann 2005，194-195。

U 854（T II 10） 回鹘语《金光明最胜王经》卷一〇

9.8×12.3cm。双面书写，各6行。

参 Raschmann 2005，198-199。

U 855（T II 11） 回鹘语《金光明最胜王经》卷一〇

8.7×11.9cm。双面书写，各6行。

参 Raschmann 2005，199-200。

U 856（T II Xanthippe） 回鹘语《金光明最胜王经》卷一〇

13.9×9.2cm。双面书写，各6、5行。

参 Raschmann 2005，183。

U 859（T II Xanthippe/T II x 520） 回鹘语《金光明最胜王经》卷一〇

与 U 840 可以缀合，参看该号。

U 860（T II Xanthippe/T II x 521） 回鹘语《金光明最胜王经》卷一〇

与 U 905 可以缀合，参看该号。

U 861（T II M 12.505） 回鹘语《金光明最胜王经》卷三

写本1叶，12.2×11.4cm。双面书写，各6行，计12行。与 Mainz 551 + U 1761 + U 893 等属同一写本。木头沟遗址出土。

参 Raschmann 2000，169，No. 141，图 55。

U 864（T II Xanthippe/T II x 522） 回鹘语《金光明最胜王经》卷一〇

9.7×5.4cm。双面书写，各3行。

参 Raschmann 2005，174-175。

U 865（137） 回鹘语《金光明最胜王经》卷二

15. 9 × 10. 7cm。双面书写，各 6 行。

参 Raschmann 2005，308-309。

U 866（T II Xanthippe/T II x 1053）+ U 3131 + U 2630　回鹘语《金光明最胜王经》卷二

3 叶残片，缀合后尺寸是 16. 2 × 10. 6cm。双面书写，各 6 行。

参 Raschmann 2005，316-317。

U 868（T II 793）　回鹘语《金光明最胜王经》卷一

残片 1 叶，12. 3 × 12cm。双面书写，各 6 行，计 12 行。与 U 3050 等属同一写本。

参 BTT XVIII，49，图 54-55；Elverskog 1997，65-69；Raschmann 2000，80-81，No. 032。

U 869（T II S 32a）+ Mainz 471 + U 803　回鹘语《金光明最胜王经》卷一〇

3 叶残片，尺寸分别是 8. 6 × 9. 5cm，9. 5 × 11cm，8. 4 × 9. 3cm。双面书写，分别是各 6、5、6 行。胜金口遗址出土。

参 Ehlers 1987，99；Raschmann 2005，166-167。

U 870（T II 874）　回鹘语《金光明最胜王经》卷一

13. 8 × 10. 2cm。双面书写，各行。

参 Raschmann 2005，305-306。

U 871（T II x 559）　回鹘语《金光明最胜王经》卷二

5. 1 × 10. 3cm。双面书写，各 6 行。

参 Raschmann 2005，311-312。

U 872（T II 875）　回鹘语《金光明最胜王经》卷一

残片 1 叶，14. 2 × 9. 4cm。双面书写，各 5 行，计 10 行。与 U 3050 等属同一写本。

参 BTT XVIII，51，图 70-71；Elverskog 1997，65-69；Raschmann 2000，90，No. 043。

U 873（T II 8/T II 1057）　回鹘语《金光明最胜王经》卷一

残片 1 叶，15. 4 × 10. 2cm。双面书写，正面 6 行，背面 5 行，计 11 行。与 U 3050 等属同一写本。

参 BTT XVIII，49，图 56-57；Elverskog 1997，65-69；Raschmann 2000，81，No. 033。

U 874（T II γoğam M）　回鹘语《金光明最胜王经》卷一

残片 1 叶，14 × 9cm。双面书写，各 5 行，计 10 行。木头沟遗址出土。

参 BTT XVIII，52，图 72-73；Elverskog 1997，65-69；Raschmann 2000，90-91，No. 044。

U 875（T II 7/T II 1050）　回鹘语《金光明最胜王经》卷一

残片 1 叶，15. 4 × 10. 2cm。双面书写，各 6 行，计 12 行。与 U 3050 等属同一写本。

参 BTT XVIII，49-50，图 58-59；Elverskog 1997，65-69；Raschmann 2000，84，No. 036。

U 876（无原编号）　回鹘语《金光明最胜王经》卷二

17.2×9.4cm。双面书写，各6行。

参 Raschmann 2005，308。

U 877（T II S 32 512）　回鹘语《金光明最胜王经》卷四

与 Mainz 378a 可以缀合，参看该号。胜金口遗址出土。

U 878（T II S 32 A1）　回鹘语《金光明最胜王经》卷一〇

27.6×10.4cm。双面书写，各6行。胜金口遗址出土。

参 Raschmann 2005，207。

U 879（T III M 239）　回鹘语《金光明最胜王经》卷四

29.3×11.1cm。双面书写，各6行。木头沟遗址出土。

参 Raschmann 2005，324-325。

U 880（T II S 32 507）　回鹘语《金光明最胜王经》卷一〇

25.9×10.2cm。双面书写，各6行。胜金口遗址出土。

参 Raschmann 2005，234-235。

U 882（T II 5）　回鹘语《金光明最胜王经》卷一〇

与 U 3431 可以缀合，参看该号。

U 883（T II S 32a. 559）　回鹘语《慈悲道场忏法》

与 U 2917 可以缀合，参看该号。胜金口遗址出土。

U 884（T II S 32a. 623）　回鹘语《慈悲道场忏法》

与 U 1773 可以缀合，参看该号。木头沟遗址出土。

U 885（T II S 32a. 568）　回鹘语《慈悲道场忏法》

与 Mainz 438a、U 2944 可以缀合，参看 Mainz 438a 号。胜金口遗址出土。

U 886（T II S 32a 596）＋ U 2836 ＋ U 889　回鹘语《金光明最胜王经》卷一〇

前一叶尺寸是9×10.2cm，双面书写，各6行。后2叶残片缀合后尺寸是15.6×9.3cm，双面书写，各5、6行。胜金口遗址出土。

参 Raschmann 2005，226-227。

U 887（T I D）　回鹘语《金光明最胜王经》卷三

与 U 2291、U 2349 可以缀合，参看 U 2291 号。高昌故城出土。

U 888（无原编号）　回鹘语《金光明最胜王经》卷四

6.5×11.3cm。双面书写，各6行。

参 Raschmann 2005，326。

U 889（T II S 32a 549）　回鹘语《金光明最胜王经》卷一〇

与 U 886、U 2836 可以缀合，参看 U 886 号。胜金口遗址出土。

U 890（T II S 32a）　回鹘语《金光明最胜王经》卷一〇

5×6.8cm。双面书写，各4行。胜金口遗址出土。

参 Raschmann 2005，212。

U 891（T II γoğam M 841）　回鹘语《金光明最胜王经》卷三

残片1叶，16.5×11.4cm。12行。与 Mainz 551 ＋ U 1761 ＋ U 893 等属同一写本。木头沟遗址出土。

参 BTT XIII，88-89；Kaya 1994，120；Raschmann 2000，172，No. 145。图57。

U 892（T III 218/500） 回鹘语《金光明最胜王经》卷七

27.8×10.8cm。双面书写，各6行。

参 Raschmann 2005，70-71。

U 893（T II 803） 回鹘语《金光明最胜王经》卷三

与 Mainz 551、U 2761 可以缀合，参看 Mainz 551 号。

U 895（T II Xanthippe） 回鹘语《金光明最胜王经》卷八

8.5×11cm。双面书写，各6行。

参 Raschmann 2005，114。

U 896（T II 695） 回鹘语《金光明最胜王经》卷三

与 Mainz 392 可以缀合，参看该号。

U 898（T II M 513） 回鹘语《慈悲道场忏法》

9×11.2cm。双面书写，各6行。木头沟遗址出土。

参 Wilkens 2003b，114。

U 899（T II γoğam M） 回鹘语《金光明最胜王经》卷三

残片1叶，12.6×11.5cm。双面书写，各6行，计12行。与 Mainz 551 + U 1761 + U 893 等属同一写本。木头沟遗址出土。

参 Raschmann 2000，208，No. 191，图84。

U 900（T II M 510） + U 2763 回鹘语《金光明最胜王经》卷四

残片2叶，缀合后为15.5×11.5cm。双面书写，缀合后正面背面各6行，计12行。紧接 Mainz 560。木头沟遗址出土。

参 Raschmann 2002，103-104，No. 319，图38。

U 901（T II x 528） + U 2609 回鹘语《金光明最胜王经》卷七

2叶残片，尺寸分别是19.8×10.8cm，12.5×10.8cm。双面书写，均为各6行。

参 Raschmann 2005，66-67。

U 902（T II S 32a） 回鹘语《金光明最胜王经》卷三

与 Mainz 502、Mainz 531b 可以缀合，参看 Mainz 502。胜金口遗址出土。

U 903（T II S 32a） + U 2825 回鹘语《金光明最胜王经》卷三

残片2叶，缀合后为16.9×11cm。双面书写，缀合后正面背面各6行，计12行。与 Mainz 531a + U 2876 + U 2396 等属同一写本。与 U 2900、U 2825 可以缀合，参看 U 2900 号。胜金口遗址出土。

参 Raschmann 2000，196-197，No. 175，图74。

U 904（T II 870） 回鹘语《金光明最胜王经》卷四

残片1叶，15.3×11.5cm。双面书写，各6行，计12行。

参 Raschmann 2002，97-98，No. 312。

U 905（T II Xanthippe） + U 860 回鹘语《金光明最胜王经》卷一〇

2叶残片，尺寸分别是8.4×11.2cm，12.5×12cm。双面书写，均为各6行。

参 Raschmann 2005，230-231。

U 906（T I） + Mainz 604 回鹘语《金光明最胜王经》卷七

2叶残片，尺寸分别是7.6×10.8cm，16.5×10.5cm。双面书写，均为各6行。

参 Raschmann 2005，72-73。

U 907b（T III x 502） 回鹘语《金光明最胜王经》卷一

小残片 1 块，7.8×10.5cm。双面书写，各 6 行，计 12 行。与 U3387 等属同一写本。

参 BTT XVIII，54，图 88-89；Elverskog 1997，65-69；Raschmann 2000，60，No. 007。

U 907c（T II Xanthippe） 回鹘语《金光明最胜王经》卷六

6.8×9.5cm。双面书写，各 6 行。

参 Raschmann 2005，28-29。

U 908（T II S 32a. 637） 回鹘语《慈悲道场忏法》

7.2×9cm。双面书写，各 5 行。胜金口遗址出土。

参 Wilkens 2003b，128-129。

U 909（T II M 12） 回鹘语《金光明最胜王经》卷三

写本 1 叶，14.4×11.2cm。双面书写，各 6 行，计 12 行。与 Mainz 551 + U 1761 + U 893 等属同一写本。木头沟遗址出土。

参 Raschmann 2000，169-170，No. 142，图 56。

U 911（T II M 12. 827） 回鹘语《金光明最胜王经》卷四

写本 1 叶，12×11.5cm。双面书写，各 6 行，计 12 行。木头沟遗址出土。

参 Röhrborn 1977-1998，117b；Raschmann 2002，100-101，No. 316。

U 912（T I） 回鹘语《金光明最胜王经》卷三

残片 1 叶，10.3×11.3cm。双面书写，各 6 行，计 12 行。与 U 2388 等属同一写本。

参 Raschmann 2000，190，No. 167，图 69。

U 913（T I 585） 回鹘语《金光明最胜王经》卷三

残片 1 叶，9.5×11.7cm。双面书写，各 6 行，计 12 行。与 Mainz 551 + U 1761 + U 893等属同一写本。

参 Raschmann 2000，198，No. 177，图 75。

U 914（T II S 32a） 回鹘语《金光明最胜王经》卷四

与 U 2904 可以缀合，参看该号。胜金口遗址出土。

U 915（T II S 32a）+ U 2905 回鹘语《金光明最胜王经》卷四

残片 2 叶，缀合后为 16.5×11.1cm。双面书写，缀合后正面背面各 6 行，计 12 行。胜金口遗址出土。

参 Raschmann 2002，57-58，No. 259，图 20。

U 917（T II M 529） 回鹘语《金光明最胜王经》卷六

9.5×10.5cm。双面书写，各 6 行。木头沟遗址出土。

参 Raschmann 2005，24-25。

U 918（T II M 530） 回鹘语《金光明最胜王经》卷八

与 U 2489 可以缀合，参看该号。木头沟遗址出土。

参 Zieme 1981b，93；Raschmann 2005，129。

U 919（T III 218.514）　回鹘语《金光明最胜王经》卷七

8.3×7.4cm。双面书写，各 4 行。

参 Raschmann 2005，54。

U 920（T II M）　回鹘语《金光明最胜王经》卷三

小残片 1 块，7×9.3cm。双面书写，各 5 行，计 10 行。与 Mainz 551 + U 1761 + U 893等属同一写本。木头沟遗址出土。

参 BTT XIII，88；Raschmann 2000，170-171，No. 143，图 56。

U 921（T II S 32a 695）　回鹘语《金光明最胜王经》卷八

与 U 2933、U 2918 可以缀合，参看 U 2933 号。胜金口遗址出土。

U 922（T II M 531）　回鹘语《金光明最胜王经》卷三

小残片 1 块，7.9×7.6cm。双面书写，正面 5 行，背面 4 行，计 9 行。与 Mainz 551 + U 1761 + U 893 等属同一写本。木头沟遗址出土。

参 Raschmann 2000，205，No. 187，图 80。

U 923（T III T 524）+ U 2452　回鹘语《金光明最胜王经》卷七

刻本 2 叶残片，尺寸分别是 9×9cm，9.5×11cm。双面书写，均为各 6 行。吐峪沟遗址出土。

参 Raschmann 2005，71-72。

U 924（T I Kš 1）　回鹘语《慈悲道场忏法》

刻本 1 叶，21.8×33.1cm。双面书写，各 17 行，计 34 行。

参 BTT II，42-43，图 45-46；Elverskog 1997，87-88；Wilkens 2003b，192。

U 925a-e（T I Kš 3）　回鹘语《慈悲道场忏法》

刻本残片，a 件较大，尺寸是 18.9×26.2cm，双面书写，各 13 行。其他均为极小残片。

参 BTT II，10；Wilkens 2003b，203-205。

U 525f（T I Kš 3）　回鹘语《慈悲道场忏法》

与 U960 可以缀合，参看该号。

U 926（T I Kš 4）　回鹘语《慈悲道场忏法》

刻本 1 叶，21.8×33.5cm。双面书写。各 19 行，计 38 行。

参 BTT II，39-40，图 41-42；Elverskog 1997，87-88；Wilkens 2003b，190。

U 927a + c（T I Kš 6）　回鹘语《慈悲道场忏法》

刻本 2 叶残片，尺寸分别是 19×26.2cm，5.7×1.6cm。双面书写，前者各 13 行。

参 BTT II，10；Wilkens 2003b，208。

U 927b（T I Kš 6）　回鹘语《慈悲道场忏法》

与 U 930 可以缀合，参看该号。

U 928（T I Kš 6a）　回鹘语《慈悲道场忏法》

刻本 1 叶，22.1×33cm。双面书写，各 17 行，计 34 行。

参 BTT II，26-27，图 15-16；Elverskog 1997，87-88；Wilkens 2003b，179-180。

U 929（T I Kš 7）　回鹘语《慈悲道场忏法》

刻本 1 叶，22×33cm。双面书写，各 17 行，计 34 行。

参 BTT Ⅱ，26，图13-14；Elverskog 1997，87-88；Wilkens 2003b，178-179。

U 930（T I Kš 8a）+ U 927b 回鹘语《慈悲道场忏法》

刻本2叶残片，尺寸分别是19×23.6cm，5.5×2.3cm。双面书写，各11行。

参 BTT Ⅱ，10；Wilkens 2003b，209-210。

U 931（T I Kš 10a）+ U 932 回鹘语《慈悲道场忏法》

刻本2叶残片，缀合后的尺寸是19×25.6cm。双面书写，各13行，计26行。

参 BTT Ⅱ，10；Wilkens 2003b，211。

U 932（T I Kš 9a） 回鹘语《慈悲道场忏法》

与U 931可以缀合，参看该号。

U 933a（T I Kš 11）+ Mainz 55b，U 933b-d 回鹘语《慈悲道场忏法》

刻本残片，其中U 933a片尺寸是19.5×26.5cm，双面书写，各13行。其余均为小碎片。

参 Wilkens 2003b，217-218。

U 933b-d（T I Kš 11） 回鹘语《慈悲道场忏法》

见U 933a号。

U 934（T I Kš 11） 回鹘语《慈悲道场忏法》

刻本1叶，21.9×32.8cm。双面书写，各17行，计34行。

参 BTT Ⅱ，21-22，图9-10；Wilkens 2003b，176。

U 935（T I Kš 12） 回鹘语《慈悲道场忏法》

刻本1叶，21.7×33cm。双面书写，各17行，计34行。

参 BTT Ⅱ，20-21，图7-8；Elverskog 1997，87-88；Wilkens 2003b，174。

U 936（T I Kš 13） 回鹘语《慈悲道场忏法》

刻本1叶，21.5×33.3cm。双面书写，各17行，计34行。

参 BTT Ⅱ，19-20，图5-6；Elverskog 1997，87-88；Wilkens 2003b，172。

U 937（T I Kš 14） 回鹘语《慈悲道场忏法》

刻本1叶，22×33.1cm。双面书写，各17行，计34行。

参 BTT Ⅱ，18-19，图3-4；Elverskog 1997，87-88；Wilkens 2003b，169-170。

U 938（T I Kš 15） 回鹘语《慈悲道场忏法》

刻本1叶，22×33.2cm。双面书写，各17行，计34行。

参 BTT Ⅱ，17-18，图1-2；Elverskog 1997，87-88；Wilkens 2003b，168-169。

U 939（T I Kš 15a） 回鹘语《慈悲道场忏法》

刻本1叶，19.3×25.7cm。双面书写，各13行，计26行。

参 Wilkens 2003b，217，图8。

U 940（T I Kš 16） 回鹘语《慈悲道场忏法》

刻本1叶，21.7×33cm。双面书写，各18行，计36行。

参 BTT Ⅱ，52-53，图61-62 Elverskog 1997，87-88；Wilkens 2003b，200。

U 941（T I Kš 17） 回鹘语《慈悲道场忏法》

刻本1叶，22×33.2cm。双面书写，各18行，计36行。

参 BTT Ⅱ，50，图57-58；Elverskog 1997，87-88；Wilkens 2003b，199-200。

U 942（T I Kš 18） 回鹘语《慈悲道场忏法》

刻本 1 叶，21.9×33.8cm。双面书写，各 18 行，计 36 行。

参 BTT II，50，图 57-58；Elverskog 1997，87-88；Wilkens 2003b，197-198。

U 943a，b（T I Kš 18a） 回鹘语《慈悲道场忏法》

刻本 2 叶残片，前者尺寸是 19.5×26.5cm，双面书写，各 13 行。后者为碎片。

参 BTT II，10；Wilkens 2003b，221-222。

U 944（T I Kš 19） 回鹘语《慈悲道场忏法》

刻本 1 叶，19.3×16.8cm。双面书写，各 12 行，计 24 行。

参 BTT II，10；Wilkens 2003b，222。

U 945（T I Kš 21） 回鹘语《慈悲道场忏法》

刻本 1 叶，21.9×33.4cm。双面书写，各 17 行，计 34 行。

参 BTT II，47-48，图 55-56；Elverskog 1997，87-88；Wilkens 2003b，196。

U 946（T I Kš 27） 回鹘语《慈悲道场忏法》

刻本 1 叶，双面书写。29 行。

参 BTT II，54-55。

U 947（T I Kš 28） 回鹘语《慈悲道场忏法》

刻本 1 叶，22.1×33.3cm。双面书写，各 18 行，计 36 行。

参 BTT II，37-38，图 37-38；Elverskog 1997，87-88；Wilkens 2003b，188-189。

U 948（T I Kš 30） 回鹘语《慈悲道场忏法》

刻本 1 叶，22.1×33.3cm。双面书写，各 18 行，计 36 行。

参 BTT II，36，图 33-34；Elverskog 1997，87-88；Wilkens 2003b，187。

U 949a-d（T I Kš 30a） 回鹘语《慈悲道场忏法》

刻本残片，a 件较大，尺寸是 19×26.5cm，双面书写，各 13 行。其他均为极小残片。

参 BTT II，10；Wilkens 2003b，232-233。

U 950（T I Kš 32） 回鹘语《慈悲道场忏法》

刻本 1 叶，21.5×33.1cm。双面书写，各 17 行，计 34 行。

参 BTT II，34-35，图 31-32；Elverskog 1997，87-88；Wilkens 2003b，185-186。

U 951a，b（T I Kš 33a） 回鹘语《慈悲道场忏法》

刻本 2 叶残片，前者尺寸是 14.6×26.2cm，双面书写，各 13 行。后者为碎片。

参 BTT II，10；Wilkens 2003b，235。

U 952a，b（T I Kš 34） 回鹘语《慈悲道场忏法》

刻本 2 叶残片，前者尺寸是 18.5×21.3cm，双面书写，各 10、9 行。后者为碎片。

参 BTT II，32-33，图 29-30；Elverskog 1997，87-88；Wilkens 2003b，235-236。

U 953（T I Kš 34a） 回鹘语《慈悲道场忏法》

刻本 1 叶，21.9×33.4cm。双面书写，各 16 行，计 32 行。

参 BTT II，32-33，图 29-30；Wilkens 2003b，184-185。

U 954（T I Kš 35） 回鹘语《慈悲道场忏法》

刻本 1 叶，21.9×33.4cm。双面书写，各 16 行，计 32 行。

参 BTT II，32，图27-28；Elverskog 1997，87-88；Wilkens 2003b，183-184。

U 955a，b（T I Kš 35a） 回鹘语《慈悲道场忏法》

刻本2叶残片，前者尺寸是15.1×21.1cm，双面书写，各9行。后者为碎片。

参 BTT II，10；Wilkens 2003b，237。

U 956a-c（T I Kš 36a） 回鹘语《慈悲道场忏法》

刻本3叶残片，a尺寸是15.1×20.3cm，双面书写，各9行。后者为碎片。

参 BTT II，10；Wilkens 2003b，237-238。

U 957（T I Kš 38） 回鹘语《慈悲道场忏法》

刻本1叶，21.7×33.4cm。双面书写，各17行，计34行。

参 BTT II，29-30，图21-22；Elverskog 1997，87-88；Wilkens 2003b，181-182。

U 958（T I Kš 39） 回鹘语《慈悲道场忏法》

刻本1叶，22×32.6cm。双面书写，各17行，计34行。

参 BTT II，28-29，图19-20；Elverskog 1997，87-88；Wilkens 2003b，181。

U 959（T I Kš 40） 回鹘语《慈悲道场忏法》

刻本1叶，22×33.5cm。双面书写，各17行，计34行。

参 BTT II，27-28，图17-18；Elverskog 1997，87-88；Wilkens 2003b，180。

U 960（T I Kš 41）+ U 925f 回鹘语《慈悲道场忏法》

刻本2叶残片，前者10.5×23.4cm，后者为小残片。双面书写，各11行。

参 BTT II，10；Wilkens 2003b，203。

U 961（T I Kš 42） 回鹘语《慈悲道场忏法》

刻本1叶，10.3×20cm。双面书写，各10、3行，计13行。

参 BTT II，10；Wilkens 2003b。

U 962（T I D）+ U 1566 回鹘语《金光明最胜王经》卷九

刻本2叶残片，尺寸分别是10.2×8.5cm，12×12cm。双面书写，前者各5行，后者各6行。高昌故城出土。

参 Raschmann 2005，150-151。

U 966（T I 623） 回鹘语《金光明最胜王经》卷四

13.2×8.2cm。双面书写，各3行。

参 Raschmann 2005，329。

U 968（T I D 663） 回鹘语《金光明最胜王经》卷一

与U 1595可以缀合，参看该号。高昌故城出土。

U 970（T II 988） 回鹘语《金光明最胜王经》卷次未详

10.7×15.2cm。8行。

参 Raschmann 2005，302-303。

U 971r（T II S 20） 回鹘语佛教文献

38.6×22.8cm。17行。胜金口遗址出土。

参 Kasai 2004，2，图1；笠井幸代2006，21-47。

U 971v（T II S 20） 回鹘语《牟羽可汗传说》题记

20行。胜金口遗址出土。

参 Kasai 2004，1-27，图2。

U 972（T II S 12/T II S 32a） 回鹘语《十业道譬喻鬘经》

正面背面各23行。胜金口遗址出土。

参 Wilkens 2003a，164-172。

U 973（T III ［M］84-19）回鹘语《十业道譬喻鬘经》

残片1叶。19行。

参 Müller 1920；Elverskog 1997，42-44。

U 974（T II Y 60c） 回鹘语佛经

残片1叶。交河故城出土。

参 BTT XIII，58。

U 977（无原编号）+ U 979 回鹘语《兔王本生》

较完整刻本1叶，断为二片，版口有回鹘语页码。71行。

参 Müller & Gabain 1931，716-718；Elverskog 1997，42-44；杨富学2004，66-79。

U 979（T III 84-59） 回鹘语《兔王本生》

可以与U 977缀合，参看该号。

U 998（T I D） 回鹘语《金光明最胜王经》卷一

与U 748可以缀合，参看该号。高昌故城出土。

U 1000（T III 86-64） 回鹘语《罗摩衍那》

写本残片1叶。14行。

参 Zieme 1978a，26-27；杨富学2004，126-130。

U 1016（T I 117） 回鹘语《十业道譬喻鬘经》

与U 1199及Mainz 27缀合。参Mainz 27。与Mainz 697等属同一写本。

参 Wilkens 2004，163-166，173，图3，4。

U 1017（T III M 56-55） 回鹘语《十业道譬喻鬘经》

残片1叶，用回鹘语、汉文标写页码。14行。木头沟遗址出土。

参 Müller 1920，19-20；Elverskog 1997，42-44。

U 1022（T II D 521） 回鹘语《金光明最胜王经》卷九

13.2×8cm。双面书写，各6行。高昌故城出土。

参 Raschmann 2005，160。

U 1024（T II S 32a） 回鹘语《十业道譬喻鬘经》

与U 1099缀合，参看该号。胜金口遗址出土。

U 1025（T II S 32a（29）；T II S 32a 29a） 回鹘语《十业道譬喻鬘经》

与Mainz 26等属同一写本。胜金口遗址出土。

参 Wilkens，152，173。

U 1026（T II S 32a，Nr. 9） 回鹘语《十业道譬喻鬘经》

残片1叶。8行。胜金口遗址出土。

参 Müller 1920，56；Elverskog 1997，42-44。

U 1027（T III 84 23g） 回鹘语《十业道譬喻鬘经》

与U 416及U 1066缀合。双面书写，缀合后正面31行，背面23行，计54行。与

U 1037 等属同一写本。胜金口遗址出土。

参 Wilkens 2004，158-162，174。

U 1029（T I D 113） 回鹘语《维摩诘所说经》卷上

残片 1 叶。双面书写，正面 11 行，背面 10 行，计 21 行。与 U1553 等属同一写本。高昌故城出土。

参 BTT XX，38，88-90，图 23-24。

U 1032（T III 84-12） 回鹘语佛教文献

残片 1 叶。

参 BTT XIII，56。

U 1034（T III M 56-55） 回鹘语《十业道譬喻鬘经》

残片 1 叶，用回鹘语、汉文标写页码。14 行。木头沟遗址出土。

参 Müller 1920，13；Elverskog 1997，42-44。

U 1037（T III 73（1）） 回鹘语《十业道譬喻鬘经》

残片 1 叶，双面书写，正面 17 行，背面 18 行，计 35 行。与 U 414 + U 1042、U 1064c及 U 1027 + U 416 + U 1066 属同一写本。

参 Müller 1920，21-22；Elverskog 1997，42-44；Wilkens 2004，174。

U 1038（T II S 2，Nr. 3） 回鹘语《十业道譬喻鬘经》

残片 1 叶，中部有圆形绳孔，用回鹘语标页。28 行。胜金口遗址出土。

参 Müller 1920，22-24；Elverskog 1997，42-44。

U 1040（T I D 121） 回鹘语《金光明最胜王经》卷五

残片 1 叶，16. 8 × 15. 8cm。双面书写，正面 11 行，背面 9 行，计 20 行。高昌故城出土。

参 Raschmann 2002，129，No. 356。

U 1042（T III 84 23g） 回鹘语《十业道譬喻鬘经》

与 U 414 缀合，参看该号。与 U 1037 等属同一写本。

参 Wilkens 2004，146-147，174。

U 1043（T I D 118） 回鹘语《维摩诘所说经》卷上

写本一叶，14. 5 × 23cm。双面书写，各 10 行，计 20 行。与 U1553 等属同一写本。高昌故城出土。

参 BTT VIII，95；BTT XX，38-39，88-90，图 25-26。

U 1046（T I 208） 回鹘语《天地八阳神咒经注》

写本一叶，19 × 25cm。双面书写，正面 18 行，背面 19 行。

参 Oda 1998，231-234，图 4-5。

U 1047（T III B TV 51-d） 回鹘语《兔王本生》

刻本残片 1 叶，用回鹘语标明页码为 73 页。17 行。葡萄沟废寺遗址出土。

参 Müller & Gabain 1931，722-723；Elverskog 1997，42-44；杨富学 2004，66-79。

U 1049（T II S 32a-18） 回鹘语《十业道譬喻鬘经》

残片 1 叶。12 行。胜金口遗址出土。

参 Müller 1920，41；Elverskog 1997，42-44。

U 1050（T II Y 17-1） + U 1097 回鹘语《金光明最胜王经》卷一

残片 2 叶，18×26.6cm，21.3×24cm，为同一叶写本。双面书写，两叶正面背面各 14 行，计 56 行。交河故城出土。

参 BTT XVIII，62-63，图 120-123；Elverskog 1997，65-69；Raschmann 2000，82-83，No. 035。

U 1052（T II Toyoq） 回鹘语《十业道譬喻鬘经》

残片 1 叶。36 行。吐峪沟遗址出土。

参 Müller 1920，24-25；Elverskog 1997，42-44。

U 1057（T II S 32a，Nr. 12） 回鹘语《五卷书》译本

残片 1 叶，12×11cm。双面书写，计 14 行。胜金口遗址出土。

参 Geissler & Zieme 1970，42，47+图；Clark 1997，138；Elverskog 1997，42-44；杨富学 2004，137-151。

U 1064c（T III B. T. V. 51；T III B. T. V. 51-22） 回鹘语《十业道譬喻鬘经》

与 U 1037 等属同一写本。

参 Wilkens 2004，174。

U 1065（T I D 117） 回鹘语《维摩诘所说经》卷上

残片 1 叶。双面书写，各 15 行，计 30 行。与 U1553 等属同一写本。高昌故城出土。

参 BTT XX，38，82-84，图 21-22。

U 1066（T III TV 56-10） 回鹘语《十业道譬喻鬘经》

与 U 1027 及 U 416 缀合，参看 U 1027 号。与 U 1037 等属同一写本。吐鲁番山前坡地遗址出土。

参 Müller 1920，67；Elverskog 1997，42-44；Wilkens 2004，174。

U 1072（T II S 32a，Nr. 58） 回鹘语佛教文献

残片 1 叶。胜金口遗址出土。

U 1077（T II S 32a；T II S 32a XIII） 回鹘语《十业道譬喻鬘经》

与 Mainz 26 等属同一写本。胜金口遗址出土。

参 Wilkens 2004，173。

U 1097（T II Y 17-2） 回鹘语《金光明最胜王经》卷一

与 U 1050 可以缀合，参看该号。交河故城出土。

U 1098（T II S 32a-13） 回鹘语佛教文献

残片 1 叶。胜金口遗址出土。

U 1099（T II S 32a） + U 1024 回鹘语《十业道譬喻鬘经》

正面 16 行，背面 17 行。胜金口遗址出土。

参 Wilkens 2003a，154-159。

U 1102（T III TV 49） 回鹘语《金光明最胜王经》卷一

梵荚装写本 1 叶，13.3×13.6cm。双面书写，各 8 行，计 16 行。吐鲁番山前坡地遗址出土。

参 BTT XVIII，64，图 126-127；Elverskog 1997，65-69；Raschmann 2000，66-67，

No. 015。

U 1137（T Ⅱ S 32a（30）a） 回鹘语《十业道譬喻鬘经》

可与 U 1155 缀合。与 Mainz 26 等属同一写本。胜金口遗址出土。

参 Wilkens 2004，173。

U 1142（T Ⅱ S 32a-10） 回鹘语《十业道譬喻鬘经》

残片 1 叶。14 行。胜金口遗址出土。

参 Müller 1920，40；Elverskog 1997，42-44。

U 1155（T Ⅰ） 回鹘语《十业道譬喻鬘经》

与 U 1137 缀合。参看该号。

U 1164（T Ⅱ 955） 回鹘语《佛顶心大陀罗尼》

一小块残片，8.5×11cm，7 行。

参 Kara & Zieme 1986，319，321，图 31；Elverskog 1997，91-92。

U 1167（T Ⅲ 73） 回鹘语《十业道譬喻鬘经》

残片 1 叶，中部有圆形绳孔，用回鹘语、汉文标页。16 行。

参 Müller 1920，17-18；Elverskog 1997，42-44。

U 1187（T Ⅱ D 9） 婆罗迷文回鹘语《佛母大孔雀明王经》

残片 1 叶。10.5×20cm。双面书写，正面 13 行，背面 14 行。高昌故城出土。

参 Zieme 1984a，334；BTT XIII，186，图 LXXXVIII，242；Zieme 2005，151-153。

U 1194（T Ⅰ 155） 回鹘语《十业道譬喻鬘经》

参 Raschmann 1995a，52，109；BTT XX，85。

U 1199（T Ⅰ） 回鹘语《十业道譬喻鬘经》

与 U 1016 及 Mainz 27 缀合，参看 Mainz 27。与 Mainz 697 等属同一写本。

参 Wilkens 2004，163-166，173，图 3，4。

U 1207（T Ⅰ D） 回鹘语《十业道譬喻鬘经》

正面 14 行，背面 16 行，计 30 行。高昌故城出土。

U 1227（无原编号）+ U 6488 回鹘语《金光明最胜王经》卷七

2 叶残片，尺寸分别是 10×7cm，11.7×10.6cm。双面书写，前者各 5 行，后者各 7、8 行。

参 Raschmann 2005，57。

U 1234a（无原编号） 回鹘语《金光明最胜王经》卷二

与 U 1235a、U 1234c 可以缀合，参看 U 1235a 号。

U 1234c（无原编号） 回鹘语《金光明最胜王经》卷二

与 U 1235a、U 1234a 可以缀合，参看 U 1235a 号。

U 1235a（无原编号）+ U 1234c + U 1234a 回鹘语《金光明最胜王经》卷二

3 叶残片，尺寸分别是 6.1×8.4cm，6.2×8.7cm，5×3.6cm。双面书写，分别各 5、5、2 行。

参 Raschmann 2005，310-311。

U 1239b（无原编号） 回鹘语《金光明最胜王经》卷一〇

4.2×6cm。双面书写，各 3 行。

参 Raschmann 2005，195-196。

U 1243a（无原编号） 回鹘语《维摩诘所说经》卷上

小残片 1 块，双面书写，正面 2 行，背面 3 行，计 5 行。与 U1790 等属同一写本。

参 BTT XX，42-43，92，图 41-42。

U 1243b（无原编号） 回鹘语《维摩诘所说经》卷次未详

小残片 1 块，双面书写，各 6 行，计 12 行。每行仅存残迹，无法转写。与 U1790 等属同一写本。

参 BTT XX，43，图 43-44。

U 1244（无原编号） 回鹘语《金光明最胜王经》卷一〇

6×7.2cm。双面书写，各 3、4 行。

参 Raschmann 2005，239。

U 1247（无原编号） 回鹘语《维摩诘所说经》卷上

残片 1 叶，双面书写，正面 7 行，背面 6 行，计 13 行。与 U1553 等属同一写本。

参 BTT XX，40，70-72，图 31-32。

U 1252（T II 796）+ U 2766 回鹘语《慈悲道场忏法》

2 叶残片，缀合后的尺寸是 21.5×10.9cm。双面书写，各 6 行。

参 Wilkens 2003b，126。

U 1253-1299 缺号

U 1300（T I L 4） 回鹘语《梁朝傅大士颂金刚经并序》

参 BTT I，38；Elverskog 1997，101。

U 1419v（T I） 回鹘语文献

13 行。

参 Zieme & Kara 1978，56，347（图）。

U 1420（T I） 回鹘语《增壹阿含经》

与 U 2068、Mainz 609b、U 1436 可缀合，参看 U 2068 号。

U1426（T II T，T II T 107） 回鹘语《十业道譬喻鬘经》

可与 U 1827 缀合。双面书写。与 SI Kr. II/1-7 等属同一写本。吐峪沟遗址出土。

参 Wilkens 2004，164-167，173。

U 1435（T I） 回鹘语《金光明最胜王经》卷三

残片 1 叶，15.5×13.8cm。双面书写，各 6 行，计 12 行。与 U 1595 + U 968 等属同一写本。

参 Raschmann 2000，175，No. 149，图 60。

U 1436（T I） 回鹘语《增壹阿含经》

与 U 2068、Mainz 609b、U 1420 可以缀合，参看 U 2068。

U 1440（T I） 回鹘语《金光明最胜王经》卷三

残片 1 叶，13.7×10.8cm。双面书写，各 5 行，计 10 行。与 U 1595 + U 968 等属同一写本。

参 Raschmann 2000，203-204，No. 185，图 80。

U 1441（T I） 回鹘语《金光明最胜王经》卷九

10.8×6.2cm。双面书写，各2行。

参 Raschmann 2005，143。

U 1443（T I）　回鹘语《金光明最胜王经》卷四

残片1叶，12.3×15cm。双面书写，各9行，计18行。与U 1496可以缀合，参看该号。

参 Raschmann 2002，122，No. 345。

U 1447（T I 109）　回鹘语《金光明最胜王经》卷九

9×9.6cm。双面书写，各5行。

参 Raschmann 2005，143-144。

U 1448（T I 110）　回鹘语《金光明最胜王经》卷四

小残片1块，6.2×5.6cm。双面书写，各3行，计6行。

参 Raschmann 2002，67，No. 271。

U 1449（T I 119）　回鹘语《金光明最胜王经》卷二

残片1叶，21×11.8cm。双面书写，各8行，计16行。与U 1547等属同一写本。与Mainz 1011、U 1998可以缀合，参看Mainz 1011号。

参 BTT XXI，76-77；Raschmann 2000，118-119，No. 080，图12。

U 1450（无原编号）　回鹘语《维摩诘所说经》卷下

小残片1块，5.5×13.5cm。双面书写，各3行，计6行。

参 BTT XX，60，122，图145-146

U 1456（T I 138）　回鹘语《金光明最胜王经》卷二

残片1叶，20×25.5cm。双面书写，正面15行，背面16行，计1631行。与U 1595+U 968等属同一写本。

参 Raschmann 2000，127，No. 091，图21；BTT XXI，89-90。

U 1458a（T II T）　回鹘语《十业道譬喻鬘经》

可与SI Kr. II/1-8及U 1823缀合。与SI Kr. II/1-7等属同一写本。吐峪沟遗址出土。

参 Wilkens 2004，173。

U 1464（T I 174）　回鹘语抄经题记

残片1叶。8行。

参 Zieme 1981b，91-92；牛汝极1997，196-197；牛汝极2000，38。

U 1468（T I 182）　回鹘语佛教文献

残片1叶。

参 BTT XIII，187。

U 1474（T I 210）　回鹘语《金光明最胜王经》卷二

残片1叶，19.5×9.5cm。双面书写，各4行，计8行。

参 Raschmann 2000，158-159，No. 130，图47。

U 1475（T I 214）　回鹘语《金光明最胜王经》卷九

9×10cm。双面书写，各5、6行。

参 Raschmann 2005，142。

U 1476（T I 215）　回鹘语《金光明最胜王经》卷四

残片 1 块，12.5×7.8cm。双面书写，各 5 行，计 10 行。

参 Raschmann 2002，109，No. 327。

U 1480（T I 221）+ U 1481　回鹘语《金光明最胜王经》卷四

残片 2 叶，8.3×15.3cm，9.3×20.5cm。双面书写，U 1480 正面背面各 8 行，U 1481正面背面各 11 行，缀合后正面背面各 11 行，计 22 行。

参 Raschmann 2002，59，No. 261，图 21。

U 1481（T I 222）　回鹘语《金光明最胜王经》卷四

与 U 1480 可以缀合，参看该号。

U 1482（T I 224）　回鹘语佛教文献

残片 1 叶。

参 Zieme 1984a，334。

U 1485（T I 227）　回鹘语《金光明最胜王经》卷一

写本 1 叶，12.8×7.6cm。双面书写，各 6 行，计 12 行。

参 BTT XVIII，57，图 106-107；Elverskog 1997，65-69；Raschmann 2000，95，No. 050。

U 1488（T I 230）　回鹘语《金光明最胜王经》卷五

写本 1 叶，9.5×7cm。双面书写，各 2 行，计 4 行。

参 Raschmann 2002，161-162，No. 395。

U 1496（T I 639）+ U 1443　回鹘语《金光明最胜王经》卷四

2 叶残片，缀合后尺寸是 19.9×15cm。双面书写，各 9 行。

参 Raschmann 2005，331-332。

U 1497（T I α）　回鹘语《金光明最胜王经》卷一

19.6×9.2cm。双面书写，各 6、7 行。高昌故城 α 遗址出土。

参 Raschmann 2005，307。

U 1499（T I α）　回鹘语《观无量寿经》

残片 1 叶，贝叶型，15×15.8cm。双面书写，各 10 行，计 20 行。高昌故城 α 遗址出土。

参 Zieme & Kudara 1985，21-23。

U 1501（T I α）　回鹘语《金光明最胜王经》卷二

残片 1 叶，8.8×19.7cm。双面书写，正面 13 行，背面 14 行，计 27 行。与 U 1595 +U 968 等属同一写本。高昌故城 α 遗址出土。

参 Raschmann 2000，145，No. 111，图 36。

U 1504b（T I α 54）　回鹘语《大慈恩寺三藏法师传》卷一〇

残片 1 叶，16.2×10.5cm。双面书写，各 6 行，计 12 行。高昌故城 α 遗址出土。

参 Kudara & Zieme 1984，138-140，图 1-2；Elverskog 1997，131-132。

U 1508（T I α 59）　回鹘语《金光明最胜王经》卷九

9.5×12.8cm。双面书写，各 9 行。高昌故城 α 遗址出土。

参 Raschmann 2005，154-155。

U 1509（T I α 60） 回鹘语《金光明最胜王经》卷五

17.5×14.2cm。双面书写，各10行。高昌故城α遗址出土。

参 Raschmann 2005，334。

U 1516（T I D） 回鹘语《金光明最胜王经》卷八

10.5×11.6cm。双面书写，各8行。高昌故城出土。

参 Raschmann 2005，115。

U 1517（T I D）+ U 1555 回鹘语《金光明最胜王经》卷六

2叶残片，尺寸分别是6.8×17.5cm，19.5×21cm。双面书写，前者各13、12行；后者17、16行。高昌故城出土。

参 Raschmann 2005，27-28。

U 1518（T I D） 回鹘语《金光明最胜王经》卷三

残片1叶，10.8×15.7cm。双面书写，各10行，计20行。高昌故城出土。

参 BTT XIII，90；Kaya 1994，122；Raschmann 2000，174-175，No. 148，图59。

U 1520（T I D） 回鹘语《金光明最胜王经》卷九

14.5×12.5cm。双面书写，各6行。高昌故城出土。

参 Raschmann 2005，148-149。

U 1526（T I D） 回鹘语《金光明最胜王经》卷二

残片1叶，18.3×26.7cm。双面书写，各19行，计38行。与U 748+U 998等属同一写本。高昌故城出土。

参 Raschmann 2000，144-145，No. 110，图35。

U 1530（T I D） 回鹘语《金光明最胜王经》卷一〇

8.8×8.2cm。双面书写，各5行。高昌故城出土。

参 Raschmann 2005，254。

U 1535（T I D） 回鹘语《金光明最胜王经》卷七

8.2×7.2cm。双面书写，各3行。高昌故城出土。

参 Raschmann 2005，53-54。

U 1537（T I D）+ U 1559 回鹘语《金光明最胜王经》卷六

2叶残片，尺寸分别是14.5×10cm，16×15.8cm。双面书写，前者各6行，后者各12行。高昌故城出土。

参 Raschmann 2005，42-43。

U 1543（T I D 51） 回鹘语《摩尼教徒忏悔词》（*Xuāstvānīft*）

小残片1块，5×4.2cm。双面书写，各3行，计6行。高昌故城出土。

参 BTT V，20，图I；Clark 1997，130；Wilkens 2000a，347-348，No. 393。

U 1547（T I D 103） 回鹘语《金光明最胜王经》卷一

残片1叶，12.1×10cm。双面书写，各6行，计12行。与U 1449及U 1998属同一写本。高昌故城出土。

参 BTT XVIII，57，图104-105；Elverskog 1997，65-69；Raschmann 2000，91-92，No. 045。

U 1549（T I D 111） 回鹘语《维摩诘所说经》卷下

残片 1 叶。双面书写，各 28 行，计 56 行。与 U 1553 等属同一写本。高昌故城出土。

参 BTT XX，39-40，136-138，图 27-28。

U 1550（T I D 112）　回鹘语《维摩诘所说经》卷上

残片 1 叶。双面书写，各 12 行，计 24 行。与 U 1553 等属同一写本。高昌故城出土。

参 BTT XX，37，82-84，图 19-20

U 1551（T I D 114）　回鹘语《维摩诘所说经》卷上

残片 1 叶。双面书写，各 6 行，计 12 行。与 U 1553 等属同一写本。高昌故城出土。

参 BTT XX，33，74，图 7-8。

U 1552（T I D 115）　回鹘语《维摩诘所说经》卷下

残片 1 叶。双面书写，各 8 行，计 16 行。与 U 1553 等属同一写本。高昌故城出土。

参 BTT XX，40，138-140，图 29-30。

U 1553（T I D 1553）　回鹘语《维摩诘所说经》卷上

残片 1 叶。双面书写，各 8 行，计 16 行。与 U 1807、U 1806、U 1551、U 2091 + U 2092、U 1596、U 1809a、U 1809b、U 1809c、U 1550、U 1065、U 1029、U 1043、U 1549、U 1552 及 U 1247 属同一写本。高昌故城出土。

参 BTT XX，31，68-70，图 1-2。

U 1554（T I D 126）　回鹘语《金光明最胜王经》卷六

18 × 19. 5cm。双面书写，各 14 行。高昌故城出土。

参 Raschmann 2005，21-22。

U 1555（T I D 127）　回鹘语《金光明最胜王经》卷六

与 U 1517 可以缀合，参看该号。高昌故城出土。

U 1558（T I D 130）　回鹘语《金光明最胜王经》卷五

16. 8 × 17. 2cm。双面书写，各 12 行。高昌故城出土。

参 Raschmann 2005，336（索引作 U 1588 号）。

U 1559（T I D 131）　回鹘语《金光明最胜王经》卷六

与 U 1537 可以缀合，参看该号。高昌故城出土。

U 1561（T I D 134） + U 1587　回鹘语《金光明最胜王经》卷六

2 叶残片，尺寸分别是 22. 5 × 14. 5cm。双面书写，前者各 8 行，后者各 7 行。高昌故城出土。

参 Raschmann 1995a，109；Raschmann 2005，43-44。

U 1566（T I D 143）　回鹘语《金光明最胜王经》卷九

与 U 962 可以缀合，参看该号。高昌故城出土。

U 1568（T I D 561）　回鹘语寺院奴隶文书

写卷 1 叶，贝叶装。正面 16 行，背面 14 行，计 30 行。高昌故城出土。

参 Zieme 1977a，160-163；Zieme 1978b，71-4，85-86（图）；高田时雄 1985，135；

高田时雄 2005，177。

U 1574（T I D 628）　回鹘语《金光明最胜王经》卷八

14.7×6.4cm。双面书写，各4行。高昌故城出土。

参 Raschmann 2005，120。

U 1576（T I D 634）　回鹘语《金光明最胜王经》卷三

残片1叶，10.7×11.2cm。双面书写，各7行，计14行。高昌故城出土。

参 Raschmann 2000，185-186，No. 162，图67。

U 1580（T I D 646）　回鹘语《摩登伽经》

残片1叶。双面书写，各5行，计10行。高昌故城出土。

参 BTT XXIII，48，53，图18，19。

U 1581（T I D 647）　回鹘语《摩登伽经》

残片1叶。双面书写，各6行，计12行。高昌故城出土。

参 BTT XXIII，48，53-54，图20，21。

U 1582（T I D 648）　回鹘语《金光明最胜王经》卷八

10.2×10.5cm。双面书写，各8行。高昌故城出土。

参 Raschmann 2005，107。

U 1586（T I D 682）　回鹘语《金光明最胜王经》卷五

与 Mainz 21 可以缀合，参看该号。高昌故城出土。

U 1587（T I D 684）　回鹘语《金光明最胜王经》卷六

与 U 1561 可以缀合，参看该号。高昌故城出土。

U 1590（T I μ 505）　回鹘语《金光明最胜王经》卷四

残片1叶，8.5×9.5cm。双面书写，各8行，计16行。高昌故城 μ 遗址出土。

参 Raschmann 2002，93-94，No. 306。

U 1591（T I x 502）　回鹘语《金光明最胜王经》卷四

与 U 1592 可以缀合，参看该号。

U 1592（T I x 511）+ U 1591　回鹘语《金光明最胜王经》卷四

残片2叶，9.4×8.1cm、10.4×8cm。双面书写，缀合后正面背面各7行，计14行。

参 Raschmann 2002，105，No. 321，图39。

U 1594（T II 161）　回鹘语《金光明最胜王经》卷一〇

18×15.2cm。双面书写，各8行。

参 Raschmann 2005，179-180。

U 1595（T II）+U 968　回鹘语《金光明最胜王经》卷一

残片2叶，10.4×15.7cm，9.2×12.4cm。两块均双面书写，U 1595 正面12行，背面13行，U 968 正面背面各9行，计43行。与 U 1456、U 1501、U 1435、U 1603及 U 1440 属同一写本。高昌故城出土。

参 BTT XVIII，66-67，图132-135；Elverskog 1997，65-69；Raschmann 2000，103-104，No. 060。

U 1596（T II D 325）　回鹘语《维摩诘所说经》卷上

残片 1 叶，44×13.8cm。双面书写，各 29 行，计 58 行。与 U 1553 等属同一写本。高昌故城出土。

参 BTT XX，34-35，76-77，图 11-12。

U 1599（T I D） 回鹘语《金光明最胜王经》卷六

与 U 729 可以缀合，参看该号。高昌故城出土。

U 1602（T II 966） 回鹘语《金光明最胜王经》卷七

9.4×12.6cm。双面书写，各 7 行。

参 Raschmann 2005，64。

U 1603（T II 978） 回鹘语《金光明最胜王经》卷三

小残片 1 块，6.7×6.2cm。双面书写，各 8 行，计 16 行。与 U 1595 + U 968 等属同一写本。

参 Raschmann 2000，203，No. 184，图 79。

U 1604（T II 980） 回鹘语《金光明最胜王经》卷四

残片 1 叶，10.5×10.9cm。双面书写，各 6 行，计 12 行。

参 Raschmann 2002，19，No. 203。

U 1606（T II 997） 回鹘语《金光明最胜王经》卷一

与 U 1976 可以缀合，参看该号。

U 1614（无原编号）+ U 1949 回鹘语《佛说十王经》

残片 2 叶。45 行。

参 BTT XIII，187-188，图 243-244。

U 1620（T II 1067） 回鹘语《金光明最胜王经》卷八

6.3×14.2cm。双面书写，各 8、7 行。

参 Raschmann 2005，131。

U 1626（T II D 63a） 回鹘语《法华经》

残片 1 叶，高 8cm，宽 11.2cm，正面背面各书文字 6 行。12 行。高昌故城出土。

参 Zieme 1991a，254，图 4-5。

U 1634（T II D 201.513）+ U 1853 回鹘语《金光明最胜王经》卷三

残片 2 叶，11.5×12.3cm，6.7×8.3cm。双面书写，U 1634 正面背面各 7 行，U 1853正面背面各 5 行，计 24 行。高昌故城出土。

参 Raschmann 2000，182-183，No. 158，图 66。

U 1638（T II D 519） 回鹘语《金光明最胜王经》卷六

14.5×11.5cm。双面书写，各 7 行。高昌故城出土。

参 Raschmann 2005，41。

U 1642（T II 547） 回鹘语《金光明最胜王经》卷七

9.5×7.3cm。双面书写，各 5 行。

参 Raschmann 2005，65。

U 1670（T II M 100） 回鹘语《地藏菩萨本愿经》

残片 1 叶，19.8×16.2cm。双面书，各 22 行，计 44 行。木头沟遗址出土。

参 Zieme 1990b，379-384，图 1-2；Elverskog 1997，54-55。

U 1675（T II M 840）　回鹘语《慈悲道场忏法》

9.5×9.8cm。双面书写，各6行。木头沟遗址出土。

参 Wilkens 2003b，126-127。

U 1690（T II S）　回鹘语《十业道譬喻鬘经》

与 Mainz 829 等属同一写本，参看该号。胜金口遗址出土。

U 1708（T II S 32）+ Mainz 36　回鹘语《须达拏太子本生》

残片2叶，可拼合。8行。胜金口遗址出土。

参 BTT XIII，46-48，图23-24；Elverskog 1997，41-42。

U 1711（T II S 32-6）　回鹘语《梁朝傅大士颂金刚经并序》

贝叶式写本，1叶，41×19cm。56行。与U 759和U 1779缀合。胜金口遗址出土。

参 BTT I，11，46-48，图29-30；Elverskog 1997，101。

U 1713（T II S 32.6a）　回鹘语《摩登伽经》

残片1叶。双面书写，各6行，计12行。胜金口遗址出土。

参 BTT XXIII，48-49，54，图22，23。

U 1729（T II S 32a）　回鹘语《维摩诘所说经》卷下

残片1叶。双面书写，各6行，计12行。与U 1790等属同一写本。胜金口遗址出土。

参 BTT XX，47，114，图65-66。

U 1732（T II S 32a）　回鹘语《维摩诘所说经》卷下

小残片1块。双面书写，各8行，计16行。与U 1790等属同一写本。胜金口遗址出土。

参 BTT XX，52，138-140，图89-90。

U 1734（T II S 32a）　回鹘语《维摩诘所说经》卷中

小残片1块。双面书写，正面3行，背面4行，计7行。与U 1790等属同一写本。胜金口遗址出土。

参 BTT XX，46，108-110，图59-60。

U 1736（T II S 32a）　回鹘语《维摩诘所说经》卷下

小残片1块。双面书写，各4行，计8行。与U 1790等属同一写本。胜金口遗址出土。

参 BTT XX，48，116-118，图71-72。

U 1738（无原编号）　回鹘语《维摩诘所说经》卷下

小残片1块。双面书写，各5行，计10行。与U 1790等属同一写本。

参 BTT XX，52-53，124-126，图95-96。

U 1739（无原编号）　回鹘语《维摩诘所说经》卷中

小残片1块。双面书写，各4行，计8行。与U 1790等属同一写本。

参 BTT XX，52，106，图93-94。

U 1741（T II S 32a）　回鹘语《维摩诘所说经》卷次未详

小残片1块。双面书写，正面3行，背面4行，计7行。与U 1790等属同一写本。胜金口遗址出土。

参 BTT XX，55，145，图 113-114

U 1742（T II S 32a）　回鹘语《维摩诘所说经》卷次未详

小残片 1 块。双面书写，各 3 行，计 6 行。与 U 1790 等属同一写本。胜金口遗址出土。

参 BTT XX，55，145，图 115。

U 1746（T II S 32a）　回鹘语《维摩诘所说经》卷下

与 U 771 可以缀合，参看该号。胜金口遗址出土。

U 1749（T II S 32a）　回鹘语《维摩诘所说经》卷下

小残片 1 块。与 U 1790 等属同一写本。双面书写，各 5 行，计 10 行。胜金口遗址出土。

参 BTT XX，50，138，图 85-86。

U 1751（无原编号）　回鹘语《维摩诘所说经》卷次未详

小残片 1 块。与 U 1790 等属同一写本。双面书写，各 5 行，计 10 行。

参 BTT XX，55，145，图 117-118。

U 1753（无原编号）　回鹘语《维摩诘所说经》卷上

小残片 1 块。双面书写，各 5 行，计 10 行。与 U 1790 等属同一写本。

参 BTT XX，52，84，图 91-92。

U 1754（T II S 32a）　回鹘语《维摩诘所说经》卷下

小残片 1 块，13.8×10.4cm。双面书写，正 11 行，背 10 行，计 21 行。胜金口遗址出土。

参 BTT XX，58，122，图 135-136。

U 1756（T II S 32a）　回鹘语《维摩诘所说经》卷下

小残片 1 块。双面书写，正面 5 行，背面 4 行，计 9 行。与 U 1790 等属同一写本。胜金口遗址出土。

参 BTT XX，56，112，图 123-124。

U 1760（T II S 32a）　回鹘语《维摩诘所说经》卷下

与 U 771 可以缀合，参看该号。胜金口遗址出土。

U 1763（T II S 32a）　回鹘语《维摩诘所说经》卷上

小残片 1 块。双面书写，各 6 行，计 12 行。与 U 1790 等属同一写本。胜金口遗址出土。

参 BTT XX，43，92，图 47-48。

U 1764（T II S 32a）　回鹘语《维摩诘所说经》卷下

小残片 1 块。双面书写，各 5 行，计 10 行。与 U 1790 等属同一写本。胜金口遗址出土。

参 BTT XX，51，图 83-84。

U 1766（T II S 32a）＋U 767＋U 768　回鹘语《维摩诘所说经》卷下

小残片 3 块缀合。双面书写，各 19 行，计 38 行。与 U 1790 等属同一写本。胜金口遗址出土。

参 BTT XX，49-50，126-128，图 77-78。

U 1767（T II S 32a）　回鹘语《维摩诘所说经》卷下

小残片1块。双面书写，正面6行，背面7行，计13行。与U 1790等属同一写本。胜金口遗址出土。

参 BTT XX，47-48，116-118，图69-70。

U 1769（T II S 32a）　回鹘语《维摩诘所说经》卷下

小残片1块。双面书写，正面5行，背面6行，计11行。与U 1790等属同一写本。胜金口遗址出土。

参 BTT XX，46-47，112，图63-64。

U 1770（T II S 32a）　回鹘语《维摩诘所说经》卷上

小残片1块，12.5×7.4cm。双面书写，各8行，计16行。与U 1791属同一写本。胜金口遗址出土。

参 BTT XX，59，图141-142。

U 1773（T II S 32a）+ U 884　回鹘语《慈悲道场忏法》

2叶残片，尺寸分别是7.6×10.6cm，9.9×10.5cm。双面书写，各6行。胜金口遗址出土。

参 Wilkens 2003b。

U 1778（T II S 32a）　回鹘语《维摩诘所说经》卷中

小残片1块。双面书写，各4行，计8行。与U 1790等属同一写本。胜金口遗址出土。

参 BTT XX，57，110，图131-132。

U 1779（无原编号）　回鹘语《梁朝傅大士颂金刚经并序》

与U 759和U1711缀合，参看U 1711号。胜金口遗址出土。

U 1784（无原编号）　回鹘文《十业道譬喻鬘经》

7行。与Mainz 892等属同一写本。胜金口遗址出土。

参 Wilkens 2004，145，174。

U 1785（无原编号）　回鹘文《十业道譬喻鬘经》

可与U 1792缀合。双面书写，正15行，背16行，计31行。与Mainz 829等属同一写本。

参 Wilkens 2004，148-150，174，图1，图2。

U 1786a（T II S 32a-42）　回鹘语《秘密集会怛特罗》

残片1叶。胜金口遗址出土。

U 1786b（T II S 32a-43）　回鹘语《维摩诘所说经》卷上

残片1叶。双面书写，各10行，计20行。与U 1790等属同一写本。胜金口遗址出土。

参 BTT XX，41，86-88，图35-36。

U 1786c（T II S 32a-42）　回鹘语《维摩诘所说经》卷中、卷下

小残片1块。双面书写，正面8行，背面9行，计17行。与U 1790等属同一写本。胜金口遗址出土。

参 BTT XX，46，110-112，图61-62。

U 1786d（T II S 32a-45） 回鹘语《维摩诘所说经》卷次未详

小残片1块。双面书写，正面5行，背面4行，计9行。与U 1790等属同一写本。胜金口遗址出土。

参 BTT XX，55，145-146，图119-120。

U 1789（T II S 32a-50） 回鹘语《维摩诘所说经》卷中

残片1叶。双面书写，各10行，计20行。与U 1790等属同一写本。胜金口遗址出土。

参 BTT XX，45，102-104，图55-56。

U 1790（T II S 32a-51） 回鹘语《维摩诘所说经》卷上

残片1叶。双面书写，各8行，计16行。与U 1786b、Mainz 851a、Mainz 851b、U 1243a、U 1243b、Mainz 60b、U 1763、U 757、Mainz 60f、Mainz 60e、U 1789、U 755 + U 762、U 1734、U 1786c、U 1769、U 1729、U 763、U 1767、U 1736、U 754、U 772、U 1766 + U 767 + U 768、U 770、U 771 + U 1746 + U 1760、U 1764、U 1749、U 2074、U 1732、U 1753、U 1739、U 1738、O. 1929 + 1930、Mainz 60d、Mainz 60g、Mainz 60h、Mainz 60i、Mainz 60j、Mainz 60k、Mainz 60o、U 1741、U 1742、U 1751、U 1786d、U 769、U 1756、Mainz 60c、Mainz 60l、Mainz 60m、U 1778属同一写本。胜金口遗址出土。

参 BTT XX，41，70，图33-34。

U 1791（［T II］S 32） 回鹘语《维摩诘所说经》卷次未详

小残片1块，6.5×5.9cm。双面书写，各4行，计8行。与U 1770属同一写本。胜金口遗址出土。

参 BTT XX，60，146，图143-144。

U 1792（无原编号） 回鹘文《十业道譬喻鬘经》

与U 1785可以缀合。参看该号。与Mainz 829等属同一写本。

参 Wilkens 2004，148-150，174，图1，图2。

U 1793（T II S 32a. 530）+ Mainz 468 回鹘语《慈悲道场忏法》

2叶残片，尺寸分别是7.9×9.7cm，16.2×10.4cm。双面书写，各6行。胜金口遗址出土。

参 Wilkens 2003b，121。

U 1794（T II S 89） 回鹘语《须达拏太子本生》

残片1叶。32行。胜金口遗址出土。

参 BTT XIII，44-46，图21-22；Elverskog 1997，41-42。

U 1796（T II S 89 K1） 回鹘语《五卷书》译本

残片1叶。26行。胜金口遗址出土。

参 Geissler & Zieme 1970，40；Müller 1920，84-85；杨富学 2004，137-151。

U 1797（T II S 89e） 回鹘语《十业道譬喻鬘经》

残片1叶。40行。胜金口遗址出土。

参 Müller 1920，13-15；Elverskog 1997，42-44。

U 1798（T II S 89f） 回鹘语《十业道譬喻鬘经》

残片1叶。40行。胜金口遗址出土。

参 Müller 1920，85-86；Elverskog 1997，42-44。

U 1801（T II S 89h） 回鹘语《佛本生故事》

残片1叶。胜金口遗址出土。

参 BTT XIII，64。

U 1802（T II S 89 K2） 回鹘语《五卷书》译本

写卷1叶，19×12.5cm。双面书写，计16行。胜金口遗址出土。

参 Geissler & Zieme 1970，41，46，60-63，图4；Clark 1997，137；Elverskog 1997，42-44；杨富学 2004，137-151。

U 1804（T II S 89） 回鹘语《金光明最胜王经》卷四

残片1叶，17.5×13.9cm。双面书写，各9行，计18行。胜金口遗址出土。

参 Raschmann 2002，77-78，No. 286。

U 1805（T II S 89） 回鹘语《金光明最胜王经》卷八

与 Mainz 817a、U 2013 可以缀合，参看 Mainz 817a 号。胜金口遗址出土。

U 1806（T II S 100-1） 回鹘语《维摩诘所说经》卷上

残片1叶。双面书写，正面29行，背面28行，计57行。与 U 1553 等属同一写本。胜金口遗址出土。

参 BTT XX，32-33，72-74，图5-6。

U 1807（T II S 100-2） 回鹘语《维摩诘所说经》卷上

残片1叶。双面书写，各9行，计18行。与 U 1553 等属同一写本。胜金口遗址出土。

参 BTT XX，31-32，70-72，图3-4。

U 1809a（T II S 100-3） 回鹘语《维摩诘所说经》卷上

残片1叶。双面书写，各25行，计50行。与 U 1553 等属同一写本。胜金口遗址出土。

参 BTT XX，35-36，78-82，图13-14。

U 1809b（T II S 100-3） 回鹘语《维摩诘所说经》卷次未详

小残片1块。双面书写，各3行，计6行。与 U 1553 等属同一写本。胜金口遗址出土。

参 BTT XX，36，143，图15-16。

U 1809c（T II S 100-3） 回鹘语《维摩诘所说经》卷上

小残片1块。双面书写，各6行，计12行。与 U 1553 等属同一写本。胜金口遗址出土。

参 BTT XX，36-37，68，图17-18。

U 1820（T II Toyoq） 回鹘语《金光明最胜王经》卷九

14.5×19.3cm。双面书写，各11行。吐峪沟遗址出土。

参 Raschmann 2005，152-153。

U 1823（T II T，T II T 102） 回鹘语《十业道譬喻鬘经》

可与 SI Kr. II/1-8 及 U 1458a 缀合。与 SI Kr. II/1-7 等属同一写本。吐峪沟遗址

出土。

参 Wilkens 2004，173。

U 1827（T II T，T II T 107）　回鹘语《十业道譬喻鬘经》

可与 U 1426 缀合，参看该号。与 SI Kr. II/1-7 等属同一写本。吐峪沟遗址出土。

参 Wilkens 2004，164-168，173。

U 1841（T II T 546）　回鹘语《金光明最胜王经》卷八

14.5×9.3cm。双面书写，各 6 行。吐峪沟遗址出土。

参 Raschmann 2005，76-77。

U 1842（T II T 548）　回鹘语《金光明最胜王经》卷四

残片 1 叶，17.5×8.5cm。双面书写，各 6 行，计 12 行。吐峪沟遗址出土。

参 Raschma. 2nn 2002，105-106，No. 322。

U 1844（T II T 577）　回鹘语《金光明最胜王经》卷六

7.2×8.1cm。双面书写，各 5、4 行。吐峪沟遗址出土。

参 Raschmann 2005，50。

U 1848（T II T 679）　回鹘语《金光明最胜王经》卷三

残片 1 叶，6.6×10.2cm。双面书写，各 6 行，计 12 行。吐峪沟遗址出土。

参 Raschmann 2000，177-178，No. 152，图 62。

U 1851（T II T 1575）　回鹘语《金光明最胜王经》卷七

7.3×9.8cm。双面书写，各 6 行。吐峪沟遗址出土。

参 Raschmann 2005，66。

U 1853（T II T 1742）　回鹘语《金光明最胜王经》卷三

与 U 1634 可以缀合，参看该号。吐峪沟遗址出土。

U 1855（T II Xanthippe）+ Mainz 817b　回鹘语《金光明最胜王经》卷八

2 叶残片，尺寸分别是 11.4×15.5cm，19.1×14.5cm。双面书写，前者各 9 行，后者各 5 行。

参 Raschmann 2005，76-77。

U 1860（T II Y 17-6）　回鹘语《金光明最胜王经》卷四

残片 1 叶，21×22.5cm。28 行。交河故城出土。

参 Raschmann 2002，28-29，No. 218。

U 1864（T II Y 22）　回鹘语《杂阿含经》

残卷 1 叶，28.5×17.5cm。23 行。交河故城出土。

参 BTT XIII，153-155，图 217；Kudara & Zieme 1995，35-36，图 3；Elverskog 1997，21。

U 1868a（T II Y 59）　回鹘语《金光明最胜王经》卷九

18.8×18.2cm。双面书写，各 11 行。交河故城出土。

参 Raschmann 2005，159-160。

U 1870（T II Y 59）　回鹘语《金光明最胜王经》卷五

写本 1 叶，20×10cm。双面书写，各 6 行，计 12 行。交河故城出土。

参 Raschmann 2002，154，No. 385。

U 1873（T Ⅱ Y 59-2）　回鹘语《大慈恩寺三藏法师传》

残片 1 叶，22×16.5cm。30 行。交河故城出土。

参 Zieme 1990a，81-83，图 5-6；Elverskog 1997，131-132。

U 1877（T Ⅱ Y 59）　回鹘语《弥勒颂》

残片 1 叶。交河故城出土。

参 BTT XIII，117。

U 1897（T Ⅲ 56［-15］）+ U 2106　回鹘语《金光明最胜王经》卷八

2 叶残片，缀合后尺寸是 19.1×41.6cm。双面书写，各 27 行。

参 Raschmann 2005，136-137。

U 1898（T Ⅲ 56）　回鹘语《金光明最胜王经》卷六

9.8×9.5cm。双面书写，各 5、7 行。

参 Raschmann 2005，50-51。

U 1899（T Ⅲ 84-68）　回鹘语《十业道譬喻鬘经》

残片 1 叶。6 行。

参 Müller & Gabain 1931，678；Elverskog 1997，42-44。

U 1910（T Ⅲ B TV 49g）　回鹘语《佛本生故事》

残片 1 叶。

参 BTT XIII，33。

U 1917（T Ⅲ M 120）　回鹘语佛教发愿文

残片 1 叶。8 行。木头沟遗址出土。

U 1919（T Ⅲ M 131）　回鹘语《佛说北斗七星延命经》

13.3×14.5cm。双面书写，正面 8 行，背面 9 行，计 17 行。木头沟遗址出土。

参 TTT VII，9，48，77-78；杨富学、邓浩 1997，159，166；Elverskog 1997，93；杨富学 1998a，152-153；BTT XXIII，120-121，148，图 118-119。

U 1934（T Ⅲ M 163e）　回鹘语《维摩诘所说经》卷下

小残片 1 块，14×13.5cm。双面书写，各 10 行，计 20 行。木头沟遗址出土。

参 BTT XX，57-58，130，图 133-134。

U 1938（T Ⅲ M 163 n）　回鹘语《金光明最胜王经》卷一〇

211.8×24.5cm。双面书写，各 15、13 行。木头沟遗址出土。

参 Raschmann 2005，200。

U 1949（T Ⅲ M 238b）　回鹘语《十王生七经》

与 U 1614 可以缀合，参看该号。木头沟遗址出土。

U 1956（T Ⅲ M 250）　回鹘语《十业道譬喻鬘经》

木头沟遗址出土。

参 Wilkens 2004，146，174。

U 1962（T Ⅲ M 300）　回鹘语《金光明最胜王经》卷一

残片 1 叶，21.6×19.8cm。双面书写，正面 14 行，背面 13 行，计 27 行。木头沟遗址出土。

参 BTT XVIII，60-61，图 116-117；Elverskog 1997，65-69；Raschmann 2000，102-

103，No. 059。

U 1966（T Ⅲ S 90-51）　回鹘语《金光明最胜王经》卷三

残片 1 叶，9×11.8cm。双面书写，各 8 行，计 16 行。胜金口遗址出土。

参 Raschmann 2000，182，No. 157。

U 1967（T Ⅱ S 101.500）　回鹘语《维摩诘所说经》卷下

小残片 1 块，16×14cm。双面书写，各 10 行，计 20 行。胜金口遗址出土。

参 BTT XX，58-59，122-124，图 137-138。

U 1969（T Ⅲ T 504）　回鹘语《金光明最胜王经》卷四

残片 1 叶，18×15cm。双面书写，各 8 行，计 16 行。吐峪沟遗址出土。

参 Raschmann 2002，32，No. 224。

U 1976（T Ⅲ T 527）＋U 1606　回鹘语《金光明最胜王经》卷一

残片 2 叶，尺寸分别是 6.8×11.4cm，10.5×8.7cm。双面书写，分别为 6、4 行。吐峪沟遗址出土。

参 Raschmann 2000，71-72，No. 020，图 1；Raschmann 2005，304-305。

U 1981（T Ⅲ TV 49.508）　回鹘语《金光明最胜王经》卷九

5.4×9.8cm。双面书写，各 6 行。吐鲁番北山前坡地遗址出土。

参 Raschmann 2005，144。

U 1983（T Ⅲ TV 57）　回鹘语《金光明最胜王经》卷九

20×42.2cm。双面书写，各 23、24 行。吐鲁番北山前坡地遗址出土。

参 Raschmann 2005，153-154。

U 1992（T I）　回鹘语《金光明最胜王经》卷二

残片 1 叶，13.1×9.2cm。双面书写，正面 4 行，背面 3 行，计 7 行。

参 Raschmann 2000，161，No. 133，图 48。

U 1995（T I T M　481）　回鹘语《弥勒颂》

残片 1 叶。木头沟遗址出土。

参 BTT XIII，117。

U 1996（T I T M　484）＋U 1997　回鹘语《观无量寿经》

残片 2 叶，17.3×12.4、16.5×11cm。双面书写，各 22 行，计 44 行。木头沟遗址出土。

参 Zieme 1982c，20-29，21-22（图）；Zieme & Kudara 1985，16-21；Elverskog 1997，50。

U 1997（T I T M　484）　回鹘语《观无量寿经》

与 U 1996 可以缀合，参看该号。木头沟遗址出土。

U 1998（[T I] D）　回鹘语《金光明最胜王经》卷二

小残片 1 块，5.3×6cm。双面书写，各 4 行，计 8 行。与 U 1547 等属同一写本。与 Mainz 1011、U 1449 可以缀合，参看 Mainz 1001 号。高昌故城出土。

参 Raschmann 2000，122，No. 084，图 15；BTT XXI，80-81。

U 2005（T）　回鹘语《金光明最胜王经》卷五

14.8×7.4cm。双面书写，各 4 行。

参 Raschmann 2005，337。

U 2006（［T II ?］Y 17） 回鹘语《金光明最胜王经》卷一〇

12.3×8.5cm。双面书写，各5行。交河故城出土。

参 Raschmann 2005，165。

U 2007（T［II］Y 17） 回鹘语《金光明最胜王经》卷四

残片1叶，10.5×8.9cm。双面书写，正面4行，背面5行，计9行。交河故城出土。

参 Raschmann 2002，34，No. 228。

U 2010（273） 回鹘语《金光明最胜王经》卷六

10×13.8cm。双面书写，各6行。

参 Raschmann 2005，34。

U 2012（无原编号） 回鹘语《金光明最胜王经》卷八

与U 718可以缀合，参看该号。

U 2013（T III M B 250） 回鹘语《金光明最胜王经》卷八

与Mainz 817a、U 1805可以缀合，参看Mainz 817a号。木头沟遗址出土。

U 2021（无原编号） 回鹘语《金光明最胜王经》卷四

残片1叶，11×9.2cm。双面书写，各7行，计14行。

参 Raschmann 2002，70，No. 276。

U 2027（无原编号） 回鹘语《金光明最胜王经》卷六

18.2×17.5cm。双面书写，各11行。

参 Raschmann 2005，29-30。

U 2029（无原编号） 回鹘语《金光明最胜王经》卷五

残片1叶，8.6×7.7cm。双面书写，各5行，计10行。

参 Raschmann 2002，131-132，No. 360。

U 2040（无原编号） 回鹘语《金光明最胜王经》卷四

8.6×17.3cm。双面书写，各13行。

参 Raschmann 2005，327-328。

U 2051（无原编号）＋Mainz 65 回鹘语《金光明最胜王经》卷八

2叶残片，缀合后尺寸是17×36.7cm。双面书写，各31行。

参 Raschmann 2005，90-91。

U 2055（［T…］M 145） 回鹘语《维摩诘所说经》卷次未详

小残片1块，6.5×4cm。双面书写，各4行，计8行。与U 6409属同一写本。木头沟遗址出土。

参 BTT XX，60，146，图147-148。

U 2061（无原编号） 回鹘语《金光明最胜王经》卷八

11.5×35cm。双面书写，各23行。

参 Raschmann 2005，137-138。

U 2064（无原编号） 回鹘语《金光明最胜王经》卷四

残片1叶，18.3×14.8cm。双面书写，各8行，计16行。

参 Raschmann 2002, 74, No. 281。

U 2065（无原编号）　回鹘语《大乘大般涅槃经》

残片1叶，19.4×14.0cm，双面书写，各13行，计26行。

参 Zieme 1991b，300-303，图3-4；Elverskog 1997，57。

U 2066（T I D）　回鹘语《金光明最胜王经》卷三

残片1叶，20.9×28.8cm。双面书写，各15行，计30行。高昌故城出土。

参 Raschmann 2000，206-207，No. 189，图82。

U 2068（无原编号）　回鹘语《增壹阿含经》

小残片4块，其他三件为 Mainz 609b + U 1436 + U 1420，可缀合，正面背面各40行，计80行，中间夹写汉字。高昌故城出土。

参 Kudara & Zieme 1995，56-64，图9-10；Elverskog 1997，23-24。

U 2074（T II S 32a-7）　回鹘语《维摩诘所说经》卷上

小残片1块。双面书写，各13行，计26行。与U 1790等属同一写本。胜金口遗址出土。

参 BTT XX，51-52，84-86，图87-88。

U 2089（无原编号）　回鹘语《金光明最胜王经》卷一〇

14×11.5cm。双面书写，各7行。

参 Raschmann 2005，185-186。

U 2091（无原编号）+ U 2092　回鹘语《维摩诘所说经》卷上

残片2叶，可缀合。双面书写，各17行，计34行。与U 1553等属同一写本。

参 BTT XX，33-34，74-76，图9-10。

U 2092（无原编号）　回鹘语《维摩诘所说经》卷上

与U 2091缀合，参该号。

U 2106（T III 56-15）　回鹘语《金光明最胜王经》卷八

与U 1897可以缀合，参看该号。

U 2164（无原编号）　回鹘语《金光明最胜王经》卷二

4.6×4.5cm。双面书写，各4、3行。

参 Raschmann 2005，314-315。

U 2203（T I）　回鹘语《慈悲道场忏法》

20×10.7cm。双面书写，各6、5行。

参 Wilkens 2003b，134-135。

U 2205（T I）　回鹘语《金光明最胜王经》卷四

残片1叶，13.7×10.2cm。双面书写，各6行，计12行。

参 Raschmann 2002，18，No. 202。

U 2210（T I）　回鹘语《慈悲道场忏法》

9.2×6.1cm。双面书写，各3行。

参 Wilkens 2003b，143-144。

U 2212（T I 141）　回鹘语《弥勒会见记》题记

残片1叶。

U 2216（T I 501） **回鹘语《佛说天地八阳神咒经》**

贝叶残片1叶。双面书写，各6行，计12行。

参 Oda 1983，132-133；Elverskog 1997，95-97。

U 2220（T I 506） **回鹘语《佛说天地八阳神咒经》**

贝叶写本1叶。双面书写，各6行，计12行。

参 Oda 1983，135-136；Elverskog 1997，95-97。

U 2222（T I 508） **回鹘语《佛说天地八阳神咒经》**

残片1叶。双面书写，各4行，计8行。

参 Oda 1983，137；Elverskog 1997，95-97。

U 2225（T I 511） **回鹘语《慈悲道场忏法》**

5.6×5.6cm。双面书写，各3行。

参 Wilkens 2003b，238-239。

U 2253（T I 5-547） **回鹘语佛教文献**

残片1叶。

U 2258（T I 583） **回鹘语《金光明最胜王经》卷四**

残片1叶，14.2×9.6cm。双面书写，各6行，计12行。

参 Raschmann 2002，25，No. 213。

U 2260（T I 595） **回鹘语《慈悲道场忏法》**

与U 2539可以缀合，参看该号。

U 2261（T I 593） **回鹘语《金光明最胜王经》卷二**

残片1叶，13.7×9.7cm。双面书写，各6行，计12行。与U 2598等属同一写本。

参 Raschmann 2000，128-129，No. 093，图22；BTT XXI，92。

U 2262（T I 595） **回鹘语《金光明最胜王经》卷五**

残片1叶，16×10.9cm。双面书写，各6行，计12行。

参 Raschmann 2002，149-150，No. 381。

U 2263（T I 598） **回鹘语《金光明最胜王经》卷三**

残片1叶，13.7×9.4cm。双面书写，各6行，计12行。与Mainz 582等属同一写本。

参 BTT XIII，90；Kaya 1994，123；Raschmann 2000，178-179，No. 153，图63。

U 2264（T I 632） **回鹘语《金光明最胜王经》卷八**

6.8×10cm。双面书写，各6行。

参 Raschmann 2005，135-136。

U 2266（T I 636） **回鹘语《金光明最胜王经》卷四**

残片1叶，6.9×10.5cm。双面书写，各6行，计12行。

参 Raschmann 2002，80-81，No. 290。

U 2270（T I 1001） **回鹘语《慈悲道场忏法》**

7.9×11.1cm。双面书写，各6行。

参 Wilkens 2003b，137-138。

U 2271（T I α） **回鹘语《金光明最胜王经》卷九**

15.2×11.9cm。双面书写，各6行。高昌故城α遗址出土。

参 Raschmann 2005，144-145。

U 2273（T I α）　回鹘语《慈悲道场忏法》

5.8×12.1cm。双面书写，各6行。高昌故城α遗址出土。

参 Wilkens 2003b，240。

U 2275（T I α）　回鹘语《慈悲道场忏法》

29×10.2cm。双面书写，各6行。高昌故城α遗址出土。

参 Warnke 1978，94；Elverskog 1997，87-88；Wilkens 2003b，157。

U 2277（T I α）　回鹘语文书残片

高昌故城α遗址出土。

参 Raschmann 1995a，61，95，110。

U 2279a（T I α 504）　回鹘语《阿烂弥王本生故事》

与U 2371缀合，参该号。高昌故城α遗址出土。

U 2279b（T I α 504）　回鹘语《金光明最胜王经》卷六

8.5×6.2cm。4行。高昌故城α遗址出土。

参 Raschmann 2005，21。

U 2280（T I α）＋U 3023＋U 2618　回鹘语《金光明最胜王经》卷六

3叶残片，尺寸分别是9.5×10.2cm，8.5×11.4cm，7×11cm。双面书写，均为6行。高昌故城α遗址出土。

参 Raschmann 2005，44-45。

U 2285（T I α）　回鹘语《金光明最胜王经》卷三

小残片1块，8.8×9.9cm。双面书写，各5行，计10行。与U 2375＋U 2479等属同一写卷。高昌故城α遗址出土。

参 Raschmann 2000，184，No. 159，图66。

U 2286（T I S 32a）　回鹘语《金光明最胜王经》卷三

小残片1块，8×9.3cm。双面书写，各6行，计12行。胜金口遗址出土。

参 Raschmann 2000，184-185，No. 160，图67。

U 2290（T I α 517）＋U 2347　回鹘语《金光明最胜王经》卷三

残片2叶，缀合后为28.9×11.3cm。双面书写，各6行，计12行。与U 2388等属同一写本。高昌故城α遗址出土。

参 Raschmann 2000，212-213，图87。

U 2291（T I α 518）＋U 2349＋U 887　回鹘语《金光明最胜王经》卷三

残片3叶，缀合后为29.8×11.3cm。双面书写，各6行，计12行。与U 2388等属同一写本。高昌故城α遗址出土。

参 Raschmann 2000，213-214；No. 196，图88；Raschmann 2005，323-324。

U 2292（T I α 552）＋U 2336　回鹘语《金光明最胜王经》卷三

残片2叶，缀合后为28.4×11.3cm。双面书写，正面背面各6行，计12行。与U 2388等属同一写本。高昌故城α遗址出土。

参 Raschmann 2000，211-212，No. 194，图86。

U 2293（T I α）　回鹘语《阿烂弥王本生故事》

双面书写，各9行，计18行。高昌故城α遗址出土。

参 Schmidt 2001，307；Zieme 2001，416-418，图L，LI。

U 2294（T I α c）　回鹘语《阿烂弥王本生故事》

24.6×17.5cm。双面书写，各9行，计18行。高昌故城α遗址出土。

参 Zieme 2001，405-406，409-410，413-414，图 XLII、XLIII；Wilkens 2003b，292。

U 2295（T I α d）　回鹘语《阿烂弥王本生故事》

29.6×15.7cm。双面书写，各9行，计18行。高昌故城α遗址出土。

参 Zieme 2001，407，411，415，图 XLVIII、XLIV；Wilkens 2003b，294。

U 2296（T I D）　回鹘语《金光明最胜王经》卷二

残片1叶，13.5×11cm。双面书写，各6行，计12行。高昌故城出土。

参 Raschmann 2000，139，No. 104，图30。

U 2297（T I D）　回鹘语《千手千眼观世音菩萨广大圆满无碍大悲心陀罗尼经》

残片1叶。高昌故城出土。

参 Röhrborn 1976，87-100。

U 2302（T I D）　回鹘语《五更转》译本

高昌故城出土。

参 Zieme 2006b，10。

U 2304（T I D）　回鹘语《千手千眼观世音菩萨广大圆满无碍大悲心陀罗尼经》

残片1叶。高昌故城出土。

参 Röhrborn 1976，87-100。

U 2309（T I D 93/502）　回鹘语《千手千眼观世音菩萨广大圆满无碍大悲心陀罗尼经》

残片1叶。高昌故城出土。

参 Röhrborn 1976，87-100。

U 2312（［T I］D 501）　回鹘语《金光明最胜王经》卷三

残片1叶，8×12.2cm。双面书写，各6行，计12行。高昌故城出土。

参 Raschmann 2000，197，No. 176，图75。

U 2314（T I D 503）　回鹘语《金光明最胜王经》卷四

残片1叶，11.3×10.5cm。双面书写，各6行，计12行。高昌故城出土。

参 Raschmann 2002，38，No. 234。

U 2317（T I D 508）+ U 2323　回鹘语《金光明最胜王经》卷八

2叶残片，缀合后尺寸15.5×10.3cm。双面书写，各6行。高昌故城出土。

参 Raschmann 2005，112。

U 2323（T I D 515）　回鹘语《金光明最胜王经》卷八

与U 2317可以缀合，参看该号。高昌故城出土。

U 2330（T I D 523）　回鹘语《千手千臂观世音菩萨陀罗尼神咒经》胜光法师译经题记

残片1叶。正面9行，背面6行，计15行。与U 2511缀合。高昌故城出土。

参 Zieme 1976a，767-773，图1-2；Elverskog 1997，120。

U 2332（T I D 526） 回鹘语佛教文献

卷轴装残片 1 叶。16 行。高昌故城出土。

参 BTT XIII，56-57。

U 2336（T I D 531） 回鹘语《金光明最胜王经》卷二

与 U 2292 可以缀合，参看该号。高昌故城出土。

U 2337（T I D 532） 回鹘语《金光明最胜王经》卷四

残片 1 叶，18.1 × 11cm。双面书写，各 6 行，计 12 行。高昌故城出土。

参 Raschmann 2002，25-26，No. 214。

U 2341（T I D 536） 回鹘语《佛说毗沙门天王经》

残片 1 叶。双面书写，各 4 行，计 8 行。原编号仅作 T I D，柏林馆藏玻璃板上编号作 T I D 536。高昌故城出土。

参 BTT XXIII，33-34，39-40，图 8，图 9。

U 2342（T I D 537） 回鹘语《金光明最胜王经》卷六

14.5 × 6.4cm。双面书写，各 4 行。高昌故城出土。

参 Raschmann 2005，32-33。

U 2344（T I D 539） 回鹘语《慈悲道场忏法》

16.2 × 8.7cm。双面书写，各 5 行。高昌故城出土。

参 Wilkens 2003b，156。

U 2346（T I D 582） 回鹘语《金光明最胜王经》卷八

10.5 × 10.8cm。双面书写，各 6 行。高昌故城出土。

参 Raschmann 2005，141-142。

U 2347（T I D 587） 回鹘语《金光明最胜王经》卷三

与 U 2290 可以缀合，参看该号。高昌故城出土。

U 2348（T I D 590） 回鹘语《慈悲道场忏法》

11.4 × 11.1cm。双面书写，各 6 行。高昌故城出土。

参 Wilkens 2003b，139。

U 2349（T I D 596） 回鹘语《金光明最胜王经》卷三

与 U 2291 可以缀合，参看该号。高昌故城出土。

U 2350（T II S 32a） 回鹘语《金光明最胜王经》卷二

残片 1 叶，11.3 × 9.6cm。与 U 5108 等属同一写本。双面书写，各 6 行，计 12 行。胜金口遗址出土。

参 Raschmann 2000，154，No. 123，图 43。

U 2351（T I D 600） 回鹘语《金光明最胜王经》卷二

残片 1 叶，9 × 8.1cm。双面书写，各 5 行，计 10 行。高昌故城出土。

参 BTT XXI，61-62；Raschmann 2000，113-114，No. 072，图 4。

U 2352（T I D 505） 回鹘语《金光明最胜王经》卷九

14.2 × 5.5cm。双面书写，各 4 行。高昌故城出土。

参 Raschmann 2005，147-148。

U 2353（T I D 619） 回鹘语《金光明最胜王经》卷一

写本1叶，13.8×11.3cm。双面书写，各6行，计12行。与U 2375+U 2479等属同一写卷。高昌故城出土。

参 BTT XVIII，47-48，图46-47；Elverskog 1997，65-69；Raschmann 2000，98，No. 054。

U 2355（T I D 644）　回鹘语《金光明最胜王经》卷三

小残片1块，7.2×8.3cm。双面书写，正面5行，背面4行，计9行。与Mainz 582等属同一写本。高昌故城出土。

参 Raschmann 2000，202，No. 182，图77。

U 2356（T I D 65i/T I D）　回鹘语《慈悲道场忏法》

8.1×7.9cm。双面书写，各3、5行。高昌故城出土。

参 Wilkens 2003b，240-241。

U 2357（T I D 655）　回鹘语《慈悲道场忏法》

8×10.1cm。双面书写，各6行。高昌故城出土。

参 Wilkens 2003b，139。

U 2361（T I D 666）　回鹘语《金光明最胜王经》卷四

残片1叶，18.4×11.4cm。双面书写，各6行，计12行。高昌故城出土。

参 Raschmann 2002，41，No. 237。

U 2363（T I D 668）　回鹘语《千手千眼观世音菩萨广大圆满无碍大悲心陀罗尼经》

残片1叶。

参 Röhrborn 1976，87-100。

U 2365（T I D 670）　回鹘语《金光明最胜王经》卷三

残片1叶，10.3×6.2cm。双面书写，各3行，计6行。与Mainz 582等属同一写本。高昌故城出土。

参 Raschmann 2000，172-173，No. 146，图58。

U 2366（T I D 671）　回鹘语《金光明最胜王经》卷一〇

10.9×11.3cm。双面书写，各6行。高昌故城出土。

参 Raschmann 2005，238-239。

U 2367（T I D 672）　回鹘语《佛说毗沙门天王经》

残片1叶。双面书写，各6行，计12行。高昌故城出土。

参 BTT XXIII，34，37-38，图11，图12。

U 2370（T I D 1042）　回鹘语《慈悲道场忏法》

与Mainz 504可以缀合，参看该号。高昌故城出土。

U 2371（T I α）+U 2279a　回鹘语《阿烂弥王本生故事》

2叶残片，尺寸分别是19.8×15.6cm，12.8×8.7cm。双面书写，各10行。高昌故城α遗址出土。

参 Zieme 2001，403-404，408，412，图XXXVI、XXXVII；Wilkens 2003b，290。

U 2375（T I D x 36）+U 2479　回鹘语《金光明最胜王经》卷一

残片2叶，20×11.8cm，12.9×9.2cm，可缀合。双面书写，U 2375正面背面各6行，U 2479正面背面各5行，计22行。与U 3150、U 3476、U 3242、U 3240、

Mainz 364、U 2353、U 3285、U 3253a + U 3213、U 5165、U 3222、U 2285 及 U 3228 属同一写本。高昌故城出土。

参 BTT XVIII，45-46，图 34-35；Elverskog 1997，65-69；Raschmann 2000，73，No. 022。

U 2376（T I D, TM 256） 回鹘语《妙法莲华经·陀罗尼品》

残片 1 叶。11.8×26.5cm，44 行。高昌故城出土。

参 Zieme 1989d，376-379，图 3；Elverskog 1997，59-60。

U 2378（T I T 301） 回鹘语佛教文献

残片 1 叶。吐峪沟遗址出土。

U 2379（T II T/ T I T 809） 回鹘语《维摩诘所说经》卷上

小残片 1 块，11×13.5cm。双面书写，各 7 行，计 14 行。

参 BTT XX，59，68，图 139-140。

U 2381（［T III］TV 49） 回鹘语《圆觉经》

残片 1 叶，双面书写，各 12 行，计 24 行。吐鲁番北山前坡地遗址出土。

参 Elverskog 1997，90-91；Zieme 2002a，281-295 + 图。

U 2382（无原编号）+ U 3399 回鹘语《慈悲道场忏法》

2 叶残片，尺寸分别是 6.5×9.4cm，12×11cm。双面书写，各 6 行。

参 Wilkens 2003b，149。

U 2383（T I μ 507） 回鹘语《金光明最胜王经》卷六

8.2×8.5cm。双面书写，各 5 行。高昌故城 μ 遗址出土。

参 Raschmann 2005，38。

U 2388（T I x 504） 回鹘语《金光明最胜王经》卷三

小残片 1 块，8.3×8.4cm。双面书写，各 5 行，计 10 行。与 U 2573、U 912、U 3016、Mainz 163、U 2292 + U 2336、U 2290 + U 2347 及 U 2349 + U 2291 属同一写本。

参 Raschmann 2000，180，No. 155，图 63。

U 2389（T I x 506） 回鹘语《金光明最胜王经》卷三

9.2×7.3cm。双面书写，各 4 行。

参 Raschmann 2005，323。

U 2392（T I x 516） 回鹘语《金光明最胜王经》卷二

残片 1 叶，13.6×4.8cm。双面书写，各 3 行，计 6 行。与 U 2545 + U 2561 属同一写本。

参 Raschmann 2000，141-142，No. 107，图 33。

U 2395（T II） 回鹘语《佛说天地八阳神咒经》

菩提叶残片 1 叶。双面书写，各 6 行，计 12 行。

参 Oda 1983，134；Elverskog 1997，95-97。

U 2396（T II S 32） 回鹘语《金光明最胜王经》卷三

与 Mainz 531a + U 2876 可以缀合，参看 Mainz 531a 号。胜金口遗址出土。

U 2409（T II 515） 回鹘语《金光明最胜王经》卷四

残片1叶，20.5×10.2cm。双面书写，各6行，计12行。

参 Raschmann 2002，70-71，No.277。

U 2410（T II 516） 回鹘语《慈悲道场忏法》

与 Mainz 148 可以缀合，参看该号。

U 2411（T II 517） 回鹘语《金光明最胜王经》卷四

残片1叶，20.3×10cm。双面书写，各6行，计12行。

参 Raschmann 2002，94，No.307。

U 2414（T II 524） 回鹘语《慈悲道场忏法》

17.8×11.7cm。双面书写，各6行。

参 Wilkens 2003b，173-174。

U 2415（T II 525） 回鹘语《慈悲道场忏法》

21.9×10.6cm。双面书写，各6行。

参 Wilkens 2003b，220-221。

U 2419（T II 531）+ U 3054 + U 2717 回鹘语《慈悲道场忏法》

3叶残片，缀合后的尺寸是30×10.5cm。双面书写，各6行。

参 Warnke 1978，51；Wilkens 2003b，46-47。

U 2421（T II 533） 回鹘语《金光明最胜王经》卷八

9×9.4cm。双面书写，各6行。

参 Raschmann 2005，117-118。

U 2423（T II 535） 回鹘语《金光明最胜王经》卷四

残片1叶，11.7×10cm。双面书写，各6行，计12行。

参 Raschmann 2002，125-126，No.351。

U 2426（T II 538） 回鹘语《金光明最胜王经》卷九

11.5×7.2cm。双面书写，各5、4行。

参 Raschmann 2005，150。

U 2428（T II 540） 回鹘语《慈悲道场忏法》

13.5×10.8cm。双面书写，各6行。

参 Wilkens 2003b，164-165。

U 2429（T II 542） 回鹘语《金光明最胜王经》卷四

与 Mainz 554 可以缀合，参看该号。

U 2433（T II 547）+ U 2767 + Mainz 140 回鹘语《金光明最胜王经》卷四

残片3叶，尺寸分别为15.4×11.4cm，8.8×8.5cm，10.9×6.9cm。双面书写，缀合后正面背面各6行，计12行。

参 Tekin（unpbl）；Ehlers 1987，77；Raschmann 2002，95-96，No.309，图36。

U 2435（T II 549） 回鹘语《金光明最胜王经》卷二

残片1叶，22.5×11cm。双面书写，各6行，计12行。与 U 5108 等属同一写本。

参 Raschmann 2000，124，No.087，图17；BTT XXI，84-85。

U 2437（T II 551） 回鹘语《金光明最胜王经》卷七

与 U 3165 可以缀合，参看该号。

U 2438（T II 552）+ U 3567　回鹘语《慈悲道场忏法》

2叶残片，尺寸分别是7.2×10.3cm，10.3×11.1cm。双面书写，均为6行。

参 Wilkens 2003b，225。

U 2445（T I/T II 562）　回鹘语《慈悲道场忏法》

8.6×9.8cm。双面书写，各6行。

参 Wilkens 2003b，132。

U 2446（T II 563）　回鹘语《金光明最胜王经》卷四

残片1叶，18×11.4cm。双面书写，各6行，计12行。

参 Raschmann 2002，67-68，No. 272。

U 2451（T II 571）　回鹘语《慈悲道场忏法》

10.3×9.2cm。双面书写，各6行。

参 Wilkens 2003b，241。

U 2452（T II 572）　回鹘语《金光明最胜王经》卷七

与U 923可以缀合，参看该号。

U 2455（T II 576）　回鹘语《慈悲道场忏法》

8.7×7.4cm。双面书写，各5行。

参 Wilkens 2003b，241。

U 2456（T II 577）　回鹘语《金光明最胜王经》卷五

残片1叶，18.2×4.2cm。双面书写，各3行，计6行。

参 Raschmann 2002，148，No. 379。

U 2461（T I 583）+ U 2578　回鹘语《金光明最胜王经》卷三

残片2叶，10.5×5.8cm，9.3×9.1cm。双面书写，U 2461正面背面各3行，U 2578正面背面各5行，计16行。

参 BTT XIII，90；Kaya 1994，122；Raschmann 2000，175-176，No. 150，图61。

U 2462（T II　584）　回鹘语《慈悲道场忏法》

残片1叶，10.8×9cm。双面书写，各6行。

参 Warnke 1983，244；Elverskog　1997，87-88；Wilkens 2003b，167。

U 2466（T II 588）　回鹘语《慈悲道场忏法》

12.5×12.3cm。双面书写，各6行。

参 Wilkens 2003b，142。

U 2467（T II 59i/T II 591）　回鹘语《慈悲道场忏法》

10.1×9.1cm。双面书写，各6行。

参 Wilkens 2003b，124-125。

U 2469（T II 594）　回鹘语佛理颂诗

残片1叶，18.6×10.5cm。15行。

参 BTT XIII，184-186，图240-241；Zieme 1991a，206；Elverskog　1997，126。

U 2474（T II 600）　回鹘语《金光明最胜王经》卷一〇

与Mainz 536可以缀合，参看该号。

U 2475（T II　601）　回鹘语《佛本生故事》

残片 1 叶，10×13.5cm。28 行。

参 BTT XIII，66-67，108，图 54-55。

U 2476（T II 603）　回鹘语《千眼千臂观世音菩萨陀罗尼神咒经》

与 Kr. 29/13 + Kr. 30/4 + Kr. 30/19 + Kr. 29/15 + Kr. 30/13 可以缀合。

参 Raschmann 1995a，44，90，96，110-111。

U 2477（T II 604）+ U 2505　回鹘语术语手册

残片 1 叶，断为两片，9.5×15.5cm，16 行。

参 BTT XIII，182；Zieme 1987b，275-280 + 图。

U 2479（T II 607）　回鹘语《金光明最胜王经》卷一

与 U 2375 可以缀合，参看该号。

U 2483（T II 612）　回鹘语《金光明最胜王经》卷四

小残片 1 块，6.1×6cm。双面书写，各 3 行，计 6 行。

参 Raschmann 2002，37-38，No. 233。

U 2486（T II 615）　回鹘语《金光明最胜王经》卷四

6.5×8.9cm。双面书写，各 5 行。

参 Raschmann 2005，327。

U 2488（T II 618）　回鹘语《金光明最胜王经》卷九

11.4×11.3cm。双面书写，各 6 行。

参 Raschmann 2005，146-147。

U 2489（T II 619）+ U 918　回鹘语《金光明最胜王经》卷八

2 叶残片，尺寸分别是 9.2×11.7cm，6.6×11.4cm。双面书写，均为 6 行。

参 Raschmann 2005，129。

U 2503（T II 635）　回鹘语印度耍蛇咒语译本

写卷 1 叶，保存完好，14.8×11cm。双面书写，计 14 行。

参 BTT XIII，77；Zieme 1984c，431-434，图 3-4。

U 2505（T II 637）　回鹘语术语手册

与 U 2477 可以缀合，参看该号。

U 2507（T II 640）　回鹘语残片

残片 1 叶，8×12.5cm。13 行。

参 BTT XIII，162-163，图 222-223。

U 2511（无原编号）　回鹘语《千手千臂观世音菩萨陀罗尼神咒经》胜光法师译经题记

与 U 2330 可以缀合，参看该号。

U 2513（T II 652）+ U 2600　回鹘语《金光明最胜王经》卷一〇

2 叶残片，缀合后尺寸是 21.5×13.6cm。双面书写，各 7 行。

参 Raschmann 2005，172-173。

U 2515（T II 658）　回鹘语《慈悲道场忏法》

4.3×9.2cm。双面书写，各 6 行。

参 Warnke 1978，96；Elverskog 1997，87-88；Wilkens 2003b，153-154。

U 2516（T II S 21）　回鹘语《金光明最胜王经》卷二

残片1叶，8.3×6.5cm。双面书写，各4行，计8行。胜金口遗址出土。

参 BTT XXI，58；Raschmann 2000，111-112，No. 070，图4。

U 2517（T II 661）　回鹘语《金光明最胜王经》卷四

残片1叶，11.7×5.1cm。双面书写，各2行，计4行。

参 Raschmann 2002，53，No. 254。

U 2519（T II T/T II 663）　回鹘语《慈悲道场忏法》

12.9×7.7cm。双面书写，各4行。吐峪沟遗址出土。

参 Wilkens 2003b，242。

U 2521（T II y/T II 666）　回鹘语《佛教忏悔书》

18×7.5cm。双面书写，各5行。

参 Wilkens 2003b，253。

U 2523（T II 667）　回鹘语《金光明最胜王经》卷三

残片1叶，8.5×10cm。双面书写，各6行，计12行。与Mainz 551 + U 1761 + U 893等属同一写本。

参 Raschmann 2000，204，No. 186，图80。

U 2525（T II 669）　回鹘语《金光明最胜王经》卷四

残片1叶，17.5×10.5cm。双面书写，各6行，计12行。紧接U 2526。

参 Raschmann 2002，47，No. 247。

U 2526（T II 670）　回鹘语《金光明最胜王经》卷四

残片1叶，17.5×10.5cm。双面书写，各6行，计12行。紧接U 2528。

参 Raschmann 2002，46-47，No. 246。

U 2527（T II 671）　回鹘语《金光明最胜王经》卷四

残片1叶，16×10.4cm。紧接U 6344。双面书写，各6行，计12行。

参 Raschmann 2002，42-43，No. 240。

U 2528（T II 674）　回鹘语《金光明最胜王经》卷四

残片1叶，17×10.5cm。双面书写，各6行，计12行。紧接U 2532。

参 Raschmann 2002，44-45，No. 243。

U 2529（T II 676）　回鹘语《金光明最胜王经》卷四

残片1叶，16×10.3cm。双面书写，各6行，计12行。紧接U 2531。

参 Raschmann 2002，50-51，No. 250。

U 2530（T II 678）　回鹘语《金光明最胜王经》卷四

残片1叶，17×10.3cm。双面书写，各6行，计12行。紧接U 2529。

参 Raschmann 2002，52，No. 252。

U 2531（T II 679）　回鹘语《金光明最胜王经》卷四

残片1叶，17.9×10.5cm。双面书写，各6行，计12行。紧接U 2525。

参 Raschmann 2002，50，No. 249。

U 2532（T II 680）　回鹘语《金光明最胜王经》卷四

残片1叶，16×10.3cm。双面书写，各6行，计12行。紧接U 3534。

参 Raschmann 2002，44，No. 242。

U 2534（T II 682） 回鹘语《慈悲道场忏法》
22×10.3cm。双面书写，各6行。
参 Warnke 1978，156；Elverskog 1997，87-88；Wilkens 2003b，50-51。

U 2535（T II 683） 回鹘语《金光明最胜王经》卷四
残片1叶，14.5×6cm。双面书写，各3行，计6行。
参 Raschmann 2002，29-30，No. 220。

U 2537（T II 686） 回鹘语《金光明最胜王经》卷四
残片1叶，17×11cm。双面书写，各6行，计12行。
参 Raschmann 2002，1221-122，No. 344。

U 2538（T II 687） 回鹘语《金光明最胜王经》卷四
与 Mainz 333 可以缀合，参看该号。

U 2539（T II 688）+ U 2260 回鹘语《慈悲道场忏法》
2叶残片，尺寸分别是8.6×10.8cm，7.9×8.7cm。双面书写，各6行。
参 Wilkens 2003b，131-132。

U 2540（T II 689） 回鹘语《金光明最胜王经》卷二
残片1叶，10.7×9.2cm。双面书写，正面3行，背面5行，计8行。与U 3050等属同一写本。
参 Raschmann 2000，146，No. 112，图34。

U 2542（T II 691） 回鹘语《金光明最胜王经》卷四
与 Mainz 376 可以缀合，参看该号。

U 2543（T II 692） 回鹘语《金光明最胜王经》卷九
18.7×11cm。双面书写，各6行。
参 Raschmann 2005，145-146。

U 2544（T II 696） 回鹘语《金光明最胜王经》卷四
残片1叶，14.3×11.3cm。双面书写，各6行，计12行。
参 Raschmann 2002，36，No. 231。

U 2545（T II 697）+ U 2561 回鹘语《金光明最胜王经》卷二
残片2叶，缀合后为15×11.2cm。双面书写，各6行，计12行。与U 2392属同一写本。
参 Raschmann 2000，149-150，No. 117，图39。

U 2550（T II 706） 回鹘语《金光明最胜王经》卷四
残片1叶，11×10.5cm。双面书写，各6行，计12行。
参 Raschmann 2002，31，No. 223。

U 2551（T II 707） 回鹘语《慈悲道场忏法》
26.3×12.1cm。双面书写，各6行。
参 Wilkens 2003b，70-71。

U 2552（T II 708） 回鹘语《金光明最胜王经》卷四
残片1叶，24.3×11cm。双面书写，各6行，计12行。
参 Raschmann 2002，126-127，No. 353。

U 2553（T II 709）　回鹘语《金光明最胜王经》卷四

残片 1 叶，9.5 × 9.9cm。双面书写，各 6 行，计 12 行。

参 Raschmann 2002，75-76，No. 284。

U 2555（T II 712）　回鹘语《慈悲道场忏法》

15 × 11.1cm。双面书写，各 6 行。

参 Wilkens 2003b，224。

U 2556（T II 713）　回鹘语《金光明最胜王经》卷四

残片 1 叶，13.7 × 11.2cm。双面书写，各 6 行，计 12 行。

参 Raschmann 2002，20-21，No. 206。

U 2558（T II 715）　回鹘语《金光明最胜王经》卷三

残片 2 叶，缀合后为 11.8 × 11.2cm。双面书写，各 6 行，计 12 行。与 Mainz 532 属同一写本。

参 Raschmann 2000，188，No. 165，图 68。

U 2559（T II 716）　回鹘语《金光明最胜王经》卷四

与 Mainz 406 可以缀合，参看该号。

U 2560（T II 717）　回鹘语《金光明最胜王经》卷四

残片 1 叶，14.5 × 9.5cm。双面书写，各 6 行，计 12 行。

参 Raschmann 2002，113，No. 333。

U 2561（T II 718）　回鹘语《金光明最胜王经》卷二

与 U 2545 可以缀合，参看该号。

U 2562（T II 719）　回鹘语《金光明最胜王经》卷四

残片 1 叶，17 × 11.3cm。双面书写，各 6 行，计 12 行。

参 Raschmann 2002，58-59，No. 260。

U 2563（T II 720v）　回鹘语《慈悲道场忏法》

与 Mainz 553 可以缀合，参看该号。

U 2567（T II 790）　回鹘语《金光明最胜王经》卷一

残片 1 叶，13.7 × 11.7cm。双面书写，各 6 行，计 12 行。与 U 3050 等属同一写本。

参 BTT XVIII，56，图 102-103；Elverskog 1997，65-69；Raschmann 2000，87-88，No. 040。

U 2569（T II 792/ T II Xanthippe）　回鹘语《金光明最胜王经》卷二

残片 1 叶，15.5 × 11.7cm。双面书写，各 6 行，计 12 行。与 U 3050 等属同一写本。

参 Raschmann 2000，151，No. 119，图 41。

U 2570（T II Xanthippe/ T II 794）　回鹘语《金光明最胜王经》卷二

16 × 10.6cm。双面书写，各 6 行。

参 Raschmann 2005，318-319。

U 2571（T II 795）　回鹘语《金光明最胜王经》卷一

与 U 2771 可以缀合，参看该号。

U 2573（T II 802） **回鹘语《金光明最胜王经》卷三**

小残片1块，8.5×8.3cm。双面书写，各5行，计10行。与U 2388等属同一写本。

参 Raschmann 2000，185，No. 161，图67。

U 2574（T II 809）+ U 2576 **回鹘语《金光明最胜王经》卷七**

2叶残片，尺寸分别是9.8×7.2cm，10.8×11cm。双面书写，前者各4行，后者各6行。

参 Raschmann 2005，63-64。

U 2575（T II 815）+ Mainz 526 **回鹘语《金光明最胜王经》卷四**

残片2叶，缀合后为30×11.6cm。双面书写，缀合后正面背面各6行，计12行。

参 Tekin（unpbl.）；Röhrborn 1977-1998，263a；Kaya 1994，172-173；Raschmann 2002，66，No. 270，图27。

U 2576（T II 833） **回鹘语《金光明最胜王经》卷七**

与U 2574可以缀合，参看该号。

U 2577（T II 834） **回鹘语《金光明最胜王经》卷四**

残片1叶，15.5×11.7cm。双面书写，各6行，计12行。

参 Raschmann 2002，120，No. 342。

U 2578（T II 832） **回鹘语《金光明最胜王经》卷三**

与U 2461可以缀合，参看该号。

U 2579（T II 840） **回鹘语《金光明最胜王经》卷二**

残片1叶，15.7×10.5cm。双面书写，各6行，计12行。

参 Raschmann 2000，129-130，No. 094，图22；BTT XXI，93-94。

U 2580（T II 842） **回鹘语《金光明最胜王经》卷七**

9×11cm。双面书写，各6行。

参 Raschmann 2005，52-53。

U 2581（T II 845） **回鹘语《金光明最胜王经》卷七**

5.8×9.9cm。双面书写，各6行。

参 Raschmann 2005，53。

U 2583（T II 847） **回鹘语《金光明最胜王经》卷五**

7.3×10cm。双面书写，各6行。

参 Raschmann 2005，335。

U 2584（T II γoǧam M 6/T II 876） **回鹘语《金光明最胜王经》卷一**

与U 2772可以缀合，参看该号。木头沟遗址出土。

U 2585（T I D 877） **回鹘语《金光明最胜王经》卷三**

残片1叶，11.6×7cm。双面书写，各6行，计12行。高昌故城出土。

参 BTT XIII，87，90；Raschmann 2000，173-174，No. 147，图58。

U 2591（T II 947） **回鹘语《金光明最胜王经》卷八**

10.3×7.3cm。双面书写，各3行。

参 Raschmann 2005，119。

U 2592（T II 948）　回鹘语《金光明最胜王经》卷八

9×10.3cm。双面书写，各6行。

参 Raschmann 2005，77。

U 2593（T II 949）　回鹘语《慈悲道场忏法》

8.5×9.2cm。双面书写，各5、6行。

参 Wilkens 2003b，175-176。

U 2596（T II 956）+ U 2597　回鹘语《金光明最胜王经》卷四

残片2叶，12.7×9cm，7.5×9.8cm。双面书写，缀合后正面背面各6行，计12行。

参 Raschmann 2002，106-107，No. 323，图39。

U 2597（T II 957）　回鹘语《金光明最胜王经》

与U 2596可以缀合，参看该号。

U 2598（T II 958）　回鹘语《金光明最胜王经》卷二

小残片1块，7.2×8cm。与U 2261、Mainz 568a、Mainz 568b、Mainz 408、Mainz 520、Mainz 450、Mainz 567及Mainz 593属同一写本。双面书写，各5行，计10行。

参 BTT XXI，71；Raschmann 2000，116-117，No. 077，图9。

U 2600（T II 963）　回鹘语《金光明最胜王经》卷一〇

与U 2513可以缀合，参看该号。

U 2602（T II 969）　回鹘语《金光明最胜王经》卷四

残片1叶，10.3×9cm。双面书写，各5行，计10行。紧接Mainz 410。

参 Raschmann 2002，112，No. 331。

U 2605（T II 982）　回鹘语《慈悲道场忏法》

10.9×10.6cm。双面书写，各6行。

参 Wilkens 2003b，242。

U 2606（T II 984）　回鹘语《慈悲道场忏法》

与Mainz 443可以缀合，参看该号。

U 2609（T II 990）　回鹘语《金光明最胜王经》卷七

与U 901可以缀合，参看该号。

U 2610（T II 991）+ U 2616　回鹘语《金光明最胜王经》卷三

残片2叶，10.8×8.8cm、12.3×7.4cm。双面书写，U 2610正面背面各5行，U 2616正面背面各4行，计18行。与Mainz 582等属同一写本。

参 Raschmann 2000，179-180，No. 154，图64。

U 2611（T II 992）　回鹘语《金光明最胜王经》卷四

残片1叶，10×10.9cm。双面书写，各5行，计10行。

参 Raschmann 2002，108-109，No. 326。

U 2616（T II 1031）+ U 2610　回鹘语《金光明最胜王经》卷三

与U 2610可以缀合，参看该号。

U 2617（T II 1016）　回鹘语《佛说天地八阳神咒经》

残片1叶。双面书写，各6行，计12行。

参 Oda 1983，139-140；Elverskog 1997，95-97。

U 2618（T II 1017） 回鹘语《金光明最胜王经》卷六

与U 2280、U 3023可以缀合，参看U 2280号。

U 2619（T II 1018） 回鹘语《金光明最胜王经》卷四

残片1叶，11.8×6.5cm。双面书写，正面4行，背面3行，计7行。

参 Raschmann 2002，31，No. 222。

U 2620（T II 1020）+ U 3292 回鹘语《金光明最胜王经》卷四

残片2叶，缀合后为20×11.2cm。双面书写，缀合后正面背面各6行，计12行。

参 Raschmann 2002，107-108，No. 325。图40。

U 2621（T II 1026） 回鹘语《金光明最胜王经》卷四

残片1叶，9.5×9.8cm。双面书写，各6行，计12行。紧接Mainz 554 + U 2429。

参 Raschmann 2002，96-97，No. 310。

U 2627（T II 1042）+ U 819 回鹘语《金光明最胜王经》卷五

2叶残片，缀合后尺寸是13.5×8.8cm。双面书写，各6行。

参 Raschmann 2005，332。

U 2629（T II 1049） 回鹘语《金光明最胜王经》卷八

7.7×10.2cm。双面书写，各6行。

参 Raschmann 2005，98。

U 2630（T II Xanthippe） 回鹘语《金光明最胜王经》卷二

与U 866、U 3131可以缀合，参看U 866号。

U 2631（T II γoġam Murt 1/T II M 852） 回鹘语《金光明最胜王经》卷一

残片1叶，16.5×11.2cm。双面书写，各6行，计12行。与U 3050等属同一写本。木头沟遗址出土。

参 BTT XVIII，50，图62-63；Elverskog 1997，65-69；Raschmann 2000，86-87，No. 038。

U 2632（T II 4/T II 1056） 回鹘语《金光明最胜王经》卷一

残片1叶，14.4×10.7cm。双面书写，各6行，计12行。与U 3050等属同一写本。

参 BTT XVIII，51，图66-67；Elverskog 1997，65-69；Raschmann 2000，88，No. 041。

U 2633（T II 3/T II 3-1057） 回鹘语《金光明最胜王经》卷一

残片1叶，14.6×11cm。双面书写，各6行，计12行。与U 3050等属同一写本。

参 BTT XVIII，51，图68-69；Elverskog 1997，65-69；Raschmann 2000，89，No. 042。

U 2634（T II 1058/ T II Xanthippe） 回鹘语《金光明最胜王经》卷二

残片1叶，14.2×9.5cm。双面书写，各6行，计12行。与U 3050等属同一写本。

参 Raschmann 2000，148，No. 115，图38。

U 2638（T II 1065） 回鹘语《佛说天地八阳神咒经》

小残片 1 块。3 行。

参 Oda 1983，138；Elverskog 1997，95-97。

U 2639（T II 1067） 回鹘语《金光明最胜王经》卷一〇

6.5×6.7cm。双面书写，各 5 行。

参 Raschmann 2005，177-178。

U 2643a（T II 1086） 回鹘语《金光明最胜王经》卷四

残片 1 叶，11.3×13.3cm。双面书写，各 7 行，计 14 行。

参 Raschmann 2002，82，No. 293。

U 2644（T II D） 回鹘语《摩利支天陀罗尼经》

残片 1 叶。双面书写，正面 6 行，背面 5 行，计 11 行。高昌故城出土。

参 BTT XXIII，94，图 102，图 103。

U 2648（T II D 35）+ U 2649 回鹘语《金光明最胜王经》卷五

残片 2 叶，缀合后为 20.5×19.3cm。双面书写，各 10 行，计 20 行。高昌故城出土。

参 Raschmann 2002，143-144，No. 374，图 47。

U 2649（T II D 35.657）+ U 2648 回鹘语《金光明最胜王经》卷五

与 U 2648 可以缀合，参看该号。

U 2651（T II D 85.500） 回鹘语《慈悲道场忏法》

22.3×6.6cm。双面书写，各 4 行。高昌故城出土。

参 Wilkens 2003b，118。

U 2652（T II D 96.500） 回鹘语《佛说天地八阳神咒经》

残片 1 叶。双面书写，各 5 行，计 10 行。高昌故城出土。

参 Oda 1983，133；Elverskog 1997，95-97。

U 2654（T II D 143） 回鹘语《金光明最胜王经》卷三

残片 1 叶，6×7.2cm。双面书写，各 5 行，计 10 行。高昌故城出土。

参 Raschmann 2000，164，No. 136，图 52。

U 2655（T II D 175.500） 回鹘语《父母恩重经》

残片 1 叶，15.5×8.5cm。双面书写，各 6 行。高昌故城出土。

参 BTT XIII，85-86，图 108-109；Wilkens 2003b，287－288。

U 2656（T II D 201.502） 回鹘语《金光明最胜王经》卷四

残片 1 叶，7.5×10.9cm。双面书写，各 6 行，计 12 行。高昌故城出土。

参 Raschmann 2002，114，No. 334。

U 2660（T II D 500） 回鹘语《金光明最胜王经》卷四

残片 1 叶，7.6×10cm。双面书写，各 5 行，计 10 行。高昌故城出土。

参 Raschmann 2002，72，No. 279。

U 2662（T II D 502） 回鹘语《金光明最胜王经》卷三

15.4×8.1cm。双面书写，各 6 行。高昌故城出土。

参 Raschmann 2005，321-322。

U 2669（T II D 536） 回鹘语《佛说天地八阳神咒经》

残片1叶。双面书写，各2行，计4行。高昌故城出土。

参 Oda 1983，135；Elverskog 1997，95-97。

U 2675（T II M）+ U 3591 回鹘语《梁朝傅大士颂金刚经并序》

贝叶式写本1叶。与U 3591缀合。木头沟遗址出土。

参 Zieme 1992b，21-42；Elverskog 1997，101。

U 2677（T II M）+ Mainz 285 回鹘语《金光明最胜王经》卷六

前者7.3×11.4cm。双面书写，各6行。木头沟遗址出土。

参 Raschmann 2005，48-49。

U 2679（T II M） 回鹘语《慈悲道场忏法》

与U 3055可以缀合，参看该号。木头沟遗址出土。

U 2680（T III M） 回鹘语《金光明最胜王经》卷三

残片1叶，9.8×11cm。双面书写，各6行，计12行。木头沟遗址出土。

参 Raschmann 2000，190-191，No. 168，图71。

U 2683（T II M 12.829） 回鹘语《金光明最胜王经》卷八

9.2×5.8cm。双面书写，各3行。木头沟遗址出土。

参 Raschmann 2005，115。

U 2684（T II M 12.828） 回鹘语《金光明最胜王经》卷二

残片1叶，11.2×6.9cm。双面书写，各4行，计8行。木头沟遗址出土。

参 BTT XXI，98，图19-20；Raschmann 2005，313。

U 2685（T II M 12.521） 回鹘语《金光明最胜王经》卷一〇

与U 839可以缀合，参看该号。木头沟遗址出土。

U 2687（T II M 12-502） 回鹘语《慈悲道场忏法》

6.8×2.3cm。木头沟遗址出土。

参 Wilkens 2003b，243。

U 2688（T II M 12-501） 回鹘语《慈悲道场忏法》

18.4×11cm。双面书写，各6行。木头沟遗址出土。

参 Wilkens 2003b，150-151。

U 2689（T II M 12） 回鹘语《金光明最胜王经》卷四

残片1叶，16.4×10.8cm。双面书写，各6行，计12行。木头沟遗址出土。

参 Raschmann 2002，97，No. 311。

U 2691（T II M 12-1） 回鹘语《慈悲道场忏法》

30.2×10.9cm。双面书写，各6行。木头沟遗址出土。

参 Warnke 1978，71-72；Elverskog 1997，87-88；Wilkens 2003b，76。

U 2692（T II M 12-2） 回鹘语《慈悲道场忏法》

29.9×11cm。双面书写，各6行。木头沟遗址出土。

参 Warnke 1978，78-79；Wilkens 2003b，86-87。

U 2693（T II M 12-3） 回鹘语《慈悲道场忏法》

29.2×10.8cm。双面书写，各6行。木头沟遗址出土。

参 Warnke 1978，76；Wilkens 2003b，82。

U 2694（T Ⅱ M 12-4） 回鹘语《慈悲道场忏法》

30×10.8cm。双面书写，各6行。木头沟遗址出土。

参 Warnke 1978，75；Wilkens 2003b，81-82。

U 2695（T Ⅱ M 12-5） 回鹘语《慈悲道场忏法》

30.2×10.8cm。双面书写，各6行。木头沟遗址出土。

参 Warnke 1978，74-75；Wilkens 2003b，80。

U 2696（T Ⅱ M 12-6） 回鹘语《慈悲道场忏法》

29.5×10.8cm。双面书写，各6行。木头沟遗址出土。

参 Warnke 1978，74；Wilkens 2003b，80-81。

U 2697（T Ⅱ M 12-8） 回鹘语《慈悲道场忏法》

与U 3041可以缀合，参看该号。木头沟遗址出土。

U 2697a（T Ⅱ M 12-7） 回鹘语《慈悲道场忏法》

29.9×11cm。双面书写，各6行。木头沟遗址出土。

参 Warnke 1978，78；Wilkens 2003b，85-86。

U 2698（T Ⅱ M 12-9-508） 回鹘语《慈悲道场忏法》

与Mainz 145可以缀合，参看该号。木头沟遗址出土。

U 2699（T Ⅱ M 12-10） 回鹘语《慈悲道场忏法》

29.4×10.9cm。双面书写，各6行。木头沟遗址出土。

参 Warnke 1978，59-60；Wilkens 2003b，59。

U 2700（T Ⅱ M 12-11/T Ⅱ M 12（11）-515） 回鹘语《慈悲道场忏法》

28.8×10.9cm。双面书写，各6行。木头沟遗址出土。

参 Warnke 1978，60-61；Wilkens 2003b，60。

U 2701（T Ⅱ M 12-14） 回鹘语《慈悲道场忏法》

30.4×10.9cm。双面书写，各6行。木头沟遗址出土。

参 BTT Ⅰ，46；Warnke 1978，58；Wilkens 2003b，57-58。

U 2702（T Ⅱ M 12-15） 回鹘语《慈悲道场忏法》

30.4×10.9cm。双面书写，各6行。木头沟遗址出土。

参 Warnke 1978，57；Wilkens 2003b，56。

U 2703（T Ⅱ M 12-16a/T Ⅱ M 12 16a Ⅰ 35） 回鹘语《慈悲道场忏法》

25.8×7.3cm。双面书写，各6行。木头沟遗址出土。

参 Warnke 1978，55-56；Wilkens 2003b，54-55。

U 2704（T Ⅱ M 12-17） 回鹘语《慈悲道场忏法》

29.9×10.8cm。双面书写，各6行。木头沟遗址出土。

参 BTT Ⅰ，24；Warnke 1978，77-78；Wilkens 2003b，85。

U 2705（T Ⅱ M 12-18） 回鹘语《慈悲道场忏法》

29.8×10.8cm。双面书写，各6行。木头沟遗址出土。

参 Warnke 1978，76-77；Wilkens 2003b，84-85。

U 2706（T Ⅱ M 12-19） 回鹘语《慈悲道场忏法》

30.3×10.8cm。双面书写，各6行。木头沟遗址出土。

参 Warnke 1978，64；Wilkens 2003b，65。

U 2707（T II M 12-20）　回鹘语《慈悲道场忏法》

30.1×10.9cm。双面书写，各6行。木头沟遗址出土。

参 Warnke 1978，65；Wilkens 2003b，65-66。

U 2708（T II M 12-13/T II M 12 I 39-13）　回鹘语《慈悲道场忏法》

30×10.8cm。双面书写，各6行。木头沟遗址出土。

参 Warnke 1978，58-59；Wilkens 2003b，58-59。

U 2709（T II M 12-21）　回鹘语《慈悲道场忏法》

30×10.9cm。双面书写，各6行。木头沟遗址出土。

参 Warnke 1978，65-55；Wilkens 2003b，66-67。

U 2710（T II M 12-22）　回鹘语《慈悲道场忏法》

29.8×10.9cm。双面书写，各6行。木头沟遗址出土。

参 Warnke 1978，61；Wilkens 2003b，60-61。

U 2711（T II M 12-23/T II M 12 23-516/III E11）　回鹘语《慈悲道场忏法》

29.9×10.8cm。双面书写，各6行。木头沟遗址出土。

参 Warnke 1978，62-63；Wilkens 2003b，62。

U 2712（T II M 12-26/T II M 12 26-509）　回鹘语《慈悲道场忏法》

22×10.6cm。双面书写，各6行。木头沟遗址出土。

参 Warnke 1978，52；Wilkens 2003b，49。

U 2713（T II M 12-27/T II M 12 27-510）　回鹘语《慈悲道场忏法》

与U 3040可以缀合，参看该号。木头沟遗址出土。

U 2714（T II M 12-29/T II M 12 29-511）　回鹘语《慈悲道场忏法》

与U 3038可以缀合，参看该号。木头沟遗址出土。

U 2715（T II M 12-31）　回鹘语《慈悲道场忏法》

与Mainz 552可以缀合，参看该号。木头沟遗址出土。

U 2716（T II M 12-30）　回鹘语《慈悲道场忏法》

与U 3042可以缀合，参看该号。木头沟遗址出土。

U 2717（T II M 32/T II M 12 32-514）　回鹘语《慈悲道场忏法》

与U 2419、U 3054可以缀合，参看U 2419号。木头沟遗址出土。

U 2718（T II M 12-34）　回鹘语《慈悲道场忏法》

30.3×10.9cm。双面书写，各6行。木头沟遗址出土。

参 Warnke 1978，67；Wilkens 2003b，70。

U 2719（T II M 12-35）　回鹘语《慈悲道场忏法》

30×10.8cm。双面书写，各6行。木头沟遗址出土。

参 Warnke 1978，69-70；Wilkens 2003b，74。

U 2720（T II M 12-38）　回鹘语《慈悲道场忏法》

39.9×10.8cm。双面书写，各6行。木头沟遗址出土。

参 Warnke 1978，70；Wilkens 2003b，74-75。

U 2721（T II M 12-39）　回鹘语《慈悲道场忏法》

30×10.8cm。双面书写，各6行。木头沟遗址出土。

参 Warnke 1978，70-71；Wilkens 2003b，75-76。

U 2722（T II M 12-40）　回鹘语《慈悲道场忏法》

29.7×10.9cm。双面书写，各6行。木头沟遗址出土。

参 Warnke 1978，72-73；Wilkens 2003b，76-77。

U 2723（T II M 12-41）　回鹘语《慈悲道场忏法》

29.6×10.8cm。双面书写，各6行。木头沟遗址出土。

参 Warnke 1978，73；Wilkens 2003b，77-78。

U 2724（T II M 12-42）　回鹘语《慈悲道场忏法》

29.8×10.8cm。双面书写，各6行。木头沟遗址出土。

参 BTT I，35；Warnke 1978，91；Wilkens 2003b，78-79。

U 2725（T II M 12 43/T II M 12 I 34）　回鹘语《慈悲道场忏法》

30.2×10.9cm。双面书写，各6行。木头沟遗址出土。

参 Warnke 1978，54-55；Wilkens 2003b，54。

U 2726（T II M 12-45）　回鹘语《慈悲道场忏法》

26.3×10.8cm。双面书写，各6行。木头沟遗址出土。

参 Warnke 1978，80；Wilkens 2003b，88-89。

U 2727（T II M 12-45）　回鹘语《慈悲道场忏法》

26.1×10.8cm。双面书写，各6行。木头沟遗址出土。

参 Warnke 1978，80-81；Wilkens 2003b，89-90。

U 2728（T II 1 γoğam M/T II M 813）　回鹘语《慈悲道场忏法》

与 Mainz 431 可以缀合，参看该号。木头沟遗址出土。

U 2729（T II γoğam M/T II y M 501）　回鹘语《慈悲道场忏法》

与 Mainz 434 可以缀合，参看该号。木头沟遗址出土。

U 2730（T II 675）　回鹘语《慈悲道场忏法》

16.4×10.9cm。双面书写，各6行。

参 Wilkens 2003b，117。

U 2731（T II 694）　回鹘语《慈悲道场忏法》

14.9×11cm。双面书写，各6行。

参 Warnke 1978，95；Elverskog 1997，87-88；Wilkens 2003b，92-93。

U 2732（T II 693）　回鹘语《慈悲道场忏法》

与 Mainz 420 可以缀合，参看该号。

U 2733（T II 1060）　回鹘语《慈悲道场忏法》

与 Mainz 570 可以缀合，参看该号。

U 2734（T II γoğam Murtuq/T II 1052）　回鹘语《慈悲道场忏法》

与 Mainz 506 可以缀合，参看该号。木头沟遗址出土。

U 2735（T II 1051）　回鹘语《慈悲道场忏法》

与 Mainz 558 可以缀合，参看该号。

U 2736（T II M 12）+ Mainz 271　回鹘语《慈悲道场忏法》

2 叶残片，缀合后的尺寸是 26×7.2cm。双面书写，各 6 行。木头沟遗址出土。

参 Warnke 1978，86；Elverskog 1997，87-88；Wilkens 2003b，102-103。

U 2737（T II M 12-836）+ Mainz 399　回鹘语《慈悲道场忏法》

2 叶残片，尺寸分别是 12.9×11cm，16.4×10.9cm。双面书写，各 6 行。木头沟遗址出土。

参 Warnke 1978，88；Elverskog 1997，87-88；Wilkens 2003b，107。

U 2738（T II 2/T II 825）+ U 2739　回鹘语《慈悲道场忏法》

与 U 2739 可以缀合，参看该号。

U 2739（T II M 12-835）+ U 2738　回鹘语《慈悲道场忏法》

2 叶残片，尺寸分别是 12.8×10.9cm，16.5×10.9cm。双面书写，各 6 行。木头沟遗址出土。

参 Warnke 1978，88-89；Elverskog 1997，87-88；Wilkens 2003b，107-108。

U 2740（T II M 12-837）+ Mainz 391　回鹘语《慈悲道场忏法》

2 叶残片，缀合后的尺寸是 36.6×10.9cm。双面书写，各 6 行。木头沟遗址出土。

参 Warnke 1978，85；Elverskog 1997，87-88；Wilkens 2003b，100。

U 2741（T II M 12-839）+ Mainz 516　回鹘语《慈悲道场忏法》

2 叶残片，缀合后的尺寸是 30.2×11cm。双面书写，各 6 行。木头沟遗址出土。

参 Warnke 1978，87；Elverskog 1997，87-88；Wilkens 2003b，104-105。

U 2742（T II M 12-840）+ Mainz 398　回鹘语《慈悲道场忏法》

2 叶残片，缀合后的尺寸是 30.3×11cm。双面书写，各 6 行。木头沟遗址出土。

参 Warnke 1978，87-88；Elverskog 1997，87-88；Wilkens 2003b，106。

U 2744（T III M 120.502）　回鹘语《佛说天地八阳神咒经》

残片 1 叶。双面书写，各 4 行，计 8 行。木头沟遗址出土。

参 Oda 1983，136；Elverskog 1997，87-88。

U 2745（T II M 174-501）　回鹘语《慈悲道场忏法》

28.9×20.1cm。双面书写，各 6 行。木头沟遗址出土。

参 Warnke 1978，53-54；Elverskog 1997，87-88；Wilkens 2003b，101。

U 2746（T II M 174-500）　回鹘语《慈悲道场忏法》

28.7×10.2cm。双面书写，各 6 行。木头沟遗址出土。

参 Warnke 1978，92-93；Elverskog 1997，87-88；Wilkens 2003b，140-141。

U 2753（T II M）　回鹘语《金光明最胜王经》卷七

9.5×8.7çm。双面书写，各 5 行。木头沟遗址出土。

参 Raschmann 2005，57-58。

U 2754（T II M 506）　回鹘语《金光明最胜王经》卷八

6.5×7cm。双面书写，各 4 行。木头沟遗址出土。

参 Raschmann 2005，139-140。

U 2755（T II M 507）　回鹘语《金光明最胜王经》卷七

9.5×9cm。双面书写，各 6 行。木头沟遗址出土。

参 Raschmann 2005，56。

U 2756（T II M 508）　回鹘语《金光明最胜王经》卷四

与 Mainz 447 可以缀合，参看该号。木头沟遗址出土。

U 2757（T II M 509）　回鹘语《慈悲道场忏法》

9×10.9cm。双面书写，各 6 行。木头沟遗址出土。

参 Wilkens 2003b，113。

U 2761（T II M 525）　回鹘语《金光明最胜王经》卷三

与 Mainz 551、U 893 可以缀合，参 Mainz 551 号。木头沟遗址出土。

U 2762（T II M 526）　回鹘语《金光明最胜王经》卷三

小残片 1 块，7.3×6.3cm。双面书写，各 4 行，计 8 行。与 Mainz 551+U 1761+U 893 等属同一写本。木头沟遗址出土。

参 Raschmann 2000，195-196，No.174，图 74。

U 2763（T II M 527）　回鹘语《金光明最胜王经》卷四

与 U 900 可以缀合，参看该号。木头沟遗址出土。

U 2764（T II M 832）　回鹘语《金光明最胜王经》卷四

小残片 1 块，7.2×9.2cm。双面书写，各 6 行，计 12 行。木头沟遗址出土。

参 Raschmann 2002，45，No.244。

U 2765（T II M 833）　回鹘语《慈悲道场忏法》

6.8×11.3cm。各 5 行。木头沟遗址出土。

参 Wilkens 2003b，243。

U 2766（T II M 834）　回鹘语《慈悲道场忏法》

与 U 1252 可以缀合，参看该号。木头沟遗址出土。

U 2767（T II M 846）　回鹘语《金光明最胜王经》卷四

与 U 2433、Mainz 140 可以缀合，参看该号。木头沟遗址出土。

U 2768（T III M 847）　回鹘语《慈悲道场忏法》

17.6×8.7cm。双面书写，各 6 行。木头沟遗址出土。

参 Wilkens 2003b，175。

U 2769（T II M 849）　回鹘语《慈悲道场忏法》

22.4×9.8cm。双面书写，各 6 行。木头沟遗址出土。

参 Warnke 1978，43-44；Elverskog 1997，87-88；Wilkens 2003b，141-142。

U 2771（T III M 851）+U 2571　回鹘语《金光明最胜王经》卷一

残片 2 叶，6.3×7.8cm，16×12.2cm，可缀合，缀合后 21.5×12.2cm。双面书写，缀合后正面背面各 6 行，计 12 行。与 U 3050 等属同一写本。木头沟遗址出土。

参 BTT XVIII，50-51，图 64-65；Elverskog 1997，65-69；Raschmann 2000，86-87，No.039。

U 2772（T III M 852）+U 2584　回鹘语《金光明最胜王经》卷一

残片 2 叶，5.2×8cm，13.5×10.5cm，可缀合，缀合后 18.7×10.5cm。缀合后正面背面各 6 行，计 12 行。木头沟遗址出土。

参 BTT XVIII，50，图 60-61；Elverskog 1997，65-69；Raschmann 2000，84-85，No.037。

U 2775（T II M 859） 回鹘语《金光明最胜王经》卷四

小残片 1 块，7.7×6.8cm。双面书写，各 4 行，计 8 行。紧接 Mainz 427。木头沟遗址出土。

参 Raschmann 2002，86-87，No. 298。

U 2778（T II M 874） 回鹘语《慈悲道场忏法》

8.2×7cm。双面书写，各 4 行。木头沟遗址出土。

参 Wilkens 2003b，131。

U 2780（T II M 877） 回鹘语《慈悲道场忏法》

10.8×10.9cm。双面书写，各 6 行。木头沟遗址出土。

参 Wilkens 2003b，111。

U 2787（T II S 2 B 501） 回鹘语《金光明最胜王经》卷二

残片 1 叶，13.5×13cm。双面书写，各 8 行，计 16 行。胜金口遗址出土。

参 BTT XXI，56-57；Raschmann 2000，111，No. 069，图 3。

U 2788（T II S 2 B 503） 回鹘语《金光明最胜王经》卷三

残片 1 叶，17.8×11.5cm。双面书写，各 6 行，计 12 行。胜金口遗址出土。

参 Raschmann 2000，192，No. 170，图 72。

U 2789（T II Y 18.500） 回鹘语《摩利支天陀罗尼经》

残片 1 叶，双面书写，正面 6 行，背面 12 行，计 18 行。交河故城出土。

参 BTT XXIII，94，112，图 104，图 105。

U 2796（T II S 20.500） 回鹘语 *Mahāpratisarā*

8.3×5.4cm。双面书写，各 6 行。胜金口遗址出土。

参 Zieme 2005，160-161。

U 2797a（T II S 20.501）＋U 2797b 回鹘语《金光明最胜王经》卷一〇

2 叶残片，尺寸分别是 3.8×2.5cm，19.2×9cm。双面书写，前者各 1 行，后者各 6 行。胜金口遗址出土。

参 Raschmann 2005，250-251。

U 2797b（T II S 20.501） 回鹘语《金光明最胜王经》卷一〇

与 U 2797a 可以缀合，参看该号。胜金口遗址出土。

U 2797c（T II S 20.501） 回鹘语《金光明最胜王经》卷一〇

5.8×5.6cm。双面书写，各 4 行。胜金口遗址出土。

参 Raschmann 2005，232-233。

U 2802（T II S 20.514） 回鹘语《金光明最胜王经》卷三

残片 1 叶，14×11cm。双面书写，各 6 行，计 12 行。胜金口遗址出土。

参 Raschmann 2000，202-203，No. 183，图 79。

U 2814（T II S 22） 回鹘语《慈悲道场忏法》

8.9×11cm。双面书写，各 6 行。胜金口遗址出土。

参 Wilkens 2003b，152。

U 2816（T II S 32） 回鹘语《金光明最胜王经》卷八

5.2×6.7cm。双面书写，各 5 行。胜金口遗址出土。

参 Raschmann 2005，118。

U 2817（T II S 32）　回鹘语《金光明最胜王经》卷一〇

9.4×8.5cm。双面书写，各6行。胜金口遗址出土。

参 Raschmann 2005，176。

U 2819（T II S 32. 501）+ U 2820　回鹘语《金光明最胜王经》题记

残片2叶，缀合后尺寸是12.1×8.7cm。双面书写，各8行，计16行。胜金口遗址出土。

参 Zieme 1981b，86-89；Raschmann 2005，262-263。

U 2820（T II S 32. 502）　回鹘语《金光明最胜王经》题记

与U 2819可以缀合，参看该号。胜金口遗址出土。

U 2821（T II S 32a）　回鹘语《金光明最胜王经》卷三

残片1叶，29.4×8.3cm。双面书写，正面5行，背面4行，计9行。与U 3384a等属同一写本。胜金口遗址出土。

参 BTT XXI，104-105；Raschmann 2000，209，No. 192，图84。

U 2822（T II S 32. 504）　回鹘语《金光明最胜王经》卷一〇

27.9×11.4cm。双面书写，各6行。胜金口遗址出土。

参 Raschmann 2005，169。

U 2823（T II S 32a. 508）　回鹘语《金光明最胜王经》卷一〇

20.3×10cm。双面书写，各6行。胜金口遗址出土。

参 Raschmann 2005，197-198。

U 2824（T II S 32. 527）　回鹘语《金光明最胜王经》卷四

残片1叶，28.2×10.9cm。双面书写，各12行。胜金口遗址出土。

参 Raschmann 2002，27，No. 216。

U 2825（T II S 32a）　回鹘语《金光明最胜王经》卷三

与U 2900、U 903可以缀合，参看U 2900号。胜金口遗址出土。

U 2826（T II S 32a）　回鹘语《金光明最胜王经》卷八

与U 2901、U 2941、U 2923、U 2885可以缀合，参看U 2901号。胜金口遗址出土。

U 2827（T II S 32a）　回鹘语《慈悲道场忏法》

10×10.6cm。双面书写，各6行。胜金口遗址出土。

参 Wilkens 2003b，64。

U 2828（T II S 32a）　回鹘语《金光明最胜王经》卷八

与U 825、U 2927可以缀合，参看U 825号。胜金口遗址出土。

U 2831（T II S 32a）　回鹘语《金光明最胜王经》卷二

小残片1块，9×7.3cm。双面书写，各4行，计8行。与U 3384a等属同一写本。胜金口遗址出土。

参 Raschmann 2000，123-124，No. 086，图15；BTT XXI，83。

U 2832（T II S 32a）　回鹘语《金光明最胜王经》卷四

小残片1块，7.2×3.7cm。双面书写，各2行，计4行。胜金口遗址出土。

参 Raschmann 2002，51，No. 251。

U 2835（T Ⅱ S 32a） 回鹘语《金光明最胜王经》卷八

与 U 2915、U 817、U 826 可以缀合，参看 U 2915 号。胜金口遗址出土。

U 2836（T Ⅱ S 32a） 回鹘语《金光明最胜王经》卷一〇

与 U 886、U 889 可以缀合，参看 U 886 号。胜金口遗址出土。

U 2837（T Ⅱ S 32a） 回鹘语《金光明最胜王经》卷一〇

与 U 783、U 791 可以缀合，参看 U 783 号。胜金口遗址出土。

U 2838（T Ⅱ S 32a） 回鹘语《金光明最胜王经》卷一〇

7.3×10.2cm。双面书写，各 6 行。胜金口遗址出土。

参 Raschmann 2005，235-236。

U 2839（T Ⅱ S 32a） 回鹘语《金光明最胜王经》卷一〇

7×5.4cm。双面书写，各 4 行。胜金口遗址出土。

参 Raschmann 2005，246。

U 2841（T Ⅱ S 32a）+ U 3589 回鹘语《慈悲道场忏法》

2 叶残片，缀合后的尺寸是 18.8×6.2cm。双面书写，各 3、4 行。胜金口遗址出土。

参 Wilkens 2003b，154。

U 2842（T Ⅱ S 32a） 回鹘语《金光明最胜王经》卷二

与 U 2847 可以缀合，参看该号。胜金口遗址出土。

U 2843（T Ⅱ S 32a） 回鹘语《金光明最胜王经》卷八

与 U 818、U 806 可以缀合，参看 U 818 号。胜金口遗址出土。

U 2846（T Ⅱ S 32a）+ U 2860 回鹘语《慈悲道场忏法》

残片 2 叶，缀合后的尺寸是 16×9.6cm。双面书写，各 6 行。胜金口遗址出土。

参 Wilkens 2003b，43。

U 2847（T Ⅱ S 32a）+ U 2842 回鹘语《金光明最胜王经》卷二

残片 2 叶，尺寸分别是 11.3×9.6cm，8.6×11cm。双面书写，各 6 行，计 12 行。与 U 3384a 等属同一写本。胜金口遗址出土。

参 Raschmann 2000，154-155，No. 124，图 43；Raschmann 2005，319-320。

U 2848（T Ⅱ S 32a） 回鹘语《金光明最胜王经》卷八

与 U 6348、U 795、U 2880 可以缀合，参看 U 6348 号。胜金口遗址出土。

U 2851（T Ⅱ S 32a） 回鹘语《金光明最胜王经》卷八

3.2×9cm。双面书写，各 6 行。胜金口遗址出土。

参 Raschmann 2005，78-79。

U 2853（T Ⅱ S 32a） 回鹘语《金光明最胜王经》卷二

小残片 1 块，9.3×7cm。与 U 3384a 等属同一写本。双面书写，各 4 行，计 8 行。胜金口遗址出土。

参 Raschmann 2000，128，No. 092，图 20；BTT XXI，91。

U 2854（T Ⅱ S 32a 2） 回鹘语《金光明最胜王经》卷一〇

与 U 2913 可以缀合，参看该号。胜金口遗址出土。

U 2855（T Ⅱ S 32a. 500） 回鹘语《金光明最胜王经》卷四

小残片 1 块，5.2×6.8cm。双面书写，各 5 行，计 10 行。胜金口遗址出土。

参 Raschmann 2002，35，No.229。

U 2856（T I D/ T II S 32a.501）　回鹘语《金光明最胜王经》卷九

8.8×7.7cm。双面书写，各 5 行。胜金口遗址出土。

参 Raschmann 2005，152。

U 2858a（T II S 32a）　回鹘语《金光明最胜王经》卷四

与 U 2883 + U 2858b 可以缀合，参看 U 2883 号。胜金口遗址出土。

U 2858b（T II S 32a.504）　回鹘语《金光明最胜王经》卷四

与 U 2883 + U 2858a 可以缀合，参看 U 2883 号。胜金口遗址出土。

U 2859（T II S 32a.505）+ U 2899　回鹘语《金光明最胜王经》卷二

小残片 1 块。16×8.2cm。双面书写，各 5 行，计 10 行。胜金口遗址出土。

参 BTT XXI，77-78，图 13-14；Raschmann 2005，312。

U 2860（T II S 32a.509）　回鹘语《慈悲道场忏法》

与 U 2846 可以缀合，参看该号。胜金口遗址出土。

U 2862（T II S 32a.515）　回鹘语《慈悲道场忏法》

与 U 2949 可以缀合，参看该号。胜金口遗址出土。

U 2863（T II S 32a）　回鹘语《金光明最胜王经》卷四

残片 1 叶，7.3×8.8cm。双面书写，各 5 行，计 10 行。胜金口遗址出土。

参 Raschmann 2002，33，No.226。

U 2864（T II S 32a.519）　回鹘语《金光明最胜王经》卷八

6×10.2cm。双面书写，各 6、5 行。胜金口遗址出土。

参 Raschmann 2005，100。

U 2865（T II S 32a.520）　回鹘语《金光明最胜王经》卷八

9.3×9.5cm。双面书写，各 6 行。胜金口遗址出土。

参 Raschmann 2005，78。

U 2866（T II S 32a.521）　回鹘语《金光明最胜王经》卷一〇

5.8×8.8cm。双面书写，各 6 行。胜金口遗址出土。

参 Raschmann 2005，249-250。

U 2868（T II Sängim Aγïs）　回鹘语《阿弥陀经》

小残片 1 块。双面书写，10 行。胜金口遗址出土。

参 Zieme 1966，134-136，图 3-4；Elverskog 1997，63-64。

U 2869（T II S 32a.524）+ U 2953　回鹘语《慈悲道场忏法》

2 叶残片，缀合后的尺寸是 19.6×10.6cm。双面书写，各 6 行。胜金口遗址出土。

参 Wilkens 2003b，147。

U 2870（T II S 32.525）　回鹘语《金光明最胜王经》卷二

残片 1 叶，20.4×11.2cm。双面书写，各 6 行，计 12 行。与 U 3384a 等属同一写本。胜金口遗址出土。

参 Raschmann 2000，150-151，No.118，图 40。

U 2871（T II S 32a）　回鹘语《金光明最胜王经》卷四

残片 1 叶，10.9×8.2cm。双面书写，各 5 行，计 10 行。胜金口遗址出土。

参 Raschmann 2002，114-115，No.335。

U 2874（T II S 32a.537）+ Mainz 602 回鹘语《金光明最胜王经》卷一〇

2 叶残片，缀合后尺寸是 25.4×9.7cm。双面书写，各 6 行。胜金口遗址出土。

参 Raschmann 2005，254-255。

U 2876（T II S 32a） 回鹘语《金光明最胜王经》卷三

与 Mainz 531a + U 2396 可以缀合，参看 Mainz 531a 号。胜金口遗址出土。

U 2878（T II S 32a.525） 回鹘语《慈悲道场忏法》

5.3×7.7cm。双面书写，各 5 行。胜金口遗址出土。

参 Wilkens 2003b，210。

U 2880（T II S 32a.548） 回鹘语《金光明最胜王经》卷八

与 U 6348、U 2848、U 795 可以缀合，参看 U 6348 号。胜金口遗址出土。

U 2881（T II S 32a.550） 回鹘语《金光明最胜王经》卷八

12.3×10.7cm。双面书写，各 6 行。胜金口遗址出土。

参 Raschmann 2005，95-96。

U 2883（T II S 32a）+ U 2858a + U 2858b 回鹘语《金光明最胜王经》卷四

残片 3 叶，7×11.2cm，5.3×3.8cm，12.6×4.7cm。双面书写，缀合后，正面背面各 6 行，计 12 行。胜金口遗址出土。

参 Raschmann 2000，40，No.236，图 14。

U 2885（T II S 32a.564） 回鹘语《金光明最胜王经》卷八

与 U 2901、U 2941、U 2826、U 2923 可以缀合，参看 U 2901 号。胜金口遗址出土。

U 2886（T II S 32a） 回鹘语《金光明最胜王经》卷三

与 Mainz 531a + U 2876 + U 2396 等属同一写本。

U 2887（T II S 32a.567） 回鹘语《金光明最胜王经》卷八

13.2×10.5cm。双面书写，各 6 行。胜金口遗址出土。

参 Raschmann 2005，89。

U 2888（T II S 32a.569） 回鹘语《金光明最胜王经》卷一〇

8.3×9.5cm。双面书写，各 6 行。胜金口遗址出土。

参 Raschmann 2005，200-201。

U 2890（T II S 32a.573） 回鹘语《慈悲道场忏法》

8.5×10.6cm。双面书写，各 6 行。胜金口遗址出土。

参 Wilkens 2003b，53。

U 2892（T II S 32a.576）+ 回鹘语《慈悲道场忏法》

与 Mainz 605a 可以缀合，参看该号。胜金口遗址出土。

U 2893（T II S 32a.578） 回鹘语《慈悲道场忏法》

8.6×10.7cm。双面书写，各 6 行。胜金口遗址出土。

参 Wilkens 2003b，52-53。

U 2896（T II S 32a.582） 回鹘语《慈悲道场忏法》

5.4×6.8cm。双面书写，各 5 行。胜金口遗址出土。

参 Wilkens 2003b，52。

U 2897（T II S 32a）＋ U 790 回鹘语《金光明最胜王经》卷二

与 U 790 可以缀合，参看该号。胜金口遗址出土。

U 2899（T II S 32a） 回鹘语《金光明最胜王经》卷二

残片 1 叶，11.8×5cm。双面书写，各 3 行，计 6 行。与 U 3384a 等属同一写本。与 U 2859 可以缀合，参看该号。胜金口遗址出土。

参 BTT XXI，88，图 4；Raschmann 2000，126，No. 090，图 20；BTT XXI，88-89。

U 2900（T II S 32a. 588）＋ U 903 ＋ U 2825 回鹘语《金光明最胜王经》卷三

其中 U 2900 尺寸是 7×8.6cm。双面书写，各 3 行。胜金口遗址出土。

参 Raschmann 2005，322-323。

U 2901（T II S 32a. 589）＋ U 2941 ＋ U 2826 ＋ U 2923 ＋ U 2885 回鹘语《金光明最胜王经》卷八

5 块小残片，前 4 件缀合后尺寸是 13.3×11cm，最后一件是 11.1×10.8cm。双面书写，均为 6 行。胜金口遗址出土。

参 Raschmann 2005，127-128。

U 2902（T II S 32a. 590） 回鹘语《慈悲道场忏法》

与 U 2946 可以缀合，参看该号。胜金口遗址出土。

U 2904（T II S 32a）＋ U 914 回鹘语《金光明最胜王经》卷四

残片 2 叶，8.1×11cm。双面书写，U 2904 正面背面各 6 行，U 914 正面背面各 5 行，计 22 行。胜金口遗址出土。

参 Raschmann 2002，102-103，No. 318，图 38。

U 2905（T II S 32a） 回鹘语《金光明最胜王经》卷四

与 U 915 可以缀合，参看该号。胜金口遗址出土。

U 2906（T II S 32a. 599）＋ U 2908 回鹘语《慈悲道场忏法》

2 叶残片，尺寸分别是 5×10cm，14.5×10.5cm。双面书写，均为 6 行。胜金口遗址出土。

参 Wilkens 2003b，63。

U 2907（T II S 32a. 603） 回鹘语《慈悲道场忏法》

6.7×11.8cm。双面书写，各 6 行。胜金口遗址出土。

参 Wilkens 2003b，128。

U 2908（T II S 32a. 608） 回鹘语《慈悲道场忏法》

与 U 2906 可以缀合，参看该号。胜金口遗址出土。

U 2909（T II S 32a. 599） 回鹘语《金光明最胜王经》卷四

残片 1 叶，18.6×10cm。双面书写，各 6 行，计 12 行。胜金口遗址出土。

参 Raschmann 2002，24，No. 212。

U 2910（T II S 32a. 611）＋ U 2938 回鹘语《金光明最胜王经》卷八

2 叶残片，尺寸分别是 8.5×8cm，4.2×6cm。双面书写，前者各 5 行，后者各 4 行。胜金口遗址出土。

参 Raschmann 2005，98-99。

U 2911（T II S 32a. 612）+ Mainz 469　回鹘语《金光明最胜王经》卷八

2 叶残片，尺寸分别是 10.6×19.3cm，6.9×7.8cm。双面书写，前者各 6 行，后者各 5 行。胜金口遗址出土。

参 BTT XIII，108-109；Tekin 1987，190（图）；Ehlers 1987，108；Elverskog 1997，65-69；Raschmann 2005，132-133。

U 2912（T II S 32a. 613）　回鹘语《金光明最胜王经》卷一〇

12.3×7.8cm。双面书写，各 4、5 行。胜金口遗址出土。

参 Raschmann 2005，259。

U 2913（T II S 32a. 615）+ U 2854　回鹘语《金光明最胜王经》卷一〇

2 叶残片，缀合后尺寸是 27×10.1cm。双面书写，各 6 行。胜金口遗址出土。

参 Raschmann 2005，192-193。

U 2915（T II S 32a. 617）+ U 817 + U 2835 + U 826　回鹘语《金光明最胜王经》卷八

4 叶残片，尺寸分别是 6.3×10.1cm，5.2×8.5cm，4.2×8.1cm，4.8×6.2cm。双面书写，前三件均为 6 行，最后一件为 5 行。胜金口遗址出土。

参 Raschmann 2005，84-85。

U 2917（T II S 32a. 620）+ U 883　回鹘语《慈悲道场忏法》

2 叶残片，尺寸分别是 11.3×10.6cm，14.5×10.6cm。双面书写，各 6 行。胜金口遗址出土。

参 Wilkens 2003b，120-121。

U 2918（T II S 32a. 622）　回鹘语《金光明最胜王经》卷八

与 U 2933、U 921 可以缀合，参看 U 2933 号。胜金口遗址出土。

U 2920（T II S 32a. 625）　回鹘语《慈悲道场忏法》

10.9×9.7cm。双面书写，各 6 行。胜金口遗址出土。

参 Wilkens 2003b，119。

U 2923（T II S 32a. 631）　回鹘语《金光明最胜王经》卷八

与 U 2901、U 2941、U 2826、U2885 可以缀合，参看 U 2901 号。胜金口遗址出土。

U 2924（T II S 32a. 632）　回鹘语《慈悲道场忏法》

8.6×6.5cm。双面书写，各 4 行。胜金口遗址出土。

参 Wilkens 2003b，50。

U 2926（T II S 32a. 635）　回鹘语《金光明最胜王经》卷八

7.3×6.5cm。双面书写，各 4 行。胜金口遗址出土。

参 Raschmann 2005，93-94。

U 2927（T II S 32a. 638）　回鹘语《金光明最胜王经》卷八

与 U 825、U 2828 可以缀合，参看 U 825 号。胜金口遗址出土。

U 2929（T II S 32a）　回鹘语《金光明最胜王经》卷四

小残片 1 块，9.2×9.6cm。双面书写，各 6 行，计 12 行。胜金口遗址出土。

参 Raschmann 2002，52-53，No. 253。

U 2930（T II S 32a）　回鹘语《金光明最胜王经》卷八

8.4×10cm。双面书写，各6行。胜金口遗址出土。

参 Raschmann 2005，103。

U 2931（T II S 32a. 648） 回鹘语《金光明最胜王经》卷四

小残片1块，5.7×6.1cm。双面书写，各4行，计8行。胜金口遗址出土。

参 Raschmann 2002，55，No. 256。

U 2933（T II S 32a. 651） + U 921 + U 2918 回鹘语《金光明最胜王经》卷八

3叶残片，尺寸分别是4.5×10cm，7.8×10.5cm，7.1×8.5cm。双面书写，前2件均为6行，后一件为6、5行。胜金口遗址出土。

参 Raschmann 2005，101-102。

U 2934（T II S 32a） + U 2948 回鹘语《金光明最胜王经》卷四

残片2叶，7×8.3cm，12.5×10.9cm。双面书写，缀合后正面背面各6行，计12行。胜金口遗址出土。

参 Raschmann 2002，84-85，No. 296，图31。

U 2935（T II S 32s. 659） + U 3003 回鹘语《慈悲道场忏法》

2叶残片，尺寸分别是7.2×9.6cm，12.1×10cm。双面书写，均为6行。胜金口遗址出土。

参 Wilkens 2003b，45-46。

U 2936（T II S 32a. 660） 回鹘语《慈悲道场忏法》

5×5.7cm。双面书写，各4行。胜金口遗址出土。

参 Wilkens 2003b，243-244。

U 2937（T II S 32a. 662） 回鹘语《金光明最胜王经》卷八

7.8×7.9cm。双面书写，各6行。胜金口遗址出土。

参 Raschmann 2005，135。

U 2938（T II S 32a. 663） 回鹘语《金光明最胜王经》卷八

与U 2910可以缀合，参看该号。胜金口遗址出土。

U 2940（T II S 32a. 665） 回鹘语《金光明最胜王经》卷一〇

双面书写，各6行。胜金口遗址出土。

参 Raschmann 2005，228。

U 2941（T II S 32a. 666） 回鹘语《金光明最胜王经》卷八

与U 2901、U 2826、U 2923、U 2885可以缀合，参看U 2901号。胜金口遗址出土。

U 2943（T II S 32a. 669） 回鹘语《金光明最胜王经》卷一〇

5×9.5cm。双面书写，各6行。胜金口遗址出土。

参 Raschmann 2005，164-165。

U 2944（T II S 32a. 670） 回鹘语《慈悲道场忏法》

与Mainz 438a、U 885可以缀合，参看Mainz 438a号。胜金口遗址出土。

U 2945（T II S 32a. 672） 回鹘语《慈悲道场忏法》

3.9×9.8cm。双面书写，各6行。胜金口遗址出土。

参 Wilkens 2003b，112。

U 2946（T II S 32a. 675） + U 2902 回鹘语《慈悲道场忏法》

2 叶残片，尺寸分别是 5×9.4cm，11.7×4.8cm。双面书写，均为 6 行。胜金口遗址出土。

参 Wilkens 2003b，95-96。

U 2947（T II S 32a）＋U 2950　回鹘语《金光明最胜王经》卷四

残片 2 叶，7×11.2cm，11.5×11.2cm。双面书写，U 2947 正面背面各 6 行，U 2950 正面背面各 6 行，缀合后正面背面各 6 行，计 12 行。胜金口遗址出土。

参 Raschmann 2002，118-119，No. 340，图 42。

U 2948（T II S 32a）　回鹘语《金光明最胜王经》卷四

与 U 2934 可以缀合，参看该号。胜金口遗址出土。

U 2949（T II S 32a. 680）＋U 2862　回鹘语《慈悲道场忏法》

2 叶残片，缀合后的尺寸是 16.5×10.7cm。双面书写，各 6 行。胜金口遗址出土。

参 Wilkens 2003b，69。

U 2950（T II S 32a）　回鹘语《金光明最胜王经》卷四

与 U 2947 可以缀合，参看该号。胜金口遗址出土。

U 2952（T II S 32a. 687）　回鹘语《慈悲道场忏法》

8.9×6.4cm。双面书写，各 3、4 行。胜金口遗址出土。

参 Wilkens 2003b，244。

U 2953（T II S 32a. 688）　回鹘语《慈悲道场忏法》

与 U 2869 可以缀合，参看该号。胜金口遗址出土。

U 2954（T II S 32a. 690）＋Mainz 533　回鹘语《慈悲道场忏法》

2 叶残片，缀合后的尺寸是 29.5×11.6cm。双面书写，各 6 行。胜金口遗址出土。

参 Wilkens 2003b，147-148。

U 2955（T II S 32a. 692）　回鹘语《金光明最胜王经》卷八

7.2×7.9cm。双面书写，各 5 行。胜金口遗址出土。

参 Raschmann 2005，108-109。

U 2957（T II S 32a. 697）　回鹘语《慈悲道场忏法》

10.1×4.2cm。双面书写，各 2 行。胜金口遗址出土。

参 Wilkens 2003b，244-245。

U 2958（T II S 32a. 698）　回鹘语《金光明最胜王经》卷八

8.5×6.8cm。双面书写，各 5 行。胜金口遗址出土。

参 Raschmann 2005，108。

U 2960（T II S 32a. 700）　回鹘语《慈悲道场忏法》

12.1×5cm。双面书写，各 3 行。胜金口遗址出土。

参 Wilkens 2003b，245。

U 2965a-l（T II S 45. 500）　回鹘语《弥勒颂》

小残片 15 块，缀合后为 15.4×7.4cm。57 行。胜金口遗址出土。

参 BTT XIII，115-120，图 159-180；Zieme 1991a，250-251；Elverskog 1997，127。

U 2966a-c（T II S 45. 501）　回鹘语《弥勒颂》

小残片 3 块，缀合后为 7.7×7.4cm。24 行。胜金口遗址出土。

参 BTT XIII，120，图 181-186；Zieme 1991a，250-251；Elverskog 1997，127。

U 2967（T II S 45.503） 婆罗迷文回鹘语词汇表

刻本残片 1 叶。胜金口遗址出土。

参 Zieme 1984a，334。

U 2972（T II S 53） 回鹘语佛教文献

残片 1 叶。胜金口遗址出土。

参 BTT XIII，78。

U 2973（T II S 53.501） 回鹘语《梁朝傅大士颂金刚经并序》

贝叶式写本，1 叶，28.5×11cm。双面书，16 行。胜金口遗址出土。

参 BTT I，9、17-18，图 1-2；Elverskog 1997，101。

U 2976（T II S 72.500） 回鹘语《阿弥陀经》卷三

残片 1 叶，双面书写，10 行。胜金口遗址出土。

参 Zieme & Kudara 1985，13-15；Zieme 1985，145-146，图 15-16；Elverskog 1997，63-64。

U 2977（T II S 77.500） 回鹘语《阿弥陀经》卷一

1 叶，保存较完整，双面书写，10 行。胜金口遗址出土。

参 Zieme & Kudara 1985，11-12、13-15；Zieme 1985，131-134，图 1-2；Elverskog 1997，63-64。

U 2978（T II S 77.500） 回鹘语《阿弥陀经》卷一

小残片 1 块，双面书写，10 行。胜金口遗址出土。

参 Zieme & Kudara 1985，12-15；Zieme 1985，140-142，图 9-10；Elverskog 1997，63-64。

U 2979（T II S 77.501） 回鹘语《阿弥陀经》卷一

小残片 1 块，双面书写，10 行。胜金口遗址出土。

参 Zieme & Kudara 1985，12-15；Zieme 1985，136-138，图 5-6；Elverskog 1997，63-64。

U 2979a（T II S 77.502） 回鹘语《阿弥陀经》卷二

残片 1 叶，双面书写，10 行。胜金口遗址出土。

参 Zieme & Kudara 1985，13-15；Zieme 1985，143-144，图 13-14；Elverskog 1997，63-64。

U 2980（T II S 77.504） 回鹘语《阿弥陀经》卷一

小残片 1 块，双面书写，10 行。胜金口遗址出土。

参 Zieme & Kudara 1985，12-15；Zieme 1985，138-140，图 7-8；Elverskog 1997，63-64。

U 2981（T II S 83） 回鹘语《梁朝傅大士颂金刚经并序》

贝叶式写本，1 叶，35×13.5cm，双面书写。16 行。胜金口遗址出土。

参 BTT I，9，29-30，图 7-8；Elverskog 1997，101。

U 2982（T II S 90.4） 回鹘语《梁朝傅大士颂金刚经并序》

贝叶式写本，1 叶，双面书写，18 行。胜金口遗址出土。

参 BTT I，9-11，30-31，图 9；Elverskog 1997，101。

U 2983（T II S 90.3） 回鹘语《梁朝傅大士颂金刚经并序》

贝叶式写本，1 叶，双面书写，18 行。胜金口遗址出土。

参 BTT I，9-11，31-32，图 10；Elverskog 1997，101。

U 2984（T II S 90.2） 回鹘语《梁朝傅大士颂金刚经并序》

贝叶式写本，1 叶，双面书写，18 行。胜金口遗址出土。

参 BTT I，9-11，32，图 11；Elverskog 1997，101。

U 2985（T II S 90.7） 回鹘语《梁朝傅大士颂金刚经并序》

贝叶式写本，1 叶，双面书写，18 行。胜金口遗址出土。

参 BTT I，9-11，33，图 12；Elverskog 1997，101。

U 2986（T II S 90.6） 回鹘语《梁朝傅大士颂金刚经并序》

贝叶式写本，1 叶，双面书写，18 行。胜金口遗址出土。

参 BTT I，9-11，33-34，图 13；Elverskog 1997，101。

U 2986a（T II S 90.5） 回鹘语《梁朝傅大士颂金刚经并序》

贝叶式写本，1 叶，双面书写，18 行。胜金口遗址出土。

参 BTT I，9-11，34-35，图 14；Elverskog 1997，101。

U 2987（T II S 90.1） 回鹘语《梁朝傅大士颂金刚经并序》

贝叶式写本，1 叶，双面书写，18 行。胜金口遗址出土。

参 BTT I，9-11，35，图 15；Elverskog 1997，101。

U 2988（T II S 90.18） 回鹘语《梁朝傅大士颂金刚经并序》

贝叶式写本，1 叶，双面书写，18 行。胜金口遗址出土。

参 BTT I，9-11，36，图 16；Elverskog 1997，101。

U 2989（T II S 90.19） 回鹘语《梁朝傅大士颂金刚经并序》

贝叶式写本，1 叶，双面书写，18 行。胜金口遗址出土。

参 BTT I，9-11，36-37，图 17；Elverskog 1997，101。

U 2990（T II S 90.17） 回鹘语《梁朝傅大士颂金刚经并序》

贝叶式写本，1 叶，双面书写，18 行。胜金口遗址出土。

参 BTT I，9-11，37-39，图 18；Elverskog 1997，101。

U 2991（T II S 90.16） 回鹘语《梁朝傅大士颂金刚经并序》

贝叶式写本，1 叶，双面书写，18 行。胜金口遗址出土。

参 BTT I，9-11，39-40，图 19；Elverskog 1997，101。

U 2992（T II S 90.15） 回鹘语《梁朝傅大士颂金刚经并序》

贝叶式写本，1 叶，双面书写，18 行。胜金口遗址出土。

参 BTT I，9-11、40，图 20；Elverskog 1997，101。

U 2993（T II S 90.14） 回鹘语《梁朝傅大士颂金刚经并序》

贝叶式写本，1 叶，双面书写，18 行。胜金口遗址出土。

参 BTT I，9-11，41，图 21；Elverskog 1997，101。

U 2994（T II S 90.13） 回鹘语《梁朝傅大士颂金刚经并序》

贝叶式写本，1 叶，双面书写，18 行。胜金口遗址出土。

参 BTT I，9-11，41-42，图 22；Elverskog 1997，101。

U 2995（T II S 90.12）　回鹘语《梁朝傅大士颂金刚经并序》

贝叶式写本，1 叶，双面书写，18 行。胜金口遗址出土。

参 BTT I，9-11，42-43，图 23；Elverskog 1997，101。

U 2996（T II S 90.11）　回鹘语《梁朝傅大士颂金刚经并序》

贝叶式写本，1 叶，双面书写，18 行。胜金口遗址出土。

参 BTT I，9-11，43，图 24；Elverskog 1997，101。

U 2997（T II S 90.10）　回鹘语《梁朝傅大士颂金刚经并序》

贝叶式写本，1 叶，双面书写，18 行。胜金口遗址出土。

参 BTT I，9-11，44，图 25；Elverskog 1997，101。

U 2998（T II S 90.9）　回鹘语《梁朝傅大士颂金刚经并序》

贝叶式写本，1 叶，双面书写，18 行。胜金口遗址出土。

参 BTT I，9-11，44-45，图 26；Elverskog 1997，101。

U 2999（T II S 90.8）　回鹘语《梁朝傅大士颂金刚经并序》

贝叶式写本，1 叶，双面书写，18 行。胜金口遗址出土。

参 BTT I，9-11，45-46，图 27；Elverskog 1997，101。

U 3000（T II S 100.500）　回鹘语《金光明最胜王经》卷四

残片 1 叶，13.4×9.5cm。双面书写，各 6 行，计 12 行。胜金口遗址出土。

参 Raschmann 2002，93，No. 305。

U 3003（T II S 32s/T II S 323）　回鹘语《慈悲道场忏法》

与 U 2935 可以缀合，参看该号。胜金口遗址出土。

U 3004（T II S 501）　回鹘语魔法文书（雨石文书）

残片 1 叶。10 行。胜金口遗址出土。

参 Zieme 1994b，148。

U 3005（T II S 502）　回鹘语《金光明最胜王经》卷一〇

9.9×11.4cm。双面书写，各 6 行。胜金口遗址出土。

参 Raschmann 2005，216-217。

U 3010（T II T 526）　回鹘语《金光明最胜王经》卷四

残片 1 叶，10.5×11cm。双面书写，各 6 行，计 12 行。吐峪沟遗址出土。

参 Raschmann 2002，21，No. 207。

U 3016（T II T 559）　回鹘语《金光明最胜王经》卷三

小残片 1 块，8.5×6.3cm。双面书写，各 4 行，计 8 行。与 U 2388 等属同一写本。吐峪沟遗址出土。

参 Raschmann 2000，191，No. 169，图 71。

U 3023（T II T 671）　回鹘语《金光明最胜王经》卷六

与 U 2280、U 2618 可以缀合，参看 U 2280 号。吐峪沟遗址出土。

U 3025（T II T 676）　回鹘语《慈悲道场忏法》

8.5×8.7cm。各 5 行。吐峪沟遗址出土。

参 Wilkens 2003b，245-246。

U 3027（T II T 1577）　回鹘语《慈悲道场忏法》

13×7.7cm。双面书写，各5行。吐峪沟遗址出土。

参 Wilkens 2003b，236。

U 3028（T II T 1676）　回鹘语《金光明最胜王经》卷四

与 Mainz 423 可以缀合，参看该号。吐峪沟遗址出土。

U 3032（T II T 676）　回鹘语《慈悲道场忏法》

8.5×8.7cm。各5行。吐峪沟遗址出土。

参 Wilkens 2003b，245-246。

U 3036（T II Xanthippe）　回鹘语《金光明最胜王经》卷六

9×9cm。双面书写，各4、6行。

参 Raschmann 2005，49-50。

U 3038（T II Xanthippe/T II x 501）+ U 2714　回鹘语《慈悲道场忏法》

残片2叶，缀合后的尺寸是26×7.3cm。双面书写，各6行。

参 Warnke 1978，49-50；Elverskog 1997，87-88；Wilkens 2003b，44。

U 3039（T II Xanthippe/T II x 502）+ Mainz 272　回鹘语《慈悲道场忏法》

前者已佚，尺寸缺；后者21.5×10.7cm。双面书写，各6行。

参 Warnke 1978，47-48；Elverskog 1997，87-88；Wilkens 2003b，40。

U 3040（T II Xanthippe/T II x 503）+ U 2713　回鹘语《慈悲道场忏法》

2叶残片，缀合后尺寸是30.1×10.4cm。双面书写，各6行。

参 Warnke 1978，47；Elverskog 1997，87-88；Wilkens 2003b，39-40。

U 3041（T II Xanthippe/T II x 504）+ U 2697　回鹘语《慈悲道场忏法》

残片2叶，缀合后的尺寸是30.2×10.7cm。双面书写，各6行。

参 Warnke 1978，48；Elverskog 1997，87-88；Wilkens 2003b，41-42。

U 3042（T II Xanthippe/T II x 505）+ U 2716　回鹘语《慈悲道场忏法》

残片2叶，缀合后的尺寸是26.2×7.3cm。双面书写，各6行。

参 Warnke 1978，49；Elverskog 1997，87-88；Wilkens 2003b，42-43。

U 3044（T II x 507/T II Xanthippe）+ U 3133　回鹘语《金光明最胜王经》卷四

小残片2块，缀合后为28×10.7cm。双面书写，缀合后正面背面各6行，计12行。

参 Raschmann 2002，83，No. 294，图31。

U 3045（T II x 508/T II Xanthippe）　回鹘语《金光明最胜王经》卷一

写本1叶，12.5×9cm。双面书写，各5行，计10行。与U 3050等属同一写本。

参 BTT XVIII，52-53，图78-79；Elverskog 1997，65-69；Raschmann 2000，94-95，No. 049。

U 3047（T II x 511/T II Xanthippe）　回鹘语《金光明最胜王经》卷四

残片1叶，10.5×10.3cm。双面书写，各6行，计12行。

参 Raschmann 2002，124，No. 348。

U 3048（T II x 512/ T II Xanthippe）　回鹘语《金光明最胜王经》卷一

残片1叶，10.5×8.1cm。双面书写，各5行，计10行。与U 3050等属同一写本。

参 BTT XVIII，53，图 80-81；Elverskog 1997，65-69；Raschmann 2000，107，No. 64。

U 3049（T II x 513/T II Xanthippe）　回鹘语《金光明最胜王经》卷二

残片 1 叶，14.7×8.6cm。双面书写，各 5 行，计 10 行。与 U 3050 等属同一写本。

参 Raschmann 2000，138，No. 102，图 26。

U 3050（T II x 513/T II Xanthippe）　回鹘语《金光明最胜王经》卷一

写本 1 叶，11.2×8.7cm。双面书写，各 5 行，计 10 行。与 U 3062、U 868、U 873、U 875、U 2584+U 2772、U 2631、U 2771+U 2571、U 2567、U 2632、U 2633、U 872、U 874、U 3053、U 3052、U 3045、U 3048、U 3061、U 3049、U 2540、U 3132、U 2634、U 3051、U 2569、U 3522 及 U 3056 属同一写本。

参 BTT XVIII，48，图 50-51；Elverskog 1997，65-69；Raschmann 2000，64，No. 012。

U 3051（T II x 515/T II Xanthippe）　回鹘语《金光明最胜王经》卷二

残片 1 叶，12.8×11.3cm。双面书写，各 6 行，计 12 行。与 U 3050 等属同一写本。

参 Raschmann 2000，148-149，No. 116，图 39。

U 3052（T II x 517/T II Xanthippe）　回鹘语《金光明最胜王经》卷一

写本 1 叶，16.3×10.2cm。双面书写，各 6 行，计 12 行。与 U 3050 等属同一写本。

参 BTT XVIII，52，图 76-77；Elverskog 1997，65-69；Raschmann 2000，93-94，No. 048。

U 3053（T II x 518/T II Xanthippe）　回鹘语《金光明最胜王经》卷一

写本 1 叶，11×9.2cm。双面书写，各 5 行，计 10 行。与 U 3050 等属同一写本。

参 BTT XVIII，52，图 74-75；Elverskog 1997，65-69；Raschmann 2000，93，No. 047。

U 3054（T II Xanthippe/T II x 525）　回鹘语《慈悲道场忏法》

与 U 2419、U 2717 可以缀合，参看 U 2419 号。木头沟遗址出土。

U 3055（T II Xanthippe/T II x 526）+U 2679　回鹘语《慈悲道场忏法》

2 叶残片，尺寸分别是 15×10.6cm，8×9.2cm。双面书写，均为各 6 行。

参 Wilkens 2003b，38。

U 3056（T II x 532/T II Xanthippe）　回鹘语《金光明最胜王经》卷二

残片 1 叶，11.2×8cm。双面书写，各 4 行，计 8 行。与 U 3050 等属同一写本。

参 Raschmann 2000，153，No. 122，图 42。

U 3057（T II x 533/T II Xanthippe）　回鹘语《金光明最胜王经》卷一

梵荚装写本 1 叶，7.7×10.2cm。双面书写，各 5 行，计 10 行。与 U 3387 等属同一写本。

参 BTT XVIII，55，图 96-97；Elverskog 1997，65-69；Raschmann 2000，75-76，No. 025。

U 3059（T II Xanthippe/T II x 540）　回鹘语《金光明最胜王经》卷二

12.5×9.7cm。双面书写，各5行。

参 Raschmann 2005，315。

U 3060（T II Xanthippe） 回鹘语《金光明最胜王经》卷二

9.1×10.7cm。双面书写，各6行。

参 Raschmann 2005，318。

U 3061（T II x 542/T II Xanthippe） 回鹘语《金光明最胜王经》卷一

残片1叶，10×7.2cm。双面书写，各4行，计8行。与U 3050等属同一写本。

参 BTT XVIII，53，图82-83；Elverskog 1997，65-69；Raschmann 2000，108，No. 065。

U 3062（T II x 543/T II Xanthippe） 回鹘语《金光明最胜王经》卷一

残片1叶，16.6×12.5cm。双面书写，各6行，计12行。与U 3050等属同一写本。

参 BTT XVIII，49，图52-53；Elverskog 1997，65-69；Raschmann 2000，74，No. 23。

U 3063（T II Xanthippe/T II x 544） 回鹘语《金光明最胜王经》卷二

16.2×11.7cm。双面书写，各6行。

参 Raschmann 2005，316。

U 3067（T II Y 5.502） 回鹘语佛教徒忏悔文

残片1叶。交河故城出土。

U 3071（T II Y 9） 回鹘语《金光明最胜王经》卷六

23.2×11cm。双面书写，各3、4行。交河故城出土。

参 Raschmann 2005，25。

U 3073（T II Y 14）+ U 3078 回鹘语《慈悲道场忏法》

2叶残片，尺寸分别是13.1×6.3cm，20.2×11cm。双面书写，各7行。交河故城出土。

参 Wilkens 2003b，108-109。

U 3074（T II Y 14.500） 回鹘语《佛教忏悔书》

残片1叶，16×5.1cm。双面书写，各5行，计10行。交河故城出土。

参 BTT XX，10-11，图157-158；Wilkens 2003b，265。

U 3076（T II Y 14.503）+ U 3079 回鹘语《慈悲道场忏法》

2叶残片，缀合后的尺寸是32×11.3cm。双面书写，各7行。交河故城出土。

参 Wilkens 2003b，79。

U 3077a+b（T II Y 14.503 + T II Y 14.503） 回鹘语《慈悲道场忏法》

2叶残片，尺寸分别是7.1×10cm，15.4×10cm。双面书写，各7行。交河故城出土。

参 Wilkens 2003b，112-113。

U 3078（T II Y 14.504） 回鹘语《慈悲道场忏法》

与U 3073可以缀合，参看该号。交河故城出土。

U 3079（T II Y 14.506） 回鹘语《慈悲道场忏法》

与U 3076可以缀合，参看该号。交河故城出土。

U 3080（T Ⅱ Y 49.507） 回鹘语《慈悲道场忏法》

10×11.3cm。双面书写，各7行。交河故城出土。

参 Wilkens 2003b，91。

U 3081（T Ⅱ Y 14.508） 回鹘语《慈悲道场忏法》

10.8×11.2cm。双面书写，各7行。交河故城出土。

参 Wilkens 2003b，246。

U 3082（T Ⅱ Y 14.509） 回鹘语《佛说天地八阳神咒经》

残片1叶。双面书写，各7行，计14行。交河故城出土。

参 Oda 1983，134；Elverskog 1997，95-97。

U 3086（T Ⅱ Y 15-4） 回鹘语佛教文献

残片1叶。交河故城出土。

参 BTT XIII，83。

U 3088（T Ⅱ Y 15） 回鹘语贝块形佛经

双面书写，各7行，计14行。交河故城出土。

参 Zieme & Kara 1978，152-153。

U 3092（T Ⅱ Y 15.505） 回鹘语佛教题记

残片1叶。9行。交河故城出土。

参 Zieme 1981b，82-83。

U 3094a，b（T Ⅱ Y 17） 回鹘语《慈悲道场忏法》

2叶碎片。交河故城出土。

参 Wilkens 2003b，246-247。

U 3096（T Ⅱ Y 17.502） 回鹘语《佛说天地八阳神咒经》

贝叶残片1叶。双面书写，各7行，计14行。交河故城出土。

参 Oda 1983，132；Elverskog 1997，95-97。

U 3097（T Ⅱ Y 17.503） 回鹘语《慈悲道场忏法》

10.5×10.9cm。双面书写，各7行。交河故城出土。

参 Wilkens 2003b，122-123。

U 3098（T Ⅱ Y 18） 回鹘语《佛教忏悔书》

14.8×7.3cm。双面书写，各5行。交河故城出土。

参 Wilkens 2003b，259-260。

U 3099（T Ⅱ Y 18） 回鹘语《慈悲道场忏法》

6.6×11.1cm。双面书写，各7行。交河故城出土。

参 Wilkens 2003b，114。

U 3101（T Ⅱ Y 18） 回鹘语《慈悲道场忏法》

11.2×8.2cm。双面书写，各6行。交河故城出土。

参 Wilkens 2003b，117-118。

U 3102（T Ⅱ Y 18.500） 回鹘语《慈悲道场忏法》

与Mainz 422可以缀合，参看该号。交河故城出土。

U 3103（T II Y 18.501） 回鹘语《佛说天地八阳神咒经》

贝叶残片1叶，16×20cm。双面书写，各5行，计10行。交河故城出土。

参 Oda 1983，136；Elverskog 1997，95-97。

U 3104（T II Y 18.503） 回鹘语《慈悲道场忏法》

31.2×10.6cm。双面书写，各7行。交河故城出土。

参 Wilkens 2003b，122。

U 3107（T II Y 22） 回鹘语《荀居士抄〈金刚经〉灵验记》

写本1叶。14行。交河故城出土。

参 Zieme 1999a，276-288+图；杨富学2003，379-382。

U 3112（T II Y 37.500） 回鹘语《慈悲道场忏法》

29.9×11.2cm。双面书写，各7行。交河故城出土。

参 Wilkens 2003b，116-117，图2。

U 3113（T II Y 40.1.500） 回鹘语《佛教忏悔书》

19.1×7.4cm。双面书写，各5行，计10行。交河故城出土。

参 Zieme 1969b，108-109，图5-6；Elverskog 1997，135-136；Wilkens 2003b，255。

U 3114（T II Y 40.2.501） 回鹘语《佛教忏悔书》

19.1×7.4cm。双面书写，各5行，计10行。交河故城出土。

参 Zieme 1969b，108，图1-2；Elverskog 1997，135-136；Wilkens 2003b，250。

U 3115（T II Y 40.3.502） 回鹘语《佛教忏悔书》

19.1×7.4cm。双面书写，各5行，计10行。交河故城出土。

参 Zieme 1969b，109，图7-8；Elverskog 1997，135-136；Wilkens 2003b，256。

U 3116（T II Y 40.4.503） 回鹘语《佛教忏悔书》

19.1×7.4cm。双面书写，各5行，计10行。交河故城出土。

参 Zieme 1969b，108，图3-4；Elverskog 1997，135-136；Wilkens 2003b，250-251。

U 3117（T II Y 40.5.504） 回鹘语《佛教忏悔书》

19.1×7.4cm。双面书写，各5行，计10行。交河故城出土。

参 Zieme 1969b，109，图9-10；Elverskog 1997，135-136；Wilkens 2003b，261-262。

U 3118（T II Y 49.500） 回鹘语《慈悲道场忏法》

10.2×11.5cm。双面书写，各7行。交河故城出土。

参 Wilkens 2003b，83。

U 3130（T II Xanthippe/T II Y 510） 回鹘语《金光明最胜王经》卷一〇

与Mainz 162可以缀合，参看该号。

U 3131（T II Xanthippe/T II（Y?）1054） 回鹘语《金光明最胜王经》卷二

与U 866、U 2630可以缀合，参看U 866号。

U 3132（T II Y 1055/T II Xanthippe） 回鹘语《金光明最胜王经》卷二

残片1叶，13.5×9.5cm。双面书写，各5行，计10行。与U 3050等属同一写本。交河故城出土。

参 Raschmann 2000，147-148，No. 114，图38。

U 3133（T II γoğam M）　回鹘语《金光明最胜王经》卷四

与U 3044可以缀合，参看该号。

U 3136（T III 56. 59）　回鹘语《慈悲道场忏法》

18. 6×11. 4cm。双面书写，各6行。

参 Wilkens 2003b，212。

U 3137（T III 56. 501）　回鹘语《慈悲道场忏法》

16. 9×11. 1cm。双面书写，各6行。

参 Wilkens 2003b，144-145，图5。

U 3139（T III 62. 500）　回鹘语《父母恩重经》

残片1叶，9. 7×13cm。双面书写，各6行。

参 BTT XIII，69，76-77，图69-70；Wilkens 2003b，271。

U 3144（T III 84-48）　回鹘语《梁朝傅大士颂金刚经并序》

平装式写本，1叶，纸幅15. 5×14cm。16行。

参 BTT I，1146，图28；Elverskog 1997，101。

U 3147（T III 118/ T III 118c）+ U 3322 + Mainz 476　回鹘语《金光明最胜王经》卷一〇

前二者缀合后尺寸是31. 5×19. 9cm，双面书写，各10行。后者尺寸是10. 7×13. 4cm，双面书写，各7行。

参 Raschmann 2005，207-209。

U 3148（T III 118）　回鹘语《金光明最胜王经》卷七

残片1叶，25. 5×20cm。双面书写，各10行。

参 Maue & Sertkaya 1986，85-86，图7-8；Elverskog 1997，65-69；Raschmann 2005，59。

U 3149a（T III M 115）+ U 3237　回鹘语《金光明最胜王经》卷七

2叶残片，尺寸分别是15×19. 1cm，14. 6×14. 5cm。双面书写，均为10行。木头沟遗址出土。

参 Raschmann 2005，69-70。

U 3149b（T III 118）　回鹘语《金光明最胜王经》卷八

14. 3×20cm。双面书写，各10行。

参 Raschmann 2005，126-127。

U 3150（T III 118）　回鹘语《金光明最胜王经》卷一

与U 3157可以缀合，参看该号。

U 3151（T III 118）　回鹘语《金光明最胜王经》卷四

小残片1块，8. 2×7. 3cm。双面书写，各4行，计8行。

参 Raschmann 2002，81，No. 291。

U 3153（T III 118）　回鹘语《金光明最胜王经》卷五

残片1叶，12. 7×6. 6cm。双面书写，各3行，计6行。紧接U 3241。

参 Raschmann 2002，143，No. 373。

U 3154（T III 118-6）　回鹘语《金光明最胜王经》卷四

小残片1块，16×20cm。双面书写，各10行，计20行。

参 Raschmann 2002，110-111，No. 329。

U 3155（T III 118）　回鹘语《金光明最胜王经》卷四

残片1叶，44×19.5cm。双面书写，各10行，计20行。紧接 U 3154。

参 Raschmann 2002，113，No. 332。

U 3156（T III 118 g）　回鹘语《金光明最胜王经》卷次未详

12×9.5cm。双面书写，各5行。

参 Raschmann 2005，303-304。

U 3157（T III 118 g）+ U 3150　回鹘语《金光明最胜王经》卷一

残片2叶，缀合后尺寸是27.13×18cm。双面书写，各9行，计18行。与 U 2375 + U 2479 等属同一写卷。

参 BTT XVIII，46，图 36-37；Elverskog 1997，65-69；Raschmann 2000，76-77，No. 027；Raschmann 2005，306-307。

U 3158（T III 1317）　回鹘语《金光明最胜王经》卷四

小残片1块，7.5×9.6cm。双面书写，各6行，计12行。

参 Raschmann 2002，111，No. 330。

U 3160（T III 218）　回鹘语《金光明最胜王经》卷七

9.8×5.8cm。双面书写，各4行。

参 Raschmann 2005，58。

U 3161（T III 218）　回鹘语《金光明最胜王经》卷四

残片1叶，10.5×10.9cm。双面书写，各6行，计12行。

参 Raschmann 2002，17-18，No. 201。

U 3163（T III 218. 513）　回鹘语《父母恩重经》

残片1叶，7×17cm。双面书写，各5行，计10行。

参 BTT XIII，73，图 58-59；Wilkens 2003b，267。

U 3164（T III 218. 515）　回鹘语《金光明最胜王经》卷七

7.5×9.3cm。双面书写，各6行。

参 Raschmann 2005，74。

U 3165（T III 218）+ U 2437　回鹘语《金光明最胜王经》卷七

2叶残片，尺寸分别是11.8×10.8cm，20×10.8cm。双面书写，均为6行。

参 Raschmann 2005，61-62。

U 3166（T III 218）+ Mainz 592　回鹘语《金光明最胜王经》卷四

残片2叶，其中 U 3166 面积为8.2×11.2cm。双面书写，缀合后正面背面各6行，计12行。

参 Tekin（unpbl.）；Kaya 1994，169；Raschmann 2002，60，No. 262，图 22。

U 3168（T III 234）　回鹘语《金光明最胜王经》卷四

与 U 3170 可以缀合，参看该号。

U 3170（T III 234）+ U 3168　回鹘语《金光明最胜王经》卷四

残片 2 叶，14.8×11.7cm、14.2×11.5cm。双面书写，U 3170 正面背面各 6 行，U 3168 正面背面各 6 行，缀合后正面背面各 6 行，计 12 行。

参 Raschmann 2002，92，No. 304，图 35。

U 3171（T III 234. 502）　回鹘语《金光明最胜王经》卷四

残片 1 叶，24.8×11cm。双面书写，各 6 行，计 12 行。

参 Raschmann 2002，125，No. 350。

U 3172（T III 234. 500）　回鹘语《妙法莲华经》

残片 1 叶，7.3×15.4cm。10 行。

参 Zieme 1991a，253-254，图 8-9。

U 3175（T III 501）　回鹘语《金光明最胜王经》卷二

残片 1 叶，14.5×6.7cm。双面书写，各 4 行，计 8 行。

参 Raschmann 2000，143，No. 109，图 34。

U 3176（T III 218）+ Mainz 500　回鹘语《金光明最胜王经》卷四

与 Mainz 500 可以缀合，参看该号。

U 3193（T III B TV 51. 500）　回鹘语《金光明最胜王经》卷九

8.8×8.4cm。双面书写，各 5、6 行。

参 Raschmann 2005，149。

U 3202（T III M 111）　回鹘语《金光明最胜王经》卷四

残片 1 叶，46.8×19.5cm。双面书写，各 10 行，计 20 行。紧接 U 3224。木头沟遗址出土。

参 Raschmann 2002，79，No. 288。

U 3203（T III M 115）　回鹘语《金光明最胜王经》卷八

17.3×20.3cm。双面书写，各 10 行。木头沟遗址出土。

参 Raschmann 2005，140-141。

U 3204（T III M 115）　回鹘语佛教文献

残片 1 叶。

参 BTT XIII，165。

U 3205（T III M 115）　回鹘语《金光明最胜王经》卷二

与 Mainz 498a 可以缀合，参看该号。木头沟遗址出土。

U 3207（T III M 115）　回鹘语《金光明最胜王经》卷二

残片 1 叶，25×10.5cm。双面书写，各 6 行，计 12 行。木头沟遗址出土。

参 Raschmann 2000，125-126，No. 089，图 19；BTT XXI，87-88。

U 3208（T III M 120）+ U 3229　回鹘语《佛说北斗七星延命经》

残片 2 叶，可缀合，缀合后 13.3×14.5cm。双面书写，正面 8 行，背面 7 行，计 15 行。木头沟遗址出土。

参 BTT XXIII，119，130-132，图 114，图 115。

U 3209（T III M 120）　回鹘语《金光明最胜王经》卷四

残片 1 叶，26.2×19.8cm。双面书写，各 10 行，计 20 行。紧接 U 3210 + U 3216。木头沟遗址出土。

参 Raschmann 2002，104-105，No. 320。

U 3210（T III M 120. 501） + U 3216　回鹘语《金光明最胜王经》卷四

残片2叶，11×12.2cm，11.1×6cm。U 3210正面背面各7行，U 3216正面背面各3行，计20行。紧接Mainz 416a。木头沟遗址出土。

参 Raschmann 2002，101-102，No. 317，图37。

U 3211a（T III M 120）　回鹘语《金光明最胜王经》卷七

与Mainz 792可以缀合，参看该号。木头沟遗址出土。

U 3212（T III M 120）　回鹘语《金光明最胜王经》卷五

残片1叶，21.5×11.7cm。双面书写，各6行，计12行。木头沟遗址出土。

参 Raschmann 2002，146，No. 376。

U 3213（T III M 120） + U 3283a　回鹘语《金光明最胜王经》卷二

残片2叶，16.3×16cm，19.2×11.5cm。34行。与U3253a可以缀合，参看该号。木头沟遗址出土。

参 Raschmann 2000，图28-29。

U 3215（T III M 120）　回鹘语《金光明最胜王经》卷五

残片1叶，13.2×7.3cm。双面书写，各4行，计8行。木头沟遗址出土。

参 Raschmann 2002，141，No. 370。

U 3216（T III M 120. 501） + U 3210　回鹘语《金光明最胜王经》卷四

与U 3210可以缀合，参看该号。木头沟遗址出土。

U 3217（T III M 122） + U 3220　回鹘语《金光明最胜王经》卷八

2叶残片，尺寸分别是12×5.5cm，14.2×11.2cm。双面书写，前者各3、2行，后者各5行。木头沟遗址出土。

参 Raschmann 2005，89-90。

U 3220（T III M 122）　回鹘语《金光明最胜王经》卷八

与U 3217可以缀合，参看该号。木头沟遗址出土。

U 3222（T III M 122）　回鹘语《金光明最胜王经》卷二

残片1叶，8.5×10.8cm。双面书写，各6行，计12行。与U 2375 + U 2479等属同一写卷。木头沟遗址出土。

参 Raschmann 2000，155-156，No. 125，图44。

U 3223（T III M 122）　回鹘语《金光明最胜王经》卷四

残片1叶，11×11.8cm。双面书写，正面6行，背面7行，计13行。木头沟遗址出土。

参 Raschmann 2002，75，No. 283。

U 3224（T III M 122）　回鹘语《金光明最胜王经》卷四

残片1叶，29.5×19.5cm。紧接U 3253b + U 3512 + U 3574。双面书写，各10行，计20行。木头沟遗址出土。

参 Raschmann 2002，78，No. 287。

U 3225（T III M 122）　回鹘语《金光明最胜王经》卷八

与U 3509可以缀合，参看该号。木头沟遗址出土。

U 3226（T III M 122）　回鹘语《金光明最胜王经》卷八

7.2×7.7cm。双面书写，各4行。木头沟遗址出土。

参 Raschmann 2005，122。

U 3228（T III M 122-a）　回鹘语《金光明最胜王经》卷三

残片1叶，23.8×20cm。双面书写，各10行，计20行。与U 2375+U 2479等属同一写卷。木头沟遗址出土。

参 Raschmann 2000，189，No. 166，图70。

U 3229（T III M 123）+ U 3208　回鹘语《佛说北斗七星延命经》

与U 3208可以缀合，参看该号。木头沟遗址出土。

U 3230（T III M 123）　回鹘语《佛说天地八阳神咒经》

残片1叶。双面书写，正面5行，背面6行，计11行。木头沟遗址出土。

参 Oda 1983，138；Elverskog 1997，95-97。

U 3232（T III M 123）　回鹘语《金光明最胜王经》卷五

残片1叶，8.9×9.7cm。双面书写，正面5行，背面6行，计11行。木头沟遗址出土。

参 Raschmann 2002，130-131，No. 358。

U 3233（T III M 123）　回鹘语《金光明最胜王经》卷七

与U 3459、U 3351可以缀合，参看U 3459号。木头沟遗址出土。

U 3234（T III M 127）　回鹘语《金光明最胜王经》卷四

残片1叶，21.5×20cm。双面书写，各10行，计20行。木头沟遗址出土。

参 Raschmann 2002，117-118，No. 339。

U 3235（T III 127）　回鹘语《金光明最胜王经》卷四

与U 3477可以缀合，参看该号。

U 3236（T III M 127）　回鹘语《佛说北斗七星延命经》

13.3×14.5cm。双面书写，各8行，计16行。木头沟遗址出土。

参 TTT VII，9，48，77-78；杨富学、邓浩 1997，159，166；Elverskog 1997，93；杨富学 1998a，153；BTT XXIII，120，图116-117。

U 3237（T III M 127）+　回鹘语《金光明最胜王经》卷七

与U 3149a可以缀合，参看该号。木头沟遗址出土。

U 3238a（T III 127.500）　回鹘语《金光明最胜王经》卷五

与U 3239a可以缀合，参看该号。

U 3238b（T III 127.500）　回鹘语《金光明最胜王经》

与U 3239b可以缀合，参看该号。

U 3239a（T III 127.501）+ U 3238a　回鹘语《金光明最胜王经》卷五

残片2叶，缀合后为20.5×10cm。双面书写，缀合后正面背面各6行，计12行。

参 Raschmann 2002，132-133，No. 361；图45。

U 3239b（T III 127.501）+ U 3238b　回鹘语《金光明最胜王经》

残片2叶，缀合后为20×10.5cm。双面书写，缀合后正面背面各6行，计12行。

参 Raschmann 2002，133-134，No. 362；图45。

U 3240（T III M 127） **回鹘语《金光明最胜王经》卷一**

残片1叶，26.8×20.2cm。双面书写，各10行，计20行。木头沟遗址出土。

参 BTT XVIII，47，图42-43；Elverskog 1997，65-69；Raschmann 2000，79-80，No.031。

U 3241（T III M 127） **回鹘语《金光明最胜王经》卷五**

残片1叶，16.3×19.4cm。双面书写，各10行，计20行。木头沟遗址出土。

参 Raschmann 2002，140，No.369。

U 3242（T III M 127-f） **回鹘语《金光明最胜王经》卷一**

残片1叶，25.5×19.8cm。双面书写，各10行，计20行。与U 2375+U 2479等属同一写卷。木头沟遗址出土。

参 BTT XVIII，46-47，图40-41；Elverskog 1997，65-69；Raschmann 2000，79，No.030。

U 3243（T III M 127） **回鹘语《金光明最胜王经》卷一〇**

8.8×9cm。双面书写，各4、5行。木头沟遗址出土。

参 Raschmann 2005，205-206。

U 3244（T III M 131） **回鹘语《金光明最胜王经》**

残片1叶。20行。木头沟遗址出土。

参 Maue & Sertkaya 1986，84-85；Elverskog 1997，65-69。

U 3245（T III M 131） **回鹘语《金光明最胜王经》卷七**

残片1叶。20×20cm。双面书写，各10行。木头沟遗址出土。

参 Raschmann 2005，60-61。

U 3246（T III M 131） **回鹘语《金光明最胜王经》卷四**

与U 3291等可以缀合，参看该号。木头沟遗址出土。

U 3247（T III M 131）+U 3249 **回鹘语《金光明最胜王经》卷四**

残片2叶，21.3×19.5cm，16.9×10.3cm。双面书写，U 3247正面背面各10行，U 3249正面背面各5行，缀合后正面背面各10行，计20行。木头沟遗址出土。

参 Raschmann 2002，89-90，No.302，图34。

U 3249（T III M 131） **回鹘语《金光明最胜王经》卷四**

与U 3247可以缀合，参看该号。木头沟遗址出土。

U 3251（T III M 131 d）+Mainz 416b **回鹘语《金光明最胜王经》卷八**

2叶残片，尺寸分别是17.5×14.5cm，8.4×7.3cm。双面书写，前者各7行，后者各4行。木头沟遗址出土。

参 Raschmann 2005，113。

U 3252（T III M 131d） **回鹘语《金光明最胜王经》卷八**

12.5×8.8cm。双面书写，各5行。木头沟遗址出土。

参 Raschmann 2005，80。

U 3253a（T III M 131）+U 3213+U 3483 **回鹘语《金光明最胜王经》卷二**

残片2叶，19.2×11.5cm，16.3×16cm。双面书写，U 3253a各6行，U 3213各9行，计30行。与U 2375+U 2479等属同一写卷。木头沟遗址出土。

参 Raschmann 2000，136-137，No. 101，图 28-29；BTT XXI，105；Raschmann 2005，313-314。

U 3253b（T III M 131）＋U 3512 ＋U 3574　回鹘语《金光明最胜王经》卷四

残片 3 叶，10.6×8.4cm，9.5×5.5cm，12.2×10.4cm。双面书写，U 3253b 正面背面各 4 行，U 3512 正面背面各 3 行，U 3574 正面背面各 5 行，计 24 行。木头沟遗址出土。

参 Raschmann 2002，76-77，No. 285，图 29。

U 3253c（T III M 131）　回鹘语《金光明最胜王经》卷四

残片 1 叶，17.5×19.5cm。双面书写，各 10 行，计 20 行。木头沟遗址出土。

参 Raschmann 2002，84，No. 295。

U 3254a（T III M 131-e）　回鹘语《金光明最胜王经》卷五

与 U 3254b 可以缀合，参看该号。木头沟遗址出土。

U 3254b（T III M 131-e）＋U 3254a　回鹘语《金光明最胜王经》卷五

2 叶残片，尺寸分别是 13×14.8cm，8×6.3cm。双面书写，各 8、7 行。木头沟遗址出土。

参 Raschmann 2005，332-333。

U 3255（T III M 137）　回鹘语《金光明最胜王经》卷四

与 U 3291 等可以缀合，参看该号。木头沟遗址出土。

U 3256（T III M 137.500）　回鹘语《慈悲道场忏法》

13.9×10.3cm。双面书写，各 6 行。木头沟遗址出土。

参 Wilkens 2003b，140。

U 3257（T III M 139.500）　回鹘语《金光明最胜王经》卷一

残片 1 叶，11×10.5cm。双面书写，正面 6 行，背面 9 行，计 15 行。木头沟遗址出土。

参 BTT XVIII，67，图 136-137；Elverskog 1997，65-69；Raschmann 2000，68-69，No. 017。

U 3260（T III M 148.504）＋U 3261　回鹘语《慈悲道场忏法》

2 叶残片，尺寸分别是 8.6×11.1cm，8×8.5cm。双面书写，各 6、5 行。木头沟遗址出土。

参 Wilkens 2003b，157-158。

U 3261（T III M 148.506）　回鹘语《慈悲道场忏法》

与 U 3260 可以缀合，参看该号。木头沟遗址出土。

U 3263a（T III M 149，Höhle 30）　回鹘语《金光明最胜王经》卷五

与 U 3481 等可以缀合，参看该号。木头沟遗址出土。

U 3263b（T III M 149）　回鹘语《金光明最胜王经》卷五

与 U 3481 可以缀合，参看该号。木头沟遗址出土。

U 3263c（T III M 146）　回鹘语《金光明最胜王经》卷八

11.5×3.7cm。双面书写，各 3、2 行。木头沟遗址出土。

参 Raschmann 2005，97。

U 3264（T III M 150.500） 回鹘语《慈悲道场忏法》

13.5×11cm。双面书写，各6行。木头沟遗址出土。

参 Wilkens 2003b，155-156。

U 3265（T III M 160.500） 回鹘语《慈悲道场忏法》

9.5×10.7cm。双面书写，各6行。木头沟遗址出土。

参 Warnke 1983，244；Elverskog 1997，87-88；Wilkens 2003b，164。

U 3266（T III M 160.501） 回鹘语《慈悲道场忏法》

4×10.7cm。各6行。木头沟遗址出土。

参 Wilkens 2003b，247。

U 3269a（T III M 168.500） 回鹘语《父母恩重经》

19×14.8cm。双面书写，各8行。木头沟遗址出土。

参 BTT XIII，69，73-74，图62-63；Wilkens 2003b，267-268。

U 3269b（T III M 168.500） 回鹘语《父母恩重经》

18.9×14.7cm。双面书写，各8行。木头沟遗址出土。

参 BTT XIII，75-76，图64-65；Wilkens 2003b，269。

U 3270（T III M 168 10/T III M 168.504） 回鹘语《慈悲道场忏法》

25.8×10.9cm。双面书写，各6行。木头沟遗址出土。

参 Warnke 1983，245，图1-2；Elverskog 1997，87-88；Wilkens 2003b，160。

U 3271（T III M 168 9/T III M 168.508） 回鹘语《慈悲道场忏法》

30.3×10.8cm。双面书写，各6行。木头沟遗址出土。

参 Warnke 1983，245-246，图3-4；Elverskog 1997，87-88；Wilkens 2003b，161。

U 3272（T III M 168 5/T III M 168.507） 回鹘语《慈悲道场忏法》

28×10.8cm。双面书写，各6行。木头沟遗址出土。

参 Warnke 1983，247，图11-12；Elverskog 1997，87-88；Wilkens 2003b，166。

U 3273（T III M 168 7/T III M 168.509） 回鹘语《慈悲道场忏法》

28.8×11cm。双面书写，各6行。木头沟遗址出土。

参 Warnke 1983，246-247，图7-8；Wilkens 2003b，162-163。

U 3274（T III M 168 8/T III M 168.502） 回鹘语《慈悲道场忏法》

28.3×10.9cm。双面书写，各6行。木头沟遗址出土。

参 Warnke 1983，246，图5-6；Elverskog 1997，87-88；Wilkens 2003b，161-162。

U 3275（T III M 168 6/T III M 168.505） 回鹘语《慈悲道场忏法》

28.2×11.1cm。双面书写，各6行。木头沟遗址出土。

参 Warnke 1983，247，图9-10；Elverskog 1997，87-88；Wilkens 2003b，165-166。

U 3276（T III M 168 4/T III M 168.501） 回鹘语《慈悲道场忏法》

27.7×10.8cm。双面书写，各6行。木头沟遗址出土。

参 Warnke 1983，247-248，图13-14；Elverskog 1997，87-88；Wilkens 2003b，167-168。

U 3277（T III M 168 2） 回鹘语《慈悲道场忏法》

26.7×11.1cm。双面书写，各6行。木头沟遗址出土。

参 Warnke 1983，248-249，图 17-18；Elverskog 1997，87-88；Wilkens 2003b，171。

U 3278（T III M 168 3/T III M 168-503）　回鹘语《慈悲道场忏法》

26.2×10.5cm。双面书写，各6行。木头沟遗址出土。

参 Warnke 1983，248，图 15-16；Elverskog 1997，87-88；Wilkens 2003b，170-171。

U 3279（T III M 168 1/T III M 168-506）　回鹘语《慈悲道场忏法》

24.3×11.2cm。双面书写，各6行。木头沟遗址出土。

参 Warnke 1983，249，图 19-20；Elverskog 1997，87-88；Wilkens 2003b，172-173。

U 3281（T II M 174-502）　回鹘语《慈悲道场忏法》

30.3×12.2cm。双面书写，各6行。木头沟遗址出土。

参 Wilkens 2003b，67。

U 3282（T III M 1173.177）+ U 3397　回鹘语《金光明最胜王经》卷二

残片2叶，8.9×9.8cm，12.6×13cm。双面书写，U 3282正面背面各5行，U 3397正面背面各7行，计24行。木头沟遗址出土。

参 Raschmann 2000，139-140，No.105，图 31。

U 3285（T III M 192）　回鹘语《金光明最胜王经》卷一

写本1叶，23.5×20cm。双面书写，各10行，计20行。与U 2375+U 2479等属同一写卷。木头沟遗址出土。

参 BTT XVIII，48，图 48-49；Zieme 1976b，342-347；Kaya 1994，77；Raschmann 1995a，36，54，88，97，99，111；Elverskog 1997，65-69；Raschmann 2000，99，No.055。

U 3288（T III M 206）　回鹘语《金光明最胜王经》卷二

与Mainz 549可以缀合，参看该号。木头沟遗址出土。

U 3289（T III M 206）　回鹘语《金光明最胜王经》卷六

9.8×6.6cm。双面书写，各4行。木头沟遗址出土。

参 Raschmann 2005，22。

U 3291（T III M 115）+ U 3246 + U 3255　回鹘语《金光明最胜王经》卷四

残片3叶，12.2×7.1cm，21×19cm，8.5×8.2cm。双面书写，缀合后正面背面各10行，计20行。木头沟遗址出土。

参 Raschmann 2002，72-73，No.280，图 28。

U 3292（T III 218.501）　回鹘语《金光明最胜王经》卷四

与U 2620可以缀合，参看该号。

U 3296（T III M 219.500）　回鹘语《妙法莲华经》

残片1叶，7.2×17.7cm。7行。木头沟遗址出土。

参 Zieme 1991a，253，图 2-3。

U 3299（T III M 219.511）　回鹘语《金光明最胜王经》题记

9.3×8.2cm。双面书写，各5行。木头沟遗址出土。

参 Raschmann 2005，260。

U 3302（T III M 219. 516）　回鹘语《金光明最胜王经》卷七

8. 8×10. 7cm。双面书写，各6行。木头沟遗址出土。

参 Raschmann 2005，51-52。

U 3306（T III M 219. 523）　回鹘语《金光明最胜王经》卷四

残片1叶，12×10. 9cm。双面书写，各6行，计12行。木头沟遗址出土。

参 Raschmann 2002，23-24，No. 211。

U 3315（T III 234）　回鹘语《金光明最胜王经》卷四

与Mainz 164可以缀合，参看该号。

U 3316（T III 234）　回鹘语《金光明最胜王经》卷四

与Mainz 142可以缀合，参看该号。

U 3317（T III M 238. 500）　回鹘语《妙法莲华经》

残片1叶，7×17. 4cm。正面、背面各5行。计10行。木头沟遗址出土。

参 Zieme 1991a，254，图6-7。

U 3319（［T III］M 239）　回鹘语《金光明最胜王经》卷四

与Mainz 424可以缀合，参看该号。木头沟遗址出土。

U 3320（T III M 239. 511）　回鹘语《金光明最胜王经》卷四

残片1叶，25. 4×11. 4cm。双面书写，各6行，计12行。紧接U 904。木头沟遗址出土。

参 Raschmann 2002，98-99，No. 313。

U 3322（T III M 249. 503）　回鹘语《金光明最胜王经》卷一〇

与U 3147、Mainz 476可以缀合，参看U 3147号。木头沟遗址出土。

U 3323（T III M 249. 501）　回鹘语《慈悲道场忏法》

17. 5×8. 1cm。双面书写，各6行。木头沟遗址出土。

参 Wilkens 2003b，133。

U 3325（T III M 249. 503）　回鹘语《金光明最胜王经》卷六

8. 3×7. 6cm。双面书写，各5行。木头沟遗址出土。

参 Raschmann 2005，30-31。

U 3328（T III M 219. 514）　回鹘语《金光明最胜王经》卷四

与Mainz 479可以缀合，参看该号。木头沟遗址出土。

U 3333（T III T 297）　回鹘语《杂阿含经》

残片1叶，15. 2×20. 4cm，两面书写，夹写汉字，计18行。吐峪沟遗址出土。

参 Kudara & Zieme 1983，301-307，图13-14；Elverskog 1997，20-21。

U 3340（T III T 538）　回鹘语《金光明最胜王经》卷四

小残片1块，8. 5×7. 5cm。双面书写，各5行，计10行。吐峪沟遗址出土。

参 Raschmann 2002，65，No. 268。

U 3341（T III TV 49）　回鹘语《佛顶心大陀罗尼》

残片1叶，9. 8×18. 8cm，双面书写，12行。吐鲁番北山前坡地遗址出土。

参 Kara & Zieme 1986，319，330-331，图14-15；Elverskog 1997，91-92。

U 3350（T Ⅲ TV 59） + U 3355 回鹘语《金光明最胜王经》卷四

残片2叶，缀合后为21×10cm。双面书写，缀合后正面背面各6行，计12行。吐鲁番北山前坡地遗址出土。

参 Raschmann 2002，63-64，No. 266，图25。

U 3351 （T Ⅲ TV 59） 回鹘语《金光明最胜王经》卷七

与U 3459、U 3233可以缀合，参看U 3459号。吐鲁番北山前坡地遗址出土。

U 3353（T Ⅲ TV 59. 500） 回鹘语《慈悲道场忏法》

29. 4×10. 6cm。双面书写，各6行。吐鲁番北山前坡地遗址出土。

参 BTT XX，79；Wilkens 2003b，219-220。

U 3354（T Ⅲ TV 59） 回鹘语《金光明最胜王经》卷四

与U 3361可以缀合，参看该号。吐鲁番北山前坡地遗址出土。

U 3355（T Ⅲ TV 59） 回鹘语《金光明最胜王经》卷四

与U 3350可以缀合，参看该号。吐鲁番北山前坡地遗址出土。

U 3358（T Ⅲ TV 59. 505） 回鹘语《金光明最胜王经》卷八

28. 5×11. 3cm。双面书写，各6行。吐鲁番北山前坡地遗址出土。

参 Raschmann 2005，119-120。

U 3359（T Ⅲ TV 59. 506） 回鹘语《金光明最胜王经》卷八

24. 2×11cm。双面书写，各6行。吐鲁番北山前坡地遗址出土。

参 Raschmann 2005，91-92。

U 3361（T Ⅲ TV 60） + U 3354 回鹘语《金光明最胜王经》卷四

残片2叶，缀合后为21. 5×10. 2cm。双面书写，缀合后正面背面各6行，计12行。吐鲁番北山前坡地遗址出土。

参 Raschmann 2002，85-86，No. 297，图32。

U 3362（T Ⅲ TV 68） 回鹘语《圆觉经》

残片1叶，12. 5×15cm，双面书写，各12行，计24行。吐鲁番北山前坡地遗址出土。

参 Elverskog 1997，90-91；Zieme 1999d，464-467，图8-9；Zieme 2002a，281-287。

U 3367（T Ⅲ TV 68. 506） 回鹘语文献

吐鲁番北山前坡地遗址出土。

参 Zieme & Kara 1978，57。

U 3374（T Ⅲ TV Ⅱ S） 回鹘语《金光明最胜王经》卷一〇

5. 8×7. 6cm。双面书写，各5行。吐鲁番北山前坡地遗址出土。

参 Raschmann 2005，256。

U 3382a（T Ⅲ x 501/T Ⅲ Xanthippe） + U 3388 回鹘语《金光明最胜王经》卷一

梵荚装写本2叶，11. 9×10. 1cm，10. 4×11. 5cm，属同一写本，但不能严密缀合。双面书写，各6行，计12行。与U 3387等属同一写本。

参 BTT XVIII，55，图94-95；Elverskog 1997，65-69；Raschmann 2000，62-63，No. 010。

U 3382b（T III x 501/T III Xanthippe） 回鹘语《金光明最胜王经》卷一

梵荚装写本1叶，11.8×10.8cm。双面书写，各6行，计12行。与U 3387等属同一写本。

参 BTT XVIII，55，图92-93；Elverskog 1997，65-69；Raschmann 2000，61-62，No. 009。

U 3384a（T II S 32a） 回鹘语《金光明最胜王经》卷二

残片1叶，8.8×9.7cm。双面书写，各6行，计12行。与U 827、U 2831、U 2899、U 2853、U 2870、U 2847及U 2821属同一写本。胜金口遗址出土。

参 BTT XXI，64-65；Raschmann 2000，114-115，No. 074，图7。

U 3385（T III Xanthippe/T III x 509） 回鹘语《慈悲道场忏法》

9.2×9.3cm。双面书写，各6行。

参 Wilkens 2003b，137。

U 3386（T III Xanthippe/T III x 512） 回鹘语《慈悲道场忏法》

12.9×9.2cm。双面书写，各6行。

参 Wilkens 2003b，136-137。

U 3387（T III x 512/T III Xanthippe） 回鹘语《金光明最胜王经》卷一

写本1叶，9.7×9.2cm。双面书写，各5行，计10行。与U 907b、Mainz 529b、U 3382b、U 3382a + U 3388及U 3057属同一写本。

参 BTT XVIII，54，图86-87；Elverskog 1997，65-69；Raschmann 2000，59-60，No. 006。

U 3388（T III x 514/T III Xanthippe） 回鹘语《金光明最胜王经》卷一

与U 3382a可以缀合，参看该号。

U 3393（T II M 436） 回鹘语《慈悲道场忏法》

6.8×8.9cm。各5、6行。

参 Wilkens 2003b，247-248。

U 3394（T I TM 466） 回鹘语《金光明最胜王经》卷七

16.5×10.8cm。双面书写，各6行。

参 Zieme & Kara 1978，84；Raschmann 2005，72。

U 3397（[T III?] M 178） 回鹘语《金光明最胜王经》卷二

与U 3282可以缀合，参看该号。木头沟遗址出土。

U 3399（M 178） 回鹘语《慈悲道场忏法》

与U 2382可以缀合，参看该号。

U 3414（无原编号） 回鹘语《金光明最胜王经》卷五

小残片1块，5.7×8.4cm。双面书写，各6行，计12行。

参 Raschmann 2002，155，No. 387。

U 3418（无原编号） 回鹘语《慈悲道场忏法》

6.4×10.1cm。双面书写，各7行。

参 Wilkens 2003b，94。

U 3422（无原编号） 回鹘语《阿弥陀经》

极小残片 1 块。双面书写，计 10 行。

参 Zieme 1985，142-143，图 11-12；Elverskog 1997，63-64。

U 3427（无原编号） 回鹘语《金光明最胜王经》卷一〇

9×11.5cm。双面书写，各 6 行。

参 Raschmann 2005，205。

U 3429（无原编号） 回鹘语《金光明最胜王经》卷七

10×9.8cm。双面书写，各 6 行。

参 Raschmann 2005，69。

U 3431（无原编号）+ U 882 回鹘语《金光明最胜王经》卷一〇

2 叶残片，尺寸分别是 15.6×11cm，11.5×11.5cm。双面书写，均各为 6 行。

参 Raschmann 2005，220-221。

U 3432（无原编号） 回鹘语《金光明最胜王经》卷一〇

13.8×10cm。双面书写，各 6 行。

参 Raschmann 2005，218。

U 3447（无原编号） 回鹘语《金光明最胜王经》卷二

残片 1 叶，6.5×7.3cm。双面书写，各 5 行，计 10 行。与 Mainz 522 属同一写本。

参 BTT XXI，66；Raschmann 2000，115，No. 075；图 7。

U 3455（T I） 回鹘语《金光明最胜王经》卷八

17.3×19cm。双面书写，各 10 行。

参 Raschmann 2005，94。

U 3459（无原编号）+ U 3233 + U 3351 回鹘语《金光明最胜王经》卷七

3 叶残片，尺寸分别是 38×19.2cm，11.2×10.8cm，13.7×5.5cm。双面书写，分别为 10、6、3 行。

参 Raschmann 2005，67-69。

U 3476（无原编号） 回鹘语《金光明最胜王经》卷一

残片 1 叶，9×8.4cm。双面书写，正面 4 行，背面 5 行，计 9 行。与 U 2375 + U 2479等属同一写卷。

参 BTT XVIII，46，图 38-39；Elverskog 1997，65-69；Raschmann 2000，78，No. 029。

U 3477（无原编号）+ U 3235 回鹘语《金光明最胜王经》卷四

残片 2 叶，缀合后为 47.3×20.7cm。双面书写，缀合后正面背面各 10 行，计 20 行。

参 Raschmann 2002，88，No. 300，图 33。

U 3481（无原编号）+ U 3263a + U 3263b 回鹘语《金光明最胜王经》卷五

小残片 3 块，4.8×4cm，8×10.8cm，4.5×7cm。双面书写，缀合后正面背面各 6 行，计 12 行。

参 Raschmann 2002，159-160，No. 393，图 47。

U 3483（无原编号） 回鹘语《金光明最胜王经》卷二

与 U 3253a、U 3213 可以缀合，参看 U 3253a。

U 3484（无原编号） 回鹘语《金光明最胜王经》卷三

3.5×5.7cm。双面书写，各4、3行。

参 Raschmann 2005，321。

U 3488（无原编号）+**U 3212** 回鹘语《金光明最胜王经》卷五

2叶残片，缀合后尺寸是21.7×12.8cm。双面书写，各7行。

参 Raschmann 2005，335-336。

U 3509（无原编号）+**U 3225** 回鹘语《金光明最胜王经》卷八

2叶残片，缀合后尺寸是23.6×23.1cm。双面书写，各8行。

参 Raschmann 2005，125-126。

U 3510（无原编号） 回鹘语《金光明最胜王经》卷八

18.3×10.4cm。双面书写，各6行。

参 Raschmann 2005，133-134。

U 3512（无原编号） 回鹘语《金光明最胜王经》卷四

与3253b、U 3574可以缀合，参看3253b。

U 3513（**T II D 538**） 回鹘语《慈悲道场忏法》

15.9×5.8cm。双面书写，各4行。高昌故城出土。

参 Wilkens 2003b，92。

U 3516（无原编号） 回鹘语佛经残片

残片1叶。

参 BTT XIII，148。

U 3517（无原编号） 回鹘语《十王生七经》

与U 3892可以缀合，参看该号。

参 Zieme 1996a，407。

U 3518（无原编号） 回鹘语《佛说天地八阳神咒经》

残片1叶，16行。其中佛、菩萨名用朱笔书写。

参 Oda 1983，131；Elverskog 1997，95-97。

U 3522（无原编号） 回鹘语《金光明最胜王经》卷二

残片1叶，13.5×10.3cm。双面书写，各6行，计12行。与U 3050等属同一写本。

参 Raschmann 2000，151-152，No.120，图41。

U 3526（无原编号） 回鹘语《佛说天地八阳神咒经》

残片1叶。双面书写，各3行，计6行。

参 Oda 1983，138；Elverskog 1997，95-97。

U 3534（无原编号） 回鹘语《金光明最胜王经》卷四

残片1叶，15.6×10.1cm。双面书写，各6行，计12行。紧接U 2527。

参 Raschmann 2002，43-44，No.241。

U 3535（无原编号） 回鹘语《金光明最胜王经》卷七

12.6×10.8cm。双面书写，各3、4行。

参 Raschmann 2005，73-74。

U 3536（无原编号） 回鹘语《金光明最胜王经》卷三

残片 1 叶，8.3×14.4cm。计 10 行。

参 BTT XIII，56，88；Raschmann 2000，171，No. 144，图 57。

U 3539（无原编号） 回鹘语《金光明最胜王经》卷一

残片 1 叶，12.3×8.4cm。双面书写，各 5 行，计 10 行。

参 BTT XVIII，56，图 100-101；Elverskog 1997，65-69；Raschmann 2000，101-102，No. 058。

U 3550（无原编号） 回鹘语《慈悲道场忏法》

9.6×9.9cm。双面书写，各 6 行。

参 Wilkens 2003b，231。

U 3542（无原编号） 回鹘语《妙法莲华经·药王菩萨本事品》

残片 1 叶，12.5×14.3cm。双面书写，各 11 行，计 22 行。

参 Zieme 1989d，371-376，图 1-2；Elverskog 1997，59-60。

U 3552（无原编号） 回鹘语《金光明最胜王经》卷四

残片 1 叶，10×8.3cm。双面书写，正面背面各 5 行，计 10 行。

参 Raschmann 2002，87，No. 299。

U 3563（无原编号） 回鹘语《金光明最胜王经》卷二

残片 1 叶，6.9×10.7cm。双面书写，各 6 行，计 12 行。与 U 5108 等属同一写本。

参 Raschmann 2000，156-157，No. 127，图 44。

U 3565（无原编号） 回鹘语《金光明最胜王经》卷四

残片 1 叶，12.6×10cm。双面书写，各 6 行，计 12 行。

参 Raschmann 2002，19，No. 204。

U 3567（无原编号） 回鹘语《慈悲道场忏法》

与 U 2438 可以缀合，参看该号。

U 3568 回鹘语《秘密集会怛特罗》

残片 1 叶，6×8cm，双面书写，各 7 行，计 14 行。

参 BTT VII，79，图 47。

U 3570（无原编号） 回鹘语《佛说天地八阳神咒经》

残片 1 叶。双面书写，各 4 行，计 8 行。

参 Oda 1983，139；Elverskog 1997，95-97。

U 3574（［T III］M）+ U 3253b + U 3512 回鹘语《金光明最胜王经》卷四

与 U 3253b 等可以缀合，参看该号。

U 3576（无原编号） 回鹘语《佛顶心大陀罗尼》

与 U 5168 和 U 5169 可以缀合，参看 U 5168。

U 3585（无原编号） 回鹘语《金光明最胜王经》卷七

13×12cm。双面书写，各 6 行。

参 Raschmann 2005，55-56。

U 3586（无原编号） 回鹘语《金光明最胜王经》卷四

残片 1 叶，10.9×11.5cm。双面书写，各 7 行，计 14 行。

参 Raschmann 2002，123，No. 347。

U 3587（无原编号） 回鹘语《慈悲道场忏法》

10.2×9cm。双面书写，各6行。

参 Wilkens 2003b，223。

U 3588（无原编号） 回鹘语《金光明最胜王经》卷四

残片1叶，9.3×10cm。双面书写，各6行，计12行。

参 Raschmann 2002，122-123，No. 346。

U 3589（无原编号） 回鹘语《慈悲道场忏法》

与U 2841可以缀合，参看该号。

U 3591（无原编号） 回鹘语《梁朝傅大士颂金刚经并序》

与U 2675可以缀合，参看该号。

U 3601（无原编号） 回鹘语《梁朝傅大士颂金刚经并序》

贝叶式写本，1叶，14.7×9.7cm，双面书写，计16行。

参 BTT I，11、48-49，图39；Elverskog 1997，101。

U 3610（无原编号） 回鹘语《慈悲道场忏法》

14.2×7.3cm。双面书写，各4行。

参 Wilkens 2003b，144。

U 3615b（无原编号） 回鹘语《弥勒会见记》

可与U 3803及U 3807缀合。双面书写，各6行，计12行。

参 Laut 2002，133-134，图VI。

U 3616 回鹘语《弥勒会见记》

U 3678（T II） 回鹘语《弥勒会见记》

U 3680（TII S 2 B） 回鹘语《弥勒会见记》

胜金口遗址出土。

U 3681（无原编号） 回鹘语《弥勒会见记》

U 3702（T II S 2） 回鹘语《弥勒会见记》

胜金口遗址出土。

U 3709（T II S 2 B） 回鹘语《弥勒会见记》

胜金口遗址出土。

U 3726（无原编号） 回鹘语《弥勒会见记》

参 Geng，Laut & Pinault 2004，29-94，图5-6。

U 3733（T II S 2 B/297h） 回鹘语《弥勒会见记》

胜金口遗址出土。

参 Geng，Laut & Pinault 2004，29-94，图9-10。

U 3745 回鹘语《弥勒会见记》

U 3764（无原编号） 回鹘语《弥勒会见记》

参 Geng，Laut & Pinault 2004，29-94，图11-12。

U 3767（无原编号） 回鹘语《弥勒会见记》

参 Geng，Laut & Pinault 2004，29-94，图11-12。

U 3775（无原编号）　回鹘语《弥勒会见记》

参 Geng，Laut & Pinault 2004，29-94，图 13。

U 3779（T II S 2B Nr. 553）　回鹘语佛教文献

残片 1 叶。胜金口遗址出土。

参 BTT XIII，107。

U 3803（无原编号）　回鹘语《弥勒会见记》

可与 U 3615b 及 U 3807 缀合。双面书写，各 3 行，计 6 行。

参 Laut 2002，133，图 VI。

U 3804（TM 58）　回鹘语《须达拏太子本生》

残片 1 叶，其上部有较完整的故事画，下栏为回鹘语，但残损严重，每行所余已无完整单词，刻本。22 行。

参 熊谷宣夫 1956，99-101，图 IXb；Gabain 1967，pp. 25-26，图 11；Zieme 1975b，205-206；Zieme 1984b，157-170，图 2；BTT XIII，40，图 12（编号为 U 3904）；Elverskog 1997，41。

U 3807（无原编号）　回鹘语《弥勒会见记》

可与 U 3615b 及 U 3803 缀合。双面书写，各 6 行，计 12 行。

参 Laut 2002，133，图 VI。

U 3808（无原编号）　回鹘语《弥勒会见记》

参 Geng，Laut & Pinault 2004，29-94，图 9-10。

U 3820（无原编号）　回鹘语《弥勒会见记》

参 Geng，Laut & Pinault 2004，29-94，图 9-10。

U 3827（T I 1043）　回鹘语《佛说天地八阳神咒经》

卷轴装写本残片 1 叶。5 行，前 4 行用朱笔书写。

参 Oda 1983，130；Elverskog 1997，95-97。

U 3831（T III M 177）　回鹘语《佛说毗沙门天王经》

较完整写本 1 叶。金粉双面书写，正面 5 行，背面 6 行，计 11 行。木头沟遗址出土。

参 BTT XXIII，31-32，39-41，图 3，4。

U 3832（T III 167. 415）　回鹘语《佛说毗沙门天王经》

较完整写本 1 叶。金粉双面书写，正面 7 行，背面 5 行，计 12 行。

参 BTT XXIII，31-32，35-37，图 1，2。

U 3833a（无原编号）　回鹘语《七观世音菩萨符陀罗尼》

残片 1 叶。与 U 3833b 属同一写本。双面书写，各 3 行，计 6 行。

参 BTT XIII，166；BTT XXIII，180-181，图 181，182。

U 3833b（无原编号）　回鹘语《七观世音菩萨符陀罗尼》

残片 1 叶。与 U 3833a 属同一写本。双面书写，正面 4 行，背面 5 行，计 9 行。

参 BTT XIII，166；BTT XXIII，181-182，图 183，184。

U 3834（T I）　汉文符咒

残片一叶。背面为回鹘文。应与 U 3854a、U 3854b 属同一写本。

参 BTT XXIII，184-185，图 201，202。

U 3840（T II 1972） 维摩诘变相图

残片 1 叶，14.2×9.2cm。本件据考出自吐峪沟石窟。

参 Ebert2000，202。

U 3843（T I） 回鹘语佛典扉画

参 BTT XXIII，151-152，图 146。

U 3854a（T I α） 符咒

残片一叶。背面为回鹘文。应与 U 3854b、U 3834 属同一写本。高昌故城 α 遗址出土。

参 BTT XXIII，184-185，图 203，204。

U 3854b（T I α） 符咒

残片一叶。背面为回鹘文。应与 U 3854a、U 3834 属同一写本。高昌故城 α 遗址出土。

参 BTT XXIII，184-185，图 203，204。

U 3859（T III M 128） 回鹘语《佛说北斗七星延命经》

残片 1 叶，13.3×14.5cm。双面书写，正面 3 行，背面 2 行，计 5 行。木头沟遗址出土。

参 BTT XXIII，119-120，图 121，122。

U 3883（T III 281） 回鹘语《圣救度佛母二十一种礼赞经》

残片 1 叶。元代回鹘学者安藏译。

参 BTT VII，78；Zieme 1989c，196-197；耿世民 2001，463；杨富学 2003，424-425。

U 3887r（T I D 1031） 汉语《推得病日法》（拟）

13.1×8.1cm，3 行。背面为白画，一妇人（供养人?）坐像，一童子持旗乘龙像，旁有一行小字“子水兑□”。高昌故城出土。

参 Nishiwaki 2001，93；余欣（待刊稿）。

U 3890（T III B） 回鹘语书信

残片 1 叶。葡萄沟废寺遗址出土。

参 Zieme 1974c，666。

U 3892（无原编号）+ U 3517 回鹘语《佛说十王经》

残片 1 叶，计 34 行。

参 Zieme 1996a，407；Elverskog 1997，103-104。

U 3896（T II D 85）+ U 4919 + U 4918 回鹘语《消除灾难经》

残片 3 叶，可缀合，缀合后计 25 行。与 U 4917 属同一写本。

参 BTT XXIII，82，86-87，图 46。

U 3903（T II Y 63a） 回鹘语《佛教忏悔书》

14.5×37cm。双面书写，各 27 行。交河故城出土。

参 TTT IV，434-437，Text D；Wilkens 2003b，253-254，图 9。

U 3907（无原编号） 回鹘语土地买卖契

残片 1 叶，50 ×24.5cm，长方形墨印 4 方。计 28 行。

参 Radloff 1928，44-46；山田信夫 1963，31，32，45，48，51，52；Arat 1964a，47，49，53-55；Zieme 1974a，295；Clark 1975，No. 47；Zieme 1980a，203；山田信夫 1993b，64-65；山田信夫 1993c，图 53；李经纬 1996a，111-114；耿世民 2006，173-175。

U 3908（T Ⅲ M 205） 回鹘语土地买卖契

完整写卷 1 叶，46 ×36.5cm。26 行。木头沟遗址出土。

参 Zieme 1974a. 295-308，图 1-2；Clark 1975，No. 33；李经纬 1990，56-58；森安孝夫 1989，55，62；森安孝夫 1991，65；山田信夫 1993b，8-9；山田信夫 1993c，图 4-5；李经纬 1996a，119-123；郑炳林、杨富学 1997，20；Moriyasu 2004a，78；耿世民 2006，143-144。

U 3910-3999 缺号

U 4009 + U 4731 + U 4122 回鹘语《圣一切如来顶髻中出白伞盖佛母余无能乱总持》

残片 1 叶，断为 3 块。5 行。

参 Porció 2003，103。

U 4010（T I） 回鹘语《圣救度佛母二十一种礼赞经》

刻本残片 1 块，10 ×11.5cm。6 行。元代回鹘学者安藏译。

参 Zieme 1982d，589-591，图 1；Elverskog 1997，123-124；耿世民 2001，463。

U 4018a = MongHT 88

U 4018d（T I μ） + U 4102 + U 4106 + U 4107 回鹘语《金光明最胜王经》卷三

小残片 4 块，尺寸分别是 9 ×9.9cm，8.4 ×10.3cm，12.5 ×10cm，11.1 ×9.8cm。计 11 行。刻本。高昌故城 μ 遗址出土。

参 BTT XIII，92，图 112-113；Elverskog 1997，65-69；Raschmann 2005，264-265。

U 4035b（无原编号） 回鹘语《佛本行集经》

残片 1 叶。4 行。

参 BTT XIII，59-60，图 42；Elverskog 1997，35。

U 4073（T I D） 回鹘语《佛说圣妙吉祥真实名经》

残片 1 叶。5 行。高昌故城出土。

参 BTT VIII，100，图 35；Elverskog 1997，114-115。

U 4078（T I D，TM 451） 回鹘语《须达拏太子本生》

残片 1 叶，左边为插图，右边为文字。4 行。高昌故城出土。

参 Zieme 1984b，157-170，图 11；BTT XIII，38，图 10；Elverskog 1997，36。

U 4079（T I D，TM 453） 回鹘语佛教文献

残片 1 叶。7 行。高昌故城出土。

参 BTT XIII，167，图 225。

U 4080（T I D） 回鹘语《梁朝傅大士颂金刚经并序》

刻本。高昌故城出土。

参 BTT I，19；Elverskog 1997，101。

U 4083（T I D） 回鹘语《佛说毗沙门天王经》

刻本1叶。6行。高昌故城出土。

参 BTT XXIII，32-33，41，图5。

U 4087（T I D（a））　回鹘语《圆觉经》

与U 4088可以缀合，参看该号。高昌故城出土。

U 4088（T I D（b））+ U 4087　回鹘语《圆觉经》

残片2叶，刻本，分别为6×9.5cm和9×10cm，计10行。高昌故城出土。

参 Elverskog 1997，90-91；Zieme 1999d，455，459，图2。

U 4089（T I D 605）　回鹘语《佛说北斗七星延命经》

刻本2叶，16.7×17.6cm。每页5行，计10行。高昌故城出土。

参 BTT XXIII，123，图130。

U 4093（T I D 673）　回鹘语《佛说圣妙吉祥真实名经》

残片1叶。6行。高昌故城出土。

参 BTT VIII，99-100，图35；Elverskog 1997，114-115。

U 4095（T I D 675）　回鹘语《佛说圣妙吉祥真实名经》

残片，3行。与T III M 246内容一致。高昌故城出土。

参 BTT VIII，图34。

U 4096（T I D 676）+ U 4116　回鹘语《佛本生故事》

刻本1叶。15行。高昌故城出土。

参 BTT XIII，37-38，图9；Elverskog 1997，36。

U 4097（T I D 677）　回鹘语《佛说圣妙吉祥真实名经》

残片1叶。5行。高昌故城出土。

参 BTT VIII，102，图37；Elverskog 1997，114-115。

U 4101（T I μ）　回鹘语《佛本生故事》

刻本残片1叶，上部有插图痕迹。8行。高昌故城μ遗址出土。

参 BTT XIII，35，图5；Elverskog 1997，36。

U 4102（T I μ）　回鹘语《金光明最胜王经》卷三

与U 4018d、U 4106、U 4107可以缀合，参看U 4018d。高昌故城μ遗址出土。

U 4104（T I μ）　回鹘语《须达拏太子本生》

刻本残片1叶。12行。高昌故城μ遗址出土。

参 BTT XIII，41-42，图16；Elverskog 1997，41。

U 4105（T I μ）　回鹘语《须达拏太子本生》

刻本残片1叶。12行。高昌故城μ遗址出土。

参 BTT XIII，42，图17；Elverskog 1997，41。

U 4106（T I μ）　回鹘语《金光明最胜王经》卷三

与U 4018d、U 4102、U 4107可以缀合，参看U 4018d。高昌故城μ遗址出土。

U 4107（T I μ）　回鹘语《金光明最胜王经》卷三

与U 4018d、U 4102、U 4106可以缀合，参看U 4018d。高昌故城μ遗址出土。

U 4108（T I μ）　回鹘语《须达拏太子本生》

刻本残片1叶。9行。高昌故城μ遗址出土。

参 BTT XIII，42-43，图 18；Elverskog 1997，41-42。

U4109（T I μ）　回鹘语《佛本生故事》

与 U 4804a-b 可以缀合，参看该号。高昌故城 μ 遗址出土。

U 4111（T I μ）　回鹘语《佛说圣妙吉祥真实名经》

残片 1 叶。3 行。高昌故城 μ 遗址出土。

U 4114　回鹘语《圣一切如来顶髻中出白伞盖佛母余无能乱总持》

残片 1 叶。5 行。

参 Porció 2003，104。

U 4116（T I μ）+ U 4096（T I D 676）　回鹘语《佛本生故事》

刻本 1 叶。15 行。高昌故城 μ 遗址出土。

参 BTT XIII，37-38，图 9；Elverskog 1997，36。

U 4122 回鹘语《圣一切如来顶髻中出白伞盖佛母余无能乱总持》

与 U 4009 可以缀合，参看该号。

U 4123（T I μ）　回鹘语《诸星母陀罗尼经》

完整写本 1 叶。5 行。高昌故城 μ 遗址出土。

参 BTT XXIII，62，63，图 35。

U 4124（T I μ）　回鹘语《秘密集会怛特罗》

残片，刻本，9 行。1333 年印成于大都普庆寺（Puking Si Vrxar）。高昌故城 μ 遗址出土。

参 BTT VII，66，图 48；杨富学 2003，339。

U 4125（T I μ 502）　回鹘语《须达拏太子本生》

残片 1 叶，刻本。高昌故城 μ 遗址出土。

参 BTT XIII，43，图 19；Elverskog 1997，41-42。

U 4131（T II 888）　回鹘语《佛说圣妙吉祥真实名经》

残片 1 叶。2 行。

U 4132（T II 892）+ U 4290　回鹘语佛教诗集

残片 1 叶。

参 BTT XIII，149，图 214。

U 4134（T II 904）　回鹘语《佛说圣妙吉祥真实名经》

与 Mainz 305 可以缀合，参看该号。

U 4135（T II 932）　回鹘语《圣一切如来顶髻中出白伞盖佛母余无能乱总持》

刻本残片 1 叶，12.2 × 8.2cm。4 行。旧比定为《圣救度佛母二十一种礼赞经》，当正之。

参 Zieme 1982d，592，图 3；Elverskog 1997，108-109。

U 4138（T II 989）　回鹘语《圆觉经》

残片 1 叶，刻本，10 × 16.5cm，9 行。

参 Elverskog 1997，90-91；Zieme 1999d，455、461-462，图 5。

U 4143（T II 1077）　回鹘语《佛说圣妙吉祥真实名经》

残片 1 叶。13 行。

参 BTT VIII，113-114，图46；Elverskog 1997，114-115

U 4144a（T II 1078）　回鹘语《佛说圣妙吉祥真实名经》

残片1叶。8行。

参 BTT VIII，108，图42；Elverskog 1997，114-115。

U 4144b（T II 1078）　回鹘语《佛说圣妙吉祥真实名经》

残片1叶。3行。

U 4145（T II 3085）　回鹘语《圣一切如来顶髻中出白伞盖佛母余无能乱总持》

残片1叶，刻本，8.5×10.3cm。4行。旧比定为《圣救度佛母二十一种礼赞经》，当正之。

参 Zieme 1982d，591-592，图2；Elverskog 1997，108-109。

U 4150（T II D 26）　回鹘语《佛说圣妙吉祥真实名经》

残片1叶。4行。

U 4151 = MongHT 61

U 4152 = MongHT 67

U 4153 = MongHT 59

U 4154 = MongHT 62

U 4155 = MongHT 66

U 4156 = MongHT 64

U 4157（T II D 63）　回鹘语《摩利支天陀罗尼经》

刻本1叶。8行。

参 BTT XXIII，95，图107。

U 4162（T II D 80）　回鹘语佛经题记

残片1叶。高昌故城出土。

参 BTT XIII，181，图236。

U 4164（T II D 201-514）　回鹘语《大方广佛华严经普贤行愿品》

高昌故城出土。

参 Zieme 1982b，601。

U 4166（T II D 261）　回鹘语《大方广佛华严经普贤行愿品》

参 Elverskog 1997，62。

U 4172（T II M 11）　回鹘语《佛顶心大陀罗尼》

残片1叶，刻本，11行。木头沟遗址出土。

参 Kara & Zieme 1986，320，330，图13；Elverskog 1997，91-92。

U 4183（T II S 26）　回鹘语《圆觉经》

残片1叶，刻本，17×16cm，9行。胜金口遗址出土。

参 Elverskog 1997，90-91；Zieme 1999d，455-458，图1。

U 4186（T II S 32）　回鹘语《佛说圣妙吉祥真实名经》

残片1叶。6行。胜金口遗址出土。

参 BTT VIII，105，图40；Elverskog 1997，114-115。

U 4188（T II S 91）　回鹘语《佛顶心大陀罗尼》

残片 1 叶。刻本，9 行。胜金口遗址出土。

参 Kara & Zieme 1986，320，328-329，图 12；Elverskog 1997，91-92；。

U 4190（T II S 32） 回鹘语印经题跋

残片 1 叶，刻本，16.2×39.5cm。39 行。胜金口遗址出土。

参 Warnke 1981，217-220，图 VI-VII；百济康义 1992b，2。

U 4193（T II T 547） 回鹘语《佛本行集经》

残片 1 叶。14 行。吐峪沟遗址出土。

参 BTT XIII，59，图 41；Elverskog 1997，35。

U 4194（T II T 568） 回鹘语《佛母出生三法藏般若波罗蜜多经》

与伊斯坦布尔大学藏 I. U. 28a-h 属于同一刻本。

参 Sertkaya & Kudara 1987，37。

U 4198（T II T 600） 回鹘语《佛本行集经》

残片 1 叶。14 行。吐峪沟遗址出土。

参 BTT XIII，56-57，图 35；Elverskog 1997，35。

U 4199（T II T 601） 回鹘语《佛本行集经》

残片 1 叶。20 行。吐峪沟遗址出土。

参 BTT XIII，57，图 36；Elverskog 1997，35。

U 4200（T II T 602）+ Mainz 278 回鹘语《佛说圣妙吉祥真实名经》

残片 1 叶。6 行。吐峪沟遗址出土。

参 BTT VIII，108，图 43；Elverskog 1997，114-115。

U 4202（T II T 604） 回鹘语《佛本行集经》

残片 1 叶。18 行。吐峪沟遗址出土。

参 BTT XIII，54-55，图 33；Elverskog 1997，35。

U 4204（T II T 608） 回鹘语《佛本行集经》

残片 1 叶。14 行。吐峪沟遗址出土。

参 BTT XIII，60-61，图 45；Elverskog 1997，35。

U 4208（T II T 612） 回鹘语《须达拏太子本生》

刻本残片 1 叶。10 行。吐峪沟遗址出土。

参 BTT XIII，44，图 20；Elverskog 1997，41-42。

U 4210（T II T 614） 回鹘语《佛本行集经》

残片 1 叶。12 行。吐峪沟遗址出土。

参 BTT XIII，58-59，图 39；Elverskog 1997，35。

U 4216（T II T 662） 回鹘语《佛说北斗七星延命经》

刻本残页 1 叶。6 行。吐峪沟遗址出土。

参 BTT XXIII，124，144，图 132。

U 4217（T II T 623） 回鹘语佛经题记

残片 1 叶，20.7×8cm。4 行。刻本，印成于中都。吐峪沟遗址出土。

参 BTT XIII，182，图 238；Zieme & Kudara 1985，32；中村健太郎 2006，73-74。

U 4231（T II T 641） 回鹘语《摩利支天陀罗尼经》

刻本 1 叶。4 行。吐峪沟遗址出土。

参 BTT XXIII，95，图 108。

U 4232（T II T 642）　回鹘语《佛说圣妙吉祥真实名经》

残片 1 叶。2 行。吐峪沟遗址出土。

U 4235（T II T 646，T I μ）　回鹘语《圣救度佛母二十一种礼赞经》

残卷 1 叶，10.5×10cm，首部有藏文 2 行。另一页，10×10cm，首部有藏文 1 行。计 18 行。吐峪沟遗址、高昌故城 μ 遗址出土。

参 BTT VII，78，图 45；Elverskog 1997，123-124；杨富学 2003，425。

U 4238（T II T 649）　回鹘语《佛顶心大陀罗尼》

小残片 1 块。11.5×12cm，5 行。吐峪沟遗址出土。

参 Kara & Zieme 1986，320，321，图 30；Elverskog 1997，91-92。

U 4240（T II T 651）　回鹘语《诸星母陀罗尼经》

残片 1 叶。5 行。吐峪沟遗址出土。

参 BTT XXIII，62，64，图 37。

U 4242（T II T 653）　回鹘语《佛本行集经》

小残片 1 块。12 行。吐峪沟遗址出土。

参 BTT XIII，61，图 46；Elverskog 1997，35。

U 4245（T III T 660）　回鹘语《圆觉经》

与 U 4274 可以缀合，参看该号。吐峪沟遗址出土。

U 4251a，b（T II x/T II Xanthippe）　回鹘语《金光明最胜王经》卷一

残片 2 叶，14.4×9.4cm，12.9×8.6cm。每片 4 行，计 8 行。高昌故城出土。

参 Zieme 1991a，45；Raschmann 2000，69-70，No.018，图 1。

U 4256（T III 20.500）　回鹘语《佛说北斗七星延命经》

刻本残页 1 叶。16.7×8.8cm。5 行。

参 BTT XXIII，123，134，图 128。

U 4260（T III 73）　回鹘语《圆觉经》

残片 1 叶，刻本，10.5×18cm，8 行。

参 Elverskog 1997，90-91；Zieme 1999d，455、460-461，图 4。

U 4263（T III 218.517）　回鹘语佛经残片

残片 1 叶，刻本。

参 Zieme 1981d，386。

U 4266（T III B）　回鹘语《佛说圣妙吉祥真实名经》

残片 1 叶。6 行。葡萄沟景教寺院遗址出土。

参 BTT VIII，105-106，图 40；Elverskog 1997，114-115。

U 4267（T III D 39）　回鹘语《佛说胎解脱经》

刻本残页 1 叶。4 行。高昌故城出土。

参 BTT XXIII，154-155，图 160。

U 4268（T III D 318）　回鹘语《佛说胎解脱经》

刻本残页 1 叶。1 行。高昌故城出土。

参 BTT XXIII，155，图 161。

U 4274（T III M 131）　回鹘语《圆觉经》

与 U 4245 缀合成残片 1 叶，刻本，16.5×26.5cm，13 行。木头沟遗址出土。

参 Elverskog 1997，90-91；Zieme 1999d，455、462-463，图 7。

U 4283（T III M 150）　回鹘语《佛说北斗七星延命经》

残片 1 叶，刻本。木头沟遗址出土。

参 TTT VII；Elverskog 1997，93。

U 4288（T III M 200）　回鹘语《观世音本尊修法》（必兰纳识理译）

残片 1 叶，上下有墨框，15.7×23.5cm。15 行。木头沟遗址出土。

参 BTT VII，63，图 26；Elverskog 1997，111-112。

U 4290（T III M 225）　回鹘语文献

与 U 4132 可以缀合，参看该号。木头沟遗址出土。

U 4291（T III M 225）＋ Mainz 492　回鹘语《佛说圣妙吉祥真实名经》

刻本残片 1 叶，对折 2 面，每面 6 行，计 12 行。T III M 225 为该经的 80-91 行，T II 1068 为其 85-91 行。木头沟遗址出土。

参 BTT VIII，97-98，图 33；Elverskog 1997，114-115。

U 4292（T III M 225）　回鹘语《圣一切如来顶髻中出白伞盖佛母余无能乱总持》并题记

刻本，每叶为 29.1×11.5cm。250 行。木头沟遗址出土。

参 石滨纯太郎 1939，115-118；BTT XIII，50-75，图 230；Zieme 1981d，394。

U 4295（T III M 243）　回鹘语《佛说北斗七星延命经》

刻本 1 叶。16.7×8.8cm。5 行。木头沟遗址出土。

参 BTT XXIII，123，136，图 129。

U 4299（T III M 246）　回鹘语《佛说圣妙吉祥真实名经》

残片 1 叶。6 行。木头沟遗址出土。

参 BTT VIII，99，图 34；Elverskog 1997，114-115。

U 4301（T III M 252）　回鹘语《观无量寿经》

10 行。参见 U 341。木头沟遗址出土。

参 Arat 1965a，187，No. 19B；Zieme & Kudara 1985，23-29，78-79，图 I。

U 4302（T III M 253）　回鹘语《梁朝傅大士颂金刚经并序》

刻本。木头沟遗址出土。

参 BTT I，34；Elverskog 1997，101。

U 4306（T III M. T. Ro.）　回鹘语《佛顶心大陀罗尼》

残片 1 叶。7 行。木头沟遗址出土。

参 Kara & Zieme 1986，320，321，图 33；Elverskog 1997，91-92。

U 4313（T III，TV 59）　回鹘语佛教文献

残片 1 叶。8 行。吐鲁番北山前坡地遗址出土。

参 Zieme 1981c，228。

U 4317（T L）回鹘语《佛说胎解脱经》

刻本1页。4行。

参 BTT XXIII，153，164，图152。

U 4331（无原编号）　回鹘语《秘密集会怛特罗》

残片1叶。6行。

参 BTT XIII，77。

U 4332 = MongHT 91

U 4336（无原编号）　回鹘语《佛本行集经》

残片1叶。12行。

参 BTT XIII，61，图47；Elverskog 1997，35。

U 4339（无原编号）+ U 4516　回鹘语《佛本行集经》

残片2叶。16行。

参 BTT XIII，62，图48；Elverskog 1997，35。

U 4340（无原编号）　回鹘语《金光明最胜王经》卷三题记

残片1叶，10.3×8.7cm。刻本，6行。

参 BTT XIII，179-181；Raschmann 2005，295-296。

U 4345（无原编号）　回鹘语《佛本生故事》

残片1叶，刻本。16行。

参 BTT XIII，37，图8；Elverskog 1997，36。

U 4347（无原编号）　回鹘语《佛本行集经》

残片1叶。刻本。14行。

参 BTT XIII，53，图31；Elverskog 1997，35。

U 4352（无原编号）　回鹘语《金光明最胜王经》卷三题记

残片1叶，8.5×15.6cm。刻本，11行。

参 BTT XIII，179-181；Raschmann 2005，296-297。

U 4353（无原编号）　回鹘语《佛本行集经》

残片1叶。9行。

参 BTT XIII，58，图38；Elverskog 1997，35。

U 4365（无原编号）　回鹘语《梁朝傅大士颂金刚经并序》

刻本。

参 BTT I，20；Elverskog 1997，101。

U 4370（无原编号）　回鹘语佛经残片

残片1叶。刻本。

参 Zieme 1981d，386。

U 4376（T III M 207b）　《圣净治一切恶趋佛顶尊胜总持经》

参 Elverskog 1997，121。

U 4382（无原编号）　回鹘语《佛本行集经》

残片1叶。刻本。22行。

参 BTT XIII，55，图34；Elverskog 1997，35。

U 4388（无原编号）+ U 4411　回鹘语《佛顶心大陀罗尼》

残片 1 叶，可以缀合。刻本，计 7 行。

参 Kara & Zieme 1986，320，332，图 18；Elverskog 1997，91-92。

U 4397（无原编号） **回鹘语《佛说圣妙吉祥真实名经》**

残片 1 叶。8 行。

参 BTT VIII，109-110，图 44；Elverskog 1997，114-115。

U 4411（无原编号） **回鹘语《佛顶心大陀罗尼》**

与 U 4388 缀合，参该号。

U 4414（无原编号） **回鹘语《佛说圣妙吉祥真实名经》**

小残片 1 块。3 行。

参 Kara 1981，229；Elverskog 1997，114-115。

U 4417（无原编号） **回鹘语《佛本行集经》**

小残片 1 块。12 行。

参 BTT XIII，60，图 43；Elverskog 1997，35。

U 4420（无原编号） **回鹘语《佛说圣妙吉祥真实名经》**

残片 1 叶。2 行。

参 BTT VIII，110，图 45；Elverskog 1997，114-115。

U 4427（无原编号） **回鹘语《梁朝傅大士颂金刚经并序》**

刻本。

参 BTT I，22；Elverskog 1997，101。

U 4430（无原编号） **回鹘语《圆觉经》**

残片 1 叶，刻本，17×17.5cm，9 行。

参 Elverskog 1997，90-91；Zieme 1999d，455、462，图 6。

U 4431（无原编号） **回鹘语《佛说北斗七星延命经》**

刻本 2 叶。16.7×17.6cm。每页 5 行，计 10 行。

参 BTT XXIII，126，134-136，图 140。

U 4432（无原编号） **回鹘语《佛说北斗七星延命经》**

刻本残页 1 叶。5 行。

参 BTT XXIII，124，图 134。

U 4433（无原编号） **回鹘语《诸星母陀罗尼经》**

刻本残片 1 叶。双面刻写，各 5 行，计 10 行。

参 BTT XXIII，62，63-64，图 36。

U 4439 **缺号**

U 4440（无原编号） **回鹘语《佛说北斗七星延命经》**

刻本 2 叶。16.7×17.6cm。每页 5 行，计 10 行。

参 BTT XXIII，126，图 141。

U 4441（无原编号） **回鹘语佛教文献**

残片 1 叶。

参 BTT XIII，163，图 229。

U 4446（无原编号） **回鹘语《金光明最胜王经》卷三题记**

残片 1 叶，16.6×25.8cm。刻本。18 行。

参 BTT XIII，179-181，图 235；Raschmann 2005，297-298。

U 4450a，b（无原编号）　回鹘语《金光明最胜王经》卷三题记

残片 2 叶，尺寸分别是 8.2×8.7cm，6×3.3cm。刻本。计 10 行。

参 BTT XIII，179-181；Raschmann 2005，298-299。

U 4461（无原编号）+ U 4462　回鹘语《佛说圣妙吉祥真实名经》

残片 2 叶。缀合后计 10 行。

参 Kara 1981，229-230，附图 2；BTT VIII，112-113，图 45；Elverskog 1997，114-115。

U 4462（无原编号）　回鹘语《佛说圣妙吉祥真实名经》

与 U 4461 可以缀合，参看该号。

U 4463（无原编号）　回鹘语《梁朝傅大士颂金刚经并序》

刻本。残片 1 叶。

参 BTT I，19；Elverskog 1997，101。

U 4464（无原编号）+ U 4557　回鹘语《佛本行集经》

残片 2 叶。14 行。

参 BTT XIII，53-54，图 32；Elverskog 1997，35。

U 4473（无原编号）　回鹘语《梁朝傅大士颂金刚经并序》

刻本。

参 BTT I，24；Elverskog 1997，101。

U 4477　回鹘语《圣一切如来顶髻中出白伞盖佛母余无能乱总持》

残片 1 叶。5 行

参 Porció 2003，102。

U 4484（无原编号）　回鹘语《佛本行集经》

残片 1 叶。12 行。

参 BTT XIII，57-58，图 37；Elverskog 1997，35。

U 4485　回鹘语佛教文献

残片 1 叶。

U 4491（无原编号）　回鹘语《佛说北斗七星延命经》

刻本残页 1 叶。5 行。

参 BTT XXIII，124，146，图 133。

U 4500（无原编号）　回鹘语《圆觉经》

残片 1 叶，刻本，分别为 7×10.5cm，4 行。

参 Elverskog 1997，90-91；Zieme 1999d，455、460，图 3。

U 4501（无原编号）　回鹘语《佛本行集经》

残片 1 叶。10 行。

参 BTT XIII，59，图 40；Elverskog 1997，35。

U 4516（无原编号）+ U 4339　回鹘语《佛本行集经》

残片 2 叶。16 行。

参 BTT XIII，62，图48；Elverskog 1997，35。

U 4522（无原编号） 回鹘语《佛本行集经》

残片1叶。6行。

参 BTT XIII，60，图44；Elverskog 1997，35。

U 4530（无原编号） 回鹘语《金光明最胜王经》卷三题记

残片1叶，6.3×5cm。刻本。5行。

参 BTT XIII，179-181；Raschmann 2005，299。

U 4534 = MongHT 65

U 4539（T III M 185） 回鹘语《十方护法神王赞诗》

残片1叶，刻本，15.5×11cm。22行。木头沟遗址出土。

参 BTT VIII，53；BTT XIII，134-137，图196-197；Zieme 1991a，252-253；Elverskog 1997，128。

U 4545 = MongHT 90/1 + U 4564 = MongHT 90/2

U 4557（无原编号） + U 4464 回鹘语《佛本行集经》

残片2叶。14行。

参 BTT XIII，53-54，图32；Elverskog 1997，35。

U 4560 = MongHT 60

U 4564 = MongHT 90/2

U 4581 = MongHT 90/3

U 4611 = MongHT 63

U 4614（T III M B 250） 回鹘语《佛顶心大陀罗尼》

残片1叶，刻本，18行。木头沟遗址出土。

参 Kara & Zieme 1986，320，336，图27；Elverskog 1997，91-92。

U 4615（T I D） 回鹘语《佛说胎解脱经》

刻本2叶。每页4行，计8行。高昌故城出土。

参 BTT XXIII，153，164，图151。

U 4616（T. R. 1） 回鹘语《佛说胎解脱经》

刻本2叶。每页4行，计8行。高昌故城出土。

参 BTT XXIII，154，164，图154。

U 4617（T I D） 回鹘语《佛说胎解脱经》

刻本2叶。每页4行，计8行。高昌故城出土。

参 BTT XXIII，153，164，图150。

U 4618（T I D） 回鹘语《佛说胎解脱经》

刻本1叶。4行。高昌故城出土。

参 BTT XXIII，154，166，图155。

U 4619（T I D） 回鹘语《佛说胎解脱经》

刻本1叶。4行。高昌故城出土。

参 BTT XXIII，153，164，图153。

U 4620（T I D） 回鹘语《佛说圣妙吉祥真实名经》

共3叶，2叶残。16行。高昌故城出土。

参 BTT VIII，106-108，图41-42；Elverskog 1997，114-115。

U 4621（T I D） 回鹘语佛经题记

残片1叶。21行。高昌故城出土。

参 Arat 1965a，No. 23；BTT XIII，158-159，图218。

U 4625（T I D） 回鹘语《佛说毗沙门天王经》

残片1叶。5行。高昌故城出土。

参 BTT XXIII，44，图17。

U 4627（T I D 195） 回鹘语《观身心经》

残片1叶，刻本。35行。高昌故城出土。

参 Hazai 1975，94-95，图II。

U 4629a（T II D 325） 回鹘语《佛说圣妙吉祥真实名经》

残片1叶。4行。高昌故城出土。

参 Radloff 1928，129；BTT VIII，102，图37；Elverskog 1997，114-115。

U 4630（T II D 199） 回鹘语《观无量寿经》

30行。参见U 341。高昌故城出土。

参 Zieme & 百济康义 1985，132-139，图XVII-XVIII；BTT XIII，166。

U 4632（T II D 148） 回鹘语《妙法莲华经》

残片1叶，刻本，9×14cm，12行。高昌故城出土。

参 Zieme 1991a，251-252，图1。

U 4646（无原编号） 回鹘语《诸星母陀罗尼经》

完整写本1叶。5行。

参 BTT XXIII，61，63，图34。

U 4647 +U 404 回鹘语《圣一切如来顶髻中出白伞盖佛母余无能乱总持》

残片1叶，刻本。5行。木头沟遗址出土。

参 Müller 1910，74-75；Elverskog 1997，108-109；Porció 2003，106。

U 4648（T III 225-56） 回鹘语《圣一切如来顶髻中出白伞盖佛母余无能乱总持》

残片1叶，刻本。8行。

参 Müller 1910，50-51；Elverskog 1997，109。

U 4655（T I μ） 回鹘语术语手册

刻本残片1叶，17×14.6cm。12行。高昌故城μ遗址出土。

参 Zieme 1987b，280-283+图。

U 4656（T I μ） 回鹘语《佛顶心大陀罗尼》

残片4叶，刻本，36行。高昌故城μ遗址出土。

参 Kara & Zieme 1986，320，332-333，图19-22；Elverskog 1997，91-92。

U 4658（T I μ） 回鹘语佛经

残片1叶。高昌故城μ遗址出土。

参 BTT XIII，140。

U 4661（T I μ） 回鹘语《摩利支天陀罗尼经》

刻本 1 叶。9 行。高昌故城 μ 遗址出土。

参 BTT XXIII，95，图 106。

U 4662（T I μ） 回鹘语佛教文献

残片 1 叶。高昌故城 μ 遗址出土。

参 BTT XIII，163，图 227-228。

U 4664（T I μ） 回鹘语《佛顶心大陀罗尼》

残片 1 叶，单面，刻本。4 行。高昌故城 μ 遗址出土。

参 Kara & Zieme 1986，320，325，图 3；Elverskog 1997，91-92。

U 4665a（T I μ） 回鹘语《佛顶心大陀罗尼》

残片 1 叶，刻本。4 行。高昌故城 μ 遗址出土。

参 Kara & Zieme 1986，320，328，图 11；Elverskog 1997，91-92。

U 4665b（T I μ） 回鹘语《佛顶心大陀罗尼》

残片 1 叶，单面，刻本。4 行。高昌故城 μ 遗址出土。

参 Kara & Zieme 1986，320、325，图 2；Elverskog 1997，91-92。

U 4666（T I μ） 回鹘语《佛本生故事》

残片 2 叶，刻本。32 行。高昌故城 μ 遗址出土。

参 BTT XIII，36-37，图 7；Elverskog 1997，36。

U 4670（T I μ）+ U 4761 回鹘语《天地八阳神咒经》施印题记

刻本 2 残片，可以缀合。90 行。高昌故城 μ 遗址出土。

参 Zieme 1975b，199-202，207-208（图）；Zieme 1983，147-149；BTT XIII，173-178 图 231-233；Elverskog 1997，95-97。

U 4676（T II M） 回鹘语《梁朝傅大士颂金刚经并序》

刻本。木头沟遗址出土。

参 BTT I，36；Elverskog 1997，101。

U 4680（T II M 6） 回鹘语《佛顶心大陀罗尼》

残片 2 叶，单面，刻本，29 行。木头沟遗址出土。

参 Zieme & Kara 1978，66；Kara & Zieme 1986，320，326-327，图 7-8；Elverskog 1997，91-92。

U 4681（T II M 11） 回鹘语《佛顶心大陀罗尼》

残片 1 叶，刻本，24 行。木头沟遗址出土。

参 Kara & Zieme 1986，320，333-334，图 23；Elverskog 1997，91-92。

U 4682（T II M 11）+ U 4697b 回鹘语《佛顶心大陀罗尼》

残片 1 叶，单面，刻本，17 行。以汉字“一巳（卷）七”标明卷页。木头沟遗址出土。

参 Kara & Zieme 1986，320，325，图 4；Zieme & Kudara 1985，98-101，图 7；Elverskog 1997，91-92。

U 4683（T II M 11） 回鹘语《佛顶心大陀罗尼》

残片 1 叶，刻本，14 行。用汉字标明“三卷六号”。木头沟遗址出土。

参 Kara & Zieme 1986，320，334，图 24；Elverskog 1997，91-92。

U 4685a（T II S 91）　回鹘语《观无量寿经》

10 行。参见 U 341。胜金口遗址出土。

参 Zieme & 百济康义 1985，114-117，图 XI。

U 4688（T II S 63）　回鹘语《帖木尔可汗之父赞歌》

残片 1 叶，刻本。刻成于 1296 年。胜金口遗址出土。

参 Gabain 1967，20-23；Zieme 1981d，388；Zieme & Kudara 1985，30；Sertkaya 1989，189；Zieme 1992c，74-75；杨富学 2003，337；中村健太郎 2006，47-91，图 I。

U 4691（T II S 63，Nr. 2）　回鹘语文献残片

残片 1 叶。胜金口遗址出土。

U 4692（T II S 91）　回鹘语《观无量寿经》

10 行。参见 U 341。胜金口遗址出土。

参 Zieme & Kudara 1985，23-29，92-93，图 V。

U 4693（T II S 91）　回鹘语《观无量寿经》

5 行。参见 U 341。胜金口遗址出土。

参 Arat 1965a，图 494；Zieme & Kudara 1985，23-29，138-139-93，图 XVIII。

U 4695（T II S 91）　回鹘语《梁朝傅大士颂金刚经并序》

胜金口遗址出土。

参 BTT I，21；Elverskog 1997，101。

U 4696（T II S 91）　回鹘语《佛顶心大陀罗尼》

残片 1 叶，刻本，23 行。用汉字标明“三巳（卷）七”。胜金口遗址出土。

参 Kara & Zieme 1986，320，334-335 页，图 25；Elverskog 1997，91-92。

U 4697（T II M 11）　回鹘语《观无量寿经》

9 行。参见 U 341。木头沟遗址出土。

参 Zieme & Kudara 1985，23-29，98-101，图 VII。

U 4697b（T II M 11）　回鹘语《佛顶心大陀罗尼》

与 U 4682 可以缀合，参看该号。木头沟遗址出土。

U 4698（T II S 92）　回鹘语《佛顶心大陀罗尼》

残片 1 叶。48 行。胜金口遗址出土。

参 Kara & Zieme 1986，329-330。

U 4699（T II S 92）　回鹘语《佛顶心大陀罗尼》

残片 2 叶，刻本，36 行。一片上有汉字“二巳（卷）二”标明卷页。胜金口遗址出土。

参 BTT I，37；Kara & Zieme 1986，320，327-328，图 9-10；Elverskog 1997，91-92，101。

U 4670（T I μ）　回鹘语抄经题记

残片 1 叶，刻本。22 行。高昌故城 μ 遗址出土。

参 BTT XIII，图 231。

U 4700（T II S 92）　回鹘语《佛顶心大陀罗尼》

残片 1 叶，刻本，24 行。胜金口遗址出土。

参 BTT I，37；Kara & Zieme 1986，320，335-336，图 26；Elverskog 1997，91-92，101。

U 4701（T II S 94）　回鹘语《观无量寿经》

10 行。参见 U 341。胜金口遗址出土。

参 Zieme & Kudara 1985，23-29，88-91，图 IV。

U 4702（T II S 94）　回鹘语《观无量寿经》

刻本，30 行。参见 U 341。胜金口遗址出土。

参 BTT I，38；Zieme & Kudara 1985，23-29，128-133，图 XV-XVI；Elverskog 1997，101。

U 4703i（T II S 25）　回鹘语－婆罗迷文对照《佛说圣妙吉祥真实名经》

残片 1 叶。12 行。胜金口遗址出土。

参 Kara 1981，227-229，附图 4。

U 4706（T III M 183）　回鹘语《观世音本尊修法》（必兰纳识理译）

残片 1 叶，15.7×71.5cm。45 行。木头沟遗址出土。

参 BTT VII，63-64，图 27-29；Elverskog 1997，111-112。

U 4707（T III M 187）　回鹘语《观音颂》

残片 2 叶。时代为 1330 年，驻守云南之回鹘官员跃里帖木儿之妻施印。80 行。木头沟遗址出土。

参 Hazai 1970，1-21，附图；Zieme 1981d，397；小田寿典 1984，11-24；BTT XIII，121-126；Zieme 1991a，228-230；Oda 1993，139-146；Elverskog 1997，59-60，127；杨富学 2003，338。

U 4708（T III M 192a）　回鹘语《观世音本尊修法》（必兰纳识理译）

残片 2 叶，分别 15.7×31.5cm，15.7×25.0cm。35 行。木头沟遗址出土。

参 BTT VII，65-67，图 29，32；Elverskog 1997，111-112。

U 4709（T III M 190）　回鹘语《佛说北斗七星延命经》题记

刻本 6 叶，16.7×52.8cm。30 行。木头沟遗址出土。

参 TTT VII，9，52，77-78；Lewicki 1949，239-245；Arat 1965a，236-239，No. 26；BTT XIII，160-162，图 221；杨富学、邓浩 1997，162-163，169；Elverskog 1997，93；杨富学 1998a，158-159，166-167；BTT XXIII，125-126，148，图 138-139。

U 4710（T III M 192b）　回鹘语《观世音本尊修法》（必兰纳识理译）

残片 1 叶，15.7×46.8cm。29 行。木头沟遗址出土。

参 BTT VI，65-66，图 30-31；Elverskog 1997，111-112。

U 4711（T III M 195）　回鹘语《大宝积经·优波离会》（必兰纳识理译）

残片 5 叶，刻本。40 行。木头沟遗址出土。

参 BTT I，21；Hazai 1976a，232-233，图 1-5；Elverskog 1997，101。

U 4712（T III M 198）　回鹘语《佛说圣妙吉祥真实名经》

刻本，存比较完整的 3 叶，每叶存 18 行，用汉文标明页码，行间夹写婆罗迷文。54 行。木头沟遗址出土。

参 BTT VIII，92-97，图 29-31；Elverskog 1997，114-115。

U 4713（T III M 198）　回鹘语《佛说圣妙吉祥真实名经》

刻本残片 1 叶，对折 2 面，每面 6 行。行间夹写婆罗迷文。12 行。木头沟遗址出土。

参 BTT VIII，91-92，图 27；Elverskog 1997，114-115。

U 4721　回鹘语《圣一切如来顶髻中出白伞盖佛母余无能乱总持》

小残片 1 块。3 行。

参 Porció 2003，102。

U 4728　回鹘语《圣一切如来顶髻中出白伞盖佛母余无能乱总持》

残片 1 叶，双面书写。10 行。

参 Porció 2003，105。

U 4729　回鹘语《圣一切如来顶髻中出白伞盖佛母余无能乱总持》

残片 1 叶。5 行。

参 Porció 2003，103。

U 4731　回鹘语《圣一切如来顶髻中出白伞盖佛母余无能乱总持》

与 U 4009 可以缀合，参看该号。

U 4736（T III M 225）　回鹘语《佛说圣妙吉祥真实名经》

残片 4 叶。24 行。木头沟遗址出土。

参 BTT VIII，102-104，图 38-39；Elverskog 1997，114-115。

U 4738（T III M 238）　回鹘语《佛说北斗七星延命经》

刻本 3 叶，16.7×26.4cm。每页 5 行，计 15 行。木头沟遗址出土。

参 TTT VII，9，49，77-78；Elverskog 1997，93；杨富学 1998，153-155；BTT XXIII，123-124，图 131。

U 4740（T III M 243）　回鹘语《佛说北斗七星延命经》

刻本 6 叶，16.7×52.8cm。27 行。木头沟遗址出土。

参 TTT VII，9，51，77-78；杨富学、邓浩 1997，162，168-169；Elverskog 1997，93；杨富学 1998a，156-157，165-166；BTT XXIII，124-125，146，图 135-137。

U 4741（T III M 243）　回鹘语密教文献残片

残片 1 叶，19×42.5cm。24 行。木头沟遗址出土。

参 BTT VII，72，图 38-39；Elverskog 1997，105。

U 4743（TM 7）　回鹘语《佛说圣妙吉祥真实名经》

刻本残片 1 叶，存文字 6 行。

参 BTT VIII，97，图 32；Elverskog 1997，114-115。

U 4744　回鹘语《佛说北斗七星延命经》

刻本 1 叶，16.7×8.8cm。5 行。

参 BTT XXIII，126-127，图 141。

U 4750（TM 8）　回鹘语佛经题记

残本 1 叶，刻本，印成于至正丁亥年（1347）。其中第 1 行出现有 kki kki 一词，当指元代回鹘语诗人、书法家巎巎。5 行。

参 BTT XIII，182，图 237；Zieme & Kudara 1985，38；杨富学 2003，339。

U 4751（TM 9）　回鹘语《佛说圣妙吉祥真实名经》

残片 2 叶。12 行。

参 BTT VIII，100-101，图 36；Elverskog 1997，114-115。

U 4753（TM 10）　回鹘语佛教头韵诗

残片 1 叶，刻本，印成于至正丁亥年（1347）正月。6 行。

参 BTT VII，76-77；Zieme 1981d，398；Zieme & Kudara 1985，31；杨富学 2003，339。

U 4755a（TM 10）　回鹘语《佛说圣妙吉祥真实名经》

残片 1 叶，刻本，对折 2 面，每面 6 行。

参 BTT VIII，109，图 44；Elverskog 1997，114-115。

U 4755b（TM 10）　回鹘语《佛说圣妙吉祥真实名经》

残片 1 叶。7 行。

参 BTT VIII，92，图 28；Elverskog 1997，114-115。

U 4756（TM 11）　回鹘语《观身心经》

残片 1 叶，刻本。35 行。

参 BTT I，32；Hazai 1975，92-93，图 9；Elverskog 1997，101。

U 4757（TM 12）　回鹘语《金光明最胜王经》卷三题记

刻本 1 叶。20.5×10.4cm，16 行。

参 Zieme 1975b，195、202-204，209（图）；BTT XIII，179-180，图 234；Elverskog 1997，65-69；Raschmann 2005，294-295。

U 4758（TM 13）　回鹘语《观身心经》

残片 2 叶，刻本。44 行。

参 Hazai 1975，95-96，图 15-17；BTT XIII，164-165，图 224；Elverskog 1997，58。

U 4759（TM 14）　回鹘语《佛说圣妙吉祥真实名经》题记

残片 2 叶，刻本。题跋："神圣的法宝《佛说圣妙吉祥真实名经》由司徒迦鲁纳达思总监翻译，在大都白塔寺内于十干的壬寅年（1302）七月将其全部印出，未加任何删节，工作进行得完满细致。善哉！善哉！"

参 Zieme 1975b，197-199，205-206（图）；Kara 1981，227-236；Zieme 1981d，388-389；Moriyasu 1982，11-12；BTT XIII，178-179；Zieme & Kudara 1985，30；Franke 1994，83-93；Elverskog 1997，114-115；杨富学 2003，329，337，391。

U 4760（TM 15，D195）　回鹘语《佛说毗沙门天王经》

刻本两叶。28×13cm。每页 6 行，计 12 行。

参 BTT XXIII，33，37-38，图 6，7。

U 4761（TM 16）　回鹘语《天地八阳神咒经》

与 U 4670 可以缀合，参看该号。

U 4762（T I D 172/TM 16）+ U 403　回鹘语《圣一切如来顶髻中出白伞盖佛母余无能乱总持》

残片1叶，断为2片。刻本。10行。木头沟遗址出土。

参 Müller 1910，75；Zieme，1975b，210-211；Elverskog 1997，108-109；Porció 2003，107。

U 4762（69）（T I D 172/TM 16） 回鹘语《圣一切如来顶髻中出白伞盖佛母余无能乱总持》题记

刻本1叶，较完整，其中正面行间写有婆罗迷文。26行。高昌故城出土。

参 Arat 1965a，233-235，No. 25；Zieme 1975b，204，210-211（图）；BTT XIII，170-172；Elverskog 1997，108-109；Porció 2003，107。

U 4764（T I，TM 18） 回鹘语《观身心经》

残片1叶。

参 BTT XIII，163，167，图225，228。

U 4765（TM 19） 回鹘语《十方护法神王赞诗》

刻本，残片1叶。8行。

参 BTT XIII，134-137，图64；Zieme 1991a，252-253；Elverskog 1997，128。

U 4766（TM 19） 回鹘语《大方广佛华严经普贤行愿品》题记

残片1叶。18行。与U4821同卷。

参 Zieme 1982b，603-605，图1；BTT XIII，162；Elverskog 1997，62。

U 4768（TM 19） 回鹘语《佛顶心大陀罗尼》

残片1叶，单面书写。8行。

参 Kara & Zieme 1986，320，324-325，图1；Elverskog 1997，91-92。

U 4769a（TM 20） 回鹘语《金光明最胜王经》卷一〇

与U 4773可以缀合，参看该号。

U 4769b（TM 20） 回鹘语《金光明最胜王经》卷四

刻本残片1叶，24.5×49.5cm。双面书写，各23行，计46行。

参 Raschmann 2002，56-57，No. 258。

U 4771（TM 23） 回鹘语《佛说圣妙吉祥真实名经》

残片3叶。18行。

参 BTT VIII，114-116，图47-48；Elverskog 1997，114-115。

U 4772（TM 24） 回鹘语《观身心经》

小残片3块，可缀合，刻本。24行。

参 Hazai 1975，96，图12-13；BTT XIII，163，167-168，图226，227。

U 4773（TM 25）+ U 4769a 回鹘语《金光明最胜王经》卷一〇

2叶残片，缀合后尺寸是正面24×23.8cm，背面24.3×24cm。双面书写，各13行。

参 Raschmann 2005，213-214。

U 4774（TM 26） 回鹘语《金光明最胜王经》卷三

残片1叶，14×21.4cm，存10行。

参 BTT XIII，24；Raschmann 2005，286。

U 4776（TM 28） 回鹘语《梁朝傅大士颂金刚经并序》

刻本。

参 BTT I，13、41；Elverskog 1997，101。

U 4779（TM 31）+ U 4781　回鹘语《金光明最胜王经》

残片 2 叶，缀合后尺寸是 25.9×10.1cm，5 行。

参 BTT XIII，87，图 118；Raschmann 2005，270-271。

U 4781（TM 31）　回鹘语《金光明最胜王经》卷三

与 U 4799 可以缀合，参看该号。

U 4786（TM 32）　回鹘语《佛说胎解脱经》

刻本 1 页。4 行。

参 BTT XXIII，154，图 159。

U 4788（TM 33）　回鹘语《佛说胎解脱经》

刻本 7 页。每页 4 行，计 28 行。

参 BTT XXIII，152-153，166，图 147、148、149。

U 4791（TM 36）　回鹘语供养人发愿文

残片 1 叶，刻本，20 行。系畏兀儿人不颜绰黑·巴黑失（Buyancóγ Baxsi）发愿文，其中提到他所施印的佛经是在戊申年（1188，一说 1248、1308）印成于中都弘法寺。

参 Zieme 1981d，386-387；Zieme & Kudara 1985，30；BTT XIII，153；Zieme 1991c，62-63；Zieme 1996c，411-416，图 9-10；党宝海 1999，110-112，114-117；杨富学 2003，336-337；中村健太郎 2006，69，73。

U 4793（TM 39）　回鹘语《观身心经》

残片 1 叶，刻本。35 行。

参 Hazai 1975，93-94，图 10。

U 4794（TM 41a，b）　回鹘语《金光明最胜王经》卷一

残片 2 叶，刻本，24×54.8cm。双面刻写，正面 27 行，背面 26 行，计 53 行。与 U 4795 属同一刻本。

参 BTT XVIII，65-66，图 130-131；Elverskog 1997，65-69；Raschmann 2000，100-101，No. 057。

U 4795（TM 42a，b）　回鹘语《金光明最胜王经》卷一

残片 2 叶，刻本，24×54.5cm。双面刻写，正面 26 行，背面 25 行，计 51 行。与 U 4794 属同一刻本。

参 BTT XVIII，64-65，图 128-129；Elverskog 1997，65-69；Raschmann 2000，99-100，No. 056。

U 4796（TM 43）　回鹘语《梁朝傅大士颂金刚经并序》

残卷 2 叶，用汉文“二”、“三”标明页码，经折装木刻本。47 行。

参 Hazai & Zieme 1968，1-14，图 1-4；BTT I，9，18-20，图 3-6；Elverskog 1997，101。

U 4804a（TM 59a）+ U 4109　回鹘语《佛本生故事》

刻本残片 1 叶，由 2 块小残片组成，有插图。12 行。可与 U 4804b 缀合。高昌故城

参 Gabain 1973，65。

U 4861（T I D 616） 回鹘语佛经

残片1叶。高昌故城出土。

参 BTT XIII，33。

U 4869（T I D 665） 回鹘语《父母恩重经》

残片1叶。高昌故城出土。

参 BTT XIII，81，图67。

U 4876（T I x 503） 回鹘语《佛说毗沙门天王经》

写卷残片。5行。

参 BTT XXIII，34，36，图13。

U 4881（T II 564） 回鹘语《慈悲道场忏法》

12.4×9.8cm。6行。

参 Wilkens 2003b，248。

U 4882（T II 711） 回鹘语《慈悲道场忏法》

24.2×9.6cm。6行。

参 Wilkens 2003b，248-249。

U 4883（T II 890） 回鹘语《佛说天地八阳神咒经》

残片1叶。10行，前3行用朱笔书写。

参 Oda 1983，130；Elverskog 1997，95-97。

U 4894（T II 941） 回鹘语佛教文献

参 Gabain 1973，65。

U 4897（T II 965） 回鹘语佛教文献

参 Gabain 1973，65。

U 4910（T II B 28） 回鹘语景教文献

残片1叶。16行。葡萄沟废寺遗址出土。

参 Zieme 1974c，663-664，图52。

U 4917（T II D 85） 回鹘语《消除灾难经》

残片1叶。13行。与U 3896+U 4919+U 4918属同一写本。高昌故城出土。

参 BTT XXIII，82，85，图45。

U 4918（T II D 85）+U 3896+U 4919 回鹘语《消除灾难经》

与U 3896可以缀合，参看该号。

U 4919（T II D 85）+U 3896+U 4918 回鹘语《消除灾难经》

与U 3896可以缀合，参看该号。

U 4921（T II D 199） 回鹘语《观音颂》

残片1叶，28.5×17cm。26行。高昌故城出土。

参 Hazai 1976b，273-275，276（图）。

U 4936（T II S 20） 回鹘语《佛说天地八阳神咒经》

残片1叶。6行。胜金口遗址出土。

参 Oda 1983，139；Elverskog 1997，95-97。

U 4938（T Ⅱ S 20. 513）　回鹘语《佛顶心大陀罗尼》

一小块残片，6.7×11.6cm，4行。胜金口遗址出土。

参 Kara & Zieme 1986，319，322，图32；Elverskog 1997，91-92。

U 4941（T Ⅱ S 20. 525）　回鹘语《佛说胎解脱经》

残片1叶。10行。胜金口遗址出土。

参 BTT XXIII，157，图169。

U 4947（T Ⅱ S 21. 519）　回鹘语《父母恩重经》

13.3×11.5cm。8行。胜金口遗址出土。

参 BTT XIII，81，图68；Wilkens 2003b，270。

U 4859（T I D 611）　回鹘语佛教文献

参 Gabain 1973，65。

U 4971（T Ⅱ T 675）　回鹘语《佛说天地八阳神咒经》

残片1叶。8行。吐峪沟遗址出土。

参 Oda 1983，137；Elverskog 1997，95-97。

U 4983（T Ⅱ 14）　回鹘语医药文献

与U 5745、U 5747可以缀合，参看U 5747。

U 4985a（T Ⅱ Y 14）　回鹘语《消除灾难经》

残片1叶。3行。交河故城出土。

参 BTT XXIII，83，图47。

U 4985b（T Ⅱ Y 14）　回鹘语《消除灾难经》

残片1叶。4行。交河故城出土。

参 BTT XXIII，83，87，图47。

U 4985c（T Ⅱ Y 14）　回鹘语《消除灾难经》

残片1叶。4行。交河故城出土。

参 BTT XXIII，83，87，图47。

U 4993（T Ⅱ Y 22）　回鹘语《佛说胎解脱经》

残片1叶。18行。交河故城出土。

参 BTT XXIII，156-157，图167。

U 4994 + U 4996（T Ⅱ Y 22）　回鹘语《佛说胎解脱经》

残片2叶。可缀合，缀合后17行。交河故城出土。

参 BTT XIII，105；BTT XXIII，157-158，图170。

U 4996（T Ⅱ Y 22）　回鹘语《佛说胎解脱经》

与U 4994可以缀合，参看该号。交河故城出土。

U 4997（T Ⅱ Y 22）　回鹘语文献

残片1叶。交河故城出土。

参 BTT XIII，114。

U 4998（T Ⅱ Y 14a）　回鹘语《佛说天地八阳神咒经》

残片1叶。19行。交河故城出土。

参 Oda 1983，130-131；Elverskog 1997，95-97。

U 5002（T II Y 52）　回鹘语《药师琉璃光如来本愿功德经》

残片1叶，15.2×27.5cm。11行。交河故城出土。

参 Zieme 1986，185-188，图1；Elverskog 1997，52。

U 5003（T II Y 54）　回鹘语《佛说十力经》

2行。交河故城出土。

参 Shōgaito 2002，292，图XII。

U 5004a+b（T II Y 63 + T II Y 54）　回鹘语《佛教忏悔书》

2叶残片，尺寸分别是13.3×5.5cm，23.5×24cm。双面书写，正面21行，背面14行。交河故城出土。

参 TTT IV，434-437，Text E；Wilkens 2003b，254。

U 5005（T II Y 54）　回鹘语《佛说天地八阳神咒经》

残片1叶，14行。交河故城出土。

参 Oda 1983，140；Elverskog 1997，95-97。

U 5013（T II Y 59）　回鹘语《金光明最胜王经》卷三

残片1叶，16×15.8cm。10行。交河故城出土。

参 BTT XIII，90；Raschmann 2000，177，No.151，图62。

U 5016（T II Y 59. 507）　回鹘语佛教文献

残片1叶。交河故城出土。

参 BTT XIII，78。

U 5017（T II Y 59/529）　回鹘语摩尼教文献

小残片1叶。10行。交河故城出土。

参 BTT V，22，图III。

U 5018（T II Y 59. 530）　回鹘语《佛说天地八阳神咒经》

残片1叶。6行。交河故城出土。

参 Oda 1983，137；Elverskog 1997，95-97。

U 5019（T II Y 59. 531）　回鹘语《金光明最胜王经》卷四

残片1叶，8.5×15.8cm。12行。交河故城出土。

参 Raschmann 2002，124，No.349。

U 5023（T II Y 59）　回鹘语《佛教忏悔书》

7.3×9.4cm。8行。交河故城出土。

参 Wilkens 2003b，261。

U 5024（T II Y 59b）　回鹘语《父母恩重经》

写本残片1叶，24.5×9.3cm。25行。交河故城出土。

参 BTT XIII，73，图60；Wilkens 2003b，268。

U 5033（T II Y 60b）　回鹘语《佛说天地八阳神咒经》、《阎罗王经》与《Kšanti 经》题记

刻本残片1叶，卷轴装。14行。交河故城出土。

参 Zieme 1983，146-147，图3；Elverskog 1997，72-73，95-97。

U 5035（T II Y 63）　回鹘语《阿烂弥王本生故事》

14.5×25.6cm。22 行。交河故城出土。

参 Wilkens 2003b，296。

U 5039（T II Y 63.500） 回鹘语《佛说十力经》

10 行。交河故城出土。

参 Shōgaito 2002，293，图 XIII。

U 5054（T III 524） 回鹘语《阿烂弥王本生故事》

8.5×9.2cm。6 行。

参 Wilkens 2003b，296。

U 5079（T III M 190a） 回鹘语《佛说北斗七星延命经》

残片 1 叶，刻本。5 行。木头沟遗址出土。

参 BTT XXIII，119，130，图 113。

U 5080（T III M 190a） 回鹘语《佛说北斗七星延命经》

残片 1 叶。5 行。木头沟遗址出土。

参 BTT XXIII，118，130，图 112。

U 5082（T III M 206. 502） 回鹘语佛经

残片 1 叶。木头沟遗址出土。

U 5084（T III M 217.500，T III M 219） 回鹘语《佛说天地八阳神咒经》

残片 1 叶。11 行。木头沟遗址出土。

参 Oda 1983，133；Elverskog 1997，95-97。

U 5088（T III MQ 62） 回鹘语摩尼教文献

小残片 1 块。9 行。

参 BTT V，50，图 XXVIII。

U 5090（T III T 516） 回鹘语《父母恩重经》

9.5×7.5cm。6 行。吐峪沟遗址出土。

参 BTT XIII，74-79，图 61；Wilkens 2003b，269。

U 5096（T III TV 49） 回鹘语《佛说毗沙门天王经》

刻本 1 叶。14 行。吐鲁番北山前坡地遗址出土。

参 BTT XXIII，42，图 14。

U 5101（T III TV 59） 回鹘语《消除灾难经》注

残片 1 叶。18 行。吐鲁番北山前坡地遗址出土。

参 BTT XXIII，82-83，84-85，图 44。

U 5103（T III，TV 57） 回鹘语《千手千眼观世音菩萨赞歌》

写卷 1 叶，14.3×15.3cm。45 行。吐鲁番北山前坡地遗址出土。

参 BTT XIII，126-130，图 191；BTT XXI，126-130，图 61；Zieme 1991a，230-234；Elverskog 1997，127。

U 5108（T） 回鹘语《金光明最胜王经》卷二

残片 1 叶，14.8×9cm。双面书写，正面 3 行，背面 6 行，计 9 行。与 U 2435、U 2350及 U 3562 属同一写本。

参 BTT XXI，56；Raschmann 2000，110，No. 068，图 3。

U 5114（无原编号）　回鹘语《金光明最胜王经》题记
10.4×14.4cm。9行。
参 Raschmann 2005，261-262。

U 5123（无原编号）　回鹘语《佛顶心大陀罗尼》
残片1叶，10×12cm，刻本，9行。
参 Kara & Zieme 1986，319，332，图17；Elverskog 1997，91-92。

U 5126（无原编号）　回鹘语《佛顶心大陀罗尼》
残片1叶，22×27cm，单面，刻本，15行。
参 Kara & Zieme 1986，319，326，图6；Elverskog 1997，91-92。

U 5129（无原编号）　回鹘语《梁朝傅大士颂金刚经并序》
参 BTT I，31；Elverskog 1997，101。

U 5131（无原编号）　回鹘语《父母恩重经》
17.8×14.1cm。11行。
参 BTT XIII，80，图66；Wilkens 2003b，270-271。

U 5139（无原编号）　回鹘语《佛说北斗七星延命经》
残片1叶。6行。
参 BTT XXIII，121，图120。

U 5154（无原编号）　回鹘语《佛说胎解脱经》
残片1叶。10行。
参 BTT XXIII，156，图166。

U 5157e（无原编号）　回鹘语《佛顶心大陀罗尼》
残片1叶。4.3×7cm，3行。
参 Kara & Zieme 1986，319，322，图29；Elverskog 1997，91-92。

U 5162（无原编号）　回鹘语《佛顶心大陀罗尼》
残片1叶，13.5×18.5cm，单面，刻本，11行。
参 Kara & Zieme 1986，319，325-326，图5；Elverskog 1997，91-92。

U 5165（T）　回鹘语《金光明最胜王经》卷二
残片1叶，12×9.2cm。双面书写，各5行，计10行。与U 2375 + U 2479等属同一写卷。
参 Raschmann 2000，138-139，No. 103，图30。

U 5168（无原编号）+ U 5169 + U 3576　回鹘语《佛顶心大陀罗尼》
小块残片。11行。
参 Kara & Zieme 1986，319，322，图28；Elverskog 1997，91-92。

U 5169（无原编号）　回鹘语《佛顶心大陀罗尼》
与U3576和U5168缀合，参看U 5168。

U 5179（T II B 62/512）　回鹘语景教文献
残片1叶，5×5cm。正面5行，背面2行，计7行。葡萄沟废寺遗址出土。
参 Zieme 1974c，665；Zieme 1977b，271，图13；杨富学2003，68-69。

U 5180（无原编号）　粟特文回鹘语文献

参 Gabain 1976b，69-77。

U 5182（无原编号） 粟特文回鹘语文献

参 Gabain 1976b，69-77。

U 5183（无原编号） 粟特文回鹘语文献

参 Gabain 1976b，69-77。

U 5186（**T III K 268，266，T III D 277，T III D 283**） 粟特文回鹘语文献

参 Gabain 1976b，69-77。

U 5187（**T III D 271**） 粟特文回鹘语文献

参 Gabain 1976b，69-77。

U 5188（**T II D 89a**） 粟特文回鹘语文献

参 Gabain 1976b，69-77。

U 5189（**T III M 115，507**） 粟特文回鹘语文献

参 Gabain 1976b，69-77。

U 5190（**T III 263**） 粟特文回鹘语文献

参 Gabain 1976b，69-77。

U 5191（**T I x 577**） 粟特文回鹘语文献

参 Gabain 1976b，69-77。

U 5197（无原编号） 粟特文回鹘语文献

参 Gabain 1976b，69-77。

U 5198b（**T II D 79**） 回鹘语《摩登伽经》

残片1叶。双面书写，各4行，计8行。高昌故城出土。

参 BTT XXIII，50，57，图28，29。

U 5198c（**T II D 79**） 回鹘语《摩登伽经》

残片1叶。双面书写，各6行，计12行。高昌故城出土。

参 BTT XXIII，50，57，图28，29。

U 5198d（**T II D 79**） 回鹘语《摩登伽经》

残片1叶。双面书写，各4行，计8行。高昌故城出土。

参 BTT XXIII，51，57，图28，29。

U 5202v（无原编号） 汉语佛典

U 5203v（无原编号） 汉语《金光明经》卷五

刻本，13行。

U 5212c（**TM 308**） 摩咥里制吒（**Mātṛcetas**）《广赞功德赞歌》（**Varṇārhavarṇa**）

10.5×10.4cm。双面书写，正面10行，背面12行，计22行。

参 Maue 2002，139-152，图VII。

U 5219 缺号

U 5222（**T III 234**） 回鹘语《佛说圣妙吉祥真实名经》

残片1叶。13行。

参 BTT VIII，117-119，图49；Elverskog 1997，114-115。

U 5223（**T III M 225**） 回鹘语《佛说圣妙吉祥真实名经》

残片1叶，刻本。13行。木头沟遗址出土。

参 BTT VIII，119-120，图50；Elverskog 1997，114-115。

U 5225-U 5229　缺号

U 5230（TM 222，D 51）　回鹘语借银契

残片1叶，17×14.5cm，10行。拱顶式墨印3方。高昌故城出土。

参 Radloff 1905，190；Le Coq 1919a，107，图19；Radloff 1928，24-25；Mori 1961，114-115；护雅夫 1961c，225，227，228，230-232，235-238，241，242，248，252，253；山田信夫 1965，191-192，图4；Clark 1975，No.1；山田信夫 1975，423-426；李经纬 1986a，46；李经纬 1991，32-34；Sertkaya 1991，119，图1；山田信夫 1993b，90-91；山田信夫 1993c，图79；李经纬 1996a，127-128；耿世民 2006，191。

U 5231（T II Čiqtim 2）　回鹘语租用毡子契

完整，23.5×16.5cm，10行。八角形墨印2枚。七克台遗址出土。

参 Radloff 1928，115-116；Herrfahrdt 1934，93；山田信夫 1965，188-190；Clark 1975，No.18；李经纬 1986b，53；森安孝夫 1990，72-80；李经纬 1991，57-58；山田信夫 1993b，89-90；山田信夫 1993c，图78；Raschmann1995a，81，82，83，113；李经纬 1996a，170-171；Moriyasu 2002，158；耿世民 2006，190-191。

U 5232（T II D 149a）　回鹘语消费借贷文书

残片1叶，23×14.5cm仅留下半部，首缺，7行。有圆形花纹墨印2方。高昌故城出土。

参 Radloff 1928，120-121；Herrfahrdt 1934，93，96，98，101；护雅夫 1961c，242-244，249；Clark 1975，No.16；BTT VII，69，图35；李经纬 1991，43-44；山田信夫 1993b，86-87；山田信夫 1993c，图72；李经纬 1996a，148-149。

U 5233（T II Toyoq）　回鹘语借官布契

残片1叶，29×9.5cm。6行。吐峪沟遗址出土。

参 Radloff 1928，140；Herrfahrdt 1934，96；山田信夫 1961，217；山田信夫 1972a，102，107，111，114，117，118，125，132，140；Clark 1975，No.15；李经纬 1986b，50；李经纬 1991，44-45；山田信夫 1993b，86；山田信夫 1993c，图71；李经纬 1996a，150-151。

U 5234（TM 90）　回鹘语土地买卖契

右缺，20×22.5cm。17行。

参 Zieme 1974a，295；山田信夫 1993b，32-33；山田信夫 1993c，图28；Raschmann1995a，58，67，113；李经纬 1995d，29-30；李经纬 1996b，55-57；耿世民 2006，169-170。

U 5235（TM 95，D 181）　回鹘语卖子为奴契

完整写本1叶，52×25cm，33行。有正方形墨印5方。高昌故城出土。

参 山田信夫 1972a，190-196，图1；Zieme 1974a，296；Clark 1975，No.50；Zieme 1976c，241，243；梅村坦 1977，9-11；Zieme 1977a，151；Zieme 1980a，233；袁丁 1990，54-56；山田信夫 1993b，57-58；山田信夫 1993c，图48；Raschmann1995a，53，58，68，69，70，114；李经纬 1996a，46-49；耿世民 2006，119-121。

U 5236（TM 99） 回鹘语土地买卖契

左下缺，24×18.5cm。14行。

参 Zieme 1974a，295；山田信夫 1993b，34-35；山田信夫 1993c，图29；李经纬 1995d，30-32；Sertkaya 2002，285-289，图XI；耿世民 2006，168-169。

U 5237（TM 101） 回鹘语土地交换文书

残片1叶，左缺，20×15cm。15行。

参 山田信夫 1965，124，203；山田信夫 1976，34-39，41，44，45，50；Zieme1980a，208，228；山田信夫 1993b，66；山田信夫 1993c，图54；李经纬 1996b. 91-93；李经纬 1995a，32-34；Sertkaya 2002，283-285，图X；耿世民 2006，171-172。

U 5238（TM 224，D 168） 回鹘语葡萄园买卖契

完整写卷1叶，38×38.5cm，21行。有印鉴4方。高昌故城出土。

参 Radloff 1905，186-187；Le Coq 1918，456-458，图3；Radloff 1928，14-16；Малов 1951，209-211；护雅夫 1960，45-47；山田信夫 1963，33-35，40-45；Yamada 1967，92-94；Clark 1975，No. 41；袁丁 1987b，68-70；山田信夫 1993b，23-24；山田信夫 1993c，图21；Raschmann1995a，43，45，58，67，69，114-115；李经纬 1996a，81-84；耿世民 2006，157-159。

U 5239（TM 238，D 176） 回鹘语土地典租契

完整写卷1叶，39×31cm，17行。有花押5处。高昌故城出土。

参 Radloff 1928，19-20；Arat 1964a，68-69，图V；Clark 1975，No. 45；袁丁 1987a，75-77；杨富学 1989a，169-170；山田信夫 1993b，174-175；山田信夫 1993c，图153；李经纬 1996a，94-96；Moriyasu 2004b，233（图）；耿世民 2006，235-237。

U 5240（T II D，373） 回鹘语买卖奴婢契

完整写卷1叶，45.5×26.5cm，大的三角形墨印1方，24行。方形墨印7方。高昌故城出土。

参 Radloff 1928，112-114；Caferoğlu 1934，5；山田信夫 1972a 202-205，图3；Clark 1975，No. 54；袁丁 1987a，58-60；山田信夫 1993b，45-46；山田信夫 1993c，图40-41；李经纬 1996a，17-20；耿世民 2006，110-112。

U 5241（T III M 205d） 回鹘语土地买卖契

完整写卷1叶，39.5×32cm，25行。有墨印5枚。木头沟遗址出土。

参 森安孝夫 1989，55；山田信夫 1993b，10-11；山田信夫 1993c，图6-7；李经纬 1995d，26-29；李经纬 1996b，47-50；郑炳林、杨富学 1997，21-22；耿世民 2006，145-146。

U 5242（T II Čiqtim 7） 回鹘语分配奴隶所得契约

残片1叶，25.5×21.5cm，正面15行，背面3行，计18行。共有方形墨印4方。七克台遗址出土。

参 Radloff 1928，125-126、137；Caferoğlu 1934，5；Arat 1964a，64-65，图 5；山田信夫 1972a，233-235，图 9；Clark 1975，No. 62；袁丁 1987a，64-66；山田信夫 1993b，147-148；山田信夫 1993c，图 125-126；Raschmann1995a，12，35，115-116；李经纬 1996a，27-29；Moriyasu 2002，159；耿世民 2006，247-248。

U 5243（T IIČiqtim 5） 回鹘语家产分割遗嘱

完整写本 1 叶，33.5×20cm，正面 23 行，方形墨印 4 方，圆形墨印 1 方，背面 2 行，计 25 行。方形、椭圆形墨印各一方。七克台遗址出土。

参 Radloff 1928，124-125；Caferoğlu 1934，33；Arat 1964a，62-63，图 4；Clark 1975，No. 70；梅村坦 1977，16-18；森安孝夫 1992，51-52；袁丁 1992a，55-58；山田信夫 1993b，134-135；山田信夫 1993c，图 116-117；李经纬 1996a，293-296；Moriyasu 2002，153-177；耿世民 2006，216-218。

U 5244（TM 227） 回鹘语租葡萄园契

写卷 1 叶，38×19cm，8 行。有花押一处。

参 Radloff 1905，184；Radloff 1928，6；山田信夫 1965，151；Clark 1975，No. 73；袁丁 1987b，65-66；小田寿典 1990，9-26；Oda 1991，37-46；森安孝夫 1991，83；山田信夫 1993b，167；山田信夫 1993c，图 145；李经纬 1996a，76-77；Moriyasu 2004a，102；耿世民 2006，233-234。

U 5245（TM 220） 回鹘语借贷、换工与免税书

写卷 1 叶，51.5×25cm。28 行。

参 Radloff 1905，187-188；Radloff 1928，16-18；Clark 1975，No. 86；袁丁 1989a，62-64；小田寿典 1990，9-26；Oda 1991，37-46；山田信夫 1993b，165-167；山田信夫 1993c，图 144；Raschmann1995a，43，58-59，116；李经纬 1996a，223-226；耿世民 2006，238-240。

U 5246（TM 205，D 135） 回鹘语典田抵债契约

写卷 1 叶，44.5×27cm，23 行。有花押一处。高昌故城出土。

参 Radloff 1928，48-49；Herrfahrdt 1934，96；Clark 1975，No. 74；袁丁 1990，66-67；山田信夫 1993b，163-165；山田信夫 1993c，图 143；李经纬 1996a，108-110；耿世民 2006，231-233。

U 5247（TM 104） 回鹘语平等享用土地契

写卷 1 叶，34.5×20.5cm，25 行。有花押一处。

参 Zieme 1974a，301，302；山田信夫 1976，44；Zieme 1980a，213，215，228；山田信夫 1993b，171-172；山田信夫 1993c，图 149；李经纬 1995a，35-37；李经纬 1996b. 97-100。

U 5248（TM 98） 回鹘语归还葡萄园契

写卷 1 叶，29.5×16cm，7 行。有花押一处。

参 山田信夫 1965，186；Yamada 1971，495；山田信夫 1993b，169；山田信夫 1993c，图 147；Raschmann 1995a，43，87，117；李经纬 1995a，38-39；李经纬 1996b. 73-74；松井太 2005，28-36；耿世民 2006，241-242。

U 5249（T II D 373b） 回鹘语庙中取物认定书

写卷1叶，18.5×9.5cm，有花押一处。7行。高昌故城出土。

参 Radloff 1928，139、238；Arat 1964a，59；Clark 1975，No. 91；BTT VIII，102；Zieme 1981a，241，图19；山田信夫1993b，157；山田信夫1993c，图136；李经纬1994c，53-54；李经纬1996b，262-263；耿世民2006，226-227。

U 5250（T II D 373a） 回鹘语收条

完整写卷1叶，16×10cm，10行。上有印鉴1方。高昌故城出土。

参 Radloff 1928，138，No. 83；Arat 1964a，54；Clark 1975，No. 90；BTT VIII，102；Zieme 1981a，248；袁丁1992d，39-40；山田信夫1993b，156-157；山田信夫1993c，图135；李经纬1996a，321-322。

U5251（TM 229） 回鹘语借皮革与丝绸的后补契约

写卷1叶，26×19cm。7行。

参 Radloff 1905，183-184；Radloff 1928，5；Clark 1975，No. 80；李经纬1991，45-46；山田信夫1993b，162-163；山田信夫1993c，图142；李经纬1996a，152-153；松井太2005，28-36；耿世民2006，230-231。

U 5252（TM 75） 回鹘语借芝麻契

完整写本1叶，17.5×15.5cm。11行。

参 山田信夫1965，102，106，116，118，128；山田信夫1993b，106-107；山田信夫1993c，图99；李经纬1995c，35-36；李经纬1996b，124-125；耿世民2006，206-207。

U 5253（TM 76） 回鹘语借粮契约

完整写本1叶，20×17.5cm。11行。

参 山田信夫1965，102，105，106，118，125-127，130，171；山田信夫1993b，104-105；山田信夫1993c，图l97；李经纬1995c，36-37；李经纬1996b，122-123；耿世民2006，204-205。

U 5254（TM 83） 回鹘语借谷契

完整写本1叶，14×16.5cm。14行。

参 山田信夫1965，102，106，113，116；山田信夫1976，46-47；山田信夫1993b，103-104；山田信夫1993c，图96；李经纬1994a，56-58；李经纬1996b，115-116；耿世民2006，203-204。

U 5255（TM 86） 回鹘语典田抵债契约

完整写卷1叶，21×16cm。15行。

参 山田信夫1965，102，105，107，109，112，113，117，184；山田信夫1972a，192；山田信夫1976，34，37，38，42，47；Zieme 1980a，208；山田信夫1993b，95-96；山田信夫1993c，图86；Raschmann 1995a，53，81，82，83，117；李经纬1995c，31-32；李经纬1996b，109-111；耿世民2006，196-197。

U 5256（TM 106） 回鹘语借谷契

写卷1叶，下残，15.5×14cm。14行。

参 山田信夫1965，102，106，112，116，121，122，124，128，129，155，171；山田信夫1993b，102-103；山田信夫1993c，图95；李经纬1995c，33-35；李经纬

1996b. 112-114；耿世民 2006，202-203。

U 5257（TM 212） 回鹘语借布契

完整写本1叶，19×19cm。15行。

参 Radloff 1928，42-43；Herrfahrdt 1934，93，96，100；山田信夫 1965，185-187；Clark 1975，No. 13；李经纬 1986a，140-142；李经纬 1987，10-11；李经纬 1991，40-41；山田信夫 1993b，98；山田信夫 1993c，图 88；Raschmann 1995a，43，81，82，83，118；耿世民 2006，198-199。

U 5258（TM 215） 回鹘语借芝麻契

完整写本1叶，16×14.5cm。12行。

参 Radloff 1928，40-41；Herrfahrdt 1934，93，96，99；Малов 1951，215-216；护雅夫 1961c，232-234；山田信夫 1965，108-110；Clark 1975，No. 7；李经纬 1991，49-51；山田信夫 1993b，109-110；山田信夫 1993c，图 102；李经纬 1996a，159-160；耿世民 2006，210-211。

U 5259（TM 226，D176） 回鹘语借芝麻契

完整写卷1叶，17.5×18cm。11行。高昌故城出土。

参 Radloff 1905，184-185；Le Coq 1918，455-456，图1；Radloff 1928，7-8；Малов 1951，208；护雅夫 1961c，238-242；Mori 1961，121-125；山田信夫 1965，173-178，图2；Clark 1975，No. 5；阿布都克尤木、吐尔逊、伊斯拉菲尔 1984，355；李经纬 1991，51-52；山田信夫 1993b，110-111；山田信夫 1993c，图 103；李经纬 1996a，154-155；耿世民 2006，211-212。

U 5260（TM 230，D 176） 回鹘语借酒契

完整写卷1叶，24.5×22.5cm。12行。

参 Radloff 1905，182；Radloff 1928，1-2；Caferoğlu 1934，7；Clark 1975，No. 9；阿布都克尤木、吐尔逊、伊斯拉菲尔 1984，359-360；李经纬 1986b，52；李经纬 1991，53-54；山田信夫 1993b，112-113；山田信夫 1993c，图 105；李经纬 1996a，165-166；耿世民 2006，213-214。

U 5261（TM 233） 回鹘语借芝麻契

残片1叶，23×9.5cm。17行。

参 Radloff 1928，26-27；Herrfahrdt 1934，93，96，102；护雅夫 1961c，232-234；Clark 1975，No. 8；李经纬 1987，12-13；李经纬 1991，46-48；山田信夫 1993b，108-109；山田信夫 1993c，图 101；李经纬 1996a，161-162；耿世民 2006，209-210。

U 5262（TM 234） 回鹘语借布契

完整写卷1叶，16×15cm。14行。

参 Radloff 1905，190-191；Radloff 1928，10-11；Herrfahrdt 1934，93，96，99，102；Clark 1975，No. 11；李经纬 1987，11-12；李经纬 1991，38-40；山田信夫 1993b，97；山田信夫 1993c，图 87；Raschmann 1995a，82，83，118-119；李经纬 1996a，146-147；耿世民 2006，197-198。

U 5263（T II D 43） 回鹘语借棉花契

完整写卷1叶，18.5×12.5cm。10行。高昌故城出土。

参 Radloff 1928，122-123；Caferoğlu 1934，19；山田信夫1965，183-184；Yamada 1971，496-497；Clark 1975，No.14；山田信夫1993b，111-112；山田信夫1993c，图104；李经纬1995c，37-38；耿世民2006，212-213。

U 5264（TM 236，D 176） 回鹘语赊货物契

残卷1叶，18.5×17.5cm。11行。高昌故城出土。

参 Radloff 1928，8；Herrfahrdt 1934，93；Clark 1975，No.10；李经纬1987，14-15；李经纬1991，58-59；山田信夫1993b，99；山田信夫1993c，图89；Raschmann 1995a，53，70，81，82，83，84，119；李经纬1996a，172-173；耿世民2006，199-200。

U 5265（TM 235） 回鹘语借驴契

完整写卷1叶，37.5×18cm。20行。

参 Radloff 1905，182；Radloff 1928，3-4；Caferoğlu 1934，32；Clark 1975，No.24；Zieme 1980a，214；李经纬1986b，54-55；李经纬1991，54-57；山田信夫1993b，81-82；山田信夫1993c，图69；Raschmann 1995a，41，85，86，119-120；李经纬1996a，167-169；耿世民2006，186-187。

U 5266（T II D 338） 回鹘语合资贸易协议书

写卷1叶，30×20cm，14行。有花押1处。高昌故城出土。

参 Radloff 1928，114-115；Arat 1964a，53-55；Clark 1975，No.77；Zieme 1976c，245；李经纬1987，15-16；袁丁1992b，74-75；山田信夫1993b，172-173；山田信夫1993c，图150；李经纬1996a，311-312；森安孝夫1997b，97-101；耿世民2006，234-235。

U 5267（T II Toyoq） 回鹘语土地租佃契

残片1叶，18×7cm。4行。吐峪沟遗址出土。

参 山田信夫1965，151-153；Zieme 1980a，239，图12；森安孝夫1989，55；森安孝夫1991，83；山田信夫1993b，70-71；山田信夫1993c，图57；杨富学1994，284-285；李经纬1994a，48-49；李经纬1996b，82-83；Moriyasu 2004a，102；耿世民2006，177。

U 5268（T II M 11a） 回鹘语土地租佃契约

写本1叶，下部残缺，26×14.5cm。14行。木头沟遗址出土。

参 Radloff 1928，119-120，No.66；Clark 1975，No.27；Zieme 1980a，225-227，图2；山田信夫1965，138-143，199-201；森安孝夫1991，83；山田信夫1993b，74-75；山田信夫1993c，图61；李经纬1996a，63-64；Moriyasu 2004a，102；耿世民2006，180-181。

U 5269（T II D 204） 回鹘语土地租佃契

写本1叶，18×14.5cm。13行。高昌故城出土。

参 山田信夫1965，151-153；Zieme 1980a，234，图7；山田信夫1993b，76-77；山田信夫1993c，图63；杨富学1994，277-279；李经纬1996a，70-71；耿世民2006，182-183。

U 5270（T II D 149b）　回鹘语土地租佃契约

残片1叶，10.5×15cm。8行。高昌故城出土。

参 Radloff 1928，141，No. 86；山田信夫 1965，143-144；Clark 1975，No. 29；Zieme 1980a，228-230，图4；森安孝夫 1991，83；山田信夫 1993b，70；山田信夫 1993c，图56；李经纬 1994a，50-52；李经纬 1996b，86-87；Moriyasu 2004a，102；耿世民 2006，176。

U 5271（TM 237）　回鹘语土地租佃契

完整写卷1叶，17×16.5cm。14行。

参 Radloff 1928，11-12，No. 11；山田信夫 1965，198-201；Clark 1975，No. 26；山田信夫 1976，52-53；Zieme 1980a，222-225，图1，袁丁 1987a，69-70；森安孝夫 1991，83；山田信夫 1993b，73-74；山田信夫 1993c，图60；李经纬 1996a，72-73；Moriyasu 2004a，102；耿世民 2006，179-180。

U 5272（TM 232，D 176）　回鹘语土地租佃契

完整写卷1叶。23×20.5cm。13行。高昌故城出土。

参 Radloff 1905，182-183；Le Coq 1918，453-455，图2；Radloff 1928，2-3，No. 2；Arat 1964a，53-55；山田信夫 1965，193-197，图5；Clark 1975，No. 30；Zieme 1980a，230-231，图5；袁丁 1987b，67-69；森安孝夫 1991，82-83；山田信夫 1993b，72-73；山田信夫 1993c，图59；李经纬 1996a，61-62；Moriyasu 2004a，102；耿世民 2006，178-179。

U 5273（TM 211，D 135）　回鹘语伙种土地契

17×22.5cm，10行。右侧有一花押。高昌故城出土。

参 Radloff 1928，41-42，No. 28；Малов 1951，216-217；山田信夫 1965，202-204；Clark 1975，No. 28；山田信夫 1976，51；Zime 1980a，227-228，图3；阿布都克尤木、吐尔逊、伊斯拉菲尔 1984，356；李经纬 1986a，46-48；袁丁 1987a，66-67；山田信夫 1993b，75-76；山田信夫 1993c，图62；李经纬 1996a，59-60；耿世民 2006，181-182。

U 5274（TM 103a）　回鹘语土地租佃契

与U 5275可以缀合，参看该号。

U 5275（TM 109）＋U 5274　回鹘语土地租佃契

残片2叶，14.5×15 cm，8.5×14.5cm，可以缀合。计21行。

参 山田信夫 1965，146-148；山田信夫 1976，52-53；Zieme 1980a，237-239，图11；山田信夫 1993b，77-78；山田信夫 1993c，图64-65；杨富学 1994，282-284；李经纬 1996b，78-81；李经纬 1994a，46-47；耿世民 2006，183-184。

U 5276（TM 100）　回鹘语土地租佃契

残片1叶，25.5×9cm。17行。

参 Zieme 1980a，237，图10；山田信夫 1993b，78-79；山田信夫 1993c，图66；李经纬 1994a，44-46；杨富学 1994，281-282；李经纬 1996b，75-77。

U 5277（TM 81）　回鹘语土地租佃契

写本残片1叶，22×19.5cm。14行。

参 Zieme 1980a，235-237，图 9；山田信夫 1993b，79-80；山田信夫 1993c，图 67；杨富学 1994，280-281；李经纬 1996a，67-69；耿世民 2006，185-186。

U 5278（TM 78）　回鹘语租葡萄园契

写卷 1 叶，20 × 17.5cm。12 行。

参 Radloff 1928，25-26；Малов 1951，214-215；山田信夫 1965，205-206；Clark 1975，No. 31；山田信夫 1976，52-53；Zieme 1980a，231-232，图 6；李经纬 1986a，49-50；袁丁 1987b，64-65；山田信夫 1993b，168；山田信夫 1993c，图 146；李经纬 1996a，74-75；耿世民 2006，240-241。

U 5279（TM 73）　回鹘语土地租佃契

残片 1 叶，13 × 12.5cm。9 行。

参 Zieme 1980a，235，图 8；山田信夫 1993b，80-81；山田信夫 1993c，图 68；李经纬 1994a，49-50；杨富学 1994，279-280；李经纬 1996b，84-85。

U 5280（TM 88，D 199）　回鹘语土地交换文书

左、上、下缺，24 × 29cm，10 行。方形墨印 1 方。高昌故城出土。

参 Zieme 1974a，295，302；Zieme 1981a，251，252；山田信夫 1993b，67；山田信夫 1993c，图 55；李经纬 1995a，34-35；李经纬 1996b，94-96；Sertkaya 2002，281-282，图 IX；耿世民 2006，172-173。

U 5281（TM 107）　回鹘语摩尼教书信

小残片 1 块，30 × 16.5cm。9 行。

参 BTT V，65-66，图 XL；Klimkeit 1993，372；Clark 1997，132；Wilkens 2000a，388，No. 450；王媛媛 2006，156，169-171。

U 5282　回鹘语察合台汗国秃黑鲁帖木儿汗免税叹愿书

参 松井太 2004c，12，22。

U 5283r（TM 70）　汉语《大般涅槃经》卷一七

26.5 × 6.5cm。4 行。

参 松井太 2003，58，67（图）。

U 5283v　回鹘语狗年（1322）供应令文

4 行。有方印 2 方。

参 Arat 1964a，29；松井太 2003，58-60，67（图）。

U 5284（TM 68）　回鹘语牛年供应令文

18.8 × 10.2cm。6 行。有方印 2 方、圆印 1 方。

参 Arat 1964a，70；梅村坦 1981，60-62；松井太 2002，97，108-109，122（图）。

U 5285（TM 71）　回鹘语牛年（1349?）供应令文

16 × 15.3cm。10 行。有方印、圆印各 1 方。

参 Arat 1964a，20；松井太 1998b，44-45；松井太 2002，95，107-108，122（图）。

U 5287（TM 80）　回鹘语破历（?）

参 Raschmann 1995a，39，53，58，70，71，99，120。

U 5288（TM 77，D 51）　回鹘语入历

写卷 1 页，13 × 30.5cm。14 行。上有八思巴文印章 1 方，据考可能为 1358 年之物。高昌故城出土。

参 Zieme 1997b，443；松井太 1998a，26-31，图 4。

U 5289（TM 87）　回鹘语供应令文

13.5×20cm。10 行。

参 松井太 2002，106，117-118，126（图）。

U 5290（TM 97）　回鹘语信函残片

残片 1 叶。

参 森安孝夫 1991，94；Moriyasu 2004a，117；Matsui 2005，72。

U 5291（TM 91）　回鹘语派役文书

写卷 1 叶，17.6×13.7cm。上有八思巴文印章 1 方，据考为 1358 年之物。10 行。

参 Raschmann 1995a，39，45，99，120；松井太 1998a，35-37，图 6。

U 5293（TM 219，D 200）　回鹘语查找地契状

残片 1 叶。16 行。高昌故城出土。

参 Radloff 1928，23-24；Тугушева 1983，209-220；小田寿典 1990，9-26；Oda 1991，37-46；袁丁 1992a，48-50；李经纬 1996a，285-287。

U 5295（TM 213，D 188）　回鹘语租佃葡萄园状

残片 1 叶。18 行。高昌故城出土。

参 Radloff 1928，33-34；Тугушева 1983，209-220；小田寿典 1990，9-26；Oda 1991，37-46；袁丁 1992a，50-52；李经纬 1996a，288-290。

U 5296（TM 217）　回鹘语劳役与捐税差派书

残片 1 叶。11 行。

参 Radloff 1928，34-35；袁丁 1989a，62-63；李经纬 1996a，188-189。

U 5297（TM 110，D 168?）　回鹘语驿马供应令

写卷 1 叶，21.3×27cm。16 行。上有八思巴文印章 1 方，回鹘语印章 1 方。高昌故城出土。

参 松井太 1998a，45-47，图 12。

U 5298（TM 111）　回鹘语户籍

残片 2 叶。25 行。

参 Zieme 1982a，263-267，图 11-12；松井太 2004c，22；耿世民 2006，90-91。

U 5299（TM 207）　回鹘语破除与出卖帐历

参 Raschmann 1995a，62，71，74，75，76，77-78，86，121-122。

U 5300（TM 102a）　回鹘语入帐记录

写卷 1 叶，17.8×14.5cm。上有八思巴文印章 2 方，回鹘语印章 1 方，据考为 1357 年之物。14 行。

参 松井太 1998a，14-16，图 1；松井太 1998b，27-28。

U 5302（TM 103b）　回鹘语摩尼寺入历

残片 1 叶，16.5×20.5cm。20 行。

参 森安孝夫 1991，55，81，83-84，87；Moriyasu 2004a，64，100，103-104，107，108；Moriyasu 2004a，64，100，103-104，107，108。

U 5303（T II D 68） 回鹘语劳役摊派书

写卷 1 叶，17.7×13cm。6 行。上有八思巴文印章 1 方，据考可能为 1360 年之物。高昌故城出土。

参 Radloff 1928，137；山田信夫 1968，25-26；松井太 1998a，40-42，图 9；松井太 1998b，30；松井太 2002，96。

U 5304（T II D 148b） 回鹘语世俗文书

残片 1 叶。高昌故城出土。

U 5305（TM 223）

残片 1 叶。编号又作 T I D 200（M 223）。

参 Matsui 2005，73。

U 5306（T II D 205b） 回鹘语世俗文书

残片 1 叶。高昌故城出土。

U 5307（无原编号） 回鹘语送棉花簿

参 Raschmann 1995a，54，58，80，122-123。

U 5308（T II D 238a） 回鹘语狗年供应令文

4 行。

参 松井太 2004a，164；Matsui 2004，198，图 1。

U 5309（T II D 238b） 回鹘语劳役摊派书

写卷 1 叶，15.7×13cm。8 行。上有八思巴文印章 1 方，据考可能为 1358 年之物。高昌故城出土。

参 Radloff 1928，129-130；松井太 1998a，31-35，图 5。

U 5311（T II D 360） 回鹘语破除与出卖帐历

参 Raschmann 1995a，45，54，75，76，77，123-124。

U 5314（T II S 19b） 回鹘语兔年供应令文

10×5.2cm。5 行。有六角形印章 2 方。胜金口遗址出土。

参 Arat 1964a，36；松井太 2002，97，109-110，123（图）。

U 5316（T III 168） 回鹘语劳役摊派书

写卷 1 叶，17×5.7cm，4 行。上有八思巴文印章 2 方，据考可能为 1361 年之物。

参 Zieme 1997b，438；松井太 1998a，42-44，图 10；松井太 1998b，30。

U 5317（T III M 205） 回鹘语佛教寺院免税敕令

写卷 1 叶，78.2×27.5cm，左部有残损。48 行。木头沟遗址出土。

参 Radloff 1928，143-148，No. 88；Тихонов 1966，255-259；Zieme 1981a，237-254，图 20-21；袁丁 1989b，58-62；森安孝夫 1991，48，95，135，137；杨富学 1992，59-65；Raschmann 1995a，27，124；李经纬 1996a，216-222；郑炳林、杨富学 1997，20-21；杨富学 1998a，198-210；杨富学 1998b，247-254；Moriyasu 2004a，54，119，159-160；松井太 2004c，14；Matsui 2005，70-74；耿世民 2006，70-73。

U 5319（T III M 205c） 回鹘语佛教寺院免税敕令

写卷 1 叶，35×26.7cm。16 行。有官印。木头沟遗址出土。

参 Zieme 1981a，254-258，图 22；森安孝夫 1991，48，95，134，135，137；Moriyasu 2001，176；Moriyasu 2004a，54，119，158-159，160；松井太 2004c，14；Matsui 2005，71-72；耿世民 2006，74-75。

U 5320（T II D 194f）　回鹘语令文

残片 1 叶，32×22cm。8 行。内容涉及高昌回鹘王国之公主供奉佛寺。高昌故城出土。

参 Radloff 1928，155-156；松井太 2004c，14。

U 5323（T II D 148c-1）　回鹘语酒肉供应令

写卷 1 叶，14.8×13.5cm。6 行。上有八思巴文印章 3 方。高昌故城出土。

参 松井太 1998a，47-48，图 13。

U 5324（T II D 148c-2）　回鹘语供给棉布诏令

写卷 1 叶，17.5×14.1cm。7 行。上有八思巴文印章 2 方。高昌故城出土。

参 Raschmann 1995a，58，124-125；松井太 1998a，48-50，图 14。

U 5325（T II D 148a）　回鹘语入帐记录

写卷 1 叶，19×16.5cm。10 行。上有八思巴文印章 1 方，据考可能为 1357 年之物。高昌故城出土。

参 Radloff 1928，118-119；李经纬 1995b，46-47；李经纬 1996a，257-258；松井太 1998a，23-25，图 3；松井太 1998b，28-29。

U 5330（T II Čiqtim 4）　回鹘语赤亭民为与佛寺相争事上官府状

43.4×30.7cm。双面书写，正面 25 行，背面 2 行，计 27 行。

参 Zieme 1980a，215；Zieme 1982a，266；Moriyasu 2002，158，156-162；松井太 2004c，1-32+图；Matsui 2005，72-73。

U 5331（T II Čiqtim 1）　回鹘语收集贡税函

写卷 1 叶，20×14.5cm，4 行，最后一行有花押。七克台出土。

参 Radloff 1928，121-122；多鲁坤、梅村坦、森安孝夫 1990，24-25；Moriyasu 2002，158。

U 5333（T III M 193）　回鹘语萨思迦班智达（Sa-Skya Pandita）造《上师瑜伽》（或曰《修师观门》）

存大纸 29 张，纸幅 45.5×22cm，从中间对折成 58 面，每单面书 5-8 行不等，共 497 行。除少数残损外，大部保存完好，左边穿绳。此为藏传佛教萨迦派第四代祖师萨迦班智达（Sa-Skya Pandita）著作之一，藏文原题作 Lam zab-mo bla-ma'i rnal-'byor，书名一作《师事瑜伽》。文献最后一行（第 497 行）提到"在 Likčin 城中名曰 Sirkap 的庙……"。Likčin，一说为凉州（今甘肃武威）的译音，一说为柳州（=柳中）的音译。这里应是文献翻译或抄写的地方。木头沟遗址出土。

参 BTT VIII，1-79，图 1-26；Moriyasu 1982，82；Zieme 1992c，41；Zieme 1997c，48-49；Elverskog 1997，112；杨富学 2003，425。

U 5335（T II S 90）　回鹘语佛教布施诗、回鹘语汉语《礼忏文》、回鹘语汉语《五台山赞》等

残卷 35 叶，每叶 16.8×12.2cm。抄写多种文献。胜金口遗址出土。

参 BTT XIII，67，104-108，106-109，142，图147-148，149-153；Kara 1991，129-133；Zieme 1991a，199-201，215；Elverskog 1997，126-127；庄垣内正弘 2001，258；Zieme 2002b，236；庄垣内正弘 2003，39；Zieme 2006b，6-9。

U 5335v　汉语佛典

U 5337（D 131）　回鹘语收获文书

写卷1叶，11.6×65cm。143行。高昌故城出土。

参 Zieme 1975a，109-140，图19-20；Zieme 1978a，24；Molnar & Zieme 1989，142-146。

U 5353（T I）　回鹘语《佛说天地八阳神咒经》

残片1叶。9行。

参 Oda 1983，135；Elverskog 1997，95-97。

U 5361 = MongHT 86

U 5362（T I）　回鹘语摩尼教《为十姓回鹘王国祈祷文》

残片1叶，16.4×14.7cm。11行。

参 BTT V，64-65，图 XXXIX；Clark 1997，133；Wilkens 2000a，309，No. 344。

U 5363（TM 486）　回鹘语寺庙文献

U 5367（T101.500）　回鹘语卖房契

与U 5399r、U 6068r及MIK III 4957a可以缀合，参看U 5399r。

U 5368r（T I 576）　汉文回鹘语双语土地买卖契约

17×14.5cm。回鹘语7行，每行前边都有对应的汉文，其中有汉文—回鹘语对照的“骨咄禄答弥施将军”。

参 森安孝夫 1991，50；Moriyasu & Zieme 1999，84-89，图 VIII；Nishiwaki 2001，78-79；Moriyasu 2004a，56。

U 5368v　回鹘语佛经

10行。

参 Moriyasu & Zieme 1999，93-95，图 IX。

U 5369（T I 578）　回鹘语《阿阇世王传说》

残片1叶。7行。

参 BTT XIII，64，122，147，图52，212。

U 5371（T I 580）　回鹘语卖奴契

残片一叶，上右缺，21.5×16.5cm。正面9行，背面2行，计11行。

参 Zieme 1974a，295；Zieme 1976c 243；Zieme 1977a，154-156，图2-3；山田信夫 1993b，44；山田信夫 1993c，图38-39；李经纬 1996b，12-13；耿世民 2006，109-110。

U 5376（T I 615）　回鹘语《金光明最胜王经》注

25.9×10.4cm。草书，7行。

参 Raschmann，S.-Ch. 2000b，17-24+图；Raschmann 2005，301。

U 5382（T I α）　回鹘语密教文献残片

19.5×8cm，双面书写。40行。高昌故城α遗址出土。

参 BTT VII，73-74，图 40-41；Elverskog 1997，105。

U 5396（T I α） 回鹘语佛经残片

残片1叶。高昌故城α遗址出土。

参 BTT XIII，135。

U 5399r（T I α 520） 回鹘语卖房契

残片1叶，可与 U 5367、U 6068r 及 MIK III 4957 缀合，33.5×28.5cm，正面 19 行，背面4行，计23行。右下角有一插图（MIK III 4957a），时代早于回鹘语内容，与回鹘语有叠压关系。高昌故城α遗址出土。

参 Zieme 1974a，295；Zieme 1992a，359-371，图 1-2；山田信夫 1993b，40-41；山田信夫 1993c，图 32-35；Raschmann 1995a，62，86，125；李经纬 1995d，32-34；李经纬 1995c，30-31；李经纬 1996b，269-272；耿世民 2006，163-165。

U 5399v + U 6068v 回鹘语借官布契

小残片2块，可缀合。7行。

参 山田信夫 1993b，88；山田信夫 1993c，图 33；李经纬 1996b，103-104。

U 5402（T I α） 回鹘语《月光经》

残片1叶，26行，间有汉字。高昌故城α遗址出土。

参 Zieme，P. 2000，65-80 + 图。

U 5418（T I D） 回鹘语佛教文献

残片1叶。高昌故城出土。

参 Le Coq 1926，图 22，a-b。

U 5419（T I D） 回鹘语《大方广佛华严经普贤行愿品》

残片1叶。高昌故城出土。

参 Zieme 1982b，603；Elverskog 1997，62。

U 5433（T I D 51/512） 回鹘语摩尼教文献

残片1叶，10.1×16.2cm。9行。高昌故城出土。

参 Wilkens 2000a，411，No. 490。

U 5436（T I D） 回鹘语摩尼教经济文书或书信

小残片1叶。正面8行。高昌故城出土。

参 BTT V，69，图 XLVII；Clark 1997，140；Wilkens 2000a，388-389，No. 451。

U 5449（T I D 571） 回鹘语佛教文献

残片1叶。高昌故城出土。

参 BTT XIII，33。

U 5461（T I D 609） 回鹘语《圣观世音大悲心总持功能依经录》

小残片1块。高昌故城出土。11行。

参 BTT XIII，131，图 193；Elverskog 1997，113。

U 5464（T I D 615） 回鹘语《摩尼教徒忏悔词》（Confession for the Day of the Minor Fast）

小残片1块，12×13.6cm。7行。与 U 5501、Mainz 474 属同一写卷。高昌故城出土。

参 BTT V，23，图 IV；Klimkeit 1989，250-251；Klimkeit 1993，306；Clark 1997，131；Wilkens 2000a，373-374，No. 430；王媛媛 2006，153。

U 5467（T I D 624） 回鹘语佛经

残片 1 叶。高昌故城出土。

U 5468（T I D 625） 回鹘语佛经

残片 1 叶。高昌故城出土。

参 BTT XIII，114。

U 5473（T I D 1024） 回鹘语《杂阿含经》

残片 1 叶，15. 0 × 17. 8cm，21 行。夹写汉字。高昌故城出土。

参 Kudara & Zieme 1983，296-301，图 12；Elverskog 1997，20-21。

U 5476 = MongHT 92

U 5478（T I x 505） 回鹘语医药文献

残片 1 叶，7. 3 × 5. 4cm，双面书写，正面 9 行，背面 8 行，计 18 行。

参 Zieme 1999c，329-331，图 4-5。

U 5486（T II 80） 回鹘语《别译杂阿含经》

残卷 1 叶，15. 5 × 15. 5cm，双面书写，正面 24 行，背面 25 行，计 49 行，文中多夹写汉字。

参 Kudara & Zieme 1995，40-42，图 4-5；Elverskog 1997，22-23。

U 5487（T II 100） 回鹘语《佛说天地八阳神咒经》

残片 1 叶。7 行。

参 Oda 1983，140；Elverskog 1997，95-97。

U 5490（T II 725） 回鹘语《五智如来曼陀罗》

残片 1 叶。5 行。

参 BTT XIII，140-142；Elverskog 1997，128。

U 5495（T II 769） 回鹘语佛教文献

残片 1 叶。

参 BTT XIII，127。

U 5501（T II 894） 回鹘语《摩尼教徒忏悔词》（Confession for the Day of the Minor Fast）

小残片 1 块，与 U 5464 出自同一写卷。13. 3 × 14. 6cm。正面 9 行。

参 BTT V，24，图 IV；Klimkeit 1989，250-251；Klimkeit 1993，306；Clark 1997，131；Wilkens 2000a，373，No. 429；王媛媛 2006，153。

U 5503（T II 897） 回鹘语摩尼教书信

残片 1 叶，13. 5 × 14. 3cm。双面书写，正面 8 行，背面 11 行，计 19 行。

参 BTT V，66-68，图 XLIV；Clark 1997，132；Klimkeit 1993，372；Wilkens 2000a，389-390；王媛媛 2006，169-171。

U 5510（T II 920） 回鹘语蒸馏酒供应令

写卷 1 叶，17. 2 × 26. 5cm。19 行。上有八思巴文印章 1 方。

参 Zieme 1997b，443-444；松井太 1998a，50-52，图 15。

U 5525（T II 1071）　回鹘语摩尼教布道文献

小残片1块，15.6×10.2cm，4行。上有方形官印1方。

参 BTT V，69，图 XLVII；森安孝夫 1991，134；Clark 1997，137；Wilkens 2000a，154-155，No. 142；Moriyasu 2001，176；Moriyasu 2004a，158。

U 5526（T II 1076）　回鹘语医药文献

残片1叶，14×16cm，10行。

参 BTT XIII，38；Zieme 1999c，328-329，图3。

U 5530（T II 1431）　回鹘语文书

提到可汗的名字。

参 Zieme 1991c，70。

U 5531（T II 1449）　回鹘语书信

残片1叶，22×19cm。双面书写，正面12行，背面6残行，计18行。

参 Wilkens 2000a，390，No. 453。

U 5534（T II 1813）　回鹘语三人结拜契

写本残片1叶，26.5×17 cm。7行。

参 山田信夫 1965，109；山田信夫 1972a，192；山田信夫 1993b，154-155；山田信夫 1993c，图133；Raschmann 1995a，51，52，125；李经纬 1995a，44，56；李经纬 1996b，267-268；耿世民 2006，225。

U 5537v（T II B 17）　回鹘语景教文献

残片1叶，8行。葡萄沟景教寺院遗址出土。

参 Zieme 1997/1998，173-180，图1。

U 5538v（T II B 17）　回鹘语景教文献

残片1叶，13行。葡萄沟景教寺院遗址出土。

参 Zieme 1974c，664-665；Zieme 1997/1998，173-180，图2。

U 5539（T II B 53）　回鹘语佛教文献

卷轴式残片1叶。葡萄沟景教寺院遗址出土。

参 Zieme 1974c，665。

U 5540（T II B 65）　回鹘语佛教文献

残片1叶。葡萄沟景教寺院遗址出土。

参 Zieme 1974c，665。

U 5545（T II B 501）　回鹘语书信

残片1叶。葡萄沟景教寺院遗址出土。

参 李经纬 1996a，291-292。

U 5547（T II D）　回鹘语八思巴诗歌残片

残片1叶，8.7×16.5cm。13行。高昌故城出土。

参 BTT XIII，186，图242。

U 5569（T II D 93）　回鹘语摩尼教书信

残片1叶，13.8×9.6cm。正面4行。高昌故城出土。

参 Wilkens 2000a，390-391，No. 454。

U 5571（T Ⅱ D 93） 回鹘语《摩尼教徒忏悔词》（*Xuāstvānīft*）

小残片1块，9.9×6.4cm。正面3行。高昌故城出土。

参 BTT V，20，图 LIV；Clark 1997，130；Wilkens 2000a，363-364，No.417。

U 5578（T Ⅱ D 104） 回鹘语世俗文书

残片1叶。

U 5580（T Ⅱ D 122.150） 回鹘语《五更转》译本

存20行。高昌故城出土。

参 Zieme 2006b，10。

U 5584（T Ⅱ D 149c） 回鹘语破历

参 Raschmann 1995a，51，70，71，126。

U 5601（T Ⅱ D 161） 回鹘语《秘密集会怛特罗》

8.5×4.5cm。残片，双面书写，正面背面各4行，计8行。高昌故城出土。

参 BTT VII，69，图35。

U 5612（T Ⅱ D 213） 回鹘语《维摩诘所说经》题记

残片1叶。双面书写，正面7行，背面5行，计12行。高昌故城出土。

参 BTT XX，11，图161-162。

U 5618（T Ⅱ D 296.500） 回鹘语书信或行记

参 Raschmann 1995a，55，126。

U 5619（T Ⅱ D 363） 回鹘语密教文献残片

残片1叶，19×19cm。15行。高昌故城出土。

参 BTT VII，70，图36；Elverskog 1997，105。

U 5623（T Ⅱ D 520） 回鹘语文书

11.5×11.2cm。双面书写，正面9行，背面6行，计15行。

参 Raschmann 1995a，127；松井太2002，106，118-118，127（图）。

U 5630（T Ⅱ K） 回鹘语摩尼教文献

残片1叶，13.3×6.6cm。正面12行，背面10行，计22行。高昌故城K遗址出土。

参 Wilkens 2000a，411-412，No.491。

U 5632（T Ⅱ M） 回鹘语《佛说圣妙吉祥真实名经》

小残片1块。2行。木头沟遗址出土。

参 BTT VIII，41。

U 5646（T Ⅱ S 1） 回鹘语密教文献

残片1叶，12.7×14.3cm。29行。胜金口遗址出土。

参 BTT VII，71-72，图37；Elverskog 1997，105。

U 5648（T Ⅱ S 2 B） 回鹘语密教文献

残片1叶，13×14.5cm。双面书写，正面12行，背面10行，计22行。胜金口遗址出土。

参 BTT VII，74-75，图42；Elverskog 1997，105。

U 5652a（T Ⅱ S） 回鹘语佛教文献

残片 1 叶。胜金口遗址出土。

参 Zieme 1984a，335。

U 5658（T II S 20）　回鹘语文书

胜金口遗址出土。

参 Raschmann 1995a，59，127。

U 5660（T II S 20）　回鹘语世俗文书

残片 1 叶。

U 5663（T II S 21）　回鹘语买卖契约

胜金口遗址出土。

参 Raschmann 1995a，68-69，70，128。

U 5664（T II S 21）+ U 5673　回鹘语《五更转》译本

双面书写，各 7 行。胜金口遗址出土。

参 Zieme 2006b，2。

U 5665v（T II S 21）　回鹘语供应令文

17.3×15cm。14 行。胜金口遗址出土。

参 Raschmann 1995a，39，99，128；松井太 1998b，31；松井太 2002，105，115-116，125（图）。

U 5673（T II S 21）　回鹘语《五更转》译本

与 U 5664 可以缀合，参看该号。胜金口遗址出土。

U 5678（T II S 135）　回鹘语《师颂》

残片 1 叶。胜金口遗址出土。

参 Zieme & Kara 1978，69-70，71，126；Zieme 1984a，334；BTT XIII，98-99。

U 5680（T II S 525）　回鹘语文书

残片 1 叶。17.5×15cm。5 行。胜金口遗址出土。

参 Zieme 1974d，367-368。

U 5684a-c （T II T）　回鹘语《五台山赞》

残片 3 叶，a 正面背面各 14 行，b 正面背面各 1 行，c 正面背面各 1 行。吐峪沟遗址出土。

参 Zieme 2002b，229-236，图 6-7。

U 5693（T II T 520）　回鹘语商业书信

吐峪沟遗址出土。

参 Raschmann 1995a，53，81，129。

U 5717（无原编号）　回鹘语文书

有汉字朱文官印。

参 Moriyasu 2001，176。

U 5721（T II x 554）　回鹘语摩尼教书信

残片 1 叶，17.8×21.3cm。正面 8 行，背面有无法辨识残笔。

参 BTT V，70，图 L；Clark 1997，140；Wilkens 2000a，391，No. 455。

U 5726（T II Y 14）　回鹘语世俗文书

残片 1 叶。交河故城出土。

U 5729（T II Y 15）　回鹘文文献

交河故城出土。

参 Zieme & Kara 1978，98。

U 5733（T II Y 43）　回鹘语印度耍蛇咒语译本

写卷 5 叶，保存完整，11×33cm。43 行。交河故城出土。

U 5745（T II Y 18）　回鹘语医药文献

与 U 5747、U4983 可以缀合，计 8 行。另有回鹘语杂写，又“天请问经”尾题。背面有回鹘语 3 行。交河故城出土。

参 Zieme 1999c，332-333，图 8-9。

U 5747（T II Y 18）　回鹘语医药文献

与 U 5745、U4983 可以缀合，参看 U 5745。交河故城出土。

参 Raschmann 1995a，81，94，129。

U 5753（T II Y 43）　回鹘语印度耍蛇咒语译本

11×33cm，双面书写，计 43 行。交河故城出土。

参 Zieme 1984c，428-430、433，图 1-2。

U 5754（无原编号）　回鹘语商业书信

参 Raschmann 1995a，81，94，129。

U 5758（T II Y 54）　回鹘语信函残片

残片 1 叶。交河故城出土。

U 5765（T II Y 59）　回鹘语商业文书

交河故城出土。

参 Raschmann 1995a，36，46，58，60，81，130。

U 5768（T II Y 59. 522）　回鹘语文书

交河故城出土。

参 Raschmann 1995a，130。

U 5791（T III 73）　回鹘语《佛说七俱胝佛母准提大明陀罗尼经》

残片 1 叶。双面书写，各 10 行，计 20 行。

参 BTT XIII，144；BTT XXIII，69，78-79，图 42，43。

U 5797r（T III 215-500）　汉文回鹘语双语土地契约

13×10cm，5 行。与 Ch/U. 6124 为同一写本，参看该号。回鹘语每行前有对应的汉文，如“地及论课”“达干”等。

参 森安孝夫 1991，50；Moriyasu & Zieme 1999，89-91，图 10；Nishiwaki 2001，78；Moriyasu 2004a，56。

U 5797v　回鹘语佛经

7 行。与 Ch/U. 6124 为同一写本，参看该号。

参 Moriyasu & Zieme 1999，95-96，图 11。

U 5802 = MongHT 40，MongHT 41

U 5803（T III 234）+ U 5950 + U 6048 + U 6277　回鹘语《千手千眼观世音菩萨

赞歌》

较完整的写本 4 叶，每叶为 14.3 ×15.3cm。计 45 行。

参 BTT XIII，126-130，图 189-190；Zieme 1991a，230-234；Elverskog 1997，127。

U 5806（T III 218-501）　回鹘语《阿弥陀颂诗》

残片 1 叶。11 行。

参 BTT XIII，145，图 208；Zieme 1991a，254；Elverskog 1997，128。

U 5808（T III 218-506）　回鹘语《阿弥陀颂诗》

残片 1 叶。8 行。

参 BTT XIII，144，图 207；Zieme 1991a，254；Elverskog 1997，128。

U 5821（T III 505）　回鹘语文书

参 Raschmann 1995a，131。

U 5827（T III 519）　回鹘语摩尼教赞美诗

残片 1 叶，14 ×23.5cm。14 行。

参 Wilkens 2000a，309-310，No. 345。

U 5831（T III B）　回鹘语书信残片

残片 1 叶。葡萄沟景教寺院遗址出土。

参 Zieme 1974c，665。

U 5832（T III B 99）　回鹘语书信

残片 1 叶。

U 5837（T III B 500）　回鹘语景教文献

小残片 1 叶。4 行。葡萄沟景教寺院遗址出土。

参 Zieme 1974c，665。

U 5847（T III HŠ）　回鹘语摩尼教书信

小残片 1 块。13 行。HŠ = HassaŠafiri，是吐鲁番盆地西南的一个地方，此处出土文书似仅此一件。

参 BTT V，66，图 XLII；Wilkens 2000a，391-392，No. 456。

U 5855（T III K 268. 500）　回鹘语文书

高昌故城 K 遗址出土。

参 Raschmann 1995a，61，99，131。

U 5865（T III M 132-501）　回鹘语《观音赞歌》

残片 1 叶。木头沟遗址出土。

参 BTT XIII，121。

U 5871（T III M 152）　回鹘语《金刚手本尊修法》

残片 1 叶，19.8 ×9.8cm。15 行。木头沟遗址出土。

参 BTT VII，68-69，图 34；Elverskog 1997，125。

U 5874（T III M 173）　回鹘语摩尼教文献

残片 1 叶，15.2 ×8.7cm。双面书写，正面 8 行，背面 2 行，计 10 行。木头沟遗址出土。

参 BTT V，66，图 XLI；Wilkens 2000a，392，No. 457。

U 5880（T Ⅲ M 219. 505） 回鹘语《圣观世音大悲心总持功能依经录》

残片1叶。10行。木头沟遗址出土。

参 BTT XIII，131，图192；Elverskog 1997，113。

U 5882（T Ⅲ M 219. 522） 回鹘语佛教格言

残片2叶。38行。木头沟遗址出土。

参 BTT XIII，112-114，图157。

U 5886 = MongHT 87（T Ⅲ M 229. 3） 回鹘语佛教文学作品

残片1叶。

U 5890（T Ⅲ M 253） 回鹘语书信

木头沟遗址出土。

参 Tezcan & Zieme 1971，451-460（图）。

U 5893（T Ⅲ 273/505） 回鹘文写经发愿文

双面书写，正面4行，其中1行汉文，背面2行。

参 Zieme 1996c，414，图11，图12。

U 5910（T Ⅲ T 514） 回鹘语摩尼教文献

小残片1块，8.5×9.5cm。5行。吐峪沟遗址出土。

参 BTT V，38，图 LVI；Clark 1997，140；Wilkens 2000a，412，No. 492。

U 5913（T Ⅱ Y 59） 回鹘语《金光明最胜王经》

残片1叶。交河故城出土。

参 BTT XIII，25。

U 5923（T Ⅲ Y 17） 回鹘语佛经

残片1叶。交河故城出土。

参 BTT XIII，117。

U 5927（T Ⅳ x 504） 回鹘语世俗文书

残片1叶。

U 5928（T Ⅳ x 505） 回鹘语摩尼教书信

残片1叶，26.7×15.6cm。正面5行。

参 BTT V，69-70，图 XLIX；Klimkeit 1993，373；Clark 1997，132；Wilkens 2000a，393，No. 459；王媛媛 2006，169-171。

U 5929（T Ⅳ Xusup） 回鹘语摩尼教书信

残片1叶，22.5×12.9cm。正面7行。Xusup 即参加德国吐鲁番探险队第四次考察的吐鲁番哈拉和卓人 Usup，该残片系从他手中获得的吐鲁番出土文书。

参 BTT V，66，图 XLIII；Clark 1997，133；Wilkens 2000a，393-394，No. 459。

U 5933（TM 84） 回鹘语摩尼教书信

小残片1块，13×22.1cm。13行。

参 BTT V，66，图 XLII；Clark 1997，132；Wilkens 2000a，394，No. 460。

U5937（TM 208） 回鹘语行记（?）

参 Raschmann 1995a，10，53，132。

U 5941（无原编号） 回鹘语商业书信

14×10cm。双面书写，正面12行，背面8行。

参 Zieme 1976c，247-248；Raschmann 1991，146-149，图 18-19；Raschmann 1995a，51，81，132。

U 5950（T III 234）　回鹘语《千手千眼观世音菩萨赞歌》

U 5803、U 6048、U 6277 可以缀合，参看 U 5803 号。

U5960（无原编号）　回鹘语卖物帐

参 Raschmann 1995a，74，133。

U5960v　回鹘语文书

残片1叶，19.5×16cm。草书，8行。

参 松井太 2005，31-34 + 图。

U 5964（T III M）　回鹘语《观世音本尊修法》（必兰纳识理译）

残片1叶，9.5×45cm。28行。木头沟遗址出土。

参 BTT VII，67-68，图 33；Elverskog 1997，111-112。

U 5967（无原编号）　回鹘语帐目

写卷1叶，20×6.7cm。3行。上有八思巴文印章3枚，据考为1362年之物。

参 Zieme 1997b，438；松井太 1998a，44，图 11。

U 5968r（无原编号）+ U 5971r　回鹘语卖奴契

残片2叶，分别为30×8.5cm、30×11cm。计16行。

参 Zieme 1977a，149-154，图 1；森安孝夫 1989，55；山田信夫 1993b，42-43；山田信夫 1993c，图 36-37；李经纬 1996b，8-11；Moriyasu 2004b，232（图）；耿世民 2006，107-108。

U 5968v + U 5971v　回鹘语典当文书

残片2叶缀合，9行。有方形墨印2方。

参 山田信夫 1972a，167，169，174，175；Zieme 1974a，295；Zieme 1976c，243，247；Zieme 1977a，149-154，图 1；Zieme 1980b，273-275，图 XV；森安孝夫 1989，70；山田信夫 1993b，99-100；山田信夫 1993c，图 90-91；李经纬 1994a，55-56；李经纬 1996b，117-118；耿世民 2006，200-201。

U 5969（无原编号）　回鹘语买卖牧场契

小残片1块，29.5×5cm。4行。

参 Zieme，P. 1974a，295；山田信夫 1993b，176；山田信夫 1993c，图 154，155；李经纬 1995a，38；李经纬 1996b，67。

U 5971r（无原编号）　回鹘语卖奴契

与 U 5968r 可以缀合，参看该号。

U 5971v　回鹘语典当文书

与 U 5968v 可以缀合，参看该号。

U 5974（无原编号）　回鹘语摩尼教书信

残片1叶，10.2×8.1cm。双面书写，各6行，计12行。

参 BTT V，70，图 LI；Clark 1997，132；Wilkens 2000a，394-395，No. 461。

U 5977（无原编号）　回鹘语书信

残片 1 叶。

参 Zieme 1976c，248。

U 5980（无原编号）　回鹘语文书

有官印，存残文“□□□□天特勤之印”。

参 Moriyasu 2001，177。

U 5981 ＝ MongHT 79

U 5983（无原编号）　回鹘语文书

有官印。

参 Moriyasu 2001，176。

U 5985（T Ⅱ Y 18）　回鹘语符咒

正面 14 行，背面 5 行。

参 BTT XXIII，184，图 205-206。

U 5988（无原编号）　回鹘语世俗文书

残片 1 叶。

U 5990v（无原编号）　回鹘语文书

有官印。

参 Moriyasu 2001，176。

U 5995（无原编号）　回鹘语卖物帐

参 Raschmann 1995a，133。

U 6005（无原编号）　回鹘语卖马文书

参 Raschmann 1995a，68，70，134。

U 6011（无原编号）　回鹘语《秘密集会怛特罗》

残片 1 叶，10×14.5cm。16 行。

参 BTT VIII，78-79，图 46。

U 6021（T Ⅱ A 8）　粟特文信札

7 行。编号“T II A”写在馆藏玻璃板上，原文如此，当有误。

参 Sundermann 1992，77；Sundermann 1996b，99-111，图 1。

U 6026（无原编号）　回鹘语《长阿含经》

残片 1 叶，15×13.5cm。双面书写，正面 17 行，背面 16 行，计 33 行，中间夹写汉字。

参 森安孝夫 1991，61；Kudara & Zieme 1995，64-69，图 11-12；Elverskog，J. 1997，17；Moriyasu 2004a，72。

U 6027（无原编号）　回鹘语世俗文书

残片 1 叶。

U 6031（无原编号）　回鹘语世俗文书

残片 1 叶。

U 6039（无原编号）＋ U 6081 ＋ U 6087　回鹘语《五智如来曼陀罗》

残片 3 叶，可缀合。26 行。

参 BTT XIII，140-142，图 202-203；Elverskog 1997，128。

U 6044（无原编号）　回鹘语佛教文献

残片1叶。

U 6046（无原编号）　回鹘语世俗文书

残片1叶。

U 6048（T III 234）　回鹘语《千手千眼观世音菩萨赞歌》

可以与U 5803、U 5950、U 6277缀合，参看U 5803号。

U 6056（无原编号）　回鹘语摩尼教书信

残片1叶，16.3×24.8cm。正面10行。

参 BTT V，69，图XLVII；Clark 1997，140；Wilkens 2000a，395，No. 462。

U 6061（无原编号）　回鹘语摩尼教寺院文书

小残片1块。5行。

参 BTT V，70，图LI；Raschmann 1995a，81，82，84，134。

U 6064（无原编号）　回鹘语世俗文书

残片1叶。8行。

U 6068r（无原编号）　回鹘语卖房契

与U 5399r、U 5367、MIK III4957a可以缀合，见U 5399r。

U 6069（无原编号）　回鹘语摩尼教书信

小残片1块，21.5×12cm。8行。

参 BTT V，70-71，图LII；Klimkeit 1993，373；Clark 1997，132；Wilkens 2000a，396，No. 463；王媛媛2006，169-171。

U 6081（无原编号）　回鹘语《五智如来曼陀罗》

可以与U 6039、U 6087缀合。参看U 6039号。

U 6087（无原编号）　回鹘语《五智如来曼陀罗》

可以与U 6039、U 6081缀合。参看U 6039号。

U 6091（无原编号）　回鹘语佛经

残片1叶。

U 6100（无原编号）　回鹘语文书

残片1叶。其中有人名“Il Arslan Tigin”。

U 6103 ＝ MongHT 89

U 6104 ＝ MongHT 48

U 6112（无原编号）　回鹘语世俗文书

与U6166可以缀合，参看该号。

U 6148（无原编号）　回鹘语《五智如来曼陀罗》

残片1叶。27行。

参 BTT XIII，142-143，图204-205；Elverskog 1997，128。

U 6149（无原编号）　回鹘语佛教文献

参 Zieme 2005，158-160。

U 6116（无原编号）　回鹘语文书

残片1叶，8.9×4.5cm，草书，5行。

参 松井太 2005，43-47，42（图）。

U 6152　回鹘语《五更转》译本

参 Zieme 2006b，10。

U 6155（无原编号）　回鹘语书信

残片 1 叶。

参 Zieme 1976c，248。

U 6157（无原编号）　回鹘语破历

参 Raschmann 1995a，53，54，58，70，71，135。

U 6160（无原编号）　回鹘语卖物帐

参 Raschmann 1995a，136。

U 6166（无原编号）+U 6112　回鹘语文书

参 Raschmann 1995a，37，44，136-137。

U 6169（无原编号）　回鹘语佛教诗歌

残片 1 叶。

U 6170（无原编号）　回鹘语—梵语皈依三宝愿文

残片 1 叶，用回鹘语书写的散文体梵语写卷。3 行。

Hartmann，Wille & Zieme 1996，203-216。

U 6189（无原编号）　回鹘语税收文书

参 Raschmann 1995a，45，74，137。

U 6190（无原编号）　回鹘语书信

小残片 1 块，仅残留各行字的开头部分。信中提到了鲁克沁、吐鲁番二城和一甜瓜商人。

参 Zieme 1976c，248。

U 6193（无原编号）　回鹘语摩尼教天体学说文献

小残片 1 块，7.8×7.7cm。双面书写，正面背面各 7 行，计 14 行。

参 BTT V，35-36，图 XI；Clark 1997，124；Wilkens 2000a，211，No. 207。

U 6195（无原编号）　回鹘语《秘密集会怛特罗》

残片 1 叶，15×16cm。双面书写，正面 14 行，背面 12 行，计 26 行。

参 BTT VII，75-77，图 43-44。

U 6198（无原编号）　回鹘语摩尼教书信

残片 1 叶，16.8×13.8cm。6 行。

参 BTT V，66，图 XLIII；Clark 1997，132；Wilkens 2000a，396-397，No. 464。

U 6200　回鹘语《五更转》译本

参 Zieme 2006b，10。

U 6201　粟特语摩尼教书信

参 Henning 1936a，17；Sundermann 1992，76。

U 6251（无原编号）　回鹘语摩尼教书信

残片 1 叶，19.9×11.9cm。5 行。

参 BTT V，38，图 XV；Zieme 1974c，663；Wilkens 2000a，397，No. 465。

U 6277（T Ⅲ［M］234）　回鹘语《千手千眼观世音菩萨赞歌》

可以与 U 5803、U 5950、U 6048 缀合，参看 U 5803 号。

U 6320-U 6342　缺号

U 6344（T Ⅰ 523）　回鹘语《金光明最胜王经》卷四

残片 1 叶，8.5×8.7cm。双面书写，各 6 行，计 12 行。

参 Raschmann 2002，42，No. 239。

U 6348（T Ⅱ S 32a）+ U 2848 + U 795 + U 2880　回鹘语《金光明最胜王经》卷八

4 叶残片，尺寸分别是 8×7cm，7.5×10.5cm，8×11cm，7.9×9cm。双面书写，分别是各 4、6、6、6 行。胜金口遗址出土。

参 Raschmann 2005，110-112。

U 6364（无原编号）　回鹘语佛经题记

残片 1 叶，7 行。

参 BTT XIII，159-160。

U 6366（无原编号）　回鹘语《入菩提行疏》卷一

残片 1 叶，正面背面各 17 行，计 34 行。

参 Raschmann & Zieme 1985，309-318，图 1-2；Taube 1987，377-382；Elverskog 1997，80。

U 6368 = MongHT 90/4

U 6369 = MongHT 90/5

U 6374（无原编号）　回鹘语《金光明最胜王经》卷一〇

5.3×4.9cm。双面书写，各 2 行。

参 Raschmann 2005，229-230。

U 6388（无原编号）　回鹘语《金光明最胜王经》卷一〇

与 U 774 可以缀合，参看该号。

U 6409（无原编号）　回鹘语《维摩诘所说经》卷次未详

残片 1 叶，6.5×4cm。双面书写，各 3 行，计 6 行。与 U 2055 属同一写本。

参 BTT XX，60，146，图 149-150。

U 6488（无原编号）　回鹘语《金光明最胜王经》卷七

与 U 1227 可以缀合，参看该号。

U 6503（无原编号）　回鹘语《慈悲道场忏法》

5.7×3.1cm。各 1 行。

参 Wilkens 2003b，249。

U 6604（无原编号）　回鹘语《金光明最胜王经》卷三

小残片 1 块，6.3×7.7cm。双面书写，各 5 行，计 10 行。

参 Raschmann 2000，192-193，No. 171，图 71。

U 6613（无原编号）　回鹘语《父母恩重经》

刻本小残片 1 块。9.5×4.1cm。3 行。

参 BTT XIII，84，图 100；Wilkens 2003b，285。

U 6614a+b，c+d，e，f（无原编号）　回鹘语《父母恩重经》

刻本碎片。

参 BTT XIII，77，图 74-75；Wilkens 2003b，272-273。

U 6615a + b + c，d + e + f，g-q（无原编号）　回鹘语《父母恩重经》

刻本碎片。

参 BTT XIII，77-78，图 76-77；Wilkens 2003b，273-274。

U 6617a-e（无原编号）　回鹘语《父母恩重经》

刻本碎片。

参 BTT XIII，76-77；图 72-73；Wilkens 2003b，271-272。

U 6619a-e（无原编号）　回鹘语《父母恩重经》

刻本碎片。

参 BTT XIII，78-79，图 80；Wilkens 2003b，275-276。

U 6621a（无原编号）　回鹘语《父母恩重经》

刻本碎片，8.3 ×4.5cm。3 行。

参 BTT XIII，78，图 78-79；Wilkens 2003b，274。

U 6621b（无原编号）　回鹘语《父母恩重经》

刻本碎片，8.9 ×5.1cm。4 行。

参 BTT XIII，78，图 78-79；Wilkens 2003b，274-275。

U 6622a-m（无原编号）　回鹘语《父母恩重经》

刻本碎片。

参 BTT XIII，84-85，图 102-106；Wilkens 2003b，286-287。

U 6623（无原编号）　回鹘语《父母恩重经》

刻本残片 1 叶。12.1 ×7.3cm。5 行。

参 BTT XIII，82，图 93；Wilkens 2003b，282。

U 6624（无原编号）　回鹘语《父母恩重经》

刻本残片 1 叶。12.3 ×7.5cm。5 行。

参 BTT XIII，82，图 92；Wilkens 2003b，281-282。

U 6625（无原编号）　回鹘语《父母恩重经》

刻本残片 1 叶。12.2 ×7.8cm。5 行。

参 BTT XIII，82，图 90；Wilkens 2003b，280-281。

U 6626（无原编号）　回鹘语《父母恩重经》

刻本残片 1 叶。11 ×8cm。5 行。

参 BTT XIII，81，图 89；Wilkens 2003b，280。

U 6627a-d（无原编号）　回鹘语《父母恩重经》

刻本残片 4 叶。其中 a 片尺寸是 11.3 ×7.6cm，5 行。其余为碎片。

参 BTT XIII，81，图 88；Wilkens 2003b，279-280。

U 6628（无原编号）　回鹘语《父母恩重经》

刻本残片 1 叶。13.3 ×7.9cm。5 行。

参 BTT XIII，81，图 87；Wilkens 2003b，279。

U 6629a，b（无原编号）　回鹘语《父母恩重经》

刻本残片 2 叶。其中 a 片尺寸是 11.2 ×7.7cm，5 行；b 片为碎片。

参 BTT XIII，81，图 86；Wilkens 2003b，278-279。

U 6630a + b（无原编号） 回鹘语《金光明最胜王经》卷三

残片 2 叶，缀合后尺寸是 4.2 ×2.4cm。刻本。4 行。

参 BTT XIII，91，图 110-111；Elverskog 1997，65-69；Raschmann 2005，263-264。

U 6631（无原编号） 回鹘语《金光明最胜王经》卷三

刻本残片 1 叶，尺寸是 11.9 ×5.3cm。

参 BTT XIII，图 119-120；Raschmann 2005，269-270。

U 6632a（无原编号） 回鹘语《父母恩重经》

刻本残片 1 叶。10.9 ×7.6cm。5 行。

参 BTT XIII，80，图 84；Wilkens 2003b，277-278。

U 6632b（无原编号） 回鹘语《父母恩重经》

刻本残片 1 叶。10.8 ×7.6cm。5 行。

参 BTT XIII，80，图 85；Wilkens 2003b，278。

U 6633（无原编号） 回鹘语《父母恩重经》

刻本残片 1 叶。8.3 ×6.1cm。5 行。

参 BTT XIII，83，图 94；Wilkens 2003b，282-283。

U 6634（无原编号） 回鹘语《父母恩重经》

刻本残片 1 叶。12.1 ×7.7cm。6 行。

参 BTT XIII，80，图 83；Wilkens 2003b，277。

U 6635（无原编号） 回鹘语《父母恩重经》

刻本残片 1 叶。12.3 ×7.5cm。5 行。

参 BTT XIII，79-80，图 82；Wilkens 2003b，276-277。

U 6636（无原编号） 回鹘语《父母恩重经》

刻本残片 1 叶。12 ×7.9cm。5 行。与 U 6635 可以缀合，参看该号。

参 BTT XIII，79-80，图 81；Wilkens 2003b，276。

U 6637（无原编号） 回鹘语《父母恩重经》

刻本残片 1 叶。12.3 ×7.9cm。5 行。

参 BTT XIII，82，图 91；Wilkens 2003b，281。

U 6639v（无原编号） 回鹘语《父母恩重经》

刻本残片 1 叶。6.9 ×4.6cm。4 行。

参 BTT XIII，84，图 101；Wilkens 2003b，286。

U 6640a（无原编号） 回鹘语《父母恩重经》

刻本残片 1 叶。7.5 ×6.2cm。5 行。

参 BTT XIII，83，图 95；Wilkens 2003b，283。

U 6640b（无原编号） 回鹘语《父母恩重经》

刻本残片 1 叶。6.3 ×4cm。3 行。

参 BTT XIII，83，图 96；Wilkens 2003b，283-284。

U 6641a + b + d，c，e，f（无原编号） 回鹘语《父母恩重经》

刻本碎片。

参 BTT XIII，83-84，图 97-98；Wilkens 2003b，284。

U 6642a + b（无原编号）　回鹘语《父母恩重经》

刻本小残片 2 叶。前者 7.6 ×6.2cm。4 行。

参 BTT XIII，84，图 99；Wilkens 2003b，285。

U 6645（无原编号）　回鹘语《父母恩重经》

刻本残片 1 叶。5.2 ×4.1cm。4 行。

参 BTT XIII，图 107；Wilkens 2003b，288。

U 6649（无原编号）　回鹘语《父母恩重经》

刻本碎片 1 叶。3.8 ×2.2cm。

参 BTT XIII，图 71；Wilkens 2003b，288-289。

U 6652a，b（无原编号）　回鹘语《金光明最胜王经》卷三

刻本残片 2 叶，尺寸分别是 15.2 ×7.9cm，2.3 ×1.5cm。10 行。

参 BTT XIII，93，图 115-116；Elverskog 1997，65-69；Raschmann 2005，267-268。

U 6653a（无原编号）　回鹘语《金光明最胜王经》卷三

刻本残片 1 叶，4.5 ×8.5cm。8 行。

参 BTT XIII，94-95，图 121-122；Elverskog 1997，65-69；Raschmann 2005，274。

U 6653b（无原编号）　回鹘语《金光明最胜王经》卷三

刻本残片 1 叶。2.9 ×3.8cm。6 行。

参 BTT XIII，95，图 123；Elverskog 1997，65-69；Raschmann 2005，274。

U 6653c，d，e（无原编号）　回鹘语《金光明最胜王经》卷三

刻本残片 3 叶，尺寸分别是 4.5 ×6.7cm，2.4 ×2.4cm，3.5 ×2.3cm。各存 5、3、2 行。

参 BTT XIII，95，图 123；Elverskog 1997，65-69；Raschmann 2005，274。

U 6654a-b（无原编号）　回鹘语《金光明最胜王经》卷三

刻本残片 5 叶，尺寸分别是 3.2 × 3.6cm，9.9 × 8.9cm，8.5 × 5.8cm，1.7 × 2.1cm，2.7 ×2.5cm。各存 2、6、4、1、2 行。

参 BTT XIII，95-96，图 124-125；Elverskog 1997，65-69；Raschmann 2005，276-277。

U 6655a，b（无原编号）　回鹘语《金光明最胜王经》卷三

刻本残片 2 叶，尺寸是 18.8 ×9.5cm。6 行。

参 BTT XIII，96，图 126-127；Elverskog 1997，65-69；Raschmann 2005，277-278。

U 6656a，b（无原编号）+ U 6663a　回鹘语《金光明最胜王经》卷三

刻本残片 3 叶。前者尺寸是 18.1 ×9.5cm，后者尺寸是 17.5 ×9.7cm，各残片均存 6 行。

参 BTT XIII，97，图 128-131；Elverskog 1997，65-69；Raschmann 2005，279-280。

U 6657（无原编号）　回鹘语《金光明最胜王经》卷三

刻本残片 1 叶，10.8 ×6.4cm，存 6 行。

参 BTT XIII，101，图 138；Elverskog 1997，65-69；Raschmann 2005，288。

U 6658a-d（无原编号） 回鹘语《金光明最胜王经》卷三

刻本残片 4 叶，尺寸分别是 16. 1 × 6. 1cm，5. 4 × 2. 4cm，4. 6 × 3. 2cm，1. 5 × 1. 5cm。计 15 行。

参 BTT XIII，101，图 139；Elverskog 1997，65-69；Raschmann 2005，289-290。

U 6659a-b（无原编号） 回鹘语《金光明最胜王经》卷三

刻本残片 2 叶。16. 2 ×7. 5cm，正面背面各 5 行。

参 BTT XIII，101-102，图 140-102；Elverskog 1997，65-69；Raschmann 2005，290-291。

U 6660a-b（无原编号） 回鹘语《金光明最胜王经》卷三

刻本残片 2 叶。16 ×7. 5cm，11 行。

参 BTT XIII，102-103，图 142-143；Elverskog 1997，65-69；Raschmann 2005，291-292。

U 6661a-b（无原编号） 回鹘语《金光明最胜王经》卷三

刻本小残片 2 叶。16. 4 ×7. 6cm，正面背面各 5 行。

参 BTT XIII，103，图 144-145；Elverskog 1997，65-69；Raschmann 2005，292-293。

U 6662（无原编号） 回鹘语《金光明最胜王经》卷三

刻本残片 1 叶。7. 6 ×3. 8cm，3 行。

参 BTT XIII，103，图 146；Elverskog 1997，65-69；Raschmann 2005，293-294。

U 6663a（无原编号）+ U 6656a，b 回鹘语《金光明最胜王经》卷三

刻本残片 3 叶，缀合后尺寸是 17. 5 ×9. 7cm。各 6 行。

参 BTT XIII，97，图 128-131；Raschmann 2005，280-281。

U 6664（无原编号） 回鹘语《金光明最胜王经》卷三

刻本残片 1 叶，18. 4 ×10. 1cm，存 2 行。

参 BTT XIII，图 132-133；Raschmann 2005，283-284。

U 6665（无原编号） 回鹘语《金光明最胜王经》卷三

刻本残片 1 叶，16. 6 ×8. 4cm，存 6 行。

参 BTT XIII，图 134-135；Raschmann 2005，284-285。

U 6666（无原编号） 回鹘语《金光明最胜王经》卷三

刻本残片 1 叶，17. 1 ×8. 8cm，存 6 行。

参 BTT XIII，图 136-137；Raschmann 2005，287-288。

U 6672（T I 617） 回鹘语某人状

参 Raschmann 1995a，137。

U 6675（无原编号） 回鹘语《金光明最胜王经》卷三

3. 6 ×2. 8cm。刻本，2 行。

参 BTT XIII，94，图 121（编号作 U 6653a）；Raschmann 2005，273。

U 6688-U 6799 缺号

U 6862（无原编号） 婆罗迷文梵语 – 回鹘语《长阿含经》

小残片 7 块。26 行。

Hartmann & Maue 1994，154-161。

U 6889（无原编号）　婆罗迷文梵语－回鹘语佛教文献

参 Maue 1994，214。

U 6900（T II S 33）　吐火罗文回鹘语佛教文献《金光明最胜王经》

写本残片 1 叶，6 行。又编作 Toch. 468 号。胜金口遗址出土。

参 Maue 1994，217。

U 6906-U 6999　缺号

U 7247（无原编号）　回鹘语《金光明最胜王经》卷五

小残片 1 块，7.4×8.6cm。双面书写，各 6 行，计 12 行。

参 Raschmann 2002，138-139，No. 367。

U 7289-U 7999　缺号

U 8000 ＝ MIK 030501（T III M 239. 502）　回鹘语《金光明最胜王经》卷七

29.3×10.8cm。双面书写，各 6 行。木头沟遗址出土。

参 Raschmann 2005，55。

U 8003 ＝ So 10331（T I α uig. 003）

U 8004 ＝ MIK 031775（现存最后一号）

（U 9025 以下原件已佚，仅存照片）

U 9025（T III M 56-41）　回鹘语《金光明最胜王经》卷四

残片 1 叶。双面书写，正面 16 行，背面 15 行，计 31 行。木头沟遗址出土。

参 Raschmann 2002，64，No. 267，图 26。

U 9026（T III M 56-9）　回鹘语《金光明最胜王经》序

写本 1 叶。20×47cm。双面书写，各 26 行，计 52 行。与 Mainz 786、U 9027、U 632、U 642、Mainz 306、Mainz 236、Mainz 5、U 9028、U 9029、U 9030、U 686、U 608、U 634、Mainz 120、U 9031、U 9032、U 9033、U 9034、9035、U 9036、U 9040、U 9037、U 635、U 598、U 599、U 662a、U 641、U 637、U 638、U 9038、U 663、U 667＋U 679、U 654、U 9041、U 668、U 9042、U 629、U 625、U 661 属同一写本。木头沟遗址出土。

参 Müller 1908，32-35；Tekin 1959，294，298；Tekin 1988，296-297；BTT XVIII，36-37，图 12-13；Elverskog 1997，65-69；Raschmann 2000，56-57，No. 002。

U 9027（T III M 56-22）　回鹘语《金光明最胜王经》序、卷一

写本 1 叶。20×47cm。正面为《金光明最胜王经》序，背面为此经卷一。双面书写，正面 9 行，背面 25 行，计 35 行。与 U 9026 等属同一写本。木头沟遗址出土。

参 BTT XVIII，38-39，图 16-17；Elverskog 1997，65-69；Raschmann 2000，59，No. 005。

U 9028（T III M 56-3）　回鹘语《金光明最胜王经》卷一

残片 1 叶。20×47cm。双面书写，各 26 行，计 52 行。与 U 9026 等属同一写本。木头沟遗址出土。

参 Tekin 1987，133-210，附图；BTT XVIII，39-40，图 18-19；Elverskog 1997，65-69；Raschmann 2000，72，No. 021。

U 9029（T III M 56-2） **回鹘语《金光明最胜王经》卷一**

残片1叶。20×47cm。双面书写，各26行，计52行。与U 9026等属同一写本。木头沟遗址出土。

参 BTT XVIII，40-41，图20-21；Elverskog 1997，65-69；Raschmann 2000，76，No. 026。

U 9030（T III M 56-1） **回鹘语《金光明最胜王经》卷一**

残片1叶。20×47cm。双面书写，各26行，计52行。与U 9026等属同一写本。木头沟遗址出土。

参 Müller 1908，17-20；SEDTF 4，Beiheft，9；Erdal 1991，290；Kaya 1994，76-77；BTT XVIII，41-42，图22-23；Elverskog 1997，65-69；Raschmann 2000，77-78，No. 028。

U 9031（T III M 56-14） **回鹘语《金光明最胜王经》卷二**

残片1叶。双面书写，各26行，计52行。与U 9026等属同一写本。木头沟遗址出土。

参 Tekin 1959，300；Kaya 1994，83；BTT XXI，54-56；Raschmann 2000，109-110，No. 067，图2。

U 9032（T III M 56-15） **回鹘语《金光明最胜王经》卷二**

残片1叶。与U 9026等属同一写本。双面书写，各26行，计52行。木头沟遗址出土。

参 Finch 1993，37-116 + 图页；BTT XXI，59-61；Raschmann 2000，112-112，No. 071，图5。

U 9033（T III M 56-16） **回鹘语《金光明最胜王经》卷二**

残片1叶。双面书写，各26行，计52行。与U 9026等属同一写本。木头沟遗址出土。

参 BTT XXI，62-64；Raschmann 2000，114，No. 073，图6。

U 9034（T III M 56-17） **回鹘语《金光明最胜王经》卷二**

残片1叶。双面书写，各26行，计52行。与U 9026等属同一写本。木头沟遗址出土。

参 BTT XXI，68-70；Raschmann 2000，115-116，No. 076。

U 9035（T III M 56-18） **回鹘语《金光明最胜王经》卷二**

残片1叶。双面书写，各26行，计52行。与U 9026等属同一写本。木头沟遗址出土。

参 BTT XXI，71-73；Raschmann 2000，117，No. 078，图10。

U 9036（T III M 56-19） **回鹘语《金光明最胜王经》卷二**

残片1叶。双面书写，各26行，计52行。与U 9026等属同一写本。木头沟遗址出土。

参 BTT XXI，74-76；Raschmann 2000，118，No. 079，图11。

U 9037（T III M 56-21） **回鹘语《金光明最胜王经》卷二**

残片1叶。双面书写，各26行，计52行。与U 9026等属同一写本。木头沟遗址出土。

参 Raschmann 2000，122-123，No. 085，图 16；BTT XXI，81-83。

U 9038（T Ⅲ M 56-12）　回鹘语《金光明最胜王经》卷二

残片 1 叶。双面书写，各 26 行，计 52 行。与 U 9026 等属同一写本。木头沟遗址出土。

参 Tekin 1971，23；Raschmann 1998，295-304，图 IX-XII；Raschmann 2000，160，No. 132，图 49。

U 9040（T Ⅲ M 56-20）　回鹘语《金光明最胜王经》卷二

残片 1 叶。双面书写，各 26 行，计 52 行。与 U 9026 等属同一写本。木头沟遗址出土。

参 BTT XXI，78-80；Raschmann 2000，121-122，No. 083，图 14。

U 9041（T Ⅲ M 56-7）　回鹘语《金光明最胜王经》卷三

残片 1 叶。双面书写，各 26 行，计 52 行。与 U 9026 等属同一写本。木头沟遗址出土。

参 Tekin 1971，23；Raschmann 2000，187-188，No. 164，图 69。

U 9042（T Ⅲ M 56-24）　回鹘语《金光明最胜王经》卷三

残片 1 叶。双面书写，各 26 行，计 52 行。与 U 9026 等属同一写本。木头沟遗址出土。

参 Tekin 1971，23；Raschmann 2000，200-201，No. 180，图 77。

U 9043（T Ⅲ M 84-32）　回鹘语《金光明最胜王经》卷四

残片 1 叶。双面书写，各 26 行，计 52 行。木头沟遗址出土。

参 Tekin 1971，23；Raschmann 2002，15，No. 198，图 1。

U 9044（T Ⅲ M 84-31）　回鹘语《金光明最胜王经》卷四

残片 1 叶。双面书写，各 26 行，计 52 行。木头沟遗址出土。

参 Tekin 1971，23；Raschmann 2002，17，No. 200，图 4。

U 9045（T Ⅲ M 84-29）　回鹘语《金光明最胜王经》卷四

残片 1 叶。双面书写，各 26 行，计 52 行。木头沟遗址出土。

参 Tekin 1971，23；Raschmann 2002，20，No. 205，图 5。

U 9046（T Ⅲ M 40-30）　回鹘语《金光明最胜王经》卷四

残片 1 叶。双面书写，各 26 行，计 52 行。紧接 U9045。木头沟遗址出土。

参 Tekin 1971，23；Raschmann 2002，21-22，No. 208，图 6。

U 9047（T Ⅲ M 84-14）+ U 676　回鹘语《金光明最胜王经》卷四

残片 1 叶。双面书写，各 26 行，计 52 行。木头沟遗址出土。

参 Tekin 1971，23；Raschmann 2002，22，No. 209，图 7；Raschmann 2005，325-326。

U 9048（T Ⅲ M 84-16）　回鹘语《金光明最胜王经》卷四

残片 1 叶。双面书写，各 26 行，计 52 行。木头沟遗址出土。

参 Raschmann 2002，29，No. 29；图 11。

U 9057（T Ⅲ M 56-26）　回鹘语《金光明最胜王经》卷四

残片1叶。双面书写，各26行，计52行。木头沟遗址出土。

参 Tekin 1971，23；Raschmann 2002，81-82，No. 292，图30。

U 9058（T III M 56-10）　回鹘语《金光明最胜王经》卷五

残片1叶。双面书写，各26行，计52行。紧接U 624。木头沟遗址出土。

参 Tekin 1971，23；Raschmann 2002，131，No. 359，图44。

U 9059（T III M 56-13）　回鹘语《金光明最胜王经》卷五

残片1叶。双面书写，各26行，计52行。紧接U 585。木头沟遗址出土。

参 Müller 1908，20-22；Tekin 1971，23，26，45-46；Kaya 1994，218；Raschmann 2002，147-148，No. 378，图48。

U 9077（T III 56. 4b）　回鹘语《金光明最胜王经》卷六

双面书写，各23、22行。

参 Raschmann 2005，30。

U 9078（T III TV 56-4）　回鹘语《金光明最胜王经》卷六

双面书写，各26行。吐鲁番北山前坡地遗址出土。

参 Raschmann 2005，31。

U 9079（T III TV 56-3）　回鹘语《金光明最胜王经》卷六

双面书写，各23行。吐鲁番北山前坡地遗址出土。

参 Raschmann 2005，32。

U 9080（T III TV 56-1）　回鹘语《金光明最胜王经》卷六

双面书写，各23行。吐鲁番北山前坡地遗址出土。

参 Raschmann 2005，33。

U 9081（T I Kš 10）　回鹘语《慈悲道场忏法》

双面书写，各17行，计34行。

参 BTT II，22-23；Wilkens 2003b，176-177。

U 9082（T I Kš 8）　回鹘语《慈悲道场忏法》

双面书写，各17行，计34行。

参 BTT II，25-26；Wilkens 2003b，178。

U 9083（T I Kš 33）　回鹘语《慈悲道场忏法》

双面书写，各16行，计32行。

参 BTT II，33-34；Wilkens 2003b，185。

U 9084（T I Kš 31）　回鹘语《慈悲道场忏法》

双面书写，各16行，计32行。

参 BTT II，35-36；Wilkens 2003b，186-187。

U 9085（T I Kš 2）　回鹘语《慈悲道场忏法》

双面书写，各17行，计34行。

参 BTT II，41-42；Wilkens 2003b，191-192。

U 9086（T I Kš 20）　回鹘语《慈悲道场忏法》

双面书写，各17行，计34行。

参 BTT II，48-49；Wilkens 2003b，196-197。

U 9087（T I Kš 19） 回鹘语《慈悲道场忏法》

双面书写，各17行，计34行。

参 BTT II，49；Wilkens 2003b，197。

U 9088（T I Kš 17a） 回鹘语《慈悲道场忏法》

双面书写，各17行，计34行。

参 BTT II，50-51；Wilkens 2003b，198-199。

U 9089（T I Kš 27） 回鹘语《慈悲道场忏法》

双面书写，各17行，计34行。

参 BTT II，54-55；Wilkens 2003b，201-202。

U 9090（T II Y 48） 回鹘语《佛教忏悔书》

卷轴装写卷。72行。交河故城出土。

参 Müller 1910，84-89； Zieme 1984c，428-430，428（图1-2）；Elverskog 1997，135-136；Wilkens 2003b，257。

U 9091（T II Y 42） 回鹘语《佛教忏悔书》

卷轴装写卷。89行。交河故城出土。

参 Müller 1910，76-81；Elverskog 1997，135-136；Wilkens 2003b，258。

U 9092（T II Y 55） 回鹘语《佛教忏悔书》

25×112cm。卷子本，69行。交河故城出土。

参 TTT IV，440-44，Text B；Wilkens 2003b，259。

U 9093（T II Y 9. 59c. 60a） 回鹘语《佛教忏悔书》

32×67cm。5行。交河故城出土。

参 TTT IV，Text P；Wilkens 2003b，255。

U 9094（T II Y 59d） 回鹘语《佛教忏悔书》

14×20m。卷子本。交河故城出土。

参 TTT IV，438-439，Text H；Wilkens 2003b，258-259。

U 9095（T II Y 63e） 回鹘语《佛教忏悔书》

10×69cm。卷子本。交河故城出土。

参 TTT IV，Text C；Wilkens 2003b，252。

U 9096（无原编号） 回鹘语《金光明最胜王经》卷七

双面书写，各6行。

参 Maue & Sertkaya 1986，84-85，图6（编号作 U 3244 号）Raschmann 2005，59-60。

U 9097（T III 56-15） 回鹘语《金光明最胜王经》卷八

双面书写，各25、26行。

参 Müller 1908，26-28；Finch 1993，61-61，图190-191；Elverskog 1997，65-69；Raschmann 2005，86-87。

U 9098（T III 56-8） 回鹘语《金光明最胜王经》卷八

双面书写，各26行。

参 Müller 1908，29-32；Finch 1993，62-63，图192-193；Raschmann 2005，88-89。

U 9099（T III 56-9） 回鹘语《金光明最胜王经》卷八
双面书写，各26行。
参 Müller 1908，32-35；Raschmann 2005，92-93。

U 9100（T III 56-10） 回鹘语《金光明最胜王经》卷八
双面书写，各26行。
参 Finch 1993，63-64，图194-195；Raschmann 2005，95。

U 9101（T III 56-11） 回鹘语《金光明最胜王经》卷八
双面书写，各26行。
参 Finch 1993，64，图196-197；Raschmann 2005，96。

U 9102（T III 56-12） 回鹘语《金光明最胜王经》卷八
双面书写，各26行。
参 Raschmann 2005，97-98。

U 9103（T III 56-13） 回鹘语《金光明最胜王经》卷八
双面书写，各26行。
参 Raschmann 2005，99-100。

U 9104（T III 56-14） 回鹘语《金光明最胜王经》卷八
双面书写，各26行。
参 Raschmann 2005，101。

U 9105（T III 56-7） 回鹘语《金光明最胜王经》卷八
双面书写，各26行。
参 Raschmann 2005，103-104。

U 9106（T III 56-6） 回鹘语《金光明最胜王经》卷八
双面书写，各26行。
参 Raschmann 2005，105-106。

U 9107（T III 56-4） 回鹘语《金光明最胜王经》卷八
双面书写，各26行。
参 Raschmann 2005，107-108。

U 9161（T III 56-3） 回鹘语《金光明最胜王经》卷八
与U 584可以缀合，参看该号。

U 9162（T III 56-2）+ Mainz 28b + U 9163 回鹘语《金光明最胜王经》卷八
3叶残片，其中Mainz 28b尺寸是7.4×5.9cm。双面书写，分别为9、2、17行。
参 Tekin 1987，187（图）；Raschmann 2005，130-131。

U 9163（T III 56-17） 回鹘语《金光明最胜王经》卷八
与U 9162、Mainz 28b可以缀合，参看U 9162号。

U 9164（T III 56-16） 回鹘语《金光明最胜王经》卷八
双面书写，各27行。
参 Tekin 1987，188-189（图）；Raschmann 2005，101。

U 9165（T III 56-17） 回鹘语《金光明最胜王经》卷八
双面书写，各27行。

参 Tekin 1987，192-193，图 17-18；Raschmann 2005，134。

U 9166（T III 56-18）　回鹘语《金光明最胜王经》卷八

双面书写，各 27 行。

参 Tekin 1987，194-195，图 19-20；Raschmann 2005，137。

U 9167（T III 56-20）　回鹘语《金光明最胜王经》卷八

双面书写，各 27 行。

参 Tekin 1987，198-199，图 23-24；Raschmann 2005，141。

U 9176（T III TV 86-δ）　回鹘语《金光明最胜王经》卷六

双面书写，各 9 行。吐鲁番北山前坡地遗址出土。

参 Raschmann 2005，41-42。

U 9183（T III M 115）　回鹘语《佛说北斗七星延命经》

11.3×14.5cm。6 行。木头沟遗址出土。

参 TTT VII，9，49，77-78；BTT XXIII，119。

U 9184（T III M 115）　回鹘语《佛说北斗七星延命经》

双面书写，各 8 行，计 16 行。木头沟遗址出土。

参 TTT VII，9，50，77-78；BTT XXIII，119。

U 9185（T III M 123）　回鹘语《佛说北斗七星延命经》

残片 1 叶，13.3×14.5cm，双面书写，各 8 行，计 16 行。木头沟遗址出土。

参 TTT VII，9，50-51，77-78；杨富学 1998a，156；杨富学、邓浩 1997，161，167-168；BTT XXIII，119。

U 9186（T III M 244）　回鹘语《佛说北斗七星延命经》

残片 1 叶，6 行。刻本。木头沟遗址出土。

参 TTT VII，66；BTT XXIII，121。

U 9192（T III M 182）　回鹘语《帖木尔可汗之父赞歌》

参 Sertkaya 1989，189-192；中村健太郎 2006，47-91。

德国国家图书馆藏吐鲁番文献（原藏于 Mainz 科学院部分）

Mainz 3（T III 56-90）　回鹘语《金光明最胜王经》卷五

22.9×14cm。双面书写，各12行。

参 Ehlers 1987，40。

Mainz 4（T III 56-93）　回鹘语《金光明最胜王经》卷五

22.6×14.5cm。双面书写，各12行。

参 Ehlers 1987，36-37。

Mainz 5（T III 56-94）　回鹘语《金光明最胜王经》卷一

21.6×14.7cm。双面书写，各11行。与U 9026等属同一写本，参看该号。

参 Ehlers 1987，31；BTT XVIII，36，图10-11。

Mainz 7（T I Kš 29）　回鹘语《慈悲道场忏法》

21.6×33.3cm。双面书写，各18行，计36行。

参 BTT II，36-37，图35-36；Wilkens 2003b，187-188。

Mainz 8（T I Kš 5）　回鹘语《慈悲道场忏法》

222×33.3cm。双面书写，各18行，计36行。

参 BTT II，38-39，图39-40；Wilkens 2003b，189。

Mainz 16（T I Kš 22）　回鹘语《慈悲道场忏法》

21.8×33.5cm。双面书写，各17行，计34行。

参 BTT II，46，图53-54；Wilkens 2003b，195。

Mainz 17（T I Kš 23）　回鹘语《慈悲道场忏法》

21.7×33.3cm。双面书写，各18行，计36行。

参 BTT II，45-46，图51-52；Wilkens 2003b，194-195。

Mainz 19（T III 56-86）　回鹘语《金光明最胜王经》卷一

23.3×14.5cm。双面书写，各13行。

参 Ehlers 1987，48。

Mainz 21（T I 166）+ U 1586　回鹘语《金光明最胜王经》卷五

缀合后为20.8×20.3cm。双面书写，缀合后正面背面各10行，计20行。高昌故城出土。

参 Tekin（unpbl.）；Zieme 1988c，460；Raschmann 2002，151-152，No. 383，图49。

Mainz 22（T II Y 9c）　汉语《大般涅槃经》卷三九

26.1×22.9cm，13行。交河故城出土。

参 百济康义 1999，11。

Mainz 24（T III 56-42） 回鹘语《金光明最胜王经》卷四

27.2×21cm。双面书写，各 17 行。

参 Ehlers 1987，34。

Mainz 26（T II S 32a，Nr. 2） 回鹘语《十业道譬喻鬘经》

26×18.2cm。双面书写，各 17 行，计 34 行。与 U 415、U 1137 + U 1155、U 1077 及 U 1025 属同一写本。胜金口遗址出土。

参 Müller 1920，64-66；Ehlers 1987，153-154；Elverskog 1997，42-44；Wilkens 2004，149-150，173。

Mainz 27（TM 439）+ U 1199 + U 1016 回鹘语《十业道譬喻鬘经》

双面书写，缀合后正面背面各 26 行，计 52 行。与 Mainz 697 等属同一写本。木头沟遗址出土。

参 Ehlers 1983，81-87 + 图；Ehlers 1987，138；Wilkens 2004，163-166，173，图 3，4。

Mainz 28（T III 56-48） 回鹘语《金光明最胜王经》卷四

29.5×20.9cm。双面书写，各 18 行。

参 Ehlers 1987，33。

Mainz 28b（T III 56-2） 回鹘语《金光明最胜王经》卷八

与 U 9162、U 9163 可以缀合，参看 U 9162 号。

Mainz 29（T III 84-79） 回鹘语《金光明最胜王经》卷四

32.2×21cm。双面书写，各 18 行。

参 Ehlers 1987，34-35。

Mainz 30（T I Kš 3） 回鹘语《慈悲道场忏法》

21.9×33.4cm。双面书写，各 18 行，计 36 行。

参 BTT II，40-41，图 43-44；Wilkens 2003b，190-191。

Mainz 31（T I Kš 24） 回鹘语《慈悲道场忏法》

22.1×33.6cm。双面书写，各 17 行，计 34 行。

参 BTT II，44-45，图 49-50；Wilkens 2003b，193-194。

Mainz 32（T I Kš 26） 回鹘语《慈悲道场忏法》

22.8×32.8cm。双面书写，各 18 行，计 36 行。

参 BTT II，53-54，图 63-64；Wilkens 2003b，200-201。

Mainz 33（T I Kš 25） 回鹘语《慈悲道场忏法》

22×33.4cm。双面书写，各 17 行，计 34 行。

参 BTT II，43-44，图 47-48；Wilkens 2003b，192-193。

Mainz 34（T I Kš 36） 回鹘语《慈悲道场忏法》

21.9×33.1cm。双面书写，各 17 行，计 34 行。

参 BTT II，31，图 25-26；Wilkens 2003b，183。

Mainz 35（T III M 84-25） 回鹘语《十业道譬喻鬘经》

23.2×20.2cm。双面书写，各 15 行，计 30 行。木头沟遗址出土。

参 Müller 1920，55-57；Ehlers 1987，117-118；Elverskog 1997，42-44。

Mainz 36（T II S 89） 回鹘语《须达拏太子本生》

与 U 1708 可以缀合，参看该号。胜金口遗址出土。

Mainz 37（T III 56-15） 回鹘语《十业道譬喻鬘经》

16.8×16.5cm。双面书写，各 14 行，计 28 行。

参 Müller 1920，58-59；Ehlers 1987，118-119。

Mainz 38 粟特文回鹘语文献

参 Gabain 1976b，69-77。

Mainz 39（T II Y 59） 回鹘语《摩尼教徒忏悔词》

23.9×20.2cm。双面书写，正面 15 行，背面 11 行，计 26 行。交河故城出土。

参 Le Coq 1910，27-28，37；Le Coq 1919a，102，图 2；Asmussen 1965，232-234；BTT V，22；Klimkeit 1989，252；Klimkeit 1993，306-307；Elverskog 1997，135-136。

Mainz 40r（T II 2（Y 14）） 汉语《大方等大集经》卷五四

22.9×19.1cm，10 行。

参 百济康义 1999，11。

Mainz 40v 回鹘语《医理精华》

参 Zieme 2006a，2。

Mainz 41（T I D 1） 回鹘语《十业道譬喻鬘经》

3 块残片，原为同一片。尺寸（A）12.1×12.3cm，（B）5.8×9.1cm，（C）6.9×12cm。双面书写，（A）各存 6 行，（B）各 1 行，（C）各 3 行。高昌故城出土。

参 Ehlers 1987，140-141，图 30。

Mainz 42（T III B TV 51）+ Mainz 92 回鹘语《十业道譬喻鬘经》

14.6×19.5cm，17.3×20.5cm。缀合后计 66 行。

参 Müller & Gabain 1931，706-710；Ehlers 1987，113；Elverskog 1997，42-44。

Mainz 43（T I Kš 24a） 回鹘语《慈悲道场忏法》

19.1×26.7cm。双面书写，各 13、12 行，计 25 行。

参 Wilkens 2003b，229-230。

Mainz 44a，d，f，h，j（T I Kš 14） 回鹘语《慈悲道场忏法》

其中 a 片尺寸是 19.3×25.9cm，双面书写，各 13 行。其余均为小碎片。

参 Wilkens 2003b，216-217。

Mainz 44b+c+g+e（T I Kš 14） 回鹘语《慈悲道场忏法》

均为小碎片。

参 Wilkens 2003b，215。

Mainz 44i（T I Kš 14） 回鹘语《慈悲道场忏法》

与 Mainz 97a 可以缀合，参看该号。

Mainz 45（T I Kš 10） 回鹘语《慈悲道场忏法》

19.1×26.1cm。双面书写，各 13 行，计 26 行。

参 Wilkens 2003b，211-212。

Mainz 46（T II S 2） 回鹘语《十业道譬喻鬘经》

36.5×20cm。双面书写，各25行，计50行。胜金口遗址出土。

参 Müller 1920，32-34；Ehlers 1987，156；Elverskog 1997，42-44。

Mainz 47（T III TV.86） 回鹘语佛经

吐鲁番北山前坡地遗址出土。

Mainz 48（无原编号） 回鹘语《十业道譬喻鬘经》

18×21cm。双面书写，各8行，计16行。

参 Ehlers 1987，142，图32。

Mainz 49（T II S 89n） 回鹘语《十业道譬喻鬘经》

21.5×19.5cm。双面书写，各13行，计26行。胜金口遗址出土。

参 Müller 1920，78-79；Ehlers 1987，148-149；Elverskog 1997，42-44。

Mainz 52（T III M 56-56） 回鹘语《十业道譬喻鬘经》

19×17.7cm。双面书写，各13行，计26行。木头沟遗址出土。

参 Müller 1920，15；Ehlers 1987，121-122；Elverskog 1997，42-44。

Mainz 53（T I 154） 回鹘语《金光明最胜王经》卷四

20.2×19.5cm。双面书写，各9行，计18行。

参 Tekin（unpbl.）；Zieme 1988c，460；Kaya 1994，170-171；Raschmann 2002，62-63，No. 265。

Mainz 54（T I Kš 26a） 回鹘语《慈悲道场忏法》

18.9×24.9cm。双面书写，各13行，计26行。

参 Wilkens 2003b，228-229。

Mainz 55a，c（T I Kš 11） 回鹘语《慈悲道场忏法》

2块残片，前者分别是19.5×26.3cm，双面书写，均为13行。后者为碎片。

参 Wilkens 2003b，219。

Mainz 55b（T I Kš 11） 回鹘语《慈悲道场忏法》

与U 933a可以缀合，参看该号。

Mainz 56（T III 56-92） 回鹘语《金光明最胜王经》卷五

23.3×14.5cm。双面书写，各12行。

参 Ehlers 1987，39。

Mainz 57（T III 56-91） 回鹘语《金光明最胜王经》卷五

21.6×14.5cm。双面书写，各12行。

参 Ehlers 1987，40。

Mainz 58r（T II Y 35） 汉语《妙法莲华经》卷三

24.5×21.6cm，14行。可与Mainz 619r缀合。交河故城出土。

参 百济康义 1999，11。

Mainz 58v 吐蕃文回鹘语佛教文献

可与Mainz 619v缀合，尺寸分别为21.6×24.4cm，20×13.2cm，计17行。

参 TTT IX，20；Maue 1996，210-213，图103，106。

Mainz 59（无原编号） 回鹘语《十业道譬喻鬘经》

18×21cm。双面书写，各8行，计16行。

参 Ehlers 1987，143，图33。

Mainz 60b（T II S 32a） 回鹘语《维摩诘所说经》卷上

双面书写，各5行，计10行。与U 1790等属同一写本。胜金口遗址出土。

参 BTT XX，43，94，图45-46。

Mainz 60c（T II S 32a） 回鹘语《维摩诘所说经》卷中

双面书写，正面6行，背面7行，计13行。与U 1790等属同一写本。胜金口遗址出土。

参 BTT XX，56-57，100-102，图125-126。

Mainz 60d（T II S 32a） 回鹘语《维摩诘所说经》卷中

双面书写，各3行，计6行。与U 1790等属同一写本。胜金口遗址出土。

参 BTT XX，53，143，图99-100。

Mainz 60e（T II S 32a） 回鹘语《维摩诘所说经》卷中

双面书写，各5行，计10行。与U 1790等属同一写本。胜金口遗址出土。

参 BTT XX，44-45，98，图53-54。

Mainz 60f（T II S 32a） 回鹘语《维摩诘所说经》卷中

双面书写，各8行，计16行。与U 1790等属同一写本。胜金口遗址出土。

参 BTT XX，44，96，图51-52。

Mainz 60g（T II S 32a） 回鹘语《维摩诘所说经》卷中

双面书写，各3行，计6行。与U 1790等属同一写本。胜金口遗址出土。

参 BTT XX，53，143，图101-102。

Mainz 60h（T II S 32a） 回鹘语《维摩诘所说经》卷中

双面书写，各5行，计6行。与U 1790等属同一写本。胜金口遗址出土。

参 BTT XX，53-54，143-144，图103-104。

Mainz 60i（T II S 32a） 回鹘语《维摩诘所说经》卷中

双面书写，各5行，计10行。与U 1790等属同一写本。胜金口遗址出土。

参 BTT XX，54，144，图105-106。

Mainz 60j（T II S 32a） 回鹘语《维摩诘所说经》卷中

双面书写，各3行，计6行。与U 1790等属同一写本。胜金口遗址出土。

参 BTT XX，54，144，图107-108。

Mainz 60k（T II S 32a） 回鹘语《维摩诘所说经》卷中

双面书写，各2行，计4行。与U 1790等属同一写本。胜金口遗址出土。

参 BTT XX，54，图109-110。

Mainz 60l（T II S 32a） 回鹘语《维摩诘所说经》卷中

双面书写，各5行，计10行。与U 1790等属同一写本。胜金口遗址出土。

参 BTT XX，57，图127-128。

Mainz 60m（T II S 32a） 回鹘语《维摩诘所说经》卷中

双面书写，各5行，计10行。与U 1790等属同一写本。胜金口遗址出土。

参 BTT XX，57，100，图129-130。

Mainz 60o（T Ⅱ S 32a）　回鹘语《维摩诘所说经》卷中

双面书写，各 6 行，计 12 行。与 U 1790 等属同一写本。胜金口遗址出土。

参 BTT XX，54，144-145，图 111-112。

Mainz 61（T Ⅲ 56-97）　回鹘语《金光明最胜王经》卷一

18.8×16cm。双面书写，各 11 行。

参 Ehlers 1987，48。

Mainz 62（T Ⅱ S 89i）　回鹘语《十业道譬喻鬘经》

23×19cm。双面书写，各 15 行，计 30 行。胜金口遗址出土。

参 Müller 1920，30-31；Ehlers 1987，147；Elverskog 1997，42-44。

Mainz 63（无原编号）　回鹘语《十业道譬喻鬘经》

22.5×22cm。双面书写，各 13 行，计 26 行。

参 Ehlers 1987，143，图 34。

Mainz 65（T Ⅰ D）　回鹘语《金光明最胜王经》卷八

20.5×21cm。双面书写，各 11 行。与 U 2051 可以缀合，参看该号。高昌故城出土。

参 Ehlers 1987，43。

Mainz 66（T Ⅲ M 200e）　回鹘语《金光明最胜王经》卷三

2 残片，尺寸分别为 11.2×10.7cm，23.1×11.1cm。12 行。刻本。木头沟遗址出土。

参 BTT XIII，93-94，图 117；Zieme & Kudara 1985，38；Elverskog 1997，65-69；Raschmann 2005，268-269。

Mainz 68（T Ⅲ M 168；T Ⅲ X 168）　回鹘语《十业道譬喻鬘经》

24.5×22.5cm。双面书写，各 13 行，计 26 行。木头沟遗址出土。

参 Ehlers 1987，156-157；Wilkens 2004，147-149，173。

Mainz 71（T Ⅰ 233）　汉语《御制缘识》卷三（宋太宗）

29.5×17.8cm，6 行。刻本，页边有“御制缘识卷第三　第四张　卒字号”。与 Ch/U 7466、Ch/U 8258 属同一刻本。中国国家图书馆善本部藏有向达 1937 年所获照片。

参 百济康义 1999，11；Nishiwaki 2001，101；西胁常记 2002，69-70，图 22；荣新江 2005，274。

Mainz 71v　回鹘语阿毗达摩文献

参 BTT XX，87。

Mainz 72（T Ⅲ TV 56）　回鹘语《金光明最胜王经》卷五

25.6×21cm。双面书写，各 15 行。吐鲁番北山前坡地遗址出土。

参 Tekin 1987，133-210，附图；Ehlers 1987，38-39。

Mainz 73（T Ⅲ TV 56a）　回鹘语《金光明最胜王经》卷五

27×21cm。双面书写，各 15、9 行。吐鲁番北山前坡地遗址出土。

参 Müller Ⅰ，13-16，22-25；Ehlers 1987，47；Elverskog 1997，65-69。

Mainz 75（T Ⅲ TV 86）　回鹘语《金光明最胜王经》卷六

18×17.6cm。10行。吐鲁番北山前坡地遗址出土。

参 Ehlers 1987，31，41。

Mainz 80a，b（T I Kš 23a） 回鹘语《慈悲道场忏法》

刻本2残片，前者尺寸是19.1×25.8cm，双面书写，各13行。后者为碎片。

参 Wilkens 2003b，226-227。

Mainz 81a，c（T I Kš 21） 回鹘语《慈悲道场忏法》

刻本2残片，前者尺寸是19.1×26.7cm，双面书写，各13行。后者为碎片。

参 Wilkens 2003b，224-225。

Mainz 81b（T I Kš 21） 回鹘语《慈悲道场忏法》

与 Mainz 109a 可以缀合，参看该号。

Mainz 82（T I Kš 28a） 回鹘语《慈悲道场忏法》

19×26.8cm。双面书写，各12、11行，计23行。

参 Wilkens 2003b，231-232。

Mainz 83a，b（T I Kš） 回鹘语《慈悲道场忏法》

刻本2残片，前者尺寸是19.3×27cm，双面书写，各13行。后者为碎片。

参 Wilkens 2003b，226。

Mainz 84（T III TV 57） 回鹘语《金光明最胜王经》序

18.2×34cm。双面书写，各24行，计48行。吐鲁番北山前坡地遗址出土。

参 Ehlers 1990，5；BTT XVIII，61-62，图118-119；Elverskog 1997，65-69；Raschmann 2000，57-58，No.003。

Mainz 85（T I D 120） 回鹘语《金光明最胜王经》卷三

30.9×18.3cm。双面书写，各23行。高昌故城出土。

参 BTT XIII，90；Ehlers 1987，32。

Mainz 86（T II Y 60e） 回鹘语《五卷书》译本

53行。交河故城出土。

参 Ölmez 1993，181-188，图2-3；Clark 1997，138；杨富学 2004，137-151。

Mainz 89（T II S 89ф） 回鹘语《十业道譬喻鬘经》

56行。胜金口遗址出土。

参 Müller 1920，79-81；Elverskog 1997，42-44。

Mainz 92（T III 84-18） 回鹘语《十业道譬喻鬘经》

与 Mainz 42 可以缀合，参看该号。

Mainz 93（T I） 粟特文回鹘语《佛说圣妙吉祥真实名经》

20.9×13.8cm，刻本。9行。

参 Kara 1981，227-228，附图1；Maue 1996，200；Elverskog 1997，114-115。

Mainz 95（T II S 89s） 回鹘语《十业道譬喻鬘经》

20×16.5cm。双面书写，各6行，计12行。胜金口遗址出土。

参 Müller 1920，87-88；Ehlers 1987，151；Elverskog 1997，42-44。

Mainz 96（T II D 222） 粟特文回鹘语文献

15.4×15.8cm，刻本。高昌故城出土。

参 Maue 1996，200。

Mainz 97a（T I Kš 14a）＋ Mainz 44i，Mainz 97b 回鹘语《慈悲道场忏法》

3残片，前者缀合后的尺寸是18.8×26.3cm，双面书写，各13、14行。后者为一碎片。

参 Wilkens 2003b，214。

Mainz 97b（T I Kš 14a） 回鹘语《慈悲道场忏法》

见 Mainz 97a 号。

Mainz 98（T II Y 58） 回鹘语《十业道譬喻鬘经》

残片1叶。18.5×20cm。双面书写，各11行，计22行。交河故城出土。

参 Müller & Gabain 1931，694-696；Ehlers 1987，155；Elverskog 1997，42-44；杨富学 2003，501-523；杨富学 2004，91-115。

Mainz 99（T II S 89d） 回鹘语《十业道譬喻鬘经》

24.5×18.5cm。双面书写，各16行，计32行。胜金口遗址出土。

参 Müller 1920，84-85；Ehlers 1987，150；Elverskog 1997，42-44。

Mainz 100（T III M 138） 回鹘语《弥勒赞诗》

18×11.5cm。木头沟遗址出土。

参 Arat 1965，173-175，No. 17；Zieme 1991a，237-238；Elverskog 1997，127。

Mainz 103a＋g，b-f，h（T I Kš 4） 回鹘语《慈悲道场忏法》

其中a的尺寸是19×26.5cm，双面书写，各14、13行。其余均为小碎片。

参 Wilkens 2003b，205-206。

Mainz 105a＋b（T I Kš 5a） 回鹘语《慈悲道场忏法》

2叶残片，尺寸分别是19×18.5cm，8.7×8cm。双面书写，前者各12、13行。

参 Wilkens 2003b，207-208。

Mainz 104（T II D 78b I-II） 回鹘语摩尼教赞美诗

写卷1叶，13.2×21.5cm，分上、下两栏。两栏正面背面均12行，计48行。与U 37＋U 52等属同一写本。高昌故城K遗址出土。

参 Le Coq 1922，24-25；Klimkeit 1989，233，234-235；Klimkeit 1993，296；Wilkens 2000a，275-276，No. 302。

Mainz 106（T III 84-22） 回鹘语《十业道譬喻鬘经》

35.9×20.5cm。双面书写，各19行，计38行。

参 Ehlers 1987，133，图22。

Mainz 107（T III 56-84） 回鹘语《金光明最胜王经》卷五

21.8×18.2cm。双面书写，各12行。

参 Ehlers 1987，37-38。

Mainz 109a（T I Kš 20a）＋ Mainz 81b，Mainz 109b 回鹘语《慈悲道场忏法》

2叶残片，尺寸均为18.9×24.8cm，双面书写，各12行。其余为碎片。

参 Wilkens 2003b，222-223。

Mainz 109b（T I Kš 20a） 回鹘语《慈悲道场忏法》

见 Mainz 109a 号。

Mainz 110（T I Kš 25a）　回鹘语《慈悲道场忏法》

19. 1×24. 9cm。双面书写，各13行，计26行。

参 Wilkens 2003b，228。

Mainz 111（T II S 32-4）　回鹘语《十业道譬喻鬘经》

30×19cm。双面书写，各21行，计42行。胜金口遗址出土。

参 Müller 1920，45-46；Ehlers 1987，154；Elverskog 1997，42-44。

Mainz 112（T II S 89-1）　回鹘语《十业道譬喻鬘经》

21×19cm。双面书写，各13行，计26行。胜金口遗址出土。

参 Müller 1920，60-61；Ehlers 1987，147-148；Elverskog 1997，42-44。

Mainz 113（T III 56-87）　回鹘语《金光明最胜王经》卷五

21. 5×18. 5cm。双面书写，各12行。

参 Ehlers 1987，38。

Mainz 114a-c（T I Kš 11a）　回鹘语《慈悲道场忏法》

3叶残片，只有a片较大，尺寸是19. 1×25. 8cm，双面书写，各13行，计26行。其他为碎片。

参 Wilkens 2003b，213。

Mainz 115a-c（T I Kš 31a）　回鹘语《慈悲道场忏法》

3叶残片，只有a片较大，尺寸是19×26. 5cm，双面书写，各13行，计26行。其他为碎片。

参 Wilkens 2003b，233-234。

Mainz 116（T I Kš 37）　回鹘语《慈悲道场忏法》

22×32. 9cm。双面书写，各17行，计34行。

参 BTT II，30-31，图23-24；Wilkens 2003b，182。

Mainz 117（T I Kš 29a）　回鹘语《慈悲道场忏法》

19. 2×26. 3cm。双面书写，各11、13行，计24行。

参 Wilkens 2003b，232。

Mainz 118（T I Kš 24b）　回鹘语《慈悲道场忏法》

18. 9×26. 5cm。双面书写，各13行，计26行。

参 Wilkens 2003b，227-228。

Mainz 119（T I Kš 9）　回鹘语《慈悲道场忏法》

21. 7×33cm。双面书写，各17行，计34行。

参 BTT II，23-24，图11-12；Wilkens 2003b，177-178。

Mainz 120（T III 56-81）　回鹘语《金光明最胜王经》卷一

20. 7×19cm。12行。与U 9026等属同一写本。

参 Ehlers 1987，47-48。

Mainz 121（T III 84-63）　回鹘语《十业道譬喻鬘经》

26. 5×20cm。双面书写，各19行，计38行。

参 BTT XIII，38；Ehlers 1987，119-120，图12；BTT XIII，38。

Mainz 123（T I 164）　回鹘语《金光明最胜王经》卷一

27. 7×19. 6cm。双面书写，各 15 行，计 30 行。

参 Zieme 1977c，149-156；Ehlers 1987，29；BTT XVIII，63-64，图 124-125；Elverskog 1997，65-69。

Mainz 126 I（T II D 173c，1） 回鹘语摩尼教布道书（Sermon on Food and the Body）

11. 4×28. 2cm。双面书写，各 20 行，计 40 行。与 U 2 等属同一写本。高昌故城 K 遗址出土。

参 Le Coq 1922，12；Bang 1923，187-189；Gabain 1964，234；Clark 1997，123；Wilkens 2000a，126-127，No. 112。

Mainz 126 II（T II D 173c，2） 回鹘语摩尼教布道书（Sermon on Sign of the Right Person）

11. 4×28. 8cm。双面书写，各 20 行，两面另各有标题一行，计 42 行。与 U 2 等属同一写本。高昌故城 K 遗址出土。

参 Le Coq 1922，13；Jackson 1929，97-99；Bang 1931，7-9；Klimkeit 1993，313；Clark 1997，122；Wilkens 2000a，125-126，No. 111。

Mainz 127（T II Y. 35） 汉语《妙法莲华经》卷二

14. 5×29. 1cm，17 行。交河故城出土。

参 百济康义 1999，11。

Mainz 129（T II S 89p） 回鹘语《十业道譬喻鬘经》

19. 27×19cm。双面书写，各 12 行，计 24 行。胜金口遗址出土。

参 Müller 1920，5-6；Ehlers 1987，146-147；Elverskog 1997，42-44。

Mainz 130（T III K 268，TM 458，TD K 271） 粟特文回鹘语文献

参 Gabain 1976b，69-77。

Mainz 131（T II Y 37） 回鹘语《佛陀传》

残片 1 叶，25×17. 2cm。双面书写，共计 25 行。背面天头书 iki kïrk（第 32 叶）。交河故城出土。

参 Laut 1983a，88-101（2 图）；Elverskog 1997，34；杨富学 2004，55-58。

Mainz 132（T III D 318） 婆罗迷文梵语－回鹘语《法集要颂经》

与 Mainz 834、Mainz636、Mainz 634、Mainz 833 可以缀合，参看 Mainz 834 号。高昌故城出土。

Mainz 133（T II γoǧam M） 回鹘语《金光明最胜王经》卷八

9. 1×7. 9cm。双面书写，各 5、6 行。木头沟遗址出土。

参 Ehlers 1987，95。

Mainz 135（T II M） 回鹘语《金光明最胜王经》卷八

6. 2×7. 9cm。双面书写，各 3、6 行。木头沟遗址出土。

参 Ehlers 1987，106-107。

Mainz 136（T II M 844） 回鹘语《慈悲道场忏法》

5. 5×9. 7cm。双面书写，各 6 行。木头沟遗址出土。

参 Wilkens 2003b，115。

Mainz 137a（T II M） 回鹘语《金光明最胜王经》卷八

8.5×5.9cm。双面书写，各4、6行。木头沟遗址出土。

参 Ehlers 1987，93。

Mainz 137b（T II M 846）　回鹘语《大乘大般涅槃经》

参 Zieme 1991b，300-303，图3-4；Elverskog 1997，57。

Mainz 138（T II M）　回鹘语《金光明最胜王经》卷八

8.1×6cm。双面书写，各3、6行。木头沟遗址出土。

参 Ehlers 1987，92-93。

Mainz 139（T II M）　回鹘语《金光明最胜王经》卷八

8.5×5.8cm。双面书写，各3、6行。木头沟遗址出土。

参 Ehlers 1987，93。

Mainz 140（T II M 521）　回鹘语《金光明最胜王经》卷四

与U 2433可以缀合，参看该号。木头沟遗址出土。

Mainz 141（T II M）　回鹘语《金光明最胜王经》卷八

6.2×5.5cm。双面书写，各2、6行。木头沟遗址出土。

参 Ehlers 1987，94。

Mainz 142（T III M 853）+ U 3316　回鹘语《金光明最胜王经》卷四

尺寸分别为4.8×5cm，10.5×11cm。双面书写，Mainz 142正面背面各3、5行，U 3316正面背面各6行，缀合后正面背面各6行，计12行。木头沟遗址出土。

参 Tekin（unpbl.）；Ehlers 1987，82-83；Raschmann 2002，116，No. 337。图41。

Mainz 143（T II S 32a）　回鹘语《金光明最胜王经》

10.1×6.3cm。双面书写，各6行。胜金口遗址出土。

参 Ehlers 1987，107。

Mainz 144（T II 851/VII-27）　回鹘语《金光明最胜王经》卷七

10.1×6.8cm。双面书写，各6行。

参 Maue & Sertkaya 1986，83-84；Ehlers 1987，90；Elverskog 1997，65-69。

Mainz 145（无原编号）+ U 2698　回鹘语《慈悲道场忏法》

2叶残片，尺寸分别是4.7×6.8cm，21.9×10.6cm。双面书写，均为各6行。

参 Warnke 1978，51-52；Wilkens 2003b，47。

Mainz 147（无原编号）　粟特文回鹘语文献

参 Gabain 1976b，69-77。

Mainz 148（T II 843）+ U 2410　回鹘语《慈悲道场忏法》

2叶残片，缀合后的尺寸是9.6×11.1cm。双面书写，各6行。

参 Wilkens 2003b，150。

Mainz 149（T I D）　回鹘语摩尼教布道文献

与U 276可以缀合，参看该号。高昌故城出土。

Mainz 150（T II D 213）　回鹘语摩尼教赞美诗

小残片1块，8.4×7cm。正面背面各5行，计10行。高昌故城出土。

参 Clark 1997，124；Wilkens 2000a，296，No. 328，图9。

Mainz 151（Y 59）　回鹘语《十业道譬喻鬘经》

8×8.5cm。双面书写，各5行，计10行。交河故城出土。

参 Ehlers 1987，156。

Mainz 153（T I α） 回鹘语摩尼教赞美诗

小残片1块，8.4×5.6cm。正面背面各5行10行。高昌故城α遗址出土。

参 Tekin（unpbl.）；Wilkens 2000a，376，No.432。

Mainz 157（T I α） 粟特文回鹘语《维摩诘所说经》卷下

双面书写，各3行，计6行。高昌故城α遗址出土。

参 Gabain 1976b，69-77；Fedakâr 1994b，43-53；Elverskog 1997，71-72；BTT XX，61，146-147，图153-154。

Mainz 160（T I D）+ Mainz 624 粟特文汉语《金刚五礼》

25×12cm，双面书写，各9行，计18行。高昌故城出土。

参 吉田丰 1989，99；Yoshida 1991，243；吉田丰 1994，358-380+2图；吉田丰 2004，16。

Mainz 162（T II M 12）+ U 3130 回鹘语《金光明最胜王经》卷一〇

2块残片，尺寸分别是5.9×13.6cm，6.5×5.7cm。双面书写，前者各3、6行，后者各3行。木头沟遗址出土。

参 Ehlers 1987，100；Raschmann 2005，171-172。

Mainz 163（无原编号） 回鹘语《金光明最胜王经》卷三

10.3×6.6cm。双面书写，各6行。与U 2388等属同一写本。

参 Ehlers 1987，59-60。

Mainz 164（T III M 239） 回鹘语《金光明最胜王经》卷四

残片2叶，尺寸分别为5.5×4.9cm，8.7×10.5cm。U 3315正面背面各6行，Mainz 164正面背面各6行，缀合后正面背面各6行，计12行。木头沟遗址出土。

参 Tekin（unpbl.）；Ehlers 1987，82；Raschmann 2002，115-116，No.336，图40。

Mainz 166 II（D 130） 回鹘语摩尼教《盗贼寓言》

8.2×8.9cm。正面背面各8行，计16行。

参 Wilkens 2000a，133-134，No.119。

Mainz 167（T I D x 20） 突厥卢尼文回鹘语摩尼教故事

残片1叶，3.5×4.7cm。正面背面各4行，计8行。与Mainz 173a、b和U 174a、b属同一写本。高昌故城出土。

参 Sertkaya 1985，144，257-258（图）；Clark 1997，139；Wilkens 2000a，456，No.572。

Mainz 168r（无原编号） 《某年具注历日》

与U 284r和Ch/U 6377r属同一写本，参看Ch/U 6377r号。

Mainz 168v 回鹘语摩尼教赞美诗

8.6×4.6cm。双面书写。正面4行，背面3行，计7行。与Ch/ U6377v、U 284v属同一写本。

参 Wilkens 2000a，297，No.330。

Mainz 169a，b+c，d（T I x 21） 突厥卢尼文回鹘语摩尼教文献

小残片4块，尺寸分别为3.1×4.2cm，3.2×6cm，2.8×3.1cm，3.4×3.8cm。a-c三片属同一写本，a片之正面背面各3行，b+c片之正面背面各4行，d片之正面背面各4行，计22行。

参 Sertkaya 1985，141-142，257-258（图）；Clark 1997，141；Wilkens 2000a，456-457，No. 573。

Mainz 170（TM 251）　回鹘语《妙法莲华经》

参 Fedakâr 1994b，133-157＋图；Elverskog 1997，59-60。

Mainz 171a，b（TM T 20）　突厥卢尼文回鹘语摩尼教文献

残片2叶，5.8×9.9cm，10.5×9.6cm。属同一写本。a片之正面背面各5行，b片之正面背面各9行，计28行。

参 Wilkens 2000a，466-467，No. 585。

Mainz 171（TM 340）　突厥卢尼文－回鹘语对照摩尼教文献

3.3×9.9cm。4行卢尼文，4行回鹘语，计8行。

参 Le Coq 1909b，1060（图）；Clark 1997，135；Wilkens 2000a，457-458，No. 574。

Mainz 172（TM 330）　突厥卢尼文中古波斯语摩尼教文献

残片1叶，14行。

参 Le Coq 1909b，1055；Sundermann 1996a，151。

Mainz 173a，b（T II D 19）　突厥卢尼文回鹘语摩尼教文献

小残片2块，属同一写本，尺寸分别为3.8×2.1cm，3.5×2cm。双面书写，各3行，计6行。高昌故城出土。

参 Sertkaya 1985，142，263-264（图）；Clark 1997，141；Wilkens 2000a，458-459，No. 575。

Mainz 174a-e（T II K，T II D 52）　突厥卢尼文回鹘语摩尼教文献

小残片5块，尺寸分别为2.4×2.7cm，3.5×1.5cm，1.2×1.6cm，3.8×1.6cm，1×1.9cm。a片之正面背面各2行；b片之正面7行，背面5行；c片之正面背面各2行；d片之正面背面各4行；e片之正面背面各3行，计34行。与U 175属同一写本。高昌故城K遗址出土。

参 Sertkaya 1985，142-143，265-266（图）；Clark 1997，141；Wilkens 2000a，459-460，No. 576。

Mainz 175a，b（TM 337 x）　突厥卢尼文回鹘语摩尼教故事

小残片2块，尺寸分别为2.8×4.3cm，3×2cm，属于同一页文书。8行。

参 Sertkaya 1985，143-144，267-268（图）；Clark 1997，139；Wilkens 2000a，182-183，No. 176。

Mainz 181（T II 845）＋Mainz 587　回鹘语《慈悲道场忏法》

2叶残片，缀合后的尺寸是13.2×11.1cm。双面书写，各6行。

参 Wilkens 2003b，158-159。

Mainz 183（T III D 7？）　粟特文回鹘语文献

高昌故城出土。

参 Gabain 1976b，69-77。

Mainz 186（T II S 52）　婆罗迷文梵语－回鹘语佛经 Ātānātikasūtra

小残片 1 块，6.4×8.6cm。5 行。胜金口遗址出土。

参 Maue 1985a，98-122；Maue 1996，69，图 37-38；Elverskog 1997，25。

Mainz 187（T II S 49）＋ Mainz 209　婆罗迷文回鹘语医药文献

尺寸分别为 8×22cm，17.6×17.6cm。12 行。胜金口遗址出土。

参 Gabain 1974，36；TTT VIII，57-60；Maue 1996，185，图 88-89。

Mainz 188a（T III M 145）　婆罗迷文回鹘语文献

小残片 1 块，6.4×8.6cm。5 行。木头沟遗址出土。

参 Maue 1996，162-164，图 5。

Mainz 188b ＋ Mainz 188c（T III M 145）　婆罗迷文梵语－回鹘语《长阿含经》

小残片 2 块，尺寸分别为 5.2×3.6cm，5.9×3.2cm。7 行。木头沟遗址出土。

参 Maue 1996，164-168，图 76-77。

Mainz 189r（T III M 140）　汉语《妙法莲华经》卷七

8.2×5.2cm，3 行。木头沟遗址出土。

参 百济康义 1999，11。

Mainz 189v　婆罗迷文回鹘语佛经

5 行。

参 Maue 1996，161-162，图 24。

Mainz 190（T III 114）　婆罗迷文回鹘语医学文献

7.2×9cm。9 行。木头沟或高昌故城出土。

参 Maue 1996，186-188，图 90。

Mainz 191（T II S 19a）　婆罗迷文梵语－回鹘语佛经 Ātānātikasūtra

6×6cm。10 行。胜金口遗址出土。

参 Maue 1985a，98-122；Maue 1996，69，图 39-40；Elverskog 1997，25。

Mainz 192（TM 319）＋ Mainz 204　婆罗迷文回鹘语《瑜伽舍勒》（Yogaśataka）

尺寸分别为 6.4×8.7cm，6.2×6cm。20 行。

参 Maue 1981，228-240；Maue 1996，114-122，图 64-65。

Mainz 194 ＝ Tu 109（Y）　吐蕃文回鹘语《佛说北斗七星延命经》

小残片 2 块，缀合后为 6.8×7.1cm。10 行。交河故城（?）出土。

参 BTT X，9-11；Maue 1996，214-215，图 104；BTT XXIII，144-147。

Mainz 195（T II D 68）　西夏文残片

高昌故城出土。

Mainz 196 ＝ Tu 110 ＋ Mainz 329　吐蕃文回鹘语《佛说天地八阳神咒经》

尺寸分别为 10×4.7cm，18.2×17.5cm。16 行。交河故城（?）出土。

参 BTT X，11；Maue 1996，216-218，图 105。

Mainz 197（T II D 68）　西夏文残片

高昌故城出土。

Mainz 198（无原编号）　西夏文残片

Mainz 200（M 200） 西夏文残片

Mainz 201（T III S 33） 婆罗迷文回鹘语佛经

与 Mainz 612a、Mainz 612b 可以缀合，尺寸分别为 5. 4 × 5. 6cm，8 × 14. 8cm，2 × 2. 7cm。18 行。胜金口遗址出土。

参 Maue 1996，135-139，图 71-72。

Mainz 202（无原编号） 婆罗迷文回鹘语《瑜伽舍勒》（**Yogaśataka**）

8. 2 × 13. 1cm。10 行。

参 Maue 1981，241-267；Maue 1996，122-128，图 66。

Mainz 203（无原编号） 婆罗迷文回鹘语佛经

10. 1 × 7. 1cm。17 行。

参 Maue 1996，192-194，图 96。

Mainz 204（无原编号） 婆罗迷文回鹘语《瑜伽舍勒》（**Yogaśataka**）

与 Mainz 192 可以缀合，参看该号。

Mainz 205（无原编号） 西夏文残片

Mainz 208（T II S 49） 婆罗迷文回鹘语《医理精华》（**Siddhasāra**）

9 × 10. 9cm。10 行。此为印度医药学著作，日藏（Ravigupta）著。胜金口遗址出土。

参 Maue 1981，210-227；Maue 1996，128-134，图 67-68。

Mainz 209（T II S 49） 婆罗迷文回鹘语医药文献

与 Mainz 187 可以缀合，参看该号。

Mainz 210（T III M 153） 婆罗迷文回鹘语佛经

6 × 12cm。15 行。木头沟遗址出土。

参 Maue 1996，139-144，图 73。

Mainz 211（T II S 1） 婆罗迷文回鹘语佛教文献

小残片 2 块，尺寸分别为 8 × 10cm，2 × 2cm。11 行。胜金口遗址出土。

参 Maue 1996，206-207，图 101。

Mainz 212a（T III S 33） 婆罗迷文回鹘语佛经

与 Mainz 201 可以缀合，参看该号。

Mainz 212b（T III S 33） 婆罗迷文回鹘语佛经

与 Mainz 201 可以缀合，参看该号。

Mainz 213（T I D 93/505） 回鹘语《千手千眼观世音菩萨广大圆满无碍大悲心陀罗尼经》

高昌故城出土。

参 Röhrborn 1976，87-100；Zieme & Kara 1978，64-65；Elverskog 1997，120。

Mainz 215（T III M 225） 回鹘语《佛本生故事》

刻本，23. 5 × 16cm。16 行。木头沟遗址出土。

参 BTT XIII，68，图 57。

Mainz 219（T III M 186. 500） 回鹘语《菩萨赞诗》

17 行。木头沟遗址出土。

参 BTT XIII，137-138，图 198，199；Zieme 1991a，234；Elverskog 1997，127。

Mainz 220（T III 84-23）　回鹘语《十业道譬喻鬘经》

16. 1×15. 4cm。双面书写，各 10 行，计 20 行。

参 Müller 1920，20-21；Ehlers 1987，123；Elverskog 1997，42-44。

Mainz 223（T I α a）　回鹘语《阿烂弥王本生故事》

双面书写，各 9 行，计 18 行。高昌故城 α 遗址出土。

参 Schmidt 2001，321；Zieme 2001，418-421，图 LII，LIII。

Mainz 224（T I α k）　回鹘语《阿烂弥王本生故事》

30. 4×15. 9cm。双面书写，各 9 行，计 18 行。高昌故城 α 遗址出土。

参 Zieme 2001，406-407，410-411，414-415，图 XLVI，XLVII；Wilkens 2003b，293-294。

Mainz 225（TM 409）　粟特文回鹘语《妙法莲华经》

参 Fedakâr 1994b，133-157 + 图；Elverskog 1997，59-60。

Mainz 226（T II γoğam M-3）　回鹘语《十业道譬喻鬘经》

17. 5×14. 5cm。双面书写，各 12 行，计 24 行。背面为题记。木头沟遗址出土。

参 Müller & Gabain 1931，678；Ehlers 1987，153，图 40；Elverskog 1997，42-44。

Mainz 230（T III TV 86）+ U 671 + U 647　回鹘语《金光明最胜王经》卷六

3 叶残片，尺寸分别是 15. 5×17. 6cm，11. 5×11. 3cm，16. 5×13. 3cm。双面书写，分别是 10、7、7 行。吐鲁番北山前坡地遗址出土。

参 Ehlers 1987，41；Raschmann 2005，46-48。

Mainz 231（T I D 93）　回鹘语《千手千眼观世音菩萨广大圆满无碍大悲心陀罗尼经》

18 行。有题跋云："时幸福的、伟大的桃花石国中有名叫……寺中的洞彻三藏的名叫……的法师从印度语译为桃花石语。又受赞颂的十姓回鹘的后学别失八里人胜光法师再出桃花石语译为突厥语，命之曰《千手千眼观世音菩萨……［经］》第三品终。" 高昌故城出土。

参 Tekin 1965，29-33；Kahar 1990，161；Elverskog 1997，120；杨富学 1998a，128。

Mainz 232（T II Sängim）　粟特文回鹘语文献

20. 4×11. 8cm，刻本。胜金口遗址出土。

参 Maue 1996，200。

Mainz 236（T III 56-95）　回鹘语《金光明最胜王经》卷一

20. 27×15. 3cm。双面书写，各 11 行。与 U 9026 等属同一写本。

参 Ehlers 1987，30；BTT XVIII，35，图 8-9。

Mainz 237（T III 84-51）　回鹘语《十业道譬喻鬘经》

15×21cm。双面书写，各 9 行，计 18 行。

参 Ehlers 1987，129，图 18。

Mainz 238（T I α 40）　回鹘语《五卷书》译本

13. 6×18. 4cm。双面书写，各 15 行，计 30 行。与 U29 等属同一写本。高昌故城 α 遗址出土。

参 Geissler & Zieme 1970，42-43，47，66-67，图 7-8；Clark 1997，138；Elverskog 1997，42-44；Wilkens 2000a，63，No. 36；杨富学 2004，137-151。

Mainz 239a，b（T I Kš 32） 回鹘语《慈悲道场忏法》

刻本，2 叶残片，前者尺寸是 18.7×26.4cm，双面书写，各 13 行。后者为碎片。

参 Wilkens 2003b，234-235。

Mainz 241（T III M 127） 回鹘语《金光明最胜王经》卷五

12.5×12.7cm。双面书写，各 11 行。木头沟遗址出土。

参 Ehlers 1987，37。

Mainz 242（T III M 246） 回鹘语《佛说圣妙吉祥真实名经》

6 行。木头沟遗址出土。

Mainz 246（T II S 32a） 回鹘语《金光明最胜王经》卷一〇

9.3×29.2cm。双面书写，各 6、5 行。胜金口遗址出土。

参 Ehlers 1987，105。

Mainz 247（T II S 32） 回鹘语《金光明最胜王经》卷一〇

9.9×27.3cm。双面书写，各 6 行。胜金口遗址出土。

参 Ehlers 1987，106。

Mainz 248（T II S 32b） 回鹘语《金光明最胜王经》卷一〇

9.9×28.5cm。双面书写，各 6 行。胜金口遗址出土。

参 Ehlers 1987，103-104。

Mainz 249（T II M 12-24） 回鹘语《慈悲道场忏法》

29.7×10.9cm。双面书写，各 6 行。木头沟遗址出土。

参 BTT I，38；Warnke 1978，62；Elverskog 1997，87-88；Wilkens 2003b，61-62。

Mainz 250（T II M 12-36） 回鹘语《慈悲道场忏法》

29.8×20.8cm。双面书写，各 6 行。木头沟遗址出土。

参 Warnke 1978，68-69；Elverskog 1997，87-88；Wilkens 2003b，72-73。

Mainz 251（T II M 12-25） 回鹘语《慈悲道场忏法》

30.4×10.9cm。双面书写，各 6 行。木头沟遗址出土。

参 Warnke 1978，63-64；Elverskog 1997，87-88；Wilkens 2003b，63-64。

Mainz 252（T III M 120） 回鹘语《金光明最胜王经》卷二

26×29.3cm。双面书写，各 6 行，计 12 行。与 Mainz 607 属同一写本。木头沟遗址出土。

参 Ehlers 1987，50；BTT XXI，84，图 9-10。

Mainz 253（T II M 12-37） 回鹘语《慈悲道场忏法》

29.6×7.2cm。双面书写，各 6 行。木头沟遗址出土。

参 Warnke 1978，68；Elverskog 1997，87-88；Wilkens 2003b，71。

Mainz 254（T III M 120） 回鹘语《金光明最胜王经》卷二

10.8×12.8cm。双面书写，各 6 行。木头沟遗址出土。

参 Ehlers 1987，56。

Mainz 255（T II M 12-33） 回鹘语《慈悲道场忏法》

30. 3×10. 9cm。双面书写，各6行。木头沟遗址出土。

参 Warnke 1978；Elverskog 1997，87-88；Wilkens 2003b。

Mainz 256（T II M 12-16b） 回鹘语《慈悲道场忏法》

30. 4×10. 9cm。双面书写，各6行。木头沟遗址出土。

参 Warnke 1978，66-67；Elverskog 1997，87-88；Wilkens 2003b，67-68。

Mainz 257（T II S 32a） 回鹘语《金光明最胜王经》卷一〇

9. 6×21. 5cm。双面书写，各6行。胜金口遗址出土。

参 Ehlers 1987，98-99。

Mainz 259（T II S 32a/717） 回鹘语《金光明最胜王经》卷八

10. 5×27. 64cm。双面书写，各6行。胜金口遗址出土。

参 Tekin 1987，133-210，附图；Ehlers 1987，96；Elverskog 1997，65-69。

Mainz 260（T III M 168 11/T III M 168. 512） 回鹘语《慈悲道场忏法》

23. 9×11cm。双面书写，各6行。木头沟遗址出土。

参 Wilkens 2003b，159-160，图7。

Mainz 262（T III M 168） 回鹘语《金光明最胜王经》卷九

10. 5×27. 7cm。双面书写，各6行。木头沟遗址出土。

参 Ehlers 1987，97。

Mainz 263（T III M 239） 回鹘语《金光明最胜王经》卷四

11. 4×29. 4cm。双面书写，各6行。木头沟遗址出土。

参 Ehlers 1987，68。

Mainz 264（T II S 3） 回鹘语《慈悲道场忏法》

25. 6×11. 7cm。双面书写，各6行。胜金口遗址出土。

参 Wilkens 2003b，146。

Mainz 265（T III T 297-501） 回鹘语《慈悲道场忏法》

28. 1×11cm。双面书写，各6行。吐峪沟遗址出土。

参 Warnke 1978，91-92；Elverskog 1997，87-88；Wilkens 2003b，130-131。

Mainz 266（T II S 32. 515） 回鹘语《慈悲道场忏法》

29×11. 5cm。双面书写，各6行。胜金口遗址出土。

参 Wilkens 2003b，206-207。

Mainz 268（T II S 32） 回鹘语《金光明最胜王经》卷二

10. 5×28. 1cm。双面书写，各6行，计12行。胜金口遗址出土。

参 Ehlers 1987，51；BTT XXI，90-91，图17-18。

Mainz 269（T III M 239） 回鹘语《金光明最胜王经》卷四

11. 8×30cm。双面书写，各6行。木头沟遗址出土。

参 Ehlers 1987，72。

Mainz 270（T II γoğam M） 回鹘语《金光明最胜王经》卷七

11. 5×20. 6cm。双面书写，各6行。木头沟遗址出土。

参 Ehlers 1987，89，图8。

Mainz 271（T II 6/T II 823） 回鹘语《慈悲道场忏法》

与 U 2736 可以缀合，参看该号。

Mainz 272（T II M 12 28）　回鹘语《慈悲道场忏法》

与 U 3039 可以缀合，参看该号。木头沟遗址出土。

Mainz 273（T III 73. 500）　回鹘语《慈悲道场忏法》

29. 3×11. 2cm。双面书写，各 6 行。

参 Wilkens 2003b，208-209。

Mainz 274（T I α）　回鹘语《金光明最胜王经》卷八

10. 4×28. 5cm。双面书写，各 6 行。高昌故城 α 遗址出土。

参 Ehlers 1987，94-95。

Mainz 276（T II S 32/532）＋Mainz 561　回鹘语《金光明最胜王经》卷一

拼合后尺寸为 30. 5×10. 2cm。双面书写，各 6 行，计 12 行。胜金口遗址出土。

参 Ehlers 1987，107；Zieme 1988c，459；Kaya 1994，69-70；BTT XVIII，53-54，图 84-85；Elverskog 1997，65-69；Raschmann 2000，67-68，No. 016。

Mainz 277（T III TV 68）　回鹘语《金光明最胜王经》卷八

11. 3×28. 2cm。双面书写，各 6 行。吐鲁番北山前坡地遗址出土。

参 Ehlers 1987，92。

Mainz 278（T II T 30/65）　回鹘语《佛说圣妙吉祥真实名经》

与 U 4200 可以缀合，参看该号。吐峪沟遗址出土。

Mainz 282（T II S 89）　回鹘语《十业道譬喻鬘经》

17×15cm。双面书写，各 10 行，计 20 行。胜金口遗址出土。

参 Müller 1920，49-50；Ehlers 1987，151-152；Elverskog 1997，42-44。

Mainz 283（T II）　回鹘语《金光明最胜王经》卷一〇

5. 2×17. 7cm。双面书写，各 6 行。

参 Ehlers 1987，102-103。

Mainz 284（T II T 665）　回鹘语《佛说圣妙吉祥真实名经》

6 行。吐峪沟遗址出土。

Mainz 285（T II M 2）　回鹘语《金光明最胜王经》卷六

11. 6×22. 6cm。双面书写，各 6 行。与 U 2677 可以缀合，参看该号。木头沟遗址出土。

参 Ehlers 1987，89。

Mainz 287（T I α 51）　回鹘语《药师琉璃光如来本愿功德经》

11 行。高昌故城 α 遗址出土。

参 Zieme 1989a，198-200，图 3；Elverskog 1997，52。

Mainz 289（T II Y 51-a）　回鹘语《妙法莲华经·观世音菩萨普门品》

残卷 1 叶，卷子式，长 17×16cm。11 行。交河故城出土。

参 Tekin，1960；张铁山 1990，61；小田寿典 1991，2-3，6。

Mainz 292（T I α 2，2）　回鹘语《阿烂弥王本生故事》

29. 9×15. 3cm。双面书写，各 10 行，计 20 行。高昌故城 α 遗址出土。

参 Zieme 2001，404，408-409，412-413，图 XXXVIII，XXXIX；Wilkens 2003b，

290-291。

Mainz 293（T I D, TM 269）　回鹘语《佛说圣妙吉祥真实名经》

写卷 1 叶。高昌故城出土。

参 BTT VIII, 111。

Mainz 294（T III 56-3b）　回鹘语《十业道譬喻鬘经》

26.7×15.9cm。双面书写，各 18 行，计 36 行。

参 Ehlers 1987, 133, 图 23；Wilkens 2003a, 159-164。

Mainz 297（T III M 84-27）　回鹘语《十业道譬喻鬘经》

16.5×20cm。双面书写，各 10 行，计 20 行。木头沟遗址出土。

参 Müller 1920, 56-58；Ehlers 1987, 118；Elverskog 1997, 42-44。

Mainz 300（T III 84-37）　回鹘语《十业道譬喻鬘经》

25.5×16.7cm。双面书写，各 7、20 行，计 27 行。

参 Müller & Gabain 1931, 678；Ehlers 1987, 132, 图 21；Elverskog 1997, 42-44。

Mainz 303（T II M 2）　回鹘语《金光明最胜王经》卷六

11.7×24.2cm。双面书写，各 6 行。木头沟遗址出土。

参 Ehlers 1987, 87, 图 7。

Mainz 304（T II S 32.514）　回鹘语《慈悲道场忏法》

20.2×11.9cm。双面书写，各 6 行。提到回鹘语《慈悲道场忏法》的供养人Šingt-suin。胜金口遗址出土。

参 Moriyasu & Zieme 2003, 465；Wilkens 2003b, 230。

Mainz 305（T I 607）+ U 4134　回鹘语《佛说圣妙吉祥真实名经》

缀合后尺寸为 23.5×17cm，刻本。12 行。

参 Kara 1981, 230-231, 图 3；Maue 1996, 200。

Mainz 306（T III 56-96）回鹘语《金光明最胜王经》卷一

21.47×15.6cm。双面书写，各 11 行。与 U 9026 等属同一写本。

参 Ehlers 1987, 29-30；BTT XVIII, 35, 图 6-7。

Mainz 307（T I α）　粟特文回鹘语《维摩诘所说经》卷下

与 Mainz 395 可以缀合，参看该号。高昌故城 α 遗址出土。

参 Gabain 1976b, 69-77 + 图。

Mainz 308（T II S 32-a）　回鹘语《金光明最胜王经》卷三

10.8×27.5cm。双面书写，各 6 行。与 Mainz 541 等属同一写本。胜金口遗址出土。

参 Ehlers 1987, 58。

Mainz 309（TM 257-6）　粟特文回鹘语《妙法莲华经》

参 Gabain 1976b, 69-77；Fedakâr 1994b, 133-157 + 图；Elverskog 1997, 59-60。

Mainz 310（T II 266）　粟特文回鹘语文献

参 Gabain 1976b, 69-77 + 图。

Mainz 312a, b（T I 19, T I α x 8）　回鹘语摩尼教布道文献

残片 2 叶，尺寸分别为 15.1×20.1cm，5×5.8cm。两片均双面书写，a 片正面背面均16行，b片正面背面均3行，计38行。高昌故城α遗址出土。

参 Tekin（unpbl）；Wilkens 2000a，128-129，No. 114，图4。

Mainz 313（［T I］D 170）　回鹘语《伊索寓言》（Aesop Fables）

15. 1×13. 5cm。双面书写，各7行，计14行。与U 29等属同一写本。高昌故城出土。

参 Zieme 1968，53，66，图13-14；Clark 1997，138；Wilkens 2000a，59，No. 31。

Mainz 314（T II T）　回鹘语《十业道譬喻鬘经》

14. 5×18cm。双面书写，各11行，计22行。吐峪沟遗址出土。

参 Ehlers　1987，144，图35。

Mainz 316a-c（T II D）　回鹘语摩尼教布道文献

残片3叶，尺寸分别为4. 9×7. 6cm，9. 3×10. 5cm，9. 7×7. 9cm。b、c两片属同一写本。c片与U 275属同一写本。a片之正面背面均为2行，a片正面背面均为9行，c片正面背面均为7行，计36行。高昌故城出土。

参 Tekin（unpbl）；Wilkens 2000a，129-130，No. 115。

Mainz 317（T I/TM 423d）　回鹘语摩尼教《巨人传》（Book of Giants（?））

16. 3×23cm。双面书写，各16行，计32行。与U 40等属同一写本。

参 Le Coq 1922，23-24；Bang 1931，13-14，图II；Henning 1943，55，65；Klimkeit 1993，334-335；Clark 1997，121；Wilkens 2000a，173-174，No. 164。

Mainz 318（T III 218）　粟特文回鹘语文献

10. 5×12. 6cm，刻本。

参 Maue 1996，200。

Mainz 319（T I）　粟特文回鹘语文献

11. 2×18. 6cm，刻本。

参 Maue 1996，200。

Mainz 324（T III 234）　回鹘语《金光明最胜王经》卷四

17. 8×11cm。双面书写，各6行。

参 Raschmann 2005，328。

Mainz 325（T III TV 57）　回鹘语《金光明最胜王经》卷九

10. 4×17. 5cm。双面书写，各6行。吐鲁番北山前坡地遗址出土。

参 Ehlers　1987，96。

Mainz 327（T II D 19）　婆罗迷文回鹘语佛教文献

尺寸分别为17×11. 4cm。22行。高昌故城出土。

参 Maue 1996，207-209，图102。

Mainz 328r（T I D 133；TM 318）　汉语《尊婆须蜜菩萨所集论》卷六

13. 6×20. 5cm，12行。高昌故城出土。

参 百济康义1999，11。

Mainz 328v　婆罗迷文梵语-回鹘语《法集要颂经》

17行。

参 TTT VIII，23-24；Maue 1996，74，图43；Elverskog　1997，28。

Mainz 329 = Tu 110　吐蕃文回鹘语《佛说天地八阳神咒经》

与 Mainz 196 可以缀合，参看该号。

Mainz 330（TM 310）　婆罗迷文回鹘语《具注历日》

与 Mainz 828 缀合，共计残片 12 块，尺寸分别为 7.2×6.2cm，6.6×6.9cm，6.9×3.5cm，6.1×6.9cm，6.2×6.7cm，6.7×4.9cm，7.4×3.5cm，6.6×6.9cm，7.4×3.8cm，6.4×3.6cm，6.9×3.8cm，7.4×3.3 cm。高昌故城出土。

参 TTT VIII，63-66；Gabain 1976b，69-77；Bazin 1991，312；Maue 1996，189-190，图 56，84-85，93-94；巴赞 1998，418-419。

Mainz 331a，b（T I α）　回鹘语摩尼教布道文献

残片 2 叶，尺寸分别为 6.5×10.8cm，4.8×6.4cm。a 片正面背面各 9 行，b 片正面背面各 5 行，计 28 行。与 U 293 属同一写本。高昌故城 α 遗址出土。

参 Wilkens 2000a，90，No. 67。

Mainz 331c（T I D）　回鹘语摩尼教天体学说文献

残片 1 叶。7.4×7.7cm。正面背面各 4 行，计 8 行。高昌故城出土。

参 Tekin（unpbl.）；Zieme 1969c，206；Wilkens 2000a，187-188，No. 181。

Mainz 332r（T II S 19）　汉语《大般若波罗蜜多经》卷一〇〇

7.9×13.2cm，10 行。胜金口遗址出土。

Mainz 332v + Mainz 620v　婆罗迷文梵语－回鹘语《大觉本生》

尺寸分别为 17.9×13.2cm，13×10.2cm。60 行。

参 Maue 1996，80-86，图 56-57；Elverskog 1997，40。

Mainz 333（T II 855）+ U 2538　回鹘语《金光明最胜王经》卷四

尺寸分别为 11.7×15.75cm，30.5×11.7cm。双面书写，缀合后正面背面各 6 行，计 12 行。

参 Tekin（unpbl.）；Ehlers 1987，76，图 6；Kaya 1994，187；Raschmann 2002，91-92，No. 303，图 35。

Mainz 336（T I α 2）　回鹘语《阿烂弥王本生故事》

30.3×15.6cm。双面书写，各 9 行，计 18 行。高昌故城 α 遗址出土。

参 Zieme 2001，406，410，414，图 XLIV，XLV；Wilkens 2003b，292-293。

Mainz 337（无原编号）　回鹘语《十业道譬喻鬘经》

15×17cm。双面书写，各 9 行，计 18 行。

参 Ehlers 1987，144，图 36。

Mainz 338（无原编号）　回鹘语《十业道譬喻鬘经》

13×14.5cm。双面书写，各 7 行，计 14 行。

参 Ehlers 1987，145，图 37。

Mainz 339（T II γoğam Murtuk）　回鹘语《金光明最胜王经》卷四

11×19.5cm。双面书写，各 6 行。木头沟遗址出土。

参 Ehlers 1987，77。

Mainz 341（T I α f）　回鹘语《阿烂弥王本生故事》

29.7×15.2cm。双面书写，各 9 行，计 18 行。高昌故城 α 遗址出土。

参 Zieme 2001，404-405，409，413，图 XL，XLI；Wilkens 2003b，291-292。

Mainz 343（无原编号）　回鹘语《金光明最胜王经》卷九

10.4×8.6cm。双面书写，各6行。

参 Ehlers 1987，96-97。

Mainz 344a（T I α）　回鹘语摩尼教《巨人书》(Book of Giant)

8×9cm。双面书写，各6行，并各有1行标题，计14行。与U 222、U 288属于同一写本。高昌故城α遗址出土。

参 BTT V，20-21，图 II；Wilkens 2000a，174-175，No.165；Wilkens 2000b，133-154，156-158+图。

Mainz 344b（T I α x 9）　回鹘语《摩尼教徒忏悔词》

6×7cm，双面书写，正面背面各7行，计14行。高昌故城α遗址出土。

参 BTT V，20-21，图 II；Clark 1997，130；Wilkens 2000a，251-252，No.272。

Mainz 345（无原编号）　回鹘语摩尼教《就职赞美诗》(?)

11.4×13.3cm。双面书写，各10行，计20行。

参 Zieme 1969c 202，205；BTT V，69，图 XLVIII；Clark 1997，133；Wilkens 2000a，85-86，No.61；森安孝夫2002，124-170，图1-2。

Mainz 347（无原编号）　回鹘语摩尼教《巨人书》(Book of Giant)

残片1叶，7.7×10.5cm。双面书写，各7行，又各有标题1行，计16行。与U 269和U 294属同一写本。

参 Tekin (unpbl.)；Wilkens 2000a，228，No.235；Wilkens 2000b，133-154，164-167+图。

Mainz 348a，c（T I α x 8）　回鹘语摩尼教布道文献

小残片2块，尺寸分别为9.2×6.7cm，1.7×2.7cm。a片正面背面各7行，c片正面背面各3行，计20行。高昌故城α遗址出土。

参 Tekin (unpbl)；Wilkens 2000a，130-131，No.116。

Mainz 349（无原编号）　回鹘语《伊索寓言》(Aesop Fables)

11.8×11.2cm。双面书写，各7行，计14行。与U 29等属同一写本。

参 Zieme 1968，52-53，65，图 11-12；Clark 1997，138；Wilkens 2000a，58-59，No.30。

Mainz 350a（T II K x 2）　回鹘语摩尼教杂写

11.9×5.6cm。正面背面的一二栏各12行，计48行。高昌故城K遗址出土。

参 Wilkens 2000a，401-402，No.474。

Mainz 350b（T II K x 2/TM 289）　回鹘语《摩尼教徒忏悔词》(*Xuāstvānīft*)

36行。高昌故城K遗址出土。

参 Zieme 1966，352，355-357；BTT V，20；Clark 1997，130。

Mainz 352（T II D 143）　回鹘语《金光明最胜王经》卷四

10.5×11.3cm。双面书写，各6行。高昌故城出土。

参 Ehlers 1987，63。

Mainz 353（T II D 177）　婆罗迷文回鹘语文献

19.2×10.6cm。7 行。高昌故城出土。

参 Maue 1996，194-195，图 97。

Mainz 357（T I α） 回鹘语摩尼教天体学说文献

残片 1 叶。11.2×16.9cm。正面背面各 4 行，计 8 行。高昌故城 α 遗址出土。

参 Tekin（unpbl）；Wilkens 2000a，188，No. 182。

Mainz 358（T I D） 回鹘语摩尼教文献题记

11.2×16.9cm。正面 9 行。高昌故城出土。

参 Le Coq 1922，46；Clark 1997，135；Wilkens 2000a，385，No. 445。

Mainz 359（T I α） 回鹘语摩尼教布道文献

9.4×16.3cm。双面书写，各 19 行，计 38 行。高昌故城 α 遗址出土。

参 Tekin（unpbl.）；Wilkens 2000a，134，No. 120，图 5。

Mainz 360a-d（T I α） 回鹘语摩尼教布道文献

小残片 4 块，属同一写本，尺寸分别为 9.2×3.7cm，9.2×5.5cm，4.7×4.2cm，2×4.4cm。a 片之正面背面各 3 行，内容为《圣餐赞美诗》，b 片之正面背面各 5 行，c 片之正面背面各 2 行，d 片之正面背面各 2 行，计 24 行。高昌故城 α 遗址出土。

参 Tekin（unpbl.）；Clark 1997，125；Wilkens 2000a，252-253，No. 273。

Mainz 362（T II M 845） 回鹘语《金光明最胜王经》卷一

13×8.3cm。双面书写，各 5 行，计 10 行。木头沟遗址出土。

参 Kaya 1994，77；BTT XVIII，56，图 98-99；Elverskog 1997，65-69；Raschmann 2000，92，No. 046。

Mainz 364（T III M 115） 回鹘语《金光明最胜王经》卷一

20.1×8cm。双面书写，各 4 行，计 8 行。与 U 2375+U 2479 等属同一写卷。木头沟遗址出土。

参 BTT XVIII，47，图 44-45；Elverskog 1997，65-69；Raschmann 2000，82，No. 034。

Mainz 365（T III T 297/501） 粟特文回鹘语文献

参 Gabain 1976b，69-77。

Mainz 365a-f（T II D，T II K，T II K 125，T I α，T I D 51） 回鹘语摩尼教赞美诗

小残片 4 块，尺寸分别为 9.2×3.7cm，9.2×5.5cm，4.7×4.2cm，2×4.4cm。24 行。高昌故城出土。

Mainz 367（T III M 120） 回鹘语《金光明最胜王经》卷五

10.2×26.9cm。双面书写，各 6 行。木头沟遗址出土。

参 Ehlers 1987，85。

Mainz 368（T II S 1） 回鹘语《金光明最胜王经》卷四

9.9×28.1cm。双面书写，各 6 行。胜金口遗址出土。

参 Ehlers 1987，80。

Mainz 369a（T II S 32a） 回鹘语《金光明最胜王经》卷二

11.2×15.5cm。残片 1 块，双面书写，各 6 行，计 12 行。胜金口遗址出土。

参 Ehlers 1987，49；BTT XXI，67-68，图7-8。

Mainz 370（T II M 861）　回鹘语《金光明最胜王经》卷四

11.1×9.2cm。双面书写，各6行。木头沟遗址出土。

参 Ehlers 1987，79。

Mainz 372（T I D 28）　回鹘语摩尼教《巨人书》（Book of Giant）

与U 200可以缀合，参看该号。高昌故城出土。

Mainz 373（T II Y 54）　回鹘语《摩尼教徒忏悔词》

残片1叶，13.7×11.2cm，9行。交河故城出土。

参 Zieme 1969c，213；BTT V，22-23，图III；Elverskog 1997，135-136；Wilkens 2000a，366-367，No. 422。

Mainz 374（T II D 78g）　回鹘语摩尼教赞美诗集

11.2×8.9cm。6行。与U37+U52等属同一写本。高昌故城K遗址出土。

参 Le Coq 1922，27；Clark 1997，126；Wilkens 2000a，279-280，No. 307。

Mainz 375（T III M 168）　回鹘语《金光明最胜王经》卷七

11.3×17.6cm。双面书写，各6行。木头沟遗址出土。

参 Ehlers 1987，91。

Mainz 376（T II 854）+U 2542　回鹘语《金光明最胜王经》卷四

尺寸分别为11×8.9cm，21.5×10.8cm。双面书写，缀合后正面背面各6行，计12行。

参 Tekin（unpbl.）；Ehlers 1987，83；Raschmann 2002，117，No. 338，图41。

Mainz 377r（T II T 20）　汉语《妙法莲华经》卷六

14.8×7.8cm，5行。吐峪沟遗址出土。

参 百济康义 1999，11。

Mainz 377v　突厥卢尼文回鹘语摩尼教故事

6行。

参 Le Coq 1909b，1050；Sertkaya 1985，144，图1；Clark 1997，139；Wilkens 2000a，460-461，No. 577。

Mainz 378a（T II S 2 B）+U 877　回鹘语《金光明最胜王经》卷四

2叶残片，缀合后尺寸是18×9.6cm。双面书写，各6行。胜金口遗址出土。

参 Raschmann 2005，329-330。

Mainz 378b（T II S 2 B/505）　回鹘语《金光明最胜王经》卷四

6.5×9.6cm。双面书写，各6行。胜金口遗址出土。

参 Raschmann 2005，330-331。

Mainz 379（无原编号）　粟特文回鹘语文献

参 Gabain 1976b，69-77。

Mainz 381（T II）　回鹘语《金光明最胜王经》卷一〇

8.8×15.3cm。双面书写，各6、4行。可以与U 836缀合，参看该号。

参 Ehlers 1987，103。

Mainz 383（T II K）　突厥卢尼文回鹘语摩尼教布道文献

8.4×7.5cm。双面书写，各8行，计16行。高昌故城K遗址出土。

参 Sertkaya 1985，145，图2-3；Clark 1997，123；Wilkens 2000a，461，No.578。

Mainz 384（T II 821） 回鹘语《金光明最胜王经》卷二

12.3×10.9cm。双面书写，各6行。

参 Raschmann 2005，320。

Mainz 385a-d（TM 337） 突厥卢尼文回鹘语摩尼教文献

小残片4块，属于同一写本，或同一页。尺寸分别为7.7×5.1cm，5.4×3.1cm，2.8×3.8cm，1.4×0.8cm。a片之正面背面各7行；b片之正面背面各3行，另有第6行残迹；c片之正面背面各3行，d片之正面背面各2行，计30行。

参 Sertkaya 1985，145-146+图；Clark 1997，141；Wilkens 2000a，462，No.579。

Mainz 386（TM 533/TM 333） （1）突厥卢尼文回鹘语摩尼教布道文献 （2）突厥卢尼文回鹘语摩尼教文献

残片1块。8.7×10.6cm。正面背面各6行，又各有标题1行，计14行。

参 Sertkaya 1985，146-147，图4-5；Clark 1997，123，141；Wilkens 2000a，463，No.580。

Mainz 387（T II B 227 D） 突厥卢尼文回鹘语摩尼教文献

10.7×6.9cm。正面背面各10行，计20行。高昌故城出土。

参 Wilkens 2000a，463-464，No.581。

Mainz 388（TM 326） 突厥卢尼文中古波斯语与回鹘语摩尼教故事

残片1叶。双面书写，各8行，又各有标题1 行，18行。

参 Le Coq 1909b，1058-1059，图XII；Radloff 1909，1216-1218；Thomsen 1910，296-306；Orkun 1939，57-59，97；Bazin 1991，249-251；Clark 1997，139；巴赞1998，333-335；Wilkens 2000a，464，No.582。

Mainz 389（T II K） 回鹘语摩尼教历史文献（Vrum Khan and Bar Khan）

与U 257可以缀合，参看该号。

Mainz 390（T I D） 回鹘语摩尼教布道文献

11.4×10cm。与So 10.026+So 18.292、So 10.237 4，10.238 4，10.239 4、So 14.700 10、So 18.122、So 18.291、So 20.203、So 20.240属同一写本。7行。高昌故城出土。

参 Wilkens 2000a，90-91，No.68；Wilkens 2001/2002，96-98+图。

Mainz 391（T II 8/T II 827） 回鹘语《慈悲道场忏法》

与U 2740可以缀合，参看该号。

Mainz 392（T II 849）+U 896 回鹘语《金光明最胜王经》卷三

残片2叶，缀合后尺寸为30.4×11.5cm。双面书写，各6行，计12行。与Mainz 551+U 1761+U 893等属同一写本。

参 Tekin 1988，300；Zieme 1988c，460；Raschmann 2000，205-206，No.188，图81。

Mainz 393（T II 9/T II 826） 回鹘语《慈悲道场忏法》

与Mainz 505可以缀合，参看该号。

Mainz 394（T Ⅱ D 78f） 回鹘语摩尼教赞美诗集

10.7×9.1cm。双面书写，正面5行，背面4行，计9行。与U 37+U 52等属同一写本。高昌故城K遗址出土。

参 Le Coq 1922，27；Clark 1997，126；Wilkens 2000a，279，No. 306。

Mainz 395（T Ⅰ α）+Mainz 307 粟特文回鹘语《维摩诘所说经》卷下

残片2叶，可缀合，缀合后尺寸为28×30cm。双面书写，各10行，计20行。高昌故城α遗址出土。

参 Fedakâr 1994a，133-157；Fedakâr 1994b，43-53；Elverskog 1997，71-72；BTT XX，60-61，132，图151-152。

Mainz 396（T Ⅲ D 277） 粟特文回鹘语文献

高昌故城出土。

参 Gabain 1976b，69-77。

Mainz 397（T Ⅱ S 32） 回鹘语《金光明最胜王经》卷五

9.8×27.8cm。双面书写，各6行。胜金口遗址出土。

参 Ehlers 1987，84。

Mainz 398（T Ⅱ 4 γoǧam M/T Ⅱ 835） 回鹘语《慈悲道场忏法》

与U 2742可以缀合，参看该号。木头沟遗址出土。

Mainz 399（T Ⅱ 3/T Ⅱ 824） 回鹘语《慈悲道场忏法》

与U 2737可以缀合，参看该号。

Mainz 400r（T Ⅰ α） 突厥卢尼文回鹘语摩尼教故事

12×9.2cm。12行。高昌故城α遗址出土。

参 Sertkaya 1985，147，图6；Clark 1997，139；Wilkens 2000a，183，No. 177。

Mainz 400v 汉语《妙法莲华经》卷二

6行。

参 百济康义 1999，11。

Mainz 401（T Ⅱ S 32a） 回鹘语《金光明最胜王经》卷一〇

10.3×21.7cm。双面书写，各6行。胜金口遗址出土。

参 Ehlers 1987，105-106。

Mainz 402（TM 337/TM 339a-b） 突厥卢尼文中古波斯语摩尼教文献

残片2叶。12行。

参 Le Coq 1909b，1054-1055；Sundermann 1996a，151。

Mainz 403a，b（TM 337，TM335/ TM 341） 突厥卢尼文回鹘语摩尼教故事

小残片2块，4.4×7cm，9.9×7.6cm。a片正面背面各2行，又各有标题1行；b片正面背面各13行，计32行。

参 Sertkaya 1985，147-148，图7-8；Clark 1997，139；Wilkens 2000a，465，No. 583。

Mainz 405（T Ⅱ 860） 回鹘语《金光明最胜王经》卷四

11.3×22.2cm。双面书写，各6行。

参 Ehlers 1987，64。

Mainz 406（T II 869） + U 2559　回鹘语《金光明最胜王经》卷四

缀合后尺寸为11.8×11.2cm。双面书写，各6行，计12行。

参 Tekin（unpbl.）；Ehlers 1987，62；Kaya 1994，152；Raschmann 2002，28，No.217；图10。

Mainz 407（无原编号）　回鹘语《金光明最胜王经》卷七

10.9×19.2cm。双面书写，各3、6行。

参 Ehlers 1987，90-91。

Mainz 408（T II 520）　回鹘语《金光明最胜王经》卷二

13.3×20.8cm。双面书写，各6行。与U 2598等属同一写本。

参 Ehlers 1987，53。

Mainz 410（T II S 2B）　回鹘语《金光明最胜王经》卷四

24.9×10.5cm。双面书写，各6行。胜金口遗址出土。

参 Ehlers 1987，81。

Mainz 411（T III D 271/K）　粟特文回鹘语文献

高昌故城出土。

参 Gabain 1976b，69-77。

Mainz 416a（T III M 131）　回鹘语《金光明最胜王经》卷四

13.8×8.2cm。双面书写，各4行，计8行。木头沟遗址出土。

参 Tekin（unpbl.）；Zieme 1988c，460；Raschmann 2002，100，No.315。

Mainz 416b（T III M 131）　回鹘语《金光明最胜王经》卷八

与U 3251可以缀合，参看该号。木头沟遗址出土。

Mainz 417（T II T 121）　回鹘语《慈悲道场忏法》

9.2×23.6cm。双面书写，各13、12行。吐峪沟遗址出土。

参 Wilkens 2003b，134。

Mainz 420（T II M 12-832） + U 2732　回鹘语《慈悲道场忏法》

缀合后的尺寸是29.7×7cm。双面书写，各6行。木头沟遗址出土。

参 Warnke 1978，83-84；Elverskog 1997，87-88；Wilkens 2003b，96-97。

Mainz 422（T II Y 19.500） + U 3102　回鹘语《慈悲道场忏法》

2叶残片，尺寸分别是15.6×11.1cm，10.9×10cm。双面书写，均为7行。交河故城出土。

参 Wilkens 2003b，88。

Mainz 423（T II 866） + U 3028　回鹘语《金光明最胜王经》卷四

尺寸分别为10×14cm，7.6×7cm。Mainz 423正面背面各6行，U 3028正面背面各5行，缀合后正面背面各6行，计12行。吐峪沟遗址出土。

参 Ehlers 1987，70；Raschmann 2002，79-80，No.289，图29。

Mainz 424（[T] M 239） + U 3319　回鹘语《金光明最胜王经》卷四

缀合后尺寸为29.5×11.5cm。双面书写，缀合后正面背面各6行，计12行。

参 Tekin（unpbl.）；Ehlers 1987，68-69；Raschmann 2002，68-69，No.274，图27。

Mainz 425（无原编号） 回鹘语《慈悲道场忏法》

13×10.7cm。双面书写，各6行。

参 Wilkens 2003b，136，图4。

Mainz 427（［T］M 239） 回鹘语《金光明最胜王经》卷四

11.4×29cm。双面书写，各6行。木头沟遗址出土。

参 Ehlers 1987，73。

Mainz 428（T III M 227） 回鹘语《金光明最胜王经》卷四

11×27.4cm。双面书写，各6行。木头沟遗址出土。

参 Ehlers 1987，71。

Mainz 429（T I D 588） 回鹘语《慈悲道场忏法》

11.6×11.8cm。双面书写，各6行。高昌故城出土。

参 Wilkens 2003b，143。

Mainz 431（T II Xanthippe）+ U 2728 回鹘语《慈悲道场忏法》

2叶残片，尺寸分别是8.5×11.1cm，15×10.9cm。双面书写，各6行。木头沟遗址出土。

参 Warnke 1978，89-90；Elverskog 1997，87-88；Wilkens 2003b，109-110。

Mainz 432（无原编号） 回鹘语《十业道譬喻鬘经》

22×13.5cm。双面书写，各13行，计26行。

参 Ehlers 1987，145，图38。

Mainz 433（无原编号） 粟特文回鹘语文献

参 Gabain 1976b，69-77。

Mainz 434（T II Xanthippe/T II x 538）+ U 2729 回鹘语《慈悲道场忏法》

2叶残片，尺寸分别是7.9×11cm，15.9×10.9cm。双面书写，各6行。木头沟遗址出土。

参 Warnke 1978，90；Elverskog 1997，87-88；Wilkens 2003b，110-111。

Mainz 435a（T I α） 回鹘语摩尼教回鹘王颂词

10×9.7cm。双面书写，各8行，计16行。高昌故城α遗址出土。

参 BTT V，59-60，图 XXXV；Clark 1997，134；Wilkens 2000a，302，No.337。

Mainz 435b（T I α） 回鹘语摩尼教《惠明布道书》（Sermon on the Light-Nous）

与 U 64a+b 可以缀合，参考该号。高昌故城α遗址出土。

Mainz 436（T II S 32a.720） 回鹘语《慈悲道场忏法》

17.2×9.9cm。双面书写，各6行。胜金口遗址出土。

参 Wilkens 2003b，125。

Mainz 437（T II S 32） 回鹘语《金光明最胜王经》卷八

10.6×19.6cm。双面书写，各6行。胜金口遗址出土。

参 Ehlers 1987，107。

Mainz 438a（T II S 32a）+ U 2944 + U 885 回鹘语《慈悲道场忏法》

3叶残片，尺寸分别是15.8×10.7cm，5.8×10.5cm，8.1×10.6cm。双面书写，均为各6行。胜金口遗址出土。

参 Wilkens 2003b，101-102。

Mainz 438b（T II S 32a）　回鹘语《慈悲道场忏法》

13.3×10.6cm。双面书写，各6行。胜金口遗址出土。

参 Wilkens 2003b，57。

Mainz 439（T III M 239）　回鹘语《金光明最胜王经》卷四

11.5×10.5cm。双面书写，各6行。木头沟遗址出土。

参 Ehlers　1987，69。

Mainz 440（T III M 239）　回鹘语《金光明最胜王经》卷四

11.5×29cm。双面书写，各6行。木头沟遗址出土。

参 Ehlers　1987，77-78。

Mainz 441（T III M 239）　回鹘语《金光明最胜王经》卷七

11.3×30cm。双面书写，各6行。木头沟遗址出土。

参 Ehlers　1987，91-92。

Mainz 442（T III M 227）　回鹘语《金光明最胜王经》卷四

24.1×11.2cm。双面书写，各6行。紧接 U 2552。木头沟遗址出土。

参 Ehlers　1987，84。

Mainz 443（无原编号）+ U 2606　回鹘语《慈悲道场忏法》

2叶残片，缀合后的尺寸是28.4×11.3cm。双面书写，各6行。

参 Wilkens 2003b，119-120。

Mainz 444（无原编号）　回鹘语《金光明最胜王经》卷四

11.4×29.4cm。双面书写，各6行。

参 Ehlers　1987，78。

Mainz 445（无原编号）　回鹘语《金光明最胜王经》卷四

11.5×30.1cm。双面书写，各6行。

参 Ehlers　1987，73。

Mainz 446（T II S 32）+ Mainz 605c　回鹘语《慈悲道场忏法》

2叶残片，缀合后的尺寸是30.1×10.5cm。双面书写，各6行。胜金口遗址出土。

参 Wilkens 2003b，98。

Mainz 447（T II）+ U 2756　回鹘语《金光明最胜王经》卷四

尺寸分别为10.5×7.2cm，9.2×11.3cm。双面书写，Mainz 447 正面背面各6行，U 2756 正面背面各6行，缀合后正面背面各6行，计12行。木头沟遗址出土。

参 Tekin（unpbl.）；Ehlers　1987，83；Raschmann 2002，126，No.352，图42。

Mainz 448（T II S 32a）　回鹘语《金光明最胜王经》卷三

10.2×19.7cm。双面书写，各6行。与 Mainz 541 等属同一写本。胜金口遗址出土。

参 Ehlers　1987，58-59。

Mainz 449（T III 218）　回鹘语《金光明最胜王经》卷七

11.1×29.1cm。双面书写，各6行。

参 Ehlers　1987，89-90。

Mainz 450（T I α） **回鹘语《金光明最胜王经》卷二**

15.5×22cm。双面书写，各6行。与U 2598等属同一写本。高昌故城α遗址出土。

参 Ehlers 1987，53-54。

Mainz 451（T II 12-46） **回鹘语《金光明最胜王经》卷三**

11.3×27.4cm。双面书写，各6行。与Mainz 551+U 1761+U 893等属同一写本。

参 Ehlers 1987，60。

Mainz 453（T II S 32） **回鹘语《慈悲道场忏法》**

26.3×10.5cm。双面书写，各6行。胜金口遗址出土。

参 Wilkens 2003b，103-104。

Mainz 455（T II S 32） **回鹘语《慈悲道场忏法》**

30.1×10.4cm。双面书写，各6行。胜金口遗址出土。

参 Wilkens 2003b，123。

Mainz 456（无原编号） **回鹘语《金光明最胜王经》卷四**

11.5×26.1cm。双面书写，各6行。

参 Ehlers 1987，71。

Mainz 457（T II S 32a） **回鹘语《金光明最胜王经》卷一〇**

与U 804可以缀合，参看该号。胜金口遗址出土。

Mainz 459（无原编号） **回鹘语《金光明最胜王经》卷四**

10.4×25.8cm。双面书写，各4、6行。

参 Ehlers 1987，108。

Mainz 460a（T I D x 16） **回鹘语摩尼教赞美诗**

7.3×11.8cm。正面背面各7行，计14行。高昌故城出土。

参 Wilkens 2000a，285，No. 313。

Mainz 460d（T I D x 16） **回鹘语摩尼教《惠明布道书》（Sermon on the Light-Nous）**

6.3×6.5cm。双面书写，各5行，计10行。与U 40等属同一写本。高昌故城出土。

参 Tekin（unpbl.）；Wilkens 2000a，164-165，No. 154；Wilkens 2001/2002，99-100+图。

Mainz 461（T I） **回鹘语摩尼教末世学说文献**

残片1叶，11.5×15.9cm。正面背面各11行，计22行。

参 Tekin（unpbl.）；Wilkens 2000a，196-197，No. 193。

Mainz 462a-f（T I α） **回鹘语摩尼教天体学说文献**

小残片6块，可能除a片外均属同一写本，尺寸分别为4.8×5.2cm，4×8.2cm，4.5×6cm，3.9×6cm，4×3.5cm，4×5.2cm。a片正面背面各6行；b片正面背面各7行；c片正面背面各6行；d片正面背面仅余残笔；e片正面背面各4行；f片正面背面各5行，计56行。高昌故城α遗址出土。

参 Tekin（unpbl.）；Wilkens 2000a，183-185，No. 178。

Mainz 464（T II Toyoq，T II T x 2） **回鹘语历法文献**

17.5×9.5cm，双面书写。32行。吐峪沟遗址出土。

参 Sertkaya 1994，282-289，图1-2。

Mainz 465a-f（T I α, T II K, T II K 125, T I α, T I D 51） 回鹘语摩尼教布道文献

小残片6块，装入同一玻璃板，但本应属于4或5个不同写本。尺寸分别为4.7×7.1cm，6.1×4.8cm，7.7×11cm，2.3×4.1cm，2.5×2.9cm，5.2×6.1cm。46行。a片之正面背面各6行，b片之正面背面各4行，c片之正面背面各7行，并各有残标题1行，d片有残花纹，e片之正面背面各有残标题1行，f片之正面背面各5行，计48行。高昌故城出土。

参 Tekin（unpbl.）；Wilkens 2000a，254-255，No. 274。

Mainz 468（T II S 32a. 563） 回鹘语《慈悲道场忏法》

与U 1793可以缀合，参看该号。胜金口遗址出土。

Mainz 469（T II S 32-a/535） 回鹘语《金光明最胜王经》卷八

与U 2911可以缀合，参看该号。胜金口遗址出土。

Mainz 470（T II D 177） 回鹘语摩尼教历史文献

10.7×12.5cm。双面书写，计28行。与U 36+U 205e和U 56属同一写本。高昌故城出土。

参 Tekin（unpbl.）；Zieme 1969c，205；Wilkens 2000a，69-70，No. 46，图2。

Mainz 471（T II S 32a） 回鹘语《金光明最胜王经》卷一〇

与U 869、U 803可以缀合，参看U 869号。胜金口遗址出土。

Mainz 474（T I α） 回鹘语《摩尼教徒忏悔词》（Confession for the Day of the Minor Fast）

9×8.1cm。双面书写，各7行，计14行。与U 5464、U 5501属同一写本。高昌故城α遗址出土。

参 BTT V，24-25，图 IV；Klimkeit 1989，250-251；Klimkeit 1993，306；Clark 1997，131；Wilkens 2000a，374-375，No. 431；王媛媛2006，153。

Mainz 475（无原编号） 回鹘语《金光明最胜王经》卷五

9.8×10.6cm。双面书写，各6行。

参 Ehlers 1987，85。

Mainz 476（T III M 127） 回鹘语《金光明最胜王经》卷一〇

与U 3147、U 3322可以缀合，参看U 3147号。木头沟遗址出土。

Mainz 477（T II M 12）+ U 852 回鹘语《金光明最胜王经》卷一〇

11.5×20.2cm。双面书写，各6行。与U 852可以缀合。木头沟遗址出土。

参 Ehlers 1987，104-105。

Mainz 478（T II 4） 回鹘语《金光明最胜王经》卷一〇

12×20.3cm。双面书写，各6行。

参 Ehlers 1987，101-102。

Mainz 479（T III M 240）+ U 3328 回鹘语《金光明最胜王经》卷四

缀合后尺寸为30×11.8cm。双面书写，缀合后正面背面各6行，计12行。与Mainz 481、Mainz 537为同一写本。木头沟遗址出土。

参 Tekin（unpbl.）；Ehlers 1987，74-75，图4；Kaya 1994，187；Raschmann 2002，

89，No. 301，图 32。

Mainz 481（T III M 240） 回鹘语《金光明最胜王经》卷四

11. 5×23.7cm。双面书写，各 6 行。与 Mainz 479、Mainz 537 为同一写本。木头沟遗址出土。

参 Ehlers 1987，74；图 3。

Mainz 482（T III M 219） 回鹘语《金光明最胜王经》卷四

10. 7×23. 3cm。双面书写，各 6 行。木头沟遗址出土。

参 Ehlers 1987，61。

Mainz 483（T II S Xanthippe） 回鹘语《金光明最胜王经》卷九

8. 2×18cm。双面书写，各 4、5 行。胜金口遗址出土。

参 Ehlers 1987，97。

Mainz 484（T II S 32） 回鹘语《金光明最胜王经》卷一〇

9. 8×21. 3cm。双面书写，各 6 行。胜金口遗址出土。

参 Ehlers 1987，104。

Mainz 485（T I α 547） 回鹘语《慈悲道场忏法》

20. 1×11. 2cm。双面书写，各 6 行。高昌故城 α 遗址出土。

参 Warnke 1978，93-94；Elverskog 1997，87-88；Wilkens 2003b，151-152。

Mainz 486（T II S 32/518） 回鹘语《金光明最胜王经》卷四

11. 2×23. 2cm。双面书写，各 6 行。胜金口遗址出土。

参 Ehlers 1987，70。

Mainz 488（T II S 32a. 710） 回鹘语《慈悲道场忏法》

19×10. 5cm。双面书写，各 6 行。胜金口遗址出土。

参 Wilkens 2003b，72。

Mainz 489（T II 839） 回鹘语《金光明最胜王经》卷二

残片 1 叶，10. 2×12. 5cm。双面书写，各 6 行，计 12 行。

参 Ehlers 1987，109；BTT XXI，67，图 5-6。

Mainz 492（T II 1068） 回鹘语《佛说圣妙吉祥真实名经》

与 U 4291 可以缀合，参看该号。

Mainz 493（T III M 12） 回鹘语《金光明最胜王经》卷三

11. 1×17. 3cm。与 Mainz 551 + U 1761 + U 893 等属同一写本。木头沟遗址出土。

参 Ehlers 1987，109。

Mainz 494（T II S 32） 回鹘语《金光明最胜王经》卷一〇

9. 7×24. 2cm。双面书写，各 6 行。胜金口遗址出土。

参 Ehlers 1987，98。

Mainz 495（T III Murtuk M 118） 回鹘语《金光明最胜王经》卷二

10. 5×28. 6cm。双面书写，各 6 行。与 Mainz 498a + U 3205 等属同一写本。木头沟遗址出土。

参 Ehlers 1987，55。

Mainz 496（T II M 118） 回鹘语《金光明最胜王经》卷二

10.7×27.3cm。双面书写，各 6 行。与 Mainz 498a + U 3205 等属同一写本。木头沟遗址出土。

参 Ehlers 1987，54-55。

Mainz 497（T Ⅱ M 12） 回鹘语《金光明最胜王经》卷一〇

11.5×19.6cm。双面书写，各 6 行。木头沟遗址出土。

参 Ehlers 1987，103。

Mainz 498a（T Ⅲ M 115）+ U 3205 回鹘语《金光明最胜王经》卷二

小残片 2 块，缀合后为 9.5×8.2cm。双面书写，各 6 行，计 12 行。另有 1 行题写于书眉。与 Mainz 496、Mainz 495 及 Mainz 498b 属同一写本。木头沟遗址出土。

参 Ehlers 1987，54；Raschmann 2000，146-147，No. 113，图 37。

Mainz 498b（T Ⅱ M 115） 回鹘语《金光明最胜王经》卷二

10.9×24.5cm。双面书写，各 6 行。与 Mainz 498a + U 3205 等属同一写本。木头沟遗址出土。

参 Ehlers 1987，56。

Mainz 500（T Ⅱ M 839）+ U 3176 回鹘语《金光明最胜王经》卷四

缀合后尺寸 15.3×10.8cm。双面书写，各 6 行，计 12 行。木头沟遗址出土。

参 Tekin（unpbl.）；Ehlers 1987，109；Tekin 1988，295，图 301；Zieme 1988c，459；Raschmann 2002，23，No. 210。

Mainz 501（T Ⅱ 856） 回鹘语《金光明最胜王经》卷四

10.6×7.4cm。双面书写，各 4、6 行。

参 Ehlers 1987，65。

Mainz 502（T Ⅱ S 32a）+ Mainz 531b + U 902 回鹘语《金光明最胜王经》卷三

尺寸分别为 9.7×10.9cm，9.7×10.9cm，4.2×10.7cm。与 Mainz 531a + U 2876 + U 2396 等属同一写本。双面书写，缀合后各 6 行，计 12 行。胜金口遗址出土。

参 Ehlers 1987，60；Raschmann 2000，210-211，No. 193，图 85。

Mainz 503（T Ⅱ 816） 回鹘语《慈悲道场忏法》

12.1×11.6cm。双面书写，各 6 行。

参 Wilkens 2003b，138。

Mainz 504（T Ⅱ 849）+ U 2370 回鹘语《慈悲道场忏法》

2 叶残片，缀合后的尺寸是 18.8×10.4cm。双面书写，各 6 行。

参 Wilkens 2003b，154-155。

Mainz 505（T Ⅱ M 12-834）+ Mainz 393 回鹘语《慈悲道场忏法》

2 叶残片，缀合后的尺寸是 30.6×10.9cm。双面书写，各 6 行。木头沟遗址出土。

参 Warnke 1978，84-85；Elverskog 1997，87-88；Wilkens 2003b，99。

Mainz 506（T Ⅱ 871）+ U 2734 回鹘语《慈悲道场忏法》

2 叶残片，缀合后的尺寸是 30.3×11cm。双面书写，各 6 行。

参 Warnke 1978，84；Wilkens 2003b，97-98。

Mainz 509（T Ⅱ Y 5） 回鹘语《佛说无量寿经》

刻本，正面背面各 6 行，计 12 行。交河故城出土。

參 Kudara & Zieme 1997，74-78，图 VII-VIII。

Mainz 510（T II Y 5-505） 回鹘语《佛说无量寿经》

刻本，正面背面各6行，计12行。交河故城出土。

參 Kudara & Zieme 1997，79-82，图 IX-X。

Mainz 511（T II M 12-44） 回鹘语《慈悲道场忏法》

28.6×10.9cm。双面书写，各6行。木头沟遗址出土。

參 BTT VIII，41；Warnke 1978，79-80；Elverskog 1997，87-88；Wilkens 2003b，87。

Mainz 512（T II S 32a） 回鹘语《金光明最胜王经》卷五

与 U 798 可以缀合，参看该号。胜金口遗址出土。

Mainz 513（T II 814） 回鹘语《金光明最胜王经》卷四

11×9.1cm。双面书写，各6行。

參 Ehlers 1987，110。

Mainz 514（M 239） 回鹘语《金光明最胜王经》卷四

11.2×10.1cm。双面书写，各6行。

參 Ehlers 1987，69-70。

Mainz 516（T II 5/T II 811） 回鹘语《慈悲道场忏法》

与 U 2741 可以缀合，参看该号。

Mainz 517（T II γoğam M/T II 812） 回鹘语《慈悲道场忏法》

与 Mainz 555 可以缀合，参看该号。木头沟遗址出土。

Mainz 518（T II M 2） 回鹘语《金光明最胜王经》卷六

24.8×11.9cm。双面书写，各6行。木头沟遗址出土。

參 Ehlers 1987，88。

Mainz 519（T II D 143） 回鹘语《金光明最胜王经》卷四

10.5×11cm。双面书写，各6行。高昌故城出土。

參 Ehlers 1987，63。

Mainz 520（T I 584） 回鹘语《金光明最胜王经》卷二

8.7×10.8cm。双面书写，各6行，计12行。与 U 2598 等属同一写本。

參 Raschmann 2000，142-143，No. 108，图 33。

Mainz 521（无原编号）+ Mainz 527 回鹘语《金光明最胜王经》卷一〇

10.7×7.4cm。双面书写，各6行。

參 Ehlers 1987，101。

Mainz 522（T III 272） 回鹘语《金光明最胜王经》卷二

12.8×11cm。双面书写，各6行，计12行。与 U 3447 属同一写本。

參 Kaya 1994，98；Raschmann 2000，131-132，No. 096，图 24；BTT XXI，97。

Mainz 523（T I D） 回鹘语《金光明最胜王经》卷四

10.5×11.1cm。双面书写，各6行。高昌故城出土。

參 Ehlers 1987，65。

Mainz 524（T II） 回鹘语《金光明最胜王经》卷一〇

12.3×9.8cm。双面书写，各6行。

参 Ehlers　1987，100。

Mainz 525（T II γoğam M 5）　回鹘语《金光明最胜王经》卷一〇

12.3×21cm。双面书写，各6行。木头沟遗址出土。

参 Ehlers　1987，102。

Mainz 526（T II 817）　回鹘语《金光明最胜王经》卷四

11.3×17.2cm。双面书写，各6行。与 U 2575 可以缀合，参看该号。

参 Ehlers　1987，67-68。

Mainz 527（无原编号）　回鹘语《金光明最胜王经》卷一〇

10.8×20.4cm。双面书写，各6行。与 Mainz 521 可以缀合。

参 Ehlers　1987，101。

Mainz 528（［T II］S 33-1，T II［33］b-2）　婆罗迷文梵语－回鹘语《根本说一切有部毗奈耶分别》

小残片11块，尺寸分别为4×3.4cm，3.4×5.6cm，4.6×4.6cm，8.5×6.5cm，8.3×3.6cm，6.3×4.1cm，4×3.4cm，4.8×2.9cm，7.7×5.6cm，4×4cm，3×2.4cm。每1块残片均双面书写，存文字2-5行。胜金口遗址出土。

参 Maue 1996，50-64，图7-11；Elverskog　1997，31。

Mainz 529a（T III x 507）　回鹘语《金光明最胜王经》卷二

10.4×11.8cm。双面书写，各6行，计12行。与 Mainz 575＋Mainz 565 属同一写本。

参 Raschmann 2000，134-135，No. 099，图26；BTT XXI，102-103。

Mainz 529b（T III x 507）　回鹘语《金光明最胜王经》卷一

10.2×11.6cm。双面书写，各6行，计12行。与 U 3387 等属同一写本。

参 BTT XVIII，54-55，图90-91；Raschmann 2000，61，No. 008。

Mainz 530（T II 819）　回鹘语《金光明最胜王经》卷四

11.2×21.8cm。双面书写，各6行。

参 Ehlers　1987，110。

Mainz 531a（T II S 32a）＋U 2876＋U 2396　回鹘语《金光明最胜王经》卷三

拼合后尺寸为29.5×11.2cm。双面书写，各6行，计12行。与 U 2886、U 903＋U 2825 及 Mainz 502＋Mainz 531b＋U 902 属同一写本。胜金口遗址出土。

参 BTT XIII，91；Ehlers　1987，57；Kaya，1994，125；Raschmann 2000，181-182，No. 156，图65。

Mainz 531b（T II S 32a）　回鹘语《金光明最胜王经》卷三

与 Mainz 502 可以缀合，参看该号。胜金口遗址出土。

Mainz 532（T II 829）　回鹘语《金光明最胜王经》卷三

10.8×26.5cm。双面书写，各6行。与 U 2558 属同一写本。

参 Ehlers　1987，59。

Mainz 533（T II S 32a. 712）　回鹘语《慈悲道场忏法》

与 U 2954 可以缀合，参看该号。胜金口遗址出土。

Mainz 534（T II 830）　回鹘语《金光明最胜王经》卷八

11×23.5cm。双面书写，各4、5行。

参 Tekin 1987，133-210，附图；Ehlers 1987，95，图9；Elverskog 1997，65-69。

Mainz 535（T III M 163）　回鹘语《金光明最胜王经》卷四

10.9×20.3cm。双面书写，各6行。木头沟遗址出土。

参 Ehlers 1987，61。

Mainz 536（T II γoǧam M）+ U 2474　回鹘语《金光明最胜王经》卷一〇

2叶残片，缀合后的尺寸是21.5×11cm。双面书写，各6行。木头沟遗址出土。

参 Ehlers 1987，99；Raschmann 2005，168。

Mainz 537（T III M 240）　回鹘语《金光明最胜王经》卷四

11.5×23.7cm。双面书写，各6行。与Mainz 479、Mainz 481为同一写本。木头沟遗址出土。

参 Ehlers 1987，75，图5。

Mainz 538（T II 828）　回鹘语《金光明最胜王经》卷四

11.3×23.2cm。双面书写，各6行。

参 Ehlers 1987，72。

Mainz 539（T II T 515）　回鹘语《慈悲道场忏法》

21.3×11cm。双面书写，各6行。吐峪沟遗址出土。

参 Wilkens 2003b，130。

Mainz 540（T II γoǧam Murtuk）　回鹘语《金光明最胜王经》卷六

11.5×22.2cm。双面书写，各6行。木头沟遗址出土。

参 Ehlers 1987，88。

Mainz 541（T II S 32）　回鹘语《金光明最胜王经》卷三

10.8×26.5cm。双面书写，各6行。与Mainz 308及Mainz 448属同一写本。胜金口遗址出土。

参 Ehlers 1987，57-58。

Mainz 543（T III 218）　回鹘语《金光明最胜王经》卷四

11×19.5cm。双面书写，各6行。

参 Ehlers 1987，67。

Mainz 544（T II S 32a）　回鹘语《金光明最胜王经》卷一〇

与U 801可以缀合，参看该号。胜金口遗址出土。

Mainz 545（T II 820）　回鹘语《金光明最胜王经》卷四

9.8×15.7cm。双面书写，各6行。

参 Ehlers 1987，111。

Mainz 546（T II S）　回鹘语《金光明最胜王经》卷五

9.6×15.8cm。双面书写，各6行。胜金口遗址出土。

参 Ehlers 1987，85-86。

Mainz 547（T III 218）　回鹘语《金光明最胜王经》卷四

11×15.6cm。双面书写，各6行。

参 Ehlers 1987，65-66。

Mainz 548（T II S 32a. 607） 回鹘语《慈悲道场忏法》

19×10.5cm。双面书写，各6行。胜金口遗址出土。

参 Wilkens 2003b，83-84。

Mainz 549（T III M 122.51）+ U 3288 回鹘语《金光明最胜王经》卷二

尺寸分别为11.8×18.8cm，15.7×6.9cm，正面3行，背面4行，计7行。与Mainz 575 + Mainz 565 属同一写本。木头沟遗址出土。

参 Ehlers 1987，52；Kaya 1994，141；Raschmann 2000，141，No. 106，图32。

Mainz 550（T II M 206） 回鹘语《金光明最胜王经》卷二

与Mainz 557可以缀合，参看该号。木头沟遗址出土。

Mainz 551（T II M 840）+ U 2761 + U 893 回鹘语《金光明最胜王经》卷三

残片3叶，缀合后尺寸为18.5×11.4cm。双面书写，各6行，计12行。与U 861、U 909、U 920、U 891、U 2762、U 913、Mainz 578、Mainz 493、U 2523、U 922、Mainz 392 + U 896、Mainz 451及U 899属同一写本。木头沟遗址出土。

参 Zieme 1988c，460b；Raschmann 2000，166-168，No. 139，图54。

Mainz 552（T II Xanthippe/T II x 537）+ U 2715 回鹘语《慈悲道场忏法》

缀合后的尺寸是30×10.7cm。双面书写，各6行。

参 Warnke 1978，50；Wilkens 2003b，44-45。

Mainz 553（T II 873）+ U 2563 回鹘语《慈悲道场忏法》

2叶残片，缀合后的尺寸是30.4×12.4cm。双面书写，各6行。

参 Wilkens 2003b，68-69。

Mainz 554（T II 859）+ U 2429 回鹘语《金光明最胜王经》卷四

尺寸分别为11.4×7.3cm，15.3×11.5cm。Mainz 554正面背面各6行，U 2429正面背面各6行，缀合后正面背面各6行，计12行。

参 Tekin（unpbl.）；Ehlers 1987，76；Raschmann 2002，94-95，No. 308，图36。

Mainz 555（T II M 12-833）+ Mainz 517 回鹘语《慈悲道场忏法》

缀合后的尺寸是30.4×11cm。双面书写，各6行。木头沟遗址出土。

参 Warnke 1978，85-86；Elverskog 1997，87-88；Wilkens 2003b，100-101。

Mainz 556a（T II 867） 回鹘语《金光明最胜王经》卷四

10.3×12.7cm，双面书写，各6行。

参 Ehlers 1987，62。

Mainz 556b 中古波斯语摩尼教占卜书

分成5格，总计16行，有插图。

参 Reck & Sundermann，1997，7-29 + 图。

Mainz 557（T III M 206）+ Mainz 550 回鹘语《金光明最胜王经》卷二

残片2叶，11.4×11.3cm，17.3×11.2cm。双面书写，正面6行，背面2行，计8行。木头沟遗址出土。

参 Kaya 1994，116；Raschmann 1998，301；Raschmann 2000，161-162，No. 134，图50。

Mainz 558（T Ⅱ M 12-831） 回鹘语《慈悲道场忏法》

2 叶残片，缀合后的尺寸是 29.5×10.9cm。双面书写，各 6 行。木头沟遗址出土。

参 Warnke 1978，82-83；Elverskog 1997，87-88；Wilkens 2003b，94-95。

Mainz 559（T Ⅲ 234） 回鹘语《金光明最胜王经》卷四

9.4×9.3cm。双面书写，各 5、6 行。

参 Ehlers 1987，64。

Mainz 560（T Ⅱ M 12） 回鹘语《金光明最胜王经》卷四

11.5×11.8cm。双面书写，各 6 行。木头沟遗址出土。

参 Ehlers 1987，80-81。

Mainz 561（T Ⅱ S 32a） 回鹘语《金光明最胜王经》卷一

与 Mainz 276 可以缀合，参看该号。胜金口遗址出土。

Mainz 562（T Ⅱ S 2 B） 回鹘语《金光明最胜王经》卷二

残片 1 叶，8.3×10.5cm。双面书写，各 6 行，计 12 行。胜金口遗址出土。

参 Ehlers 1987，49；BTT XXI，57-58，图 1-2。

Mainz 563（T Ⅱ 864） 回鹘语《金光明最胜王经》卷四

10.8×9.5cm。双面书写，各 6 行。

参 Ehlers 1987，63-64。

Mainz 564（T Ⅱ S 32a. 682） 回鹘语《慈悲道场忏法》

17.3×9.9cm。双面书写，各 6 行。胜金口遗址出土。

参 Wilkens 2003b，41。

Mainz 565（T Ⅱ 797） 回鹘语《金光明最胜王经》卷一

与 Mainz 575 可以缀合，参看该号。

Mainz 566（T Ⅲ 218） 回鹘语《金光明最胜王经》卷四

11×17.1cm。双面书写，各 6 行。

参 Ehlers 1987，66。

Mainz 567（T Ⅰ） 回鹘语《金光明最胜王经》卷二

11×16.4cm。双面书写，各 6 行。与 U 2598 等属同一写本。

参 Ehlers 1987，55。

Mainz 568a（T Ⅰ D） 回鹘语《金光明最胜王经》卷二

11.4×8.3cm。双面书写，各 6 行，计 10 行。与 U 2598 等属同一写本。高昌故城出土。

参 Ehlers 1987，52-53；BTT XXI，92-93，图 15-16。

Mainz 568b（T Ⅰ D） 回鹘语《金光明最胜王经》卷二

9.6×8.8cm。双面书写，各 5 行。与 U 2598 等属同一写本。高昌故城出土。

参 Ehlers 1987，51。

Mainz 569（T Ⅰ 597） 回鹘语《慈悲道场忏法》

18.9×10.3cm。双面书写，各 6 行。

参 Wilkens 2003b，152-153。

Mainz 570（T Ⅱ M 12-830）+ U 2733 回鹘语《慈悲道场忏法》

2 叶残片，缀合后的尺寸是 30. 1 ×10. 9cm。双面书写，各 6 行。木头沟遗址出土。

参 Warnke 1978，82；Elverskog 1997，87-88；Wilkens 2003b，93。

Mainz 571（T Ⅱ 822）　回鹘语《金光明最胜王经》卷四

11. 5 ×29cm。双面书写，各 6 行。

参 Ehlers 1987，94。

Mainz 574（T Ⅲ TV 57）　回鹘语《金光明最胜王经》卷八

10. 8 ×15. 2cm。双面书写，各 6 行。吐鲁番北山前坡地遗址出土。

参 Ehlers 1987，61-62。

Mainz 575（T Ⅱ M 12）+ Mainz 565　回鹘语《金光明最胜王经》卷一

拼合后尺寸为 9. 8 ×11. 3cm。双面书写，各 6 行，计 12 行。与 Mainz 585、Mainz 529a、Mainz 549 + U 3288 及 Mainz 590 属同一写本。木头沟遗址出土。

参 BTT XVIII，68，图 138-139；Elverskog 1997，65-69；Raschmann 2000，104-105，No. 061。

Mainz 576（T I）　粟特文回鹘语文献

13. 7 ×11. 8cm，刻本。

参 Maue 1996，200。

Mainz 577（T I ）　粟特文回鹘语文献

尺寸为 21. 8 ×12. 3cm，刻本。

参 Maue 1996，200。

Mainz 578（T Ⅲ x 527）　回鹘语《金光明最胜王经》卷三

16. 7 ×11. 5cm。双面书写，各 6 行，计 12 行。与 Mainz 551 + U 1761 + U 893 等属同一写本。

参 Zieme 1988c，460；Kaya 1994，133；Raschmann 2000，198-199，No. 178，图 76。

Mainz 579（T Ⅲ TV 49）　回鹘语《慈悲道场忏法》

写本残片 1 叶。吐鲁番北山前坡地遗址出土。

Mainz 581（T Ⅲ 218）　回鹘语《金光明最胜王经》卷四

11 ×17. 5cm。双面书写，各 6 行。

参 Ehlers 1987，66。

Mainz 582（T I D 93-508）　回鹘语《金光明最胜王经》卷三

10. 5 ×18cm。6 行。与 U 2365、U 2578 + U 2461、U 2263、U 2610 + U 2616 及 U 2355 属同一写本。高昌故城出土。

参 Ehlers 1987，57，图 2；BTT XIII，88。

Mainz 583（T Ⅱ M 841）　回鹘语《慈悲道场忏法》

7. 2 ×9cm。双面书写，各 6 行。木头沟遗址出土。

参 Wilkens 2003b，48。

Mainz 584（T Ⅱ M 12-12）　回鹘语《慈悲道场忏法》

21. 6 ×10. 8cm。双面书写，各 6 行。木头沟遗址出土。

参 Warnke 1978，81-82；Elverskog 1997，87-88；Wilkens 2003b，90。

Mainz 585（T III x 508） 回鹘语《金光明最胜王经》卷二

19.7×11.6cm。双面书写，各6行，计12行。与Mainz 575 + Mainz 565属同一写本。

参 Raschmann 2000，133-134，No. 098，图24；BTT XXI，101-102。

Mainz 586（T II M 12-524） 回鹘语《慈悲道场忏法》

16.5×10.4cm。双面书写，各6行。木头沟遗址出土。

参 Warnke 1978，53；Elverskog 1997，87-88；Wilkens 2003b，49。

Mainz 587（T I D 584） 回鹘语《慈悲道场忏法》

与Mainz 181可以缀合，参看该号。高昌故城出土。

Mainz 588（T II M 12-825） 回鹘语《慈悲道场忏法》

20×10.9cm。双面书写，各6行。木头沟遗址出土。

参 Wilkens 2003b，38-39。

Mainz 589（T II S 32） 回鹘语《金光明最胜王经》卷一〇

9.8×20.8cm。双面书写，各6行。胜金口遗址出土。

参 Ehlers 1987，98。

Mainz 590（T II M 12） 回鹘语《金光明最胜王经》卷二

15.9×9.1cm，双面书写，各6行，计12行。与Mainz 575 + Mainz 565属同一写本。木头沟遗址出土。

参 Raschmann 2000，152-153，No. 121，图42。

Mainz 591（T II M 12/T II M 17-500） 回鹘语《慈悲道场忏法》

18.1×10.4cm。双面书写，各6行。木头沟遗址出土。

参 Wilkens 2003b，91-92。

Mainz 592（T III 218） 回鹘语《金光明最胜王经》卷四

11.2×15.3cm。双面书写，各6行。与U 3166可以缀合，参看该号。

参 Ehlers 1987，67。

Mainz 593（T I 587） 回鹘语《金光明最胜王经》卷二

10.8×10.3cm。双面书写，各5行，计10行。与U 2598等属同一写本。

参 Zieme 1988c，460；Kaya 1994，115；Raschmann 2000，158，No. 129；图47。

Mainz 594（T I 586） 回鹘语《慈悲道场忏法》

10.4×10.2cm。双面书写，各6行。

参 Wilkens 2003b，163-164。

Mainz 595（T I 865）+ U 800 回鹘语《金光明最胜王经》卷四

尺寸分别为11.6×16.3cm，28×11.7cm。双面书写，缀合后正面背面各6行，计12行。

参 Ehlers 1987，49-50；Kaya 1994，193；Raschmann 2002，99-100，No. 314，图37。

Mainz 596（T II S 32a） 回鹘语《金光明最胜王经》卷四

10.5×15.5cm。双面书写，各6行。胜金口遗址出土。

参 Ehlers 1987，81-82。

Mainz 597（T II S 32）　回鹘语《金光明最胜王经》卷五

9.8×27.2cm。双面书写，各6行。胜金口遗址出土。

参 Ehlers 1987，86-87。

Mainz 598（T II S 32a.713）　回鹘语《慈悲道场忏法》

30.1×11.5cm。双面书写，各6行。胜金口遗址出土。

参 Wilkens 2003b，148-149，图6。

Mainz 599（T II S 32/522）　回鹘语《金光明最胜王经》卷二

17.5×30cm。双面书写，各6行，计12行。胜金口遗址出土。

参 Ehlers 1987，51-52；Raschmann 2000，图25；BTT XXI，99，图21-22。

Mainz 600（T II S 32a.719）　回鹘语《慈悲道场忏法》

26.1×10.5cm。双面书写，各6行。胜金口遗址出土。

参 Wilkens 2003b，73-74。

Mainz 601（T I α）　回鹘语《金光明最胜王经》卷二

10.5×28.5cm。双面书写，各6行，计12行。高昌故城α遗址出土。

参 Ehlers 1987，49；BTT XXI，65，图3-4。

Mainz 602（T II S 32）　回鹘语《金光明最胜王经》卷一〇

10×22cm。双面书写，各4、6行。与U 2874可以缀合，参看该号。胜金口遗址出土。

参 Ehlers 1987，112。

Mainz 603（Xanthippe）　回鹘语《慈悲道场忏法》

24.8×11.2cm。双面书写，各6行。

参 Wilkens 2003b，129-130，图3。

Mainz 604（T I）　回鹘语《金光明最胜王经》卷七

与U 906可以缀合，参看该号。

Mainz 605（T II S 32a.718）　回鹘语《金光明最胜王经》卷八

9.5×10.7cm。双面书写，各6行。胜金口遗址出土。

参 Raschmann 2005，106。

Mainz 605a（T II S 32a.718）+ U 2892　回鹘语《慈悲道场忏法》

2叶残片，尺寸分别是8.7×10.3cm，10.6×10.3cm。双面书写，各6行。胜金口遗址出土。

参 Wilkens 2003b，105-106。

Mainz 605c（T II S 32a.718）　回鹘语《慈悲道场忏法》

与Mainz 446可以缀合，参看该号。胜金口遗址出土。

Mainz 606（T II S 32.525）　回鹘语《慈悲道场忏法》

30.1×10.6cm。双面书写，各6行。胜金口遗址出土。

参 Wilkens 2003b，124。

Mainz 607（T III M 115）　回鹘语《金光明最胜王经》卷二

10.7×28.5cm。双面书写，各6行，计12行。与Mainz 252属同一写本。木头沟遗址出土。

参 Ehlers 1987，50；BTT XXI，85-86，图 11-12。

Mainz 609a（T I D 139） 回鹘语《增壹阿含经》

双面书写，各 6 行，计 12 行，中间夹有汉字。高昌故城出土。

参 Kudara & Zieme 1996，55-56，图 7-8；Elverskog 1997，23-24。

Mainz 609b（T I D 139） 回鹘语《增壹阿含经》

与 U 2068、U 1436、U 1420 可缀合，参看 U 2068 号。高昌故城出土。

Mainz 611（T III M 144-501） 回鹘语《慈悲道场忏法》

20.4×9.5cm。双面书写，各 6 行。木头沟遗址出土。

参 Wilkens 2003b，37，图 1。

Mainz 612a（T II S 33） 婆罗迷文回鹘语佛经

与 Mainz 201、Mainz 612b 可以缀合，参看 Mainz 201 号。

Mainz 612b（T II S 33） 婆罗迷文回鹘语佛经

与 Mainz 201、Mainz 612b 可以缀合，参看 Mainz 201 号。

Mainz 614（TM 309） 婆罗迷文梵语－回鹘语 **Varnārhavarna**

13 行。高昌故城出土。

参 TTT VIII，69-70；Maue 1996，75，图 51。

Mainz 615（T II S 67） 婆罗迷文回鹘语佛经

9.7×8.4cm，14 行。胜金口遗址出土。

参 Maue 1996，147-150，图 76-77。

Mainz 616r（T II S 20） 汉语《妙法莲华经》卷三

12.6×11cm，6 行。胜金口遗址出土。

Mainz 616v 婆罗迷文梵语－回鹘语《舍头谏譬喻》(**Śārdūlakarnāvadāna**)

6 行。

参 Maue 1996，76-80，图 55；Elverskog 1997，46。

Mainz 619a，br = Tu. 117（T II Y 59） 汉语《妙法莲华经》卷三

a 片 13.7×11.2cm，5 行。b 片 10.7×11cm，7 行。与 Mainz 58r 缀合，交河故城出土。

参 百济康义 1999，11。

Mainz 619 = Tu 107（T II Y 59） 吐蕃文回鹘语佛教文献

与 Mainz 58v 缀合，参看该号。

Mainz 620r = Tu. 117（T II S 19） 汉语《大般若波罗蜜多经》卷三八

12.6×10.3cm，6 行。胜金口遗址出土。

参 百济康义 1999，11。

Mainz 620v 婆罗迷文梵语－回鹘语《大觉本生》

与 Mainz 332 可以缀合，参看该号。

Mainz 621r（T II S 21） 汉语《妙法莲华经》卷三

10.1×16cm，9 行。胜金口遗址出土。

参 百济康义 1999，11。

Mainz 621v 婆罗迷文回鹘语佛教文献

10 行。

参 Maue 1996，155-156，图 79。

Mainz 622（TM 196）　汉语佛典残片

8.1×25cm，1 行。

参 百济康义 1999，11；Yaldiz & Zieme 2002，325-326，图 8。

Mainz 623r（T II S 26）　汉语《金刚般若波罗蜜经论》卷中

11.8×13.8cm，8 行。胜金口遗址出土。

参 百济康义 1999，11。

Mainz 623v　婆罗迷文梵语－回鹘语《阿毗达磨俱舍论》（世亲著）

12 行。

参 Maue 1996，71-73，图 42；Elverskog 1997，75。

Mainz 624（T I D）　粟特文汉语《金刚五礼》

与 Mainz 160 可以缀合，参看该号。高昌故城出土。

参 Gabain 1976b，69-77。

Mainz 626（T III M 145）　婆罗迷文回鹘语佛经

8.6×15.4cm。木头沟遗址出土。16 行。

参 TTT VIII，45-47，图 2；Maue 1996，134，图 69-70。

Mainz 627r（T II S 19b）＋Mainz 652　婆罗迷文梵语－回鹘语《狮子本生》

尺寸分别为 11.1×36cm，30.8×36cm，32 行。胜金口遗址出土。

参 Maue 1981，111-209；Maue 1996，86-114，图 58-61；Elverskog 1997，39。

Mainz 627v　粟特文汉语佛典

参 吉田丰 2004，16-17。

Mainz 628r（146）　汉语佛典残片

10×18.1cm，10 行。出土地不详。

参 百济康义 1999，11。

Mainz 628v　婆罗迷文回鹘语佛教文献

9 行。

参 Maue 1996，156-158，图 80。

Mainz 629（T II S 21）　婆罗迷文梵语－回鹘语《羯磨仪轨》（Karmavācanā）

10 行。胜金口遗址出土。

参 Maue & Röhrborn 1976，212；Maue & Röhrborn 1978，134-135；Maue 1996，1-2，图 62-63；Elverskog 1997，29。

Mainz 630（T I［D］α）　婆罗迷文回鹘语佛教文献

9.7×17.6cm，7 行。高昌故城 α 遗址出土。

参 Maue 1996，158-161，图 81。

Mainz 631（T II S 50）　婆罗迷文回鹘语佛经

9.9×11cm，15 行。胜金口遗址出土。

参 Maue 1996，144-147，图 74-75。

Mainz 632（T III 272）　婆罗迷文回鹘语《陀罗尼》

8×22.2cm，12 行。木头沟或高昌故城出土。

参 TTT VIII，61-62；Maue 1996，174，图 84-85。

Mainz 633（T III M 140） 婆罗迷文回鹘语《具注历日》（1277/1278 年）

小残片 2 块，可缀合，尺寸为 14.1×10.8cm。16 行。木头沟遗址出土。

参 TTT VIII，73-76；Bazin 1991，302-212；Maue 1996，188-189，图 91-92；巴赞 1998，404-418。

Mainz 634（T III D 318） 婆罗迷文梵语－回鹘语《法集要颂经》

与 Mainz 834、Mainz 132、Mainz 636、Mainz 833 可以缀合，参看 Mainz 834 号。高昌故城出土。

Mainz 635r（T III M 145 II） 汉语《妙法莲华经》卷七

11.8×16.2cm，9 行。木头沟遗址出土。

参 百济康义 1999，12。

Mainz 635v 婆罗迷文回鹘语佛经残片

9.7×8.4cm，13 行。

参 Maue 1996，150-154，图 78。

Mainz 636（T III D 318） 婆罗迷文梵语－回鹘语《法集要颂经》

与 Mainz 834、Mainz 132、Mainz 634、Mainz 833 可以缀合，参看 Mainz 834 号。高昌故城出土。

Mainz 637（无原编号） 吐蕃文回鹘语曼陀罗（?）

7×9.5cm，4 行。交河故城（?）出土。

参 BTT X，142-143，图 88；Maue 1996，218-219，图 106。

Mainz 638（T II S 19） 婆罗迷文回鹘语文献残片

10×7cm，14 行。胜金口遗址出土。

参 Maue 1996，190-191，图 95。

Mainz 639（无原编号） 婆罗迷文梵语粟特语双语《眼药方》

10×14.7cm。双面书写，各 7 行，梵文与粟特文隔行书写，均用婆罗迷字体抄写。

参 Maue & Sims-Williams 1991，486-495，图 I-II；陈明 2005a，147-148。

Mainz 640（T II S 19）＋MIK III 586 婆罗迷文梵语－回鹘语佛经 Ātānātika

尺寸分别为 11.5×23.5cm，5×7.5cm，8 行。胜金口遗址出土。

参 Maue 1985a，98-122；Maue 1996，67-68，图 34-36；Elverskog 1997，25。

Mainz 641（T III M 152） 婆罗迷文回鹘语《佛说天地八阳神咒经》

8.7×20.7cm。10 行。木头沟遗址出土

参 TTT VIII，71-72；Maue 1996，174，图 82-83；Elverskog 1997，95-97。

Mainz 642（T II S 59） 婆罗迷文梵语－回鹘语《中阿含经》

残片 2 叶，缀合后尺寸为 11.7×31cm。20 行。胜金口遗址出土。

参 TTT VIII，25-29；Maue 1985b，193-196；Maue 1996，67，图 32-33；Elverskog 1997，19。

Mainz 645（T III M 162） 婆罗迷文梵语－回鹘语《长阿含经》

12.4×12cm。18 行。木头沟遗址出土。

参 TTT VIII，53-54；Hartmann & Maue 1994，158-160；Maue 1996，65-67，图 30-31。

Mainz 646（T III M 162） 婆罗迷文回鹘语《长阿含经》

9×13. 3cm。18 行。木头沟遗址出土。

参 TTT VIII，50-51；Waldschmidt 1955，298；Maue 1996，65-67，图 27；Elverskog 1997，26。

Mainz 647（T II S 21（S 13）） 婆罗迷文回鹘语阿毗达磨文献

小残片 7 块，其中 a-e 可缀合，存文字 18 行，另外 2 片亦各存文字 18 行。

参 Maue 1996，175-185，图 82，86-87。

Mainz 648（[T II] S 19-1）+ MIK III 598a 婆罗迷文梵语 - 回鹘语《根本说一切有部毗奈耶分别》

小残片 5 块，尺寸分别为 4×3. 5cm，3. 4×4. 4cm，4×4. 5cm，3. 9×9. 2cm，2. 7×3. 8cm。21 行。胜金口遗址出土。

参 Maue 1996，18-41，图 2-3；Elverskog 1997，31。

Mainz 652（T II S 19b） 婆罗迷文梵语 - 回鹘语《狮子本生》

与 Mainz 627 可以缀合，参看该号。

Mainz 653 = MongHT 69

Mainz 654（T IIIM 200/T III M 197） 回鹘语《金光明最胜王经》卷三

刻本。60 行。木头沟遗址出土。

参 Bang & Gabain 1930，208-210；Arat 1965，177-183，487-489（图），No. 18；Tekin 1962，100-106；BTT XIII，91-100；Elverskog 1997，65-69；Raschmann 2005，281-283。

Mainz 656（T III M 56-6） 回鹘语《金光明最胜王经》卷一〇

47×21cm。双面书写，各 26 行。木头沟遗址出土。

参 Ehlers 1987，45。

Mainz 657（T III M 84-44） 回鹘语《五卷书》译本

残片 1 叶，写本，20. 5×5cm。双面书写，计 69 行。木头沟遗址出土。

参 Geissler & Zieme 1970，38-40，45-46，58-59，图 1-2；Clark 1997，137；Elverskog 1997，42-44；杨富学 2004，137-151。

Mainz 658（T III 84-56） 回鹘语《十业道譬喻鬘经》

卷子式，17×47. 8cm。双面书写，各 35 行，计 70 行。

参 Laut 1984，125-129，图 5-8；Ehlers 1987，115；Elverskog 1997，42-44。

Mainz 659（T III 84-2） 回鹘语《十业道譬喻鬘经》

51. 5×21cm。双面书写，各 37 行，计 74 行。

参 Ehlers 1987，125，图 15。

Mainz 660（T III 84-11） 回鹘语《十业道譬喻鬘经》

49×16. 9cm。双面书写，各 37 行，计 74 行。

参 Ehlers 1987，134，图 24。

Mainz 661（T III 84-83） 回鹘语《十业道譬喻鬘经》

51×21cm。双面书写，各38行，计76行。

参 Ehlers 1987，126，图16。

Mainz 663（T III 56.16） 回鹘语《维摩诘所说经》注

参 BTT XX，123。

Mainz 664（T II S 89） 回鹘语《金光明最胜王经》卷八

22.3×48.3cm。双面书写，各27、28行。胜金口遗址出土。

参 Raschmann 2005，92。

Mainz 665（T III M 56-11） 回鹘语《十业道譬喻鬘经》

51.5×20.5cm。双面书写，各37行，计74行。木头沟遗址出土。

参 Müller 1920，27-30；Finch 1993，37-116，189-197（图）；Ehlers 1987，120；Elverskog 1997，42-44。

Mainz 666（T III 84-4） 回鹘语《十业道譬喻鬘经》

52×20.5cm。双面书写，各33、32行，计65行。

参 Müller & Gabain 1931，710-712；Ehlers 1987，113-114；Elverskog 1997，42-44。

Mainz 667（T III 84-84） 回鹘语《金光明最胜王经》卷七

47×21cm。双面书写，各26行。

参 Müller 1908，10-35；Ehlers 1987，41-42，图1；Elverskog 1997，65-69。

Mainz 669（T III 84-38） 回鹘语《十业道譬喻鬘经》

52×20.7cm。双面书写，各37行，计74行。

参 Ehlers 1987，134-135，图25。

Mainz 670（T III 84-42） 回鹘语《十业道譬喻鬘经》

53×21cm。双面书写，各36行，计72行。

参 Müller 1908，38-45；Müller & Gabain 1931，680-682；Ehlers 1987，126-127；Elverskog 1997，42-44；杨富学2003，501-523；杨富学2004，91-115。

Mainz 671a（T III 84-4） 回鹘语《十业道譬喻鬘经》

51×19.8cm。双面书写，各35行，计70行。

参 Ehlers 1987，114，图10。

Mainz 671b（T III 84-61） 回鹘语《佛说圣妙吉祥真实名经》

2行。

参 BTT VIII，61；Zieme & Kara 1978，84。

Mainz 678（T III 84-66） 回鹘语《十业道譬喻鬘经》

卷子式写本1叶，20.6×51.7cm。双面书写，各35行，计70行。

参 Laut 1984，118-125，图1-4；Ehlers 1987，114-115；Elverskog 1997，42-44。

Mainz 679（T II S.83） 汉语《根本说一切有部苾刍尼毗奈耶》卷五

11.3×51.7cm，30行。胜金口遗址出土。

参 百济康义1999，12。

Mainz 680（T II S 52） + Mainz 681 + Mainz 683 婆罗迷文梵语－回鹘语《杂阿含经》

尺寸分别为 25×23.7cm，24.7×23.8cm，24.7×23.8cm，48 行。胜金口遗址出土。

参 TTT VIII，7-22；Waldschmidt 1955，2-14；Maue 1996，64-65，图 12-23；Elverskog 1997，21。

Mainz 681（T II S 52） 婆罗迷文梵语－回鹘语《杂阿含经》

与 Mainz 680、Mainz 683 缀合，参看 Mainz 680 号。

Mainz 682（T II S 19-2，T II S 20-3）＋MIK III 598b 婆罗迷文梵语－回鹘语《根本说一切有部毗奈耶分别》

小残片 7 块，尺寸分别为 14.2×3.8cm，12.8×3.8cm，14×3.8cm，29×3.8cm，1.5×3.8cm，0.8×1.3cm。36 行。胜金口遗址出土。

参 Maue 1994，216-217；Maue 1996，41-50，图 3-6；Elverskog 1997，31。

Mainz 683（T II S 52） 婆罗迷文梵语－回鹘语《杂阿含经》

与 Mainz 681、Mainz 683 缀合，参看 Mainz 680 号。

Mainz 684r（T III M 140） 汉语《小品般若波罗蜜经》卷一〇

16×6.5cm，23 行。

参 百济康义 1999，12。木头沟遗址出土。

Mainz 684v 婆罗迷文梵语－回鹘语《根本说一切有部毗奈耶分别》

卷子式，分为上下二栏，上栏书婆罗迷文，间书回鹘语，下栏书回鹘语。45 行。木头沟遗址出土。

参 Maue 1996，2-17，图 1；Elverskog 1997，32。

Mainz 690（T I D 6） 回鹘语《十业道譬喻鬘经》

56.8×22cm。双面书写，各 31 行，计 62 行。与 Mainz 697 等属同一写本。高昌故城出土。

参 Müller 1920，72-74；Ehlers 1987，137-138；Wilkens 2004，173。

Mainz 693（TM 206，D 187） 回鹘语出卖妇女契

茶褐色纸，62×24cm，方形墨印 5 枚，双面书写，正面 32 行，背面 2 行。

参 Radloff 1905，189-190；Le Coq 1918，458-460，图 4；Radloff 1928，21-23；Малов 1951，211-214；护雅夫 1961，2-4；Yamada 1967，89-92；山田信夫 1972a，197-201，图 2；Clark 1975，No. 52；阿布都克尤木、吐尔逊、伊斯拉菲尔 1984，357-359；袁丁 1987a，49-52；山田信夫 1993b，59-60；山田信夫 1993c，图 49-50，160；Raschmann 1995a，12，53，68，69，70，156-157；李经纬 1996a，3-6；耿世民 2006，122-124。

Mainz 694 ＝ MongHT 97

Mainz 695（T I D 9） 回鹘语《十业道譬喻鬘经》

59×22cm。双面书写，各 31 行，计 62 行。与 Mainz 697 等属同一写本。高昌故城出土。

参 Müller 1920，41-43；Ehlers 1987，141。

Mainz 696r（T II） 汉语《文殊师利所说摩诃般若波罗蜜经》卷下

23.7×57.4cm，33 行。

参 百济康义 1999，12。

Mainz 696v　回鹘语《医理精华》

参 Zieme 2006a，2。

Mainz 697（T I D 8）　回鹘语《十业道譬喻鬘经》

59×22cm。双面书写，各31行，计62行。与Mainz 698、Mainz 690及U 1199 + U 1016 + Mainz 27属同一写本。高昌故城出土。

参 Müller 1920，67-70；Ehlers 1987，137；Wilkens 2004，193。

Mainz 698（T I D 7）　回鹘语《十业道譬喻鬘经》

59×22cm。双面书写，各31行，计62行。与Mainz 697等属同一写本。高昌故城出土。

参 Müller 1920，70-72；Ehlers 1987，137；Wilkens 2004，193。

Mainz 700（T III M 194）　婆罗迷文回鹘语《陶工本生》

70行。木头沟遗址出土。

参 Ehlers 1982，175-185，177（图）；Elverskog 1997，40-41。

Mainz 708（T III M 194）　粟特文回鹘语文献

尺寸为21×58.8cm，刻本。

参 Maue 1996，200。

Mainz 709a（T III 32）+ Mainz 709b　回鹘语《佛教忏悔书》

2叶残片，尺寸分别是27.2×21.1cm，27.5×42.4cm。双面书写，前者正面17行，背面2行；后者正面28行，背面6行。

参 TTT IV，440-445，Text K；Wilkens 2003b，262-263。

Mainz 709b（T III 32，32）　回鹘语《佛教忏悔书》

与Mainz 709a可以缀合，参看该号。

Mainz 711a（T II Y 59）　汉语《大通方广忏悔灭罪庄严成佛经》卷下

10.1×9.8cm，4行。交河故城出土。

参 百济康义 1999，12。

Mainz 711b（T II Y 59）　汉语《大通方广忏悔灭罪庄严成佛经》卷下

28.7×58cm，33行。交河故城出土。

参 百济康义 1999，12。

Mainz 712r（T II Y 39）　汉语《金光明经》注疏

27×56cm，29行。交河故城出土。

Mainz 712v　吐蕃文回鹘语佛教文献

卷子式。18行。

参 Maue 1996，218-222，图107。

Mainz 713r（T II Y 58）　汉语《大般涅槃经》卷一〇

25.3×57.6cm，28行。交河故城出土。

参 百济康义 1999，12。

Mainz 713v　回鹘语《高昌伯克颂词》

残片2叶，尺寸分别为25.5×45.5cm，25.1×15.3cm。71行。交河故城出土。

参 Laut 1983b, 263-272; Zieme 1989b, 443-444; Laut & Zieme 1990, 15-36, 图 1-2; Maue 1996, 200。

Mainz 714（138）　汉语《妙法莲华经》卷七

19.4×64cm，33行。

参 百济康义 1999，12。

Mainz 716（T I D 4 & T I D 1）　回鹘语《十业道譬喻鬘经》

59×21.5cm。双面书写，各31行，计62行。与Mainz 697等属同一写本。高昌故城出土。

参 TTT X，63-124；Ehlers 1987，139-140。

Mainz 718r（TM 441）　汉语《般若灯论释》卷一五

27.7×59.2cm，33行。高昌故城出土。

Mainz 718v　婆罗迷文回鹘语佛教文献

卷子式。40行。

参 TTT VIII，30-37；Maue 1996，75-76，图52-54。

Mainz 719（无原编号）汉语《中阿含经》卷四二

29.5×60.2cm，30行。刻本。

参 百济康义 1999，12。

Mainz 720 ＝ MongHT 98

Mainz 721 ＝ MongHT 98

Mainz 722（T Ⅱ Y.1021）　汉语《大乘阿毗达磨杂集论》卷一三

25.1×75.6cm，57行。交河故城出土。

参 百济康义 1999，12。

Mainz 723（T Ⅱ D.85）　汉语《妙法莲华经》卷五

26.1×82.4cm，45行。高昌故城出土。

参 百济康义 1999，12。

Mainz 724r（T Ⅱ Y.15）　汉语《妙法莲华经》卷七

26×82.5cm，46行。交河故城出土。

参 百济康义 1999，12。

Mainz 724v　回鹘语《佛说七俱胝佛母准提大明陀罗尼经》

71行。

参 Raschmann 1995a，36，60，90，137；BTT XXIII，66-68，72-77，图39。

Mainz 726（T Ⅱ D.85）　汉语《大般涅槃经》卷一四

26.6×79.6cm，34行。高昌故城出土。

参 百济康义 1999，12。

Mainz 727r（T Ⅱ D 85）　汉语《佛名经》卷六

30×74.5cm，33行。高昌故城出土。

参 百济康义 1999，12。

Mainz 727v　回鹘语《佛说七俱胝佛母准提大明陀罗尼经》

42行。

参 Zieme 1984d，379；BTT XXIII，65-66，69-72，图 38。

Mainz 728（无原编号）　汉语《阿毗达摩俱舍论》卷六

13×79.6cm，33 行。

参 百济康义 1999，12。

Mainz 729 = MongHT 44

Mainz 730r（**T III M. 117**）　汉语《阿毗达摩藏显宗论》卷二六

28.8×69.5cm，34 行。刻本。木头沟遗址出土。

参 百济康义 1999，13。

Mainz 731（**T II Y 14，T II Y 18，T II D 296**）　回鹘语《梁朝傅大士颂金刚经并序》

交河故城、高昌故城出土。

参 BTT I，17；Elverskog 1997，101。

Mainz 732（**T II Y 21**）　回鹘语《妙法莲华经玄赞》

卷子式写本 1 叶，尺寸为 29×21.2cm。残片注明为“沙州纸”，133 行。交河故城出土。

参 TTT V，323-356 + 图；百济康义 1980，49-65 +4 图；百济康义 1983，187、197-204；Elverskog 1997，82-83。

Mainz 733（**T II Y 32 + T II Y 39 + T II Y 60**）　回鹘语《妙法莲华经·观世音菩萨普门品》

卷子式写本 3 叶，缀合后尺寸为 103×30.5cm，开首与中部保存较好，后部损毁严重。61 行。交河故城出土。

参 Tekin，1960；张铁山 1990，57-59；小田寿典 1991，2；Elverskog 1997，59-60。

Mainz 734-I（**T II Y 47**）**+ Mainz 734-II**　回鹘语《佛教忏悔书》

卷子式，30×95cm。双面书写，正面 77 行，背面 34 行。交河故城出土。

参 TTT IV，432，434-439；沈利元 1994，25-33；Wilkens 2003b，251-252。

Mainz 734-II（**T II Y 47**）　回鹘语《佛教忏悔书》

与 Mainz 734-I 可以缀合，参看该号。交河故城出土。

Mainz 734v（**T II Y 47**）　回鹘语《罗摩衍那》译本

卷子式写本残片 1 叶。34 行。

参 Zieme 1978a，23-32，图 1；杨富学 2004，126-130。

Mainz 735（**T II Y. 53**）　汉语《妙法莲华经》卷五

23.2×46.8cm，28 行。交河故城出土。

参 百济康义 1999，13。

Mainz 737（**T II Y 53a**）　汉语《妙法莲华经》卷六

23.4×47.1cm，28 行。交河故城出土。

参 百济康义 1999，13。

Mainz 738（**T II D 315**）　回鹘语《佛说胎解脱经》

原为一件写本，破为几段。共 203 行。高昌故城出土。

参 Arat 1965a，No. 22；BTT XXIII，105。

Mainz 740（无原编号）　汉语寿文

应为民国初年的文书。

参 Drège 1999，49-50；Nishiwaki 2001，140-141。

Mainz 741（T Ⅲ M 84-53）　回鹘语《十业道譬喻鬘经》

52×20.5cm。双面书写，各 37、38 行，计 75 行。木头沟遗址出土。

参 Müller 1920，37-40；Ehlers 1987，124；Elverskog 1997，42-44。

Mainz 742（无原编号）　回鹘语《十业道譬喻鬘经》

50×20cm。双面书写，各 36 行，计 72 行。

参 Ehlers 1987，120-121，图 13。

Mainz 743（T Ⅲ M 84-5）　回鹘语《十业道譬喻鬘经》

较完整写卷 1 叶。52×20.5cm。双面书写，各 37 行，计 74 行。木头沟遗址出土。

参 Müller 1920，34-37；Ehlers 1987，124；Elverskog 1997，42-44。

Mainz 744（T Ⅲ 84-28）　回鹘语《十业道譬喻鬘经》

51.5×20cm。双面书写，各 37 行，计 74 行。

参 Ehlers 1987，119，图 11。

Mainz 746（T Ⅲ 56-1）　回鹘语《金光明最胜王经》卷八

47×21cm。双面书写，各 27 行。

参 Tekin 1987，133-210，附图；Ehlers 1987，43-44；Elverskog 1997，65-69。

Mainz 748（T Ⅲ M 56-5）　回鹘语《金光明最胜王经》卷一〇

47×21cm。双面书写，各 26 行。木头沟遗址出土。

参 Ehlers 1987，45-46。

Mainz 749（T Ⅲ M 56-4）　回鹘语《金光明最胜王经》卷一〇

47×19cm。双面书写，各 26 行。木头沟遗址出土。

参 Ehlers 1987，46-47。

Mainz 750（T Ⅲ 84-3）　回鹘语《十业道譬喻鬘经》

52×20.5cm。双面书写，各 35、36 行，计 71 行。

参 Ehlers 1987，128-129，图 17。

Mainz 751（T Ⅲ 84-60）　回鹘语《十业道譬喻鬘经》

51.7×20.7cm。双面书写，各 37 行，计 74 行。

参 BTT VIII，59；Ehlers 1987，125，图 14。

Mainz 752（T Ⅲ 84-74）　回鹘语《佛说圣妙吉祥真实名经》

5 行。

参 BTT VIII，105。

Mainz 753（?）　婆罗迷文回鹘语《佛母大孔雀明王经》

残片 1 叶。双面书写，各 20 行。高昌故城出土。

参 Zieme 2005，153-157。

Mainz 755（T Ⅲ 84-85）　回鹘语《金光明最胜王经》卷七

47×21cm。双面书写，各 26 行。

参 Ehlers 1987，42。

Mainz 756（T Ⅲ B TV 51 + T Ⅲ 84-17）　回鹘语《十业道譬喻鬘经》

刻本1页，较完整，版口有回鹘语页码。20.3×52cm。双面书写，各33行，计66行。

参 Müller & Gabain 1931，704-706；Ehlers 1987，112；Elverskog 1997，42-44。

Mainz 760（T III 84-75） 回鹘语《十业道譬喻鬘经》

52×21cm。双面书写，各36行，计72行。

参 Ehlers 1987，131-132，图20。

Mainz 761（T III 56-19） 回鹘语《金光明最胜王经》卷八

47.5×21cm。双面书写，各27行。

参 Ehlers 1987，44。

Mainz 762（T III M 56-25） 回鹘语《金光明最胜王经》卷四

47×21cm。双面书写，各26行。木头沟遗址出土。

参 Ehlers 1987，35-36。

Mainz 763（T III M 56-23） 回鹘语《金光明最胜王经》卷一〇

47×21.5cm。双面书写，各26行。木头沟遗址出土。

参 Ehlers 1987，46。

Mainz 764（T III M 115） 粟特文回鹘语文献

残片4叶，尺寸分别为29.9×26cm，11.2×26cm，11.3×16.1cm，11.5×10.3cm，刻本。

参 Maue 1996，200。

Mainz 765（T II 1035） 汉语《中阿含经》卷一二

29.5×53cm，28行。刻本。

参 百济康义1999，13。

Mainz 766（T III 84-8） 回鹘语《十业道譬喻鬘经》

51×21cm。双面书写，各32、30行，计62行。

参 Ehlers 1987，136，图28。

Mainz 767（T III 84-55） 回鹘语《十业道譬喻鬘经》

52×20cm。双面书写，各35、34行，计69行。

参 Bang & Rachmati 1935，389-402；Ehlers 1987，115-116。

Mainz 768（T I D 2 & T I D 3） 回鹘语《十业道譬喻鬘经》

53×21.5cm。双面书写，各31行，计62行。高昌故城出土。

参 TTT X，187-248；Ehlers 1987，140。

Mainz 770（无原编号） 汉语《阿毗达摩俱舍释论》卷二三

12.9×47.1cm，26行。

参 百济康义1999，13。

Mainz 771（T III 56-6） 回鹘语《十业道譬喻鬘经》

52×20.5cm。双面书写，各37行，计74行。

参 TTT X，24-27；Ehlers 1987，123。

Mainz 772（T III 84-54） 回鹘语《十业道譬喻鬘经》

52×20.5cm。双面书写，各35行，计70行。

参 Bang & Rachmati 1935，389-402；Ehlers 1987，116。

Mainz 773（T I D 1） 回鹘语《十业道譬喻鬘经》

53×22cm。双面书写，各 29 行，计 58 行。高昌故城出土。

参 Müller 1920，25-27；Ehlers 1987，139。

Mainz 774r（T I D 200） 汉语《金光明最胜王经》卷五

25.7×47.7cm，27 行。高昌故城出土。

参 百济康义 1999，13。

Mainz 774v 回鹘语佛教文献

23 行。

参 Zieme 1981a，242。

Mainz 775（T III 84-46） 回鹘语《十业道譬喻鬘经》

残片 1 叶，36×21cm。双面书写，各 25 行，计 50 行。

参 Müller & Gabain 1931，686-688；Ehlers 1987，127-128；Elverskog 1997，42-44；杨富学 2003，501-523；杨富学 2004，91-115。

Mainz 776（T II S 89） 回鹘语《十业道譬喻鬘经》

45×19cm。双面书写，各 28 行，计 56 行。胜金口遗址出土。

参 Müller 1920，46-49；Ehlers 1987，151；Elverskog 1997，42-44。

Mainz 777（T II S 12） 回鹘语印度耍蛇咒语译本

保存完整，写卷 1 叶，上部有一绳孔。58 行。胜金口遗址出土。

参 Zieme 1984c，434-440，图 5-6。

Mainz 780（T II S） 回鹘语《金光明最胜王经》卷三

42.2×18.8cm。双面书写，各 30 行。胜金口遗址出土。

参 Ehlers 1987，32。

Mainz 784（T III 84-45） 回鹘语《十业道譬喻鬘经》

残片 1 叶，38.8×20.7cm。双面书写，各 25 行，计 50 行。

参 Müller & Gabain 1931，682-686；Ehlers 1987，127；Elverskog 1997，42-44；杨富学 2003，501-523；杨富学 2004，91-115。

Mainz 786（T III M 56-11） 回鹘语《金光明最胜王经》序

梵荚装册子式写卷 1 叶，20×46.6cm。双面书写，各 26 行，计 52 行。与 U 9026 等属同一写本木头沟遗址出土。

参 Tekin 1988，294，298-299；Ehlers 1990，5-12，图 1-2；BTT XIII，56，73；BTT XVIII，37-38，图 14-15；Elverskog 1997，65-69；Raschmann 2000，58，No. 004。

Mainz 788（T III M 84-47） 回鹘语《十业道譬喻鬘经》

中部有圆形绳孔，版口有回鹘语页码。40×20cm。双面书写，各 29 行，计 58 行。木头沟遗址出土。

参 Müller 1920，6-9；Ehlers 1987，121；Elverskog 1997，42-44。

Mainz 790（T III 84-26） 回鹘语《十业道譬喻鬘经》

35×20cm。双面书写，各 24、23 行，计 47 行。

参 Müller 1920，53-55；Ehlers 1987，117。

Mainz 792（T III 118） + U 3211a　回鹘语《金光明最胜王经》卷七

2 叶残片，尺寸分别是 35.2×20cm，15.3×20cm。双面书写，前者各 10、11 行，后者各 10 行。

参 Raschmann 2005，62-63。

Mainz 793（T III M 84-5）　回鹘语《十业道譬喻鬘经》

较完整写卷 1 叶。45×20cm。双面书写，各 26 行，计 52 行。木头沟遗址出土。

参 Müller 1920，88-9；Ehlers 1987，116-117；Elverskog 1997，42-44。

Mainz 794（T III 84-13）　回鹘语《十业道譬喻鬘经》

41×21cm。双面书写，各 25 行，计 50 行。

参 Müller 1908，36-37（图）；Ehlers 1987，135-136，图 27；Elverskog 1997，42-44。

Mainz 795（T III 84-35）　回鹘语《十业道譬喻鬘经》

45×19.2cm。双面书写，各 31 行，计 62 行。

参 Müller 1920，49；Ehlers 1987，131；Elverskog 1997，42-44。

Mainz 796（T III 84-40a）　回鹘语《十业道譬喻鬘经》

39×21cm。双面书写，各 29 行，计 58 行。

参 Müller & Gabain 1931，700-703；Ehlers 1987，129；Elverskog 1997，42-44。

Mainz 797（T II S 89-1）　回鹘语《十业道譬喻鬘经》

45×19cm。双面书写，各 28 行，计 56 行。胜金口遗址出土。

参 Müller 1920，81-83；Ehlers 1987，150；Elverskog 1997，42-44。

Mainz 800（T I α 1/2）　回鹘语《金光明最胜王经》卷四

与 Mainz 595 可以缀合，参看该号。

Mainz 801（T III M 230）　粟特文回鹘语文献

尺寸为 23×45cm，刻本。

参 Maue 1996，200。

Mainz 804（无原编号）　回鹘语佛教格言

参 BTT XIII，112-114，图 158。

Mainz 806（T II Y.49）　汉语《现在贤劫千佛名经》

29.8×40.4cm，24 行。交河故城出土。

参 百济康义 1999，13。

Mainz 807（T II S 89）　回鹘语《十业道譬喻鬘经》

上部有绳孔。43×19cm。双面书写，各 27 行，计 54 行。胜金口遗址出土。

参 Müller 1920，50-52；Ehlers 1987，152-153；Elverskog 1997，42-44。

Mainz 808（T II S 89）　回鹘语《十业道譬喻鬘经》

较完整写卷 1 叶，上部有绳孔。40×16.8cm。双面书写，各 26 行，计 52 行。胜金口遗址出土。

参 Müller 1920，76-78；Ehlers 1987，148；Elverskog 1997，42-44。

Mainz 809（T II S 89 l）　回鹘语《十业道譬喻鬘经》

较完整写卷 1 叶，上部有绳孔。43×19.5cm。双面书写，各 28、27 行，计 55 行。

胜金口遗址出土。

参 Müller 1920，79-81；Ehlers 1987，149；Elverskog 1997，42-44。

Mainz 810（无原编号）　回鹘语《十业道譬喻鬘经》

2 叶残片，上下可以缀合，缀合后尺寸为 17.5×20.5cm。双面书写，各 24 行，计 48 行。

参 Ehlers 1987，142，图 31。

Mainz 811（T II Y 60-t）　回鹘语《十业道譬喻鬘经》

残片 1 叶，42×19cm。双面书写，各 26 行，计 52 行。交河故城出土。

参 Müller & Gabain 1931，688-691；Ehlers 1987，154-155；Elverskog 1997，42-44；杨富学 2003，501-523；杨富学 2004，91-115。

Mainz 812（T II Y 59/2）　汉语《佛名经》卷一〇

29.5×42.1cm，19 行。交河故城出土。

参 百济康义 1999，13。

Mainz 813r（T III，TV 68）　汉语《大宝积经》卷一〇二

14.3×45.1cm，25 行。吐鲁番北山前坡地出土。

参 百济康义 1999，13。

Mainz 813v　回鹘语《弥勒颂》

草体，41 行。

参 Zieme 1994a，219-230＋图；Maue 1996，200；Zieme 1997c，47。

Mainz 814（无原编号）　回鹘语《十业道譬喻鬘经》

44×16.5cm。双面书写，各 24 行，计 48 行。

参 Ehlers 1987，138，图 29。

Mainz 815（T III 84-58）　回鹘语《十业道譬喻鬘经》

51×21cm。双面书写，各 36 行，计 72 行。

参 TTT X，30-34；Ehlers 1987，128。

Mainz 816（T III M 195）　回鹘语《金光明最胜王经》卷三

3 叶残片，缀合后尺寸是 26.8×32.1cm。刻本，双面书写，各 5 行。木头沟遗址出土。

参 Arat 1965，486；Raschmann 2005，278-279。

Mainz 817（T II S）　回鹘语《金光明最胜王经》卷八

23×22.5cm。双面书写，各 12、11 行。胜金口遗址出土。

参 Ehlers 1987，42-43。

Mainz 817a（T II S）＋U 1805＋U 2013　回鹘语《金光明最胜王经》卷八

3 叶残片，尺寸分别是 817a＋U 1805 为 22.5×40.2cm，19.2×12cm。双面书写，前者各 23 行，后者各 4 行。胜金口遗址出土。

参 Raschmann 2005，87-88。

Mainz 817b（T II S 32a）　回鹘语《金光明最胜王经》卷八

与 U 1855 可以缀合，参看该号。胜金口遗址出土。

Mainz 818（T III M 84-67）　回鹘语《十业道譬喻鬘经》

36×20.7cm。双面书写，各26行，计52行。木头沟遗址出土。

参 Müller 1920，15-17；Ehlers 1987，122；Elverskog 1997，42-44。

Mainz 820（T I D 4）+ Mainz 839 + Mainz 850 + Mainz 852　回鹘语《唯识三十论颂疏》（世亲著）

小残片62块，现有4个编号，计本号及Mainz 839、Mainz 850、Mainz 852，可缀合。估计原应为64×24cm。各编号现存行数分别为：Mainz 820，32行；Mainz 839，31行；Mainz 850，30行；Mainz 852，30行。高昌故城出土。

参 Scharlipp 1986，122-133+图；Elverskog 1997，84-85。

Mainz 828（TM 130）　婆罗迷文回鹘语《具注历日》

与Mainz 330同卷，参看该号。高昌故城出土

Mainz 829（T II γōgam M）　回鹘语《十业道譬喻鬘经》

28.5×19cm。双面书写，各18行，计36行。与U 1784、U 1690及U 1785 + U 1792属同一写本。木头沟遗址出土。

参 Müller 1920，62-63；Ehlers 1987，152；Elverskog 1997，42-44；Wilkens 2004，174。

Mainz 832（T I α 3）　回鹘语《阿烂弥王本生故事》

30.1×15.5cm。双面书写，各9行。高昌故城α遗址出土。

参 Wilkens 2003b，295。

Mainz 833（T III D 319）　婆罗迷文梵语－回鹘语《法集要颂经》

与Mainz 834、Mainz 132、Mainz 634、Mainz 636可以缀合，参看Mainz 834号。高昌故城出土。

Mainz 834（T III D 319）+ Mainz 132 + Mainz 636 + Mainz 634 + Mainz 833　婆罗迷文梵语－回鹘语《法集要颂经》

缀合后尺寸为12.5×40.2cm，高昌故城出土。

参 TTT VIII，38-44；Maue 1996，74-75，图44-50；Elverskog 1997，28。

Mainz 835（T III M 140）　婆罗迷文回鹘语《圣般若波罗蜜多经注》

10行。木头沟遗址出土。

参 TTT VIII，54-56；Maue 1996，70，图41。

Mainz 836（M 146）　婆罗迷文梵语－回鹘语《长阿含经》

15×14.6cm，18行。

参 TTT VIII，52-53；Waldschmidt 1955，298；Maue 1996，65-67，图28-29；Elverskog，J. 1997，17。

Mainz 837（T III M 162）　婆罗迷文梵语－回鹘语《长阿含经》

14.3×19.7cm，18行。木头沟遗址出土。

参 TTT VIII，48-50，图25-26；Waldschmidt 1955，298；Maue 1996，65-67，图25-26；Elverskog，J. 1997，17。

Mainz 839（T I D 2）　回鹘语《唯识三十论颂疏》（世亲著）

与Mainz 820、Mainz 850、Mainz 852可以缀合，参看Mainz 820号。高昌故城出土。

Mainz 843（T III M 168d）　回鹘语《金光明最胜王经》卷一〇

23×19.5cm。双面书写，各14行。木头沟遗址出土。

参 Ehlers 1987，44-45。

Mainz 846（T II D 85）　回鹘语《金光明最胜王经》卷八

22.6×29cm。双面书写，各16行。高昌故城出土。

参 Raschmann 2005，138-139。

Mainz 849（T III 84-50）　回鹘语《十业道譬喻鬘经》

28×20.5cm。双面书写，各21行，计42行。

参 Ehlers 1987，130，图19。

Mainz 850（T I D 1）　回鹘语《唯识三十论颂疏》（世亲著）

与Mainz 820、Mainz 839、Mainz 852可以缀合，参看Mainz 820号。高昌故城出土。

Mainz 851a（T II S 32a）　回鹘语《维摩诘所说经》卷中

双面书写，正面9行，背面8行，计17行。与U 1790等属同一写本。胜金口遗址出土。

参 BTT XX，41-42，100，图37-38。

Mainz 851b（T II S 32a）　回鹘语《维摩诘所说经》卷上

双面书写，正面10行，背面11行，计21行。与U 1790等属同一写本。胜金口遗址出土。

参 BTT XX，42，90-92，图39-40。

Mainz 852（T I D 3）　回鹘语《唯识三十论颂疏》（世亲著）

与Mainz 820、Mainz 839、Mainz 850可以缀合，参看Mainz 820号。高昌故城出土。

Mainz 855（T III 84）　回鹘语《十业道譬喻鬘经》

22×20.5cm。双面书写，各12、11行，计23行。

参 Ehlers 1987，135，图26。

Mainz 857（无原编号）　汉语《摩诃般若波罗蜜经》卷二二

14.2×28.2cm，15行。

参 百济康义 1999，13。

Mainz 858（T III M 144）　回鹘语术语手册

20.2×22.7cm，28行。木头沟遗址出土。

参 BTT XIII，70；Zieme 1987b，267-275+图。

Mainz 863（T III 56-47）　回鹘语《金光明最胜王经》卷四

28.5×21.3cm。双面书写，各17行。

参 Ehlers 1987，32-33。

Mainz 864（无原编号）　回鹘语《十业道譬喻鬘经》

3块小残片，原为一片。尺寸（A）21.5×16cm，（B）22×21.5cm，（C）17.5×21cm。（A）（B）上下缀合，双面书写，各26行，计52行。（C）12行，为写经题记，背面无字。

参 Ehlers 1987，145-146，图39；Zieme1992c，22；杨富学 2004，88-89。

Mainz 865 = MongHT 70

Mainz 866 = MongHT 68

Mainz 867 = MongHT 72

Mainz 868 = MongHT 84

Mainz 869 = MongHT 75

Mainz 873（无原编号） 回鹘语《弥勒会见记》

参 Geng, Laut & Pinault 2004，29-94，图 9-10。

Mainz 889 回鹘语《弥勒会见记》

Mainz 892（无原编号） 回鹘文《十业道譬喻鬘经》

7 行。与 U 1784 等属同一写本。

Mainz 899 回鹘语《弥勒会见记》

Mainz 933 回鹘语《弥勒会见记》

Mainz 935 回鹘语《弥勒会见记》

Mainz 936 回鹘语《弥勒会见记》

Mainz 937 回鹘语《弥勒会见记》

Mainz 939 回鹘语《弥勒会见记》

Mainz 993 回鹘语《弥勒会见记》

Mainz 1011（无原编号） + U 1449 + U 1998 回鹘语《金光明最胜王经》卷二

双面书写，各 24 行。

参 Raschmann 2005，309-310。

Mainz 1013 回鹘语《弥勒会见记》

参 Geng, Laut & Pinault 2004，29-94，图 7-8。

Mainz 1061-1066 回鹘语《弥勒会见记》

参 Laut 1996a，24-36。

Mainz 1083（T II S 2 B－358） 回鹘语《弥勒会见记》

Laut 1996b，121-136。

Mainz 1094（无原编号） 回鹘语《弥勒会见记》

参 Geng, Laut & Pinault 2004，29-94，图 7-8。

Mainz 1097 回鹘语《弥勒会见记》

Mainz 1188（无原编号） 回鹘语《弥勒会见记》

参 Geng, Laut & Pinault 2004，29-94，图 9-10。

Mainz 1307（无原编号） 回鹘语《弥勒会见记》

参 Geng, Laut & Pinault 2004，29-94，图 9-10。

德国国家图书馆藏吐鲁番文献(Tu 与 Tib 编号部分)

Tu 1（T I B 5240） 藏语书信

9×15.2cm。7 行。柏孜克里克千佛洞出土（?）。

参 Francke 1928b，674；BTT X，55-57，图 4。

Tu 2（T III M 141） 藏语佛教符咒

3×17.6m。3 行。木头沟遗址（柏孜克里克千佛洞）出土。

参 Francke 1924a，19，图 2；BTT X，105-106，图 41。

Tu 3（T III M 156） 藏语佛经

8.5×8.5cm。双面书写，正面 17 行，背面 10 行，计 27 行。木头沟遗址出土。

参 BTT X，112-113，图 48。

Tu 4（T II D 43） 藏语大乘佛经

7.7×10cm。双面书写，正面 7 行，背面 9 行，计 16 行。高昌故城 V_1 遗址出土。

参 BTT X，115-116，图 52。

Tu 5（T III M 156） 藏语佛经

7.5×8.2cm。双面书写，正面 11 行，背面 10 行，计 21 行。木头沟遗址出土。

参 BTT X，113，图 48。

Tu 6（无原编号） 藏语佛经

5.5×15.5cm。双面书写，各 3 行，计 6 行。

参 BTT X，127，图 66。

Tu 7-1（无原编号） 藏语《千手千眼观世音菩萨广大圆满无碍大悲心陀罗尼经》

19.5×16.5cm。双面书写，各 12 行，计 24 行。

参 Hübotter，F. 1929，188-191；BTT X，74-77，图 14，图 15；Kara 2004，141-146。

Tu 7-2 + Tu 22（无原编号） 藏语佛经

7×15cm。5 行。

参 BTT X，134-135，图 76。

Tu 8（T I α） 藏语占卜文献

13.9×13.3cm。6 行。与 Tu 56 等属同一写本。高昌故城 α 遗址出土。

参 BTT X，89-90，图 22。

Tu 8v（T I α） 汉语《大般涅槃经》后分卷下

9 行，约 7 世纪中—8 世纪末。

参 KCBT II，73。

Tu 9（无原编号） 藏语佛经

10. 5×19. 5cm。双面书写，各5行，计10行。似与Tu 25属同一写本。

参 BTT X，82，图18。

Tu 10（T M 199）　藏语书信

9. 7×9cm。9行。高昌故城出土。

参 BTT X，61，图6。

Tu 11（T I TM 200）　藏语占卜文献

18×15cm。9行。与Tu 56等属同一写本。

参 Francke 1928a，110；BTT X，89，图21。

Tu 12（T I D 107）　藏语占卜文献

14. 4×21. 5cm。10行。与Tu 56等属同一写本。高昌故城出土。

参 Francke 1924a，9，图1；BTT X，88，图21。

Tu 14（T Ⅲ 16）　藏语书信

20. 6×28cm。14行。交河故城出土（?）。

参 Francke 1924a，14-18，图3；Francke 1925，198-199；BTT X，42-49，图1。

Tu 14v（T Ⅲ 16）　汉语《妙法莲华经》卷五

12行，约7世纪中—8世纪末。行间有习字。

参 KCBT I，94（编号作Tib Tu 14v）；Nishiwaki 2001，146-147。

Tu 15a（T Ⅱ T 9）　藏语佛教符咒

10×8. 2cm。7行。吐峪沟遗址出土。

参 Francke 1924a，19，图2；BTT X，104，图41。

Tu 15b（T Ⅱ β）　藏语佛教符咒

9. 3×9. 3cm。7行。

参 Francke 1924a，20；BTT X，104。

Tu 16（无原编号）+Tu 21 +Tu 69 +Tu 70a，b 藏语《佛说出生一切如来法眼遍照大力明王经》

由4片文书缀合而成，缀合后为9. 5×24cm。双面书写，各7行，计14行。

参 BTT X，125-127，图64，图65。

Tu 17（无原编号）+Tu 19 +Tu 58 +Tu 70c 藏语《佛说出生一切如来法眼遍照大力明王经》

由4片文书缀合而成，缀合后为9. 5×25cm。双面书写，各7行，计14行。

参 BTT X，123-125，图62，图63。

Tu 18（无原编号）　藏语佛经

6. 5×11cm。双面书写，各4行，计8行。

参 BTT X，117，图53。

Tu 19（无原编号）　藏语《佛说出生一切如来法眼遍照大力明王经》

与Tu 17等缀合，参该号。

Tu 20a，b（无原编号）　藏语佛经

文书2叶，尺寸分别为5. 5×7. 5cm和5. 5×8. 5cm。双面书写，分别各3行和4行，计14行。似与Tu 23属同一写本。

参 BTT X，117-118，图 54。

Tu 21（无原编号） 藏语《佛说出生一切如来法眼遍照大力明王经》

与 Tu 16 等缀合，参该号。

Tu 22（无原编号） 藏语佛经

与 Tu 7-2 可以缀合，参看该号。

Tu 23（无原编号） 藏语佛经

7.5×6.5cm。双面书写，各 5 行，计 10 行。似与 Tu 20a、b 属同一写本。

参 BTT X，117，图 53。

Tu 24（无原编号） 藏语佛经

10×11cm。4 行。

参 BTT X，135，图 77。

Tu 25（无原编号） 藏语佛经

10.6×20cm。双面书写，各 6 行，计 12 行。似与 Tu 9 属同一写本。

参 BTT X，83，图 19。

Tu 26（无原编号） 藏语大乘佛经

7.5×16cm。双面书写，各 5 行，计 10 行。

参 BTT X，114，图 49。

Tu 27（无原编号） 藏语佛经

8.5×11cm。双面书写，各 5 行，计 10 行。

参 BTT X，127-128，图 66。

Tu 30a，b（无原编号）藏语佛教涅槃经典

文书 2 叶，尺寸分别为 7.5×10cm 和 7.5×9.5cm，可大致缀合。双面书写，缀合后各 4 行，计 8 行。似与 Tu 23 属同一写本。

参 Francke 1924b，113-115；BTT X，118-119，图 55。

Tu 32（无原编号） 佛教符咒

7.4×21.5cm。双面书写，各 4 行，计 8 行。

参 BTT X，102-103，图 39。

Tu 33a，b（无原编号） 藏语佛经

文书 2 叶，尺寸分别为 6.5×6cm 和 6.5×8.5cm，可大致缀合。双面书写，缀合后各 4 行，计 8 行。

参 BTT X，134，图 75。

Tu 35（T II D 13） 佛教符咒

9.1×24.9cm。双面书写，每面 2 栏，每栏 6 行，计 24 行。高昌故城出土。

参 BTT X，101-102，图 38。

Tu 36a（T M 197） 藏语佛经

11×10.5cm。6 行。刻本，叶边有编号“日上三”。

参 BTT X，115，图 50。

Tu 36b（T M 197） 藏语佛经

5×5cm。双面书写，各 2 行，计 4 行。

参 BTT X，115，图 50。

Tu 37（T Ⅲ 16） 藏语佛教医药文献

10.2×12cm。6 行。刻本，叶边有编号“法上五十六”。交河故城出土。

参 Gabain 1967，33，图 13；BTT X，77-78，图 16。

Tu 38（T Ⅱ S） 藏语汉语佛教六字真言

9.5×24cm。藏语汉语各 1 行，计 2 行。汉语存 4 字“你八蔑烘”。胜金口遗址出土。

参 BTT X，106，图 41。

Tu 39（无原编号） 藏语佛经

10.5×15.5cm。双面书写，各 7 行，计 14 行。

参 BTT X，119-120，图 56。

Tu 41（T Ⅱ D 1） 藏语般若经典

9×8cm。以金、银粉隔行书写，双面书写，正面 4 行，背面 5 行，计 9 行。与 Tu 42a、b、c 和 Tu 43a-e 属同一写本。高昌故城 T_1 遗址出土。

参 BTT X，109-110，图 44。

Tu 42a（T Ⅱ 324） 藏语般若经典

6.3×7.3cm。以金、银粉隔行书写，双面书写，正面背面各 2 行，计 4 行。与 Tu 42b、c，Tu 41 和 Tu 43a-e 属同一写本。高昌故城 T_1 遗址出土。

参 BTT X，109-110，图 44。

Tu 42b（T Ⅱ 324） 藏语般若经典

6.5×5.7cm。以金、银粉隔行书写，双面书写，正面背面各 2 行，计 4 行。与 Tu 42a、c，Tu 41 和 Tu 43a-e 属同一写本。高昌故城 T_1 遗址出土。

参 BTT X，110，图 44。

Tu 42c（T Ⅱ D i） 藏语般若经典

2×2cm。以金、银粉隔行书写，双面书写，正面 2 行，背面 1 行，计 3 行。与 Tu 42a、b，Tu 41 和 Tu 43a-e 属同一写本。高昌故城 T_1 遗址出土。

参 BTT X，110，图 44。

Tu 43a（T Ⅱ D 1） 藏语般若经典

10.8×8.5cm。以金、银粉隔行书写，双面书写，正面背面各 6 行，计 12 行。与 Tu 41，Tu 42a、b、c 和 Tu 43 b-e 属同一写本。高昌故城 T_1 遗址出土。

参 BTT X，110-111，图 45。

Tu 43b（T Ⅱ D 1） 藏语般若经典

8.5×5.8cm。以金、银粉隔行书写，双面书写，正面 4 行，背面 5 行，计 9 行。与 Tu 41，Tu 42a、b、c 和 Tu 43 a、c-e 属同一写本。高昌故城 T_1 遗址出土。

参 BTT X，110-111，图 45。

Tu 43c（T Ⅱ D 1） 藏语般若经典

5×7cm。以金、银粉隔行书写，双面书写，正面背面各 3 行，计 6 行。与 Tu 41，Tu 42a、b、c 和 Tu 43 a、b、d、e 属同一写本。高昌故城 T_1 遗址出土。

参 BTT X，110-111，图 45。

Tu 43d（T II D 1）　藏语般若经典

3.3×5.7cm。以金粉书写，双面书写，正面背面各 1 行，计 2 行。与 Tu 41，Tu 42a、b、c 和 Tu 43 a-c、e 属同一写本。高昌故城 T_1 遗址出土。

参 BTT X，110-111，图 45。

Tu 43e（T II D 1）　藏语般若经典

5.3×3.5cm。以金粉书写，双面书写，正面背面各 1 行，计 2 行。与 Tu 41，Tu 42a、b、c 和 Tu 43a-d 属同一写本。高昌故城 T_1 遗址出土。

参 BTT X，110-111，图 45。

Tu 45a-f（T II T）　藏语佛教护身符

文书 6 叶，每叶 1 行。尺寸分别为：3×10cm，2.3×9.5cm，3.3×10.8cm，3×10cm，3×14cm 及 2.5×12.3cm。吐峪沟遗址出土。

参 BTT X，106-107，图 42。

Tu 47（T II T 7）　藏语故事

13×27cm。11 行。吐峪沟遗址出土。

参 Francke 1924a，18；BTT X，80-82，图 17。

Tu 47v　汉语《妙法莲华经》卷六

8 行，约 7 世纪中—8 世纪末。

参 KCBT II，55。

Tu 48a，b，c（T I）　藏语书信

3 块残片，属同一叶，尺寸分别为 18×10.3cm，9×9.7cm 及 4.1×7cm。双面书写，正面 12 行，背面 7 行，计 19 行。

参 BTT X，61-63，图 7。

Tu 50（T II Y）　藏语佛经

15.7×12.5cm。10 行。交河故城出土。

参 BTT X，115，图 51。

Tu 51（T M 198）　藏语佛教符咒

4.2×9.5cm。双面书写，正面 4 行，背面 3 行，计 7 行。

参 BTT X，103-104，图 40。

Tu 54a，b，c（T M 201）　藏语佛经

3 叶残片，尺寸分别为 3.5×3cm，4.3×4.5cm，3.3×6cm。双面书写，计 10 行。

参 BTT X，128-129，图 69。

Tu 55（T II T 16）　藏语占卜文献

7×6.6cm。5 行。与 Tu 56 等属同一写本。吐峪沟遗址出土。

参 Francke 1928a，111；BTT X，90，图 22。

Tu 56（T I D μ）　藏语占卜文献

20.8×26cm。9 行。与 Tu 8、Tu 11、Tu 12 及 Tu 55 均属同一写本。高昌故城 μ 遗址出土。

参 Francke 1928a，112；BTT X，86-88，图 20。

Tu 57（T I D（μ））　藏语书信

7.5×6.3cm。5行。高昌故城μ遗址出土。

参 BTT X，67，图11。

Tu 57v　唐西州籍（?）

参 Nishiwaki 2001，65。

Tu 58（无原编号）　藏语《佛说出生一切如来法眼遍照大力明王经》

与Tu 17等缀合，参该号。

Tu 58b（无原编号）　藏语佛经

4.9×4cm。双面书写，正面3行，背面4行，计7行。

参 BTT X，117，图53。

Tu 58c（无原编号）　藏语佛经

5×6.5cm。双面书写，各4行，计8行。

参 BTT X，116，图51。

Tu 58d-g（无原编号）　藏语文献

小残片4块。最大者2×4cm。文字已不可识。

参 BTT X，142，图86。

Tu 59（无原编号）　藏语书信

12.5×14cm。1行。

参 BTT X，67，图11。

Tu 60+Tu 77a，b（无原编号）　藏语佛经

文书2叶，尺寸分别为6.7×6.9cm和6.2×6.5cm。双面书写，分别各4行，计16行。

参 BTT X，120，图57。

Tu 60a（无原编号）　藏语佛经

7×9cm。双面书写，正面5行，背面2行，计7行。

参 BTT X，136，图78。

Tu 61（T III M 138）　藏语佛经

6.5×4.5cm。6行。木头沟遗址出土。

参 BTT X，129，图69。

Tu 62（T III 297）　藏语佛经

8×11.2cm。双面书写，正面8行，背面6行，计14行。吐峪沟遗址出土。

参 BTT X，132，图74。

Tu 63（T III M 156）　藏语医药文献

8.7×8.2cm。双面书写，正面8行，背面12行，计20行。木头沟遗址出土。

参 BTT X，77，图16。

Tu 64（T III M 156）　藏语占卜文献

6.7×8cm。双面书写，正面10行，背面9行，计19行。木头沟遗址出土

参 BTT X，90-91，图23。

Tu 66（T II D）　藏语佛教符咒

5.5×8.5cm。6行。高昌故城出土。

参 BTT X，103，图 40。

Tu 67（T Ⅲ 323）　藏语佛经

8×11.2cm。双面书写，正面 6 行，背面 7 行，计 13 行。

参 BTT X，132-133，图 74。

Tu 68（T Ⅱ D 24）　藏语佛经

8×14.5cm。4 行。高昌故城出土。

参 BTT X，136，图 78。

Tu 69（无原编号）　藏语《佛说出生一切如来法眼遍照大力明王经》

与 Tu 16 等缀合，参该号。

Tu 70a，b（无原编号）　藏语《佛说出生一切如来法眼遍照大力明王经》

与 Tu 16 等缀合，参该号。

Tu 70c（无原编号）　藏语《佛说出生一切如来法眼遍照大力明王经》

与 Tu 17 等缀合，参该号。

Tu 70d（无原编号）　藏语文献

5.2×5.3cm。双面书写，正面 3 行，背面 2 行，计 5 行。

参 BTT X，140，图 84。

Tu 70e，f（无原编号）　藏语文献

6.5×4cm。双面书写，正面 2 行，背面 5 行，计 7 行。

参 BTT X，140，图 84。

Tu 71（T I）　藏语佛经

8.5×6cm。5 行。

参 BTT X，131，图 73。

Tu 73（T I α）　藏语文献

8×5cm。7 行。高昌故城 α 遗址出土。

参 BTT X，141，图 85。

Tu 74（T Ⅲ M 156）　藏语佛经

8.8×8.3cm。双面书写，正面 13 行，背面 12 行，计 25 行。木头沟遗址（柏孜克里克千佛洞）出土。

参 BTT X，133-134，图 75。

Tu 75（无原编号）　藏语文献

5.9×5.1cm。2 行，背面有回鹘文 5 行。

参 BTT X，141，图 85。

Tu 76（无原编号）　藏语佛经

7×7.2cm。双面书写，各 4 行，计 8 行。

参 BTT X，83-84，图 20。

Tu 77a，b（无原编号）　藏语佛经

与 Tu 60 可以缀合，参看该号。

Tu 78a，b（T Ⅱ D 160，T I α）　藏语佛经

文书 2 叶，尺寸分别为 5.5×11cm 和 1.8×4cm。可大致缀合。4 行。高昌故城出土。

参 BTT X，137，图 79。

Tu 79a-d（T I D） 藏语佛教护身符

文书 4 叶，每叶 1 行，尺寸分别为 2×8cm，2×6.8cm，1.8×7.7cm 及 2.8×10.3cm。高昌故城出土。

参 BTT X，106，图 42。

Tu 80（T II D 130） 藏语文献

5.7×11.6cm。双面书写，正面 8 行，背面 6 行，计 14 行。高昌故城出土。

参 BTT X，138，图 80。

Tu 81a，b（无原编号） 藏语佛经

文书 2 叶，尺寸分别为 6.2×6.5cm 和 5.7×6cm。双面书写，计 10 行。

参 BTT X，136，图 79。

Tu 82（T I D） 藏语佛经

6.5×12.3cm。双面书写，正面 2 行，背面 3 行，计 5 行。高昌故城出土。

参 BTT X，135，图 77。

Tu 84a-f（T II D） 藏语文献

小残片 6 块，最大者 7.5×2.5cm，最小者 1.7×2.4cm。文字已不可识。高昌故城出土。

参 BTT X，141-142，图 86。

Tu 88（T III M 25） 藏语佛教护身符

1 行。1.2×16cm。木头沟遗址出土。

参 BTT X，107，图 43。

Tu 89（T I α） 藏语文献

4.5×6cm。2 行。可与 Tib 105a 缀合。高昌故城 α 遗址出土。

参 BTT X，141，图 85。

Tu 90（无原编号） 藏语佛经

11.3×9.7cm。双面书写，正面 6 行，背面 1 行，计 7 行。

参 BTT X，123，图 61。

Tu 91（无原编号） 藏语大乘佛经

15×12cm。12 行。柏孜克里克千佛洞出土（?）。

参 BTT X，114，图 49。

Tu 91v（T III B 61） 汉语《妙法莲华经》卷四

7 行，约 7 世纪中—8 世纪末。

参 KCBT II，51。

Tu 92（T I D） 藏语佛经

7.4×8.4cm。双面书写，各 5 行，计 10 行。高昌故城出土。

参 BTT X，131，图 72。

Tu 93a，b，c（T II T） 藏语书信

3 块残片，属同一叶，残片 a，9.6×8.7cm，9 行；残片 b，7×8cm，5 行；残片

c，7.3×7cm，6行。吐峪沟遗址出土。

参 BTT X，72，图12。

Tu 93v　汉语《妙法莲华经》卷三

4行，约7世纪中—8世纪末。

参 KCBT II，46。

Tu 94（无原编号）　藏语《能断金刚般若波罗蜜多经》类经典

文书2叶，尺寸分别为8×10.5cm，8.2×11cm。两页均双面书写，各5行，计20行。

参 Francke 1924b，115-117，图9；BTT X，111-112，图46。

Tu 95a，b（T I（17））　藏语书信

2叶残片，同属一叶，尺寸分别为9×15.5cm，4.8×4.3cm。大片存6行，小片存3行。

参 BTT X，66，图10。

Tu 96（T I D（15））　藏语书信

3×7.4cm。3行。高昌故城出土。

参 BTT X，66-67，图10。

Tu 97a，b（T I D）　藏语文献

残片2叶，尺寸分别为6.3×8.2cm，1.8×4.3cm。刻本，大片正面背面刻，各4行，计8行；小片存1行，共计9行。高昌故城出土。

参 BTT X，138-139，图81。

Tu 98a-i（T I D）　藏语佛教符咒

文书9叶，尺寸分别为：9×9.5cm，8.7×8.5cm，7.5×8.7cm，9.2×8.9cm，9.4×9.3cm，9.9×8.9cm，10.1×8.6cm，10.1×8.5cm及9.6×10cm，与Tu 15a、b系同版印制。高昌故城出土。

参 BTT X，104。

Tib 100a，b（T II T 17）　藏语文献

文书2叶，尺寸分别为8.5×12cm，10×18.7cm。各5行，计10行。吐峪沟遗址出土。

参 Francke 1927，124-130，图1；BTT X，143，图88。

Tib 100a，bv　汉语《妙法莲华经》卷七

每叶6行，均为9—10世纪写本。

参 KCBT II，59。

Tib 101（无原编号）　藏语佛教护身符

文书17叶，每叶1行，尺寸分别为：3.5×9cm，3.7×7cm，3.1×5.7cm，3×5.7cm，3.4×6.7cm，3.3×5.3cm，3.2×4.8cm，2.2×5.2cm，2×5.7cm，2.5×5.8cm，3×4cm，2.1×5cm，2.8×4.7cm，2.7×4.9cm，2.7×4.3cm，2.7×4.5cm及2.9×5.7cm。

参 BTT X，107，图43。

Tib 102（T III M 246）　藏语回鹘语双语文献

文书 2 叶，尺寸分别为 13×12.8cm 和 11.5×8cm。双面书写，共计 13 行。木头沟遗址出土。

参 BTT X，139，图 82、图 83。

Tib 103（T IV Chotan） 藏语文献

文书 5 叶，尺寸分别为：6.7×5cm，7×6cm，5×4.5cm，4.5×3.2cm 及 2.5×12.2cm。共计 19 行。和田出土。

参 BTT X，140，图 84。

Tib 104（无原编号） 藏语文献

3.8×12.5cm。2 行。

参 BTT X，140，图 85。

Tib 105a，b = I B 4953（无原编号） 藏语文献

残片 2 叶，尺寸分别为 2.8×2.8cm 及 3×1.5cm。a 叶可与 Tu 89 缀合。

参 BTT X，141，图 85。

Tib 106（T II D） 藏语佛经

8.5×6.3cm。8 行。高昌故城出土。

参 BTT X，136，图 79。

Tib 107（T II S 1-4） 藏语佛教护身符

文书 4 叶，每叶 1 行，尺寸分别为：3×12.5cm，2.9×15.5cm，2.8×10.2cm 及 3.5×12cm。胜金口遗址出土。

参 BTT X，107，图 43。

Tib 108（T II 1682） 藏语佛经

6×13cm。2 行。

参 BTT X，135，图 78。

Tib 109（T II 736） 藏语佛教护身符

7.8×3.7cm。有红色印花的护身符，内容已不可识。

参 BTT X，107，图 44。

Tib 110（T III T 443） 藏语文献

6.8×7.6cm。6 行。吐峪沟遗址出土。

参 BTT X，139，图 81。

Tib 111（T III 1187） 藏语文献

7.8×14.5cm。6 行。

参 BTT X，138，图 80。

Tib 112（T III 1187） 藏语文献

7.8×14.5cm。9 行。

参 BTT X，139，图 81。

Tib 113（T II 501） 藏语书信

8.5×11.7cm。2 行。

参 BTT X，67，图 11。

Tib 118a，b（T III M 638） 藏语佛教符咒

2 叶残片，同属一叶，尺寸分别为 4.5×5.4cm，3×7cm。各 2 行，计 4 行。木头沟遗址出土。

参 BTT X，103，图 40。

Tib 126（无原编号）　藏语文献

1.6×6.1cm。双面书写，各 1 行，计 2 行。

参 BTT X，142，图 86。

Tib 128（T II S 193?）　藏语书信

8×9.8cm。9 行。胜金口遗址出土。

参 BTT X，65-66，图 10。

Tib 129a-d（无原编号）　藏语佛经

文书 4 叶，尺寸分别为 2.2×8cm，6.8×7.2cm，4×4.4cm 和 6.3×7cm。两叶双面书写，其余单面书写，共计 16 行。

参 BTT X，128，图 68。

Tib 130a-d（无原编号）　藏语佛经

文书 5 叶，尺寸分别为 5.3×4.5cm，4.3×7cm，6.2×3.1cm，5.3×5cm 和 2.1×2.2cm。双面书写，共计 30 行。

参 BTT X，122，图 60。

Tib 142（无原编号）　藏语《能断金刚般若波罗蜜多经》类经典

文书 6 叶，尺寸分别为 13×15cm，2.6×2.7cm，3×5cm，4×2.8cm，3.6×3cm 及 2.6×3.7cm。最大一叶 9 行，其余均为小残片。

参 BTT X，112，图 47。

Tib 143（无原编号）　藏语佛经

文书两叶，尺寸分别为 3.5×5.9cm 和 4×4cm。双面书写，分别各 1 行，计 4 行。

参 BTT X，122，图 61。

Tib 144（无原编号）　藏语文献

小残片 24 块，最大者 2.5×4.5cm。文字已不可识。

参 BTT X，142，图 87。

Tib 145（无原编号）　藏语文献

小残片 9 块。文字已不可识。

参 BTT X，142，图 87。

Tib 146（无原编号）　藏语佛经

文书 3 叶，尺寸分别为 6.5×7.5cm，4.3×3.7cm 和 4×3cm。双面书写，共计 18 行。

参 BTT X，121，图 58。

Tib 147（无原编号）　藏语佛经

6.7×8.7cm。5 行。

参 BTT X，122，图 61。

Tib 148a，b（无原编号）　藏语佛经

文书 2 叶，尺寸分别为 3.9×9.3cm 和 6.5×6.7cm。双面书写，分别各 2 行，计

8行。

参 BTT X，118，图54。

Tib 149（无原编号）　藏语文献

小残片14块，最大者4×5.5cm。文字已不可识。

参 BTT X，142，图87。

Tib 150（无原编号）　藏语佛经

3×7.2cm。双面书写，各2行，计4行。

参 BTT X，121，图58。

Tib 151（无原编号）　藏语佛经

5.2×2.9cm。双面书写，各3行，计6行。

参 BTT X，129，图69。

Tib 153（无原编号）　藏语佛经

文书2叶，尺寸分别为5.9×5.8cm和2×2.7cm。较大片双面书写，正面4行，背面3行，计7行。另一片仅余残画。

参 BTT X，131，图73。

Tib 154（无原编号）　藏语佛经

文书3叶，尺寸分别为4×5.3cm，5.2×4cm和3×3.4cm。双面书写，共计15行。

参 BTT X，121，图59。

Tib 155（无原编号）　藏语佛经

文书7叶，尺寸最大者5.6×7.6cm。双面书写，各3行，计6行。其余均为小残片。

参 BTT X，128，图67。

附：已佚藏文文献：

T II D 19　藏语佛经

9×5.7cm。上图下文。5行。可与T II D 20缀合。高昌故城出土。

参 BTT X，135，图76。

T II D 20　藏语佛经

11×5.6cm。上图下文。4行。可与T II D 19缀合。高昌故城出土。

参 BTT X，135，图76。

T II T 9　藏语书信

10.3×25.6cm。6行。吐峪沟遗址出土。

参 Francke 1924a，12-14，图2；BTT X，50-51，图1。

T III Ili Köl　藏语佛经

10×25.5cm。双面书写，各5行，计10行。

参 Francke 1924b，110-113，图8；BTT X，129-130，图70，图71。

T III Ili Köl　藏语佛经

6.5×11.5cm。双面书写，正面3行，背面4行，计7行。

参 Francke 1924b，111-112，图9；BTT X，130-131，图72。

德国国家图书馆藏吐鲁番文献（MongHT 编号部分）

MongHT 1（T I D 155a） 回鹘文蒙古语《亚历山大传说》

约 15.3×18.2 cm，写本，正面 10 行，背面 12 行。约 13-14 世纪。高昌故城出土。

参 Poppe 1957，105-129；Haenisch 1959，39-46；Cleaves 1959，1-99，图 I-VIII；Damdinsürüng，1959，136-146；Ligeti 1963，112-122；Ligeti 1972a，197-207；Cerensodnom & Taube 1993，51-54。

MongHT 2（T I D 155b） 回鹘文蒙古语《亚历山大传说》

约 15.3×18.2 cm，写本，正面背面各 12 行。约 13-14 世纪。高昌故城出土。

参 Poppe 1957；Haenisch 1959；Cleaves 1959；Damdinsürüng，1959；Ligeti 1963；Ligeti 1972a；Cerensodnom & Taube 1993，55-56。

MongHT 3（T I D 155c） 回鹘文蒙古语《亚历山大传说》

约 15.3×18.2 cm，写本，正面 12 行，背面 13 行。约 13-14 世纪。高昌故城出土。

参 Poppe 1957；Haenisch 1959；Cleaves 1959；Damdinsürüng，1959；Ligeti 1963；Ligeti 1972a；Cerensodnom & Taube 1993，56-57。

MongHT 4（T I D 155d） 回鹘文蒙古语《亚历山大传说》

约 15.3×18.2 cm，写本，正面背面各 12 行。约 13-14 世纪。高昌故城出土。

参 Poppe 1957；Haenisch 1959；Cleaves 1959；Damdinsürüng，1959；Ligeti 1963；Ligeti 1972a；Cerensodnom & Taube 1993，57-58。

MongHT 5（T I D 155e） 回鹘文蒙古语《亚历山大传说》

约 15.3×18.2 cm，写本，正面背面各 12 行。约 13-14 世纪。高昌故城出土。

参 Poppe 1957；Haenisch 1959；Cleaves 1959；Damdinsürüng，1959；Ligeti 1963；Ligeti 1972a；Cerensodnom & Taube 1993，59-60。

MongHT 6（T I D 155f） 回鹘文蒙古语《亚历山大传说》

约 15.3×18.2 cm，写本，正面 12 行，背面 13 行。约 13-14 世纪。高昌故城出土。

参 Poppe 1957；Haenisch 1959；Cleaves 1959；Damdinsürüng，1959；Ligeti 1963；Ligeti 1972a；Cerensodnom & Taube 1993，60-61。

MongHT 7（T I D 155g） 回鹘文蒙古语《亚历山大传说》

约 15.3×18.2 cm，写本，正面 10 行，背面 12 行。约 13-14 世纪。高昌故城出土。

参 Poppe 1957；Haenisch 1959；Cleaves 1959；Damdinsürüng，1959；Ligeti 1963；Ligeti 1972a；Cerensodnom & Taube 1993，62-63。

MongHT 8（T III D 322） 八思巴文蒙古语西藏萨迦派喇嘛功嘉监藏（Kun-dga'-rgyal-mtshan）撰《萨迦格言》

约11.8×14.7 cm，刻本，8行。13世纪中叶到14世纪中叶。高昌故城出土。

参 Aalto 1955，279-290；Aalto 1959，1-20；Haenisch 1959，57（D 2）；Ligeti 1964，239-292；Ligeti 1972b，99-108；Cerensodnom & Taube 1993，66-67，图I。

MongHT 9（T III D 322） 八思巴文蒙古语《萨迦格言》

约28×21 cm，刻本，正面背面各20行。13世纪中叶到14世纪中叶。高昌故城出土。

参 Carter 1925，120；Aalto 1953/54，1-6；Haenisch 1959，55f（D1a，b）；Aalto 1959，1-20；Bosson 1961，85-102；Ligeti 1964，239-292；Ligeti 1972b，99-108；Cerensodnom & Taube 1993，67-74。

MongHT 10-21（T M 45 D 336） 回鹘文蒙古语搠思吉斡节儿（**Čosgi-odsir**）译《菩提行经》

刻本，共12叶，双面印刷，10叶完整，70.8/71.6×29.6 cm，2叶残半。22页每页各14行，2页每页各10行。1312年大都大圣寿万安寺出版。高昌故城出土。

参 Haenisch 1954，1-22，24 图；Cleaves 1954，1-129，图I-XXIV；Weller 1955；Damdinsürüng，1959，146-152；Ligeti 1963，25-43；Ligeti 1970，267-282；Ligeti 1972a，115-134；Taube 1984，327-339；Cerensodnom & Taube 1993，21，75-95；中村健太郎 2006，77-82。

MongHT 22（T II T 662） 回鹘文蒙古语《普贤菩萨行愿赞》

刻本，约8.9×12.7 cm，5行。13-14世纪。吐峪沟遗址出土。

参 Haenisch 1959，21（A 14）；Altangerel & Cerensodnom，1967，图18，38-42；Ligeti 1972a，148；Cerensodnom & Taube 1993，98，图III a。

MongHT 23（T II 607） 回鹘文蒙古语《普贤菩萨行愿赞》

刻本，约8.9×19.7 cm，5行。13-14世纪。

参 Cerensodnom 1975，图11，222-226；Kara 1979，182；Cerensodnom & Taube 1993，99，图II。

MongHT 24（T M 8） 回鹘文蒙古语《普贤菩萨行愿赞》

刻本，约8.6×12.8 cm，5行。13-14世纪。

参 Haenisch 1959，18（A 9）；Altangerel & Cerensodnom 1967，Fasc. 18，38-42；Ligeti 1963，141f；Ligeti 1972a，149；Cerensodnom & Taube 1993，100，图III b。

MongHT 25（TM 40） 回鹘文蒙古语《文殊所说最胜名义经》

刻本，共4叶，每页约9.1×17.9 cm，合计36×17.9 cm，每叶5行，共20行。13-14世纪。

参 Haenisch 1959，17（A 8）；Cerensodnom & Altangerel 1965，Fasc. 6，147-170；Weiers 1967a，329-352；Ligeti 1963，140f；Ligeti 1972a，141-143；Cerensodnom & Taube 1993，103-106，图IV。

MongHT 26（TM 38） 回鹘文蒙古语《般若波罗蜜多心经》

刻本，共5叶，每叶约7.0/7.3×10.9/11.1 cm，合计36×11.1 cm，每叶4行，共20行。13-14世纪。

参 Haenisch 1959，18（A 10）；Altangerel & Cerensodnom 1966，Fasc. 18，113-122；

Ligeti 1963，142f；Ligeti 1972a，146f；Cerensodnom & Taube 1993，107-108，图 V。

MongHT 27（无原编号） 回鹘文蒙古语《妙法莲华经》

写本，约 29.1×19.2cm，20 行。13-14 世纪。

参 Haenisch 1959，22（A 18）；Cerensodnom & Taube 1993，110-112，图 VI。

MongHT 28 ＝ Ch/U 7597v（T II 1654） 回鹘文蒙古语《妙法莲华经》

写本，约 21.9×15.2cm，5 行。13-14 世纪。

参 Ligeti 1971，153-155，162，图 3；Ligeti 1972a，177；Cerensodnom & Taube 1993，112-113，图 VII。

MongHT 29（TM 3 D 130） 回鹘文蒙古语搠思吉斡节儿《摩诃葛剌颂文》

刻本，共 4 叶，每叶约 10.7×22.5cm，合计 42.7×22.5cm。每叶 5 行，共 20 行。14 世纪初。高昌故城出土。

参 Haenisch 1959，11（A 3）；Cerensodnom 1963；Ligeti 1963，131f；Cerensodnom 1969b，129-135；Cerensodnom 1971，1-31；Ligeti 1972a，135-137；Franke 1981，11-26；Franke 1982，473；Cerensodnom & Taube 1993，115-117，图 VIII-IX。

MongHT 30（TM 6 D 130） 回鹘文蒙古语《摩诃葛剌颂文》

刻本，共 4 叶，每叶约 10.2×22.2cm，合计 40.8×22.2cm。每叶 5 行，共 20 行。14 世纪初。高昌故城出土。

参 Haenisch 1959，14（A 6a）；Cerensodnom 1963；Ligeti 1963，136-138；Cerensodnom 1969b；Cerensodnom 1971；Ligeti 1972a，137-139；Franke 1981；Franke 1982；Cerensodnom & Taube 1993，117-118，图 X-XI a。

MongHT 31（TM 6 D 130） 回鹘文蒙古语《摩诃葛剌颂文》

刻本，共 4 叶，每叶约 10.2×22.2cm，合计 41×22.2cm。每叶 5 行，共 20 行。14 世纪初。高昌故城出土。

参 Haenisch 1959，15（A 6a）；Cerensodnom 1963；Ligeti 1963；Cerensodnom 1969b；Cerensodnom 1971；Ligeti 1972a；Franke 1981；Franke 1982；Cerensodnom & Taube 1993，118-120，图 XI b-XII。

MongHT 32（TM 2 D 130） 回鹘文蒙古语《摩诃葛剌颂文》

刻本，2 叶均残，一叶约 10×21cm，4 行；另一叶约 10×20cm，5 行。14 世纪初。高昌故城出土。

参 Haenisch 1959，10（A 2）；Cerensodnom 1963；Ligeti 1963；Cerensodnom 1969b；Cerensodnom 1971；Ligeti 1972a；Franke 1981；Franke 1982；Cerensodnom & Taube 1993，120，图 XIII。

MongHT 33（TM 1 D 130） 回鹘文蒙古语般若学诗歌

刻本，共 4 叶，每叶约 10.5×22.2/22.7cm，合计 43.2×22.2/22.7cm。每叶 5 行，共 20 行。13-14 世纪。高昌故城出土。

参 Haenisch 1959，9（A 1）；Ligeti 1963，129f；Ligeti 1972a，144f；Cerensodnom 1981，333-335；Cerensodnom & Taube 1993，121-122，图 XIV。

MongHT 34（T I D 155h-i） 回鹘文蒙古语佛教布道诗

写本，15.3×18.2 cm，共 32 行。13-14 世纪。高昌故城出土。

参 Haenisch 1959，46f；Poppe 1959/1960，257-294；Ligeti 1963，123-128；Ligeti 1972a，153-158；Cerensodnom & Taube 1993，123-128。

MongHT 35（T I D 155i-k） 回鹘文蒙古语佛教布道诗

写本，15.3×18.2 cm，共20行。13-14世纪。高昌故城出土。

参 Haenisch 1959，47f；Poppe 1959/1960；Ligeti 1963；Ligeti 1972a；Cerensodnom & Taube 1993，128-131。

MongHT 36（T M 5 D 130） 回鹘文蒙古语诗歌（关于恶业）

刻本，共7叶，每叶约10.7×22.5cm，合计74.8×22.5cm。每叶5行，共35行。13-14世纪。高昌故城出土。

参 Haenisch 1959，13（A 5）；Ligeti 1963，133-135；Franke 1968b，37-44；Cerensodnom 1969a，39-51，Fasc. 3；Ligeti 1972a，150-152；Cerensodnom & Taube 1993，132-134，图 XV-XVI。

MongHT 37（TM 19） 回鹘文蒙古语诗歌（关于恶业）

刻本，1残叶，11×14.5cm，5行。13-14世纪。

参 Haenisch 1959，16（A 7 右侧）；Ligeti 1963，139；H. Franke 1968b，43；Ligeti 1972a，161f；Cerensodnom & Taube 1993，134-135，图 XVII a。

MongHT 38（T I 663） 回鹘文蒙古语诗歌（关于恶业）

刻本，1残叶，10.8×9.5cm，5行。13-14世纪。

参 Haenisch 1959，21（A 15）；Franke 1968b，43；Cerensodnom & Taube 1993，135，图 XVII b 左。

MongHT 39（TM 19） 回鹘文蒙古语诗歌（关于恶业）

刻本，1残叶，11×14.2cm，5行。13-14世纪。

参 Haenisch 1959，16（A 7 左侧）；Ligeti 1963，138；Franke 1968b，43；Ligeti 1972a，161；Cerensodnom & Taube 1993，135，图 XVII b 右。

MongHT 40 = U 5802（T III 218） 回鹘文蒙古语韵体诗（关于佛陀著述）

写本，约7.3×7.7cm，6行。与 MongHT 41 原为同一页，现断为两片。13-14世纪。

参 Kara 1979，图 5，Abb. 9，199f；Cerensodnom & Taube 1993，136，图 XVII c 左。

MongHT 41 = U 5802（T III 218） 回鹘文蒙古语韵体诗（关于佛陀著述）

写本，约5.4×5.2cm，4行。

参 Kara 1979，图 5，Abb. 9a，199f；Cerensodnom & Taube 1993，136，图 XVII c 右。13-14世纪。

MongHT 42（TM 4 D 130） 回鹘文蒙古语《菩提行概要》

刻本，2叶，一叶约10.2×21.1cm，另一叶约10.4×21.7cm，合计19.7×21.7cm。每页5行，共10行。约14世纪。高昌故城出土。

参 Haenisch 1959，12（A 4）；Ligeti 1963，133；Franke 1968b，40-43；Ligeti 1972a，159；Heissig 1976，252-261；Cerensodnom & Taube 1993，137-138，图 XVIII。

MongHT 43（T II D 159） 回鹘文蒙古语《地狱行记》

刻本，6 叶，首尾有残缺，37.4×13cm，29 行。约 13-14 世纪。高昌故城出土。

参 Haenisch 1959，19（A 11）；Ligeti 1963，144f；Altangerel & Cerensodnom 1968，fasc. 28，127-135；Ligeti 1972a，163f；Cerensodnom & Taube 1993，138-140，图 XIX。

MongHT 44 ＝ Mainz 729 回鹘文蒙古语韵体诗（关于善行）

刻本，共有 5 块残片，组成一部书的 8 叶，其中的 6 叶是相连的。大小和行数分别为 18.8×13.2cm，10 行；17.3×19.5cm，8 行；9.8×13.5cm，5 行；18×12.9cm，9 行；10×12.3cm，5 行。13-14 世纪。

参 Haenisch 1959，24（A 20）；Ligeti 1972a，181-183；Cerensodnom & Taube 1993，141-143，图 XX。

MongHT 45（T III 304 a） 回鹘文蒙古语佛经

刻本，17.1×11.6cm，7 行。13-14 世纪。

参 Haenisch 1959，21（A 16）；Ligeti 1972a，174；Cerensodnom & Taube 1993，144，图 XXI a。

MongHT 46（T III 304 b） 回鹘文蒙古语佛经

刻本，7.5×10.1cm，3 行。13-14 世纪。

参 Haenisch 1959，21（A 17）；Ligeti 1972a，174；Cerensodnom & Taube 1993，144，图 XXI b。

MongHT 47（T II D 524） 回鹘文蒙古语佛经

刻本，12.5×9.8cm，7 行。13-14 世纪。高昌故城出土。

参 Haenisch 1959，20（A 12）；Ligeti 1972a，179；Cerensodnom & Taube 1993，145，图 XXI c。

MongHT 48 ＝ U 6104（T I D） 回鹘文蒙古语佛经

写本，7.6×7.6cm，4 行。13-14 世纪。高昌故城出土。

参 Kara 1979，图 6，Abb. 10，200；Cerensodnom & Taube 1993，146，图 XXI d。

MongHT 49（T II D 31） 回鹘文蒙古语《具注历日》

刻本，20.9×9.3cm，25 行。13-14 世纪。高昌故城出土。

参 Haenisch 1959，49（C 2）；Ligeti 1963，39-41；Franke 1964a，图 I，Abb. 1，11-27；Ligeti 1972a，184-186；Cerensodnom & Taube 1993，148-149，图 XXII a；Bazin 1991，399-403；巴赞 1998，536-541。

MongHT 50（T II 159） 回鹘文蒙古语《具注历日》

刻本，13×7.5cm，11 行。13-14 世纪。

参 Haenisch 1959，49（C 3）；Ligeti 1963，41f；Franke 1964a，12、17、27f；Ligeti 1972a，187；Bazin 1991，399-403；Cerensodnom & Taube 1993，150，图 XXII b；巴赞 1998，536-541。

MongHT 51（T II M 166，502a） 回鹘文蒙古语《具注历日》

刻本，25.1×10.8cm，23 行。木头沟遗址出土。

参 Haenisch 1959，50（C 4a）；Ligeti 1963，42-44；Franke 1964a，图 II，Abb. 2、

12-35f；Franke 1964b，33-34；Ligeti 1972a，187-189；Kara 1979，188；Bazin 1991，399-403；Cerensodnom & Taube 1993，150-152，图 XXIII；巴赞 1998，536-541。

MongHT 52（T II M 166，502b）　回鹘文蒙古语《具注历日》

刻本，25.2×16.7cm，25 行。13-14 世纪。木头沟遗址出土。

参 Haenisch 1959，50（C 4b）；Ligeti 1963，44f；Franke 1964a，图 III，Abb. 3、13-30f；Ligeti 1972a，190f；Kara 1979，188f；Cerensodnom & Taube 1993，152-153，图 XXIV；巴赞 1998，536-541。

MongHT 53（T II M 166，502c）　回鹘文蒙古语《具注历日》

刻本，8.1×10.3cm，10 行。13-14 世纪。木头沟遗址出土。

参 Haenisch 1959，51（C 4c）；Ligeti 1963，46；Franke 1964a，图 IV，Abb. 4、14-31；Ligeti 1972a，192；Kara 1979，190；Bazin 1991，399-403；Cerensodnom & Taube 1993，154，图 XXV a；巴赞 1998，536-541。

MongHT 54（T III 230；U/M）　回鹘文蒙古语《具注历日》

刻本，17.5×16.5cm，14 行。13-14 世纪。

参 Kara 1979，图 II，Abb. 4，185f；Cerensodnom & Taube 1993，154-155，图 XXV b。

MongHT 55（T II M 166，502d）　回鹘文蒙古语《具注历日》

刻本，25.1×16.1cm，23 行。13-14 世纪。木头沟遗址出土。

参 Haenisch 1959，51（C 4d）；Ligeti 1963，46-48；Franke 1964a，图 V，Abb. 5，15-33；Ligeti 1972a，193-196；Kara 1979，190-192；Bazin 1991，399-403；Cerensodnom & Taube 1993，155-157，图 XXVI；巴赞 1998，536-541。

MongHT 56（T II M 166，502d 背面）　回鹘文蒙古语《具注历日》

刻本，25.1×10.8cm，26 行。13-14 世纪。木头沟遗址出土。

参 Ligeti 1963，48f；Ligeti 1972a，194f；Kara 1979，192f；Cerensodnom & Taube 1993，157-158。

MongHT 57（T I D）　回鹘文蒙古语《具注历日》

刻本，17.8×15cm，20 行。13-14 世纪。高昌故城出土。

参 Kara 1979，图 III，Abb. 5，186f；Cerensodnom & Taube 1993，158-160，图 XXVII。

MongHT 58（T III D 316）　回鹘文蒙古语《具注历日》

刻本，8.5×5.5cm，10 行。13-14 世纪。高昌故城出土。

参 Kara 1979，图 IV，Abb. 6，188；Cerensodnom & Taube 1993，160。

MongHT 59 = U 4153（T II D 28）　回鹘文蒙古语《具注历日》

刻本，6.2×2.9cm，5 行。13-14 世纪。高昌故城出土。

参 Kara 1979，图 II，Abb. 3，185；Cerensodnom & Taube 1993，161，图 XXVIII a。

MongHT 60 = U 4560（T II D 28）　回鹘文蒙古语《具注历日》

刻本，6.5×7.7cm，13 个词，不成行。13-14 世纪。高昌故城出土。

参 Kara 1979，图 I，Abb. 2（1），184；Cerensodnom & Taube 1993，161，图 XXVI-

II c。

MongHT 61 ＝ U 4151（T II D 28）　回鹘文蒙古语《具注历日》

刻本，5×7.7cm，10 个词，不成行。13-14 世纪。高昌故城出土。

参 Kara 1979，图 I，Abb. 2（2），184f；Cerensodnom & Taube 1993，161，图 XXVIII d。

MongHT 62 ＝ U 4154（T II D 28）　回鹘文蒙古语《具注历日》

刻本，5.5×7.7cm，9 个词，不成行。13-14 世纪。高昌故城出土。

参 Kara 1979，图 I，Abb. 1（2），183；Cerensodnom & Taube 1993，162，图 XXVIII e。

MongHT 63 ＝ U 4611（T II D 28）　回鹘文蒙古语《具注历日》

刻本，3.8×3.3cm，4 个词，不成行。13-14 世纪。高昌故城出土。

参 Kara 1979，图 I，Abb. 1（3），183；Cerensodnom & Taube 1993，162，图 XXVIII b。

MongHT 64 ＝ U 4156（T II D 28）　回鹘文蒙古语《具注历日》

刻本，2.8×7.9cm，5 个词，不成行。13-14 世纪。高昌故城出土。

参 Kara 1979，图 I，Abb. 1（1），182f；Cerensodnom & Taube 1993，162，图 XXVIII f。

MongHT 65 ＝ U 4534（T II D 28）　回鹘文蒙古语《具注历日》

刻本，2.9×7.6cm，5 个词，不成行。13-14 世纪。高昌故城出土。

参 Kara 1979，图 I，Abb. 1（4），184；Cerensodnom & Taube 1993，162，图 XXVIII g。

MongHT 66 ＝ U 4155（T II D 28）　回鹘文蒙古语《具注历日》

刻本，2.7×7.7cm，5 个词，不成行。13-14 世纪。高昌故城出十。

参 Kara 1979，图 I，Abb. 2（3），185；Cerensodnom & Taube 1993，163，图 XXVIII h。

MongHT 67 ＝ U 4152（T II D 28）　回鹘文蒙古语《具注历日》

刻本，2.7×7.6cm，5 个词，不成行。13-14 世纪。高昌故城出土。

参 Kara 1979，图 I，Abb. 2（4），185；Cerensodnom & Taube 1993，163，图 XXVIII i。

MongHT 68 ＝ Mainz 866（T M 79）　回鹘文蒙古语察合台汗国亦剌牙思火者汗（Ilasqoja）地产免税令

写本，约 17×26cm，20 行。1369 年。

参 Haenisch 1959，30（B 4）；Franke 1962，408f；Ligeti 1963，151f；Ligeti 1972a，216f；Franke 1975，64-71；Cerensodnom & Taube 1993，168-170，图 XXIX。

MongHT 69 ＝ Mainz 653（T M 92）　回鹘文蒙古语寺院免税令

写本，约 12.2×17.5cm，12 行。约 14 世纪。

参 Haenisch 1959，31（B 5）；Ligeti 1963，162f；Ligeti 1972a，218f；Franke 1976，29-33；Franke 1977，33-39；Cerensodnom & Taube 1993，170-172，图 XXX；松井太 2004c，15。

MongHT 70 = Mainz 865（T M 93） 回鹘文蒙古语察合台汗国秃黑鲁帖木儿汗（Tuγluγ temür）给三个村庄的免税令

写本，约 27.5×25cm，19 行。1352 年。

参 Haenisch 1959，32（B 6；B7）；Franke 1962，408；Ligeti 1963，158-160；Ligeti 1972a，220f；Cerensodnom & Taube 1993，173-175，图 XXXI-XXXII。

MongHT 71（T II D 224） 回鹘文蒙古语察合台汗国秃黑鲁帖木儿汗给水利设施监管官员任命书

写本，约 21.5×18.1cm，16 行。1348 年或 1360 年。高昌故城出土。

参 Ramstedt 1909，843-845，图 VI；Haenisch 1959，29（B 2）；Franke 1962，406-408；Ligeti 1963，157f；Ligeti 1972a，227f；Cerensodnom & Taube 1993，176-178，图 XXXIII。

MongHT 72 = Mainz 867（T M 94 D 135） 回鹘文蒙古语察合台汗国秃黑鲁帖木儿汗葡萄酒使者给驿文书

写本，约 21.5×18.1cm，16 行，有方形印 1 枚。1353 年。

参 Haenisch 1959，33（B 8）；Franke 1962，408；Ligeti 1963，160f；Weiers 1967b，34-40，53；Ligeti 1972a，210f；Cerensodnom & Taube 1993，178-179，图 XXXIV；党宝海 2004，19；党宝海 2006，345-346。

MongHT 73（TM 214） 回鹘文蒙古语察合台汗国葡萄酒税征收者给驿文书

写本，约 15.9×14.3cm，17 行，有五角形印 1 枚。约 14 世纪。

参 Haenisch 1959，36（B 14）；Ligeti 1963，153f；Franke 1968a，7-14；Ligeti 1972a，212f；Cerensodnom & Taube 1993，179-180，图 XXXV；党宝海 2004，19-20；党宝海 2006，346-347。

MongHT 74（T II D 203） 回鹘文蒙古语察合台汗国也孙帖木儿汗（Yisüntemür）葡萄酒税征收者给驿文书

写本，约 12.1×14.1cm，14 行，有朱、墨印 3 枚。1338 年。高昌故城出土。

参 Ramstedt 1909，841f；Haenisch 1959，29（B 1）；Franke 1962，405f；Ligeti 1963，150f；Weiers 1967b，16-33；Ligeti 1972a，208f；Cerensodnom & Taube 1993，181-182，图 XXXVI；党宝海 2004，19；党宝海 2006，345。

MongHT 75（T II D 306） 回鹘文蒙古语使者给驿文书

写本，约 15.5×16cm，10 行。14 世纪。高昌故城出土。

参 Ramstedt 1909，846-848；Haenisch 1959，30（B 3）；Ligeti 1963，155f；Weiers 1967b，41-46；Ligeti 1972a，214f；Cerensodnom & Taube 1993，182，图 XXXVII；党宝海 2004，20；党宝海 2006，347。

MongHT 76（T II D 197） 回鹘文蒙古语使者给驿文书

写本，约 13.4×15.7cm，10 行，有 4 枚印章。1326 年。高昌故城出土。

参 Ramstedt 1909，845f；Haenisch 1959，35（B 13）；Franke 1962，406；Ligeti 1963，161f；Ligeti 1972a，226；Cerensodnom & Taube 1993，183，图 XXXVIII；党宝海 2004，18-19；党宝海 2006，344-345。

MongHT 77 = Ch/U 7388（T III 436） 回鹘文蒙古语世俗文书

写本，约 13.1×10.8cm，6 行。约 14 世纪。

参 Cerensodnom & Taube 1993，184，图 XXXIX a；党宝海 2004，20；党宝海 2006，347。

MongHT 78 = Ch/U 7397（T II 1685） 回鹘文蒙古语世俗文书

写本，约 16.7×14.8cm，7 行。约 14 世纪。

参 Cerensodnom & Taube 1993，184，图 XXXIX b；党宝海 2004，20；党宝海 2006，347-348。

MongHT 79 = U 5981 回鹘文蒙古语世俗文书

写本，约 13.8×6.8cm，15 行。约 14 世纪。

参 Ligeti 1971，150-153，161 图 2；Cerensodnom & Taube 1993，185，图 XL a。

MongHT 80（T M 102C） 回鹘文蒙古语世俗文书

写本，约 13.2×25.6cm，6 行。约 14 世纪。

参 Franke 1970，142-147；Ligeti 1972a，237；Cerensodnom & Taube 1993，185，图 XL b。

MongHT 81（T M 6） 回鹘文蒙古语世俗文书

写本，写在 MongHT 31 的背面，18 行。

参 Cerensodnom & Taube 1993，186，图 XLI。

MongHT 82（T II D 33） 回鹘文蒙古语医药文献

写本，25×19.3cm，正面 19 行，背面 5 行。约 14 世纪。可与 MongHT 83 缀合。高昌故城出土。

参 Haenisch 1959，34（B 10，B 11）；Farquhar 1973，257f；Cerensodnom & Taube 1993，187-189，图 XLII-XLIII；Zieme 1999c，323-327，图 1。

MongHT 83（无原编号） 回鹘文蒙古语医药文献

写本，8.8×19.3cm，6 行。约 14 世纪。可与 MongHT 82 缀合。

参 Haenisch 1959，35（B 12）；Cerensodnom & Taube 1993，189，图 XLIV；Zieme 1999c，323-327，图 1。

MongHT 84 = Mainz 868（TM 72） 回鹘文蒙古语牲畜窃贼判决书

写本，约 18×12.6cm，14 行。约 14 世纪。

参 Haenisch 1959，33（B 9）；Ligeti 1963，154f；Ligeti 1972a，224f；Cerensodnom & Taube 1993，190，图 XLV。

MongHT 85（T I D 581） 回鹘文蒙古语守门官员任命书

写本，约 12.2×11.4cm，7 行。约 14 世纪。高昌故城出土。

参 Haenisch 1959，20（A 13）；Cerensodnom & Taube 1993，191，图 XLVI。

MongHT 86 = U 5361（T I） 回鹘文蒙古语守门官员任命书

写本，约 12.2×11.4cm，7 行。约 14 世纪。

参 Ligeti 1971，139-150，160 图 1；Cerensodnom & Taube 1993，191，图 XLVI。

MongHT 87 = U 5886（T III M 229.3） 回鹘文佛经后的蒙文题记

写本，约 7.3×14cm，5 行。木头沟遗址出土。

参 Kara 1979，图 V，Abb. 8，199；Cerensodnom & Taube 1993，193，图 XLVII a。

MongHT 88 = U 4018a（T I μ） **回鹘文蒙古语佛经题记**

刻本，约9.9×7.4cm，6行。高昌故城μ遗址出土。

参 Ligeti 1971，155，163，图4；Ligeti 1972a，178；Cerensodnom & Taube 1993，193，图 XLVII b。

MongHT 89 = U 6103（T I TM 287） **回鹘文蒙古语训诫之书**

写本，约7.5×8.7cm，7行。

参 Kara 1979，200，图 VI，Abb. 11；Cerensodnom & Taube 1993，194，图 XLVII c。

MongHT 90/1 = U 4545（T I D 581） **回鹘文蒙古语文献**

6.6×5.1cm，4行。高昌故城出土。

参 Cerensodnom & Taube 1993，194，图 XLVIII。

MongHT 90/2 = U 4564（T I D 581） **回鹘文蒙古语文献**

5.2×2.9cm，3行。高昌故城出土。

参 Cerensodnom & Taube 1993，194，图 XLVIII。

MongHT 90/3 = U 4581（T I D 581） **回鹘文蒙古语文献**

5.9×4.3cm，4行。高昌故城出土。

参 Cerensodnom & Taube 1993，194，图 XLVIII。

MongHT 90/4 = U 6368（T I D 581） **回鹘文蒙古语文献**

2.5×2.4cm，1行。高昌故城出土。

参 Cerensodnom & Taube 1993，194，图 XLVIII。

MongHT 90/5 = U 6369（T I D 581） **回鹘文蒙古语文献**

5.6×2 cm，3行。高昌故城出土。

参 Cerensodnom & Taube 1993，194，图 XLVIII。

MongHT91 = U 4332 **回鹘文蒙古语文献**

刻本，约12.8×13.2cm，6行。

参 Ligeti 1971，155-164，图5；Ligeti 1972a，176；Cerensodnom & Taube 1993，195，图 XLIX。

MongHT 92 = U 5476（T I u 511） **回鹘文蒙古语文献**

写本，约6.6×10cm，4行。

参 Cerensodnom & Taube 1993，195，图 L a。

MongHT 93（T III T 585） **回鹘文蒙古语文献**

写本，约8.5×7.1cm，4行。吐峪沟遗址出土。

参 Cerensodnom & Taube 1993，195，图 L b。

MongHT 94 = Mainz 164 **八思巴文蒙古语文献**

写本，约14×29.2cm，1行。约13世纪后期—14世纪中叶。

参 Haenisch 1959，59，D 8；Cerensodnom & Taube 1993，195，图 LI。

MongHT 95（T III T. V. 70，［T 111］T. V. 67） **八思巴文字母表**

写本2叶，前者约12×13.8cm，4行；后者约11.3×15.4cm，1行。约13世纪后期—14世纪中叶。

参 Haenisch 1959，58（D 5）；59（D 6）；Cerensodnom & Taube 1993，196，图 LII。

MongHT 96（T II S 15） 回鹘文蒙古语阿勒塔（Alta）书信

写本，约 23.7×20.9cm，12 行。不晚于 17 世纪。胜金口遗址出土。

参 Haenisch 1959，36（B 15）；Cerensodnom & Taube 1993，197，图 LIII。

MongHT 97 = Mainz 694（T I M I） 回鹘文蒙古语刻本样张

刻本，约 60×27.5cm，41 行。约 18-19 世纪。木头沟遗址出土。

参 Haenisch 1959，25f；Cerensodnom & Taube 1993，197，图 LIV。

MongHT 98 = Mainz 720，Mainz 721（T II 500，501） 回鹘文蒙古语《无畏授所问大乘经》

刻本，约 73.8×30cm，正面背面各 31 行。约 18-19 世纪。

参 Haenisch 1959，23（A 19）；Cerensodnom & Taube 1993，197，图 LV。

MongHT 99（无原编号） 回鹘文蒙古语《金光明经》

刻本，共 235 叶，每叶约 54.5×18.5cm，每叶 25 行。共分为 10 集。属于清代北京本蒙文甘珠儿经。约 18-19 世纪。

参 Cerensodnom & Taube 1993，198-199。

MongHT 100（T II D 422） 卡尔梅克体蒙古文《金光明经》

写本，约 34.2×13.2cm，正面背面各 30 行。约 17 世纪。高昌故城出土。

参 Poppe 1962，170-178；Cerensodnom & Taube 1993，199-201，图 LVI-LVII。

德国印度艺术博物馆藏吐鲁番文献（MIK III编号）

MIK III 1 纸画回鹘语题记

MIK III 2（T III M 128） 回鹘语《十王生七经》

正面为佛画，间有回鹘文字。木头沟遗址出土。

参 Gabain 1973，47-71，图 55；Gabain 1977，25-35；Elverskog 1997，103-104。

MIK III 3（T II S） 回鹘语《十王生七经》

正面为佛画，间有回鹘文字。胜金口遗址出土。

参 Gabain 1973，47-71 图 61；Gabain 1977，25-35；Elverskog 1997，103-104。

MIK III 4（T III M 180） 佛典扉画及回鹘语榜题、杂写

32×21cm。版刻回鹘佛教绘画，正面背面各有回鹘语榜题 4 行，画侧各有回鹘语杂写 3 行。木头沟遗址出土。

参 Sander 1991，图 2；Zieme 1996c，410，图 1-2；党宝海 1999，112。

MIK III 8（T III TV 67） 佛典扉画

24×26cm，有汉字题记 4 行。吐鲁番北山前坡地遗址出土。

MIK III 11（TM 52） 回鹘语《羚羊本生》

刻本残片 1 叶，有插图。7 行。

参 Zieme 1984b，157-170，图 8；BTT XIII，33，图 1；Elverskog 1997，36。

MIK III 12 回鹘语《十王生七经》

正面为佛画，间有回鹘文字。

参 Gabain 1973，47-71，图 71；Gabain 1977，25-35；Elverskog 1997，103-104。

MIK III 13r（T III Yarkhoto） 高昌回鹘供养人像回鹘语题记

交河故城出土。

参 Bhattacharya-Haesner 2003，343-344，No. 475；Moriyasu & Zieme 2003，463。

MIK III 13v 汉语佛典

共 4 块残片，a：18×12.7cm，正面 3 行，背面 10 行；b：15×14.3cm，正面 4 行，背面 11 行；c：5.5×5.9cm，正面 4 行，背面 4 行；d：3×3.3cm，正面 3 行，背面 2 行。作为废纸，糊于绢画供养人像背。楷书精写，有乌丝栏，为唐人写经。与 MIK III 6500 等似为同卷。

MIK III 15（T I α, TM 187） 西夏文佛典及版刻佛画残片

25.8×5.5cm。存 3 行，每行 19 字。刻本。13-14 世纪。高昌故城 α 遗址出土。

参 池田温 1991，No. 15（松泽博解说）。

MIK III 22（T I D） 回鹘语《羚羊本生》

刻本残片 1 块，内有插图。11 行。高昌故城出土。

参 Zieme 1984b，157-170，图 9；BTT XIII，33-34，图 3； Elverskog 1997，36。

MIK III 23 参见 MIK III 7624

MIK III 32 = So 18142 粟特语文献

MIK III 34b（T II T 20） 突厥卢尼文-摩尼文回鹘语摩尼教词汇对照表

6.8×10.3cm。卢尼文、摩尼文各 3 行，计 6 行。吐峪沟遗址出土。

参 Le Coq 1909b，1048-1052，图 IX；Härtel et al. 1986，394；Clark 1997，135；Wilkens 2000a，376-377，No.433。

MIK III 35a+b（T II D 135/TM 327） 突厥卢尼文中古波斯语与回鹘语摩尼教赞美诗

残片 2 叶，可拼合，面积 7.5×12cm。双面书写，正面 12 行及标题 1 行，背面 9 行及标题 1 行，计 23 行。用中古波斯语与回鹘语双语书写。木头沟遗址出土。

参 Le Coq 1909b，1052-1054，图 IX；Härtel et al. 1986，395；Clark 1997，126；Wilkens 2000a，255-256，No.275。

MIK III 36v（T II D 135） 摩尼文中古波斯语摩尼教《为回鹘王家祈愿文》

10.2×9.7 cm。有插图。提到一位回鹘可汗的尊号："Ulug Elig Tängritä Kut Bulmiš Ärdämin El Tutmiš Alp Kutlug Külüg Bilgä." 高昌故城出土。

参 Härtel et al. 1986，396；Gulásci 2000，289-291，图 8；Gulásci 2001，98-99，No.42；BeDuhn 2001，232-234；Gulásci 2004，105-106，图 1a-b，彩图 25-26。

MIK III 37（T II Toyok） 嚈哒文残片

13×26.2cm。吐峪沟遗址出土。

参 Härtel et al. 1986，397。

MIK III 39（T II T 45） 回鹘语文献

一大张写本，16.2×70cm。吐峪沟遗址出土。

参 Härtel et al. 1986，399。

MIK III 40（T II D） 汉语-回鹘语双语《阿含经》难语解

16.3×10.5cm，双面书写，正面 7 行，背面 6 行。高昌故城出土。

参 Kudara & Zieme 1983，288-291，图 9-10；Härtel et al. 1986，400；池田温 1991，No.12（庄垣内正弘解说）；Elverskog 1997，17。

MIK III 41 藏语佛经

19×10.7cm。

参 Härtel et al. 1986，401。

MIK III 42 = MongHT 9 八思巴文蒙古语《萨迦格言》

参 Härtel，et al. 1986，402。

MIK III 43（T I Chotscho，Ruine α） 汉语《正法华经》卷一〇

11.9×75.7cm，39 行，隶书。有北凉神玺三年（399）题记："魏（巍）隆大道，玄通无津。庳廓幽微，眺覩叵闻。至人精感，甝然发真。三光俱盛，乾巛（坤）改新。□□无际，含气现民。显矣世尊，明德感神。神玺三年七月十七日，张施于冥安县中写讫，手拙，具字而已，见者莫咲（笑）也。若脱漏，望垂珊（删）定。三光驰像，机运回度。丈夫失计，志意错虞。一计不成，亦为百虞。"高昌故城 α

遗址出土。

参 Härtel et al. 1986，403；池田温 1990，78；1991，No. 3；饶宗颐 1992，161-162；荣新江 1996b，314-315；王素 1997，75-76，No. 23；荣新江 1998b，322；Drège 1999，46-47；Nishiwaki 2001，112-113；王素 2005，18-19。

MIK III 44（B 52） 福音体文字基督教文献（Baršabhā 传说）

27×21cm。葡萄沟景教寺院遗址出土。

参 Härtel et al. 1986，404。

MIK III 45 叙利亚文基督教文献

29×22.5cm。

参 Härtel et al. 1986，405。

MIK III 49（T II D 170/14.445）= So 14445 粟特语摩尼教《胡威达曼》

MIK III 50（T II Čiqtim 6） 回鹘语鸡年七月二十六日发放物品令

写卷1叶，21×19cm，9行。右下角有长方形墨色印章一枚。七克台遗址出土。

参 Radloff 1928，117-118；多鲁坤、梅村坦、森安孝夫 1990，22-24 + 图；李经纬 1996a，133-135；Moriyasu 2002，158-159。

MIK III 51 = So 10010 粟特语文献

MIK III 52（T II B 66） 粟特语景教文献

葡萄沟景教寺院遗址出土。

参 Müller & Lentz 1934，535-538。

MIK III 53 = M 801a （1）中古波斯语、帕提亚语摩尼教庇麻礼拜文 （2）粟特语摩尼教选民忏悔文

参 Gulásci 2000，278-379；图2。

MIK III 56（T II B 66/12.955）= So 12955 回鹘语《圣乔治受难记》

MIK III 57（TM 352/18.121）= So 18121 回鹘文中古伊朗语摩尼教文献

MIK III 59（T II B 17/12.601，B 28）= So 12601 粟特语基督教文献

MIK III 84（T II Y 2） 汉文－婆罗迷文双语《观自在菩萨如意轮念诵仪轨》

25×14.5cm，双面书写，正面4行，背面5行。交河故城出土。

参 池田温 1991，No. 11（吉田丰、中谷英明解说）。

MIK III 85（T III M 167） 汉语《佛说摩诃般若波罗蜜经》卷一

刻本。木头沟遗址出土。

参 荣新江 1998b，322。

MIK III 98（T II Y 38） 汉语《佛说天请问经》、《佛说斋经》、《长爪梵志请问经》、《佛说斋法清净经》

7.6×12.8cm，册子本，用粗线缝成折叶装书籍，共存四折叶。两面书写，连续抄写题目所示四种小经，《天请问经》1行，《佛说斋经》19行，《长爪梵志请问经》7行，《斋法清净经》12行。有四处叶边有回鹘语数字编号。交河故城出土。

参 荣新江 1996b，316-317；荣新江 1998b，322。

MIK III 99（T II Čigtim 1） 汉语乙丑年十一月诸人取大麦录

14.5×21.5cm，7行，元代文书，乙丑年大概为1325年。七克台遗址出土。

参 池田温 1991，No. 8；荣新江 1998b，322；Drège 1999，47；Nishiwaki 2001，75。

MIK III 100r（T II Sängim） 汉语《佛说七俱胝佛母准提大明陀罗尼经》

19. 5×14. 5cm，10 行，折本，每叶 6 行，共 2 叶，现已展开。有朱笔分段圈点，散文部分有朱笔句读。书法楷中带隶，不甚整齐。与 Ch 3191、Ch 3647v 为同一写本。胜金口遗址出土。

参 荣新江 1996b，315；荣新江 1997a，268；荣新江 1998b，322。

MIK III 100v 汉语《金刚顶经瑜伽观自在王如来修行法》

19. 5×14. 5cm，12 行，与 Ch 3191、Ch 3647 为同一刻本。胜金口遗址出土。

参 荣新江 1998b，322。

MIK III 102（T II D 134） = M 815 帕提亚语摩尼教文献

MIK III 104（T II K） 摩尼文帕提亚语摩尼教文献

高昌城 K 寺遗址出土。

参 Boyce 1960，144；Gulásci 2001，138，No. 60；BeDuhn 2001，239。

MIK III 105（T III 79/14. 999） = So 14999 粟特语文献

MIK III 106（T II Toyoq/10. 006） = So 10006 粟特语文献

MIK III 107（T I D/10. 675） = So 10675 粟特语文献

MIK III 108（T 10. 009） = So 10009 粟特语文献

MIK III 113（T II） 汉语《佛说宝雨经》卷二

26×631cm，长卷子，首残尾完，存 15. 5 张纸，每张纸长 40. 6cm，共 311 行，每行 16 字。尾部下边略残，全卷已托裱。楷书精写，有乌丝栏。尾题后有 29 行译经题记，记该经为大周长寿二年（693）九月三日在佛授记寺译，后为译场列位，文字与敦煌写本 S. 2278《佛说宝雨经》卷九和奈良东大寺圣语藏写本同书卷二题记基本相同。此本用武周新字，当是官颁之本。

参 池田温 1991，No. 5；荣新江 1996b，315；荣新江 1996c，13；荣新江 1998b，322；Drége 1999，47-48；Nishiwaki 2001，118。

MIK III 114（T） 汉语《金刚般若波罗蜜经论》卷中

26. 2×34. 5cm，9 行，楷书精写，有乌丝栏。原卷两头的木轴均在，但写本仅存尾部。尾题后隔行写隋仁寿二年（604）题记："大隋仁寿二年太岁壬戌四月八日，总相弟子奖率善缘，共造修多罗藏，到四年甲子之岁，始得成就。以兹福善，庄严国家，历无疆洪基永固。上至有顶，下及无间，六道四生，普入愿海。"以下隔行写"第一藏经"。

参 荣新江 1996b，315；荣新江 1998b，322；Nishiwaki 2001，117，图 25。

MIK III 122（T II S） 西夏文曼陀罗

21. 2×7. 2cm。胜金口遗址出土。

MIK III 123（T II Y 54） 西夏文曼陀罗

225. 8×13cm，5 行。交河故城出土。

MIK III 126（T II Toyoq） 汉语佛典

6. 7×3. 3cm，2 行，蓝底金字，楷书精写。仅存 6 字。吐峪沟遗址出土。

参 荣新江 1998b，322；Drège 1999，46。

MIK III 127（T II D 362） 汉语佛典

23×2.1cm，1行，蓝底金字，楷书精写。仅存2字。高昌故城出土。

参 荣新江 1998b，322；Drège 1999，46。

MIK III 151（T II K） 回鹘语《十王生七经》

绘图本，有回鹘文字3行。高昌故城K寺遗址出土。

参 Gabain 1973，47-71；Gabain 1977，25-35；Zieme 1996a，403-404，图3；Elverskog 1997，103-104；Gulásci 2001，168-169，No. 76；BeDuhn 2001，243。

MIK III 157（T II I α） 佛典残片

4.9×4cm，1行。绢本写经。高昌故城α遗址出土。

MIK III 157v 汉语供养人题名

前彩绘供养人像，后题"邑人某某"。

参 荣新江 1998b，322；Bhattacharya & Haesner 2003，350-352，No. 495；Rong 2003，475。

MIK III 171 汉语《金刚般若波罗蜜经》

11×10cm，6行，楷书精写，有乌丝栏。

参 荣新江 1998b，322。

MIK III 172 汉语天册万岁二年（696）一月四日关

27.5×13cm，2行，用武周新字，只残尾部二行。

参 荣新江 1996b，316；荣新江 1998b，322；Nishiwaki 2001，68，图10。

MIK III 179（无原编号） 婆罗迷文回鹘语文献

写卷1叶，15.7×26.5cm，出土地不详。2行。

参 Maue 1996，198，图108。

MIK III 184a 汉语佛典残片

4.7×6.7cm，2行。MIK III 184 为刻本，朱色，小字，共9块残片。所刻佛典有《圣妙吉祥真实名经》、《金刚顶超胜三界经说文殊五字真言胜相》等。

参 荣新江 1998b，322。

MIK III 184bm 汉语《圣妙吉祥真实名经》

6×8.4cm，14行。

MIK III 184bl 汉语《圣妙吉祥真实名经》

5.5×4.5cm，6行。

MIK III 184c 汉语佛典残片

2×1.8cm，3行。

MIK III 184d 汉语《圣妙吉祥真实名经》

3.7×5.6cm，8行。

MIK III 184eu 汉语《圣妙吉祥真实名经》

1.6×9.5cm，9行。

MIK III 184el 汉语《圣妙吉祥真实名经》

5.3×8.5cm，13行。

MIK III 184f 汉语《圣妙吉祥真实名经》

4.7×9cm，6行。

MIK III 184g　汉语《圣妙吉祥真实名经》

3.8×6.9cm，4行。

MIK III 184h　汉语《圣妙吉祥真实名经》

7.9×7.7cm，9行。

MIK III 184i　汉语《圣妙吉祥真实名经》

5.6×9.7cm，12行。

MIK III 184j　汉语《金刚顶超胜三界经说文殊五字真言胜相》

6.5×14.2cm，19行。

MIK III 189（T III D 260-2）　摩尼文回鹘语摩尼教《摩尼大赞美诗》

正面绘一摩尼教教士，背面为回鹘语。10行。高昌故城出土。

参 TTT III，190-191；Le Coq 1922，48；Bang 1925，41；Clark 1982，169-170；Clark 1997，127。

MIK III 190v（T III TV 67）　汉语《大宝积经》卷一〇二

1行，楷书精写。背面有字，贴于版画后。吐鲁番山前坡地遗址出土。

参 荣新江 1998b，322。

MIK III 191（T I D 93/TM 259b）　回鹘语《佛说毗沙门天王经》

双面书写，正面9行，背面6行。高昌故城出土。

参 Zieme 1991c，71；Elverskog 1997，120；BTT XXIII，41-44，图15-16。

MIK III 192（T II 132/12.650）＝So 12650　粟特语文献

MIK III 192 I　回鹘语魔法文书（雨石文书）

12行。

参 Zieme 1994b，148-149。

MIK III 192 II ＝M 172　摩尼文回鹘语《摩尼教徒忏悔词》

7.2×11.1 cm，双面书写，各18行，计36行。

参 Müller 1904，104-105，图II；Wilkens 2000a，357，No.408。

MIK III 196 ＝M 172

MIK III 197（T II S 5）　婆罗迷文回鹘语佛教文献

15.7×26.5cm。4行。胜金口遗址出土。

参 Maue 1996，198，图108。

MIK III 198（T I D 171）　（1）回鹘语摩尼教文献（Five Signs of Sanctity in an Elect）（2）回鹘语摩尼教《二宗经》（The Book of the Two Principles）题记

20.4×34.6cm。两列各37行，正面背面各有标题1行，计39行。文中提到："……胜利的天使们，……尊敬、美好、著名、神圣伟大的大德（Mār）Wahman Hayaryazd ……四（tört /toyin?）吐火罗（Twγry/Tocharian）慕阇，以及金山阿尔胡…… 部落的，Qašu的……（汗）（xan），炽俟城（Čigilkänt）的统治者，突厥人中（宗教）的伟大领袖（bašdang），炽俟阿斯兰颉利谛古合卜古赞合达干匐（Čigil Arslan Il-tirgük Alp Bürgücän Alp Tarxan Bäg），此时，他统治掌管着这里。"抄写者为Aγduq，又见U 67题记。高昌故城出土。

参 Le Coq 1911，23-30，图 III；Radloff 1912，766-771；Le Coq 1912，150－151；Bang 1925，24-25；Henning 1938，551-552；Gabain 1950，50-55；森安孝夫 1991，19，22，178，186，图 19-20；Klimkeit 1993，373-375；Clark 1997，122，134；Clark 2000，83-84；Klyashtornyj 2000，374-379；Wilkens 2000a，137-138，No. 124；Tremblay 2001，92-93，112；Moriyasu 2004a，18，215，226；吉田丰 2004，21-22；王媛媛 2006，4-5，21-30。

MIK III 200 I（T II D 169）　回鹘语摩尼教赞美诗

MIK III 200 II ＝ So 14. 411　粟特语摩尼教文献

10. 7×16. 4cm。双面书写，正面朱笔标题 1 行，接正文 9 行，接朱笔标题 1 行，正文 7 行，再接朱笔标题 1 行，正文 1 行，背面 20 行，计 40 行。共三首赞美诗：（1）《黎明神赞美诗》（Hymn on the Dawn God），（2）《四信徒神赞美诗》（Hymn on the Fourfold），（3）《罚入地域》。高昌故城出土。

参 Le Coq 1911，5-7，图 1；Radloff 1912，751-753；Le Coq 1919b，9-12，图 2；Bang 1925，2-3、4-39；Gabain 1964，232-233；Arat 1965a，5-13，22-25；Gabain 1974，311-312；Klimkeit 1989，223-225，229-230；Zieme 1991a，332-333；Klimkeit 1993，290，293；Laut 1996，27-28；Clark 1997，126；Wilkens 2000a，283-284，No. 311。

MIK III 201 I（T II D 176 I）　摩尼文回鹘语摩尼教《佛陀传》（Life of the Buddha：The Necrophiliac）

10. 6×20. 6cm。与 MIK III 201 II 为同一双抄叶的两叶。据 Le Coq 1922，14 页，与 U 46a，b 属同一写本。双面书写，各 21 行，计 42 行。高昌故城出土。

参 Le Coq 1911，5-7，图 I；Radloff 1912，751-756；Oldenburg 1912，779-782；Klimkeit 1993，314；Laut 1996，27-28；Clark 1997，138；Wilkens 2000a，50-51，No. 21。

MIK III 201 II（T II D 176 II）　摩尼文回鹘语摩尼教《永恒自我赞美诗》（The Living Self）

10. 2×20. 6cm。与 MIK III 201 I 为同一双抄叶的两叶。据 Le Coq 1922，14 页，与 U 46a，b 属同一写本。双面书写，各 21 行，计 42 行。高昌故城出土。

参 Radloff 1912，766-770；Le Coq 1922，15，图 III；Bang 1925，8；Waldschmidt & Lentz 1926；Klimkeit 1993，329；Klimkei 1995，173-174；Clark 1997，121；Wilkens 2000a，139-140，No. 126。

MIK III 203 ＝ M 1

MIK III 204r（T II S 53）　汉语《佛名经》卷四

13. 9×20. 4cm，10 行。约 9 世纪前后。胜金口遗址出土。

参 池田温 1991，No. 13（庄垣内正弘解说）。

MIK III 204v　回鹘语发愿文（?）

内容关于宝石效力，并提到高昌王亦都护，年代在 13-14 世纪。

参 池田温 1991，No. 13（庄垣内正弘解说）；BTT XX，79。

MIK III 205r（T II 191 D 81）　汉语《大方广佛华严经》卷四九

16×31.2cm，9 行。

参 池田温 1991，No. 14（森安孝夫解说）；Zieme 1998，64-67。

MIK III 205v　八思巴文文献、回鹘语契约文书?

中部书八思巴文 4 行。二侧书回鹘语 5 行。约 13-14 世纪。高昌故城 α 遗址出土。

参 池田温 1991，No. 14（森安孝夫解说）；Zieme 1998，64-67，图 XVI；牛汝极 2003，176- 180 + 图。

MIK III 207（T III M 207a）　回鹘语《圣净治一切恶趋佛顶尊胜总持经》

残片 1 叶，刻本。35 行。木头沟遗址出土。

参 Müller 1910，28-30；Elverskog 1997，121。

MIK III 300（T I D 77）　婆罗迷文回鹘语宗教文献

22×19.5cm。1 行。高昌故城出土。

参 Maue 1996，204，图 99。

MIK III 365（T II D 416a）　叙利亚文与粟特文双语对照词汇表

高昌故城出土。

参 Sims-Williams & Hamilton，1990，38；Sims-Williams 1992，58。

MIK III 426　回鹘语摩尼教布道书（Sermon on Right and Wrong Conduct）

参 BTT V，26。

MIK III 520r（Turf.）　汉语《文选》卷四、卷五

白文无注本，当是原三十卷本《文选》旧观。行书，存扬雄《羽猎赋》、《长杨赋》，潘岳《射雉赋》，班彪《北征赋》，曹大家《东征赋》，潘岳《西征赋》，文字起“亶观夫剽禽之踰”句，讫于《西征赋》“冠沐猴而（纵火）”句，约存 240 行。上半及中间多有破损缺失，共 10 块残片。吐鲁番出土。

参 Härtel et al. 1982，152；池田温 1991，No. 4：西胁常记 1997b，33-66，图 2-10；荣新江 1998b，312-313，322；饶宗颐 2000，2，22-28；Nishiwaki 2001，136；西胁常记 2002，185-223，图 48/1-16。

MIK III 520v　变相图

图像长卷，有婆罗迷文题记。

参 Härtel et al. 1982，152；池田温 1991，No. 6；荣新江 1998b，322；Grenet & Pinault 1997，1003-1063；Grenet 2004，271-279。

MIK III 533　观音幡画回鹘语题记

参 森安孝夫 2000，129-131；Bhattacharya-Haesner 2003，200-202，No. 202；Moriyasu & Zieme 2003，463-464。

MIK III 542（无原编号）　婆罗迷文回鹘语佛教文献

8.1×5.4cm。5 行。出土地不详。

参 Maue 1996，197，图 98。

MIK III 554r（S 75）　汉语《妙法莲华经》卷三

26×21.1cm，12 行，楷书精写，有乌丝栏。下栏外有白描画稿。背面也有白描画稿，并有回鹘语题记，较写经要晚，为高昌回鹘时期。胜金口遗址出土。

参 荣新江 1998b，322。

MIK III 557r（T II S 1058）　版刻佛典扉画

10.9×6.9cm，1 行。胜金口遗址出土。

MIK III 558（T I）　佛画

MIK III 559（T II S 1056）　版画佛像

胜金口遗址出土。

MIK III 560（T II S 1257a）　版画千佛

胜金口遗址出土。

MIK III 561（T II 1284）　版画佛像

MIK III 562（T II 1957）　版画千佛

MIK III 563（T II 4629）　版画千佛

MIK III 564v（T II T 1976）　汉语《佛说阿难同学经》

13.2×7.8cm，4 行，楷书精写。吐峪沟遗址出土。

参 荣新江 1998b，322。

MIK III 567（T II D 104）　汉语《佛名经》

5×7cm。有彩绘佛像。高昌故城出土。

MIK III 568（T II 1601）　汉语《佛名经》

绘有千佛像。

MIK III 569（T II T 1291）　汉语《佛名经》

绘有千佛像。吐峪沟遗址出土。

MIK III 572　汉文文献残文

1 行，计 13 块残片，一面有字，多者二三字，少者半字，背面有画或空白。

MIK III 573（T II 1371）　汉语佛典残片

10.3×16.7cm。

MIK III 582（无原编号）　婆罗迷文回鹘语宗教文献

7.3×3.9cm。12 行。出土地不详。

参 Maue 1996，195-196，图 83。

MIK III 583（无原编号）　婆罗迷文回鹘语宗教文献

小 2.7×2cm。4 行。出土地不详。

参 Maue 1996，198-199，图 31。

MIK III 586　婆罗迷文回鹘语佛经 Ātānātikasūtra

与 Mainz 640 可以缀合，参看该号。

MIK III 592（T III M 146）　婆罗迷文回鹘语佛教文献

3×3.1cm。6 行。木头沟遗址出土。

参 Maue 1996，171-172，图 74。

MIK III 593（无原编号）　婆罗迷文回鹘语佛教文献

极小残片 2 块。残存文字若干。出土地不详。

参 Maue 1996，199，图 11。

MIK III 594（无原编号）　婆罗迷文回鹘语佛经 Ātānātikasūtra（?）

3.3×2.9cm。3 行。出土地不详。

参 Maue 1985a，98-122；Maue 1996，70，图 11；Elverskog 1997，25。

MIK III 595 婆罗迷文回鹘语佛教文献

2.9×4.2cm。5 行。出土地不详。

参 Maue 1996，170-171，图 40。

MIK III 598a（无原编号） 婆罗迷文回鹘语《根本说一切有部毗奈耶分别》

与 Mainz 648 可以缀合，参看该号。

MIK III 598b（无原编号） 婆罗迷文回鹘语《根本说一切有部毗奈耶分别》

与 Mainz 682 可以缀合，参看该号。

MIK III 599 婆罗迷文回鹘语佛教文献

小残片 2 块，面积分别为 0.8×2.9cm，3.5×3.8cm。8 行。

参 Maue 1996，168-170，图 39。

MIK III 600（无原编号） 婆罗迷文回鹘语佛经 **Ātānātikahrdaya**

36×6cm。6 行。

参 Maue 1985a，98-122；Maue 1996，68-69，图 36；Elverskog 1997，25。

MIK III 601（无原编号） 婆罗迷文回鹘语佛教文献

1×2.2cm。

参 Maue 1996，199，图 98。

MIK III 603 婆罗迷文回鹘语佛教文献

1.9×2.7cm。4 行。

参 Maue 1996，172，图 30。

MIK III 632 回鹘语《十业道譬喻鬘经》

参 Ölmez 1993，181-188，图 2-3。

MIK III 636（TM 300） 回鹘语摩尼教《惠明布道书》（**Sermon on thc Light-Nous**）

10×15cm。双面书写，各 14 行，计 28 行。原件已佚，照片存 MIK。与 U 281 + U 40及大谷 2266 属同一写本。

参 Le Coq 1922，17-18；Klimkeit & Schmidt-Glintzer 1984，89；Klimkeit 1993，333-334；Clark 1997，121；Lieu 1998a，65；Wilkens 2000a，159，No. 147。

MIK III 3101 = M 64

MIK III 4432 净土变相图回鹘语题记

参 Bhattacharya-Haesner 2003，130-137，No. 121；Moriyasu & Zieme 2003，464。

MIK III 4524 喀喇都督纪念幡画回鹘语题记

参 Härtel et al. 1982，136；Bhattacharya-Haesner 2003，352-355，No. 497；Moriyasu & Zieme 2003，464465。

MIK III 4535 回鹘语《十王生七经》

正面为佛画，间有回鹘文字。

参 Gabain 1973，47-71，图 79；Gabain 1977，25-35；Elverskog 1997，103-104。

MIK III 4606b 摩尼教幡画回鹘语题记

参 Bhattacharya-Haesner 2003，379，No. 558；Moriyasu & Zieme 2003，462。

MIK III 4607a-c（T I Xoco） 汉语《阎罗王授记四众预修生七往生净土经》

参 Gabain 1973，47-71，图 82；Nishiwaki 2001，109。

MIK III 4607e（T I Xoco） 佛典插图

14.3×7.8cm，2 行。

MIK III 4607f（T I Xoco） 汉语《阎罗王授记四众预修生七往生净土经》插图

参 Gabain 1973，47-71，图 83。

MIK III 4614 粟特语摩尼教题记

此为摩尼教书卷扉页，中间是一面旗子，上面书写粟特文，已磨灭难识。旗子两边绘神像。高昌故城出土。

参 Klimkeit 1982，47-48，图 48；克里木凯特 1995，83，图 48；Gulásci 2001，144-145，No. 65；BeDuhn 2001，239。

MIK III 4633a（T I） 蒙速速（蒙速思）家族供养图

17.7×27.8cm。

参 Gabain 1976a，203-207，图 1；Franke 1977，33-40；北村高 1987，83-104；北村高 1993，9-12；党宝海 2000，139-152。

MIK III 4633b1（T I） 蒙速速（蒙速思）家族供养图

11.9×21cm。

参 Gabain 1976a，203-207，图 2；Franke 1977，33-40；北村高 1987，83-105；北村高 1993，9-12；党宝海 2000，139-152。

MIK III 4633b2（T I） 刻本佛典封面

21.6×26.8cm，1 行，有"阿毗达磨俱舍释论卷（下残）"。

参 北村高 1987，83-105；北村高 1993，9-12；党宝海 2000，139-152。

MIK III 4633c（T I） 蒙速速（蒙速思）家族供养图

16.5×21cm。

参 Gabain 1976a，203-207；Franke 1977，33-40；北村高 1987，83-104；北村高 1993，9-12；党宝海 2000，139-152。

MIK III 4638a 蒙速速（蒙速思）家族供养图

参 党宝海 2000，139-152。

MIK III 4647a 回鹘语《十王生七经》

绘图本，有回鹘文 6 行。

参 Gabain 1973，47-71，图 73；Gabain 1977，25-35；Zieme 1996a，409，图 7；Elverskog 1997，103-104。

MIK III 4647b 回鹘语《十王生七经》

与 MIK III 4690a 可以缀合，绘图本，侧有回鹘文 2 行。

参 Gabain 1973，47-71，图 59，76；Zieme 1996a，410，图 9；Elverskog 1997，103-104。

MIK III 4647c 回鹘语《十王生七经》

正面为佛画，间有回鹘文字。

参 Gabain 1973，47-71，图 65；Gabain 1977，25-35；Elverskog 1997，103-104。

MIK III 4690a 回鹘语《十王生七经》

与 MIK III 4647b 可以缀合，参看该号。

MIK III 4690b　回鹘语《十王生七经》

正面为佛画，间有回鹘文字

参 Gabain 1973，47-71，图 58；Gabain 1977，25-35；Elverskog 1997，103-104。

MIK III 4693a（T I）　汉语《阎罗王授记四众预修生七往生净土经》

11. 1 ×9. 4cm。

参 Gabain 1973，47-71，图 84；Nishiwaki 2001，108-109。

MIK III 4693b（T I）　汉语《阎罗王授记四众预修生七往生净土经》

11. 7 ×9. 8cm。

参 Gabain 1973，47-71，图 85-86；Nishiwaki 2001，108-109。

MIK III 4693c（T I）　汉语《阎罗王授记四众预修生七往生净土经》

6. 3 ×6. 5cm。

参 Gabain 1973，47-71，图 87；Nishiwaki 2001，108-109。

MIK III 4693d（T I）　汉语《阎罗王授记四众预修生七往生净土经》

6. 5 ×8. 8cm，2 行。

参 Gabain 1973，47-71，图 88；Nishiwaki 2001，108-109。

MIK III 4693e（T I）　汉语《阎罗王授记四众预修生七往生净土经》

9. 8 ×10. 8cm，1 行。

参 Gabain 1973，47-71，图 89；Nishiwaki 2001，108-109。

MIK III 4693f（T I）　汉语《阎罗王授记四众预修生七往生净土经》

11. 3 ×9. 6cm，2 行。

参 Nishiwaki 2001，108-109。

MIK III 4694a1（T I）　汉语《现在贤劫千佛名经》

29. 4 ×21. 5cm，5 行，分上下两排，上绘佛像，下写佛名，楷书精写，有乌丝栏。

参 荣新江 1998b，322。

MIK III 4694a2（T I）　汉语《佛名经》

13. 5 ×17. 5cm，5 行。

MIK III 4694a3（T I）　汉语《佛名经》

8. 2 ×6. 7cm，1 行。

MIK III 4694b1（T I）　汉语《佛名经》卷三

19. 5 ×20cm，5 行，分上下两排，上绘佛像，下写佛名，楷书精写，有乌丝栏。佛像画法与 MIK III 4694a 不同，用朱笔勾勒，头发用墨涂。

参 荣新江 1998b，322。

MIK III 4694b2（T I）　汉语《佛名经》卷三

13. 6 ×11cm，3 行。

MIK III 4695a（T I）　汉语《佛名经》卷九

10. 5 ×13. 5cm，3 行。

MIK III 4695b1（T I）　汉语《佛名经》卷九

23. 5 ×17. 7cm，5 行，分上下两排，上绘佛像，下写佛名，楷书精写，有乌丝栏，佛名写于乌丝栏之右侧。

参 荣新江 1998b，322。

MIK III 4695b2（T I） 汉语《佛名经》卷五

12×12.5cm，2行。

MIK III 4697a（T I） 汉语《佛名经》卷四

20×24.2cm，2行。

MIK III 4698a 回鹘语《十王生七经》

绘图本，有回鹘文11行。高昌城出土。

参 Gabain 1973，47-71，图 74；Gabain 1977，25-35；Zieme 1996a，406，图 5；Elverskog 1997，103-104。

MIK III 4779a（T I D 2152） 汉语占卜书

6.8×6.1cm，3行。高昌故城出土。

MIK III 4779b（T I D 2152） 汉语占卜书

1.6×6cm，4行。高昌故城出土。

MIK III 4928a-j（T I） 汉语《佛名经》

MIK III 4933 粟特语《阿烂弥王本生故事》

9.7×7.1cm。正面8行，背面1行。

参 Sundermann 2001，341-342，图2-3。

MIK III 4938（T I） 汉语《具注历日》

9.2×16.7cm，5行，九宫图部分，存二十八宿图。

参 荣新江 1997b，384；荣新江 1998b，322；Nishiwaki 2001，90-91；华澜 2004，323-325。

MIK III 4947 + MIK III 5d 粟特语摩尼教文献

参 Gulásci 2001，146-148，No. 66；BeDuhn 2001，240：Gulásci 2004，104。

MIK III 4948 粟特语《阿烂弥王本生故事》

9×10.8cm。8行。

参 Sundermann 2001，342，图4。

MIK III 4949a1-2 粟特语《阿烂弥王本生故事》

A1 与 MIK III 4950 可以缀合。a1 为 8.3×11.3cm，4950 为 8.3×8.7cm，计 8 行。a2 为 5.6×4.9cm，4 行。

参 Sundermann 2001，342-344，图5。

MIK III 4949b1-3 粟特语《阿烂弥王本生故事》

残片3叶，分别为 9.1×8.6cm、5.6×4.9cm、3.1×3.3cm，各存 8 行、5 行、3 行。

参 Sundermann 2001，344-345，图7。

MIK III 4950 粟特语《阿烂弥王本生故事》

与 MIK III 4949a1 缀合，参看该号。

参 Sundermann 2001，图6。

MIK III 4951 回鹘语《十王生七经》

正面为佛画，间有回鹘文字。

参 Gabain 1973，47-71，图 53；Gabain 1977，25-35；Elverskog 1997，103-104。

MIK III 4952a（T I） 纸画

MIK III 4952b1（T I） 纸画

19.5×39cm，2 行。

MIK III 4952b2（T I） 纸画

11.5×7.1cm。

MIK III 4953 = Tib 105a，b 藏语文献

MIK III 4956b 摩尼文供养人题记

参 Gulásci 2001，68-69，No. 31；BeDuhn 2001，225。

MIK III 4957a 佛像

28.5×33.5cm，与 U 5399r + U 5367 + U 6068r 回鹘语卖房契有叠压关系，时代早于回鹘语内容。高昌故城出土。见 U 5399r。

参 Gulásci 2001，258。

MIK III 4958a + b 摩尼文中古波斯语摩尼教文献

A 片一面前 4 行左右的地方绘有图案。

参 Boyce 1960，141；Gulásci 2001，136-137，251，No. 59；BeDuhn 2001，238-239。

MIK III 4959 摩尼文中古波斯语摩尼教祈愿文

残片 4 叶，各存 6 行文字，边缘绘印度四神像，背面是审判（?）图。高昌故城 α 遗址出土。

参 Le Coq 1923，60-62，图 8a、d；Boyce 1960，142；Klimkeit 1980，193-194；Härtel et al. 1982，116；Klimkeit 1982，36-37，图 23-24；克里木凯特 1995，67-68，图 23-24；Klimkeit 1993，275；Gulásci 2000，271-273，295-296，图 1；Gulásci 2001，78-81，No. 34；BeDuhn 2001，227-228；Gulásci 2004，105。

MIK III 4960 摩尼文中古波斯语摩尼教文献

正面为帕提亚语残片，仅存 6 行残缺内容；背面仅存几个字母和部分人物画像。

参 Boyce 1960，142；Gulásci 2001，132-133，No. 57；BeDuhn 2001，238。

MIK III 4962a + c 摩尼文中古伊朗语摩尼教文献

3 块残片出土于高昌，属同一文书。a 片正面无字，背面不明，仅存 3 行残缺单词。b 片正面无字，背面不明，残存 2 行文字的末尾部分。c 片两面均无字，背面有图案。

参 Le Coq 1923，49；Boyce 1960，142；Härtel et al. 1982，117；Gulásci 2001，128-129，252，No. 55；BeDuhn 2001，238。

MIK III 4964 摩尼文中古波斯语摩尼教文献

残存 4 行文字绘有摩尼教人物像。高昌故城出土。

参 Boyce 1960，142；Klimkeit 1982，42，图 36；克里木凯特 1995，75，图 36；Gulásci 2001，120-121，No. 51；BeDuhn 2001，237。

MIK III 4966a-c 摩尼文残字

3 块小残片，可能为同一文书。a 片为帕提亚语残片，正面背面均残存少许图画和字母。b 片和 c 片仅存一些图画。

参 Boyce 1960，142；Gulásci 2001，45，253，No. 18；BeDuhn 2001，220。

MIK III 4967a　摩尼文摩尼教文献

正面有部分图画，背面为吟诵文书残片，存少许纹饰图案。

参 Boyce 1960，142；Gulásci 2001，124-125，No. 53；BeDuhn 2001，237。

MIK III 4967b，c（T II K）　摩尼文中古波斯语摩尼教文献

b 片为不明文献残片，仅存几个字母，页面空白处有叶饰（?）。c 片也是不明文献残片，一面空白，另一面残有叶子图案。高昌故城 K 寺遗址出土。

参 Boyce 1960，142；Gulásci 2001，20-21，No. 3；BeDuhn 2001，211。

MIK III 4968　帕提亚语摩尼教文献

正面有一坐姿人物的残像，沿其衣袍纵向写着一些单词；背面为帕提亚语残片，有 5 行残缺文字，笔迹粗陋。

参 Boyce 1960，142；Gulásci 2001，258。

MIK III 4969 = M 522　摩尼文中古波斯语摩尼教文献

仅存艺术字体书写的部分标题和末尾几行残缺文字。

参 Boyce 1960，142；Gulásci 2001，32-34，No. 11；BeDuhn 2001，215。

MIK III 4969b，c　（1）摩尼文中古波斯语摩尼教文献　（2）摩尼文粟特语摩尼教文献

参 Boyce 1960，142；BeDuhn 2001，236-237。

MIK III 4970　帕提亚语摩尼教赞美诗

a 片正面为帕提亚语（?），仅存几个残缺单词，旁绘神像，已残；背面为粟特语，仅存艺术字体书写的部分标题和 2 行残缺文字。 b 片正面为粟特语，背面空白。高昌故城出土。

参 Le Coq 1923，图 5d；Boyce 1960，142；Klimkeit 1982，42，图 35；克里木凯特 1995，75，图 35；Gulásci 2001，117-119，No. 50。

MIK III 4971a-d　摩尼文粟特语摩尼教文献

残片 4 叶，可能为同一文书的同一页，文书一面残有同一细密画。a 片正面可能为粟特语，仅存几个字母；背面为粟特语，仅存 7 行文字的部分字母。b 片正面无字，背面有粟特语，残存 5 行文字的部分单词和字母。c 片两面均无字，背面有 3 个人物的残缺头像，同于正面。高昌故城出土。

参 Le Coq 1923，41；Boyce 1960，142-143；Gulásci 2000，296-302，图 12，图 5；Gulásci 2001，114-116，No. 49；BeDuhn 2001，236；Gulásci 2003，22-23，图 17。

MIK III 4972a = M 561　摩尼文中古波斯语摩尼教文献

参 Boyce 1960，141；Gulásci 2001，66-67，No. 30；BeDuhn 2001，224-225。

MIK III 4974　摩尼文中古波斯语摩尼教祈愿文

两面书写，正面绘有忏悔图。高昌故城出土。

参 Le Coq 1923，45-46；Waldschmidt & Lentz 1933，558-559，596-597；Henning 1934，10；Henning 1943，61；Boyce 1960，143；Boyce 1975，133；Klimkeit 1982，39-40，图 28；克里木凯特 1995，71-72，图 28；Klimkeit 1989，120；Klimkeit

1993，79；Sundermann 1996a，152-153；Gulásci 2000，283-285，图 5；BeDuhn 2000，140-143，153，160，图 1；Gulásci 2001，83-86，No.36；BeDuhn 2001，228-230；Gulásci 2004，104-108，图 2a-b，彩图 27-28。

MIK III 4976a、b ＝ M 563　摩尼文中古波斯语布道书或赞美诗

a 片为一两栏书写的大张文书的一部分，残有装饰图案。b 片无字，正面背面都绘有装饰图案。

参 Boyce 1960，143；Gulásci 2001，46-47，No.19；BeDuhn 2001，220-221。

MIK III 4979a-d　（1）摩尼文中古伊朗语摩尼教《为回鹘王家祈愿文》　（2）摩尼教庇麻节图题记

两面书写。正面中间绘穿着白衣、有头光的主教伸出右手，正在拯救全副戎装、双腿跪地的回鹘可汗（牟羽可汗），表现 762 年回鹘可汗皈依摩尼教的情形。主教右侧有两个高级选民和一个地位较高的俗人，可汗后面则跟着三个武士。画面的下方是见证这一庄严神圣的拯救场景的天人，左边两个有翼女性天使应是上面可汗和主教的灵魂；右边四个印度神祇模样的神（湿婆/Shiva、梵天/Brahma、毗湿奴/Vishnu、诚尼沙/Ganesha）应表示摩尼教的"四明尊"（神、光明、大力、智慧），他们运用神力来保护可汗所统治的回鹘汗国。图像两边是粟特与摩尼教文献，边缘有装饰图案。背面图像中间祭坛上面有一个神像，已残，推测是教主摩尼。下边供奉着水果和面食，旁边是各级选民，所有选民身上都用摩尼文中古波斯语朱笔写着自己的名字：（中间）Mānī Yišōo、Radn-frazend、（左侧）Yāwad-yāwax［（?）］、Šahriyār-puhr、Rāymast-yazad、（右侧）Radn-xwarxšēd、Rām-frazend 等。其正面的右上角部分无字，自该残片发表以来这一部分就已遗失。据博物馆藏旧照片，战前这一角已缺失。高昌故城出土。

参 Le Coq 1923，49-53，54-55，图 8a，a，8b，b，53-55；Henning 1936b，12；Boyce 1960，143；Härtel 1982，114；Klimkeit 1982，33-36，图 21-22a；克里木凯特 1995，63-67，图 21-22a；Sundermann 1996a，154-155；Lieu 1998a，17；Tongerloo 1999，258；Gulásci 2000，285-287，图 6；BeDuhn 2000，156-157，图 3；Gulásci 2001，70-75，245，No.32；BeDuhn 2001，225-227；Gulásci 2004，106；Moriyasu 2004a，9，239；王媛媛 2006，149-150，152-153。

MIK III 4981a　粟特语《摩尼赞美诗》（Hymn to Mani）

4981 编号的残片都写于丝绸上，仅一面书写，中间是文字，四周用绸带、花朵装饰。高昌故城 α 寺遗址出土。

参 Le Coq 1923，39，图 4b；Boyce 1960，143；Klimkeit 1982，48，图 51；克里木凯特 1995，84，图 51；Sundermann 1996a，156a；Gulásci 2001，166-167，252，No.75；BeDuhn 2001，243。

MIK III 4981b　粟特语摩尼教布道书

一页的上半部分。

参 Boyce 1960，143；BTT XVII，130-131，图 40；Gulásci 2001，162-163，252，No.73；BeDuhn 2001，241-242。

MIK III 4981c　粟特语摩尼教布道书

部分写于碎布上，其中最大的一个残片存12行文字的几个单词和字母。

参 Boyce 1960，143；Gulásci 2001，164-165，252，No. 74。

MIK III 4981d　粟特语摩尼教布道书

一页的下半部分。

参 Boyce 1960，143；Gulásci 2001，166-167，252，No. 75。

MIK III 4981e　粟特语摩尼教布道书

一页的中间部分。

参 Boyce 1960，143；BTT XVII，131，图40；Gulásci 2001，162-163，252，No. 73；BeDuhn 2001，241-242。

MIK III 4981f　粟特语《摩尼赞美诗》（Hymn to Mani）

一页之上部分，无完整的行，残有标题。

参 Le Coq 1923，39，图4c；Klimkeit 1982，48-49，图52；克里木凯特 1995，84，图 52；Sundermann 1996a，156b；Gulásci 2001，164-165，252，No. 74；BeDuhn 2001，241-242。

MIK III 4983 ＝ M 170　摩尼文中古波斯语《第三使赞美诗》（Hymn to the Third Messenger）

背面残有部分标题和8行文字的末尾部分，其笔迹较正面为淡，尤其是标题，为非美术字书写，贴有金叶。题目外有装饰图案。高昌故城α遗址出土。

参 Le Coq 1923，43；Boyce 1960，143；Klimkeit 1982，48，图49；克里木凯特 1995，83，图49；Gulásci 2001，40-41，No. 15；BeDuhn 2001，219。

MIK III 4984　粟特语《阿烂弥王本生故事》

8.5×8.2cm，7行。

参 Sundermann 2001，345-346，图8；Gulásci 2001，259。

MIK III 4990 ＝ M 178　粟特语宇宙论文献

残片为一白色皮革。第一页描写天堂，第二页描写上苍。

参 Henning 1948，306-318；Boyce 1960，143。

MIK III 4996　汉语《大般若波罗蜜多经》第五十八帙条

麻布制，正面写“大般若经第五十”，未写完而废，再写背面“大般若经第五十八帙”。

参 荣新江 1997a，268；荣新江 1998b，322。

MIK III 6167　回鹘语《十王生七经》

正面为佛画，间有回鹘语字。

参 Gabain 1973，47-71，图50；Gabain 1977，25-35；Elverskog 1997，103-104。

MIK III 6238　回鹘语买卖文书（?）

参 Raschmann 1995a，69，158。

MIK III 6239a（T II Y 38）　版画

13.6×10.2cm。交河故城出土。

MIK III 6239b（T II Y 38）　版画

3.2×2.3cm。交河故城出土。

MIK III 6239c（T II Y 38） 版画

6×6.4cm。交河故城出土。

MIK III 6240 版画

参 Sander 1991，图 9。

MIK III 6242 高昌回鹘供养人像回鹘语题记

参 Bhattacharya-Haesner 2003，352，No. 496；Moriyasu & Zieme 2003，465。

MIK III 6248 绢画供养人汉语题记

一女子跪像前面上方，有榜题："清净弟子义女百匹一心供养佛时。"

参 Bhattacharya & Haesner 2003，337-338，No. 467；Rong 2003，475。

MIK III 6251 粟特语文献残片

参 Le Coq 1913，6e；Gulásci 2001，193-195，246，No. 89；BeDuhn 2001，244；Gulásci 2004，106。

MIK III 6257 粟特文回鹘语文献

参 Gulásci 2001，76-77，No. 33；BeDuhn 2001，227。

MIK III 6258a 摩尼文残字

参 Gulásci 2001，82，No. 35；BeDuhn 2001，228；Gulásci 2003，12-13，图 8。

MIK III 6258b（T II K 120） 摩尼文残字

高昌故城 K 寺遗址出土。

参 Gulásci 2001，42-43，No. 16；BeDuhn 2001，219。

MIK III 6260 回鹘语摩尼教文献

参 Gulásci 2000，302-303，图 13。

MIK III 6261 粟特文残字

参 Gulásci 2001，30，No. 9；BeDuhn 2001，215。

MIK III 6265 + MIK III 4966c 摩尼文帕提亚语摩尼教文献

参 Boyce 1960，142；Gulásci 2001，62-65，No. 29；BeDuhn 2001，224；Gulásci 2003，9-15，图 4-9；Gulásci 2004，105。

MIK III 6266 回鹘语《十王生七经》

参 Gabain 1973，47-71，图 75；Gabain 1977，25-35；Zieme 1996a，404-405，图 4。

MIK III 6279a-i 摩尼文帕提亚语与中古波斯语摩尼教文献

参 Le Coq 1913，4a；Gulásci 2001，170-171，No. 77；BeDuhn 2001，243-244。

MIK III 6280 高昌回鹘王族供养人像回鹘语题记

参 Bhattacharya-Haesner 2003，358-359，No. 507；Moriyasu & Zieme 2003，465。

MIK III 6281 回鹘语《十王生七经》

绘画本，旁有回鹘文 5 行，人物形象下亦有回鹘语题名。

参 Gabain 1973，47-71，图 70；Gabain 1977，25-35；Zieme 1996a，404-405，图 4；Elverskog 1997，103-104。

MIK III 6283 摩尼教选民供养人像回鹘语题记

参 Gulásci 2001，176-177，No. 80；BeDuhn 2001，244；Bhattacharya-Haesner 2003，372-374，No. 552；Moriyasu & Zieme 2003，462。

MIK III 6286 摩尼教幡画回鹘语题记

正面主体是摩尼教女选民像，背面是回鹘贵夫人像。高昌故城K遗址出土。

参 Le Coq 1913，3a；Klimkeit 1982，44，图41a-41b；克里木凯特1995，77-78，图41a-41b；Gulásci 2001，178-181，No. 81；BeDuhn 2001，244；Bhattacharya-Haesner 2003，375-376，No. 553；Moriyasu & Zieme 2003，462-463。

MIK III 6320（T II D 418） 纸画

13.5×6.8cm，1行。高昌故城出土。

MIK III 6321 纸画

参 Gabain 1973，47-71，图90。

MIK III 6324（T II Y 31） 回鹘语《五卷书》译本

35.8×21.1cm。17行。交河故城出土。

参 Geissler & Zieme 1970，41-42，46-47，188-189；Ölmez 1993，181，184-186，图1；Clark 1997，138；杨富学2004，137-151。

MIK III 6327 回鹘语《十王生七经》

正面为佛画，间有回鹘文字。

参 Gabain 1973，47-71，图57；Gabain 1977，25-35；Härtel 1982，134；Elverskog 1997，103-104。

MIK III 6331 回鹘语《十王生七经》

绘图本，有回鹘文8行。吐峪沟遗址出土。

参 Gabain 1973，47-71，图80；Gabain 1977，25-35；Zieme 1996a，410-411，图10；Elverskog 1997，103-104。

MIK III 6332 回鹘语《十王生七经》

正面为佛画，间有回鹘文字

参 Gabain 1973，47-71，图78；Gabain 1977，25-35；Elverskog 1997，103-104。

MIK III 6337 回鹘语《十王生七经》

正面为佛画，间有回鹘文字

参 Gabain 1973，47-71，图69；Gabain 1977，25-35；Elverskog 1997，103-104。

MIK III 6338（T II Y 38） 汉语《具注历日》

17×18.7cm，3行，双面书写。背面为具注历日开头部分，正面是九宫图，从内向外依次绘十二宫、星图、二十八宿。交河故城出土。

参 Eberhard 1936，84-87，图6；夏鼐1979，46-47，图版13；荣新江1997b，384；荣新江1998b，322；Nishiwaki 2001，91；华澜2004，323-325。

MIK III 6368（TIID174） 粟特文回鹘语摩尼教《为回鹘王祈愿文》

17.2×11.2cm。正面中间为双栏文字，上面朱笔5行，下面墨笔残3行。边缘有装饰图案，上部绘乐师演奏。背面中间墨笔3行，两旁为抄经摩尼僧人图像。高昌故城K遗址出土。

参 Le Coq 1913，图5；Le Coq 1923，57-58，图8a-b；Härtel et al. 1982，115；Klimkeit 1982，37-38，图25-26；克里木凯特1995，68-70，图25-26；Gulásci 2000，293-295，图10；Gulásci 2001，92-95，No. 40；BeDuhn 2001，231-232；

Gulásci 2004，102-103。

MIK III 6371（T II D 135） 中古波斯语摩尼教《牟羽可汗颂歌》

歌颂了一位回鹘王与他的朝廷，其中发愿请求天使庇护 Uluγ iliq tängridä qut bulmïš ärdämin il tutmïš alp qutluγ küluq bilgä uyghur qaghan 及其部众，一般认为此为牟羽可汗。因此，该诗写作于 762 年之后。高昌故城出土。

参 Müller 1912，207-213；Müller 1913，38-40；Boyce 1960，144；Klimkeit 1983，235-236；Sundermann 1992，72-73；Klimkeit 1989，196；Zieme 1992d，326；Klimkeit 1993，271，273-274；Klimkei 1995，16；Sundermann 1996a，157；Lieu 1998a，24；荣新江 2001，377-378。

MIK III 6376 粟特文回鹘语文献

参 Gulásci 2001，91，No. 39；BeDuhn 2001，231。

MIK III 6377a，b，f ＋ MIK III 6379 摩尼文残字

7 块残片，出自同一文书。a 片中古波斯语残片，仅存一行文字的几个单词，残片两面均有图案。b 片为不明文献残片，仅存一行文字的几个字母，两面均有花朵图案。

参 Boyce 1960，144；Gulásci 2001，38-39，No. 14；BeDuhn 2001，218-219。

MIK III 6377c 摩尼文残字

参 Boyce 1960，144；Gulásci 2001，44，No. 17；BeDuhn 2001，219-220。

MIK III 6378d 摩尼文中古伊朗语摩尼教文献

参 Gulásci 2001，139，No. 61；BeDuhn 2001，239。

MIK III 6379c（T II D 60） 粟特文回鹘语文献

MIK III 6626 可以缀合，参看该号。

MIK III 6394 回鹘语《十王生七经》

正面为佛画，间有回鹘文字。

参 Gabain 1973，47-71，图 72；Gabain 1977，25-35；Elverskog 1997，103-104。

MIK III 6395a ＋ MIK III 6443 回鹘语《十王生七经》

小残片 2 块，正面为佛画，间有回鹘文字。

参 Gabain 1973，47-71，图 60；Gabain 1977，25-35；Elverskog 1997，103-104。

MIK III 6395c 回鹘语《十王生七经》

小残片 1 块，正面为佛画，间有回鹘文字。

参 Gabain 1973，47-71，图 52；Gabain 1977，25-35；Elverskog 1997，103-104。

MIK III 6443 回鹘语《十王生七经》

与 MIK III 6395a 可以缀合，参看该号。

参 Gabain 1973，47-71，图 60；Gabain 1977，25-35；Elverskog 1997，103-104。

MIK III 6456，b，c（T II Toyoq） 佛像幡画回鹘语题记

吐峪沟遗址出土。

参 Bhattacharya-Haesner 2003，80，No. 24；Moriyasu & Zieme 2003，465。

MIK III 6461b、c （1）佛教幡画回鹘语题记 （2）女供养人回鹘语题记

参 Bhattacharya-Haesner 2003，162，No. 158，159；Moriyasu & Zieme 2003，465。

MIK III 6479　马匹幡画回鹘语题记

参 Bhattacharya-Haesner 2003，420，No. 732；Moriyasu & Zieme 2003，465。

MIK III 6492　汉语造幡发愿文

书麻布上，残存 2 字。

参 荣新江 1998b，322。

MIK III 6500v（T II Y 38）　汉语佛典

13.6×12cm，7 行，后与 MIK III 6700 可以缀合。楷书，字极佳，为唐人写经。交河故城出土。

参 荣新江 1998b，322；Bhattacharya & Haesner 2003，245-246，No. 266，391，609；Rong 2003，475。

MIK III 6501（T II Y 36）　汉语《阎罗王授记四众预修生七往生净土经》

9.8×10.4cm，1 行。交河故城出土。

MIK III 6522（T II Toyoq）　汉语《佛说伅真陀罗所问如来三昧经》卷中

16×13.2cm，11 行，绢本。吐峪沟遗址出土。

参 池田温 1991，No. 4；荣新江 1998b，322。

MIK III 6523（T II Toyoq）　汉语《妙法莲华经》卷四

26.4×9.3cm，7 行，绢本。吐峪沟遗址出土。

参 池田温 1991，No. 4；荣新江 1998b，322。

MIK III 6524（T II Toyoq）　汉语《佛说伅真陀罗所问如来三昧经》卷中

25.7×16.5cm，11 行，绢本。吐峪沟遗址出土。

参 池田温 1991，No. 4；荣新江 1998b，323。

MIK III 6576a　高昌回鹘供养人像回鹘语题记

参 Bhattacharya-Haesner 2003，344-345，No. 476；Moriyasu & Zieme 2003，465。

MIK III 6588（T II T）　汉语《观音经变相》榜题

红底墨字，有栏。吐峪沟遗址出土。

参 Bhattacharya & Haesner 2003，175-176，No. 176；Rong 2003，475。

MIK III 6591　汉语《大悲经》等帙条

写“大悲五卷称扬诸佛功德三卷菩萨璎珞本业经十卷同帙”，又小字“云”，或指大云寺。

参 荣新江 1997a，263。

MIK III 6615　回鹘语《十王生七经》

参 Gabain 1973，47-71，图 56；Gabain 1977，25-35；Elverskog 1997，103-104。

MIK III 6622（T II S 20）　回鹘语《七观音菩萨符陀罗尼》（拟）

3 行。前有观音像，像下绘符。胜金口遗址出土。

参 BTT XXIII，180-181，图 185-186。

MIK III 6626（T II D 339）＋MIK III 6379c（T II D 60）　粟特文回鹘语文献

高昌故城出土。

参 Gulásci 2001，108-109，254，No. 46；BeDuhn 2001，234；Gulásci 2004，106。

MIK III 6639　汉语乙卯年昊天宫下施幡题记

残存幡头。

参 荣新江 1998b，323；Bhattacharya & Haesner 2003，350-351，No. 494；Rong 2003，475。

MIK III 6659（T II Toyoq） 汉语《佛名经》

5.8×6.4cm，1行。有彩绘佛像。吐峪沟遗址出土。

MIK III 6670 回鹘语《十王生七经》

参 Gabain 1973，47-71，图81；Gabain 1977，25-35；Elverskog 1997，103-104。

MIK III 6675 绢画佛像汉语榜题

参 Bhattacharya & Haesner 2003，126-127，No. 116；Rong 2003，475-476。

MIK III 6691 绢画佛像汉语题记

中间为药师净土图像，右边有榜题"（上残）□（草）喻品"，左边榜题作"尔时世尊因药王菩萨告八万（下残）"。

参 Bhattacharya & Haesner 2003，160-161，No. 156；Moriyasu and Zieme 2003，465。

MIK III 6700v（T II Y 64） 汉语佛典

7.2×5.3cm，（1）+2行，后与 MIK III 6500 可以缀合。楷书，字极佳，为唐人写经。交河故城出土。

参 Bhattacharya & Haesner 2003，245-246，No. 266，391，No. 609；Rong 2003，475。

MIK III 6705 佛典扉画及回鹘语榜题

参 Zieme 1996c，图5；党宝海 1999，112。

MIK III 6833 水月观音像回鹘语题记

参 Bhattacharya-Haesner 2003，195-197，No. 198；Moriyasu & Zieme 2003，465-466。

MIK III 6918 摩尼教壁画摩尼文与粟特文题名

88×168.5cm。图中绘摩尼（?），后跟随一些男选民，一些选民有题名。高昌故城K遗址出土，原在中厅西侧。

参 Le Coq 1913，图1；Le Coq 1923，35，图1a；Klimkeit 1982，28-29，图10a-b；克里木凯特 1995，56-57，图10a-b；Sundermann 1996c；263；Gulásci 2001，198-201，No. 91；BeDuhn 2001，244；Gulásci 2003，28，图20。

MIK III 6957r（? Xoco Ruine K） 汉语《阿毗达磨发智经》卷一一

11.5×11.5cm，7行，楷书精写。背面有白描画稿。高昌故城K遗址出土。

参 荣新江 1998b，323。

MIK III 6964 高昌回鹘王家供养人像回鹘语题记

参 Bhattacharya-Haesner 2003，355-356，No. 498；Moriyasu & Zieme 2003，466。

MIK III 6972b+c（T I α） 回鹘语羊年（1319?）供应棉布令文

残片2叶，分别为7.5×2.7cm，6×1.8cm。计3行。

参 松井太 2003，64，72（图）。

MIK III 6985a 佛教幡画回鹘语题记

参 Bhattacharya-Haesner 2003，360，No. 513；Moriyasu & Zieme 2003，466。

MIK III 6996abc（T I D α） 汉语《佛名经》

13.9×13.9cm，2行。高昌故城α遗址出土。

MIK III 6998 粟特语《阿烂弥王本生故事》

6×14.3cm，5行。

参 Sundermann 2001，346-347，图9。

MIK III 7024 高昌回鹘供养人像回鹘语题记

参 Bhattacharya-Haesner 2003，356，No. 499；Moriyasu & Zieme 2003，466。

MIK III 7049a（T I） 汉语佛典残片

12.1×6.9cm，3行。

MIK III 7049b（T I） 汉语佛典残片

12.9×2.4cm。

MIK III 7049v 汉语佛典残片

残文。背面绘佛像。

参 荣新江 1998b，323。

MIK III 7059（T I D α） 回鹘语《佛说胎解脱经》（拟）

8行。刻本。高昌故城α遗址出土。

参 BTT XXIII，152。

MIK III 7074 绢画佛像汉语榜题

参 Bhattacharya & Haesner 2003，92-93，No. 51；Rong 2003，476。

MIK III 7246（T V 68） 回鹘语《十王生七经》

绘图本，有回鹘文5行。

参 Gabain 1973，47-71，图62；Gabain 1977，25-35；Zieme 1996a，411，图11；Elverskog 1997，103-104。

MIK III 7248 回鹘语《十王生七经》

绘图本，有回鹘文5行。

参 Gabain 1973，47-71，图64；Gabain 1977，25-35；Zieme 1996a，403，图2；Elverskog 1997，103-104。

MIK III 7251（T III D 282） 摩尼文帕提亚语与回鹘语摩尼教文献

背面部分空白，存5行残缺的粗草字迹，文字的书写与正面相互倒转，其后有1行粟特文字母书写的文字，语言不明，旁有装饰图案。高昌故城K遗址出土。

参 Le Coq 1923，38，图4a；Boyce 1960，144；Klimkeit 1982，48，图50；克里木凯特 1995，84，图50；Sundermann 1991b，433；Sundermann 1996a，158；Gulásci 2001，24-25，No. 5；BeDuhn 2001，212。

MIK III 7256（T III M 128） 回鹘语《十王生七经》

绘图本，有回鹘文6行。木头沟遗址出土。

参 Gabain 1973，47-71，图77；Gabain 1977，25-35；Zieme 1996a，411-412，图12；Elverskog 1997，103-104。

MIK III 7258 回鹘语《十王生七经》

木头沟遗址出土。

参 Gabain 1973，47-71，图67；Gabain 1977，25-35；Elverskog 1997，103-104。

MIK III 7259　回鹘语《十王生七经》

木头沟遗址出土。

参 Gabain 1973，47-71，图 48；Gabain 1977，25-35；Elverskog 1997，103-104。

MIK III 7260a-e　回鹘语《十王生七经》

绘图本，残片。木头沟遗址出土。

参 Gabain 1973，47-71，图 49；Gabain 1977，25-35；Zieme 1996a，406，图 6；Elverskog 1997，103-104。

MIK III 7269br（TV 70）　汉语佛典

15.7×12.7cm，1 行，楷书精写，有乌丝栏。

参 荣新江 1998b，323。

MIK III 7269bv（TV 70）　护法神王像

15.7×12.9cm，9 行，与正面成 90°角。

MIK III 7272　回鹘语《十王生七经》

木头沟遗址出土。

参 Gabain 1973，47-71，图 68；Gabain 1977，25-35；Elverskog 1997，103-104。

MIK III 7275　汉语佛经条记

残存下半，底部作尖状，为佛藏条记，便于取阅。写“（上残）华经壹部”。

MIK III 7283　摩尼文中古波斯语摩尼教文献

正面为中古波斯语，仅存 4 行残缺内容；背面无字，残有头像。

参 Boyce 1960，144；Gulásci 2001，112-113，No. 48；BeDuhn 2001，236；Gulásci 2004，104。

MIK III 7285　摩尼文中古伊朗语摩尼教文献

正面为中古波斯语，两栏书写；背面残有图画。许多出自不同文书的残片。其中，较大数字编号的残片上写有帕提亚语摩尼教双行赞美诗。由一些由几页叠在一起的碎片组成。其他一些小片几乎变为尘土，并和草杆、玻璃碎片混在一起。

参 Boyce 1960，144；Gulásci 2001，122-123，No. 52；BeDuhn 2001，237。

MIK III 7303　观音曼陀罗幡画回鹘语题记

参 Bhattacharya-Haesner 2003，221-223，No. 245；Moriyasu & Zieme 2003，466。

MIK III 7303v　汉语习字

有“大慈奴”名。

参 Bhattacharya & Haesner 2003，221-223，No. 245。

MIK III 7307　千眼观世音像回鹘语题记

参 Bhattacharya-Haesner 2003，203-204，No. 203；Moriyasu & Zieme 2003，466。

MIK III 7309　毗卢遮那佛像回鹘语题记

参 Bhattacharya-Haesner 2003，158，No. 153；Moriyasu & Zieme 2003，466-468。

MIK III 7439　汉语榜题

正面写“南无佛，南无法，南无僧”，背面写“修法因缘□”。

MIK III 7450　回鹘语《十王生七经》

木头沟遗址出土。

参 Gabain 1973，47-71，图 47；Gabain 1977，25-35；Elverskog 1997，103-104。

MIK III 7451（T I D）　回鹘语《十王生七经》

绘图本，有回鹘文 7 行。高昌故城出土。

参 Gabain 1973，47-7，图 54；Gabain 1977，25-35；Zieme 1996a，409-410，图 8；Elverskog 1997，103-104。

MIK III 7453　佛教幡画回鹘语题记

参 Moriyasu & Zieme 2003，468。

MIK III 7454　汉语佛经条记

麻布一条，写“大方广佛花严经第六首”。

MIK III 7459a　地藏菩萨像回鹘语题记

参 Bhattacharya-Haesner 2003，232-233，No. 251；Moriyasu & Zieme 2003，468。

MIK III 7473　回鹘语《十王生七经》

木头沟遗址出土。

参 Gabain 1973，47-71，图 91；Gabain 1977，25-35；Elverskog 1997，103-104。

MIK III 7479（T III M 221）　回鹘语《佛说三佛名礼忏文》

木头沟遗址出土。

参 Sander 1991，图 3；Bhattacharya-Haesner 2003，100-101，No. 66；Moriyasu & Zieme 2003，468。

MIK III 7482　蒙速速（蒙速思）家族供养图

参 北村高 1987，83-104；北村高 1993，9-12；党宝海 2000，139-152。

MIK III 7483（T III M 235）　蒙速速（蒙速思）家族供养图

15.6×27.7cm。木头沟遗址出土。

参 Gabain 1976a，203-207，图 3；Franke 1977，33-40；北村高 1987，83-104；北村高 1993，9-12；党宝海 2000，139-152。

MIK III 7484r（T III S 96）　汉语《太上洞玄灵宝无量度人上品妙经》

楷书正体，有界栏。背面纸缝处钤有“凉州都督府之印”，同一印鉴又见 Дx. 111 + Дx. 113《老子道德经》写本（《俄藏敦煌文献》7，319-320）、P4634 + S1880 + S11446 + S3375《永徽东宫诸府职员令》、P2819《公式令》、P4745《吏部格》或《吏部式》残卷（TTD I，1980，22，29，46），说明此卷为天宝年间官颁写经。背面为白描画稿，有三人角力图，又绘一建筑物中坐佛，旁边有婆罗迷文字及杂写。胜金口遗址出土。

参 荣新江 1997b，384；荣新江 1998b，312，323；西胁常记 1999，51，64（图 V）；荣新江 1999a，138-139；Nishiwaki 2001，131；西胁常记 2002，120，图 37；王卡 2004，24，101。

MIK III 7486r（T III 74）　汉语佛典残片

12.7×15cm，1 行。

MIK III 7486v　汉语佛典残片

12.7×15cm，1 行。

MIK III 7497a　佛教幡画汉语题记

参 Bhattacharya-Haesner 2003，74，No. 9；Moriyasu & Zieme 2003，468。

MIK III 7563（T III 12）　汉语《佛名经》卷一

37.7×19.5cm，8 行。

参 荣新江 1998b，323。

MIK III 7564cv（T III M 128）　汉语佛典

裱于绢画菩萨像背面。木头沟遗址出土。

参 Bhattacharya & Haesner 2003，2 § -287；No. 353。

MIK III 7573　回鹘语《十王生七经》

木头沟遗址出土。

参 Gabain 1973，47-71，图 51；Gabain 1977，25-35。

MIK III 7578　回鹘语《十王生七经》

参 Gabain 1973，47-71，图 63；Gabain 1977，25-35；Elverskog 1997，103-104。

MIK III 7585　地藏菩萨像回鹘语题记

参 Bhattacharya-Haesner 2003，238，No. 256；Moriyasu & Zieme 2003，468。

MIK III 7586（T III MQ 155　）　汉字残印

汉字墨印。

参 荣新江 1998b，323。

MIK III 7587r　汉语唐于阗镇神山等馆支粮历

27.5×34cm，15 行，记于阗北沿于阗河的神山以北欣衡、连衡、草泽、谋常四所馆驿支用粮食帐，此四所馆驿应当属于唐朝安西四镇下属的于阗镇。和田麻札塔格（?）出土文书。

参 池田温 1991，No. 7；荣新江 1992，59；荣新江 1998b，323；Nishiwaki 2001，74。

MIK III 7587v　白画马一匹

参 池田温 1991，No. 7；荣新江 1998b，323。

MIK III 7623（T III M 119）　佛像

21.7×19.3cm，8 行。木头沟遗址出土。

MIK III 7624r（T III M 236）　佛典扉画并回鹘语施印记

残存一叶，版刻佛教扉画，当属金藏某卷，有回鹘语榜题 4 行，为畏兀儿人不颜绰黑·巴黑失（Buyancóγ Baxsi）施印记。木头沟遗址出土。

参 Zieme 1996c，410，图 3（编号误作 MIK III 23）；党宝海 1999，107，111；中村健太郎 2006，69-71。

MIK III 7624v　汉语《大般若波罗蜜多经》卷一八四

5 行，刻本，为金藏刊本“暑”字号，相当于《中华大藏经》第 2 册，754 页中栏。从装帧形式、卷数、版本等判断，当与 Ch 2098 同一版本。

参 Zieme 1996c，410，图 4（编号误作 MIK III 23）；荣新江 1998b，323；党宝海 1999，107，111，123，图 6-7。

MIK III 7773c（T I T）　蒙速速（蒙速思）家族供养图

11.3×16.3cm，4 行。吐峪沟遗址出土。

参 Gabain 1976a，203-207；Franke 1977，33-40；北村高 1987，83-104；北村高 1993，9-12；党宝海 2000，139-152。

MIK III 7774a（T I T） 汉语《现在贤劫千佛名经》

9×12.8cm，4 行。吐峪沟遗址出土。

MIK III 7774b（T I T） 汉语《佛名经》

15.5×10.3cm，4 行。吐峪沟遗址出土。

MIK III 7774c（T I T） 汉语《佛名经》

19.3×6.8cm，1 行。吐峪沟遗址出土。

MIK III 8259 （1）摩尼文中古波斯语与帕提亚语摩尼教赞美诗（Hymn to the Father of Greatness） （2）摩尼文中古波斯语与帕提亚语摩尼教世界起源文献

19×14.7cm。两种笔迹书写的双页文书残片。第一页分两栏书写。正面有一细密画，绘有摩尼教选民，画中人物的衣袍上写有文字，还残存几行较完整的文字，提到一位名叫 Wahman Xwarxšēd 的“东方教区慕阇、著名的四吐火罗（宗教）领袖”。其中第一栏为帕提亚语譬喻文（?），第二栏为帕提亚语、中古波斯语摩尼教经典；背面为中古波斯语摩尼教赞美诗。第二页为中古波斯语摩尼教韵文残片，是关于酷暑严冬的最初降临和其他的不幸，残有几行较完整的内容。高昌故城 α 遗址出土。

参 Le Coq 1923，46-48，图 7b；Boyce 1960，144；BTT IV，98-99；Boyce 1975，141；Klimkeit 1982，38-39，图 27；克里木凯特 1995，70-71，图 27；Sundermann 1992，68；Klimkeit 1993，89；Sundermann 1996a，159a；Gulásci 2000，281-283；Gulásci 2001，56-61，No. 28；BeDuhn 2001，221-224；Gulásci 2003，8-15，图 3-9；吉田丰 2004，22；Gulásci 2004，102-103；王媛媛 2006，27-28。

MIK III 8260（T III D 260，1） 摩尼文回鹘语《摩尼大赞美诗》

21.4×6.2cm，正面绘一摩尼教教士，背面为摩尼文。背面 5 行。与 U 75 等多片属同一写本。高昌故城出土。

参 Le Coq 1923，图 7a；TTT III，184-185；Arat 1965，36-37；Clark 1982，168，180；Klimkeit 1989，212-219；Klimkeit 1993，280-284；Wilkens 2000a，318-319，No. 357；Gulásci 2001，152-154，No. 69；BeDuhn 2001，240-241。

MIK III 8381 高昌回鹘王子供养人像题记

36×55cm。柏孜克里克石窟第 19 窟壁画题记。

参 Le Coq 1924，47 图 1.13-19；Klimkeit 1982，30，图 13；克里木凯特 1995，58，图 13。

MIK III 8559a 观音曼陀罗回鹘语题记

参 Härtel et al. 1982，151；Bhattacharya-Haesner 2003，223-225，No. 246；Moriyasu & Zieme 2003，468-469。

MIK III 8734 回鹘语《十王生七经》

绘图本，有回鹘文字 3 行。

参 Gabain 1973，47-71，图 66；Gabain 1977，25-35；Zieme 1996a，402，图 1；Elverskog 1997，103-104。

MIK III 9441　蒙速速（蒙速思）家族供养图

参 党宝海 2000，139-152。

MIK III（?）（T II D 171）　回鹘语摩尼教文献

较完整写卷 1 叶，正面背面文字各分上下二栏，间用红、黑色墨写成。高昌故城出土。148 行。

参 森安孝夫 1991，图 19-20。

附：现不知所在的德藏吐鲁番文献

T I α 2　回鹘语摩尼教文献

残片1叶，7×9.2cm。16行。高昌故城α遗址出土。

参 Le Coq 1922，21

T I α 560　回鹘语历法文献

残片1叶。25行。高昌故城α遗址出土。

参 TTT VII，8，26-27，69，图4。

T I α 562　回鹘语天文学文献

残片1叶。24行。高昌故城α遗址出土。

参 TTT VII，9，42，75-76。

T I α x 13　摩尼文回鹘语摩尼教《回鹘王（?）颂词》

已佚残片。提到 Bügü Bilge Khan。高昌故城α遗址出土。

参 Zieme 1992d，327；Clark 1997，134；Wilkens 2000a，312，No. 349。

T I D 1　回鹘语摩尼教文献

残片1叶，11×14cm。9行。高昌故城出土。

参 Le Coq 1922，46。

T I D 3　回鹘语摩尼教《为王国与慕阇祈祷文》

可与 Ch/U 6618 缀合，参看该号。

T I D 4　摩尼文回鹘语摩尼教布道文献

残片1叶，10.6×5.2cm。双面书写，各11行，计22行。高昌故城出土。

参 Le Coq 1922，13；Clark 1997，122；Wilkens 2000a，95-96，No. 76。

T I D 120　回鹘语《杂病医疗百方》

存21叶，每叶书回鹘语9-11行不等，14×18cm。201行。高昌故城出土。

参 Rachmati 1930，451-473，附图 VI-VII；陈宗振 1984，233-235；洪武娌 1984，236-238；邓浩、杨富学 1996，356-372；杨富学 2003，352-361，524-552。

T I D 155　回鹘语民歌

残片1叶，册子本，内容有伊斯兰教因素。88行。高昌故城出土。

参 Bang-Rachmati 1933，129-140，129（图）；Arat 1965a，245-249，506（图）；耿世民 1982，25-28，41-45；杨富学 2003，312-313。

T I D 176（M 207）　回鹘语布匹帐历

残片1叶。20行。高昌故城出土。

参 Radloff 1928，31-32；李经纬 1996a，243-246。

T I D 205a　回鹘语棉布匹帐历

残片1叶。11行。高昌故城出土。

参 Radloff 1909，183；Radloff 1928，124-125；李经纬 1996a，247-248；李经纬 1994b，76-78。

T I D 595　回鹘语天文学文献

小残片1叶。5行。高昌故城出土。

参 TTT VII，8，25，68。

T I D 596　回鹘语佛经

写本1叶，13.8×18.5cm。23行。高昌故城出土。

参 TTT VII，71。

T I D 1015　汉语《切韵》

13行，双行小注。高昌故城出土。据周祖谟研究，这件韵书为五代刻本，在分立韵目方面有些与《广韵》相同，但有些分韵比《广韵》更细，但韵次依《切韵》之旧规。中国国家图书馆善本部藏有王重民1935年所获照片，可见原卷编号标签上写有“广韵”二字，旧照片则题“《切韵》”。

参 冈井慎吾 1937，33-43；姜亮夫 1955；Wang Lien-tseng 1963，251-252；上田正 1973；周祖谟 1994，775；高田时雄 2005，27-31。

T I D　回鹘语《佛说天地八阳神咒经》

残片1叶，刻本，24.4×11cm。50行。高昌故城出土。

参 TTT VI；Oda 1986，331。

T I（M 224）　回鹘语户口申报状

残片1叶。11行。木头沟遗址出土。

参 Arat 1964a，65-66，图在第74页；Radloff 1928，57-58；Yamada 1964，89；Тихонов 1996，65-66；李经纬 1996a，316-319；袁丁 1992c，80-82；耿世民 2006，89-90。

T I（M 228）　回鹘语酒帐历

残片1叶。10行。木头沟遗址出土。

参 Radloff 1909，83；Radloff 1928，4-5；李经纬 1996a，251-252；李经纬 1995b，43-44。

T I M　回鹘语《佛说天地八阳神咒经》

残片11叶，刻本。56行。木头沟遗址出土。

参 TTT VI；Oda 1986，330-331，340-341。

T I 600　回鹘语《具注历日》

残片1叶。30行。

参 TTT VII，8，16-18，59-60；Bazin 1991，288-290；巴赞 1998，385-388。

T I 601　回鹘语摩尼教《具注历日》（公元989年）

小残片1块。正面6行。

参 TTT VII，8，19，56-57；61-62；Henning 1945b，146-164；Bazin 1991，273-274；森安孝夫 1991，144；Hamilton 1992，11；Clark 1997，137；巴赞 1998，366；Wilkens 2000a，377，No. 434。

T I 602　回鹘语天文学文献

残片 1 叶。17 行。

参 TTT VII，8，32，70。

T I 603　回鹘语天文学文献

残片 1 叶。33 行。

参 TTT VII，9，35-36，73。

T I 604　回鹘语天文学文献

残片 1 叶。22 行。

参 TTT VII，9，41，75。

T I 605　回鹘语头韵诗

残片 1 叶，刻本。4 行。

参 TTT VII，68。

T I　摩尼文摩尼教残片

参 Wilkens 2000a，438，No. 550。

T I　回鹘语收条

残片 1 叶。3 行。

参 Radloff 1928，56-57；李经纬 1996a，320；袁丁 1992c，82-83。

T I　回鹘语酒帐历

残片 1 叶。7 行。

参 Radloff 1928，52-53；李经纬 1996a，253-254。

T I　回鹘语羊帐历

残片 1 叶。6 行。

参 Radloff 1928，53；李经纬 1996a，255-256；李经纬 1995b，45-46。

T I　回鹘语纳贡缴税簿

残片 1 叶。18 行。吐鲁番出土。

参 Radloff 1928，55-56；李经纬 1996a，179-181；李经纬 1989a，56-57。

T I　回鹘语纳贡缴税簿

残片 1 叶。15 行。

参 Radloff 1928，50-51；李经纬 1996a，182-183；李经纬 1989a，57-59。

T I　回鹘语捐税与劳役保证书

残片 1 叶。11 行。

参 Radloff 1928，57-58；Yamada 1964，89；李经纬 1996a，316-319；袁丁 1992c，80-82

T I　回鹘语捐税与劳役保证书

残片 1 叶。9 行。

参 Radloff 1928，58-59；Yamada 1964，89；李经纬 1996a，316-319；袁丁 1992c，80-82

T I　回鹘语《佛说天地八阳神咒经》

残片 4 叶，刻本。21 行。

参 TTT VI；Oda 1986，339-340。

T II B 21　回鹘语褥帐历

写卷1叶，18×15.5cm。12行。葡萄沟废寺遗址出土。

参 Radloff 1928，135-136；李经纬1996a，249-250。

T II B 29　回鹘语《福音书》

较完整写本2叶。106行。葡萄沟废寺遗址出土。

参 Müller 1908，5-10，图1-2；Bang 1926，44-53；Radloff 1928，160-166；Малов 1951，131-138；李经纬1983，143-151；Zieme 1990a，105-106。

T II B 66　回鹘语基督教文献

残片1叶，26.5×19.4cm。27行。葡萄沟废寺遗址出土。

参 Le Coq 1922，48-49；Bang 1926，41-75+2图。

T II D 1c　汉语《切韵》

刻本。《唐五代韵书辑存》有影本，所据当系王重民或向达在柏林所摄，但在中国国家图书馆善本部藏旧照片中未见。

参 姜亮夫1955；Wang Lien-tseng 1963，251-252；上田正1973；周祖谟1994，778；高田时雄2005，27-31。

T II D 53　回鹘语医学文献

残片1叶。30行。高昌故城出土。

参 Rachmati 1932，406-408。

T II D 62　回鹘语摩尼教《就职赞美诗》(?)

残片1叶，9×9.1cm。双面书写，正面10行，背面9行，计19行。高昌故城K遗址出土。

参 Le Coq 1922，40-41；Gabain 1964，234；Klimkeit 1993，328-329；Clark 1997，133；Tongerloo 1997，372；Wilkens 2000a，270-271，No. 296。

T II D 78c I-II　回鹘语摩尼教赞美诗集

残片1叶，27×21.9cm。分上、下二栏。每栏正面背面各10行，计40行。与U 37+U 52等属同一写本。高昌故城K遗址出土。

参 Le Coq 1922，25-26；Klimkeit 1989，234；Klimkeit 1993，296；Clark 1997，126；Wilkens 2000a，276-277，No. 303。

T II D 78e I-II　回鹘语摩尼教赞美诗集

残片2叶，可拼合，分上、下二栏。第一栏正面7行，背面9行；第二栏正面背面各8行，计32行。与U 37+U 52等属同一写本。高昌故城K遗址出土。

参 Le Coq 1922，26；Clark 1997，126；Wilkens 2000a，278-279，No. 305。

T II D 79　回鹘文汉语－回鹘语对照二十八宿术语表

小残片1块。6行。高昌故城出土。

参 TTT VII，57-58；杨富学1998c，61；杨富学2003，318-319。

T II D 89　回鹘语具注历日（1398年）

小残片1块。12行。高昌故城出土。

参 TTT VII，8，19，61；Bazin 1991，288-290，346-352；巴赞1998，385-388，

464-472。

T II D 142　回鹘语医学文献

残片 1 叶。29 行。高昌故城出土。

参 Rachmati 1932，410-412。

T II D 142　回鹘语医学文献

残片 1 叶。35 行。高昌故城出土。

参 Rachmati 1932，404-406，图 1。

T II D 147a　回鹘语帐单

残片 1 叶。20 行。高昌故城出土。

参 Radloff 1928，127-129；李经纬 1994b，69-73；李经纬 1996a，237-240；郑炳林、杨富学 1997，19-20。

T II D 169　回鹘语摩尼教赞美诗

完整 2 叶，每叶 16×9.4cm。含三篇赞美诗，各 10、8、22 行。高昌故城 K 遗址出土。

参 Le Coq 1919b，9-12；Klimkeit 1993，290，293；Tongerloo 1997，369-370；杨富学 2003，281-284。

T II D 171　回鹘语摩尼教《二宗经》

写卷 1 叶，35.5×20.5cm，每面分上、下栏书写。142 行。高昌故城出土。

参 Le Coq 1911，23-30，图 3；Klimkeit 1983，240-241；森安孝夫 1991，19，22，178，186；Klimkeit 1993，373-375；Tongerloo 1997，370-371。

T II D 173d　回鹘语摩尼教文献

残片 1 叶，12.5×28.2cm。双面书写，各 20 行，计 40 行。与 U 2 等属同一写本。高昌故城出土。

参 Le Coq 1912，15-17，图 II；Radloff 1912，762-763；Clark 1997，123；Tongerloo 2000，613-621；Wilkens 2000a，139，No. 125。

T II D 176　摩尼文回鹘语摩尼教文献

写卷 1 叶。42 行。高昌故城出土。

参 Le Coq 1911，5-7，图 1；Le Coq 1922，15；森安孝夫 1991，203；Klimkeit 1993，329-330；Tongerloo 1997，371-373。

T II D 178a，b + T II D 180　回鹘语摩尼教布道文献（Sermon on Greed of Anger）

残片 3 叶，拼合面积 23×33cm。双面书写，87 行，其中第 3-6、31-34、50-52 行为波斯语。与 U 111a、b 属同一写本，此写本可能也包括 M 6236。高昌故城出土。

参 TTT II，422-429；Clark 1997，121；Tongerloo 1997，370；王菲 2000，161-164；Clark 2000，91；Wilkens 2000a，141-142，No. 128。

T II D 213　回鹘语天文学文献

残片 1 叶。18 行。高昌故城出土。

参 TTT VII，9，36-37，73。

T II D 222　回鹘语医学文献

残片 1 叶。28 行。高昌故城出土。

参 Rachmati 1932，410-411。

T II D 228　回鹘语《佛说天地八阳神咒经》

残片4叶，刻本。24行。高昌故城出土。

参 TTT VI；Oda 1986，337-338

T II D 238a　回鹘语供饭食簿

写卷1叶，20.5×7cm。4行。高昌故城出土。

参 Radloff 1928，129；袁丁 1989a，63-64；李经纬 1996a，191。

T II D 321　回鹘语派劳役簿

残片1叶。高昌故城出土。4行。

参 Radloff 1928，127-129；袁丁 1992a，54-55；李经纬 1996a，231。

T II D 325　回鹘语《佛说天地八阳神咒经》

残片3叶，每块面积24.6×28.8cm，刻本。15行。高昌故城出土。

参 TTT VI；Oda 1986，331。

T II D 360　回鹘语缴杂税帐簿

残片1叶。40行。高昌故城出土。

参 Radloff 1928，153-155；袁丁 1989a，59-61；李经纬 1996a，184-187。

T II D 406a-10　摩尼文回鹘语摩尼教文献

残片1叶。7行。高昌故城出土。

T II D 522　回鹘语天文学文献

81行。写成于1368-1370年间。高昌故城出土。

参 TTT VII，8，9-11，54-56，图1；Bazin 1991，269，324-329；巴赞 1998，360；Clark 2000，96。

T II D 522　回鹘语易占文献

残片1叶，8×11.5cm。9行。高昌故城出土。

参 TTT VII，75。

T II K 2a　回鹘语摩尼教天体学说（The Four Mentalities of Azrua）

残片1叶，16.5×12cm。双面书写，第一、二栏正面背面均7行，并均有标题1行，计32行。高昌故城K遗址出土。

参 Le Coq 1911，21-22；Radloff 1912，766；Gabain 1950，55-56；Klimkeit 1993，331；Clark 1997，121；Wilkens 2000a，198-199，No. 195。

T II M 6　回鹘语《大乘无量寿经》

残片1叶。35行。木头沟遗址出土。

参 Radloff 1928，148-151；Elverskog 1997，106。

T II M 9　回鹘语《佛说天地八阳神咒经》

刻本残片4叶，每块25.5×41.2cm。20行。木头沟遗址出土。

参 Radloff 1928，151-152；TTT VI；Oda 1986，334；Elverskog 1997，95-97。

[T II] M 137　回鹘语《大乘大般涅槃经》

残片1叶，双面书写。16行。木头沟遗址出土。

参 Zieme 1991b，298-300，图1-2。

T II S 2，1-600 回鹘语《弥勒会见记》

写卷1叶。胜金口遗址出土。

参 Gabain 1961，87-90。

T II S 2b 回鹘语《弥勒会见记》

较完整写卷2叶。100行。胜金口遗址出土。

参 Müller 1910，7-10。

T II S 2b-1 回鹘语《弥勒会见记》

写卷1叶。38行。胜金口遗址出土。

参 Müller 1910，11-14。

T II S 18 回鹘语分配酒帐历

写卷1叶，13×8.25cm。6行。胜金口遗址出土。

参 Arat 1964a，69-70，77（图9）；Radloff 1928，123-124；袁丁 1992a，52-53；李经纬 1994c，61-62；李经纬 1996a，241-242；李经纬 1996b，277-278。

T II S 32 回鹘语《金光明最胜王经》胜光法师题记

残片1叶。胜金口遗址出土。

T II S 32a-6c 回鹘语《维摩诘所说经》卷下

写本1叶。16行。胜金口遗址出土。

参 BTT XX，64，108。

T II S 32a-15 回鹘语《十业道譬喻鬘经》

残片1叶。10行。胜金口遗址出土。

参 Müller 1920，44；Elverskog 1997，42-44。

T II S 32a-16 回鹘语《十业道譬喻鬘经》

残片1叶。4行。胜金口遗址出土。

参 Müller 1920，6。

T II S 32a-39 回鹘语《维摩诘所说经》卷下

写本1叶。26行。胜金口遗址出土。

参 BTT XX，63-64，124-126。

T II S 32a-40 回鹘语《维摩诘所说经》卷下

写本1叶。14行。胜金口遗址出土。

参 BTT XX，63，88-90。

T II S 32a-41 回鹘语《维摩诘所说经》卷下

写本1叶。胜20行。金口遗址出土。

参 BTT XX，63，114-116。

T II S 63 回鹘语《真金（元成宗之子）赞歌》

写本残片1叶。写成于1296年。胜金口遗址出土。

参 Gabain 1967，20-23

T II S 89k1 回鹘语《五卷书》译本

双面书写，各13行。胜金口遗址出土。

参 Geissler & Zieme 1970，40，46；Clark 1997，137；Elverskog 1997，42-44。

T II S 91　回鹘语《观无量寿经》

残片1叶。10行。胜金口遗址出土。

参 Zieme & Kudara 1985，92-93，图5。

T II S 91　回鹘语《观无量寿经》

残片1叶。10行。胜金口遗址出土。

参 Zieme & Kudara 1985，114-116，图11。

T II S 92　回鹘语《佛说天地八阳神咒经》

刻本残片2叶，25.5×20.5cm。30行。胜金口遗址出土。

参 TTT VI；Oda 1986，333-334。

T II S 92　回鹘语《佛顶心大陀罗尼》

残片1叶，48行。胜金口遗址出土。

参 Kara & Zieme 1986，329-330；Elverskog 1997，91-92。

T II S 528　回鹘语占卜书

残片1叶。11行。胜金口遗址出土。

参 TTT VII，8，21，63-64；Bazin 1991，278-279；巴赞1998，372-373。

T II T 14　突厥卢尼文回鹘语摩尼教故事

残片1叶，25×13.3cm。31行。吐峪沟遗址出土。

参 Thomsen 1910，302-306，图3；Andreas 1910，307-314；Orkun 1939，57-58；耿世民1983，80-82；Clark 1997，139；Wilkens 2000a，377-378，No.435；杨富学2003，314-316。

T II T 1603r　汉语《大方广佛华严经》卷四八

13.5×9cm。5行。吐峪沟遗址出土。

参 BTT XV，5-10，图23。

T II T 1603v　粟特语摩尼教譬喻文书

5行。

参 BTT XV，5-10，35，图22。

T II T　回鹘语医学文献

残片1叶。21行。吐峪沟遗址出土。

参 Rachmati 1932，408-409。

T II x 500　回鹘语佛经

残片1叶。高昌故城出土。

T II Y 3　婆罗迷文回鹘语医学文献

残片1叶。交河故城出土。

参 TTT VIII，67-68；Maue 1996，186。

T II Y 10　+ T II Y　18　回鹘语《妙法莲华经·观世音菩萨普门品》

存2叶，103×30.5cm。纸的质量呈黄褐色，墨书，64行。交河故城出土。

参 Müller 1910，14-20；Tekin 1960；张铁山1990，59-61；Elverskog 1997，59-60。

T II Y 14　回鹘语医学文献

残片1叶。16行。交河故城出土。

参 Rachmati 1932，414。

T II Y 14 + T II Y 18　回鹘语医学文献

残片 1 叶。10 行。交河故城出土。

参 Rachmati 1932，416-417。

T II Y 17　回鹘语《医理精华》译本

残片 1 叶。12 行。交河故城出土。

参 Rachmati 1932，429-431；Zieme 2006a，2。

T II Y 18　回鹘语医学文献

与 T II Y 14 可以缀合，参看该号。

T II Y 18　回鹘语《医理精华》译本

残片 1 叶。18 行。交河故城出土。

参 Rachmati 1932，422-423；Zieme 2006a，2。

T II Y 18　回鹘语佛经

写本 1 叶，14×7.7cm。8 行。交河故城出土。

参 TTT VII，71。

T II Y 19　回鹘语格言

残片 1 叶。8 行。交河故城出土。

参 TTT VII，9，53-54，78-79；耿世民 1982，45-46；杨富学 2003，308-310。

T II Y 19. 5　回鹘语医学文献

残片 1 叶。5 行。交河故城出土。

参 Rachmati 1932，402-403。

T II Y 19. 11　回鹘语医学文献

残片 1 叶。12 行。交河故城出土。

参 Rachmati 1932，414-415，图 2。

T II Y 19. 12　回鹘语医学文献

残片 1 叶。8 行。交河故城出土。

Rachmati 1932，414-416。

T II Y 19. 13　回鹘语医学文献

残片 1 叶。交河故城出土。8 行。

参 Rachmati 1932，402-403。

T II Y 21　回鹘语佛传故事

残片 1 叶。18 行。交河故城出土。

参 Müller 1910，5-7；Elverskog 1997，33-34。

TII Y 27　回鹘语《医理精华》译本

残卷 1 叶。24 行。交河故城出土。

参 Rachmati 1932，418-420，图 3；Zieme 2006a，2。

T II Y 29　回鹘语二十八宿星图

残卷 1 叶。28 行。交河故城出土。

参 TTT VII，8，12-14，58，图 3；Bazin 1991，275；巴赞 1998，367-368。

T II Y 29　回鹘语《具注历日》（1202/1203 年）

残片 1 叶。80 行。交河故城出土。

参 TTT VII，8，14-16，58-59；Bazin 1991，288-290，290-302；巴赞 1998，385-388，388-404。

T II Y 29　回鹘语占卜书

残卷 1 叶。7 行。交河故城出土。

参 TTT VII，8，20，62-63；Bazin 1991，280，284-285；巴赞 1998，374-375，380-381。

T II Y 29　回鹘文汉语—回鹘语对照天文词汇

残卷 1 叶。13 行。交河故城出土。

参 TTT VII，8，21，63；Bazin 1991，286-288；巴赞 1998，383-384。

T II Y 29　回鹘语占卜书

残卷 1 叶。13 行。交河故城出土。

参 TTT VII，8，32，70。

T II Y 29　回鹘语占卜书

残卷 1 叶。20 行。交河故城出土。

参 TTT VII，9，43，76。

T II Y 29　回鹘语占卜书

残卷 1 叶。19 行。交河故城出土。

参 TTT VII，9，43，76；Bazin 1991，279；巴赞 1998，373。

T II Y 29　回鹘语占卜书

残卷 1 叶。70 行。交河故城出土。

参 TTT VII，9，44-45，76；Bazin 1991，275-276，281；巴赞 1998，368-369，375-376。

T II Y 29　回鹘语《具注历日》

残片 1 叶。57 行。交河故城出土。

参 TTT VII，8，21-23，64-65；Bazin 1991，276-277；巴赞 1998，369-370。

T II Y 31（?）　回鹘语《十业道譬喻鬘经》

17 行。交河故城出土。

参 Geissler & Zieme 1970，41-42；Elverskog 1997，42-44。

T II Y 32　回鹘语佛传故事

残卷 1 叶。16 行。交河故城出土。

参 Müller 1910，4-5；Elverskog 1997，33-34。

T II Y 37b　回鹘语《金光明最胜王经》序

较完整写卷 1 叶。双面书写，正面 39 行，背面 37 行，计 76 行。交河故城出土。

参 TTT VII，80-81；Tekin 1959，294；Zieme 1989e，237-243；Bazin 1991，264-265；Elverskog 1997，65-69；Raschmann 2000，56，No. 001。

T II Y 43　回鹘语天文学文献

残片 1 叶。32 行。交河故城出土。

参 TTT VII，9，53，78。

T II Y 46 回鹘语《医理精华》译本

残片1叶。22行。交河故城出土。

参 Rachmati 1932，424-426。

T II Y 49 天回鹘语文学文献

残卷1叶。10行。交河故城出土。

参 TTT VII，9，47，77。

T II Y 49 回鹘语天文学文献

残卷1叶。16行。交河故城出土。

参 TTT VII，8，32-33，70。

T II Y 50a 回鹘语密宗怛特罗

残片1叶。133行。交河故城出土。

参 TTT V，323-340。

T II Y 51 回鹘语道教符录

残卷1叶。8行。交河故城出土。

参 TTT VII，9，37-38，73-74。

T II Y 52，1 回鹘语《十业道譬喻鬘经》

较完整写卷1叶，用回鹘语标明页码。56行。交河故城出土。

参 Müller 1910，20-24。

T II Y 52，2 回鹘语《十业道譬喻鬘经》

较完整写卷1叶，用回鹘语标明页码。54行。交河故城出土。

参 Müller 1910，24-27。

T II Y 54a 回鹘语《观世音经》

卷子式写本1叶。交河故城出土。

参 Tekin，1960；张铁山 1990，57-59；Elverskog 1997，59-60。

T II Y 59 回鹘语《医理精华》译本

写卷1叶。10行。交河故城出土。

参 Rachmati 1932，430。

T II Y 59e 回鹘语佛教忏悔文

残片1叶。交河故城出土。

参 Elverskog 1997，135-136。

T II Y 60a 回鹘语《摩尼教徒忏悔词》(*Xuāstvānīft*)

残片3叶，缀合后面积为32×69cm。26行。与T II Y 60b属同一写本。交河故城出土。

参 Le Coq 1910，15-18；Zieme 1966，352，358；TTT IV，4-6；BTT V，19；Clark 1997，129；Wilkens 2000a，351，No. 399。

T II Y 60b 回鹘语《摩尼教徒忏悔词》(*Xuāstvānīft*)

写卷1叶。24行。交河故城出土。

参 Le Coq 1910，18-20；Asmussen 1965，187-189；Zieme 1966，352；BTT V，19；

Clark 1997，129；Wilkens 2000a，355，No. 405。

T II Y 61　回鹘语天文学文献

小残片 1 块。9 行。交河故城出土。

参 TTT VII，9，37，73-74；杨富学 2003，260。

T II Y 62　回鹘语佛教徒忏悔词

残片 1 叶。交河故城出土。

T II 035　回鹘语催款条记

小残片 1 叶。5 行。吐鲁番出土。

参 Arat 1964a，70-71，77（图 11）；李经纬 1994c，60-61；Raschmann 1995a，68，148；李经纬 1996b，275-276。

T II 2　回鹘语《医理精华》译本

残片 1 叶。18 行。交河故城出土。

参 Rachmati 1932，424-425。

T II Nr. 3　回鹘语土地租佃契

写卷 1 叶。6 行。

参 Radloff 1928，142，No. 87；Clark 1975，No. 32；Zieme 1980a，232-234；袁丁 1990，65；山田信夫 1993b，71-72；山田信夫 1993c，图 58；李经纬 1996a，65-66；耿世民 2006，1177。

T II Nr. 4　回鹘语捐税与劳役契约

写卷 1 叶。吐鲁番出土。24 行。

参 Radloff 1928，130-132；袁丁 1989b，65-67；李经纬 1996a，227-230。

T II　回鹘语分配劳役名簿

小残片 1 块。3 行。

参 Radloff 1928，156；李经纬 1996a，190；袁丁 1989a，63

T II　回鹘语《医理精华》译本

残片 1 叶。35 行。

参 Rachmati 1932，428-429。

T II　回鹘语医学文献

小残片 1 块。7 行。

参 Rachmati 1932，431。

T III D 16　回鹘语摩尼教故事

残片 1 叶。10 行。高昌故城出土。

T III D 259，18　摩尼文回鹘语摩尼教《为回鹘王国祈愿文》

残片 1 叶。10 行。高昌故城出土。

参 TTT IX，15-16；Clark 1982，155，177-178，190，208；Clark 1997，134。

T III D 260，16　摩尼文回鹘语摩尼教传说故事

残片 1 叶。双面书写，计 10 行。高昌故城出土。

参 TTT IX，16；Clark 1982，178，190；Wilkens 2000a，40-41，No. 7。

T III D 267　摩尼文回鹘语摩尼教天体学说

残片1叶，8×7.6cm。双面书写，各9行，计18行。高昌故城出土。

参 Le Coq 1922，41；Clark 1997，124；Wilkens 2000a，199，No.196。

T III Kurutka 1853　回鹘语景教文献

残片1叶。库鲁塔格遗址出土。

T III Kurutka 1857　回鹘语景教文献

残片1叶。36行。库鲁塔格遗址出土。

参 Zieme 1981c，222-232，图8-9。

T III M 56　回鹘语《大乘无量寿经》

残卷1叶。木头沟遗址出土。

参 Müller 1910，51。

T III M 66　回鹘语医学文献

残片1叶。20行。木头沟遗址出土。

参 TTT VII，9，33，70-72；邓浩 1996，91-92；杨富学 2003，361-362。

T III M 66　回鹘语医学文献

残片1叶。13行。木头沟遗址出土。

参 TTT VII，9，47，77。

T III M 110　回鹘语世俗文书

残片1叶。木头沟遗址出土。

T III M 115　回鹘语《佛说北斗七星延命经》

残片1叶，13.3×14.5cm。14行。木头沟遗址出土。

参 TTT VII，9，50，77-78；杨富学 1998a，154-155、164；杨富学、邓浩 1997，160-161，167。

T III M 123　回鹘语佛经

刻本残片2叶，均为9×17cm。32行。木头沟遗址出土。

参 TTT VII，65。

T III M 123b　回鹘语《弥勒会见记》

残片1叶。8行。木头沟遗址出土。

参 Gabain 1957，图219。

T III M 131　汉语《一切经音义》（玄应）

共存17行，格式谨严，为唐朝抄本。从形式上来看，与现存的Ch444、Ch1214、Ch652、Ch1216、Ch2259、Ch71、Ch3122各残片属于同一类写本，此片所存文字最多。木头沟遗址出土。可惜原本已经遗失，然中国国家图书馆善本部藏有王重民1935年所获照片，照片原题“玄应一切经音义·佛本行集经音义”。

T III M 138　回鹘语《具注历日》（1391年）

15行。木头沟遗址出土。

参 TTT VII，8，18-19，60-61；Bazin 1991，333-346；巴赞 1998，447-464。

T III M 144　回鹘语佛经

残片1叶。7行。木头沟遗址出土。

参 TTT VII，66；森安孝夫 1991，22；Moriyasu 2004a，21。

[T III] M 164　婆罗迷文回鹘语宗教文献

小残片1块，2.8×2cm。4行。木头沟遗址出土。

参 Maue 1996，173，图31

T III M 168　回鹘语《十业道譬喻鬘经》

小残片1块。17行。木头沟遗址出土。

参 Müller 1920，64；Elverskog 1997，42-44。

T III M 168a　回鹘语《维摩诘所说经》卷下

写本1叶。22行。木头沟遗址出土。

参 BTT XX，64-65，114-116

T III M 182　回鹘语《帖木尔可汗赞》

残片1叶，15行。刻本。木头沟遗址出土。

参 Sertkaya 1989，189-192，图2

T III M 182　回鹘语《圣一切如来顶髻中出白伞盖佛母余无能乱总持》

较完整的刻本2块，45行，分别用汉文“二十四”“二十五”注明页码。与T III 225、T III 231实为同一写本。木头沟遗址出土。

参 Müller 1910，64-66；Ligeti 1973，155-159；Elverskog 1997，108-109。

T III M 200　回鹘语天文学文献

残片1叶。25行。木头沟遗址出土。

参 TTT VII，8，25，68。

T III M 200　回鹘语摩尼教天体学说文献

残片1叶。双面书写，各7行，计14行。木头沟遗址出土。

参 Wilkens 2000a，217，No. 215。

T III M 200　回鹘语摩尼教天体学说文献

残片1叶。双面书写，正面3行，背面4行，正面背面又各标题1行，计9行。木头沟遗址出土。

参 Wilkens 2000a，218，No. 216。

T III M 200　回鹘语摩尼教天体学说文献

残片1叶，7.6×7.8cm。双面书写，正面背面各8行，又各标题1行，计18行。木头沟遗址出土。

参 Zieme 1997a，404；Wilkens 2000a，218-219，No. 217。

T III M 200　回鹘语摩尼教天体学说文献

残片1叶。双面书写，各2行，又各标题1行，计6行。木头沟遗址出土。

参 Zieme 1997a，396；Wilkens 2000a，219，No. 218。

T III M 200　回鹘语摩尼教天体学说文献

残片1叶。双面书写，各4行，又各标题1行，计10行。木头沟遗址出土。

参 Zieme 1997a，396；Wilkens 2000a，219-220，No. 219。

T III M 200　回鹘语摩尼教天体学说文献

残片1叶。双面书写，各1行，又各标题1行，计4行。木头沟遗址出土。

参 Zieme 1997a，396；Wilkens 2000a，220，No. 220。

T III M 200　回鹘语摩尼教天体学说文献

残片1叶。双面书写，各2行，又各标题1行，计6行。木头沟遗址出土。

参 Zieme 1997a，396；Wilkens 2000a，221，No. 221。

T III M 200　回鹘语摩尼教天体学说文献

残片1叶。双面书写，各7行，又各标题1行，计16行。木头沟遗址出土。

参 Wilkens 2000a，221-222，No. 222。

T III M 200　回鹘语摩尼教天体学说文献

残片1叶。双面书写，各2行，计4行。木头沟遗址出土。

参 Wilkens 2000a，222，No. 223。

T III M 200　回鹘语摩尼教天体学说文献

残片1叶。双面书写，各7行，又各标题1行，计16行。木头沟遗址出土。

参 Zieme 1997a，404-405；Wilkens 2000a，222-223，No. 224。

T III M 200　回鹘语摩尼教天体学说文献

残片1叶。双面书写，各9行，计18行。木头沟遗址出土。

参 Wilkens 2000a，223，No. 225。

T III M 200　回鹘语摩尼教天体学说文献

残片1叶。双面书写，各10行，计20行。木头沟遗址出土。

参 Zieme 1997a，408；Wilkens 2000a，223，No. 226。

T III M 200　回鹘语摩尼教天体学说文献

残片1叶。双面书写，各9行，计18行。木头沟遗址出土。

参 Wilkens 2000a，224，No. 227。

T III M 200　回鹘语摩尼教天体学说文献

残片1叶。双面书写，各9行，计18行。木头沟遗址出土。

参 Wilkens 2000a，224，No. 228。

T III M 200　回鹘语摩尼教天体学说文献

残片1叶。双面书写，各8行，计16行。木头沟遗址出土。

参 Wilkens 2000a，224-225，No. 229。

T III M 200　回鹘语摩尼教天体学说文献

残片1叶。双面书写，各6行，计12行。木头沟遗址出土。

参 Wilkens 2000a，225，No. 230。

T III M 200　回鹘语摩尼教天体学说文献

残片1叶。双面书写，各6行，计12行。木头沟遗址出土。

参 Wilkens 2000a，225-226，No. 231。

T III M 200　回鹘语摩尼教天体学说文献

残片1叶。双面书写，各6行，计12行。木头沟遗址出土。

参 Wilkens 2000a，226，No. 232。

T III M 200　回鹘语摩尼教天体学说文献

残片1叶。双面书写，各6行，又各标题1行，计14行。木头沟遗址出土。

参 Wilkens 2000a，230-31，No. 239。

T III M 200　回鹘语摩尼教天体学说文献

残片1叶。双面书写，各12行，计24行。木头沟遗址出土。

参 Zieme 1997a，407；Wilkens 2000a，231，No. 240。

T III M 200　回鹘语摩尼教天体学说文献

残片1叶。双面书写，各11行，计22行。木头沟遗址出土。

参 Wilkens 2000a，232，No. 241。

T III M 200　回鹘语摩尼教天体学说文献

残片1叶。双面书写，各11行，计22行。木头沟遗址出土。

参 Wilkens 2000a，232，No. 242。

T III M 200　回鹘语摩尼教天体学说文献

残片1叶。双面书写，各5行，计10行。木头沟遗址出土。

参 Wilkens 2000a，233，No. 243。

T III M 200　回鹘语摩尼教天体学说文献

残片1叶。A. von Gabian 认为有5行，但仅1行清楚可识。木头沟遗址出土。

参 Wilkens 2000a，233，No. 244。

T III M 200　回鹘语摩尼教天体学说文献

残片1叶。A. von Gabian 认为有4行，但仅1行清楚可识。木头沟遗址出土。

参 Wilkens 2000a，233-234，No. 245。

T III M 200　回鹘语摩尼教天体学说文献

残片1叶。A. von Gabian 认为有7行，但仅1行清楚可识。木头沟遗址出土。

参 Wilkens 2000a，234，No. 246。

T III M 200　回鹘语摩尼教天体学说文献

残片1叶。双面书写，各7行，计14行。木头沟遗址出土。

参 Zieme 1997a，406-407；Wilkens 2000a，234-235，No. 247。

T III M 200　回鹘语摩尼教天体学说文献

残片1叶。A. von Gabian 认为有5行，但仅1行清楚可识。木头沟遗址出土。

参 Wilkens 2000a，235，No. 248。

T III M 200　回鹘语摩尼教天体学说文献

残片1叶。双面书写，各5行，计10行。木头沟遗址出土。

参 Zieme 1997a，408；Wilkens 2000a，235-236，No. 249。

T III M 210　回鹘语天文学文献

残片1叶。18行。木头沟遗址出土。

参 TTT VII，9，46，76-77。

T III M 210　回鹘语天文学文献

残片1叶。14行。木头沟遗址出土。

参 TTT VII，9，46，77。

T III M 225-6，7　回鹘语《圣一切如来顶髻中出白伞盖佛母余无能乱总持》

残片2叶，刻本。10行。木头沟遗址出土。

参 Müller 1910，57-58；Elverskog 1997，108-109。

T III M 225-8，9　回鹘语《圣一切如来顶髻中出白伞盖佛母余无能乱总持》

残片2叶，刻本。10行。木头沟遗址出土。

参 Müller 1910，58-59；Elverskog 1997，108-109。

T III M 225-10　回鹘语《圣一切如来顶髻中出白伞盖佛母余无能乱总持》

残片1叶，刻本，5行。有汉文页码“九”。木头沟遗址出土。

参 Müller 1910，59；Elverskog 1997，108-109。

T III M 225-39，40，41　回鹘语《圣一切如来顶髻中出白伞盖佛母余无能乱总持》

残片2叶，刻本。15行。木头沟遗址出土。

参 Müller 1910，69-70；Elverskog 1997，108-109。

T III M 228　回鹘语天文学文献

残片1叶。25行。木头沟遗址出土。

参 TTT VII，8，26，68-69。

T III M 231　回鹘语《圣一切如来顶髻中出白伞盖佛母余无能乱总持》

残片1叶，刻本，5行。有汉文页码“二十二”。木头沟遗址出土。

参 Müller 1910，64。

T III M 234　回鹘语天文学文献

残片1叶。57行。木头沟遗址出土。

参 TTT VII，9，38-40，74-75。

T III M 238　回鹘语《佛说北斗七星延命经》

残片1叶。刻本。5行。木头沟遗址出土。

参 TTT VII，9，49，77-78。

T III M 243　回鹘语佛教文献

残片1叶，5行。木头沟遗址出土。

参 TTT VII，66。

T III M 295　回鹘语占卜书

残片1叶。6行。木头沟遗址出土。

参 TTT VII，9，34，72；Bazin 1991，279-280；邓浩 1996，92；巴赞 1998，373-374；杨富学 2003，362-363。

T III M Q 23　汉语不知名类书

本卷楷书精写，大字正文，有双行小注。中国国家图书馆善本部藏有王重民 1935年所获照片，题为“不知名类书”。

T III T 295　回鹘语天文学文献

残片1叶。13行。吐峪沟遗址出土。

参 TTT VII，9，44，76。

T III TV 49　摩尼文回鹘语摩尼教赞美诗

残片1叶，18×9cm。双面书写，各17行，又各有标题1行，计36行。吐鲁番北山前坡地遗址出土。

参 Le Coq 1922，6-7；Bang 1931，10；Klimkeit 1993，330；Clark 1997，124；Wilkens 2000a，289-290，No. 320。

T III Y 52.1 回鹘语《十业道譬喻鬘经》

残片1叶。48行。交河故城出土。

参 Müller 1920，219-221；Elverskog 1997，42-44。

T III 62 回鹘语天文学文献

残片1叶。24行。

参 TTT VII，9，34-35，72-73。

T III 73（2） 回鹘语《十业道譬喻鬘经》

残片2叶。30行。

参 Müller 1920，59-60；Elverskog 1997，42-44.

T III 84-E 回鹘语《十业道譬喻鬘经》

残片1叶。高昌故城出土。

参 TTT X；Elverskog 1997，42-44。

T III 84-G 回鹘语《十业道譬喻鬘经》

残片1叶。高昌故城出土。

参 TTT X；Elverskog 1997，42-44。

T III 84-39 回鹘语《十业道譬喻鬘经》

残片1叶。高昌故城出土。

参 TTT X；Elverskog 1997，42-44。

T III 84-72 回鹘语《十业道譬喻鬘经》

残片1叶。

参 TTT X；Elverskog 1997，42-44。

T IV x 505 回鹘语《赞弥勒诗》

残片1叶，11.5×18cm。20行。

参 TTT，VII，60；耿世民1982，73-76。

T IV x 505 回鹘语《佛说天地八阳神咒经》

残片1叶，刻本。6行。

参 TTT VI；Oda 1986，338。

TM 32 回鹘语《佛说天地八阳神咒经》

残片3叶，刻本。18行。

TM 47 = M 919 摩尼文回鹘语摩尼教文献

残卷1叶，28.5×17cm。24行。

参 Le Coq 1922，34-35；森安孝夫1991，22。

TM 68 回鹘语分配饭食簿

6行。

参 Radloff 1928，123-124；Arat 1964a，70；李经纬1994c，59-60；李经纬1996b，273-274。

TM 137 摩尼文回鹘语摩尼教文献题记

小残片1块，4×3.5cm。双面书写，各4行，计8行。

参 Le Coq 1922，46；Clark 1997，135；Wilkens 2000a，386，No. 447。

TM 141　摩尼文回鹘语摩尼教文献

小残片1块，面积13.5×4.5cm。双面书写，每面两栏，每栏5行，计20行。与U 70a、U 70b+c属同一写本。高昌故城出土。

参 Le Coq 1922，5；Clark 1997，124；Wilkens 2000a，338-339，No. 382。

TM 153　摩尼文回鹘语摩尼教文献题记

小残片1块。5行。

参 Le Coq 1922，46；Clark 1997，135；Wilkens 2000a，387，No. 448。

TM 176　摩尼文回鹘语摩尼教回鹘王颂词

残片1叶，14.5×10cm。双面书写，各9行，计18行。提到Bügü Bilge Khan。Le Coq认为与U 61和U 63属同一写本。

参 Le Coq 1922，40；Zieme 1992d，326-327；Klimkeit 1993，358；Klimkei 1995，170；Clark 1997，134；Wilkens 2000a，311，312，No. 348。

TM 180　摩尼文回鹘语摩尼教《弥勒布道书》（Sermon on False Maitreya）

残卷1叶，13.5×17.5cm。双面书写，各17行，计34行。高昌故城α遗址出土。

参 Le Coq 1919b，5-6，图I；Gabain 1964，231；Klimkeit 1993，327-328；Clark 1997，125；Wilkens 2000a，213，No. 210。

TM 190　西夏文《郁伽长者问经》

残片1叶。12行

参 Zach 1928，952-954，图1；孙伯君2006，30-36。

TM 221　回鹘语农奴免赋请愿书

残卷1叶。66行。

参 Radloff 1909，191-193；Radloff 1928，28-32；Vernadsky 1936，453-461；Arat 1936，101-112；杨富学1988，69-77；袁丁1989b，52-56；袁丁1992b，41-47，38；李经纬1996a，206-213；耿世民2006，91-96。

TM 225　回鹘语土地买卖契

完整写卷1叶，46×27.5cm，25行。有花押、墨印数枚。

参 Radloff 1905，185-186；Le Coq 1919a，108-109，图7；Radloff 1928，12-14；Arat 1964a，66-67，图7；Clark 1975，No. 82；袁丁1987b，77-79；山田信夫1993b，160-162；山田信夫1993c，图141；李经纬1996a，105-107；耿世民2006，228-230。

TM 281 + TM 286　回鹘语摩尼教文献

81×7.5cm。正面背面各5行。

参 Le Coq 1922，46。

TM 296　回鹘语摩尼教就职赞美诗

残片1叶，17×10.6cm。双面书写，正面10行，加1行标题，背面12行，计23行。高昌故城出土。

参 Le Coq 1922，35-36；Klimkeit 1983，239；Klimkeit 1989，225-226；Zieme 1991a，337-338；Klimkeit 1993，291；Klimkei 1995，170-171；Clark 1997，133；Wilkens 2000a，214-215，No. 212。

TM 332 突厥卢尼文回鹘语摩尼教文献

绘画残片1叶，双面书写，各1残行及1行标题，计4行。

参 Le Coq 1909b，1047+图；Clark 1997，140；Wilkens 2000a，472，No. 594。

TM 407 突厥卢尼文摩尼教文献

极小残片1块。2行。

TM 510 摩尼文回鹘语摩尼教文献

小残片1块。14行。

参 BTT V，42；Clark 1997，140；Wilkens 2000a，438-439，No. 551。

TI N 回鹘语《佛说天地八阳神咒经》

残片1叶，24.7×13.3cm，刻本。6行。

参 TTT VI。

B7a（T III M 178） 回鹘语《佛说天地八阳神咒经》

残片1叶，刻本。木头沟遗址出土。6行。

参 TTT VI，54；Oda 1986，341

无原编号 汉语《切韵》

刻本。中国国家图书馆善本部藏有王重民1935年所获照片，从照片来看，两叶叠压在一起，尚未揭开，一横一竖，一叶完整，一叶也几近完整。

参 姜亮夫1955；上田正1973；周祖谟1994，777下图版，779摹本；高田时雄2005，27-31。

无原编号 汉语《刘涓子鬼方》

中国国家图书馆善本部藏有王重民1935年所获照片，所摄有一叶正面背面，其背面第4行上有第九卷尾题“刘涓子鬼方卷第九”，第5行则为第十卷全称“刘涓子甘伯济治秣陵令已用省验方卷第十”，即龚庆宣《刘涓子男方》十卷，指出“男”当为“鬼”之讹。此书最早著录于《隋书·经籍志》，两《唐书》、《崇文总目》等都有记录，南宋时只存五卷，现仅有一卷留存。龚庆宣系南齐人，本书完成于永元元年（499）。这一叶两面为唐抄本，颇为珍贵。

参 王重民1936；罗福颐1952，卷4，No. 32；罗福颐1953，29；三木荣1964，158-159；马继兴1988，137-143；小曾户洋1996，643-644；马继兴2002，157。

英国图书馆藏吐鲁番文献

Or. 8210/S. 4682（无原编号） 唐西州高昌县籍

28×29cm，9行。年代应在开元以前。有“高昌县之印”。据内容，当为吐鲁番出土，目前编入斯坦因所获敦煌文献编号内，但不知是古代传到敦煌，还是今人混入。

参 山本达郎 1956，200-202；《敦煌资料》，108；池田温 1979，235，图 15；TTD II，A，46-47，214；B，99；《释录》2，488；陈国灿 1994，390-391；《英藏敦煌文献》6，234。

Or. 8210/S. 6090（无原编号） 唐开元年间西州高昌县籍

16×9cm，3行。据内容，当为吐鲁番出土，目前编入斯坦因所获敦煌文献编号内，但不知是古代传到敦煌，还是今人混入。

参《敦煌资料》，113；池田温 1979，253，图 23；TTD II，A，68-69，195；B，124；《释录》2，489；陈国灿 1994，392；《英藏敦煌文献》10，76。

Or. 8210/S. 6251（Ast. II. 1. 016-019） 北凉玄始九年（420）随葬衣物疏

13行。此件阿斯塔那墓地出土，早年被误编入S编号斯坦因敦煌所获汉文文书部分。

参 白须净真 1981；小田义久 1988，55；陈国灿 1994，181-183；王素 1997，85；《英藏敦煌文献》11 附录；沙知、吴芳思 2005②，320。

Or. 8210/11605 残案卷

11.5×14cm。存5行。据内容和纸质，当为吐鲁番出土。

参 荣新江 1994，225。

Or. 8210/11606（Kao. III. 0612） 近代吐鲁番文书

根据原卷上的编号，当为斯坦因考察时代的文书，应归入斯坦因档案。

参 荣新江 1994，226。

Or. 8210/11607（Kao. VII. 065） 近代吐鲁番文书

根据原卷上的编号，当为斯坦因考察时代的文书，应归入斯坦因档案。

参 荣新江 1994，226。

Or. 8210/11608（Kao. III. 03） 近代吐鲁番文书

根据原卷上的编号，当为斯坦因考察时代的文书，应归入斯坦因档案。

参 荣新江 1994，226。

Or. 8210/11609（Kao. III. 05） 近代吐鲁番文书

根据原卷上的编号，当为斯坦因考察时代的文书，应归入斯坦因档案。

参 荣新江 1994，226。

Or. 8212/87r（Toyuk 004） 佛典断片

26×14cm。5行。吐峪沟遗址出土。

参 Giles 1957，278，No. 8062。

Or. 8212/87v 粟特文佛典

7行。

参 Stein 1921，1176；Benveniste 1938，500-501；Sims-Williams 1976，61-62。

Or. 8212/106（Y. k. 0014） 回鹘文土地买卖契约

较完整写卷1叶，32×33.5cm。正面19行，背面1行。计20行。交河故城出土。

参 Stein 1921，1175；Tryjarski 1969，323；Hamilton 1969，25-52，图1；Clark 1975，No. 35；森安孝夫 1989，54，69-70；山田信夫 1993b，4-5；山田信夫 1993c，图1-2；李经纬 1994a，42-44；李经纬 1996b，42-46；耿世民 2006，139-141。

Or. 8212/115（Y. k. 0012） 回鹘文残片

5块小残片。上有汉文或藏文印痕。交河故城出土。

Or. 8212/125（Y. k. 0015） 回鹘文残片

6.5×5.5cm。双面书写。19行。交河故城出土。

Or. 8212/126（Y. k. 0019） 回鹘—汉文残片

5块小残片。一为回鹘文，三为背书回鹘文的汉文残片。双面书写。19行。交河故城出土。

Or. 8212/127（Y. k. 0017） 回鹘文残片

3块小残片。双面书写。交河故城出土。

Or. 8212/128r（Y. k. 0016） 残片

交河故城出土。

Or. 8212/128v 回鹘文残片

Or. 8212/129（Ha. ii. 13a） 回鹘语文书

大阿萨遗址出土。

参 梅村坦 2006，18-19，图1。大阿萨遗址出土。

Or. 8212/130（Ha. ii. 17b） 回鹘语文书

大阿萨遗址出土。

参 梅村坦 2006，19，图2-3。

Or. 8212/131（Ha. ii. 12a） 回鹘语官布借贷契约

26×12.5cm。双面书写，正面6行，背面3行，计9行。大阿萨遗址出土。

参 森安孝夫 1998，5，7-19，23-24（图）；梅村坦 2006，22，图7-8。

Or. 8212/131（Ha. ii. 12b） 回鹘语文书

大阿萨遗址出土。

参 梅村坦 2006，21，图6。

Or. 8212/132（Ha. ii. 14） 回鹘语宅舍买卖契约

残片2叶，分别存4、16行。大阿萨遗址出土。

参 森安孝夫 1998，5；梅村坦 2006，23-26，图10。

Or. 8212/133（Y. k. 0011）　回鹘文残片

8 块小残片，大部分模糊难识。交河故城出土。

Or. 8212/141（Ha. ii. 7）　回鹘语契约

7 行。大阿萨遗址出土。

参 森安孝夫 1998，5。

Or. 8212/142（Ha. ii. 4）　回鹘语契约

10 行。大阿萨遗址出土。

参 森安孝夫 1998，5。

Or. 8212/143（Ha. ii. 15a-b）　回鹘语契约

3 行。大阿萨遗址出土。

参 森安孝夫 1998，5；梅村坦 2006，图 5。

Or. 8212/144（Ha. ii. 18d?）　回鹘语文书

大阿萨遗址出土。

参 梅村坦 2006，20，图 4。

Or. 8212/145（Ha. ii. 16）　回鹘语文书

大阿萨遗址出土。

参 梅村坦 2006，26-27，图 11。

Or. 8212/147v（Ha. ii. 8）　回鹘语文书

大阿萨遗址出土。

参 梅村坦 2006，27-28，图 12。

Or. 8212/148（Tallik-Bulak. 001）　回鹘文书信（书籍?）残片

残片 1 叶，6×3cm。10 行。吐鲁番西南部 Tallik-Bulak 遗址出土（?）。

Or. 8212/149（Toyuk 003）　回鹘文佛典残片

残片 3 叶，均为 5×3cm。14 行。吐峪沟遗址出土。

Or. 8212/151v（Ha. ii. 10）　回鹘语官布借贷契约

5 行。大阿萨遗址出土。

参 森安孝夫 1998，5；梅村坦 2006，22-23，图 9。

Or. 8212/152（Toyuk 002. a-c）　回鹘文残片

小残片 3 块，分别为 3×3.6，3.5×1.9，4×1.4cm。a、b 片上书回鹘文，另一为回鹘文、汉文。c 片粟特文，背面汉文。吐峪沟遗址出土。

参 Stein 1921，1176；Sims-Williams 1976，62-63。

Or. 8212/155（Y. k. 0018）　回鹘文佛典断片

2 叶残片。交河故城出土。

Or. 8212/193r（Toy. IV. iii. 02.（1））　《金刚般若波罗蜜经注》

11×46cm。7 世纪。吐峪沟遗址出土。

Or. 8212/193v　回鹘文书信或买卖契约

Or. 8212/383a（Toy. II. ii. 01. g. 6）

参 吐峪沟遗址出土。

Or. 8212/416（Ast. VI. i. 027）　前凉升平八年（364）木简文

2 行。阿斯塔那墓地出土。

参 Maspero 1953，82-92，No. 262；陈国灿 1983，23；陈国灿 1994，296；王素 1997，71。

Or. 8212/462（Kao. III. 0159-0161） 残片

高昌故城出土。

Or. 8212/473（Yar. 059）

交河故城出土。

Or. 8212/520（Ast. I. 4. 018） 唐开元年间西州都督府诸曹符帖事目历

28 行。每条事目旁有朱笔点记。阿斯塔那墓地出土。

参 Maspero 1953，93-95，No. 263，图 XIV；大庭脩 1959/1985，380/816；池田温 1979，362；Twitchett 1970，335；姜伯勤 1982，297；张广达 1988，149；王永兴 1991，7-9；陈国灿 1994，80-90，168-171，图 10；陈国灿 1995a，28-29；李锦绣 1995，1035，1037-1038；陈国灿 2002b，250；李方 2005，116；沙知、吴芳思 2005①，54-55，彩图［1］。

Or. 8212/521（Ast. III. 4. 093） 唐尚书省牒为怀岌等西讨大军给果毅、傔人事

23. 2×39. 2cm，21 行。孙继民推测写成于永淳元年（682）。阿斯塔那墓地出土。

参 Maspero 1953，95-98，No. 264，图 XV；姜伯勤 1986，128-129；薛宗正 1988，71；孙继民 1990，85-86；荒川正晴 1992，445-446；荒川正晴 2000a，272；姜伯勤 1994，38-39；陈国灿 1994，40，274-276，图 4；陈国灿 2002b，118；沙知、吴芳思 2005①，56，彩图［1］。

Or. 8212/522（Ast. III. 3. 022） 唐天宝二年（743）交河郡勘检仓史氾忠敏侵占仓物案卷（二）

11. 5×17cm，6 行。阿斯塔那墓地出土。

参 Maspero 1953，99，No. 265，图 XVI；北原薰 1975；陈国灿 1994，110-122，216 217；大津透 1998，484；陈国灿 2002b，288；沙知、吴芳思①2005，57。

Or. 8212/523（Ast. III. 3. 033） 唐天宝二年（743）交河郡勘检仓史氾忠敏侵占仓物案卷（三）

20×18cm，6 行。阿斯塔那墓地出土。

参 Maspero 1953，99，No. 266，图 XVI；陈国灿 1994，110-122，217-218；大津透 1998，484；黑维强 2005，186；沙知、吴芳思 2005①，57。

Or. 8212/524（Ast. III. 3. 015） 唐天宝二年（743）交河郡勘检仓史氾忠敏侵占仓物案卷（一）

25. 5×13. 5cm，7 行。阿斯塔那墓地出土。

参 Maspero 1953，99-100，No. 267，图 XVII；陈国灿 1994，110-122，215-216，图 11；大津透 1998，484，486-487，494-495；陈国灿 2002b，288；沙知、吴芳思 2005①，58。

Or. 8212/525（Ast. III. 3. 014） 唐天宝二年（743）交河郡勘检仓史氾忠敏侵占仓物案卷（五）

12×16cm，6 行。阿斯塔那墓地出土。

参 Maspero 1953，100-101，No. 268，图 XVII；陈国灿 1994，110-122，219-220，图 11；大津透 1998，484，485-486；陈国灿 2002b，288；沙知、吴芳思 2005①，58。

Or. 8212/526（Ast. III. 3. 032）　唐天宝二年（743）交河郡勘检仓史氾忠敏侵占仓物案卷（四）

17. 5×13cm，8 行。阿斯塔那墓地出土。

参 Maspero 1953，101，No. 269，图 XVI；陈国灿 1994，110-122，218-219；李锦绣 1995，1062；大津透 1998，484；陈国灿 2002b，288；沙知、吴芳思 2005①，59。

Or. 8212/527（Ast. III. 3. 030）　唐天宝二年（743）交河郡勘检仓史氾忠敏侵占仓物案卷（六）

28×15cm，5 行。阿斯塔那墓地出土。

参 Maspero 1953，101，No. 270，图 XVII；陈国灿 1994，110-122，220，图 11；大津透 1998，484；陈国灿 2002b，288；沙知、吴芳思 2005①，59。

Or. 8212/528（Ast. III. 3. 016）　唐天宝二年（743）交河郡勘检仓史氾忠敏侵占仓物案卷（七）

16×13. 5cm，4 行。阿斯塔那墓地出土。

参 Maspero 1953，101-102，No. 271，图 XVI；北原薰 1975；陈国灿 1994，110-122，221；大津透 1998，484；陈国灿 2000，95；陈国灿 2002b，288；沙知、吴芳思 2005①，61，彩图［1］。

Or. 8212/529（Ast. III. 4. 092）　唐景龙三年（709）九月西州都督府承敕奉行等案卷

27×55cm，20 行。存尚书省比部符及检校长行使牒部分。9－11 行有“尚书比部之印”，16－17 行有“左豹韬卫弱水府之印”。阿斯塔那墓地出土。

参 Maspero 1953，102-104，No. 272，图 XVIII；仁井田陞 1955；藤枝晃 1956；内藤乾吉 1960，110；池田温 1979，346-347，图 45；孔祥星 1981，30，34；郭平梁 1986，140；张广达 1988，139；荒川正晴 1989，59-60；孙晓林 1990，171，176；王永兴 1991，74-75；中村裕一 1991，496-497，926-928；王永兴 1994，436-437；陈国灿 1994，271-273，图 8；李锦绣 1995，249-250，333-334，652；荒川正晴 1995，115-116；中村裕一 1996，205-207，360-361；李方 1997，48-49；李方 1998，143-144；沙知 1998，13；李方 2000B，43-44；陈国灿 2002b，184-185；黑维强 2005，188；沙知、吴芳思 2005①，60-61，彩图［2］。

Or. 8212/530（Ast. VII. 2. 020）　唐天宝年间交河郡仓状为纳和籴数事

6 行。第 5－6 行上端存朱印残痕。阿斯塔那墓地出土。

参 Maspero 1953，104，No. 273，图 XVII；陈国灿 1994，314，图 11；陈国灿 2002b，300-301；沙知、吴芳思 2005①，62。

Or. 8212/531（Ast. VII. 2. 018）　唐天宝八载（749）罗通牒为检见在仓粮事

5 行。阿斯塔那墓地出土。

参 Maspero 1953，104-105，No. 274；中田笃郎 1985，167；中田笃郎 1989，170；陈国灿 1994，36-37，312；陈国灿 1997，113-114；陈国灿 2000，91；李方 2002，263；陈国灿 2002b，300-301；沙知、吴芳思 2005①，62。

Or. 8212/532（Ast. VII. 2. 025 +022）　唐天宝八载（749）罗通牒尾判

5行。阿斯塔那墓地出土。

参 Maspero 1953，105，No. 275，282，图 XIX；内藤乾吉 1960，48；日比野丈夫 1963，277；菊池英夫 1964，56；中田笃郎 1985，166-167，185-186；中田笃郎 1989，170；陈国灿 1994，313；陈国灿 1997，114；陈国灿 2000，91；李方 2000A，23；李方 2002，262，263；沙知、吴芳思 2005①，63。

Or. 8212/533（Ast. VII. 2. 023）　唐鹳鸽仓文书

2行。阿斯塔那墓地出土。

参 Maspero 1953，105，No. 276；陈国灿 1994，316；陈国灿 1997，114；陈国灿 2002b，300-301；沙知、吴芳思 2005①，63。

Or. 8212/534（Ast. VII. 2. 016）　唐牒尾残片一

4行。阿斯塔那墓地出土。

参 Maspero 1953，106，No. 277；陈国灿 1994，334；陈国灿 2002b，300-301；沙知、吴芳思 2005①，64。

Or. 8212/535（Ast. VII. 2. 017）　唐天宝年间西州都督府牒

4行。有朱印残文，疑为"西州都督府之印"。阿斯塔那墓地出土。

参 Maspero 1953，106，No. 278；陈国灿 1994，335；李方 1998，151；李方 2000A，21，22；李方 2002，262；陈国灿 2002b，300-301；沙知、吴芳思 2005①，65，彩图［2］。

Or. 8212/536（Ast. VII. 2. 019）　唐天宝年间罗通牒

3行。阿斯塔那墓地出土。

参 Maspero 1953，106，No. 279；中田笃郎 1985，181；陈国灿 1994，333；陈国灿 2002b，300-301；沙知、吴芳思 2005①，66。

Or. 8212/537（Ast. VII. 2. 021）　唐某仓检见在斛斗帐

3行。阿斯塔那墓地出土。

参 Maspero 1953，106-107，No. 280；陈国灿 1994，315；陈国灿 2002b，300-301；沙知、吴芳思 2005①，66。

Or. 8212/538（Ast. VII. 2. 015/1）　唐天宝某载前庭县（?）新纳斛斗破除见在历

共计15块残片，属于同一文书，总计36行。其中a片已遗失。阿斯塔那墓地出土。

参 Maspero 1953，107-109，No. 281；陈国灿 1994，317-325；沙知、吴芳思 2005①，67-72。

Or. 8212/539（Ast. VII. 2. 015）　唐天宝某载交河郡仓曹勘检诸仓仓粮案卷

计6块断片，总17行。阿斯塔那墓地出土。

参 Maspero 1953，107-109，No. 281；中田笃郎 1985，180-181；陈国灿 1994，326-332；李方 2000A，23；陈国灿 2002b，300-301；沙知、吴芳思 2005①，73-75。

Or. 8212/540（Ast. VII. 2. 022）　唐天宝年间西州计会等文书

计8片，总17行。阿斯塔那墓地出土。

参 陈国灿 2002b，300-301；沙知、吴芳思 2005①，76-78。

Or. 8212/540（Ast. VII. 2. 015）　唐天宝年间西州牒及判词

9 块残片，共 18 行，有朱印痕。其中 r、s 编号 2 块残片，与 Or. 8212/532（No. 275）缀合。阿斯塔那墓地出土。

参 陈国灿 2002b，300-301；沙知、吴芳思 2005①，79-81。

Or. 8212/541（Ast. III. 4. 087）　唐西州都督府兵曹判尾

13. 5 × 18cm，5 行。第 2 - 4 行间有朱印痕，纸缝背面有押字。阿斯塔那墓地出土。

参 Maspero 1953，109，No. 283；陈国灿 1994，254；李方 1998，140-141；沙知、吴芳思 2005①，82。

Or. 8212/542r（Ast. III. 4. 091）　武周长寿二年（693）四月佃人张才实牒尾

34. 5 × 22. 5cm，4 行。阿斯塔那墓地出土。

参 Maspero 1953，110，No. 284，图 XIX；仁井田陞 1955；周藤吉之 1959，102；堀敏一 1975，319；池田温 1979，336；陈国灿 1983，23；堀敏一 1984，285；陈国灿 1994，242；陈国灿 2002b，139；沙知、吴芳思 2005①，83。

Or. 8212/542v　武周诸户得冯酉武田亩帐

5 行。

参 Maspero 1953，110，No. 284，图 XIX；池田温 1979，336；陈国灿 1994，243-244；陈国灿 1999a，41-42；陈国灿 2002b，139 沙知、吴芳思 2005①，83。

无编号（Ast. VII. i. 09）　残片

1 行。阿斯塔那墓地出土。原件已遗失。

参 Maspero 1953，110，No. 285；陈国灿 1994，310。

无编号（Ast. VII. i. 011）　唐某人辞

10 行。唐朝文书。阿斯塔那墓地出土。原件已遗失。

参 Maspero 1953，111，No. 286；陈国灿 1994，308-309。

Or. 8212/543（Ast. I. 4. 019）　唐助屯输丁文书

7 行。阿斯塔那墓地出土。

参 Maspero 1953，111，No. 287；陈国灿 1994，91-109，172；沙知、吴芳思 2005①，84。

Or. 8212/544（Ast. VII. 2. 024）　唐牒尾残片三

1 行。阿斯塔那墓地出土。

参 Maspero 1953，111，No. 288；陈国灿 1994，336；陈国灿 2002b，300-301；黑维强 2004b，125；沙知、吴芳思 2005①，84。

Or. 8212/545（Ast. III. 4. 078b）　武周长寿二年（693）请麴寿充头官牒

24. 5 × 5. 6cm，3 行。用武周新字。阿斯塔那墓地出土。

参 Maspero 1953，111，No. 289；陈国灿 1994，241；沙知、吴芳思 2005①，85。

Or. 8212/546（Ast. I. i. 018）　唐某人辩辞为职田事

5 行。阿斯塔那墓地出土。

参 Maspero 1953，111，No. 290；陈国灿 1994，143-144；沙知、吴芳思 2005①，85。

Or. 8212/547（Ast. III. 4. 078a）　唐人家书

2行。与Or. 8212/894a为同一文书，但不能直接缀合。阿斯塔那墓地出土。

参 Maspero 1953，111，No. 291，图XIX；陈国灿1994，281；沙知、吴芳思2005①，86。

Or. 8212/548（Ast. VI. 2. 010）　北凉文书

计4块残片，叠置在一起，分别存2、3行。阿斯塔那墓地出土。

参 Maspero 1953，112，No. 292，图XIX；陈国灿1994，300-303；沙知、吴芳思2005①，87-88。

Or. 8212/548（Ast. VI. 2. 010. d）　北凉兵曹符为冯受子等往守十日

5行。阿斯塔那墓地出土。

参 Maspero 1953，112，No292，图XIX；陈国灿1994，298；王素1997，105；沙知、吴芳思2005①，88。

Or. 8212/548（Ast. VI. 2. 010（1b））　北凉用水纳粟牒

6行。阿斯塔那墓地出土。

参 Maspero 1953，112，No. 292，图XIX；陈国灿1994，299；王素1997，105；沙知、吴芳思2005①，89。

Or. 8212/549（Ast. 004）　唐西州都督府符为州学生牛某补职高昌县事

6行。4－6行有“西州都督府之印”。阿斯塔那墓地出土。

参 Maspero 1953，112-113，No. 293，图XIX；陈国灿1994，395；沙知、吴芳思2005①，89，彩图［3］。

Or. 8212/550（Ast. III. 4. 079）　唐张才实等人钱帐

20×15.5cm，双面书写，正面4行，背面1行。阿斯塔那墓地出土。

参 Maspero 1953，113，No. 294，图XXII；陈国灿1994，279；沙知、吴芳思2005①，90。

Or. 8212/551（Ast. III. 3. 07-08）　唐西州长行坊配兵放马簿

28.4×54.3+103.3cm，61行。阿斯塔那墓地出土。

参 Maspero 1953，113-121，No. 295，图XX-XXII；仁井田陞1955，55-56；Yang 1955，150-151；藤枝晃1956；日比野丈夫1963，278；菊池英夫1964，56；孔祥星1981，33，34；张承志1981，157；王冀青1985，36-38；荒川正晴1989，57；荒川正晴1990b，23-44；孙晓林1990，178，226；陈国灿1994，199-206；陈国灿2000，101；陈国灿2002b，233；黑维强2004b，124；沙知、吴芳思2005①，91-94。

Or. 8212/552（Ast. III. 3. 037）　唐西州长行坊配兵放马簿

28.4×77.5cm，25行。背面骑缝押“仙”字，并有朱印，印文不清。阿斯塔那墓地出土。

参 Maspero 1953，121-123，No. 296，图XXIII；孙晓林1990，178，191，225-226；荒川正晴1990b，23-44 陈国灿1994，207-209；陈国灿2000，101；沙知、吴芳思2005①，95-96。

Or. 8212/553（Ast. III. 3. 09-0. 10）　唐开元十年（722）西州长行坊发送、收领马、驴帐

28.7×35.3+53.4cm，两块残片，内容类似，但发送日期交错，当时两份记录，分别为21、16行。其中收领记录用朱笔，乃马驴回到日所注记。阿斯塔那墓地出土。

参 Maspero 1953，123-129，No. 297，图 XXIV-XXV；仁井田陞 1955，55-56；Yang 1955，150-151；藤枝晃 1956；菊池英夫 1970，92-94；孔祥星 1981，30-31，33，34；王冀青 1985，38-39；荒川正晴 1989，56；孙晓林 1990，175，179，180-181，191，205，219，223；荒川正晴 1990a，3；陈国灿 1994，192-198，图 9；荒川正晴 2000a，257；陈国灿 2002b，230-231；沙知、吴芳思 2005①，97-98，97-100。

Or. 8212/554（Ast. IX. 6. 02-03，029）　唐总章二年（669）至咸亨元年（670）西州长行坊死马价及皮价帐

共9块残片。分别存10、3、10、4、9、3、10、3、10行。有朱笔“同”等字。阿斯塔那墓地出土。

参 Maspero 1953，129-135，No. 298，图 XXVI-XXVII；仁井田陞 1955，55-56；Yang 1955，150-151；藤枝晃 1956；日比野丈夫 1963，301；菊池英夫 1964，56；池田温 1973；孔祥星 1981，31，32，34，35；卢向前 1982，683；王冀青 1985，39，44，52，53；张广达 1988，141；孙晓林 1990，172，175，179-180，183；关尾史郎 1992，31-34；陈国灿 1994，367-377；李锦绣 1995，662；陈国灿 2000，83-84，102；陈国灿 2002b，83-84；沙知、吴芳思 2005①，101-109。

Or. 8212/555（Ast. III. 3. 036）　唐开元十年（722）西州长行坊牒为应在、见在死畜皮物数事

20行。阿斯塔那墓地出土。

参 Maspero 1953，135-136，No. 299，图 XXVIII；仁井田陞 1955，55-56；Yang 1955，150-151；孔祥星 1981，30；卢向前 1982，683；孙晓林 1990，174，175，190；李锦绣 1995，201-202，663，1033；陈国灿 1994，189-191；陈国灿 2002b，231-232；沙知、吴芳思 2005①，110。

Or. 8212/556（Ast. III. 3. 041）　唐开元年间西州长行坊文书

计6块断片，合计13行。阿斯塔那墓地出土。

参 Maspero 1953，136，No. 300；陈国灿 1994，213-214；沙知、吴芳思 2005①，111-112。

Or. 8212/557（Ast. III. 4. 095（1））　唐神龙元年（705）交河县状上西州兵曹为长行官马致死金娑事

17行。5－6行有“交河县之印”，12－15行有“西州都督府之印”。阿斯塔那墓地出土。

参 Maspero 1953，136-140，No. 301，图 XXIX；仁井田陞 1955，55-56；Yang 1955，150-151；内藤乾吉 1960，74；菊池英夫 1964，37-38；菊池英夫 1970，60；孔祥星 1981，38；张承志 1981，153；卢向前 1982，680；王冀青 1985，47；王冀青 1986，60；张广达 1988，140；孙晓林 1990，187-188，205，209-210，219；中村裕一 1991，929-931；陈国灿 1994，245-247；李方 1998，138-139，145；李方 2000B，42-43；荒川正晴 2000a，257；陈国灿 2002b，172；沙知、吴芳思 2005①，

113-114。

Or. 8212/557（Ast. III. 4. 095（2））　唐神龙元年（705）天山县状上西州兵曹为长行马在路致死事

27行。本件多处钤“天山县印”、“西州都督府之印”。又，在马匹项下均钤有卧“贝”字形朱印，又有朱书及朱笔点画多处。阿斯塔那墓地出土。

参 Maspero 1953，136-140，No. 301，图XXIX；仁井田陞1955，55-56；Yang 1955，150-151；菊池英夫1964，37-38；菊池英夫1970，60；孔祥星1981，31，32，33，35，36；张承志1981，153；王冀青1985，43，47-48；王冀青1986，60，63；张广达1988，141；孙晓林1990，182-183，219；陈国灿1994，255-258，图5-6；荒川正晴2000a，257；陈国灿2002b，173；黑维强2004a，61，62；黑维强2004b，125；沙知、吴芳思2005①，115-116，彩图［2-3］。

Or. 8212/558　（Ast. III. 4. 094）　唐神龙元年（705）西州都督府兵曹处分死马案卷

28. 3×133. 5cm，44行，又一残片，6行。有“西州都督府之印”及朱笔勾记。

参 Maspero 1953，140-143，No. 302，图XXX；仁井田陞1955，55-56；Yang 1955，150-151；小笠原宣秀、西村元佑1960，166；菊池英夫1964，56；嶋崎昌1977，151-152；孔祥星1981，31，32，33，34，35，38；张承志1981，147，153；王冀青1985，45，48-49，51-52；王冀青1986，62；张广达1988，140；荒川正晴1989，54-56；孙晓林1990，185-186，215，219；中村裕一1991，928-929；陈国灿1994，248-253；中村裕一1996，183-185；李方1998，139-140，145；李方2000B，43；陈国灿2002b，172；李方2002，271-272；黑维强2004a，61，62；陈国灿2005，110；沙知、吴芳思2005①，117-120，彩图［4］。

Or. 8212/559AB（Ast. III. 4. 083，084，089）　（1）唐神龙元年（705）赤亭镇牒为长行马致死管内事　（2）唐神龙元年（705）高昌县贾才敏等牒为长行马死方亭戍东事

两块残片，分别为10行、7行。阿斯塔那墓地出土。

参 Maspero 1953，143-144，No. 303；仁井田陞1955，55-56；Yang 1955，150-151；日比野丈夫1963，278；菊池英夫1970，59；孔祥星1981，32，35；王冀青1985，49；王冀青1986，62；张广达1988，141；孙晓林1990，183，184-185，186，189；陈国灿1994，37-38，262-265，图7；陈国灿2000，101；陈国灿2002b，173-174；沙知、吴芳思2005①，121-122，彩图［3］。

Or. 8212/560（Ast. III. 4. 085）　唐神龙元年（705）天山县状上西州为长行马死某戍事

14. 5×30. 5cm，10行。有朱书印字等。前接Or. 8212/563。阿斯塔那墓地出土。

参 Maspero 1953，144-145，No. 304；王冀青1985，49；孙晓林1990，183，188；陈国灿1994，259-260；陈国灿2002b，173；沙知、吴芳思2005①，123。

Or. 8212/561（Ast. III. 4. 086）　唐神龙元年（705）西州典魏及牒为马死、瘦罢役将去事

13. 5×40cm，14行。阿斯塔那墓地出土。

参 Maspero 1953，145，No. 305；孔祥星1981，32；王冀青1985，46；孙晓林1990，182；陈国灿1994，269-270；黑维强2004b，125；沙知、吴芳思2005①，124。

Or. 8212/562（Ast. III. 4. 088） 唐神龙元年（705）西州马子董德德辩辞为马死、瘦事

13.5×39cm，13行。尾署“元年四月”，当指神龙元年（705）四月。阿斯塔那墓地出土。

参 Maspero 1953，145-146，No. 306；孙晓林 1990，182，205；陈国灿 1994，267-268；沙知、吴芳思 2005①，125。

Or. 8212/563（Ast. III. 4. 074，083，084，089） 唐神龙元年（705）赤亭镇牒为长行马在镇界内困死事

13.2×19.2cm，9行。与Or. 8212/559A可以缀合。阿斯塔那墓地出土。

参 Maspero 1953，146，Nos. 303，307；图XV；孔祥星 1981，32，35；孙晓林 1990，186；陈国灿 1994，261-263，图7；陈国灿 2000，88；陈国灿 2002b，173-174；沙知、吴芳思 2005①，126，121。

Or. 8212/564（Ast. 001） 唐神龙间西州都督府兵曹案卷判尾

8行。阿斯塔那墓地出土。

参 Maspero 1953，146-147，No. 308；陈国灿 1994，388-389；李方 1998，140；沙知、吴芳思 2005①，127。

Or. 8212/565（Ast. III. 3. 06） 唐西州典张从牒为检校开元十年（722）蒲昌群长行马事

28.5×41.5cm，10行。阿斯塔那墓地出土。

参 Maspero 1953，147，No. 309，图XXXI；仁井田陞 1955，55-56；Yang 1955，150-151；藤枝晃 1956；孔祥星 1981，30，32，33；张承志 1981，156；孙晓林 1990，174，224-225；荒川正晴 1990b，30-31，40-41；陈国灿 1994，210-211；陈国灿 2002b，232；黑维强 2004a，61；沙知、吴芳思2005①，128。

Or. 8212/566（Ast. III. 3. 034） 唐开元年间西州长行坊牒尾

29×27cm，3行。阿斯塔那墓地出土。

参 Maspero 1953，148，No. 310；孔祥星 1981，30；陈国灿 1994，212；沙知、吴芳思 2005①，129。

Or. 8212/567（Ast. 002-003） 唐西州柳中县为申当县诸寺马匹牒

2块残片，计11行。2-3行上部，5-6行下部有“柳中县之印”。阿斯塔那墓地出土。

参 Maspero 1953，148-149，No. 311；陈国灿 1994，393-394；沙知、吴芳思 2005①，129-130。

Or. 8212/568（Ast. III. 4. 076） 唐神龙元年（705）高昌县白神感等辞为放免户备马匹事

27.5×16cm，6行。阿斯塔那墓地出土。

参 Maspero 1953，149，No. 312，图XXXI；内藤乾吉 1960，104；卢向前 1982，685；王冀青 1985，40；中村裕一 1996，191；荒川正晴 2000a，286-287；陈国灿 1994，266；陈国灿 2002b，174；沙知、吴芳思 2005①，130。

Or. 8212/569（Ast. III. 4. 081+079b） 唐西州高昌县顺义乡严秃子贷大麦契

22×34.5cm，12行。背面有自上而下墨道12条。阿斯塔那墓地出土。

参 Maspero 1953，150-151，No. 313，图XXXI；仁井田陞 1960，192-193/769-770，

图 11/图 16-1；《敦煌资料》，470；陈国灿 1983，23；TTD III，A，188-189；B，26；陈国灿 1994，277-278；陈国灿 1999a，208；陈国灿 2002b，188；沙知、吴芳思 2005①，131。

Or. 8212/570（Ast. III. 4. 090）　武周天授三年（692）西州高昌县武城乡张文信租田契

24×41cm，12 行。背面有合同类文记左半。阿斯塔那墓地出土。

参 Maspero 1953，151，No. 314；仁井田陞 1955；周藤吉之 1959，123；仁井田陞 1960，196/777-778，图 12/图 16-2；池田温 1960，19-20；《敦煌资料》，454；韩国磐 1962，210；孙达人 1962，99；仁井田陞 1962，250-251；堀敏一 1963，618；池田温 1973，19-20；堀敏一 1975，289-290；堀敏一 1980，39；小田义久 1981，97；张传玺 1982，179；吴震 1982，122；陈国灿 1983，23；堀敏一 1984，259；韩国磐 1984，234；唐耕耦 1985，96-97；杨际平 1986，235-236；孔祥星 1986，54；TTD III，A，163；B，24；吴震 1987，44；陈国灿 1994，239-240；陈国灿 2002b，136；沙知、吴芳思 2005①，132，彩图［4］。

Or. 8212/571（Ast. 005）　唐雇契

5 行。阿斯塔那墓地出土。

参 Maspero 1953，152，No. 315；陈国灿 1994，397；沙知、吴芳思 2005①，133。

Or. 8212/572（Ast. III. 4. 029）　马宝安绢题名

1 行。此为三片绢布缝合而成。阿斯塔那墓地出土。

参 Maspero 1953，152，No. 316；陈国灿 1994，306；沙知、吴芳思 2005①，133。

Or. 8212/573（Ast. III. 4. 030）　书信残纸

13×17cm，6 行。书法古拙，当为高昌郡时期。阿斯塔那墓地出土。

参 Maspero 1953，152，No. 317；陈国灿 1994，305；沙知、吴芳思 2005①，134。

Or. 8212/574+575+576（Ast. IX. 3. 07+3. 08+3. 09/2+3. 09/1）　高昌国某寺月用麦粟桑枣酒钱帐历（一）

4 块残片缀合，23 行。有该寺上坐寺主知、中坐道信、下坐道太署名。阿斯塔那墓地出土。

参 Maspero 1953，152-155，Nos. 318，319，320；町田隆吉 1990，94-95；陈国灿 1994，64-79，355-359，图 2；王素 1997，283；沙知、吴芳思 2005①，135-138。

Or. 8212/577（Ast. IX. 3. 010）　高昌国某寺月用麦粟桑枣酒钱帐历（三）

1 行。阿斯塔那墓地出土。

参 Maspero 1953，155，No. 321；陈国灿 1994，64-79，360，图 2；沙知、吴芳思 2005①，139。

Or. 8212/578（Ast. IX. 3. 011）　高昌国某寺月用麦粟桑枣酒钱帐历（二）

5 行。阿斯塔那墓地出土。

参 Maspero 1953，155，No. 322；陈国灿 1994，64-79，359-360，图 2；沙知、吴芳思 2005①，139。

Or. 8212/579+580（Ast. IX. 3. 06+3. 012）　高昌国延寿五年（628）王伯瑜随葬衣物疏

计 2 块残片，可缀合，共 9 行。阿斯塔那墓地出土。

参 Maspero 1953，155-156，Nos. 323，324，图 XXXII；小田义久 1988，71；陈国灿 1994，353-354；王素 1997，282；黑维强 2004b，123；沙知、吴芳思 2005①，140-141。

Or. 8212/581（Ast. IX. 2. 053）　唐乾封二年（667）西州高昌县董真英随葬功德疏

15 行。第 1－7 行朱书。阿斯塔那墓地出土。

参 Maspero 1953，156-158，No.，No. 325，图 XXXII；小笠原宣秀 1960，258，图 14；小笠原宣秀 1965，5-6；小田义久 1976；小田义久 1988，52，76-77；陈国灿 1983；陈国灿 1994，346-347；池田温 2000，140；陈国灿 2002b，77；沙知、吴芳思 2005①，142。

Or. 8212/582（Ast. I. 4. 014）　密教偈（三）

13 行。阿斯塔那墓地出土。

参 Maspero 1953，158，No. 328；陈国灿 1994，175-176；沙知、吴芳思 2005①，143。

Or. 8212/583（Ast. I. 4. 015）　密教偈（一）

8 行。阿斯塔那墓地出土。

参 Maspero 1953，158，No. 329；陈国灿 1994，173-174；沙知、吴芳思 2005①，144。

Or. 8212/584（Ast. I. 4. 017）　密教偈（二）

8 行。阿斯塔那墓地出土。

参 Maspero 1953，158，No. 330；陈国灿 1994，174-175；沙知、吴芳思 2005①，145。

Or. 8212/584（Ast. I. 4. 016）　密教偈

碎片 6 块。阿斯塔那墓地出土。

参 Maspero 1953，158，No. 330；陈国灿 1994，176；沙知、吴芳思 2005①，145。

Or. 8212/585（Ast. III. 3. 011-013）　南齐孔稚珪《褚先生百玉碑》

3 块残片，共 9 行。唐写本残卷，与《艺文类聚》卷三七所收文字有异同。阿斯塔那墓地出土。

参 Maspero 1953，158，No. 331；陈国灿 1994，234-235；姚崇新 2005，9；沙知、吴芳思 2005①，146。

Or. 8212/586（Kao. 076）　唐西州给田簿（一）

17×18.7cm，5 行。以下 7 件为同一文书的不同残片，和大谷 1224-2988 号中间的一大批《唐西州高昌县给田文书》的格式、书法、内容完全一致，都属于同一组文书，据原始编号，为高昌故城出土，但从内容看，疑原出自阿斯塔那墓葬。这里依马伯乐之旧，分别编号。

参 Maspero 1953，159，No. 332；西嶋定生 1959，248；池田温 1979，436；陈国灿 1994，408-409；沙知、吴芳思 2005①，147。

Or. 8212/587（Kao. 078）　唐西州给田簿（二）

13.8×7.5cm，2 行。高昌故城出土。

参 Maspero 1953，159，No. 333；西嶋定生 1959，248；池田温 1979，436；陈国灿 1994，409；沙知、吴芳思 2005①，147。

Or. 8212/588（Kao. 079） 唐西州给田簿（三）

3行。高昌故城出土。

参 Maspero 1953，159，No. 334；西嶋定生 1959，249；池田温 1979，437；陈国灿 1994，410；沙知、吴芳思 2005①，148，彩图［4］。

Or. 8212/589（Kao. 084） 唐西州给田簿（四）

13. 8×8. 5cm，2行。高昌故城出土。

参 Maspero 1953，159，No. 335；西嶋定生 1959，248；池田温 1979，436-437；陈国灿 1994，410；沙知、吴芳思 2005①，148。

Or. 8212/590（Kao. 086） 唐西州给田簿（五）

8. 1×10. 5cm，3行。高昌故城出土。

参 Maspero 1953，160，No. 336；西嶋定生 1959，248；池田温 1979，436；陈国灿 1994，411；沙知、吴芳思 2005①，149。

Or. 8212/591（Kao. 095） 唐西州给田簿（六）

18. 5×11. 2cm，3行。高昌故城出土。

参 Maspero 1953，160，No. 337；西嶋定生 1959，248；池田温 1979，436；陈国灿 1994，411-412；沙知、吴芳思 2005①，149。

Or. 8212/592（Kao. 096） 唐西州给田簿（七）

2行。高昌故城出土。

参 Maspero 1953，160，No. 338；西嶋定生 1959，248；池田温 1979，437；陈国灿 1994，412；沙知、吴芳思 2005①，150。

Or. 8212/593（Kao. 075） 唐西州某馆牒为每季贴料粟事

4行。高昌故城出土。

参 Maspero 1953，160-161，No. 339；陈国灿 1994，413；李锦绣 1995，1005；沙知、吴芳思 2005①，150。

Or. 8212/594（Kao. 082） 唐绢布匹数残卷

5. 6×3. 5cm，1行。高昌故城出土。

参 Maspero 1953，161，No. 340；陈国灿 1994，419；沙知、吴芳思 2005①，151。

Or. 8212/595（Kao. 083） 唐孝行等名籍

3行。高昌故城出土。

参 Maspero 1953，161，No. 341；陈国灿 1994，407；沙知、吴芳思 2005①，151。

Or. 8212/596（Kao. 087） 唐西州文书残片

1行。高昌故城出土。

参 Maspero 1953，161，No. 342；陈国灿 1994，423；沙知、吴芳思 2005①，152。

Or. 8212/597（Kao. 080. a） 唐西州高昌县花户令狐氏文书

25. 5×7cm，2行。高昌故城出土。

参 Maspero 1953，161，No. 343；陈国灿 1983，23-24；陈国灿 1994，417；沙知、吴芳思 2005①，152。

Or. 8212/598（Kao. 028） 唐天宝年间契尾

3行。高昌故城出土。

参 Maspero 1953，161，No. 344；陈国灿 1983，23-24；陈国灿 1994，406；沙知、吴芳思 2005①，153。

Or. 8212/599（Kao. 094. a） 唐文书残片

3 行。高昌故城出土。

参 Maspero 1953，161，No. 345；陈国灿 1994，425；沙知、吴芳思 2005①，153。

Or. 8212/599（Kao. 094. b） 唐诗文残片

2 行。高昌故城出土。

参 Maspero 1953，161，No. 345；陈国灿 1994，426；沙知、吴芳思 2005①，154。

Or. 8212/600（Kao. 091） 唐西州文书案尾

9×13.5cm，4 行。背面有残字一。高昌故城出土。

参 Maspero 1953，161，No. 346；陈国灿 1994，420；沙知、吴芳思 2005①，154-155。

Or. 8212/601（Kao. 093） 唐开元二十九年（741）西州纳夫价等钱钞

26.5×15cm，6 行。高昌故城出土。

参 Maspero 1953，162，No. 347；池田温 1979，437；王殊文 1985，27；陈国灿 1994，405；李锦绣 1995，111，484-485，849；陈国灿 2002b，279-280；沙知、吴芳思2005①,155。

Or. 8212/602（Kao. 061. a） 唐西州钱粮帐

3 行。高昌故城出土。

参 Maspero 1953，162，No. 348；陈国灿 1994，418；沙知、吴芳思 2005①，156。

Or. 8212/603（Kao. 061. b） 唐西州文书残片

1 行。高昌故城出土。

参 Maspero 1953，162，No. 349；陈国灿 1994，424；沙知、吴芳思 2005①，156。

Or. 8212/604（Kao. 097） 唐西州草束计等入钱帐（一）

以下 3 块残片书法相同，内容一致，属于同一帐目。现按马伯乐分别编号。本件 4 行。

参 Maspero 1953，162，No. 350；陈国灿 1994，414；沙知、吴芳思 2005①，157。

Or. 8212/605（Kao. 090） 唐西州草束计等入钱帐（三）

3 行。高昌故城出土。

参 Maspero 1953，163，No. 351；陈国灿 1994，416；沙知、吴芳思 2005①，157。

Or. 8212/606（Kao. 089） 唐西州草束计等入钱帐（二）

8 行。高昌故城出土。

参 Maspero 1953，163，No. 352；陈国灿 1994，415-416；沙知、吴芳思 2005①，158。

Or. 8212/607（Kao. 077） 解梦书

5 行。高昌故城出土。

参 Maspero 1953，164，No. 353；陈国灿 1994，427；沙知、吴芳思 2005①，159。

Or. 8212/608（Kao. 081） 解梦书

2 行。高昌故城出土。

参 Maspero 1953，164，No. 354；陈国灿 1994，428；沙知、吴芳思 2005①，159。

Or. 8212/609 +610 +611 +612（Yut. 06 +08 +09 +012） 唐建中七年（786）西州蒲昌县牒为检造秋布花事

4 块残片，分别为 10.5 ×4.5cm，12 ×4cm，12.5 ×5cm，13.3 ×3cm，可缀合为一件文书，5 行。有"蒲昌县之印"。

参 Maspero 1953，164-165，No. 355，356，357，358；仁井田陞 1955；陈国灿 1994，34-35，122-136，431-432，图 12；陈国灿 2002b，339 沙知、吴芳思 2005①，160-161。

Or. 8212/613（Yut. 07） 唐西州支用粮帐（一）

以下 4 块残片据内容、书法当为同一文书。现依原编号分别标目。本件 10 ×4.5cm，3 行。

参 Maspero 1953，165，No. 359；陈国灿 1994，433；沙知、吴芳思 2005①，162。

Or. 8212/614（Yut. 010） 唐西州支用粮帐（二）

13 ×5cm，2 行。

参 Maspero 1953，165，No. 360；陈国灿 1994，434；沙知、吴芳思 2005①，162。

Or. 8212/615（Yut. 011） 唐西州支用粮帐（三）

9.6 ×5.8cm，3 行。

参 Maspero 1953，165，No. 361；陈国灿 1994，434；沙知、吴芳思 2005①，163。

Or. 8212/616（Yut. 013） 唐西州支用粮帐（四）

10.2 ×4.5cm，3 行。

参 Maspero 1953，165，No. 362；陈国灿 1994，435；沙知、吴芳思 2005①，163。

Or. 8212/617（Yut. 015） 唐天宝三年（744）西州安德德纳粮抄

29 ×27cm，6 行。

参 Maspero 1953，165-166，No. 363；陈国灿 1994，430；陈国灿 1999b，470；陈国灿 2002b，293；沙知、吴芳思 2005①，164。

Or. 8212/618（Yut. 014） 唐西州贷小麦契

2 行。

参 Maspero 1953，166，No. 364；TTD III，A，187；B，30；陈国灿 1994，436；沙知、吴芳思 2005①，164。

Or. 8212/619（Toy. 046） 高昌延昌三十四年（594）告白

27.5 ×4.6cm，2 行。过去多以此件为印刷品，实为毛笔所书。吐峪沟遗址出土。

参 Maspero 1953，167，No. 365；郭锋 1993，202；图 XXXIII；陈国灿 1994，439，图 1；王素 1997，213；沙知、吴芳思 2005①，165。

Or. 8212/620r（Toy. 047） 唐西州田亩帐

2 行，大书习字，上有"柳中县之印"。吐峪沟遗址出土。

参 Maspero 1953，167，No. 366，图 XXXIII；《敦煌资料》，142；池田温 1979，491-492；陈国灿 1983，23；TTD II，A，47-48，213；B，100；陈国灿 1994，443；沙知、吴芳思 2005①，165。

Or. 8212/620v 韵书

参 TTD Ⅱ，A，48；B，100。

Or. 8212/621r（Toy. Ⅱ. ii. 02. h）　唐西州佃人簿

4 行。吐峪沟遗址出土。

参 Maspero 1953，168-169，No. 367；《敦煌资料》，471；韩国磐 1962，210；池田温 1979，492；陈国灿 1994，444；沙知、吴芳思 2005①，166。

Or. 8212/621v　唐西州丁谷寺惠净与弟书（草）

9 行。

参 Maspero 1953，168-169，No. 367，图 XXXIII；陈国灿 1994，454-455；沙知、吴芳思 2005①，166。

Or. 8212/622r（Toy. 048. a，b）　唐西州绌绫等匹数帐

18. 5×14cm，4 行。吐峪沟遗址出土。

参 Maspero 1953，169，No. 368；陈国灿 1994，445；沙知、吴芳思 2005①，167。

Or. 8212/622v　唐文书残片

13×12cm，3 行。

参 Maspero 1953，169，No. 368；陈国灿 1994，451；沙知、吴芳思 2005①，167。

Or. 8212/623（Toy. 043）　唐支用钱帐

15×9. 3cm，双面书写，6 行。吐峪沟遗址出土。

参 Maspero 1953，169，No. 369；陈国灿 1994，447-448；沙知、吴芳思 2005①，168。

Or. 8212/624（Toy. Ⅵ. 088）　唐西州某人状为承租人浑某索緤布事

28. 8×7cm，3 行。吐峪沟遗址出土。

参 Maspero 1953，170，No. 370；陈国灿 1994，446；沙知、吴芳思 2005①，169。

Or. 8212/625（Toy. Ⅱ. i. 02 + Ⅰ. i. 01）　文书残片

3 块残片，各 1 行，提到"渠黎"。背面为习字。吐峪沟遗址出土。

参 Maspero 1953，170，No. 371；陈国灿 1994，449-450；沙知、吴芳思 2005①，169-170。

Or. 8212/626（Toy. 045）　唐书信

26×19. 5cm，5 行。与 Or. 8212/629 书法一致，应是同一人所书。吐峪沟遗址出土。

参 Maspero 1953，170，No. 372，图 XXXIII；陈国灿 1994，456-457；沙知、吴芳思 2005①，170。

Or. 8212/627（Toy. Ⅲ. ii. 02. a）　唐书信

4 行。吐峪沟遗址出土。

参 Maspero 1953，170，No. 373；陈国灿 1994，458；沙知、吴芳思 2005①，171。

Or. 8212/628（Toy. Ⅲ. 032. a）　唐残辞稿

3 行。吐峪沟遗址出土。

参 Maspero 1953，170-171，No. 374；陈国灿 1994，453；沙知、吴芳思 2005①，171。

Or. 8212/628（Toy. Ⅲ. 032. b）　佛典断片

2 行。吐峪沟遗址出土。

参 Maspero 1953，170-171，No. 374；陈国灿 1994，469。

Or. 8212/628（Toy. III. 032c） 佛典残片

1 行。吐峪沟遗址出土。

参 Maspero 1953，170-171，No. 374；陈国灿 1994，469。

Or. 8212/628（Toy. III. 032. d） 回鹘文文献残片

3 行。吐峪沟遗址出土。

参 Maspero 1953，170-171，No. 374；陈国灿 1994，469。

Or. 8212/629（Toy. III. ii. 02. j） 唐书信

4 行。Or. 8212/626 书法一致，应是同一人所书。吐峪沟遗址出土。

参 Maspero 1953，171，No. 375；陈国灿 1994，457；沙知、吴芳思 2005①，172。

Or. 8212/630r（Toy. 044） 《尚书·吕刑》孔安国疏

16. 2×21. 5cm，7 行。唐写本，似为摘抄本。吐峪沟遗址出土。

参 Maspero 1953，171-172，No. 376，图 XXXIV；陈国灿 1994，460-461；姚崇新 2005，3，5；沙知、吴芳思 2005①，173。

Or. 8212/630v 唐书信

8 行，字迹模糊难识。

参 沙知、吴芳思 2005①，174。

Or. 8212/631（Toy. III. ii. 03. f） 《尚书·文侯之命》孔安国疏

15. 5×13cm，4 行。唐写本。沙知据字迹、纸质，认为当与 Or. 8212/630r《尚书·吕刑》为同一书手所抄。吐峪沟遗址出土。

参 Maspero 1953，172，No. 377，图 XXXIII；陈国灿 1994，462；姚崇新 2005，5；沙知、吴芳思 2005①，175。

Or. 8212/632r（Toy. III. 032. i） 唐开元十六年（728）西州籍

6. 1×10cm，3 行，有印痕。与大谷 8088、大谷 8110 号为同一文书。吐峪沟遗址出土。

参 仁井田陞 1937，741；Maspero 1953，172-173，No. 378；《敦煌资料》，212；土肥义和 1969，96，100，121；池田温 1979，251；唐长孺 1982；韩国磐 1984，206；TTD II，A，65-67，196；陈国灿 1994，442；陈国灿 2002b，249；沙知、吴芳思 2005①，176。

Or. 8212/632v 《论语集解》宪问篇

7 行。唐写本。何晏集解本。沙知据字迹、纸质，认为与 Or. 8212/630r《尚书·吕刑》、Or. 8212/631《尚书·文侯之命》似为同一书手所抄。与大谷 8088v、大谷 8110v 为同一写本。

参 Maspero 1953，172-173，No. 378，图 XXXIII；TTD II，A，65-66；B，122；陈国灿 1994，459；姚崇新 2005，3，5；沙知、吴芳思 2005①，177；张娜丽 2006b，45-48，图 3。

Or. 8212/633r（Toy. I. ii. 07. e） 星象书（?）

3 行。吐峪沟遗址出土。

参 Maspero 1953，173-174，No. 379；陈国灿 1994，463；沙知、吴芳思 2005①，178。

Or. 8212/633v 《开蒙要训》（别本）

7 行。

参 沙知、吴芳思 2005①，178。

Or. 8212/634（Toy. I. ii. 04. d） 《妙法莲华经》卷一

10. 6×21. 5cm，11 行。吐峪沟遗址出土。

参 Maspero 1953，174，No. 380；兜木正亨 1978，135，No. 1395；陈国灿 1994，464。

Or. 8212/635a（Toy. I. ii. 09） 《妙法莲华经》卷一

47 行。吐峪沟遗址出土。

参 Maspero 1953，174，No. 381a；兜木正亨 1978，138，No. 1434。

Or. 8212/635b（Toy. IV. v. 04） 《妙法莲华经》卷六

33 行。吐峪沟遗址出土。

参 Maspero 1953，174，No. 381b；兜木正亨 1978，157，No. 1644；陈国灿 1994，464。

Or. 8212/636（Toy. I. ii. 09. d. 2，d. 1，e. 3） 《妙法莲华经》卷二

16 行。吐峪沟遗址出土。

参 Maspero 1953，174，No. 382；兜木正亨 1978，142，No. 1468；陈国灿 1994，464。

Or. 8212/637（Toy. 042i） 《妙法莲华经》卷二

22×23. 8cm，13 行。吐峪沟遗址出土。

参 Maspero 1953，174，No. 383；兜木正亨 1978，85，No. 835；陈国灿 1994，464。

Or. 8212/638（Toy. II. ii. 01. g. 7）《妙法莲华经》卷二

11 行。吐峪沟遗址出土。

参 Maspero 1953，174，No. 383a；兜木正亨 1978，142，No. 1471；陈国灿 1994，464。

Or. 8212/639（Toy. III. 032. c. XXV） 《妙法莲华经》卷三

12 行。吐峪沟遗址出土。

参 Maspero 1953，174，No. 384；兜木正亨 1978，146，No. 1518.；陈国灿 1994，464。

Or. 8212/640（Toy. 042c） 《妙法莲华经》卷三

27. 4×19cm，8 行。吐峪沟遗址出土。

参 Maspero 1953，175，No. 385；兜木正亨 1978，95，No. 943.；陈国灿 1994，464。

Or. 8212/641（Toy. I. ii. 04. a） 《妙法莲华经》卷四

24×26. 5cm，15 行。吐峪沟遗址出土。

参 Maspero 1953，175，No. 386；兜木正亨 1978，98，No. 986；陈国灿 1994，464。

Or. 8212/642（Toy. 042d） 《妙法莲华经》卷四

26×42.8cm，24 行。吐峪沟遗址出土。

参 Maspero 1953，175，No. 387；兜木正亨 1978，99，No. 990；陈国灿 1994，464。

Or. 8212/643（Toy. 042h）　《妙法莲华经》卷四

26.5×21cm，12 行。吐峪沟遗址出土。

参 Maspero 1953，175，No. 388；兜木正亨 1978，100，No. 1006；陈国灿 1994，464。

Or. 8212/644（Toy. III. 032. XV）　《妙法莲华经》卷四

3 行。吐峪沟遗址出土。

参 Maspero 1953，175，No. 389；兜木正亨 1978，149，No. 1546；陈国灿 1994，464。

Or. 8212/645（Toy. IV. v. 05. k）　《妙法莲华经》卷四

7 行。吐峪沟遗址出土。

参 Maspero 1953，175，No. 390；兜木正亨 1978，148，No. 1532；陈国灿 1994，464。

Or. 8212/646（Toy. I. ii. 08. XIX）　《妙法莲华经》卷五

7 行。吐峪沟遗址出土。

参 Maspero 1953，175，No. 391；兜木正亨 1978，151，No. 1577；陈国灿 1994，464。

Or. 8212/647（Toy. III. 032. XIX）　《妙法莲华经》卷六

3 块小残片，分别为 3、2、3 行。吐峪沟遗址出土。

参 Maspero 1953，175，No. 392；兜木正亨 1978，156-157，No. 1631，1633，1632；陈国灿 1994，464。

Or. 8212/648（Toy. III. 032. IV）　《妙法莲华经》卷七

7 行。吐峪沟遗址出土。

参 Maspero 1953，175，No. 393；兜木正亨 1978，160，No. 1670；陈国灿 1994，464。

Or. 8212/649（Toy. IV. v. 05. m.）　《妙法莲华经》卷七

7×14.5cm，6 行。吐峪沟遗址出土。

参 Maspero 1953，176，No. 394；兜木正亨 1978，160，No. 1673；陈国灿 1994，464。

Or. 8212/650b（Toy. 042（o））　《妙法莲华经》卷二

8.5×8cm，3 行。吐峪沟遗址出土。

参 Maspero 1953，176，No. 395；兜木正亨 1978，142，No. 1473；陈国灿 1994，464。

Or. 8212/650r. i（Toy. 042o）　《妙法莲华经》卷七

2 行。原件已遗失。吐峪沟遗址出土。

参 兜木正亨 1978，165，No. 1734。

Or. 8212/651（Toy. IV. v. 05. h）　《妙法莲华经》卷七

45 行。后附《妙法莲华经》白衣弟子题记。吐峪沟遗址出土。

参 Maspero 1953，176，No. 396；兜木正亨 1978，163，No. 1708；池田温 1990，250；陈国灿 1994，464。

Or. 8212/652（Toy. IV. v. 05. d）《妙法莲华经》卷五

10×39.5cm，18 行。吐峪沟遗址出土。

参 Maspero 1953，176，No. 397；兜木正亨 1978，152，No. 1579；陈国灿 1994，464。

Or. 8212/653（Toy. IV. viii. 01）《大般涅槃经》卷七

43 行。吐峪沟遗址出土。

参 Maspero 1953，176，No. 398；陈国灿 1994，465。

Or. 8212/654（Toy. III. ii. 01. d）《大般涅槃经》卷二七

9 行。吐峪沟遗址出土。

参 Maspero 1953，176，No. 399；陈国灿 1994，465。

Or. 8212/655（Toy. II. ii. 02. k）《大般涅槃经》卷五

18.6×23.5cm，11 行。吐峪沟遗址出土。

参 Maspero 1953，176，No. 400；陈国灿 1994，465。

Or. 8212/656（Toy. IV. vi. 02. c）《大般涅槃经》卷二五

3 行。吐峪沟遗址出土。

参 Maspero 1953，176，No. 401；陈国灿 1994，465。

Or. 8212/657（Toy. IV. vi. 02. b）《大般涅槃经》卷二五

4 行。吐峪沟遗址出土。

参 Maspero 1953，176，No. 402；陈国灿 1994，465。

Or. 8212/658（Toy. II. ii. 02. b. 1）《大般涅槃经》卷二六

3 行。吐峪沟遗址出土。

参 Maspero 1953，177，No. 403；陈国灿 1994，465。

Or. 8212/659（Toy. II. ii. 02. 1）《大般涅槃经》卷三三

10.2×25cm，12 行。吐峪沟遗址出土。

参 Maspero 1953，177，No. 404，图 XXXV；陈国灿 1994，465。

Or. 8212/660（Toy. 042a）《摩诃般若波罗蜜经》卷一八

26.5×40cm，经文 13 行，尾题“大品卷第十八”，下写“马抄”。又有延昌三十九年（599）高昌王麴乾固题记 6 行，文字曰：“延昌卅九年已未岁[五]月廿三日，使持节大将军、大都督、瓜州诸军事瓜州刺史、西平郡开国公、希近、时多浮、跋弥硙、伊离地、那芦悌、陀豆、阿跛、摩亥、希利发、高昌王麴乾固，稽首归命常住三宝，盖闻真源寂漠（寞），一谛希夷，非有非无，体绝名想。然则道籍形宣，理由言发。是以如来假相好之形，敷六度之化。使含识之类，望欄趣向。弟子仰惟斯宗，内怀感厉，遂磬丹诚，敬写八时般若波罗蜜经八部，以此功德，愿佛法兴隆，魔事坏灭，兵革消除，疾厉奄息。云雷顺时，风雨应节。七祖先灵，内外眷属，恒蒙休庆，面会圣容。又愿现身□□（下缺）” 吐峪沟遗址出土。

参 Maspero 1953，177-179，No. 405，图 XXXIV；池田温 1990，152；陈国灿 1994，440-441；王素 1997，221；姚崇新 1999，62；沙知、吴芳思 2005①，179。

Or. 8212/661（Toy. II. ii. 01. a. 1-2） 《大般若波罗蜜多经》卷一〇

6.1×21.7cm，10 行。题记："麴世积经。甲午岁七月十五日。" 吐峪沟遗址出土。

参 Maspero 1953，179，No. 406；池田温 1990，248；陈国灿 1994，466；王素 1997，177。

Or. 8212/662（Toy. 042f） 《大般若波罗蜜多经》卷一八

6 行。吐峪沟遗址出土。

参 Maspero 1953，179，No. 407；陈国灿 1994，466。

Or. 8212/663（Toy. I. ii. 06） 《大般若波罗蜜多经》卷二七

13.5×320+32.5cm，23 行。吐峪沟遗址出土。

参 Maspero 1953，179，No. 408；陈国灿 1994，466。

Or. 8212/664（Toy. I. ii. 06. a-c） 《大般若波罗蜜多经》卷四三四

3 块小残片，分别为 18.5×20.8cm，17.5×25cm，17.5×25cm，13 行。吐峪沟遗址出土。

参 Maspero 1953，179，No. 409；陈国灿 1994，466。

Or. 8212/665（Toy. 030. a-c） 《大般若波罗蜜多经》卷六〇〇

3 块小残片，12.5+14+14×74cm，46 行。吐峪沟遗址出土。

参 Maspero 1953，179，No. 410；陈国灿 1994，466。

Or. 8212/666（Toy. 042e） 《大般若波罗蜜多经》卷次未详

26.8×23cm，13 行。吐峪沟遗址出土。

参 Maspero 1953，180，No. 411；陈国灿 1994，466。

Or. 8212/667（Toy. II. ii. 01. f. 1） 《大智度论》卷九八

7 行。吐峪沟遗址出土。

参 Maspero 1953，180，No. 412；陈国灿 1994，468。

Or. 8212/668（Toy. II. ii. 02. a. 1） 《金刚般若波罗蜜经》

8 行。吐峪沟遗址出土。

参 Maspero 1953，180，No. 413；陈国灿 1994，467。

Or. 8212/669（Toy. I. ii. 09. b. 6） 《金刚般若波罗蜜经》

7 行。吐峪沟遗址出土。

参 Maspero 1953，180，No. 414；陈国灿 1994，467。

Or. 8212/670（Toy. I. ii. 04. b） 《金刚般若波罗蜜经》

24×20.5cm，19 行。吐峪沟遗址出土。

参 Maspero 1953，180，No. 415；陈国灿 1994，467。

Or. 8212/671（Toy. I. ii. 04. e） 《金刚般若波罗蜜经》

10.3×18.5cm，11 行。吐峪沟遗址出土。

参 Maspero 1953，180，No. 416；陈国灿 1994，467。

Or. 8212/672（Toy. I. ii. 05. b） 《金刚般若波罗蜜经》

7 行。吐峪沟遗址出土。

参 Maspero 1953，180，No. 417；陈国灿 1994，467。

无新编号（Toy. II. ii. 01. j） 《金刚般若波罗蜜经》

5 行。吐峪沟遗址出土。

参 Maspero 1953，180，No. 418；陈国灿 1994，467。

Or. 8212/673（Toy. I. ii. 05. d. 3） 《金刚般若波罗蜜经》

5 行。吐峪沟遗址出土。

参 Maspero 1953，180-181，No. 419；陈国灿 1994，467。

Or. 8212/674（Toy. I. ii. 05. i. 5） 《灌顶经》卷一二

9 行。吐峪沟遗址出土。

参 Maspero 1953，181，No. 420；陈国灿 1994，468。

Or. 8212/675（Toy. I. ii. 08. i） 《灌顶经》卷一二

21. 8 ×28. 5cm，8 行。吐峪沟遗址出土。

参 Maspero 1953，181，No. 421；陈国灿 1994，468。

Or. 8212/676（Toy. 042b） 《弥沙塞部和醯五分律》

25. 5 ×27. 2cm，16 行。吐峪沟遗址出土。

参 Maspero 1953，181，No. 422；陈国灿 1994，468。

Or. 8212/677（Toy. I. ii. 07. d） 《四分比丘尼戒本》

13 行。吐峪沟遗址出土。

参 Maspero 1953，181，No. 423；陈国灿 1994，468。

Or. 8212/678（Toy. 042. g） 《阿毘达摩俱舍论》卷一二

12. 4 ×21. 5cm，7 行。吐峪沟遗址出土。

参 Maspero 1953，181，No. 424；陈国灿 1994，468。

Or. 8212/679（Toy. I. ii. 05. i. 1） 《维摩诘所说经》卷上

4 行。吐峪沟遗址出土。

参 Maspero 1953，182，No. 425；陈国灿 1994，468。

Or. 8212/680（Toy. III. 032. iii） 《仁王经》卷二

14 ×9cm，4 行。吐峪沟遗址出土。

参 Maspero 1953，182，No. 426；陈国灿 1994，468。

Or. 8212/681（Toy. I. ii. 04. c） 《悲华经》卷八

23 ×27. 6cm，17 行。吐峪沟遗址出土。

参 Maspero 1953，182，No. 427；陈国灿 1994，468。

Or. 8212/682（Toy. III. i. 01） 《杂宝藏经》卷一

45 行。吐峪沟遗址出土。

参 Maspero 1953，182，No. 428；陈国灿 1994，468。

Or. 8212/680（Yar. 029） 《妙法莲华经》卷七

4 行。交河故城出土。

参 Maspero 1953，182，No. 429；陈国灿 1994，474。

Or. 8212/683（Yar. I. i. 01） 《妙法莲华经》卷七

7 行。交河故城出土。

参 Maspero 1953，182，No. 430；兜木正亨 1978，166，No. 1739；陈国灿 1994，474。

Or. 8212/684（Yar. 012）　《妙法莲华经》卷三

6 行。交河故城出土。

参 Maspero 1953，183，No. 431；兜木正亨 1978，147，No. 1519；陈国灿 1994，474。

Or. 8212/685（Yar. 04）　《妙法莲华经》卷六

22×36. 2cm，14 行。交河故城出土。

参 Maspero 1953，183，No. 432；兜木正亨 1978，62，No. 581；陈国灿 1994，474。

Or. 8212/686（Yar. 013）　《妙法莲华经》卷七

8 行。交河故城出土。

参 Maspero 1953，183，No. 433；兜木正亨 1978，165，No. 1733；陈国灿 1994，474。

Or. 8212/687（Yar. 018）　《金刚般若波罗蜜经》

11 行。交河故城出土。

参 Maspero 1953，183，No. 434；陈国灿 1994，474。

Or. 8212/688（Yar. 031）　《金刚般若波罗蜜经》

5 行。交河故城出土。

参 Maspero 1953，183，No. 435；陈国灿 1994，474。

Or. 8212/689（Yar. 06）　《金刚般若波罗蜜经》

2 行。交河故城出土。

参 Maspero 1953，183，No. 436；陈国灿 1994，474。

Or. 8212/690（Yar. 033-034）　《大般涅槃经》卷一七～卷一八

23 行。交河故城出土。

参 Maspero 1953，183，No. 437；陈国灿 1994，474。

Or. 8212/691（Yar. 014）　《大般涅槃经》卷三三

22 行。交河故城出土。

参 Maspero 1953，184，No. 438；陈国灿 1994，474。

Or. 8212/692（Yar. 016）　《妙法莲华经》卷二

5 行。交河故城出土。

参 Maspero 1953，184，No. 439；兜木正亨 1978，147，No. 1522；陈国灿 1994，474。

Or. 8212/693（Yar. 038）　《维摩诘所说经》卷上

8 行。交河故城出土。

参 Maspero 1953，184，No. 440；陈国灿 1994，474。

Or. 8212/694（M. B. xii. 013，013（a），013（b），016，017）　《妙法莲华经》卷一

26. 7×2cm，6 行。刻本。木头沟遗址出土。

参 Maspero 1953，184，No. 441；中村菊之进 1992，88、95。

Or. 8212/695（M. B. iv. 01-02）　《妙法莲华经》卷二

6 行。刻本。木头沟遗址出土。

参 Maspero 1953，184，No. 442；兜木正亨 1978，181，No. 1868；中村菊之进 1992，88、95。

Or. 8212/696（M. B. 011 +014）　《妙法莲华经弘传序》及卷一、卷三

7 块断片。刻本。木头沟遗址出土。

参 Maspero 1953，184，No. 443a、b；兜木正亨 1978，181，No. 1872；中村菊之进 1992，88-89、95。

Or. 8212/863（Ast. 006）　某年五月唐西州牒尾残片

17×11cm，3 行。阿斯塔那墓地出土。

参 郭锋 1993，164；陈国灿 1994，398；沙知、吴芳思2005①,323。

Or. 8212/864（Ast. 007a）　名籍等残片

3 块残片，各 2、2、3 行。阿斯塔那墓地出土。

参 郭锋 1993，164-165；陈国灿 1994，399；沙知、吴芳思 2005①，324-325。

Or. 8212/865a（Ast. 007b）　武周某可汗使供粮文书

7.3×12.5cm，9 行，用武周新字。阿斯塔那墓地出土。

参 郭锋 1990，119-120；郭锋 1993，17-18、165-166；陈国灿 1994，386-387；沙知、吴芳思 2005①，326。

Or. 8212/865b（Ast. 007b）　租罚残片

7×12.5cm，2 行。阿斯塔那墓地出土。

参 郭锋 1990，119-120；郭锋 1993，166；陈国灿 1994，400；沙知、吴芳思 2005①，325。

Or. 8212/866（Ast. I. 2. 011）　高昌阿憙负官私麦、粟帐

14×11.5cm，5 行。阿斯塔那墓地出土。

参 郭锋 1993，166；陈国灿 1994，47-63，151；沙知、吴芳思 2005①，326。

Or. 8212/867（Ast. I. 2. 012）　高昌某人计田负人麦帐

9×9.5 cm，4 行。阿斯塔那墓地出土。

参 郭锋 1993，167；陈国灿 1994，47-63，158；沙知、吴芳思 2005①，326。

Or. 8212/868（Ast. I. 2. 013）　高昌某人负官私麦、叠花帐

7.9×16.5 cm，6 行。阿斯塔那墓地出土。

参 郭锋 1993，167；陈国灿 1994，47-63，159；沙知、吴芳思 2005①，327。

Or. 8212/869（Ast. I. 2. 007 +010b）　高昌某人计田地负官私麦、叠帐

12×14 cm，6 行，行间有一朱笔大字“中”。

参 郭锋 1993，168；陈国灿 1994，47-63，152；沙知、吴芳思 2005①，327。

Or. 8212/870（Ast. I. 2. 08 +010a）　高昌某人计田、舍、奴负官私麦、叠花帐

12×18 cm，9 行，每行皆有一朱笔勾画。阿斯塔那墓地出土。

参 郭锋 1993，168-169；陈国灿 1994，47-63，154-155；沙知、吴芳思 2005①，328。

Or. 8212/871（Ast. I. 2. 014）　高昌某人负官私麦、叠花帐

14×9.5 cm，6 行。阿斯塔那墓地出土。

参 郭锋 1993，169；陈国灿 1994，47-63，153；沙知、吴芳思 2005①，329。

Or. 8212/872（Ast. I. 2. 015）　高昌某人负人麦、豆、叠花帐

11.8×17.8 cm，8 行，有朱笔点画。阿斯塔那墓地出土。

参 郭锋 1993，169-170；陈国灿 1994，47-63，156-157；沙知、吴芳思 2005①，329。

Or. 8212/873（Ast. I. 2. 017） 高昌樊桑儿计田舍负官私麦帐

16×11 cm，5 行。阿斯塔那墓地出土。

参 郭锋 1993，17，170；陈国灿 1994，47-63，148，图 3；沙知、吴芳思 2005①，330。

Or. 8212/874（Ast. I. 2. 018） 高昌白伽多满儿计田负官私麦、粟帐

17.4×215 cm，8 行。阿斯塔那墓地出土。

参 郭锋 1993，17，170-171；陈国灿 1994，47-63，146-147，图 3；王素 1997，295；沙知、吴芳思 2005①，330。

Or. 8212/875（Ast. I. 2. 09） 高昌负官举价小麦帐

6×3.6 cm，1 行。阿斯塔那墓地出土。

参 郭锋 1993，171；沙知、吴芳思 2005①，331。

Or. 8212/876（Ast. I. 2. 016） 高昌田亩图

白纸一片，贴于 Ast. I. 2. 017 和 018 两件下，绘表示地亩之方块图。阿斯塔那墓地出土。

参 郭锋 1993，171；陈国灿 1994，47-63，160；王素 1997，295；沙知、吴芳思 2005①，331。

Or. 8212/877（Ast. I. 2. 014） 高昌残纸片

小纸块，无字。背面画“T”形图。阿斯塔那墓地出土。

参 郭锋 1993，172；陈国灿 1994，47-63，161；沙知、吴芳思 2005①，332。

Or. 8212/878+879（Ast. III. 2. 053+054） 唐西州付青麦收领帐

两块残片，分别为 14×12.2 cm，14×28 cm，9 行。文书正面行间及背面有学童习字，当为文书废弃后所写。阿斯塔那墓地出土。

参 郭锋 1993，172-173；陈国灿 1994，185-186；沙知、吴芳思 2005①，332-333。

Or. 8212/880（Ast. III. 3. 017） 唐西州付粟收领帐（三）

16×35 cm，双面书写，正面 10 行，背面 5 行。阿斯塔那墓地出土。

参 郭锋 1993，173；陈国灿 1994，224-225；大津透 1998，480；沙知、吴芳思 2005①，334-335。

Or. 8212/881（Ast. III. 3. 019） 唐西州付粟收领帐（十二）

11.4×8 cm，3 行。阿斯塔那墓地出土。

参 郭锋 1993，174（编号作 Ast. III. 3. 04）；陈国灿 1994，232-233；沙知、吴芳思 2005①，335。

Or. 8212/882（Ast. III. 3. 018） 唐西州付粟收领帐（七）

16×21 cm，8 行。阿斯塔那墓地出土。

参 郭锋 1993，174；陈国灿 1994，228-229，图 13；大津透 1998，479-480；沙知、吴芳思 2005①，336。

Or. 8212/883（Ast. III. 3. 020） 唐西州附葬纸鞋底样

27.6×8.3 cm。书一“昇”字。阿斯塔那墓地出土。

16.5×18.2cm，4行。高昌故城出土。

参 郭锋1990，119；郭锋1993，16、183；沙知、吴芳思2005②，18。

Or.8212/908（Kao.080） 唐文案尾判

18×7.8cm，3行。高昌故城出土。

参 郭锋1993，183-184；陈国灿1994，421；沙知、吴芳思2005②，18。

Or.8212/909（Kao.085） 唐文书残片

仅存一字。高昌故城出土。

参 郭锋1993，184；沙知、吴芳思2005②，19。

Or.8212/910（Kao.092） 唐残佃田契

14×12.7cm，3行。高昌故城出土。

参 池田温1973，111；TTD Ⅲ，A，62（159）；B，29；陈国灿1994，422；黑维强2005，192；沙知、吴芳思2005②，19。

Or.8212/911（Kao.Ⅵ.01.A.1-4） 佛典残片

高昌故城出土。

Or.8212/912（Kao.Ⅵ.01.B.1-3） 佛典残片

高昌故城出土。

Or.8212/913（Kao.Ⅵ.01.C） 残片

高昌故城出土。

参 沙知、吴芳思2005②，20。

Or.8212/914（Kao.Ⅶ.02） 佛典残片

高昌故城出土。

Or.8212/915（Toy.039） 《妙法莲华经》卷七

8行。吐峪沟遗址出土。

参 兜木正亨1978，129，No.1328。

Or.8212/916（Toy.Ⅰ.i.01） 佛像

上绘佛像。吐峪沟遗址出土。

参 沙知、吴芳思2005②，20。

Or.8212/917（Toy.Ⅰ.i.01.c.i-xiv） 《妙法莲华经》卷五

2行。吐峪沟遗址出土。

参 兜木正亨1978，153，No.1591。

Or.8212/918l3-3（Toy.） 《妙法莲华经》卷四

3行。吐峪沟遗址出土。

参 兜木正亨1978，148，No.1542。

Or.8212/920（Toy.Ⅰ.ii.04.A.a.b） 佛典残片

吐峪沟遗址出土。

Or.8212/921（Toy.Ⅰ.ii.08.） 白描佛像

吐峪沟遗址出土。

参 沙知、吴芳思2005②，21。

Or.8212/922b（Toy.） 《妙法莲华经》卷七

4 行。吐峪沟遗址出土。

参 兜木正亨 1978，164，No. 1714。

Or. 8212/929a（Toy.） 《妙法莲华经》卷三

5 行。吐峪沟遗址出土。

参 兜木正亨 1978，147，No. 1521。

Or. 8212/939a（Toy.） 《妙法莲华经》卷一

2 行。吐峪沟遗址出土。

参 兜木正亨 1978，133，No. 1376。

Or. 8212/940e，a-b（Toy.） 《妙法莲华经》卷二

6 行。吐峪沟遗址出土。

参 兜木正亨 1978，142，No. 1474。

Or. 8212/941（Toy. I. ii. 09. i） 佛典残片

吐峪沟遗址出土。

Or. 8212/942（Toy. I. ii. 09. j） 佛典残片

吐峪沟遗址出土。

Or. 8212/943（Toy. I. ii. 06. d-i） 《妙法莲华经》卷七

7 行。吐峪沟遗址出土。

参 兜木正亨 1978，163，No. 1712。

Or. 8212/944（Toy. I. ii. 07. a-c） 佛典残片

吐峪沟遗址出土。

Or. 8212/945（Toy. I. ii. 08） 《妙法莲华经》卷二

13 行。吐峪沟遗址出土。

参 兜木正亨 1978，139，No. 1443。

Or. 8212/946a（Toy.） 《妙法莲华经》卷六

9 行。吐峪沟遗址出土。

参 兜木正亨 1978，157，No. 1639。

Or. 8212/946b（Toy.） 《妙法莲华经》卷二

4 行。

参 兜木正亨 1978，141，No. 1458。

Or. 8212/946c（Toy.） 《妙法莲华经》卷五

2 行。吐峪沟遗址出土。

参 兜木正亨 1978，154，No. 1605。

Or. 8212/946d（Toy.） 《妙法莲华经》卷一

3 行。吐峪沟遗址出土。

参 兜木正亨 1978，131，No. 1347。

Or. 8212/948（Toy. I. ii. 09. a） 佛典残片

吐峪沟遗址出土。

Or. 8212/949a（Toy. I. ii. 09. b. 1-5） 《妙法莲华经》卷六

4 行。吐峪沟遗址出土。

参 兜木正亨 1978，156，No. 1627。

Or. 8212/950a（Toy. I. ii. 09. c）　《妙法莲华经》卷四

7 行。吐峪沟遗址出土。

参 兜木正亨 1978，149，No. 1553。

Or. 8212/951（Toy. I. ii. 09. d. 3-8）　佛典残片

吐峪沟遗址出土。

Or. 8212/952（Toy. I. ii. 09. e. 1-6）　佛典残片

吐峪沟遗址出土。

Or. 8212/953（Toy. I. ii. 09. f. 1-2）　佛典残片

吐峪沟遗址出土。

Or. 8212/954（Toy. I. ii. 09. g. 1-2）　《妙法莲华经》卷七

7 行。吐峪沟遗址出土。

参 兜木正亨 1978，163，No. 1707。

Or. 8212/957a（Toy.）　《妙法莲华经》卷三

4 行。吐峪沟遗址出土。

参 兜木正亨 1978，144，No. 1496。

Or. 8212/958（Toy. II. ii. 01. a. 3-4）　佛典残片

吐峪沟遗址出土。

Or. 8212/959（Toy. II. ii. 01. b）　佛典残片

吐峪沟遗址出土。

Or. 8212/960（Toy. II. ii. 01. c. 1-5，7）　佛典残片

吐峪沟遗址出土。

Or. 8212/961a（Toy. II. ii. 01. d. 1-4，6）　《妙法莲华经》卷一

10 行。吐峪沟遗址出土。

参 兜木正亨 1978，137，No. 1423。

Or. 8212/962（Toy. II. ii. 01. e. 1，3，5）　《妙法莲华经》卷一

11 行。吐峪沟遗址出土。

参 兜木正亨 1978，138，No. 1424。

Or. 8212/963（Toy. II. ii. 01. f. 2，4，6）

吐峪沟遗址出土。

Or. 8212/964b（Toy. II. ii. 01. g）　《妙法莲华经》卷六

2 行。吐峪沟遗址出土。

参 兜木正亨 1978，155，No. 1615。

Or. 8212/965（Toy. II. ii. 01. h. 1，5，6，8，9）　佛典残片

吐峪沟遗址出土。

Or. 8212/967（Toy. II. ii. 02. a. 2）　《妙法莲华经》卷四

4 行。吐峪沟遗址出土。

参 兜木正亨 1978，148，No. 1540。

Or. 8212/968a（Toy. II. ii. 02. b. 2-4）　《妙法莲华经》卷四

4 行。吐峪沟遗址出土。

参 兜木正亨 1978，149，No. 1550。

Or. 8212/968c（Toy. II. ii. 02. b. 2-4） 《妙法莲华经》卷四

2 行。吐峪沟遗址出土。

参 兜木正亨 1978，148，No. 1541。

Or. 8212/969（Toy. II. ii. 02. e. 1-5） 佛典残片

吐峪沟遗址出土。

Or. 8212/970（Toy. II. ii. 02. d. 1-2） 佛典残片

吐峪沟遗址出土。

Or. 8212/971（Toy. II. ii. 02. e. 1-2） 佛典残片

吐峪沟遗址出土。

Or. 8212/972（Toy. II. ii. 02. f. 1） 佛典残片

吐峪沟遗址出土。

Or. 8212/973（Toy. II. ii. 02. g） 佛典残片

吐峪沟遗址出土。

Or. 8212/974b（Toy.） 《妙法莲华经》卷一

3 行。吐峪沟遗址出土。

参 兜木正亨 1978，132，No. 1362。

Or. 8212/974c（Toy.） 《妙法莲华经》卷四

2 行。吐峪沟遗址出土。

参 兜木正亨 1978，148，No. 1539。

Or. 8212/975（Toy. III. ii. 01. a） 佛典残片

吐峪沟遗址出土。

Or. 8212/976（Toy. III. ii. 01. c） 佛典残片

吐峪沟遗址出土。

Or. 8212/977（Toy. III. ii. 01. e） 残文（内容不明）

6. 8 ×5. 8cm，3 行。吐峪沟遗址出土。

参 郭锋 1993，185。

Or. 8212/978（Toy. III. ii. 01. f） 佛典残片

吐峪沟遗址出土。

Or. 8212/979（1）（无原编号） 字书

2 ×4. 7cm，双面书写，正面 6 行，背面 1 行。

参 郭锋 1993，185；沙知、吴芳思 2005②，21-22。

Or. 8212/979（2）（无原编号） 唐西州文书

4. 4 ×6. 3cm，2 行。

参 郭锋 1993，186；沙知、吴芳思 2005②，22。

Or. 8212/979（3）（无原编号） 残文

3 ×5cm，2 行。

参 郭锋 1993，186；沙知、吴芳思 2005②，23。

Or. 8212/979（4）（无原编号）　残文

参 沙知、吴芳思 2005②，23。

Or. 8212/979（5）（无原编号）　残文

参 沙知、吴芳思 2005②，24。

Or. 8212/979（6）（无原编号）　残文

参 沙知、吴芳思 2005②，25。

Or. 8212/979（7）（无原编号）　残文

参 沙知、吴芳思 2005②，26。

Or. 8212/979（8）（无原编号）　残文

参 沙知、吴芳思 2005②，26。

Or. 8212/980（无原编号）　残文

参 沙知、吴芳思 2005②，27。

Or. 8212/982（无原编号）　高昌入粟面帐

18.2×3cm，双面书写，正面3行，背面2行。

参 郭锋 1993，180；陈国灿 1994，385；沙知、吴芳思 2005②，28。

Or. 8212/983（Toy. III. ii. 02. d）　残文

14.3×3cm，2行。吐峪沟遗址出土。

参 郭锋 1993，186；沙知、吴芳思 2005②，29。

Or. 8212/985（Toy. III. ii. 02. g-i）　残文

吐峪沟遗址出土。

参 沙知、吴芳思 2005②，29。

Or. 8212/986（Toy. III. ii. 02. i）　残文

吐峪沟遗址出土。

参 沙知、吴芳思 2005②，30。

Or. 8212/987（Toy. IV. ii. 02. j）　残文2

6×3cm，1行。吐峪沟遗址出土。

参 郭锋 1993，187；沙知、吴芳思 2005②，30。

Or. 8212/988b，m（Toy. IV. ii. 02. l）　残文

4.5×2.5cm，1行。吐峪沟遗址出土。

参 郭锋 1993，187；沙知、吴芳思 2005②，31。

Or. 8212/989（Toy. IV. ii. 02. m）　残文

8.2×4.5cm，2行。吐峪沟遗址出土。

参 郭锋 1993，187。

Or. 8212/990r（Toy. III. ii. b）　《妙法莲华经》卷五

5.8×4cm，5行。吐峪沟遗址出土。

参 兜木正亨 1978，151，No. 1573。郭锋 1993，187-188。

Or. 8212/990v　残文

2行。

参 郭锋 1993，187-188；沙知、吴芳思 2005②，32。

Or. 8212/991（Toy. III. ii. aa. 1-3）　残信札

8.6×9.3cm，4行。吐峪沟遗址出土。

参 郭锋 1993，188。

Or. 8212/992（Toy. III. ii. bb）　佛典残片

吐峪沟遗址出土。

Or. 8212/993（Toy. III. ii. cc）　佛典残片

吐峪沟遗址出土。

Or. 8212/994（Toy. III. ii. dd）　佛典残片

吐峪沟遗址出土。

Or. 8212/995（Toy. III. ii. ee）　《妙法莲华经》卷三

1行。吐峪沟遗址出土。

参 兜木正亨 1978，144，No. 1495。

Or. 8212/996（Toy. III. ii. ff）　《妙法莲华经》卷一

3行。吐峪沟遗址出土。

参 兜木正亨 1978，133，No. 1369。

Or. 8212/997（Toy. III. ii. gg）　佛典残片

吐峪沟遗址出土。

Or. 8212/998（无原编号）　残籍

参 沙知、吴芳思 2005②，33。

Or. 8212/1000（Toy. III. ii. 03. a）　佛典残片

吐峪沟遗址出土。

Or. 8212/1001（Toy. III. ii. 03. c，b）　绢画残片

参 沙知、吴芳思 2005②，33，彩图［1］。

Or. 8212/1002a（Toy. III. ii. 03. a-e）　《妙法莲华经》卷四

7行。吐峪沟遗址出土。

参 兜木正亨 1978，149，No. 1548。

Or. 8212/1003（Toy. III. ii. 03）　佛典残片

吐峪沟遗址出土。

Or. 8212/1004（Toy. III. ii. 03）　绢、纸残片

吐峪沟遗址出土。

Or. 8212/1005（Toy. III. 029）　佛典残片

计12块小碎片。吐峪沟遗址出土。

Or. 8212/1005（Toy. III. 029. L. 1）　《妙法莲华经》卷七

4行。吐峪沟遗址出土。

参 兜木正亨 1978，162，No. 1696。

Or. 8212/1005（Toy. III. 029. r. 2）《妙法莲华经》卷四

7行。吐峪沟遗址出土。

参 兜木正亨 1978，149，No. 1547。

Or. 8212/1006（Toy. III. 029）　佛典断片

计8块碎片。吐峪沟遗址出土。

参 沙知、吴芳思2005②，34。

Or. 8212/1007（Toy. III. 029. 21. a-f）　佛典断片

计5块碎片。吐峪沟遗址出土。

Or. 8212/1008（Toy. III. 029. c）　残片

参 沙知、吴芳思2005②，34。

Or. 8212/1009（Toy. III. 029. d）　佛典残片

吐峪沟遗址出土。

Or. 8212/1010（Toy. III. 029. f）　借物条记

14×11.3cm，2行。吐峪沟遗址出土。

参 郭锋1993，188；沙知、吴芳思2005②，35。

Or. 8212/1011（Toy. III. 029. g）　残药方

11.1×9cm，2行。吐峪沟遗址出土。

参 郭锋1993，189；马继兴2002，143-144；沙知、吴芳思2005②，35。

Or. 8212/1012（Toy. III. 029. i）　佛典残片

吐峪沟遗址出土。

Or. 8212/1013（Toy. III. 032（ii））　佛典断片

吐峪沟遗址出土。

Or. 8212/1014（Toy. III. 032（v））　佛典断片

吐峪沟遗址出土。

Or. 8212/1015（Toy. III. 032（vi））　佛典断片

吐峪沟遗址出土。

Or. 8212/1016（Toy. III. 032（vii））　佛典断片

吐峪沟遗址出土。

Or. 8212/1017（Toy. II. 032.（xiii））　《妙法莲华经》卷七

6行。吐峪沟遗址出土。

参 兜木正亨1978，167，No. 1747。

Or. 8212/1018（Toy. III. on（v））　佛典断片

吐峪沟遗址出土。

Or. 8212/1019（Toy. III. 032（x））　佛典断片

吐峪沟遗址出土。

Or. 8212/1020（Toy. III. 032）　佛典残片

吐峪沟遗址出土。

Or. 8212/1021（Toy. III. 032（xii））　佛典残片

吐峪沟遗址出土。

Or. 8212/1022a（Toy. II. 032.（xiii））《妙法莲华经》卷五

2行。吐峪沟遗址出土。

参 兜木正亨1978，153，No. 1589。

Or. 8212/1022b（Toy. II. 032.（xiii））　佛典残片

吐峪沟遗址出土。

Or. 8212/1022c（Toy. II. 032.（xiii））《妙法莲华经》卷七

2 行。吐峪沟遗址出土。

参 兜木正亨 1978，166，No. 1746。

Or. 8212/1023（Toy. II. 032.（xxiii，xx，xxi））佛典残片

7 块碎片。吐峪沟遗址出土。

Or. 8212/1024（Toy. II. 032）《妙法莲华经》卷五等

本号计 29 块碎片，其一为刻本，余为写本。一件为《妙法莲华经》卷五，3 行。吐峪沟遗址出土。

参 兜木正亨 1978，154，No. 1608。

Or. 8212/1025（Toy. II. 032.（xix））《妙法莲华经》卷二

3 行。吐峪沟遗址出土。

参 兜木正亨 1978，142，No. 1472。

Or. 8212/1026（Toy. II. 032.（lx））佛典断片

吐峪沟遗址出土。

Or. 8212/1027（Toy. II. 032.（lxiii））佛典断片

吐峪沟遗址出土。

Or. 8212/1028（Toy. IV. ii. 071. a，h）《妙法莲华经》卷六等

其中 a 为《妙法莲华经》卷六，2 行。吐峪沟遗址出土。

参 兜木正亨 1978，157，No. 1636。

Or. 8212/1028b（Toy. IV. ii. 071. b-g，i-m）佛典断片

吐峪沟遗址出土。

Or. 8212/1029（Toy. IV. ii. 071（c））佛典断片

吐峪沟遗址出土。

Or. 8212/1030（Toy. IX. 071. d）《妙法莲华经》卷三

1 行。吐峪沟遗址出土。

参 兜木正亨 1978，95，No. 950。

Or. 8212/1031（Toy. IV. ii. 071. e）《妙法莲华经》卷二

5 行。吐峪沟遗址出土。

参 兜木正亨 1978，143，No. 1477。

Or. 8212/1032（Toy. IV. ii. 071. f）《妙法莲华经》卷五

5 行。吐峪沟遗址出土。

参 兜木正亨 1978，153，No. 1599。

Or. 8212/1033（Toy. IV. ii. 075. j）佛典断片

吐峪沟遗址出土。

Or. 8212/1034（Toy. IV. ii. 071. k）佛典断片

刻本。吐峪沟遗址出土。

Or. 8212/1035r（Toy. IV. ii. 071. p）唐卫黑苟文书

参 沙知、吴芳思 2005②，36，彩图［1］。

Or. 8212/1035v　残片

参 沙知、吴芳思 2005②，37。

Or. 8212/1036（Toy. X. 071. m）　佛典断片

吐峪沟遗址出土。

Or. 8212/1037（无原编号）　残片

参 沙知、吴芳思 2005②，37。

Or. 8212/1037（2-3）（无原编号）　残片

参 沙知、吴芳思 2005②，38。

Or. 8212/1038（Toy. IX. iii. 01. a-f）　佛典断片

吐峪沟遗址出土。

Or. 8212/1039（Toy. IX. iii. 01. b）　佛典断片

吐峪沟遗址出土。

Or. 8212/1040（Toy. IX. iii. 01. c）　《妙法莲华经》卷五

4 行。吐峪沟遗址出土。

参 兜木正亨 1978，151，No. 1575。

Or. 8212/1041（Toy. IX. iii. 01. d）　佛典断片

吐峪沟遗址出土。

Or. 8212/1042（Toy. IX. iii. 01. e）　佛典断片

吐峪沟遗址出土。

Or. 8212/1043（Toy. IX. iii. 01. f）　佛典断片

吐峪沟遗址出土。

Or. 8212/1044（Toy. IV. iii. 01. k）　《尚书·说命中》

4 行。与 Or. 8212/1045 为同一唐写本。吐峪沟遗址出土。

参 沙知、吴芳思 2005②，38。

Or. 8212/1045（Toy. IV. iii. 01. l）　《尚书·说命中》

3 行。与 Or. 8212/1044 为同一唐写本。吐峪沟遗址出土。

参 沙知、吴芳思 2005②，39。

Or. 8212/1046（Toy.）　佛典断片

刻本。吐峪沟遗址出土。

Or. 8212/1047d（Toy.）　《妙法莲华经》卷七

2 行。吐峪沟遗址出土。

参 兜木正亨 1978，165，No. 1725。

Or. 8212/1048c（Toy.）　《妙法莲华经》卷一

2 行。吐峪沟遗址出土。

参 兜木正亨 1978，138，No. 1425。

Or. 8212/1048r（Toy.）　《妙法莲华经》卷三

2 行。吐峪沟遗址出土。

参 兜木正亨 1978，145，No. 1503；沙知、吴芳思 2005②，39。

Or. 8212/1049a（Toy.）　《妙法莲华经》卷二

7 行。吐峪沟遗址出土。

参 兜木正亨 1978，140，No. 1452。

Or. 8212/1049b（Toy.）《妙法莲华经》卷二

6 行。吐峪沟遗址出土。

参 兜木正亨 1978，141，No. 1456。

Or. 8212/1049c（Toy.）《妙法莲华经》卷一

7 行。吐峪沟遗址出土。

参 兜木正亨 1978，137，No. 1413。

Or. 8212/1049d（Toy.）《妙法莲华经》卷一

3 行。吐峪沟遗址出土。

参 兜木正亨 1978，137，No. 1416。

Or. 8212/1050（Toy.）《妙法莲华经》卷七

3 行。吐峪沟遗址出土。

参 兜木正亨 1978，160，No. 1672。

Or. 8212/1051（Toy. IV. vi. 05. a-c） 佛典断片

吐峪沟遗址出土。

Or. 8212/1052a（Toy. IV. v. 05. e）《妙法莲华经》卷二

2 行。吐峪沟遗址出土。

参 兜木正亨 1978，142，No. 1467。

Or. 8212/1052b（Toy. IV. v. 05. e）《妙法莲华经》卷七

3 行。吐峪沟遗址出土。

参 兜木正亨 1978，166，No. 1743。

Or. 8212/1052c（Toy. IV. v. 05. e）《妙法莲华经》卷一

3 行。吐峪沟遗址出土。

参 兜木正亨 1978，138，No. 1430。

Or. 8212/1053e（Toy. IV. v. 05. e）《妙法莲华经》卷一

3 行。吐峪沟遗址出土。

参 兜木正亨 1978，135，No. 1391。

Or. 8212/1053f（Toy. IV. v. 05. f）《妙法莲华经》卷一

2 行。吐峪沟遗址出土。

参 兜木正亨 1978，138，No. 1426。

Or. 8212/1054（Toy. IV. v. 05. g） 佛典断片

吐峪沟遗址出土。

Or. 8212/1055（Toy.） 佛典断片

吐峪沟遗址出土。

参 沙知、吴芳思 2005②，40。

Or. 8212/1056（Toy.）《妙法莲华经》卷一

3 行。吐峪沟遗址出土。

参 兜木正亨 1978，132，No. 1361；沙知、吴芳思 2005②，41。

Or. 8212/1057（Toy. IV. vi. 02. a） **佛典断片**

吐峪沟遗址出土。

Or. 8212/1058（Toy. IV. vi. 02. d） **佛典断片**

吐峪沟遗址出土。

Or. 8212/1059（Toy. IV. vi. 02. e） **佛典断片**

吐峪沟遗址出土。

Or. 8212/1060（Toy. IV. vi. 02. f） **《妙法莲华经》卷七**

5 行。吐峪沟遗址出土。

参 兜木正亨 1978，166，No. 1737。

Or. 8212/1061（Toy.） **绢写本残片**

3 行。吐峪沟遗址出土。

参 沙知、吴芳思 2005②，41。

Or. 8212/1062（Toy.） **《妙法莲华经》卷六**

3 行。吐峪沟遗址出土。

参 兜木正亨 1978，158，No. 1649。

Or. 8212/1063（Toy. III. xi. 02. i） **佛典断片**

吐峪沟遗址出土。

Or. 8212/1064（Toy. III. xi. 02. j） **《妙法莲华经》卷六**

4 行。吐峪沟遗址出土。

参 兜木正亨 1978，158，No. 1645。

Or. 8212/1065（Toy. III. xi. 02. k） **《妙法莲华经》卷三**

2 行。吐峪沟遗址出土。

参 兜木正亨 1978，146，No. 1516。

Or. 8212/1066（Toy. III. xi. 02. l） **佛典断片**

吐峪沟遗址出土。

Or. 8212/1067a（Toy. III. xi. 02. m） **《妙法莲华经》卷五**

6 行。吐峪沟遗址出土。

参 兜木正亨 1978，152，No. 1578。

Or. 8212/1067b（Toy. III. xi. 02. m） **《妙法莲华经》卷一**

2 行。吐峪沟遗址出土。

参 兜木正亨 1978，135，No. 1398。

Or. 8212/1068（Toy. III. xi. 02. n） **佛典断片**

吐峪沟遗址出土。

Or. 8212/1069（Toy. III. xi. 02. p） **佛典断片**

吐峪沟遗址出土。

Or. 8212/1070（Toy. VI. 088. g） **《妙法莲华经》卷四**

吐峪沟遗址出土。

参 兜木正亨 1978，151，No. 1576。

Or. 8212/1070（Toy. VI. 088. i） **《妙法莲华经》卷四**

1 行。吐峪沟遗址出土。

参 兜木正亨 1978，150，No. 1555。

Or. 8212/1070（Toy. VI. 088. n） 残片

吐峪沟遗址出土。

参 沙知、吴芳思 2005②，39。

Or. 8212/1070（Toy. VI. 088. o） 残片

吐峪沟遗址出土。

参 沙知、吴芳思 2005②，39。

Or. 8212/1070（Toy. VI. 088. p） 残片

吐峪沟遗址出土。

参 沙知、吴芳思 2005②，39。

Or. 8212/1070（Toy. VI. 088. q） 《妙法莲华经》卷五等

计 16 块断片，其中 2 片为《妙法莲华经》卷五，1 行。吐峪沟遗址出土。

Or. 8212/1071（Yar. 0-00） 佛典断片

交河故城出土。

Or. 8212/1072（Yar. ） 佛典断片

刻本。交河故城出土。

Or. 8212/1073（Yar. 08. i-iii） 佛典断片

刻本。交河故城出土。

Or. 8212/1074（Yar. 09） 佛典断片

刻本。交河故城出土。

Or. 8212/1075（Yar. 010） 佛典断片

交河故城出土。

Or. 8212/1076（Toy. ） 《妙法莲华经》卷二

7 行。吐峪沟遗址出土。

参 兜木正亨 1978，141，No. 1459。

Or. 8212/1077（Yar. 011） 唐天宝年间交河郡户籍

13. 2×6cm，2 行。交河故城出土。

参 池田温 1979，261；TTD II，A，84-86，182；B，135；郭锋 1990，119；郭锋 1993，16，193；陈国灿 1994，472；沙知、吴芳思 2005②，44。

Or. 8212/1077v 佛典断片

Or. 8212/1078r（Yar. 015） 唐天宝年间交河郡户籍

11. 2×5. 8cm，2 行。交河故城出土。

参 池田温 1979，201；TTD II，A，84-86，182；B，135；郭锋 1990，119；郭锋 1993，16，193；陈国灿 1994，471；沙知、吴芳思 2005②，44。

Or. 8212/1078v 佛典断片

Or. 8212/1079（Yar. 017） 佛典断片

交河故城出土。

Or. 8212/1080（Yar. 021） 佛典断片

交河故城出土。

Or. 8212/1081（Yar. 022）　佛典断片

交河故城出土。

Or. 8212/1082（Yar. ）　佛典断片

交河故城出土。

Or. 8212/1083（Yar. 019）　佛典断片

交河故城出土。

Or. 8212/1084（Yar. 020）　佛典断片

交河故城出土。

Or. 8212/1085（Yar. 024）　《妙法莲华经》卷七

6 行。交河故城出土。

参 兜木正亨 1978，160，No. 1675。

Or. 8212/1086（Yar. 025）　《妙法莲华经》卷四

4 行。交河故城出土。

参 兜木正亨 1978，149，No. 1459。

Or. 8212/1087（Yar. 026）　佛典断片

交河故城出土。

Or. 8212/1088（Yar. 027?）　佛典断片

交河故城出土。

Or. 8212/1089（Yar. 028）　《妙法莲华经》卷七

2 行。交河故城出土。

参 兜木正亨 1978，165，No. 1735。

Or. 8212/1090（Yar. 030. i）　佛典断片

交河故城出土。

Or. 8212/1091（Yar. ）　佛典断片

交河故城出土。

Or. 8212/1092（Yar. ）　《妙法莲华经》卷七

1 行。交河故城出土。

参 兜木正亨 1978，160，No. 1674。

Or. 8212/1093（Yar. 035）　星象灾异书（?）

7 行。交河故城出土。

参 郭锋 1993，193；陈国灿 1994，473。

Or. 8212/1094a（Yar. 037）　《妙法莲华经》卷四

7 行。交河故城出土。

参 兜木正亨 1978，149，No. 1552。

Or. 8212/1095（Yar. 039）　佛典断片

交河故城出土。

Or. 8212/1096（Yar. 040）　《妙法莲华经》卷一

4 行。交河故城出土。

参 兜木正亨 1978，136，No. 1409。

Or. 8212/1097a-b（Yar. 030-040）　《妙法莲华经》卷一

3 行。交河故城出土。

参 兜木正亨 1978，133，No. 1366。

Or. 8212/1097d（Yar. ）　《妙法莲华经》卷二

2 行。交河故城出土。

参 兜木正亨 1978，181，No. 1867。

Or. 8212/1098e（Yar. ）　《妙法莲华经》卷七等

计 5 块断片。其一为《妙法莲华经》卷七，2 行。交河故城出土。

参 兜木正亨 1978，166，No. 1740。

Or. 8212/1099（Yar. I. i. 03）　佛典断片

交河故城出土。

Or. 8212/1100（Yar. I. i. 04）　残疏谏文

同一内容 2 块断片，a 件 10×9. 5cm，b 件 3. 5×3. 5cm，总 9 行。交河故城出土。

参 郭锋 1993，194；沙知、吴芳思 2005②，45。

Or. 8212/1107（Kao. 038）　佛典残片

高昌故城出土。

Or. 8212/1108（Kao. 047）　佛典残片

高昌故城出土。

Or. 8212/1109（Kao. 050）　佛典残片

高昌故城出土。

Or. 8212/1110（Kao. 036）　佛典残片

高昌故城出土。

Or. 8212/1111（Kao. 037）　佛典残片

高昌故城出土。

Or. 8212/1112（Kao. 051）　佛典残片

高昌故城出土。

Or. 8212/1113+1305（Kao. 0106）　佛典残片

高昌故城出土。

Or. 8212/1114（Kao. 058. ii-iii）　佛典残片

高昌故城出土。

Or. 8212/1115（Kao. 046）　佛典残片

高昌故城出土。

Or. 8212/1116（Kao. 029b）　佛典残片

高昌故城出土。

Or. 8212/1117（Kao. 034）　佛典残片

高昌故城出土。

Or. 8212/1118（Kao. 048）　佛典残片

高昌故城出土。

Or. 8212/1119（Kao. 043）　佛典残片

高昌故城出土。

Or. 8212/1120（Kao. 049）　佛典残片

高昌故城出土。

Or. 8212/1121（Kao. 045）　佛典残片

高昌故城出土。

Or. 8212/1122（Kao. 070-073）　粟特文残片

4 块残片。高昌故城出土。

参 Benveniste 1938，501-502。

Or. 8212/1123（Kao. VI. 01. E）　佛典残片

7 块残片。高昌故城出土。

Or. 8212/1124（Kao. VI. 01. F）　佛典残片

3 块残片。高昌故城出土。

Or. 8212/1125（Kao. 0107）　突厥卢尼文回鹘语摩尼教文献

高昌故城出土。

参 Thomsen 1928，1182-1183，图 74；Clark 1997，141。

Or. 8212/1126（Kara-Khoja. 0113，0114，0116）　佛典残片

哈喇和卓出土。

Or. 8212/1127（Kara-Khoja. 0112，0115）　佛典残片

哈喇和卓出土。

Or. 8212/1224（Toy. VI. 040）　佛典残片

5 块残片。吐峪沟遗址出土。

Or. 8212/1225（Toy. III. 029）　佛典残片

吐峪沟遗址出土。

Or. 8212/1226（Toy. I. ii. 08. LII）　回鹘文文献残片

吐峪沟遗址出土。

Or. 8212/1227（Toy. III. 032. A）　佛典残片

吐峪沟遗址出土。

Or. 8212/1228（Toy. III. ii. 01. h. 1-4）　佛典残片

吐峪沟遗址出土。

Or. 8212/1229（Toy. I. ii. 09. c. 4）　佛典残片

吐峪沟遗址出土。

Or. 8212/1230（Toy. II. i. 02. e. 1）　佛典残片

吐峪沟遗址出土。

Or. 8212/1231（Toy. II. i. 02. c. 11）　佛典残片

吐峪沟遗址出土。

Or. 8212/1232（Toy. I. ii. 09. h. 2）　佛典残片

吐峪沟遗址出土。

Or. 8212/1233（Toy. II. i. 02. d）　佛典残片

吐峪沟遗址出土。

Or. 8212/1235（Toy. II. ii. 02. m. 1-3） 回鹘文佛典残片

吐峪沟遗址出土。

Or. 8212/1236（Toy. III. 031） 佛典残片

吐峪沟遗址出土。

Or. 8212/1237 （Toy. IV. i. 01） 佛典残片

4 块残片。吐峪沟遗址出土。

Or. 8212/1238?（Toy. IV. iii. 01. m. 1-2，6） 佛典残片

5 块残片。吐峪沟遗址出土。

Or. 8212/1239?（Toy. IV. vi. 02. 3） 藏文文献残片

吐峪沟遗址出土。

Or. 8212/1240（Toy. IV. i. 02） 佛典残片

吐峪沟遗址出土。

Or. 8212/1241 +1247（Toy. IV. v. 05） 佛典残片

6 块残片。吐峪沟遗址出土。

Or. 8212/1242?（Toy. IV. vi. 02. 1-2） 回鹘文文献残片

吐峪沟遗址出土。

Or. 8212/1244（Toy. IV. vii. 01） 佛典残片

5 块残片。吐峪沟遗址出土。

Or. 8212/1245（Toy. VI. 07） 佛典残片

6 块残片。吐峪沟遗址出土。

Or. 8212/1246（Toy. IV. ii. 071. 1-11） 佛典残片

吐峪沟遗址出土。

Or. 8212/1248（Yar. 07） 佛典残片

交河故城出土。

Or. 8212/1252A（Toy. III. 029. a，b，k） 佛典残片

吐峪沟遗址出土。

Or. 8212/1257（Yar. I. i. 02） 佛典残片

交河故城出土。

Or. 8212/1262（Toy. III. 032. I） 佛典残片

吐峪沟遗址出土。

Or. 8212/1264（Kao. 0104） 佛典残片

高昌故城出土。

Or. 8212/1265（Kao. 0105） 佛典残片

2 块残片。高昌故城出土。

Or. 8212/1281（Yar. Rakib. /1） 佛典残片

交河故城出土。

Or. 8212/1282（Yar. Rakib. /2-4） 佛典残片

交河故城出土。

Or. 8212/1283（Yar. Rakib. /5-8）　佛典残片

交河故城出土。

Or. 8212/1302（Kao. 0108）　佛典残片

高昌故城出土。

Or. 8212/1303（Kao. 0109）　佛典残片

高昌故城出土。

Or. 8212/1304（Kao. 0110）　佛典残片

高昌故城出土。

Or. 8212/1308（Kao. III. 0146-0148）　佛典残片

高昌故城出土。

Or. 8212/1318（Kao. I. 02）　佛典残片

高昌故城出土。

Or. 8212/1319（Toy. VI. 089）　佛典残片

吐峪沟遗址出土。

Or. 8212/1320（Kao. 054a，b）　蒙文文献残片

高昌故城出土。

Or. 8212/1325（Toy. IV. iii. 01. a）　回鹘文文献残片

吐峪沟遗址出土。

Or. 8212/1326（Kao. 09）　回鹘文文献残片

高昌故城出土。

Or. 8212/1336（Toy. III. 031）　佛典残片

吐峪沟遗址出土。

Or. 8212/1339（Kao. 0105（0103））　摩尼教文献残片

双面书写，各6行，计12行。高昌故城出土。

参 BTT XIX，41，90-91，图42。

Or. 8212/1341（Bez. xii. 03）　佛典残片

4块残片。伯孜克里克石窟出土。

Or. 8212/1344（Toy. III. 032. XIII）　佛典残片

吐峪沟遗址出土。

Or. 8212/1344（Toy. III. 032. XLVIII）　佛典残片

吐峪沟遗址出土。

Or. 8212/1345（Toy. III. 032. XLVIII. b?）　残片

4×5cm，2行。吐峪沟遗址出土。

参 郭锋 1993，189；沙知、吴芳思 2005②，144。

Or. 8212/1345（Toy. III. 029. e）　佛典残片

吐峪沟遗址出土。

Or. 8212/1347（Toy. IV. ii. 071. b）　佛典残片

吐峪沟遗址出土。

Or. 8212/1348（Toy. IV. ii. 071. g）　佛典残片

吐峪沟遗址出土。

Or. 8212/1349（Toy. IV. ii. 071. i） 信札残片

6.6×5cm，1行。吐峪沟遗址出土。

参 郭锋 1993，190；沙知、吴芳思 2005②，144。

Or. 8212/1350（Toy. IV. vi. 05. l） 《妙法莲华经》卷二

9行。吐峪沟遗址出土。

参 兜木正亨 1978，140，No. 1455。

Or. 8212/1351（Toy. IV. v. 05. n） 《妙法莲华经》卷七

5行。吐峪沟遗址出土。

参 兜木正亨 1978，166，No. 1745。

Or. 8212/1352（Toy. IV. v. 05. o） 《妙法莲华经》卷七

5行。吐峪沟遗址出土。

参 兜木正亨 1978，160，No. 1669。

Or. 8212/1353（Toy. ） 《妙法莲华经》卷六

9行。吐峪沟遗址出土。

参 兜木正亨 1978，157，No. 1634。

Or. 8212/1354（Ast. I. 2. 016） 高昌解安保计田负官私麦、粟帐

17.2×18.7cm，8行。阿斯塔那墓地出土。

参 郭锋 1990，119；郭锋 1993，16-17，179-180；陈国灿 1994，149-150；沙知、吴芳思 2005②，145。

Or. 8212/1355（Toy. III. ii. 019?） 《春秋左传正义·昭公元年》

3×3cm，3行。刻本。吐峪沟遗址出土。

参 郭锋 1993，190；沙知、吴芳思 2005②，145。

Or. 8212/1356（Ast. III. 3. 026） 唐西州付粟收领帐（五）

5行。阿斯塔那墓地出土。

参 郭锋 1993，180；陈国灿 1994，226-227；大津透 1998，481；沙知、吴芳思 2005②，146。

Or. 8212/1357（Toy. III. ii. 02c） 唐名籍

10×5.3cm，1行。吐峪沟遗址出土。

参 郭锋 1993，190；沙知、吴芳思 2005②，146。

Or. 8212/1358（Toy. III. iv. 02. h. +k） 唐杂物帐残片

11×4.9cm，2行。吐峪沟遗址出土。

参 郭锋 1993，190-191；陈国灿 1994，452；沙知、吴芳思 2005②，147。

Or. 8212/1359（Toy. III. ii. 02. f） 高昌延昌二十三年（583）残券

8×6.5cm，3行。吐峪沟遗址出土。

参 郭锋 1993，191；陈国灿 1994，438；王素 1997，188；沙知、吴芳思 2005②，147。

Or. 8212/1360（无原编号） 馆客帐残片

5.6.×8.1cm，4行。

参 郭锋 1993，191；沙知、吴芳思 2005②，148。

Or. 8212/1375r（Toy. I. ii. 05. e. 3） + Or. 8212/1377r 《大般若波罗蜜多经》卷一八八

9×9. 2cm，6 行。吐峪沟遗址出土。

参 郭锋 1993，189；Takeuchi 1998，231。

Or. 8212/1375v + Or. 8212/1377v 藏语书信

残存 7 行，右半。

参 Takeuchi 1997，339；Takeuchi 1998，231。

Or. 8212/1375bisr（Toy. I. ii. 05. e. 5） 佛典残片

3. 5×1. 8cm，2 行。吐峪沟遗址出土。

参 Takeuchi 1997，339；Takeuchi 1998，231。

Or. 8212/1375bisv 藏语文书残片

2 行。

参 Takeuchi 1997，339；Takeuchi 1998，231。

Or. 8212/1376r（Toy. I. ii. 09. h. 3） 佛典残片

吐峪沟遗址出土。与 Or. 8212/1799r 可以缀合，参看该号。

Or. 8212/1376v 藏语文书残片

与 Or. 8212/1799v 可以缀合，参看该号。

Or. 8212/1377 r（Toy. I. ii. 09. h. 1） 《大般若波罗蜜多经》卷一八八

吐峪沟遗址出土。与 Or. 8212/1375r 可以缀合，参看该号。

Or. 8212/1377v 藏语书信

与 Or. 8212/1375v 可以缀合，参看该号。

Or. 8212/1387（H. B. iii. 2） 藏语 Yedharmā Mantra

2 块残片，7. 5×3. 5cm，3. 8×4cm，各 4、3 行。刻本。小阿萨遗址出土。

参 Stein 1921，1166；Takeuchi 1997，342；Takeuchi 1998，233。

Or. 8212/1389（Tallik-Buluk Turfan. b） 《妙法莲华经》卷四

5 行。吐鲁番西南部 Tallik-Bulak 遗址出土（?）。

参 兜木正亨 1978，150，No. 1556。

Or. 8212/1390（Toy. III. ii. 03. g）

残片 1 叶，纸质，被剪为刀形，回鹘文依纸型而书，共有内容 9 行。吐峪沟遗址出土。

参 Stein 1928，图 CXXVI。

Or. 8212/1391r（Toy. II. ii. 01. e. 2） 《佛说佛地经》

吐峪沟遗址出土。与 Or. 8212/1800r 可以缀合，参看该号。

Or. 8212/1391v 藏语文书

与 Or. 8212/1800v 可以缀合，参看该号。

Or. 8212/1406（Kao. 069） 近代某店铺帐历

共两件。19 行。高昌故城收集。

参 郭锋 1993，184；沙知、吴芳思 2005②，188。

Or. 8212/1407（Yar. frags. /1-3） 佛典残片

交河故城出土。

Or. 8212/1408（Yar. frags. /4-6） 佛典残片

交河故城出土。

Or. 8212/1429（Toy. VI. 040）

木简。吐峪沟遗址出土。

Or. 8212/1431（Kao. III. 0158-0162） 佛典残片

高昌故城出土。

Or. 8212/1448（无原编号） 领物帐残

双面书写，正面3行，背面4行，可能是杂写。

参 郭锋 1993，192；沙知、吴芳思 2005②，191。

Or. 8212/1505（无原编号） 帐目残片

14×10cm，3行。

参 郭锋 1993，192；沙知、吴芳思 2005②，192。

Or. 8212/1563 唐户口簿断片

存3行。有朱笔残划。

参 沙知、吴芳思 2005②，220。

Or. 8212/1577（无原编号） 唐麴义顺等入麦帐

13.5×14.5cm，5行。有朱笔勾划标记。

参 郭锋 1993，181；陈国灿 1994，396；沙知、吴芳思 2005②，228。

Or. 8212/1596（Ast. III. 4. 077） 唐扣形剪纸

剪纸中空，用纸数层，内层有"慈"、"复"等字，未展开全貌。阿斯塔那墓地出土。

参 陈国灿 1994，285；沙知、吴芳思 2005②，235。

Or. 8212/1636（?） 高昌县文书

Or. 8212/1676（Kao. 050） 佛典残片

高昌故城出土。

Or. 8212/1680r（Kao. 0106） 粟特语文献

残片1叶，双面书写，双栏，正面两栏分别为5、6行，背面5、6行。高昌故城出土。

参 Sims-Williams 1976，72。

Or. 8212/1682（Kao. 046） 佛典残片

高昌故城出土。

Or. 8212/1689r（Kao. 071+070） 道家书（?）残片

存5行。间有回鹘文。高昌故城出土。

参 沙知、吴芳思 2005②，237。

Or. 8212/1689v（Kao. 071+070 & Kao. 072+073） 粟特语文献

残片2叶，可以缀合，a片8行，b片7行。高昌故城出土。

参 Stein 1928，1031（Beveniste）；Benveniste 1938，501-502；Sims-Williams 1976，68-70。

Or. 8212/1692（Kao. 0107）　突厥卢尼文摩尼教文献

残片 1 叶。30 行。高昌故城出土。

参 Thomsen 1928，1082-1083；森安孝夫 1997a，41-71，图 II-III；Clark 1997，141；Gulásci 2000，287-289，图 7；Gulásci 2005，149-166，423-424（图 1-2）。

无编号（Ast. V. 1. 03）　唐武北门文书

7 行。阿斯塔那墓地出土。

参 陈国灿 1994，293-294。

Or. 8212/1793r（Toy. I. 11. 08）　粟特语文献

残片 1 叶，4 行。吐峪沟遗址出土。

参 Sims-Williams 1976，71。

Or. 8212/1793v　佛典残片

Or. 8212/1799r（Toy. I. ii. 09. h. 2 + 3）+ Or. 8212/1376r　佛典残片

残片 2 叶，缀合后尺寸 11. 5 × 19. 5cm，6 行，汉文行间夹写藏文 2 行。吐峪沟遗址出土。

参 Takeuchi 1997，340；Takeuchi 1998，231。

Or. 8212/1799v + Or. 8212/1376v　藏语文书残片

1 行，与正面藏文字体相同。

参 Takeuchi 1997，340；Takeuchi 1998，231。

Or. 8212/1800r（Toy. II. i. 02. d + ii. 01. e. 2）+ Or. 8212/1391r　《佛说佛地经》

2 叶残片，可以缀合，缀合后尺寸 9. 5 × 16. 5cm，6 行。吐峪沟遗址出土。

参 Takeuchi 1997，341；Takeuchi 1998，232。

Or. 8212/1800v + Or. 8212/1391v　藏语文书

7 行，与军队有关。

参 Takeuchi 1997，341；Takeuchi 1998，232。

Or. 8212/1807（Toy. IV. v. 05. 1）　藏语佛典残片

2. 5 × 5. 8cm，2 行。刻本。吐峪沟遗址出土。

参 Takeuchi 1997，342；Takeuchi 1998，232。

Or. 8212/1824r（Yar. I. i. 02）　粟特语文献

残片 1 叶，8 行。交河故城出土。

参 Sims-Williams 1976，70。

Or. 8212/1824v　佛典残片

Or. 8212/1832（Kao. 0105. a，b）　佛典残片

印本，两块残片。a、b 两系同页裂出，a 片存 3 行，b 片存 4 行，a 片第 1 行连 b 片第 3 行。沙知、吴芳思题"印本摩尼教经残片"。高昌故城出土。

参 沙知、吴芳思 2005②，242。

Or. 8212/1832（Kao. 0105. c，d，e，f，g）　佛典残片

高昌故城出土。

Or. 8212/1900bis（Toy. IV. ii. 071）　藏语文书残片

3 × 5cm，双面书写，正面 3 行，背面 1 行。吐峪沟遗址出土。

参 Takeuchi 1997，342；Takeuchi 1998，232。

Or. 8212/1932（Kao. I. 0014. 1-5））　丝织物残片

高昌故城出土。

参 沙知、吴芳思 2005②，302。

Or. 8212/1933（Kao. I. 0015. 1-2）　残绳

高昌故城出土。

参 沙知、吴芳思 2005②，303。

Or. 8212/1934（Kao. I. 0017）　丝织物残片

高昌故城出土。

参 沙知、吴芳思 2005②，303。

Or. 8212/1935（Kao. I. 0016（A. 1-3，B. 1-5）　丝织物残片

高昌故城出土。

参 沙知、吴芳思 2005②，304。

Or. 15000/546（H. B. iv. 1）　藏语 Yedharmā Mantra

9.3×10cm，7行。刻本。小阿萨遗址出土。

参 Stein 1921，1174；Takeuchi 1997，343；Takeuchi 1998，233。

俄罗斯圣彼得堡东方学研究所藏吐鲁番文献（Φ与Дx编号部分）

Φ. 320　《大方等无想大云经》卷六

53.5×27cm，首残尾全，存20行。有尾题“大方等无想大云经第”，后有题记：“缘禾三年（434）岁次甲戌九月五日，于田地城北刘居祠，写此尊（经），愿持此功德，施与一切众生，皆得揔持，超入法城，获无生忍，成无上道。比丘法融所供养经，书拙字具而已。”

参 姜伯勤1980，40-41；关尾史郎1985，1-11；白须净真1986，77-78；池田温1990，84；《俄藏》5，168；府宪展1996，89；孟列夫1999b，204-205；关尾史郎2001，41。

Дx. 1299　唐西州等爱寺状为差科事

14×10.5 cm，存7行。

参《俄藏》8，69；孟列夫1999a，670；丘古耶夫斯基2000，102，图25；关尾史郎2001，41-42；陈国灿2005，112-113。

Дx. 1328r　唐建中三年（782）三月二十七日授百姓部田春苗历

24×24cm，8行。

参 池田温1979，501；姜伯勤1980，39；Cuguevskii 1983，439；《释录》2，373；施萍婷1996，72；《俄藏》8，95；孟列夫1999a，634-635；丘古耶夫斯基2000，105-106，图28；关尾史郎2001，42；陈国灿2002b，337-338；陈国灿2005，105。

Дx. 1328v　二年十一月王嘉玉牒为马疋估价钱事

5行。

参《俄藏》8，95；孟列夫1999a，635；丘古耶夫斯基2000，106；关尾史郎2001，42。

Дx. 1393 + Дx. 1465r　佛经论释

30行。

参《俄藏》8，134；孟列夫1999a，635；丘古耶夫斯基2000，101。

Дx. 1393 + Дx. 1465v　唐西州田簿

42.5×25 cm，存15行。8世纪中叶。

参 山本达郎1965，526；池田温1979，492；姜伯勤1980，39；《释录》2，458；施萍婷1996，77；《俄藏》8，135；孟列夫1999a，635；丘古耶夫斯基2000，101-102，图24；关尾史郎2001，42。

Дx. 1465　唐西州田簿

与Дx. 1393缀合，参见该号。

Дх. 1523　西州志

9×21.5cm。存3行。提到丁谷寺。

参 姜伯勤1980，41；孟列夫1999b，462。

Дх. 1551r《文选》李善注卷三五张景阳《七命》

5×6 cm，存3残行。与Ch. 3164v（T III 1085）字体、格式完全一致，当为同卷，两块残片间只相差约一行文字。

参《俄藏》8，228；荣新江1998，313，319；孟列夫1999b，473；饶宗颐2000，3，53；荣新江2005，273；罗国威2006，231-233。

Дх. 1551v　《金刚般若波罗蜜经》

参 荣新江1998，313，319；孟列夫1999b，338；饶宗颐2000，3，53；荣新江2005，273。

Дх. 2670r　《史记·李斯列传》

12×8cm，存6行。

参 孟列夫1999b，462-463；《俄藏》9，326；关尾史郎2001，45；吴震2001，3。

Дх. 2670v　高昌国编年史

存7行。字体工整，按年代记高昌历史。据以干支纪年，以及以"水"代"癸"字来看，应当是高昌国时代文书，或许为高昌国史官编写的编年体史书。

参 姜伯勤1980，41；施萍婷1997，317；孟列夫1999b，463；《俄藏》9，326；关尾史郎2001，45；吴震2001，1-8。

Дх. 2683 + Дх. 11074r　《黄帝内经素问》

30.5×24.5 cm，残卷，两片直接缀合后，存22行，又一片2行。隶书。

参《俄藏》9，332；孟列夫1999b，451-452；丘古耶夫斯基2000，99-100；关尾史郎2001，43；关尾史郎2002，15。

Дх. 2683v + Дх. 11074v　石垂渠诸地现种青苗历残卷

残卷，两片直接缀合后，存16行。有些人名下方有墨黑标记。从字体、书风看，是5世纪中叶吐鲁番文书。

参《释录》2，457；施萍婷1997，317；《俄藏》9，332；孟列夫1999b，495；丘古耶夫斯基2000，98-100，图22；关尾史郎2001，42-43；关尾史郎2002，14-26。

Дх. 2826　唐开元年间讯案为兴胡作人事

24.7×15.8 cm，存8行。陈国灿据文书记录讯案者的签字，定为吐鲁番文书。

参《俄藏》10，78；陈国灿2005，110。

Дх. 2887　高昌牛犊、驴出入历

11.7×21.7 cm，存16行。第5行有"起四年四月一日尽伍年十二月十日依前新入牛犊合一百五头"，9、10行列牛犊放养地点有横截、新兴、柳婆等地，均为高昌国地名。

参《俄藏》10，112；关尾史郎2002，18-20。

Дх. 2947r　前秦中书侍郎韦谭等五言诗三首

与Дх. 11414缀合，参见该号。

参《俄藏》10，136；关尾史郎2001，46；徐俊2002，205-220；关尾史郎2004，

71-74；陈国灿 2005，111-112。

Дх. 2947v　前秦建元十四年（378）买田券

5 行，可与 Дх. 11414 缀合，参见该号。

参《俄藏》10，136；关尾史郎 2001，45-46；TTD supplement，A，130；B，43；徐俊 2002，205-220；关尾史郎 2004，71-74；陈国灿 2005，111-112。

Дх. 3164　唐人书札

7.9×9.5 cm，2 行。

参《俄藏》10，199；关尾史郎 2001，46。

Дх. 3676r　唐西州户籍残片

15.5×15 cm。存 6 行。据 1 行有"部田叁易"，知为唐西州籍。

参《释录》2，498；施萍婷 1997，321；《俄藏》11，22；丘古耶夫斯基 2000，100-101，图 23；关尾史郎 2001，43。

Дх. 3676 v　祈祷文

2 行。有佛像及供养人像。

参《俄藏》11，22；关尾史郎 2001，43。

Дх. 3762 + Дх. 4094r　佛典断片

9×12 cm，两叶残片，分别存 4、2 行。

参 Cuguevskii 1983，489；《俄藏》11，44；关尾史郎 2001，43。

Дх. 3762 + Дх. 4094v　唐西州户籍残片

存 6 行。8 世纪前半叶。

参 Cuguevskii 1983，489；《释录》2，495-496；TTD II，A，77-79，185-186；B，132；王克孝 1996，236；《俄藏》11，44；丘古耶夫斯基 2000，77，图 7；关尾史郎 2001，43。

Дх. 4090　佛典断片

7.4×16 cm，4 行。据特别字体，当为吐鲁番写本。

参《俄藏》11，140；关尾史郎 2001，46。

Дх. 4094　见 Дх. 3762

Дх. 4156　佛典断片

18.5×12.5 cm，9 行。据特别字体，当为吐鲁番写本。

参《俄藏》11，152；关尾史郎 2001，46。

Дх. 4972　佛典断片

7.8×12.2 cm，5 行。据特别字体，当为吐鲁番写本。

参《俄藏》11，372；关尾史郎 2001，46-47。

Дх. 5027　佛典断片

10×16.7cm，5 行。据特别字体，当为吐鲁番写本。

参《俄藏》12，4；关尾史郎 2001，47。

Дх. 5935r　佛典断片

12 行。

参《俄藏》12，281。

Дx. 5935v　唐广德二年（764）六月行人李有让牒为求差追征欠钱事

20×27.5 cm，7行。

参《俄藏》12，281；陈国灿2005，111。

Дx. 7125Br　典籍

9×12 cm，4行。有界栏。

参《俄藏》13，258。

Дx. 7125Bv　唐西州籍

2行。

参 Cuguevskii 1983，488；《释录》2，495；TTD II，A，77-79，185；B，132；王克孝1996，236；《俄藏》13，258；丘古耶夫斯基2000，76，图6；关尾史郎2001，43-44。

Дx. 8510＋Дx. 9479　唐开元二十三年（735）西州残籍

2块小残片，9×9 cm，7×9 cm，2＋3行。

参 Cuguevskii 1983，488；《释录》2，495；TTD II，A，77-79，186；66-67，195；B，132，123；王克孝1996，233，236；《俄藏》14，59；丘古耶夫斯基2000，74-76，图4-5；关尾史郎2001，44；陈国灿2002b，269；陈国灿2005，105。

Дx. 8519r　高昌郡高昌县都乡籍残片

正面存1行，书有"高昌郡高昌县都乡"诸字右半。

参《俄藏》14，60；关尾史郎2003，74-80；关尾史郎2006，181。

Дx. 8519v　佛典断片

存4行，书字古拙，为十六国时期写本残片无疑。

参《俄藏》14，60；关尾史郎2003，74-80；关尾史郎2006，187，注5。

Дx. 9170　《诸医方髓》

双面书写，存12行。

参《俄藏》14，133；陈明2002，100-108；陈明2005b，157-167。

Дx. 9178　《耆婆五藏论》

双面书写，存12行。上接Дx. 12495。

参《俄藏》14，133；陈明2002，100-108；陈明2005b，157-167。

Дx. 9255＋Дx. 9267　唐天宝年间西州籍

15×6 cm，6行。

参 Cuguevskii 1983，490；《释录》2，496；TTD II，A，77-79，185；B，132；王克孝1996，236；《俄藏》14，143；丘古耶夫斯基2000，78，图8；关尾史郎2001，44。

Дx. 9334　唐天宝年间西州籍

9×10.5 cm，2行。

参 Cuguevskii 1983，490；TTD II，A，79-80，184；B，132；《释录》2，496；王克孝1996，237；《俄藏》14，152；丘古耶夫斯基2000，78-79，图9；关尾史郎2001，44。

Дx. 9368r　唐天宝年间西州籍

存3行，列常、部田段亩数。

Дx. 9368v　佛典断片

Дx. 9479　唐开元二十三年（735）西州残籍

与Дx. 8510缀合，参见该号。

Дx. 9535r　+Дx. 9536r　《放光般若经》卷一二

参松井太2004b，58。

Дx. 9535v　+ Дx. 9536v　回鹘语文书

参松井太2004b，58。

Дx. 9548r　《弘明集》卷八

参松井太2004b，54。

Дx. 9548v　回鹘语文书

参松井太2004b，54。

Дx. 9553r　《金刚般若波罗蜜经论》卷下

参松井太2004b，54。

Дx. 9553v　回鹘语文书

参松井太2004b，54。

Дx. 9560r　《大般涅槃经》卷二五

参松井太2004b，54。

Дx. 9560v　回鹘语文书

参松井太2004b，54。

Дx. 9569r　《大智度论》卷三

参松井太2004b，58。

Дx. 9569v　回鹘语文书

参松井太2004b，58，65（图），66。

Дx. 9571r　《妙法莲华经》卷七

参松井太2004b，54。

Дx. 9571v　回鹘语文书

参松井太2004b，54。

Дx. 9882　《耆婆五藏论》

双面书写，存12行。

参《俄藏》14，207；陈明2002，100-108；陈明2005b，157-167。

Дx. 9888　《诸医方髓》

双面书写，存12行。

参《俄藏》14，207；陈明2002，100-108；陈明2005b，157-167。

Дx. 9935 + Дx. 9936 + Дx. 10092　《耆婆五藏论》

双面书写，存12行。

参《俄藏》14，207；陈明2002，100-108；陈明2005b，157-167。

Дx. 11074　《黄帝内经素问》

与Дx. 2683缀合，参见该号。

Дx. 11074v　石垂渠诸地现种青苗历残卷

与Дx. 2683v缀合，参见该号。

Дx. 11413r　唐律

8×29.2 cm，存4行。

参《俄藏》15，212；陈国灿2005，109-110。

Дx. 11413v　唐安十三欠小麦价钱凭

参《俄藏》15，212；陈国灿2005，109-110。

Дx. 11414＋Дx. 2947r　前秦拟古诗残本

14.2×23.9 cm，存诗8行。

参《俄藏》15，212；徐俊2002，205-220；关尾史郎2004，71-74。

Дx. 11414＋Дx. 2947v　前秦建元十三年（377）买婢券、建元十四年（378）买田券

前者6行，后者5行。

参《俄藏》15，212；徐俊2002，205-220；关尾史郎2004，71-74。

Дx. 12106r　《大般涅槃经》卷三三

与SI 4b Kr 48r可以缀合，参看该号。

Дx. 12106v　回鹘语文书

参松井太2004b，54。

Дx. 12109r　《道神足无极变化经》卷四

参松井太2004b，54。

Дx. 12109v　回鹘语文书

参松井太2004b，54。

Дx. 12145r　《道神足无极变化经》卷四

与SI Kr. IV/252r可以缀合，缀合后计11行。

参松井太2004b，56，58。

Дx. 12145v　回鹘语文书

参松井太2004b，58。

Дx. 12163r　《维摩诘所说经》卷上

与SI 4b Kr 142r可以缀合，缀合后计16行。

参松井太2004b，57，58。

Дx. 12163v　回鹘语文书

参松井太2004b，58。

Дx. 12234r　《妙法莲华经》卷七

参松井太2004b，58。

Дx. 12234v　回鹘语文书

参松井太2004b，58。

Дx. 12243r　《添品妙法莲华经》卷六

参松井太2004b，58。

Дx. 12243v　回鹘语文书

参松井太2004b，58。

Дх. 12495 《耆婆五藏论》

双面书写，存 12 行。

参《俄藏》16，130；陈明 2002，100-108；陈明 2005b，157-167。

Дх. 16721 + Дх. 16839 + Дх. 16884 《礼记·坊记》

与 Ch2068（T Ⅱ D 61）可以缀合。

参 许建平 2003，308；许建平 2005，343；许建平 2006，446。

Дх. 16839 《礼记·坊记》

与 Дх. 16721、Дх. 16884、Ch2068 可以缀合。参看 Дх. 16721 号。

Дх. 16884 《礼记·坊记》

与 Дх. 16721、Дх. 16839、Ch2068 可以缀合。参看 Дх. 16721 号。

Дх. 17015 《大般若波罗蜜多经》卷五五三～五五四

23.7×59.5 cm。刻本，版芯有"《大般若经》第五百（下残）"。硬笔小字注音直音或反切。

参《俄藏》17，50。

Дх. 17016 《别译杂阿含经》卷二

8.4×6.5 cm。刻本。

参《俄藏》17，51。

Дх. 17017 佛典断片

3.3×1.9 cm。刻本。

参《俄藏》17，51。

Дх. 17018 佛典断片

3.7×8.4 cm。刻本。

参《俄藏》17，51。

Дх. 17019 《大方广佛华严经》卷七

6.5×7.4 cm。刻本。

参《俄藏》17，51。

Дх. 17020 《大方广佛华严经》卷七

6.2×7.5 cm。刻本。与 Дх. 17024、Дх. 17025、Дх. 17037、Дх. 17063、Дх. 17085、Дх. 17093、Дх. 17112、Дх. 17113、Дх. 17115、Дх. 17118、Дх. 17119、Дх. 17123、Дх. 17127、Дх. 17140 等同一刻本，且同经同卷。

参《俄藏》17，51。

Дх. 17021 佛典断片

6.5×4.7 cm。刻本。

参《俄藏》17，51。

Дх. 17022 佛典断片

8.6×5.1 cm。刻本。

参《俄藏》17，51。

Дх. 17023 佛典断片

4.2×4.7 cm。刻本。

参《俄藏》17，51。

Дx. 17024　《大方广佛华严经》卷七

8. 4×7. 4 cm。刻本。见 Дx. 17020。版芯有"［《大方广佛》花严经］七"。

参《俄藏》17，51。

Дx. 17025　《大方广佛华严经》卷七

8. 6×9. 1 cm。刻本。见 Дx. 17020。

参《俄藏》17，51。

Дx. 17026　佛典断片

4. 7×2. 8 cm。刻本。

参《俄藏》17，51。

Дx. 17027　佛典断片

9×10. 4 cm。刻本。

参《俄藏》17，51。

Дx. 17028　《阿毗达磨俱舍论》卷三〇

30. 7×19. 7 cm。刻本。有朱印字。

参《俄藏》17，51。

Дx. 17029　《大方广佛华严经》

3. 4×2. 1 cm。刻本。

参《俄藏》17，52。

Дx. 17030　佛典断片

8×7. 6cm。刻本。

参《俄藏》17，52。

Дx. 17031　《大方广佛华严经》卷七

15. 4×26. 1cm。刻本。

参《俄藏》17，52。

Дx. 17032　《佛说如来不思议秘密大乘经》卷一一

8. 8×14. 2 cm。刻本。

参《俄藏》17，52。

Дx. 17033　《妙法莲华经》卷四

10. 7×12. 9 cm。刻本。

参《俄藏》17，52。

Дx. 17034　《六度集经》卷二

15. 8×15. 7 cm。刻本。

参《俄藏》17，52。

Дx. 17035　佛典断片

6. 8×5. 9 cm。刻本。

参《俄藏》17，53。

Дx. 17036　佛典断片

5. 8×3. 3 cm。刻本。

参《俄藏》17，53。

Дх. 17037　《大方广佛华严经》卷七

8.3×7.6 cm。刻本。见 Дх. 17020。

参《俄藏》17，53。

Дх. 17038　《金光明最胜王经》卷三

7.6×12.1 cm。刻本，与 Дх. 17040 可以缀合。

参《俄藏》17，53。

Дх. 17039　佛典断片

6.5×6.4 cm。刻本。

参《俄藏》17，53。

Дх. 17040　《金光明最胜王经》卷三

刻本，与 Дх. 17038 可以缀合

参《俄藏》17，53。

Дх. 17041　佛典断片

6.4×3.9 cm。刻本。

参《俄藏》17，53。

Дх. 17042　佛典断片

8.9×4.4 cm。刻本。

参《俄藏》17，53。

Дх. 17043　《大般若波罗蜜多经》

6.2×10.2 cm。刻本。

参《俄藏》17，53。

Дх. 17044　《别译杂阿含经》卷二

26.2×39.6 cm。刻本。

参《俄藏》17，54。

Дх. 17045　佛典断片

5.2×4.4 cm。刻本。

参《俄藏》17，54。

Дх. 17046　佛典断片

5.7×4.4 cm。刻本。

参《俄藏》17，54。

Дх. 17047　佛典断片

6.5×5.7 cm。刻本。

参《俄藏》17，54。

Дх. 17048　《别译杂阿含经》卷二

11.9×10.4 cm。刻本。

参《俄藏》17，54。

Дх. 17049　《阿毗达磨俱舍论》卷二〇

15.7×11.3 cm。刻本，版芯有“俱舍论二十”。

参《俄藏》17，55。

Дх. 17050　佛典断片

6.1×8.7 cm。刻本。

参《俄藏》17，55。

Дх. 17051　佛典断片

7.8×9.6 cm。刻本。

参《俄藏》17，55。

Дх. 17052　《妙法莲华经》卷四

13.9×11.3 cm。刻本，与Дх. 17055可以缀合。背面有粘纸。

参《俄藏》17，55。

Дх. 17053　佛典断片

3.9×4.8 cm。刻本。

参《俄藏》17，55。

Дх. 17054　佛典断片

4.8×4.8 cm。刻本。

参《俄藏》17，55。

Дх. 17055　《妙法莲华经》卷四

刻本，与Дх. 17052可以缀合。

参《俄藏》17，55。

Дх. 17056　佛典断片

5.7×6.5 cm。刻本。

参《俄藏》17，55。

Дх. 17057r　《大般涅槃经》

26.1×15.2 cm。刻本，与Дх. 17087+Дх. 17094同卷。

参《俄藏》17，56。

Дх. 17057v　《妙法莲华经》卷五

刻本，与Дх. 17087+Дх. 17094同卷。

参《俄藏》17，56。

Дх. 17058　佛典断片

7.8×4.8 cm。刻本。

参《俄藏》17，56。

Дх. 17059　佛典断片

6.1×4.8 cm。刻本。

参《俄藏》17，56。

Дх. 17060　佛典断片

8.7×5.2 cm。刻本。

参《俄藏》17，56。

Дх. 17061　《大般若波罗蜜多经》卷五一

15.7×18.3 cm。刻本。与Дх. 17281可以缀合。首题“经卷第五十一”，首有版画线图供养童子。

参《俄藏》17，56；府宪展 2003，339。

Дх. 17062　佛典断片

5.7×5.2 cm。

参《俄藏》17，57。

Дх. 17063　《大方广佛华严经》卷七

9.6×9.6 cm。刻本。见 Дх. 17020。

参《俄藏》17，57。

Дх. 17064　《大般若波罗蜜多经》卷二八三

9.7×9.1 cm。刻本。

参《俄藏》17，57。

Дх. 17065　《别译杂阿含经》卷二

9.6×9.6 cm。刻本。

参《俄藏》17，57。

Дх. 17066　《别译杂阿含经》（?）

6.1×7.8 cm。刻本。

参《俄藏》17，57。

Дх. 17067　《别译杂阿含经》卷二

4.8×4.4 cm。刻本。

参《俄藏》17，57。

Дх. 17068　《别译杂阿含经》卷二

7×7 cm。刻本。

参《俄藏》17，57。

Дх. 17069　佛典断片

7.8×6.5 cm。刻本。

参《俄藏》17，57。

Дх. 17070　《妙法莲华经》卷四

12.2×11.3 cm。刻本。

参《俄藏》17，57。

Дх. 17071《大般若波罗蜜多经》卷二七五

刻本，蝴蝶装，本折尺寸：27.8×17 cm，通叶尺寸：27.8×33.9 cm。天头：3.5 cm，地脚：2.2 cm，版芯高 22.7 cm，宽 27 cm。左右留白：2×3.5 cm。与 Дх. 17163、Дх. 17177、Дх. 17178、Дх. 17179、Дх. 17189、Дх. 17195 同一刻本，且同经同卷。其中两页页边有“大般若经第二百七十五，第二张，咸字号”、“大般若经第二百七十五，第三张，咸字号”。

参《俄藏》17，58-60；府宪展 2003，333；府宪展 2004，226。

Дх. 17072　佛典断片

6.1×2.7 cm。刻本。

参《俄藏》17，61。

Дх. 17073　《妙法莲华经》卷二

23.5×9.6cm。刻本。

参《俄藏》17，61。

Дх. 17074　《妙法莲华经》卷四

18.3×13.9 cm。刻本。

参《俄藏》17，61。

Дх. 17075　佛典断片

4.4×3 cm。刻本。

参《俄藏》17，61。

Дх. 17076　佛典断片

7.8×20.9 cm。刻本。

参《俄藏》17，61。

Дх. 17077　佛典断片

8×5.8 cm。刻本。

参《俄藏》17，62。

Дх. 17078　佛典断片

5.3×4 cm。刻本。

参《俄藏》17，62。

Дх. 17079　《佛名经》

8×7.1 cm。上有捺印佛像。

参《俄藏》17，62。

Дх. 17080　佛典断片

8.4×7.1 cm，5.8×4.4 cm。刻本。

参《俄藏》17，62。

Дх. 17081　《佛说如来不思议秘密大乘经》卷一一

11.6×9.7 cm。刻本。

参《俄藏》17，62。

Дх. 17082　佛典断片

4.4×3.6 cm。刻本。

参《俄藏》17，62。

Дх. 17083　佛典断片

7.1×9.7 cm。刻本。

参《俄藏》17，62。

Дх. 17084　《转女身经》、《金光明最胜王经》卷三

16×12.4 cm。刻本。

参《俄藏》17，62。

Дх. 17085　《大方广佛华严经》卷七

19.5×20.4 cm。刻本。见Дх. 17020。

参《俄藏》17，63。

Дx. 17086　佛典断片

7. 1 × 6. 2 cm。刻本。

参《俄藏》17，63。

Дx. 17087　《妙法莲华经》卷三

16. 9 × 26. 7 cm。刻本，与 Дx. 17094 可以缀合，与 Дx. 17057 同卷。

参《俄藏》17，63。

Дx. 17088　《阿毗达磨俱舍论本颂（说一切有部）分别界》

12. 4 × 6. 2cm。刻本。

参《俄藏》17，64。

Дx. 17089r　佛典断片

10. 7 × 8 cm。刻本。

参《俄藏》17，64。

Дx. 17089v　回鹘文断片

刻本。

参《俄藏》17，64；府宪展 2003，339。

Дx. 17090　佛典断片

5. 3 × 4. 4 cm。刻本。

参《俄藏》17，64。

Дx. 17090v　佛典断片

刻本。

参《俄藏》17，64。

Дx. 17091　佛典断片

5. 3 × 5. 3 cm。刻本。

参《俄藏》17，64。

Дx. 17092　佛典断片

4. 4 × 4. 9 cm，3. 6 × 2. 7 cm。刻本。

参《俄藏》17，64。

Дx. 17093　《大方广佛华严经》卷七

7. 1 × 8 cm。刻本。见 Дx. 17020。

参《俄藏》17，64。

Дx. 17094r　《妙法莲华经》卷三

刻本，与 Дx. 17087 可以缀合，与 Дx. 17057 同卷。

参《俄藏》17，64。

Дx. 17094v　《妙法莲华经》卷三

刻本，与 Дx. 17087 可以缀合，与 Дx. 17057 同卷。

参《俄藏》17，64。

Дx. 17095　《大般若波罗蜜多经》卷五七一

12. 4 × 6. 7 cm。刻本。

参《俄藏》17，64。

Дx. 17096　《大般若波罗蜜多经》卷五六九

8×8.9 cm。刻本。

参《俄藏》17，64。

Дx. 17097　佛典断片

7.1×5.3 cm。刻本。

参《俄藏》17，65。

Дx. 17098　《妙法莲华经》卷四

5.3×6.2 cm。刻本。

参《俄藏》17，65。

Дx. 17099　《妙法莲华经》卷四

8×10.7 cm。刻本。

参《俄藏》17，65。

Дx. 17100　《妙法莲华经》卷四

10.7×10.7 cm。刻本。

参《俄藏》17，65。

Дx. 17101　佛典断片

10.7×8 cm。刻本。

参《俄藏》17，65。

Дx. 17102　佛典断片

3.6×8 cm。刻本。

参《俄藏》17，65。

Дx. 17103r　《妙法莲华经》卷四

8×13.3 cm。刻本。

参《俄藏》17，65。

Дx. 17103v　《妙法莲华经》卷四

刻本。

参《俄藏》17，65。

Дx. 17104　《阿毗达磨俱舍论》卷二〇

9.7×8.9 cm。刻本。

参《俄藏》17，66。

Дx. 17105　《阿毗达磨俱舍论》卷二〇

8×9.7 cm。刻本。

参《俄藏》17，66。

Дx. 17106　《阿毗达磨俱舍论》卷二〇

6.2×8.9 cm。刻本。

参《俄藏》17，66。

Дx. 17107　《金光明最胜王经》卷三

9.7×8 cm。刻本。

参《俄藏》17，66。

Дх. 17108　佛典断片

10.7×10.7 cm。刻本。

参《俄藏》17，66。

Дх. 17109　《别译杂阿含经》卷二

11.6×8 cm。刻本。

参《俄藏》17，66。

Дх. 17110　《金光明最胜王经》卷五

11.6×7.1 cm。刻本。

参《俄藏》17，66。

Дх. 17111　《大方广佛华严经》卷五五

11.6×4.4 cm。刻本。

参《俄藏》17，66。

Дх. 17112　《大方广佛华严经》卷七

8.9×14.2 cm。刻本。见 Дх. 17020。

参《俄藏》17，67。

Дх. 17113　《大方广佛华严经》卷七

13.3×12.4cm。刻本。见 Дх. 17020。

参《俄藏》17，67。

Дх. 17114　《大般若波罗蜜多经》卷一三七

11.6×8.9 cm。刻本。

参《俄藏》17，67。

Дх. 17115　《大方广佛华严经》卷七

7.1×16.9 cm。刻本。见 Дх. 17020。

参《俄藏》17，67。

Дх. 17116　《大方广佛华严经》

7.1×8cm。刻本。

参《俄藏》17，67。

Дх. 17117　佛典断片

9.7×6.2 cm。刻本。

参《俄藏》17，67。

Дх. 17118　《大方广佛华严经》卷六（七?）

12.4×2.7 cm。刻本。见 Дх. 17020。

参《俄藏》17，67。

Дх. 17119　《大方广佛华严经》卷七

10.7×4.4 cm。刻本。见 Дх. 17020。

参《俄藏》17，67。

Дх. 17120　佛典断片

8.9×3.6 cm。刻本。

参《俄藏》17，67。

Дx. 17121　《大般若波罗蜜多经》卷五六九

9. 7 × 8. 9 cm。刻本。

参《俄藏》17，68。

Дx. 17122　佛典断片

3. 6 × 6. 2 cm。刻本。

参《俄藏》17，68。

Дx. 17123　《大方广佛华严经》卷七

14. 2 × 10. 7 cm。刻本。见 Дx. 17020。

参《俄藏》17，68。

Дx. 17124　佛典断片

5. 3 × 6. 2 cm。刻本。

参《俄藏》17，68。

Дx. 17125　《金光明最胜王经》卷三

8. 9 × 5. 3 cm。刻本。

参《俄藏》17，68。

Дx. 17126　《金光明最胜王经》卷三

11. 6 × 7. 1 cm。刻本。

参《俄藏》17，68。

Дx. 17127　《大方广佛华严经》卷七

3. 6 × 5. 3 cm。刻本。见 Дx. 17020。

参《俄藏》17，68。

Дx. 17128　《华严经内章门等杂孔目章》卷三

8. 9 × 7. 1 cm。刻本。

参《俄藏》17，68；府宪展 2003，339。

Дx. 17129　佛典断片

4. 4 × 6. 2 cm。刻本。

参《俄藏》17，69。

Дx. 17130　《别译杂阿含经》卷二

10. 7 × 11. 6 cm。刻本。

参《俄藏》17，69。

Дx. 17131　《金光明最胜王经》卷三

11. 6 × 14. 2 cm。刻本。

参《俄藏》17，69。

Дx. 17132　佛典断片

5. 3 × 5. 3 cm。刻本。

参《俄藏》17，69。

Дx. 17133r　佛典断片

6. 2 × 7. 1 cm。刻本。

参《俄藏》17，69。

Дх. 17133v 佛典断片

刻本。

参《俄藏》17，69。

Дх. 17134 《金光明最胜王经》卷三

8 ×16.8 cm。刻本。

参《俄藏》17，69。

Дх. 17135 《别译杂阿含经》卷二

13.3 ×5.3cm。刻本。

参《俄藏》17，69。

Дх. 17136 《十住经》卷二、《大方广佛华严经》卷二五

8 ×2.7 cm。刻本。

参《俄藏》17，70。

Дх. 17137 佛典断片

5.3 ×5.3 cm。刻本。

参《俄藏》17，70。

Дх. 17138 《大方广佛华严经》卷七

7.1 ×7.1 cm。刻本。

参《俄藏》17，70。

Дх. 17139 《大般若波罗蜜多经》卷五六九

13.3 ×7.1 cm。刻本。

参《俄藏》17，70。

Дх. 17140 《大方广佛华严经》卷七

12.4 ×8 cm。刻本。见 Дх. 17020。

参《俄藏》17，70。

Дх. 17141 《别译杂阿含经》卷二

10.7 ×10.7 cm。刻本。

参《俄藏》17，70。

Дх. 17142 佛典断片

11.6 ×14.2 cm。刻本。

参《俄藏》17，70。

Дх. 17143 《阿毗达磨俱舍论》卷六

11.6 ×7.2 cm。刻本。

参《俄藏》17，70。

Дх. 17144r 《别译杂阿含经》卷二

7.1 ×8.9 cm。刻本。

参《俄藏》17，70。

Дх. 17144v 《别译杂阿含经》卷二

刻本。

参《俄藏》17，70。

Дx. 17145　佛典断片

8.9×5.3 cm。刻本。

参《俄藏》17，71。

Дx. 17146　佛典断片

5.3×4.4 cm。刻本。

参《俄藏》17，71。

Дx. 17147　佛典断片

6.2×6.2 cm。刻本。

参《俄藏》17，71。

Дx. 17148　《金光明最胜王经》卷五

7.1×4.4 cm。刻本。

参《俄藏》17，71。

Дx. 17149　佛典断片

6.2×3.6 cm。刻本。

参《俄藏》17，71。

Дx. 17150　佛典断片

4.4×4.4 cm。刻本。

参《俄藏》17，71。

Дx. 17151　《佛说长阿含经》卷二

13.3×26.7 cm。刻本。

参《俄藏》17，71。

Дx. 17152　《大般若波罗蜜多经》卷五六九

13.3×19.5 cm。刻本。

参《俄藏》17，72。

Дx. 17153　《大般若波罗蜜多经》卷二八三

10.7×10.7 cm。刻本。

参《俄藏》17，72。

Дx. 17154　《别译杂阿含经》卷二

14.2×10.7 cm。刻本。

参《俄藏》17，72。

Дx. 17155　佛典断片

6.2×2.7cm。刻本。

参《俄藏》17，72。

Дx. 17156　《阿毗达磨俱舍论》卷六

12.4×15.1 cm。刻本。第二行有红“答”字修正为“得”字，应为独立汉字印于其上。

参《俄藏》17，72。

Дx. 17157　佛典断片

5.3×2.7 cm。刻本。

参《俄藏》17，73。

Дх. 17158 佛典断片

7.1×3.6 cm。刻本。

参《俄藏》17，73。

Дх. 17159 《大般若波罗蜜多经》卷五六九

11.6×13.3cm。刻本。

参《俄藏》17，73。

Дх. 17160 佛典断片

5.3×4.4 cm。刻本。

参《俄藏》17，73。

Дх. 17161 佛典断片

6.2×7.1 cm。刻本。

参《俄藏》17，73。

Дх. 17162 佛典断片

12.4×11.6 cm。刻本。

参《俄藏》17，73。

Дх. 17163 《大般若波罗蜜多经》卷二七五

刻本。见 Дх. 17071。

参 府宪展 2004，226。

Дх. 17164 《阿毗达磨俱舍论》卷六

22.2×19.5 cm。刻本。版芯有“俱舍论六”。

参《俄藏》17，74。

Дх. 17165 佛典断片

4.4×3.6 cm。刻本。

参《俄藏》17，74。

Дх. 17166 佛典断片

4.4×1.8 cm。刻本。

参《俄藏》17，74。

Дх. 17167 《大般若波罗蜜多经》卷二八三

10.7×8.9 cm。刻本。

参《俄藏》17，74。

Дх. 17168 《金光明最胜王经》卷三

16.9×16 cm。刻本。

参《俄藏》17，74。

Дх. 17169 佛典断片

3.6×2.7 cm。刻本。

参《俄藏》17，75。

Дх. 17170 佛典断片

6.2×3.6 cm。刻本。

参《俄藏》17，75。

Дх. 17171　佛典断片

10.7×3.6 cm。刻本。

参《俄藏》17，75。

Дх. 17172　《佛说长阿含经》卷一〇

9.7×4.4 cm。刻本。版芯有“长阿含十”。

参《俄藏》17，75。

Дх. 17173　《长阿含经卷》卷一〇

6.2×4.4 cm。刻本。

参《俄藏》17，75。

Дх. 17174　佛典断片

6.2×1.8 cm。刻本。

参《俄藏》17，75。

Дх. 17175　佛典断片

8×4.4 cm。刻本。

参《俄藏》17，75。

Дх. 17176　《大方广佛华严经》卷七

8.9×7.1 cm。刻本。

参《俄藏》17，75。

Дх. 17177　《大般若波罗蜜多经》卷二七五

刻本，见Дх. 17071。

参府宪展2004，226。

Дх. 17178　《大般若波罗蜜多经》卷二七五

刻本，见Дх. 17071。

Дх. 17179　《大般若波罗蜜多经》卷二七五

刻本，见Дх. 17071。

参府宪展2004，226。

Дх. 17180　佛典断片

6.2×3.6 cm。刻本。

参《俄藏》17，75。

Дх. 17181　佛典断片

4.4×5.3 cm。刻本。

参《俄藏》17，75。

Дх. 17182　《大方广佛华严经》卷七

8×4.4 cm。刻本。

参《俄藏》17，75。

Дх. 17183　佛典断片

6.2×5.3 cm。刻本。

参《俄藏》17，75。

Дх. 17184 I + IIr **《大般若波罗蜜多经》卷三三二**

4. 4 ×5. 3 cm，27. 6 ×31. 1 cm。刻本。

参《俄藏》17，76。

Дх. 17184v **藏文典籍断片**

刻本。

参《俄藏》17，76；府宪展 2003，339。

Дх. 17185 **《大般若波罗蜜多经》卷五六九**

16. 9 ×25. 8 cm。刻本。

参《俄藏》17，77。

Дх. 17186 **《大般若波罗蜜多经》卷五六九**

9. 7 ×16. 9 cm。刻本。

参《俄藏》17，77。

Дх. 17187 **佛典断片**

10. 7 ×4. 4 cm。刻本。

参《俄藏》17，77。

Дх. 17188 **佛典断片**

6. 2 ×4. 4 cm。刻本。

参《俄藏》17，77。

Дх. 17189 **《大般若波罗蜜多经》卷二七五**

刻本，蝴蝶装。单边栏。全叶版芯高 220mm，宽 270mm，半叶 6 行，行 14 字。楷书。见 Дх. 17071。

参府宪展 2004，226。

Дх. 17190 **佛典断片**

3. 6 ×2. 7 cm。刻本。

参《俄藏》17，78。

Дх. 17191 **《大方广佛华严经》卷七**

6. 2 ×3. 6 cm。刻本。

参《俄藏》17，78。

Дх. 17192 **佛典断片**

8. 9 ×3. 6 cm。刻本。

参《俄藏》17，78。

Дх. 17193 **佛典断片**

7. 1 ×4. 4 cm。刻本。

参《俄藏》17，78。

Дх. 17194 **《大般若波罗蜜多经》卷五六九**

28. 4 ×24 cm。刻本。

参《俄藏》17，78。

Дх. 17195 **《大般若波罗蜜多经》卷二七五**

刻本，见 Дх. 17071。应与 Дх. 17198、Дх. 17433 为同一刻本。

参 府宪展2004，226。

Дх. 17196　《别译杂阿含经》卷二

21.3×9.7 cm。刻本。

参《俄藏》17，79。

Дх. 17197　《大般若波罗蜜多经》卷次未详

12.4×4.4 cm。刻本。

参《俄藏》17，79。

Дх. 17198　《大般若波罗蜜多经》卷五六五

22.2×3.6 cm。刻本。题签："大般若波罗蜜多经卷五百六十五　果。"与Дх. 17195为同一刻本。

参《俄藏》17，79；府宪展2004，226。

Дх. 17199　佛典断片

7.1×7.1 cm。刻本。

参《俄藏》17，79。

Дх. 17200　佛典断片

5.3×4.4 cm。刻本。

参《俄藏》17，79。

Дх. 17201　佛典断片

8×5.3 cm。刻本。

参《俄藏》17，79。

Дх. 17202　佛典断片

4.4×0.9 cm。刻本。

参《俄藏》17，80。

Дх. 17203　《大般若波罗蜜多经》卷五六九

7.1×3.6 cm。刻本。

参《俄藏》17，80。

Дх. 17204　佛典断片

9.7×9.7 cm。刻本。

参《俄藏》17，80。

Дх. 17205　佛典断片

4.4×3.6 cm。刻本。

参《俄藏》17，80。

Дх. 17206　佛典断片

1.8×2.7 cm。刻本。

参《俄藏》17，80。

Дх. 17207　《佛说十地经》卷二

29.3×25.8 cm。刻本。

参《俄藏》17，80；府宪展2003，331。

Дх. 17208r　《杂阿含经》卷一七

14.2×13.3 cm。刻本。

参《俄藏》17，81。

Дх. 17208v 回鹘文残片

6行，草书。

参《俄藏》17，81；府宪展2003，339。

Дх. 17209 《金光明最胜王经》卷三

18.6×17.8 cm。刻本。

参《俄藏》17，81。

Дх. 17210 《妙法莲华经》卷四

24.9×18.6 cm。刻本。有朱点。

参《俄藏》17，81。

Дх. 17211r 《别译杂阿含经》卷二

29.3×83.5 cm。刻本。版芯有"别译杂阿含二"。似从粘贴揭下。40行，每行16-17字。

参《俄藏》17，82。

Дх. 17211v 《别译杂阿含经》卷二

刻本，系背面裱纸。

参《俄藏》17，83。

Дх. 17212 佛典断片

8×4.4 cm。刻本。

参《俄藏》17，83。

Дх. 17213 佛典断片

5.3×5.3 cm。刻本。

参《俄藏》17，83。

Дх. 17214 《大般若波罗蜜多经》卷五六九

16.9×26.7 cm。刻本。

参《俄藏》17，83。

Дх. 17215 佛典断片

6.9×7.1 cm。刻本。

参《俄藏》17，84。

Дх. 17216 佛典断片

8×4.4 cm。刻本。

参《俄藏》17，84。

Дх. 17217 《别译杂阿含经》卷二

7.1×5.3 cm。

参《俄藏》17，84。

Дх. 17218 佛典断片

3.6×3.6 cm。刻本。

参《俄藏》17，84。

Дx. 17219　《妙法莲华经》卷四

10.7×8.9 cm。刻本。

参《俄藏》17，84。

Дx. 17220　《大般若波罗蜜多经》卷五二一

23.1×20.4 cm。刻本。

参《俄藏》17，84。

Дx. 17221　佛典断片

5.3×4.4 cm。刻本。

参《俄藏》17，85。

Дx. 17222　佛典断片

6.2×3.6 cm。刻本。

参《俄藏》17，85。

Дx. 17223　《大方广佛华严经》卷七

8.9×8 cm。刻本。

参《俄藏》17，85。

Дx. 17224　《妙法莲华经》卷四

6.2×6.2 cm。刻本。

参《俄藏》17，85。

Дx. 17225　《阿毗达磨俱舍论本颂》

6.2×6.2 cm。刻本。

参《俄藏》17，85。

Дx. 17226　佛典断片

4.4×7.1 cm。刻本。似出灰坑。

参《俄藏》17，85；府宪展 2003，339。

Дx. 17227　《金光明最胜王经》卷三

5.3×5.3 cm。刻本。

参《俄藏》17，85。

Дx. 17228　《阿毗达磨俱舍论》卷六

11.6×8 cm。刻本。

参《俄藏》17，85。

Дx. 17229　佛典断片

7.1×8.9 cm。刻本。

参《俄藏》17，85。

Дx. 17230　《长阿含经》卷一八

8×12.4 cm。刻本。

参《俄藏》17，85。

Дx. 17231　《大乘宝要义论》卷二

30.2×56.9 cm。刻本。版芯有“大乘宝要义论卷二　第二　感字号”。

参《俄藏》17，86；府宪展 2003，332；府宪展 2004，226。

Дx. 17232　《金光明最胜王经》卷三

16.9×24 cm。刻本。

参《俄藏》17，87。

Дx. 17233　《杂阿含经》卷三

11.6×10.7cm。刻本。

参《俄藏》17，87；府宪展2003，332。

Дx. 17234　佛典断片

10.7×9.7 cm。刻本。

参《俄藏》17，87。

Дx. 17235　《别译杂阿含经》卷二

9.7×5.3 cm。刻本。

参《俄藏》17，87。

Дx. 17236　《大般若波罗蜜多经》卷五六九

24.9×28.4 cm。刻本。版芯有“般若五百六十九　十一　菓”。

参《俄藏》17，88。

Дx. 17237　佛典断片

7.1×4.4 cm。刻本。

参《俄藏》17，88。

Дx. 17238　《妙法莲华经》卷四

12.4×5.3 cm。刻本。

参《俄藏》17，88。

Дx. 17239　佛典断片

6.2×4.4 cm。刻本。

参《俄藏》17，88。

Дx. 17240　《大般若波罗蜜多经》卷五六九

7.1×10.7 cm。刻本。

参《俄藏》17，88。

Дx. 17241　佛典断片

6.2×7.1 cm。刻本。

参《俄藏》17，88；府宪展2003，339。

Дx. 17242　《大般若波罗蜜多经》卷五六九

7.1×4.4 cm。刻本。

参《俄藏》17，88。

Дx. 17243　《成就仪轨（出吉祥胜初教王瑜伽经）》

18.6×6.2 cm。刻本。

参《俄藏》17，89。

Дx. 17244　《妙法莲华经》卷四

17.8×17.8 cm。刻本。

参《俄藏》17，89。

Дx. 17245　《大方广佛华严经》卷七

10. 7 ×11. 6 cm。刻本。

参《俄藏》17，89。

Дx. 17246　佛典断片

14. 2 ×17. 8 cm。刻本。

参《俄藏》17，89。

Дx. 17247　《别译杂阿含经》卷二

14. 2 ×14. 2 cm。刻本。

参《俄藏》17，90。

Дx. 17248　佛典断片

12. 4 ×11. 6 cm。

参《俄藏》17，90。

Дx. 17249　《阿毗达磨俱舍论》卷六

16 ×10. 7 cm。有符号描画。

参《俄藏》17，90。

Дx. 17250　《金光明最胜王经》卷三

13. 3 ×11. 6 cm。刻本。

参《俄藏》17，90。

Дx. 17251　《别译杂阿含经》卷二

16 ×20. 4 cm。刻本。

参《俄藏》17，91。

Дx. 17252r　《妙法莲华经》卷四

15. 1 ×10. 7 cm。刻本。

参《俄藏》17，91。

Дx. 17252v　《妙法莲华经》卷四

刻本。

参《俄藏》17，91。

Дx. 17253　《妙法莲华经》卷四

16 ×16 cm。刻本。

参《俄藏》17，92。

Дx. 17254　《别译杂阿含经》卷二

13. 3 ×7. 1 cm。刻本。

参《俄藏》17，92。

Дx. 17255　《金光明最胜王经》卷三

12. 4 ×8 cm。刻本。

参《俄藏》17，92。

Дx. 17256　佛典断片

7. 1 ×5. 3 cm。刻本。

参《俄藏》17，92。

Дх. 17257 《妙法莲华经》卷四
7.1×8 cm。刻本。
参《俄藏》17，92。

Дх. 17258 《金光明最胜王经》卷三
8.9×5.3 cm。刻本。
参《俄藏》17，92。

Дх. 17259 佛典断片
6.2×3.6 cm。刻本。
参《俄藏》17，92。

Дх. 17260 《金光明最胜王经》卷三
18.6×14.2 cm。刻本。
参《俄藏》17，93。

Дх. 17261 《别译杂阿含经》卷二
7.1×5.3 cm。刻本。
参《俄藏》17，93。

Дх. 17262 《别译杂阿含经》卷二
15.1×11.6 cm。刻本。
参《俄藏》17，93。

Дх. 17263 《妙法莲华经》卷四
17.8×16.9 cm。刻本。
参《俄藏》17，93。

Дх. 17264 《妙法莲华经》卷四
11.6×14.2 cm。刻本。
参《俄藏》17，94。

Дх. 17265 《大方广佛华严经》卷六
13.3×3.6 cm。刻本。
参《俄藏》17，94。

Дх. 17266 《别译杂阿含经》
10.7×3.6 cm。刻本。
参《俄藏》17，94。

Дх. 17267 《妙法莲华经》卷四
15.1×24.9 cm。刻本。
参《俄藏》17，94。

Дх. 17268 《大方广佛华严经》卷七
4.4×4.4 cm。刻本。
参《俄藏》17，95。

Дх. 17269 《大方广佛华严经》
5.3×3.6 cm。刻本。
参《俄藏》17，95。

Дх. 17270　《别译杂阿含经》卷二

20. 4 ×16. 9 cm。刻本。

参《俄藏》17，95。

Дх. 17271　《杂阿含经》卷三

16. 9 ×16. 9 cm。刻本。

参《俄藏》17，95。

Дх. 17272　佛典断片

8. 9 ×3. 6 cm。刻本。

参《俄藏》17，95。

Дх. 17273　《大方广佛华严经》卷七

8 ×8 cm。刻本。

参《俄藏》17，95。

Дх. 17274　《杂阿含经》卷三

10. 7 ×12. 4 cm。刻本。

参《俄藏》17，95。

Дх. 17275　佛典断片

5. 3 ×16cm。刻本。

参《俄藏》17，96。

Дх. 17276　《阿毗达磨俱舍论》卷二〇

7. 1 ×6. 2 cm。刻本。有朱点符号。

参《俄藏》17，96。

Дх. 17277　《阿毗达磨俱舍论》卷二〇

11. 6 ×5. 3 cm。刻本。

参《俄藏》17，96。

Дх. 17278　《大方广佛华严经》卷七

6. 2 ×8 cm。刻本。

参《俄藏》17，96。

Дх. 17279　佛典断片

11. 6 ×13. 3 cm。刻本。

参《俄藏》17，96。

Дх. 17280　《大般若波罗蜜多经》卷五六九

10. 7 ×12. 4 cm。刻本。

参《俄藏》17，96。

Дх. 17281　《大般若波罗蜜多经》卷五〇

17. 8 ×17. 8 cm。刻本。与Дх. 17061可以缀合。前有扉画。

参《俄藏》17，97；府宪展2003，339。

Дх. 17282　《大般若波罗蜜多经》卷五六九

19. 5 ×16. 9 cm。刻本。

参《俄藏》17，97。

Дх. 17283　佛典断片

7. 1 × 7. 1 cm。刻本。

参《俄藏》17，97。

Дх. 17284　《杂阿含经》卷三

16. 9 × 16. 9 cm。刻本。版芯有“杂阿含三　四　盛”。

参《俄藏》17，97；府宪展 2003，332。

Дх. 17285　佛典断片

19. 5 × 7. 1cm。刻本。

参《俄藏》17，98。

Дх. 17286　《金光明最胜王经》卷三

19. 5 × 24. 9 cm。刻本。

参《俄藏》17，98。

Дх. 17287　《别译杂阿含经》卷二

12. 4 × 16. 9 cm。刻本。版芯有“别译杂［阿含经］”。

参《俄藏》17，98。

Дх. 17288　《妙法莲华经》卷四

8 × 11. 6 cm。刻本。

参《俄藏》17，98。

Дх. 17289　《阿毗达磨俱舍论》卷七

11. 6 × 8 cm。刻本。

参《俄藏》17，98。

Дх. 17290　《大般若波罗蜜多经》卷五二一

8 × 8. 9 cm。刻本。

参《俄藏》17，99。

Дх. 17291　《杂阿含经》卷三

22. 2 × 29. 3 cm。刻本。版芯有“杂阿含三　七　盛”。

参《俄藏》17，99；府宪展 2003，332。

Дх. 17292　《金光明最胜王经》卷三

22. 2 × 31. 1 cm。刻本。

参《俄藏》17，99。

Дх. 17293　佛典断片

5. 3 × 5. 3 cm。刻本。

参《俄藏》17，100。

Дх. 17294　佛典断片

10. 7 × 10. 7 cm。刻本。

参《俄藏》17，100。

Дх. 17295　《金光明最胜王经》卷三

9. 7 × 15. 1 cm。刻本。

参《俄藏》17，100。

Дx. 17296　佛典断片

7.1×5.3 cm。刻本。

参《俄藏》17，100。

Дx. 17297　《妙法莲华经》卷四

8.9×8.9 cm。刻本。

参《俄藏》17，100。

Дx. 17298　《别译杂阿含经》卷二

8.9×9.7 cm。刻本。

参《俄藏》17，100。

Дx. 17299　《杂阿含经》卷四十九

11.6×4.4 cm。刻本。

参《俄藏》17，100。

Дx. 17300　佛典断片

15.1×2.7 cm。刻本。

参《俄藏》17，100。

Дx. 17301a　《大般若波罗蜜多经》卷五六九

15.1×34.7 cm。刻本。

参《俄藏》17，101。

Дx. 17301b　《金光明最胜王经》卷三

13.3×8.9 cm。刻本。

参《俄藏》17，101。

Дx. 17302　《阿毗达磨俱舍论》卷六

16.9×12.4 cm。刻本。

参《俄藏》17，101。

Дx. 17303　佛典断片

4.4×3.6 cm。刻本。

参《俄藏》17，101。

Дx. 17304　佛典断片

3.6×3.6 cm。刻本。

参《俄藏》17，101。

Дx. 17305　《大方广佛华严经》卷七

16.9×10.7 cm。刻本。背面有1行回鹘文。

参《俄藏》17，101；府宪展2003，339。

Дx. 17306　佛典断片

7.1×5.3 cm。刻本。

参《俄藏》17，102。

Дx. 17307　佛典断片

8×6.2cm。刻本。

参《俄藏》17，102。

Дх. 17308 佛典断片

2.7×3.6 cm。刻本。

参《俄藏》17，102。

Дх. 17309　佛典断片

6.2×3.6 cm。刻本。

参《俄藏》17，102。

Дх. 17310　佛典断片

8×2.7 cm。刻本。

参《俄藏》17，102。

Дх. 17311　《别译杂阿含经》卷二

11.6×3.6 cm。刻本。

参《俄藏》17，102。

Дх. 17312　《金光明最胜王经》卷三

8.9×8 cm。刻本。

参《俄藏》17，102。

Дх. 17313　《别译杂阿含经》卷二

11.6×2.7 cm。刻本。

参《俄藏》17，102。

Дх. 17314　《别译杂阿含经》卷二

8.9×8 cm。刻本。

参《俄藏》17，102。

Дх. 17315　《金光明最胜王经》卷三

15.1×9.7 cm。刻本。

参《俄藏》17，102。

Дх. 17316　《别译杂阿含经》卷二

8×8.9 cm。刻本。

参《俄藏》17，102。

Дх. 17317　《金光明最胜王经》卷三

16×5.3 cm。刻本。版芯有“金光三”。

参《俄藏》17，102。

Дх. 17318　佛典断片

8×4.4 cm。刻本。

参《俄藏》17，103。

Дх. 17319　《金光明最胜王经》卷三

13.3×11.6 cm。刻本。

参《俄藏》17，103。

Дх. 17320　《别译杂阿含经》卷二

15.1×11.6 cm。刻本。中有“卍”。

参《俄藏》17，103。

Дx. 17321　《别译杂阿含经》卷二

8.9×4.4 cm。刻本。

参《俄藏》17，103。

Дx. 17322　《金光明最胜王经》卷三

11.6×4.4 cm。刻本。

参《俄藏》17，103。

Дx. 17323　《大般若波罗蜜多经》

18.6×4.4 cm。刻本。

参《俄藏》17，103。

Дx. 17324　佛典断片

7.1×4.4 cm。刻本。

参《俄藏》17，103。

Дx. 17325　佛典断片

3.6×5.3 cm。刻本。

参《俄藏》17，103；府宪展 2003，339。

Дx. 17326　《大般若波罗蜜多经》卷一三七

11.6×10.7 cm。方册刻本。

参《俄藏》17，104。

Дx. 17327　《大般若波罗蜜多经》卷一四

12.4×16.9 cm。刻本。

参《俄藏》17，104。

Дx. 17328　佛典断片

5.3×2.7 cm。刻本。

参《俄藏》17，104。

Дx. 17329　《增一阿含经》

7.1×5.3 cm。刻本。版芯有“增［一阿含］”。

参《俄藏》17，104。

Дx. 17330　佛典断片

5.3×5.3 cm。刻本。

参《俄藏》17，104。

Дx. 17331　《别译杂阿含经》卷二

14.2×16.9 cm。刻本。

参《俄藏》17，104；府宪展 2003，332。

Дx. 17332　《妙法莲华经》卷四

10.7×24 cm。刻本。

参《俄藏》17，105。

Дx. 17333　佛典断片

5.3×5.3 cm。刻本。

参《俄藏》17，105。

Дх. 17334　佛典断片

8.9×5.3 cm。刻本。右下角红色外勾线，为佛画。纸面脏，似出灰坑。

参《俄藏》17，105；府宪展2003，339。

Дх. 17335　《金光明最胜王经》卷三

5.3×4.4 cm。刻本。

参《俄藏》17，105；府宪展2003，335。

Дх. 17336a　《佛名经》

4.4×3.6 cm。刻本。五代。

参《俄藏》17，105。

Дх. 17336b　《妙法莲华经》

5.3×4.4 cm。刻本。五代。

参《俄藏》17，105。

Дх. 17337　《金光明最胜王经》卷三

8×3.6 cm。刻本。

参《俄藏》17，105。

Дх. 17338　《别译杂阿含经》卷二

14.2×15.1cm。刻本。

参《俄藏》17，105。

Дх. 17339　佛典断片

3.6×4.4 cm。刻本。

参《俄藏》17，106。

Дх. 17340　佛典断片

10.7×11.6 cm。刻本。

参《俄藏》17，106。

Дх. 17341　《别译杂阿含经》卷二

13.3×10.7 cm。刻本。

参《俄藏》17，106。

Дх. 17342　《别译杂阿含经》卷二

9.7×9.7 cm。刻本。

参《俄藏》17，106。

Дх. 17343　佛典断片

7.1×8 cm。刻本。

参《俄藏》17，106。

Дх. 17344　《金光明最胜王经》卷三

11.6×8.9 cm。刻本。

参《俄藏》17，106。

Дх. 17345　《别译杂阿含经》卷二

19.5×18.6 cm。刻本。版芯有“别译杂阿含二　十七”。

参《俄藏》17，106。

Дх. 17346　《大方广佛华严经》卷七

11. 6 ×8. 9 cm。刻本。

參《俄藏》17，107。

Дх. 17347　佛典断片

10. 7 ×6. 2 cm。刻本。

參《俄藏》17，107。

Дх. 17348　佛典断片

6. 2 ×7. 1 cm。刻本。

參《俄藏》17，107。

Дх. 17349　《别译杂阿含经》卷二

12. 4 ×8. 9 cm。刻本。

參《俄藏》17，107。

Дх. 17350　佛典断片

8 ×4. 4 cm。刻本。

參《俄藏》17，107。

Дх. 17351　《金光明最胜王经》卷三

9. 7 ×10. 7 cm。刻本。

參《俄藏》17，107。

Дх. 17352　《金光明最胜王经》卷三

6. 2 ×5. 3 cm。刻本。

參《俄藏》17，107。

Дх. 17353　《金光明最胜王经》卷三

10. 7 ×16. 9 cm。刻本。

參《俄藏》17，107。

Дх. 17354　《金光明最胜王经》卷三

12. 4 ×8 cm。刻本。

參《俄藏》17，108。

Дх. 17355　《金光明最胜王经》卷三

6. 2 ×5. 3 cm。刻本。

參《俄藏》17，108。

Дх. 17356　《金光明最胜王经》卷三

6. 2 ×4. 4 cm。刻本。版芯有“（上残）光三　四”。

參《俄藏》17，108。

Дх. 17357　《别译杂阿含经》卷二

8 ×5. 3 cm。刻本。

參《俄藏》17，108。

Дх. 17358　《金光明最胜王经》卷三

7. 1 ×4. 4 cm。刻本。

參《俄藏》17，108。

Дх. 17359 **《别译杂阿含经》卷二**

8. 9 ×5. 3 cm。刻本。

参《俄藏》17，108。

Дх. 17360 **《别译杂阿含经》卷二**

4. 4 ×3. 6cm。刻本。

参《俄藏》17，108。

Дх. 17361 **《别译杂阿含经》卷二**

4. 4 ×2. 7 cm。刻本。

参《俄藏》17，108。

Дх. 17362 **《别译杂阿含经》卷二**

13. 3 ×11. 6 cm。刻本。

参《俄藏》17，108。

Дх. 17363 **佛典断片**

6. 2 ×3. 6 cm。刻本。

参《俄藏》17，108。

Дх. 17364 **《别译杂阿含》**

5. 3 ×8 cm。刻本。

参《俄藏》17，109。

Дх. 17365 **佛典断片**

5. 3 ×1. 8 cm。刻本。

参《俄藏》17，109。

Дх. 17366 **《金光明最胜王经》卷三**

9. 7 ×4. 4 cm。刻本。

参《俄藏》17，109。

Дх. 17367 **佛典断片**

4. 4 ×2. 7 cm。刻本。

参《俄藏》17，109。

Дх. 17368 **《金光明最胜王经》卷三**

16. 9 ×8 cm。刻本。

参《俄藏》17，109。

Дх. 17369 **佛典断片**

2. 7 ×3. 6 cm。刻本。

参《俄藏》17，109。

Дх. 17370a **佛典断片**

5. 3 ×4. 4 cm。刻本。

参《俄藏》17，109。

Дх. 17370b **佛典断片**

4. 4 ×9. 7 cm。刻本。

参《俄藏》17，109。

Дх. 17371　木刻佛画残片

6.2×3.6 cm。刻本。

参《俄藏》17，109。

Дх. 17372　佛典断片

5.3×8.9cm。刻本。

参《俄藏》17，109。

Дх. 17373　佛典断片

1.8×2.7 cm。刻本。

参《俄藏》17，109。

Дх. 17374　佛典断片

6.2×6.2 cm。写本。

参《俄藏》17，109。

Дх. 17375　佛典断片

1.8×3.6cm。刻本。

参《俄藏》17，109。

Дх. 17376　佛典断片

3.6×3.6 cm。

参《俄藏》17，109。

Дх. 17377　佛典断片

3.6×2.7 cm。刻本。

参《俄藏》17，110。

Дх. 17378　木刻佛画残片

11.6×12.4 cm。刻本。凤鸟版画，完整。

参《俄藏》17，110；府宪展2003，339。

Дх. 17379　佛典断片

8.9×10.7 cm。刻本。

参《俄藏》17，110。

Дх. 17380　佛典断片

3.6×3.6 cm。刻本。

参《俄藏》17，110。

Дх. 17381　佛典断片

4.4×2.7 cm。

参《俄藏》17，110。

Дх. 17382　佛典断片

2.7×4.4 cm。刻本。

参《俄藏》17，110。

Дх. 17383　佛典断片

4.4×2.7 cm。刻本。

参《俄藏》17，110。

Дх. 17384 《大方广佛华严经》卷七
17.8×11.6 cm。刻本。
参《俄藏》17，110。

Дх. 17385 《金光明最胜王经》卷三
19.5×14.2 cm。刻本。有注音反切。
参《俄藏》17，111。

Дх. 17386 佛典断片
5.3×3.6 cm。刻本。
参《俄藏》17，111。

Дх. 17387 佛典断片
14.2×10.7 cm。刻本。
参《俄藏》17，111。

Дх. 17388 《大般若波罗蜜多经》卷五六九
12.4×7.1 cm。刻本。
参《俄藏》17，111。

Дх. 17389 《金光明最胜王经》卷三
14.2×12.4 cm。刻本。
参《俄藏》17，111。

Дх. 17390 佛典断片
3.6×3.6 cm。刻本。
参《俄藏》17，112。

Дх. 17391 佛典断片
6.2×6.2 cm。刻本。
参《俄藏》17，112。

Дх. 17392 佛典断片
7.1×4.4 cm。刻本。
参《俄藏》17，112。

Дх. 17393 佛典断片
5.3×3.6 cm。刻本。
参《俄藏》17，112。

Дх. 17394 佛典断片
7.1×1.8 cm。刻本。
参《俄藏》17，112。

Дх. 17395 佛典断片
5.3×2.7 cm。刻本。
参《俄藏》17，112。

Дх. 17396 佛典断片
6.2×9.7 cm。与 Дх. 17414 为同一写本。
参《俄藏》17，112。

Дx. 17397　《金光明最胜王经》卷三

7.1×8.9 cm。刻本。

参《俄藏》17，112。

Дx. 17398　《别译杂阿含经》卷二

12.4×7.1 cm。刻本。

参《俄藏》17，112。

Дx. 17399　佛典断片

5.3×8 cm。刻本。

参《俄藏》17，112。

Дx. 17400　佛典断片

8×8 cm。刻本。

参《俄藏》17，112。

Дx. 17401　《金光明最胜王经》卷三

8×8.9cm。刻本。

参《俄藏》17，112。

Дx. 17402　《大般若波罗蜜多经》卷五六九

15.1×37.3cm。刻本。

参《俄藏》17，113。

Дx. 17403r　《大方广佛华严经》卷六

16×9.7cm。刻本。

参《俄藏》17，113。

Дx. 17403v　回鹘文残片

草书。

参《俄藏》17，113；府宪展2003，339。

Дx. 17404　《金光明最胜王经》卷三

5.3×4.4 cm。刻本。

参《俄藏》17，114；府宪展2003，339。

Дx. 17405　《妙法莲华经》

6.2×4.4cm。刻本。

参《俄藏》17，114。

Дx. 17406　佛典断片

7.1×7.1 cm。刻本。

参《俄藏》17，114。

Дx. 17407　佛典断片

3.6×3.6 cm。刻本。

参《俄藏》17，114。

Дx. 17408　《大方广佛华严经》

8×7.1 cm。刻本。

参《俄藏》17，114。

参 Tugusheva 1994，356-358，图 1；小田寿典 1998，57-67。

SI 2Kr. 1（1，3） 回鹘语《佛说十力经》

残片 2 叶。双面书写，叶 1 正面背面各 4 行，叶 3 正面背面各 5 行，计 18 行。

参 Shōgaito 2002，293-297，图 XIV-XVII。

SI 2Kr. 1（2，4，5） 回鹘语《缘起圣道经》

残片 3 叶。24 行。

参 Shōgaito 2001，119－128；庄垣内正弘 2003，207-212，图 XLIV-XLVI。

SI 2Kr. 3 回鹘语《胜军王问经》

残片 2 叶。40 行。其中第 38-40 行题记曰："奉菩萨后裔合罕皇帝之命，括鲁迪·桑伽失里据藏语译为回鹘语。"说明该经是由藏文译为回鹘语的，译成时代在元代。

参 Radloff 1911，69-86；Müller 1918；Radloff 1928，196-198；Elverskog 1997，107；杨富学 2003，426。

SI 2Kr. 5 回鹘语佛经残片

100 行。

参 Radloff 1928，200-202。

SI 2Kr. 8a 回鹘语佛经残片

17 行。

参 Radloff 1928，216、259。

SI 2Kr. 12 叙利亚语景教文献

计 18 叶，每叶大致 10×7cm。

参 Meshcherskaya 1994，221-227。

SI 2Kr. 17 回鹘语敕令

写卷 1 叶，217×30cm，首尾俱有残缺，71 行。与 SI Kr. IV/256 为同一件敕令。

参 Tugusheva 1971，175-177，183-186（图）；Тугушева 1972，244-260，图 1；Clauson 1973，213-222；杨富学 1989b，88-92；李经纬 1996b，191-198；耿世民 2006，64-70。

SI 2Kr. 18 回鹘语《长阿含经》

卷子式残片 1 叶，文中夹写大量汉字。35 行。

参 庄垣内正弘 2000，157-163＋1 图；庄垣内正弘 2003，254-260，图 XXX-XXXI。

SI 2Kr. 39 回鹘语《佛说天地八阳神咒经》

卷子式写本，长 33cm。34 行。

参 Radloff 1911，91-104；Elverskog 1997，95-97。

SI 2Kr. 41 回鹘语《七观世音菩萨符陀罗尼》

8 行。

参 BTT XXIII，181。

SI 2Kr. 43 回鹘语佛教忏悔文

残片 1 叶。23 行。

参 Radloff 1928，177-179；Elverskog 1997，135-136。

SI 2Kr. 45r 回鹘语《佛说天地八阳神咒经》

卷子式，残片1叶。25行。

参 Radloff 1928，172-175；TTT VI，13；Elverskog 1997，95-97。

SI 2Kr. 45v 回鹘语汉语《礼忏文》

残片1叶，用回鹘语拼写汉语。8行。

参 Radloff 1928，175-177；庄垣内正弘 2001，258-259 + 1 图；庄垣内正弘 2003，39-40，图 XI。

SI 2Kr. 88r 汉语《大般涅槃经》卷一九

参 菅原睦 2001，225。

SI 2Kr. 88v 回鹘语甘蔗王故事

参 菅原睦 2001，225-241。

SI 3Kr. a 回鹘语《佛顶心大陀罗尼》

残片3叶。72行。

参 Radloff 1928，180-193；Kara & Zieme 1986，331-332，336-337；Elverskog 1997，91-92。

SI 3Kr. 3-15r 汉语《大般涅槃经》卷三三

与SI 4b Kr. 33r可以缀合，缀合后计8行。

参 松井太 2004b，57，58。

SI 3Kr. 3-15v 回鹘语文书

参 松井太 2004b，58。

SI 3Kr. 3-16r 汉语《妙法莲华经》卷七

参 松井太 2004b，58。

SI 3Kr. 3-16v 回鹘语文书

参 松井太 2004b，58。

SI 3Kr. 4-20r 汉语《放光般若经》卷七

参 松井太 2004b，54。

SI 3Kr. 4-20v 回鹘语文书

参 松井太 2004b，54。

SI 3Kr. 5-21r 汉语《佛说灌顶随愿往生十方净土经》卷一一

与SI Kr. IV/253r可以缀合，参看该号。

参 松井太 2004b，54。

SI 3Kr. 5-21v 回鹘语文书

参 松井太 2004b，54。

SI 3Kr. 5-22 回鹘语文书

参 松井太 2004b，54。

SI 3Kr. 7 回鹘语《佛陀赞美诗》

残片1叶。13行。

参 Тугушева 1970，102-106，103（图）；Elverskog 1997，127。

SI 3Kr. 8-27r 汉语《金刚般若波罗蜜经》注释

参 松井太 2004b，54。

SI 3Kr. 8-27v 回鹘语文书

参 松井太 2004b，54。

SI 3Kr. 14r 汉语《摩诃般若波罗蜜经》卷八/《大智度论》卷五十五

小残片 2 块，可缀合，缀合后 15 行。

参 庄垣内正弘 2000，164-165；庄垣内正弘 2003，117，图 XIV。

SI 3Kr. 14v 回鹘文汉语《千字文》

22 行。

参 庄垣内正弘 2000，165-173 +1 图；庄垣内正弘 2003，116-119，图 XII；Shōgaito 2004，323。

SI 3Kr. 15r 汉语《摩诃般若波罗蜜经》卷八/《大智度论》卷五十五

小残片 2 块，可缀合，缀合后 14 行。

参 庄垣内正弘 2000，164-165；庄垣内正弘 2003，117，图 XIV。

SI 3Kr. 15v 回鹘文汉语《千字文》

22 行。

参 庄垣内正弘 2000，165-173 + 1 图；庄垣内正弘 2003，116-120，图 XIII；Shōgaito 2004，323。

SI 3Kr. 29a 回鹘语派劳役单

残片 1 叶。8 行。

参 Radloff 1928，214；袁丁 1989a，65-66；李经纬 1996a，194-195。

SI 3Kr. 29b 回鹘语征粮单

残片 1 叶。8 行。

参 Radloff 1928，214，256；袁丁 1989a，66；李经纬 1996a，196-197。

SI 3Kr. 31a 回鹘语解决纠纷契约

写卷 1 叶，11 行，上有圆形印鉴 3 方。

参 Radloff 1928，208、249；Clark 1975，No. 72；Тугушева 1984，241，图 43；Sertkaya 1991，123；山田信夫 1993b，153-154；山田信夫 1993c，图 131；李经纬 1994c，51-52；李经纬 1996a，258-259；耿世民 2006，243-244。

SI 3Kr. 31a 回鹘语《佛说胎解脱经》(拟)

刻本 8 叶，每叶 7 行，计 56 行。

参 BTT XXIII，27，图 162-165。

SI 3Kr. 31b 回鹘语支银条记

写卷 1 叶，7 行，方形墨印 1 方。

参 Radloff 1928，215；袁丁 1989a，70-71；山田信夫 1993b，158；山田信夫 1993c，图 137；李经纬 1996a，204-205。

SI 3Kr. 31c 回鹘语收银供货契约

完整写卷 1 叶，8 行，长方形墨印 2 方。

参 Radloff 1928，215-216，258；袁丁 1992c，79-80；山田信夫 1993b，158-159；山田信夫 1993c，图 138；李经纬 1996a，326-327。

SI 3Kr. 32a 回鹘语清帐收据

残片 1 叶，左上角残断，其他地方亦有不少缺块。6 行。

参 Radloff 1928，215，257；山田信夫 1993b，160；山田信夫 1993c，图 140；李经纬 1994c，63；李经纬 1996b，224-225。

SI 3Kr. 32b 回鹘语经营谷物契约

残片 1 块。4 行。

参 Radloff 1928，213，255；Clark 1975，No. 84；Тугушева 1984，241-242，图 44；山田信夫 1993b，154；山田信夫 1993c；李经纬 1994c，52-53；李经纬 1996b，260-261；耿世民 2006，224-225。

SI 3Kr. 33a 回鹘语计会文书

完整写卷 1 叶，14 行，方形墨印 3 方。

参 Radloff 1928，206-207；Clark 1975，No. 79；Тугушева 1984，242，图 45；梅村坦 1987b，728-729；森安孝夫 1991，88；山田信夫 1993b，150-151；山田信夫 1993c，图 128；李经纬 1996a，313-315；Moriyasu 2004a，109；耿世民 2006，250-251。

SI 3Kr. 33bv 回鹘语借银契

写卷 1 叶，14 行，花瓣形墨印 2 方，方形墨印 1 方。

参 Radloff 1928，208；护雅夫 1961c，229-231，233-236；Mori 1961，126-128；山田信夫 1965，126-128；Clark 1975，No. 4；梅村坦 1977，20-22；李经纬 1987，9-10；李经纬 1991，36-37；Sertkaya 1991，120-121；袁丁 1992c，77-79；山田信夫 1993b，92-93；山田信夫 1993c，图 82；李经纬 1996a，138-139；松井太 2004b，54；耿世民 2006，193-194。

SI 3Kr. 34 回鹘语买卖女奴契

较完整写卷 1 叶，17 行，有方形墨印 6 方。

参 Radloff 1928，209-210；山田信夫 1972a，206-207，图 4；Clark 1975，No. 56；袁丁 1987a，57-58；森安孝夫 1989，63；山田信夫 1993，47-48，图 42-44；李经纬 1996a，14-16；耿世民 2006，112-113。

SI 3Kr. 35 回鹘语女孩婚约

较完整写卷 1 叶，仅左上、左下角稍残，23 行，有方形墨印 1 方。

参 Radloff 1928，210-211；Clark 1975，No. 63；梅村坦 1977，14-16；森安孝夫 1991，88；袁丁 1992b，54-56；山田信夫 1993b，146-147；山田信夫 1993c，图 124；李经纬 1996a，307-310；Moriyasu 2004a，110；耿世民 2006，245-246。

SI 3Kr. 36 回鹘语土地买卖契

写卷 1 叶，完整，19 行，有印鉴 4 方。

参 Radloff 1928，204-205、246；山田信夫 1963，33，40，42，44-48，51，55，59；山田信夫 1972a，图 8-10；Clark 1975，No. 40；梅村坦 1977，20-22；袁丁 1987b，66-68；山田信夫 1993b，12-13；山田信夫 1993c，8-10；李经纬 1996a，78-80；耿世民 2006，147-148。

SI 3Kr. 37a 回鹘语粮食入仓收据

较完整写卷1叶，仅中部有一小断块，7行，有印鉴1方。

参 Radloff 1928，212、253；森安孝夫 1989，62；山田信夫 1993b，159-160；山田信夫 1993c，图139；李经纬 1994c，64；李经纬 1996b，222-223；耿世民 2006，228。

SI 3Kr. 37b 回鹘语解决纠纷契约

写卷1叶，单面书写，20行，有印鉴3方。

参 Radloff 1928，211-212；Clark 1975，No. 61；梅村坦 1977，19-22；梅村坦 1987b，725-727；袁丁 1992b，56-59；山田信夫 1993b，149-150；山田信夫 1993c，图127；Raschmann 1995a，12，56，57，88，99，165；李经纬 1996a，323-325；耿世民 2006，248-250。

SI 3Kr. 38 回鹘语买卖女奴契

写卷1叶，19行，有方形墨印4方。

参 Radloff 1928，206、242；护雅夫 1961b，157-160；山田信夫 1965，141-143，152-154；山田信夫 1972a，208-212，图5；Clark 1975，No. 55；山田信夫 1976，32-35；袁丁 1987a，55-56；森安孝夫 1989，54，61，63；山田信夫 1993，49-50；山田信夫 1993c，图45-46；Raschmann 1995a，47，50，58，68，69，166；李经纬 1996a，10-13；耿世民 2006，113-115。

SI 3Kr. 39 回鹘语土地买卖契

残片1叶，23行，有印鉴3方。

参 Radloff 1928，205、247；Arat 1964a，43，47-49，53-55；Yamada 1967，89-90，98，101-103，105，110；Clark 1975，No. 39；梅村坦 1977，20-22；袁丁 1987a，73-75；森安孝夫 1989，54；山田信夫 1993b，14-15；山田信夫 1993c，图11-13；Raschmann 1995a，50，58，67，69，167；李经纬 1996a，90-93；耿世民 2006，148-150。

SI 3Kr. 40 回鹘语遗留物品馈赠单

残片1叶。8行。

参 Radloff 1928，216，258-259；Clark 1975，No. 76；袁丁 1992b，48-50；山田信夫 1993b，141-142；山田信夫 1993c，图122；李经纬 1996a，300-302；耿世民 2006，221。

SI 3Kr. 41 回鹘语土地买卖契

写卷1叶，25行，有印鉴2方。

参 Radloff 1928，202-203，244-245；护雅夫 1960，45-47；Yamada 1967，89-90，98，101-103，105，110；Clark 1975，No. 38；梅村坦 1977，20-22；袁丁 1987a，70-73；森安孝夫 1989，54；山田信夫 1993b，16-17；山田信夫 1993c，图14-16；Raschmann 1995a，44，50，58，62，67，168；李经纬 1996a，85-89；耿世民 2006，150-152。

SI 4 Kr. b. 14 （1）汉语《天地八阳神咒经》难字音注 （2）回鹘语《九恶业》

1叶。汉语5行，回鹘语10行。

参 庄垣内正弘 2001，273-276 +1图。

SI 4b Kr. 2r　汉语《添品妙法莲华经》卷四

参 松井太 2004b，54。

SI 4b Kr. 2v　回鹘语文书

参 松井太 2004b，54。

SI 4b Kr. 3r　汉语《摩诃般若波罗蜜经》卷一

参 松井太 2004b，54。

SI 4b Kr. 3v　回鹘语文书

参 松井太 2004b，54。

SI 4b Kr. 7v　回鹘语《续命经》

残片 1 叶，61×26cm，卷子式，回鹘语。44 行。

参 庄垣内正弘 2003，200-206，图 LVI-LVIII。

SI 4b Kr. 8r　汉语《大般涅槃经》卷一四

参 松井太 2004b，54。

SI 4b Kr. 8v　回鹘语文书

参 松井太 2004b，54。

SI 4b Kr. 9a　（1）汉语《妙法莲华经》卷一　（2）回鹘语借棉花契约

残片 1 叶，29×20cm。14 行汉文经文。在汉文佛经上下叶边写有回鹘语 5 行。

参 森安孝夫 1998，5；松井太 2005，49-53＋图。

SI 4b Kr. 11r　汉语《菩萨璎珞本业经》卷上

参 松井太 2004b，58。

SI 4b Kr. 11v　回鹘语文书

参 松井太 2004b，58。

SI 4b Kr. 12r　汉语《大智度论》卷八三

参 松井太 2004b，54。

SI 4b Kr. 12v　回鹘语文书

参 松井太 2004b，54。

SI 4b Kr. 13r　汉语《菩萨璎珞本业经》卷上

参 松井太 2004b，54。

SI 4b Kr. 13v　回鹘语文书

参 松井太 2004b，54。

SI 4b Kr. 15r　汉语《妙法莲华经》

参 松井太 2004b，54。

SI 4b Kr. 15v　回鹘语文书

参 松井太 2004b，54。

SI 4b Kr. 16ar　汉语《大智度论》卷一三

参 松井太 2004b，54。

SI 4b Kr. 16av　回鹘语文书

参 松井太 2004b，54。

SI 4b Kr. 18r　汉语《合部金光明经》卷四

参 松井太 2004b，54。

SI 4b Kr. 18v　回鹘语文书

参 松井太 2004b，54。

SI 4b Kr. 20r　汉语《大般涅槃经》卷三

行间写有回鹘语。

参 松井太 2004b，42；松井太 2004b，54。

SI 4b Kr. 20v　回鹘语文书

残片 1 叶，用八思巴文和回鹘语书写，前者 4 行，后者 5 行。

参 Тугушева 1996，222，No. 6；松井太 2004b，42-44，54 + 图；森安孝夫 1998，6。

SI 4b Kr. 22r　汉语《妙法莲华经》卷二

参 松井太 2004b，54。

SI 4b Kr. 22v　回鹘语文书

参 松井太 2004b，54。

SI 4b Kr. 24r　汉语《大般涅槃经》卷一五

参 松井太 2004b，58。

SI 4b Kr. 24v　回鹘语文书

参 松井太 2004b，58。

SI 4b Kr. 25r　汉语《大般涅槃经》卷一五

与 SI 4b Kr. 31r 大致可以缀合，参看该号。

SI 4b Kr. 25v　回鹘语文书

参 松井太 2004b，54。

SI 4b Kr. 31r　汉语《大般涅槃经》卷一五

与 SI 4b Kr. 25r 大致可以缀合，缀合后计 26 行。

参 松井太 2004b，54，56。

SI 4b Kr. 31v　回鹘语文书

参 松井太 2004b，54。

SI 4b Kr. 33r　汉语《大般涅槃经》卷三三

与 SI 3 Kr. 3-15r 可以缀合，参看该号。

SI 4b Kr. 33v　回鹘语文书

参 松井太 2004b，54。

SI 4b Kr. 34r　汉语《大般若波罗蜜多经》卷四五八

与 SI Kr. IV/258r 可以缀合，参看该号。

SI 4b Kr. 34v　回鹘语文书

参 松井太 2004b，54。

SI 4b Kr. 36r　汉语《放光般若经》卷一二

参 松井太 2004b，54。

SI 4b Kr. 36v　回鹘语文书

参 松井太 2004b，54。

SI 4b Kr. 38ar　汉语《大般涅槃经》卷三一

参 松井太2004b，54。

SI 4b Kr. 38av　回鹘语文书

参 松井太2004b，54。

SI 4b Kr. 42r　汉语《合部金光明经》卷一

参 松井太2004b，58。

SI 4b Kr. 42v　回鹘语文书

参 松井太2004b，58，63，65（图）。

SI 4b Kr. 48r　汉语《大般涅槃经》卷三三

与Дх. 12106r可以上下缀合，缀合后计8行。

参 松井太2004b，54，56。

SI 4b Kr. 48v　回鹘语文书

参 松井太2004b，54。

SI 4b Kr . 49r　汉语《大般涅槃经》卷一五

参 松井太2004b，54。

SI 4b Kr. 49v　回鹘语文书

参 松井太2004b，54。

SI 4b Kr. 71r　汉语《妙法莲华经》卷一〇

26×28cm。存尾题1行及交河县主簿麴明伦写经题记10行，计11行。题记最后云："龙朔二年（662）九月上旬写讫。"后有回鹘语1行。

参 荒川正晴2000b，165-166；梅村坦2002，204，图4；Umemura 2004，图2；松井太2004b，49-50，58+图。

SI 4b Kr. 71v　回鹘语奴隶买卖及借银钱契约

14行，另一行写在正面汉文题记后。

参 梅村坦2002，203-221，图3；松井太2004b，49-53，58+图；Umemura 2004，358-360，图1。

SI 4b Kr. 72r　汉语《妙法莲华经》卷一

残片1叶，29×8.5cm。4行。

参 松井太2005，53-54+图。

SI 4b Kr. 72v　回鹘语契约

草体，5行。

参 松井太2005，53-56+图。

SI 4b Kr. 89　回鹘文汉语《圣妙吉祥真实名经》

卷子式残片1叶，18.5×12cm，9行。

参 庄垣内正弘2003，26，图VII。

SI 4b Kr. 142r　汉语《维摩诘所说经》卷上

与Дх. 12163r可以缀合，参看该号。

SI 4b Kr. 142v　回鹘语文书

参 松井太2004b，54。

SI 4b Kr. 175 + SI 4b Kr. 176 回鹘文汉语《礼忏文》

较完整写本2件，可拼合，43行。

参 庄垣内正弘2003，32-36，图IX。

SI 4b Kr. 181 回鹘文汉语《千字文》

残片1叶。

参 Zieme 1999b，321-326；Shōgaito & Yakup 2001，3-28；Shōgaito 2004，323。

SI 4b Kr. 182 回鹘文汉语《千字文》

残片1叶。

参 Zieme 1999b，321-326；Shōgaito & Yakup 2001，3-28；Shōgaito 2004，323。

SI 4b Kr. 185 回鹘文汉语《千字文》

残片1叶。

参 Zieme 1999b，321-326；Shōgaito & Yakup 2001，3-28；Shōgaito 2004，323。

SI 4b Kr. 186r 汉语《合部金光明经》卷一

参 松井太2004b，54。

SI 4b Kr. 186v 回鹘语文书

参 松井太2004b，54。

SI 4b Kr. 187ar 汉语《妙法莲华经》卷三

参 松井太2004b，54。

SI 4b Kr. 187av 回鹘语文书

参 松井太2004b，54。

SI 4b Kr. 194 回鹘文汉语《千字文》

残片1叶。

参 Zieme 1999b，321-326；Shōgaito & Yakup 2001，3-28；Shōgaito 2004，323。

SI 4b Kr. 218 回鹘语文书

参 松井太2004b，54。

SI 4b Kr. 223 回鹘语租借土地契约

参 Matsui 2005，69-71。

SI 4b Kr. 235 回鹘语借《增一阿含》第一帙契约

5行。

参 森安孝夫1998，5。

SI 4b Kr. 236r 汉语《维摩诘所说经》卷上

参 松井太2004b，44，54。

SI 4b Kr. 236v 回鹘语借银契

残片1叶。5行。

参 Тугушева 1996，221，No. 5；森安孝夫1998，6；松井太2004b，44-46，54+图。

SI Kr. 1 回鹘语《十方平安经》

残卷43叶，每叶13×14.8cm。双面书写，每面8行。

参 Radloff & Staël-Holstein 1910，1-143；Elverskog 1997，26；杨富学2003，426。

SI Kr. I/2 回鹘语祈愿文

29 行。

参 Tugusheva 2004，355-357 + 图。

SI Kr. I/12　回鹘语《大乘法苑义林章》译本

残片 1 叶。45 行。

参 庄垣内正弘 2001，243-254 + 1 图；庄垣内正弘 2003，145-154，图 XLVII。

SI Kr. I/15　回鹘语《五更转》译本

存 25 行。

参 Zieme 2006b，10。

SI Kr. I/125　回鹘文汉语《礼忏文》

残片 1 叶，双面书写。10 行。

参 庄垣内正弘 2001，256-257 + 1 图；庄垣内正弘 2003，38，图 X。

SI Kr. I/147　回鹘语小麦借贷契约

18 行。

参 Тугушева 1996，Text 1；森安孝夫 1998，5；松井太 2004a，163-159；Matsui 2004，199，图 2。

SI Kr. I/149　回鹘语供应小麦令文

16.5 × 18cm。12 行。

参 松井太 2004c，18-21，17（图 2）。

SI Kr. I/159　回鹘语《杂阿含经》

残片 1 叶，28 × 14.5cm，43 行。

参 庄垣内正弘 2000，150-156 + 1 图；庄垣内正弘 2003，216-223，图 XVIII。

SI Kr. I/161　回鹘语《杂阿含经》

小残片 1 块，7 × 6.8cm，10 行。

参 庄垣内正弘 2000，148-150 + 1 图；庄垣内正弘 2003，214-216，图 XVII。

SI Kr. I/164　回鹘语《杂阿含经》

残片 1 叶，6 × 5.5cm，9 行。

参 庄垣内正弘 2000，156-157 + 1 图；庄垣内正弘 2003，224-225，图 XIX。

SI Kr. I/172 + SI Kr. I/178 + SI Kr. I/188 + SI Kr. I/189　回鹘语《增一阿含经》

小残片 4 块，面积分别为 25 × 14cm，6 × 13cm，9.5 × 9.5cm，8.8 × 11.5cm。37 行。

参 庄垣内正弘 1999，99-105 + 4 图；庄垣内正弘 2003，230-237，图 XXI-XXIV。

SI Kr. I/173 + SI Kr. I/175　回鹘语《增一阿含经》

残片 2 叶，面积分别为 33 × 27cm，6.8 × 5cm。52 行。

参 庄垣内正弘 1999，105-113 + 2 图；庄垣内正弘 2003，237-246，图 XXV-XXVII。

SI Kr. I/174 + SI Kr. I/187　回鹘语《增一阿含经》

残片 2 叶，面积分别为 7.5 × 7cm，37.5 × 12cm。34 行。

参 庄垣内正弘 1999，113-119 + 2 图；庄垣内正弘 2003，247-253，图 XXVIII-XXIX。

SI Kr. I/175　回鹘语《增一阿含经》

与 SI Kr. I/173 缀合，参看该号。

SI Kr. I/178 **回鹘语《增一阿含经》**

与 SI Kr. I/172 等缀合，参看该号。

SI Kr. I/186 **回鹘语《增一阿含经》**

残片 1 叶，20.5×15cm。37 行。

参 庄垣内正弘 1999，96-99+图；庄垣内正弘 2003，225-230，图 XX。

SI Kr. I/187 **回鹘语《增一阿含经》**

与 SI Kr. I/174 缀合，参看该号。

SI Kr. I/188 **回鹘语《增一阿含经》**

与 SI Kr. I/172 等缀合，参看该号。

SI Kr. I/189 **回鹘语《增一阿含经》**

与 SI Kr. I/172 等缀合，参看该号。

SI Kr. I/422 **回鹘语借契**

14 行。

参 森安孝夫 1998，5。

SI Kr. II 1/1 **回鹘语《十业道譬喻鬘经》第六品《恶口》**

残片 1 叶，双面书写，各书回鹘文 31 行，另外背面天头书 altïnč ülüš iki（第六品二）,共计 63 行。以下《十业道譬喻鬘经》均属同一写本，不一一注明。

参 庄垣内正弘、Tugusheva、藤代节 1998，82-87。

SI Kr. II 1/2 **回鹘语《十业道譬喻鬘经》第六品《恶口》**

残片 1 叶，双面书写，各书回鹘文 31 行，另外背面天头书 altïnč ülüš üč（第六品三）,共计 63 行。

参 庄垣内正弘、Tugusheva、藤代节 1998，88-93。

SI Kr. II 1/3 **回鹘语《十业道譬喻鬘经》 第一品《杀生》**

残片 1 叶，双面书写，各书回鹘文 16 行，另外背面天头书 beštïnqï ülüš toquz qïrq（第一品三十九），总计 33 行。

参 庄垣内正弘、Tugusheva、藤代节 1998，38-41。

SI Kr. II 1/4 **回鹘语《十业道譬喻鬘经》发愿文**

极小残片 1 块，双面书写，正面存回鹘文 5 行，背面存 7 行，共计 12 行。

参 庄垣内正弘、Tugusheva、藤代节 1998，178-179。

SI Kr. II 1/5 **回鹘语《十业道譬喻鬘经》 第三品《邪淫》**

残片 1 叶，双面书写，正面存回鹘文 14 行，背面存 13 行，另外背面天头书回鹘文 üčünč ülüš（第三品九），总计 28 行。

参 庄垣内正弘、Tugusheva、藤代节 1998，46-49。

SI Kr. II 1/6 **回鹘语《十业道譬喻鬘经》**

残片 1 叶，双面书写，各存回鹘文 10 行，总计 20 行。

参 庄垣内正弘、Tugusheva、藤代节 1998，188-189。

SI Kr. II/1-7 **回鹘语《十业道譬喻鬘经》**

残片 1 叶，双面书写，各存回鹘文 14 行，共计 28 行。与 SI Kr. II/1-8 + U 1458a

+ U 1823、SI Kr. II/1-16、SI Kr. II/1-17、SI Kr. II/2-35、U 1827 + U 1426 属同一写本。

参 庄垣内正弘、Tugusheva、藤代节 1998，48-51；Wilkens 2004，150-152，173。

SI Kr. II/1-8　回鹘语《十业道譬喻鬘经》

残片 1 叶，双面书写，各存回鹘文 6 行，总计 12 行。可与 U 1458a 及 U 1823 缀合。

参 庄垣内正弘、Tugusheva、藤代节 1998，190-191；Wilkens 2004，173。

SI Kr. II 1/9　回鹘语《十业道譬喻鬘经》第五品《两舌》

残片 1 叶，双面书写，正面存回鹘文 15 行，背面存 16 行，另外背面天头书回鹘文 bešinč ülüš iki（第五品二），共计 32 行。

参 庄垣内正弘、Tugusheva、藤代节 1998，72-75。

SI Kr. II 1/10　回鹘语《十业道譬喻鬘经》

小残片 1 块，双面书写，正面存回鹘文 5 行，背面存 6 行，总计 11 行。

参 庄垣内正弘、Tugusheva、藤代节 1998，190-191。

SI Kr. II 1/11　回鹘语《十业道譬喻鬘经》第五品《两舌》

残片 1 叶，双面书写，正面背面各存回鹘文 14 行，共计 28 行。

参 庄垣内正弘、Tugusheva、藤代节 1998，78-79。

SI Kr. II 1/12　回鹘语《十业道譬喻鬘经》发愿文

极小残片 1 块，双面书写，正面背面各存回鹘文 3 行，共计 6 行。

参 庄垣内正弘、Tugusheva、藤代节 1998，178-179。

SI Kr. II 1/13　回鹘语《十业道譬喻鬘经》

残片 1 叶，双面书写，各存回鹘文 6 行，总计 12 行。

参 庄垣内正弘、Tugusheva、藤代节 1998，192-193。

SI Kr. II 1/14　回鹘语《十业道譬喻鬘经》

残片 1 叶，双面书写，各存回鹘文 11 行，总计 22 行。

参 庄垣内正弘、Tugusheva、藤代节 1998，192-195。

SI Kr. II 1/15　回鹘语《十业道譬喻鬘经》

残片 1 叶，双面书写，各存回鹘文 10 行，总计 20 行。

参 庄垣内正弘、Tugusheva、藤代节 1998，194-197。

SI Kr. II/1-16　回鹘语《十业道譬喻鬘经》

残片 1 叶，双面书写，正面存回鹘文 9 行，背面存 8 行，另外背面天头书 törtünč ülüš（第四品），共计 18 行。

参 庄垣内正弘、Tugusheva、藤代节 1998，50-53；Wilkens 2004，173。

SI Kr. II/1-17　回鹘语《十业道譬喻鬘经》

残片 1 叶，双面书写，正面背面各存回鹘文 19 行，共计 38 行。

参 庄垣内正弘、Tugusheva、藤代节 1998，52-55；Wilkens 2004，152-154，173。

SI Kr. II 1/18　回鹘语《十业道譬喻鬘经》第十品《邪见》

小残片 1 块，双面书写，正面背面各存回鹘文 11 行，共计 22 行。

参 庄垣内正弘、Tugusheva、藤代节 1998，166-167。

SI Kr. II 1/19　回鹘语《十业道譬喻鬘经》第十品《邪见》

残片 1 叶，双面书写，正面背面各存回鹘文 13 行，共计 26 行。

参 庄垣内正弘、Tugusheva、藤代节 1998，168-169。

SI Kr. Ⅱ 1/20　回鹘语《十业道譬喻鬘经》第十品《邪见》

残片 1 叶，双面书写，正面背面各存回鹘文 19 行，共计 38 行。

参 庄垣内正弘、Tugusheva、藤代节 1998，170-173。

SI Kr. Ⅱ 1/21　回鹘语《十业道譬喻鬘经》第七品《绮语》

极小残片 1 块，双面书写，正面背面各存回鹘文 2 行，另背面天头书 yetinč ülüš（第七品），共计 5 行。

参 庄垣内正弘、Tugusheva、藤代节 1998，142-143。

SI Kr. Ⅱ 1/22　回鹘语《十业道譬喻鬘经》第十品《邪见》

残片 1 叶，双面书写，正面背面各存回鹘文 11 行，共计 22 行。

参 庄垣内正弘、Tugusheva、藤代节 1998，174-175。

SI Kr. Ⅱ 1/23　回鹘语《十业道譬喻鬘经》第十品《邪见》

残片 1 叶，双面书写，正面背面各存回鹘文 8 行，共计 16 行。

参 庄垣内正弘、Tugusheva、藤代节 1998，176-177。

SI Kr. Ⅱ 1/24　回鹘语《十业道譬喻鬘经》第六品《恶口》

残片 1 叶，双面书写，各书回鹘文 8 行，共计 16 行。

参 庄垣内正弘、Tugusheva、藤代节 1998，92-95。

SI Kr. Ⅱ 1/25　回鹘语《十业道譬喻鬘经》第九品《瞋忿》

残片 1 叶，双面书写，正面背面各存回鹘文 15 行，共计 30 行。

参 庄垣内正弘、Tugusheva、藤代节 1998，150-153。

SI Kr. Ⅱ 1/26　回鹘语《十业道譬喻鬘经》第五品《两舌》

残片 1 叶，双面书写，正面存回鹘文 8 行，背面存 4 行，共计 12 行。

参 庄垣内正弘、Tugusheva、藤代节 1998，74-75。

SI Kr. Ⅱ 1/27　回鹘语《十业道譬喻鬘经》第六品《恶口》

残片 1 叶，双面书写，各书回鹘文 16 行，共计 32 行。

参 庄垣内正弘、Tugusheva、藤代节 1998，94-97。

SI Kr. Ⅱ 1/28　回鹘语《十业道譬喻鬘经》第五品《两舌》

残片 1 叶，双面书写，正面背面各存回鹘文 15 行，共计 30 行。

参 庄垣内正弘、Tugusheva、藤代节 1998，76-77。

SI Kr. Ⅱ 1/29　回鹘语《十业道譬喻鬘经》第六品《恶口》

残片 1 叶，双面书写，正面存回鹘文 8 行，背面存 9 行，共计 17 行。

参 庄垣内正弘、Tugusheva、藤代节 1998，96-97。

SI Kr. Ⅱ 1/30　回鹘语《十业道譬喻鬘经》第六品《恶口》

残片 1 叶，双面书写，各书回鹘文 15 行，共计 30 行。

参 庄垣内正弘、Tugusheva、藤代节 1998，98-99。

SI Kr. Ⅱ 1/31　回鹘语《十业道譬喻鬘经》第七品《绮语》

极小残片 1 块，双面书写，正面背面各存回鹘文 2 行，另背面天头书 yetinč ülüš（第七品），共计 5 行。

参 庄垣内正弘、Tugusheva、藤代节 1998，144-145。

SI Kr. II 1/32　回鹘语《十业道譬喻鬘经》第六品《恶口》

残片 1 叶，双面书写，正面存回鹘文 7 行，背面存 8 行，共计 15 行。

参 庄垣内正弘、Tugusheva、藤代节 1998，100-101。

SI Kr. II 1/33　回鹘语《十业道譬喻鬘经》第六品《恶口》

残片 1 叶，双面书写，正面背面各存回鹘文 15 行，共计 30 行。

参 庄垣内正弘、Tugusheva、藤代节 1998，102-103。

SI Kr. II 1/34　回鹘语《十业道譬喻鬘经》

残片 1 叶，双面书写，各存回鹘文 11 行，总计 22 行。

参 庄垣内正弘、Tugusheva、藤代节 1998，196-199。

SI Kr. II 1/34a　回鹘语《十业道譬喻鬘经》第六品《恶口》

残片 1 叶，双面书写，正面背面各存回鹘文 16 行，共计 32 行。

参 庄垣内正弘、Tugusheva、藤代节 1998，104-105。

SI Kr. II 1/35　回鹘语《十业道譬喻鬘经》

极小残片 1 块，双面书写，各存回鹘文 4 行，总计 8 行。

参 庄垣内正弘、Tugusheva、藤代节 1998，198-199。

SI Kr. II 1/36　回鹘语《十业道譬喻鬘经》

残片 1 叶，双面书写，正面存回鹘文 13 行，背面存 12 行，总计 25 行。

参 庄垣内正弘、Tugusheva、藤代节 1998，200-201。

SI Kr. II 2/1　回鹘语《十业道譬喻鬘经》第六品《恶口》

残片 1 叶，双面书写，正面存回鹘文 29 行，背面存 30 行，另背面天头书 altïnč ülüš tort ygirmi（第六品十四），共计 60 行。

参 庄垣内正弘、Tugusheva、藤代节 1998，106-111。

SI Kr. II 2/2　回鹘语《十业道譬喻鬘经》第六品《恶口》

残片 1 叶，双面书写，正面背面各存回鹘文 10 行，共计 20 行。

参 庄垣内正弘、Tugusheva、藤代节 1998，128-131。

SI Kr. II 2/3　回鹘语《十业道譬喻鬘经》第八品《贪欲嫉妒》

残片 1 叶，双面书写，正面背面各存回鹘文 16 行，另背面天头书 säkiz-inč ülüš altï（第八品六），共计 5 行。

参 庄垣内正弘、Tugusheva、藤代节 1998，146-149。

SI Kr. II 2/4　回鹘语《十业道譬喻鬘经》

残片 1 叶，双面书写，正面存回鹘文 10 行，背面存 9 行，总计 19 行。

参 庄垣内正弘、Tugusheva、藤代节 1998，202-203。

SI Kr. II 2/5　回鹘语《十业道譬喻鬘经》第六品《恶口》

残片 1 叶，双面书写，正面背面各存回鹘文 17 行，共计 34 行。

参 庄垣内正弘、Tugusheva、藤代节 1998，112-115。

SI Kr. II 2/6　回鹘语《十业道譬喻鬘经》第六品《恶口》

残片 1 叶，双面书写，正面背面各存回鹘文 20 行，共计 40 行。

参 庄垣内正弘、Tugusheva、藤代节 1998，116-119。

SI Kr. Ⅱ 2/7 回鹘语《十业道譬喻鬘经》第四品《妄语》

残片1叶，双面书写，正面背面各存回鹘文8行，另背面天头书 törtünč ülüš ygirmi（第四品二十），共计17行。

参 庄垣内正弘、Tugusheva、藤代节 1998，62-63。

SI Kr. Ⅱ 2/8 回鹘语《十业道譬喻鬘经》第九品《瞋忿》

残片1叶，双面书写，正面存回鹘文11行，背面存1行，共计9行。

参 庄垣内正弘、Tugusheva、藤代节 1998，150-151。

SI Kr. Ⅱ 2/9 回鹘语《十业道譬喻鬘经》第六品《恶口》

残片1叶，双面书写，正面背面各存回鹘文13行，共计26行。

参 庄垣内正弘、Tugusheva、藤代节 1998，130-133。

SI Kr. Ⅱ 2/10 回鹘语《十业道譬喻鬘经》

残片1叶，双面书写，正面存回鹘文11行，背面存12行，总计23行。

参 庄垣内正弘、Tugusheva、藤代节 1998，204-205。

SI Kr. Ⅱ 2/11 回鹘语《十业道譬喻鬘经》

残片1叶，双面书写，各存回鹘文17行，总计34行。

参 庄垣内正弘、Tugusheva、藤代节 1998，206-209。

SI Kr. Ⅱ 2/12 回鹘语《十业道譬喻鬘经》发愿文

残片1叶，双面书写，正面背面各存回鹘文20行，另背面天头书 ygrmi（二十），共计41行。

参 庄垣内正弘、Tugusheva、藤代节 1998，180-183。

SI Kr. Ⅱ 2/13 回鹘语《十业道譬喻鬘经》第七品《绮语》

小残片1块，双面书写，正面背面各存回鹘文8行，另背面天头书 yetinč ülüš toquz（第七品九），共计5行。

参 庄垣内正弘、Tugusheva、藤代节 1998，144-145。

SI Kr. Ⅱ 2/14 回鹘语《十业道譬喻鬘经》第七品《绮语》

残片1叶，双面书写，正面背面各存回鹘文14行，共计28行。

参 庄垣内正弘、Tugusheva、藤代节 1998，140-143。

SI Kr. Ⅱ 2/15 回鹘语《十业道譬喻鬘经》第六品《恶口》

残片1叶，双面书写，正面存回鹘文13行，背面存14行，共计27行。

参 庄垣内正弘、Tugusheva、藤代节 1998，120-121。

SI Kr. Ⅱ 2/16 回鹘语《十业道譬喻鬘经》第六品《恶口》

残片1叶，双面书写，正面背面各存回鹘文15行，另背面天头书 altïnč ülüš（第六品），共计31行。

参 庄垣内正弘、Tugusheva、藤代节 1998，122-125。

SI Kr. Ⅱ 2/17 回鹘语《十业道譬喻鬘经》

小残片1块，双面书写，各存回鹘文6行，总计12行。

参 庄垣内正弘、Tugusheva、藤代节 1998，208-209。

SI Kr. Ⅱ 2/18 回鹘语《十业道譬喻鬘经》

小残片1块，双面书写，各存回鹘文6行，总计12行。

参 庄垣内正弘、Tugusheva、藤代节 1998，210-211。

SI Kr. II 2/19　回鹘语《十业道譬喻鬘经》第六品《恶口》

残片 1 叶，双面书写，正面背面各存回鹘文 22 行，共计 44 行。

参 庄垣内正弘、Tugusheva、藤代节 1998，134-137。

SI Kr. II 2/20　回鹘语《十业道譬喻鬘经》

小残片 1 块，双面书写，各存回鹘文 8 行，总计 16 行。

参 庄垣内正弘、Tugusheva、藤代节 1998，210-211。

SI Kr. II 2/21　回鹘语《十业道譬喻鬘经》

残片 1 叶，双面书写，各存回鹘文 16 行，总计 32 行。

参 庄垣内正弘、Tugusheva、藤代节 1998，212-215。

SI Kr. II 2/12　回鹘语《十业道譬喻鬘经》第六品《恶口》

小残片 1 块，双面书写，各存回鹘文 6 行，共计 12 行。

参 庄垣内正弘、Tugusheva、藤代节 1998，126-127。

SI Kr. II 2/23　回鹘语《十业道譬喻鬘经》第六品《恶口》

残片 1 叶，双面书写，正面背面各存回鹘文 12 行，共计 24 行。

参 庄垣内正弘、Tugusheva、藤代节 1998，126-129。

SI Kr. II 2/24　回鹘语《十业道譬喻鬘经》

极小残片 1 块，双面书写，正面存回鹘文 2 行，背面存 1 行，总计 3 行。

参 庄垣内正弘、Tugusheva、藤代节 1998，216-217。

SI Kr. II 2/25　回鹘语《十业道譬喻鬘经》

残片 1 叶，双面书写，各存回鹘文 13 行，总计 26 行。

参 庄垣内正弘、Tugusheva、藤代节 1998，216-217。

SI Kr. II 2/26　回鹘语《十业道譬喻鬘经》

残片 1 叶，双面书写，各存回鹘文 9 行，总计 18 行。

参 庄垣内正弘、Tugusheva、藤代节 1998，218-219。

SI Kr. II 2/27　回鹘语《十业道譬喻鬘经》第六品《恶口》

残片 1 叶，双面书写，正面存回鹘文 12 行，背面存 11 行，共计 23 行。

参 庄垣内正弘、Tugusheva、藤代节 1998，80-83。

SI Kr. II 2/28　回鹘语《十业道譬喻鬘经》第六品《恶口》

残片 1 叶，双面书写，正面背面各存回鹘文 11 行，共计 22 行。

参 庄垣内正弘、Tugusheva、藤代节 1998，138-139。

SI Kr. II 2/29　回鹘语《十业道譬喻鬘经》第十品《邪见》

残片 1 叶，双面书写，正面背面各存回鹘文 15 行，另背面天头书 onunč ülüš altmïš（第十四章六十），共计 31 行。

参 庄垣内正弘、Tugusheva、藤代节 1998，154-157。

SI Kr. II 2/30　回鹘语《十业道譬喻鬘经》

残片 1 叶，双面书写，各存回鹘文 12 行，总计 24 行。

参 庄垣内正弘、Tugusheva、藤代节 1998，220-223。

SI Kr. II 2/31　回鹘语《十业道譬喻鬘经》

残片 1 叶，双面书写，各存回鹘文 9 行，总计 18 行。

参 庄垣内正弘、Tugusheva、藤代节 1998，222-225。

SI Kr. Ⅱ 2/32　回鹘语《十业道譬喻鬘经》第十品《邪见》

残片 1 叶，双面书写，正面背面各存回鹘文 14 行，共计 28 行。

参 庄垣内正弘、Tugusheva、藤代节 1998，160-163。

SI Kr. Ⅱ 2/33　回鹘语《十业道譬喻鬘经》第十品《邪见》

残片 1 叶，双面书写，正面背面各存回鹘文 13 行，共计 26 行。

参 庄垣内正弘、Tugusheva、藤代节 1998，158-159。

SI Kr. Ⅱ 2/34　回鹘语《十业道譬喻鬘经》第四品《妄语》

残片 1 叶，双面书写，正面背面各存回鹘文 8 行，共计 16 行。

参 庄垣内正弘、Tugusheva、藤代节 1998，64-65。

SI Kr. Ⅱ/2-35　回鹘语《十业道譬喻鬘经》

残片 1 叶，双面书写，正面背面各存回鹘文 13 行，另背面天头书 törtünč ülüš tört ygirmi（第四品十四），共计 27 行。

参 庄垣内正弘、Tugusheva、藤代节 1998，56-57；Wilkens 2004，173。

SI Kr. Ⅱ 2/36　回鹘语《十业道譬喻鬘经》

残片 1 叶，双面书写，各存回鹘文 16 行，总计 32 行。

参 庄垣内正弘、Tugusheva、藤代节 1998，224-227。

SI Kr. Ⅱ 2/37a　回鹘语《十业道譬喻鬘经》发愿文

残片 1 叶，双面书写，正面背面各存回鹘文 19 行，共计 38 行。

参 庄垣内正弘、Tugusheva、藤代节 1998，184-187。

SI Kr. Ⅱ 2/37b　回鹘语《十业道譬喻鬘经》第四品《妄语》

残片 1 叶，双面书写，正面背面各存回鹘文 10 行，共计 20 行。

参 庄垣内正弘、Tugusheva、藤代节 1998，66-67。

SI Kr. Ⅱ 2/38　回鹘语《十业道譬喻鬘经》第四品《妄语》

残片 1 叶，双面书写，正面背面各存回鹘文 23 行，共计 46 行。

参 庄垣内正弘、Tugusheva、藤代节 1998，58-62。

SI Kr. Ⅱ 2/39　回鹘语《十业道譬喻鬘经》　序品

残片 1 叶，双面书写，各书回鹘文 27 行，背面天头书 suu säkiz（序八），总计 55 行。

参 庄垣内正弘、Tugusheva、藤代节 1998，32-37。

SI Kr. Ⅱ 2/40　回鹘语《十业道譬喻鬘经》第十品《邪见》

残片 1 叶，双面书写，正面背面各存回鹘文 13 行，另背面天头书 onunč yeti（第十七），共计 27 行。

参 庄垣内正弘、Tugusheva、藤代节 1998，164-165。

SI Kr. Ⅱ 2/41　回鹘语《十业道譬喻鬘经》　第二品《偷盗》

残片 1 叶，双面书写，正面书回鹘文 21 行，背面存 22 行，另外背面天头书回鹘文 ikinti ülüš toquz（第二品九），总计 44 行。

参 庄垣内正弘、Tugusheva、藤代节 1998，42-45。

SI Kr. II 2/42　回鹘语《十业道譬喻鬘经》第四品《妄语》

残片 1 叶，双面书写，正面背面各存回鹘文 18 行，共计 36 行。

参 庄垣内正弘、Tugusheva、藤代节 1998，68-71。

SI Kr. II/27-1　回鹘语《慈悲道场忏法》

残片 1 叶，13 ×30cm。双面书写，12 行。

参 庄垣内正弘 2003，176-177，图 XLII。

SI Kr. II/27-3　回鹘语《慈悲道场忏法》

残片 1 叶，13 ×31cm。双面书写，12 行。

参 庄垣内正弘 2003，177-179，图 XLIII。

SI Kr. II/28-1　回鹘语《慈悲道场忏法》

残片 1 叶，11 ×30cm。双面书写，12 行。

参 庄垣内正弘 2003，168-170，图 XXXVIII。

SI Kr. II/28-2　回鹘语《慈悲道场忏法》

残片 1 叶，11 ×21cm。双面书写，12 行。

参 庄垣内正弘 2003，164-165，图 XXXV。

SI Kr. II/28-7　回鹘语《慈悲道场忏法》

残片 1 叶，11 ×24. 5cm。双面书写，12 行。

参 庄垣内正弘 2003，174-175，图 XLI。

SI Kr. II/28-10　回鹘语《慈悲道场忏法》

残片 1 叶，11 ×21cm。双面书写，12 行。

参 庄垣内正弘 2003，171-172，图 XXXIX。

SI Kr. II/28-19　回鹘语《慈悲道场忏法》

残片 1 叶，11 ×17cm。双面书写，12 行。

参 庄垣内正弘 2003，172-174，图 XL。

SI Kr. II/28-22　回鹘语《慈悲道场忏法》

残片 1 叶，11 ×12. 5cm。双面书写，12 行。

参 庄垣内正弘 2003，166-168，图 XXXVII。

SI Kr. II/28-39　回鹘语《慈悲道场忏法》

残片 1 叶，11 ×16. 5cm。双面书写，12 行。

参 庄垣内正弘 2003，165-166，图 XXXVI。

SI Kr. II/29-1　回鹘语《观世音菩萨秘密藏如意轮陀罗尼神咒经》

残片 1 叶，15 ×31cm。双面书写，18 行。

参 庄垣内正弘 2003，196-199，图 LV。

SI Kr. II/29-3　回鹘语《千眼千臂观世音菩萨陀罗尼神咒经》

残片 1 叶，15 ×27cm。双面书写，18 行。

参 庄垣内正弘 2003，181-183，图 XLVIII-XLIX。

SI Kr. II/29-7　回鹘语《千眼千臂观世音菩萨陀罗尼神咒经》

残片 1 叶，15 ×24cm。双面书写，18 行。

参 庄垣内正弘 2003，183-185，图 L。

SI Kr. II/29-10　回鹘语《千眼千臂观世音菩萨陀罗尼神咒经》
残片1叶，15×24cm。双面书写，18行。
参 庄垣内正弘2003，187-189，图LII。
SI Kr. II/29-13　回鹘语《千眼千臂观世音菩萨陀罗尼神咒经》
与其他写本缀合情况，见U 2476。
SI Kr. II/30-4　回鹘语《千眼千臂观世音菩萨陀罗尼神咒经》
与其他写本缀合情况，见U 2476。
SI Kr. II/30-13　回鹘语《千眼千臂观世音菩萨陀罗尼神咒经》
与其他写本缀合情况，见U 2476。
SI Kr. II/30-14　回鹘语《千手千眼观世音菩萨广大圆满无碍大悲心陀罗尼经》
残片1叶，15×20cm。双面书写，18行。
参 庄垣内正弘2003，193-196，图LIV。
SI Kr. II/30-15　回鹘语《千眼千臂观世音菩萨陀罗尼神咒经》
残片1叶，15×15cm。双面书写，18行。
参 庄垣内正弘2003，186-187，图LI。
SI Kr. II/30-16　回鹘语《千手千眼观世音菩萨广大圆满无碍大悲心陀罗尼经》
残片1叶，15×24cm。双面书写，18行。
参 庄垣内正弘2003，190-193，图LIII。
SI Kr. II/30-19　回鹘语《千眼千臂观世音菩萨陀罗尼神咒经》
与其他写本缀合情况，见U 2476。
SI Kr. II/37/1　回鹘语《金刚般若波罗蜜经》
贝叶形，双面书写，一面8行，计16行。
参 庄垣内正弘2005，9-19，27。
SI Kr. III/2/1　回鹘语《佛说胎解脱经》
刻本残片1叶。15行。
参 BTT XXIII，127，136，图143。
SI Kr. III/2/2　回鹘语《佛说胎解脱经》
刻本残片1叶。10行。
参 BTT XXIII，127，136，图144。
SI Kr. III/2/3　回鹘语《佛说胎解脱经》
刻本残片1叶。10行。
参 BTT XXIII，127，136，138，图145。
SI Kr. III/5 a-c　回鹘语陀罗尼
残片3叶。25行。
Radloff 1928，194-195；Aalto 1954，28-34；Elverskog 1997，55-56。
SI Kr. III/24　回鹘语《佛说胎解脱经》
参 BTT XXIII，27。
SI Kr. III/29　回鹘语《佛说毗沙门天王经》
刻本1叶。6行。

参 BTT XXIII，33，37，图 10。

SI Kr. IV/108 回鹘语《佛说胎解脱经》

参 BTT XXIII，27。

SI Kr. IV/250r 汉语《大般涅槃经》卷一二

参 松井太 2004b，54。

SI Kr. IV/250v 回鹘语文书

参 松井太 2004b，54。

SI Kr. IV/252r 汉语《道神足无极变化经》卷四

与 Дx. 12145r 可以缀合，参看该号。

SI Kr. IV/252v 回鹘语文书

参 松井太 2004b，54。

SI Kr. IV/253r 汉语《佛说灌顶随愿往生十方净土经》卷一一

与 SI 3 Kr. 5-21r 可以缀合。缀合后计 27 行。

参 松井太 2004b，54，55。

SI Kr. IV/253v 回鹘语文书

参 松井太 2004b，54。

SI Kr. IV/255r 汉语《合部金光明经》卷四

参 松井太 2004b，54。

SI Kr. IV/255v 回鹘语文书

参 松井太 2004b，54。

SI Kr. IV/256r 汉文《妙法莲华经》

SI Kr. IV/256v 回鹘语敕令

写卷 1 叶，52.5 × 29cm。18 行。与 SI Kr. IV/256 为同一件敕令。

参 Tugusheva 1971，175-177，187（图）；Тугушева 1972，244-260，图 2；Clauson 1973，213-222；杨富学 1989b，88-92。

SI Kr. IV/258r 汉语《大般若波罗蜜多经》卷四五八

与 SI 4b Kr. 34r 可以缀合，缀合后计 24 行。

参 松井太 2004b，54，55。

SI Kr. IV/258v 回鹘语文书

参 松井太 2004b，54。

SI Kr. IV/262r 汉语《佛说观药王药上二菩萨经》

参 松井太 2004b，58。

SI Kr. IV/262v 回鹘语文书

参 松井太 2004b，58，63，64（图）。

SI Kr. IV/265r 汉语《妙法莲华经》卷五

参 松井太 2004b，54。

SI Kr. IV/265v 回鹘语文书

参 松井太 2004b，54，63，64（图）。

SI Kr. IV/266 回鹘文汉语《圣妙吉祥真实名经》

卷子式残片 1 叶，26×25cm。23 行。

参 庄垣内正弘 1995，78-81，附图 B；Elverskog 1997，114-115；庄垣内正弘 2003，15-19，图 II。

SI Kr. IV/271 回鹘文汉语《圣妙吉祥真实名经》

卷子式残片 1 叶，30×25cm。28 行。

参 庄垣内正弘 1995，71-77，图 A；Elverskog 1997，114-115；庄垣内正弘 2003，9-15，图 I。

SI Kr. IV/272r 汉语《大般若波罗蜜多经》卷四五八

参 松井太 2004b，54。

SI Kr. IV/272v 回鹘语文书

参 松井太 2004b，54。

SI Kr. IV/276 回鹘文汉语《礼忏文》

卷子式残片 1 叶，双面书写。16 行。

参 庄垣内正弘 2001，255-256 +1 图；庄垣内正弘 2003，36-37，图 X。

SI Kr. IV/284r 汉语《妙法莲华经》卷四

参 松井太 2004b，54。

SI Kr. IV/284v 回鹘语文书

参 松井太 2004b，54。

SI Kr. IV/285 回鹘文汉语《四分律比丘戒本》

卷子式残片 1 叶，15×25cm。6 行。

庄垣内正弘 1995，89，附图 G；庄垣内正弘 2003，28，图 VI。

SI Kr. IV/291 回鹘文汉语《圣妙吉祥真实名经》

卷子式残片 1 叶，14×18cm。16 行。

参 庄垣内正弘 1995，87-88，附图 F；Elverskog 1997，114-115；庄垣内正弘 2003，25-26，图 V。

SI Kr. IV/309 回鹘文汉语《四分律比丘戒本》

卷子式残片 1 叶，15×22cm。4 行。

参 庄垣内正弘 1995，89-90，附图 H；庄垣内正弘 2003，29，图 VI。

SI Kr. IV/369 回鹘语《佛说胎解脱经》

贝叶形写本残片 1 叶。双面书写，各 5 行，计 10 行。

参 BTT XXIII，162-163。

SI Kr. IV/604 回鹘语供应令文

参 松井太 1998b，30-31。

SI Kr. IV/616 回鹘语文书

参 松井太 2004b，58。

SI Kr. IV/618 回鹘语收款条记

卷子式写卷 1 叶，21.5×19cm。有花押一处，14 行。

参 Тихонов 1966，241，图 1；Clark 1975，No. 78；Тугушева 1975，95-96，图 2；山田信夫 1993b，169-171；山田信夫 1993c，图 148；李经纬 1994c，66-67；李经

纬 1996a，264-266；耿世民 2006，242-243。

SI Kr. Ⅳ/638　回鹘语婚丧费用文书

卷子式文书，19×287.5cm。系用五张纸粘合连接而成，200 行。

Тенишев 1965，37-67，图 1-10；Clauson 1971，167-196；梅村坦 1987a，35-77，78-87（图）；张铁山 1988，96-106；Raschmann 1995a，35，70，164-165；李经纬 1996a，259-276；耿世民 2006，256-260。

SI Kr. Ⅳ/699　回鹘语土地买卖契

卷子式写卷 1 叶，32×36.5cm。27 行，有印鉴 5 枚。阿斯塔那出土。

参 Малов 1951，204-207，图 2；护雅夫 1961a，6-8，12-15；Mori 1961，122-124；山田信夫 1963，56-59；Clark 1975，No. 37；山田信夫 1993b，20-22；山田信夫 1993c，图 18-20；李经纬 1996b，31-36；李经纬 1994a，39-42；Raschmann 1995a，43，45，53，67，158-159；松井太 2002，101-103；耿世民 2006，154-157。

SI Kr. Ⅳ/817　回鹘文汉语《圣妙吉祥真实名经》

卷子式残片 1 叶，12×7cm。6 行。

参 庄垣内正弘 1995，86-87，附图 E；Elverskog 1997，114-115；庄垣内正弘 2003，24，图 V。

SI Kr. Ⅳ/819　回鹘文汉语《圣妙吉祥真实名经》

卷子式残片 1 叶，11×16cm。双面书写，15 行。

参 庄垣内正弘 1995，84-86，附图 D；Elverskog 1997，114-115；庄垣内正弘 2003，21-24，图 Ⅳ。

SI Kr. Ⅳ/821　回鹘文汉语《圣妙吉祥真实名经》

卷子式残片 1 叶，11×34cm。双面书写，20 行。

参 庄垣内正弘 1995，81-84，附图 C；Elverskog 1997，114-115；庄垣内正弘 2003，19-21，图 Ⅲ。

SI Kr. Ⅳ/874　回鹘语《慈悲道场忏法》

残片 1 块，11×34cm。卷子式，双面书写，42 行。

参 庄垣内正弘 2003，156，160-164，图 XXXII-XXXIII。

SI M/6　回鹘语买卖奴婢契

完整写卷 1 叶，53.5×33.5cm。正面 25 行，背面 2 行，27 行，圆形墨印 3 枚。

参 Малов 1927，391-394，图 2；山田信夫 1972a，213-216，图 6；Clark 1975，No. 57；森安孝夫 1989，64；山田信夫 1993b，61-62；山田信夫 1993c，图 51-52；Raschmann 1995a，12，43，58，68，69，160-161；李经纬 1996b，3-7；Moriyasu 2004b，233（图）；耿世民 2006，124-127。

SI M/7　回鹘语借粮契

完整写卷 1 叶，21.5×18cm。13 行。

参 Малов 1927，389-391，图 1；山田信夫 1975，179-182，图 3；Clark 1975，No. 21；山田信夫 1993b，105-106；山田信夫 1993c，图 98；李经纬 1994a，52-53；李经纬 1996b，126-128；耿世民 2006，205-206。

SI O/1　回鹘语过继儿子契

残片 1 叶。34 行。

参 Radloff 1928，169-171；山田信夫 1972a，236-241；Clark 1975，No. 64；袁丁 1992a，50-54；山田信夫 1993b，120-122；山田信夫 1993c，110-111；李经纬 1996b，303-306；耿世民 2006，135-138。

SI O/2　回鹘语《佛本行集经》

残片 2 叶。27 行。

参 Radloff 1928，198-199。

SI O/54（O. 6）　回鹘语典押亲子契

完整，21. 5×19. 5cm。正面有回鹘语 15 行，方形墨印 3 方，背面有回鹘语 15 行，椭圆形墨印一方。

参 Малов 1932，130-135，图 I，II；山田信夫 1963，39-41；Yamada 1963a，92-94；山田信夫 1972b，503-508；Clark 1975，No. 68；山田信夫 1993b，124-126；山田信夫 1993c，图 110-111；李经纬 1996b，14-18；耿世民 2006，128-131。

SI O/55（O. 8）　回鹘语养子文书

残片 1 叶，右残，20. 5×16. 5cm。正面 18 行，背面 2 行，椭圆形墨印 2 方。

参 Малов 1932，138-140，图 IV；山田信夫 1972a，246-249，图 11 Clark 1975，No. 66；山田信夫 1993b，118-119；山田信夫 1993c 图 108-109；李经纬 1996b，19-23；耿世民 2006，134-135。

SI O/70（O. 7）　回鹘语卖子契

完整写卷 1 叶，30. 5×12. 5cm。正面书写回鹘语 11 行，有方形墨印 3 方。背面 9 行，方形墨印 1 方。

参 Малов 1932，135-137，图 3；山田信夫 1972a，242-245，图 10；Clark 1975，No. 65；梅村坦 1977，11-14；袁丁 1990，51-53；森安孝夫 1991，88；山田信夫 1993b，116-117；山田信夫 1993c，图 106-107；李经纬 1996a，50-53；Moriyasu 2004a，109；耿世民 2006，132-134。

SI O/73（I. O）　回鹘语租牛契

完整写卷 1 叶，24. 5×15. 5cm。19 行。

参 Малов 1932，143-144，图 VI；山田信夫 1965，160-162，207-209，图 6；Clark 1975，No. 25；山田信夫 1993b，83-84；山田信夫 1993c，图 70；李经纬 1994a，60-62；李经纬 1996b，131-134；耿世民 2006，187-189。

SI O/83r　汉语《金刚般若波罗蜜经》

参 松井太 2004b，54。

SI O/83v　回鹘语文书

参 松井太 2004b，54。

SI O/105　回鹘文汉语《礼忏文》

卷子式写卷 1 叶，27. 5×25. 5cm，用回鹘语拼写汉语。16 行。

参 庄垣内正弘 2003，30-32，图 VIII。

SI Uig/6/1-12　回鹘语《大唐大慈恩寺三藏法师传》

残片 12 叶。

参 Тугушева-Менъшиков 1971，253-296 + 图 Tezcan 1975；Toalster 1977；Тугушева 1980，141-172；Тугушева 1991，403-590；Röhrborn 1991；Röhrborn 1996；Elverskog 1997，131-132；Kahar 2000。

SI Uig/15　回鹘语买卖女奴契

完整写卷 1 叶，34.5×17.5cm。22 行，有方形墨印 5 方。

参 Radloff 1899，58-63；Radloff 1928，98-99；Arat 1964a，49，53-55；山田信夫 1972a，220-222；Clark 1975，No. 53；袁丁 1987a，53-54；山田信夫 1993b，53-54；山田信夫 1993c，图 47；Raschmann 1995a，12，68，69，163-164；李经纬 1996a，7-9；耿世民 2006，115-117。

SI Uig/16 = Kle-Rob. 1　回鹘语借银契

残片 1 叶，19×12cm。8 行，方形墨印 3 方。

参 Radloff 1928，82-83；山田信夫 1975，426-427，图 6；Clark 1975，No. 3；李经纬 1986b，47；李经纬 1991，35-36；Sertkaya 1991，118-119；山田信夫 1993b，92；山田信夫 1993c，图 81；李经纬 1996a，131-132；耿世民 2006，192-193。

SI Uig/31-82　回鹘语《大唐大慈恩寺三藏法师传》

小残片 82 块，中部有绳孔。319 行。

参 Тугушева-Менъшиков 1971，253-296 + 图；Tezcan 1975；Toalster 1977；Тугушева 1980，141-172；Тугушева 1991，403-590；Röhrborn 1991；Röhrborn 1996；Elverskog 1997，131-132；Kahar Barat 2000。

无原编号　回鹘语借布契

残片 1 叶。17 行。

参 Radloff 1928，51-52；李经纬 1986b，49；李经纬 1991，41-43；山田信夫 1993b，94-95；山田信夫 1993c，图 85；李经纬 1996b，143-145；耿世民 2006，194-195。

无原编号　回鹘语卖儿契

残片 1 叶，26 行。发现于吐鲁番喀喇和卓村，现下落不明。

参 Radloff 1899，63-67；Radloff 1928，100-101；山田信夫 1972a，223-225；袁丁 1987a，60-62；山田信夫 1993，92；山田信夫 1993b，55-56；李经纬 1996a，21-23；耿世民 2006，117-119。

无原编号　回鹘语致差官的免赋手谕

残片 1 叶。6 行。

参 Radloff 1928，85-86；李经纬 1994b，73-74；李经纬 1996a，232-233。

无原编号　回鹘语《华严经·普贤行愿品》

残片 2 叶。84 行。

参 Radloff 1911，103-109；石滨纯太郎 1950，63-73。

无原编号　回鹘语《佛说天地八阳神咒经》

残存 1 叶，刻本，经折装，40 行。

参 Radloff 1899，68-69；TTT IV，2，4。

无原编号　回鹘语《佛说天地八阳神咒经》

卷子式,残片1叶。21行。

Radloff 1911, 93-95; TTT VI, 11-12。

无原编号 回鹘语借银契

残片1叶。8行。

参 Radloff 1928, 84-85, 图1; 李经纬1996a。

无原编号 回鹘语纳税令

残片1叶。10行。

参 Radloff 1928, 93; 多鲁坤、梅村坦、森安孝夫1990, 24。

无原编号 回鹘语《妙法莲华经·观世音菩萨普门品》

原件为卷子式, 285×27cm。224行。

参 Radloff 1911; 张铁山1990, 57-63。

无原编号 回鹘语征马税单

残片1叶。10行。

参 Radloff 1928, 93; 袁丁1989a, 64-65; 李经纬1996a, 192-193。

无原编号 回鹘语课税单

写卷1叶,内含课税单4件,分别为11、9、11、10行。

参 Radloff 1928, 90-92; 袁丁1989a, 67-70; 李经纬1996a, 198-203。

土耳其伊斯坦布尔大学图书馆藏吐鲁番文献

I. U. 1r　回鹘语密教文献

9. 1 ×9cm，正面9行，背面11行。

参 山田信夫1968，16，No. 16；Zieme & Kara 1978，187；Sertkaya & Kudara 1987，1 + 图。

I. U. 1v　回鹘语密教文献

11行。

参 Zieme & Kara 1978，187；Sertkaya & Kudara 1987，1 + 图。

I. U. 2r　汉语《妙法莲华经》卷五

16. 7 ×16. 8cm，8行。汉语写本尾部有5行回鹘语，与背面字体相同。

参 山田信夫1968，16，No. 14；Sertkaya & Kudara 1987，2 + 图；百济康义1992a，6。

I. U. 2v　回鹘语佛教赞文（?）

18行。赞颂回鹘国王。

参 Sertkaya & Kudara 1987，2 + 图。

I. U. 3　回鹘语鸡年契约文书

19 ×9cm，14行。

参 山田信夫1968，16，No. 6；Sertkaya & Kudara 1987，3 + 图；山田信夫1993b，176-177；山田信夫1993c，图156。

I. U. 4　回鹘语佛教发愿文（?）

10. 6 ×16. 9cm，14行。

参 山田信夫1968，16，No. 15；Sertkaya & Kudara 1987，4 + 图。

I. U. 5r　回鹘语《维摩诘所说经》卷中

18 ×9. 2cm。14行。旧称摩尼教文献，误。

参 Arat 1965b，266；山田信夫1968，16，No. 7；Maue & Röhrborn 1980，264；Sertkaya & Kudara 1987，5 + 图；Zieme 2003b，143-148，图9。

I. U. 5v　回鹘语医药文献（?）

12行。

参 Sertkaya & Kudara 1987，5 + 图；Zieme 2003b，148-149，图10。

I. U. 6　回鹘语契约文书

27 ×10. 5cm，21行。

参 山田信夫1968，15，No. 2；Sertkaya & Kudara 1987，6 + 图；山田信夫1993b，177-178；山田信夫1993c，图157。

I. U. 7r **汉语《大宝积经》卷五三**

12×22.4cm，12 行。

参 山田信夫 1968，16，No. 13；Sertkaya & Kudara 1987，7+图；百济康义 1992a，6。

I. U. 7v **回鹘语佛典**

18 行。

参 Sertkaya & Kudara 1987，7+图。

I. U. 8a **回鹘语契约文书**

16×23.3cm，15 行。

参 山田信夫 1968，16，No. 5；Sertkaya & Kudara 1987，8+图；山田信夫 1993b，178-179；山田信夫 1993c，图 158。

I. U. 8b **回鹘语文书**

5×5cm，3 行。

参 Sertkaya & Kudara 1987，8+图。

I. U. 9 **回鹘语狗年六月七日小麦借贷契约**

23×17cm，18 行。

参 山田信夫 1968，15，21-24，图 1，No. 1；Clark 1975，No. 19；Sertkaya & Kudara 1987，9+图；山田信夫 1993b，100-101；山田信夫 1993c，图 92；耿世民 2006，127-128。

I. U. 10 **回鹘语世俗文书**

23.1×16cm，5 行。

参 山田信夫 1968，16，No. 3； Sertkaya & Kudara 1987，10+图。

I. U. 11r **汉语《大智度论》卷九一**

20.4×20.5cm，12 行。

参 山田信夫 1968，16，No. 11；Sertkaya & Kudara 1987，11+图；百济康义 1992a，6。

I. U. 11v **回鹘语佛典**

14 行。

参 Sertkaya & Kudara 1987，11+图。

I. U. 12 **回鹘语狗年十二月九日官文书**

18.9×14cm，5 行。

参 山田信夫 1968，15，24-26，No. 4；Sertkaya & Kudara 1987，12+图；松井太 1998a，39-40，图 8；松井太 1998b，29-30。

I. U. 13r **汉语《大般若波罗蜜多经》卷五二三**

13.4×25cm，15 行。

参 山田信夫 1968，16，No. 12；Sertkaya & Kudara 1987，13+图；百济康义 1992a，6。

I. U. 13v **回鹘语《阿毗达磨俱舍论本颂》卷一**

25 行。中间夹写汉字。

参 Kudara 1981，325-346 + 图；Sertkaya & Kudara 1987，13 + 图；Elverskog 1997，79。

I. U. 14ar 汉语《大般若波罗蜜多经》（卷次不详）

9.6 ×5.3cm，3 行。

参 山田信夫 1968，16，No. 25（2）；Sertkaya & Kudara 1987，14 + 图。

I. U. 14av 回鹘语佛典

5 行，夹有汉字。

参 Sertkaya & Kudara 1987，14 + 图。

I. U. 14br 汉语《大般若波罗蜜多经》（卷次不详）

9.6 ×4.9cm，3 行。

参 Sertkaya & Kudara 1987，14 + 图。

I. U. 14bv 回鹘语佛典

5 行，夹有汉字。

参 Sertkaya & Kudara 1987，14 + 图。

I. U. 14cr 汉语《大般若波罗蜜多经》（卷次不详）

10 ×4.9cm，4 行。

参 Sertkaya & Kudara 1987，14 + 图。

I. U. 14cv 回鹘语佛典

4 行，夹有汉字。

参 Sertkaya & Kudara 1987，14 + 图。

I. U. 14dr 汉语《大般若波罗蜜多经》（卷次不详）

7.2 ×3.5cm，2 行。

参 Sertkaya & Kudara 1987，14 + 图。

I. U. 14dv 回鹘语佛典

3 行，夹有汉字。

参 Sertkaya & Kudara 1987，14 + 图。

I. U. 14er 汉语《大般若波罗蜜多经》（卷次不详）

7.7 ×4.2cm，3 行。

参 Sertkaya & Kudara 1987，14 + 图。

I. U. 14ev 回鹘语佛典

4 行，夹有汉字。

参 Sertkaya & Kudara 1987，14 + 图。

I. U. 14fr 汉语《大般若波罗蜜多经》（卷次不详）

10.8 ×4.2cm，2 行。

参 Sertkaya & Kudara 1987，14 + 图。

I. U. 14fv 回鹘语佛典

4 行，夹有汉字。

参 Sertkaya & Kudara 1987，14 + 图。

I. U. 15a 梵文 Sitātapatrā 文献

20×14cm，13 行（?）。

参 山田信夫 1968，16，No. 19（?）；Sertkaya & Kudara 1987，15 + 图；Wille 2004，380-382。

I. U. 15b　梵文 Sitātapatrā 文献

5. 6×12cm，4 行。

参 Sertkaya & Kudara 1987，15 + 图；Wille 2004，380-382。

I. U. 15c　梵文 Sitātapatrā 文献

3. 8×6. 7cm，2 行。

参 Sertkaya & Kudara 1987，15 + 图；Wille 2004，380-382。

I. U. 16a　汉语佛典

13×13cm，6 行。刻本。

参 山田信夫 1968，No. 24?；Sertkaya & Kudara 1987，16 + 图。

I. U. 16b　汉语佛典

5×5cm，2 行。刻本。

参 Sertkaya & Kudara 1987，16 + 图。

I. U. 16c　汉语佛典

4×3. 2cm，2 行。刻本。

参 Sertkaya & Kudara 1987，16 + 图。

I. U. 16d　汉语佛典

3×2. 3cm，2 行。刻本。

参 Sertkaya & Kudara 1987，16 + 图。

I. U. 16e　汉语《佛说最胜灯王如来陀罗尼句经》

10. 5×9. 2cm，5 行。可以与 I. U. 16f、I. U. 32、I. U. 33、I. U. 34 缀合，缀合后为 23×136cm。

参 Sertkaya & Kudara 1987，16 + 图，48-52；百济康义 1992a，6。

I. U. 16f　汉语《佛说最胜灯王如来陀罗尼句经》

9×5. 5cm，3 行。可以与 I. U. 16e、I. U. 32、I. U. 33、I. U. 34 缀合，参看 I. U. 16e 条。

参 Sertkaya & Kudara 1987，16 + 图、48-52；百济康义 1992a，6。

I. U. 16g　书籍封面（?）

10. 5×5. 5cm。有朱笔绘画。

参 Sertkaya & Kudara 1987，16 + 图。

I. U. 16h　书籍封面（?）

10×5. 5cm。有朱笔绘画。

参 Sertkaya & Kudara 1987，16 + 图。

I. U. 17a　汉语《增一阿含经》卷一九

16×27cm，17 行，题记："大唐大历十三年岁次戊□（午）……"

参 山田信夫 1968，16，No. 25（1）；Sertkaya & Kudara 1987，17 + 图；百济康义 1992a，6。

I. U. 17b 汉语佛典

14.3×12cm，6行。

参 Sertkaya & Kudara 1987，17+图。

I. U. 18ar 汉语佛典

8.8×22cm，11行。刻本。

参 山田信夫 1968，16，No. 23（?）；Sertkaya & Kudara 1987，18+图。

I. U. 18av 婆罗迷文回鹘语双语文书（?）

2行。

参 Sertkaya & Kudara 1987，18+图。

I. U. 18br 梵文般若经典

9.6×15.7cm，贝叶本，3行。

参 Sertkaya & Kudara 1987，18+图；Wille 2004，383。

I. U. 18bv 梵文般若经典

3行。

参 Sertkaya & Kudara 1987，18+图。

I. U. 18cr 梵文佛典（?）

6.5×6cm，贝叶本，2行。

参 Sertkaya & Kudara 1987，18+图。

I. U. 18cv 梵文般若经典

2行。

参 Sertkaya & Kudara 1987，18+图；Wille 2004，383。

I. U. 18d 梵文 Sitātapatrā 文献

13.6×11.2cm，8行。

参 Sertkaya & Kudara 1987，18+图；Wille 2004，380-382。

I. U. 18e 梵文 Sitātapatrā 文献

6.3×8.5cm，4行。

参 Sertkaya & Kudara 1987，18+图；Wille 2004，380-382。

I. U. 19r 汉语《大般涅槃经》卷二八

18.3×55cm，34行。

参 山田信夫 1968，16，No. 18；Sertkaya & Kudara 1987，19+图；百济康义 1992a，6。

I. U. 19v 回鹘语佛典

56行，夹写汉字。

参 Sertkaya & Kudara 1987，19+图。

I. U. 20r 汉语《大般涅槃经》卷一一

分为3块残片（a-c），可以直接缀合。缀合后为25.9×57cm，33行。

参 山田信夫 1968，16，No. 9；Sertkaya & Kudara 1987，20+图；百济康义 1992a，6。

I. U. 20v 回鹘语佛典

78行。

参 Sertkaya & Kudara 1987，20 + 图。

I. U. 21r 汉语《成唯识论》卷五

24. 8 × 50. 5cm，30行。

参 山田信夫 1968，16，No. 8（?）；Sertkaya & Kudara 1987，21 + 图；百济康义 1992a，6。

I. U. 21v 回鹘语佛典

2 + 24行，夹写汉字。

参 Sertkaya & Kudara 1987，21 + 图。

I. U. 22a + br 汉语《佛名经》卷一〇

分为2块残片，可以直接缀合。缀合后为25 × 22. 5cm，14行。

参 Sertkaya & Kudara 1987，22 + 图；百济康义 1992a，6。

I. U. 22a + bv 杂写

10行。4-6行录有《五千五百佛名神咒除障灭罪经》卷三文字。

参 Sertkaya & Kudara 1987，22 + 图；百济康义 1992a，6。

I. U. 22c + dr 汉语佛典

分为2块残片，可以直接缀合。缀合后为14 × 28cm，17行。

参 Sertkaya & Kudara 1987，22 + 图。

I. U. 22c + dv 汉语《法华经音》

19行。

参 高田时雄 1985，134-150、148（图B）；Sertkaya & Kudara 1987，22 + 图；高田时雄 1990，329-343；百济康义 1992a，6；高田时雄 2005，159-203、184（图2）。

I. U. 22er 汉语佛典

18. 5 × 14cm，11行。

参 Sertkaya & Kudara 1987，23 + 图。

I. U. 22ev 汉语《异部宗轮论》

12行。

参 Sertkaya & Kudara 1987，23 + 图；百济康义 1992a，6。

I. U. 23r 汉语《大般若波罗蜜多经》卷三七二

分为18块残片（a-r），其中最大的两片为a. 17. 3 × 15. 3cm，b. 8. 5 × 16. 8cm。按，I. U. 23与I. U. 29及柏林藏Ch/B 2均为金版《大般若波罗蜜多经》卷三七二，其中I. U. 23er + I. U. 23br + I. U. 23hr可以与I. U. 23fr，柏林藏Ch/B 2缀合，根据《大般若波罗蜜多经》，可知残片顺序为I. U. 23fr + Ch/B 2 + I. U. 23er + I. U. 23br + I. U. 23hr。

参 Sertkaya & Kudara 1987，24-32 + 图；百济康义 1989，377；百济康义 1992a，6、7-8，图1-3；党宝海 1999，107，123。

I. U. 23v 梵文《文殊所说最胜名义经》

参 Sertkaya & Kudara 1987，32 + 图；Wille 2004，383-384。

I. U. 24 汉语《金光明经》卷二

27.3×53.1cm，21行。I. U. 24、I. U. 25和I. U. 26属于同一写本，按照《金光明经》的文字顺序，可知其原本的顺序为I. U. 26、I. U. 25、I. U. 24，其中I. U. 26和I. U. 25间缺失1纸，I. U. 25和I. U. 24间缺失3纸。

参 山田信夫1968，17，No. 27（1）；Sertkaya & Kudara 1987，33+图；百济康义1989，377-378；百济康义1992a，6、8-9。

I. U. 25　汉语《金光明经》卷二

27.3×35cm，21行。与I. U. 24、I. U. 26属于同一写本，接序关系见I. U. 24号的著录。

参 山田信夫1968，17，No. 27（1）；Sertkaya & Kudara 1987，34+图；百济康义1989，377-378；百济康义1992a，6、8-9。

I. U. 26　汉语《金光明经》卷二

27.3×38.2cm，22行。与I. U. 24、I. U. 25属于同一写本，接序关系见I. U. 24号的著录。

参 Sertkaya & Kudara 1987，35+图；百济康义1989，377-378；百济康义1992a，6、8-9。

I. U. 27r　汉语《摩诃般若波罗蜜多经》卷七

26.3×24.5cm，12行，尾部有回鹘文3行，与背面回鹘文字体相同。

参 山田信夫1968，17，No. 27（1）；Sertkaya & Kudara 1987，36+图；百济康义1992a，6。

I. U. 27v　回鹘语佛典

26行。

参 Sertkaya & Kudara 1987，36+图。

I. U. 28a　回鹘语《佛母出生三法藏般若波罗蜜多经》

20.7×16.7cm，6行，间有婆罗迷文注记。刻本。共有8块残片（a-h）和5块更小的碎片。与德藏吐鲁番文献U 4194属于同一刻本。

参 山田信夫1968，16，No. 22?；Sertkaya & Kudara 1987，37+图。

I. U. 28b　回鹘语《佛母出生三法藏般若波罗蜜多经》

15×15cm，4行，间有婆罗迷文注记。刻本。

参 Sertkaya & Kudara 1987，37+图。

I. U. 28c　回鹘语《佛母出生三法藏般若波罗蜜多经》

13×7.2cm，3行。刻本。

参 Sertkaya & Kudara 1987，37+图。

I. U. 28d　回鹘语《佛母出生三法藏般若波罗蜜多经》

13.5×7.6cm，4行，间有婆罗迷文注记。刻本。

参 Sertkaya & Kudara 1987，37+图。

I. U. 28e　回鹘语《佛母出生三法藏般若波罗蜜多经》

5.2×3cm，2行，间有婆罗迷文注记。刻本。

参 Sertkaya & Kudara 1987，37+图。

I. U. 28f　回鹘语《佛母出生三法藏般若波罗蜜多经》

9.9×6.9cm，正面背面各4行，间有婆罗迷文注记。刻本。

参 Sertkaya & Kudara 1987，37+图。

I. U. 28g 回鹘语《佛母出生三法藏般若波罗蜜多经》

14×2.9cm，正面背面各1行，间有婆罗迷文注记。刻本。

参 Sertkaya & Kudara 1987，37+图。

I. U. 28h 回鹘语《佛母出生三法藏般若波罗蜜多经》

12.6×3.8cm，正面背面各2行，间有婆罗迷文注记。刻本。

参 Sertkaya & Kudara 1987，37+图。

I. U. 29ar 汉语《大般若波罗蜜多经》卷三七二

19×14.9cm。7行。共有8（a-h）残片。**I. U.** 23与**I. U.** 29、柏林藏 Ch/B 2均为金版《大般若波罗蜜多经》卷三七二。

参 Sertkaya & Kudara 1987，38+图；百济康义1989，377；百济康义1992a，6、7-8。

I. U. 29av 婆罗迷文与回鹘语杂写

参 Sertkaya & Kudara 1987，38+图。

I. U. 29br 汉语《大般若波罗蜜多经》卷三七二

19×12cm。6行。

参 Sertkaya & Kudara 1987，38+图。

I. U. 29bv 婆罗迷文与回鹘语 **Tārā-ekavimśstistotra**

参 Sertkaya & Kudara 1987，38+图；Wille 2004，384-385。

I. U. 29cr 汉语《大般若波罗蜜多经》卷三七二

19×13cm。6行。

参 Sertkaya & Kudara 1987，38+图。

I. U. 29cv 婆罗迷文与回鹘语 **Tārā-ekavimśstistotra**

参 Sertkaya & Kudara 1987，38+图；Wille 2004，384-385。

I. U. 29dr 汉语《大般若波罗蜜多经》卷三七二

16.3×9cm。5行。

参 Sertkaya & Kudara 1987，38+图。

I. U. 29dv 梵文 **Sitātapatrā** 文献

参 Sertkaya & Kudara 1987，38+图；Wille 2004，385-386。

I. U. 29er 汉语《大般若波罗蜜多经》卷三七二

10×14.3cm。7行。

参 Sertkaya & Kudara 1987，38+图。

I. U. 29ev 婆罗迷文与回鹘语杂写

参 Sertkaya & Kudara 1987，38+图。

I. U. 29fr 汉语《大般若波罗蜜多经》卷三七二

10×14.3cm。7行。

参 Sertkaya & Kudara 1987，38+图。

I. U. 29fv 婆罗迷文与回鹘语杂写

参 Sertkaya & Kudara 1987，38 + 图。

I. U. 29gr 汉语《大般若波罗蜜多经》卷三七二

10 × 13. 5cm。6 行。

参 Sertkaya & Kudara 1987，38 + 图。

I. U. 29gv 婆罗迷文与回鹘语 Tārā-ekavimśstistotra

参 Sertkaya & Kudara 1987，38 + 图。

I. U. 29hr 汉语《大般若波罗蜜多经》卷三七二

10 × 13. 3cm。6 行。

参 Sertkaya & Kudara 1987，38 + 图；Wille 2004，384-385。

I. U. 29hv 婆罗迷文与回鹘语 Tārā-ekavimśstistotra

参 Sertkaya & Kudara 1987，38 + 图；Wille 2004，384-385。

I. U. 30r 汉语《成具光明定意经注》

24 × 92. 5cm，33 行。

参 山田信夫 1968，16，No. 26；Sertkaya & Kudara 1987，39 + 图；百济康义 1992a，6。

I. U. 30v 汉语《提谓经》

60 行。此为疑伪经，牧田谛亮《疑经研究》（京都大学人文科学研究所，1976 年）148 – 211 页对敦煌本的研究。

参 Sertkaya & Kudara 1987，39 + 图；百济康义 1992a，6。

I. U. 31ar 汉语《无量寿经》异译本

26 × 56cm，33 行。

参 山田信夫 1968，16，No. 21；Sertkaya & Kudara 1987，40 + 图；百济康义 1989，373-394 + 图；百济康义 1992a，6。

I. U. 31av 察哈台文买卖文书

9 行。此为清末民初（德国吐鲁番探险队时代）吐鲁番当地的维吾尔人利用故纸所写买卖棉花、小麦、羊等物品的记录。

参 Sertkaya & Kudara 1987，40 + 图；百济康义 1989，380。

I. U. 31b 梵文 Sitātapatrā 文献

47 × 14. 5cm，29 行 = 8 页，每页 4 行。

参 山田信夫 1968，17，No. 28；Sertkaya & Kudara 1987，40 + 图；Wille 2004，380-383。

I. U. 32 汉语《佛说最胜灯王如来陀罗尼句经》

为 6 块残片和一些更小的碎片，可以与 I. U. 16e、I. U. 16f、I. U. 33、I. U. 34 缀合，参看 I. U. 16e 条。

参 山田信夫 1968，17，No. 27（2）；Sertkaya & Kudara 1987，41 + 图、48-52；百济康义 1992a，6。

I. U. 33 汉语《佛说最胜灯王如来陀罗尼句经》

为一块残片和两片碎片，可以与 **I. U.** 16e、**I. U.** 16f、**I. U.** 32、**I. U.** 34 缀合，参看 **I. U.** 16e 条。

参 山田信夫 1968，17，No. 27（2）-（3）；Sertkaya & Kudara 1987，42 + 图、48-52；百济康义 1992a，6。

I. U. 34　汉语《佛说最胜灯王如来陀罗尼句经》

为2块残片和一些更小的碎片，可以与 **I. U.** 16e、**I. U.** 16f、**I. U.** 33、**I. U.** 34 缀合，参看 **I. U.** 16e 条。

参 山田信夫 1968，17，No. 27（2）-（3）；Sertkaya & Kudara 1987，43 + 图、48-52；百济康义 1992a，6。

I. U. 35　回鹘语猪年五月十六日土地买卖文书

47. 2 ×28cm，27 行。

参 Arat 1965b，266-272，图 2；山田信夫 1968，18-21，图 1；Clark 1975，No. 42；梅村坦 1977，5-7；Sertkaya & Kudara 1987，44 + 图；山田信夫 1993b，25-26；山田信夫 1993c，图 22；Moriyasu 2004a，78，110；Moriyasa 2004b，233（图）；耿世民 2006，159-161。

附录一：安卡拉民族学博物馆藏吐鲁番文献

13137　回鹘语《大白莲社经》

残片 6 叶，每叶 20 ×21cm 左右，其中第 6 叶为极小残片。105 行。在某些叶的背面左方，用回鹘语小字写有 abitaki 某卷某块的字样，故被学界称为《阿弥陀经》残卷。但审其内容却与该经无关。故耿世民依据该经之敦煌写本中有“大白莲社经”字样，推定该文献应为《大白莲社经》之回鹘语译本。吐鲁番出土。

Temir，Kudara & Röhrborn 1984，13-28，图 I-VI；耿世民 2003a，1；耿世民 2003b，312；Elverskog 1997，86。

附录二：伊斯坦布尔 R. Arat 藏吐鲁番文献

回鹘语《大白莲社经》

残片 5 叶，每叶 20 ×21cm 左右。105 行。在某些叶的背面左方，用回鹘语小字写有 abitaki 某卷某页的字样，故被学界称为《阿弥陀经》残卷。但审其内容却与该经无关。故耿世民依据该经之敦煌写本中有“大白莲社经”字样，推定该文献应为《大白莲社经》之回鹘语译本。吐鲁番出土。

Sertkaya & Röhrborn 1984，97-117，图 I-VI；耿世民 2003a，1；耿世民 2003b，312；Elverskog 1997，86。

美国普林斯顿大学葛斯德图书馆藏吐鲁番文献

1a1 唐天宝八载（749）牒为驼马驴料事

1a 裱纸上有前后两件文书，并不相连，今分别标目。1a1 尺寸 29.3×18.4cm，存10行，内容与 Frame 2a《唐天宝八载（749）二月交河郡天山县仓史令狐奉琼牒为兵健粮料事》及 1a2《唐天宝八载（749）二月牒》属于同组文书。有今人钤印："雷音寺供养。"

参 Bullitt 1989，17，图版 10a（只刊 6-9 行）；陈国灿 1997，113-114（只论 6-9 行）；Chen Guocan 2000，88-93，图 3；陈国灿 2002b，300-301。

1a2 唐天宝八载（749）二月牒

27×21.5cm，存6行。按，文书中的"府罗通"、"仓曹参军庭兰"两人又见于斯坦因于吐鲁番阿斯塔那 VII 区 2 号墓发掘的《唐天宝八载交河郡仓曹勘检诸仓仓粮案卷》。与 Frame 2a《唐天宝八载（749）二月交河郡天山县仓史令狐奉琼牒为兵健粮料事》及 1a1《唐天宝八载（749）牒为驼马驴料事》或为同组文书。

参 Bullitt 1989，17，图版 10a；陈国灿 1997，113-114；陈国灿 2002b，300-301。

1b 高昌郡时期随葬衣物疏

32.3×24cm，存14行。文书空隙处有今人钤印："雷音寺供养。"

1cr 唐西州高昌县下武城城牒为贼至泥岭事

29.8×6.5cm，存7行，上钤有"高昌县之印"。陈国灿据文书中"张父师"名与其他文书印证，推测本文书写成于显庆元年（656）十二月之前不久。今人托裱纸上有印："雷音寺供养。"

参 Bullitt 1989，17，图 9；陈国灿 1997，109-112；陈国灿 2002b，55-56。

1cv 佛教文献

存5行。

1d 开元三年（715）西州百姓还地子粮条记

28×18.5cm，存7行。今人托裱，有印："雷音寺供养。"

1e 唐西州僧敬先牒为请僧为亡妣七七追福事

30×15.3cm，存65行。提到崇宝、□度、妙德、玄觉等寺，应当是唐西州时期寺院。

5a1 唐文书残片

6.8×4.4cm，存2行。按5a已拖裱，其上有3块残片，5a2、5a3为告身残片，5a1存"上理人"，不似告身语句，现单独列目。

参 Chen Huaiyu forthcoming。

5a3、5c+5a2+5b3+5b2+5b1+5b4 唐开元二十三年（735）十二月十四日告身

以上7块残片可以确切考订为告身文书残片，均撕成碎条，其中5a3尺寸10×5.7cm，存2行，不可能与其他残片有接续关系，似属于告身正文部分。以下据告身格式复原其先后位置，并附复原的录文于后，其中5c尺寸27.8×7.8cm，存1行，为时间部分，所以上钤五方朱印，文曰“尚书司勋告身之印”；5a2尺寸为14.5×8.5cm，存1行，书“制可”，字体较大；5b3尺寸12×8cm，存1行；5b2尺寸12.5×8cm，存1行；5b1尺寸13×16.5cm，存2行；5b4尺寸13×9.2cm，存1行。复原录文如下：

（前缺）

5a3 ］□壹人拟［

］□□□［

（中缺?）

5c　　开元廿三年十二月十四日

5a2　　制　可

5b3　　］月十五日辰时　都事

5b2　　］司 郎 中

5b1　　尚书左丞相［

5b4　　金紫光禄大夫守尚书右丞相［

（后缺）

参 Bullitt 1989，17，图版10b（5c）；陈国灿1997，112（5c）；Chen Guocan 2000，86-89，图2；陈国灿2002b，267（5c）；Chen Huaiyu forthcoming。

5d　唐天宝某载交河都督府牒

两块残片粘贴，28.8×30cm，存8行，2-3行上有钤朱印一方，文曰：“交河郡都督府之印。”

5e　唐西州某司牒为熟皮等估价事

28×13.5cm，存3行，黄纸，行草书。

5f　文书等残片

分为20多块小残片，书写年代、地点不一，其中个别或为吐鲁番文书。一片为藏文，两块残片可识读，5f-1，2行：“元张阿王/因兼元即兴”；5f-2，1行：“刀可本利。”

5g　文书等残片

分为20多块残片，书写年代、地点不一，其中个别或为吐鲁番文书。一片似佉卢文残片，一片为绘画，画上有一匾，上有小楷字：“教主（下残）。”

7a　《孝经》策问卷

25.2×7.2cm，存3行，唐写本。按，1a、1b、3a、7a、7b、7c、7d、7e、7f、7g、7h、7i、7j、7k-1、7k-2、7l、7m、7n、7o、7p、7q、7r、7s均属于同一组文书，为唐西州学生考试时学生所答策问卷，后有老师批语。今剪作鞋样，故分别编目。

参 Chen Huaiyu forthcoming。

7b　经义策问卷

9.5×6cm，存3行。与其他《孝经》、《礼记》等策问卷属于同组，因残缺过多，无法比定。

参 Chen Huaiyu forthcoming。

7c 《礼记》策问卷

7.5×7.5cm，存3行，唐写本。

参 Chen Huaiyu forthcoming。

7d 《孝经》策问卷

21×9.6cm，存7行，唐写本。

参 Chen Huaiyu forthcoming。

7e 《尚书》策问卷

26.7×11cm，存10行，唐写本。

参 Chen Huaiyu forthcoming。

7f 《礼记》问对卷

17.5×8cm，存5行，唐写本。

参 Chen Huaiyu forthcoming。

7g 《论语》策问卷

16.5×8.8cm，存6行，唐写本。

参 Chen Huaiyu forthcoming。

7h 《春秋》策问卷

13.4×9cm，存5行，唐写本。

参 Chen Huaiyu forthcoming。

7i 《礼记》策问卷、《论语》策问卷

31.5×11cm，存15行，唐写本。

参 Bullitt 1989，14，图版8b；陈国灿 1997，115-116；Chen Guocan 2000，98-103，图5；Chen Huaiyu forthcoming。

7j 《春秋》策问卷

20×9.5cm，存5行，唐写本。

参 Chen Huaiyu forthcoming。

7k-1 《论语》策问卷

9×7.5cm，存4行，唐写本。

参 Chen Huaiyu forthcoming。

7k-2 《孝经》策问卷

9.2×9cm，存3行，唐写本。

参 Chen Huaiyu forthcoming。

7l 《春秋》策问卷

13.4×8.8cm，存5行，唐写本，左下方有朱印，不可识读。

参 Chen Huaiyu forthcoming。

7m 《孝经》策问卷

13.0×8cm，存6行，唐写本。

参 Chen Huaiyu forthcoming。

7n 《礼记》策问卷

31×10.5cm，存14行，唐写本。

参 Chen Huaiyu forthcoming。

7o 《孝经》策问卷

21×25.5cm，存9行，唐写本。

参 Chen Huaiyu forthcoming。

7p 《春秋》策问卷

15.5×25.7cm，存7行，唐写本，左下方有朱印。

参 Chen Huaiyu forthcoming。

7q 《尚书》策问卷

17×25.5cm，存7行，有朱笔勾记和批语"注虽得，错处太多"。唐写本。左下方有朱印。

参 Bullitt 1989，14，图版8a；陈国灿 1997，114-115；Chen Guocan 2000，94-98，图4；Chen Huaiyu forthcoming。

7r 《孝经》策问卷

32.3×11cm，存12行，唐写本。

参 Chen Huaiyu forthcoming。

7s 《论语》策问卷

7.5×6cm，存2行，唐写本。

参 Chen Huaiyu forthcoming。

Frame 1a 《孝经》策问卷

33.5×11cm，存15行。唐写本。

参 Chen Huaiyu forthcoming。

Frame 1b 《论语》策问卷、《春秋》策问卷

35.8×11cm，存12行。唐写本。

参 Chen Huaiyu forthcoming。

Frame 2a **唐天宝八载（749）二月交河郡天山县仓史令狐奉琼牒为兵健粮料事**

28.8×22cm，存7行。与1a1《唐天宝八载（749）牒为驼马驴料事》及1a2《唐天宝八载（749）二月牒》属于同组文书。今人已托裱，左下角有印，文曰："雷音寺供养。"

Frame 3a 《春秋》策问卷

25×27.5cm，存12行。唐写本。

参 Chen Huaiyu forthcoming。

附：罗寄梅氏藏吐鲁番文书

唐天宝年间节度随军牒为某事申郡事

存6行。应当与普林斯顿大学葛斯德图书馆藏天宝八载文书属于同组。

参 陈怀宇 2004，421。

吐鲁番文献研究中日文参考论著目录

阿布都克尤木·和加、吐尔逊·阿优甫、伊斯拉菲尔·玉素甫 1984. 《古代维吾尔文献选》，新疆人民出版社。

巴赞 1998. 《突厥历法研究》，耿升译，中华书局。

白须净真 1981. 《吐鲁番出土文书第一册》——その绍介と纪年の考察，《书论》18，130-165 页。

白须净真 1986. 高昌、阚爽政权と缘禾、建平纪年文书，《东洋史研究》45—1，76-111 页。

百济康义 1980. ウイグル译《妙法莲华经玄赞》(1)，《佛教学研究》36，1980 年，49-65 页 +4 图版。

百济康义 1983. 妙法莲华经玄赞のウイグル译断片，护雅夫（编）《内陆アジア·西アジアの社会と文化》，东京，185-207 页。

百济康义 1989. 汉译《无量寿经》の新异本断片，《藤田宏达博士还历记念论集·インド哲学と佛教》，京都，373-394 页。

百济康义 1992a. イスタンブル大学图书馆藏东トルキスタン出土文献，《东方学》84，1-12 页。

百济康义 1992b. ウイグル译《圆觉经》とその注释，《龙谷纪要》14—1，23 页。

百济康义 1999. マインッ资料目录——旧西ベルリン所藏中央アジア出土汉文佛典资料，《龙谷纪要》21－1，1-23 页。

百济康义 2000. 《ベルリン所藏东トルキスタン出土汉文文献总目录》（试行本），龙谷大学佛教文化研究所西域研究会。

北村高 1987. 蒙速思一族供养图について，《神女大史学》5，83-105 页。

北村高 1993. 关于蒙速思家族供养图，《元史论丛》5，中国社会科学出版社，9-12 页。

柴剑虹 1999. 德藏吐鲁番北朝写本魏晋杂诗残卷初识，《庆祝吴其昱先生八秩华诞敦煌学特刊》，台北文津出版社，107-116 页。

柴剑虹 2000. 《敦煌吐鲁番学论稿》，浙江教育出版社，345-354 页。

陈国灿 1983. 吐鲁番文书在解放前的出土及其研究概况，《中国史研究动态》1984—6，19-29 页。

陈国灿 1994. 《斯坦因所获吐鲁番文书研究》，武汉大学出版社。

陈国灿 1995a. 唐开元间西州诸曹符贴目中的西域“警固”事，《西域研究》1995—1，28-32 页。

陈国灿 1995b. 吐鲁番出土元代杭州裹贴纸浅析，《武汉大学学报》1995—5，41-44 页。

陈国灿 1996. 德藏吐鲁番出土端拱三年（990）归义军都受田簿浅释，《段文杰敦煌研究五十年纪念文集》，世界图书出版公司，226-233 页。
陈国灿 1997. 美国普林斯顿所藏几件吐鲁番出土文书跋，《魏晋南北朝隋唐史资料》15，武汉大学出版社，109-117 页。
陈国灿 1999a. 《唐代的经济社会》，台北文津出版公司。
陈国灿 1999b. 从吐鲁番出土文书看唐前期户税，《敦煌吐鲁番研究》4，北京大学出版社，465-476 页。
陈国灿 2000. 唐西州蒲昌府防区的镇戍与馆驿，《魏晋南北朝隋唐史资料》17，武汉大学出版社，85-106 页。
陈国灿 2002a. 《敦煌学史事新证》，甘肃教育出版社，301-326 页。
陈国灿 2002b. 《吐鲁番出土唐代文献编年》，台北新文丰出版公司。
陈国灿 2005. 《俄藏敦煌文献》中吐鲁番出土的唐代文书，《敦煌吐鲁番研究》8，中华书局，105-114 页。
陈怀宇 2004.《普林斯顿所见罗氏藏敦煌吐鲁番文书》，《敦煌学》25，419-441 页。
陈明 2002. 俄藏敦煌文书中的一组吐鲁番医学残卷，《敦煌研究》2002－3，100-108 页。
陈明 2005a. 隋唐五代时期西域外来的眼科知识及其应用，《敦煌吐鲁番研究》8，中华书局，137-166 页。
陈明 2005b. 《异药殊方——出土文书与西域医学》，北京大学出版社。
陈振宗 1984. 回鹘文医书摘译，《中华医史杂志》14—4，236－238 页。
池田温 1973. 中国古代の租佃契（上），《东洋文化研究所纪要》60，1-112 页。
池田温 1979. 《中国古代籍帐研究》，东京大学出版会。
池田温 1990. 《中国古代写本识语集录》，东京大学东洋文化研究所。
池田温 1991. 《トルファン古写本展解说》，东京朝日新闻社。
池田温 2000. 吐鲁番敦煌功德录和有关文书——日本古代愿文的源流，《1994 年敦煌学国际研讨会文集——纪念敦煌研究院成立五十周年・宗教文史卷》上，134-145 页。
大津透 1998. 唐西州高昌县粟出举帐断简について——スタイン所获吐鲁番文书管见，《古代中世史科学研究》（上），吉川弘文馆，477-511 页。
大庭脩 1959/1985. 吐鲁番出土北馆文书——中国驿传制度史上の一资料，《西域文化研究》第二《敦煌吐鲁番社会经济资料》上，京都：法藏馆，367-380 页；汉译文载《敦煌学译文集》，甘肃人民出版社，784-817 页。
大渊忍尔 1978.《敦煌道经目录编》，东京福武书店。
大渊忍尔 1979.《敦煌道经图录编》，东京福武书店。
党宝海 1999. 吐鲁番出土金藏考——兼论一组吐鲁番出土佛经残片的年代，《敦煌吐鲁番研究》4，北京大学出版社，103-125 页。
党宝海 2000. 十三世纪畏吾儿蒙速速家族供养图考，《欧亚学刊》2，中华书局，139-152 页。
党宝海 2004. 蒙古察合台汗国的驿站交通，《西域研究》2004—4，15-22。
党宝海 2006. 《蒙元驿站交通研究》，北京，昆仑出版社。
嶋崎昌 1977.《隋唐时代の东トルキスタン研究——高昌国史研究を中心として》，东京大学出版会。

邓浩、杨富学 1996. 吐鲁番本回鹘文《杂病医疗百方》译释，《段文杰敦煌研究五十年纪念文集》，北京，世界图书出版公司，1996，357-373 页。

邓文宽 2001. 吐鲁番出土《明永乐五年丁亥岁具注历日》考，《敦煌吐鲁番研究》5，北京大学出版社，263-268 页。

邓文宽 2002. 《敦煌吐鲁番天文历法研究》，甘肃教育出版社。

冻国栋 1993. 《唐代人口问题研究》，武汉大学出版社。

冻国栋 1998. 关于唐代前期的丁口虚挂，《魏晋南北朝隋唐史资料》16，武汉大学出版社，85-91 页。

兜木正亨 1978. 《敦煌法华经目录》，东京灵友会。

渡边幸三 1987. 中央亚细亚出土本草集注残简に对する文献学的研究，《本草书の研究》，大阪，248-265 页。

《敦煌资料》 = 中国社会科学院历史研究所资料室编《敦煌资料》1，中华书局，1961 年。

多鲁坤・阚白尔、梅村坦、森安孝夫 1990. ウイグル文佛教尊像受领命令文书研究——USp. No. 64などにみえる"cuv"の解释を兼ぬこ，《アジア・アフリカ言语文化研究》40，13-34 页。

《俄藏》5 = 孟列夫、钱伯城主编《俄罗斯科学院东方研究所圣彼得堡分所藏敦煌文献》（简称《俄藏敦煌文献》）5，上海古籍出版社、俄罗斯科学出版社东方文学部（下同），1994 年。

《俄藏》6 = 《俄藏敦煌文献》6，1996 年。

《俄藏》8 = 《俄藏敦煌文献》8，1997 年。

《俄藏》9 = 《俄藏敦煌文献》9，1998 年。

《俄藏》10 = 《俄藏敦煌文献》10，1998 年。

《俄藏》11 = 《俄藏敦煌文献》11，1999 年。

《俄藏》12 = 《俄藏敦煌文献》12，2000 年。

《俄藏》13 = 《俄藏敦煌文献》13，2000 年。

《俄藏》14 = 《俄藏敦煌文献》14，2000 年。

《俄藏》15 = 《俄藏敦煌文献》15，2000 年。

《俄藏》16 = 《俄藏敦煌文献》16，2001 年。

《俄藏》17 = 《俄藏敦煌文献》17，2001 年。

府宪展 1996. 敦煌文献辨疑录，《敦煌研究》1996—2，84-95 页。

府宪展 2003. 《俄藏敦煌文献》科罗特阔夫收集品的《弘法藏》和高昌刻经活动，敦煌研究院编《2000 年敦煌学国际学术讨论会文集——纪念敦煌藏经洞发现暨敦煌学百年》，甘肃民族出版社，328-342 页。

府宪展 2004. 圣彼得堡藏丝绸之路文献文物，荣新江、李孝聪编《中外关系史：新史料与新问题》，北京，科学出版社，225-232 页。

冈井慎吾 1937. 重松教授将来の切韵及び玉篇の写真につきて，《斯文》19—9，33-43 页。

高田时雄 1985. ウイグル字音考，《东方学》70，134-150 页。

高田时雄 1989. 敦煌本《玉篇》·补遗，京都大学教养部《人文》35，162-172 页

高田时雄 1990. ウイグル字音史大概，《东方学报》（京都）65，329-343 页。

高田时雄 1996. 回鹘字音补正（提要），中国敦煌吐鲁番学术讨论会论文，兰州。

高田时雄 2005. 《敦煌·民族·语言》，钟翀等译，中华书局。

耿世民 1983. 《维吾尔族古代文化和文献概论》，新疆人民出版社。

耿世民 2001. 《新疆文史论集》，北京，中央民族大学出版社。

耿世民 2003a. 回鹘文《大白莲社经》残卷（二叶）研究"，《民族语文》2003—5，1-5 页。

耿世民 2003b. 《维吾尔古代文献研究》，中央民族大学出版社。

耿世民 2006. 《回鹘文社会经济文书研究》，中央民族大学出版社。

宫下三郎 1992. 敦煌の本草医书，池田温编《敦煌汉文文献》（《讲座敦煌》），东京，489-506 页。

顾颉刚、顾廷龙 1996. 《尚书文字合编》，上海古籍出版社。

关尾史郎 1985. "缘禾"と"延和"のあいだ——《吐鲁番出土文书》札记（五），《纪尾井史学》5，1-11 页。

关尾史郎 1992. 《トゥルファン出土高昌国税制关系文书の基础的研究——条记文书の古文书学的分析を中心として》（四），《新潟大学人文科学研究》81，25－63 页。

关尾史郎 1998. 承阳备忘——《吐鲁番出土文书》札记再补，《东洋史苑》50·51，253-265 页。

关尾史郎 2001. ロシア、サンクト＝ペテルブルゲ所藏敦煌文献中のトゥルファンについて，《敦煌文献の综合的·学际的研究》（平成 12 年度新泻大学プロジェクト研究成果报告），40-49 页。

关尾史郎 2002. サンクト＝ペテルブルゲ藏，Дх2683v＋Дх11074v 初探——トゥルファン盆地の水利に关する一资料，《中国水利史研究》30，14-26 页。

关尾史郎 2003. サンクト＝ペテルブルゲ藏，户籍样文书简介，《法史学研究会会报》8，74-80 页。

关尾史郎 2004. トウルファン将来，"五胡"时代契约文书简介，《西北出土文献研究》1，71－90 页。

关尾史郎 2006. 从吐鲁番带出的（五胡）时期户籍残卷两件——柏林收藏的 Ch6001v 与圣彼得堡收藏的 Дх08519v-，新疆吐鲁番地区文物局编《吐鲁番学研究：第二届吐鲁番学国际学术研讨会论文集》，上海辞书出版社，180-190。

郭锋 1990. 英藏未经马斯伯乐刊布之斯坦因三探所获汉文文书，《敦煌学辑刊》1990—2，112-126 页。

郭锋 1993. 《斯坦因第三次中亚探险所获甘肃新疆出土汉文文书——未经马斯伯乐刊布的部分》，甘肃人民出版社。

郭平梁 1986. 唐朝王奉仙被捉案文书考释——唐代西域陆路交通运输初探，《中国史研究》1986—1，136-145 页。

韩国磐 1962. 根据敦煌和吐鲁番发现的文件略谈有关唐代田制的几个问题，《历史研究》1962—4，149-160 页；收入《隋唐五代史论集》，三联书店，1979 年，198-213 页。

韩国磐 1984.《北朝隋唐的均田制度》，上海人民出版社。
黑田源次 1935. 普鲁西学士院所藏中央亚细亚出土医方书四种，《支那学》7—4，633-665 页。
黑维强 2004a.《吐鲁番出土文书》词语释，《敦煌学辑刊》2004—1，60-67 页。
黑维强 2004b. 吐鲁番出土文书词语例释，《敦煌学辑刊》2004－2，116-126 页。
黑维强 2005. 吐鲁番出土文书词语例释（二），《敦煌学辑刊》2005—2，184-193 页。
洪武娌 1984.《古回鹘医杂病治疗手册》的医史价值，《中华医史杂志》14—4，236-238 页。
护雅夫 1960. ウイグル文葡萄园卖渡文书，《东洋学报》42—4，22-50 页。
护雅夫 1961a. ウイグル文买卖文书——とくにその卖主と买主とについて——，《游牧社会史探究》9，1-18 页。
护雅夫 1961b. ウイグル文买卖文书に于ゐ买卖担保文言，《东洋学报》44—2，1-23 页。
护雅夫 1961c. ウイグル文消费借贷文书，《西域文化研究》4，京都， 法藏馆，221-254 页。
华澜 2004. 简论中国古代历日中的廿八宿注历——以敦煌具注历日为中心，《敦煌吐鲁番研究》7，中华书局，410-421 页，图误置在 337 页。
荒川正晴 1989. 唐河西以西の传马坊と长行坊，《东洋学报》70—3、4，35-69 页。
荒川正晴 1990a. 西域出土文书に见える函马について（下），《吐鲁番出土文物研究会会报》41，1-5 页。
荒川正晴 1990b. スタイン将来“蒲昌群文书”の检讨——Ast. III. 3. 07，08，037 号文书の分析を中心にして，《西北史地》1990—2，23-44 页。
荒川正晴 1992. 唐代驿传制度の构造とその运用（1）（2）（3）（4）（5），《吐鲁番出土文物研究会会报》79、80、81、82、83，1992 年。
荒川正晴 1995. 北庭都护府の轮台县と长行坊——アスタナ506 号墓出土长行坊关系文书の检讨を中心として，《小田义久博士还历记念・东洋史论集》，龙谷大学东洋史学研究会，93-126 页。
荒川正晴 2000a. 唐朝の交通システム，《大阪大学文学院文学研究科纪要》40，199-335 页。
荒川正晴 2000b. ヤールホト古墓群新出の墓表・墓志をめぐって，《中国・新疆トウルファン交河故城城南区墓地の调查研究》，《シルクロード学研究》10，160-170 页。
菅原睦 2001. ウイグル语で书かれた甘蔗王にまつわる一说话の研究，《（京都大学）言语学研究》20，225-241 页。
菊池英夫 1964. 唐代边防机关としての守捉、城、镇等の成立过程について，《东洋史学》27，31-57 页。
菊池英夫 1970. 菊池英夫，西域出土文书を通じてみたる唐玄宗时代における府兵志の运用（下），《东洋学报》5—4，52-101 页。
《イラン语断片集成》＝百济康义、ヴェルナー・ズンダーマン、吉田丰《イラン语断片集成・大谷探检队收集・龙谷大学所藏中央アジア出土イラン语资料》解说编、图版编，法藏馆，1997 年。

吉田丰 1989. ソグド语杂录（III），《内陆アジア言语の研究》V，91-107 页。
吉田丰 1994. ソグド文字で表记された汉字音，《东方学报》66，271-380 页。
姜伯勤 1980. 沙皇俄国对敦煌及新疆文书的劫夺，《中山大学学报》1980—3，33-44 页。
姜伯勤 1982. 唐西州寺院家人奴婢的放良，《中国古代史论丛》3，福建人民出版社，286-303 页。
姜伯勤 1986. 吐鲁番文书所见的“波斯军”，《中国史研究》1986—1，128-135 页。
姜伯勤 1994. 《敦煌吐鲁番文书与丝绸之路》，文物出版社，1994 年。
姜亮夫 1955. 《瀛涯敦煌韵辑》，上海。
克里木凯特 1995.《古代摩尼教艺术》，林悟殊译，台北，淑馨出版社。
孔祥星 1981. 唐代新疆地区的交通组织长行坊——新疆出土唐代文书研究，《中国历史博物馆馆刊》3，29-38、66 页。
孔祥星 1986. 吐鲁番文书中的“常田”与“部田”，《中国历史博物馆馆刊》9，50-59、44 页。
堀敏一 1963. 唐代租田文书私见，《岩井博士古稀记念典籍论集》，岩井博士古稀记念事业会，617-628 页。
堀敏一 1975. 《均田制の研究》，岩波书店。
堀敏一 1980. 唐代における田土の赁贷借と抵当・质入れとの关系——租佃契约から典地契约にいたるまでの诸形态，《东洋史研究》39—3，34-64 页。
堀敏一 1984. 《均田制的研究》（韩国磐等译），福建人民出版社。
堀敏一 1986. 唐户令乡里・坊村・邻保关系条文の复元をめぐって，《中村治兵卫先生古稀记念东洋史论丛》，东京，刀水书房，449-467 页。
堀敏一 1996. 《中国古代の家と集落》，东京，汲古书院。
李方 1997. 唐西州户曹参军编年考证——西州官吏考证（六），《敦煌学辑刊》1997—2，45-58 页。
李方 1998. 唐西州勾官编年考证——西州官吏考证（三），《敦煌吐鲁番研究》3，北京大学出版社，129-160 页。
李方 2000A. 唐西州仓曹参军编年考证——西州官吏考证（五），《首都师范大学学报》2000—4、5，59-64 页、19-24 页。
李方 2000B. 唐西州都督府参军事编年考证，《吐鲁番学研究》2000—1，39-46 页。
李方 2002. 唐西州军政官吏的本地升迁，《敦煌吐鲁番研究》6，北京大学出版社，253-282 页。
李方 2005. 关于唐西州都督府是否有“士曹”问题，《敦煌吐鲁番研究》8，北京大学出版社，115-125 页。
李锦绣 1995. 《唐代财政史稿》上卷，北京大学出版社。
李经纬 1983. 回鹘文景教文献残卷《巫师的崇拜》译释，《世界宗教研究》1982—2，143-151 页。
李经纬 1986a. 五件回鹘文文书译释，《新疆工学院学报》1986—1，46-59 页。
李经纬 1986b. 回鹘文社会经济文书选注，《伊犁师范学院学报》1986－4，45-55 页。
李经纬 1987. 回鹘文社会经济文书选注（三）・借贷文书，《新疆工学院学报》1987—

1，8-17 页。
李经纬 1991. 回鹘文借贷文书选注，《西北民族研究》1991—2，31-59 页。
李经纬 1994a. 回鹘文社会经济文书研究，《喀什师范学院学报》1994—2，36-62 页。
李经纬 1994b. 回鹘文社会经济文书选注（四），《喀什师范学院学报》1994—3，69-79 页。
李经纬 1994c. 回鹘文社会经济文书研究（续），《喀什师范学院学报》1994—4，51-67 页。
李经纬 1994d. 四件回鹘文社会经济文书译注，《西域研究》1994—2，66-77 页。
李经纬 1994e. 两件回鹘文家产分配文书研究，《阿尔泰学论丛》1 辑，1994 年，18-33 页。
李经纬 1995a. 九件回鹘文社会经济文书译释，《喀什师范学院学报》1995—1，32-44 页。
李经纬 1995b. 回鹘文社会经济文书选注（五），《喀什师范学院学报》1995—2，43-59 页。
李经纬 1995c. 回鹘文借贷文书六种，《新疆文物》1995－2，56-63 页。
李经纬 1995d. 吐鲁番回鹘文买卖文书四种，《西域研究》1995—2，26-34 页。
李经纬 1996a. 《吐鲁番回鹘文社会经济文书研究》，新疆人民出版社。
李经纬 1996b. 《回鹘文社会经济文书研究》，新疆大学出版社。
李勤璞 1998.《耆婆五藏论》研究——印中医学关系的一个考察，《文史》45 辑，85-94 页。
笠井幸代 2006. ウィグル语より翻译された未比定のウィグル语佛典注释书，《内陆アジア言语の研究》XXI，21-47 页。
林悟殊 1998. 敦煌摩尼教《下部赞》经名考释，《敦煌吐鲁番研究》3，北京大学出版社，45-51 页。
林悟殊 2005. 《中古三夷教辨证》，中华书局。
刘复等 1937. 《十韵汇编》，北京。
刘俊文 1989. 《敦煌吐鲁番唐代法制文书考释》，中华书局。
刘屹 2006. 书评：王卡《敦煌道教文献研究：综述・目录・索引》，《敦煌吐鲁番研究》9，492-500 页。
卢向前 1982. 伯希和 3714 号背面传马坊文书研究，《敦煌吐鲁番文献研究论集》1，中华书局，660-686 页。
罗福颐 1952.《西陲古方技书残卷汇编》，影写本，五卷。
罗国威 2006. 俄藏 Dx1551《文选・七命》残卷考，程章灿编《中国古代文学文献学国际学术研讨会论文集》，南京，凤凰出版社，231-233 页。
马继兴 1988. 《敦煌古医籍考释》，南昌，江西科学技术出版社。
马继兴 2002. 当前世界各地收藏的中国出土卷子本古医药文献备考，《敦煌吐鲁番研究》6，北京大学出版社，129-182 页。
梅村坦 1977. 违约纳罚官文言のあるウィグル文书，《东洋学报》58—3-4，1-49 页。
梅村坦 1981. 吐鲁番县展览馆展示回鹘文公文书，《中嶋敏先生古稀记念论集》下，东京，45-66 页。

梅村坦 1987a. ウィグル文书 SJ Kr. 4/638——婚礼·葬仪费用の记录，《立正大学教养部纪要》20，35-87 页。

梅村坦 1987b. イナンチ一族とトウルフアンーウィグル人の社会，《东洋史研究》45—4，90-120 页。

梅村坦 2002. ペテルブルグ所藏ウィグル文书 SI 4b Kr 71の一解释——人身卖买および银钱借用にかかわる文书，《内陆ァジァ言语の研究》17，203-221 页。

梅村坦 2006. Chong-hassār 出土ゥィグル俗文书の检讨，《中央ァジァ古文献の言语学的·文献学的研究》，京都大学，15-30 页 + 图版 1-12。

孟列夫 1999a. 孟列夫主编《俄罗斯科学院东方研究所圣彼得堡分所敦煌汉文写卷叙录》（上），上海古籍出版社。

孟列夫 1999b. 孟列夫主编《俄罗斯科学院东方研究所圣彼得堡分所敦煌汉文写卷叙录》（下），上海古籍出版社。

那波利贞 1957. 唐钞本唐格の一断片，《神田博士还历记念书志学论集》，东京，330-331 页。

内藤乾吉 1960. 西域发见唐代官文书の研究，《西域文化研究》第三《敦煌吐鲁番社会经济资料》（下），京都，法藏馆，9-111 页。

牛汝极 1990. 汉文—回鹘文双语体《佛说温室洗浴众僧经》残片考释——兼论维吾尔族汉—维佛经翻译的类型，《吐鲁番学研究专辑》，乌鲁木齐，369-382 页。

牛汝极 1997. 《维吾尔古文字与古文献导论》，新疆人民出版社。

牛汝极 2000. 《回鹘佛教文献——佛典总论及巴黎所藏敦煌回鹘文佛教文献》，新疆大学出版社。

牛汝极 2003. 元代畏兀儿人使用八思巴字述论，《阿尔泰文明与人文西域》，新疆大学出版社，173-180 页。

丘古耶夫斯基 2000. 《敦煌汉文文书》，上海古籍出版社。

饶宗颐 1992. 柏林印度艺术博物馆藏经卷小记，《九州学刊》4－4，161-162 页。

饶宗颐 2000. 《敦煌吐鲁番本文选》，中华书局。

仁井田陞 1936. 吐鲁番出土の唐代法律史料数种，《史学杂志》47-10，79-102 页。

仁井田陞 1937. 《唐宋法律文书の研究》，东方文化学院东京研究所。

仁井田陞 1955. スタイン第三次中亚探检将来の中国文书とマスペロの研究——法律经济史料を中心として，《史学杂志》64 编 6，53-63 页。

仁井田陞 1960. 吐鲁番出土の唐代取引法关系文书，《西域文化研究》第三《敦煌吐鲁番社会经济资料》下，京都，法藏馆，187-214 页；《中国法制史研究·土地法·取引法》，东京大学出版会。

仁井田陞 1962. 《中国法制史研究——奴隶农奴法·家族村落法》，东京大学出版会。

日比野丈夫 1963. 唐代蒲昌府文书の研究，《东方学报》33，267-314 页。

荣新江 1992. 于阗在唐朝安西四镇中的地位，《西域研究》1992—3，56-64 页。

荣新江 1994. 《英国图书馆藏敦煌汉文非佛教文献残卷目录（S. 6981-13624）》，台北，新文丰出版公司。

荣新江 1996a.《海外敦煌吐鲁番文献知见录》，江西人民出版社。
荣新江 1996b. 柏林印度艺术博物馆藏吐鲁番汉文佛典札记，《华学》2，中山大学出版社，314-317 页。
荣新江 1996c. 吐鲁番出土《武周康居士写经功德记碑》校考——兼谈胡人对武周政权之态度，《民大史学》1，中央民族大学出版社，6-18 页。
荣新江 1997a. 王延德所见高昌回鹘大藏经及其他，《庆祝邓广铭教授九十华诞论文集》，河北教育出版社，267-272 页。
荣新江 1997b. 柏林通讯，《学术集林》卷十，380-397 页。
荣新江 1997c. 书评：A. Cadonna (ed.)， *Cina e Iran. Da Alessandro Magno alla Dinastia Tang*，《唐研究》3，538-543 页。
荣新江 1998a.《唐开元二十三年西州高昌县顺义乡籍》残卷跋，《中国古代社会研究——庆祝韩国磐先生八十华诞纪念论文集》，厦门大学出版社，140-146 页。
荣新江 1998b. 德国吐鲁番收集品中的汉文典籍与文书，饶宗颐编《华学》3，北京紫禁城出版社，309-325 页。
荣新江 1999a. 唐代西州的道教，《敦煌吐鲁番研究》4，北京大学出版社，127-144 页。
荣新江 1999b. 德藏吐鲁番出土《春秋后语》残卷考释，《北京图书馆馆刊》1999—2，71-73 页 + 附图。
荣新江 2001. 摩尼教在高昌的初传，作者《中古中国与外来文明》，三联书店，369-385 页。
荣新江 2003. 唐代禅宗的西域流传，《田中良昭博士古稀记念论集・禅学研究の诸相》，东京大东出版社，59-68 页。
荣新江 2004.《史记》与《汉书》——吐鲁番出土文献札记之一，《新疆师范大学学报》2004—1，41-43 页。
荣新江 2005. 中国国家图书馆善本部藏德国吐鲁番文献旧照片的学术价值，国家图书馆善本特藏部敦煌吐鲁番学资料研究中心编《敦煌学国际研讨会论文集》，北京图书馆出版社，267-276 页 + 图 1-3。
芮传明 1998. 唐代摩尼教传播过程辨析，《史林》1998—3，20-27、60 页。
三木荣 1964. 西域出土医药关系文献总合解说目录，《东洋学报》47，139-164 页。
森安孝夫 1979. 增补：ウイグルと吐蕃の北庭争夺战及びその后の西域情势について，流沙海西奖学会编《アジア文化史论丛》3，东京，199-238 页。
森安孝夫 1989. ウイグル文书札记（その一），《内陆アジァ言语の研究》4，51-76 页。
森安孝夫 1990. ウイグル文书札记（その二），《内陆アジァ言语の研究》5，69-89 页。
森安孝夫 1991.《ウイグル＝マニ教史の研究》（＝《大阪大学文学部纪要》31・32）。
森安孝夫 1992. ウイグル文书札记（その三），《内陆アジア言语の研究》7，43-53 页。
森安孝夫 1997a. 大英图书馆所藏ルーン文字マニ教文书 Kao. 0107の新研究，《内陆アジア言语の研究》12，41-71 页。
森安孝夫 1997b.《シルクロ－ド》のウイグル商人——ソグド商人とオルトク商人のあいだ，《岩波讲座世界历史》11《中央ユ－ラシアの统合：9－16 世纪》，东京岩波书店，93-119 页。

森安孝夫 1998. ウイグル文契约文书补考，《待兼山论丛》32《史学篇》，1-24。

森安孝夫 2000. 欧洲所在中央ァジァ出土文殊・遗品の调查と研究，《东方学》99，122-134。

森安孝夫 2002. ウイグルから见た安史之乱，《内陆ァジァ言语の研究》17，117-170 页。

森安孝夫 2004. 龟兹国金花王と硇砂に关するウイグル文书の发见，《三笠宫殿下米寿记念论集》，东京：刀水书房，703-716 页。

沙知 1998. 敦煌吐鲁番文献所见唐军府掇拾，《敦煌学辑刊》1998—1，1-17 页。

沙知、吴芳思 2005. 《斯坦因第三次中亚考古所获汉文文献（非佛经部分）》①②，上海辞书出版社。

山本达郎 1956. 敦煌发见户制田制关系文书十五种，《东洋文化研究所纪要》10，179-230 页。

山本达郎 1965. 敦煌发见オルデンブルグ将来田制关系文书五种，《石田博士颂寿记念东洋史论丛》，东京，519-534 页。

山田俊 1999. 《唐初道教思想史研究——〈太玄真一本际经〉の成立と思想》，京都平乐寺书店。

山田信夫 1961. 大谷探检队将来ウイグル文卖买贷借文书，《西域文化研究》4，京都，207-220 页。

山田信夫 1963. ウイグル文买卖契约书の书式，《西域文化研究》6，京都，29-62 页。

山田信夫 1965. ウイグル文贷借契约书の书式，《大阪大学文学部纪要》11，87-216 页。

山田信夫 1968. イスタンブル大学图书馆藏东トルキタン出土文书类，《西南ァジァ研究》20，11-29 页。

山田信夫 1972a. ウイグル文奴婢文书及び养子文书，《大阪大学文学部纪要》16，161-268 页。

山田信夫 1972b. ウィグル文人质文书，《山本博士还历记念东洋学论丛》，东京，495-508 页。

山田信夫 1975. ボルベシュ文书，《东西文化交流史》，东京，421-432 页。

山田信夫 1976. カィィムトゥ文书のこと，《东洋史研究》34—4，32-57 页。

山田信夫 1993b. 山田信夫著，小田寿典、ペーター・ツイーメ、梅村坦、森安孝夫编《ウイグル文契约文书集成》2，大阪大学出版会。

山田信夫 1993c. 山田信夫著，小田寿典、ペーター・ツイーメ、梅村坦、森安孝夫编《ウイグル文契约文书集成》3，大阪大学出版会。

上山大峻 1997. 《敦煌写本本草集注序录・比丘含注戒本》（上山大峻责任编辑），京都法藏馆。

上田正 1973. 《切韵残卷诸本补正》，东京。

沈利元 1994. 回鹘文《佛教徒忏悔文》译释，《喀什师范学院学报》1994—3，25-33 页。

施萍婷 1996. 俄藏敦煌文献经眼录之一，《敦煌研究》1996—2，51-83 页。

施萍婷 1997. 俄藏敦煌文献经眼录（二），《敦煌吐鲁番研究》2，北京大学出版社，313-330 页。

石滨纯太郎 1939. 回鹘文白伞盖陀罗尼经の断片，《龙谷大学佛教史学论丛》，东京，115-118 页。

石滨纯太郎 1950. 回鹘文普贤行愿品残卷，羽田博士还历记念会编《羽田博士寿颂记念东洋史论丛》，东京，东洋史研究会，63-73 页。

石塚晴通 1992. 玄应《一切经音义》的西域写本，《敦煌研究》1992—2，54-61 页。

《释录》2 = 唐耕耦等编《敦煌社会经济文献真迹释录》2，全国图书馆缩微复制中心，1990 年。

松井太 1998a. ウイグル文クトルグ印文书，《内陆アジア言语の研究》13，1-62 页。

松井太 1998b. モンゴル时代ゥィグリヌタン税役制度とその渊源——ウイグル文供出命令文书にみえるKäzigの解释を通じて，《东洋学报》79—4，26-55 页。

松井太 2002. モンゴル时代ウィグリヌタンの税役制度と征税システム，松田孝一编《碑刻等史料の总合的分析によるモンゴル帝国・元朝の政治・经济システムの基础的研究》（科学研究费成果报告书），87-127 页。

松井太 2003. ヤリン文书——14 世纪初头のウイグル文供出命令文书 6 件，弘前大学人文学部《人文社会论丛》（人文科学篇）10，51-72 页。

松井太 2004a. モンゴル时代の度量衡，《东方学》107，166-153 页。

松井太 2004b. シヴシドゥ・ヤクシドゥ关系とトヨク石窟の佛教教团，森安孝夫编《中央ァジァ出土文物论丛》，京都，朋友书店，41-70 页。

松井太 2004c. モンゴル时代のウイグル农民と佛教教团，《东洋史研究》63—1，1-32 页。

松井太 2005. ウイグル文契约文书研究补说四题，《内陆アジア言语の研究》20，27-64 页。

孙伯君 2006. 德藏吐鲁番所出西夏文《郁伽长者问经》残片考，《丝绸之路民族古文字与文化学术讨论会文集》，甘肃文化出版社，30-36 页。

孙达人 1962. 对唐至五代租佃契约经济内容的分析，《历史研究》1962—6，97-107 页。

孙继民 1990. 吐鲁番所出《唐尚书省牒》残卷考释，《敦煌研究》1990—1，85-90 页。

孙晓林 1990. 试探唐代前期西州长行坊制度，《敦煌吐鲁番文书初探二编》，武汉大学出版社，169-241 页。

唐耕耦 1985. 唐耕耦，关于唐代自田之的若干问题——以吐鲁番敦煌租佃契为中心，《历史论丛》5，93-129 页。

唐长孺 1982. 唐代の部曲と客（竹内实译），《东方学》63，104-117 页。

唐长孺 1983a. 南北朝期间西域与南朝的陆路交通，《魏晋南北朝史论拾遗》，中华书局，189-193 页。

唐长孺 1983b. 唐西州诸乡户口帐试释，唐长孺编《敦煌吐鲁番文书初探》，武汉大学出版社，126-216.

藤枝晃 1956. 长行马，《墨美》60，2-34 页。

藤枝晃 1987. 中国北朝写本の三分期，《古笔学丛林》1，东京，1-36 页。

町田隆吉 1990. 使人と作人——麴氏高昌国时代の寺院、僧尼の隶属民，《骏台史学》78，92-108 页。

土肥义和 1969.　唐令よりみたる现存唐代户籍の基础的研究（上），《东洋学报》52—1，90-125 页。

万斯年 1947a.（译）《唐钞本韵书及印本切韵之断片》，《唐代文献丛考》，上海，开明书店，51-72 页。

万斯年 1947b.（译）《中央亚细亚出土医书四种》，《唐代文献丛考》，上海，开明书店，73-105 页。

王丁 2005.　柏林吐鲁番特藏中的一件出自交河的汉文摩尼教文书，2005 年 3 月京都大学人文科学研究所演讲稿，1-19 页。

王菲 1999.　四件回鹘文摩尼教祈愿文书译释，《西北民族研究》1999—2，138-142 页。

王菲 2000.　回鹘语摩尼教故事一则，《西北民族研究》2000—2，161-164 页。

王红梅、杨富学 2003. 回鹘文《吉祥轮律曼陀罗》前十页译释，《西北民族研究》2003—4，150-159 页。

王红梅、杨富学 2005. 回鹘文《吉祥轮律曼陀罗》所见十六金刚天女研究，《敦煌研究》2005—2，74-79 页。

王红梅、杨富学 2006. 回鹘文藏密经典所见"七宝"考，《丝绸之路民族古文字与文化学术讨论会文集》，甘肃文化出版社，64-74 页

王冀青 1985.　唐交通通讯用马的管理，《敦煌学辑刊》1985—2，35-54 页。

王冀青 1986.　唐前期西北地区用于交通驿马、传马和长行马——敦煌、吐鲁番发现的馆驿文书考察之二，《敦煌学辑刊》1986—2，56-65 页。

王红梅 2000.　回鹘文藏传佛教密宗文献〈转轮王曼陀罗〉第二十至三十页译释，《敦煌学辑刊》2000—1，92-107 页。

王卡 2004.　《敦煌道教文献研究：综述·目录·索引》，中国社会科学出版社。

王克孝 1996.　评丘古耶夫斯基对敦煌所出某些籍帐文书的考释，北京图书馆敦煌吐鲁番学资料中心等编《敦煌吐鲁番学研究论集》，书目文献出版社，225-243 页。

王淑民等 1995.　敦煌吐鲁番出土古本五脏论的考察，《中华医史杂志》1995—1，46-51 页。

王殊文 1985.　关于唐中期户税的税额税率和计征的一些认识，《北京师范学院学报》，1985—1，25-30，38 页。

王素 1997.　《吐鲁番出土高昌文献编年》，新文丰出版公司。

王素 2005.　略谈选堂先生对于吐鲁番学的贡献，《敦煌吐鲁番研究》8，中华书局，13-21 页。

王永兴 1991.　《唐勾检制度研究》，上海古籍出版社。

王永兴 1994.　《唐代前期西北军事研究》，中国社会科学出版社。

王媛媛 2005.　新出汉文《下部赞》残片与高昌回鹘的汉人摩尼教团，《西域研究》2005—2，51-57 页。

王媛媛 2006.　《从波斯到中国：摩尼教在中亚和中国的传播（公元 3－11 世纪）》，北京大学博士论文。

魏建功 1948.　十韵汇编资料补并释，《国立北京大学五十周年纪念论文集》，北京。

吴震 1982.　近年出土高昌租佃契约研究，《新疆历史论文续集》，新疆人民出版社，106-

164 页。

吴震 1987. 吐鲁番出土的两件唐人互佃契，《新疆社会科学》1987—2，40-44 页。

吴震 2001. 俄藏“揖王入高昌城事”文书所系史事考，《吐鲁番学研究》2001—2，1-8 页。

武内义雄 1935. 唐钞本韵书と印本切韵との断片，《文化》2—7，1935 年。

西嶋定生 1959. 吐鲁番出土文书より见たる均田制の施行状态——给田文书・退田文书を中心として，《西域文化研究》第二《敦煌吐鲁番社会经济资料》上，京都，法藏馆，151-250 页。

西胁常记 1995. ベルリン所藏トルファン文书二则，《名古屋学院大学外国语学部论集》6—2，45-55 页。

西胁常记 1997a. 关于柏林所藏吐鲁番收集品中的禅籍资料（裘云青汉译本），《俗语言研究》4，136-138、139 页及附图。

西胁常记 1997b. 《ベルリン・トルファン・コレクション汉语文书研究》，作者自刊本。

西胁常记 1998. ベルリン・トルファン・コレクションの伪经《新菩萨经》《劝善经》について，《京都大学总合人间学部纪要》5，17-24 页。

西胁常记 1999. ベルリン・トルファン・コレクション道教文书，《京都大学总合人间学部纪要》6，47-66 页。

西胁常记 2002. 《ドイツ将来のトルファン汉语文书》，京都大学学术出版会。

夏鼐 1979. 从宣化辽墓的星图论二十八宿和黄道十二宫，《考古学与科技史》，北京，科学出版社，29-50 页 + 图版 10-13。

小笠原宣秀 1960. 吐鲁番出土の宗教生活文书，《西域文化研究》第三《敦煌吐鲁番社会经济资料》下，京都，法藏馆，249-262 页。

小笠原宣秀 1965. 唐代西州人士の精神生活，《龙谷史坛》55，1-11 页。

小笠原宣秀、西村元佑 1960. 唐代役制关系文书考，《西域文化研究》第三《敦煌吐鲁番社会经济资料》下，京都，法藏馆，133-167 页。

小田寿典 1984. 1330 年の云南远征余谈，《内陆アジア史研究》创刊号，11-24 页。

小田寿典 1990. ウイグル文トゥリ文书研究觉书——baš bitig，‘ydyš bitig，čïn bitig，《内陆アジア史研究》6，9-26。

小田寿典 1991. トルコ语《观音经》写本の研究，《西南アジア研究》34，1-32。

小田寿典 1992. ウイグル文ピントゥング叹愿书の译注，《丰桥短期大学研究纪要》9，153-159。

小田寿典 1998. ブク・ハン传说のウイグル佛教写本一断片，《爱大史学——日本史・アジア史・地理学》7，57-67 页。

小田义久 1976. 吐鲁番出土の随葬衣物疏について，《龙谷大学论集》408，78-104 页。

小田义久 1981. 佃人文书の一考察，《龙谷史坛》79，96-119 页。

小田义久 1988. 吐鲁番出土葬送仪礼关系文书の一考察——随葬衣物疏から功德疏へ——，《东洋史苑》30・31，41-82 页。

小曾户洋 1996. 《中国医学古典と日本——书志と传承》，塙书房。

小曾户洋、真柳诚 1993. トルフアン出土の医方书——张文仲の遗方，《汉方の临床》

40—9,1218-1220 页。

熊谷宣夫 1956. 吐鲁番将来版画《须大拏本生图》解说,《龙谷大学论集》351，99-101 页。

徐俊 2002. 俄藏 Dx. 11414 + Dx. 02947 前秦拟古诗残本研究——兼论背面券契文书的地域和时代,《敦煌吐鲁番研究》6，北京大学出版社，205-220 页。

徐俊、荣新江 2002. 德藏吐鲁番本晋史毛伯成诗卷校录考证，蒋寅、张伯伟编《中国诗学》7，1-13 页。

徐时仪 2005. 《玄应〈众经音义〉研究》，中华书局。

许建平 2003.《俄藏敦煌文献》儒家经典类写本的定名与缀合，浙江大学汉语史研究中心、浙江大学古籍研究所编《姜亮夫、蒋礼鸿、郭在贻先生纪念文集》，上海教育出版社，302-315 页。

许建平 2005.《俄藏敦煌文献》儒家经典类写本的定名与缀合，作者《敦煌文献丛考》，中华书局，332-355 页。

许建平 2006.《敦煌经籍叙录》，中华书局。

薛宗正 1988. 波斯萨珊王裔联合吐火罗抗击大食始末——兼论唐与大食中亚对峙形式的演变,《新疆社会科学》1988—6，65-77 页。

杨富学 1988. 元代回鹘文献——农奴免赋请愿书研究,《新疆文物》1988—4，69-77 页。

杨富学 1989a. 回鹘文书中所见元代畏兀儿租佃契约关系研究,《西北民族研究》1989—2，161-172 页。

杨富学 1989b. 两件回鹘文敕令译释,《新疆文物》1989—4，87-93 页。

杨富学 1992. 一件珍贵的回鹘文寺院经济文书,《西北民族研究》1992—1，59-65 页。

杨富学 1994. 德国新刊布的几件回鹘文租佃契约,《文史》39，276-285 页。

杨富学 1998a.《回鹘之佛教》，新疆人民出版社，1998 年。

杨富学 1998b.《西域敦煌宗教论稿》，甘肃文化出版社，1998 年。

杨富学 2003. 《回鹘文献与回鹘文化》，民族出版社。

杨富学 2004. 《印度宗教文化与回鹘民间文学》，北京大学外国语学院博士后出站报告。

杨富学 2006a. 回鹘文佛传故事研究——以 Mainz 131（T II Y 37）《佛陀传》为中心,《中华佛学研究》10（台北），239-253 页。

杨富学 2006b. 敦煌吐鲁番出土回鹘文愿文研究,《敦煌研究》2006—2，49-54。

杨富学、邓浩 1997. 回鹘文《七星经》回向文研究——兼论回鹘佛教之功德思想，《敦煌研究》1997—1，158-172 页。

杨富学、王红梅 2005. 回鹘文文献所见藏密十六佛母考，《安多研究》1，中国藏学出版社，135-149 页。

杨富学、牛汝极 1990. 从一份摩尼文文献谈高昌回鹘的几个问题,《喀什师范学院学报》1990—4，46-52 页。

杨际平 1986. 麴氏高昌与唐代西州、沙州租佃制研究，《敦煌吐鲁番出土经济文书研究》，厦门大学出版社，225-292 页。

姚崇新 1999. 试论高昌国的佛教与佛教教团，《敦煌吐鲁番研究》4，北京大学出版社，39-80 页。

姚崇新 2005. 唐代西州的私学与教材——唐代西州的教育之二，《西域研究》2005—1，1-10 页。
衣川贤次 2003. 唐玄宗《御注金刚般若经》的复原与研究，项楚、郑阿财主编《新世纪敦煌学论集》，巴蜀书社，114-125 页。
衣川贤次 2004. 唐玄宗《御注金刚般若经》的复元与研究，《花园大学文学部研究纪要》36，1-75 页。
余欣 2005. 柏林藏吐鲁番方术文献研读札记之一——Ch. 3316《占风法》与中国古代天文气象杂占的源流，中国新疆吐鲁番学第二届国际学术研讨会论文，吐鲁番，2005 年 8 月 26-30 日。
余欣（待刊稿）. 柏林国家图书馆藏吐鲁番文献经眼录，2005 年。
羽田亨 1957. 《羽田博士史学论文集》下，京都。
宇野顺治、古泉圆顺 2004. 復元：トルファン出土二十八（七）宿占星书，《龙谷大学佛教文化研究所纪要》43 集，44-63 页。
玉井是博 1943. 《支那社会经济史研究》，东京汲古书店。
袁丁 1987a. 回鹘文社会经济文书选注（一），《喀什师范学院学报》1987—1，49-70 页。
袁丁 1987b. 回鹘文社会经济文书选注（二），《喀什师范学院学报》1987—2，64-79 页。
袁丁 1989a. 回鹘文社会经济文书选注（三），《喀什师范学院学报》1989—1，56-72 页。
袁丁 1989b. 回鹘文社会经济文书选注（四），《喀什师范学院学报》1989—1，56-72 页。
袁丁 1990. 回鹘文社会经济文书选注（五），《喀什师范学院学报》1990—2，51-67 页。
袁丁 1992a. 回鹘文社会经济文书选注（六），《喀什师范学院学报》1992—1，48-60 页。
袁丁 1992b. 回鹘文社会经济文书选注（六），《喀什师范学院学报》1992—2，46-59 页。
袁丁 1992c. 回鹘文社会经济文书选注（六），《喀什师范学院学报》1992—3，74-83 页。
袁丁 1992d. 回鹘文社会经济文书选注（六），《喀什师范学院学报》1992—4，39-47 页。
张传玺 1982. 中国古代契约形式的源和流，《文史》16，中华书局，21-34 页。
张承志 1981. 王延德の高昌—北庭经路考（梅村坦译注），《アジア・アフリカ言语文化研究》22，139-157 页。
张弓 1986. 《唐朝仓廪制度初探》，中华书局。
张广达 1988. 唐灭高昌国后的西州形势，《东洋文化》68，69-107 页。
张广达 2004. 唐代汉译摩尼教残卷——心王、相、三常、四处、种子等语词试释，《东洋学报》（京都）77，376-336 页。
张娜丽 2003. 西域发见の文字资料——“大谷文书”中の诸断片について，《学苑》753，13-35 页。
张娜丽 2006a. 《西域出土文书の基础的研究——中国古代における小学书・童蒙书の诸相》，东京，汲古书院。
张娜丽 2006b. 西域发见の文字资料（五）——各所分藏の接合可能文书三种，《学苑》

791，42-53 页。

张铁山 1988. 苏联所藏编号 SJ Kr. 4/638 回鹘文文书译释，《新疆大学学报》1988—4，96-106 页。

张铁山 1990. 回鹘文《妙法莲华经·普门品》校勘与研究，《喀什师范学院学报》1990—3,56-68 页。

真柳诚 2000. 三卷本《本草集注》と出土史料，《药学史杂志》35—2，135-143 页。

郑炳林、杨富学 1987. 敦煌西域出土回鹘文文献所载 *qunbu* 与汉文文书所见官布研究，《敦煌学辑刊》1997—2，19-27 页。

中田笃郎 1985. 休胤文集集录考，《东洋史苑》24、25，161-189 页。

中田笃郎 1989. 天宝十载（751）府罗参牒について，《北京图书馆藏敦煌遗书总目录》，朋友书店，169-173 页。

中村健太郎 2006. ウイグル文《成宗テムル即位记念佛典》出版の历史的背景，《内陆ァジァ言语の研究》XXI，49-91 页 + 图版 I。

中村菊之进 1990. トウルファン出土の大藏经，《密教文化》172，39-69 页。

中村菊之进 1992. 中亚アジア、ムルトク及びカラ·ホト出土の刊本佛典，《密教文化》181，81-105 页。

中村裕一 1991. 《唐代制敕研究》，东京，汲古书院。

中村裕一 1996. 《唐代公文书研究》，东京，汲古书院。

周藤吉之 1959. 佃人文书の研究——唐代前期の佃人制，《西域文化研究》第二《敦煌吐鲁番社会经济资料》上，京都：法藏馆，91-132 页。

周祖谟 1994.《唐五代韵书辑存》，台北学生书局。

庄垣内正弘 1995. ウイグル文字音写された汉语佛典断片いて——ウイグル文字音の研究《京都大学言语学研究》14，65-153 页。

庄垣内正弘 1999. 《ロシア所藏ウイグル语断片の研究 1——〈增一阿含经〉》，《（京都大学）言语学研究》17-18，93-121 +9 图。

庄垣内正弘 2000. 《ロシア所藏ウイグル语断片の研 2——〈阿含经〉、〈千字文〉、〈阿毗达磨俱舍论实义疏〉》，《（京都大学）言语学研究》19，147-191 +6 图。

庄垣内正弘 2001. 《ロシア所藏ウイグル语断片の研究 3——ウイグル文〈大乘法苑艺林章〉、ウイグル文字音写された汉文〈礼忏文〉、〈天地八阳神咒经〉の汉字〈难字音注〉とウイグル文〈九恶业〉》，《（京都大学）言语学研究》20，243-277 +5 图。

庄垣内正弘 2003. 《ロシア所藏ウイグル语文献の研究——ウイグル文字表记汉文とウイグル语佛典テキスト——》，京都。

庄垣内正弘 2005. ロシア所藏ウイグル文《金刚般若经》断片一块について，石塚晴通教授退职记念会编《日本学·敦煌学·汉文训读の新展开》，东京汲古书院，1-27 页。

庄垣内正弘、Tugusheva、藤代节 1998.《ウイグル文 Daśakarmapathāvadānamālāの研究——サンクトパテルブルグ所藏ウイグル文〈十业道物语〉》，京都：松香堂。

吐鲁番文献研究西文参考论著目录

Aalto, P. 1953/54. A Second Fragment of the *Subhasitaratnanidhi* in Mongolian Quadratic Script, *JSFOu* 57, 5, 1-6.

Aalto, P. 1954. Prolegomena to an Edition of the *Pañcaraksā*, *Studia Orientalia* 19, 5-48.

Aalto, P. 1955. Fragmente des mongolischen *Subhasitaratnanidhi* in Quadratschrift, *MIO* 3, 279-290.

Aalto, P. 1959. Zu den Berliner Turfan-Fragmenten T III D 322, *JSFOu* 61, 6, 1-20.

Adams, B. S. 1968. Notes on an Uygur Text, *TDAYB*, 53-63.

Altangerel, C. & D. Cerensodnom. 1966. Turfany cugluulgyn TM 38, *MS* 5, fasc. 18, 113-122.

Altangerel, C. & D. Cerensodnom. 1967. Turfany cugluulgyn TM 8, T II 662, *MS* 6, fasc. 18, 127-135.

Altangerel, C. & D. Cerensodnom. 1968. Turfany cugluulgyn T II D 159, MS 6, fasc. 28, 127-135.

Andreas, F. C. 1910. Zwei soghdische Exkurse zu Vilhelm Thomsens: Ein Blatt in turkischer Runenschrift. *SPAW*, 307-314.

Arat, R. R. 1936. Uygurca yazilar arasinda, *Türk Tarih*, *Arkeologya ve Etnografya Dergisi* 3, 101-112.

Arat, R. R. 1964a. Eski Türk hukuk vesikalari, *Journal de la Société Finno-Ougrienne* 65. 1, 11-77.

Arat, R. R. 1964b. Der Herrschertitel *Iduq-qut*, *UAJb* 35, 150-157.

Arat, R. R. 1965a. *Eski TurkṢiiri*, Ankara.

Arat, R. R. 1965b. Among the Uighur Documents, II, *UAJb* 36, 163-272.

Asmussen, J. P. 1965. Asmussen, J. P., *Xuāstvānīft. Studies in Manichaeism*. Kopenhagen.

Asmussen, J. P. 1975. *Manichaean Literature. Representative Texts Chiefly from Middle Persion and Parthian Writings*. New York.

Asmussen, J. P. 1966. Der Manichäismus als Vermittler literarischen Gutes, *Temenos* 2, 5-21.

Bang, W. 1923. Manichäiescher Laien-Beichtspiegel, *Le Muséon* 36, 137-242.

Bang, W. 1925. Manichäeische Hymnen, *Le Muséon* 38, 1-55.

Bang, W. 1926. Turkische Bruchstücke einer nestorianischen Georgspassion, *Le Museon*, 39, 41-75.

Bang, W. 1931. Manichäeischer Erzähler, *Le Muséon*, 44, 1-36.

Bang, W. & A. von Gabain, 1928. Ein uigurisches Fragment über den manichäischen Windgott, *UJb*, 8, 248-256.

Bang, W. & A. von Gabain, 1930. Uigurische Studien, *UJb*, 10, 193-210.

Bang, W. & R. Rachmati, 1935. Uigirische Bruchstücke über verschiedene Höllen, *UJb* 15, 389-402.

Bazin, L. 1991, éd. *Les systèmes chronologiques dans le monde turc ancien*. Budapest/Paris.

BeDuhn J. D. 2000. *The Manichaean Body in Discipline and Ritual*, Baltimore: The Johns Hopkins University Press.

BeDuhn J. D. 2001. Middle Iranian and Turkic Texts Associated with Manichaean Art from Turfan, Appendix I to Manichaean Art in Berlin Collections, by Z, Gulásci, Turnhour: Brepols, 209-244.

Benveniste, É. 1938. Notes sogdiennes, *BSOS*, IX, 495-518.

Bhattacharya-Haesner, Ch. 2003. *Central Asian Temple Banners in the Turfan Collection of the Museum für Indische Kunst, Berlin. Painted Textiles from the Northern Silk Route*, Berlin: Dietrich Reimer Verlag.

Bosson, J. E. 1961. A Rediscovered Xylograph Fragment from the Mongolian 'phags-pa Version of the *Subhasitaratnanidhi*, *CAJ* 6, 85-102.

Boyce, M. 1960. A *Catalogue of the Iranian Manuscripts in Manichaean Script in the German Turfan Collection*, Berlin: Akademie Verlag.

Boyce, M. 1975. *A Reader in Manichaean Middle Persian and Parthian* (Acta Iranica 9), Teheran and Liege.

BTT I = G. Hazai & P. Zieme, *Fragmente der uigurschen Version des "Jin' gangjing mit den Gāthās des Meister Fu"*, Berlin 1971.

BTT II = K. Röhrborn, *Eine uigurische Totenmesse*, Berlin 1971.

BTT III = S. Tezcan, *Das uigurische Insadi-Sūtra*. Berlin 1974.

BTT IV = Sundermann, W., *Mittelpersische und parthische kosmogonische und Parabeltexte der Manichaer*, Berlin 1973.

BTT V = P. Zieme, *Manichäisch-türkische Texte*. Berlin 1975.

BTT VI = KCBT I.

BTT VII = G. Kara & P. Zieme, *Fragmente tantrischer Werke in Uigurischer Übersetzung*. Berlin 1976.

BTT VIII = G. Kara & P. Zieme, *Die uigurischen Übersetzungen des Guruyogas "Tiefer Weg" von Sa-skya Pandita und der Mañjuśrīnāmasamgīti*. Berlin 1977.

BTT X = M. Taube, *Die Tibetica der Berliner Turfansammlung*. Berlin 1980.

BTT XIII = P. Zieme, *Buddhistische Stabreimdichtungen der Uiguren*. Berlin 1985.

BTT XIV = KCBT II.

BTT XV = W. Sundermann, *Ein manichäisch-soghdisches Parabelbuch*, Berlin 1985.

BTT XVI = Cerensodnom, D. & M. Taube, 1993.

BTT XVII = W. Sundermann, *Der Sermon vom Licht-Nous: eine Lehrschrift des östlichen*

Manichäismus; *Edition der parthischen und soghdischen Version*, Berlin 1992, 165 +40pls.

BTT XVIII = P. Zieme, *Altun Yaruq Sudur. Vorworte und das erste Buch. Edition und Übersetzung der alttürkischen Version des Goldglanzsūtra* (*Suvarnaprabhāsottamasūtra*), Turnhout 1996.

BTT XIX = W. Sundermann, *Der Sermon von der Seele. Eine Lehrschrift des östlichen manichäismus. Edition der parthischen und sogdischen Version*, *mit einem Anhang von Peter Zieme*, *Die türkischen Fragmente des "Sermons von der Seele"*. Turnhout 1997.

BTT XX = P. Zieme, *Vimalakīrtinirdeśasūtra. Edition alttürkischer Übersetzungen nach Handschriftfragmenten von Berlin und Kyoto*, Turnhout 2000.

BTT XXI = J. Wilkens, *Die drei Körper des Buddha* (*trikāya*), Turnhout, 2000.

BTT XXIII = P. Zieme, *Magische Texte des uigurischen Buddhismus*, Brepols 2005.

Bullitt, J. O. 1989. Princeton's Manuscript Fragments from Tun-Huang, *The Gest Library Journal*, III. 1-2, 7-29.

Carter, Th. F. 1925. *The Inventing of Printing in China and Its Spread Westward*, New York.

Cerensodnom, D. 1963. *Ob odnom stichotvorenii iz Turfanskogo sbornika*, Ulaanbaatar.

Cerensodnom, D. 1969a. Turfany cugluulgyn II-r devter dech TM(5) D130, *MS* 7, fasc. 3, 39-51.

Cerensodnom, D. 1969b. *XIV zuuny Üeijn jaruu najragc Cojzi-odser*, Ulaanbaatar.

Cerensodnom, D. 1971. Sur un texte mongol extrait du recueil de Turfan, *Etudes mongoles*, cahier 2, 1-36.

Cerensodnom, D. 1975. Turfany cugluulgyn T II 607, *MS* 3, fasc. 13, 222-227.

Cerensodnom, D. 1981. Ein mongolisches Gedicht ueber die *Prajnaparamita* aus der Berliner Turfan-Sammlung, *AoF* 8, 333-335.

Cerensodnom, D. & C. Altangerel, 1965. Turfany cugluulgyn TM 40, *MS*, 5, Fasc. 6, 147-170.

Cerensodnom, D. & M. Taube, 1993. *Die Mongolica der Berliner Turfansammlung* (BTT, XVI), Berlin, Akademie Verlag.

Chen Guocan (tr. J. K. Skaff), 2000. The Turfan Documents at Princeton's Gest Collection, *Early Medieval China*, 6, 74-103.

Chen Huaiyu, forthcoming. Chinese Manuscripts from Dunhuang and Turfan at East Asian Library, *East Asian Library Journal*.

Clark, L. V. 1975. *Introduction to the Uyghur Civil Documents of East Turkestan* (13*th*-14*th CC.*), Indiana University, Ph. D. Dissertation.

Clark, L. 1982. The Manichaean Turkic Pothi-book, *AoF* 9, 145-218.

Clark, L. 1997. The Turkic Manichaean Literature, *Emerging from Darkness. Studies in the Recovery of Manichaean Sources*, eds. P. Mirecki & J. BeDuhn, Leiden: Brill, 89-141.

Clark, L. 2000. The Conversion of Bügü Khan to Manichaeism, *Studia Manichaica. IV*, *Internationaler Kongreß zum Manichäismus*, *Berlin* 14 - 18. *Juli* 1997, Berlin, 83-123.

Clauson, G. 1971. A Late Uyğur Family Archive, *Iran and Islam. In Memory of the Late V.*

Minorsky, Edinburgh University Press, 167-196.

Clauson, G. 1973. Two Uygur Administrative Orders, *UAJb* 45, 213-222.

Cleaves, F. W. 1954. The *Bodistw-a cari-a awatar-un tayilbur* of 1312 by Cosgi Odsir, *HJAS* 17, 1-129.

Cleaves, F. W. 1959. An Early Mongolian Version of the Alexander Romance, *HJAS* 22, 1-99.

Cuguevskii, L. I. 1983. *Kitaiskie Dokumenti iz Dun' khuana*, Vol. I, Moscow.

Damdinsürüng, C. 1959. *Mongghol uran Jokiyal-un degeji jaγun bilig orusibai*, Ulaanbaatar qota (= CSM 14).

Drège, J. -P. 1989. Review of *Katalog chinesischer buddhistischer Textfragmente* I-II, *Orientalistische Literaturzeitung* 84. 1, 84-88.

Drège, J. -P. 1999. On Some Minor Collections of Chinese Manuscripts and Xylographs from Central Asia in European Libraries,《敦煌文薮》(上),新文丰出版公司,39-60 页。

Eberhard, W. 1936. Sinologische Bemerkungen zu den türkischen Kalenderfragmenten, G. R. Rachmati, *TTT VII*, 83-99.

Ebert, J. 2000. Ein Vimalakīrti-Bildfragment aus Turfan, *BTT* XX, 197-202.

Ehlers, G. 1982. Ein alttürkisches Fragment zur Erzählung vom Töpfer, *UAJ* N. F. 2, 175-185.

Ehlers, G. 1983. Notabilia zur alttürkischen Oberstufenzählung, *UAJ* N. F. 3, 81-87.

Ehlers, G. 1987. *Alttürkische Handschriften*, *Teil* 2. *Das Goldglanzsutra und buddhistische Legendenzyklus Daśakarmapathāvadānamālā Depositum der Preussischen Akademie der Wissenschaften*. (Staatsbibliothek Preussischer Kulturbesitz, Berlin), Stuttgart 1987.

Ehlers, G. 1990. Kurzfassungen buddhistischen Legenden im Alttürkischen, *Buddhistische Erzahlliteratur und Hagiographie in türkischer Überlieferung*, Wiesbaden, 1-14.

Elverskog, J. 1997. *Uygur Buddhist Literature* (Silk Road Studies I), Turahout: Brepols.

Erdal, G. 1991. *Old Turkic Word Formation. A Function Approach to the Lexicon*. 2 Bde. Wiesbaden. Turcologica 7.

Farquhar, D. M. 1973. Rezension zu Ligeti, *Monuments preclassiques* 1, Budapest 1972 (MLMC 2 und IVLM 2), in *HJAS* 33, 251-259.

Fedakâr, D. 1994a. Das Alttürkischen in sogdischer Schrift Texmaterial und Orthographie, *UAJb* N. F. 13, 133-157.

Fedakâr, D. 1994b. Alttürkische Vimalakīrtinirdeśa-Fragmente in sogdischer Schrift, *Memoriae Munusculum. Gedenkband für Annemarie von Gabain*, 43-53.

Finch, R. 1993. Chapters XVI and VII from the Uighur *Suvarnaprabhāsottamasūtra* (*Altun Yaluq*), *TUBA* 17, 37-116.

Francke, A. H. 1924a. Tibetische Handschriftenfunde aus Turfan, *SPAW*, 5-20.

Francke, A. H. 1924b. Weitene tibetische Handschriftenfunde von Turfan, *SPAW*, 110-118.

Francke, A. H. 1925. Übersetzung eines Briefes aus Turfan, wahrscheinlich aus dem 8. Jahrhundert, der von einem Krankheitsfall berichtet, *Archiv für Geschichte der Medizin* (*Leip-*

zig), 17, 198-199.

Francke, A. H. 1927. Ein Dokument aus Turfan in tibetischer Schrift, aber unbekannter Sprache, *SPAW*, 124-130.

Francke, A. H. 1928a. Drei weitere Bläter des tibetischen Losbuches von Turfan, *SPAW*, 110-118.

Francke, A. H. 1928b. Königsnamen von Khotan (*a.·ma. ca*) auf tibetischen Dokumenten der Turkistansammlungen von London und Berlin, *SPAW*, 671-676.

Franke, H. 1962. Zur Datierung der mongolischen Schreiben aus Turfan, *Oriens* 15, 399-410.

Franke, H. 1964a. *Mittelmongolische Kalenderfragmente aus Turfan*, München [SBAW 1964, H.2].

Franke, H. 1964b. A Mongol (Yüan) Calendar Fragment From Turfan, *CINA* 8, 32-34.

Franke, H. 1968a. Ein weiteres monglisches Reisebegleitschreiben aus Chaghatai (14. Jh.), *ZAS* 2, 7-14.

Franke, H. 1968b. Bruchstuecke einer buddhistischen Schrift ueber die Suendenfolgen aus den mongolischen Turfan-Fragmenten, *Studies in South, East, and Central Asia*, ed. D. Sinor New Delhi, 37-44.

Franke, H. 1970. Zwei mongolische Textfragmente aus Zentralasien, in: *Mongolian Studies* [BOH 14], Budapest, 137-147.

Franke, H. 1975. Ein mongolisches Freibrief aus dem Jahre 1369, *UAJb* 47, 64-71.

Franke, H. 1976. Ein mongolisches Freibrief-Fragment aus den Turfanfunden (TM 92), [Voigt], *Folia rara* [VOHD Suppl. 19], Wiesbaden, 29-33.

Franke, H. 1977. A Sino-Uighur family portrait: notes on a woodcut from Turfan, *Canada-Mongolia Review*, IV.1, 33-40.

Franke, H. 1978. Additional Remarks on the Mongolian Turfan Fragment TM 92, *CMR* 3, No.1, 33-39.

Franke, H. 1981. Klein Nachlese zu der mongolischen Mahākālī-Hymne aus Turfan, *ZaS* 15, 11-26.

Franke, H. 1982. Ergaenzung, *ZaS* 16, 473.

Franke, H. 1994. Chinesische Nachrichten über Karunadaz und seine Familie, *Turfan, Khotan und Dunhuang*, ed. R. E. Emmerick et al., Berlin: Akademie Verlag, 83-93.

Gabain, A. Vcn, 1955. Alttürkische Datierungsformen. *UAJb* 27, 191-203.

Gabain, A. von, 1950. Steppe und Stadt im Leben derältesten Türken, *Islam* XXIX, 30-62.

Gabain, A. von, 1959. Das alttürkische, *Philologiae Turcicae Fundamenta*, Wiesbaden, 21-45.

Gabain, A. von, 1964. Die alttürkische Literatur, *Philologiae Turcicae Fundamenta*, II, eds. Bazin et al., Wiesbaden: Franz Steiner, 211-243.

Gabain, A. von, 1967. Die Drucke der Turfan-Sammlung, *SDAW*, 1967-1, 5-40 + 14pls.

Gabain, A. von, 1973. Ksitigarbha-kult in Zentralasien, Buchillustrationen aus den Turfan-Funden, H. Härtel, et al. (eds.), *Indologen-Tagung* 1971, *Verhandlungen der Indologis-*

chen Arbeitstogung im Museum für Indische Kunst（*Berlin*）7-9 *Oktober* 1971，Wiesbaden 1973，47-71.

Gabain，A. von，1974. *Alttürkische Grammatik*，Leipzig.

Gabain，A. von，1976a. Ein chinesisch-uigurischer Blockdruck，*Tractata Altaica. Denis Sinor，Sexagenario Optime de Rebus Altaicis Merito Dedicata*，Wiesbaden，203-207 +3pls.

Gabain，A. von，1976b. Alttürkische Texte in Sogdischer Schrift，*Hungaro-Turcica. Studies in honour of Julius Németh*. Budapest 1976，69-77.

Gabain，A. von，1977. The Purgatory of the Buddhist Uigurs-Book Illustrations from Turfan，*Mahāyana Art after A. D.* 900，London，25-35.

Gandjeï，T. 1970. The Prosodic Structure of an old Turkish Poem，*W. B. Henning Memorial Volume*，London，157-160.

Geissler，F. & P. Zieme 1970. Uigurische Pañcatantra-Fragmente，*Turcica. Revue d'Études Turques* II，32-69.

Geng Shimin，J. P. Laut & G.-J. Pinault，2004. Neue Ergebnisse der *Maitrisimit*-Forschung（II）：Struktur und Inhalt des 26. Kapitels，《内陆ウジウ言语の研究》19，29-94.

Giles，L. 1957. *Descriptive Catalogue of the Chinese Manuscripts from Tunhuang in the British Museum*，London.

Grenet，F. 2004. An illustrated astrological manuscript from the Turfan collection，荣新江、李孝聪编《中外关系史：新史料与新问题》，北京，科学出版社，271-279 页。

Grenet，F. & G.-J. Pinault 1997，Contacts des traditions astrologiques de l'Inde et de l'Iran，d'après une peinture des collections de Turfan，*Comptes rendus de l'Académie des Inscriptions et Belles-Lettres*，1003-1063.

Grünwedel，A. 1906. *Bericht über archaologische Arbeiten in Idiku-tschari und Umgebung im Winter* 1902-1903，München.

Grünwedel，A. 1912. *Altbuddhistische Kultstatten in Chinesisch-Turkistan*，*Bericht über archaologische Arbeiten von* 1906 *bis* 1907 *Kuca*，*Qarasahr und in der Oase Turfan*，Berlin.

Gulásci，Z. 2000. Rules of Page Arrangement in Manichaean Illuminated Book Fragments，*Studia Manichaica. IV*，*Internationaler Kongreβzum Manichäismus*，*Berlin* 14 - 18. *Juli* 1997，Berlin，270-307.

Gulásci，Z. 2001. *Manichaean Art in Berlin Collections*（Corpus Fontium Manichaeorum：Series Archaeologica et Iconographica I）. Turnhour：Brepols.

Gulásci，Z. 2003. Dating the 'Persian' and Chinese Style Remains of Uygur Manichaean Art：A New Radiocarbon Date and Its Implications for Central Asian Art History，*Arts Asiatiques*，58，5-33.

Gulásci，Z. 2004. Text and Image in Manichaean Book Art：A Preliminary Study on Contextual Cohesion，*Turfan Revisited*，Berlin，100-1110.

Gulásci，Z. 2005. Mani's "Picture-Box"? A study of a Chagatai textual reference and its supposed picturial analogy from the British Library，*Il Manicheismo nuove Prospettive della Richerca*，eds. A. van Tongerloo，Turnhout：Brepols，149-166.

Haenisch, E. 1954. *Mongolica der Berliner Turfan-Sammlung, I: Ein buddhistisches Druckfragment vom Jahre* 1312, ADAW, [1953], Nr. 3.

Haenisch, E. 1959. *Mongolica der Berliner Turfan-Sammlung, II: Mongolische Texte der Berliner Turfan-Sammlung in Faksimile*, ADAW, 1959, Nr. 1.

Halévy, J. 1908. Babylone dans l'Avesta, les Jatakas, et le fragment ouigour du Tourfan, *Revue sémitique*, 16, 438-446.

Hamilton, J. R. 1969. Un acte ouïgourde vente de terrain provenant de Yar-Khoto, *Turcica* 1, 26-52.

Hamilton, J. 1977. Le pays des Tchong-Yun, Cungul, ou Cumuda au Xe Siècle, *JA* 265, 351-379.

Hamilton, J. 1992. Calendriers manichéens ouïgours de 988, 989, et 1003, *Mélanges offerts à Louis Bazin*, Paris, 7-23.

Härtel, H. et al. 1982. *Along the Ancient Silk Routes, Central Asian Art from the West Berlin State Museums*, New York.

Härtel, H. et al. 1986. *Museum für Indische Kunst Berlin*, Stuttgartund Zurich.

Hartmann, J. U., K. Wille & P. Zieme 1996. Indrasennas Beichte Ein Sanskrit- text in uigurischer Schrift aus Turfan, *Berliner Indologische Studien* 9-10, 203-216.

Hartmann, J.-U. & Maue, D. 1994. Die indisch-türkische Bilingue *TT VIII* G, *Turfan. Khotan und Dunhuang*. Berlin, 147-163.

Hazai, G. 1970. Ein buddhistisches Gedicht aus der Berliner Turfan-Sammlung, *AOH*, XXII, 1-21.

Hazai, G. 1974. Die Turfantexta und ihre Erforschung, *Das Altertum* 20, 230-236.

Hazai, G. 1975. Fragmente eines uigurischen Blockdruck-Faltbuches, *AoF* 3, 91-105.

Hazai, G. 1976a. Ein uigurisches Blockdruckfragment der Berliner Turfan-Sammlung, *AoF* 6, 231-234 + Tafel 1-5.

Hazai, G., 1976b. Ein uigurisches Kolophon zu einem Avalokiteśvara-Lobpreis, *Tractata Altaica*, Wisbaden, 273-276.

Hazai, G. & P. Zieme 1968. Ein uigurisches Blockdruckfragment einer einleitung zum *Vajracchedikāsūtra*, *AOH* 21, 1-14.

Heissig, W. 1976. *Die mongolischen Handschriften-Reste aus Olon sueme*, *Innere Mongolei* (16-17. *Jhdt.*), Wiesbaden.

Henning, W. B. 1934. Zum zentralasiatischen Manichäismus, *OLZ*, XXXVII. 1, 1-11

Henning, W. B. 1936a. Neue Materialien zur Geschichte des Manichäismus, *ZDMG*, 1-18.

Henning, W. B. 1936b. Ein manichäisches Bet- und Beichtbuch, *APAW*, Nr. 10, 143p.

Henning, W. B. 1938. Argi and the "Tokharians", *BSOS*, IX. 3, 545-571.

Henning, W. B. 1940. Sogdica, *James G. Forong Fund*, Vol. XXI, *Royal Asiatic Society*, London.

Henning, W. B. 1943. The Book of the Giants, *BSOAS*, XI, 52-74.

Henning, W. B. 1945a. Sogdian Tales, *BSOAS*, XI, 465-487.

Henning, W. B. 1945b. The Manichaean Fasts, *JRAS*, 146-164.

Henning, W. B. 1948. A Sogdian Fragment of the Manichaean Cosmogony, *BSOAS* XII, 306-318.

Henning, W. B. 1959. A Fragment of the Manichaean Hymn-cycles in Old Turkish, *AM New Series*, 7, 122-124.

Hübotter, F. 1929. Zwei bitetische Textfragmente medizinischen Inhalts aus Turfan, *Internationale Beiträge zur Geschichte der Medizin* (*Festschrift Max Neuburger*), Wien, 188-191.

Jackson, A. V. W. 1929. The Term *ro č varmh* in A Turkish Manichaean Fragment, *Language* 5, 97-99.

Kahar, B. 1990. Sïngqo Säli tutung Traducteur du Säkiz Yükmäk Yaruq nom, *JA* 278, 155-166.

Kahar, B. 2000. *The Uigur-Turkic Biography of the Seventh-Century Chinese Buddhist Pilgrim Xuanzang. Ninth and Tenth Chapters.* Bloomington.

Kara, G. 1979. Weitere mittelmongolische Bruchstuecke aus der Berliner Turfansammlung, *AoF*, 6, 181-203.

Kara, G. 1981. Weiteres über die uigurische Nāmasamgīti, *AoF* 8, 227-236.

Kara, G. 1991. Mittelchinesische im Spätuigurischen, *Ägypten Vorderasien Turfan*, eds. H. Klengel & W. Sundermann, Berlin, 129-133.

Kara, G. 2004. An Old Tibetan Fragment on Healing from the Sutra of the Thousand-Eyed and Thousand-Handed Great Compassionate Bodhisattva Avalokiteśvara in the Berlin Turfan Collection, *Turfan Revisited*, Berlin, 141-146.

Kara, G. & P. Zieme 1986. Die uigurische Übersetzung des apokryphen Sūtras "fo ding xin da tuo luo ni", *AoF* 13, 318-376.

Kasai, Y. 2004. Ein Kolophon um die Legende von Bokug Kagan,《内陆ウジウ言语の研究》19, 1-27.

Kaya, C. 1994. *Uygurca Altun Yaruk*. Ankara.

KCBT I = G. Schmitt & Thilo, T. *Katalog chinesischer buddhistischer Textfragmente* I (BTT VI), Berlin 1975.

KCBT II = Thilo, T. *Katalog chinesischer buddhistischer Textfragmente* II (BTT, XIV), Berlin 1985.

Kimm, Chung Se 1925. Ein Chinesisches Fragment des Pratimoksa aus Turfan, *Asia Major*, 597-608.

Klimkeit, H.-J. 1982. *Manichaean Art and Calligraphy* (Iconography of Religions, 20), Leiden: E. J. Brill.

Klimkei, H.-J. 1993. *Gnosis on the Silk Road. Gnostic Texts from Central Asia*, San Francisco.

Klimkei, H.-J. 1995. Der Licht-NoYΣ im Korpus der uigurischen Manichaica, The Manichaean NoYΣ, ed. A. van Tongerloo, Lovanii, 167-175.

Klimkeit, H.-J. & H. Schmidt-Glintzer, 1984. Die türkischen Parallen zum chinesisch-manichäischen Traktat, *ZaS* 17, 82-117.

namag), *APAW* 1912, Berlin, 1-40.

Müller, F. W. K. 1918. Toχri und Kuišan [Küšän], *SPAW*, XXVII, 566-586.

Müller, F. W. K. 1920. Uigurica III. Uigurische Avadāna-Bruchstücke I-VIII, *APAW*, Nr. 2, 93pp.

Müller, F. W. K. & A. von Gabain, 1931. Uigurica IV, *APAW*, 675-727.

Müller, F. W. K. & W. Lentz, 1934. Soghdische Texte. II, Aus dem Nachlaβ herausgegeben von Wolfgang Lentz, *SPAW*, 21, 504-607.

Nishiwaki, Tsuneki, 2001. *Chinesische Texte vermischten Inhalts aus der Berliner Turfansammlung* (*Chinesische und manjurische Handschriften und seltene Drucke*. Teil 3), Stuttgart: Franz Steiner Verlag.

Nishiwaki, Tsuneki, 2004. A Divination Text Regarding Solar Eclipses, Lunar Eclipses and Earthquakes Based on the Correlation with Days in the Twenty Eight Lunar Mansions, *Turfan Revisited—The First Century of Research into the Arts and Cultures of the Silk Road*, eds. D. Durkin-Meisterernst et al., Berlin: Dietrich Reimer Verlag, 240-248.

Oda, J. 1983. New Fragments of the Buddhist Uighur Text *Säkiz yükmäk yaruq*, *AoF* 10, 125-142.

Oda, J. 1991. On baš bitig, ' ydyš bitig, čïn bitig. Notes of the Uighur Docuemnts Related to a Person Named Turï, *TDA* 1991, Ankara, 37-46.

Oda, J. 1992. A Recent Study on the Uighur Docuemnts of Pintung's Petition, *TDA*. Ankara, 35-46.

Oda, J. 1993. Eski Bir Türk Şiirindeki Yol Temür Adli Bir Zat Üzerine, *TDA* 3, 139-146.

Oda, J. 1998. A Fragment of the Commentary on the *Säkiz yükmäk yaruq sūtra*, Bahşi Ögdisi. *Festschrift für Klaus Röhrborn anlässlich seines* 60. *Geburtstages*, Istanbul, 231-234.

Oldenburg, S. von, 1912. Nachtrag zu W. Radloff, Alttürkischen Studen VI, *Известия Академий Наук*, 779-782.

Ölmez, M. 1993. Ein weiteres alttürkischen Pañcatantra-Fragment, *UAJb* N. F. 12, 179-191.

Orkun, H. N. 1939. *Eski Türk Yazitlari*, Ⅱ, Istanbul.

Poppe, N. 1957. Eine mongolische Fassung der Alexandersage, *ZDMG* 107, 105-129.

Poppe, N. 1959/1960. Ein mongolisches Gedicht aus den Turfan-Funden, *CAJ* 5, 257-294.

Poppe, N. 1962. An Oyrat *Vajracchedika* Fragment from Turfan, *CAJ* 7, 170-178.

Porció, T. 2003. On the Brāhmī Glosses of the Uygue Sitātapatrā Text, *CAJ* 47, 91-109.

Rachmati, G. R. 1930. Zur Heilkunde der Uiguren. *SPAW*, 451-473.

Rachmati, G. R. 1932. Zur Heilkunde der Uiguren. Ⅱ, *SPAW*, 401-448.

Radloff, W. 1899. Altuigurische Sprachproben aus Turfan, In. D. Klementz, *Nachrichten über die von der Kaiserlichen Akad. Der Wiss. Zu St. Petersburg im Jahre* 1898 *ausgerüstete Expedition nach Turfan*, St. Petersburg, 55-83.

Radloff, W. 1905. Uigurische Schriftstücke, in Text und Übersetzung, In. A. Grünwedel, *Bericht über archäologische Arbeiten in Idikutschari und Umgebung im Winter* 1902-1903, München, 181-195.

Radloff, W. 1908. Die vorislamitischen Schriftarten der Türken und ihr verhältniss zu den Sprache derselben, *Известия Академий Наук*, 834-856.

Radloff, W. 1909. Alttürkischen Studen Ⅰ, *Известия Академий Наук*, 1202-1218.

Radloff, W. 1910. Alttürkischen StudenIII/2, *Известия Академий Наук*, 1030-1036.

Radloff, W. 1911. *Kuan-ši-im Pusar. Ein Türkische Übersetzung des XXV. Kapitels de Chinesischen Ausgada des Saddharmapundarīka* (Bibliotheca Buddhica XIV), St. Petersburg.

Radloff, W. 1912. Alttürkischen Studen VI, *Известия Академий Наук*, 747-778.

Radloff, W. 1928. *Uigurische Sprachdenkmäler*, Leningrad.

Radloff, W. & B. A. von Staël-Holstein, 1910. *Tišastvustik. Ein in Türkischer sprache Bearbeitetes buddhistisches sūtra* (Bibliothca Buddhica XII), St. Petersburg.

Ramstedt, G. J. 1909. Mongolische Briefe aus Idiqut-Schaehri bei Turfan, SPAW, 838-848.

Ramstedt, G. J, 1940. Four Uigurian Documents, *Across Asia from West to East in* 1906-1908, Vol. 2, Helsinki, 1-12.

Raschmann, S.-Ch. 1991. Die alttürkischen Turfantexte ats Quelle zur Erforschung der socialökonomischen Geschichte Zeutralusiens, Ägypten Verderasien Turfan, 141-149.

Raschmann, S.-Ch. 1995a. *Baumwolle im türkischen Zentralasien* (VdSUA 44), Wiesbaden.

Raschmann, S.-Ch. 1995b. Dies ist der Lobpreis des Mannes, *Iran und Turfan. Beiträge Berlin Wissenschafter, Werner Sundermann zum* 60. *Geburstag gewidmet*, Wiesbaden, 183-191.

Raschmann, S.-Ch. 1997. Somaketus Traum von der goldenen Trommel. *Bauddhaviyāsudhākaruh. Studies in Honour of Heinz Berchert on the Occasion of His* 65th *Birthday*, ed. P. Kiefer-Pülz & J.-U. Hartmann, Swisttal-Odendorf, 537-542.

Raschmann, S.-Ch. 1998. Aus den Vorarbeiten F. W. K. Müllers zum Altun Yaruk Sudur, *Bahṣı Ögidisi. Festschrift für Klaus Röhrborn anläβlich seines* 60. *Geburtstags*, ed. J. P. Laut & M. Ölmey, Freiburg/Istanbul, 295-304.

Raschmann, S.-Ch. 2000. *Alttürkische Handschriften. Teil* 5. *Berliner Fragmente Des Goldglanzsūtra*. Stuttgart.

Raschmann, S.-Ch. 2000b. Bruchstück eines Kommentars zur Beschreibung der zehn *bhūmis*, *Festschrift für György Kara anlässlich seines* 65. *Geburtstages am* 23. *Juni* 2000 *in Berlin*, Istanbul/Berlin, 17-24.

Raschmann, S.-Ch. 2002. *Alttürkische Handschriften*. Teil 6. *Berliner Fragmente Des Goldglanzsūtra*. Stuttgart.

Raschmann, S.-Ch. 2005. *Alttürkische Handschriften*. Teil 7. *Berliner Fragmente Des Goldglanzsūtra*. Stuttgart.

Raschmann, S.-Ch. & P. Zieme 1985. Ein *Bodhicaryāvatāra*-Kommentar in alttürkischer Überlieferung, *AoF* 12, 309-318.

Raschmann, S.-Ch. & T. Takata 1993. Ein chinesischer Turfan-Text mit uigurischen phonetischen Glossen, *AoF* 20, 1993, 391-396 + 2pls.

Rásonyi, L. 1930. Das uigurische Asop-Josïpas-Fragment, *Byzantinisch-Neugriechische Jahrbücher* 7, 429-443.

Reck, Ch. & W. Sundermann, 1997. Ein illustrierter mittelpersischer manichäischer Omen-Text aus Turfan, *ZaS*, 27, 7-23.

Röhrborn K. 1976. Fragmente der uigurischen Version des ' Dhāranī-Sūtra der grossen Barmherzigkeit, *ZDMG* 126, 87-100.

Röhrborn K. 1977-1998. *Uigurisches Wörterbuch. Sprachmaterial der vorislamischen türkischen Texte aus Zentralasien*, 1-6. Wiesbaden.

Röhrborn, K. 1991. *Die alttürkische Xuanzang-Biographie VII. Nach der handschrift von Leningrad, Paris und Peking sowie nach Transkript von Annemarie von Gabain*, Xuanzangs Leben und Werk, Teil 3. Wiesbaden.

Röhrborn, K. 1996. *Die alttürkische Xuanzang-Biographie VIII. Nach der handschrift von Leningrad, Paris und Peking sowie nach Transkript von Annemarie von Gabain*, Xuanzangs Leben und Werk, Teil 5. Wiesbaden.

Rong Xinjiang 2001. The Relationship of Dunhuang with the Uighur Kingdom in Turfan in the Tenth Century, *De Dunhuang à Istanbul*, *Hommage à James Russel Hamilton* (*Silk Road Studies* V), ed. by Louis Bazin et Peter Zieme, Turnhout: Brepols, 275-298.

Rong Xinjiang 2003. Chinese Inscriptions on the Turfan Textiles in the Museum of Indian Art, Berlin, *Appendix II to Central Asian Temple Banners in the Turfan Collection of the Museum für Indische Kunst*, *Berlin. Painted Textiles from the Northern Silk Route*, by Ch. Bhattacharya-Haesner, Berlin: Dietrich Reimer Verlag, 475-476.

Sander, L. 1991. Towards the Identification of a Woodcut Illustration of the Aparimitāyur-(Nāma)-Jñāna-Mahāyānasūtra, *AKSAYANĪVĪ*, Delhi, 153-162.

Schaeder, H. H. 1925. Die islamische Lehre vom vollkommenen Menschen, ihre Herkunft und ihre dichterische Gestaltung, *ZDMG* 79 (N. F. 4), 192-268.

Scharlipp, W. 1986. Fragments eines uigurischen Kommentars zur Trim ś ikā- vijñaptimātratāsiddhi des Vasubandhu, *UAJb* N. F. 6, 122-136.

Schmidt, K. T. 2001. Die westtocharische Version des Aranemi-Jātakas in deutscher Übersetzung, *De Dunhuang à Istanbul*, *Hommage à James Russel Hamilton* (*Silk Road Studies* V), ed. by Louis Bazin et Peter Zieme, Turnhout: Brepols, 299-327.

SEDTF, *Sprachwissenschaftliche Ergebnisse der deutschen Turfan-Forschung*. 1-2, Leibzig 1972; 3, Leibzig 1985, 4, Berlin 1983.

Sertkaya, O. 1985. Fragmente in alttürkische Runenschrift aus den Turfan-Funden, *Runen, Tamgas und Graffiti aus Asien und Osteuropa*, Wiesbaden, 133-164.

Sertkaya, O. 1989. Ein Fragment eines alttürkischen Lobpreises auf Tämür Qaγan, *AoF* 16, 189-192 + Abb. 1.

Sertkaya, O. 1991. Uigur para belgeleri (I Bölüm. kümüş), *Исследование Языковых Систем в Синхронии и Диахронии к70-летию Э. Р. Тенишева*, Москва, 114-136.

Sertkaya, O. 1994. Die Geschichte der im Zweiten Weltkrieg verlorengangenen und zerstörten uigurischen Texte und das altuigurische Bruchstücke mit Sternnamen, *Turfan. Khotan und Dunhuang*, Berlin, 279-291.

Sertkaya, O. 2002. Zu einigen neuen uigurischen Landverkaufsverträgen, *Splitter aus der Gegend von Turfan, Festschrift für Peter Zieme anläßlich seines* 60. *Geburtstags*. ed. Mehmet Ölmez & S.-Ch. Raschmann. Istanbul/Berlin, 267-289.

Sertkaya, Osman & Kogi Kudara 1987. *A Provisional Catalogue of Central Asian Fragments Preserved at the Library of Istanbul University* (unpublished), Istanbul.

Sertkaya, O. & K. Röhrborn 1984. Bruchstücke der alttürkischen Amitābha- Literatur aus Istanbul, *UAJb* N. F. 4, 97-117.

Shōgaito, M. 2001. Uighur Fragments of *Nidāna-sūtra*, *Issues in Eurasian Languages I*, Kyoto University, 119-128.

Shōgaito, M. 2002. Fragments of Uighur *Daśabala sūtra*, *Splitter aus der Gegend von Turfan*, *Festschrift für Peter Zieme anläßlich seines* 60. *Geburtstags*. ed. Mehmet Ölmez & S.-Ch. Raschmann. Istanbul/Berlin, 291-297.

Shōgaito, M. 2004. How Were Chinese Characters Read in Uihgur? *Turfan Revisited*, Berlin, 321-324.

Shōgaito, M. & Abdurishid Yakup 2001. Four Uyghur fragments of Qian-zi-wen 'Thousand Character Essay', *Turkic Languages* Vol. 5, 3-28.

Sims-Williams, N. 1976. The Sogdian Fragments of the British Library, *IIJ*, 18, 43-74.

Sims-Williams, N. 1992. Sogdian and Turkish Christians in the Turfan and Tun-huang Manuscripts, *Turfan and Tun-hunag: the texts*, Firenze, 43-61.

Sims-Williams, N. & H. Halén, 1980. The Middle Iranian Fragments in Sogdian Script from the Mannerheim Collection, *Studia Orientalia* 51, 13, Helsinki, 3-11.

Sims-Williams, N. & J. Hamilton, 1990. *Documents turco-sogdiens du IXe-Xe siècle de Touenhouang*. London.

Skajævø, P. O. 1996. Zarathustra in the Avesta and in Manicheism. Irano-Manichaica IV, *La Persia e l'Asia Centrale da Alessandro al X Secolo*, Roma 1996, 597-628.

Stein, A. 1921. *Serindia*, Oxford.

Stein, A. 1928. *Innermost Asia*, Oxford.

Sundermann, W. 1986. Studien zur kirchengeschichtlichen Literatur der iranischen Manichaer I, *AoF*, 13, 40-92.

Sundermann, W. 1991a. Anmerkungen zu: Th. Thilo, Einige Bemerkungen zu zwei chinesisch- manichaischen Textfragmenten der Berliner Turfansammlung, *Ägypten*, *Vorderasien*, *Turfan*, Berlin, 171-174.

Sundermann, W. 1991b. Manichaean Traditions on the Date of the Historical Buddha, *The Dating of the Historical Buddha*, 1, ed. H. Bechert, Göttingen, 426-438.

Sundermann, W. 1992. Iranian Manichaean Turfan Texts concerning the Turfan Region, *Turfan and Tun-huang*, *the texts*, Firenze, 63-84.

Sundermann, W. 1993. An Early Attestation of the Name of the Tajiks, *Medioiranica*, Leuvan, 163-171.

Sundermann, W. 1994. Eine Liste manichäischer Götter in soghdischer Sprache, *Tradition und*

Translation, *Zum Problem der interkulturellen Übersetzbarkeit religiöser Phänomene*, *Festschrift für Carsten Colpe zum* 65 *Geburtstag*, ed. Christoph Elsas et al. , Berlin-New York Walter de Gruyter, 452-462.

Sundermann, W. 1996a. *Iranian Manichaen Turfan texts in early publications* (1904-1934) *Photo edition* (Corpus Inscriptionum Iranicarum. Supplementary Series, Vol. III), London.

Sundermann, W. 1996b. Three fragments of Sogdian letters and documents, *La Persia e l' Asia Centrale da Alessandro al X Secolo*, Roma, 99-111.

Sundermann, W. 1996c. Iranische Personennamen der Manichäer", *Die Sprache. Zeitschrift für Sprachwissenschaft*, XXXVI, 1994, 244-270.

Sundermann, W. 1997. How Zoroastrian is Mani's Dualism? *Atti del Terzo Congresso Internazionale di Studi Manicheismo e Oriente Cristiano Antico*. Turnhout: Brepols, 341-360.

Sundermann, W. 2001. Eine soghdische Version der Aranemi-Legende. *De Dunhuang a Istanbul*, *Hommage à James Russell Hamilton*, ed. Louis Bazin & Peter Zieme. Turnhout: Brepols, 339-348.

Sundermann, W. and Y. Yoshida, 2001. Bazaklik, Berlin, and Kyoto. Manichaean Parthian hymn transcribed in Sogdian script, Ch. Reck et al. (eds.), *Manichaica Iranica*, Band 2, Rome, pp. 683-695.

Sundermann, W. & P. Zieme 1981. Soghdisch-Türkische Wortlisten, *Scholia. Beitrage zur Turkologie und Zentralasiennkunde* (Annemarie von Gabain zum 80. Geburstag am 4. Juli 1981 dargestell von Kollegen. Freunden und Schulern), Wiesbaden, 184-193.

Takata, T. 2004. The Chinese Language in Turfan with a Special Focus on the *Qieyun* Fragments, *Turfan Revisited—The First Century of Research into the Arts and Cultures of the Silk Road*, eds. D. Durkin-Meisterernst et al. , Berlin: Dietrich Reimer Verlag, 333-340.

Takeuchi, T. 1997. *Old Tibetan Manuscripts from Eastern Turkestan in the Stein Collection of the British Library*, I: Plates, Tokyo: The Centre for East Asian Cultural Studies for Unesco, The Toyo Bunko and London: The British Library.

Takeuchi, T. 1998. *Old Tibetan Manuscripts from Eastern Turkestan in the Stein Collection of the British Library*, II: Descriptive Catalogue, Tokyo: The Centre for East Asian Cultural Studies for Unesco, The Toyo Bunko and London: The British Library.

Taube, M. 1984, Nachlese zum monglischen Turfanfragment des *Bodhicaryavatara*, L. Ligeti ed. , *Tibetan and Buddhist Studies* 2, Budapest, 327-339.

Taube, M. 1987. Einige Worte zum uigurischen Bodhicaryāvatāra, *AoF* 14, 377-382.

Tekin, Ş. (unpbl). *Preußische Akademie der Wissenschaften. Turfan-Sammlung* (z. z. in Mainz). (unpublished).

Tekin, Ş. 1959. Altun Yaruk'un Çincesinin Almancaya tercümesi dolayisiyle, *TDAYB*, 293-306.

Tekin, Ş. 1960. *Uygurca Metinler*, *I. Kuanši im Pusar* (ses Işiten Ilâh), Erzurum.

Tekin, Ş. 1962. Prosodische Erklärung eines uigurischen Textes, *UAJb* 34, 100-106.

Tekin, Ş. 1965. Uygur Bilgini Singku Seli Tutung'un Bilinmeyen Yeni Bir Çevirisi Üzerine, *TDAYB*, 29-33.

Tekin, Ş. 1971. *Die Kapitel über die Bewuβtseinslehre im uigurischen Goldβglanzsūtra* (IX. und X.). Bearbeitet von Klaus Röhrborn/Peter Schulz. Wiesbaden.

Tekin, Ş. 1987. Altun Yaluk'un 20. bölümü. Iligler qanlarning köni törüsin aymağ (= *Rājaś astra*), *TUBA* 20, 133-210.

Tekin, Ş. 1988. Review of *Alttürkische Handschriften Teil* 2 by G. Ehlers, *TUBA* 12, 293-302.

Temir, A., K. Kudara & K. Röhrborn 1984. Die alttürkischen Abitaki- Fragmente des Etnografya Müzesi, Ankara, *Turcica* 16, 13-28.

Tezcan, S. & P. Zieme 1971. Uigurische Brieffragmente, *Studia Turcica*, Budapest, 451-460.

Tezcan, S. & P. Zieme 1994. Alttürkische Reimsprüche. Ein neuer Text, *Journal of Turkology* 2.2, 259-271.

Tezcan, S. 1975. *Eski Uygurca Hsüan-Tsang Biyografisi*. X. Bölüm, Ankara.

Thilo, T. 1968. Fragmente chinesischer Haushaltsregister aus Dunhuang in der Berliner Turfan-Sammlung, *Mitteilungen des Instituts für Orientforschung*, XIV, 303-313.

Thilo, T. 1970. Fragmente chinesischer Haushaltsregister der Tang-Zeit in der Berliner Turfan-Sammlung, *Mitteilungen des Instituts für Orientforschung*, XVI, 84-106.

Thilo, T. 1981. Ein chinesischer Turfan-text aus der Zeit der Qara-qitay, *Scholia*, Wiesbaden, 201-205.

Thilo, T. 1991. Einige Bemerkungen zu zwei chinesisch-manichaischen Textfragmenten der Berliner Turfan-Sammlung, *Ägypten Vorderasien Turfan*, eds. H. Klengel & W. Sundermann, Berlin, 161-170.

Thilo, T. 2002. Review of *Chinesesische und manjurische Handschriften und seltene Drucke* Teil 3. *Chinesische Texte vermischten Inhalts aus der Berliner Turfansammlung*, *Orientalistische Literaturzeitung* 97.3, 424-426.

Thomsen, W. 1910. Ein Blatt türkischer "Runen"-schrift aus Turfan. *SPAW*, 296-314.

Thomsen, W. 1928. Fragment of a Runic Turkish Manuscript Kao. 0107, from Kara-khōja, A. Stein, *Innermost Asia. Detailed Report of Explorations in Central Asia*, *Kan-su and Eastern Irān*, Vol. 4, Oxford, 1082-1083, Appendix Q.

Toalster, J. P. C. 1977. *Die uigurische Xuan-zang Biographie* 4. *Kapitel miyt Übersetzung und Kommentar*, Giessen.

Tongerloo, A. van, 1997. Manichaean Female Deities, *Atti del Terzo Congresso Internazionale di Studi Manicheismo e Oriente Cristiano Antico*. Turnhout: Brepols, 361-374.

Tongerloo, A. van, 1999. The Importance of Writing in the Central Asian Manichaean Milieu, *Studia Orientalia* 87 (Writing in the Altaic World), Helsinki, 253-261.

Tongerloo, A. van, 2000. Manichaeus Medicus, *Studia Manichaica* IV, Berlin: Akademie Verlag, 613-621.

Tongerloo, A. van, 2003. Two Manichaean Ladies, *Iranica Selecta. Studies in Honour of Professor Wojciech Skalmowski on the Occasion of his Seventieth Birthday* (Silk Road Studies VIII), Brepols 2003, 257-262, 281-282 (pls. I-II).

Tongerloo, A. van, 2005. The Buddha's First Encounter in a Manichaean Old Turkic Text, *Il Manicheismo nuove Prospettive della Richerca*, eds. A. van Tongerloo, Turnhout: Brepols, 385-396.

Tremblay, X. 2001. *Pour une histoire de la Serinde: le manicheisme parmi les peuples et religions d'Asie Centrale d'après les sources primaries.* Wien: Verlag der österreichischen Akademie der Wissenschaften.

Tryjarski, E. 1969. Note on the Turcica in Sir M. Aurel Stein's Collection, B. Uighur Manuscripts. seal on the Documents, *UAJb*, 42, 327-328.

TTD I = Yamamoto, T., O. Ikeda & Y. Okano. *Tun-huang and Turfan Documents concerning Social and Economic History*, I. Legal Texts (A)(B), Tokyo 1978-1980.

TTD II = Yamamoto, T. & Y. Dohi. *Tun-huang and Turfan Documents concerning Social and Economic History*, II. Census Registers (A)(B), Tokyo 1985.

TTD III = Yamamoto, T. & O. Ikeda. *Tun-huang and Turfan Documents concerning Social and Economic History*, III. Contracts (A)(B), Tokyo 1987.

TTD supplement = Yamamoto, T. et al. *Tun-huang and Turfan Documents concerning Social and Economic History*, supplement (A)(B), Tokyo 2001.

TTT I = Bang, W. & A. von Gabain, Türkische Turfan Texte. I. Bruchstück eines Wahrsagebuches, *SPAW*, Nr. 15, 1929, 241-268.

TTT II = Bang, W. & A. von Gabain, Türkische Turfan Texte. II, SPAW, 1929, 411-433.

TTT III = Bang, W. & A. von Gabain, Türkische Turfan Texte. III. Der grosse Hymnus auf Mani, *SPAW*, Nr. 13, 1930, 183-211.

TTT IV = Bang, W. & A. von Gabain, Türkische Turfan Texte. IV. Ein neues uigurisches Südenbekenntnis, *SPAW*, Nr. 24, 1930, 432-450.

TTT V = Bang, W. & A. von Gabain, Türkische Turfan Texte. V. Aus buddhistischen Schriften, *SPAW*, Nr. 14, 1931, 323-356.

TTT VI = Bang, W., A. von Gabain & G. R. Rachmati, Türkische Turfan Texte. VI. Das buddhistische Sūtra Säkiz yükmäk, *SPAW*, Nr. 10, 1934, 93-192.

TTT VII = Rachmati, G. R., Türkische Turfan Texte. VII, *APAW*, Berlin 1936, Nr. 12, 3-124.

TTT VIII = Gabain, A. von, Türkische Turfantexte VIII. Texte in Brāhmīschrift, *ADAW*, Nr. 7, Berlin, 1954.

TTT IX = Gabain, A. von & W. Winter, *Türkische Turfantexte IX. Ein Hymnus an den Vater Mani auf "Tocharisch" B alttürkischer Übersetzung*, *SBAW*, Nr. 2, 1958.

TTT X = Gabain, A. von & T. Kowalski, Türkische Turfan Texte. X. Das Avadāna des Dämons Âtavaka, *ADAW*, Nr. 1, Berlin 1959.

Tugusheva, L Ju. 1971. Three Letters of Uighur Princes from the MS Collection of the Leningrad

Section of the Institute of Oriental Studies, *AOH* 24-2, 173-187.

Tugusheva, L Ju. 1994. Ein Fragment eines frühmittelalterlichen uigurischen Textes, *Turfan. Khotan und Dunhuang*. Berlin, 353-359.

Tugusheva, L Ju. 2004. A Fragment of a Draft of an Early Medieval Uighur Verse Text, *Turfan Revisited*, Berlin,355-360.

Twitchett, D. C. 1970. *Financial Administration under the T' ang Dynasty*, Cambridge University Press, 2nd ed.

Umemura, H. 2004, The Uyghur Document SI 4b Kr. 71 Concerning the Sale of a Slave and the Loan of Silver, *Turfan Revisited*, Berlin, 358-360.

Vernadsky, O. 1936. Notes on the History of the Uighurs in the Late Middle Ages, *JAOS* 56, 453-461.

Waldschmidt, E. & W. Lentz 1933. Manichäische Dogmatik aus chinesischen und iranischen Texten, *SPAW*, 480-607.

Waldschmidt, E., 1955. Die Einleitung des Saṅgītisūtra, *ZDMG* 105, 298-318.

Wang Ding 2004. Ch 3586 - ein khitanisches Fragment mit uigurishen Glossen in der Berliner Turfansammlung, *Turfan Revisited*, Berlin, 371-379.

Wang Lien-tseng 1963. Remarques sur un nouveau recueil de documents phonologiques de Touen-houang, T' oung Pao, L, 239-256.

Warnke, I. 1978. *Eine buddhistische Lehrschrift über das Bekennen der Sünden. Fragmente der uigurischen Version des Cibei-daochang-chanfa*. Dissertation Akademie der Wissenschaften der DDR. (unpublished).

Warnke, I. 1981. Ein Uigurisches Kolophon aus der Berliner Turfan-Sammlung, *Scholia. Beiträge zur Turkologie und Zentralasienkunde*, *Festschrift für A. von. Gabain*, Wiesbaden, 215-220.

Warnke, I. 1983. Fragmente des 25. und 26. Kapitels des *Kšanti qïlγuluq nom bitig*, *AoF* 10, 243-268.

Weiers, M. 1967a. Zum Textfragment TM 40 aus der Berliner Turfan-Sammlung, *ZDMG* 117, 329-352.

Weiers, M. 1967b. Mongolische Reisebegleitschreiben aus Chaghatai, *ZAS* 1, 7-54.

Weller, F. 1955. *Zum Blockdruckfragmente des mongolisches Bodhicaryavatara der Berliner Turfansammlung*, Berlin(= ADAW 1954, Nr. 2).

Wilkens, J. 2000a. *Alttürkische Handschriften*. Teil 8. *Manichäisch-Türkische Texte der Berliner Turfansammlung*. Stuttgart.

Wilkens, I. 2000b. Neue Fragmente aus Manis Gigantenbuch, *ZDMG*, 150. 1, 133-176.

Wilkens, I. 2001/2002. Der manichäische Traktat in seiner alttürkischen Fassung-neues Material, neue Perspektiven, *UAJb* N. F. 17, 78-105.

Wilkens, J. 2002. Ein neuer alttürkischer Text zur manichäischen Beichtpraxis, *Splitter aus der Gegend von Turfan*, *Festschrift für Peter Zieme anläβlich seines* 60. *Geburtstags*. ed. Mehmet Ölmez & S. -Ch. Raschmann. Istanbul/Berlin, 395-407.

Wilkens, J. 2003a. Studien zur alttürkischen *Daśakarmapathāvadānamālā* (1) Die Udayana-Legende,《内陆ウジウ言语の研究》18, 151-185.

Wilkens, J. 2003b. *Alttürkische Handschriften*, 9. *Buddhistische Beichttexte*, Stuttgart.

Wilkens, J. 2004. Studien zur alttürkischen *Daśakarmapathāvadānamālā* (2) Die Legende vom Menschenfresser Kalmāsapāda, *AOH*, 57.2, 141-180.

Wille, K. 2004. Die zentralasiastischen Sanskrit-Fragmente in der Sammlung der Istanbuler Universitätsbibliothek, *Turfan Revisited*, Berlin, 380-392.

Yakup, A. 1999. Two Alliterative Uighur Poems from Dunhuang,《(京都大学)言语学研究》17-18, 1-25.

Yaldiz, M. & P. Zieme 2002. 100 Jahre Turfan-Expeditionen Wege der Forschung in Archäologie, Kunstgeschichte und Philologie, Jahrbuch Preussischer Kulturbesitz, XXXIX, 307-328.

Yamada, N. 1963a. *Tamgha-* and *Nishan*-Form of Uighurian Contract Discovered in East Turkestan, *Proceeding of the* 25th *Meeting of International Orientalists Congress in* 1960, III, Moskva, 321-323.

Yamada, N. 1967. Uigur Documents of Sale and Loan Contracts Brought by Otani Expeditions. Appendix. The Form of the Uigur Documents of Sale Contracts, *MRDTB* 23, 71-118.

Yamada, N. 1971. Four Notes on Several Names for Weights and Measures in Uighur Documents, *Studia Turcica*, Budapest, 491-498.

Yang, Lien-sheng 1955. Notes on Maspero's *Les documents chinois de la troisième expedition de Sir Aurel Stein en Asie centrale*, *Harvard Journal of Asiatic Studies*, 18.1-2, 142-158.

Yoshida, Y. 1991. Sogdian Miscellany III, *Corolla Iranica. Papers in honour of Prof. Dr. David. Neil MacKenzie on the occasion of his 65th birthday on April 8th*, 1991, ed. R. E. Emmerick & D. Weber, Frankfurt am Main, 237-244.

Yoshida, Y. 1997. On the Recently Discovered Manichaean Chinese Fragments, *Studies on the Inner Asian Languages*, XII, 35-39.

Yoshida, Y. 2000a. Further remarks on the Sino-Uighut problem, *Researches in Asian Languages*. Vol.3 (Annals of Foreign Studies 45), Kobe, 1-11.

Yoshida, Y. 2000b. First Fruits of Ryūkoku-Berlin Joint Project on the Turfan Iranian Manuscripts, *Acta Asiaticai* 78, Tokyo, 71-85.

Zach, E. von 1928. Entzifferung des Turfan-Manuscriptes T. M. 190 des Berliner Museum für Völkerkunde, *Orientalische Literaturzeitung*, Nr. 11, S. 952-954, Taf. 1.

Zieme, P. 1966. Beiträge zur Erforschung des Xvāstvānīft, *MIO* 12, 351-378.

Zieme, P. 1968. Die türkischen Yosïpas-Fragmente, *MIO* 14, 45-67.

Zieme, P. 1969a. Ein Manichäisch-Türkische Gedicht, *TDAYB* 1968-1969, Ankara, 39-51.

Zieme, P. 1969b. Ein uigurisches Sündenbekenntnis, *AOH* 22, 107-121.

Zieme, P. 1969c. *Untersuchungen zur Schrift und Sprache der manichäisch-türkischen Turfantexte*. (Ungedruckte Diss. Der Sektion Asienwissenschaften der Humboldt-Universität Berlin).

Zieme, P. 1969d. Zwei Textergänzungen zu A. von Le Coq, A. von. 's "Türkische Manichaica aus Chotscho. III", *RO* 32.2, 7-18.

Zieme, P. 1970. Ein manichäisch-türkisches Fragment in manichäischer Schrift, *AOH* 23, 157-165.

Zieme, P. 1971. Äsop in Zentralasien, *Das Altertum* 17, 40-42.

Zieme, P. 1974a. Ein uigurischer Landverkaufsvertrag aus Murtuq, *AoF* 1, 295-308.

Zieme, P. 1974b. Ein uigurisches Turfanfragment der Erzählung von guten und vom bösen Prinzen, *AOH* 28, 263-268.

Zieme, P. 1974c. Zu den nestorianisch-türkischen Turfan-texten, *Sprache, Geschichte und Kultur der Altaischen Völker*, Berlin, 662-666.

Zieme, P. 1974d. Ein Turfanfragment einer türkischen Erzählung, *AoF*, 1, 1974, 367-368.

Zieme, P. 1975a. Ein uigurischer Erntesegen, *AoF* 3, 109-143.

Zieme, P. 1975b. Zur buddhistischen Stabreimdichtungen der alten Uiguren, *AOH* 29, 187-211.

Zieme, P. 1976a. Sïngqu Säli Tutung - Überstzer Buddhistischer Schriften ins Uigurische, *Tractata Altaica*, Wiesbaden, 767-775.

Zieme, P. 1976b. П. Циме, О Второй щпаве сутры "золтойблеск", *Turcologica. Festschrift zum* 70. *Geburtstag von A. N. Kononov*, Leningrad, 341-347.

Zieme, P. 1976c. Zum Handel im uigurischen Reich von Qočo, *AoF* 4, 235-249.

Zieme, P. 1977a. Drei neue uigurische Sklavendokumente, *AoF* 5, 145-170.

Zieme, P. 1977b. Zwei Ergänzungen zu der christlich-türkischen Handschrift T II B 1, *AoF* 5, 271-272.

Zieme, P. 1977c. Zu den Legenden im uigurischen GoldglanzSūtra, *TUBA* 1, 149-156.

Zieme, P. 1978a. Ein Uigurisches Fragment der Rāma-Erzählung, *AOH* 32, 23-32.

Zieme, P. 1978b. Materialien zum uigurischen Onomasticon. I, *TDAYB* 1977, Ankara, 71-86.

Zieme, P. 1980a. Uigurisches Pachtdokumente, *AoF* 7, 197-245.

Zieme, P. 1980b. Ein uigurischer Leihkontrakt über Weizen, *AoF* 7, 273-275.

Zieme, P. 1981a. Uigurisches Steuerbefreiungsurkunden für buddhistische Klöster, *AoF* 8, 237-263.

Zieme, P. 1981b. Materialien zum uigurischen Onomasticon. II, *TDAYB* 1978-1979, Ankara, 81-94.

Zieme, P. 1981c. Ein Hochzeitssegen Uigurischer Christen, *Scholia. Beiträge zur Turkologie und Zentralasienkunde*, *Festschrift für A. von Gabain*, Wiesbaden, 223-232.

Zieme, P. 1981d. Bemerkungen zur Datierung Uigurischer Blockdrucke, *JA*, CCLXIX, 385-399.

Zieme, P. 1982a. Ein uigurisches Familienregister aus Turfan, *AoF* 9, 263-267.

Zieme, P. 1982b. Zum uigurischen Samantabhadracaryāpranidhāna, *Studia Turcologica Memoriae Alexii Bombaci Dicata*, Napoli, 599-609.

Zieme, P. 1982c. A New Fragment of the Uigur Guanwuliangshoujing,《龙谷大学佛教文化研

究所纪要》20(特集), 20-29.

Zieme, P. 1982d. Zum uigurischen Tārā-Ekavimśatistotra, *AOH* 36, 583-597.

Zieme, P. 1983. Colophons to the *Säkiz yükmäk yaruq*, *AoF* 10, 143-149.

Zieme, P. 1984a. Zur Verwendung der Brāhmī-schrift bei den Uiguren, *AoF* 11, 331-346.

Zieme, P. 1984b. Jātaka-illustrationen in uigurischen Blockdrucken, *Kulturhistorische Probleme Südasiens und Zentralasiens*, Halle, 157-170.

Zieme, P. 1984c. Indischer Schlangenzauber in uigurischer Überlieferung, *Tibetan and Buddhist Studies*, 2, Budapest, 425-440.

Zieme, P. 1984d. Sandelholz in den uigurischen Texten, *AoF* 11, 377-380.

Zieme, P. 1985. Uigurische *Sukhāvatīvyūha*-Fragmente, *AoF* 12, 129-149.

Zieme, P. 1986. Ein alttürkisches Fragment aus dem *Bhaisajyagurusūtra*, *AoF* 13, 185-188.

Zieme, P. 1987a. Ein alttürkisches Avalokiteśvarastava, *AoF* 14, 221-223.

Zieme, P. 1987b. Materialien zum uigurischen Onomasticon. III., *TDAYB* 1984, Ankara, 267-283.

Zieme, P. 1988a. Ein geistiges Drogenbuch der türkischen Manichäer, *Manichaean Studies. Proceedings of the first International Conference on Manichaeism, August* 5-9, 1987, *Department of History of Religions, Lund University, Sweden.* Lund, 221-228.

Zieme, P. 1988b. Das *Pravāranā-Sūtra* in alttürkischer Überlieferung, *A green Leaf. Papers in Honour of Professor Jes P. Asmussen*, Leiden, 445-453.

Zieme, P. 1988c. Review of *Alttürkische Handschriften Teil* 2 by G. Ehlers, *OLZ* 83(1988), 458-460.

Zieme, P. 1989a. Zur alttürkischen Bhaisajyagurusūtra-Übersetzung, *AoF* 16, 198-200.

Zieme, P. 1989b. Titulaturen und Elogen uigurischer könige, *Religious and Lay Symbolism*, Wiesbaden, 443-450.

Zieme, P. 1989c. Zum mehrsprachigen Blockdruck des Tārā-Ekavimśatistotra aus der Yuan-zeit, *AoF* 16, 196-197.

Zieme, P. 1989d. Zwei neue alttürkische *Saddarmapundarīka*-Fragmente, *AoF* 16, 370-379.

Zieme, P. 1989e. Die vorrede zum alttürkischen Goldglanz-Sūtra von 1022, *TUBA* 13, 237-243.

Zieme, P. 1990a. Xuanzang-Biographie und das Xiyuji in alttürkischen Überlieferung, *Buddhistische Erzählliteratur und Hagiographie in türkischer Überlieferung*, Wiesbaden, 75-107.

Zieme, P. 1990b. Ein alttürkisches Fragment des *Ksitigarbha-Sūtra* aus Bäzäklik, *AoF* 17, 379-384.

Zieme, P. 1991a. *Die Stabreimtexte der Uiguren von Turfan und Dunhuang. Studien zur alttürkischen Dichtung*, Budapest.

Zieme, P. 1991b. Bruchstücke einer alttürkischen Übersetzung des *Mahāyāna Mahāparinirvānasūtra* aus Turfan, *AoF* 18, 297-303.

Zieme, P. 1991c. Der Essenz-Śloka des Saddarmapundarīka-Sūtras, *Varia Eurasiatica. Festschrift für Professor András Róna-Tas*, Szeged, 249-269.

Zieme, P. 1992a. Eine uigurische Hausverkaufsurkunde aus Qočo, *AoF* 19, 359-371.

Zieme, P. 1992b. Probleme alttürkischer Vajracchedikā-Übersetzungen, *Turfan and Tunhuang, the Texts. Encounter of Civilizations on the Silk Route*, Rirenze, 21-42.

Zieme, P. 1992c. *Religion und Gesellschaft im Uigurischen Königreich von Qočo. Kolophone und Stifter der alttürkischen buddhistischen Schrifttums aus Zentralasien*. Opladen.

Zieme, P. 1992d. "Manichäische Kolophone und Könige", *Studia Manichaica*, ed. by Gernot Wieβner & Hans-Joachim Klimkeit, Wiesbaden 1992, 319-327.

Zieme, P. 1994a, Zum Maitreya-Kult in uigurischen Kolophen, *Rocznik Orientalistyczny* XLIX-2, 219-230.

Zieme, P. 1994b, Alttürkische Fragmente über den Regenstein, *Weather-Magic in Inner Asia*, Bloomington, 147-151.

Zieme, P. 1994c. Samboqdu et alii. Einige alttürkische Personennamen im Wandel der Zeiten, *Journal of Turcology* 2, 119-133.

Zieme, P. 1995a. An Uigur Monasterial Letter from Toyoq,《内陆ウジウ言语の研究》11, 1-7.

Zieme, P. 1995b. Neue Fragmente des alttürkischen Sermons vom Licht-Nous, *Iran und Turfan. Beiträge Berlin Wissenschafter*, *Werner Sundermann zum* 60. *Geburstag gewidmet*, Wiesbaden, 251-276.

Zieme, P. 1996a. Old Turkish Versions of the 'Scripture on the Ten Kings', *Proceedings of the* 38*th* *Penmanent International Altaistic Conference. Kawasaki*, *Japan. August* 7-12, 1995, Wiesbaden, 401-425.

Zieme, P. 1996b. Aus einem alttürkischen Kommentar zum Goldglanzsūtra, *Symbolae Turcologicae*, Uppsala, 231-238.

Zieme, P. 1996c. Donor and Colophon of an Uigur Blockprint, *Silk Road Art and Archaeology* 3 (1995/1996), 409-424.

Zieme, P. 1996d. A Fragment of the Chinese *Mañjuśrīnāmasamgīti* in Uigur Script from Turfan,《内陆ウジウ言语の研究》11, 1-14.

Zieme, P. 1997/1998. Das nestorianische Glaubensbekenntnis in einem alttürkeschen Fragment aus Bulayïq, *UAJb*, *N. F.* 15, 173-180 + 2pls.

Zieme, P. 1997a. A Turkish Text on Manichaean Cosmogony, *Manichaean Studies III. Atti del terzo Congresso Internazionale di Studi "Manicheismo e Oriente Chritiano Antico"*, Louvain-Napoli, 395-409.

Zieme, P. 1997b. Alkoholische Getränke bei den alten Türken, A. Betra (ed.), *Historical and Linguistic Interaction between Inner-Asia and Europe* (Proceedings of the 39th PIAC, 1996), Szeged, 435-445.

Zieme, P. 1997c. Remarks on Old Turkish Topography, *Languages and Scripts of Central Asia*. ed. Shirin Akiner & Nicholas Sims-Williams, London, 46-51.

Zieme, P. 1998. Turkic Fragments in 'Phags-pa Script,《内陆ウジウ言语の研究》13,63-69.

Zieme, P. 1999a. The Scholar Mr. Xun of the District Xinfan. A Chinese Tale in an Old Turkish Translation,《耿世民先生 70 寿辰纪念文集》,北京:民族出版社,1999 年,276-288。

Zieme, P. 1999b. Das Qiānziwén bei den alten Uiguren, *Writing in the Altaic World* (*Studia Orientalia 87*), *Helsinki*, *321-326*.

Zieme, P. 1999c. Einige neue medizinische Textfragmente der alten Uiguren, *Studia Tibetica et Mongolica* (Festschrift Manfred Taube), Swisttal-Odendorf, 323-340.

Zieme, P. 1999d. The "Sūtra of Complete Enlightenment" in Old Turkish Buddhism, *Collection of Essays* 1993. *Buddhism Across Boundaries. Chinese Buddhism and the Western Regions*, Sanchung (Taiwan), 449-483.

Zieme, P. 2000a. Verse des *Candrasūtra* nach chinesisch-uigurischen Bilinguen, *Festschrift für György Kara anlässlich seines* 65. *Geburtstages am* 23. *Juni* 2000 *in Berlin*, Istanbul/Berlin, 65-80.

Zieme, P. 2001. Aranemi-Jātaka und ein Sünderbekenntnistext in einer alttürkischen Sammelhandschrift, *De Dunhuang à Istanbul*, *Hommage à James Russel Hamilton* (*Silk Road Studies* V), ed. by Louis Bazin et Peter Zieme, Turnhout: Brepols, 401-433.

Zieme, P. 2002. Ein Weiteres alttürkesches Fragment des "Sūtras von der Vollkommenen Erleuchtung", *AOH* 55, 281-295.

Zieme, P. 2002b. Three Old Turkic 五台山赞 Wutaishanzan Fragments,《内陆ウジウ言语の研究》17, 223-239.

Zieme, P. 2003a. Fabeln des Aesop in alttürkescher Version, *Turcica et Islamica. Studi in memoria di Aldo Gallotta*, Napoli, 1033-1045.

Zieme, P. 2003b. A New Fragment of the Old Uighur *Vimalakīrtinirdeśasūtra*,《内陆ウジウ言语の研究》18, 143-150.

Zieme, P. 2005. Uigurische Fragmente aus der *Pañcarakṣā*, *The Black Master. Essays on Central Eurasia in Honor of György Kara on His* 70*th* *Birthday*, ed. S. Grivelet et al., Wiesbaden, 151-164.

Zieme, P. 2006a. Notes on Uighur Medicine, Especially on the Uighur *Siddhasāra*, Paper presented to Workshop on Medicine on the Silk Roads: Transmissions and Transformations held at the Wellcome Trust Centre for the History of Medicine of London University, The British Library, and the Warburg Institute, 9-10 January 2006.

Zieme, P. 2006b. Uighur night Watch Songs, 提交"转型期的敦煌学——继承与发展"国际学术研讨会论文,2006.9.7-11 · 南京师范大学。

Zieme, Peter and Georg Kara 1978. *Ein Uigurisches Totenbuch*, Budapest/Wiesbaden.

Zieme, P. & Kōgi Kudara(ペーター・ツイーメ、百济康义) 1985. Guanwuliangshoujing in Uigur(ウイグル语の观无量寿经),Kyoto.

俄文部分

Фен、Тенишев 1960. Фен Цэя、Шэн 、Э. Тенишев, Три новых уйгурских докумнта из Турфана, *Проьлемы Востоковедения*, 1960. 3, стр. 141、149.

Малов 1927. С. Е. Малов, Два Уйгурских документа, *Работы Восточного Факультета Средне*、*Азиатского Государственного Университета*, Ташкент 1927, стр. 387、394.

Малов 1932. С. Е. Малов, Уйгурские рукописые документы экспедиции С. Ф. Ольденбурга, *Занписки Иистимута Востоковедемния Академии Наук СССР* 1, 1932, стр. 129、149.

Малов 1951. С. Е. Малов, *Памятники Древнетюркской Письменности. Тексты и исследования*, М. Л. 1951.

Тенишев 1965. Э. Тенишев, Хозяйственные записи на древнеуйгурском языке, *Исследования по Грамматике и Лексике Тюркских Языков*, Ташкент 1965.

Тихонов 1966. Д. И. Тихонов, *Хзяйсотво и Общественный Строй Уйгурского Государства X – XIV вв.* ,М. 、Л. 1966.

Тугушева 1970. Л. Ю. Тугушева, Древнийуйгурский стичи, *Советская Тюркология* 1970. 2, 102、106.

Тугушева 1972. Л. Ю. Тугушева, Ярлыки уйгурских князей ирукописного собрания ЛО ИВАН СССР, *Тюркологический Сборник*, Москва 1972, 244、260.

Тугушева 1975. Л. Ю. Тугушева, Два уйгурских документа из рукописного собрания Ленинградского Отделения Института востоковедения Академии Наук СССР, *Советская Тюркология* 1975. 4, 92、101.

Тугушева 1980. Л. Ю. Тугушева, *Фрагмеиты уйгурской версия ЪиограФий Сюань、цзана*, Москва 1980.

Тугушева 1983. Л. Ю. Тугушева, Деловые письма уйгуров из коллекции А. Грюнведеля, *История и Культура Центральной Азии*, Москва 1983, 209、220.

Тугушева 1984 . Л. Ю. Тугушева, Некоторые дополнения к чтению древнеуйгурских деловых документов, *Письменные Памятники Востока* 1976、1977,1984, 240、246 .

Тугушева 1991. Л. Ю. Тугушева, *Уйгурская Версия биограсий Сюань、цзана*, Москва 1991.

Тугушева 1996. Л. Ю. Тугушева, Несколько уйгурскич документов из рукописного собрания Санкт、петербургского филия IV РАН, *Петергское востоковедений* 8, 215-238.

Тугушева、Менъшиков 1971. Л. Ю. Тугушева 、Лев Н. Менъшиков, Уйгурская версия ЪиограФий Сюань、цзана. Фрагменты згп. х. , *Пцсъменные памямники Востока*, Москва, стр. 253、296.

缩略语

ADAW. *Abhandlungen der Deutschen Akademie der Wissenschaften zu Berlin. Klasse für Sprachen, Literatur und Kunst*, Berlin.

AoF. *Altorientalische Forschungen*, Berlin.

AOH. *Acta Orientalia Academiae Scientiarum Hungaricae*, Budapest.

APAW. *Abhandlungen der Preussischen Akademie der Wissenschaften*, Berlin.

BOH. *Bibliotheca Orientalis Hungarica*, Budapest.

BTT. *Berlin. er Turfantexte*, Berlin.

CAJ. *Central Asiatic Journal*, ' s-Gravenhage-Wiesbaden.

CMR. *The Canada-Mongolia Review*, Saskatoon.

CSM. *Corpus scriptorum mongolorum Instituti linguae et litterarum Comiteti scientiarum et educationis Altae Reipublicae Populi Mongoli*, Ulaanbaatar.

HJAS. *Harvard Journal of Asiatic Studies.*

JA. *Journal Asiatique*, Paris.

JAOS. *Journal of the American Oriental Society*, Baltimore.

JRAS. *Journal of the Royal Asiatic Society*, London.

JSFOu. *Journal de la Societe Finno-Ougrienne*, Helsinki.

MIO. *Mittellungen des Instituts für Orientforschung*, Berlin.

MLMC. *Monumenta Linguae Mongolicae Collecta*, Budapest.

MNyt. *Mongol Nyelvemlektar* (Recueil des monuments de la langue Mongol), Budapest.

MRDTB. *Memoirs of the Research Department of the Toyo Bunko*, Tokyo.

MS. *Mongolyn Sudlal* (Studia Mongolica Instituti Linguae et litterarum Akademiae scientiarum reipublicae populi mongoli), Ulaanbaatar.

SBAW. *Sitzungsberichte der Bayerischen Akademie der Wissenschaften*, *Philosophisch Historische Klasse*, München.

SDAW. *Sitzungsberichte der Deutschen Akademie der Wissenschaften*, Berlin.

SPAW. *Sitzungsberichte der Preussischen Akademie der Wissenschaften*, *Phil. -hist. Klasse*, Berlin.

TDA. *Türk Dilleri Arastirmalari*, Ankara.

TDAYB. *Türk Dili Arastirmalari Yillgi Belleten*, Ankara.

TDED. *Türk Dili ve Edebiyati Dergisi*, Istanbul.

TTT. *Türkische Turfan Texte*

TUBA. *Turkluk Bilgisi Araştirmalari* (*Journal of Turkish Studies*), Harvard.

UAJb. *Ural-Altaische Jahrbücher*, Wiesbaden.

UJb. *Ungarische Jahrbücher*, Berlin-Leipzig.

ZaS. *Zentralasientische Studien des Seminars für Sprach-und Kulturwissenschaft Zentralasiens der Universität Bonn*, Wiesbaden.

ZDMG. *Zeitschrift der Deutschen Morgenlandischen Gesellschaft*, Wiesbaden.

[illegible]

TTI [illegible] Polynesian [illegible]

[illegible]

MT [illegible]

[illegible]

[illegible]

[illegible]

[illegible]

JAOS Journal of the American Oriental Society, [illegible]

JRAS Journal of the Royal Asiatic Society, London

[illegible] Journal [illegible] Society, [illegible]

MIO Mitteilungen des Instituts für Orientforschung, [illegible]

[illegible]

[illegible]

[illegible] Mémoires [illegible]

[illegible]

[illegible]

[illegible]

[illegible]

[illegible]

[illegible]

[illegible]

[illegible]

[illegible]

[illegible]

[illegible]

[illegible]

[illegible]

[illegible]